R. 1215 (947)
1.+A.

ESSAI PHILOSOPHIQUE
CONCERNANT
L'ENTENDEMENT HUMAIN,

OU L'ON MONTRE QUELLE EST L'ETENDUE DE NOS CONNOISSANCES CERTAINES, ET LA MANIERE DONT NOUS Y PARVENONS.

PAR M. LOCKE.

Traduit de l'Anglois

PAR M. COSTE.

Troisiéme Edition, revûë, corrigée, & augmentée de quelques Additions importantes de l'Auteur qui n'ont paru qu'après sa mort, & de quelques Remarques du Traducteur.

Quam bellum est velle confiteri potius nescire quod nescias, quàm ista effutientem nauseare, atque ipsum sibi displicere!
Cic. de Nat. Deor. Lib. I.

VIVITUR INGENIO,
CETERA MORTIS
ERUNT.

A AMSTERDAM,
Chez PIERRE MORTIER.
M. DCC. XXXV.

EPITRE.

d'un des plus beaux Genies que l'Angleterre aît produit dans le dernier Siecle. Il s'en est fait quatre Editions en Anglois sous les yeux de l'Auteur, dans l'espace de dix ou douze ans; & la Traduction Françoise que j'en publiai en 1700. l'ayant fait connoître en *Hollande*, en *France*, en *Italie* & en *Allemagne*, il a été & est encore autant estimé dans tous ces Païs, qu'en *Angleterre*, où l'on ne cesse d'admirer l'étenduë, la profondeur, la justesse & la netteté qui y regnent d'un bout à l'autre. Enfin, ce qui met le comble à sa gloire, adopté en quelque maniére à *Oxford* & à *Cambrige*, il y est lu & expliqué aux Jeunes gens comme le Livre le plus propre à leur former l'Esprit, à régler & étendre leurs Connoissances; de sorte que LOCKE tient à présent la place d'ARISTOTE & de ses plus célèbres Commentateurs, dans ces deux fameuses Universitez.

Vous pourrez dans quelque temps, MON-

SEI-

EPITRE.

SEIGNEUR, juger vous-même du mérite de cet Ouvrage. Après y avoir vû quels font, selon l'Auteur, les fondemens, l'étenduë, & la certitude de nos Connoissances, il vous sera aisé de vous assûrer, par ses propres Règles, de la vérité de ses Découvertes, & de la justesse de ses Raisonnemens.

Je vous présente maintenant cet Objet comme en éloignement, dans l'esperance qu'une noble Curiosité vous portera à faire tous les jours des progrès qui puissent vous mettre à portée de l'examiner de près, & d'en découvrir toutes les beautez.

Il ne vous faudra pour cela, MONSEIGNEUR, qu'un certain dégré d'attention qui en vous engageant à suivre cet Auteur pas à pas, vous fera voir clairement tout ce qu'il a vû lui-même. Et ce n'est pas là tout l'avantage qui vous en reviendra. En vous familiarisant avec les Principes qu'il a si évidemment établis dans

EPITRE.

fon Livre, vous étendrez & perfectionnerez Vous-même vos Connoiſſances à la faveur de ces Principes; & par-là vous contracterez une juſteſſe d'Eſprit peu commune, qui éclattera dans votre Converſation, dans vos Lettres les plus familieres, & ſur-tout dans ces *Debats* & ces Diſcours Publics, où vous ſerez engagé à traiter de ce qui concerne vos plus chers Interêts dans ce Monde, je veux dire la Proſperité de votre Païs.

Vous ſavez, MONSEIGNEUR, qu'un de vos prémiers, & plus importans Devoirs, c'eſt de ſervir votre Patrie; & je puis dire ſans vous flatter, que Vous avez toutes les Qualitez néceſſaires pour pouvoir un jour vous en acquiter dignement. Ces excellentes diſpoſitions vous font honneur, à l'âge * où vous êtes: mais elles vous feroient inutiles, ſi vous négligiez de les cultiver,

---

* *Treize ans.*

EPITRE.

ver, & de les fortifier par un fond de belles Connoiffances, & par des habitudes vertueufes. Heureufement, tout vous facilite le moyen de les élever à un grand degré de perfection. Outre l'exemple du feu *Duc de Buckingham* votre Pere, qui par fon Eloquence & fa Fermeté vous a ouvert un chemin à la véritable Gloire, Vous avez l'avantage de recevoir tous les jours de Madame la Duchesse votre Mere des Inftructions qui pleines de Sageffe, & foûtenuës de fon Exemple ne peuvent que vous infpirer des Sentimens élevez, un Courage, un Défintereffement à l'épreuve des plus fortes tentations, un attachement à des occupations nobles & utiles, & une ardeur fincere pour tout ce qui eft louable & généreux. Sans doute, on verra bientôt par votre conduite tant en public qu'en particulier, que vous avez fu faire ufage de ces Inftructions pour enrichir & perfectionner le beau Naturel dont le Ciel vous a favorifé.

De

EPITRE.

De mon côté, je ferai tout ce qui dépendra de moi pour vous aider dans ce noble Deſſein, tant que j'aurai l'honneur d'être auprès de vous, & toute ma vie, je ſerai avec un profond reſpect,

MONSEIGNEUR,

Ce 10. Mai 1729.

Votre très-humble & très-obeïſſant ſerviteur,

P. COSTE.

AVERTISSEMENT
DU
TRADUCTEUR.

SI j'allois faire un long Discours à la tête de ce Livre pour étaler tout ce que j'y ai remarqué d'excellent, je ne craindrois pas le reproche qu'on fait à la plûpart des Traducteurs, qu'ils relevent un peu trop le mérite de leurs Originaux pour faire valoir le soin qu'ils ont pris de les publier dans une autre Langue. Mais outre que j'ai été prévenu dans ce dessein par plusieurs célèbres Ecrivains Anglois qui tous les jours font gloire d'admirer la justesse, la profondeur, & la netteté d'Esprit qu'on y trouve presque par-tout, ce seroit une peine fort inutile. Car dans le fond sur des matiéres de la nature de celles qui sont traitées dans cet Ouvrage, personne ne doit en croire que son propre jugement, comme M. LOCKE nous l'a recommandé lui-même, en nous faisant remarquer

AVERTISSEMENT

^{* Voyez en-
tr'autres endroits
le §. 23. du Ch.
III. Liv. I.} quer plus d'une fois, * que *la soûmission aveugle aux sentimens des plus grands hommes, a plus arrêté le progrès de la Connoissance qu'aucune autre chose.* Je me contenterai donc de dire un mot de ma Traduction, & de la disposition d'Esprit où doivent être ceux qui voudront retirer quelque profit de la lecture de cet Ouvrage.

Ma plus grande peine a été de bien entrer dans la pensée de l'Auteur; & malgré toute mon application, je serois souvent demeuré court sans l'assistance de M. Locke qui a eu la bonté de revoir ma Traduction. Quoi qu'en plusieurs endroits mon embarras ne vînt que de mon peu de pénétration, il est certain qu'en général le sujet de ce Livre & la maniére profonde & exacte dont il est traité, demandent un Lecteur fort attentif. Ce que je ne dis pas tant pour obliger le Lecteur à excuser les fautes qu'il trouvera dans ma Traduction, que pour lui faire sentir la nécessité de le lire avec application, s'il veut en retirer du profit.

Il y a encore, à mon avis, deux précautions à prendre, pour pouvoir recueillir quelque fruit de cette lecture. La prémiére est, *de laisser à quartier toutes les Opinions dont on est prévenu sur les Questions qui sont traitées dans cet Ouvrage,* & la seconde, *de juger des raisonnemens de l'Auteur par*

DU TRADUCTEUR.

par rapport à ce qu'on trouve en soi-même, sans se mettre en peine s'ils sont conformes ou non à ce qu'a dit *Platon*, *Ariſtote*, *Gaſſendi*, *Deſcartes*, ou quelque autre célèbre Philoſophe. C'eſt dans cette diſpoſition d'Eſprit que M. Locke a compoſé cet Ouvrage. Il eſt tout viſible qu'il n'avance rien que ce qu'il croit avoir trouvé conforme à la Verité, par l'examen qu'il en a fait en lui-même. On diroit qu'il n'a rien appris de perſonne, tant il dit les choſes les plus communes d'une maniére originale; de ſorte qu'on eſt convaincu en liſant ſon Ouvrage qu'il ne débite pas ce qu'il a appris d'autrui comme l'aiant appris, mais comme autant de véritez qu'il a trouvées par ſa propre méditation. Je croi qu'il faut néceſſairement entrer dans cet eſprit pour découvrir toute la ſtructure de cet Ouvrage, & pour voir ſi les Idées de l'Auteur ſont conformes à la nature des choſes.

Une autre raiſon qui nous doit obliger à ne pas lire trop rapidement cet Ouvrage, c'eſt l'accident qui eſt arrivé à quelques perſonnes d'attaquer des Chiméres en prétendant attaquer les ſentimens de l'Auteur. On en peut voir un exemple dans la Préface même de M. Locke. Cet avis regarde ſur-tout ces Avanturiers qui toûjours prêts à entrer en lice contre tous les Ouvrages qui ne leur plaifent pas, les attaquent avant que de fe donner la peine de les entendre. Semblables au Heros de *Cervantes*, ils ne penfent qu'à fignaler leur valeur contre tout venant; & aveuglez par cette paffion démefurée, il leur arrive quelquefois, comme à ce défaftreux Chevalier, de prendre des Moulins-à-vent pour des Géans. Si les Anglois, qui font naturellement fi circonfpects, font tombez dans cet inconvenient à l'égard du Livre de M. Locke, on pourra bien y tomber ailleurs, & par conféquent l'avis n'eft pas inutile. En profitera qui voudra.

A l'égard des Déclamateurs qui ne fongent ni à s'inftruire ni à inftruire les autres, cet avis ne les regarde point. Comme ils ne cherchent pas la Vérité, on ne peut leur fouhaiter que le mépris du Public ; jufte recompenfe de leurs travaux qu'ils ne manquent guere de recevoir tôt ou tard! Je mets dans ce rang ceux qui s'aviferoient de publier, pour rendre odieux les Principes de M. Locke, que, felon lui, ce que nous tenons de la Revelation n'eft pas certain, parce qu'il diftingue la *Certitude* d'avec la *Foi* ; & qu'il n'appelle *certain* que ce qui nous paroît veritable par des raifons évidentes, & que nous voyons de nous-mêmes. Il eft vifible que ceux qui feroient cette Objection, fe fonderoient uniquement fur l'équi-

vo-

voque du mot de *Certitude* qu'ils prendroient dans un sens populaire, au lieu que M. Locke l'a toûjours pris dans un sens Philosophique pour une Connoissance évidente, c'est-à-dire pour *la perception de la convenance ou de la disconvenance qui est entre deux Idées*, ainsi que M. Locke le dit lui-même plusieurs fois, en autant de termes. Comme cette Objection a été imprimée en Anglois, j'ai été bien aise d'en avertir les Lecteurs François pour empêcher, s'il se peut, qu'on ne barbouille inutilement du Papier en la renouvellant. Car apparemment elle seroit sifflée ailleurs, comme elle l'a été en Angleterre.

Pour revenir à ma Traduction, je n'ai point songé à disputer le prix de l'élocution à M. Locke qui, à ce qu'on dit, écrit très-bien en Anglois. Si l'on doit tâcher d'enchérir sur son Original, c'est en traduisant des Harangues & des Piéces d'Eloquence dont la plus grande beauté consiste dans la noblesse & la vivacité des expressions. C'est ainsi que *Ciceron* en usa en mettant en Latin les Harangues qu'*Eschine* & *Démosthene* avoient prononcées l'un contre l'autre: *Je les ai traduites en Orateur,* * dit-il, *& non en Interprete.* Dans ces sortes d'Ouvrages, un bon Traducteur profite de tous les avantages qui se présentent, employant dans l'occasion des Images

* Nec converti ut Interpres, sed ut Orator. *De optimo genere Oratorum*, Cap. 5.

plus

plus fortes, des tours plus vifs, des expressions plus brillantes, & se donnant la liberté non seulement d'ajoûter certaines pensées, mais même d'en retrancher d'autres qu'il ne croit pas pouvoir mettre heureusement en œuvre; † *quæ desperat tractata nitescere posse, relinquit.* Mais il est tout visible qu'une pareille liberté seroit fort mal placée dans un Ouvrage de pur raisonnement comme celui-ci, où une expression trop foible ou trop forte déguise la Vérité, & l'empêche de se montrer à l'Esprit dans sa pureté naturelle. Je me suis donc fait une affaire de suivre scrupuleusement mon Auteur sans m'en écarter le moins du monde; & si j'ai pris quelque liberté (car on ne peut s'en passer) ç'a toûjours été sous le bon plaisir de M. Locke qui entend assez bien le François pour juger quand je rendois exactement sa pensée, quoi que je prisse un tour un peu différent de celui qu'il avoit pris dans sa Langue. Et peut-être que sans cette permission je n'aurois osé en bien des endroits prendre des libertez qu'il falloit prendre nécessairement pour bien représenter la pensée de l'Auteur. Sur quoi il me vient dans l'Esprit qu'on pourroit comparer un Traducteur avec un Plenipotentiaire. La Comparaison est magnifique, & je crains bien qu'on ne me reproche de faire un peu trop valoir un mêtier qui n'est pas

† *Horat. De Arte Poëticâ.* v. 149, 150.

pas en grand crédit dans le Monde. Quoi qu'il en foit, il me femble que le Traducteur & le Plenipotentiaire ne fauroient bien profiter de tous leurs avantages, fi leurs Pouvoirs font trop limitez. Je n'ai point à me plaindre de ce côté-là.

La feule liberté que je me fuis donné fans aucune referve, c'eft de m'exprimer le plus nettement qu'il m'a été poffible. J'ai mis tout en ufage pour cela. J'ai évité avec foin le ftile figuré dès qu'il pouvoit jetter quelque confufion dans l'Efprit. Sans me mettre en peine de la mefure & de l'harmonie des Périodes, j'ai repeté le même mot toutes les fois que cette repetition pouvoit fauver la moindre apparence d'équivoque; je me fuis fervi, autant que j'ai pû m'en reffouvenir, de tous les expédiens que nos Grammairiens ont inventé pour éviter les faux rapports. Toutes les fois que je n'ai pas bien compris une penfée en Anglois, parce qu'elle renfermoit quelque rapport douteux (car les Anglois ne font pas fi fcrupuleux que nous fur cet article) j'ai tâché, après l'avoir comprife, de l'exprimer fi clairement en François, qu'on ne pût éviter de l'entendre. C'eft principalement par la netteté que la Langue Françoife emporte le prix fur toutes les autres Langues, fans en excepter les Langues Savantes, autant que j'en puis juger. Et c'eft pour cela, dit

*le

AVERTISSEMENT

<small>* Dans sa Rhetorique ou Art de Parler. Pag. 49. Edition d'Amsterdam, 1699.</small>

* le P. Lami, *qu'elle est plus propre qu'aucune autre pour traiter les Sciences parce qu'elle le fait avec une admirable clarté.* Je n'ai garde de me figurer, que ma Traduction en soit une preuve, mais je puis dire que je n'ai rien épargné pour me faire entendre; & que mes scrupules ont obligé M. Locke à exprimer en Anglois quantité d'endroits, d'une maniere plus précise & plus distincte qu'il n'avoit fait dans les trois premiéres Editions de son Livre.

Cependant, comme il n'y a point de Langue qui par quelque endroit ne soit inférieure à quelque autre, j'ai éprouvé dans cette Traduction ce que je ne savois autrefois que par ouï dire, que la Langue Angloise est beaucoup plus abondante en termes que la Françoise, & qu'elle s'accommode beaucoup mieux des mots tout-à-fait nouveaux. Malgré les Règles que nos Grammairiens ont prescrites sur ce dernier article, je croi qu'ils ne trouveront pas mauvais que j'aye employé des termes qui ne sont pas fort connus dans le Monde, pour pouvoir exprimer des Idées toutes nouvelles. Je n'ai guere pris cette liberté que je n'en aye fait voir la nécessité dans une petite Note. Je ne sai si l'on se contentera de mes raisons. Je pourrois m'appuyer de l'autorité du plus savant des *Romains*, qui, quelque jaloux qu'il fût de la pu-

pureté de sa Langue, comme il paroit par ses Discours *de l'Orateur*, ne put se dispenser de faire de nouveaux mots dans ses Traitez Philosophiques. Mais un tel exemple ne tire point à conséquence pour moi, j'en tombe d'accord. Ciceron avoit le secret d'adoucir la rudesse de ces nouveaux sons par le charme de son Eloquence, & dédommageoit bientôt son Lecteur par mille beaux tours d'expression qu'il avoit à commandement. Mais s'il ne m'appartient pas d'autoriser la liberté que j'ai prise, par l'exemple de cet illustre Romain; qu'on me permette d'imiter en cela nos Philosophes Modernes qui ne font aucune difficulté de faire de nouveaux mots quand ils en ont besoin; comme il me seroit aisé de le prouver, si la chose en valoit la peine.

Au reste, quoi que M. Locke ait l'honnêteté de témoigner publiquement qu'il approuve ma Traduction, je déclare que je ne prétens pas me prévaloir de cette Approbation. Elle signifie tout au plus qu'en gros je suis entré dans son sens, mais elle ne garantit point les fautes particuliéres qui peuvent m'être échapées. Malgré toute l'attention que M. Locke a donné à la lecture que je lui ai faite de ma Traduction avant que de l'envoyer à l'Imprimeur, il peut fort bien avoir laissé

laissé passer des expressions qui ne rendent pas exactement sa pensée. L'*Errata* en est une bonne preuve. Les fautes que j'y ai marquées, (outre celles qui doivent être mises sur le compte de l'Imprimeur) ne sont pas toutes également considerables; mais il y en a qui gâtent entiérement le sens. C'est pourquoi l'on fera bien de les corriger toutes, avant que de lire l'Ouvrage, pour n'être pas arrêté inutilement. Je ne doute pas qu'on n'en découvre plusieurs autres. Mais quoi qu'on pense de cette Traduction, je m'imagine que j'y trouverai encore plus de défauts que bien des Lecteurs, plus éclairez que moi, parce qu'il n'y a pas apparence qu'ils s'avisent de l'examiner avec autant de soin que j'ai résolu de faire.

AVIS
SUR CETTE
TROISIEME EDITION.

Q UOIQUE dans la Premiére Edition Françoise de cet Ouvrage, M. LOCKE m'eût laissé une entiére liberté d'employer les tours que je jugerois les plus propres à exprimer ses pensées, & qu'il entendît assez bien le genie de la Langue Françoise pour sentir si mes expressions répondoient exactement à ses idées, j'ai trouvé, en lui relisant ma Traduction imprimée, & après l'avoir, depuis, examinée avec soin, qu'il y avoit bien des endroits à reformer tant à l'égard du stile qu'à l'égard du sens. Je dois encore un bon nombre de corrections à la critique pénétrante d'un des plus solides Ecrivains de ce siecle, l'illustre M. BARBEYRAC, qui ayant lû ma Traduction avant même qu'il entendit l'Anglois, y découvrit des fautes, & me les indiqua avec cette aimable politesse qui est inseparable d'un Esprit modeste & d'un cœur bien fait.

En relisant l'Ouvrage de M. Locke, j'ai été frappé d'un défaut que bien des gens y ont observé depuis long-temps : ce sont les repetitions inutiles. M. Locke a pressenti l'Objection ; & pour justifier les repetitions dont il a grossi son Livre, il nous dit dans la Préface, qu'une même notion ayant differens rapports peut être propre ou nécessaire à prouver ou à éclaircir differentes parties d'un même discours, & que, s'il a repeté les mêmes argumens, ç'a été dans des vuës differentes. L'excuse est bonne en général ; mais il reste bien des repetitions qui ne semblent pas pouvoir être pleinement justifiées par-là.

Quelques personnes d'un goût très-delicat m'ont extrémement sollicité à retrancher absolument ces sortes de repetitions qui paroissent plus propres à fatiguer qu'à éclairer l'Esprit du Lecteur : mais je n'ai pas osé tenter l'avanture. Car outre que l'entreprise me sembloit trop pénible, j'ai consideré qu'au bout du compte la plûpart des gens me blâmeroient d'avoir pris cette licence, par la raison qu'en retranchant ces repetitions, j'aurois fort bien pû laisser échapper quelque reflexion, ou quelque raisonnement de l'Auteur. Je me suis donc entierement borné à retoucher mon stile, & à redresser tous les Passages où j'ai cru n'avoir pas exprimé la pensée de l'Auteur avec assez de précision. Ces Corrections

tions *avec des* ADDITIONS *très-importantes faites par M. Locke, qu'il me communiqua lui même, & qui n'ont été imprimées en Anglois qu'après sa mort, ont mis la Seconde Edition fort au dessus de la Prémière, & par conséquent, de la* Reimpression *qui en a été faite en* 1723. *en quelque Ville de* Suisse *qu'on n'a pas voulu nommer dans le Titre. Et voici maintenant une* TROISIEME EDITION *qui sera lui de beaucoup superieure par les nouveaux avantages qu'elle a sur la seconde : car j'ai encore trouvé plusieurs Passages qui avoient besoin d'être ou plus vivement ou plus exactement exprimez, & quelques-uns même où j'avois mal pris la pensée de l'Auteur.*

Pour rendre la Seconde Edition plus complette, j'avois d'abord résolu d'inserer en leur place des Extraits fidelles de tout ce que M. Locke avoit publié dans ses Réponses au Docteur Stillingfleet *pour défendre son* ESSAI *contre les Objections de ce Prélat. Mais en parcourant ces Objections, j'ai trouvé qu'elles ne contenoient rien de solide contre cet Ouvrage; & que les Réponses de M. Locke tendoient plûtôt à confondre son Antagoniste qu'à éclaircir ou à confirmer la Doctrine de son Livre. J'excepte les Objections du Docteur Stillingfleet contre ce que M. Locke a dit dans son* Essai *(*LIV. *IV. ch. III. §. 6.) qu'on ne sauroit être assuré que Dieu ne peut point donner à certains amas de matiere, disposez comme il le trouve à propos, la Puissance d'appercevoir, & de penser. Comme c'est une Question curieuse, j'ai mis sous ce Passage tout ce que M. Locke a imaginé sur ce sujet dans sa Réponse au Docteur Stillingfleet. Pour cet effet, j'ai transcrit une bonne partie de l'Extrait de cette Réponse, imprimé dans les* Nouvelles de la Republique des Lettres *en* 1699. *Mois d'Octobre, p.* 363. &c. *& Mois de Novembre, p.* 497. &c. *Et comme j'avois composé moi-même cet Extrait, j'y ai changé, corrigé, ajoûté & retranché plusieurs choses, après l'avoir comparé de nouveau avec les Pieces Originales d'où je l'avois tiré.*

Enfin pour transmettre à la Posterité (si ma Traduction peut aller jusque là) le Caractere de M. LOCKE *tel que je l'ai conçu après avoir passé avec lui les sept derniéres années de sa vie, je mettrai ici une espèce d'Eloge Historique de cet excellent Homme, que je composai peu de temps après sa mort. Je sai que mon suffrage, confondu avec tant d'autres d'un prix infiniment superieur, ne sauroit être d'un grand poids. Mais s'il est inutile à la gloire de M. Locke, il servira du moins à témoigner qu'ayant vu & admiré ses belles qualitez, je me suis fait un plaisir d'en perpetuer la memoire.*

LOGE

ELOGE DE M. LOCKE

Contenu dans une LETTRE *du* Traducteur *à l'*Auteur *des* Nouvelles de la Republique des Lettres, *à l'occasion de la mort de M.* LOCKE, *& inserée dans ces* Nouvelles, Mois de Fevrier 1705. pag. 154.

MONSIEUR,

VOus venez d'apprendre la mort de l'illuftre M. LOCKE. C'eft une perte générale. Auffi eft-il regretté de tous les gens de bien, de tous les finceres Amateurs de la Vérité, auxquels fon Caractére étoit connu. On peut dire qu'il étoit né pour le bien des hommes. C'eft à quoi ont tendu la plûpart de fes Actions : & je ne fai fi durant fa vie il s'eft trouvé en Europe d'homme qui fe foit appliqué plus fincerement à ce noble deffein, & qui l'ait executé fi heureufement.

Je ne vous parlerai point du prix de fes Ouvrages. L'eftime qu'on en fait, & qu'on en fera tant qu'il y aura du Bon-Sens & de la Vertu dans le Monde; le bien qu'ils ont procuré ou à l'Angleterre en particulier, ou en général à tous ceux qui s'attachent férieufement à la recherche de la Vérité, & à l'étude du Chriftianifme, en fait le véritable Eloge. L'Amour de la Vérité y paroit vifiblement par-tout. C'eft dequoi conviennent tous ceux qui les ont lûs. Car ceux-là même qui n'ont pas goûté quelques-uns des Sentimens de M. *Locke* lui ont rendu cette juftice, que la manière dont il les défend, fait voir qu'il n'a rien avancé dont il ne fût fincerement convaincu lui-même. Ses Amis lui ont rapporté cela de plufieurs endroits: *Qu'on objecte après cela*, répondoit-il, *tout ce qu'on voudra contre mes Ouvrages; je ne m'en mets point en peine. Car puis qu'on tombe d'accord que je n'y avance rien que je ne croye véritable, je me ferai toûjours un plaifir de préferer la Vérité à toutes mes opinions, dès que je verrai par moi-même ou qu'on me fera voir qu'elles n'y font pas conformes.* Heureufe difpofition d'Efprit, qui, je m'affûre, a plus contribué, que la pénétration de ce beau Genie, à lui faire découvrir ces grandes & utiles Véritez qui font répanduës dans fes Ouvrages !

Mais fans m'arrêter plus long-tems à confiderer M. *Locke* fous la qualité d'*Auteur*, qui n'eft propre bien fouvent qu'à mafquer le véritable naturel de la Perfonne, je me hâte de vous le faire voir par des endroits bien plus aimables & qui vous donneront une plus haute idée de fon Mérite.

M. *Locke* avoit une grande connoiffance du Monde & des affaires du Monde. Prudent fans être fin, il gagnoit l'eftime des hommes par fa probité, & étoit toûjours à couvert des attaques d'un faux Ami, ou d'un lâche Flatteur. Eloigné de toute baffe complaifance; fon habileté, fon expérience, fes manières douces & civiles le faifoient refpecter de fes Inferieurs, lui attiroient l'eftime de fes Egaux, l'amitié & la confiance des plus grands Seigneurs.

Sans s'ériger en Docteur, il inftruifoit par fa conduite. Il avoit été d'abord affez porté à donner des confeils à fes Amis qu'il croyoit en avoir befoin:

foin : mais enfin ayant reconnu *que les bons Conseils ne servent point à rendre les gens plus sages*, il devint beaucoup plus retenu sur cet article. Je lui ai souvent entendu dire que la prémiere fois qu'il ouït cette Maxime, elle lui avoit paru fort étrange, mais que l'experience lui en avoit montré clairement la vérité. Par *Conseils* il faut entendre ici ceux qu'on donne à des gens qui n'en demandent point. Cependant quelque desabusé qu'il fût de l'esperance de redresser ceux à qui il voyoit prendre de fausses mesures; sa bonté naturelle, l'aversion qu'il avoit pour le désordre, & l'intérêt qu'il prenoit en ceux qui étoient autour de lui, le forçoient, pour ainsi dire, à rompre quelquefois la résolution qu'il avoit prise de les laisser en repos ; & à leur donner les avis qu'il croyoit propres à les ramener : mais c'étoit toûjours d'une manière modeste, & capable de convaincre l'Esprit par le soin qu'il prenoit d'accompagner ses avis de raisons solides qui ne lui manquoient jamais au besoin.

Du reste, M. *Locke* étoit fort liberal de ses avis lors qu'on les lui demandoit : & l'on ne le consultoit jamais en vain. Une extrême vivacité d'Esprit, l'une de ses Qualitez dominantes, en quoi il n'a peut-être eu jamais d'égal, sa grande experience & le desir sincere qu'il avoit d'être utile à tout le monde, lui fournissoient bientôt les expediens les plus justes & les moins dangereux. Je dis les moins dangereux ; car ce qu'il se proposoit avant toutes choses, étoit de ne faire aucun mal à ceux qui le consultoient. C'étoit une de ses Maximes favorites qu'il ne perdoit jamais de vûë dans l'occasion.

Quoi que M. *Locke* aimât sur-tout les véritez utiles ; qu'il en nourrît son Esprit ; & qu'il fût bien aise d'en faire le sujet de ses Conversations, il avoit accoûtumé de dire, que pour employer utilement une partie de cette vie à des occupations serieuses, il falloit en passer une autre à de simples divertissemens ; & lors que l'occasion s'en présentoit naturellement, il s'abandonnoit avec plaisir aux douceurs d'une Conversation libre & enjoûée. Il savoit plusieurs Contes agréables dont il se souvenoit à propos ; & ordinairement il les rendoit encore plus agréables par la maniére fine & aisée dont il les racontoit. Il aimoit assez la raillerie, mais une raillerie délicate, & tout-à-fait innocente.

Personne n'a jamais mieux entendu l'art de s'accommoder à la portée de toute sorte d'Esprits ; qui est, à mon avis, l'une des plus sûres marques d'un grand genie.

Une de ses addresses dans la Conversation étoit de faire parler les gens sur ce qu'ils entendoient le mieux. Avec un Jardinier il s'entretenoit de jardinage, avec un Joaillier de pierreries, avec un Chimiste de Chimie, &c. „ Par-là, disoit-il lui-même, je plais à tous ces gens-là, qui pour
„ l'ordinaire ne peuvent parler pertinemment d'autre chose. Comme ils
„ voyent que je fais cas de leurs occupations, ils sont charmez de me faire
„ voir leur habileté ; & moi, je profite de leur entretien ". Effectivement, M. *Locke* avoit acquis par ce moyen une assez grande connoissance de tous les Arts ; & s'y perfectionoit tous les jours. Il disoit aussi, que la connoissance des Arts contenoit plus de véritable Philosophie que toutes

ces belles & savantes Hypotheses, qui n'ayant aucun rapport avec la nature des choses ne servent au fond qu'à faire perdre du tems à les inventer ou à les comprendre. Mille fois j'ai admiré comment par differentes interrogations qu'il faisoit à des gens de métier, il trouvoit le secret de leur Art qu'ils n'entendoient pas eux-mêmes, & leur fournissoit fort souvent des vûës toutes nouvelles qu'ils étoient quelquefois bien aises de mettre à profit.

Cette facilité que M. *Locke* avoit à s'entretenir avec toute sorte de personnes, le plaisir qu'il prenoit à le faire, surprenoit d'abord ceux qui lui parloient pour la prémiere fois. Ils étoient charmez de cette condescendance, assez rare dans les gens de Lettres, qu'ils attendoient si peu d'un homme que ses grandes qualitez élevoient si fort au dessus de la plûpart des autres hommes. Bien des gens qui ne le connoissoient que par ses Ecrits, ou par la reputation qu'il avoit d'être un des prémiers Philosophes du siécle, s'étant figuré par avance, que c'étoit un de ces Esprits tout occupez d'eux-mêmes & de leurs *rares speculations*, incapables de se familiariser avec le commun des hommes, d'entrer dans leurs petits intérêts, de s'entretenir des affaires ordinaires de la vie, étoient tout étonnez de trouver un homme affable, plein de douceur, d'humanité, d'enjoûment, toûjours prêt à les écouter, à parler avec eux des choses qui leur étoient le plus connuës, bien plus empressé à s'instruire de ce qu'ils savoient mieux que lui, qu'à leur étaler sa Science. Je connois un bel Esprit en Angleterre qui fut quelque tems dans la même prévention. Avant que d'avoir vû M. *Locke*, il se l'étoit representé sous l'idée d'un de ces Anciens Philosophes à longue barbe, ne parlant que par sentences, négligé dans sa personne, sans autre politesse que celle que peut donner la bonté du naturel, espéce de politesse quelquefois bien grossiére, & bien incommode dans la Societé civile. Mais dans une heure de conversation, revenu entierement de son erreur à tous ces égards il ne put s'empêcher de faire connoitre qu'il regardoit M. *Locke* comme un homme des plus polis qu'il eût jamais vû. *Ce n'est pas un Philosophe toûjours grave, toûjours renfermé dans son caractére, comme je me l'étois figuré*: c'est, dit-il, *un parfait homme de Cour, autant aimable par ses maniéres civiles & obligeantes, qu'admirable par la profondeur & la délicatesse de son genie.*

M. *Locke* étoit si éloigné de prendre ces airs de gravité, par où certaines gens, savans & non savans, aiment à se distinguer du reste des hommes, qu'il les regardoit au contraire comme une marque infaillible d'impertinence. Quelquefois même il se divertissoit à imiter cette Gravité concertée, pour la tourner plus agréablement en ridicule; & dans ces rencontres il se souvenoit toûjours de cette Maxime du Duc *de la Rochefoucault*, qu'il admiroit sur toutes les autres, *La Gravité est un mystere du Corps inventé pour cacher les défauts de l'Esprit*. Il aimoit aussi à confirmer son sentiment sur cela par celui du fameux Comte de *Shaftsbury*, à qui il prenoit plaisir de faire honneur de toutes les choses qu'il croyoit avoir apprises dans sa Conversation.

Rien ne le flattoit plus agréablement que l'estime que ce Seigneur conçut pour lui presque aussi-tôt qu'il l'eût vû, & qu'il conserva depuis, tout le

* *Chancelier d'Angleterre sous le Regne de Charles II.*

le reste de sa vie. Et en effet rien ne met dans un plus beau jour le mérite de M. *Locke* que cette estime constante qu'eut pour lui Mylord *Shaftsbury*, le plus grand Genie de son Siécle, superieur à tant de bons Esprits qui brilloient de son tems à la Cour de *Charles II.* non seulement par sa fermeté, par son intrepidité à soutenir les véritables intérêts de sa Patrie, mais encore par son extrême habileté dans le maniment des affaires les plus épineuses. Dans le tems que M. *Locke* étudioit à Oxford, il se trouva par accident dans sa compagnie; & une seule conversation avec ce grand homme lui gagna son estime & sa confiance à tel point que bien-tôt après Mylord *Shaftsbury* le retint auprès de lui pour y rester aussi long-tems que la santé ou les affaires de M. *Locke* le lui pourroient permettre. Ce Comte excelloit sur-tout à connoitre les hommes. Il n'étoit pas possible de surprendre son estime par des qualitez médiocres; c'est dequoi ses ennemis même n'ont jamais disconvenu. Que ne puis-je d'un autre côté vous faire connoître la haute idée que M. *Locke* avoit du mérite de ce Seigneur ? Il ne perdoit aucune occasion d'en parler; & cela d'un ton qui faisoit bien sentir, qu'il étoit fortement persuadé de ce qu'il en disoit. Quoi que Mylord *Shaftsbury* n'eût pas donné beaucoup de tems à la lecture, rien n'étoit plus juste, au rapport de M. *Locke*, que le jugement qu'il faisoit des Livres qui lui tomboient entre les mains. Il démêloit en peu de tems le dessein d'un Ouvrage, & sans s'attacher beaucoup aux paroles qu'il parcouroit avec une extrême rapidité, il découvroit bien-tôt si l'Auteur étoit maître de son sujet, & si ses raisonnemens étoient exacts. Mais M. *Locke* admiroit sur-tout en lui, cette pénétration, cette présence d'Esprit qui lui fournissoit toûjours les expediens les plus utiles dans les cas les plus desesperez, cette noble hardiesse qui éclatoit dans tous ses Discours Publics, toûjours guidée par un jugement solide, qui ne lui permettant de dire que ce qu'il devoit dire, régloit toutes ses paroles, & ne laissoit aucune prise à la vigilance de ses Ennemis.

Durant le tems que M. *Locke* vécut avec cet illustre Seigneur, il eut l'avantage de connoitre tout ce qu'il y avoit en Angleterre de plus fin, de plus spirituel & de plus poli. C'est alors qu'il se fit entierement à ces maniéres douces & civiles qui soûtenuës d'un langage aisé & poli, d'une grande connoissance du Monde, & d'une vaste étenduë d'Esprit, ont rendu sa conversation si agréable à toute sorte de personnes. C'est alors sans doute qu'il se forma aux grandes affaires dont il a paru si capable dans la suite.

Je ne sai si sous le Roi *Guillaume*, le mauvais état de sa santé lui fit refuser d'aller en Ambassade dans une des plus considerables Cours de l'Europe. Il est certain du moins, que ce grand Prince le jugea digne de ce poste; & personne ne doute qu'il ne l'eût rempli glorieusement.

Le même Prince lui donna après cela, une place parmi les Seigneurs Commissaires qu'il établit pour avancer l'intérêt du Negoce & des Plantations. M. *Locke* exerça cet emploi durant plusieurs années; & l'on dit (*absit invidia verbo*) qu'il étoit comme l'Ame de ce noble Corps. Les Marchands les plus experimentez admiroient qu'un homme qui avoit passé sa vie à l'étude de la Medecine, des Belles Lettres, ou de la Philosophie, eût des
vûës

vûës plus étenduës & plus sûres qu'eux sur une chose à quoi ils s'étoient uniquement appliquez dès leur première jeunesse. Enfin lorsque M. *Locke* ne put plus passer l'Eté à Londres sans exposer sa vie, il alla se demettre de cette Charge entre les mains du Roi, par la raison que sa santé ne pouvoit plus lui permettre de rester long-tems à Londres. Cette raison n'empêcha pas le Roi de solliciter M. *Locke* à conserver son Poste, après lui avoir dit expressément qu'encore qu'il ne pût demeurer à Londres que quelques Semaines, ses services dans cette Place ne laisseroient pas de lui être fort utiles: Mais il se rendit enfin aux instances de M. *Locke*, qui ne pouvoit se résoudre à garder un Emploi aussi important que celui-là, sans en faire les fonctions avec plus de régularité. Il forma & executa ce dessein sans en dire mot à qui que ce soit, évitant par une générosité peu commune ce que d'autres auroient recherché fort soigneusement. Car en faisant savoir qu'il étoit prêt à quitter cet Emploi, qui lui portoit mille Livres sterling de revenu, il lui étoit aisé d'entrer dans une espèce de composition avec tout Prétendant, qui averti en particulier de cette nouvelle & apuyé du crédit de M. *Locke* auroit été par-là en état d'emporter la place vacante sur toute autre personne. On ne manqua pas de le lui dire, & même en forme de reproche. *Je le savois bien*, répondit-il; *mais ç'a été pour cela même que je n'ai pas voulu communiquer mon dessein à personne. J'avois reçu cette Place du Roi, j'ai voulu la lui remettre pour qu'il en pût disposer selon son bon-plaisir.*

Une chose que ceux qui ont vécu quelque tems avec M. *Locke*, n'ont pu s'empêcher de remarquer en lui, c'est qu'il prenoit plaisir à faire usage de sa Raison dans tout ce qu'il faisoit : & rien de ce qui est accompagné de quelque utilité, ne lui paroissoit indigne de ses soins; de sorte qu'on peut dire de lui, comme on l'a dit de la Reine *Elizabeth*, qu'il n'étoit pas moins capable des petites que des grandes choses. Il disoit ordinairement lui-même qu'il y avoit de l'art à tout; & il étoit aisé de s'en convaincre, à voir la manière dont il se prenoit à faire les moindres choses, toûjours fondée sur quelque bonne raison. Je pourrois entrer ici dans un détail qui ne déplairroit peut-être pas à bien des gens. Mais les bornes que je me suis prescrites, & la crainte de remplir trop de pages de votre Journal ne me le permettent pas.

M. *Locke* aimoit sur tout l'Ordre; & il avoit trouvé le moyen de l'observer en toutes choses avec une exactitude admirable.

Comme il avoit toûjours l'utilité en vûë dans toutes ses recherches, il n'estimoit les occupations des hommes qu'à proportion du bien qu'elles sont capables de produire : c'est pourquoi il ne faisoit pas grand cas de ces Critiques, purs Grammairiens qui consument leur vie à comparer des mots & des phrases, & à se déterminer sur le choix d'une diversité de lecture à l'égard d'un passage qui ne contient rien de fort important. Il goûtoit encore moins les Disputeurs de profession qui uniquement occupez du desir de remporter la victoire, se cachent sous l'ambiguité d'un terme pour mieux embarrasser leurs adversaires. Et lorsqu'il avoit à faire à ces sortes de gens s'il ne prenoit par avance une forte résolution de ne pas se fâcher, il s'emportoit bien-tôt. Et en général il est certain qu'il étoit naturellement assez

su-

sujet à la colere. Mais ces accès ne lui duroient pas long-tems. S'il conservoit quelque reſſentiment, ce n'étoit que contre lui-même, pour s'être laiſſé aller à une paſſion ſi ridicule, & qui, comme il avoit accoûtumé de le dire, peut faire beaucoup de mal, mais n'a jamais fait aucun bien. Il ſe blâmoit ſouvent lui-même de cette foibleſſe. Sur quoi il me ſouvient que deux ou trois ſemaines avant ſa mort, comme il étoit aſſis dans un Jardin à prendre l'air par un beau Soleil, dont la chaleur lui plaiſoit beaucoup, & qu'il mettoit à profit en faiſant tranſporter ſa chaiſe vers le Soleil à meſure qu'elle ſe couvroit d'ombre, nous vinmes à parler d'*Horace*, je ne ſai à quelle occaſion, & je rappellai ſur cela ces vers où il dit de lui-même qu'il étoit

———————— *Solibus aptum;*
Iraſci celerem tamen ut placabilis eſſem.

„ qu'il aimoit la chaleur du Soleil, & qu'étant naturellement prompt &
„ colere il ne laiſſoit pas d'être facile à appaiſer". M. *Locke* repliqua d'abord que s'il oſoit ſe comparer à *Horace* par quelque endroit, il lui reſſembloit parfaitement dans ces deux choſes. Mais afin que vous ſoyez moins ſurpris de ſa modeſtie en cette occaſion, je ſuis obligé de vous dire tout d'un tems qu'il regardoit *Horace* comme un des plus ſages & des plus heureux Romains qui ayent vêcu du tems d'*Auguſte*, par le ſoin qu'il avoit eu de ſe conſerver libre d'ambition & d'avarice, de borner ſes deſirs, & de gagner l'amitié des plus grands hommes de ſon ſiécle, ſans vivre dans leur dépendance.

M. *Locke* n'approuvoit pas non plus ces Ecrivains qui ne travaillent qu'à détruire, ſans rien établir eux-mêmes. „ Un bâtiment, diſoit-il, leur
„ déplait. Ils y trouvent de grands défauts: qu'ils le renverſent, à la bon-
„ ne heure, pourvû qu'ils tâchent d'en élever un autre à la place, s'il eſt
„ poſſible.

Il conſeilloit qu'après qu'on a médité quelque choſe de nouveau, on le jettât au plûtôt ſur le papier, pour en pouvoir mieux juger en le voyant tout enſemble; parce que l'Eſprit humain n'eſt pas capable de retenir clairement une longue ſuite de conſéquences, & de voir nettement le rapport de quantité d'idées différentes. D'ailleurs il arrive ſouvent, que ce qu'on avoit le plus admiré, à le conſidérer en gros & d'une maniére confuſe, paroît ſans conſiſtence & tout-à-fait inſoûtenable dès qu'on en voit diſtinctement toutes les parties.

M. *Locke* conſeilloit auſſi de communiquer toûjours ſes penſées à quelque Ami, ſur-tout ſi l'on ſe propoſoit d'en faire part au Public; & c'eſt ce qu'il obſervoit lui-même très-religieuſement. Il ne pouvoit comprendre, qu'un Etre d'une capacité auſſi bornée que l'Homme, auſſi ſujet à l'Erreur, eût la confiance de négliger cette précaution.

Jamais homme n'a mieux employé ſon tems que M. *Locke*. Il y paroît par les Ouvrages qu'il a publiez lui-même; & peut-être qu'on en verra un jour de nouvelles preuves. Il a paſſé les quatorze ou quinze derniéres

ELOGE DE M. LOCKE.

années de sa vie à *Oates*, Maison de Campagne de Mr. le Chevalier *Masham*, à vingt-cinq milles de Londres dans la Province d'Essex. Je prens plaisir à m'imaginer que ce Lieu, si connu à tant de gens de mérite que j'ai vû s'y rendre de plusieurs endroits de l'Angleterre pour visiter M. *Locke*, sera fameux dans la Posterité par le long séjour qu'y a fait ce grand homme. Quoi qu'il en soit, c'est-là que joüissant quelquefois de l'entretien de ses Amis, & constamment de la compagnie de Madame *Masham*, pour qui M. *Locke* avoit conçu depuis long-tems, une estime & une amitié toute particuliére, (malgré tout le mérite de cette Dame, elle n'aura aujourd'hui de moi que cette louange) il goûtoit des douceurs qui n'étoient interrompuës que par le mauvais état d'une santé foible & délicate. Durant cet agréable séjour, il s'attachoit sur-tout à l'étude de l'Ecriture Sainte; & n'employa presque à autre chose les derniéres années de sa vie. Il ne pouvoit se lasser d'admirer les grandes vûës de ce sacré Livre, & le juste rapport de toutes ses parties: il y faisoit tous les jours des découvertes qui lui fournissoient de nouveaux sujets d'admiration. Le bruit est grand en Angleterre que ces découvertes seront communiquées au Public. Si cela est, tout le monde aura, je m'assure, une preuve bien évidente de ce qui a été remarqué par tous ceux qui ont été auprès de M. *Locke* jusqu'à la fin de sa vie, je veux dire que son Esprit n'a jamais souffert aucune diminution, quoi que son Corps s'affoiblît de jour en jour d'une maniére assez sensible.

Ses forces commencérent à défaillir plus visiblement que jamais, dès l'entrée de l'Eté dernier, Saison, qui les années précedentes lui avoit toûjours redonné quelques dégrez de vigueur. Dès-lors il prévit que sa fin étoit fort proche. Il en parloit même assez souvent, mais toûjours avec beaucoup de serenité, quoi qu'il n'oubliât d'ailleurs aucune des précautions que son habileté dans la Medecine pouvoit lui fournir pour se prolonger la vie. Enfin ses jambes commencerent à s'enfler; & cette enflure augmentant tous les jours, ses forces diminuerent à vûë d'œil. Il s'apperçut alors du peu de tems qui lui restoit à vivre; & se disposa à quitter ce Monde, pénétré de reconnoissance pour toutes les graces que Dieu lui avoit faites, dont il prenoit plaisir à faire l'énumeration à ses Amis, plein d'une sincere resignation à sa Volonté, & d'une ferme espérance en ses promesses, fondées sur la parole de *Jesus-Christ* envoyé dans le Monde pour mettre en lumiére la vie & l'immortalité par son Evangile.

Enfin les forces lui manquerent à tel point que le vingt-sixiême d'Octobre (1704.) deux jours avant sa mort, l'étant allé voir dans son Cabinet, je le trouvai à genoux, mais dans l'impuissance de se relever de lui-même.

Le lendemain, quoi qu'il ne fût pas plus mal, il voulut rester dans le lit. Il eut tout ce jour-là plus de peine à respirer que jamais: & vers les cinq heures du soir il lui prit une sueur accompagnée d'une extrême foiblesse qui fit craindre pour sa vie. Il crut lui-même qu'il n'étoit pas loin de son dernier moment. Alors il recommanda qu'on se souvînt de lui dans la Priere du soir: là-dessus Madame *Masham* lui dit que s'il le vouloit, toute la Famille viendroit prier Dieu dans sa Chambre. Il répondit qu'il en feroit fort aife fi cela ne donnoit pas trop d'embarras. On s'y rendit donc & on pria en particulier pour lui. Après cela il donna quelques ordres avec une grande tranquillité d'efprit; & l'occafion s'étant préfentée de parler de la Bonté de Dieu, il exalta fur-tout l'amour que Dieu a témoigné aux hommes en les juftifiant par la foi en *Jefus-Chrift*. Il le remercia en particulier de ce qu'il l'avoit appellé à la connoiffance de ce divin Sauveur. Il exhorta tous ceux qui fe trouvoient auprès de lui de lire avec foin l'Ecriture Sainte, & de s'attacher fincerement à la pratique de tous leurs devoirs, ajoûtant expreffément, que *par ce moyen ils feroient plus heureux dans ce Monde; & qu'ils s'affûreroient la poffeffion d'une éternelle félicité dans l'autre*. Il paffa toute la nuit fans dormir. Le lendemain, il fe fit porter dans fon Cabinet, car il n'avoit plus la force de fe foûtenir; & là fur un fauteuil & dans une efpèce d'affoupiffement, quoi que maître de fes penfées, comme il paroiffoit par ce qu'il difoit de tems en tems, il rendit l'Efprit vers les trois heures après midi le 28me d'Octobre vieux ftile.

Je vous prie, Monfieur, ne prenez pas ce que je viens de vous dire du caractére de M. *Locke* pour un Portrait achevé. Ce n'eft qu'un foible crayon de quelques-unes de fes excellentes qualitez. J'apprens qu'on en verra bien-tôt une Peinture faite de main de Maître. C'eft là que je vous renvoye. Bien des traits m'ont échappé, j'en fuis fûr; mais j'ofe dire que ceux que je viens de vous tracer, ne font point embellis par de fauffes couleurs, mais tirez fidellement fur l'Original.

Je ne dois pas oublier une particularité du Teftament de M. *Locke* dont il eft important que la *République des Lettres* foit informée; c'eft qu'il y découvre quels font les Ouvrages qu'il avoit publiez fans y mettre fon nom. Et voici à quelle occafion. Quelque tems avant fa mort, le Docteur *Hudfon* qui eft chargé du foin de la *Bibliotheque Bodleïenne* à Oxford, l'avoit prié de lui envoyer tous les Ouvrages qu'il avoit donnez au Public, tant ceux où fon nom paroiffoit, que ceux où il ne paroiffoit pas, pour qu'ils fuffent tous placez dans cette fameufe Bibliotheque. M. *Locke* ne lui envoya que les prémiers; mais dans fon Teftament il déclare qu'il eft réfolu de fatisfaire pleinement le Docteur *Hudfon*; & pour cet effet il legue à la Bibliotheque Bodleïenne, un Exemplaire du refte de fes Ouvrages où il n'avoit pas mis fon nom, favoir une (1) *Lettre Latine fur la Tolerance*, imprimée à Tergou, & traduite quelque tems après en Anglois à l'infû de M. *Locke*; *deux* autres *Lettres* fur le même fujet, deftinées à repouffer des Objections faites contre la Premiére; le *Chriftianifme Raifonnable* (2), avec
deux

(1) Elle *a été traduite en François & imprimée à Rotterdam en* 1710. *avec d'autres pieces de M. Locke, fous le titre d'Oeuvres diverfes de M.Locke*. J. Fred. Bernard, *Libraire d'Amfterdam, a fait en* 1732. *une feconde Edition de ces Oeuvres diverfes, augmentée* 1. *d'un Effai fur la neceffité d'expliquer les Epîtres de S. Paul par S. Paul même.* 2. *de l'Examen du fentiment du P.* Mallebranche *qu'on voit toutes chofes en Dieu.* 3. *de diverfes Lettres de M. Locke & de M. de* Limborch.

(2) *Reimprimé en François en* 1715. *à Amfterdam chez.* L'Honoré & Châtelain. *Cette Edition eft augmentée d'une Differtation du Traducteur fur la Réunion des Chrétiens.* Z. Châtelain *a fait en* 1731. *une troifieme Edition de cet Ouvrage. On y a joint, comme dans la feconde Edition,* la Religion des Dames.

ELOGE DE M. LOCKE.

deux *Défenses* (3) de ce Livre ; & *deux Traitez sur le Gouvernement Civil.* Voilà tous les Ouvrages anonymes, dont M. Locke se reconnoit l'Auteur.

Au reste, je ne vous marque point à quel âge il est mort, parce que je ne le sai point. Je lui ai ouï dire plusieurs fois qu'il avoit oublié l'année de sa naissance; mais qu'il croyoit l'avoir écrit quelque part. On n'a pu le trouver encore parmi ses papiers; mais on s'imagine avoir des preuves qu'il a vécu environ soixante & seize ans.

Quoi que je sois depuis quelque tems à Londres, Ville féconde en Nouvelles Litteraires, je n'ai rien de nouveau à vous mander. Depuis que M. *Locke* a été enlevé de ce Monde, je n'ai presque pensé à autre chose qu'à la perte de ce grand homme, dont la mémoire me sera toûjours précieuse: heureux si comme je l'ai admiré plusieurs années que j'ai été auprès de lui, je pouvois l'imiter par quelque endroit. Je suis de tout mon cœur, Monsieur, &c.

A Londres ce 10. de
Decembre 1704.

(3) *Elles sont aussi traduites en François, sous le titre de* Seconde Partie du Christianisme raisonnable.

PRÉFACE
DE
L'AUTEUR.

Voici cher Lecteur, ce qui a fait le divertissement de quelques heures de loisir que je n'étois pas d'humeur d'employer à autre chose. Si cet Ouvrage a le bonheur d'occuper de la même maniére quelque petite partie d'un temps où vous serez bien aise de vous relâcher de vos affaires plus importantes, & que vous preniez seulement la moitié tant de plaisir à le lire que j'en ai eu à le composer, vous n'aurez pas, je crois, plus de regret à votre argent que j'en ai eu à ma peine. N'allez pas prendre ceci pour un Eloge de mon Livre, ni vous figurer que, puisque j'ai pris du plaisir à le faire, je l'admire à présent qu'il est fait. Vous auriez tort de m'attribuer une telle pensée. Quoi que celui qui chasse aux Alouettes ou aux Moineaux, n'en puisse pas retirer un grand profit, il ne se divertit pas moins que celui qui court un Cerf ou un Sanglier. D'ailleurs, il faut avoir fort peu de connoissance du sujet de ce Livre, je veux dire l'ENTENDEMENT, pour ne pas savoir, que, comme c'est la plus sublime Faculté de l'Ame, il n'y en a point aussi dont l'exercice soit accompagné d'une plus grande & d'une plus constante satisfaction. Les recherches où l'Entendement s'engage pour trouver la Vérité, sont une espèce de chasse, où la poursuite même fait une grande partie du plaisir.

Chaque pas que l'Esprit fait dans la Connoissance, est une espèce de découverte qui est non seulement nouvelle, mais aussi la plus parfaite, du moins pour le présent. Car l'Entendement, semblable à l'Oeuil, ne jugeant des Objets que par sa propre vûe, ne peut que prendre plaisir aux découvertes qu'il fait, moins inquiet pour ce qui lui est échappé, parce qu'il ignore ce que c'est. Ainsi, quiconque ayant formé le généreux dessein de ne pas vivre d'aumône, je veux dire de ne pas se reposer nonchalamment sur des Opinions empruntées au hazard, met ses propres pensées en œuvre pour trouver & embrasser la Vérité, goûtera du contentement dans cette Chasse, quoi que ce soit qu'il rencontre. Chaque moment qu'il employe à cette recherche, le recompensera de sa peine par quelque plaisir; & il aura sujet de croire son temps bien employé, quand même il ne pourroit pas se glorifier d'avoir fait de grandes acquisitions.

Tel

PREFACE DE L'AUTEUR.

Tel est le contentement de ceux qui laissent agir librement leur Esprit dans la Recherche de la Vérité, & qui en écrivant suivent leurs propres pensées ; ce que vous ne devez pas leur envier, puisqu'ils vous fournissent l'occasion de goûter un semblable plaisir, si en lisant leurs Productions vous voulez aussi faire usage de vos propres pensées. C'est à ces pensées, que j'en appelle, si elles viennent de votre fond. Mais si vous les empruntez des autres hommes, au hazard & sans aucun discernement, elles ne méritent pas d'entrer en ligne de compte, puisque ce n'est pas l'amour de la Vérité, mais quelque consideration moins estimable qui vous les fait rechercher. Car qu'importe de savoir ce que dit ou pense un homme qui ne dit ou ne pense que ce qu'un autre lui suggere ? Si vous jugez par vous-même, je suis assuré que vous jugerez sincerement ; & en ce cas-là, quelque censure que vous fassiez de mon Ouvrage, je n'en serai nullement choqué. Car encore qu'il soit certain qu'il n'y a rien dans ce Traité dont je ne sois pleinement persuadé qu'il est conforme à la Vérité, cependant je me regarde comme aussi sujet à erreur qu'aucun de vous ; & je sai que c'est de vous que dépend le sort de mon Livre ; qu'il doit se soûtenir ou tomber, en conséquence de l'opinion que vous en aurez, non de celle que j'en ai conçu moi-même. Si vous y trouvez peu de choses nouvelles ou instructives à votre égard, vous ne devez pas vous en prendre à moi. Cet Ouvrage n'a pas été composé pour ceux qui sont maîtres sur le sujet qu'on y traite, & qui connoissent à fond leur propre Entendement, mais pour ma propre instruction, & pour contenter quelques Amis qui confessoient qu'ils n'étoient pas entrez assez avant dans l'examen de cet important sujet. S'il étoit à propos de faire ici l'Histoire de cet Essai, je vous dirois que cinq ou six de mes Amis s'étant assemblez chez moi & venant à discourir sur un point fort différent de celui que je traite dans cet Ouvrage, se trouverent bientôt poussez à bout par les difficultez qui s'éleverent de différens côtez. Après nous être fatiguez quelque temps, sans nous trouver plus en état de resoudre les doutes qui nous embarrassoient, il me vint dans l'Esprit que nous prenions un mauvais chemin ; & qu'avant que de nous engager dans ces sortes de recherches, il étoit nécessaire d'examiner notre propre capacité, & de voir quels objets sont à notre portée, ou au dessus de notre comprehension. Je proposai cela à la compagnie, & tous l'approuverent aussi-tôt. Sur quoi l'on convint que ce seroit là le sujet de nos prémiéres recherches. Il me vint alors quelques pensées indigestes sur cette matiére que je n'avois jamais examinée auparavant. Je les jettai sur le papier ; & ces pensées formées à la hâte que j'écrivis pour les montrer à mes Amis, à notre prochaine entrevüe, fournirent la première occasion de ce Traité ; qui ayant été commencé par hazard, & continué à la sollicitation de ces mêmes personnes, n'a été écrit que par piéces détachées : car après l'avoir long-temps négligé, je le repris selon que mon humeur, ou l'occasion me le permettoit, & enfin pendant une retraite que je fis pour le bien de ma santé, je le mis dans l'état où vous le voyez présentement.

En composant ainsi à diverses reprises, je puis être tombé dans deux défauts opposez, outre quelques autres, c'est que je me serai trop, ou trop peu étendu sur divers sujets. Si vous trouvez l'Ouvrage trop court, je serai bien aise que ce que j'ai écrit vous fasse souhaiter que j'eusse été plus loin. Et s'il vous paroit trop long, vous devez vous en prendre à la matiére : car lorsque je commençai de

met-

PREFACE

mettre la main à la plume, je crus que tout ce que j'avois à dire, pourroit être renfermé dans une feuille de Papier. Mais à mesure que j'avançai, je découvris toûjours plus de païs: & les découvertes que je faisois, m'engagerent dans de nouvelles recherches, l'Ouvrage parvint insensiblement à la grosseur où vous le voyez présentement. Je ne veux pas nier qu'on ne pût le réduire peut-être à un plus petit Volume, & en abreger quelques parties, parce que la manière dont il a été écrit, par parcelles, à diverses reprises, & en differens intervalles de tems, a pu m'entrainer dans quelques repetitions. Mais à vous parler franchement, je n'ai présentement ni le courage ni le loisir de le faire plus court.

Je n'ignore pas à quoi j'expose ma propre reputation en mettant au jour mon Ouvrage avec un défaut si propre à dégouter les Lecteurs les plus judicieux qui sont toûjours les plus délicats. Mais ceux qui savent que la Paresse se paye aisément des moindres excuses, me pardonneront si je lui ai laissé prendre de l'empire sur moi dans cette occasion, où je pense avoir une fort bonne raison de ne pas la combattre. Je pourrois alleguer pour ma défense, que la même Notion ayant différens rapports, peut être propre ou nécessaire à prouver ou à éclaircir différentes parties d'un même Discours, & que c'est là ce qui est arrivé en plusieurs endroits de celui que je donne présentement au Public: mais sans appuyer sur cela, j'avoûerai de bonne foi que j'ai quelquefois insisté long-temps sur un même Argument, & que je l'ai exprimé en diverses maniéres dans des vûës tout-à-fait différentes. Je ne prétens pas publier cet Essai pour instruire ces personnes d'une vaste comprehension, dont l'Esprit vif & pénétrant voit aussi-tôt le fond des choses; je me reconnois un simple Ecolier auprès de ces grands Maîtres. C'est-pourquoi je les avertis par avance de ne s'attendre pas à voir ici autre chose que des pensées communes que mon Esprit m'a fournies, & qui sont proportionnées à des Esprits de la même portée, lesquels ne trouveront peut-être pas mauvais que j'aye pris quelque peine pour leur faire voir clairement certaines véritez que des Préjugez établis, ou ce qu'il y a de trop abstrait dans les Idées mêmes, peuvent avoir rendu difficiles à comprendre. Certains Objets ont besoin d'être tournez de tous côtez pour pouvoir être vûs distinctement; & lorsqu'une Notion est nouvelle à l'Esprit, comme je confesse que quelques-unes de celles-ci le sont à mon égard, ou qu'elle est éloignée du chemin battu, comme je m'imagine que plusieurs de celles que je propose dans cet Ouvrage, le paroîtront aux autres, une simple vûë ne suffit pas pour la faire entrer dans l'Entendement de chaque personne, ou pour l'y fixer par une impression nette & durable. Il y a peu de gens, à mon avis, qui n'ayent observé en eux-mêmes, ou dans les autres, que ce qui proposé d'une certaine manière, avoit été fort obscur, est devenu fort clair & fort intelligible, exprimé en d'autres termes; quoi que dans la suite l'Esprit ne trouvât pas grand' différence dans ces différentes phrases, & qu'il fut surpris que l'une eût été moins aisée à entendre que l'autre. Mais chaque chose ne frappe pas également l'imagination de chaque homme en particulier. Il n'y a pas moins de différence dans l'Entendement des hommes que dans leur Palais; & quiconque se figure que la même vérité sera également goûtée de tous, étant proposée à chacun de la même maniére, peut espérer avec autant de fondement de regaler tous les hommes avec un même ragoût. Le mets peut être excellent en lui-même: mais assaisonné de cette manière, il ne sera pas au goût de tout le monde: de sorte

qu'il

qu'il faut l'apprêter autrement, si vous voulez que certaines personnes qui ont
d'ailleurs l'estomac fort bon, puissent le digerer. La vérité est que ceux qui
m'ont exhorté à publier cet Ouvrage, m'ont conseillé par cette raison de le publier tel qu'il est; ce que je suis bien aise d'apprendre à quiconque se donnera la
peine de le lire. J'ai si peu d'envie d'être imprimé, que si je ne me flattois que
cet Essai pourroit être de quelque usage aux autres comme je croi qu'il l'a été à
moi-même, je me serois contenté de le faire voir à ces mêmes Amis qui m'ont
fourni la prémiére occasion de le composer. Mon dessein ayant donc été, en pu-
bliant cet Ouvrage, d'être autant utile qu'il dépend de moi, j'ai crû que je de-
vois nécessairement rendre ce que j'avois à dire, aussi clair & aussi intelligible
que je pourrois, à toute sorte de Lecteurs. J'aime bien mieux que les Esprits
speculatifs & pénétrans se plaignent que je les ennuye, en quelques endroits de
mon Livre, que si d'autres personnes qui ne sont pas accoûtumées à des speculations abstraites, ou qui sont prévenuës de notions différentes de celles que je leur
propose, n'entroient pas dans mon sens ou ne pouvoient absolument point comprendre mes pensées.

On regardera peut-être comme l'effet d'une vanité ou d'une insolence insupportable, que je prétende instruire un Siécle aussi éclairé que le nôtre, puisque c'est
à peu près à quoi se réduit ce que je viens d'avoüer, que je publie cet Essai dans
l'espérance qu'il pourra être utile à d'autres. Mais s'il est permis de parler librement de ceux qui par une feinte modestie publient que ce qu'ils écrivent n'est
d'aucune utilité, je croi qu'il y a beaucoup plus de vanité & d'insolence de se
proposer aucun autre but que l'utilité publique en mettant un Livre au jour; de
sorte que qui fait imprimer un Ouvrage où il ne prétend pas que les Lecteurs
trouvent rien d'utile ni pour eux ni pour les autres, péche visiblement contre le
respect qu'il doit au Public. Quand bien ce Livre seroit effectivement de cet
ordre, mon dessein ne laissera pas d'être loüable, & j'espére que la bonté de mon
intention excusera le peu de valeur du Présent que je fais au Public. C'est là
principalement ce qui me rassûre contre la crainte des Censures auxquelles je n'at-
tens pas d'échapper plûtôt que de plus excellens Ecrivains. Les Principes, les
Notions, & les Goûts des hommes sont si différens, qu'il est mal-aisé de trouver un Livre qui plaise ou déplaise à tout le monde. Je reconnois que le Siécle
où nous vivons n'est pas le moins éclairé, & qu'il n'est pas par conséquent le plus
facile à contenter. Si je n'ai pas le bonheur de plaire, personne ne doit s'en
prendre à moi. Je déclare naïvement à tous mes Lecteurs qu'excepté une demi-
douzaine de personnes, ce n'étoit pas pour eux que cet Ouvrage avoit d'abord
été destiné, & qu'ainsi il n'est pas nécessaire qu'ils se donnent la peine de se ranger dans ce petit nombre. Mais si, malgré tout cela, quelqu'un juge à propos
de critiquer ce Livre avec un Esprit d'aigreur & de médisance, il peut le faire
bardiment, car je trouverai le moyen d'employer mon temps à quelque chose de
meilleur qu'à repousser ses attaques. J'aurai toûjours la satisfaction d'avoir eu
pour but de chercher la Vérité & d'être de quelque utilité aux hommes, quoi que
par un moyen fort peu considerable. La République des Lettres ne manque pas
présentement de fameux Architectes, qui, dans les grands desseins qu'ils se proposent pour l'avancement des Sciences, laisseront des Monumens qui seront admi-
rez de la Posterité la plus reculée; mais tout le monde ne peut pas espérer d'être

PREFACE

un Boyle, *ou un* Sydenham. *Et dans un Siécle qui produit d'aussi grands Maîtres que l'illustre* Huygens *& l'incomparable M.* Newton *avec quelques autres de la même volée*, c'est un assez grand honneur que d'être employé en qualité de simple ouvrier à nettoyer un peu le terrain, & à écarter une partie des vieilles ruïnes qui se rencontrent sur le chemin de la Connoissance, dont les progrès auroient sans doute été plus sensibles, si les recherches de bien des gens pleins d'*Esprit* & laborieux n'eussent été embarrassées par un savant, mais frivole usage de termes barbares, affectez, & inintelligibles, qu'on a introduit dans les Sciences & réduit en *Art*, de sorte que la *Philosophie*, qui n'est autre chose que la véritable Connoissance des *Choses*, a été jugée indigne ou incapable d'être admise dans la Conversation des personnes polies & bien élevées. Il y a si long-temps que l'abus du Langage, & certaines façons de parler vagues & de nul sens, passent pour des Mystéres de Science; & que de grands mots ou des termes mal appliquez qui signifient fort peu de chose, ou qui ne signifient absolument rien, se sont acquis, par prescription, le droit de passer faussement pour le Savoir le plus profond & le plus abstrus, qu'il ne sera pas facile de persuader à ceux qui parlent ce Langage, ou qui l'entendent parler, que ce n'est dans le fond autre chose qu'un moyen de cacher son ignorance, & d'arrêter le progrès de la vraye Connoissance. Ainsi, je m'imagine que ce sera rendre service à l'Entendement humain, de faire quelque brêche à ce Sanctuaire d'Ignorance & de Vanité. Quoi qu'il y ait fort peu de gens qui s'avisent de soupçonner que dans l'usage des mots ils trompent ou soient trompez, ou que le Langage de la Secte qu'ils ont embrassée, ait aucun défaut qui mérite d'être examiné ou corrigé, j'espére pourtant qu'on m'excusera de m'être si fort étendu sur ce sujet dans le Troisiéme Livre de cet Ouvrage, & d'avoir tâché de faire voir si évidemment cet abus des Mots, que la longueur inveterée du mal, ni l'empire de la Coûtume ne puissent plus servir d'excuse à ceux qui ne voudront pas se mettre en peine du sens qu'ils attachent aux mots dont ils se servent, ni permettre que d'autres en recherchent la signification.

Ayant fait imprimer un petit *Abregé* de cet *Essai* en 1688. deux ans avant la publication de tout l'Ouvrage, j'ouïs dire qu'il fut condamné par quelques personnes avant qu'elles se fussent donné la peine de le lire, par la raison qu'on y nioit les *Idées* innées, concluant avec un peu trop de précipitation que si l'on ne supposoit pas des *Idées* innées, il resteroit à peine quelque notion des *Esprits* ou quelque preuve de leur existence. Si quelqu'un conçoit un pareil préjugé à l'entrée de ce Livre, je le prie de ne laisser pas de le lire d'un bout à l'autre; après quoi j'espére qu'il sera convaincu qu'en renversant de faux Principes on rend service à la Vérité, bien loin de lui faire aucun tort, la Vérité n'étant jamais si fort blessée, ou exposée à de si grands dangers, que lorsque la Fausseté est mêlée avec elle, ou qu'elle est employée à lui servir de fondement.

Voici ce que j'ajoûtai dans la seconde Edition.

LE *Libraire* ne me le pardonneroit pas, si je ne disois rien de cette *Nouvelle Edition*, qu'il a promis de purger de tant de fautes qui défiguroient la *Prémiére*. Il souhaite aussi qu'on sache qu'il y a dans cette seconde Edition un nouveau *Cha-*
pitre

DE L'AUTEUR.

*pitre touchant l'*Identité*, & quantité d'additions & de corrections qu'on a fait en d'autres endroits. A l'égard de ces Additions, je dois avertir le Lecteur que ce ne sont pas toûjours des choses nouvelles, mais que la plûpart sont, ou de nouvelles preuves de ce que j'ai déja dit, ou des explications, pour prévenir les faux sens qu'on pourroit donner à ce qui avoit été publié auparavant, & non des retractations de ce que j'avois déja avancé. J'en excepte seulement le changement que j'ai fait au Chapitre XXI. du second Livre.*

Je crus que ce que j'avois écrit en cet endroit sur la Liberté *& la* Volonté, *méritoit d'être revû avec toute l'exactitude dont j'étois capable, d'autant plus que ces Matiéres ont exercé les Savans dans tous les siécles, & qu'elles se trouvent accompagnées de Questions & de difficultez qui n'ont pas peu contribué à embroüiller la Morale & la Théologie, deux parties de la Connoissance sur lesquelles les hommes sont le plus interessez à avoir des Idées claires & distinctes. Après avoir donc consideré de plus près la maniére dont l'Esprit de l'Homme agit, & avoir examiné avec plus d'exactitude quels sont les motifs & les vûës qui le déterminent, j'ai trouvé que j'avois raison de faire quelque changement aux pensées que j'avois eûës auparavant sur ce qui détermine la Volonté en dernier ressort dans toutes les actions volontaires. Je ne puis m'empêcher d'en faire un aveu public avec autant de facilité & de franchise que je publiai d'abord ce qui me parut alors le plus raisonnable, me croyant plus obligé de renoncer à une de mes Opinions lorsque la Vérité lui paroît contraire, que de combattre celle d'une autre personne. Car je ne cherche autre chose que la Vérité, qui sera toûjours bien-venuë chez moi, en quelque temps & de quelque lieu qu'elle vienne.*

Mais quelque penchant que j'aye à abandonner mes opinions & à corriger ce que j'ai écrit, dès que j'y trouve quelque chose à reprendre, je suis pourtant obligé de dire que je n'ai pas eu le bonheur de retirer aucune lumiére des Objections qu'on a publiées contre différens endroits de mon Livre, & que je n'ai point eu sujet de changer de pensée sur aucun des articles qui ont été mis en question. Soit que le sujet que je traite dans cet Ouvrage, exige souvent plus d'attention & de méditation que des Lecteurs trop hâtez, ou déja préoccupez d'autres Opinions, ne sont d'humeur d'en donner à une telle lecture, soit que mes expressions répandent des ténèbres sur la matiére même, & que la maniére dont je traite de ces Notions empêche les autres de les comprendre facilement; je trouve que souvent on prend mal le sens de mes paroles & que je n'ai pas le bonheur d'être entendu par-tout comme il faut.

C'est dequoi l'ingenieux * *Auteur d'un* Discours sur la Nature de l'Homme, *m'a fourni depuis peu un exemple sensible, pour ne parler d'aucun autre. Car l'honnêteté de ses expressions & la candeur qui convient aux personnes de son Ordre, m'empêchent de penser qu'il ait voulu insinuer sur la fin de sa Préface que par ce que j'ai dit au Chapitre XXVIII. du second Livre j'ai voulu changer la* Vertu *en* Vice *& le* Vice *en* Vertu, *à moins qu'il n'ait mal pris ma pensée; ce qu'il n'auroit pû faire, s'il se fût donné la peine de considerer quel étoit le sujet que j'avois alors en main, & le dessein principal de ce Chapitre qui est assez nettement exposé dans* * *le quatriéme Paragraphe & dans les suivans. Car en cet endroit mon but n'étoit pas de donner des* Régles de Morale, *mais de montrer l'origine & la nature des* Idées Morales, *& de désigner les Régles dont les hom-*

* M. Lowde, Ecclesiastique Anglois, mort depuis quelque temps.

* Pag. 279. &c.

hommes se servent dans les Relations morales, soit que ces Règles soient vrayes ou fausses. A cette occasion je remarque ce que c'est qui dans le langage de chaque Païs a une dénomination qui répond à ce que nous appellons Vice & Vertu dans le nôtre; ce qui ne change point la nature des choses quoi qu'en général les hommes jugent de leurs actions selon l'estime & les coûtumes du Païs ou de la Secte où ils vivent, & que ce soit sur cette estime qu'ils leur donnent telle ou telle dénomination.

Si cet Auteur avoit pris la peine de refléchir sur ce que j'ai dit pag. 36. §. 18. & 283. §. 13, 14, 15. & 287. §. 20. il auroit appris ce que je pense de la nature éternelle & inalterable du Juste & de l'Injuste, & ce que c'est que je nomme Vertu & Vice: & s'il eût pris garde que dans l'endroit qu'il cite, je rapporte seulement comme un point de fait, ce que c'est que d'autres appellent Vertu & Vice, il n'y auroit pas trouvé matière à aucune censure considerable. Car je ne croi pas me mécompter beaucoup en disant qu'une des Règles qu'on prend dans ce Monde pour fondement ou mesure d'une Relation Morale, c'est l'estime & la reputation qui est attachée à diverses sortes d'actions en differentes Sociétez d'hommes en conséquence dequoi ces actions sont appellées Vertus & Vices : & quelque fond que le savant M. Lowde fasse sur son vieux Dictionaire Anglois, j'ose dire (si j'étois obligé d'en appeller à ce Dictionaire) qu'il ne lui enseignera nulle part, que la même action n'est pas autorisée dans un endroit du Monde sous le nom de Vertu, & diffamé dans un autre endroit où elle passe pour Vice & en porte le nom. Tout ce que j'ai fait, ou qu'on peut mettre sur mon compte pour en conclurre que je change le Vice en Vertu & la Vertu en Vice, c'est d'avoir remarqué que les hommes imposent les noms de Vertu & de Vice selon cette règle de reputation. Mais le bon homme fait bien d'être aux aguets sur ces sortes de matieres. C'est un emploi convenable à sa Vocation. Il a raison de prendre l'allarme à la seule vûë des expressions qui prises à part & en elles-mêmes peuvent être suspectes & avoir quelque chose de choquant.

C'est en consideration de ce zèle permis à un homme de sa Profession que je l'excuse de citer, comme il fait, ces paroles de mon Livre (pag. 282. §. 11.) ,, Les Docteurs inspirez n'ont pas même fait difficulté dans leurs exhorta-
,, tions d'en appeller à la commune reputation; Que toutes les choses qui sont
,, aimables, dit S. Paul, que toutes les choses qui sont de bonne renommée,
,, s'il y a quelque vertu & quelque louange, pensez à ces choses, Phil. Ch. IV.
,, vs. 8. sans prendre connoissance de celles-ci qui précedent immédiatement &
qui leur servent d'introduction, Ce qui fit que parmi la dépravation même des mœurs, les véritables bornes de la Loi de Nature qui doit être la Régle de la Vertu & du Vice, furent assez bien conservées; de sorte que les Docteurs inspirez n'ont pas même fait difficulté &c. Paroles qui montrent visiblement, aussi bien que le reste du Paragraphe, que je n'ai pas cité ce passage de S. Paul, pour prouver que la reputation & la coutume de chaque Société particulière considerée en elle-même soit la règle générale de ce que les hommes appellent Vertu & Vice par tout le Monde, mais pour faire voir que, si cette coutume étoit effectivement la règle de la Vertu & du Vice, cependant pour les raisons que je propose dans cet endroit, les hommes pour l'ordinaire ne s'éloigneroient pas beaucoup dans les dénominations qu'ils donneroient à leurs

actions.

actions considerées dans ce rapport, de la Loi de la Nature qui est la Règle constante & inalterable, par laquelle ils doivent juger de la rectitude des mœurs & de leur dépravation, pour leur donner en conséquence de ce jugement, les dénominations de Vertu ou de Vice. Si M. Lowde eût consideré cela, il auroit vû qu'il ne pouvoit pas tirer un grand avantage de citer ces paroles dans un sens que je ne leur ai pas donné moi-même; & sans doute qu'il se seroit épargné l'explication qu'il y ajoûte, laquelle n'étoit pas fort nécessaire. Mais j'espére que cette seconde Edition le satisfera sur cet article, & que considerant la maniére dont j'exprime à présent ma pensée, il ne pourra s'empêcher de voir qu'il n'avoit aucun sujet d'en prendre ombrage.

Quoi que je sois contraint de m'éloigner de son sentiment sur le sujet de ces apprehensions qu'il étale sur la fin de sa Préface, à l'égard de ce que j'ai dit de la Vertu & du Vice, nous sommes pourtant mieux d'accord qu'il ne pense, sur ce qu'il dit dans son Chapitre troisiéme pag. 78. (1) De l'inscription naturelle & des notions innées. Je ne veux pas lui refuser le privilége qu'il s'attribuë (pag. 52.) de poser la Question comme il le trouvera à propos, & surtout puisqu'il la pose de telle maniére qu'il n'y met rien de contraire à ce que j'ai dit moi-même; car suivant lui, les Notions innées sont des choses conditionnelles qui dépendent du concours de plusieurs autres circonstances pour que l'Ame les * fasse paroître: *tout ce qu'il dit en faveur des Notions innées, imprimées, gravées (car pour les Idées innées il n'en dit pas un seul mot) se réduit enfin à ceci: Qu'il y a certaines Propositions qui, quoi qu'inconnuës à l'Ame dans le commencement. dès que l'Homme est né, peuvent pourtant venir à sa connoissance dans la suite par l'assistance qu'elle tire des Sens extérieurs & de quelque culture précedente, de sorte qu'elle soit certainement assûrée de leur vérité*, ce qui dans le fond n'emporte autre chose que ce que j'ai avancé dans mon Prémier Livre. Car je suppose que par cet acte qu'il attribuë à l'Ame de † faire paroître ces notions, il n'entend autre chose que commencer de les connoître: autrement, ce sera, à mon égard, une expression tout à-fait inintelligible, ou du moins très-impropre, à mon avis, dans cette occasion, où elle nous donne le change en nous insinuant en quelque maniére, que ces Notions sont dans l'Esprit avant que l'Esprit les fasse paroître, c'est-à-dire avant qu'elles lui soient connuës: au lieu qu'avant que ces Notions soient connuës à l'Esprit, il n'y a effectivement autre chose dans l'Esprit qu'une capacité de les connoître lorsque le concours de ces circonstances *que cet ingenieux Auteur juge nécessaire*, pour que l'Ame fasse paroitre ces Notions, *nous les fait connoître*.

* *Exerat*, en Latin. Nous n'avons point, à mon avis, de mot François qui exprime exactement la signification de ce terme Latin. Les Anglois l'ont adopté dans leur Langue, car ils se servent du mot *exert* qui vient du mot Latin *exerere* & signifie précisément la même chose.

† *Exerere*.

Je trouve qu'il s'exprime ainsi à la page 52. *Ces Notions naturelles ne sont pas imprimées de telle sorte dans l'Ame qu'elles * se produisent elles-mêmes nécessairement (même dans les Enfans & les Imbecilles) sans aucune assistance des Sens extérieurs, ou sans le secours de quelque culture précedente*. Il dit ici qu'elles se produisent elles-mêmes, & à la page 78. que c'est l'Ame qui les fait paroître. Quand il aura expliqué à lui-même ou aux autres ce qu'il entend

* *Seipsas exerant*.

(1) Il y a dans l'Anglois, *Natural inscription*. Je croi qu'il est bon de conserver en François cette expression, quelque étrange qu'elle paroisse. Comme l'Auteur de cette Objection n'entendoit peut-être pas trop bien ce qu'il vouloit dire par-là, je ne dois pas l'exprimer plus nettement que lui.

PRÉFACE

tend par cet acte de l'Ame qui fait paroître les Notions innées, ou par ces Notions qui se produisent elles-mêmes, & ce que c'est que cette culture précédente & ces circonstances requises pour que les Notions innées * *soient produites, il trouvera, je pense, qu'excepté ce qu'il appelle produire des Notions ce que je nomme dans un stile plus commun* connoître, *il y a peu de différence entre son sentiment & le mien sur cet article, que j'ai raison de croire qu'il n'a inséré mon nom dans son Ouvrage que pour avoir le plaisir de parler obligeamment de moi, car j'avoüe avec des sentimens d'une véritable reconnoissance que par-tout où il a parlé de moi, il l'a fait, aussi bien que d'autres Ecrivains, en m'honorant d'un titre sur lequel je n'ai aucun droit.*

* *Exeruntur.*

C'est là ce que je jugeai nécessaire de dire sur la seconde Edition de cet Ouvrage, & voici ce que je suis obligé d'ajoûter présentement.

LE *Libraire se disposant à publier* (a) *une Quatriéme Edition de mon* Essai, *m'en donna avis, afin que je pusse faire les Additions ou les Corrections que je jugerois à propos, si j'en avois le loisir. Sur quoi il ne sera pas inutile d'avertir le Lecteur, qu'outre plusieurs corrections que j'ai fait çà & là dans tout l'Ouvrage, il y a un changement dont je croi qu'il est nécessaire de dire un mot dans cet endroit, parce qu'il se répand sur tout le Livre & qu'il importe de le bien comprendre.*

*On parle fort souvent d'*Idées claires & distinctes : *rien n'est plus ordinaire que ces termes. Mais quoi qu'ils soient communément dans la bouche des hommes, j'ai raison de croire que tous ceux qui s'en servent, ne les entendent pas parfaitement. Et peut-être n'y a-t-il que quelques personnes çà & là qui prennent la peine d'examiner ces termes, jusques à connoître ce qu'eux ou les autres entendent précisément par-là. C'est pourquoi j'ai mieux aimé mettre ordinairement au lieu des mots* clair & distinct *celui de* déterminé, *comme plus propre à faire comprendre à mes Lecteurs ce que je pense sur cette matière. J'entens donc par une* idée déterminée *un certain Objet dans l'Esprit, & par conséquent un* Objet déterminé, *c'est-à-dire, tel qu'il y est vû & actuellement apperçû. C'est là, je pense, ce qu'on peut commodément appeler une* Idée déterminée, *lorsque telle qu'elle est* objectivement *dans l'Esprit en quelque temps que ce soit, & qu'elle y est, par conséquent,* déterminée, *elle est attachée & fixée sans aucune variation à un certain nom ou son articulé qui doit être constamment le signe de ce même objet de l'Esprit, de cette Idée précise & déterminée.*

Pour expliquer ceci d'une manière un peu plus particuliére ; lorsque ce mot déterminé *est appliqué à une* Idée simple, *j'entens par-là cette simple apparence que l'Esprit a, pour ainsi dire, devant les yeux, ou qu'il aperçoit en soi-même lorsque cette Idée est dite être en lui. Par le même terme, appliqué à une* Idée complexe, *j'entens une Idée composée d'un nombre déterminé de certaines Idées simples, ou d'Idées moins complexes, unies dans cette proportion & situa-*

(a) C'est sur cette Quatriéme Edition qu'a été faite la prémiere Edition Françoise de cet Ouvrage, imprimée en 1700.

tion où l'*Esprit* la considere présente à sa vûë, ou la voit en lui-même, lorsque cette *Idée* y est ou devroit y être présente, lorsqu'elle est désignée par un certain *nom* déterminé. Je dis qu'elle devroit être présente, parce que, bien loin que chacun ait soin de n'employer aucun terme avant que d'avoir vû dans son *Esprit* l'idée précise & déterminée dont il veut qu'il soit le *signe*, il n'y a presque personne qui descende dans cette grande exactitude. C'est pourtant ce défaut d'exactitude qui répand tant d'obscurité & de confusion dans les pensées & dans les discours des hommes.

Je sai qu'il n'y a point de Langue assez fertile pour exprimer par certains mots particuliers toute cette variété d'*Idées* qui entrent dans les *Discours* & les raisonnemens des hommes. Mais cela n'empêche pas que lorsqu'un homme employe un mot dans un discours, il ne puisse avoir dans l'*Esprit* une *Idée* déterminée dont il le fasse signe, & à laquelle il devroit le tenir constamment attaché toutes les fois qu'il le fait entrer dans ce discours. Et lorsqu'il ne le fait pas, ou qu'il est dans l'impuissance de le faire, c'est en vain qu'il prétend à des *Idées* claires & distinctes; il est visible que les siennes ne le sont pas. Et par conséquent partout où l'on employe des termes auxquels on n'a point attaché de telles idées déterminées, il n'y a que confusion & obscurité à attendre.

Sur ce fondement, j'ai crû que si je donnois aux *Idées* l'épithete de déterminées, cette expression seroit moins sujette à être mal interpretée que si je les appellois claires & distinctes. J'ai choisi ce terme pour designer prémiérement, tout Objet que l'*Esprit* apperçoit immédiatement, & qu'il a devant lui comme distinct du son qu'il employe pour en être le signe; & en second lieu, pour donner à entendre que cette *Idée* ainsi déterminée, c'est-à-dire que l'*Esprit* a en lui-même, qu'il connoit & voit comme y étant actuellement, est attachée sans aucun changement, à un tel nom, & que ce nom designe précisément cette idée. Si les hommes avoient de telles *Idées* déterminées dans leurs *Discours* & dans les *Recherches* où ils s'engagent, ils verroient bien-tôt jusqu'où s'étendent leurs recherches & leurs découvertes; & en même temps ils éviteroient la plus grande partie des *Disputes* & des *Querelles* qu'ils ont avec les autres hommes: car la plûpart des *Questions* & des *Controverses* qui embarrassent l'*Esprit* des hommes, ne roulent que sur l'usage douteux & incertain qu'ils font des mots, ou (ce qui est la même chose) sur les idées vagues & indéterminées qu'ils leur font signifier.

MONSIEUR LOCKE
A U
LIBRAIRE.

LA netteté d'Esprit & la connoissance de la Langue Françoise, dont M. *Coste* a déja donné au Public des preuves si visibles, pouvoient vous être un assez bon garant de l'excellence de son travail sur mon *Essai*, sans qu'il fût necessaire que vous m'en demandassiez mon sentiment. Si j'étois capable de juger de ce qui est écrit proprement & élegamment en François, je me croirois obligé de vous envoyer un grand éloge de cette Traduction dont j'ai ouï dire que quelques personnes, plus habiles que moi dans la Langue Françoise, ont assûré qu'elle pouvoit passer pour un Original. Mais ce que je puis dire à l'égard du point sur lequel vous souhaitez de savoir mon sentiment, c'est que M. Coste m'a lû cette Version d'un bout à l'autre avant que de vous l'envoyer, & que tous les endroits que j'ai remarqué s'éloigner de mes pensées, ont été ramenez au sens de l'Original, ce qui n'étoit pas facile dans des Notions aussi abstraites que le sont quelques unes de mon Essai, les deux Langues n'ayant pas toûjours des mots & des expressions qui se répondent si juste l'une à l'autre qu'elles remplissent toute l'exactitude Philosophique ; mais la justesse d'esprit de M. Coste & la souplesse de sa Plume lui ont fait trouver les moyens de corriger toutes ces fautes que j'ai découvertes à mesure qu'il me lisoit ce qu'il avoit traduit. De sorte que je puis dire au Lecteur que je présume qu'il trouvera dans cet Ouvrage toutes les qualitez qu'on peut desirer dans une bonne Traduction.

TABLE

DES CHAPITRES.

AVANT-PROPOS.

Dessein de l'Auteur.   Pag. 1.

LIVRE PREMIER.

Des Notions Innées.

Ch. I. Qu'il n'y a point de Principes innez dans l'Esprit de l'Homme. 7
II. Qu'il n'y a point de Principes de pratique qui soient innez. 24
III. Autres Considerations touchant les Principes innez, tant ceux qui regardent la speculation que ceux qui appartiennent à la pratique. 42

LIVRE SECOND.

Des Idées.

Ch. I. Où l'on traite des Idées en général, & de leur Origine; & où l'on examine par occasion, si l'Ame de l'Homme pense toûjours. 60
II. Des Idées simples. 75
III. Des Idées qui nous viennent par un seul Sens. 77
IV. De la Solidité. 79
V. Des Idées simples qui nous viennent par divers Sens. 83
VI. Des Idées simples qui viennent par Reflexion. ibid.
VII. Des Idées simples qui viennent par Sensation & par Reflexion. 84

Ch. VIII. Autres Considerations sur les Idées simples. 87
IX. De la Perception. 97
X. De la Retention. 103
XI. De la Faculté de distinguer les Idées, & quelques autres Operations de l'Esprit. 108
XII. Des Idées complexes. 116
XIII. Des Modes simples; & premierement, de ceux de l'Espace. 119
XIV. De la Durée, & de ses Modes simples. 133
XV. De la Durée & de l'Expansion, considerées ensemble. 146
XVI. Du Nombre. 154
XVII. De l'Infinité. 158
XVIII. De quelques autres Modes simples. 170
XIX. Des Modes qui regardent la Pensée. 173
XX. Des Modes du Plaisir & de la Douleur. 175
XXI. De la Puissance. 179
XXII. Des Modes Mixtes. 224
XXIII. De nos Idées Complexes des Substances. 230
XXIV. Des Idées Collectives de Substances. 249
XXV. De la Relation. 250
XXVI. De la Cause & de l'Effet; & de quelques autres Relations. 254
XXVII. Ce que c'est qu'Identité, & Diversité. 258
XXVIII. De quelques autres Relations, & sur-tout, des Relations Morales. 277
XXIX. Des Idées claires & obscures, distinctes & confuses. 288

******   XXX.

TABLE DES CHAPITRES.

Ch. XXX. *Des Idées réelles & chimeriques.* 296
XXXI. *Des Idées completes & incompletes.* 298
XXXII. *Des vrayes & des fausses Idées.* 306
XXXIII. *De l'Association des Idées.* 315

LIVRE TROISIEME.

Des Mots.

Ch. I. *Des Mots ou du Langage en général.* 322
II. *De la signification des Mots.* 324
III. *Des Termes généraux.* 328
IV. *Des Noms des Idées simples.* 337
V. *Des Noms des Modes Mixtes & des Relations.* 344
VI. *Des Noms des Substances.* 353
VII. *Des Particules.* 381
VIII. *Des Termes abstraits & concrets.* 383
IX. *De l'Imperfection des Mots.* 385
X. *De l'Abus des Mots.* 397
XI. *Des Remedes qu'on peut apporter aux imperfections, & aux abus dont on vient de parler.* 413

LIVRE QUATRIEME.

De la Connoissance.

Ch. I. *De la Connoissance en général.* 427

Ch. II. *Des Degrez de notre Connoissance.* 432
III. *De l'Etendue de la Connoissance humaine.* 439
IV. *De la Réalité de notre Connoissance.* 462
V. *De la Vérité en général.* 472
VI. *Des Propositions universelles, de leur Vérité, & de leur Certitude.* 477
VII. *Des Propositions qu'on nomme* Maximes *ou* Axiomes. 487
VIII. *Des Propositions Frivoles.* 503
IX. *De la Connoissance que nous avons de notre Existence.* 511
X. *De la Connoissance que nous avons de l'Existence de Dieu.* 512
XI. *De la Connoissance que nous avons de l'Existence des autres Choses.* 523
XII. *Des Moyens d'augmenter notre Connoissance.* 531
XIII. *Autres Considerations sur notre Connoissance.* 540
XIV. *Du Jugement.* 541
XV. *De la Probabilité.* 543
XVI. *Des Degrez d'Assentiment.* 546
XVII. *De la Raison.* 555
XVIII. *De la Foi & de la Raison, & de leurs bornes distinctes.* 573
XIX. *De l'Enthousiasme.* 580
XX. *De l'Erreur.* 589
XXI. *De la Division des Sciences.* 600

ESSAI PHILOSOPHIQUE

CONCERNANT

L'ENTENDEMENT HUMAIN.

AVANT-PROPOS.

Deſſein de l'Auteur dans cet Ouvrage.

§. 1. PUISQUE l'*Entendement* éleve l'Homme au deſſus de tous les Etres ſenſibles, & lui donne cette ſupériorité & cette eſpèce d'empire qu'il a ſur eux, c'eſt ſans doute un ſujet qui par ſon excellence mérite bien que nous nous appliquions à le connoître autant que nous en ſommes capables. L'Entendement ſemblable à l'Oeuil, nous fait voir & comprendre toutes les autres choſes, mais il ne s'apperçoit pas lui-même. C'eſt pourquoi il faut de l'art & des ſoins pour le placer à une certaine diſtance, & faire en ſorte qu'il devienne l'Objet de ſes propres contemplations. Mais quelque difficulté qu'il y ait à trouver le moyen d'entrer dans cette recherche, & quelle que ſoit la choſe qui nous cache ſi fort à nous-mêmes, je ſuis aſſuré néanmoins, que la lumiere que cet examen peut répandre dans notre Eſprit, que la connoiſſance que nous pourrons acquerir par-là de notre Entendement, nous donnera non ſeulement beaucoup de plaiſir, mais nous ſera d'une grande utilité pour nous conduire dans la recherche de pluſieurs autres choſes.

Combien il eſt agréable & utile de connoître l'Entendement Humain.

§. 2. Dans le deſſein que j'ai formé d'examiner la certitude & l'étenduë des Connoiſſances humaines, auſſi bien que les fondemens & les dégrez de Foi, d'Opinion, & d'Aſſentiment qu'on peut avoir par rapport aux diffé-

Deſſein de cet Ouvrage.

rens

AVANT-PROPOS.

rens sujets qui se présentent à notre Esprit, je ne m'engagerai point à considerer en Physicien, la nature de l'Ame; à voir ce qui en constitue l'essence, quels mouvemens doivent s'exciter dans nos Esprits animaux, ou quels changemens doivent arriver dans notre Corps, pour produire, à la faveur de nos Organes, certaines sensations ou certaines idées dans notre Entendement; & si quelques-unes de ces idées, ou toutes ensemble dépendent, dans leur principe, de la Matiére, ou non. Quelque curieuses & instructives que soient ces spéculations, je les éviterai, comme n'ayant aucun rapport au but que je me propose dans cet Ouvrage. Il suffira pour le dessein que j'ai présentement en vûë, d'examiner les différentes Facultez de connoître qui se rencontrent dans l'Homme, entant qu'elles s'exercent sur les divers Objets qui se présentent à son Esprit: & je croi que je n'aurai pas tout-à-fait perdu mon temps à méditer sur cette matiére, si en examinant pié-à-pié, d'une maniére claire, & historique, toutes ces Facultez de notre Esprit, je puis faire voir en quelque sorte, par quels moyens notre Entendement vient à se former les idées qu'il a des choses, & que je puisse marquer les bornes de la certitude de nos Connoissances, & les fondemens des Opinions qu'on voit regner parmi les Hommes: Opinions si différentes, si opposées, si directement contradictoires, & qu'on soûtient pourtant dans tel ou tel endroit du Monde, avec tant de confiance, que qui prendra la peine de considerer les divers sentimens du Genre Humain, d'examiner l'opposition qu'il y a entre tous ces sentimens, & d'observer en même temps, avec combien peu de fondement on les embrasse, avec quel zèle & avec quelle chaleur on les défend, aura peut-être sujet de soupçonner l'une de ces deux choses, ou qu'il n'y a absolument rien de vrai, ou que les Hommes n'ont aucun moyen sûr pour arriver à la connoissance certaine de la Verité.

Méthode qu'on y observe.

§. 3. C'est donc une chose bien digne de nos soins, de chercher les bornes qui séparent l'Opinion d'avec la Connoissance, & d'examiner quelles règles il faut observer pour déterminer exactement les dégrez de notre persuasion à l'égard des choses dont nous n'avons pas une connoissance certaine. Pour cet effet, voici la Méthode que j'ai résolu de suivre dans cet Ouvrage.

I. J'examinerai prémiérement, quelle est l'origine des Idées, Notions, ou comme il vous plaira de les appeller, que l'Homme apperçoit dans son Ame, & que son propre sentiment l'y fait découvrir; & par quels moyens l'Entendement vient à recevoir toutes ces idées.

II. En second lieu, je tâcherai de montrer quelle est la connoissance que l'Entendement acquiert par le moyen de ces Idées; & quelle est la Certitude, l'Evidence, & l'Etenduë de cette connoissance.

III. Je rechercherai en troisiéme lieu, la nature & les fondemens de ce qu'on nomme *Foi*, ou *Opinion*; par où j'entens *Cet Assentiment que nous donnons à une Proposition entant que véritable, mais de la vérité de laquelle nous n'avons pas une connoissance certaine.* Et de là je prendrai occasion d'examiner les raisons & les dégrez de l'assentiment qu'on donne à différentes Propositions.

Combien il est

§. 4. Si en examinant la nature de l'Entendement selon cette Méthode, je

AVANT-PROPOS.

je puis découvrir, quelles sont ses principales Propriétez, quelle est l'étenduë de ces Proprietez, ce qui est de leur compétence, jusques à quel dégré elles peuvent nous aider à trouver la Vérité ; & où c'est que leur secours vient à nous manquer, je m'imagine, quoi que notre Esprit soit naturellement actif & plein de feu, cet examen pourra servir à régler cette activité immoderée, en nous obligeant à prendre garde avec plus de circonspection que nous n'avons accoûtumé de faire, à ne pas nous occuper à des choses qui passent notre compréhension ; à nous arrêter, lors que nous avons porté nos recherches jusqu'au plus haut point où nous soyons capables de les porter ; & à vouloir bien ignorer ce que nous voyons être au dessus de notre conception, après l'avoir bien examiné. Si nous en usions de la sorte, nous ne serions peut-être pas si empressez, par un vain desir de connoître toutes choses, à exciter incessamment de nouvelles Questions, à nous embarrasser nous-mêmes, & à engager les autres dans des Disputes sur des sujets qui sont tout-à-fait disproportionnez à notre Entendement, & dont nous ne saurions nous former des idées claires & distinctes, ou même (ce qui n'est peut-être arrivé que trop souvent) dont nous n'avons absolument aucune idée. Si donc nous pouvons découvrir jusqu'où notre Entendement peut porter sa vûë, jusqu'où il peut se servir de ses Facultez pour connoître les choses avec certitude ; & en quels cas il ne peut juger que par de simples conjectures, nous apprendrons à nous contenter des connoissances auxquelles notre Esprit est capable de parvenir, dans l'état où nous nous trouvons dans ce Monde.

utile de connoître l'étenduë de notre Compréhension.

§. 5. Quoi qu'il y ait une infinité de choses que notre Esprit ne sauroit comprendre, la portion & les dégrez de connoissance que Dieu nous a accordez avec beaucoup plus de profusion qu'aux autres Habitans de ce bas Monde, cette portion de connoissance qu'il nous a départie si liberalement, nous fournit pourtant un assez ample sujet d'exalter la Bonté de cet Etre Suprême, de qui nous tenons notre propre existence. Quelque bornées que soient les connoissances des Hommes, ils ont raison d'être entièrement satisfaits des graces que Dieu a jugé à propos de leur faire, puis qu'il leur a donné, comme dit St. Pierre (1), *toutes les choses qui regardent la vie & la pièté*, les ayant mis en état de découvrir par eux-mêmes ce qui leur est nécessaire pour les besoins de cette vie, & leur ayant montré le chemin qui peut les conduire à une autre vie beaucoup plus heureuse que celle dont ils joüissent dans ce Monde. Tout éloignez qu'ils sont d'avoir une connoissance universelle & parfaite de tout ce qui existe ; la lumiére qu'ils ont, leur suffit pour démêler ce qu'il leur importe absolument de savoir : puisqu'à la faveur de cette Lumiére ils peuvent parvenir à la connoissance de Celui qui les a faits, & des Devoirs sur lesquels ils sont obligez de régler leur vie. Les Hommes trouveront toûjours le moyen d'exercer leur Esprit, & d'occuper leurs Mains à des choses également agréables par leur diversité, & par le plaisir qui les accompagne, pourvû qu'ils ne s'amusent point à former des plaintes contre leur propre nature,

L'étenduë de nos connoissances est proportionnée à notre état dans ce Monde, & à nos besoins.

(1) Πάντα πρὸς ζωὴν καὶ εὐσέβειαν. II. Ep. ch. I. 3.

nature, & à rejetter les thréſors dont leurs mains ſont pleines, ſous prétexte qu'il y a des choſes qu'elles ne ſauroient embraſſer. Jamais, dis-je, nous n'aurons ſujet de nous plaindre du peu d'étenduë de nos connoiſſances, ſi nous appliquons uniquement notre Eſprit à ce qui peut nous être utile, car en ce cas-là il peut nous rendre de grands ſervices. Mais ſi, loin d'en uſer de la ſorte, nous venons à ravaler l'excellence de cette Faculté que nous avons d'acquerir certaines connoiſſances, & à négliger de la perfectionner par rapport au but pour lequel elle nous a été donnée, ſous prétexte qu'il y a des choſes qui ſont au delà de ſa ſphère, c'eſt un chagrin pueril, & tout-à-fait inexcuſable. Car, je vous prie, un Valet pareſſeux & revêche qui pouvant travailler de nuit à la chandelle, n'auroit pas voulu le faire, auroit-il bonne grace de dire pour excuſe que le Soleil n'étant pas levé, il n'avoit pas pû joüir de l'éclatante lumiere de cet Aſtre? Il en eſt de même à notre égard, ſi nous négligeons de nous ſervir des lumieres que Dieu nous a données. Notre Eſprit eſt * comme une Chandelle que nous avons devant les yeux, & qui répand aſſez de lumiere pour nous éclairer dans toutes nos affaires. Nous devons être ſatisfaits des découvertes que nous pouvons faire à la faveur de cette lumiere. Nous ferons toûjours un bon uſage de notre Entendement, ſi nous conſiderons tous les Objets par rapport à la proportion qu'ils ont avec nos Facultez, pleinement convaincus que ce n'eſt que ſur ce pié-là que la connoiſſance peut nous en être propoſée; & ſi, au lieu de demander abſolument, & par un excès de délicateſſe, une Démonſtration & une certitude entiere, nous nous contentons d'une ſimple probabilité, lors que nous ne pouvons obtenir qu'une probabilité, & que ce degré de connoiſſance ſuffit pour régler tous nos intérêts dans ce Monde. Que ſi nous voulons douter de chaque choſe en particulier, parce que nous ne pouvons pas les connoître toutes avec certitude, nous ſerons auſſi déraiſonnables qu'un homme qui ne voudroit pas ſe ſervir de ſes jambes pour ſe tirer d'un lieu dangereux, mais s'opiniâtreroit à y demeurer & y périr miſerablement, ſous prétexte qu'il n'auroit pas des aîles pour échapper avec plus de vîteſſe.

Prov. XX. 27.

La connoiſſance des forces de notre Eſprit ſuffit pour guérir du Scepticiſme, & de la négligence où l'on s'abandonne lors qu'on doute de pouvoir trouver la Verité.

§. 6. Si nous connoiſſons une fois nos propres forces, cette connoiſſance ſervira à nous faire d'autant mieux ſentir ce que nous pouvons entreprendre avec fondement; & lors que nous aurons examiné ſoigneuſement ce que notre Eſprit eſt capable de faire, & que nous aurons vû, en quelque maniére, ce que nous en pouvons attendre, nous ne ſerons portez ni à demeurer dans une lâche oiſiveté, & dans une entiére inaction, comme ſi nous deſeſperions de jamais connoître quoi que ce ſoit, ni à mettre tout en queſtion, & à décrier toute ſorte de connoiſſances, ſous prétexte qu'il y a certaines choſes que l'Eſprit Humain ne ſauroit comprendre. Il en eſt de nous, à cet égard, comme d'un Pilote qui voyage ſur mer. Il lui eſt extrêmement avantageux de ſavoir quelle eſt la longueur du cordeau de la ſonde, quoi qu'il ne puiſſe pas toûjours reconnoître, par le moyen de ſa ſonde, toutes les différentes profondeurs de l'Océan. Il ſuffit qu'il ſache, que le cordeau eſt aſſez long pour trouver fond en certains endroits de la Mer qu'il lui importe de connoître pour bien diriger ſa courſe, & pour éviter

AVANT-PROPOS.

viter les Bas-fonds qui pourroient le faire échouer. Notre affaire dans ce Monde n'est pas de connoître toutes choses, mais celles qui regardent la conduite de notre vie. Si donc nous pouvons trouver les Règles par lesquelles une Créature Raisonnable, telle que l'Homme confideré dans l'état où il se trouve dans ce Monde, peut & doit conduire ses sentimens, & les actions qui en dépendent, si, dis-je, nous pouvons en venir là, nous ne devons pas nous inquiéter de ce qu'il y a plusieurs autres choses qui échappent à notre connoissance.

§. 7. Ces considerations-là me firent venir la prémiére pensée de travailler à cet *Essai*, lequel je donne présentement au Public. Car je me mis dans l'Esprit, que le prémier moyen qu'il y auroit de satisfaire l'Esprit de l'Homme sur plusieurs Recherches dans lesquelles il est fort porté à s'engager, ce seroit de prendre, pour ainsi dire, un état des Facultez de notre propre Entendement, d'examiner l'étenduë de ses forces, & de voir quelles sont les choses qui sont proportionnées à sa capacité. Jusqu'à ce que cela fût fait, je m'imaginai que nous prendrions la chose tout-à-fait à contre-sens; & que nous chercherions en vain cette douce satisfaction que nous pourroit donner la possession tranquille & assurée des véritez qui nous sont les plus nécessaires, pendant tout le temps que nous nous fatiguerions à courir après la recherche de toutes les choses du Monde sans distinction, comme si toutes ces choses, dont le nombre est infini, étoient l'objet naturel de l'Entendement humain, de sorte que l'Homme pût en acquerir une connoissance certaine, & qu'il n'y eût absolument rien qui excedât sa portée, & dont il ne fût très-capable de juger.

<small>Quelle a été l'occasion de cet Ouvrage.</small>

Lors que les hommes infatuez de cette pensée, viennent à pousser leurs recherches plus loin que leur capacité ne leur permet de faire, s'abandonnant sur ce vaste Océan, où ils ne trouvent ni fond ni rive, il ne faut pas s'étonner qu'ils fassent des Questions & multiplient des difficultez, qui ne pouvant jamais être décidées d'une maniére claire & distincte, ne servent qu'à perpetuer & à augmenter leurs doutes, & à les engager enfin dans un parfait Pyrrhonisme. Mais, si au lieu de suivre cette dangereuse méthode, les hommes commençoient par examiner avec soin quelle est la capacité de leur Entendement, s'ils venoient à découvrir jusques où peuvent aller leurs connoissances, & à trouver les bornes qui séparent la partie lumineuse des différens Objets de leurs connoissances, d'avec la partie obscure & entierement impénétrable, ce qu'ils peuvent concevoir d'avec ce qui passe leur intelligence, peut-être qu'ils auroient beaucoup moins de peine à reconnoître leur ignorance sur ce qu'ils ne peuvent point comprendre, & qu'ils employeroient leurs pensées & leurs raisonnemens avec plus de fruit & de satisfaction, à des choses qui sont proportionnées à leur capacité.

§. 8. Voilà ce que j'ai jugé nécessaire de dire touchant l'occasion qui m'a fait entreprendre cet Ouvrage. Mais avant que d'entrer en matiére, je prierai mon Lecteur d'excuser le fréquent usage que j'ai fait du mot d'*Idée* dans le Traité suivant [1]. Comme ce terme est, ce me semble, le plus pro-

<small>Ce que signifie le mot d'*Idée*.</small>

---

[1] Cette excuse n'est nullement nécessaire, pour un Lecteur François, accoûtumé à la lecture.

propre qu'on puisse employer pour signifier tout ce qui est l'objet de notre Entendement lors que nous pensons, je m'en suis servi pour exprimer tout ce qu'on entend par *fantôme*, *notion*, *espèce*, ou quoi que ce puisse être qui occupe notre Esprit lors qu'il pense; & je n'aurois pû éviter de m'en servir aussi souvent que j'ai fait.

Je croi qu'on n'aura pas de peine à m'accorder qu'il y a de telles idées dans l'Esprit des hommes. Chacun les sent en soi-méme, & peut s'assûrer qu'elles se rencontrent dans les autres Hommes, s'il prend la peine d'examiner leurs discours & leurs actions.

Nous allons voir présentement de quelle maniére ces Idées viennent dans l'Esprit.

lecture des Ouvrages Philosophiques qui ont paru depuis long-temps en François, où le mot d'*Idée* est employé à tout moment. Il se trouve même fort communément dans toute sorte de Livres, écrits en cette Langue.

ESSAI

ESSAI PHILOSOPHIQUE
CONCERNANT L'ENTENDEMENT HUMAIN.

LIVRE PREMIER.
DES NOTIONS INNÉES.

CHAPITRE I.

Qu'il n'y a point de Principes innez dans l'Esprit de l'Homme.

§. 1.  Il y a des gens qui supposent comme une Vérité incontestable, *Qu'il y a certains Principes innez, certaines Notions primitives*, autrement appellées * Notions communes, *empreintes & gravées, pour ainsi dire, dans notre Ame, qui les reçoit dès le premier moment de son existence, & les apporte au monde avec elle.* Si j'avois à faire à des Lecteurs dégagez de tout préjugé, je n'aurois, pour les convaincre de la fausseté de cette Supposition, qu'à leur montrer, (comme j'espere de le faire dans les autres Parties de cet Ouvrage) que les hommes peuvent acquerir toutes les connoissances qu'ils ont, par le simple usage de leurs Facultez naturelles, sans le secours d'aucune impression *innée*; & qu'ils peuvent arriver à une entiére certitude de certaines choses, sans avoir besoin d'aucune de ces Notions naturelles, ou de ces Principes *innez*. Car tout le Monde, à mon avis,

La maniére dont les Hommes acquiérent leurs connoissances prouve que ces connoissances ne sont point innées.
* Κοιναὶ ἔννοιαι.

CHAP. I. avis, doit convenir sans peine, qu'il seroit ridicule de supposer, par exemple, que les idées des Couleurs ont été imprimées dans l'Ame d'une Créature, à qui Dieu a donné la vûë & la puissance de recevoir ces idées par l'impression que les Objets exterieurs feroient sur ses yeux. Il ne seroit pas moins absurde d'attribuer à des impressions naturelles & à des caractéres *innez* la connoissance que nous avons de plusieurs Véritez, si nous pouvons remarquer en nous-mêmes des Facultez, propres à nous faire connoître ces Véritez avec autant de facilité & de certitude, que si elles étoient originairement gravées dans notre Ame.

Mais parce qu'un simple Particulier ne peut éviter d'être censuré lors qu'il cherche la Vérité par un chemin qu'il s'est tracé lui-même, si ce chemin l'écarte le moins du monde de la route ordinaire, je proposerai les raisons qui m'ont fait douter de la vérité du Sentiment qui suppose des idées *innées* dans l'esprit de l'Homme, afin que ces raisons puissent servir à excuser mon erreur, si tant est que je sois effectivement dans l'erreur sur cet article; ce que je laisse examiner à ceux qui comme moi sont disposez à recevoir la Vérité par tout où ils la rencontrent.

On dit que certains Principes sont reçus d'un consentement universel: principale raison par laquelle on prétend prouver, que ces Principes sont innez.

§. 2. Il n'y a pas d'Opinion plus communément reçuë que celle qui établit, *Qu'il y a de certains Principes, tant pour la Spéculation que pour la Pratique,* (car on en compte de ces deux sortes) *de la vérité desquels tous les hommes conviennent généralement:* d'où l'on infere qu'il faut que ces Principes-là soient autant d'impressions, que l'Ame de l'Homme reçoit avec l'existence, & qu'elle apporte au Monde avec elle aussi nécessairement & aussi réellement qu'aucune de ses Facultez naturelles.

Ce consentement universel ne prouve rien.

§. 3. Je remarque d'abord que cet Argument, tiré du *consentement universel*, est sujet à cet inconvenient, Que, quand le fait seroit certain, je veux dire qu'il y auroit effectivement des véritez sur lesquelles tout le Genre Humain seroit d'accord, ce consentement universel ne prouveroit point que ces véritez fussent *innées*, si l'on pouvoit montrer une autre voye, par laquelle les Hommes ont pû arriver à cette uniformité de sentiment sur les choses dont ils conviennent, ce qu'on peut fort bien faire, si je ne me trompe.

Ce qui est, est: &, Il est impossible qu'une chose soit & ne soit pas en même temps: Deux Propositions qui ne sont pas universellement reçuës.

§. 4. Mais, ce qui est encore pis, la raison qu'on tire du Consentement universel pour faire voir qu'il y a des Principes *innez*, est, ce me semble, une preuve démonstrative qu'il n'y a point de semblable Principe, parce qu'il n'y a effectivement aucun Principe sur lequel tous les hommes s'accordent généralement. Et pour commencer par les *notions spéculatives*, voici deux de ces Principes célèbres, auxquels on donne, preferablement à tout autre, la qualité de Principes Innez: *Tout ce qui est, est*; &, *Il est impossible qu'une chose soit & ne soit pas en même temps.* Ces Propositions ont passé si constamment pour des Maximes universellement reçuës qu'on trouvera, sans doute, fort étrange, que qui que ce soit ose leur disputer ce titre. Cependant je prendrai la liberté de dire, que tant s'en faut qu'on donne un consentement général à ces deux Propositions, qu'il y a une grande partie du Genre Humain à qui elles ne sont pas même connuës.

§. 5. Car

§. 5. Car prémiérement, il est clair que les Enfans & les Idiots n'ont pas la moindre idée de ces Principes & qu'ils n'y pensent en aucune maniére, ce qui suffit pour détruire ce Consentement universel, que toutes les *véritez innées* doivent produire nécessairement. Car de dire, qu'il y a des véritez imprimées dans l'Ame que l'Ame n'apperçoit ou n'entend point, c'est, ce me semble, une espèce de contradiction, l'action d'*imprimer* ne pouvant marquer autre chose (supposé qu'elle signifie quelque chose de réel en cette rencontre) que *faire appercevoir* certaines véritez. Car imprimer quoi que ce soit dans l'Ame, sans que l'Ame l'apperçoive, c'est, à mon sens, une chose à peine intelligible. Si donc il y a de telles impressions dans les Ames des Enfans & des Idiots, il faut nécessairement que les Enfans & les Idiots apperçoivent ces impressions, qu'ils connoissent les véritez qui sont gravées dans leur Esprit; & qu'ils y donnent leur consentement. Mais comme cela n'arrive pas, il est évident qu'il n'y a point de telles impressions. Or si ce ne sont pas des Notions imprimées naturellement dans l'Ame, comment peuvent-elles être innées? Et si elles y sont imprimées, comment peuvent-elles lui être inconnuës? Dire qu'une Notion est gravée dans l'Ame, & soûtenir en même tems que l'Ame ne la connoît point, & qu'elle n'en a eu encore aucune connoissance, c'est faire de cette impression un pur néant. On ne peut point assurer qu'une certaine Proposition soit dans l'Esprit, lors que l'Esprit ne l'a point encore apperçuë, & qu'il n'en a découvert aucune idée en lui-même: car si on peut le dire de quelque Proposition en particulier, on pourra soûtenir par la même raison, que toutes les Propositions qui sont véritables & que l'Esprit pourra jamais regarder comme telles, sont déja imprimées dans l'Ame. Puisque, si l'on peut dire qu'une chose est dans l'Ame, quoi que l'Ame ne l'ait pas encore connuë, ce ne peut être qu'à cause qu'elle a la *capacité* ou la faculté de la connoître: faculté qui s'étend sur toutes les véritez qui pourront venir à sa connoissance. Bien plus, à le prendre de cette maniére, on peut dire qu'il y a des véritez gravées dans l'Ame, que l'Ame n'a pourtant jamais connuës, & qu'elle ne connoîtra jamais. Car un homme peut vivre long-tems, & mourir enfin dans l'ignorance de plusieurs véritez que son Esprit étoit capable de connoître, & même avec une entiére certitude. De sorte que si par ces *impressions naturelles* qu'on soûtient être dans l'Ame, on entend la capacité que l'Ame a de connoître certaines véritez, il s'ensuivra de là, que toutes les véritez qu'un homme vient à connoître, sont autant de *veritez innées*. Et ainsi cette grande Question se reduira uniquement à dire, que ceux qui parlent de *Principes innez*, parlent très-improprement, mais que dans le fond ils croyent la même chose que ceux qui nient qu'il y en ait: car je ne pense pas que personne ait jamais nié, que l'Ame ne fût capable de connoître plusieurs véritez. C'est cette *capacité*, dit-on, qui est *innée*; & c'est la connoissance de telle ou telle vérité qu'on doit appeller *acquise*. Mais si c'est-là tout ce qu'on prétend, à quoi bon s'échauffer à soûtenir qu'il y a certaines maximes *innées*? Et s'il y a des véritez qui pussent être imprimées dans l'Entendement, sans qu'il les apperçoive, je ne vois pas comment elles peuvent differer, par rap-

Elles ne sont pas gravées naturellement dans l'Ame, puis qu'elles ne sont pas connuës des Enfans, des Idiots, &c.

CHAP. I. rapport à leur origine, de toute autre vérité que l'Esprit est capable de connoître. Il faut, ou que toutes soient innées, ou qu'elles viennent toutes d'ailleurs dans l'Ame. C'est en vain qu'on prétend les distinguer à cet égard. Et par conséquent, quiconque parle de Notions *innées* dans l'Entendement, (s'il entend par-là certaines véritez particuliéres) ne sauroit imaginer que ces Notions soient dans l'Entendement de telle maniére que l'Entendement ne les ait jamais apperçuës & qu'il n'en ait effectivement aucune connoissance. Car si ces mots, *être dans l'Entendement*, emportent quelque chose de positif, ils signifient, *être apperçû & compris par l'Entendement*. De sorte que soûtenir, qu'une chose est dans l'Entendement, & qu'elle n'est pas conçuë par l'Entendement, qu'elle est dans l'Esprit sans que l'Esprit l'apperçoive, c'est autant que si l'on disoit, qu'une chose est & n'est pas dans l'Esprit ou dans l'Entendement. Si donc ces deux Propositions, *Ce qui est, est*; &, *Il est impossible qu'une chose soit & ne soit pas en même temps*, étoient gravées dans l'Ame des hommes par la Nature, les Enfans ne pourroient pas les ignorer : les petits Enfans, dis-je, & tous ceux qui ont une Ame, devroient les avoir nécessairement dans l'Esprit, en reconnoître la vérité, & y donner leur consentement.

Refutation d'une seconde raison dont on se sert pour prouver qu'il y a des *véritez innées:* qui est, que les hommes connoissent ces véritez dès qu'ils ont l'usage de leur Raison.

§. 6. Pour éviter cette Difficulté, les Défenseurs des *Idées innées* ont accoûtumé de répondre, *Que les Hommes connoissent ces véritez & y donnent leur consentement, dès qu'ils viennent à avoir l'usage de leur Raison :* Ce qui suffit, selon eux, pour faire voir que ces véritez sont innées.

§. 7. Je répons à cela, Que des expressions ambiguës qui ne signifient presque rien, passent pour des raisons évidentes dans l'Esprit de ceux qui pleins de quelque préjugé, ne prennent pas la peine d'examiner avec assez d'application ce qu'ils disent pour défendre leur propre sentiment. C'est ce qui paroît évidemment dans cette occasion. Car pour donner à la Réponse que je viens de proposer, un sens tant soit peu raisonnable par rapport à la Question que nous avons en main, on ne peut lui faire signifier que l'une ou l'autre de ces deux choses, savoir, qu'aussi-tôt que les Hommes viennent à faire usage de la Raison, ils apperçoivent ces Principes qu'on suppose être imprimez naturellement dans l'Esprit, ou bien, que l'usage de la Raison les leur fait découvrir & connoître avec certitude. Or ceux à qui j'ai à faire, ne sauroient montrer par aucune de ces deux choses qu'il y ait des Principes *innez*.

Supposé que la Raison découvre ces premiers Principes, il ne s'ensuit pas de là qu'ils soient innez.

§. 8. S'ils disent, que c'est par l'usage de la Raison que les Hommes peuvent découvrir ces Principes, & que cela suffit pour prouver qu'ils sont *innez*, leur raisonnement se réduira à ceci, *Que toutes les véritez que la Raison peut nous faire connoître & recevoir comme autant de véritez certaines & indubitables, sont naturellement gravées dans notre Esprit :* puis que le consentement universel qu'on a voulu faire regarder comme le sceau auquel on peut reconnoître que certaines véritez sont innées, ne signifie dans le fond autre chose si ce n'est qu'en faisant usage de la Raison, nous sommes capables de parvenir à une connoissance certaine de ces véritez, & d'y donner notre consentement. Et à ce compte-là, il n'y aura aucune différence entre les Axiomes des Mathematiciens & les Théorèmes qu'ils en déduisent.

Princi-

Principes & Conclusions, tout sera également *inné*: puis que toutes ces CHAP. I.
choses sont des découvertes qu'on fait par le moyen de la Raison, & que ce
sont des véritez qu'une Créature Raisonnable peut connoître certainement
si elle s'applique comme il faut à les rechercher.

§. 9. Mais comment peut-on penser, que l'*usage de la Raison* soit né- Il est faux que la
cessaire pour découvrir des Principes qu'on suppose *innez*, puis que la Rai- Raison découvre
son n'est autre chose, (s'il en faut croire ceux contre qui je dispute) que
la Faculté de déduire de Principes déja connus, des véritez inconnuës?
Certainement, on ne pourra jamais regarder comme un Principe *inné*, ce
qu'on ne sauroit découvrir que par le moyen de la Raison, à moins qu'on
ne reçoive, comme je l'ai déja dit, toutes les véritez certaines que la Raison peut nous faire connoître, pour autant de *véritez innées*. Nous serions
aussi bien fondez à dire, que l'usage de la Raison est nécessaire pour disposer nos yeux à discerner les Objets visibles, qu'à soûtenir que ce n'est que
par la Raison ou par l'usage de la Raison que l'Entendement peut voir ce
qui est originairement imprimé dans l'Entendement lui-même, & qui ne
sauroit y être avant qu'il l'apperçoive. De sorte que de donner à la Raison la
charge de découvrir des véritez, qui sont imprimées dans l'Esprit de cette maniére, c'est dire, que l'usage de la Raison fait voir à l'Homme ce
qu'il savoit déja: & par conséquent l'Opinion de ceux qui osent avancer
que ces véritez sont *innées* dans l'Esprit des Hommes, qu'elles y sont originairement empreintes avant l'usage de la Raison, quoi que l'Homme les
ignore constamment, jusqu'à ce qu'il vienne à faire usage de sa Raison,
cette Opinion, dis-je, revient proprement à ceci, Que l'Homme connoît
& ne connoît pas en même temps ces sortes de veritez.

§. 10. On repliquera peut-être, que les Démonstrations Mathematiques
& plusieurs autres véritez qui ne sont point *innées*, ne trouvent pas créance dans notre Esprit, dès que nous les entendons proposer, ce qui les distingue de ces Premiers Principes que nous venons de voir, & de toutes
les autres véritez *innées*. J'aurai bientôt occasion de parler d'une maniére
plus précise du consentement qu'on donne à certaines Propositions dès qu'on
les entend prononcer. Je me contenterai de reconnoître ici franchement,
que les Maximes qu'on nomme *innées*, & les Démonstrations Mathematiques different en ce que celles-ci ont besoin du secours de la Raison, qui les
rende sensibles & nous les fasse recevoir par le moyen de certaines preuves,
au lieu que les Maximes qu'on veut faire passer pour Principes *innez*, sont
reconnnës pour véritables dès qu'on vient à les comprendre, sans qu'on ait
besoin pour cela du moindre raisonnement. Mais qu'il me soit permis en
même temps de remarquer, que cela même fait voir clairement le peu de
solidité qu'il y a à dire, comme font les Partisans des *Idées innées*, que l'usage de la Raison est nécessaire pour découvrir ces véritez générales: puisqu'on doit avouër de bonne foi qu'il n'est besoin d'aucun raisonnement pour
en reconnoître la certitude. Et en effet, je ne pense pas que ceux qui
ont recours à cette réponse, osent soûtenir par exemple, que la connoissance de cette Maxime, *Il est impossible qu'une chose soit & ne soit pas en
même temps*, soit fondée sur une conséquence tirée par le secours de notre
Raison.

Raison. Car ce feroit détruire la Bonté qu'ils prétendent que Dieu a eû pour les Hommes en gravant dans leurs Ames ces fortes de Maximes, ce feroit, dis-je, anéantir tout-à-fait cette grace dont ils paroiffent fi jaloux, que de faire dépendre la connoiffance de ces Prémiers Principes, d'une fuite de penfées déduites avec peine les unes des autres. Comme tout raifonnement fuppofe quelque recherche, il demande du foin & de l'application, cela eft incontestable. D'ailleurs, en quel fens tant foit peu raifonnable peut-on foûtenir qu'afin de découvrir ce qui a été imprimé dans notre Ame par la Nature, pour qu'il ferve de guide & de fondement à notre Raifon, il faille faire ufage de cette même Raifon?

§. 11. Tous ceux qui voudront prendre la peine de reflèchir avec un peu d'attention fur les operations de l'Entendement, trouveront que ce confentement que l'Efprit donne fans peine à certaines véritez, ne dépend en aucune manière, ni de l'impreffion naturelle qui en aît été faite dans l'Ame, ni de l'ufage de la Raifon, mais d'une Faculté de l'Efprit Humain, qui eft tout-à-fait différente de ces deux chofes, comme nous le verrons dans la fuite. Puis donc que la Raifon ne contribuë en aucune maniere à nous faire recevoir ces Prémiers Principes, fi ceux qui foûtiennent que *les Hommes les connoiffent & y donnent leur confentement, dès qu'ils viennent à faire ufage de leur Raifon*, veulent dire par-là, que l'Ufage de la Raifon nous conduit à la connoiffance de ces Principes, cela eft entièrement faux; & quand il feroit véritable, il ne prouveroit point que ces Maximes foient *innées*.

Quand on commence à faire ufage de la Raifon, on ne commence pas à connoître ces Maximes générales qu'on veut faire paffer pour innées.

§. 12. Mais lors qu'on dit que nous connoiffons ces véritez & que nous y donnons notre confentement, *dès que nous venons à faire ufage de la Raifon*; fi l'on entend par-là, que c'eft dans ce temps-là que l'Ame s'apperçoit de ces véritez; & qu'auffi-tôt que les Enfans viennent à fe fervir de la Raifon, ils commencent auffi à connoître & à recevoir ces Prémiers Principes, cela eft encore faux & inutile. Je dis prémiérement que cela eft faux, parce qu'il eft évident, que ces fortes de Maximes ne font pas connuës à l'Ame, dans le même temps qu'elle commence à faire ufage de la Raifon; & par conféquent qu'il n'eft point vrai, que le temps auquel on commence à faire ufage de la Raifon, foit le même que celui auquel on commence à découvrir ces Maximes. Car je vous prie, combien de marques de Raifon n'obferve-t-on pas dans les Enfans, long-temps avant qu'ils ayent aucune connoiffance de cette Maxime, *Il eft impoffible qu'une chofe foit & ne foit pas en même temps*? Combien y a-t-il de gens fans Lettres, & de Peuples Sauvages qui étant parvenus à l'âge de raifon, paffent une bonne partie de leur vie fans faire aucune reflexion à cette Maxime & aux autres Propofitions générales de cette nature? Je conviens que les hommes n'arrivent point à la connoiffance de ces véritez générales & abftraites qu'on croit *innées*, avant que de faire ufage de leur Raifon: mais j'ajoûte qu'ils ne les connoiffent pas même alors. Et cela, parce qu'avant que de faire ufage de la Raifon, l'Efprit n'a pas formé les idées générales & abftraites, d'où réfultent les Maximes générales qu'on prend mal-à-propos pour des Principes *innez*; & parce que ces Maximes font effectivement des connoiffances & des véritez qui s'introduifent dans l'Efprit par

la même voye, & par les mêmes dégrez, que plusieurs autres Proposi- CHAP. I.
tions que personne ne s'est avisé de supposer *innées*, comme j'espére de le
faire voir dans la suite de cet Ouvrage. Je reconnois donc qu'il faut nécessairement que les Hommes fassent usage de leur Raison, avant que de
parvenir à la connoissance de ces véritez générales : mais encore un coup,
je nie que le temps auquel ils commencent à se servir de leur Raison, soit
justement celui auquel ils viennent à découvrir ces véritez.

§. 13. Cependant il est bon de remarquer, que ce qu'on dit, que *dès* On ne sauroit les
qu'on fait usage de la Raison, on s'apperçoit de ces Maximes & qu'on y acquies- de plusieurs autres
ce, n'emporte dans le fond autre chose que ceci, savoir, qu'on ne con- véritez qu'on peut
noît jamais ces Maximes avant l'usage de la Raison, quoi que peut-être on même temps.
n'y donne un consentement actuel que quelque temps après, durant le cours
de la vie. Du reste, le temps auquel on vient à les connoître & à les
recevoir, est tout-à-fait incertain. D'où il paroît qu'on peut dire la même chose de toutes les autres véritez qui peuvent être connuës, aussi bien
que de ces Maximes générales. Et par conséquent il ne s'ensuit point, de
ce qu'on connoît ces Maximes lors qu'on vient à faire usage de sa Raison,
qu'elles ayent, à cet égard, aucune prérogative qui les distingue des autres
véritez ; & bien loin que ce soit une marque qu'elles soient *innées*, c'est
une preuve du contraire.

§. 14. Mais en second lieu, quand il seroit vrai, qu'on viendroit à con- Quand on com-
noître ces Maximes, & à y acquiescer, justement dans le temps qu'on vient connoitre, dès
à faire usage de la Raison, cela ne prouveroit point encore qu'elles soient qu'on vient à faire
innées. Ce raisonnement est aussi frivole, que la supposition sur laquelle on son, cela ne prou-
le fonde, est fausse. Car par quelle règle de Logique peut-on conclurre veroit point qu'el-
qu'une certaine Maxime a été imprimée originairement dans l'Ame aussi-tôt
que l'Ame a commencé à exister, de ce qu'on vient à s'appercevoir de cette Maxime, & à l'approuver, dès qu'une certaine Faculté de l'Ame, qui
est appliquée à toute autre chose, vient à se déployer ? Supposé qu'on vînt
à recevoir ces Maximes justement dans le temps qu'on commence à parler, (ce qui peut tout aussi bien arriver alors, que dans le temps auquel on
commence à faire usage de la Raison) on seroit tout aussi bien fondé à dire
que ces Maximes sont *innées*, parce qu'on les reçoit dès qu'on commence à
parler, qu'à soûtenir qu'elles sont *innées*, parce que les Hommes y donnent
leur consentement dès qu'ils viennent à se servir de leur Raison. Je conviens
donc avec les Partisans des Principes *innez*, que l'Ame n'a aucune connoissance de ces Maximes générales, évidentes par elles-mêmes, avant qu'elle
commence à faire usage de la Raison : mais je nie que le temps auquel on
commence à faire usage de la Raison, soit précisément celui auquel on
commence à s'appercevoir de ces Maximes ; & quand cela seroit,
je nie qu'il s'ensuivît de là qu'elles fussent *innées*. Lors qu'on dit, que
*les Hommes donnent leur consentement à ces véritez, dès qu'ils viennent à fai-
re usage de la Raison,* tout ce qu'on peut faire signifier raisonnablement
à cette Proposition, c'est que l'Esprit venant à se former des idées générales & abstraites, & à comprendre les noms généraux qui les représentent, dans le temps que la Faculté de raisonner commence à se
de-

déployer, & tous ces materiaux se multipliant à mesure que cette Faculté se perfectionne, il arrive d'ordinaire que les Enfans n'acquiérent ces idées générales & n'apprennent les noms qui servent à les exprimer, que lors qu'ayant exercé leur Raison pendant un assez long tems sur des idées familiéres & plus particuliéres, ils sont devenus capables d'un entretien raisonnable par le commerce qu'ils ont eu avec d'autres personnes. Si l'on peut dire dans un autre sens, que les Hommes reçoivent ces Maximes générales lors qu'ils viennent à faire usage de leur Raison, c'est ce que j'ignore; & je voudrois bien qu'on prît la peine de le faire voir, ou du moins qu'on me montrât, (quelque sens qu'on donne à cette Proposition, celui-là, ou quelque autre) comment on en peut inferer, que ces Maximes sont *innées*.

<small>Par quels dégrez l'Esprit vient à connoître plusieurs veritez,</small>

§. 15. D'abord les Sens remplissent, pour ainsi dire, notre Esprit de diverses idées qu'il n'avoit point; & l'Esprit se rendant peu-à-peu ces idées familieres, les place dans sa Mémoire, & leur donne des Noms. Ensuite, il vient à se représenter d'autres idées, qu'il *abstrait* de celles-là, & il apprend l'usage des noms généraux. De cette maniére l'Esprit prépare des materiaux d'idées & de paroles, sur lesquels il exerce sa Faculté de raisonner; & l'usage de la Raison devient, chaque jour, plus sensible, à mesure que ces materiaux sur lesquels elle s'exerce, augmentent. Mais quoi que toutes ces choses, c'est à dire, l'acquisition des idées générales, l'usage des noms généraux qui les représentent, & l'usage de la Raison, croissent, pour ainsi dire, ordinairement ensemble, je ne vois pourtant pas que cela prouve en aucune maniere que ces idées soient *innées*. J'avouë qu'il y a certaines véritez, dont la connoissance est dans l'Esprit de fort bonne heure, mais c'est d'une maniére qui fait voir que ces véritez ne sont point *innées*. En effet, si nous y prenons garde, nous trouverons que ces sortes de véritez sont composées d'idées qui ne sont nullement innées, mais acquises: car les prémiéres idées qui occupent l'Esprit des Enfans, ce sont celles qui leur viennent par l'impression des choses extérieures, & qui font de plus fréquentes impressions sur leurs Sens. C'est sur ces idées, acquises de cette maniere, que l'Esprit vient à juger du rapport, ou de la différence qu'il y a entre les unes & les autres; & cela apparemment, dès qu'il vient à faire usage de la Mémoire, & qu'il est capable de recevoir & de retenir diverses idées distinctes. Mais que cela se fasse alors ou non, il est certain du moins, que les Enfans forment ces sortes de jugemens longtems avant qu'ils ayent appris à parler; & qu'ils soient parvenus à ce que nous appellons *l'âge de Raison*. Car avant qu'un Enfant sache parler, il connoît aussi certainement la différence qu'il y a entre les idées du *doux* & de *l'amer*, c'est à dire, que le doux n'est pas l'amer, qu'il sait dans la suite quand il vient à parler, que l'absinthe & les dragées ne sont pas la même chose.

§. 16. Un Enfant ne vient à connoître que *trois & quatre font égaux à sept*, que lors qu'il est capable de compter jusqu'à sept, qu'il a acquis l'idée de ce qu'on nomme *égalité*, & qu'il sait comment on la nomme. Du reste, quand il en est venu là, dès qu'on lui dit, que *trois & quatre font égaux à sept*, il n'a pas plûtôt compris le sens de ces paroles, qu'il donne son consentement

tement à cette Proposition, ou pour mieux dire, qu'il en apperçoit la vé- Chap. I.
rité. Mais s'il y acquiesce si facilement alors, ce n'est point à cause que
c'est une *vérité innée*. Et s'il avoit differé jusqu'à ce tems-là à y donner
son consentement, ce n'étoit pas non plus, à cause qu'il n'avoit point encore l'usage de la Raison. Mais plûtôt, il reçoit cette Proposition, parce
qu'il reconnoît la vérité renfermée dans ces paroles, *trois & quatre sont égaux à sept*, dès qu'il a dans l'Esprit les idées claires & distinctes qu'elles
signifient. Par conséquent, il connoît la vérité de cette Proposition sur
les mêmes fondemens, & de la même manière, qu'il savoit auparavant,
que la Verge & une Cerise ne sont pas la même chose: & c'est encore sur les
mêmes fondemens qu'il peut venir à connoître dans la suite, *Qu'il est impossible qu'une chose soit & ne soit pas en même temps*, comme nous le ferons
voir plus amplement ailleurs. De sorte que plus tard on vient à connoître
les idées générales dont ces Maximes sont composées, ou à savoir la signification des termes généraux dont on se sert pour les exprimer, ou à rassembler dans son Esprit les idées que ces termes représentent; plus tard aussi
l'on donne son consentement à ces Maximes, dont les termes aussi bien que
les idées qu'ils représentent, n'étant pas plus innez que ceux de *Chat* ou de
Belette, il faut attendre que le temps & les reflexions que nous pouvons
faire sur ce qui se passe devant nos yeux, nous en donnent la connoissance: & c'est alors qu'on sera capable de connoître la vérité de ces Maximes,
dès la prémiére occasion qu'on aura de joindre ces idées dans son Esprit, &
de remarquer si elles conviennent ou ne conviennent point ensemble, selon
qu'elles sont exprimées dans ces Propositions. D'où il s'ensuit qu'un homme sait, que *dix-huit & dix-neuf sont égaux à trente-sept*, avec la même
évidence qu'il sait qu'*un & deux sont égaux à trois*, mais qu'un Enfant ne
connoît pourtant pas la prémiére Proposition si-tôt que la seconde; ce qui
ne vient pas de ce que l'usage de la Raison lui manque, mais de ce qu'il
n'a pas si-tôt formé les idées signifiées par les mots *dix-huit*, *dix-neuf*, &
trente-sept, que celles qui sont exprimées par les mots *un*, *deux*, & *trois*.

§. 17. La raison qu'on tire du consentement général pour faire voir qu'il De ce qu'on reçoit ces Maximes
y a des véritez *innées*, ne pouvant point servir à le prouver, & ne mettant dès qu'elles sont
aucune différence entre les véritez qu'on suppose *innées*, & plusieurs autres proposées & conduës, il ne s'ensuit
dont on acquiert la connoissance dans la suite, cette raison, dis-je, venant pas qu'elles soient
à manquer, les Défenseurs de cette Hypothese ont prétendu conserver aux innées.
Maximes qu'ils nomment *innées*, le privilége d'être reçuës d'un consentement général, en soûtenant que, dès que ces Maximes sont proposées,
& qu'on entend la signification des termes qui servent à les exprimer, on
les adopte sans peine. Voyant, dis-je, que tous les hommes, & même
les Enfans, donnent leur consentement à ces Propositions, aussi-tôt qu'ils
entendent & comprennent les mots dont on se sert pour les exprimer, ils
s'imaginent que cela suffit pour prouver que ces Propositions sont *innées*.
Comme les hommes ne manquent jamais de les reconnoître pour des veritez
indubitables dès qu'ils en ont compris les termes, les Défenseurs des idées
innées voudroient conclurre de là, qu'il est évident que ces Propositions
étoient auparavant imprimées dans l'Entendement, puis qu'à la prémiére
ouver-

CHAP. I.

Ce consentement prouveroit que ces Propositions, *Un & deux sont égaux à trois*, *Le Doux n'est point l'Amer*, & mille autres semblables, seroient innées.

ouverture qui en est faite à l'Esprit, il les comprend sans que personne les lui enseigne, & y donne son consentement sans jamais les revoquer en doute.

§. 18. Pour répondre à cette Difficulté, je demande à ceux qui défendent de la sorte les idées *innées*, si ce consentement que l'on donne à une Proposition, dès qu'on l'a entenduë, est un caractére certain d'un Principe *inné*? S'ils disent que non, c'est en vain qu'ils employent cette preuve; & s'ils répondent qu'oui, ils seront obligez de reconnoître pour *Principes innez* toutes les Propositions dont on reconnoît la vérité dès qu'on les entend prononcer, c'est-à-dire un très-grand nombre. Car s'ils posent une fois que les véritez qu'on reçoit dès qu'on les entend dire, & qu'on les comprend, doivent passer pour autant de Principes *innez*, il faut qu'ils reconnoissent en même tems que plusieurs Propositions qui regardent les nombres sont *innées*, comme celles-ci, *Un & deux sont égaux à trois*, *Deux & deux sont égaux à quatre*, & quantité d'autres semblables Propositions d'Arithmetique, que chacun reçoit dès qu'il les entend dire, & qu'il comprend les termes dont on se sert pour les exprimer. Et ce n'est pas là un privilége attaché aux Nombres & aux différens Axiomes qu'on en peut composer: on rencontre aussi dans la Physique & dans toutes les autres Sciences, des Propositions auxquelles on acquiesce infailliblement dès qu'on les entend. Par exemple, cette Proposition, *Deux Corps ne peuvent pas être en un même lieu à la fois*, est une vérité dont on n'est pas autrement persuadé que des Maximes suivantes, *Il est impossible qu'une chose soit & ne soit pas en même temps: Le blanc n'est pas le rouge: Un Quarré n'est pas un Cercle: La couleur jaune n'est pas la douceur.* Ces Propositions, dis-je, & un million d'autres semblables, ou du moins toutes celles dont nous avons des idées distinctes, sont du nombre de celles que tout homme de bon sens & qui entend les termes dont on se sert pour les exprimer, doit recevoir nécessairement, dès qu'il les entend prononcer. Si donc les Partisans des *Idées innées* veulent s'en tenir à leur propre Règle, & poser pour marque d'une vérité innée *le consentement qu'on lui donne, dès qu'on l'entend & qu'on comprend les termes qu'on employe pour l'exprimer*, ils seront obligez de reconnoître, qu'il y a non seulement autant de Propositions *innées* que d'idées distinctes dans l'Esprit des Hommes, mais même autant que les Hommes peuvent faire de Propositions, dont les idées différentes sont niées l'une de l'autre. Car chaque Proposition, qui est composée de deux différentes idées dont l'une est niée de l'autre, sera aussi certainement reçuë comme indubitable, dès qu'on l'entendra pour la prémiére fois & qu'on en comprendra les termes, que cette Maxime générale, *Il est impossible qu'une chose soit & ne soit pas en même temps*; ou que celle-ci, qui en est le fondement, & qui est encore plus aisée à entendre, *Ce qui est la même chose, n'est pas different:* & à ce compte, il faudra qu'ils reçoivent pour véritez *innées* un nombre infini de Propositions de cette seule espèce, sans parler des autres. Ajoûtez à cela, qu'une Proposition ne pouvant être innée, à moins que les idées dont elle est composée, ne le soient aussi, il faudra supposer que toutes les idées que nous avons des Couleurs, des Sons, des Goûts, des Figures, *&c.* sont *innées:* ce qui seroit

roit la chose du monde la plus contraire à la Raison & à l'Experience. Le consentement qu'on donne sans peine à une Proposition dès qu'on l'entend prononcer & qu'on en comprend les termes, est, sans doute, une marque que cette Proposition est évidente par elle-même: mais cette évidence, qui ne dépend d'aucune impression innée, mais de quelque autre chose, comme nous le ferons voir dans la suite, appartient à plusieurs Propositions, qu'il seroit absurde de regarder comme des véritez innées; & que personne ne s'est encore avisé de faire passer pour telles.

§. 19. Et qu'on ne dise pas, que ces Propositions particuliéres, & évidentes par elles-mêmes, dont on reconnoît la vérité dès qu'on les entend prononcer, comme Qu'*un & deux sont égaux à trois*, Que *le Verd n'est pas le Rouge*, &c. sont reçuës comme des conséquences de ces autres Propositions plus générales qu'on regarde comme autant de *Principes innez*: Car tous ceux qui prendront la peine de refléchir sur ce qui se passe dans l'Entendement, lors qu'on commence à en faire quelque usage, trouveront infailliblement que ces Propositions particuliéres, ou moins générales, sont reconnuës & reçuës comme des véritez indubitables par des personnes qui n'ont aucune connoissance de ces Maximes plus générales. D'où il s'ensuit évidemment, que, puis que ces Propositions particuliéres se rencontrent dans leur Esprit plûtôt que ces Maximes qu'on nomme *prémiers Principes*, ils ne pourroient recevoir ces Propositions particuliéres comme ils font, dès qu'ils les entendent prononcer pour la prémiére fois, s'il étoit vrai que ce ne fussent que des conséquences de ces prémiers Principes.

De telles Propositions moins générales, sont plûtôt connuës que les Maximes universelles, qu'on veut faire passer pour innées.

§. 20. Si l'on replique, que ces Propositions, *Deux & deux sont égaux à quatre*, *Le Rouge n'est pas le Bleu*, &c. ne sont pas des Maximes générales, & dont on puisse faire un fort grand usage, je répons, que cette instance ne touche en aucune maniére l'argument qu'on veut tirer du Consentement universel qu'on donne à une Proposition dès qu'on l'entend dire & qu'on en comprend le sens. Car si ce Consentement est une marque assûrée d'une Proposition *innée*, toute Proposition qui est généralement reçuë dès qu'on l'entend dire & qu'on la comprend, doit passer pour une Proposition *innée*, tout aussi bien que cette Maxime, *Il est impossible qu'une chose soit & ne soit pas en même tems:* puis qu'à cet égard, elles sont dans une parfaite égalité. Quant à ce que cette derniére Maxime est plus générale, tant s'en faut que cela la rende plûtôt *innée*, qu'au contraire c'est pour cela même qu'elle est plus éloignée de l'être. Car les idées générales & abstraites étant d'abord plus étrangéres à notre Esprit que les idées des Propositions particuliéres qui sont évidentes par elles-mêmes, elles entrent par conséquent plus tard dans un Esprit qui commence à se former. Et pour ce qui est de l'utilité de ces Maximes tant vantées, on verra peut-être qu'elle n'est pas si considerable qu'on se l'imagine ordinairement, lors que nous examinerons plus particulierement en son lieu, quel est le fruit qu'on peut recueillir de ces Maximes.

Ce qui prouve que les Propositions qu'on appelle innées ne le sont pas, c'est qu'elles ne sont connues qu'aprés qu'on les a proposées.

§. 21. Mais il reste encore une chose à remarquer sur *le consentement qu'on donne à certaines Propositions, dès qu'on les entend prononcer & qu'on en comprend le sens*, c'est que, bien loin que ce consentement fasse voir que

CHAP. I. ces Propositiont soient *innées*, c'est justement une preuve du contraire; car cela suppose que des gens, qui sont instruits de diverses choses, ignorent ces Principes jusqu'à ce qu'on les leur ait proposez, & que personne ne les connoît avant que d'en avoir ouï parler. Or si ces veritez étoient innées, quelle nécessité y auroit-il de les proposer, pour les faire recevoir? Car étant déja gravées dans l'Entendement par une impression naturelle & originale, (supposé qu'il y eût une telle impression, comme on le prétend) elles ne pourroient qu'être déja connuës. Dira-t-on qu'en les proposant on les imprime plus nettement dans l'Esprit que la Nature n'avoit sû faire? Mais si cela est, il s'ensuivra de là, qu'un homme connoît mieux ces veritez, après qu'on les lui a enseignées, qu'il ne faisoit auparavant. D'où il faudra conclurre, que nous pouvons connoître ces Principes d'une maniére plus évidente, lors qu'ils nous sont exposez par d'autres hommes, que lors que la Nature seule les a imprimez dans notre Esprit, ce qui s'accorde fort mal avec ce qu'on dit qu'il y a des Principes *innez*, rien n'étant plus propre à en affoiblir l'autorité. Car dès-là, ces Principes deviennent incapables de servir de fondement à toutes nos autres connoissances, quoi qu'en veuillent dire les Partisans des *Idées innées*, qui leur attribuent cette prérogative.

A la vérité, l'on ne peut nier que les Hommes ne connoissent plusieurs de ces veritez, évidentes par elles-mêmes, dès qu'elles leur sont proposées: mais il n'est pas moins évident, que tout homme à qui cela arrive, est convaincu en lui-même que dans ce même temps-là il commence à connoître une Proposition qu'il ne connoissoit pas auparavant, & qu'il ne revoque plus en doute dès ce moment. Du reste, s'il y acquiesce si promptement, ce n'est point à cause que cette Proposition étoit gravée naturellement dans son Esprit, mais parce que la consideration même de la nature des choses exprimées par les paroles que ces sortes de Propositions renferment, ne lui permet pas d'en juger autrement, de quelque maniére & en quelque temps qu'il vienne à y reflechir. Que si l'on doit regarder comme un Principe *inné*, chaque Proposition à laquelle on donne son consentement, dès qu'on l'entend prononcer pour la prémiére fois, & qu'on en comprend les termes, toute observation qui fondée légitimement sur des experiences particuliéres, fait une règle générale, devra donc aussi passer pour *innée*. Cependant il est certain que ces observations ne se présentent pas d'abord indifferemment à tous les hommes, mais seulement à ceux qui ont le plus de pénétration: lesquels les réduisent ensuite en Propositions générales, nullement innées, mais déduites de quelque connoissance précedente, & de la reflexion qu'ils ont faite sur des exemples particuliers. Mais ces Maximes une fois établies par de curieux observateurs, de la maniére que je viens de dire, si on les propose à d'autres hommes qui ne sont point portez d'eux-mêmes à cette espéce de recherche, ils ne peuvent refuser d'y donner aussi-tôt leur consentement.

Si l'on dit qu'elles sont connuës implicitement avant que d'être proposées, ou cela signifie que l'Esprit est capable de les comprendre, ou il ne signifie rien.

§. 22. L'on dira peut-être, que *l'Entendement n'avoit pas une connoissance explicite de ces Principes, mais seulement implicite, avant qu'on les lui proposât pour la prémiére fois*. C'est en effet ce que sont obligez de dire tous ceux qui soutiennent, que ces Principes sont dans l'Entendement avant que d'être connus. Mais il n'est pas facile de concevoir ce que ces personnes entendent par
un

un Principe gravé dans l'Entendement d'une maniére implicite, à moins qu'ils ne veuillent dire par-là, Que l'Ame est capable de comprendre ces sortes de Propositions & d'y donner un entier consentement. En ce cas-là, il faut reconnoître toutes les Démonstrations Mathematiques pour autant de véritez gravées naturellement dans l'Esprit, aussi bien que les prémiers Principes. Mais c'est à quoi, si je ne me trompe, ne consentiront pas aisément ceux qui voyent par experience qu'il est plus difficile de démontrer une Proposition de cette nature, que d'y donner son consentement après qu'elle a été démontrée; & il se trouvera fort peu de Mathematiciens qui soient disposez à croire que toutes les Figures qu'ils ont tracées, n'étoient que des copies d'autant de Caractéres *innez*, que la Nature avoit gravez dans leur Ame.

§. 23. Il y a un second défaut, si je ne me trompe, dans cet Argument par lequel on prétend prouver, *que les Maximes que les Hommes reçoivent dès qu'elles leur sont proposées doivent passer pour* innées, *parce que ce sont des Propositions auxquelles ils donnent leur consentement sans les avoir apprises auparavant, & sans avoir été portez à les recevoir par la force d'aucune preuve ou démonstration précedente, mais par la simple explication ou intelligence des termes.* Il me semble, dis-je, que cet Argument est appuyé sur cette fausse supposition, que ceux à qui on propose ces Maximes pour la prémiére fois n'apprennent rien qui leur soit entierement nouveau: quoi qu'en effet on leur enseigne des choses qu'ils ignoroient absolument, avant que de les avoir apprises. Car prémiérement, il est visible qu'ils ont appris les termes dont on se sert pour exprimer ces Propositions, & la signification de ces termes: deux choses qui n'étoient point nées avec eux. De plus, les idées que ces Maximes renferment, ne naissent point avec eux, non plus que les termes qu'on employe pour les exprimer, mais ils les acquierent dans la suite, après en avoir appris les noms. Puis donc que dans toutes les Propositions auxquelles les hommes donnent leur consentement dès qu'ils les entendent dire pour la prémiére fois, il n'y a rien d'*inné*, ni les termes qui expriment ces Propositions, ni l'usage qu'on en fait pour désigner les idées que ces Propositions renferment, ni enfin les idées mêmes que ces termes signifient, je ne saurois voir ce qui reste d'*inné* dans ces sortes de Propositions. Que si quelqu'un peut trouver une Proposition dont les termes ou les idées soient innées, il me feroit un singulier plaisir de me l'indiquer.

C'est par dégrez que nous acquerons des Idées, que nous apprenons les termes dont on se sert pour les exprimer, & que nous venons à connoître la veritable liaison qu'il y a entre ces Idées. Après quoi, nous n'entendons pas plûtôt les Propositions exprimées par les termes dont nous avons appris la signification, & dans lesquelles paroit la convenance ou la disconvenance qu'il y a entre nos idées lors qu'elles sont jointes ensemble, que nous y donnons notre consentement, quoi que dans le même temps nous ne soyons point du tout capables de recevoir d'autres Propositions, qui aussi certaines & aussi évidentes en elles-mêmes que celles-là, sont composées d'idées qu'on n'acquiert pas de si bonne heure, ni avec tant de facilité. Ainsi, quoi qu'un Enfant commence bientôt à donner son consentement à cette Proposition, *Une Pomme n'est pas du Feu:* savoir dès qu'il a acquis, par l'usage ordinai-

La conséquence qu'on veut tirer de ce qu'on reçoit ces Propositions, dès qu'on les entend dire, est fondée sur cette fausse supposition, qu'en apprenant ces Propositions on n'apprend rien de nouveau.

CHAP. I.

re, les idées de ces deux differentes chofes, gravées diftinctement dans fon Efprit, & qu'il a appris les noms de *Pomme* & de *Feu* qui fervent à exprimer ces idées: cependant ce même Enfant ne donnera peut-être fon confentement, que quelques années après, à cette autre Propofition, *Il eft impoffible qu'une chofe foit & ne foit pas en même temps.* Parce que, bien que les mots qui expriment cette derniére Propofition, foient peut-être auffi faciles à apprendre que ceux de *Pomme* & de *Feu*, cependant comme la fignification en eft plus étenduë & plus abftraite que celle des noms deftinez à exprimer ces chofes fenfibles qu'un Enfant a occafion de connoître, il n'apprend pas fi-tôt le fens précis de ces termes abftraits, & il lui faut effectivement plus de temps, pour former clairement dans fon Efprit les idées générales qui font exprimées par ces termes. Jufque-là, c'eft en vain que vous tâcherez de faire recevoir à un Enfant une Propofition compofée de ces fortes de termes généraux: car avant qu'il aît acquis la connoiffance des idées qui font renfermées dans cette Propofition, & qu'il ait appris les noms qu'on donne à ces idées, il ignore abfolument cette Propofition, auffi bien que cette autre dont je viens de parler, *Une Pomme n'eft pas du Feu*, fuppofé qu'il n'en connoiffe pas non plus les termes ni les idées: il ignore, dis-je, ces deux Propofitions également, & cela, par la même raifon, c'eft-à-dire parce que pour porter un jugement il faut qu'il trouve que les idées qu'il a dans l'Efprit, conviennent ou ne conviennent pas entre elles, felon que les mots qui font employez pour les exprimer, font affirmez ou niez l'un de l'autre dans une certaine Propofition. Or fi on lui donne à confiderer des Propofitions conçuës en des termes, qui expriment des Idées qui ne foient point encore dans fon Efprit, il ne donne ni ne refufe fon confentement à ces fortes de Propofitions, foit qu'elles foient évidemment vrayes ou évidemment fauffes, mais il les ignore entierement. Car comme les mots ne font que de vains fons pendant tout le temps qu'ils ne font pas des fignes de nos idées, nous ne pouvons en faire le fujet de nos penfées, qu'entant qu'ils répondent aux idées que nous avons dans l'Efprit. Il fuffit d'avoir dit cela en paffant comme une raifon qui m'a porté à revoquer en doute les Principes qu'on appelle *innez*: car du refte je ferai voir plus au long, dans le Livre fuivant, QUELLE eft l'origine de nos connoiffances, PAR quelle voye notre Efprit vient à connoître les chofes; & QUELS font les fondemens des differens dégrez d'*affentiment* que nous donnons aux diverfes véritez que nous embraffons.

Les Propofitions qu'on veut faire paffer pour innées, ne le font point, parce qu'elles ne font pas univerfellement reçuës.

§. 24. Enfin pour conclurre ce que j'ai à propofer contre l'Argument qu'on tire du Confentement univerfel, pour établir des Principes innez, je conviens avec ceux qui s'en fervent, *Que fi ces Principes font innez, il faut néceffairement qu'ils foient reçus d'un confentement univerfel.* Car qu'une vérité foit *innée*, & que cependant on n'y donne pas fon confentement, c'eft à mon égard une chofe auffi difficile à entendre, que de concevoir qu'un homme connoiffe, & ignore une certaine vérité dans le même temps. Mais cela pofé, les Principes qu'ils nomment *innez*, ne fauroient être innez, de leur propre aveu, puis qu'ils ne font pas reçus de ceux qui n'entendent pas les termes qui fervent à les exprimer, ni par une grande partie de ceux qui, bien

bien qu'ils les entendent, n'ont jamais ouï parler de ces Propositions, & n'y ont jamais songé: ce qui, je pense, comprend pour le moins la moitié du Genre Humain. Mais quand bien le nombre de ceux qui ne connoissent point ces sortes de Propositions, seroit beaucoup moindre, quand il n'y auroit que les Enfans qui les ignorassent, cela suffiroit pour détruire ce consentement universel dont on parle; & pour faire voir par conséquent, que ces Propositions ne sont nullement innées.

§. 25. Mais afin qu'on ne m'accuse pas de fonder des raisonnemens sur les pensées des Enfans qui nous sont inconnuës, & de tirer des conclusions de ce qui se passe dans leur Entendement, avant qu'ils fassent connoître eux-mêmes ce qui s'y passe effectivement, j'ajoûterai que les deux * Propositions générales dont nous avons parlé ci-dessus, ne sont point des veritez qui se trouvent les prémiéres dans l'Esprit des Enfans, & qu'elles ne précedent point toutes les notions acquises, & qui viennent de dehors, ce qui devroit être, si elles étoient *innées*. De savoir si on peut, ou si on ne peut point déterminer le temps auquel les Enfans commencent à penser, c'est dequoi il ne s'agit pas présentement: mais il est certain qu'il y a un temps auquel les Enfans commencent à penser: leurs discours & leurs actions nous en assûrent incontestablement. Or si les Enfans sont capables de penser, d'acquerir des connoissances, & de donner leur consentement à differentes veritez, peut-on supposer raisonnablement, qu'ils puissent ignorer les Notions que la Nature a gravées dans leur Esprit, si ces Notions y sont effectivement empreintes? Peut-on s'imaginer avec quelque apparence de raison, qu'ils reçoivent des impressions des choses extérieures, & qu'en même temps ils méconnoissent ces caractéres que la Nature elle-même a pris soin de graver dans leur Ame? Est-il possible que recevant des Notions qui leur viennent de dehors, & y donnant leur consentement, ils n'ayent aucune connoissance de celles qu'on suppose être nées avec eux, & faire comme partie de leur Esprit, où elles sont empreintes en caractéres ineffaçables pour servir de fondement & de règle à toutes leurs connoissances acquises, & à tous les raisonnemens qu'ils feront dans la suite de leur vie? Si cela étoit, la Nature se seroit donné de la peine fort inutilement, ou du moins elle auroit mal gravé ces caractéres, puis qu'ils ne sauroient être apperçûs par des yeux qui voyent fort bien d'autres choses. Ainsi c'est fort mal à propos qu'on suppose que ces Principes qu'on veut faire passer pour *innez*, sont les rayons les plus lumineux de la Vérité & les vrais fondemens de toutes nos connoissances, puis qu'ils ne sont pas connus avant toute autre chose; & que l'on peut acquerir, sans leur secours, une connoissance indubitable de plusieurs autres veritez. Un Enfant, par exemple, connoît fort certainement, que sa *Nourrice* n'est point le *Chat* avec lequel il badine, ni le *Negre* dont il a peur. Il sait fort bien, que le *Semencontra* ou la *Moûtarde* dont il refuse de manger, n'est point la *Pomme* ou le *Sucre* qu'il veut avoir. Il sait, dis-je, cela très-certainement, & en est fortement persuadé, sans en douter le moins du monde. Mais qui oseroit dire, que c'est en vertu de ce Principe, *Il est impossible qu'une chose soit & ne soit pas en même temps*, qu'un Enfant connoît si sûrement ces choses & toutes les autres qu'il fait?

Elles ne sont pas connuës avant toute autre chose.

* *Il est impossible qu'une chose soit, & ne soit pas en même temps, &, Ce qui est la même chose n'est pas different.*

fait ? Se trouveroit-il même quelqu'un qui osât soûtenir, qu'un Enfant ait aucune idée, ou aucune connoissance de cette Proposition dans un âge, où cependant on voit évidemment qu'il connoît plusieurs autres véritez ? Que s'il y a des gens qui osent assûrer que les Enfans ont des idées de ces Maximes générales & abstraites dans le temps qu'ils commencent à connoître leurs Joüets & leurs Poupées, on pourroit peut-être dire d'eux, sans leur faire grand tort, qu'à la vérité ils sont fort zélez pour leur sentiment, mais qu'ils ne le défendent point avec cette aimable sincerité qu'on découvre dans les Enfans.

Par conséquent elles ne sont point innées.

§. 26. Donc, quoi qu'il y ait plusieurs Propositions générales qui sont toûjours reçûës avec un entier consentement dès qu'on les propose à des personnes qui sont parvenuës à un âge raisonnable, & qui étant accoûtumées à des idées abstraites & universelles, savent les termes dont on se sert pour les exprimer, cependant, comme ces véritez sont inconnuës aux Enfans dans le temps qu'ils connoissent d'autres choses, on ne peut point dire qu'elles soient reçûës d'un consentement universel de tout Être doué d'intelligence, & par conséquent on ne sauroit supposer en aucune manière, qu'elles soient *innées*. Car il est impossible qu'une vérité *innée* (s'il y en a de telles) puisse être inconnuë, du moins à une personne qui connoît déja quelque autre chose, parce que s'il y a des véritez *innées*, il faut qu'il y ait des pensées *innées* : car on ne sauroit concevoir qu'une vérité soit dans l'Esprit, si l'Esprit n'a jamais pensé à cette vérité. D'où il s'ensuit évidemment, que s'il y a des véritez *innées*, il faut de nécessité que ce soient les premiers Objets de la pensée, la prémiére chose qui paroisse dans l'Esprit.

Elles ne sont point innées, parce qu'elles paroissent moins, où elles devroient se montrer avec plus d'éclat.

§. 27. Or que ces Maximes générales, dont nous avons parlé jusques ici, soient inconnuës aux Enfans, aux Imbecilles, & à une grande partie du Genre Humain, c'est ce que nous avons déja suffisamment prouvé : d'où il paroît évidemment, que ces sortes de Maximes ne sont pas reçûës d'un consentement universel ; & qu'elles ne sont point naturellement gravées dans l'Esprit des Hommes. Mais on peut tirer de là une autre preuve contre le sentiment de ceux qui prétendent que ces Maximes sont *innées*, c'est que, si c'étoient autant d'impressions naturelles & originales, elles devroient paroître avec plus d'éclat dans l'Esprit de certaines Personnes, où cependant nous n'en voyons aucune trace. Ce qui est, à mon avis, une forte présomption que ces Caractéres ne sont point *innez*, puis qu'ils sont moins connus de ceux en qui ils devroient se faire voir avec plus d'éclat, s'ils étoient effectivement *innez*. Je veux parler des Enfans, des Imbecilles, des Sauvages, & des gens sans Lettres : car de tous les hommes ce sont ceux qui ont l'Esprit moins alteré & corrompu par la coûtume & par des opinions étrangéres. Le Savoir & l'Education n'ont point fait prendre une nouvelle forme à leurs prémiéres pensées, ni brouillé ces beaux caractéres, gravez dans leur Ame par la Nature même, en les mêlant avec des Doctrines étrangéres & acquises par art. Cela posé, l'on pourroit croire raisonnablement, que ces Notions *innées* devroient se faire voir aux yeux de tout le monde dans ces sortes de personnes, comme il est certain qu'on s'apperçoit sans pei-

peine des pensées des Enfans. On devroit sur-tout s'attendre à reconnoître distinctement ces sortes de Principes dans les Imbecilles: car ces Principes étant gravez immédiatement dans l'Ame, si l'on en croit les Partisans des Idées *innées*, ils ne dépendent point de la constitution du Corps ou de la differente disposition de ses organes, en quoi consiste, de leur propre aveu, toute la difference qu'il y a entre ces pauvres Imbecilles, & les autres hommes. On croiroit, dis-je, à raisonner sur ce Principe, que tous ces rayons de lumiére, tracez naturellement dans l'Ame, (supposé qu'il y en eût de tels) devroient paroître avec tout leur éclat dans ces personnes qui n'employent aucun déguisement ni aucun artifice pour cacher leurs pensées: de sorte qu'on devroit découvrir plus aisément en eux ces premiers rayons, qu'on ne s'apperçoit du penchant qu'ils ont au plaisir, & de l'aversion qu'ils ont pour la douleur. Mais il s'en faut bien que cela soit ainsi: car je vous prie, quelles Maximes générales, quels Principes universels découvre-t-on dans l'Esprit des Enfans, des Imbecilles, des Sauvages, & des gens grossiers & sans Lettres? On n'en voit aucune trace. Leurs idées sont en petit nombre, & fort bornées; & c'est uniquement à l'occasion des Objets qui leur sont le plus connus & qui font de plus fréquentes & de plus fortes impressions sur leurs Sens, que ces idées leur viennent dans l'Esprit. Un Enfant connoît sa Nourrice & son Berceau; & insensiblement, il vient à connoître les différentes choses qui servent à ses jeux, à mesure qu'il avance en âge. De même un jeune Sauvage a peut-être la tête remplie d'idées d'Amour & de Chasse, selon que ces choses sont en usage parmi ses semblables. Mais si l'on s'attend à voir dans l'Esprit d'un jeune Enfant sans instruction, ou d'un grossier habitant des Bois, ces Maximes abstraites & ces prémiers Principes des Sciences, on sera fort trompé, à mon avis. Dans les Cabanes des Indiens on ne parle guere de ces sortes de Propositions générales; & elles entrent encore moins dans l'Esprit des Enfans, & dans l'Ame de ces pauvres *Innocens* en qui il ne paroît aucune étincelle d'esprit. Mais où elles sont connuës ces Maximes, c'est dans les Ecoles & dans les Academies où l'on fait profession de Science, & où l'on est accoûtumé à une espèce de Savoir & à des entretiens qui consistent dans des disputes sur des matiéres abstraites. C'est dans ces lieux-là, dis-je, qu'on connoit ces Propositions, parce qu'on peut s'en servir à argumenter dans les formes, & à réduire au silence ceux contre qui l'on dispute, quoi que dans le fond elles ne contribuent pas beaucoup à découvrir la Vérité, ou à faire faire des progrès dans la connoissance des choses. Mais j'aurai occasion de montrer * ailleurs plus au long, combien ces sortes de Maximes servent peu à faire connoître la Vérité.

* *Voy. Liv. IV. ch. 7.*

§. 28. Au reste, je ne sai quel jugement porteront de mes raisons ceux qui sont exercez dans l'art de démontrer une Vérité. Je ne sai, dis-je, si elles leur paroîtront absurdes. Apparemment, ceux qui les entendront pour la prémiére fois, auront d'abord de la peine à s'y rendre: c'est pourquoi je les prie de suspendre un peu leur jugement; & de ne pas me condamner avant que d'avoir ouï ce que j'ai à dire dans la suite de ce Discours. Comme je n'ai d'autre vûë que de trouver la

Véri-

CHAP. I.   Vérité, je ne ferai nullement fâché d'être convaincu d'avoir fait trop de fond fur mes propres raifonnemens: Inconvenient, dans lequel je reconnois que nous pouvons tous tomber, lors que nous nous échauffons la tête à force de penfer à quelque fujet avec trop d'application.

Quoi qu'il en foit, je ne faurois voir, jufqu'ici, fur quel fondement on pourroit faire paffer pour des Maximes *innées* ces deux célèbres Axiomes fpéculatifs, *Tout ce qui eft, eft* ; &, *Il eft impoffible qu'une chofe foit & ne foit pas en même temps*: puis qu'ils ne font pas univerfellement reçus ; & que le confentement général qu'on leur donne, n'eft en rien différent de celui qu'on donne à plufieurs autres Propofitions qu'on convient n'être point *innées* ; & enfin, puis que ce confentement eft produit par une autre voye, & nullement par une impreffion naturelle, comme j'efpere de le faire voir dans le fecond Livre. Or fi ces deux célèbres Principes fpéculatifs ne font point *innez*, je fuppofe, fans qu'il foit néceffaire de le prouver, qu'il n'y a point d'autre Maxime de pure fpéculation qu'on ait droit de faire paffer pour *innée*.

CHAPITRE II.

CHAP. II.   *Qu'il n'y a point de Principes de pratique qui foient innez.*

Il n'y a point de Principe de Morale fi clair ni fi généralement reçû que les Maximes fpéculatives dont on vient de parler.

§. 1. SI les Maximes fpéculatives, dont nous avons parlé dans le Chapitre précédent, ne font pas reçuës de tout le monde, par un confentement actuel, comme nous venons de le prouver, il eft beaucoup plus évident à l'égard des Principes de pratique, *Qu'il s'en faut bien qu'ils foient reçus d'un confentement univerfel*. Et je croi qu'il feroit bien difficile de produire une Règle de Morale, qui foit de nature à être reçuë d'un confentement auffi général & auffi prompt que cette Maxime, *Ce qui eft, eft*, ou qui puiffe paffer pour une vérité auffi manifefte que ce Principe, *Il eft impoffible qu'une chofe foit & ne foit pas en même temps*. D'où il paroît clairement que le privilege d'être *inné* convient beaucoup moins aux Principes de pratique qu'à ceux de fpéculation ; & qu'on eft plus en droit de douter que ceux-là foient imprimez naturellement dans l'Ame que ceux-ci. Ce n'eft pas que ce doute contribuë en aucune maniére à mettre en queftion la vérité de ces différens Principes. Ils font également véritables, quoi qu'ils ne foient pas également évidens. Les Maximes fpéculatives que je viens d'alleguer, font évidentes par elles-mêmes : mais à l'égard des Principes de Morale, ce n'eft que par des raifonnemens, par des difcours, & par quelque application d'efprit qu'on peut s'affûrer de leur vérité. Ils ne paroiffent point comme autant de caractéres gravez naturellement dans l'Ame : car s'ils y étoient effectivement empreints de cette maniére, il faudroit néceffairement que ces caracteres fe rendiffent vifibles par eux-mêmes, & que chaque homme les pût reconnoître certainement par fes propres lumiéres. Mais en refufant aux Principes de Morale la prérogative d'être *innez*, qui ne leur appartient

de pratique ne font innées. Liv. I. 25

tient point, on n'affoiblit en aucune maniére leur vérité ni leur certitude, comme on ne diminuë en rien la vérité & la certitude de cette Propofition, *Les trois Angles d'un Triangle font égaux à deux droits*, lorsqu'on dit qu'elle n'eſt pas ſi évidente que cette autre Propoſition, *Le tout eſt plus grand que ſa partie*; & qu'elle n'eſt pas ſi propre à être reçuë dès qu'on l'entend pour la prémiére fois. Il ſuffit, que ces Règles de Morale ſont capables d'être démontrées, de ſorte que c'eſt notre faute, ſi nous ne venons pas à nous aſſurer certainement de leur vérité. Mais de ce que pluſieurs perſonnes ignorent abſolument ces Règles, & que d'autres les reçoivent d'un conſentement foible & chancelant, il paroit clairement qu'elles ne ſont rien moins qu'*innées*; & qu'il s'en faut bien qu'elles ſe préſentent d'elles-mêmes à leur vûë, ſans qu'ils ſe mettent en peine de les chercher.

Chap. II.

§. 2. Pour ſavoir s'il y a quelque Principe de Morale dont tous les hommes conviennent, j'en appelle à ceux qui ont quelque connoiſſance de l'Hiſtoire du Genre Humain, & qui ont, pour ainſi dire, perdu de vûë le clocher de leur Village, pour aller voir ce qui ſe paſſe hors de chez eux. Car où eſt cette vérité de pratique qui ſoit univerſellement reçuë ſans aucune difficulté, comme elle doit l'être, ſi elle eſt *innée*? La Juſtice & l'obſervation des contrats eſt le point ſur lequel la plûpart des hommes ſemblent s'accorder entr'eux. C'eſt un Principe qui eſt reçu, à ce qu'on croit, dans les Cavernes même des Brigans & parmi les Sociétez des plus grands ſcélerats; de ſorte que ceux qui détruiſent le plus l'humanité, ſont fidèles les uns aux autres & obſervent entr'eux les règles de la Juſtice. Je conviens que les Bandits en uſent ainſi les uns à l'égard des autres, mais c'eſt ſans conſiderer les Règles de juſtice qu'ils obſervent entr'eux, comme des Principes *innez*, & comme des Loix que la Nature ait gravées dans leur Ame. Ils les obſervent ſeulement comme des règles de convenance dont la pratique eſt abſolument néceſſaire pour conſerver leur Société: car il eſt impoſſible de concevoir qu'un homme regarde la Juſtice comme un Principe de pratique, ſi dans le même temps qu'il en obſerve les règles avec ſes Compagnons voleurs de grand chemin, il dépouille ou tuë le prémier homme qu'il rencontre. La Juſtice & la Vérité ſont les liens communs de toute Société: c'eſt pourquoi les Bandits & les Voleurs qui ont rompu avec tout le reſte des hommes, ſont obligez d'avoir de la fidélité & de garder quelques règles de juſtice entr'eux, ſans quoi ils ne pourroient pas vivre enſemble. Mais qui oſeroit conclurre de là, que ces gens, qui ne vivent que de fraude & de rapine, ont des Principes de Vérité & de Juſtice, gravez naturellement dans l'Ame, auxquels ils donnent leur conſentement?

Tous les hommes ne regardent pas la Fidélité & la Juſtice comme des Principes.

§. 3. On dira peut-être, Que *la conduite des Brigans eſt contraire à leurs lumiéres, & qu'ils approuvent tacitement dans leur Ame ce qu'ils démentent par leurs actions*. Je répons prémiérement, que j'avois toûjours crû qu'on ne pouvoit mieux connoître les penſées des hommes que par leurs actions. Mais enfin puis qu'il eſt évident par la pratique de la plûpart des hommes, & par la profeſſion ouverte de quelques-uns d'entr'eux, qu'ils ont mis en queſtion,

On objecte, que les hommes démentent par leurs actions ce qu'ils croyent dans leur ame. Réponſe à cette Objection.

D

question, ou même nié la vérité de ces Principes, il est impossible de soûtenir qu'ils soient reçus d'un consentement universel, sans quoi l'on ne sauroit conclurre qu'ils soient *innez*; & d'ailleurs il n'y a que des hommes faits qui donnent leur consentement à ces sortes de Principes. En second lieu, c'est une chose bien étrange & tout-à-fait contraire à la Raison, de supposer que des Principes de pratique, qui se terminent à de pures spéculations, soient *innez*. Si la Nature a pris la peine de graver dans notre Ame des Principes de pratique, c'est sans doute afin qu'ils soient mis en œuvre; & par conséquent ils doivent produire des actions qui leur soient conformes; & non pas un simple consentement qui les fasse recevoir comme véritables. Autrement, c'est en vain qu'on les distingue des Maximes de pure spéculation. J'avoüe que la Nature a mis, dans tous les hommes, l'envie d'être heureux, & une forte aversion pour la misére. Ce sont là des Principes de pratique, véritablement *innez*; & qui, selon la destination de tout Principe de pratique, ont une influence continuelle sur toutes nos actions. On peut, d'ailleurs, les remarquer dans toutes sortes de personnes, de quelque âge qu'elles soient, en qui ils paroissent constamment & sans discontinuation: mais ce sont-là des inclinations de notre Ame vers le Bien, & non pas des impressions de quelque vérité, qui soit gravée dans notre Entendement. Je conviens qu'il y a dans l'Ame des Hommes certains penchans qui y sont imprimez naturellement, & qu'en conséquence des prémiéres impressions que les hommes reçoivent par le moyen des Sens, il se trouve certaines choses qui leur plaisent, & d'autres qui leur sont désagréables, certaines choses pour lesquelles ils ont du penchant, & d'autres dont ils s'éloignent & qu'ils ont en aversion. Mais cela ne sert de rien pour prouver qu'il y a dans l'Ame des caractéres innez qui doivent être les Principes de connoissance qui règlent actuellement notre conduite. Bien loin qu'on puisse établir par-là l'existence de ces sortes de caractéres, on peut en inferer au contraire, qu'il n'y en a point du tout: car s'il y avoit dans notre Ame certains caractéres qui y fussent gravez naturellement, comme autant de Principes de connoissance, nous ne pourrions que les apercevoir agissant en nous, comme nous sentons l'influence que ces autres impressions naturelles ont actuellement sur notre volonté & sur nos désirs, je veux dire *l'envie d'être heureux*, *& la crainte d'être miserable*: Deux Principes qui agissent constamment en nous, qui sont les ressorts & les motifs inséparables de toutes nos actions, auxquelles nous sentons qu'ils nous poussent & nous déterminent incessamment.

Les Régles de Morale ont besoin d'être prouvées, donc elles ne sont point innées.

§. 4. Une autre raison qui me fait douter s'il y a aucun Principe de pratique *inné*, c'est *qu'on ne sauroit proposer*, à ce que je croi, *aucune Règle de Morale dont on ne puisse demander la raison avec justice*. Ce qui seroit tout-à-fait ridicule & absurde, s'il y en avoit quelques-unes qui fussent *innées*, ou même évidentes par elles-mêmes: car tout Principe inné doit être si évident par lui-même, qu'on n'ait besoin d'aucune preuve pour en voir la vérité, ni d'aucune raison pour le recevoir avec un entier consentement. En effet, on croiroit destituez de sens commun ceux qui demanderoient, ou qui essayeroient de rendre raison, pourquoi *il est impossible qu'une chose soit*

& ne soit pas en même temps. Cette Proposition porte avec elle son évidence; & n'a nul besoin de preuve, de sorte que celui qui entend les termes qui servent à l'exprimer, ou la reçoit d'abord en vertu de la lumière qu'elle a par elle-même, ou rien ne sera jamais capable de la lui faire recevoir. Mais si l'on proposoit cette Règle de Morale, qui est la source & le fondement inébranlable de toutes les vertus qui regardent la Société, *Ne faites à autrui que ce que vous voudriez qui vous fût fait à vous-même*, si, dis-je, on proposoit cette Règle à une personne qui n'en auroit jamais ouï parler auparavant, mais qui seroit pourtant capable d'en comprendre le sens, ne pourroit-elle pas, sans absurdité, en demander la raison ? Et celui qui la proposeroit, ne seroit-il pas obligé d'en faire voir la vérité ? Il s'ensuit clairement de là, que cette Loi n'est pas née avec nous, puisque, si cela étoit, elle n'auroit aucun besoin d'être prouvée, & ne pourroit être mise dans un plus grand jour, mais devroit être reçuë comme une vérité incontestable qu'on ne sauroit revoquer en doute, dès lors, au moins, qu'on l'entendroit prononcer & qu'on en comprendroit le sens. D'où il paroît évidemment que la vérité des Règles de Morale dépend de quelque autre vérité antérieure, d'où elles doivent être deduites par voye de raisonnement, ce qui ne pourroit être, si ces Règles étoient *innées*, ou même évidentes par elles-mêmes.

§. 5. L'observation des Contrats & des Traitez est sans contredit un des plus grands & des plus incontestables Devoirs de la Morale. Mais si vous demandez à un Chrétien qui croit des récompenses & des peines après cette vie, Pourquoi un homme doit tenir sa parole, il en rendra cette raison, c'est que Dieu qui est l'arbitre du bonheur & du malheur éternel, nous le commande. Un Disciple d'*Hobbes* à qui vous ferez la même demande, vous dira que le Public le veut ainsi, & que le *Leviathan* vous punira, si vous faites le contraire. Enfin, un Philosophe Payen auroit répondu à cette Question, que de violer sa promesse, c'étoit faire une chose deshonnête, indigne de l'excellence de l'homme, & contraire à la Vertu, qui éleve la Nature humaine au plus haut point de perfection où elle soit capable de parvenir.

Exemple tiré des raisons pourquoi il faut observer les Contrats.

§. 6. C'est de ces différens Principes que découle naturellement cette grande diversité d'Opinions qui se rencontre parmi les hommes à l'égard des Règles de Morale, selon les differentes espèces de bonheur qu'ils ont en vûë, ou dont ils se proposent l'acquisition : diversité qui leur seroit absolument inconnuë, s'il y avoit des Principes de pratique qui fussent *innez* & gravez immédiatement dans leur Ame par le doigt de Dieu. Je conviens que l'existence de Dieu paroît par tant d'endroits, & que l'obéissance que nous devons à cet Etre suprême, est si conforme aux lumiéres de la Raison, qu'une grande partie du Genre Humain rend témoignage à la Loi de la Nature sur cet important article. Mais d'autre part, on doit reconnoître, à mon avis, que tous les hommes peuvent s'accorder à recevoir plusieurs Règles de Morale, d'un consentement universel, sans connoître ou recevoir le véritable fondement de la Morale, lequel ne peut être autre chose que la volonté ou la Loi de Dieu, qui voyant toutes les actions des hommes, & pénétrant leurs plus secretes pensées, tient, pour ainsi dire, entre ses mains

La Vertu est généralement approuvée non pas à cause qu'elle est innée, mais parce qu'elle est utile.

les peines & les récompenses, & a assez de pouvoir pour faire venir à compte ceux qui violent ses ordres avec le plus d'insolence. Car Dieu ayant mis une liaison inséparable entre la Vertu & la Félicité publique, & ayant rendu la pratique de la Vertu nécessaire pour la conservation de la Société humaine, & visiblement avantageuse à tous ceux avec qui les gens-de-bien ont à faire, il ne faut pas s'étonner que chacun veuille non seulement approuver ces Règles, mais aussi les recommander aux autres, puisqu'il est persuadé que s'ils les observent, il lui en reviendra à lui-même de grands avantages. Il peut, dis-je, être porté par intérêt, aussi bien que par conviction, à faire regarder ces Règles comme sacrées, parce que si elles viennent à être profanées & foulées aux piés, il n'est plus en sûreté lui-même. Quoi qu'une telle approbation ne diminue en rien l'obligation morale & éternelle que ces Règles emportent évidemment avec elles, c'est pourtant une preuve que le consentement exterieur & verbal que les hommes donnent à ces Règles, ne prouve point que ce soient des Principes *innez*. Que dis-je? Cette approbation ne prouve pas même, que les hommes les reçoivent interieurement comme des Règles inviolables de leur propre conduite, puisqu'on voit tous les jours, que l'intérêt particulier & la bienséance obligent plusieurs personnes à s'attacher extérieurement à ces Règles; & à les approuver publiquement, quoi que leurs actions fassent assez voir qu'ils ne songent pas beaucoup au Législateur qui les leur a prescrites, ni à l'Enfer qu'il a destiné à la punition de ceux qui les violeroient.

§. 7. En effet, si nous ne voulons par civilité attribuer à la plûpart des hommes plus de sincerité qu'ils n'en ont effectivement, mais que nous regardions leurs actions comme les interpretes de leurs pensées, nous trouverons qu'en eux-mêmes ils n'ont point tant de respect pour ces sortes de Règles, ni une fort grande persuasion de leur certitude, & de l'obligation où ils sont de les observer. Par exemple, ce grand Principe de Morale, qui nous ordonne *de faire aux autres ce que nous voudrions qui nous fût fait à nous-mêmes*, est beaucoup plus recommandé que pratiqué. Mais l'infraction de cette Règle ne sauroit être si criminelle, que la folie de celui qui enseigneroit aux autres hommes que ce n'est pas un Précepte de Morale qu'on soit obligé d'observer, paroîtroit absurde & contraire à ce même intérêt qui porte les hommes à violer ce Précepte.

La Conscience ne prouve pas qu'il y ait aucune Règle de Morale, innée.

§. 8. On dira peut-être, que puisque la Conscience nous reproche l'infraction de ces Règles, il s'ensuit de là que nous en reconnoissons intérieurement la justice & l'obligation. A cela je répons, que, sans que la Nature ait rien gravé dans le cœur des hommes, je suis assûré qu'il y en a plusieurs qui par la même voye qu'ils parviennent à la connoissance de plusieurs autres véritez, peuvent venir à reconnoître la justice & l'obligation de plusieurs Règles de Morale. D'autres peuvent en être instruits par l'éducation, par les Compagnies qu'ils fréquentent, & par les coûtumes de leur Païs: & cette persuasion une fois établie met en action leur *Conscience*, qui n'est autre chose que l'*Opinion que nous avons nous-mêmes de ce que nous faisons*. Or si la Conscience étoit une preuve de l'existence des Principes *innez*, ces Principes pourroient être opposez les uns aux autres: puisque

cer-

certaines personnes font par principe de conscience ce que d'autres évitent par le même motif.

CHAP. II.

§. 9. D'ailleurs, si ces Règles de Morale étoient *innées* & empreintes naturellement dans l'Ame des hommes, je ne saurois comprendre comment ils pourroient venir à les violer tranquillement, & avec une entière confiance. Considerez une Ville prise d'assaut, & voyez s'il paroît dans le cœur des soldats, animez au carnage & au butin, quelque égard pour la Vertu, quelque Principe de Morale, & quelque remords de conscience pour toutes les injustices qu'ils commettent. Rien moins que cela. Le brigandage, la violence, & le meurtre ne sont que des jeux pour des gens mis en liberté de commettre ces crimes sans en être ni censurez ni punis. Et en effet n'y a-t-il pas eû des Nations entiéres & même des plus polies*, qui ont crû qu'il leur étoit aussi bien permis d'exposer leurs Enfans pour les laisser mourir de faim, ou devorer par les bêtes farouches, que de les mettre au Monde? Il y a encore aujourd'hui des Païs où l'on ensevelit les Enfans tout vifs avec leurs Méres, s'il arrive qu'elles meurent dans leurs couches; ou bien on les tuë, si un Astrologue assûre qu'ils sont nez sous une mauvaise Etoile. Dans d'autres Lieux, un Enfant tuë ou expose son Pére & sa Mere, sans aucun remords, lors qu'ils sont parvenus à un certain âge. Dans (a) un endroit de l'*Asie*, dès qu'on désespére de la santé d'un Malade, on le met dans une fosse creusée en terre; & là exposé au vent & à toutes les injures de l'air, on le laisse périr impitoyablement, sans lui donner aucun secours. C'est une chose ordinaire (b) parmi les *Mingreliens*, qui font profession du Christianisme, d'ensevelir leurs Enfans tout vifs, sans aucun scrupule. Ailleurs, les Péres (c) mangent leurs propres Enfans. Les *Caribes* (d) ont accoûtumé de les châtrer, pour les engraisser & les manger. Et *Garcilasso de la Vega* rapporte (e) que certains Peuples du *Perou* avoient accoûtumé de garder les femmes qu'ils prenoient prisonniéres, pour en faire des Concubines, & nourrissoient aussi délicatement qu'ils pouvoient, les Enfans qu'ils en avoient, jusqu'à l'âge de treize ans; après quoi ils les mangeoient, & faisoient le même traitement à la Mére dès qu'elle ne leur donnoit plus d'Enfans. Les *Toupinambous* (f) ne connoissoient pas de meilleur moyen pour aller en Paradis que de se vanger cruellement de leurs Ennemis, & d'en manger le plus qu'ils pouvoient. Ceux que les Turcs canonisent & mettent au nombre des Saints, menent une vie qu'on ne sauroit rapporter sans blesser la pudeur. Il y a, sur ce sujet, un endroit fort remarquable dans le *Voyage de Baumgarten*. Comme ce Livre est assez rare, je transcrirai ici le passage tout au long dans la même Langue qu'il a été publié. *Ibi* (scil. prope *Belbes* in Ægypto) *vidimus sanctum unum Saracenicum inter arenarum cumulos, ita ut ex utero matris prodiit, nudum sedentem. Mos est, ut didicimus, Mahometistis, ut eos, qui amentes & sine ratione sunt, pro sanctis colant & venerentur. Insuper & eos qui cùm diu vitam egerint inquinatissimam, voluntariam demùm pœnitentiam & paupertatem, sanctitate venerandos deputant. Ejusmodi verò genus hominum libertatem quandam effrænem habent, domos quas volunt intrandi, edendi, bibendi, & quod majus est, concumbendi; ex quo concubitu, si proles secuta fuerit, sancta similiter habetur.*

Exemples de plusieurs actions énormes, commises sans aucun remords de conscience.

* *Les Grecs & les Romains.*

(a) *Gruber apud Thevenot.* Part. IV. pag. 13.

(b) *Lambert apud Thevenot.* pag. 38.

(c) *Vossius de Nili origine.* c. 18. 19.
(d) *P. Mart.* Dec. 1.
(e) *Hist. des Incas.* Liv. 1. ch. 12.

(f) *Lery*, ch. 16.

His-

CHAP. II. *His ergo hominibus, dum vivunt, magnos exhibent honores: mortuis verò vel templa vel monumenta exstruunt amplissima, eosque contingere ac sepelire maximæ fortunæ ducunt loco. Audivimus hæc dicta & dicenda per interpretem à Marcelo nostro. Insuper sanctum illum, quem eo loci vidimus, publicitus apprimè commendari, cum esse hominem sanctum, divinum ac integritate præcipuum; eo quod, nec fœminarum unquam esset nec puerorum, sed tantummodo asellarum concubitor atque mularum.* Peregr. Baumgarten, *Lib. 2. cap. 1. p. 73.* * Où sont, je vous prie, ces Principes *innez* de justice, de piété, de reconnoissance, d'équité & de chasteté, dans ce dernier exemple & dans les autres que nous venons de rapporter? Et où est ce consentement universel qui nous montre qu'il y a de tels Principes, gravez naturellement dans nos Âmes? Lors que la mode avoit rendu les Duels honorables, on commettoit des meurtres sans aucun remords de conscience; & encore aujourd'hui, c'est un grand deshonneur en certains Lieux que d'être innocent sur cet article. Enfin, si nous jettons les yeux hors de chez-nous, pour voir ce qui se passe dans le reste du Monde, & considerer les hommes tels qu'ils sont effectivement, nous trouverons qu'en un Lieu ils font scrupule de faire, ou de négliger certaines choses, pendant qu'ailleurs d'autres croyent mériter récompense en s'abstenant des mêmes choses que ceux-là font par un motif de conscience, ou en faisant ce que ces premiers n'oseroient faire.

Les Hommes ont des principes de pratique, opposez les uns aux autres.

§. 10. Qui prendra la peine de lire avec soin l'Histoire du Genre Humain & d'examiner d'un œuil indifferent la conduite des Peuples de la Terre, pourra se convaincre lui-même, qu'excepté les Devoirs qui sont absolument nécessaires à la conservation de la Société humaine (qui ne sont même que trop souvent violez par des Sociétez entières à l'égard des autres Sociétez) on ne sauroit nommer aucun Principe de Morale, ni imaginer aucune Régle de vertu qui dans quelque endroit du Monde ne soit méprisée ou contredite par la pratique générale de quelques Sociétez entiéres qui sont gouvernées par des Maximes de pratique, & par des règles de conduite tout-à-fait opposées à celles de quelque autre Société.

Des Nations entières renversent plusieurs régles de Morale.

§. 11. On objéctera peut-être ici, qu'il ne s'ensuit pas qu'une regle soit inconnuë, de ce qu'elle est violée. L'Objéction est bonne, lors que ceux qui n'observent pas la régle, ne laissent pas de la recevoir en qualité de Loi; lors, dis-je, qu'on la regarde avec quelque respect par la crainte qu'on a d'être deshonoré, censuré, ou châtié, si l'on vient à la négliger. Mais il est impossible de concevoir qu'une Nation entiére rejettât publiquement ce que chacun de ceux qui la composent, connoîtroit certainement & infailliblement être une véritable Loi, car telle est la connoissance que tous les hommes doivent nécessairement avoir des Loix dont nous parlons, s'il est vrai qu'elles soient naturellement empreintes dans leur Ame. On conçoit bien que des gens peuvent reconnoître quelquefois certaines Régles de Morale comme véritables, quoi que dans le fond de leur ame, ils les croyent

fauſ-

---

* On peut voir encore au sujet de cette espèce de Saints si fort respectez par les Turcs, ce qu'en a dit *Pietro della Valle* dans une Lettre du 25. de Janvier, 1616.

fausses: il peut être, dis-je, que certaines personnes en usent ainsi en certaines rencontres, dans la seule vûë de conserver leur reputation & de s'attirer l'estime de ceux qui croyent ces Règles d'une obligation indispensable. Mais qu'une Société entiére d'hommes rejette & viole, publiquement & d'un commun accord, une Règle qu'ils regardent chacun en particulier comme une Loi, de la vérité & de la justice de laquelle ils sont parfaitement convaincus, & dont ils sont persuadez que tous ceux à qui ils ont à faire, portent le même jugement, c'est une chose qui passe l'imagination. Et en effet, chaque Membre de cette Société qui viendroit à mépriser une telle Loi, devroit craindre nécessairement de s'attirer, de la part de tous les autres, le mépris & l'horreur que méritent ceux qui font profession d'avoir dépouillé l'humanité; car une personne qui connoîtroit les bornes naturelles du Juste & de l'Injuste, & qui ne laisseroit pas de les confondre ensemble, ne pourroit être regardé que comme l'ennemi déclaré du repos & du bonheur de la Société dont il fait partie. Or tout Principe de pratique qu'on suppose *innée*, ne peut qu'être connu d'un chacun comme juste & avantageux. C'est donc une véritable contradiction ou peu s'en faut, que de supposer, que des Nations entiéres pussent s'accorder à démentir tant par leurs discours que par leur pratique, d'un consentement unanime & universel, une chose, de la vérité, de la justice & de la bonté de laquelle chacun d'eux seroit convaincu avec une évidence tout-à-fait irréfragable. Cela suffit pour faire voir, que nulle Règle de pratique qui est violée universellement & avec l'approbation publique, dans un certain endroit du Monde, ne peut passer pour *innée*. Mais j'ai quelque autre chose à répondre à l'objection que je viens de proposer.

§. 12. Il ne s'ensuit pas, *dit-on*, qu'une Loi soit inconnuë de ce qu'elle est violée. Soit: j'en tombe d'accord. Mais je soûtiens qu'*une permission publique de la violer, prouve que cette Loi n'est pas innée*. Prenons, par exemple, quelques-unes de ces Règles que moins de gens ont eû l'audace de nier, ou l'imprudence de revoquer en doute, comme étant des conséquences qui se présentent le plus aisément à la Raison humaine, & qui sont les plus conformes à l'inclination naturelle de la plus grande partie des hommes. S'il y a quelque règle qu'on puisse regarder comme *innée*, il n'y en a point, ce me semble, à qui ce privilége doive mieux convenir qu'à celle-ci, *Péres & Méres, aimez & conservez vos Enfans*. Si l'on dit, que cette Règle est *innée*, on doit entendre par-là l'une de ces deux choses, ou que *c'est un Principe constamment observé de tous les hommes*; ou du moins, que *c'est une vérité gravée dans l'Ame de tous les hommes, qui leur est, par conséquent, connuë à tous, & qu'ils reçoivent tous d'un commun consentement*. Or cette Règle n'est innée en aucun de ces deux sens. Car prémierement ce n'est pas un Principe que tous les hommes prennent pour règle de leurs actions, comme il paroit par les exemples que nous venons de citer; & sans aller chercher en *Mingrelie* & dans le *Perou* des preuves du peu de soin que des Peuples entiers ont de leurs Enfans, jusques à les faire mourir de leurs propres mains, sans recourir à la cruauté de quelques Nations Barbares qui surpasse celle des Bêtes mêmes, qui ne fait que c'étoit une coûtu-

CHAP. II.

me ordinaire & autorifée parmi les Grecs & les Romains, d'expofer impitoyablement & fans aucun remords de confcience, leurs propres Enfans, lors qu'ils ne vouloient pas les élever? Il eſt faux, en fecond lieu, que ce foit une vérité *innée* & connuë de tous les hommes; car tant s'en faut qu'on puiſſe regarder comme une vérité innée ces paroles, *Péres, & Méres, ayez foin de conferver vos Enfans*, qu'on ne peut pas même leur donner le nom de Vérité, car c'eſt un commandement, & non pas une Propoſition; & par conféquent on ne peut pas dire qu'il emporte vérité ou fauſſeté. Pour faire qu'il puiſſe être regardé comme vrai, il faut le reduire à une Propoſition, comme eſt celle-ci, *C'eſt le devoir des Péres & des Méres de conferver leurs Enfans*. Mais tout *Devoir* emporte l'idée de *Loi*; & une Loi ne ſauroit être connuë ou fuppofée ſans un Légiſlateur qui l'ait prescrite, ou fans récompenfe & fans peine: de forte qu'on ne peut fuppofer, que cette Règle, ou quelque autre Règle de pratique que ce foit, puiſſe être innée, c'eſt-à-dire imprimée dans l'Ame fous l'idée d'un Devoir, fans fuppofer que les idées d'un Dieu, d'une Loi, d'une Vie à venir, & de ce qu'on nomme *obligation & peine*, foient auſſi innées avec nous. Car parmi les Nations dont nous venons de parler, il n'y a point de peine à craindre dans cette vie pour ceux qui violent cette Règle; & par conféquent, elle ne fauroit avoir force de Loi dans les Païs où l'uſage généralement établi y eſt directement contraire. Or ces idées qui doivent toutes être néceſſairement *innées*, ſi rien eſt *inné* en qualité de *Devoir*, font ſi éloignées d'être gravées naturellement dans l'eſprit de tous les hommes, qu'elles ne paroiſſent pas même fort claires & fort diſtinctes dans l'eſprit de pluſieurs perſonnes d'étude & qui font profeſſion d'examiner les choſes avec quelque exactitude, tant s'en faut qu'elles foient connuës de toute créature humaine. Et parmi ces idées dont je viens de faire l'énumeration, je prouverai en particulier dans le Chapitre fuivant qu'il y en a une qui femble devoir être innée préférablement à toutes les autres, qui ne l'eſt pourtant point, je veux parler de *l'idée de Dieu*: ce que j'eſpère faire voir avec la derniére évidence à tout homme qui eſt capable de fuivre un raiſonnement.

Des Nations entiéres rejettent pluſieurs Règles de Morale.

§. 13. De ce que je viens de dire, je crois pouvoir conclurre fûrement, qu'*une Règle de pratique qui eſt violée en quelque endroit du Monde d'un confentement général & fans aucune oppoſition, ne fauroit paſſer pour innée*. Car il eſt impoſſible, que des hommes puſſent violer fans crainte ni pudeur, de fang froid, & avec une entiére confiance, une Règle qu'ils fauroient évidemment & fans pouvoir l'ignorer, être un Devoir que Dieu leur a preſcrit, & dont il punira certainement les infracteurs, d'une maniére à leur faire fentir qu'ils ont pris un fort mauvais parti en la violant. Or c'eſt ce qu'ils doivent reconnoître néceſſairement, ſi cette Règle eſt née avec eux; & fans une telle connoiſſance, l'on ne peut jamais être aſſûré d'être obligé à une choſe en qualité de Devoir. Ignorer la Loi, douter de fon autorité, eſpérer d'échapper à la connoiſſance du Légiſlateur, ou de fe fouſtraire à fon pouvoir; tout cela peut fervir aux hommes de prétexte pour s'abandonner à leurs paſſions préſentes. Mais ſi l'on fuppofe qu'on voit le péché & la peine l'un près de l'autre, le ſupplice joint au crime, un feu toûjours

prêt

de pratique ne font innez. Liv. I.

Chap. II.

prêt à punir le coupable; & qu'en considérant d'un côté le plaisir qui sollicite à mal faire, on découvre en même temps la main de Dieu levée & en état de châtier celui qui s'abandonne à la tentation; (car c'est ce que doit produire un Devoir qui est gravé naturellement dans l'Ame,) cela, dis-je, étant posé, concevez-vous qu'il soit possible que des gens placez dans ce point de vûë, & qui ont une connoissance si distincte & si assûrée de tous ces objets, puissent enfraindre hardiment & sans scrupule, une Loi qu'ils portent gravée dans leur Ame en caractéres ineffaçables, & qui se présente à eux toute brillante de lumiére à mesure qu'ils la violent? Pouvez-vous comprendre que des hommes qui lisent au dedans d'eux-mêmes les ordres d'un Législateur tout-puissant, soient en même temps capables de mépriser & fouler aux pieds avec confiance & avec plaisir, ses commandemens les plus sacrez? Enfin, est-il bien possible que, pendant qu'un homme se déclare ouvertement contre une Loi *innée*, & contre le souverain Législateur qui l'a gravée dans son ame, est-il possible, dis-je, que tous ceux qui le voyent faire sans prendre aucun intérêt à son crime, que les Gouverneurs même du Peuple qui ont la même idée de la Loi & de celui qui en est l'Auteur, la laissent violer sans faire semblant de s'en appercevoir, sans rien dire, & sans en témoigner aucun déplaisir, ni jetter le moindre blâme sur une telle conduite?

Nos appetits sont à la vérité des Principes actifs, mais ils sont si éloignez de pouvoir passer pour des Principes de Morale, gravez naturellement dans notre Ame, que si nous leur laissions un plein pouvoir de déterminer nos Actions, ils nous feroient violer tout ce qu'il y a de plus sacré dans le Monde. Les Loix sont comme une digue qu'on oppose à ces desirs déréglez pour en arrêter le cours; ce qu'elles ne peuvent faire que par le moyen des récompenses & des peines qui contre-balancent la satisfaction que chacun peut avoir dessein de se procurer en transgressant la Loi. Si donc il y avoit quelque chose de gravé dans l'Esprit de l'Homme, sous l'idée de Loi, il faudroit que tous les hommes fussent assûrez d'une maniére certaine & à n'en pouvoir jamais douter, qu'une peine inévitable sera le partage de ceux qui violeront cette Loi. Car si les hommes peuvent ignorer ou revoquer en doute ce qui est *inné*, c'est en vain qu'on nous parle de Principes innez, & qu'on en veut faire voir la nécessité. Bien loin qu'ils puissent servir à nous instruire de la vérité & de la certitude des choses, comme on le prétend, nous nous trouverons dans le même état d'incertitude avec ces Principes, que s'ils n'étoient point en nous. Une Loi innée doit être accompagnée de la connoissance claire & certaine d'une punition indubitable & assez grande pour faire qu'on ne puisse être tenté de violer cette Loi si l'on consulte ses véritables intérêts; à moins qu'en supposant une Loi *innée*, on ne veuille supposer aussi un Evangile *inné*. Du reste, de ce que je nie qu'il y ait aucune Loi innée, on auroit tort d'en conclurre que je croi qu'il n'y a que des Loix positives. Ce seroit prendre tout-à-fait mal ma pensée. Il y a une grande différence entre une Loi innée, & une Loi de Nature, entre une vérité gravée originairement dans l'Ame, & une vérité que nous ignorons, mais dont nous pouvons acquerir la connoissance en nous servant

E

com-

CHAP. II.

Que nuls Principes

comme il faut des Facultez que nous avons reçûes de la Nature. Et pour moi, je croi que ceux qui donnent dans les extrémitez opposées, se trompent également, je veux dire, ceux qui posent une *Loi innée*, & ceux qui nient qu'il y ait aucune Loi qui puisse être connuë par la lumiére de la Nature, c'est-à-dire, sans le secours d'une Revelation positive.

Ceux qui soûtiennent qu'il y a des Principes de pratique innez, ne nous disent pas quels sont ces Principes.

§. 14. Il est si évident, que les hommes ne s'accordent point sur les Principes de pratique, que je ne pense pas, qu'il soit nécessaire d'en dire davantage pour faire voir qu'il n'est pas possible de prouver par le consentement général qu'il y ait aucune Règle de Morale, *innée*; & cela suffit pour faire soupçonner que la supposition de ces sortes de Principes n'est qu'une opinion inventée à plaisir ; puisque ceux qui parlent de ces Principes avec tant de confiance, sont si réservez à nous les marquer en détail. C'est pourtant ce qu'on auroit droit d'attendre de ceux qui font tant de fond sur cette opinion. Leur refus nous donne sujet de nous défier de leurs lumiéres ou de leur charité, puisque soûtenant que Dieu a imprimé dans l'Ame des hommes, les fondemens de leurs connoissances, & les règles nécessaires à la conduite de leur vie, ils s'interessent si peu pour l'instruction de leurs prochains, & pour le repos du Genre Humain, si fatalement divisé sur ce sujet, qu'ils négligent de leur montrer quels sont ces Principes de spéculation & de pratique. Mais à dire le vrai, s'il y avoit de tels Principes, il ne seroit pas nécessaire de les indiquer à personne. Car si les hommes les trouvoient gravez dans leur Ame, ils pourroient aisément les distinguer des autres véritez qu'ils viendroient à apprendre dans la suite, & à deduire de ces prémiéres connoissances ce que c'est que ces Principes, & combien il y en a. Nous serions aussi assûrez de leur nombre que nous le sommes du nombre de nos doigts ; & en ce cas-là, l'on ne manqueroit pas apparemment de les étaler un à un dans tous les Systémes. Mais comme personne, que je sache, n'a encore osé nous donner un Catalogue exact de ces Principes qu'on suppose *innez*, on ne sauroit blâmer ceux qui doutent de la vérité de cette supposition, puisque ceux-là même qui veulent imposer aux autres la nécessité de croire qu'il y a des Propositions innées, ne nous disent point quelles sont ces Propositions. Il est aisé de prévoir, que si différentes personnes, attachées à différentes Sectes, entreprenoient de nous donner une liste des Principes de pratique qu'ils regardent comme innez, ils ne mettroient dans ce rang que ceux qui s'accordant avec leurs hypotheses, seroient propres à faire valoir les opinions qui regnent dans leurs Ecoles, ou dans leurs Eglises particuliéres : preuve évidente qu'il n'y a point de telles véritez *innées*. Bien plus, une grande partie des hommes sont si éloignez de trouver en eux-mêmes de tels Principes de Morale *innez*, que dépouillant les hommes de leur Liberté, & les changeant par-là en autant de Machines, ils détruisent non seulement les Règles de Morale qu'on veut faire passer pour innées, mais toutes les autres, quelles qu'elles soient, sans laisser aucun moyen de croire qu'il y en ait aucune, à tous ceux qui ne sauroient concevoir qu'une Loi puisse convenir à autre chose qu'à un Agent libre : de sorte que sur ce fondement on est obligé de rejetter tout Principe de vertu, pour ne pouvoir allier la Morale avec la nécessité d'agir en Machine : deux choses qu'il n'est pas effectivement fort aisé de concilier, ou de faire subsister ensemble. §. 15. Com-

§. 15. Comme je venois d'écrire ceci, l'on m'apprit que Mylord *Her-* CHAP. II.
bert avoit indiqué les Principes de Morale qu'on prétend être innez, dans Examen des
son Ouvrage intitulé, DE VERITATE, *De la Verité.* J'allai d'abord le Principes innez,
consulter, espérant qu'un si habile homme auroit dit quelque chose qui lord *Herbert*.
pourroit me satisfaire, & terminer toutes mes recherches sur cet article.
Dans le chapitre où il traite de l'instinct naturel, *De instinctu naturali*,
pag. 76. *Edit.* 1656. voici les six marques auxquelles il dit qu'on peut reconnoître ce qu'il appelle *Notions communes*, 1. *Prioritas*, ou l'avantage de
préceder toutes les autres connoissances. 2. *Independentia*, l'independan-
ce. 3. *Universalitas*, l'universalité. 4. *Certitudo*, la certitude. 5. *Necessitas*, la nécessité, c'est-à-dire, comme il l'explique lui-même, ce qui
sert à la conservation de l'homme, *quæ faciunt ad hominis conservationem*. 6.
Modus conformationis, id est, *Assensus nullâ interpositâ morâ*, la maniére
dont on reçoit une certaine vérité, c'est-à-dire un prompt consentement
qu'on donne sans hésiter le moins du monde. Et sur la fin de son petit
Traité * *De Religione Laici*, il parle ainsi de ces Principes *innez*, pag. 3. * *De la Religion*
Adeò ut non uniuscujusvis Religionis confinio arctentur quæ ubique vigent veri- *du Laique.*
tates. Sunt enim in ipsâ mente cœlitus descriptæ, nullisque traditionibus, sive
scriptis, sive non scriptis obnoxiæ: C'est-à-dire, ,, Ainsi ces Véritez qui sont
,, reçuës par tout, ne sont point resserrées dans les bornes d'une Religion
,, particuliére, car étant gravées dans l'Ame même par le doigt de Dieu,
,, elles ne dépendent d'aucune Tradition, écrite ou non écrite''. Et un peu
plus bas. il ajoûte, *Veritates nostræ Catholicæ, quæ tanquam indubia Dei*
effata, in foro interiori descripta; c'est-à-dire, ,, nos Véritez catholiques,
,, qui sont écrites dans la Conscience, comme autant d'Oracles infaillibles
,, émanez de Dieu''. Mylord Herbert ayant ainsi proposé les caractéres des
Principes innez ou Notions communes, & ayant assuré que ces Principes
ont été gravez dans l'Ame des hommes par le doigt de Dieu, il vient à les
proposer, & les réduit à ces cinq: * Le premier est, qu'*il y a un Dieu su-*
prême: Le second, que *ce Dieu doit être servi:* Le troisiéme, que *la Vertu*
jointe avec la piété est le Culte le plus excellent qu'on puisse rendre à la Divini-
té: Le quatriéme, qu'*il faut se repentir de ses péchez:* Le cinquiéme, qu'*il*
y a des peines ou des récompenses après cette vie, selon qu'on aura bien ou mal
vécu. Quoi que je tombe d'accord que ce sont là des véritez évidentes, &
d'une telle nature qu'étant bien expliquées, une Créature raisonnable ne
peut guere éviter d'y donner son consentement, je croi pourtant qu'il s'en
faut beaucoup que cet Auteur fasse voir que ce sont des impressions *innées*,
naturellement gravées dans la Conscience de tous les hommes, *in Foro inte-*
riori descriptæ. Je me fonde sur quelques observations que j'ai pris la liberté de faire contre son hypothese.

§. 16. Je remarque, en premier lieu, que ces cinq Propositions ne sont
pas toutes des Notions communes, gravées dans nos Ames par le doigt de
Dieu,

* 1. *Esse aliquod supremum Numen.* 2. *Nu-* 4. *Respiscendum esse à peccatis.* 5. *Dari præ-*
men illud coli debere. 3. *Virtutem cum pietate* *mium vel pœnam post hanc vitam transactam.*
conjunctam optimam esse rationem Cultûs divini.

Dieu, ou bien, qu'il y en a beaucoup d'autres qu'il faudroit mettre dans ce rang, si l'on étoit fondé à croire qu'il y en eût aucune qui y fût gravée de cette maniere. Car il y a d'autres Propositions, qui, suivant les propres Règles de Mylord Herbert, ont pour le moins autant de droit à une telle origine, & peuvent aussi bien passer pour innées, que quelques-unes de ces cinq qu'il rapporte, comme par exemple, cette Règle de Morale, *Faites comme vous voudriez qu'il vous fût fait*, & peut-être cent autres, si l'on prenoit la peine de les chercher.

§. 17. En second lieu, toutes les marques qu'il donne d'un Principe *inné*, ne sauroient convenir à chacune de ces cinq Propositions. Ainsi, la prémiére, la seconde & la troisiéme de ces marques ne conviennent pas parfaitement à aucune de ces Propositions: & la prémiére, la seconde, la troisiéme, la quatriéme, & la sixiéme quadrent fort mal à la troisiéme Proposition, à la quatriéme & à la cinquiéme. On pourroit ajoûter, que nous savons certainement par l'Histoire, non-seulement que plusieurs personnes, mais des Nations entiéres regardent quelques-unes de ces Propositions, ou même toutes, comme douteuses, ou comme fausses. Mais cela mis à part, je ne saurois voir comment on peut mettre au nombre des Principes *innez* la troisiéme Proposition, dont voici les propres termes, *La Vertu jointe avec la piété, est le Culte le plus excellent qu'on puisse rendre à la Divinité:* tant le mot de *Vertu* est difficile à entendre, tant la signification en est équivoque, & la chose qu'il exprime, disputée & mal-aisée à connoître. D'où il s'ensuit qu'une telle Règle de pratique ne peut qu'être fort peu utile à la conduite de notre vie; & que par conséquent elle n'est nullement propre à être mise au nombre des Principes de pratique qu'on prétend être *innez*.

§. 18. Considerons, pour cet effet, cette Proposition selon le sens qu'elle peut recevoir; car ce qui constituë & doit constituer un Principe ou une Notion commune, c'est le sens de la Proposition & non pas le son des termes qui servent à l'exprimer. Voici la Proposition: *La Vertu est le Culte le plus excellent qu'on puisse rendre à Dieu*, c'est-à-dire, qui lui est le plus agréable. Or si on prend le mot de *Vertu* dans le sens qu'on lui donne le plus communément, je veux dire pour les actions qui passent pour louables selon les différentes opinions qui regnent en différens Païs, tant s'en faut que cette Proposition soit évidente, qu'elle n'est pas même véritable. Que si on appelle *Vertu* les actions qui sont conformes à la Volonté de Dieu, ou à la Règle qu'il a prescrite lui-même, qui est le véritable & le seul fondement de la Vertu, à entendre par ce terme ce qui est bon & droit en lui-même: en ce cas-là, rien n'est plus vrai ni plus certain que cette Proposition, *La Vertu est le Culte le plus excellent qu'on puisse rendre à Dieu*. Mais elle ne sera pas d'un grand usage dans la vie humaine, puisqu'elle ne signifiera autre chose, sinon que *Dieu se plaît à voir pratiquer ce qu'il commande*: vérité dont un homme peut être entierement convaincu sans savoir ce que c'est que Dieu commande, de sorte que faute d'une connoissance plus déterminée il se trouvera tout aussi éloigné d'avoir une Règle ou un Principe de conduite, que si cette Vérité-là lui étoit tout-à-fait inconnuë. Or je ne pense pas qu'une Proposition qui n'emporte autre chose sinon que *Dieu se plaît à voir prati-*

pratiquer ce qu'il commande, soit reçuë de bien des gens pour un Principe de Morale, gravé naturellement dans l'Esprit de tous les hommes, quelque véritable & quelque certaine qu'elle soit; puis qu'elle enseigne si peu de chose. Mais quiconque lui attribuera ce privilége, sera en droit de regarder cent autres Propositions comme des Principes innez, car il y en a plusieurs que personne ne s'est encore avisé de mettre dans ce rang, qui peuvent y être placées avec autant de fondement que cette prémiére Proposition.

§. 19. La quatriéme Proposition, qui porte que *tous les hommes doivent se repentir de leurs péchez*, n'est pas plus instructive, jusqu'à ce qu'on aît expliqué quelles sont les actions qu'on appelle des *Péchez*. Car le mot de *péché* étant pris (comme il l'est ordinairement) pour signifier en général de mauvaises actions qui attirent quelque châtiment sur ceux qui les commettent; nous donne-t-on un grand Principe de Morale, en nous disant que nous devons être affligez d'avoir commis, & que nous devons cesser de commettre ce qui ne peut que nous rendre malheureux, si nous ignorons quelles sont ces actions particuliéres que nous ne pouvons commettre sans nous réduire dans ce triste état? Cette Proposition est sans doute très-véritable. Elle est aussi très-propre à être inculquée dans l'esprit de ceux qu'on suppose avoir appris quelles actions sont des péchez dans les différentes circonstances de la vie; & elle doit être reçuë de tous ceux qui ont acquis ces connoissances. Mais on ne sauroit concevoir que cette Proposition ni la précedente, soient des Principes *innez*, ni qu'elles soient d'aucun usage, quand bien elles seroient innées; à moins que la mesure & les bornes précises de toutes les Vertus & de tous les Vices n'eussent aussi été gravées dans l'Ame des hommes, & ne fussent autant de Principes innez; dequoi l'on a, je pense, grand sujet de douter. D'où je conclus qu'il ne semble presque pas possible, que Dieu aît imprimé dans l'Ame des hommes, des Principes, conçus en termes vagues, tels que ceux de *Vertu* & de *Péché*, qui dans l'Esprit de différentes personnes signifient des choses fort différentes. On ne sauroit, dis-je, supposer que ces sortes de Principes puissent être attachez à certains mots, parce qu'ils sont pour la plûpart composez de termes généraux qu'on ne sauroit entendre, avant que de connoître les idées particuliéres qu'ils renferment. Car à l'égard des exemples de pratique, l'on ne peut en bien juger que par la connoissance des actions mêmes; & les Règles sur lesquelles ces actions sont fondées, doivent être indépendantes des mots, & préceder la connoissance du langage; de sorte qu'un homme doit connoître ces Règles, quelque Langue qu'il apprenne, le François, l'Anglois, ou le Japonnois; dût-il même n'apprendre aucune Langue, & n'entendre jamais l'usage des mots, comme il arrive aux sourds & aux muets. Quand on aura fait voir, que des hommes qui n'entendent aucun Langage, & qui n'ont pas appris par le moyen des Loix & des coûtumes de leur Païs, Qu'une partie du Culte de Dieu consiste à ne tuer personne, à n'avoir de commerce qu'avec une seule femme, à ne pas faire périr des Enfans dans le ventre de leur Mére, à ne pas les exposer, à n'ôter point aux autres ce qui leur appartient, quoi qu'on en aît besoin soi-même, mais au contraire à les secourir dans

On continuë d'examiner les Principes innez, proposez par Mylord Herbert.

leurs

Chap. II. leurs néceffitez; & lors qu'on vient à violer ces règles, à en témoigner du repentir, à en être affligé, & à prendre une ferme réfolution de ne pas le faire une autre fois; quand, dis-je, on aura prouvé que ces gens-là connoiffent & reçoivent actuellement pour règle de leur conduite tous ces Préceptes, & mille autres femblables qui font compris fous ces deux mots *Vertu & Péché*, l'on fera mieux fondé à regarder ces Règles & autres femblables, comme des Notions communes & des Principes de pratique. Mais avec tout cela, quand il feroit vrai, que tous les hommes s'accorderoient fur les Principes de Morale, ce confentement univerfel donné à des véritez qu'on peut connoître autrement que par le moyen d'une impreffion naturelle, ne prouveroit pas fort bien que ces véritez fuffent effectivement innées; & c'eft là tout ce que je prétens foûtenir.

On objecte, que les Principes innez peuvent être corrompus. Réponfe à cette Objection.

§. 20. Ce feroit inutilement qu'on oppoferoit ici ce qu'on a accoûtumé de dire, *Que la Coûtume, l'Education & les opinions générales de ceux avec qui l'on converfe peuvent obfcurcir ces Principes de Morale qu'on fuppofe innez, & enfin les effacer entierement de l'efprit des hommes.* Car fi cette réponfe eft bonne, elle anéantit la preuve qu'on prétend tirer du confentement univerfel, en faveur des Principes innez, à moins que ceux qui parlent ainfi, ne s'imaginent que leur opinion particuliére, ou celle de leur Parti, doit paffer pour un confentement général, ce qui arrive affez fouvent à ceux qui fe croyant les feuls arbitres du Vrai & du Faux, ne comptent pour rien les fuffrages de tout le refte du Genre Humain. De forte que le raifonnement de ces gens-là fe réduit à ceci: ,, Les Principes que tout le Genre Humain re-,, connoit pour véritables, font *innez:* Ceux que les perfonnes de bon fens ,, reconnoiffent, font admis par tout le Genre Humain: Nous & ceux de ,, notre Parti fommes des gens de bon fens: Donc nos Principes font innez. Plaifante maniére de raifonner qui va tout droit à l'infaillibilité! Cependant fi l'on ne prend la chofe de ce biais, il fera fort difficile de comprendre comment il y a certains Principes que tous les hommes reconnoiffent d'un commun confentement, quoi qu'il n'y ait aucun de ces *Principes que la Coûtume ou l'Education n'ait effacé de l'efprit de bien des gens:* ce qui fe réduit à ceci, que tous les hommes reçoivent ces Principes, mais que cependant plufieurs perfonnes les rejettent, & refufent d'y donner leur confentement. Et dans le fond, la fuppofition de ces fortes de prémiers Principes ne fauroit nous être d'un grand ufage: car que ces Principes foient innez ou non, nous ferons dans un égal embarras, s'ils peuvent être alterez, ou entierement effacez de notre Efprit par quelque moyen humain, comme par la volonté de nos Maîtres & par les fentimens de nos Amis; & tout l'étalage qu'on nous fait de ces prémiers Principes & de cette *lumiére innée*, n'empêchera pas que nous ne nous trouvions dans des ténèbres auffi épaiffes, & dans une auffi grande incertitude que s'il n'y avoit point de femblable lumiére. Il vaut autant n'avoir aucune Règle, que d'en avoir une fauffe par quelque endroit, ou que de ne pas connoître parmi plufieurs Règles différentes & contraires les unes aux autres, quelle eft celle qui eft droite. Mais je voudrois bien, que les Partifans des idées innées me diffent, fi ces Principes peuvent, ou ne peuvent pas être effacez par l'Education & par la Coûtume.

S'ils

S'ils ne peuvent l'être, nous devons les trouver dans tous les hommes; & il faut qu'ils paroiffent clairement dans l'Efprit de chaque homme en particulier. Et s'ils peuvent être alterez par des Notions étrangéres, ils doivent paroître plus diftinctement & avec plus d'éclat, lors qu'ils font plus près de leur fource, je veux dire dans les Enfans & les Ignorans fur qui les opinions étrangéres ont fait le moins d'impreffion. Qu'ils prennent tel parti qu'ils voudront, ils verront clairement qu'il eft démenti par des faits conftans, & par une continuelle experience.

§. 21. J'avoûerai fans peine que des perfonnes de différent Païs, d'un temperament différent, & qui n'ont pas été élevées de la même maniére, s'accordent à recevoir un fort grand nombre d'Opinions comme prémiers Principes, comme Principes irrefragables, parmi lefquelles il y en a plufieurs qui ne fauroient être véritables, tant à caufe de leur abfurdité, que parce qu'elles font directement contraires les unes aux autres. Mais quelque oppofées qu'elles foient à la Raifon, elles ne laiffent pas d'être reçuës dans quelque endroit du Monde avec un fi grand refpect, qu'il fe trouve des gens de bon fens en toute autre chofe qui aimeroient mieux perdre la vie & tout ce qu'ils ont de plus cher, que de les revoquer en doute, ou de permettre à d'autres de les contefter.

On reçoit dans le Monde des Principes qui fe détruifent les uns les autres.

§. 22. Quelque étrange que cela paroiffe, c'eft ce que l'expérience confirme tous les jours; & l'on n'en fera pas fi fort furpris, fi l'on confidére par quels dégrez il peut arriver que des Doctrines qui n'ont pas de meilleures fources que la fuperftition d'une Nourrice, ou l'autorité d'une vieille femme, deviennent, avec le temps, & par le confentement des voifins, autant de Principes de Religion, & de Morale. Car ceux qui ont foin de donner, comme ils parlent, de bons Principes à leurs Enfans, (& il y en a peu qui n'ayent fait provifion pour eux-mêmes de ces fortes de Principes qu'ils regardent comme autant d'articles de Foi) leur infpirent les fentimens qu'ils veulent leur faire retenir & profeffer durant tout le cours de leur vie. Et les Efprits des Enfans étant alors fans connoiffance, & indifférens à toute forte d'opinions, reçoivent les impreffions qu'on leur veut donner, femblables à du Papier blanc fur lequel on écrit tels caractéres qu'on veut. Etant ainfi imbus de ces Doctrines, dès qu'ils commencent à entendre ce qu'on leur dit, ils y font confirmez dans la fuite, à mefure qu'ils avancent en âge, foit par la profeffion ouverte ou le confentement tacite de ceux parmi lefquels ils vivent, foit par l'autorité de ceux dont la fageffe, la fcience, & la piété leur eft en recommandation, & qui ne permettent pas que l'on parle jamais de ces Doctrines que comme de vrais fondemens de la Religion & des bonnes mœurs. Et voilà comment ces fortes de Principes paffent enfin pour des véritez inconteftables, évidentes, & nées avec nous.

Par quels dégrez les hommes viennent communément à recevoir certaines chofes pour Principes.

§. 23. A quoi nous pouvons ajoûter, que ceux qui ont été inftruits de cette maniére, venant à reflechir fur eux-mêmes lors qu'ils font parvenus à l'âge de raifon, & ne trouvant rien dans leur Efprit de plus vieux que ces Opinions, qui leur ont été enfeignées avant que leur Memoire tînt, pour ainfi dire, regître de leurs actions, & marquât la datte du temps auquel quelque chofe de nouveau commençoit de fe montrer à eux, ils s'imaginent que *ces penfées*

Chap. II. *sées dont ils ne peuvent découvrir en eux la prémiére source, sont assurément des impressions de Dieu & de la Nature ; & non des choses que d'autres hommes leur ayent apprises.* Prévenus de cette imagination, ils conservent ces pensées dans leur Esprit, & les reçoivent avec la même vénération que plusieurs ont accoûtumé d'avoir pour leurs Parens, non en vertu d'une impression naturelle, (car en certains Lieux où les Enfans sont élevez d'une autre maniére, cette vénération leur est inconnuë) mais parce qu'ayant été constamment élevez dans ces idées, & ne se souvenant plus du temps auquel ils ont commencé de concevoir ce respect, ils croyent qu'il est naturel.

§. 24. C'est ce qui paroîtra fort vraisemblable, & presque inévitable, si l'on fait reflexion sur la nature de l'homme & sur la constitution des affaires de cette vie. De la maniére que les choses sont établies dans ce Monde, la plûpart des hommes sont obligez d'employer presque tout leur temps à travailler à leur profession, pour gagner leur vie, & ne sauroient néanmoins jouïr de quelque repos d'esprit, sans avoir des Principes qu'ils regardent comme indubitables, & auxquels ils acquiescent entierement. Il n'y a personne qui soit d'un esprit si superficiel ou si flottant, qu'il ne se déclare pour certaines Propositions qu'il tient pour fondamentales, sur lesquelles il appuye ses raisonnemens, & qu'il prend pour règle du Vrai & du Faux, du Juste & de l'Injuste. Les uns n'ont ni assez d'habileté, ni assez de loisir pour les examiner ; les autres en sont détournez par la paresse ; & il y en a qui s'en abstiennent parce qu'on leur a dit, depuis leur enfance, qu'ils se devoient bien garder d'entrer dans cet examen : de sorte qu'il y a peu de personnes que l'ignorance, la foiblesse d'esprit, les distractions, la paresse, l'éducation ou la legereté n'engagent à embrasser les Principes qu'on leur a appris, sur la foi d'autrui sans les examiner.

§. 25. C'est-là, visiblement, l'état où se trouvent tous les Enfans, & tous les jeunes gens ; & la Coûtume plus forte que la Nature, ne manquant guere de leur faire adorer comme autant d'Oracles émanez de Dieu, tout ce qu'elle a fait entrer une fois dans leur Esprit, pour y être reçu avec un entier acquiescement ; il ne faut pas s'étonner si dans un âge plus avancé, qu'ils sont ou embarrassez des affaires indispensables de cette vie, ou engagez dans les plaisirs, ils ne pensent jamais serieusement à examiner les opinions dont ils sont prévenus, particulierement si l'un de leurs Principes est, que *les Principes ne doivent pas être mis en question*. Mais supposé même que l'on ait du temps, de l'esprit & de l'inclination pour cette recherche ; qui est assez hardi pour entreprendre d'ébranler les fondemens de tous ses raisonnemens & de toutes ses actions passées ? Qui peut soûtenir une pensée aussi mortifiante, qu'est celle de soupçonner que l'on a été, pendant long-temps, dans l'erreur ? Combien de gens y a-t-il qui ayent assez de hardiesse & de fermeté pour envisager sans crainte les reproches que l'on fait à ceux qui osent s'éloigner du sentiment de leur Païs, ou du Parti dans lequel ils sont nez ? Et où est l'homme qui puisse se résoudre patiemment à porter les noms odieux de Pyrrhonien, de Deïste & d'Athée, dont il ne peut man-

manquer d'être regalé s'il témoigne seulement qu'il doute de quelqu'une des opinions communes? Ajoûtez qu'il ne peut qu'avoir encore plus de repugnance à mettre en question ces sortes de Principes, s'il croit, comme font la plûpart des hommes, que Dieu a gravé ces Principes dans son Ame pour être la règle & la pierre de touche de toutes ses autres opinions. Et qu'est-ce qui pourroit l'empêcher de regarder ces Principes comme sacrez, puisque de toutes les pensées qu'il trouve en lui, ce sont les plus anciennes, & celles qu'il voit que les autres hommes reçoivent avec le plus de respect?

CHAP. II.

§. 26. Il est aisé de s'imaginer, après cela, comment il arrive, que les hommes viennent à adorer les Idoles qu'ils ont faites eux-mêmes, à se passionner pour les idées qu'ils se sont renduës familiéres pendant long-temps, & à regarder comme des véritez divines, des erreurs & de pures absurditez; zélez adorateurs de singes & de veaux d'or, je veux dire de vaines & ridicules opinions, qu'ils regardent avec un souverain respect, jusques à disputer, se battre, & mourir pour les défendre;

Comment les hommes viennent pour l'ordinaire à se faire des Principes.

- - - * *quum solos credat habendos*
Esse Deos, quos ipse colit:

* Juvenalis *Sat.* XV. vs. 37. & 38.

,, Chacun s'imaginant que les Dieux qu'il sert, sont seuls dignes de l'adora-
,, tion des hommes ''. Car comme les Facultez de raisonner, dont on fait presque toûjours quelque usage, quoi que presque toûjours sans aucune circonspection, ne peuvent être mises en action, faute de fondement & d'appui, dans la plûpart des hommes, qui par paresse ou par distraction ne découvrent point les véritables Principes de la Connoissance, ou qui faute de temps, ou de bons secours, ou pour quelque autre raison que ce soit, ne peuvent point les découvrir pour aller chercher eux-mêmes la Vérité jusque dans sa source; il arrive naturellement & d'une manière presque inévitable, que ces sortes de gens s'attachent à certains Principes qu'ils embrassent sur la foi d'autrui; de sorte que venant à les regarder comme des preuves de quelque autre chose, ils s'imaginent que ces Principes n'ont aucun besoin d'être prouvez. Or quiconque a admis une fois dans son Esprit quelques-uns de ces Principes, & les y conserve avec tout le respect qu'on a accoûtumé d'avoir pour des Principes, c'est-à-dire, sans se hazarder jamais de les examiner, mais en se faisant une habitude de les croire parce qu'il faut les croire, ceux, dis-je, qui sont dans cette disposition d'esprit, peuvent se trouver engagez par l'éducation & par les coûtumes de leur Païs à recevoir pour des *Principes innez* les plus grandes absurditez du monde; & à force d'avoir les yeux long-temps attachez sur les mêmes objets, ils peuvent s'offusquer la vûë jusqu'à prendre des Monstres qu'ils ont forgez dans leur Cerveau, pour des images de la Divinité, & l'ouvrage même de ses mains.

§. 27. On peut voir aisément par ce progrès insensible, comment dans cette grande diversité de Principes opposez que des gens de tout ordre & de toute profession reçoivent & défendent comme incontestables, il y en a tant qui passent pour *innez*. Que si quelcun s'avise de nier que ce soit

Les Principes doivent être examinez.

F

CHAP. II. soit là le moyen par où la plûpart des hommes viennent à s'assûrer de la vérité & de l'évidence de leurs Principes, il aura peut-être bien de la peine à expliquer d'une autre maniére comment ils embrassent des opinions tout-à-fait opposées, qu'ils croyent fortement, qu'ils soûtiennent avec une extrême confiance, & qu'ils sont prêts, pour la plûpart, de sceller de leur propre sang. Et dans le fond, si c'est là le privilége des Principes *innez* d'être reçus sur leur propre autorité, sans aucun examen, je ne vois pas qu'il y ait rien qu'on ne puisse croire, ni comment les Principes que chacun s'est choisi en particulier, pourroient être revoquez en doute. Mais si l'on dit, qu'on peut & qu'on doit examiner les Principes & les mettre, pour ainsi dire, à l'épreuve, je voudrois bien savoir comment de prémiers Principes, des Principes gravez naturellement dans l'ame, peuvent être mis à l'épreuve: ou du moins qu'il me soit permis de demander à quelles marques, & par quels caractéres on peut distinguer les véritables Principes, les Principes innez, d'avec ceux qui ne le sont pas, afin que parmi le grand nombre de Principes ausquels on attribuë ce privilege, je puisse être à l'abri de l'erreur dans un point aussi important que celui-là. Cela fait, je serai tout prêt à recevoir avec joye ces admirables Propositions qui ne peuvent être que d'une grande utilité. Mais jusque-là, je suis en droit de douter qu'il y ait aucun Principe véritablement *inné*, parce que je crains que le consentement universel, qui est le seul caractére qu'on ait encore produit pour discerner les Principes *innez*, ne soit pas une marque assez sûre pour me déterminer en cette occasion, & pour me convaincre de l'existence d'aucun Principe *inné*. Par tout ce que je viens de dire, il paroît clairement, à mon avis, qu'il n'y a point de Principe de pratique dont tous les hommes conviennent; & qu'il n'y en a, par conséquent, aucun qu'on puisse appeler *inné*.

CHAPITRE III.

CHAP. III. *Autres considerations touchant les Principes innez, tant ceux qui regardent la spéculation que ceux qui appartiennent à la pratique.*

Des Principes ne sauroient être innez, à moins que les idées dont ils sont composez, ne le soient aussi.

§. 1. SI ceux qui nous veulent persuader qu'il y a des Principes *innez*, ne les eussent pas considerez en gros, mais eussent examiné à part les diverses parties dont sont composées les Propositions qu'ils nomment *Principes innez*, ils n'auroient pas été peut-être si prompts à croire que ces Propositions sont effectivement innées. Parce que si les idées dont ces Propositions sont composées, ne sont pas *innées*, il est impossible que les Propositions elles-mêmes soient *innées*, ou que la connoissance que nous en avons, soit née avec nous. Car si ces idées ne sont point innées, il y a eû un temps auquel l'Ame ne connoissoit point ces Principes, qui, par conséquent, ne sont point innez, mais viennent de quelque

que autre source. Or où il n'y a point d'Idées, il ne peut y avoir au- CHAP. III. cune connoissance, aucun assentiment, aucunes Propositions mentales ou verbales concernant ces Idées.

§. 2. Si nous considerons avec soin les Enfans nouvellement nez, nous n'aurons pas grand sujet de croire qu'ils apportent beaucoup d'idées avec eux en venant au Monde. Car excepté, peut-être, quelques foibles idées de faim, de soif, de chaleur, & de douleur qu'ils peuvent avoir senti dans le sein de leur Mére, il n'y a nulle apparence qu'ils ayent aucune idée établie, & sur tout de celles qui répondent aux termes dont sont composées ces Propositions générales, qu'on veut faire passer pour *innées*. On peut remarquer comment différentes idées leur viennent ensuite par dégrez dans l'Esprit, & qu'ils n'en acquiérent justement que celles que l'expérience, & l'observation des choses qui se présentent à eux, excitent dans leur Esprit; ce qui peut suffire pour nous convaincre que ces idées ne sont pas des caractéres gravez originairement dans l'Ame.

Les idées & sur tout celles qui composent les Propositions qu'on appelle Principes, ne sont point nées avec les Enfans.

§. 3. S'il y a quelque Principe *inné*, c'est, sans contredit, celui-ci, *Il est impossible qu'une chose soit & ne soit pas en même temps*. Mais qui pourra se persuader, ou qui osera soûtenir, que les idées d'*impossibilité* & d'*identité* soient innées? Est-ce que tous les hommes ont ces Idées, & qu'ils les portent avec eux en venant au Monde? Se trouvent-elles les prémiéres dans les Enfans, & précedent-elles dans leur Esprit toutes leurs autres connoissances, car c'est ce qui doit arriver nécessairement, si elles sont *innées*? Dira-t-on qu'un Enfant a les idées d'*impossibilité* & d'*identité*, avant que d'avoir celles du *blanc* ou du *noir*, du *doux* ou de l'*amer*, & que c'est de la connoissance de ce Principe, qu'il conclut que l'absinthe dont on frotte le bout des mammelles de sa Nourrice, n'a pas le même goût que celui qu'il avoit accoûtumé de sentir auparavant, lors qu'il tettoit? Est-ce la connoissance qu'il a, qu'*une chose ne peut pas être & n'être pas en même temps*, est-ce, dis-je, la connoissance actuelle de cette Maxime qui fait qu'il distingue sa Nourrice d'avec un Etranger, qu'il aime celle-là, & évite l'approche de celui-ci? Ou bien, est-ce que l'Ame régle sa conduite, & la détermination de ses jugemens, sur des idées qu'elle n'a jamais euës? Et l'Entendement tire-t-il des Conclusions de Principes qu'il n'a point encore connus ni compris? Ces mots d'*impossibilité* & d'*identité* marquent deux idées, qui sont si éloignées d'être *innées* & gravées naturellement dans notre Ame, que nous avons besoin, à mon avis, d'une grande attention pour les former comme il faut dans notre Entendement; & bien loin de naître avec nous, elles sont si fort éloignées des pensées de l'Enfance & de la prémiére Jeunesse, que si l'on y prend bien garde, je croi qu'on trouvera, qu'il y a bien des hommes faits à qui elles sont inconnuës.

Preuve de la même vérité.

§. 4. Si l'idée de l'Identité (pour ne parler que de celle-ci) est naturelle, & par conséquent si évidente & si présente à notre Esprit, que nous devions la connoître dès le berceau, je voudrois bien qu'un Enfant de sept ans, ou même un homme de soixante-dix ans, me dît, si un homme qui est une Créature composée de corps & d'ame, est le même, lorsque son Corps est changé, si *Euphorbe* & *Pythagore* qui avoient eu la même Ame, n'étoient

L'idée de l'Identité n'est point innée.

F 2 qu'un

CHAP. III. qu'un même homme quoi qu'ils euſſent vécu éloignez de pluſieurs ſiécles l'un de l'autre: Et, ſi le Cocq dans lequel cette même Ame paſſa enſuite, étoit le même qu'Euphorbe & que Pythagore. Il paroîtra peut-être par l'embarras où il ſera de réſoudre cette Queſtion, que l'idée d'*Identité* n'eſt pas ſi établie, ni ſi claire, qu'elle mérite de paſſer pour *innée*. Or ſi ces idées, qu'on prétend être *innées*, ne ſont ni aſſez claires ni aſſez diſtinctes, pour être univerſellement connuës, & reçuës naturellement, elles ne ſauroient ſervir de fondement à des véritez univerſelles & indubitables, mais elles ſeront au contraire une occaſion certaine d'une perpetuelle incertitude. Car ſuppoſé que tout le monde n'ait pas la même idée de l'*identité* que Pythagore, & mille de ſes Sectateurs en ont eu; quelle eſt donc la véritable idée de l'*identité*, celle qui nous eſt naturelle, & qui eſt proprement née avec nous? ou bien, y a-t-il deux idées d'*identité*, différentes l'une de l'autre, qui ſoient pourtant toutes deux *innées*?

§. 5. C'eſt en vain qu'on repliqueroit à cela, que les Queſtions que je viens de propoſer ſur l'*identité* de l'homme, ne ſont que de vaines ſpéculations: car quand cela ſeroit, on ne laiſſeroit pas d'en pouvoir conclurre, qu'il n'y a aucune idée innée de l'*identité* dans l'Eſprit des hommes. D'ailleurs, quiconque conſiderera, avec un peu d'attention, la Reſurrection des Morts, où Dieu fera ſortir du Tombeau les mêmes hommes qui ſeront morts auparavant, pour les juger & les rendre heureux ou malheureux ſelon qu'ils auront bien ou mal vêcu dans cette vie, quiconque, dis-je, fera quelque réflexion ſur ce qui doit arriver alors à tous les hommes, aura peut-être aſſez de difficulté à déterminer en lui-même ce qui fait le *même homme*, ou en quoi conſiſte l'*identité*, & n'aura garde de s'imaginer que lui ou quelque autre que ce ſoit, & les Enfans eux-mêmes, en ayent naturellement une idée claire & diſtincte.

Les idées de *Tout* & de *Partie* ne ſont point innées.

§. 6. Examinons ce Principe de Mathematique, *Le tout eſt plus grand que ſa partie*. Je ſuppoſe qu'on le met au nombre des Principes innez, & je ſuis aſſûré qu'il peut y être mis avec autant de raiſon, qu'aucun autre Principe que ce ſoit. Cependant perſonne ne peut regarder ce Principe comme *inné*, s'il conſidére que les idées de *Tout* & de *Partie* qu'il renferme, ſont parfaitement relatives, & que les idées poſitives auxquelles elles ſe rapportent proprement & immédiatement, ſont celles d'*Extenſion* & de *Nombre*, dont ce qu'on nomme *Tout* & *Partie* ne ſont que de ſimples relations. De ſorte que, ſi les idées de *Tout* & de *Partie* étoient *innées*, il faudroit que celles d'Extenſion & de Nombre le fuſſent auſſi, car il eſt impoſſible d'avoir l'idée d'une Relation, ſans en avoir aucune de la choſe même à laquelle cette Relation appartient, & ſur quoi elle eſt fondée. Du reſte, je laiſſe à examiner aux Partiſans des *Principes innez*, ſi les idées d'Extenſion & de Nombre ſont naturellement gravées dans l'Ame de tous les hommes.

L'idée d'*Adoration* n'eſt pas innée.

§. 7. Une autre vérité qui eſt, ſans contredit, l'une des plus importantes qui puiſſent entrer dans l'Eſprit des Hommes & qui mérite de tenir le prémier rang parmi tous les Principes de pratique, c'eſt, *Que Dieu doit être*

être adoré.. Cependant elle ne peut en aucune maniére passer pour innée, CHAP. III. à moins que les idées de *Dieu* & d'*adoration* ne soient aussi *innées*. Or que l'idée signifiée par le terme d'*adoration*, ne soit pas dans l'Entendement des Enfans, comme un caractere originairement empreint dans leur Ame, c'est dequoi l'on conviendra, je pense, fort aisément, si l'on considére qu'il se trouve bien peu d'hommes faits qui en ayent une idée claire & distincte. Cela posé, je ne vois pas qu'on puisse imaginer rien de plus ridicule que de dire, que les Enfans ont une connoissance innée de ce Principe de pratique, *Dieu doit être adoré*; mais que pourtant ils ignorent quelle est cette adoration qu'il faut rendre à Dieu, en quoi consiste tout leur devoir. Mais sans appuyer davantage sur cela, passons outre.

§. 8. Si aucune idée peut être regardée comme *innée*, on doit pour plusieurs raisons recevoir en cette qualité l'idée de *Dieu*, préférablement à toute autre : car il est difficile de concevoir comment il pourroit y avoir des Principes de Morale *innez* sans une idée innée de ce qu'on nomme *Divinité*; parce qu'ôté l'idée d'un Législateur, il n'est plus possible d'avoir l'idée d'une Loi, & de se croire obligé de l'observer. Or sans parler des Athées dont les Anciens ont fait mention, & qui sont flêtris de ce titre odieux sur la foi de l'Histoire, n'a-t-on pas découvert, dans ces derniers siécles, par le moyen de la Navigation, des Nations entiéres qui n'avoient aucune idée de Dieu, à (*a*) la Baye de *Soldanie*, dans (*b*) le Bresil, & dans les (*c*) Iles Caribes, &c. Voici les propres termes de *Nicolas del Techo* dans les Lettres qu'il écrit * du Paraguai touchant la Conversion des Caaigues: *Reperi eam gentem* (*d*) *nullum nomen habere quod Deum, & Hominis animam significet, nulla sacra habet, nulla idola*; c'est-à-dire, „J'ai trouvé que cette „Nation n'a aucun mot qui signifie Dieu & l'Ame de l'Homme; qu'elle „n'observe aucun culte religieux, & n'a aucune idole ". Ces Exemples sont pris de Nations où la Nature inculte a été abandonnée à elle-même sans avoir reçu aucun secours des Lettres, de la Discipline & de la culture des Arts & des Sciences. Mais il se trouve d'autres Peuples qui ayant joui de tous ces avantages dans un dégré très-considerable, ne laissent pas d'être privez de l'Idée & de la connoissance de Dieu. Bien des gens seront sans doute surpris, comme je l'ai été, de voir que les Siamois sont de ce nombre. Il ne faut pour s'en assurer, que consulter *La Loubere* (*e*) Envoyé du Roi de France *Louis* XIV. dans ce Païs-là, lequel (*f*) ne nous donne pas une idée plus avantageuse à cet égard des Chinois eux-mêmes. Et si nous ne voulons pas l'en croire, les Missionaires de la Chine, sans en excepter même les Jesuites, grands Panegyristes des Chinois, qui tous s'accordent unanimement sur cet article, nous convaincront que dans la Secte des *Lettrez* qui sont le Parti dominant, & se tiennent attachez à l'ancienne Religion du Païs, ils sont tous Athées. Voyez *Navarette*, & le Livre intitulé, *Historia cultûs Sinensium*, Histoire du culte des Chinois.

Et peut-être que si nous examinions avec soin la vie & les discours de bien des gens qui ne sont pas si loin d'ici, nous n'aurions que trop de sujet d'appréhender que dans les Païs les plus civilisez il ne se trouve plusieurs personnes qui ont des idées fort foibles & fort obscures d'une Divinité, & que les

L'idée de Dieu n'est point *innée*.

(*a*) *Rhoe* apud *Thevenot*, p. 2. *Terrys* $\frac{17}{27}$ & *Ovington* $\frac{489}{606}$.
(*b*) *Jean de Lery*. ch. 16.
(*c*) Dans le *Borandya*, Voyage des Païs Septentrionaux par le St. *De la Martiniére*, $\frac{210}{322}$.
* *Ex Paraquaria de Caaiguarum conversione.*
(*d*) Relatio triplex de rebus Indicis Caaiguarum.
(*e*) *Du Royaume de Siam*. Tom. I. Part. II. ch. 9. Sect. 15. & Part. III. c. 20. Sect. 22. & c. 22. Sect. 6.
(*f*) *Ibid* Part. III. c. 20. Sect. 4. & c. 23.

plain-

CHAP. III. plaintes qu'on fait en chaire du progrès de l'Athéïsme, ne soient que trop bien fondées. De sorte, que, bien qu'il n'y ait que quelques scélerats entierement corrompus qui ayent l'imprudence de se déclarer Athées, nous en entendrions, peut-être, beaucoup plus qui tiendroient le même langage, si la crainte de l'Epée du Magistrat, ou les censures de leurs voisins ne leur fermoient la bouche; tout prêts d'ailleurs à publier aussi ouvertement leur Athéïsme par leurs discours, qu'ils le font par les déreglemens de leur vie, s'ils étoient délivrez de la crainte du châtiment, & qu'ils eussent étouffé toute pudeur.

§. 9. Mais supposé que tout le Genre Humain eût quelque idée de Dieu dans tous les endroits du Monde, (quoi que l'Histoire nous enseigne directement le contraire) il ne s'ensuivroit nullement de là que cette idée fût *innée*. Car quand il n'y auroit aucune Nation qui ne désignât Dieu par quelque nom, & qui n'eût quelques notions obscures de cet Être suprême, cela ne prouveroit pourtant pas que ces notions fussent autant de caractéres gravez naturellement dans l'Ame; non plus que les mots de *Feu*, de *Soleil*, de *chaleur*, ou de *nombre*, ne prouvent point que les idées que ces mots signifient soient *innées*, parce que les hommes connoissent & reçoivent universellement les noms & les idées de ces choses. Comme au contraire, de ce que les Hommes ne désignent Dieu par aucun nom, & n'en ont aucune idée, on n'en peut rien conclurre contre l'existence de Dieu, non plus que ce ne seroit pas une preuve, qu'il n'y a point d'Aimant dans le Monde, parce qu'une grande partie des hommes n'ont aucune idée d'une telle chose, ni aucun nom pour la désigner; ou qu'il n'y a point d'Espéces differentes, & distinctes d'Anges ou d'Etres Intelligens au dessus de nous, par la raison que nous n'avons point d'idée de ces Espéces distinctes, ni aucuns noms pour en parler. Comme c'est par le langage ordinaire de chaque Païs que les hommes viennent à faire provision de mots, ils ne peuvent guere éviter d'avoir quelque espèce d'idée des choses dont ceux avec qui ils conversent, ont souvent occasion de les entretenir sous certains noms: & si c'est une chose qui emporte avec elle l'idée d'excellence, de grandeur, ou, de quelque qualité extraordinaire, qui interesse par quelque endroit, & qui s'imprime dans l'esprit sous l'idée d'une puissance absoluë & irrésistible qu'on ne puisse s'empêcher de craindre, une telle idée doit, suivant toutes les apparences, faire de plus fortes impressions & se répandre plus loin qu'aucune autre, sur tout si c'est une idée qui s'accorde avec les plus simples lumiéres de la Raison, & qui découle naturellement de chaque partie de nos connoissances. Or telle est l'*idée de Dieu:* car les marques éclatantes d'une sagesse & d'une puissance extraordinaires paroissent si visiblement dans tous les Ouvrages de la Création, que toute Créature raisonnable qui voudra y faire une serieuse réflexion, ne sauroit manquer de découvrir l'Auteur de toutes ces merveilles; & l'impression que la découverte d'un tel Etre doit faire nécessairement sur l'Ame de tous ceux qui en ont entendu parler une seule fois, est si grande & entraine avec elle une suite de pensées d'un si grand poids, & propres à se répandre dans le Monde, qu'il me paroît tout-à-fait étrange, qu'il puisse se trouver sur la Terre une Nation

tion entiére d'hommes, assez stupides pour n'avoir aucune idée de Dieu: CHAP. III.
cela, dis-je, me semble aussi surprenant que d'imaginer des hommes qui
n'auroient aucune idée des Nombres, ou du Feu.

§. 10. Le nom de Dieu ayant été une fois employé en quelque endroit
du Monde pour signifier un Etre suprême, tout-puissant, tout-sage, &
invisible, la conformité qu'une telle idée a avec les Principes de la Raison,
& l'intérêt des hommes qui les portera toûjours à faire souvent mention de
cette idée, doivent la répandre nécessairement fort loin, & la faire passer
dans toutes les Générations suivantes. Mais supposé que *ce mot soit généralement connu*, & que cette partie du Genre Humain, qui est peu accoutumée à penser, *y ait attaché quelques idées vagues & imparfaites, il ne s'ensuit nullement de là que l'idée de Dieu soit* innée. Cela prouveroit tout au plus,
que ceux qui auroient fait cette découverte, se seroient servis comme il faut
de leur Raison, qu'ils auroient fait des Réflexions serieuses sur les Causes
des choses & les auroient rapportées à leur véritable origine; de sorte que
cette importante notion ayant été communiquée par leur moyen à d'autres
hommes moins spéculatifs, & ceux-ci l'ayant une fois reçuë, il ne pouvoit
guere arriver qu'elle se perdît jamais.

§. 11. C'est là tout ce qu'on pourroit conclurre de l'idée de Dieu, s'il Que l'idée de
étoit vrai qu'elle se trouvât universellement répanduë dans l'Esprit de tous Dieu n'est point
les hommes, & que dans tous les Païs du Monde, elle fût généralement innée.
reçuë, de tout homme qui seroit parvenu à un âge mûr, car le consentement général de tous les hommes à reconnoître un Dieu, ne s'étend pas
plus loin, à mon avis. Que si l'on soûtient qu'un tel consentement suffit
pour prouver que l'idée de Dieu est innée, on en pourra tout aussi bien
conclurre que l'idée du *Feu* est innée; parce qu'on peut, à ce que je croi,
assûrer positivement qu'il n'y a personne dans le Monde, qui ait quelque
idée de *Dieu*, qui n'ait aussi l'idée du *Feu*. Or je suis certain qu'une Colonie de jeunes Enfans qu'on enverroit dans une Ile où il n'y auroit point
de feu, n'auroient absolument aucune idée du feu, ni aucun nom pour le
désigner, quoi que ce fût une chose généralement connuë par tout ailleurs.
Et peut-être ces Enfans seroient-ils aussi éloignez d'avoir aucun nom ou aucune idée pour exprimer la Divinité, jusqu'à ce que quelqu'un d'entr'eux
s'avisât d'appliquer son Esprit à la consideration de ce Monde & des causes
de tout ce qu'il contient, par où il parviendroit aisément à l'idée d'un
Dieu. Après quoi, il n'auroit pas plûtôt fait part aux autres de cette découverte, que la Raison & le penchant naturel qui les porteroit à reflechir
sur un tel Objet, la répandroient ensuite, & la provigneroient, pour ainsi
dire, au milieu d'eux.

§. 12. Mais on replique à cela que c'est une chose convenable à la Bon- Il est convena-
té de Dieu, d'*imprimer dans l'Ame des hommes, des caractéres & des idées de* ble à la Bonté de
lui-même, pour ne les pas laisser dans les ténèbres & dans l'incertitude à l'é- hommes ayent une
gard d'un article qui les touche de si près, comme aussi pour s'assûrer à idée de cet Etre su-
lui-même les respects & les hommages qu'une Créature intelligente, telle *prême: Donc Dieu*
que l'homme, est obligée de lui rendre. D'où l'on conclut qu'il n'a pas *a gravé cette idée*
manqué de le faire. *dans l'Ame de tous les hommes.*
Réponse à cette
Objection.

Si

CHAP. III. Si cet Argument a quelque force, il prouvera beaucoup plus que ceux qui s'en fervent en cette occafion, ne fe l'imaginent. Car fi nous pouvons conclurre que Dieu a fait pour les hommes, tout ce que les hommes jugeront leur être le plus avantageux, parce qu'il eft convenable à fa Bonté d'en ufer ainfi, il s'enfuivra de là, non-feulement que Dieu a imprimé dans l'Ame des hommes une idée de Lui-même, mais qu'il y empreint nettement & en beaux caractéres tout ce que les hommes doivent favoir ou croire de cet Etre fupréme, tout ce qu'ils doivent faire pour obéir à fes ordres, & qu'il leur a donné une volonté & des affections qui y font entierement conformes: car tout le monde conviendra fans peine, qu'il eft beaucoup plus avantageux aux hommes de fe trouver dans cet état, que d'être dans les ténèbres, à chercher la lumiére & la connoiffance comme à tâtons, ainfi que S. *Paul* nous repréfente tous les Gentils, *Act.* XVII. 27. & que d'éprouver une perpetuelle oppofition entre leur Volonté & leur Entendement, entre leurs Paffions & leur Devoir. Je croi pour moi, que c'eft raifonner fort jufte que de dire, *Dieu qui eft infiniment fage, a fait une chofe d'une telle maniére: Donc elle eft très-bien faite.* Mais il me femble que c'eft préfumer un peu trop de notre propre fageffe, que de dire, *Je croi que cela feroit mieux ainfi: Donc Dieu l'a ainfi fait.* Et à l'égard du point en queftion, c'eft en vain qu'on prétend prouver fur ce fondement, que Dieu a gravé certaines idées dans l'Ame de tous les Hommes, puifque l'expérience nous montre clairement qu'il ne l'a point fait. Mais Dieu n'a pourtant pas négligé les hommes, quoi qu'il n'ait pas imprimé dans leur Ame ces idées & ces caractéres originaux de connoiffance, parce qu'il leur a donné d'ailleurs des Facultez qui fuffifent pour leur faire découvrir toutes les chofes néceffaires à un Etre tel que l'Homme, par rapport à fa véritable deftination. Et je me fais fort de montrer, qu'un homme peut, fans le fecours d'aucuns Principes innez, parvenir à la connoiffance d'un Dieu & des autres chofes qu'il lui importe de connoître, s'il fait un bon ufage de fes Facultez naturelles. Dieu ayant doué l'Homme des Facultez de connoître qu'il poffede, n'étoit pas plus obligé par fa Bonté, à graver dans fon Ame les Notions innées dont nous avons parlé jufqu'ici, qu'à lui bâtir des Ponts, ou des Maifons, après lui avoir donné la Raifon, des mains, & des materiaux. Cependant il y a des Peuples dans le Monde, qui quoi qu'ingenieux d'ailleurs, n'ont ni Ponts ni Maifons, ou qui en font fort mal pourvûs, comme il y en a d'autres qui n'ont abfolument aucune idée de Dieu ni aucuns Principes de Morale, ou qui du moins n'en ont que de fort mauvais. La raifon de cette ignorance, dans ces deux rencontres, vient de ce que les uns & les autres n'ont pas employé leur Efprit, leurs Facultez, & leurs forces, avec toute l'induftrie dont ils étoient capables, mais qu'ils fe font contentez des opinions, des coûtumes & des ufages établis dans leurs Païs fans regarder plus loin. Si vous ou moi étions nez dans la Baye de *Soldanie*, nos penfées & nos idées n'auroient pas été peut-être plus parfaites, que les idées & les penfées groffiéres des *Hottentots* qui y habitent; & fi *Apochancana* Roi de *Virginie* eût été élevé en Angleterre, peut-être auroit-il été auffi habile Théologien & auffi grand Mathematicien que qui que ce soit dans ce Royaume. Toute la différence qu'il y a entre ce Roi, & un Anglois plus intelligent, consiste simplement en ce que l'exercice de ses Facultez a été borné aux maniéres, aux usages & aux idées de son Païs, sans que son Esprit ait été jamais poussé plus loin, ni appliqué à d'autres recherches, de sorte que s'il n'a eu aucune idée de Dieu, ce n'est que pour n'avoir pas suivi le fil des pensées qui l'y auroient conduit infailliblement.

CHAP. III.

§. 13. Je conviens, que s'il y avoit quelque idée, naturellement empreinte dans l'Ame des Hommes, nous avons droit de penser, que ce devroit être l'idée de celui qui les a faits, laquelle seroit comme une marque que Dieu auroit imprimée lui-même sur son propre Ouvrage, pour faire souvenir les Hommes qu'ils sont dans sa dépendance, & qu'ils doivent obéir à ses ordres. C'est par-là, dis-je, que devroient éclatter les prémiers rayons de la connoissance humaine. Mais combien se passe-t-il de temps, avant qu'une telle idée puisse paroître dans les Enfans? Et lors qu'on vient à la découvrir, qui ne voit qu'elle ressemble beaucoup plus à une opinion ou à une idée qui vient du Maître de l'Enfant, qu'à une notion qui représente directement le véritable Dieu? Quiconque observera le progrès par lequel les Enfans parviennent à la connoissance qu'ils ont, ne manquera pas de reconnoître, que les Objets qui se présentent prémiérement à eux, & avec qui ils ont, pour ainsi dire, le plus de familiarité, font les prémiéres impressions dans leur Entendement, sans qu'on puisse y trouver la moindre trace d'aucune autre impression que ce soit. Il est aisé de remarquer, outre cela, comment leurs pensées ne se multiplient qu'à mesure qu'ils viennent à connoître une plus grande quantité d'Objets sensibles, à en conserver les idées dans leur Mémoire, & à se faire une habitude de les assembler, de les étendre, & de les combiner en différentes maniéres. Je montrerai dans la suite, comment par ces différens moyens ils viennent à former dans leur Esprit l'idée d'*un Dieu*.

Les idées de Dieu sont différentes en différentes personnes.

§. 14. Peut-on se figurer que les idées que les Hommes ont de Dieu, soient autant de caractéres de cet Etre suprême qu'il ait gravez dans leur Ame, de son propre doigt, quand on voit que dans un même Païs, les hommes qui le désignent par un seul & même nom, ne laissent pas d'en avoir des idées fort différentes, souvent diametralement opposées, & tout-à-fait incompatibles? Dira-t-on qu'ils ont une idée innée de Dieu, dès-là seulement qu'ils s'accordent sur le nom qu'ils lui donnent?

§. 15. Mais quelle vraye ou même supportable idée de Dieu pourroit-on trouver dans l'Esprit de ceux qui reconnoissoient & adoroient deux ou trois cens Dieux? Dès-là qu'ils en reconnoissoient plus d'un, ils faisoient voir d'une maniére claire & incontestable, que Dieu leur étoit inconnu, & qu'ils n'avoient aucune véritable idée de cet Etre suprême, puisqu'ils lui ôtoient l'*Unité*, l'*Infinité*, & l'*Eternité*. Si nous ajoûtons à cela les idées grossiéres qu'ils avoient d'un Dieu corporel, idées qu'ils exprimoient par les Images & les représentations qu'ils faisoient de leurs Dieux, si nous considerons les amours, les mariages, les impudicitez, les débauches, les querelles, & les autres bassesses qu'ils attribuoient à leurs Divinitez, quelle raison

CHAP. III. fon pourrons-nous avoir de croire que le Monde Payen, c'eſt-à-dire, la plus grande partie du Genre Humain, aît eu dans l'Eſprit des idées de Dieu que Dieu lui-même aît eu foin d'y graver, de peur qu'ils ne tombaſſent dans l'erreur fur ſon ſujet ? Que ſi ce conſentement univerſel qu'on preſſe ſi fort, prouve qu'il y a quelque idée innée de Dieu, elle ne ſignifiera autre choſe, ſinon que Dieu a gravé dans l'Ame de tous les hommes qui parlent le même Langage, un nom pour le déſigner, mais ſans attacher à ce nom aucune idée de lui-même : puiſque ces Peuples qui conviennent du nom, ont en même temps des idées fort différentes touchant la choſe ſignifiée. Si l'on m'oppoſe, que par cette diverſité de Dieux que les Payens adoroient, ils n'avoient en vûë que d'exprimer figurément les différens attributs de cet Etre incomprehenſible, ou les différens emplois de ſa Providence, je répons, que ſans m'amuſer ici à rechercher ce qu'étoient ces différens Dieux dans leur prémiére origine, je ne crois pas que perſonne oſe dire, que le Vulgaire les aît regardez comme de ſimples attributs d'un ſeul Dieu. Et en effet, ſans recourir à d'autres témoignages, on n'a qu'à conſulter le Voyage de l'Evêque de *Beryte* (*Chap. XIII.*) pour être convaincu que la Théologie des *Siamois* admet ouvertement la pluralité des Dieux, ou plûtôt, comme le remarque judicieuſement l'*Abbé de Choiſy* dans ſon * *Journal du Voyage de Siam*, qu'elle conſiſte proprement à ne reconnoître aucun Dieu.

* *Pag.* 107/177

§. 16. Si l'on dit, que parmi toutes les Nations du Monde les Sages ont eu de véritables idées de l'*Unité* & de l'*Infinité de Dieu*, j'en tombe d'accord. Mais fur cela je remarque deux choſes.

La prémiére, c'eſt que cela exclut l'univerſalité de conſentement en tout ce qui regarde Dieu, excepté le nom; car ces Sages étant en fort petit nombre, un peut-être entre mille, cette univerſalité ſe trouve reſſerrée dans des bornes fort étroites.

Je dis en ſecond lieu, qu'il s'enſuit clairement de là que les idées les plus parfaites que les Hommes ayent de Dieu, n'ont pas été naturellement gravées dans leur Ame, mais qu'ils les ont acquiſes par leur méditation, & par un légitime uſage de leurs Facultez, puiſqu'en différens Lieux du Monde les perſonnes ſages & appliquées à la recherche de la Vérité, ſe ſont fait des idées juſtes ſur ce point, auſſi bien que pluſieurs autres, par le ſoin qu'ils ont pris de faire un bon uſage de leur Raiſon; pendant que d'autres croupiſſant dans une lâche négligence, (& ç'a toûjours été le plus grand nombre) ont formé leurs idées au hazard, ſur la commune tradition, & ſur les notions vulgaires, ſans ſe mettre fort en peine de les examiner. Ajoûtez à cela, que ſi l'on a droit de concluerre que l'*idée de Dieu* ſoit *innée*, de ce que tous les gens ſages ont eu cette idée, la Vertu doit auſſi être *innée*, parce que les gens ſages en ont toûjours eu une véritable idée.

Tel étoit viſiblement le cas où ſe trouvoient tous les Payens : & quelque ſoin qu'on ait pris parmi les Juifs, les Chrétiens & les Mahometans, qui ne reconnoiſſent qu'un ſeul Dieu, de donner de véritables idées de ce Souverain Etre, cette Doctrine n'a pas ſi fort prévalu ſur l'Eſprit des Peuples, imbus de ces différentes Religions, pour faire qu'ils ayent une véritable idée de Dieu & qu'ils en ayent tous la même idée. Combien trouveroit-

de Principes innez. L<small>IV</small>. I. 51

on de gens, même parmi nous, qui se représentent Dieu assis dans les Cieux C<small>HAP</small>. III.
sous la figure d'un homme, & qui s'en forment plusieurs autres idées absurdes & tout-à-fait indignes de cet Etre souverainement parfait? Il y a eu parmi les Chrétiens, aussi bien que parmi les Turcs, des Sectes entiéres qui ont soûtenu fort serieusement que Dieu étoit corporel, & de forme humaine; & quoi qu'à présent on ne trouve gueres de personnes parmi nous, qui fassent profession ouverte d'être *Anthropomorphites*, (j'en ai pourtant vû qui me l'ont avoûé) (1) je croi que qui voudroit s'appliquer à le rechercher, trouveroit parmi les Chrétiens ignorans & mal instruits, bien des gens de cette opinion. Vous n'avez qu'à vous entretenir sur cet article avec le simple Peuple de la campagne, sans presque aucune distinction d'âge, & avec les jeunes gens sans faire presque aucune différence de condition, & vous trouverez que, bien qu'ils ayent fort souvent le nom de D<small>IEU</small> dans la bouche, les idées qu'ils attachent à ce mot, sont pourtant si étranges, si grotesques, si basses & si pitoyables; que personne ne pourroit se figurer qu'ils les ayent apprises d'un homme raisonnable, tant s'en faut que ce soient des caractéres qui ayent été gravez dans leur Ame par le propre doigt de Dieu. Et dans le fond, je ne vois pas que Dieu déroge plus à sa Bonté, en n'ayant point imprimé dans nos Ames des idées de lui-même, qu'en nous envoyant tout nuds dans ce Monde sans nous donner des habits, ou en nous faisant naître sans la connoissance innée d'aucun Art. Car étant douez des Facultez nécessaires pour apprendre à pourvoir nous-mêmes à tous nos besoins, c'est faute d'industrie & d'application, de notre part, & non un défaut de Bonté, de la part de Dieu, si nous en ignorons les moyens. Il est aussi certain qu'il y a un Dieu, qu'il est certain que les Angles opposez qui se font par l'intersection de deux lignes droites, sont égaux. Et il n'y eut jamais de Créature raisonnable qui se soit appliquée sincerement à examiner la vérité de ces deux Propositions qui ait manqué d'y donner son consentement. Cependant il est hors de doute, qu'il y a bien des hommes qui n'ayant pas tourné leurs pensées de ce côté-là, ignorent également ces deux véritez. Que si quelqu'un juge à propos de donner à cette disposition où sont tous les hommes de découvrir un Dieu, s'ils s'appliquent à rechercher les preuves de son existence, le nom de Consentement universel, qui sûrement n'emporte autre chose dans cette rencontre, je ne m'y oppose pas. Mais un tel Consentement ne sert non plus à prouver que l'idée de Dieu soit innée, qu'il le prouve à l'égard de l'idée de ces Angles dont je viens de parler.

§. 17. Puis donc que, quoi que la connoissance de Dieu soit l'une des découvertes qui se présentent le plus naturellement à la Raison humaine, l'idée

Si l'idée de Dieu n'est pas innée, aucune autre idée ne peut être regardée en cette qualité.

---

(1) Cette réflexion de M. Locke me fait souvenir de ce que me dit il y a quelque temps une personne de bonne Maison, dont l'éducation n'a point été négligée, & qui ne manque pas d'esprit. Etant venu à parler devant elle, de la Toute-presence de Dieu, elle s'avisa de me soûtenir que Dieu n'étoit pas sur la terre pendant le Deluge de Noé. Cette Ob- jection me surprit; & je lui demandai, sur quoi elle étoit fondée. *C'est*, me repliqua-t-on, *que si Dieu eût été alors sur la Terre, il se seroit noyé.* Suivant cette personne, Dieu a certainement un corps, & qui ressemble si fort au nôtre, qu'il ne sauroit se conserver dans l'eau comme celui des Poissons.

G 2

CHAP. III. l'idée de cet Être suprème n'est pourtant pas innée, comme je viens de le montrer évidemment, si je ne me trompe, je croi qu'on aura de la peine à trouver aucune autre idée qu'on ait droit de faire passer pour *innée*. Car si Dieu eût imprimé quelque caractére dans l'Esprit des hommes, il est plus raisonnable de penser que ç'auroit été quelque idée claire & uniforme de lui-même, qu'il auroit gravée profondément dans notre Ame, autant que notre foible Entendement est capable de recevoir l'impression d'un Objet infini & qui est si fort au dessus de notre portée. Puis donc que notre Ame se trouve, d'abord, sans cette idée, qu'il nous importe le plus d'avoir, c'est là une forte présomption contre tous les autres caracteres qu'on voudroit faire passer pour *innez*. Et pour moi, je ne puis m'empêcher de dire que je n'en saurois voir aucun de cette espéce, quelque soin que j'aye pris pour cela, & que je serois bien aise que quelqu'un voulût m'apprendre sur ce point, ce que je n'ai pû découvrir de moi-même.

L'idée de la Substance n'est pas innée.

§. 18. J'avoüe qu'il y a une autre idée qu'il seroit généralement avantageux aux hommes d'avoir, parce que c'est le sujet général de leurs discours, où ils font entrer cette idée comme s'ils la connoissoient effectivement : je veux parler de l'idée de la *Substance*, que nous n'avons ni ne pouvons avoir par voye de *sensation*, ou de *reflexion*. Si la Nature se chargeoit du soin de nous donner quelques idées, nous aurions sujet d'espérer, que ce seroient celles que nous ne pouvons point acquerir nous-mêmes par l'usage de nos Facultez. Mais nous voyons au contraire, que, parce que cette idée ne nous vient pas par les mêmes voyes que les autres idées, nous ne la connoissons point du tout, d'une maniére distincte : de sorte que le mot de *Substance* n'emporte autre chose à notre égard, qu'un certain sujet indéterminé que nous ne connoissons point, c'est-à-dire, quelque chose, dont nous n'avons aucune idée particuliére, distincte, & positive, mais que nous regardons comme le (1) *soutien* des idées que nous connoissons.

Nulles Propositions ne peuvent être innées, parce qu'il n'y a point d'idées qui soient innées.

§. 19. Quoi qu'on dise donc des *Principes innez*, tant de ceux qui regardent la *spéculation* que de ceux qui appartiennent à la *pratique*, on seroit aussi bien fondé à soûtenir qu'un homme auroit cent francs dans sa poche, argent comptant, quoi qu'on niât qu'il y eût ni denier, ni sou, ni écu, ni aucune piéce de monnoye qui pût faire cette somme, on seroit, dis-je, tout aussi bien fondé à dire cela, qu'à se figurer, que certaines Propositions sont *innées*, quoi qu'on ne puisse supposer en aucune maniére, que les idées dont elles sont composées, soient *innées* : car en plusieurs rencontres d'où que viennent les idées, on reçoit necessairement des Propositions qui expriment la *convenance* ou la *disconvenance* de certaines idées. Quiconque a, par exemple, une véritable idée de Dieu & du culte qu'on lui doit rendre, donnera son consentement à cette Proposition, *Dieu doit être servi*,

si

---

(1) *Substratum* : L'Auteur a employé ce mot Latin dans cet endroit, ne croyant pas trouver un mot Anglois qui exprimât si bien sa pensée. Le François n'en fournit pas non plus de si propre, à mon avis ; c'est-pourquoi je le conserve ici pour faire mieux comprendre ce que j'ai mis dans le Texte.

de Principes innez. Liv. I.

Chap. III.

si elle est exprimée dans un Langage qu'il entende : & tout homme raisonnable qui n'y a pas fait réflexion aujourd'hui, sera prêt à la recevoir demain sans aucune difficulté. Or nous pouvons fort bien supposer qu'un million d'hommes manquent aujourd'hui de l'une de ces idées, ou de toutes deux ensemble. Car posé le cas que les Sauvages & la plus grande partie des Païsans ayent effectivement des idées de Dieu & du culte qu'on lui doit rendre, (ce qu'on n'osera jamais soûtenir, si on entre en conversation avec eux sur ces matiéres) je croi du moins qu'on ne sauroit supposer qu'il y aît beaucoup d'Enfans qui ayent ces idées. Cela étant, il faut que les Enfans commencent à les avoir dans un certain temps, quel qu'il soit ; & ce sera alors, qu'ils commenceront aussi à donner leur consentement à cette Proposition, pour n'en plus douter. Mais un tel consentement donné à une Proposition dès qu'on l'entend pour la prémiére fois, ne prouve pas plus, que les idées qu'elle contient, sont *innées*, qu'il prouve qu'un aveugle de naissance à qui on levera demain les cataractes, avoit des idées *innées* du Soleil, de la Lumiére, du Saffran, ou du Jaune, parce que dès que sa vûë sera éclaircie, il ne manquera pas de donner son consentement à ces deux Propositions, *Le Soleil est lumineux, Le Saffran est jaune.* Or si un tel consentement ne prouve point, que les idées dont ces Propositions sont composées, soient *innées*, il prouve encore moins, que ces Propositions le soient. Que si quelqu'un a des idées *innées*, je serois bien aise qu'il voulût prendre la peine de me dire, quelles sont ces Idées, & combien il en connoit de cette espéce.

§. 20. A quoi j'ajoûterai, que s'il y a des Idées *innées*, qui soient dans l'Esprit sans que l'Esprit y pense actuellement, il faut, du moins, qu'elles soient dans la Mémoire d'où elles doivent être tirées par voye de Reminiscence, c'est-à-dire, être connuës, lors qu'on en rappelle le souvenir, comme autant de perceptions qui ont été auparavant dans l'Ame, à moins que la Reminiscence ne puisse subsister sans reminiscence. Car se ressouvenir d'une chose, c'est l'appercevoir par mémoire ou par une conviction intérieure qui nous fasse sentir que nous avons eu auparavant une connoissance ou une perception particuliére de cette chose. Sans cela, toute idée qui vient dans l'Esprit, est nouvelle, & n'est point apperçuë par voye de reminiscence : car cette persuasion où l'on est intérieurement qu'une telle idée a été auparavant dans notre Esprit, est proprement ce qui distingue la reminiscence de toute autre maniére de penser. Toute idée que l'Esprit n'a jamais apperçuë, n'a jamais été dans l'Esprit ; & toute idée qui est dans l'Esprit, est ou une perception actuelle, ou bien ayant été actuellement apperçuë, elle est en telle sorte dans l'Esprit, qu'elle peut redevenir une perception actuelle par le moyen de la Mémoire. Lors qu'il y a dans l'Esprit une perception actuelle de quelque idée sans mémoire, cette idée paroît tout-à-fait nouvelle à l'Entendement : & lorsque la Mémoire rend quelque idée actuellement présente à l'Esprit, c'est en faisant sentir intérieurement, que cette idée a été actuellement dans l'Esprit, & qu'elle ne lui étoit pas tout-à-fait inconnuë. J'en appelle à ce que chacun observe en soi-même, pour savoir si cela n'est pas ainsi ; & je voudrois bien qu'on me donnât un exemple de quelque idée,

Il n'y a point d'idées innées dans la Mémoire.

Chap. III. prétendue *innée*, que quelqu'un pût rappeller dans son Esprit comme une idée déja connuë avant que d'en avoir reçu aucune impreffion par les voyes dont nous parlerons dans la fuite: car encore un coup, fans ce fentiment intérieur d'une perception qu'on ait déja euë, il n'y a point de réminifcence, & on ne fauroit dire d'aucune idée qui vient dans l'Efprit fans cette conviction, qu'on s'en reffouvienne, ou qu'elle forte de la Mémoire, ou qu'elle foit dans l'Efprit avant qu'elle commence de fe montrer actuellement à nous. Lors qu'une idée n'eft pas actuellement préfente à l'Efprit, ou en referve, pour ainfi dire, dans la Mémoire, elle n'eft point du tout dans l'Efprit, & c'eft comme fi elle n'y avoit jamais été. Suppofons un Enfant qui ait l'ufage de fes yeux jufqu'à ce qu'il connoiffe & diftingue les Couleurs, mais qu'alors les cataractes venant à fermer l'entrée à la lumiére, il foit quarante ou cinquante ans, fans rien voir abfolument, & que pendant tout ce temps-là il perde entiérement le fouvenir des idées des couleurs qu'il avoit euës auparavant. C'étoit là juftement le cas où fe trouvoit un aveugle auquel j'ai parlé une fois, qui dès l'enfance avoit été privé de la vûe par la petite verole, & n'avoit aucune idée des Couleurs, non plus qu'un Aveugle-né. Je demande fi un homme dans cet état-là, a dans l'Efprit quelque idée des Couleurs, plûtôt qu'un Aveugle-né? Je ne croi pas que perfonne dife que l'un ou l'autre en ayent abfolument aucune. Mais qu'on leve les cataractes de celui qui eft devenu aveugle, il aura de nouveau des idées des Couleurs, qu'il ne fe fouvient nullement d'avoir euës: idées que la Vûë qu'il vient de recouvrer, fera paffer dans fon Efprit, fans qu'il foit convaincu en lui-même de les avoir connuës auparavant: après quoi il pourra les rappeller & fe les rendre comme préfentes à l'Efprit au milieu des ténèbres. Et c'eft à l'égard de toutes ces idées des Couleurs qu'on peut rappeller dans l'Efprit, quoi qu'elles ne foient pas préfentes aux yeux, qu'on dit, qu'étant dans la Mémoire elles font auffi dans l'Efprit. D'où je conclus, Que toute idée qui eft dans l'Efprit fans être actuellement préfente à l'Efprit, n'y eft qu'entant qu'elle eft dans la Mémoire: Que fi elle n'eft pas dans la Mémoire, elle n'eft point dans l'Efprit; & Que fi elle eft dans la Mémoire, elle ne peut devenir actuellement préfente à l'Efprit, fans une perception qui faffe connoître que cette idée procede de la Mémoire, c'eft-à-dire qu'on l'a auparavant connuë, & qu'on s'en reffouvient préfentement. Si donc il y a des idées *innées*, elles doivent être dans la Mémoire, ou bien on ne fauroit dire qu'elles foient dans l'Efprit; & fi elles font dans la Mémoire, elles peuvent être retracées à l'Efprit fans qu'aucune impreffion extérieure précede; & toutes les fois qu'elles fe préfentent à l'Efprit, elles produifent un fentiment de reminifcence, c'eft-à-dire qu'elles portent avec elles une perception qui convainc intériéurement l'Efprit, qu'elles ne lui font pas entiérement nouvelles. Telle étant la différence qui fe trouve conftamment entre ce qui eft & ce qui n'eft pas dans la Mémoire ou dans l'Efprit, tout ce qui n'eft pas dans la Mémoire, eft regardé comme une chofe entierement nouvelle, & qui étoit auparavant tout-à-fait inconnuë, lors qu'il vient à fe préfenter à l'Efprit: au contraire, ce qui eft dans la Memoire ou dans l'Efprit, ne paroit point nouveau, lors qu'il vient à paroître par l'interven=

vention de la Mémoire, mais l'Esprit le trouve en lui-même, & connoit qu'il y étoit auparavant. On peut éprouver par-là s'il y a aucune idée dans l'Esprit avant l'impression faite par *Sensation*, ou par *Réflexion*. Du reste, je voudrois bien voir un homme, qui étant parvenu à l'âge de raison, ou dans quelque autre temps que ce soit, se ressouvînt de quelqu'une de ces Idées qu'on prétend être *innées*; & auquel elles n'auroient jamais paru nouvelles depuis sa naissance. Que si quelqu'un prétend soûtenir qu'il y a dans l'Esprit des Idées qui ne sont pas dans la Mémoire, je le prierai de s'expliquer, & de me faire comprendre ce qu'il entend par-là.

CHAP. III.

§. 21. Outre ce que j'ai déja dit, il y a une autre raison qui me fait douter si ces Principes que je viens d'examiner, ou quelque autre que ce soit, sont véritablement *innez*. Comme je suis pleinement convaincu que Dieu qui est infiniment sage, n'a rien fait qui ne soit parfaitement conforme à son infinie sagesse, je ne saurois voir pourquoi l'on devroit supposer, que Dieu imprime certains Principes universels dans l'Ame des hommes, puisque les *Principes de spéculation qu'on prétend être* innez, *ne sont pas d'un fort grand usage, & que ceux qui concernent la pratique, ne sont point évidens par eux-mêmes; & que les uns ni les autres ne peuvent être distinguez de quelques autres véritez qui ne sont pas reconnuës pour* innées. Car pourquoi Dieu auroit-il gravé de son propre doigt dans l'Ame des Hommes, des caractéres qui n'y paroissent pas plus nettement, que ceux qui s'y sont introduits dans la suite, ou qui même ne peuvent être distinguez de ces derniers ? Que si quelqu'un croit qu'il y a effectivement des Idées & des Propositions innées, qui par leur clarté & leur utilité peuvent être distinguées de tout ce qui vient de dehors dans l'Esprit, & dont on a une connoissance acquise, il n'aura pas de peine à nous dire quelles sont ces Propositions & ces Idées, & alors tout le monde sera capable de juger, si elles sont véritablement *innées* ou non. Car s'il y a de telles idées qui soient visiblement différentes de toute autre perception ou connoissance, chacun pourra s'en convaincre par lui-même. J'ai déja parlé de l'évidence des Maximes qu'on suppose innées; & j'aurai occasion de parler plus au long de leur utilité.

Les Principes qu'on veut faire passer pour *innez*, ne le sont pas, parce qu'ils sont de peu d'usage, ou d'une évidence peu sensible.

§. 22. Pour conclurre: il y a quelques Idées qui se présentent d'abord comme d'elles-mêmes à l'Entendement de tous les Hommes, & certaines véritez qui résultent de quelques Idées dès que l'Esprit joint ces idées ensemble pour en faire des Propositions. Il y a d'autres véritez qui dépendent d'une suite d'idées, disposées en bon ordre, de l'exacte comparaison qu'on en fait, & de certaines déductions faites avec soin, sans quoi l'on ne peut les découvrir, ni leur donner son consentement. Certaines véritez de la première espèce ont été regardées mal à propos comme *innées*, parce qu'elles sont reçuës généralement & sans peine. Mais la vérité est, que les Idées, quelles qu'elles soient, ne sont pas plus nées avec nous, que les Arts & les Sciences: quoi qu'il y en ait effectivement quelques-unes qui se présentent plus aisément à notre Esprit que d'autres, & qui par conséquent sont plus généralement reçuës, bien qu'au reste elles ne viennent à notre connoissance, qu'en conséquence de l'usage que nous faisons des Organes de notre Corps & des Facultez de notre Ame: *Dieu ayant donné aux hom-*

La différence des découvertes que font les hommes, dépend du différent usage qu'ils font de leurs Facultez.

CHAP. III. hommes des facultez & des moyens, pour découvrir, recevoir & retenir certaines véritez, selon qu'ils se servent de ces facultez & de ces moyens dont il les a pourvus. L'extrême différence qu'on trouve entre les idées des hommes, vient du différent usage qu'ils font de leurs Facultez. Les uns recevant les choses sur la foi d'autrui, (& ceux-là font le plus grand nombre) abusent de ce pouvoir qu'ils ont de donner leur consentement à telle ou telle chose, en soûmettant lâchement leur Esprit à l'autorité des autres dans des points qu'il est de leur devoir d'examiner eux-mêmes avec soin, au lieu de les recevoir aveuglément avec une foi implicite. D'autres n'appliquent leur Esprit qu'à un certain petit nombre de choses dont ils acquièrent une assez grande connoissance, mais ils ignorent toute autre chose, pour ne s'être jamais attachez à d'autres recherches. Ainsi rien n'est plus certain que cette vérité, *Trois angles d'un Triangle sont égaux à deux droits*. Elle est non seulement très-certaine, mais même plus évidente, à mon avis, que plusieurs de ces Propositions qu'on regarde comme des Principes. Cependant il y a des millions d'hommes, qui, quoi qu'habiles en d'autres choses, ignorent entierement celle-là, parce qu'ils n'ont jamais appliqué leur Esprit à l'examen de ces sortes d'Angles. D'ailleurs, celui qui connoit très-certainement cette Proposition, peut néanmoins ignorer entierement la vérité de plusieurs autres Propositions de Mathematique, qui sont aussi claires & aussi évidentes que celle-là, parce qu'il n'a pas poussé ses recherches jusques à l'examen de ces véritez de Mathematique. La même chose peut arriver à l'égard des idées que nous avons de Dieu: car quoi qu'il n'y ait point de vérité que l'homme puisse connoître plus évidemment par lui-même, que l'existence de Dieu, cependant quiconque regardera les choses de ce Monde, selon qu'elles servent à ses plaisirs, & au contentement de ses passions, sans se mettre autrement en peine d'en rechercher les causes, les diverses fins, & l'admirable disposition, pour s'attacher avec soin à en tirer les conséquences qui en naissent naturellement, un tel homme peut vivre long-temps sans avoir aucune idée de Dieu. Et s'il s'en trouve d'autres qui viennent à mettre cette idée dans leur tête pour en avoir ouï parler en conversation, peut-être croiront-ils l'existence d'un tel Etre: mais s'ils n'en ont jamais examiné les fondemens, la connoissance qu'ils en auront, ne sera pas plus parfaite que celle qu'une personne peut avoir de cette vérité, *Les trois angles d'un Triangle sont égaux à deux droits*, s'il la reçoit sur la foi d'autrui, par la seule raison qu'il en a ouï parler comme d'une vérité certaine, sans en avoir jamais examiné lui-même la démonstration. Auquel cas ils peuvent regarder l'existence de Dieu comme une opinion probable, mais ils n'en voyent pas la vérité, quoi qu'ils ayent des Facultez capables de leur en donner une connoissance claire & évidente, s'ils les employoient soigneusement à cette recherche. Mais cela soit dit en passant, pour montrer, *combien nos connoissances dépendent du bon usage des Facultez que la Nature nous a données*; & combien peu elles dépendent de ces Principes qu'on suppose sans raison avoir été imprimez dans l'Ame de tous les hommes pour être la règle de leur conduite: Principes que tous les hommes connoitroient nécessairement, s'ils étoient dans leur Esprit, ou qui leur étant inconnus, y seroient fort inutilement. Or puis-

puisque tous les hommes ne les connoiffent pas, & ne peuvent même les dif- CHAP. III.
tinguer des autres véritez dont la connoiffance leur vient certainement de
dehors, nous fommes en droit de conclurre qu'il n'y a point de tels Principes.

§. 23. Je ne faurois dire à quelles cenfures je puis m'être expofé, en re- Les hommes
voquant en doute qu'il y ait des Principes innez; & fi on ne dira point que doivent penfer &
je renverfe par-là les anciens fondemens de la connoiffance & de la certitu- fes par eux-mé-
de: mais je croi du moins que la méthode que j'ai fuivie, étant conforme mes.
à la Vérité, rend ces fondemens plus inébranlables. Une autre chofe dont
je fuis fortement perfuadé, c'eft que dans le Difcours fuivant je ne me fuis
point fait une affaire, d'abandonner ou de fuivre l'autorité de qui que ce
foit. La Vérité a été mon unique but. Par tout où elle a paru me conduire, je l'ai fuivie fans aucune prévention, & fans me mettre en peine fi
quelque autre avoit fuivi ou non le même chemin. Ce n'eft pas que je
n'aye beaucoup de refpect pour les fentimens des autres hommes: mais la
Vérité doit être refpectée par deffus tout; & j'efpére qu'on ne me taxera
pas de vanité, fi je dis que nous ferions peut-être de plus grands progrès
dans la connoiffance des chofes, fi nous allions à la fource, je veux dire à
l'examen des chofes mêmes; & que nous nous fiffons une affaire de chercher la Vérité en fuivant nos propres penfées, plûtôt que celles des autres
hommes. Car je croi que nous pouvons efpérer avec autant de fondement
de voir par les yeux d'autrui, que de connoître les chofes par l'Entendement
des autres hommes. Plus nous connoiffons la Vérité & la Raifon par nous-
mêmes, plus nos connoiffances font réelles & véritables. Pour les opinions
des autres hommes, fi elles viennent à rouler & flotter, pour ainfi dire,
dans notre Efprit, elles ne contribuent en rien à nous rendre plus intelligens, quoi que d'ailleurs elles foient conformes à la Vérité. Tandis que nous
n'embraffons ces opinions que par refpect pour le nom de leurs Auteurs, &
que nous n'employons point notre Raifon, comme eux, à comprendre ces
Véritez, dont la connoiffance les a rendus fi illuftres dans le Monde, ce qui
en eux étoit véritable fcience, n'eft en nous que pur entêtement. *Ariftote*
étoit fans doute un très-habile homme, mais perfonne ne s'eft encore avifé
de le juger tel, parce qu'il embraffoit aveuglément & foûtenoit avec confiance les fentimens d'autrui. Et s'il n'eft pas devenu Philofophe en recevant
fans examen les Principes des Savans qui l'ont précédé, je ne vois pas que
perfonne puiffe le devenir par ce moyen-là. Dans les Sciences, chacun ne
poffede qu'autant qu'il a de connoiffances réelles, dont il comprend lui-même les fondemens. C'eft là fon véritable tréfor, le fonds qui lui appartient
en propre, & dont il fe peut dire le maître. Pour ce qui eft des chofes qu'il
croit, & reçoit fimplement fur la foi d'autrui, elles ne fauroient entrer en
ligne de compte: ce ne font que des lambeaux, entiérement inutiles à ceux
qui les ramaffent, quoi qu'ils vaillent leur prix étant joints à la piéce d'où
ils ont été détachez: Monnoye d'emprunt, toute pareille à ces piéces en-
chantées qui paroiffent de l'or entre les mains de celui dont on les reçoit,
mais qui deviennent des feuilles, ou de la cendre dès qu'on vient à s'en fervir.

§. 24. Les hommes ayant une fois trouvé certaines Propofitions généra- D'où vient l'Opi-
les, qu'on ne fauroit revoquer en doute, dès qu'on les comprend, je vois des Principes in-
bien nez.

CHAP. III. bien que rien n'étoit plus court & plus aisé que de conclurre que ces Propositions étoient *innées*. Cette conclusion une fois reçuë, a delivré les paresseux de la peine de faire des recherches, sur tout ce qui étoit déclaré *inné*, & a empêché ceux qui doutoient, de songer à s'en instruire par eux-mêmes. D'ailleurs, ce n'est pas un petit avantage pour ceux qui font les Maîtres & les Docteurs, de poser pour Principe de tous les Principes, *que les Principes ne doivent point être mis en question:* car ayant une fois établi qu'il y a des *Principes innez*, ils mettent leurs Sectateurs dans la nécessité de recevoir certaines Doctrines, comme innées, & leur ôtent par ce moyen l'usage de leur propre Raison, en les engageant à croire & à recevoir ces Doctrines sur la foi de leur Maître, sans aucun autre examen: de sorte que ces pauvres Disciples devenus esclaves d'une aveugle credulité, sont bien plus aisez à gouverner, & deviennent beaucoup plus utiles à une certaine espece de gens qui ont l'adresse & la charge de leur dicter des Principes, & de se rendre maîtres de leur conduite. Or ce n'est pas un petit pouvoir que celui qu'un homme prend sur un autre, lors qu'il a l'autorité de lui inculquer tels Principes qu'il veut, comme autant de véritez qu'il ne doit jamais revoquer en doute, & de lui faire recevoir comme un Principe inné tout ce qui peut servir à ses propres fins. Mais si au lieu d'en user ainsi, l'on eût examiné les moyens par où les hommes viennent à la connoissance de plusieurs véritez universelles, on auroit trouvé qu'elles se forment dans l'esprit par la consideration exacte des choses mêmes; & qu'on les découvre par l'usage de ces Facultez, qui par leur destination sont très-propres à nous faire recevoir ces véritez, & à nous en faire juger droitement, si nous les appliquons comme il faut à cette recherche.

Conclusion. §. 25. Tout le dessein que je me propose dans le Livre suivant, c'est de montrer comment l'Entendement procede dans cette affaire. Mais j'avertirai d'avance, qu'afin de me frayer le chemin à la découverte de ces fondemens, qui sont les seuls, à ce que je croi, sur lesquels les notions que nous pouvons avoir de nos propres connoissances, puissent être solidement établies, j'ai été obligé de rendre compte des raisons que j'avois de douter qu'il y ait des *Principes innez*. Et parce que parmi les Argumens qui combattent ce sentiment, il y en a quelques-uns qui sont fondez sur les opinions vulgaires, j'ai été contraint de supposer plusieurs choses, ce qu'on ne peut guere éviter, lors qu'on s'attache uniquement à montrer la fausseté ou l'inconsistence de quelque sentiment particulier. Dans les controverses il arrive la même chose que dans le siége d'une Ville, où, pourvû que la terre sur laquelle on veut dresser les batteries, soit ferme, on ne se met point en peine d'où elle est prise, ni à qui elle appartient: suffit, qu'elle serve au besoin présent. Mais comme je me propose dans la suite de cet Ouvrage, d'élever un Bâtiment uniforme, & dont toutes les Parties soient bien jointes ensemble, autant que mon expérience & les observations que j'ai faites, me le pourront permettre, j'espére de le construire de telle maniere sur ses propres fondemens, qu'il ne faudra ni piliers, ni arc-boutans pour le soûtenir. Que si l'on montre en le minant, que c'est un Château bâti en l'air,

je

je ferai du moins en sorte qu'il soit tout d'une piéce, & qu'il ne puisse être enlevé que tout à la fois. Au reste, j'avertirai ici mon Lecteur de ne pas s'attendre à des Démonstrations incontestables, à moins qu'on ne m'accorde le privilége, que d'autres s'attribuent assez souvent, de supposer mes Principes comme autant de véritez reconnuës, auquel cas je ne serai pas en peine de faire aussi des Démonstrations. Tout ce que j'ai à dire en faveur des Principes sur lesquels je vais fonder mes raisonnemens, c'est que j'en appelle uniquement à l'expérience & aux observations que chacun peut faire par soi-même sans aucun préjugé, pour savoir s'ils sont vrais ou faux: & cela suffit pour une personne qui ne fait profession que d'exposer sincerement & librement ses propres conjectures sur un sujet assez obscur, sans autre dessein que de chercher la Vérité avec un esprit dépouillé de toute prévention.

Fin du Premier Livre.

ESSAI PHILOSOPHIQUE
CONCERNANT L'ENTENDEMENT HUMAIN.

LIVRE SECOND.

DES IDE'ES.

CHAPITRE I.

Où l'on traite des Idées *en général, & de leur Origine; & où l'on examine par occasion,* si l'Ame de l'Homme pense toûjours.

Ce qu'on nommé *Idée*, est l'objet de la pensée.

§. 1. 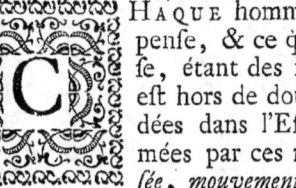 HAQUE homme étant convaincu en lui-même qu'il pense, & ce qui est dans son Esprit lors qu'il pense, étant des idées qui l'occupent actuellement, il est hors de doute que les hommes ont plusieurs Idées dans l'Esprit, comme celles qui sont exprimées par ces mots, *blancheur, dureté, douceur, pensée, mouvement, homme, éléphant, armée, meurtre,* & plusieurs autres. Cela posé, la prémiére chose qui se présente à examiner, c'est, *Comment l'Homme vient à avoir toutes ces Idées?* Je sai que c'est un sentiment généralement établi, que tous les hommes ont des *Idées innées,* certains caractéres originaux qui ont été gravez dans leur Ame, dès le prémier moment de leur existence. J'ai déja examiné au long ce sentiment; & je m'imagine que ce que j'ai dit dans le Livre précedent pour le refuter, sera reçu avec beaucoup plus de facilité, lorsque j'aurai fait voir, d'où l'Entendement peut tirer toutes les

idées

idées qu'il a, par quels moyens & par quels dégrez elles peuvent venir dans l'Esprit, sur quoi j'en appellerai à ce que chacun peut observer & éprouver en soi-même.

§. 2. Supposons donc qu'au commencement l'Ame est ce qu'on appelle *une Table rase* *, vuide de tous caractéres, sans aucune idée, quelle qu'elle soit: Comment vient-elle à recevoir des Idées? Par quel moyen en acquiert-elle cette prodigieuse quantité que l'Imagination de l'homme, toûjours agissante & sans bornes, lui présente avec une variété presque infinie? D'où puise-t-elle tous ces materiaux qui sont comme le fond de tous ses raisonnemens & de toutes ses connoissances? A cela je répons en un mot, De l'*Experience*: c'est-là le fondement de toutes nos connoissances; & c'est de là qu'elles tirent leur prémiére origine. *Les observations que nous faisons sur les Objets extérieurs & sensibles, ou sur les opérations intérieures de notre Ame, que nous appercevons & sur lesquelles nous reflechissons nous-mêmes, fournissent à notre Esprit les materiaux de toutes ses pensées.* Ce sont-là les deux sources d'où découlent toutes les Idées que nous avons, ou que nous pouvons avoir naturellement.

Toutes les Idées viennent par Sensation ou par Réflexion.
* *Tabula rasa.*

§. 3. Et prémiérement nos Sens étant frappez par certains Objets extérieurs, font entrer dans notre Ame plusieurs perceptions distinctes des choses, selon les diverses maniéres dont ces objets agissent sur nos Sens. C'est ainsi que nous acquerons les idées que nous avons du *blanc*, du *jaune*, du *chaud*, du *froid*, du *dur*, du *mou*, du *doux*, de l'*amer*, & de tout ce que nous appellons *qualitez sensibles*. Nos Sens, dis-je, font entrer toutes ces idées dans notre Ame, par où j'entens qu'ils font passer des objets exterieurs dans l'Ame ce qui y produit ces sortes de *perceptions*. Et comme cette grande source de la plûpart des Idées que nous avons, dépend entiérement de nos Sens, & se communique à l'Entendement par leur moyen, je l'appelle SENSATION.

Objets de la sensation, prémiére source de nos Idées.

§. 4. L'autre source d'où l'Entendement vient à recevoir des Idées, c'est la perception des Opérations de notre Ame sur les Idées qu'elle a reçuës par les Sens: opérations qui devenant l'Objet des réflexions de l'Ame, produisent dans l'Entendement une autre espéce d'idées, que les Objets extérieurs n'auroient pû lui fournir: telles que sont les idées de ce qu'on appelle *appercevoir*, *penser*, *douter*, *croire*, *raisonner*, *connoître*, *vouloir*, & toutes les différentes actions de notre Ame, de l'existence desquelles étant pleinement convaincus parce que nous les trouvons en nous-mêmes, nous recevons par leur moyen des idées aussi distinctes, que celles que les Corps produisent en nous, lors qu'ils viennent à frapper nos Sens. C'est-là une source d'idées que chaque homme a toûjours en lui-même; & quoi que cette Faculté ne soit pas un Sens, parce qu'elle n'a rien à faire avec les Objets extérieurs, elle en approche beaucoup, & le nom de *Sens intérieur* ne lui conviendroit pas mal. Mais comme j'appelle l'autre source de nos Idées *Sensation*, je nommerai celle-ci REFLEXION, parce que l'Ame ne reçoit par son moyen que les Idées qu'elle acquiert en reflechissant sur ses propres Opérations. C'est pourquoi je vous prie de remarquer, que dans la suite de ce Discours, j'entens par REFLEXION la connoissance que l'Ame prend de

Les Opérations de notre Esprit, autre source d'Idées.

CHAP. I. ſes differentes opérations, par où l'Entendement vient à s'en former des idées. Ce ſont-là, à mon avis, les ſeuls Principes d'où toutes nos Idées tirent leur origine; ſavoir, les choſes extérieures & matérielles qui ſont les Objets de la SENSATION, & les Opérations de notre Eſprit, qui ſont les Objets de la REFLEXION. J'employe ici le mot d'*opération* dans un ſens étendu, non-ſeulement pour ſignifier les actions de l'Ame concernant ſes Idées, mais encore certaines Paſſions qui ſont produites quelquefois par ces Idées, comme le plaiſir ou la douleur que cauſe quelque penſée que ce ſoit.

Toutes nos Idées viennent de l'une de ces deux ſources.

§. 5. L'Entendement ne me paroît avoir abſolument aucune idée, qui ne lui vienne de l'une de ces deux ſources. *Les Objets extérieurs fourniſſent à l'Eſprit les idées des qualitez ſenſibles*, c'eſt-à-dire, toutes ces différentes perceptions que ces qualitez produiſent en nous: & *l'Eſprit fournit à l'Entendement les idées de ſes propres Operations*. Si nous faiſons une exacte revûë de toutes ces idées, & de leurs differens modes, combinaiſons, & relations, nous trouverons que c'eſt à quoi ſe reduiſent toutes nos idées; & que nous n'avons rien dans l'Eſprit qui n'y vienne par l'une de ces deux voyes. Que quelqu'un prenne ſeulement la peine d'examiner ſes propres penſées, & de fouiller exactement dans ſon Eſprit pour conſiderer tout ce qui s'y paſſe; & qu'il me diſe après cela, ſi toutes les Idées originales qui y ſont, viennent d'ailleurs que des Objets de ſes Sens, ou des Opérations de ſon Ame, conſiderées comme des objets de la Réflexion qu'elle fait ſur les idées qui lui ſont venuës par les Sens. Quelque grand amas de connoiſſances qu'il y découvre, il verra, je m'aſſûre, après y avoir bien penſé, qu'*il n'a d'autre idée dans l'Eſprit, que celles qui y ont été produites par ces deux voyes*; quoi que peut-être combinées & étenduës par l'Entendement, avec une variété infinie, comme nous le verrons dans la ſuite.

Ce qu'on peut obſerver dans les Enfans.

§. 6. Quiconque conſiderera avec attention l'état où ſe trouve un Enfant, dès qu'il vient au Monde, n'aura pas grand ſujet de ſe figurer qu'il ait dans l'Eſprit ce grand nombre d'Idées qui ſont la matiére des connoiſſances qu'il a dans la ſuite. C'eſt par dégrez qu'il acquiert toutes ces Idées: & quoi que celles des qualitez qui ſont le plus expoſées à ſa vûë & qui lui ſont le plus familiéres, s'impriment dans ſon Eſprit, avant que la Mémoire commence de tenir regître du temps & de l'ordre des choſes, il arrive néanmoins aſſez ſouvent, que certaines qualitez peu communes ſe préſentent ſi tard à l'Eſprit, qu'il y a peu de gens qui ne puiſſent rappeller le ſouvenir du temps auquel ils ont commencé à les connoître: & ſi cela en valoit la peine, il eſt certain, qu'un Enfant pourroit être conduit de telle ſorte, qu'il auroit fort peu d'idées, même des plus communes, avant que d'être homme fait. Mais tous ceux qui viennent dans ce Monde, étant d'abord environnez de Corps qui frappent leurs Sens continuellement & en différentes maniéres, une grande diverſité d'Idées ſe trouvent gravées dans l'Ame des Enfans, ſoit qu'on prenne ſoin de leur en donner la connoiſſance, ou non. La Lumiére & les Couleurs ſont toûjours en état de faire impreſſion par tout où l'Oeuil eſt ouvert pour leur donner entrée. Les Sons, & certaines qualitez qui concernent l'attouchement, ne manquent pas non

plus

plus d'agir fur les Sens qui leur font propres, & de s'ouvrir un paſſage dans CHAP. I. l'Ame. Je croi pourtant qu'on m'accordera ſans peine, que ſi un Enfant étoit retenu dans un Lieu où il ne vît que du blanc & du noir, juſqu'à ce qu'il devînt homme fait, il n'auroit pas plus d'idée de l'écarlate ou du vert, que celui qui dès ſon Enfance n'a jamais goûté ni Huitre ni (1) Ananas, connoit le goût particulier de ces deux choſes.

§. 7. Par conſéquent les hommes reçoivent de dehors plus ou moins d'i- *Les hommes reçoivent plus ou moins de ces idées, ſelon que différens Objets ſe préſentent à eux.* dées ſimples, ſelon que les Objets qui ſe préſentent à eux, leur en fourniſſent une diverſité plus ou moins grande; comme ils en reçoivent auſſi des Operations interieures de leur Eſprit, ſelon qu'ils y reflechiſſent plus ou moins. Car quoi que celui qui examine les opérations de ſon Eſprit, ne puiſſe qu'en avoir des idées claires & diſtinctes, il eſt pourtant certain, que, s'il ne tourne pas ſes penſées de ce côté-là pour faire une attention particuliére ſur ce qui ſe paſſe dans ſon Ame, il ſera auſſi éloigné d'avoir des idées diſtinctes de toutes les opérations de ſon Eſprit, que celui qui prétendroit avoir toutes les idées particuliéres qu'on peut avoir d'un certain Païſage, ou des parties & des divers mouvemens d'une Horloge, ſans avoir jamais jetté les yeux ſur ce Païſage ou ſur cette Horloge, pour en conſiderer exactement toutes les parties. L'Horloge ou le Tableau peuvent être placez d'une telle maniére, que quoi qu'ils ſe rencontrent tous les jours ſur ſon chemin, il n'aura que des idées fort confuſes de toutes leurs Parties, juſqu'à ce qu'il ſe ſoit appliqué avec attention à les conſiderer chacune en particulier.

§. 8. Et de là nous voyons pourquoi il ſe paſſe bien du temps avant que *Les Idées qui viennent par Réflexion, ſont plus tard dans l'Eſprit, parce qu'il faut de l'attention pour les découvrir.* la plûpart des Enfans ayent des idées des Opérations de leur propre Eſprit, & pourquoi certaines perſonnes n'en connoiſſent ni fort clairement, ni fort parfaitement, la plus grande partie pendant tout le cours de leur vie. La raiſon de cela eſt, que quoi que ces Opérations ſoient continuellement excitées dans l'Ame, elles n'y paroiſſent que comme des viſions flottantes, & n'y font pas d'aſſez fortes impreſſions pour en laiſſer dans l'Ame des idées claires, diſtinctes, & durables, juſqu'à ce que l'Entendement vienne à ſe replier, pour ainſi dire, ſur ſoi-même, à reflechir ſur ſes propres opérations ; & à ſe propoſer lui-même pour l'Objet de ſes propres Contemplations. Les Enfans ne ſont pas plûtôt au Monde, qu'ils ſe trouvent environnez d'une infinité de choſes nouvelles, qui par l'impreſſion continuelle qu'elles font ſur leurs Sens, s'attirent l'attention de ces petites Créatures, que leur penchant porte à connoître tout ce qui leur eſt nouveau, & à prendre du plaiſir à la diverſité des Objets qui les frappent en tant de différentes maniéres. Ainſi les Enfans employent ordinairement leurs prémiéres années à voir & à obſerver ce qui ſe paſſe au dehors, de ſorte que continuant à s'attacher conſtamment à tout ce qui frappe les Sens, ils font rarement aucune ſerieuſe réflexion ſur ce qui ſe paſſe au dedans d'eux-mêmes, juſqu'à ce qu'ils ſoient parvenus à un âge plus avancé; & il s'en trouve qui devenus hommes, n'y penſent preſque jamais.

§. 9. Du

---

(1) *L'un des meilleurs fruits des Indes, aſſez ſemblable à une pomme de pin par la figure :* Rélation du Voyage de M. de Gennes, *p. 79. de l'Edition d'Amſterdam.*

CHAP. I.
L'Ame commence d'avoir des Idées, lors qu'elle commence d'appercevoir.
* Les Cartésiens.

§. 9. Du reste, demander *en quel temps l'homme commence d'avoir quelques Idées*, c'est demander en quel temps il commence d'appercevoir; car avoir des idées, & avoir des perceptions, c'est une seule & même chose. Je sai bien, que certains Philosophes * assûrent, *Que l'Ame pense toûjours*, qu'elle a constamment en elle-même une perception actuelle de certaines idées, aussi long-temps qu'elle existe; & que la pensée actuelle est aussi inséparable de l'Ame, que l'extension actuelle est inséparable du Corps; de sorte que, si cette opinion est véritable, rechercher en quel temps un homme commence d'avoir des idées, c'est la même chose, que de rechercher quand son Ame a commencé d'exister. Car, à ce compte, l'Ame & ses Idées commencent à exister dans le même temps, tout de même que le Corps & son étenduë.

L'Ame ne pense pas toûjours, parce qu'on ne l'auroit le prouver.

§. 10. Mais soit qu'on suppose que l'Ame existe avant, après, ou dans le même temps que le Corps commence d'être grossierement organisé, ou d'avoir les principes de la vie, (ce que je laisse discuter à ceux qui ont mieux médité sur cette matiére que moi) quelque supposition, dis-je, qu'on fasse à cet égard, j'avouë qu'il m'est tombé en partage une de ces Ames pesantes qui ne se sentent pas toûjours occupées de quelque idée, & qui ne sauroient concevoir qu'il soit plus nécessaire à l'Ame *de penser toûjours*, qu'au Corps *d'être toûjours en mouvement*; la perception des idées étant à l'Ame, comme je croi, ce que le mouvement est au Corps, savoir, une de ses Opérations, & non pas ce qui en constituë l'essence. D'où il s'ensuit, que, quoi que la pensée soit regardée comme l'action la plus propre à l'Ame, il n'est pourtant pas nécessaire de supposer que l'Ame pense toûjours, & qu'elle soit toujours en action. C'est-là peut-être le privilége de l'Auteur & du Conservateur de toutes choses, qui étant infini dans ses perfections *ne dort ni ne sommeille jamais*; ce qui ne convient point à aucun Etre fini, ou du moins, à un Etre tel que l'Ame de l'Homme. Nous savons certainement par expérience que nous pensons quelquefois; d'où nous tirons cette Conclusion infaillible, qu'il y a en nous quelque chose qui a la puissance de penser. Mais de savoir, si cette substance pense continuellement, ou non, c'est dequoi nous ne pouvons nous assûrer qu'autant que l'Expérience nous en instruit. Car dire, que penser actuellement est une propriété essentielle à l'Ame, c'est poser visiblement ce qui est en question, sans en donner aucune preuve, dequoi l'on ne sauroit pourtant se dispenser, à moins que ce ne soit une Proposition évidente par elle-même. Or j'en appelle à tout le Genre Humain, pour savoir s'il est vrai que cette Proposition, *l'Ame pense toûjours*, soit évidente par elle-même, de sorte que chacun y donne son consentement, dès qu'il l'entend pour la prémiére fois. Je doute si j'ai pensé la nuit précédente, ou non. Comme c'est une question de fait, c'est la décider gratuïtement & sans raison, que d'alléguer en preuve une supposition qui est la chose même dont on dispute. Il n'y a rien qu'on ne puisse prouver par cette méthode. Je n'ai qu'à supposer, que toutes les Pendules pensent tandis que le balancier est en mouvement; & dès-là j'ai prouvé suffisamment & d'une maniére incontestable que ma Pendule a pensé durant toute la nuit précédente. Mais quiconque veut éviter

de

fle se tromper soi-même, doit établir son hypothése sur un point de fait, & en démontrer la vérité par des expériences sensibles, & non pas se prévenir sur un point de fait, en faveur de son hypothese, c'est-à-dire, juger qu'un fait est vrai parce qu'il le suppose tel: maniére de prouver qui se reduit à ceci, Il faut nécessairement que j'aye pensé pendant toute la nuit précedente, parce qu'un autre a supposé que je pense toûjours, quoi que je ne puisse pas appercevoir moi-même que je pense effectivement toûjours.

CHAP. I.

Je ne puis m'empêcher de remarquer ici, que des gens passionnez pour leurs sentimens sont non-seulement capables d'alleguer en preuve une pure supposition de ce qui est en question, mais encore de faire dire à ceux qui ne sont pas de leur avis, toute autre chose que ce qu'ils ont dit effectivement. C'est ce que j'ai éprouvé dans cette occasion; car il s'est trouvé un Auteur qui ayant lû la prémiére Edition de cet Ouvrage, & n'étant pas satisfait de ce que je viens d'avancer contre l'opinion de ceux qui soûtiennent que l'*Ame pense toûjours*, me fait dire, qu'*une chose cesse d'exister parce que nous ne sentons pas qu'elle existe pendant notre sommeil*. Etrange conséquence, qu'on ne peut m'attribuer sans avoir l'Esprit rempli d'une aveugle préoccupation! Car je ne dis pas, qu'il n'y ait point d'Ame dans l'Homme, parce que durant le sommeil, l'Homme n'en a aucun sentiment: mais je dis que l'Homme ne sauroit penser, en quelque temps que ce soit, qu'il veille ou qu'il dorme, sans s'en appercevoir. Ce sentiment n'est nécessaire à l'égard d'aucune chose, excepté nos pensées, auxquelles il est & sera toûjours nécessairement attaché, jusqu'à ce que nous puissions penser, sans être convaincus en nous-mêmes que nous pensons.

§. 11. Je conviens que l'Ame n'est jamais sans penser dans un homme qui veille, parce que c'est ce qu'emporte l'état d'un homme éveillé. Mais de savoir s'il ne peut pas convenir à tout l'Homme, y compris l'Ame aussi bien que le Corps, de dormir sans avoir aucun songe, c'est une question qui vaut la peine d'être examinée par un homme qui veille: car il n'est pas aisé de concevoir qu'une chose puisse penser, & ne point sentir qu'elle pense. Que si l'Ame pense dans un homme qui dort sans en avoir une perception actuelle, je demande si pendant qu'elle pense de cette maniére, elle sent du plaisir ou de la douleur, si elle est capable de félicité ou de misére? Pour l'Homme, je suis assûré qu'il n'en est pas plus capable dans ce temps-là que le Lit ou la Terre où il est couché. Car d'être heureux ou malheureux sans en avoir aucun sentiment, c'est une chose qui me paroît tout-à-fait incompatible. Que si l'on dit, qu'il peut être, que, tandis que le Corps est accablé de sommeil, l'Ame a ses pensées, ses sentimens, ses plaisirs, & ses peines, séparément & en elle-même, sans que l'Homme s'en apperçoive & y prenne aucune part, il est certain, que *Socrate* dormant, & *Socrate* éveillé n'est pas la même personne, & que l'Ame de Socrate lors qu'il dort, & Socrate qui est un homme composé de Corps & d'Ame lors qu'il veille, sont deux personnes; parce que Socrate éveillé n'a aucune connoissance du bonheur ou de la misére de son Ame, qui y participe toute seule pendant qu'il dort, auquel état il ne s'en apperçoit point du tout, &

L'Ame ne sent pas toûjours qu'elle pense.

I

n'y

CHAP. I. n'y prend pas plus de part qu'au bonheur ou à la misère d'un homme qui est aux Indes & qui lui est absolument inconnu. Car si nous séparons de nos actions & de nos sensations, & sur tout du plaisir & de la douleur, le sentiment intérieur que nous en avons & l'intérêt qui l'accompagne, il sera bien mal-aisé de savoir (1) ce qui fait *la même personne*.

Si un homme endormi pense sans le savoir, un homme qui dort, & qui ensuite veille, ce sont deux personnes.

§. 12. L'Ame pense, disent ces gens-là, pendant le plus profond sommeil. Mais lors que l'Ame pense, & qu'elle a des perceptions, elle est, sans doute, aussi capable de recevoir des idées de plaisir ou de douleur qu'aucune autre idée que ce soit, & elle doit nécessairement sentir en elle-même ses propres perceptions. Cependant si l'Ame a toutes ces perceptions à part, il est visible, que l'homme qui est endormi, n'en a aucun sentiment en lui-même. Supposons donc que *Castor* étant endormi, son Ame est séparée de son Corps pendant qu'il dort: supposition, qui ne doit point paroître impossible à ceux avec qui j'ai présentement à faire, lesquels accordent si librement la vie à tous les autres Animaux différens de l'Homme, sans leur donner une Ame qui connoisse & qui pense. Ces gens-là, dis-je, ne peuvent trouver aucune impossibilité ou contradiction à dire que le Corps puisse vivre sans Ame, ou que l'Ame puisse subsister, penser, ou avoir des perceptions, même celles de plaisir ou de douleur, sans être jointe à un Corps. Cela étant, supposons que l'Ame de *Castor*, séparée de son Corps pendant qu'il dort, a ses pensées à part. Supposons encore, qu'elle choisit pour théatre de ses pensées, le Corps d'un autre homme, celui de *Pollux*, par exemple, qui dort sans Ame; car si, tandis que Castor est endormi, son Ame peut avoir des pensées dont il n'a aucun sentiment en lui-même, n'importe quel lieu son Ame choisisse pour penser. Nous avons par ce moyen les Corps de deux hommes, qui n'ont entr'eux qu'une seule Ame; & que nous supposons endormis, & éveillez tour à tour, de sorte que l'Ame pense toûjours dans celui des deux qui est éveillé, dequoi celui qui est endormi n'a jamais aucun sentiment en lui-même, ni aucune perception quelle qu'elle soit. Je demande présentement, si *Castor* & *Pollux* n'ayant qu'une seule Ame qui agit en eux par tour, de sorte qu'elle a, dans l'un, des pensées & des perceptions, dont l'autre n'a jamais aucun sentiment & auxquelles il ne prend jamais aucun intérêt, je demande, dis-je, si dans ce cas-là *Castor* & *Pollux* ne sont pas deux personnes aussi distinctes, que *Castor* & *Hercule*, ou que *Socrate* & *Platon*; & si l'un d'eux ne pourroit point être fort heureux, & l'autre tout-à-fait misérable?. C'est justement par la même raison que ceux qui disent, que l'Ame a en elle-même des pensées dont l'homme n'a aucun sentiment, separent l'Ame d'avec l'Homme, & divisent l'Homme même en deux personnes distinctes: car je suppose qu'on ne s'avisera pas de faire consister l'*identité* des personnes dans l'union de l'Ame avec certaines particules de matière qui soient les mêmes en nombre, parce que si cela étoit nécessaire pour constituer l'*identité* de la Personne, il seroit impossible dans ce flux perpetuel où sont les particules de notre Corps, qu'aucun homme pût être la même personne, deux jours, ou même deux momens de suite. §. 13.

(1) C'est une Question que M. Locke examine fort au long dans le Ch. XXVII. du Livre II.

§. 13. Ainſi le moindre aſſoupiſſement où nous jette le ſommeil, ſuffit, ce me ſemble, pour renverſer la doctrine de ceux qui ſoûtiennent que l'A-me penſe toûjours. Du moins ceux à qui il arrive de dormir ſans faire aucun ſonge, ne peuvent jamais être convaincus que leurs penſées ſoient en action, quelquefois pendant quatre heures, ſans qu'ils en ſachent rien; & ſi on les éveille au milieu de cette *contemplation dormante*, & qu'on les prenne, pour ainſi dire, ſur le fait, il ne leur eſt pas poſſible de rendre compte de ces prétenduës contemplations.

CHAP. I.
Il eſt impoſſible de convaincre ceux qui dorment ſans faire aucun ſonge, qu'ils penſent pendant leur ſommeil.

§. 14. On dira peut-être, que dans le plus profond ſommeil l'Ame a des penſées, que la Mémoire ne retient point. Mais il paroît bien mal-aiſé à concevoir que dans ce moment l'Ame penſe dans un homme endormi, & le moment ſuivant dans un homme éveillé, ſans qu'elle ſe reſſouvienne ni qu'elle ſoit capable de rappeller la mémoire de la moindre circonſtance de toutes les penſées qu'elle vient d'avoir en dormant. Pour perſuader une choſe qui paroît ſi inconcevable, il faudroit la prouver autrement que par une ſimple affirmation. Car qui peut ſe figurer, ſans en avoir d'autre raiſon que l'aſſertion magiſtrale de la perſonne qui l'affirme, qui peut, dis-je, ſe perſuader ſur un auſſi foible fondement, que la plus grande partie des hommes penſent durant toute leur vie, pluſieurs heures chaque jour, à des choſes dont ils ne peuvent ſe reſſouvenir le moins du monde, ſi dans le temps même que leur Eſprit en eſt actuellement occupé, on leur demande ce que c'eſt. Je croi pour moi que la plûpart des hommes paſſent une grande partie de leur ſommeil ſans ſonger; & j'ai ſû d'un homme qui dans ſa jeuneſſe s'étoit appliqué à l'étude, & avoit la mémoire aſſez heureuſe, qu'il n'avoit jamais fait aucun ſonge, avant que d'avoir eu la fiévre dont il venoit d'être gueri dans le temps qu'il me parloit. Il avoit alors vingt-cinq ou vingt-ſix ans. On pourroit, je croi, trouver pluſieurs exemples ſemblables dans le monde. Il n'y a du moins perſonne qui parmi ceux de ſa connoiſſance n'en trouve aſſez qui paſſent la plus grande partie des nuits ſans ſonger.

§. 15. D'ailleurs, penſer ſouvent, & ne pas conſerver un ſeul moment le ſouvenir de ce qu'on penſe, c'eſt penſer d'une maniére bien inutile. L'Ame dans cet état-là n'eſt que fort peu, ou point du tout au-deſſus de la condition d'un Miroir qui recevant conſtamment diverſes Images ou idées, n'en retient aucune. Ces Images s'évanouïſſant & diſparoiſſant ſans qu'il y en reſte aucune trace, le Miroir n'en devient pas plus parfait, non plus (1) que l'Ame par le moyen de ces ſortes de penſées dont elle ne ſauroit con-

Selon cette hypothéſe, les penſées d'un homme endormi devroient être plus conformes à la Raiſon.

(1) Le raiſonnement que M. Locke fait ici ſur l'inutilité de ces penſées, prouve trop en lui-même, puiſqu'on en pourroit conclurre qu'il eſt fort inutile que l'Ame ſoit occupée de cette foule innombrable de ſonges dont tant de gens ſont amuſez durant une bonne partie de leur vie, leſquels pour l'ordinaire ils oublient bien-tôt, & ſouvent même dans l'inſtant de leur reveil, ou dont ils ne ſe ſouviennent guere que d'une maniére très-confuſe & très-imparfaite. Car à quoi bon tous ces ſonges? Il ne ſemble pas qu'ils ſoient d'un plus grand uſage à l'Homme que ces penſées que les Philoſophes à qui M. Locke en veut ici attribuent à l'Ame de l'Homme enſeveli dans un profond ſommeil, deſquelles il ne ſauroit rappeller le moindre ſouvenir lorſqu'il vient à s'éveiller. Quant à l'inutilité de cette maniére de penſer, je ne ſai ſi elle eſt conſtamment auſſi réelle que le dit M. Locke. Voici du moins

CHAP. I. conferver le fouvenir un feul inftant. On dira peut-être, que lors qu'un homme éveillé penfe, fon Corps a quelque part à cette action, & que le fouvenir de fes penfées fe conferve par le moyen des impreffions qui fe font dans le Cerveau & des traces qui y reftent après qu'il a penfé, mais, qu'à l'égard des penfées que l'homme n'apperçoit point lors qu'il dort, l'Ame les roule à part en elle-même, fans faire aucun ufage des organes du Corps, c'eft pourquoi elle n'y laiffe aucune impreffion, ni par conféquent, aucun fouvenir de ces fortes de penfées. Mais fans repeter ici ce que je viens de dire de l'abfurdité qui fuit d'une telle fuppofition, favoir que le même homme fe trouve par-là divifé en deux perfonnes diftinctes ; je répons outre cela, que quelques idées que l'Ame puiffe recevoir & confiderer fans l'intervention du Corps, il eft raifonnable de conclurre, qu'elle peut auffi en conferver le fouvenir fans l'intervention du Corps, ou bien, la faculté de penfer ne fera pas d'un grand avantage à l'Ame & à tout autre Efprit féparé du Corps. Si l'Ame ne fe fouvient pas de fes propres penfées, fi elle ne peut point les mettre en referve, ni les rappeller pour les employer dans l'occafion ; fi elle n'a pas le pouvoir de reflechir fur le paffé & de fe fervir des experiences, des raifonnemens & des réflexions qu'elle a faites auparavant, à quoi lui fert de penfer ? Ceux qui réduifent l'Ame à penfer de cette maniére, n'en font pas un Etre beaucoup plus excellent, que ceux qui ne la regardent que comme un affemblage des parties les plus fubtiles de la Matiére, gens qu'ils condamnent eux-mêmes avec tant de hauteur. Car enfin des caractéres tracez fur la pouffiére que le prémier fouffle de vent efface, ou bien des impreffions faites fur un amas d'atomes ou d'Efprits animaux, font auffi utiles & rendent le fujet auffi excellent que les penfées de l'Ame, qui s'évanouïffent à mefure qu'elle penfe, ces penfées n'étant pas plûtôt hors de fa vûë, qu'elles fe diffipent pour jamais, fans laiffer aucun fouvenir après elles. La Nature ne fait rien en vain, ou pour des fins peu confiderables : & il eft bien mal-aifé de concevoir, que notre divin Créateur dont la fageffe eft infinie, nous ait donné la faculté de penfer, qui eft fi admirable, & qui approche le plus de l'excellence de cet Etre incomprehenfible, pour être employée, d'une maniére fi inutile, la quatriéme partie du temps qu'elle eft en action, pour le moins ; en forte qu'elle penfe conftamment durant tout ce temps-là, fans fe fouvenir d'aucune de fes penfées, fans en retirer aucun avantage pour elle-même, ou pour les autres, & fans être par-là d'aucune utilité à quoi que ce foit dans ce Monde. Si nous penfons bien à cela, nous ne trouverons pas, je m'affûre, que le mouvement de la Matiére, toute brute

&

---

moins une experience très-commune qui femble prouver le contraire. Un Enfant eft obligé d'apprendre par cœur douze ou quinze Vers de Virgile : il les lit trois ou quatre fois immediatement avant que de s'endormir ; & il les récite fort bien le lendemain, à fon reveil. Son Ame a-t-elle penfé à ces Vers, pendant qu'il étoit enfeveli dans un profond fommeil ? L'Enfant n'en fait rien. Cependant fi fon Ame a effectivement ruminé fur ces Vers, comme on pourroit, je penfe, le foupçonner avec quelque apparence de raifon, voilà des penfées qui ne font pas inutiles à l'Homme, quoi qu'il ne puiffe point fe fouvenir que fon Ame en ait été occupée un feul moment.

& insensible qu'elle est, puisse être, nulle part dans le Monde, si inutile & si absolument hors d'œuvre.

§. 16. A la vérité, nous avons quelquefois des exemples de certaines perceptions qui nous viennent en dormant, & dont nous conservons le souvenir : mais y a-t-il rien de plus extravagant & de plus mal lié, que la plûpart de ces pensées? Combien peu de rapport ont-elles avec la perfection qui doit convenir à un Etre raisonnable? C'est ce que savent fort bien tous ceux qui sont accoûtumez à faire des songes, sans qu'il soit nécessaire de les en avertir. Sur quoi je voudrois bien qu'on me dît, si lors que l'Ame pense ainsi à part, & comme (1) séparée du Corps, elle agit moins raisonnablement que lors qu'elle agit conjointement avec le Corps, ou non. Si les pensées qu'elle a dans ce prémier état, sont moins raisonnables, ces gens-là doivent donc dire, que c'est du Corps que l'Ame tient la

---

(1) Je ne pense pas que ceux que M. Locke combat ici, se soient jamais avisez de soûtenir, que l'Ame de l'Homme soit plus séparée du Corps pendant que l'Homme dort, que pendant qu'il veille. A l'égard des songes qu'on fait en dormant, qu'ils soient aussi frivoles & aussi absurdes qu'on voudra, ces Philosophes ne s'en mettront pas fort en peine : mais ils en pourront inferer contre M. Locke, que de cela même que nos songes sont si frivoles, il s'ensuit que l'Ame pourroit bien avoir d'autres pensées, ou plus, ou moins, ou aussi peu importantes que ces songes; & qu'on ne sauroit conclurre de leur peu d'importance, qu'elles n'ont jamais existé. Car les songes qui existent de l'aveu de M. Locke, ne sont pas d'un fort grand poids; & il arrive tous les jours qu'on oublie des songes dont on a été amusé en dormant, jusqu'à ce qu'il soit possible d'en rappeller autre chose qu'un souvenir très confus, *qu'on a songé*: Quelquefois même on ne rappelle le souvenir d'un Songe que long temps après qu'on s'est éveillé, ce qui donne lieu de croire, qu'il est fort possible, que l'Ame soit amusée par des songes dont elle ne conserve absolument aucun souvenir ; & que par conséquent elle ait des pensées dont elle ne rappelle jamais le souvenir. Tout cela, je l'avouë, ne prouve point que l'Ame pense actuellement toûjours : mais on en pourroit fort bien conclurre, ce me semble, & contre Des Cartes & contre M. *Locke*, qu'à la rigueur on ne peut ni affirmer ni nier positivement, que *l'Ame pense toûjours*. Sur un point comme celui-là, dont la décision dépend d'une connoissance exacte & distincte de la Nature de l'Ame, connoissance qui nous manque absolument, un peu de Pyrrhonisme ne seroit point mal, à mon avis. C'est ce qu'on vient de reconnoître fort ingenûment dans un petit Ouvrage, écrit en Anglois, intitulé *Défense du Dr.* CLARKE *sur l'existence & les Attributs de Dieu*, &c. L'Auteur venant à raisonner sur la Nature de l'Ame, & en particulier sur son *extension*; nous dit que „ toute la difficulté qu'il y a à se déterminer „ sur l'article de son extension, semble fon- „ dée sur l'incapacité où nous sommes de con- „ cevoir ce que c'est que penser, & en quoi „ il consiste. Que ce soit, *dit-il*, une Ope- „ ration de l'Ame, & non son essence, c'est, „ je croi, ce qui est assez certain, quoi qu'il „ ne paroisse pas, comme le suppose M. „ LOCKE, que *Penser* soit à l'Ame comme „ le *Mouvement* est au Corps. Car ce peut „ fort bien être une operation qui ne sauroit „ cesser, ce que cet Auteur prouve immédiatement après, par un raisonnement fort subtil à la vérité, mais qui est tout aussi probable que le sujet le peut permettre. Et de tout cela il conclut, *Que de savoir si l'Ame pense toûjours, c'est une Question fort disputable, & que nous sommes peut-être tout-à fait incapables de décider.* Comme il y a présentement bon des Savans en Europe qui entendent l'Anglois, je croi qu'ils seront bien aises de trouver ici les propres termes de l'Auteur : *The whole difficulty whether a Thinking Being is extended or no, seems to arise from our inability in conceiving what Thinking is, & wherein it consists. That it is an operation of the Soul, & not its essence, I think is pretty certain, thô it does not appear to be as Motion is to the Body, as Mr. Locke supposes. For it is may be an operation which cannot cease, & will appear to be very likely so upon consideration --- Whether the soul always thinks, is a very disputable Question, & perhaps incapable of being determined.* Pag. 44, 45.

A Defence of Dr. CLARKE's *Demonstration of the Being & Attributes of* GOD, &c. London: printed an : 1732.

CHAP. I. la faculté de penser raisonnablement. Que si ses pensées ne sont pas alors moins raisonnables que lors qu'elle agit avec le Corps, c'est une chose étonnante que nos songes soient pour la plûpart si frivoles & si absurdes; & que l'Ame ne retienne aucun de ses *Soliloques*, aucune de ses Méditations les plus raisonnables.

Suivant cette Hypothese, l'Ame doit avoir des idées qui ne viennent ni par Sensation ni par Reflexion, à quoi il n'y a nulle apparence.

§. 17. Je voudrois aussi que ceux qui assûrent avec tant de confiance, que l'Ame pense actuellement toûjours, nous dissent quelles sont les idées qui se trouvent dans l'Ame (1) d'un Enfant, avant qu'elle soit unie au Corps, ou justement dans le temps de son union, avant qu'elle ait reçu aucune idée par voye de *Sensation*. Les songes d'un homme endormi ne sont composez, à mon avis, que des idées que cet homme a eu en veillant, quoi que pour la plûpart jointes bizarrement ensemble. Si l'Ame a des idées par elle-même, qui ne lui viennent ni par sensation ni par réflexion, comme cela doit être, supposé qu'elle pense avant que d'avoir reçu aucune impression par le moyen du Corps, c'est une chose bien étrange, que plongée dans ces méditations particuliéres, qui le sont à tel point que l'homme luimême ne s'en apperçoit pas, elle ne puisse jamais en retenir aucune dans le même moment qu'elle vient à en être retirée par le dégourdissement du Corps, pour donner par-là à l'homme le plaisir d'avoir fait quelque nouvelle découverte. Et qui pourroit trouver la raison pourquoi pendant tant d'heures qu'on passe dans le sommeil, l'Ame recueillie en elle-même & ne cessant de penser durant tout ce temps-là, ne rencontre pourtant jamais aucune de ces idées qu'elle n'a reçu ni par sensation ni par réflexion, ou du moins, n'en conserve dans sa Mémoire absolument aucune autre, que celles qui lui viennent à l'occasion du Corps, & qui dès-là doivent nécessairement être moins naturelles à l'Esprit? C'est une chose bien surprenante, que pendant la vie d'un homme, son Ame ne puisse pas rappeller, une seule fois, quelqu'une de ces pensées pures & naturelles, quelqu'une de ces idées qu'elle a euës avant que d'en emprunter aucune du Corps, & que jamais elle ne lui présente, lors qu'il est éveillé, aucunes autres idées que celles qui retiennent l'odeur du vase où elle est renfermée, je veux dire qui tirent manifestement leur origine de l'union qu'il y a entre l'Ame & le Corps. Si l'Ame (2) pense toûjours, & qu'ainsi elle ait eû des idées avant que d'avoir été unie au Corps, ou que d'en avoir reçu aucune par le Corps, on ne peut s'empêcher de supposer, que durant le sommeil elle ne rappelle ses idées

(1) Un Enfant n'est point Enfant avant que d'avoir un Corps, & par conséquent, dès qu'il a une Ame, cette Ame est actuellement unie à son Corps. De savoir si cette Ame a subsisté avant que d'être l'Ame d'un Enfant, c'est une Question qui n'est point, je pense, du ressort de la Philosophie. Ceux à qui M. Locke en veut en cet endroit, pourroient fort bien dire sans contredire leur Hypothese, que l'Ame commence à penser dans le temps de son union avec le Corps, & même qu'il lui vient des Idées par voye de Sensation.

(2) De ce que l'Ame penseroit toûjours dans l'Homme, il ne s'ensuivroit nullement qu'elle eût eû des Idées avant que d'avoir été unie au Corps, puisqu'elle pourroit avoir commencé d'exister justement dans le temps qu'elle a été unie au Corps: & si je ne me trompe, c'est là l'Opinion de la plûpart des Philosophes que M. Locke attaque dans ce Chapitre.

dées naturelles, & que pendant cette espèce de separation d'avec le Corps, il n'arrive, au moins quelquefois, que parmi toutes ces idées dont elle est occupée en se recueillant ainsi en elle-même, il s'en présente quelques-unes purement naturelles & qui soient justement du même ordre que celles qu'elle avoit euës autrement que par le Corps, ou par ses réflexions sur les idées qui lui sont venuës des Objets extérieurs. Or comme jamais homme ne rappelle le souvenir d'aucune de ces sortes d'idées lors qu'il est éveillé, nous devons conclurre de cette hypothése, ou que l'Ame se ressouvient de quelque chose dont l'Homme ne sauroit se ressouvenir, ou bien que la Mémoire ne s'étend que sur les idées qui viennent du Corps, ou des Opérations de l'Ame sur ces idées.

CHAP. I.

§. 18. Je voudrois bien aussi que ceux qui soûtiennent avec tant de confiance, que l'Ame de l'Homme, ou ce qui est la même chose, que l'Homme pense toujours, me dissent, comment ils le savent, *& par quel moyen ils viennent à connoître qu'ils pensent eux-mêmes, lors même qu'ils ne s'en apperçoivent point.* Pour moi, je crains fort que ce ne soit une affirmation destituée de preuves, & une connoissance sans perception, ou plutôt, une notion très-confuse qu'on s'est formée pour défendre une hypothése, bien loin d'être une de ces véritez claires que leur propre évidence nous force de recevoir, ou qu'on ne peut nier sans contredire grossiérement la plus commune expérience. Car ce qu'on peut dire tout au plus sur cet article, c'est, qu'il est possible que l'Ame pense toujours, mais qu'elle ne conserve pas toujours le souvenir de ce qu'elle pense : & moi, je dis qu'il est aussi possible, que l'Ame ne pense pas toujours; & qu'il est beaucoup (1) plus probable qu'elle ne pense pas quelquefois, qu'il n'est probable qu'elle pense souvent & pendant un assez long temps tout de suite, sans pouvoir être convaincuë, un moment après, qu'elle aît eu aucune pensée.

Personne ne peut connoître que l'Ame pense toûjours, sans en avoir des preuves, parce que ce n'est pas une Proposition évidente par elle-même.

§. 19. Supposer que l'Ame pense & que l'Homme ne s'en apperçoit point, c'est, comme j'ai deja dit, faire deux personnes d'un seul homme; & c'est dequoi l'on aura sujet de soupçonner ces Messieurs, si l'on prend bien garde à la manière dont ils s'expriment en cette occasion. Car il ne me souvient pas d'avoir remarqué, que ceux qui nous disent, que l'*Ame pense*

---

(1) Si M. Locke vouloit s'en tenir à cette espece de Pyrrhonisme qui paroît fort raisonnable sur cet article, la plûpart des raisonnemens qu'il fait ici, prouveroient trop, car ils tendent presque tous à faire voir, non qu'*il est plus probable*, mais tout à fait certain, que l'Ame de l'Homme ne pense pas toûjours. Mais qu'auroit répondu M. Locke, si l'on lui eût dit qu'il s'ensuit de sa Doctrine, que l'Homme ne pense point un instant avant que d'être endormi, parce que nul homme ne peut distinguer par sentiment cet instant-là d'avec celui qui le suit immédiatement. Cependant selon M. Locke, l'homme pense pendant qu'il est éveillé; & il ne pense jamais qu'il ne soit convaincu qu'il pense; & par conséquent il ne pense jamais qu'il ne puisse distinguer le temps auquel il pense d'avec celui auquel il ne pense pas, tel qu'est, selon M. Locke, le temps auquel l'Homme est enseveli dans un profond sommeil. Je ne sai, si la Question que je fais ici n'est point trop subtile, mais elle l'est moins certainement que celle que M. Locke fait lui-même à ceux qui assurent positivement que l'Ame pense actuellement toûjours, lors qu'il dit au commencement du paragraphe qui précede immédiatement celui-ci, qu'il voudroit bien savoir d'eux, *quelles sont les idées qui se trouvent dans l'Ame d'un Enfant avant qu'elle soit unie au Corps.*

CHAP. I. penſe toûjours, diſent jamais, que l'*Homme penſe toûjours*. Or l'Ame peut-elle penſer, ſans que l'Homme penſe? ou bien, l'Homme peut-il penſer, ſans en être convaincu en lui-même? Cela paſſeroit apparemment pour galimathias, ſi d'autres le diſoient. S'ils ſoûtiennent que l'Homme penſe toûjours, mais qu'il n'en eſt pas toûjours convaincu en lui-même, ils peuvent tout auſſi bien dire, que le Corps eſt étendu ſans avoir des parties. Car dire que le Corps eſt étendu ſans avoir des parties, & qu'une choſe penſe ſans connoître & ſans appercevoir qu'elle penſe, ce ſont deux aſſertions également inintelligibles. Et ceux qui parlent ainſi, feront tout auſſi bien fondez à ſoûtenir, ſi cela peut ſervir à leur hypothéſe, que l'Homme a toûjours faim; mais qu'il n'a pas toûjours un ſentiment de faim; puiſque la Faim ne ſauroit être ſans ce ſentiment-là, non plus que la penſée ſans une conviction qui nous aſſûre interieurement que nous penſons. S'ils diſent, que l'Homme a toûjours cette conviction, je demande d'où ils le ſavent, puis que cette conviction n'eſt autre choſe que la perception de ce qui ſe paſſe dans l'Ame de l'Homme. Or un autre Homme peut-il s'aſſûrer que je ſens en moi ce que je n'apperçois pas moi-même? C'eſt ici que la connoiſſance de l'Homme ne ſauroit s'étendre au delà de ſa propre expérience. Reveillez un homme d'un profond ſommeil, & demandez-lui à quoi il penſoit dans ce moment. S'il ne ſent pas lui-même qu'il ait penſé à quoi ce ſoit dans ce temps-là, il faut être grand Devin pour pouvoir l'aſſurer qu'il n'a pas laiſſé de penſer effectivement. Ne pourroit-on pas lui ſoûtenir avec plus de raiſon, qu'il n'a point dormi? C'eſt là ſans doute une affaire qui paſſe la Philoſophie: & il n'y a qu'une Révelation expreſſe qui puiſſe découvrir à un autre, qu'il y a dans mon Ame des penſées, lors que je ne puis point y en découvrir moi-même. Il faut que ces gens-là ayent la vûë bien perçante pour voir certainement que je penſe, lorſque je ne le ſaurois voir moi-même, & que je déclare expreſſément que je ne le vois pas. Et ce qu'il y a de plus admirable, des mêmes yeux qu'ils pénétrent en moi ce que je n'y ſaurois voir moi-même, (1) ils voyent que les Chiens & les Elephans ne penſent point, quoi que ces Animaux en donnent toutes les demonſtrations imaginables, excepté qu'ils ne nous le diſent pas eux-mêmes. Il y a en tout cela plus de myſtére, au jugement de certaines perſonnes, que dans tout ce qu'on rapporte des *Fréres de la Roſe-Croix*: car enfin il paroît plus aiſé de ſe rendre inviſible aux autres, que de faire que les penſées d'un autre me ſoient connuës, tandis qu'il ne les connoît pas lui-même. Mais pour cela il ne faut que définir l'Ame, *une Subſtance qui penſe toûjours*, & l'affaire eſt faite. Si une telle définition eſt de quelque autorité, je ne vois pas qu'elle puiſſe ſervir à autre choſe qu'à faire ſoupçonner à pluſieurs perſonnes, qu'ils n'ont point d'Ame, puiſqu'ils éprouvent qu'une bonne partie de leur vie ſe paſſe ſans qu'ils ayent aucune penſée. Car je ne connois point de définitions ni de ſuppoſitions d'aucune Secte qui ſoient capables de detruire une expérience conſtante; & c'eſt

ſans

(1) Il paroit viſiblement par cet endroit, que c'eſt à Des Cartes & à ſes Diſciples qu'en veut M. Locke dans tout ce Chapitre.

sans doute une pareille affectation de vouloir savoir plus que nous ne pouvons comprendre qui fait tant de fracas & cause tant de vaines disputes dans le Monde.

§. 20. Je ne vois donc aucune raison de croire, (1) que l'Ame pense avant que les Sens lui ayent fourni des idées pour être l'objet de ses pensées ; & comme le nombre de ces idées augmente, & qu'elles se conservent dans l'Esprit, il arrive que l'Ame perfectionnant, par l'exercice, sa faculté de penser dans ses différentes parties, en combinant diversement ces idées, & en reflechissant sur ses propres opérations, augmente le fonds de ses idées, aussi bien que la facilité d'en acquerir de nouvelles par le moyen de la mémoire, de l'imagination, du raisonnement, & des autres maniéres de penser.

L'Ame n'a aucune idée que par Sensation ou par Reflexion.

§. 21. Quiconque voudra prendre la peine de s'instruire par observation & par expérience, au lieu d'assujettir la conduite de la Nature à ses propres hypothéses, n'a qu'à considerer un Enfant nouvellement né ; & il ne trouvera pas, je m'assûre, que son Ame donne de grandes marques d'être accoûtumée à penser beaucoup, & moins encore (2) à former aucun raisonnement. Cependant il est bien mal-aisé de concevoir, qu'une Ame raisonnable puisse penser beaucoup, sans raisonner en aucune maniére. D'ailleurs, qui considerera que les Enfans nouvellement nez, passent la plus grande partie du temps à dormir, & qu'ils ne sont guere éveillez que lorsque la faim leur fait souhaitter le tetton, ou que la douleur, (qui est la plus importune de nos Sensations) ou quelque autre violente impression, faite sur le Corps, forcent l'Ame à en prendre connoissance, & à y faire attention : quiconque, dis-je, considerera cela, aura sans doute raison de croire, que *le Fœtus dans le ventre de la Mére, ne différe pas beaucoup de l'état d'un vegetable* ; & qu'il passe la plus grande partie du temps sans perception ou pensée, ne faisant guere autre chose que dormir dans un Lieu, où il n'a pas besoin de tetter pour se nourrir, & où il est environné d'une liqueur, toûjours également fluide, & presque toûjours également temperée, où les yeux ne sont frappez d'aucune lumiére, où les oreilles ne sont guere en état de recevoir aucun son ; & où il n'y a que peu, ou point de changement d'objets qui puissent émouvoir les Sens.

C'est ce que nous pouvons observer évidemment dans les Enfans.

§. 22. Suivez un Enfant depuis sa naissance, observez les changemens que le temps produit en lui, & vous trouverez que l'Ame venant

---

(1) Dès le moment que l'Ame est unie au Corps, les Sens peuvent lui fournir des idées, par l'impression qu'ils reçoivent des Objets exterieurs, laquelle impression étant communiquée à l'Ame, y produit ce qu'on appelle perception ou pensée. C'est ce que doivent soûtenir ceux qui croyent que l'Ame pense toûjours : Philosophes trop décisifs sur cet Article, mais que M. Locke combat à son tour par des raisonnemens qui ne sont pas toûjours demonstratifs, comme j'ai pris la liberté de le faire voir.

(2) Je ne sai pourquoi Mr. Locke mêle ici le raisonnement à la pensée. Cela ne sert qu'à embarrasser la Question. Il est certain qu'un Enfant qui en naissant voit une chandelle allumée, à l'idée de la Lumiere, & que par conséquent il pense dans le temps qu'il voit une chandelle allumée. Dût-il ne raisonner jamais sur la Lumiere, il ne laisseroit pourtant pas de penser durant tout le temps que son Esprit seroit frappé de cette perception. Il en est de même de toute autre perception.

CHAP. I. nant à se fournir de plus en plus d'idées par le moyen des Sens, se reveille, pour ainsi dire, de plus en plus, & pense davantage à mesure qu'elle a plus de matiére pour penser. Quelque temps après, elle commence à connoître les objets qui ont fait sur elle de fortes impressions à mesure qu'elle est plus familiarisée avec eux. C'est ainsi qu'un Enfant vient, par dégrez, à connoître les personnes avec qui il est tous les jours, & à les distinguer d'avec les Etrangers, ce qui montre en effet, qu'il commence à retenir & à distinguer les idées qui lui viennent par les Sens. Nous pouvons voir par même moyen comment l'Ame se perfectionne par dégrez de ce côté-là, aussi bien que dans l'exercice des autres Facultez qu'elle a d'*étendre* ses idées, de les *composer*, d'en former des *abstractions*, de raisonner & de reflechir sur toutes ses idées, dequoi j'aurai occasion de parler plus particulierement dans la suite de ce Livre.

§. 23. Si donc on demande, *Quand c'est que l'Homme commence d'avoir des idées*, je croi que la véritable réponse qu'on puisse faire, c'est de dire, *Dès qu'il a quelque sensation*. Car puisqu'il ne paroît aucune idée dans l'Ame, avant que les Sens y en ayent introduit, je conçois que l'Entendement commence à recevoir des Idées, justement dans le temps qu'il vient à recevoir des sensations, & par conséquent que les idées commencent d'y être produites dans le même temps que la *sensation*, qui est une impression, ou un mouvement excité dans quelque partie du Corps, qui produit quelque perception dans l'Entendement.

Quelle est l'origine de toutes nos connoissances.

§. 24. Voici donc, à mon avis, les deux sources de toutes nos connoissances, l'*Impression* que les Objets extérieurs font sur nos Sens, & *les propres Opérations* de l'Ame concernant ces Impressions, sur lesquelles elle reflechit comme sur les véritables objets de ses Contemplations. Ainsi la prémiére capacité de l'Entendement Humain consiste en ce que l'Ame est propre à recevoir les impressions qui se font en elle, ou par les Objets extérieurs à la faveur des Sens, ou par ses propres Opérations lors qu'elle reflechit sur ces Opérations. C'est-là le prémier pas que l'Homme fait vers la découverte des choses quelles qu'elles soient. C'est sur ce fondement que sont établies toutes les notions qu'il aura jamais naturellement dans ce Monde. Toutes ces pensées sublimes qui s'élevent au dessus des nuës & pénétrent jusque dans les Cieux, tirent de là leur origine: & dans toute cette grande étenduë que l'Ame parcourt par ses vastes spéculations, qui semblent l'élever si haut, elle ne passe point au delà des *Idées* que la *Sensation* ou la *Reflexion* lui présentent pour être les objets de ses contemplations.

L'Entendement est pour l'ordinaire passif dans la reception des idées simples.

§. 25. L'Esprit est, à cet égard, purement passif; & il n'est pas en son pouvoir d'avoir ou de n'avoir pas ces rudimens, &, pour ainsi dire, ces materiaux de connoissance. Car les idées particuliéres des Objets des Sens s'introduisent dans notre Ame, soit que nous veuillions ou que nous ne veuillions pas ; & les Opérations de notre Entendement nous laissent pour le moins quelque notion obscure d'elles-mêmes, personne ne

pou-

pouvant ignorer absolument ce qu'il fait lors qu'il pense. Lors, dis-je, que ces idées particuliéres se présentent à l'Esprit, l'Entendement n'a pas la puissance de les refuser, ou de les alterer lors qu'elles ont fait leur impression, de les effacer, ou d'en produire de nouvelles en lui-même, non plus qu'un Miroir ne peut point refuser, alterer ou effacer les images que les Objets produisent sur la Glace devant laquelle ils sont placez. Comme les Corps qui nous environnent, frappent diversement nos Organes, l'Ame est forcée d'en recevoir les impressions, & ne sauroit s'empêcher d'avoir la perception des idées qui sont attachées à ces impressions-là.

CHAPITRE II.

Des Idées simples.

§. 1. POur mieux comprendre quelle est la nature & l'étenduë de nos connoissances, il y a une chose qui concerne nos idées à laquelle il faut bien prendre garde : c'est qu'il y a de deux sortes d'*idées*, les unes *simples* & les autres *composées*.

Idées qui ne sont pas composées.

Bien que les Qualitez qui frappent nos Sens, soient si fort unies, & si bien mélées ensemble dans les choses mêmes, qu'il n'y ait aucune separation ou distance entre elles, il est certain néanmoins, que les idées que ces diverses Qualitez produisent dans l'Ame, y entrent par les Sens d'une maniére simple & sans nul mélange. Car quoi que la Vûë & l'Attouchement excitent souvent dans le même temps différentes idées par le même objet, comme lors qu'on voit le mouvement & la couleur tout à la fois, & que la Main sent la mollesse & la chaleur d'un même morceau de cire, cependant les idées simples qui sont ainsi réunies dans le même sujet, sont aussi parfaitement distinctes que celles qui entrent dans l'Esprit par divers Sens. Par exemple, la froideur & la dureté qu'on sent dans un morceau de Glace, sont des Idées aussi distinctes dans l'Ame, que l'odeur & la blancheur d'une Fleur de Lis, ou que la douceur du Sucre & l'odeur d'une Rose : & rien n'est plus évident à un homme que la perception claire & distincte qu'il a de ces idées simples, dont chacune prise à part, est exempte de toute composition & ne produit par conséquent dans l'Ame qu'une conception entierement uniforme, qui ne peut être distinguée en différentes idées.

§. 2. Or ces idées simples, qui sont les materiaux de toutes nos connoissances, ne sont suggerées à l'Ame, que par les deux voyes dont nous avons parlé ci-dessus, je veux dire, par la *Sensation*, & par la *Reflexion*. Lors que l'Entendement a une fois reçu ces *idées simples*, il a la puissance de les repeter, de les comparer, de les unir ensemble, avec une varieté presque infinie, & de former par ce moyen de nouvelles idées complexes, selon qu'il le trouve à propos. Mais il n'est pas au pouvoir des Esprits les plus subli-

L'Esprit ne peut ni faire ni détruire des idées simples.

mes, & les plus vastes, quelque vivacité & quelque fertilité qu'ils puissent avoir, de former dans leur Entendement aucune nouvelle idée simple qui ne vienne par l'une de ces deux voyes que je viens d'indiquer; & il n'y a aucune force dans l'Entendement qui soit capable de détruire celles qui y sont déja. L'Empire que l'homme a sur ce petit Monde, je veux dire sur son propre Entendement, est le même que celui qu'il exerce dans ce grand Monde d'Etres visibles. Comme toute la puissance que nous avons sur ce Monde Materiel, ménagée avec tout l'art & toute l'adresse imaginable, ne s'étend dans le fond qu'à composer & à diviser les Materiaux qui sont à notre disposition, sans qu'il soit en notre pouvoir de faire la moindre particule de nouvelle matiére, ou de détruire un seul atome de celle qui existe déja, de même nous ne pouvons pas former dans notre Entendement aucune idée simple, qui ne nous vienne par les Objets extérieurs à la faveur des Sens, ou par les réflexions que nous faisons sur les propres opérations de notre Esprit. C'est ce que chacun peut éprouver par lui-même. Et pour moi, je serois bien aise que quelqu'un voulût essayer de se donner l'idée de quelque Goût dont son Palais n'eût jamais été frappé, ou de se former l'idée d'une odeur qu'il n'eût jamais sentie: & lors qu'il pourra le faire, j'en conclurrai tout aussi-tôt qu'un Aveugle a des idées des Couleurs, & un Sourd des notions distinctes des Sons.

§. 3. Ainsi, bien que nous ne puissions pas nier qu'il ne soit aussi possible à Dieu de faire une Créature qui reçoive dans son Entendement la connoissance des choses corporelles par des organes différens de ceux qu'il a donnez à l'Homme, & en plus grand nombre que ces derniers qu'on nomme les Sens, & qui sont au nombre de cinq, selon l'opinion vulgaire, (1) je croi pourtant que nous ne saurions imaginer ni connoître dans les Corps, de quelque maniére qu'ils soient disposez, aucunes qualitez, dont nous puissions avoir quelque connoissance, qui soient différentes des Sons, des Goûts, des Odeurs, & des Qualitez qui concernent la Vûë & l'Attouchement. Par la même raison, si l'Homme n'avoit reçu que quatre de ces Sens,

---

(1) Montagne a exprimé tout cela à sa maniére. Comme le passage est curieux, quoiqu'un peu long, je croi qu'on ne sera pas fâché de le voir ici. ,, La premiere consideration, *dit-il*, que j'ay sur le subject des Sens, ,, est que je mets en doute que l'Homme soit ,, pourveu de tous sens naturels. Je voy plu- ,, sieurs animaux qui vivent une vie entiere ,, & parfaicte, les uns sans la veuë, autres ,, sans l'ouye: qui sçait si à nous aussi il ne ,, manque pas encore un, deux, trois, & ,, plusieurs autres Sens ? Car s'il en man- ,, que quelqu'un, nostre discours n'en peut ,, descouvrir le defaut. C'est le privilege des ,, Sens, d'estre l'extreme borne de nostre ap- ,, percevance: il n'y a rien au delà d'eux, ,, qui nous puisse servir à les descouvrir: voire ,, ny l'un des Sens ne peut descouvrir l'autre.

,, *An poterunt Oculos Aures reprehendere,*
  an Aures
,, *Tactus, an hunc porrò tactum Sapor*
  arguet oris,
,, *An confutabunt Nares, Oculive re-*
  vincent ?

,, Ils sont trestous la ligne extreme de ,, nostre Faculté. --- Que sçait-on, si les dif- ,, ficultez que nous trouvons en plusieurs ou- ,, vrages de nature, viennent du defaut de ,, quelques Sens? & si plusieurs effects des ,, animaux qui excedent nostre capacité, sont ,, produicts par la faculté de quelque Sens que ,, nous ayons à dire? & si aucuns d'entr'eux ,, ont une vie plus pleine par ce moyen, &
  ,, plus

Sens, les Qualitez qui sont les Objets du cinquiéme Sens, auroient été aussi éloignées de notre connoissance, imagination & conception, que le sont présentement les Qualitez qui appartiennent aux sixiéme, septiéme ou huitiéme Sens, que nous supposons possibles, & dont on ne sauroit dire, sans une grande présomption, que quelques autres Créatures ne puissent être enrichies, dans quelque autre partie de ce vaste Univers. Car quiconque n'aura pas la vanité ridicule de s'élever au dessus de tout ce qui est sorti de la main du Créateur, mais considerera serieusement l'immensité de ce prodigieux Edifice, & la grande varieté qui paroît sur la Terre, cette petite & si peu considerable Partie de l'Univers sur laquelle il se trouve placé, sera porté à croire que dans d'autres Habitations de cet Univers, il peut y avoir d'autres Etres Intelligens dont les facultez lui sont aussi peu connuës, que les Sens ou l'Entendement de l'Homme sont connus à un ver caché dans le fond d'un cabinet. Une telle varieté & une telle excellence dans les Ouvrages de Dieu, conviennent à la sagesse & à la puissance de ce grand Ouvrier. Au reste, j'ai suivi dans cette occasion le sentiment commun qui ne donne que cinq Sens à l'Homme, quoi que peut-être on eût droit d'en compter davantage. Mais ces deux suppositions servent également à mon dessein.

CHAPITRE III.

Des Idées qui nous viennent par un seul Sens.

§. 1. POur mieux connoître les Idées que nous recevons par les Sens, il ne sera pas inutile de les considerer par rapport aux différentes voyes par où elles entrent dans l'Ame, & se font connoître à nous. *Division des Idées simples.*

I. Prémiérement donc il y en a quelques-unes qui nous viennent par un seul Sens.

II. En second lieu, il y en a d'autres qui entrent dans l'Esprit par plus d'un Sens.

III. D'autres y viennent par la seule Réflexion.

IV. Et enfin il y en a d'autres que nous recevons par toutes les voyes de la Sensation, aussi bien que par la Réflexion.

Nous allons les considerer à part sous ces différens chefs.

Prémiérement, il y a des Idées qui n'entrent dans l'Esprit que par un seul Sens. *Idées qui viennent dans l'Esprit par un seul Sens.*

„ plus entiere que la nôtre? Nous saisissons la pomme quasi par tous nos Sens: nous y trouverons de la rougeur, de la polisseure, de l'odeur & de la douceur: outre cela elle peut avoir d'autres vertus, comme d'assecher ou restraindre auxquelles nous n'avons point de Sens qui se puisse rapporter. Les proprietez que nous appellons occultes en plusieurs choses, comme à l'aymant d'attirer le Fer, n'est-il pas vray-semblable qu'il y a des facultez sensitives en nature propres à les juger & à les appercevoir, & que le défaut de telles facultez nous apporte l'ignorance de la vraye essence de telles choses? Essais, Tom. II. Liv. II Chap. XII. pag. 562. & 565. *Ed. de la Haye.* 1727.

CHAP. III. Sens, qui eſt particulierement diſpoſé à les recevoir. Ainſi, la Lumiére & les Couleurs, comme le Blanc, le Rouge, le Jaune, & le Bleu avec leurs mélanges & leurs différentes nuances qui forment le vert, l'écarlate, le pourpre, le vert de mer & le reſte, entrent uniquement par les yeux; toutes les ſortes de bruits, de ſons & de tons différens, entrent par les Oreilles; les différens Goûts par le Palais, & les Odeurs par le Nez. Et ſi les Organes ou Nerfs, qui après avoir reçu ces impreſſions de dehors, les portent au Cerveau, qui eſt, pour ainſi dire, la Chambre d'audience, où elles ſe préſentent à l'Ame, pour y produire différentes ſenſations, ſi, dis-je, quelques-uns de ces Organes viennent à être détraquez, en ſorte qu'ils ne puiſſent point exercer leur fonction, ces ſenſations ne ſauroient y être admiſes par quelque fauſſe porte: elles ne peuvent plus ſe préſenter à l'Entendement, & en être apperçuës par aucune autre voye.

Les plus conſidérables des Qualitez *tactiles*, ſont le *froid*, le *chaud* & la *ſolidité*. Pour toutes les autres, qui ne conſiſtent preſque en autre choſe que dans la configuration des parties ſenſibles, comme eſt ce qu'on nomme *poli* & *rude*, ou bien, dans l'union des parties, plus ou moins forte, comme eſt ce qu'on nomme *compacte*, & *mou*, *dur*, & *fragile*, elles ſe préſentent aſſez d'elles-mêmes.

Il y a peu d'Idées ſimples qui ayent des noms.

§. 2. Je ne croi pas qu'il ſoit néceſſaire de faire ici une énumeration de toutes les idées ſimples qui ſont les Objets particuliers des Sens. Et on ne pourroit même en venir à bout quand on voudroit, parce qu'il y en a beaucoup plus que nous n'avons de noms pour les exprimer. Les Odeurs, par exemple, qui ſont peut-être en auſſi grand nombre, ou même en plus grand nombre que les différentes Eſpéces de Corps qui ſont dans le Monde, manquent de nom pour la plûpart. Nous nous ſervons communément des mots *ſentir bon*, ou *ſentir mauvais*, pour exprimer ces idées, par où nous ne diſons, dans le fond, autre choſe ſinon qu'elles nous ſont agréables, ou déſagréables, quoi que l'odeur de la Roſe, & celle de la Violette, par exemple, qui agréables l'une & l'autre, ſoient ſans doute des idées fort diſtinctes. On n'a pas eu plus de ſoin de donner des noms aux différens Goûts, dont nous recevons les idées par le moyen du Palais. Le *doux*, l'*amer*, l'*aigre*, l'*âcre*, l'*acerbe*, & le *ſalé* ſont preſque les ſeuls termes que nous ayions pour déſigner ce nombre infini de ſaveurs qui ſe peuvent remarquer diſtinctement, non-ſeulement dans preſque toutes les Eſpéces d'Etres ſenſibles, mais dans les différentes parties de la même Plante, ou du même Animal. On peut dire la même choſe des Couleurs & des Sons. Je me contenterai donc ſur ce que j'ai à dire des idées ſimples, de ne propoſer que celles qui ſont le plus à mon deſſein, ou qui ſont en elles-mêmes de nature à être moins connuës, quoi que fort ſouvent elles faſſent partie de nos idées complexes. Parmi ces Idées ſimples, auxquelles on fait peu d'attention, il me ſemble qu'on peut fort bien mettre la *Solidité*, dont je parlerai pour cet effet dans le Chapitre ſuivant.

CHAPITRE IV.

De la Solidité

§. 1. L'Idée de la *Solidité* nous vient par l'Attouchement; & elle est causée par la résistance que nous trouvons dans un Corps jusqu'à ce qu'il ait quitté le lieu qu'il occupe, lors qu'un autre Corps y entre actuellement. De toutes les Idées qui nous viennent par Sensation, il n'y en a point que nous recevions plus constamment que celle de la *Solidité*. Soit que nous soyons en mouvement ou en repos, dans quelque situation que nous nous rencontrions, nous sentons toûjours quelque chose qui nous soûtient & qui nous empêche d'aller plus bas; & nous éprouvons tous les jours en maniant des Corps, que, tandis qu'ils sont entre nos mains, ils empêchent, par une force invincible, l'approche des parties de nos mains qui les pressent. Or ce qui empêche ainsi l'approche de deux Corps lors qu'ils se meuvent l'un vers l'autre, c'est ce que j'appelle *Solidité*. Je n'examine point si le mot de *Solide*, employé dans ce Sens, approche plus de sa signification originale, que dans le sens auquel s'en servent les Mathématiciens: suffit que la notion ordinaire de la Solidité doive, je ne dis pas justifier, mais autoriser l'usage de ce mot, au sens que je viens de marquer; ce que je ne crois pas que personne veuille nier. Mais si quelqu'un trouve plus à propos d'appeller *Impénétrabilité*, ce que je viens de nommer *Solidité*, j'y donne les mains. Pour moi, j'ai crû le terme de *Solidité*, beaucoup plus propre à exprimer cette idée, non-seulement à cause qu'on l'employe communément en ce sens-là, mais aussi parce qu'il emporte quelque chose de plus positif que celui d'*Impénétrabilité*, qui est purement negatif, & qui, peut-être, est plûtôt un effet de la Solidité, que la Solidité elle-même. Du reste, la Solidité est de toutes les idées, celle qui paroît la plus essentielle & la plus étroitement unie au Corps, en sorte qu'on ne peut la trouver ou imaginer ailleurs que dans la Matiére: & quoi que nos Sens ne la remarquent que dans des amas de matière d'une grosseur capable de produire en nous quelque sensation, cependant l'Ame ayant une fois reçu cette idée par le moyen de ces Corps grossiers, la porte encore plus loin, la considerant, aussi bien que la Figure, dans la plus petite partie de matière qui puisse exister, & la regardant comme inseparablement attachée au Corps, où qu'il soit, & de quelque manière qu'il soit modifié.

C'est par l'Attouchement que nous recevons l'idée de la Solidité.

§. 2. Or par cette idée qui appartient au Corps, nous concevons que le Corps remplit l'*Espace*: autre idée qui emporte, que par tout où nous imaginons quelque espace occupé par une substance solide, nous concevons que cette substance occupe de telle sorte cet espace, qu'elle en exclut toute autre substance solide; & qu'elle empêchera à jamais deux autres Corps qui se meuvent en ligne droite l'un vers l'autre, de venir à se toucher, si elle ne s'éloigne d'entr'eux par une ligne qui ne soit point parallele à celle sur laquelle

La Solidité remplit l'Espace.

CHAP. IV.

La Solidité est différente de l'Espace.

quelle ils se meuvent actuellement. C'est là une idée qui nous est suffisamment fournie par les Corps que nous manions ordinairement.

§. 3. Or cette résistance qui empêche que d'autres Corps n'occupent l'Espace dont un Corps est actuellement en possession, cette résistance, dis-je, est si grande qu'il n'y a point de force, quelque grande qu'elle soit, qui puisse la vaincre. Que tous les Corps du Monde pressent de tous côtez une goutte d'eau, ils ne pourront jamais surmonter la résistance qu'elle fera, quelque *molle* qu'elle soit, jusqu'à s'approcher l'un de l'autre, si auparavant ce petit Corps n'est ôté de leur chemin: en quoi notre idée de la *Solidité* est différente de celle de l'*Espace pur*, (qui n'est capable ni de résistance ni de mouvement) & de l'idée de la *Dureté*. Car un homme peut concevoir deux Corps éloignez l'un de l'autre qui s'approchent sans toucher ni déplacer aucune chose solide, jusqu'à ce que leurs surfaces viennent à se rencontrer. Et par-là nous avons, à ce que je croi, une idée nette de l'Espace sans Solidité. Car sans recourir à l'annihilation d'aucun Corps particulier, je demande, si un homme ne peut point avoir l'idée du mouvement d'un seul Corps sans qu'aucun autre Corps succede immédiatement à sa place. Il est évident, ce me semble, qu'il peut fort bien se former cette idée: parce que l'idée de mouvement dans un certain Corps, ne renferme pas plûtôt l'idée de mouvement dans un autre Corps, que l'idée d'une figure quarrée dans un Corps, renferme l'idée de cette figure dans un autre Corps. Je ne demande pas si les Corps existent de telle manière que le mouvement d'un seul Corps ne puisse exister réellement sans le mouvement de quelque autre: déterminer cela, c'est soûtenir ou combattre l'existence actuelle du Vuide, à quoi je ne songe pas présentement. Je demande seulement, si l'on ne peut point avoir l'idée d'un Corps particulier qui soit en mouvement, pendant que les autres sont en repos. Je ne croi pas que personne le nie. Cela étant, la place que le Corps abandonne en se mouvant, nous donne l'idée d'un pur espace sans solidité, dans lequel un autre Corps peut entrer sans qu'aucune chose s'y oppose, ou l'y pousse. Lors qu'on tire le piston d'une Pompe, l'espace qu'il remplit dans le tube, est visiblement le même, soit qu'un autre Corps suive le piston à mesure qu'il se meut, ou non: & lors qu'un Corps vient à se mouvoir, il n'y a point de contradiction à supposer qu'un autre Corps qui lui est seulement contigu, ne le suive pas. La nécessité d'un tel mouvement n'est fondée que sur la supposition, Que le Monde est plein, mais nullement, sur l'idée distincte de l'Espace & de la Solidité, qui sont deux idées aussi différentes que la résistance & la non-résistance, l'impulsion & la non-impulsion. Les Disputes mêmes que les hommes ont sur *le Vuide*, montrent clairement qu'ils ont des idées d'un Espace sans corps, comme je le ferai voir ailleurs.

En quoi la Solidité diffère de la Dureté.

§. 4. Il s'ensuit encore de là, que la *Solidité* diffère de la *Dureté*, en ce que la Solidité d'un Corps n'emporte autre chose, si ce n'est que ce Corps remplit l'Espace qu'il occupe, de telle sorte qu'il en exclut absolument tout autre Corps: au lieu que la *Dureté* consiste dans une forte union de certaines parties de matiére, qui composent des amas d'une grosseur sensible, de sorte que toute la masse ne change pas aisément de figure. En effet, le

der

dur & le *mou* sont des noms que nous donnons aux choses, seulement par rapport à la constitution particuliére de nos Corps. Ainsi nous donnons généralement le nom de *dur* à tout ce que nous ne pouvons sans peine faire changer de figure en le pressant avec quelque partie de notre Corps; & au contraire, nous appellons *mou* ce qui change la situation de ses parties, lors que nous venons à le toucher sans faire aucun effort considerable & pénible.

Mais la difficulté qu'il y a à faire changer de situation aux différentes parties sensibles d'un Corps, ou à changer la figure de tout le Corps, cette difficulté, dis-je, ne donne pas plus de solidité aux parties les plus dures de la Matiére qu'aux plus molles; & un Diamant n'est point plus solide que l'Eau. Car quoi que deux plaques de Marbre soient plus aisément jointes l'une à l'autre, lors qu'il n'y a que de l'eau ou de l'air entre deux, que s'il y avoit un Diamant, ce n'est pas à cause que les parties du Diamant sont plus solides que celles de l'Eau, ou qu'elles résistent davantage, mais parce que les parties de l'Eau pouvant être plus aisément separées les unes des autres, elles sont écartées plus facilement par un mouvement oblique, & laissent aux deux piéces de Marbre le moyen de s'approcher l'une de l'autre. Mais si les parties de l'Eau pouvoient n'être point chassées de leur place par ce mouvement oblique, elles empêcheroient éternellement l'approche de ces deux piéces de Marbre, tout aussi bien que le Diamant; & il seroit aussi impossible de surmonter leur résistance par quelque force que ce fût, que de vaincre la résistance des parties du Diamant. Car que les parties de matiére les plus molles & les plus pliables qu'il y ait au Monde, soient entre deux Corps quels qu'ils soient, si on ne les chasse point de là, & qu'elles restent toûjours entre deux, elles résisteront aussi invinciblement à l'approche de ces Corps, que le Corps le plus dur qu'on puisse trouver ou imaginer. On n'a qu'à bien remplir d'eau ou d'air un Corps souple & mou, pour sentir bientôt de la résistance en le pressant: & quiconque s'imagine qu'il n'y a que les Corps durs qui puissent l'empêcher d'approcher ses mains l'une de l'autre, peut se convaincre aisément du contraire par le moyen d'un Ballon rempli d'air. L'Experience que j'ai ouï dire avoir été faite à *Florence*, avec un Globe d'or concave, qu'on remplît d'eau & qu'on referma exactement, fait voir la Solidité de l'eau, toute liquide qu'elle est. Car ce Globe ainsi rempli étant mis sous une Presse, qu'on serra à toute force autant que les vis le purent permettre, l'eau se fit chemin elle-même à travers les pores de ce Metal si compacte. Comme ses particules ne trouvoient point de place dans le creux du Globe pour se resserrer davantage, elles échapperent au dehors où elles s'exhalérent en forme de rosée, & tombérent ainsi goutte à goutte, avant qu'on pût faire ceder les côtez du Globe à l'effort de la Machine qui les pressoit avec tant de violence.

§. 5. Selon cette idée de la *Solidité*, l'*étenduë du Corps* est distincte de l'*étenduë de l'Espace*. Car l'étenduë du Corps n'est autre chose qu'une union ou continuité de parties solides, divisibles, & capables de mouvement

ment: au lieu que l'étenduë de l'Espace (1) est une continuité de parties non solides, indivisibles, & immobiles. C'est d'ailleurs de la Solidité des Corps que dépend leur impulsion mutuelle, leur résistance & leur simple impulsion. Cela posé, il y a bien des gens, au nombre desquels je me range, qui croyent avoir des idées claires & distinctes du pur Espace & de la Solidité, & qui s'imaginent pouvoir penser à l'Espace sans y concevoir quoi que ce soit qui résiste, ou qui soit capable d'être poussé par aucun Corps. C'est-là, dis-je, l'idée de l'*Espace pur*, qu'ils croyent avoir aussi nettement dans l'Esprit, que l'idée qu'on peut se former de l'étenduë du Corps: car l'idée de la distance qui est entre les parties opposées d'une surface concave, est tout aussi claire, selon eux, sans l'idée d'aucune partie solide qui soit entre deux, qu'avec cette idée. D'un autre côté, ils se persuadent qu'outre l'idée de l'*Espace pur*, ils en ont une autre tout-à-fait différente de quelque chose qui remplit cet Espace, & qui peut en être chassé par l'impulsion de quelque autre Corps, ou résister à ce mouvement. Que s'il se trouve d'autres gens qui n'ayent pas ces deux idées distinctes, mais qui les confondent & des deux n'en fassent qu'une, je ne vois pas que des personnes qui ont la même idée sous différens noms, ou qui donnent le même nom à des idées différentes, puissent non plus s'entretenir ensemble; qu'un homme qui n'étant ni aveugle ni sourd & ayant des idées distinctes de la couleur nommée Ecarlate, & du son de la Trompette, voudroit discourir de l'Ecarlate avec cet Aveugle, dont je parle ailleurs, qui s'étoit figuré que l'idée de l'Ecarlate ressembloit au son d'une Trompette.

§. 6. Si, après cela, quelqu'un me demande, ce que c'est que la *Solidité*, je le renverrai à ses Sens pour s'en instruire. Qu'il mette entre ses mains un caillou ou un ballon; qu'il tâche de joindre ses mains, & il connoîtra bientôt ce que c'est que la Solidité. S'il croit que cela ne suffit pas pour expliquer ce que c'est que la Solidité, & en quoi elle consiste, je m'engage de le lui dire, lors qu'il m'aura appris ce que c'est que la Pensée & en quoi elle consiste, ou, ce qui est peut-être plus aisé, lors qu'il m'aura expliqué ce que c'est que l'étenduë, ou le mouvement. Les idées simples sont telles précisément que l'expérience nous les fait connoître. Mais si non contens de cela, nous voulons nous en former des idées plus nettes dans l'Esprit, nous n'avancerons pas davantage, que si nous entreprenions de dissiper par de simples paroles les ténèbres dont l'Ame d'un Aveugle est environnée, & d'y produire par le discours des idées de la Lumiére & des Couleurs. J'en donnerai la raison dans un autre endroit.

(1) *The continuity of unsolid, unseparable, & immoveable Parts:* ce sont les propres termes de l'Original: par où il paroit que M. Locke donne des *parties* à l'Espace, *parties non-solides, inseparables & incapables d'être mises en mouvement.* De savoir s'il est possible de concevoir sous l'idée de *partie* ce qui ne peut-être conçu comme *separable* de quelque autre chose à qui l'on donne le nom de *partie* dans le même sens, c'est ce qui me passe, & dont je laisse la détermination à des Esprits plus subtils & plus pénétrans.

CHAPITRE V.

Des Idées simples qui nous viennent par divers Sens.

LEs IDE'ES qui viennent à l'Esprit par plus d'un Sens, sont celles de l'*Espace* ou de l'*Etenduë*, de la *Figure*, du *Mouvement* & du *Repos*. Car toutes ces choses font des impressions sur nos yeux & sur les organes de l'attouchement, de sorte que nous pouvons également, par le moyen de la vûë & de l'attouchement, recevoir & faire entrer dans notre Esprit les idées de l'Etenduë, de la Figure, du Mouvement, & du Repos des Corps. Mais comme j'aurai occasion de parler ailleurs plus au long, de ces Idées-là, il suffira d'en avoir fait ici l'énumeration.

CHAPITRE VI.

Des Idées Simples qui viennent par Réflexion.

§. 1. LEs Objets extérieurs ayant fourni à l'Esprit les Idées dont nous avons parlé dans les Chapitres précedens, l'Esprit faisant réflexion sur lui-même, & considerant ses propres operations par rapport aux idées qu'il vient de recevoir, tire de là d'autres Idées qui sont aussi propres à être les Objets de ses contemplations qu'aucune de celles qu'il reçoit de dehors.

§. 2. Il y a deux grandes & principales actions de notre Ame dont on parle le plus ordinairement, & qui sont en effet si fréquentes, que chacun peut les découvrir aisément en lui-même, s'il veut en prendre la peine. C'est la *Perception* ou la Puissance de penser, & la *Volonté*, ou la Puissance de vouloir.

La Puissance de penser est ce qu'on nomme l'*Entendement*, & la Puissance de vouloir est ce qu'on nomme la *Volonté*: deux Puissances ou dispositions de l'Ame auxquelles on donne le nom de *Facultez*. J'aurai occasion de parler dans la suite de quelques-uns des modes de ces idées simples produites par la Réflexion, comme est *se ressouvenir* des idées, les *discerner* ou *distinguer*, *raisonner*, *juger*, *connoître*, *croire*, &c.

Les Idées de la Perception & de la Volonté nous viennent par la Réflexion.

CHAPITRE VII.

Des Idées simples qui viennent par Sensation & par Réflexion.

§. 1. IL y a d'autres Idées simples qui s'introduisent dans l'Esprit par toutes les voyes de la Sensation, & par Réflexion, savoir
Le *Plaisir*, & son contraire,
La *Douleur*, ou l'*inquiétude*,
La *Puissance*,
L'*Existence*, &
L'*Unité*.

§. 2. Le *Plaisir* & la *Douleur* sont deux Idées dont l'une ou l'autre se trouve jointe à presque toutes nos Idées, tant à celles qui nous viennent par sensation qu'à celles que nous recevons par réflexion; & à peine y a-t-il aucune perception excitée en nous par l'impression des Objets extérieurs sur nos Sens, ou aucune pensée renfermée dans notre Esprit, qui ne soit capable de produire en nous du plaisir ou de la douleur. J'entens par *plaisir* & *douleur* tout ce qui nous plaît ou nous incommode, soit qu'il procede des pensées de notre Esprit, ou de quelque chose qui agisse sur nos Corps. Car soit que nous l'appellions d'un côté *satisfaction*, *contentement*, *plaisir*, *bonheur*, &c. ou de l'autre, *inquiétude*, *peine*, *douleur*, *tourment*, *affliction*, *misére*, &c. ce ne sont dans le fond que différens dégrez de la même chose, lesquels se rapportent à des idées de plaisir, & de douleur, de contentement, ou d'inquiétude : termes dont je me servirai le plus ordinairement pour désigner ces deux sortes d'Idées.

§. 3. Le souverain Auteur de notre Etre, dont la sagesse est infinie, nous a donné la puissance de mouvoir différentes parties de notre Corps, ou de les tenir en repos, comme il nous plaît; & par ce mouvement que nous leur imprimons, de nous mouvoir nous-mêmes, & de mouvoir les autres Corps contigus, en quoi consistent toutes les actions de notre Corps. Il a aussi accordé à notre Esprit le pouvoir de choisir en différentes rencontres, entre ses idées, celle dont il veut faire le sujet de ses pensées, & de s'appliquer avec une attention particuliére à la recherche de tel ou tel sujet. Et afin de nous porter à ces mouvemens & à ces pensées, qu'il est en notre pouvoir de produire quand nous voulons, il a eu la bonté d'attacher un sentiment de plaisir à différentes pensées, & à diverses sensations. Rien ne pouvoit être plus sagement établi : car si ce sentiment étoit entierement détaché de toutes nos sensations extérieures, & de toutes les pensées que nous avons en nous-mêmes, nous n'aurions aucun sujet de préferer une pensée ou une action à une autre, de préferer, par exemple, l'attention à la nonchalance, & le mouvement au repos. Et ainsi nous ne songerions point à mettre notre Corps en mouvement, ou à occuper notre Esprit, mais laissant aller nos pensées à l'aventure, sans les diriger vers aucun but particulier,

nous

nous ne ferions aucune attention fur nos idées, qui dès-là femblables à de vaines ombres viendroient fe montrer à notre Efprit, fans que nous nous en miffions autrement en peine. Dans cet état, l'Homme, quoi que doüé des facultez de l'Entendement & de la Volonté, ne feroit qu'une Créature inutile, plongée dans une parfaite inaction, paffant toute fa vie dans une lâche & continuelle lethargie. Il a donc plû à notre fage Créateur d'attacher à plufieurs Objets, & aux Idées que nous recevons par leur moyen, auffi bien qu'à la plûpart de nos penfées, certain plaifir qui les accompagne; & cela en différens dégrez, felon les différens Objets dont nous fommes frappez, afin que nous ne laiffions pas ces Facultez dont il nous a enrichis, dans une entière inaction, & fans en faire aucun ufage.

§. 4. La Douleur n'eft pas moins propre à nous mettre en mouvement, que le Plaifir: car nous fommes tout auffi prêts à faire ufage de nos Facultez pour éviter la Douleur, que pour rechercher le Plaifir. La feule chofe qui mérite d'être remarquée en cette occafion, c'eft *que la Douleur eft fouvent produite par les mêmes Objets, & par les mêmes Idées, qui nous caufent du Plaifir.* L'étroite liaifon qu'il y a entre l'un & l'autre, & qui nous caufe fouvent de la douleur par les mêmes fenfations d'où nous attendons du plaifir, nous fournit un nouveau fujet d'admirer la fageffe & la bonté de notre Créateur qui pour la confervation de notre Etre a établi, que certaines chofes venant à agir fur nos Corps, nous caufaffent de la douleur, pour nous avertir par-là du mal qu'elles nous peuvent faire, afin que nous fongions à nous en éloigner. Mais comme il n'a pas eu feulement en vûë la confervation de nos perfonnes en général, mais la confervation entière de toutes les parties & de tous les organes de notre Corps en particulier, il a attaché, en plufieurs occafions, un fentiment de douleur aux mêmes idées qui nous font du plaifir en d'autres rencontres. Ainfi la Chaleur, qui dans un certain dégré nous eft fort agréable, venant à s'augmenter un peu plus, nous caufe une extrême douleur. La Lumiére elle-même qui eft le plus charmant de tous les Objets fenfibles, nous incommode beaucoup, fi elle frappe nos yeux avec trop de force, & au delà d'une certaine proportion. Or c'eft une chofe fagement & utilement établie par la Nature, que, lors que quelque Objet met en desordre, par la force de fes impreffions, les organes du fentiment, dont la ftructure ne peut qu'être fort délicate, nous puiffions être avertis par la douleur que ces fortes d'impreffions produifent en nous, de nous éloigner de cet objet, avant que l'organe foit entierement dérangé, & par ce moyen mis hors d'état de faire fes fonctions à l'avenir. Il ne faut que réflechir fur les Objets qui caufent de tels fentimens, pour être convaincu que c'eft là effectivement la fin ou l'ufage de la douleur. Car quoi qu'une trop grande Lumiére foit infupportable à nos yeux, cependant les ténèbres les plus obfcures ne leur caufent aucune incommodité, parce que la plus grande obfcurité ne produifant aucun mouvement déreglé dans les yeux, laiffe cet excellent Organe de la vûë dans fon état naturel fans le bleffer en aucune manière. D'autre part, un trop grand Froid nous caufe de la douleur auffi bien que le Chaud; parce que le Froid eft également propre à détruire le temperament qui eft néceffaire à la confervation de notre vie, & à l'exercice des fonctions différentes de notre Corps: temperament qui confiste dans un dégré moderé de chaleur, ou si vous voulez, dans le mouvement des parties insensibles de notre Corps, reduit à certaines bornes.

§. 5. Outre cela, nous pouvons trouver une autre raison pourquoi Dieu a attaché différens dégrez de plaisir & de peine, à toutes les choses qui nous environnent & qui agissent sur nous, & pourquoi il les a joints ensemble dans la plûpart des choses qui frappent notre Esprit & nos Sens. C'est afin que trouvant dans tous les plaisirs que les Créatures peuvent nous donner, quelque amertume, une satisfaction imparfaite & éloignée d'une entière félicité, nous soyions portez à chercher notre bonheur dans la possession de celui * *en qui il y a un rassasiement de joye, & à la droite duquel il y a des plaisirs pour toûjours.*

Pf. XVI. 11.

§. 6. Quoi que ce que je viens de dire ne puisse peut-être de rien servir à nous faire connoître les idées du plaisir & de la douleur plus clairement que nous les connoissons par notre propre expérience, qui est la seule voye par laquelle nous pouvons avoir ces Idées, cependant comme en considerant la raison pourquoi ces idées se trouvent attachées à tant d'autres, nous sommes portez par-là à concevoir de justes sentimens de la sagesse & de la bonté du Souverain Conducteur de toutes choses, cette consideration convient assez bien au but principal de ces Recherches, puisque la principale de toutes nos pensées, & la véritable occupation de tout Être doué d'Entendement, c'est la connoissance & l'adoration de cet Etre suprême.

Comment on vient à se former des idées de l'Existence & de l'Unité.

§. 7. L'*Existence* & l'*Unité* sont deux autres idées, qui sont communiquées à l'Entendement par chaque objet extérieur, & par chaque idée que nous appercevons en nous-mêmes. Lors que nous avons des idées dans l'Esprit, nous les considerons comme y étant actuellement, tout ainsi que nous considerons les choses comme étant actuellement hors de nous, c'est-a-dire, comme actuellement *existantes* en elles-mêmes. D'autre part, tout ce que nous considerons comme une seule chose, soit que ce soit un Etre réel, ou une simple idée, suggere à notre Entendement l'idée de l'*Unité*.

La *Puissance*, autre idée simple, qui nous vient par Sensation & par Réflexion.

§. 8. La *Puissance* est encore une de ces Idées simples que nous recevons par Sensation & par Réflexion. Car venant à observer en nous-mêmes, que nous pensons & que nous pouvons penser, que nous pouvons, quand nous voulons, mettre en mouvement certaines parties de notre Corps qui sont en repos, & d'ailleurs les effets que les Corps naturels sont capables de produire les uns sur les autres, se présentant, à tout moment, à nos Sens, nous acquerons par ces deux voyes l'idée de la *Puissance*.

L'Idée de la Succession comment introduite dans l'Esprit.

§. 9. Outre ces Idées, il y en a une autre, qui, quoi qu'elle nous soit proprement communiquée par les Sens, nous est néanmoins offerte plus constamment par ce qui se passe dans notre Esprit; & cette Idée est celle de la *Succession*. Car si nous nous considerons immédiatement nous-mêmes, & que nous reflechissions sur ce qui peut y être observé, nous trouverons toûjours, que, tandis que nous sommes éveillez, ou que nous pensons actuellement, nos Idées passent, pour ainsi dire, à la file, l'une allant, & l'autre venant, sans aucune intermission.

§. 10. Voi-

§. 10. Voila, à ce que je croi, les plus confidérables, pour ne pas dire les feules Idées fimples que nous ayions, defquelles notre Efprit tire toutes fes autres connoiſſances, & qu'il ne reçoit que par les deux voyes de Senfation & de Reflexion dont nous avons déja parlé.

Les Idées fimples font les Materiaux de toutes nos connoiſſances.

Et qu'on n'aille pas fe figurer que ce font là des bornes trop étroites pour fournir à la vafte capacité de l'Entendement Humain qui s'éleve au deſſus des Etoiles, & qui ne pouvant être renfermé dans les limites du Monde, fe tranfporte quelquefois bien au delà de l'étenduë materielle, & fait des courfes jufques dans ces Efpaces incomprehenfibles qui ne contiennent aucun Corps. Telle eft l'étenduë & la capacité de l'Ame, j'en tombe d'accord: mais avec tout cela, je voudrois bien que quelqu'un prît la peine de marquer une feule idée fimple, qu'il n'ait pas reçuë par l'une des voyes que je viens d'indiquer, ou quelque idée complexe qui ne foit pas compofée de quelqu'une de ces Idées fimples. Du refte, nous ne ferons pas fi fort furpris que ce petit nombre d'idées fimples fuffife à exercer l'Efprit le plus vif & de la plus vafte capacité, & à fournir les materiaux de toutes les diverfes connoiſſances, des opinions & des imaginations les plus particuliéres de tout le Genre Humain, fi nous confiderons quel nombre prodigieux de mots on peut faire par le different affemblage des vingt-quatre Lettres de l'Alphabet; & fi avançant plus loin d'un dégré nous faifons reflexion fur la diverfité de combinaifons qu'on peut faire par le moyen d'une feule de ces idées fimples que nous venons d'indiquer, je veux dire le *nombre:* combinaifons dont le fonds eft inépuifable & véritablement infini. Que dirons-nous de l'*étenduë*? Quel large & vafte champ ne fournit-elle pas aux Mathématiciens?

CHAP. VII.

CHAPITRE VIII.

Autres Confidérations fur les Idées fimples.

CHAP. VIII.

§. 1. A L'égard des Idées fimples qui viennent par Senfation, il faut confiderer, que tout ce qui en vertu de l'inftitution de la Nature eft capable d'exciter quelque perception dans l'Efprit, en frappant nos Sens, produit par même moyen dans l'Entendement une idée fimple, qui par quelque caufe extérieure qu'elle foit produite, ne vient pas plûtôt à notre connoiſſance, que notre Efprit la regarde & la confidere dans l'Entendement comme une Idée auffi réelle & auffi pofitive, que quelque autre idée que ce foit: quoi que peut-être la caufe qui la produit, ne foit dans le Sujet qu'une fimple privation.

Idées pofitives qui viennent de caufes privatives.

§. 2. Ainfi les idées du Chaud & du Froid, de la Lumiére & des Ténèbres, du Blanc & du Noir, du Mouvement & du Repos, font des idées également claires & pofitives dans l'Efprit, bien que quelques-unes des caufes qui les produifent, ne foient, peut-être, que de pures privations dans les Sujets, d'où les Sens tirent ces Idées. Lors, dis-je, que l'Entendement voit

CHAP.VIII. voit ces Idées, il les considère toutes comme distinctes & positives, sans songer à examiner les causes qui les produisent: examen qui ne regarde point l'idée entant qu'elle est dans l'Entendement, mais la nature même des choses qui existent hors de nous. Or ce sont deux choses bien différentes, & qu'il faut distinguer exactement: car autre chose est, d'appercevoir & de connoître l'idée du Blanc ou du Noir, & autre chose, d'examiner quelle espéce & quel arrangement de particules doivent se rencontrer sur la surface d'un Corps pour faire qu'il paroisse blanc ou noir.

§. 3. Un Peintre ou un Teinturier qui n'a jamais recherché les causes des Couleurs, a dans son Entendement les Idées du Blanc & du Noir, & des autres couleurs, d'une manière aussi claire, aussi parfaite & aussi distincte, qu'un Philosophe qui a employé bien du temps à examiner la nature de toutes ces différentes Couleurs; & qui pense connoître ce qu'il y a précisement de positif ou de privatif dans leurs Causes. Ajoûtez à cela, que l'*idée du Noir* n'est pas moins *positive* dans l'Esprit, que celle du *Blanc*, quoi que *la cause du Noir*, consideré dans l'Objet extérieur, *puisse n'être qu'une simple privation*.

§. 4. Si c'étoit ici le lieu de rechercher les causes naturelles de la Perception, je prouverois par-là qu'*une cause privative peut*, du moins en certaines rencontres, *produire une idée positive:* je veux dire, que, comme toute sensation est produite en nous, seulement par différens dégrez & par différentes déterminations de mouvement dans nos Esprits animaux, diversement agitez par les Objets extérieurs, la diminution d'un mouvement qui vient d'y etre excité, doit produire aussi nécessairement une nouvelle sensation, que la variation ou l'augmentation de ce mouvement-là, & introduire par conséquent dans notre Esprit une nouvelle idée, qui dépend uniquement d'un mouvement différent des Esprits animaux dans l'organe destiné à produire cette sensation.

§. 5. Mais que cela soit ainsi ou non, c'est ce que je ne veux pas déterminer présentement. Je me contenterai d'en appeller à ce que chacun éprouve en soi-même, pour savoir si l'Ombre d'un homme, par exemple, (laquelle ne consiste que dans l'absence de la lumiére, en sorte que moins la lumiére peut pénétrer dans le lieu où l'Ombre paroit, plus l'Ombre y paroit distinctement) si cette Ombre, dis-je, ne cause pas dans l'Esprit de celui qui la regarde une idée aussi claire & aussi positive, que le Corps même de l'Homme, quoi que tout couvert de rayons du Soleil? La peinture de l'Ombre est de même quelque chose de positif. Il est vrai que nous avons des *Noms negatifs* qui ne signifient pas directement des idées positives, mais l'absence de ces idées; tels sont ces mots, *insipide*, *silence*, *rien*, &c. lesquels désignent des idées positives, comme celles du *goût*, du *son*, & de l'*Être*, avec une signification de l'absence de ces choses.

Idées positives qui viennent de causes privatives.

§. 6. On peut donc dire avec vérité qu'un homme voit les ténébres. Car supposons un trou parfaitement obscur, d'où il ne reflechisse aucune lumiére, il est certain qu'on en peut voir la figure ou la représenter; & je ne sai si l'idée produite par l'ancre dont j'écris, vient par une autre voye. En proposant ces privations comme des causes d'idées positives, j'ai suivi
l'opi-

sur les Idées simples. Liv. II.

l'opinion vulgaire ; mais dans le fond il sera mal-aisé de déterminer s'il y a effectivement aucune idée, qui vienne d'une cause privative, jusqu'à ce qu'on ait déterminé, *si le Repos est plûtôt une privation que le Mouvement.*

§. 7. Mais afin de mieux découvrir la nature de nos Idées, & d'en discourir d'une maniére plus intelligible, il est nécessaire de les distinguer entant qu'elles sont des perceptions & des idées dans notre Esprit, & entant qu'elles sont, dans les Corps, des modifications de matière qui produisent ces perceptions dans l'Esprit. Il faut, dis-je, distinguer exactement ces deux choses, de peur que nous ne nous figurions (comme on n'est peut-être que trop accoûtumé à le faire) que nos idées sont de véritables images ou ressemblances de quelque chose d'inhérent dans le Sujet qui les produit : car la plûpart des Idées de Sensation qui sont dans notre Esprit, ne ressemblent pas plus à quelque chose qui existe hors de nous, que les noms qu'on employe pour les exprimer, ressemblent à nos Idées, quoi que ces noms ne laissent pas de les exciter en nous, dès que nous les entendons.

§. 8. J'appelle *idée* tout ce que l'Esprit apperçoit en lui-même, toute perception qui est dans notre Esprit lors qu'il pense : & j'appelle *qualité* du sujet, la puissance ou faculté qu'il a de produire une certaine idée dans l'Esprit. Ainsi j'appelle *idées*, la blancheur, la froideur & la rondeur, entant qu'elles sont des perceptions ou des sensations qui sont dans l'Ame : & entant qu'elles sont dans une balle de neige, qui peut produire ces idées en nous, je les appelle *qualitez*. Que si je parle quelquefois de ces idées comme si elles étoient dans les choses mêmes, on doit supposer que j'entens par-là les qualitez qui se rencontrent dans les Objets qui produisent ces idées en nous.

§. 9. Cela posé, l'on doit distinguer dans les Corps deux sortes de Qualitez. Prémiérement, celles qui sont entierement inseparables du Corps, en quelque état qu'il soit, de sorte qu'il les conserve toûjours, quelques altérations & quelques changemens que le Corps vienne à souffrir. Ces qualitez, dis-je, sont de telle nature que nos Sens les trouvent toûjours dans chaque partie de matière qui est assez grosse pour être apperçuë ; & l'Esprit les regarde comme inseparables de chaque partie de matière, lors même qu'elle est trop petite pour que nos Sens puissent l'appercevoir. Prenez, par exemple, un grain de blé, & le divisez en deux parties : chaque partie a toûjours de l'*étenduë*, de la *solidité*, une certaine *figure*, & de la *mobilité*. Divisez-le encore, il retiendra toûjours les mêmes qualitez, & si enfin vous le divisez jusqu'à ce que ces parties deviennent insensibles, toutes ces qualitez resteront toûjours dans chacune des parties. Car une division qui va à réduire un Corps en parties insensibles, (qui est tout ce qu'une meule de moulin, un pilon ou quelque autre Corps peut faire sur un autre Corps) une telle division ne peut jamais ôter à un Corps la solidité, l'étenduë, la figure & la mobilité, mais seulement faire plusieurs amas de matière, distincts & séparez de ce qui n'en composoit qu'un auparavant, lesquels étant regardez

Chap. VII

Idées dans l'Esprit à l'occasion des Corps, & Qualitez dans les Corps, deux choses qui doivent être distinguées.

Prémiéres & secondes Qualitez dans les Corps.

Chap. VIII. dès-là comme autant de Corps distincts, font un certain nombre déterminé, après que la division est finie. Ces qualitez du Corps qui n'en peuvent être séparées, je les nomme *qualitez originales & prémiéres*, qui sont la solidité, l'étenduë, la figure, le nombre, le mouvement, ou le repos, & qui produisent en nous des idées simples, comme chacun peut, à mon avis, s'en assûrer par soi-même.

Comment les prémiéres Qualitez produisent des idées en nous.

§. 10. Il y a, en second lieu, des qualitez qui dans les Corps ne sont effectivement autre chose que la puissance de produire diverses sensations en nous par le moyen de leurs *prémiéres qualitez*, c'est-à-dire, par la grosseur, figure, contexture & mouvement de leurs parties insensibles, comme sont les Couleurs, les Sons, les Goûts, &c. Je donne à ces qualitez le nom de *secondes qualitez*: auxquelles on peut ajoûter une troisiéme éspèce, que tout le monde s'accorde à ne regarder que comme une puissance que les Corps ont de produire tels & tels effets, quoique ce soient des qualitez aussi réelles dans le sujet que celles que j'appelle *qualitez*, pour m'accommoder à l'usage communément reçu, mais que je nomme *secondes qualitez* pour les distinguer de celles qui sont réellement dans les Corps, & qui n'en peuvent être séparées. Car par exemple la puissance qui est dans le Feu, de produire par le moyen de ses *prémiéres qualitez* une nouvelle couleur ou une nouvelle consistence dans la cire ou dans la boûë, est autant une qualité dans le Feu, que la puissance qu'il a de produire en moi, par les mêmes *qualitez*, c'est-à-dire, par la grosseur, la contexture & le mouvement de ses parties insensibles, une nouvelle idée ou sensation de chaleur ou de brûlure que je ne sentois pas auparavant.

§. 11. Ce que l'on doit considerer après cela, c'est la maniére dont les Corps produisent des idées en nous. Il est visible, du moins autant que nous pouvons le concevoir, que c'est uniquement par *impulsion*.

§. 12. Si donc les Objets extérieurs ne s'unissent pas immédiatement à l'Ame lors qu'ils y excitent des idées: & que cependant nous appercevions ces *Qualitez originales* dans ceux de ces Objets qui viennent à tomber sous nos Sens, il est visible qu'il doit y avoir, dans les Objets extérieurs, un certain mouvement, qui agissant sur certaines parties de notre Corps, soit continué par le moyen des Nerfs ou des Esprits animaux, jusques au Cerveau, ou au siége de nos Sensations, pour exciter là dans notre Esprit les idées particuliéres que nous avons de ces *Prémiéres Qualitez*. Ainsi, puisque l'Etenduë, la figure, le nombre & le mouvement des Corps qui sont d'une grosseur propre à frapper nos yeux, peuvent être apperçus par la vûë à une certaine distance, il est évident, que certains petits Corps imperceptibles doivent venir de l'Objet que nous regardons, jusqu'aux yeux, & par-là communiquer au Cerveau certains mouvemens qui produisent en nous les idées que nous avons de ces différentes Qualitez.

Comment les Secondes Qualitez excitent en nous des Idées.

§. 13. Nous pouvons concevoir par même moyen, comment les idées des *Secondes Qualitez* sont produites en nous, je veux dire par l'action de quelques particules insensibles sur les Organes de nos Sens. Car il est évident qu'il y a un grand amas de Corps dont chacun est si petit, que nous ne pouvons en découvrir, par aucun de nos Sens, la grosseur, la figure & le mouvement, comme il paroit par les particules de l'Air & de l'Eau, &

par

par d'autres beaucoup plus déliées, que celles de l'Air & de l'Eau ; & qui peut-être le sont beaucoup plus, que les particules de l'Air ou de l'Eau ne le sont, en comparaison des pois, ou de quelque autre grain encore plus gros. Cela étant, nous sommes en droit de supposer que ces sortes de particules, différentes en mouvement, en figure, en grosseur, & en nombre, venant à frapper les différens organes de nos Sens, produisent en nous ces différentes sensations que nous causent les Couleurs & les Odeurs des Corps; qu'une *Violette*, par exemple, produit en nous les idées de la couleur bleuâtre, & de la douce odeur de cette Fleur, par l'impulsion de ces sortes de particules insensibles, d'une figure & d'une grosseur particulière, qui diversement agitées viennent à frapper les organes de la vûë & de l'odorat. Car il n'est pas plus difficile de concevoir, que Dieu peut attacher de telles idées à des mouvemens avec lesquels elles n'ont aucune ressemblance, qu'il est difficile de concevoir qu'il a attaché l'idée de la douleur au mouvement d'un morceau de fer qui divise notre Chair, auquel mouvement la douleur ne ressemble en aucune manière.

§. 14. Ce que je viens de dire des Couleurs & des Odeurs (1) peut s'appliquer aussi aux Sons, aux Saveurs, & à toutes les autres Qualitez sensibles, qui (quelque réalité que nous leur attribuyions faussement) ne sont dans le fond autre chose dans les Objets que la puissance de produire en nous diverses sensations par le moyen de leurs *Prémiéres Qualitez*, qui sont, comme j'ai dit, la grosseur, la figure, la contexture & le mouvement de leurs Parties.

§. 15. Il est aisé, je pense, de tirer de là cette conclusion, que les idées des *prémiéres Qualitez* des Corps ressemblent à ces Qualitez, & que les exemplaires de ces idées existent réellement dans les Corps, mais que les Idées, produites en nous par les *secondes Qualitez*, ne leur ressemblent en aucune manière, & qu'il n'y a rien dans les Corps mêmes qui ait de la conformité avec ces idées. Il n'y a, dis-je, dans les Corps auxquels nous donnons certaines dénominations fondées sur les sensations produites par leur présence, rien autre chose que la puissance de produire en nous ces mêmes sensations: de sorte que ce qui est *Doux*, *Bleu*, ou *Chaud* dans l'idée, n'est

Les idées des *prémiéres Qualitez*, ressemblent à ces qualitez, & celles des *secondes*, ne leur ressemblent en aucune manière.

---

(1) Remarquons ici que dans DES CARTES, dans les Ouvrages du P. MALEBRANCHE, dans la Physique de ROHAULT, en un mot dans tous les Traitez de Physique composez par des CARTESIENS, on trouve l'explication des *Qualitez sensibles*, fondée exactement sur les mêmes Principes que M. Locke nous étale dans ce Chapitre. Ainsi, ROHAULT ayant à traiter de la *Chaleur* & de la *Froideur*, (CHAP. XXIII. Part. I.) dit d'abord: *Ces deux mots ont chacun deux significations : car premierement par la Chaleur, & par la Froideur on entend deux sentimens particuliers qui sont en nous, & qui ressemblent en quelque façon à ceux qu'on nomme douleur & chatouillement, tels que les sentimens qu'on a quand on approche du Feu, ou quand on touche de la Glace : secondement par la Chaleur, & par la Froideur on entend le Pouvoir que certains Corps ont de causer en nous ces deux sentimens dont je viens de parler*. Rohault employe la même distinction en parlant des *Saveurs*. CH. XXIV. des *Odeurs*, CH. XXV. du *Son*, CH. XXVI. de la *Lumière*, & des *Couleurs*, CH. XXVII. —— Je serai bientôt obligé de me servir de cette Remarque pour en justifier une autre concernant un Passage du Livre de M. Locke où il semble avoir entièrement oublié la manière dont les Cartesiens expliquent les *Qualitez sensibles*.

Chap. VIII. n'est autre chose dans les Corps auxquels on donne ces noms, qu'une certaine grosseur, figure & mouvement des particules insensibles dont ils sont composez.

§. 16. Ainsi, l'on dit que le Feu est chaud & lumineux, la Neige blanche & froide, & la Manne blanche & douce, à cause de ces différentes idées que ces Corps produisent en nous. Et l'on croit communément que ces Qualitez sont la même chose dans ces Corps, que ce que ces idées font en nous, en sorte qu'il y ait une parfaite ressemblance entre ces Qualitez & ces Idées, telle qu'entre un Corps, & son Image représentée dans un Miroir. On le croit, dis-je, si fortement, que qui voudroit dire le contraire, passeroit pour extravagant dans l'Esprit de la plûpart des hommes. Cependant, quiconque prendra la peine de considerer, que le même Feu qui à certaine distance produit en nous la sensation de la chaleur, nous cause, si nous en approchons de plus près, une sensation bien différente, je veux dire celle de la Douleur, quiconque, dis-je, fera réflexion sur cela, doit se demander à lui-même, quelle raison il peut avoir de soûtenir que l'idée de *Chaleur*, que le Feu a produit en lui, est actuellement dans le Feu, & que l'Idée de *Douleur*, que le même Feu fait naître en lui par la même voye, n'est point dans le Feu? Par quelle raison la *blancheur* & la *froideur* est dans la *Neige*, & non la *douleur*, puisque c'est la Neige qui produit ces trois idées en nous, ce qu'elle ne peut faire que par la grosseur, la figure, le nombre & le mouvement de ses parties?

§. 17. Il y a réellement dans le Feu ou dans la Neige des parties d'une certaine grosseur, figure, nombre & mouvement, soit que nos Sens les apperçoivent, ou non: c'est pourquoi ces qualitez peuvent être appellées *réelles*, parce qu'elles existent réellement dans ces Corps. Mais pour la Lumiére, la Chaleur, ou la Froideur, elles n'y sont pas plus réellement que la langueur ou la douleur dans la Manne. Otez le sentiment que nous avons de ces qualitez, faites que les yeux ne voyent point la lumiere ou les couleurs, que les oreilles n'entendent aucun son, que le palais ne soit frappé d'aucun goût, ni le nez d'aucune odeur; & dès-lors toutes les Couleurs, tous les Goûts, toutes les Odeurs, & tous les Sons, entant que ce sont telles & telles Idées particuliéres, s'evanouïront, & cesseront d'exister, sans qu'il reste après cela autre chose que les causes mêmes de ces idées, c'est-à-dire certaine grosseur, figure & mouvement des parties des Corps qui produisent toutes ces idées en nous.

§. 18. Prenons un morceau de *Manne* d'une grosseur sensible: il est capable de produire en nous l'idée d'une figure ronde ou quarrée; & si elle est transportée d'un lieu dans un autre, l'idée du mouvement. Cette derniére Idée nous représente le mouvement comme étant réellement dans la Manne qui se meut: La figure ronde ou quarrée de la Manne est aussi la même, soit qu'on la considere dans l'idée qui s'en présente à l'Esprit, soit entant qu'elle existe dans la Manne, de sorte que le mouvement & la figure sont réellement dans la Manne, soit que nous y songions, ou que nous n'y songions pas: c'est dequoi tout le monde tombe d'accord. Mais outre cela, la Manne a la puissance de produire en nous, par le moyen de la
gros-

grosseur, figure, contexture & mouvement de ses parties, des sensations de douleur, & quelquefois de violentes tranchées. Tout le monde convient encore sans peine, que *ces Idées de douleur ne sont pas dans la Manne*, mais que ce sont des effets de la maniére dont elle opere en nous; & que, lors que nous n'avons pas ces perceptions, elles n'existent nulle part. Mais que *la Douceur & la Blancheur ne soient pas non plus réellement dans la Manne*, c'est ce qu'on a de la peine à se persuader, quoi que ce ne soient que des effets de la maniére dont la Manne agit sur nos yeux & sur notre palais, par le mouvement, la grosseur & la figure de ses particules, tout de même que la douleur causée par la Manne, n'est autre chose, de l'aveu de tout le monde, que l'effet que la Manne produit dans l'estomac & dans les intestins par la contexture, le mouvement, & la figure de ses parties insensibles, car un Corps ne peut agir par aucune autre chose, comme je l'ai déja prouvé. On a, dis-je, de la peine à se figurer que la Blancheur & la Douceur ne soient pas dans la Manne, comme si la Manne ne pouvoit pas agir sur nos yeux & sur notre palais, & produire par ce moyen, dans notre Esprit, certaines idées distinctes qu'elle n'a pas elle-même, tout aussi bien qu'elle peut agir, de notre propre aveu, sur nos intestins & sur notre estomac, & produire par-là des idées distinctes qu'elle n'a pas en elle-même. Puisque toutes ces idées sont des effets de la maniére dont la Manne opére sur différentes parties de notre Corps, par la situation, la figure, le nombre & le mouvement de ses parties, il seroit nécessaire d'expliquer, quelle raison on pourroit avoir de penser que les idées, produites par les yeux & par le palais, existent réellement dans la Manne, plûtôt que celles qui sont causées par l'estomac & les intestins, ou bien sur quel fondement on pourroit croire, que la douleur & la langueur, qui sont des idées causées par la Manne, n'existent nulle part, lors qu'on ne les sent pas, & que pourtant la douceur & la blancheur qui sont des effets de la même Manne, agissant sur d'autres parties du Corps par des voyes également inconnuës, existent actuellement dans la Manne, lorsqu'on n'en a aucune perception ni par le goût ni par la vûë.

§. 19. Considerons la couleur rouge & blanche dans le Porphyre: Faites que la lumiére ne donne pas dessus, sa couleur s'évanouït, & le Porphyre ne produit plus de telles idées en nous. La lumiére revient-elle, le Porphyre excite encore en nous l'idée de ces couleurs. Peut-on se figurer qu'il soit arrivé aucune alteration réelle dans le Porphyre par la présence ou l'absence de la lumiére; & que ces idées de *blanc* & de *rouge* soient réellement dans le Porphyre, lors qu'il est exposé à la lumiére, puisqu'il est évident qu'il n'a aucune couleur dans les ténèbres? A la vérité, il a, de jour & de nuit, telle configuration de parties qu'il faut, pour que les rayons de lumiére reflechis de quelques parties de ce Corps dur, produisent en nous l'idée du *rouge*; & qu'étant reflechis de quelques autres parties, ils nous donnent l'idée du *blanc*: cependant il n'y a en aucun temps, ni blancheur ni rougeur dans le Porphyre, mais seulement un arrangement de parties propre à produire ces sensations dans notre Ame.

§. 20. Autre experience qui confirme visiblement que les secondes qualitez.

Chap. VIII. litez ne font point dans les Objets mêmes qui en produifent les idées en nous. Prenez une amande, & la pilez dans un mortier: fa couleur nette & blanche fera auffi-tôt changée en une couleur plus chargée & plus obfcure, & le goût de douceur qu'elle avoit, fera changé en un goût fade & huileux. Or en froiffant un Corps avec le pilon, quel autre changement réel peut-on y produire que celui de la contexture de fes parties?

§. 21. Les Idées étant ainfi diftinguées, entant que ce font des Senfations excitées dans l'Efprit, & des effets de la configuration & du mouvement des parties infenfibles du Corps, il eft aifé d'expliquer comment la même Eau peut en même temps produire l'idée du froid par une main, & celle du chaud par l'autre; au lieu qu'il feroit impoffible, que la même Eau pût être en même temps froide & chaude, fi ces deux Idées étoient réellement dans l'Eau. Car fi nous imaginons que la chaleur telle qu'elle eft dans nos mains, n'eft autre chofe qu'une certaine efpèce de mouvement produit, en un certain dégré, dans les petits filets des Nerfs ou dans les Efprits Animaux, nous pouvons comprendre comment il fe peut faire que la même Eau produit dans le même temps le fentiment du chaud dans une main, & celui du froid dans une autre. Ce que la Figure ne fait jamais: car la même Figure qui appliquée à une main, a produit l'idée d'un Globe, ne produit jamais l'idée d'un Quarré étant appliquée à l'autre main. Mais fi la Senfation du chaud & du froid n'eft autre chofe que l'augmentation ou la diminution du mouvement des petites parties de notre Corps, caufée par les corpufcules de quelque autre corps, il eft aifé de comprendre, Que fi ce mouvement eft plus grand dans une main que dans l'autre, & qu'on applique fur les deux mains un Corps dont les petites parties foient dans un plus grand mouvement que celles d'une main, & moins agitées que les petites parties de l'autre main, ce Corps augmentant le mouvement d'une main & diminuant celui de l'autre, caufera par ce moyen les différentes fenfations de chaleur & de froideur qui dépendent de ce différent dégré de mouvement.

§. 22. Je viens de m'engager peut-être un peu plus que je n'avois réfolu, dans des recherches Phyfiques. Mais comme cela eft néceffaire pour donner quelque idée de la nature des Senfations, & pour faire concevoir diftinctement la différence qu'il y a entre les Qualitez qui font dans les Corps, & entre les Idées que les Corps excitent dans l'Efprit, fans quoi il feroit impoffible d'en difcourir d'une manière intelligible, j'efpére qu'on me pardonnera cette petite digreffion: car il eft d'une abfoluë néceffité pour notre deffein de diftinguer les *Qualitez réelles & originales* des Corps, qui font toûjours dans les Corps & n'en peuvent être feparées, favoir la *folidité*, l'*étenduë*, la *figure*, le *nombre*, & le *mouvement*, ou le *repos*, qualitez que nous appercevons toûjours dans les Corps lorfque pris à part ils font affez gros pour pouvoir être difcernez: il eft, dis-je, abfolument néceffaire de diftinguer ces fortes de qualitez d'avec celles que je nomme *fecondes Qualitez*, qu'on regarde fauffement comme inhérentes aux Corps, & qui ne font que des effets de différentes combinaifons de ces prémieres Qualitez, lorfqu'elles agiffent fans qu'on les difcerne diftinctement. Et par-là nous pouvons

vons parvenir à connoître quelles Idées font, & quelles Idées ne font pas des ressemblances de quelque chose qui existe réellement dans les Corps auxquels nous donnons des noms tirez de ces Idées.

§. 23. Il s'enfuit de tout ce que nous venons de dire, qu'à bien examiner les *Qualitez des Corps* on peut les diftinguer en trois espèces.

Premièrement, il y a la grosseur, la figure, le nombre, la situation, & le mouvement ou le repos de leurs parties solides. Ces Qualitez font dans les Corps, soit que nous les y appercevions ou non; & lorsqu'elles font telles que nous pouvons les découvrir, nous avons par leur moyen une idée de la chose telle qu'elle est en elle-même, comme on le voit dans les choses artificielles. Ce font ces Qualitez que je nomme *Qualitez originales*, ou *prémières*.

En second lieu, il y a dans chaque Corps la puissance d'agir d'une manière particulière sur quelqu'un de nos Sens par le moyen de ses prémières Qualitez imperceptibles, & par-là de produire en nous les différentes idées des *Couleurs*, des *Sons*, des *Odeurs*, des *Saveurs*, &c. C'est ce qu'on appelle communément les *Qualitez sensibles*.

On peut remarquer, en troisième lieu, dans chaque Corps la puissance de produire en vertu de la constitution particulière de ses prémières Qualitez, de tels changemens dans la grosseur, la figure, la contexture & le mouvement d'un autre Corps, qu'il le fasse agir sur nos Sens d'une autre manière qu'il ne faisoit auparavant. Ainsi, le Soleil a la puissance de blanchir la Cire; & le Feu celle de rendre le plomb fluide.

Je crois que les prémières de ces Qualitez peuvent être proprement appellées *Qualitez réelles, originales & prémières*, comme il a été déja remarqué, parce qu'elles existent dans les choses mêmes, soit qu'on les apperçoive ou non; & c'est de leurs différentes modifications que dépendent les secondes Qualitez.

Pour les deux autres, ce n'est qu'une puissance d'agir en différentes manières sur d'autres choses: puissance qui resulte des combinaisons différentes des prémières Qualitez.

§. 24. Mais quoi que ces deux dernières sortes de Qualitez, soient de pures puissances, qui se rapportent à d'autres Corps & qui resultent des différentes modifications des prémières Qualitez, cependant on en juge généralement d'une manière toute différente. Car à l'égard des Qualitez de la seconde espèce, qui ne sont autre chose que la puissance de produire en nous différentes idées par le moyen des Sens, on les regarde comme des *Qualitez qui existent réellement dans les choses* qui nous causent tels & tels sentimens: Mais pour celles de la troisième espèce, on les appelle de *simples Puissances*; & on ne les regarde pas autrement. Ainsi, les Idées de chaleur ou de lumière que nous recevons du Soleil par les yeux, ou par l'attouchement, font regardées communément comme des *qualitez réelles* qui existent dans le Soleil, & qui y sont autrement que comme de simples puissances. Mais lorsque nous considerons le Soleil par rapport à la Cire qu'il amollit ou blanchit, nous jugeons que la blancheur & la mollesse font produites dans la Cire non comme des Qualitez qui existent actuellement dans

CHAP. VIII.

On distingue trois sortes de *Qualitez* dans les Corps.

Les prémières Qualitez font dans les Corps: les secondes font jugées y être & n'y font point: les troisièmes n'y font pas, & ne font pas jugées y être.

CHAP. VIII. le Soleil, mais comme des effets de la puiſſance qu'il a d'amollir & de blanchir. Cependant à bien conſiderer la choſe, ces qualitez de lumiére & de chaleur qui ſont des perceptions en moi lors que je ſuis échauffé ou éclairé par le Soleil, ne ſont point dans le Soleil d'une autre maniére que les changemens produits dans la Cire lorſqu'elle eſt blanchie ou fonduë, ſont dans cet Aſtre. Dans le Soleil, les unes & les autres ſont également des Puiſſances qui dépendent de ſes prémiéres Qualitez, par leſquelles il eſt capable, dans le prémier cas, d'alterer en telle ſorte la groſſeur, la figure, la contexture ou le mouvement de quelques-unes des parties inſenſibles de mes yeux ou de mes mains, qu'il produit en moi, par ce moyen, des idées de lumiére ou de chaleur; & dans le ſecond cas, de changer de telle maniére la groſſeur, la figure, la contexture & le mouvement des parties inſenſibles de la Cire, qu'elles deviennent propres à exciter en moi les idées diſtinctes du Blanc & du Fluide.

§. 25. La raiſon pourquoi *les unes ſont regardées communément comme des Qualitez réelles, & les autres comme de ſimples puiſſances*, c'eſt apparemment parce que les idées que nous avons des Couleurs, des Sons, &c. ne contenant rien en elles-mêmes qui tienne de la groſſeur, figure, & mouvement des parties de quelque Corps, nous ne ſommes point portez à croire que ce ſoient des effets de ces prémieres Qualitez, qui ne paroiſſent point à nos Sens comme ayant part à leur production, & avec qui ces Idées n'ont effectivement aucun rapport apparent, ni aucune liaiſon concevable. De là vient que nous avons tant de penchant à nous figurer que ce ſont des reſſemblances de quelque choſe qui exiſte réellement dans les Objets mêmes : parce que nous ne ſaurions découvrir par les Sens, que la groſſeur, la figure ou le mouvement des parties contribuent à leur production ; & que d'ailleurs la Raiſon ne peut faire voir comment les Corps peuvent produire dans l'Eſprit les idées du Bleu, ou du Jaune, &c. par le moyen de la groſſeur, figure, & mouvement de leurs parties. Au contraire, dans l'autre cas, je veux dire dans les opérations d'un Corps ſur un autre Corps, dont ils altérent les Qualitez, nous voyons clairement que la Qualité qui eſt produite par ce changement, n'a ordinairement aucune reſſemblance avec quoi que ce ſoit qui exiſte dans le Corps qui vient de produire cette nouvelle qualité. C'eſt pourquoi nous la regardons comme un pur effet de la puiſſance qu'un Corps a ſur un autre Corps. Car bien qu'en recevant du Soleil l'idée de la chaleur, ou de la lumière, nous ſoyions portez à croire que c'eſt une perception & une reſſemblance d'une pareille qualité qui exiſte dans le Soleil, cependant lorſque nous voyons que la Cire ou un beau viſage reçoivent du Soleil un changement de couleur, nous ne ſaurions nous figurer, que ce ſoit une émanation, ou reſſemblance d'une pareille choſe qui ſoit actuellement dans le Soleil, parce que nous ne trouvons point ces différentes couleurs dans le Soleil même. Comme nos Sens ſont capables de remarquer la reſſemblance ou la diſſemblance des qualitez ſenſibles qui ſont dans deux différens Objets extérieurs, nous ne faiſons pas difficulté de conclurre, que la production de quelque qualité ſenſible dans un ſujet, n'eſt que l'effet d'une certaine puiſſance, & non la communication d'une qualité qui exiſte

réel-

réellement dans celui qui la produit. Mais lors que nos Sens ne sont pas capables de découvrir aucune dissemblance entre l'idée qui est produite en nous, & la qualité de l'Objet qui la produit, nous sommes portez à croire que nos Idées sont des ressemblances de quelque chose qui existe dans les Objets, & non les effets d'une certaine puissance, qui consiste dans la modification de leurs prémiéres qualitez, avec qui les Idées, produites en nous, n'ont aucune ressemblance.

§. 26. Enfin, excepté ces prémiéres Qualitez qui sont réellement dans les Corps, je veux dire la grosseur, la figure, l'étenduë, le nombre & le mouvement de leurs parties solides, tout le reste par où nous connoissons les Corps & les distinguons les uns des autres, n'est autre chose qu'un différent pouvoir qui est en eux, & qui dépend de ces prémiéres qualitez, par le moyen desquelles ils sont capables de produire en nous plusieurs différentes Idées, en agissant immédiatement sur nos Corps, ou d'agir sur d'autres Corps en changeant leurs prémiéres qualitez, & par-là de les rendre capables de faire naître en nous des idées différentes de celles que ces Corps y excitoient auparavant. On peut appeler les prémiéres de ces deux puissances, *des secondes Qualitez qu'on apperçoit immédiatement*, & les derniéres, *des secondes Qualitez qu'on apperçoit médiatement*.

Distinction qu'on peut mettre entre les secondes Qualitez.

CHAPITRE IX.

De la Perception.

§. 1. LA *Perception* est la prémiére Faculté de l'Ame qui est occupée de nos Idées. C'est aussi la prémiére & la plus simple idée que nous recevions par le moyen de la Réflexion. Quelques-uns la désignent par le nom général de *Pensée*. Mais comme ce dernier mot signifie souvent l'opération de l'Esprit sur ses propres Idées lors qu'il agit, & qu'il considere une chose avec un certain dégré d'attention volontaire, il vaut mieux employer ici le terme de *Perception*, qui fait mieux comprendre la nature de cette Faculté. Car dans ce qu'on nomme simplement *Perception*, l'Esprit est, pour l'ordinaire, purement passif, ne pouvant éviter d'appercevoir ce qu'il apperçoit actuellement.

La Perception est la prémiére simple Idée produite par la Réflexion.

§. 2. Chacun peut mieux connoître ce que c'est que *perception*, en réflechissant sur ce qu'il fait lui-même, lorsqu'il voit, qu'il entend, qu'il sent, &c. ou qu'il pense, que par tout ce que je lui pourrois dire sur ce sujet. Quiconque reflechit sur ce qui se passe dans son Esprit, ne peut éviter d'en être instruit; & s'il n'y fait aucune réflexion, tous les discours du monde ne sauroient lui en donner aucune idée.

Il n'y a de la perception que lors que l'impression agit sur l'Esprit.

§. 3. Ce qu'il y a de certain, c'est que quelques alterations, quelques impressions qui se fassent dans notre Corps ou sur ses parties extérieures, il n'y a point de perception, si l'Esprit n'est pas actuellement frappé de ces alterations, si ces impressions ne parviennent point jusque dans l'intérieur

CHAP. IX. de notre Ame. Le Feu, par exemple, peut brûler notre Corps, sans produire d'autre effet sur nous, que sur une piéce de bois qu'il consume, à moins que le mouvement causé dans notre Corps par le Feu, ne soit continué jusqu'au Cerveau; & qu'il ne s'excite dans notre Esprit un sentiment de *chaleur* ou une idée de *douleur*, en quoi consiste l'actuelle perception.

§. 4. Chacun a pû observer souvent en soi-même, que lorsque son Esprit est fortement appliqué à contempler certains Objets, & à reflechir sur les Idées qu'ils excitent en lui, il ne s'apperçoit en aucune maniére de l'impression que certains Corps font sur l'organe de l'Ouïe, quoi qu'ils y causent les mêmes changemens qui se font ordinairement pour la production de l'*idée du Son*. L'impression qui se fait alors sur l'organe peut être assez forte, mais l'Ame n'en prenant aucune connoissance, il n'en provient aucune perception; & quoi que le mouvement qui produit ordinairement l'Idée du Son, vienne à frapper actuellement l'oreille, on n'entend pourtant aucun son. Dans ce cas, le manque de sentiment ne vient ni d'aucun défaut dans l'organe, ni de ce que l'oreille de l'homme est moins frappée que dans d'autres tems où il entend, mais de ce que le mouvement qui a accoûtumé de produire cette Idée, quoi qu'introduit par le même organe, n'étant point observé par l'Entendement, & n'excitant par conséquent aucune Idée dans l'Ame, il n'en provient aucune sensation. De sorte que *par tout où il y a sentiment*, ou *perception*, *il y a quelque idée actuellement produite, & présente à l'Entendement*.

De ce que les Enfans ont des Idées dans le sein de leur Mére, il ne s'ensuit pas qu'ils ayent des idées innées.

§. 5. C'est pourquoi, je ne doute point que les Enfans, avant que de naître, ne reçoivent par l'impression que certains Objets peuvent faire sur leurs Sens dans le sein de leur Mére, quelque petit nombre d'idées, comme des effets inévitables des Corps qui les environnent, ou bien des besoins où ils se trouvent, & des incommoditez qu'ils souffrent. Je compte parmi ces Idées, (s'il est permis de conjecturer dans des choses qui ne sont gueres capables d'examen) celles de la faim & de la chaleur, qui selon toutes les apparences sont des premiéres que les Enfans ayent, & qu'à peine peuvent-ils jamais perdre.

§. 6. Mais quoi qu'on ait raison de croire, que les Enfans reçoivent certaines Idées avant que de venir au Monde, ces Idées simples sont pourtant fort éloignées d'être du nombre de ces *Principes innez*, dont certaines gens se déclarent les défenseurs, quoi que sans fondement, ainsi que nous l'avons déja montré. Car les Idées dont je parle en cet endroit, étant produites par voye de sensation, ne viennent que de quelque impression faite sur le Corps des Enfans lors qu'ils sont encore dans le sein de leur Mére; & par conséquent elles dépendent de quelque chose d'extérieur à l'Ame: de sorte que dans leur origine elles ne différent en rien des autres Idées qui nous viennent par les Sens, si ce n'est par rapport à l'ordre du tems. C'est ce qu'on ne peut pas dire des Principes innez qu'on suppose d'une nature tout-à-fait différente, puisqu'ils ne viennent point dans l'Ame à l'occasion d'aucun changement ou d'aucune opération qui se fasse dans le Corps, mais que ce sont comme autant de caractéres gravez originairement dans l'Ame dès le prémier moment qu'elle commence d'exister.

§. 7. Com-

§. 7. Comme il y a des idées que nous pouvons raisonnablement suppo- CHAP. IX.
ser être introduites dans l'Esprit des Enfans lorsqu'ils sont encore dans le sein On ne peut savoir
de leur Mére, je veux dire celles qui peuvent servir à la conservation de leur évidemment quel-
vie, & à leurs différens besoins, dans l'état où ils se trouvent alors: De les sont les pre-
même les Idées des Qualitez sensibles, qui se présentent les prémiéres à eux entrent dans l'Es-
dès qu'ils sont nez, sont celles qui s'impriment le plûtôt dans leur Esprit: prit.
desquelles la Lumiére n'est pas une des moins considérables, ni des moins
puissantes. Et l'on peut conjecturer en quelque sorte avec quelle ardeur
l'Ame desire d'acquerir toutes les idées dont les impressions ne lui causent
aucune douleur, par ce qu'on remarque dans les Enfans nouvellement nez,
qui de quelque maniére qu'on les place, tournent toûjours les yeux du côté
de la Lumiére. Mais parce que les prémiéres idées qui deviennent familiéres aux Enfans, sont différentes selon les diverses circonstances où ils se trouvent & la maniére dont on les conduit dès leur entrée dans ce Monde, l'ordre dans lequel plusieurs Idées commencent à s'introduire dans leur Esprit, est fort différent, & fort incertain. C'est d'ailleurs une chose qu'il
n'importe pas beaucoup de savoir.

§. 8. Une autre observation qu'il est à propos de faire au sujet de la Per- Les Idées qui
ception, c'est *que les Idées qui viennent par voye de Sensation, sont souvent* viennent par Sen-
alterées par le Jugement dans l'Esprit des personnes faites, sans qu'elles s'en vent alterées par
apperçoivent. Ainsi, lorsque nous plaçons devant nos yeux un Corps rond le Jugement.
d'une couleur uniforme, d'or par exemple, d'albâtre ou de jaïet, il est
certain que l'Idée qui s'imprime dans notre Esprit à la vûë de ce Globe,
représente un cercle plat, diversement ombragé, avec différens dégrez de
lumiére dont nos yeux se trouvent frappez. Mais comme nous sommes
accoûtumez par l'usage à distinguer quelle sorte d'image les Corps convexes
produisent ordinairement en nous, & quels changemens arrivent dans la
réflexion de la lumiére selon la différence des figures sensibles des Corps,
nous mettons aussi-tôt, à la place de ce qui nous paroît, la cause même de
l'image que nous voyons; & cela, en vertu d'un jugement que la coûtume
nous a rendu habituel: de sorte que joignant à la vision un jugement que
nous confondons avec elle, nous nous formons l'idée d'une figure convexe
& d'une couleur uniforme, quoi que dans le fond nos yeux ne nous représentent qu'un plain ombragé & coloré diversement, comme il paroît
dans la peinture. A cette occasion, j'insererai ici un Problême du savant
Mr. *Molineux* qui employe si utilement son beau genie à l'avancement des
Sciences. Le voici tel qu'il me l'a communiqué lui-même dans une Lettre qu'il m'a fait l'honneur de m'écrire depuis quelque temps: *Supposez un*
aveugle de naissance, qui soit présentement homme fait, auquel on ait apris à
distinguer par l'attouchement un Cube & un Globe, du même metal, & à peu
près de la même grosseur, en sorte que lors qu'il touche l'un & l'autre, il puisse
dire quel est le Cube, & quel est le Globe. Supposez que le Cube & le Globe
étant posez sur une Table, cet Aveugle vienne à joüir de la vûë. On demande
si en les voyant sans les toucher, il pourroit les discerner, & dire quel est le
Globe & quel est le Cube. Le pénétrant & judicieux Auteur de cette Question,
répond en même temps, que *non: car*, ajoûte-t-il, *bien que cet Aveugle*

ait appris par expérience de quelle maniére le Globe & le Cube affectent son attouchement, il ne sait pourtant pas encore, que ce qui affecte son attouchement de telle ou de telle maniére, doive frapper ses yeux de telle ou de telle maniére, ni que l'Angle avancé d'un Cube qui presse sa main d'une maniére inégale, doive paroître à ses yeux tel qu'il paroit dans le Cube. Je suis tout-à-fait du sentiment de cet habile homme, que j'ai pris la liberté d'appeller mon ami, quoi que je n'aye pas eu encore le bonheur de le voir. Je croi, dis-je, que cet Aveugle ne seroit point capable, à la prémiére vûë, de dire avec certitude, quel seroit le Globe & quel seroit le Cube, s'il se contentoit de les regarder, quoi qu'en les touchant, il pût les nommer & les distinguer sûrement par la différence de leurs figures qu'il appercevroit par l'attouchement. J'ai voulu proposer ceci à mon Lecteur, pour lui fournir une occasion d'examiner combien il est redevable à l'expérience, de quantité d'idées acquises, dans le temps qu'il ne croit pas en faire aucun usage, ni en tirer aucun secours, d'autant plus que Mr. *Molineux* ajoûte dans la Lettre où il me communique ce Problême, *Qu'ayant proposé, à l'occasion de mon Livre, cette Question à diverses personnes d'un esprit fort pénétrant, à peine en a-t-il trouvé une qui d'abord lui ait répondu sur cela comme il croit qu'il faut répondre, quoi qu'ils ayent été convaincus de leur méprise après avoir ouï ses raisons.*

§. 9. Du reste, je ne croi pas qu'excepté les Idées qui nous viennent par la Vûë, la même chose arrive ordinairement à l'égard d'aucune autre de nos Idées, je veux dire, que le Jugement change l'idée de la Sensation; & nous la représente autre qu'elle est en elle-même. Mais cela est ordinaire dans les Idées qui nous viennent par les yeux, parce que la Vûë, qui est le plus étendu de tous nos Sens, venant à introduire dans notre Esprit, avec les idées de la Lumiére & des Couleurs qui appartiennent uniquement à ce Sens, d'autres idées bien différentes, je veux dire celles de l'Espace, de la figure & du mouvement, dont la variété change les apparences de la Lumiére & des Couleurs, qui sont les propres objets de la Vûë, il arrive que par l'usage nous nous faisons une habitude de juger de l'un par l'autre. Et en plusieurs rencontres, cela se fait par une habitude formée, dans des choses dont nous avons de fréquentes expériences, d'une maniére si constante & si prompte, que nous prenons pour une perception des Sens ce qui n'est qu'une idée formée par le Jugement, en sorte que l'une, c'est-à-dire la perception qui vient des Sens, ne sert qu'à exciter l'autre, & est à peine observée elle-même. Ainsi, un homme qui lit, ou écoute avec attention, & comprend ce qu'il voit dans un Livre, ou ce qu'un autre lui dit, songe peu aux caractéres ou aux sons, & donne toute son attention aux Idées que ces sons ou ces caractéres excitent en lui.

§. 10. Nous ne devons pas être surpris, que nous fassions si peu de réflexion à des choses qui nous frappent d'une maniére si intime, si nous considerons combien les actions de l'Ame sont subites. Car on peut dire, que, comme on croit qu'elle n'occupe aucun espace, & qu'elle n'a point d'étenduë, il semble aussi que ses actions n'ont besoin d'aucun intervalle de temps

temps pour être produites, & qu'un inftant en renferme plufieurs. Je dis ceci par rapport aux actions du Corps. Quiconque voudra prendre la peine de réflechir fur fes propres penfées pourra s'en convaincre aifément lui-même. Comment, par exemple, notre Efprit voit-il dans un inftant, & pour ainfi dire, dans un clin d'œuil, toutes les parties d'une Démonftration qui peut fort bien paffer pour longue fi nous confiderons le temps qu'il faut employer pour l'exprimer par des paroles, & pour la faire comprendre pié à-pié à une autre perfonne? En fecond lieu, nous ne ferons pas fi fort furpris que cela fe paffe en nous fans que nous en ayions prefque aucune connoiffance, fi nous confiderons combien la facilité que nous acquerons par habitude de faire certaines chofes, nous les fait faire fort fouvent, fans que nous nous en appercevions nous-mêmes. *Les habitudes, fur tout celles qui commencent de bonne heure, nous portent enfin à des actions que nous faifons fouvent fans y prendre garde.* Combien de fois dans un jour nous arrive-t-il de fermer les paupiéres, fans nous appercevoir que nous fommes tout-à-fait dans les ténèbres? Ceux qui fe font fait une habitude de fe fervir de certains mots hors d'œuvre (1), fi j'ofe ainfi dire, prononcent à tout propos des fons qu'ils n'entendent ni ne remarquent point eux-mêmes, quoi que d'autres y prennent fort bien garde, jufqu'à en être fatiguez. Il ne faut donc pas s'étonner, que notre Efprit prenne fouvent l'idée d'un Jugement qu'il forme lui-même, pour l'idée d'une fenfation dont il eft actuellement frappé, & que, fans s'en appercevoir, il ne fe ferve de celle-ci que pour exciter l'autre.

CHAP. IX.

§. 11. Au refte, cette Faculté d'*appercevoir* eft, ce me femble, ce qui diftingue les Animaux d'avec les Etres d'une efpèce inférieure. Car quoi que certains *Vegetaux* ayent quelques dégrez de mouvement, & que par la différente maniére dont d'autres Corps font appliquez fur eux, ils changent promptement de figure & de mouvement, de forte que le nom de *Plantes fenfitives* leur aît été donné en conféquence d'un mouvement qui a quelque reffemblance avec celui qui dans les Animaux eft une fuite de la fenfation, cependant tout cela n'eft, à mon avis, qu'un pur méchanifme; & ne fe fait pas autrement que ce qui arrive à la barbe qui croît au bout de l'avoine fauvage que (2) l'humidité de l'Air fait tourner fur elle-même, ou que

C'eft la Perception qui diftingue les Animaux d'avec les Etres inférieurs.

---

(1) C'eft ce qu'on appelle en Anglois *By-word*, c'eft à dire, *un mot qui vient à la traverfe dans le Difcours où l'on l'infére à tout propos fans aucune néceffité.* Je doute que nous ayions en François un terme propre pour exprimer cela. C'eft pour l'apprendre de mes amis ou de ceux qui me voudront dire leur fentiment fur cette Traduction, que je fais cette Remarque. Voici un paffage du *Menagiana* qui explique fort diftinctement ce que j'entens par ces *mots hors d'œuvre*. ,, Ce n'eft pas d'aujourd'hui, *nous dit-on* ,, *dans ce Livre*, qu'on a de mauvaifes ac- ,, coûtumances. C'en étoit une au Préfi-

,, dent Charreton de dire continuellement ,, *Stiça*, c'eft-à-dire, *Je dis cela.* Il n'eft ,, pas le prémier. Diogene Laerce remar- ,, que qu'Arcefilaüs difoit éternellement ,, φημ' ἐγώ, qui fignifie auffi, *Je dis cela.* Rien ,, ne prouve davantage qu'il n'y a rien de ,, nouveau fous le Soleil. MENAGIANA, Tom. II. p. 284. *Ed. de Paris*, 1715.

(2) On en peut faire un *Xeromètre*; & c'eft peut-être le plus exact & le plus fûr qu'on puiffe trouver. M. Locke en avoit un dont il s'eft fervi plufieurs années pour obferver les differens changemens que fouffre l'Air par rapport à la fechereffe & à l'humidité.

CHAP. IX. que le raccourciſſement d'une corde qui ſe gonfle par le moyen de l'eau dont on la mouille. Ce qui ſe fait, ſans que le ſujet ſoit frappé d'aucune ſenſation, & ſans qu'il ait, ou reçoive aucune Idée.

§. 12. Dans toute ſorte d'Animaux il y a, à mon avis, de la Perception dans un certain dégré, quoi que dans quelques-uns les avenuës que la Nature a formées pour la reception des Senſations, ſoient, peut-être, en ſi petit nombre, & la perception qui en provient ſi foible & ſi groſſiére, qu'elle différe beaucoup de cette vivacité & de cette diverſité de ſenſations qui ſe trouve dans d'autres Animaux. Mais telle qu'elle eſt, elle eſt ſagement proportionnée à l'état de cette eſpèce d'Animaux qui ſont ainſi faits, de ſorte qu'elle ſuffit à tous leurs beſoins : en quoi la ſageſſe & la bonté de l'Auteur de la Nature, éclattent viſiblement dans toutes les parties de cette prodigieuſe Machine, & dans tous les différens ordres de créatures qui s'y rencontrent.

§. 13. De la maniére dont eſt faite une Huître ou un Moule, nous en pouvons raiſonnablement inferer, à mon avis, que ces Animaux n'ont pas les Sens ſi vifs; ni en ſi grand nombre que l'Homme ou que pluſieurs autres Animaux. Et s'ils avoient préciſément les mêmes Sens, je ne vois pas qu'ils en fuſſent mieux, demeurans dans le même état où ils ſont, & dans cette incapacité de ſe tranſporter d'un lieu dans un autre. Quel bien feroient la vûë & l'ouïe à une créature qui ne peut ſe mouvoir vers les Objets qui peuvent lui être agréables, ni s'éloigner de ceux qui lui peuvent nuire ? A quoi ſerviroient des Senſations vives qu'à incommoder un animal comme celui-là, qui eſt contraint de reſter toûjours dans le lieu où le hazard l'a placé, & où il eſt arroſé d'eau froide ou chaude, nette ou ſale, ſelon qu'elle vient à lui ?

§. 14. Cependant, je ne ſaurois m'empêcher de croire que dans ces ſortes d'animaux il n'y ait quelque foible perception qui les diſtingue des Etres parfaitement inſenſibles. Et que cela puiſſe être ainſi, nous en avons des exemples viſibles dans les hommes mêmes. Prenez un de ces vieillards décrepits à qui l'âge a fait perdre le ſouvenir de tout ce qu'il a jamais ſû : il ne lui reſte plus dans l'Eſprit aucune des idées qu'il avoit auparavant, l'âge lui a fermé preſque tous les paſſages à de nouvelles Senſations, en le privant entiérement de la Vûë, de l'Ouïe & de l'Odorat, & en lui ôtant preſque tout ſentiment du Goût; ou ſi quelques-uns de ces paſſages ſont à demi-ouverts, les impreſſions qui s'y font, ne ſont preſque point apperçuës, ou s'évanouïſſent en peu de temps. Cela poſé, je laiſſe à penſer, (malgré tout ce qu'on publie des Principes innez) en quoi un tel homme eſt au deſſus de la condition d'une Huître, par ſes connoiſſances & par l'exercice de ſes facultez intellectuelles. Que ſi un homme avoit paſſé ſoixante ans dans cet état, (ce qu'il pourroit auſſi bien faire que d'y paſſer trois jours) je ne ſaurois dire quelle différence il y auroit eu, à l'égard d'aucune perfection intellectuelle, entre lui & les Animaux du dernier ordre.

C'eſt par la Perception que l'Eſprit commence à acquerir des connoiſſances.

§. 15. Puis donc que la Perception *eſt le premier dégré vers la connoiſſance & qu'elle ſert d'introduction à tout ce qui en fait le ſujet*, ſi un homme, ou quelque autre Créature que ce ſoit, n'a pas tous les Sens dont un autre eſt enrichi,

enrichi, si les impressions que les Sens ont accoûtumé de produire sont en plus petit nombre & plus foibles, & que les facultez que ces impressions mettent en œuvre, soient moins vives, plus cet homme, & quelque autre Être que ce soit, sont inférieurs par-là à d'autres hommes, plus ils sont éloignez d'avoir les connoissances qui se trouvent dans ceux qui les surpassent à l'égard de tous ces points. Mais comme il y a en tout cela une grande diversité de dégrez, (ainsi qu'on peut le remarquer parmi les hommes) on ne sauroit le démêler certainement dans les diverses espéces d'Animaux, & moins encore dans chaque individu. Il me suffit d'avoir remarqué ici, que la Perception est la prémiére Opération de toutes nos Facultez intellectuelles, & qu'elle donne entrée dans notre Esprit à toutes les connoissances qu'il peut acquerir. J'ai d'ailleurs beaucoup de penchant à croire, que c'est la Perception, considerée dans le plus bas dégré, qui distingue les Animaux d'avec les Créatures d'un rang inférieur. Mais je ne donne cela que comme une simple conjecture, faite en passant: car quelque parti que les Savans prennent sur cet article, peu importe à l'égard du sujet que j'ai présentement en main.

CHAPITRE X.

De la Retention.

§. 1. L'AUTRE Faculté de l'Esprit, par laquelle il avance plus vers la connoissance des choses que par la simple Perception, c'est ce que je nomme *Retention*: Faculté par laquelle l'Esprit conserve les Idées simples qu'il a reçuës par la Sensation ou par la Reflexion. Ce qui se fait en deux manieres. La prémiére, en conservant l'idée qui a été introduite dans l'Esprit, actuellement présente pendant quelque temps, ce que j'appelle *Contemplation*. *La Contemplation.*

§. 2. L'autre voye de retenir les Idées est la puissance de rappeller, & de ranimer, pour ainsi dire, dans l'Esprit ces idées qui après y avoir été imprimées, avoient disparu, & avoient été entierement éloignées de sa vûë. C'est ce que nous faisons, quand (1) nous concevons la *chaleur* ou la *lumiére*, le *jaune*, ou le *doux*, lorsque l'Objet qui produit ces Sensations, est absent; & c'est ce qu'on appelle la *Mémoire*, qui est comme le reservoir de toutes nos idées. Car l'Esprit borné de l'Homme n'étant pas capable de considerer plusieurs idées tout à la fois, il étoit nécessaire qu'il eût un reservoir où il mît les Idées, dont il pourroit avoir besoin dans un autre temps. Mais comme nos Idées ne sont rien autre chose que des Perceptions *La Mémoire.*

---

(1) Il y a dans l'Original, *we conceive*, c'est à dire, *nous concevons*. Il n'y a certainement point de mot en François qui réponde plus exactement à l'expression Angloise que celui de *concevoir*, qui pourtant ne peut, à mon avis, passer pour le plus propre en cette occasion que faute d'autre.

CHAP. X.

tions qui sont actuellement dans l'Esprit, lesquelles cessent d'être quelque chose dès qu'elles ne sont point actuellement apperçuës, dire qu'il y a des idées en reserve dans la Mémoire, n'emporte dans le fond autre chose si ce n'est que l'Ame a, en plusieurs rencontres, la puissance de réveiller les perceptions qu'elle a déja eûës, avec un sentiment qui dans ce temps-là la convainc qu'elle a eu, auparavant, ces sortes de perceptions. Et c'est dans ce sens qu'on peut dire que nos idées sont dans la Mémoire, quoi qu'à proprement parler, elles ne soient nulle part. Tout ce qu'on peut dire là-dessus, c'est que l'Ame a la puissance de réveiller ces idées lorsqu'elle veut, & de se les peindre, pour ainsi dire, de nouveau à elle-même, ce que quelques-uns font plus aisément, & d'autres avec plus de peine, quelques-uns plus vivement, & d'autres d'une maniere plus foible & plus obscure. C'est par le moyen de cette Faculté qu'on peut dire que nous avons dans notre Entendement, toutes les idées que nous pouvons rappeller dans notre Esprit, & faire redevenir l'objet de nos pensées, sans l'intervention des Qualitez sensibles qui les ont prémiérement excitées dans l'Ame.

L'Attention, la Repetition, le Plaisir & la Douleur servent à fixer les idées dans l'Esprit.

§. 3. L'Attention, & la Repetition servent beaucoup à fixer les Idées dans la Mémoire. Mais les Idées qui naturellement font d'abord les plus profondes & les plus durables impressions, ce sont celles qui sont accompagnées de plaisir ou de douleur. Comme la fin principale des Sens consiste à nous faire connoître ce qui fait du bien ou du mal à notre Corps, la Nature a sagement établi (comme nous l'avons déja montré) que la Douleur accompagnât l'impression de certaines idées : parce que tenant la place du raisonnement dans les Enfans; & agissant dans les hommes faits d'une maniére bien plus prompte que le raisonnement, elle oblige les Jeunes & les Vieux à s'éloigner des Objets nuisibles avec toute la promptitude qui est nécessaire pour leur conservation ; & par le moyen de la Mémoire elle leur inspire de la précaution pour l'avenir.

Les Idées s'effacent de la Mémoire.

§. 4. Mais pour ce qui est de la différence qu'il y a dans la durée des Idées qui ont été gravées dans la Mémoire, nous pouvons remarquer, que quelques-unes de ces idées ont été produites dans l'Entendement par un Objet qui n'a affecté les Sens qu'une seule fois, & que d'autres s'étant présentées plus d'une fois à l'Esprit, n'ont pas été fort observées, l'Esprit ne se les imprimant pas profondément, soit par nonchalance, comme dans les Enfans, soit pour être occupé à autre chose, comme dans les hommes faits, fortement appliquez à un seul objet. Et il se trouve quelques personnes en qui ces idées ont été gravées avec soin, & par des impressions souvent réiterées; & qui pourtant ont la mémoire très-foible, soit en conséquence du temperament de leur Corps, ou pour quelque autre défaut. Dans tous ces cas, les Idées qui s'impriment dans l'Ame, se dissipent bientôt ; & souvent s'effacent pour toûjours de l'Entendement, sans laisser aucunes traces, non plus que l'ombre que le vol d'un Oiseau fait sur la Terre : de sorte qu'elles ne sont pas plus dans l'Esprit, que si elles n'y avoient jamais été.

§. 5. Ainsi, plusieurs des Idées qui ont été produites dans l'Esprit des En-

Enfans, dès qu'ils ont commencé d'avoir des Senfations (quelques-unes desquelles, comme celles qui confistent en certains plaifirs & en certaines douleurs, ont peut-être été excitées en eux avant leur naiffance, & d'autres pendant leur Enfance) plufieurs, dis-je, de ces Idées fe perdent entierement, fans qu'il en refte le moindre veftige, fi elles ne font pas renouvellées dans la fuite de leur vie. C'eft ce qu'on peut remarquer dans ceux qui par quelque malheur ont perdu la vûë, lorfqu'ils étoient fort jeunes: car comme ils n'ont pas fait grand' reflexion fur les couleurs, ces idées n'étant plus renouvellées dans leur Efprit, s'effacent entierement, de forte que, quelques années après, il ne leur refte non plus d'idée ou de fouvenir des Couleurs qu'à des aveugles de naiffance. Il y a, à la vérité, des gens dont la Mémoire eft heureufe jufqu'au prodige. Cependant il me femble qu'il arrive toûjours du dechet dans toutes nos Idées, dans celles-là même qui font gravées le plus profondément, & dans les Efprits qui les confervent le plus long-temps: de forte que fi elles ne font pas renouvellées quelquefois par le moyen des Sens, ou par la reflexion de l'Efprit fur cette efpèce d'Objets qui en a été la prémiére occafion, l'empreinte s'efface, & enfin il n'en refte plus aucune image. Ainfi les Idées de notre Jeuneffe, auffi bien que nos Enfans, meurent fouvent avant nous. En cela notre Efprit reffemble à ces tombeaux dont la matiére fubfifte encore: on voit l'airain & le marbre, mois le temps a effacé les Infcriptions, & réduit en poudre tous les caractéres. Les Images tracées dans notre Efprit, font peintes avec des couleurs legeres: fi on ne les rafraichit quelquefois, elles paffent & difparoiffent entierement. De favoir quelle part a à tout cela la conftitution de nos Corps & l'action des Efprits animaux, & fi le temperament du cerveau produit cette difference, en forte que dans les uns il conferve comme le Marbre, les traces qu'il a reçuës, en d'autres comme une pierre de taille, & en d'autres à peu près comme une couche de fable, c'eft ce que je ne prétens pas examiner ici: quoi qu'il puiffe paroître affez probable que la conftitution du Corps a quelquefois de l'influence fur la Mémoire, puifque nous voyons fouvent qu'une Maladie dépouille l'Ame de toutes fes idées, & qu'une Fiévre ardente confond en peu de jours & réduit en poudre toutes ces images qui fembloient devoir durer auffi long-temps que fi elles euffent été gravées dans le Marbre.

§. 6. Mais par rapport aux Idées mêmes, il eft aifé de remarquer, que celles qui par le fréquent retour des Objets ou des actions qui les produifent, font le plus fouvent renouvellées, comme celles qui font introduites dans l'Ame par plus d'un Sens, s'impriment auffi plus fortement dans la Mémoire, & y reftent plus long-temps, & d'une manière plus diftincte. C'eft pourquoi les Idées des *qualitez originales* des Corps, je veux dire la folidité, l'étenduë, la figure, le mouvement & le repos; celles qui affectent prefque inceffamment nos Corps, comme le *froid* & le *chaud*; & celles qui font des affections de toutes les efpèces d'Etres, comme l'*exiftence*, la *durée*, & le *nombre*, que prefque tous les Objets qui frappent nos Sens, & toutes les penfées qui occupent notre Efprit, nous fourniffent à tout moment; toutes ces Idées, dis-je, & autres femblables, s'effacent rarement

Des Idées conftamment repetées peuvent à peine fe perdre.

CHAP. X. tout-à-fait de la mémoire, tandis que notre Esprit retient (1) encore quelques idées.

§. 7. Dans cette seconde Perception, ou, si j'ose ainsi parler, dans cette revision d'Idées placées dans la Mémoire, *l'Esprit est souvent autre chose que purement passif*, car la représentation de ces peintures *dormantes*, dépend quelquefois de la Volonté. L'Esprit s'applique fort souvent à découvrir une certaine Idée qui est comme ensevelie dans la Mémoire, & tourne, pour ainsi dire, les yeux de ce côté-là. D'autres fois aussi ces Idées se présentent comme d'elles-mêmes à notre Entendement; & bien souvent elles sont réveillées, & tirées de leurs *cachettes* pour être exposées au grand jour, par quelque violente passion; car nos affections offrent à notre Mémoire des idées qui sans cela auroient été ensevelies dans un parfait oubli. Il faut observer, d'ailleurs, à l'égard des Idées qui sont dans la mémoire, & que notre Esprit réveille par occasion, que, selon ce qu'emporte ce mot de *réveiller*, non seulement elles ne sont pas du nombre des Idées qui sont entierement nouvelles à l'Esprit, mais encore que l'Esprit les considére comme des effets d'une impression précedente, & qu'il recommence à les connoître comme des Idées qu'il avoit connuës auparavant. De sorte que, bien que les Idées qui ont été déja imprimées dans l'Esprit, ne soient pas constamment présentes à l'Esprit, elles sont pourtant connuës, à l'aide de la *Reminiscence*, comme y ayant été auparavant empreintes, c'est-à-dire, comme ayant été actuellement apperçuës & connuës par l'Entendement.

Deux défauts dans la Mémoire, un entier oubli, & une grande lenteur à rappeller les idées qu'elle a en dépôt.

§. 8. La *Mémoire* est nécessaire à une Créature raisonnable, immédiatement après la Perception. Elle est d'une si grande importance, que si elle vient à manquer, toutes nos autres Facultez sont, pour la plûpart, inutiles: car nos pensées, nos raisonnemens & nos connoissances ne peuvent s'étendre au delà des objets présens sans le secours de la Mémoire, qui peut avoir ces deux défauts.

Le prémier est, de laisser perdre entierement les idées, ce qui produit une parfaite ignorance. Car comme nous ne saurions connoître quoi que ce soit qu'autant que nous en avons l'idée, dès que cette idée est effacée, nous sommes dans une parfaite ignorance à cet égard.

Un second défaut dans la Mémoire, c'est d'être trop lente, & de ne pas réveiller assez promptement les idées qu'elle tient en dépôt, pour les fournir à l'Esprit à point nommé lorsqu'il en a besoin. Si cette lenteur vient à un grand degré, c'est *stupidité*. Et celui qui pour avoir ce défaut, ne peut rappeller les idées qui sont actuellement dans sa Mémoire, justement dans le temps qu'il en a besoin, seroit presque aussi bien sans ces idées, puisqu'elles ne lui sont pas d'un grand usage: car un homme naturellement pesant, qui venant à chercher dans son Esprit les idées qui lui sont nécessaires, ne

les

---

(1) Car il arrive souvent que dans un âge fort avancé l'Homme venant à retomber dans sa prémiere Enfance, ne retient plus aucune idée. Le Proverbe, *bis pueri senes*, n'exprime ce malheur que très-imparfaitement. Un Enfant à la mamelle reconnoit sa Nourrice; & un Vieillard reduit à ce triste état de caducité meconnoit sa femme, & les Domestiques, qui sont presque toûjours autour de sa personne pour le servir.

les trouve pas à point nommé, n'est guere plus heureux qu'un homme en- Chap. X. tierement ignorant. C'est donc l'affaire de la Mémoire de fournir à l'Esprit ces *idées dormantes* dont elle est la depositaire, dans le temps qu'il en a besoin; & c'est à les avoir toutes prêtes dans l'occasion que consiste ce que nous appellons *invention, imagination,* & *vivacité d'esprit*.

§. 9. Tels sont les défauts que nous observons dans la Mémoire d'un homme comparé à un autre homme. Mais il y en a un autre que nous pouvons concevoir dans la Mémoire de l'Homme en général, comparé avec d'autres Créatures intelligentes d'une nature supérieure, lesquelles peuvent exceller en ce point au dessus de l'Homme jusqu'à avoir constamment un sentiment actuel de toutes leurs actions précedentes, de sorte qu'aucune des pensées qu'ils ont eües, ne disparoisse jamais à leur vûë. Que cela soit possible, nous en pouvons être convaincus par la consideration de la Toute-science de Dieu qui connoît toutes les choses présentes, passées, & à venir, & devant qui toutes les pensées du cœur de l'homme sont toûjours à découvert. Car qui peut douter que Dieu ne puisse communiquer à ces Esprits Glorieux, qui sont immédiatement à sa suite, quelques-unes de ses perfections, en telle proportion qu'il veut, autant que des Etres créez en sont capables. On rapporte de Mr. *Pascal*, dont le grand esprit tenoit du prodige, que jusqu'à ce que le declin de sa santé eut affoibli sa mémoire, il n'avoit rien oublié de tout ce qu'il avoit fait, lû, ou pensé depuis l'âge de raison. C'est là un privilege si peu connu de la plûpart des hommes, que la chose paroît presque incroyable à ceux qui, selon la coûtume, jugent de tous les autres par eux-mêmes. Cependant la consideration d'une telle Faculté dans Mr. *Pascal* peut servir à nous représenter de plus grandes perfections de cette espèce dans des Esprits d'un rang supérieur. Car enfin cette qualité de Mr. *Pascal* étoit réduite aux bornes étroites où l'Esprit de l'Homme se trouve resserré, je veux dire à n'avoir une grande diversité d'idées que par succession, & non tout à la fois: au lieu que différens ordres d'Anges peuvent probablement avoir des vûës plus étenduës; & quelques-uns d'eux être actuellement enrichis de la Faculté de retenir & d'avoir constamment & tout à la fois devant eux, comme dans un Tableau, toutes leurs connoissances précedentes. Il est aisé de voir que ce seroit un grand avantage à un homme qui cultive son Esprit, s'il avoit toûjours devant les yeux toutes les pensées qu'il a jamais eües, & tous les raisonnemens qu'il a jamais faits. D'où nous pouvons conclurre, en forme de supposition, que c'est là un des moyens par où la connoissance des Esprits séparez peut être excessivement supérieure à la nôtre.

§. 10. Il semble, au reste, que cette Faculté de rassembler & de conser- Les Bêtes ont de ver les Idées se trouve en un grand dégré dans plusieurs autres Animaux, la Memoire. aussi bien que dans l'Homme. Car sans rapporter plusieurs autres exemples, de cela seul que les Oiseaux apprennent des Airs de chanson, & s'appliquent visiblement à en bien marquer les notes, je ne saurois m'empêcher d'en conclurre que ces Oiseaux ont de la perception, & qu'ils conservent dans leur Mémoire des Idées qui leur servent de modèle: car il me paroit impossible qu'ils pussent s'appliquer (comme il est clair qu'ils le font) à conformer leur voix à des tons dont ils n'auroient aucune idée. Et en effet quand bien j'ac-

CHAP. X. corderois que le son peut exciter méchaniquement un certain mouvement d'Esprits animaux dans le cerveau de ces Oiseaux tandis qu'on leur jouë actuellement un air de chanson ; & que le mouvement peut être continué jusqu'au muscle des aîles, en sorte que l'oiseau soit poussé méchaniquement par certains bruits à prendre la fuite, parce que cela peut contribuer à sa conservation, on ne sauroit pourtant supposer cela comme une raison pourquoi en joûant un Air à un Oiseau, & moins encore après avoir cessé de le jouer, cela devroit produire méchaniquement dans les organes de la voix de cet Oiseau un mouvement qui l'obligeât à imiter les notes d'un son étranger, dont l'imitation ne peut être d'aucun usage à la conservation de ce petit Animal. Mais qui plus est, on ne sauroit supposer avec quelque apparence de raison, & moins encore prouver, que des Oiseaux puissent sans sentiment ni mémoire conformer peu à peu & par dégrez les inflexions de leur voix à un Air qu'on leur joûa hier, puisque s'ils n'en ont aucune idée dans leur Mémoire, il n'est présentement nulle part; & par conséquent ils ne peuvent avoir aucun modèle, pour l'imiter, ou pour en approcher plus près par des essais réiterez. Car il n'y a point de raison pourquoi le son du flageolet laisseroit dans leur Cerveau des traces qui ne devroient point produire d'abord de pareils sons, mais seulement après certains efforts que les Oiseaux sont obligez de faire lorsqu'ils ont ouï le flageolet : & d'ailleurs il est impossible de concevoir pourquoi les sons qu'ils rendent eux-mêmes, ne feroient pas des traces qu'ils devroient suivre tout aussi bien que celles que produit le son du flageolet.

CHAPITRE XI.
De la Faculté de distinguer les Idées, & de quelques autres Operations de l'Esprit.

CHAP. XI.

Il n'y a point de connoissance sans discernement.

§. I. UNE autre Faculté que nous pouvons remarquer dans notre Esprit, c'est celle de discerner ou distinguer ses différentes idées. Il ne suffit pas que l'Esprit ait une perception confuse de quelque chose en général. S'il n'avoit pas, outre cela, une perception distincte de divers Objets & de leurs différentes Qualitez, il ne seroit capable que d'une très-petite connoissance, quand bien les Corps qui nous affectent, seroient aussi actifs autour de nous qu'ils le sont présentement ; & quoi que l'Esprit fût continuellement occupé à penser. C'est de cette Faculté de distinguer une chose d'avec une autre que dépend l'évidence & la certitude de plusieurs Propositions, de celles-là même qui sont les plus générales, & qu'on a regardé comme des *Véritez innées*, parce que les hommes ne considérant pas la véritable cause qui fait recevoir ces Propositions avec un consentement universel, l'ont entièrement attribuée à une impression naturelle & uniforme, quoi que dans le fond ce consentement *dépende proprement de cette Faculté que l'Esprit a de discerner nettement les Objets*, par où il apperçoit que deux Idées sont les mêmes, ou différentes entr'elentr'elles. Mais c'eſt dequoi nous parlerons plus au long dans la ſuite.

CHAP. XI.
Différence entre l'Eſprit & le Jugement.

§. 2. Je n'examinerai point ici combien l'imperfection dans la Faculté de bien diſtinguer les idées, dépend de la groſſiéreté ou du défaut des organes, ou du manque de pénétration, d'exercice & d'attention du côté de l'Entendement, ou d'une trop grande précipitation, naturelle à certains temperamens. Il ſuffit de remarquer que cette Faculté eſt une des Operations ſur laquelle l'Ame peut reflechir, & qu'elle peut obſerver en elle-même. Elle eſt, au reſte, d'une telle conſéquence par rapport à nos autres connoiſſances, que plus cette Faculté eſt groſſiére, ou mal employée à marquer la diſtinction d'une choſe d'avec une autre, plus nos Notions ſont confuſes, & plus notre Raiſon s'égare. Si la vivacité de l'Eſprit conſiſte à rappeller promptement & à point nommé les idées qui ſont dans la Mémoire, c'eſt à ſe les repréſenter nettement, & à pouvoir les diſtinguer exactement l'une de l'autre, lorſqu'il y a de la différence entr'elles, quelque petite qu'elle ſoit, que conſiſte, pour la plus grand' part, cette juſteſſe & cette netteté de Jugement, en quoi l'on voit qu'un homme excelle au deſſus d'un autre. Et par-là on pourroit, peut-être, rendre raiſon de ce qu'on obſerve communément, Que les perſonnes qui ont le plus d'eſprit, & la mémoire la plus prompte, n'ont pas toûjours le jugement le plus net & le plus profond. Car au lieu que ce qu'on appelle Eſprit, conſiſte pour l'ordinaire à aſſembler des idées, & à joindre promptement & avec une agréable varieté celles en qui on peut obſerver quelque reſſemblance ou quelque rapport, pour en faire de belles peintures qui divertiſſent & frappent agréablement l'imagination : au contraire le Jugement conſiſte à diſtinguer exactement une idée d'avec une autre, ſi l'on peut y trouver la moindre différence, afin d'éviter qu'une ſimilitude ou quelque affinité ne nous donne le change en nous faiſant prendre une choſe pour l'autre. Il faut, pour cela, faire autre choſe que chercher une métaphore & une alluſion, en quoi conſiſtent, pour l'ordinaire, ces belles & agréables penſées qui frapent ſi vivement l'imagination, & qui plaiſent ſi fort à tout le monde, parce que leur beauté paroît d'abord, & qu'il n'eſt pas néceſſaire d'une grande application d'eſprit pour examiner ce qu'elles renferment de vrai, ou de raiſonnable. L'Eſprit ſatisfait de la beauté de la peinture & de la vivacité de l'imagination, ne ſonge point à pénétrer plus avant. Et c'eſt en effet choquer en quelque maniére ces ſortes de penſées ſpirituelles que de les examiner par les règles ſévéres de la Vérité & du bon raiſonnement ; d'où il paroît que ce qu'on nomme *Eſprit*, conſiſte en quelque choſe qui n'eſt pas tout-à-fait d'accord avec la Vérité & la Raiſon.

§. 3. Bien diſtinguer nos Idées, c'eſt ce qui contribuë le plus à faire qu'elles ſoient *claires & déterminées*; & ſi elles ont une fois ces qualitez, nous ne riſquerons point de les confondre, ni de tomber dans aucune erreur à leur occaſion, quoi que nos Sens nous les repréſentent de la part du même objet diverſement en différentes rencontres, (comme il arrive quelquefois) & qu'ainſi ils ſemblent être dans l'erreur. Car quoi qu'un homme reçoive dans la fiévre un goût *amer* par le moyen du Sucre, qui dans un autre temps auroit excité en lui l'idée de la douceur, cependant l'idée de l'*a-*

CHAP. XI.

mer dans l'Esprit de cet homme, est une idée aussi distincte de celle du *doux* que s'il eût goûté du Fiel. Et de ce que le même Corps produit, par le moyen du Goût, l'idée du *doux* dans un temps, & celle de l'*amer* dans un autre temps, il n'en arrive pas plus de confusion entre ces deux Idées, qu'entre les deux Idées de *blanc* & de *doux*, ou de *blanc* & de *rond* que le même morceau de Sucre produit en nous dans le même temps. Ainsi, les idées de couleur citrine & d'azur qui sont excitées dans l'Esprit par la seule infusion du Bois qu'on nomme communément *Lignum Nephriticum*, ne sont pas des idées moins distinctes, que celles de ces mêmes Couleurs, produites par deux différens Corps.

De la Faculté que nous avons de comparer nos Idées.

§. 4. Une autre operation de l'Esprit à l'égard de ses Idées, c'est la *comparaison* qu'il fait d'une idée avec l'autre par rapport à l'Etenduë, aux Dégrez, au Temps, au Lieu, ou à quelque autre circonstance; & c'est de là que dépend ce grand nombre d'Idées qui sont comprises sous le nom de *Relation*. Mais j'aurai occasion dans la suite d'examiner quelle en est la vaste étenduë.

Les Bêtes ne comparent des Idées que d'une maniére imparfaite.

§. 5. Il n'est pas aisé de déterminer jusqu'à quel point cette Faculté se trouve dans les Bêtes. Je croi, pour moi, qu'elles ne la possedent pas dans un fort grand dégré: car quoi qu'il soit *probable* qu'elles ont plusieurs Idées assez distinctes, il me semble pourtant que c'est un privilege particulier de l'Entendement humain, lors qu'il a suffisamment distingué deux Idées jusqu'à reconnoître qu'elles sont parfaitement différentes, & à s'assûrer par conséquent que ce sont deux Idées, c'est, dis-je, une de ses prérogatives de voir & d'examiner en quelles circonstances elles peuvent être comparées ensemble. C'est-pourquoi je croi que les Bêtes ne comparent (1) leurs Idées que par rapport à quelques circonstances sensibles, attachées aux Objets mêmes. Mais pour ce qui est de l'autre puissance de comparer qu'on peut observer dans les hommes, qui roule sur les Idées générales, & ne sert que pour les raisonnemens abstraits, nous pouvons *conjecturer probablement* qu'elle ne se rencontre pas dans les Bêtes.

Autre Faculté qui consiste à *composer* des Idées.

§. 6. Une autre opération que nous pouvons remarquer dans l'Esprit de l'Homme par rapport à ses Idées, c'est la *Composition*, par laquelle l'Esprit joint

* L. II. Ch. XII. T. II. p. 270. Ed. de la Haye 1727.

(1) *Aux spectacles de Rome*, dit Montagne * sur la foi de Plutarque, *il se voyoit ordinairement des Elephans dressez à se mouvoir, & dancer au son de la voix, des dances à plusieurs entrelasseures, coupeures & diverses cadences tres-difficiles à apprendre*. Dira-t-on que ces Animaux ne comparoient les idées qu'ils se formoient de tous ces differens mouvemens que par rapport à quelques circonstances sensibles, comme *au son de la voix* qui régloit & déterminoit tous leurs pas? On le veut, j'y souscris. Mais que dire de ces Elephans qu'on a vû dans le même temps, *qui*, comme ajoute Montagne, *en leur privé rememoroient leur leçon, & s'exerçoyent par soing & par estude pour n'estre tancez & battus de leurs Maistres?* Etoient-ils déterminez à repeter leur leçon par des circonstances sensibles, attachées aux Objets mêmes? Nullement: puisque leurs Sens ne pouvoient être affectez par aucun Objet, comme Pline, * qui rapporte le même Fait aussi bien que Plutarque, nous assûre positivement: *Certum est*, dit-il, *unum* (Elephantem) *tardioris ingenii in accipiendis qua tradebantur sæpius castigatum verberibus, eadem illa meditantem noctu repertum*. Cet Elephant d'un Esprit moins vif que les autres, repetoit sa leçon durant la nuit, fort éloigné par conséquent de comparer ses Idées par rapport à des circonstances sensibles, attachées à quelque Objet extérieur.

* Pl. Hist. Nat. L. VIII. c. 3.

joint ensemble plusieurs Idées simples qu'il a reçues par le moyen de la Sen-   Chap. XI.
sation & de la Réflexion, pour en faire des Idées complexes. On peut
rapporter à cette Faculté de composer des Idées, celle de les *étendre*; car
quoi que dans cette derniére opération, la composition ne paroisse pas tant,
que dans l'assemblage de plusieurs Idées complexes, c'est pourtant joindre
plusieurs idées ensemble, mais qui sont de la même espéce. Ainsi, en ajoûtant plusieurs unitez ensemble, nous nous formons l'idée d'une *douzaine*;
& en joignant ensemble des idées repetées de plusieurs *toises*, nous nous formons l'idée d'un *stade*.

§. 7. Je suppose encore, que dans ce point les Bêtes sont inférieures aux   Les Bêtes font
Hommes. Car quoi qu'elles reçoivent & retiennent ensemble plusieurs   peu de compositions d'Idées.
combinaisons d'Idées simples, comme lors qu'un Chien regarde son Maî-
tre, dont la figure, l'odeur, & la voix forment *peut-être* une idée complexe dans le Chien, ou sont, pour mieux dire, plusieurs marques distinctes
auxquelles il le reconnoît, cependant je ne croi pas que jamais les Bêtes
assemblent d'elles-mêmes ces idées pour en faire des Idées complexes. Et
peut-être que dans les occasions où nous pensons reconnoître que les Bêtes
ont des Idées complexes, il n'y a qu'une seule idée qui les dirige vers la
connoissance de plusieurs choses qu'elles distinguent beaucoup moins par la
vûë, que nous ne croyons. Car j'ai appris de gens dignes de foi, qu'une
Chienne nourrira de petits Renards, badinera avec eux, & aura pour eux
la même passion que pour ses Petits, si l'on peut faire en sorte que les Re-
nardeaux la tettent tout autant qu'il faut pour que le lait se répande par tout
leur Corps. Et il ne paroît pas que les Animaux qui ont quantité de Petits à la fois, ayent aucune connoissance de leur nombre; car quoi qu'ils
s'intéressent beaucoup pour un de leurs Petits qu'on leur enleve en leur présence, ou lors qu'ils viennent à l'entendre, cependant si on leur en dérobe
un ou deux en leur absence, ou sans faire du bruit, (1) ils ne semblent pas
s'en mettre fort en peine, ou même s'appercevoir que le nombre en aît été
diminué.

§. 8. Lorsque les Enfans ont acquis, par des Sensations réiterées, des   Donner des noms
idées qui se sont imprimées dans leur Mémoire, ils commencent à appren-   aux Idées.
dre par dégrez l'usage des signes. Et quand ils ont plié les organes de la
paroie

---

(1) Je ne sai si l'on peut dire cela de la Tigresse qui a toûjours bon nombre de Petits: car s'il arrive qu'ils soient enlevez en son absence, elle ne cesse de courir çà & là qu'elle n'aît découvert où ils doivent être. Le Chasseur qui monté à cheval s'enfuit à toute bride après les avoir enlevez, en lâche un, à l'approche de la Tigresse dont il entend le fremissement. Elle s'en saisit, le porte dans sa taniere; & retournant aussi-tôt avec plus de rapidité, elle en reprend un autre qu'on lâche encore sur son chemin; & toûjours de même, ne cessant de revenir sur ses pas, jusqu'à ce que le Chasseur qui court toûjours à bride abatuë, ne se soit jetté dans un bateau qu'il éloigne du Rivage où la Tigresse paroît bientôt, pleine de rage de ne pouvoir lui aller ôter les Petits qu'il emporte avec lui. Tout cela nous est attesté par Pline, dont voici les propres paroles: *Totus Tigridis fœtus qui semper numerosus est, ab insidiante rapitur equo quàm maximè pernici, atque in recentes subinde transfertur. At ubi vacuum cubile reperit fœta (maribus enim cura non est sobolis) fertur præceps, odore vestigans. Raptor appropinquante fremitu, abjicit unum è catulis. Tollit illa morsu, & pondere etiam ocyor acta remeat, iterumque consequitur, ac subinde, donec in navem regresso irrita feritas savit in littore.* Hist. Natur. Lib. VIII. c. 18.

CHAP. XI.

parole à former des sons articulez, ils commencent à se servir de mots pour faire comprendre leurs idées aux autres. Et ces *signes nominaux*, ils les apprennent quelquefois des autres hommes, & quelquefois ils en inventent eux-mêmes, comme chacun peut le voir par ces mots nouveaux & inusitez que les Enfans donnent souvent aux choses lors qu'ils commencent à parler.

Ce que c'est qu'abstraction.

§. 9. Or comme on n'employe les mots que pour être des signes extérieurs des idées qui sont dans l'Esprit, & que ces Idées sont prises de choses particuliéres, si chaque Idée particuliére que nous recevons, devoit être marquée par un terme distinct, le nombre des mots seroit infini. Pour prévenir cet inconvenient, l'Esprit rend générales les Idées particuliéres qu'il a reçuës par l'entremise des Objets particuliers, ce qu'il fait en considerant ces Idées comme des apparences séparées de toute autre chose, & de toutes les circonstances qui font qu'elles représentent des Etres particuliers actuellement existans, comme sont le temps, le lieu & autres Idées *concomitantes*. C'est ce qu'on appelle *Abstraction*, par où des Idées tirées de quelque Etre particulier devenant générales, représentent tous les Etres de cette espèce, de sorte que les Noms généraux qu'on leur donne, peuvent être appliquez à tout ce qui dans les Etres actuellement existans convient à ces Idées abstraites. Ces Idées simples & précises que l'Esprit se représente, sans considerer comment, d'où & avec quelles autres Idées elles lui sont venuës, l'Entendement les met à part avec les noms qu'on leur donne communément, comme autant de modèles, auxquels on puisse rapporter les Etres réels sous différentes espèces selon qu'ils correspondent à ces exemplaires, en les désignant suivant cela par différens noms. Ainsi, remarquant aujourd'hui, dans de la craye ou dans la neige, la même couleur que le lait excita hier dans mon Esprit, je considére cette idée unique, je la regarde comme une représentation de toutes les autres de cette espèce, & lui ayant donné le nom de *blancheur*, j'exprime par ce son la même qualité, en quelque endroit que je puisse l'imaginer, ou la rencontrer: & c'est ainsi que se forment les idées universelles, & les termes qu'on employe pour les désigner.

Les Bêtes ne forment point d'abstractions.

§. 10. Si l'on peut douter que les Bêtes composent & étendent leurs Idées de cette maniére, à un certain dégré, je crois être en droit de supposer que la puissance de former des abstractions ne leur a pas été donnée, & que cette Faculté de former des idées générales est ce qui met une parfaite distinction entre l'Homme & les Brutes, excellente qualité qu'elles ne sauroient acquerir en aucune maniére par le secours de leurs Facultez. Car il est évident que nous n'observons dans les Bêtes aucunes preuves qui nous puissent faire connoître qu'elles se servent de signes généraux pour désigner des Idées universelles; & puisqu'elles n'ont point l'usage des mots ni d'aucuns autres signes généraux, nous avons raison de penser qu'elles n'ont point la Faculté (1) de faire des abstractions, ou de former des idées générales.

§. 11. Or

---

(1) Ne pourroit-il pas être qu'un Chien, qui après avoir couru un Cerf, tombe sur la piste d'un

§. 11. Or on ne sauroit dire, que c'est faute d'organes propres à former des sons articulez qu'elles ne font aucun usage ou n'ont aucune connoissance des mots généraux, puisque nous en voyons plusieurs qui peuvent former de tels sons, & prononcer des paroles assez distinctement, mais qui n'en font jamais une pareille application. D'autre part, les hommes qui par quelque défaut dans les organes, sont privez de l'usage de la parole, ne laissent pourtant pas d'exprimer leurs idées universelles par des signes qui leur tiennent lieu de termes généraux, Faculté que nous ne découvrons point dans les Bêtes. Nous pouvons donc supposer, à mon avis, que c'est en cela que les Bêtes différent de l'Homme. C'est-là, dis-je, la propre différence, à l'égard de laquelle ces deux sortes de Créatures sont entièrement distinctes, & qui met enfin une si vaste distance entre elles. Car si les Bêtes ont quelques idées, & ne sont pas de pures Machines, comme quelques-uns le prétendent, nous ne saurions nier qu'elles n'ayent de la raison dans un certain dégré. Et pour moi, il me paroit aussi évident qu'il y en a quelques-unes qui RAISONNENT en certaines rencontres, qu'il me paroit qu'elles ont du sentiment : mais c'est seulement sur des idées particuliéres qu'elles *raisonnent*, selon que leurs Sens les leur présentent. Les plus parfaites d'entre elles sont renfermées dans ces étroites bornes, (1) n'ayant point, à ce que *je croi*, la Faculté de les étendre par aucune sorte d'abstraction.

§. 12. Si l'on examinoit avec soin les divers égaremens des Imbecilles, on découvriroit sans doute jusqu'à quel point leur imbecillité procede de l'absence ou de la foiblesse de quelqu'une des Facultez dont nous venons de parler, ou de ces deux choses ensemble. Car ceux qui n'apperçoivent qu'avec peine, qui ne retiennent qu'imparfaitement les idées qui leur viennent dans l'Esprit, & qui ne sauroient les rappeller ou assembler promptement, n'ont que très-peu de pensées. Ceux qui ne peuvent distinguer, comparer & *abstraire* des idées, ne sauroient être fort capables de comprendre les choses, de faire usage des termes, ou de juger & de raisonner passablement bien.

Défaut des Imbecilles.

d'un autre Cerf & refuse de le suivre, connoît par une espèce d'abstraction, que ce dernier Cerf est un Animal de la même espèce que celui qu'il a couru d'abord, quoi que ce ne soit pas le même Cerf? Il me semble qu'on devroit être fort retenu à se déterminer sur un point si obscur. On sait d'ailleurs, que non-seulement les Bêtes d'une certaine espèce paroissent fort supérieures par le raisonnement à des Bêtes d'une autre espèce, mais qu'il s'en trouve aussi qui constamment raisonnent avec plus de subtilité que quantité d'autres de leur espèce. J'ai vû un Chien qui en hyver ne manquoit jamais de donner le change à plusieurs autres Chiens qui le soir se rangeoient autour du Foyer. Car toutes les fois qu'il ne pouvoit pas s'y placer aussi avantageusement que les autres, il alloit hors de la Chambre leur donner l'alarme d'un ton qui les attiroit tous à lui : après quoi, rentrant promptement dans la Chambre, il se plaçoit auprès du Foyer fort à son aise, sans se mettre en peine de l'aboyement des autres Chiens, qui quelques jours, ou quelques semaines après, donnoient encore dans le même panneau.

(2) Tant qu'on ignorera jusqu'à quel dégré les Bêtes raisonnent, & sont à cet égard plus parfaites les unes que les autres, on ne pourra point, à mon avis, définir précisément leur maniere de raisonner, ni en déterminer les bornes. M. LOCKE en convient en quelque maniére, puisqu'il se contente de nous dire *qu'il croit* qu'elles sont incapables de faire aucune sorte d'abstractions. Il y a grande apparence que, s'il eût pû le prouver évidemment, il l'auroit fait, ou du moins l'auroit assuré comme une chose indubitable.

Leurs

Leurs raifonnemens qui font rares & très-imparfaits ne roulent que fur des chofes préfentes, & fort familiéres à leurs Sens. Et en effet, fi aucune des Facultez dont j'ai parlé ci-deffus, vient à manquer ou à fe dérégler, l'Entendement de l'Homme a conftamment les défauts que doit produire l'abfence ou le déréglement de cette Faculté.

Différence entre les Imbecilles & les Fous.

§. 13. Enfin, il me femble que le défaut des Imbecilles vient de manque de vivacité, d'activité & de mouvement dans les Facultez intellectuelles, par où ils fe trouvent privez de l'ufage de la Raifon. Les Fous, au contraire, femblent être dans l'extremité oppofée. Car il ne me paroît pas que ces derniers ayent perdu la faculté de raifonner : mais ayant joint mal à propos certaines Idées, ils les prennent pour des véritez, & fe trompent de la même maniére que ceux qui raifonnent jufte fur de faux Principes. Après avoir converti leurs propres fantaifies en réalitez par la force de leur imagination, ils en tirent des conclufions fort raifonnables. Ainfi, vous verrez un Fou qui s'imaginant être Roi, prétend, par une jufte conféquence, être fervi, honoré, & obéi felon fa dignité. D'autres qui ont crû être de verre, ont pris toutes les précautions néceffaires pour empêcher leur Corps de fe caffer. De là vient qu'un homme fort fage & de très-bon fens en toute autre chofe, peut être auffi fou fur un certain article qu'aucun de ceux qu'on renferme dans les Petites-Maifons, fi par quelque violente impreffion qui fe foit faite fubitement dans fon Efprit, ou par une longue application à une efpèce particuliére de penfées, il arrive que des Idées incompatibles foient jointes fi fortement enfemble dans fon Efprit, qu'elles y demeurent unies. Mais il y a des dégrez de folie auffi bien que d'imbecillité, cette union déréglée d'Idées étant plus ou moins forte dans les uns que dans les autres. En un mot, il me femble que ce qui fait la différence des Imbecilles d'avec les Fous, c'eft que *les Fous* joignent enfemble des idées mal-afforties, & forment ainfi des Propofitions extravagantes, fur lefquelles néanmoins ils raifonnent jufte : au lieu que *les Imbecilles* ne forment que très-peu, ou point de Propofitions, & ne raifonnent prefque point.

§. 14. Ce font là, je croi, les prémiéres Facultez & opérations de l'Efprit, par lefquelles l'Entendement eft mis en action. Quoi qu'elles regardent toutes fes Idées en général, cependant les exemples que j'en ai donné jufqu'ici, ont principalement roulé fur des Idées fimples. Que fi j'ai joint l'explication de ces Facultez à celle des Idées fimples, avant que de propofer ce que j'ai à dire fur les *Idées complexes*, ç'a été pour les raifons fuivantes.

Prémiérement, à caufe que plufieurs de ces Facultez ayant d'abord pour objet les Idées fimples, nous pouvons, en fuivant l'ordre que la Nature s'eft prefcrit, fuivre & découvrir ces Facultez dans leur fource, dans leurs progrès & dans leurs accroiffemens.

En fecond lieu, parce qu'en obfervant de quelle maniére ces Facultez opérent à l'égard des Idées fimples, qui pour l'ordinaire font plus nettes, plus précifes & plus diftinctes dans l'Efprit de la plûpart des hommes, que les Idées complexes, nous pouvons mieux examiner & apprendre comment l'Efprit fait des abftractions, comment il compare, diftingue & exerce fes

autres

autres opérations à l'égard des Idées complexes, fur quoi nous fommes plus sujets à nous méprendre.

En troifiéme lieu, parce que ces mêmes Opérations de l'Efprit concernant les Idées qui viennent par voye de *Senfation*, font elles-mêmes, lors que l'Efprit en fait l'objet de fes réflexions, une autre efpèce d'Idées, qui procedent de cette feconde fource de nos connoiffances que je nomme *Réflexion*, lefquelles il étoit à propos, à caufe de cela, de confiderer en cet endroit, après avoir parlé des Idées fimples qui viennent par Senfation. Du refte, je n'ai fait qu'indiquer en paffant ces Facultez de compofer des Idées, de les comparer, de faire des abftractions, *&c.* parce que j'aurai occafion d'en parler plus au long en d'autres endroits.

§. 15. Voilà en abregé une véritable hiftoire, fi je ne me trompe, des prémiers commencemens des connoiffances humaines. Par où l'on voit d'où l'Efprit tire les prémiers objets de fes penfées, & par quels dégrez il vient à faire cet amas d'Idées qui compofent toutes les connoiffances dont il eft capable. Sur quoi j'en appelle à l'expérience & aux obfervations que chacun peut faire en foi-même, pour favoir fi j'ai raifon : car le meilleur moyen de trouver la Vérité, c'eft d'examiner les chofes comme elles font réellement en elles-mêmes, & non pas de conclurre qu'elles font telles que notre propre imagination ou d'autres perfonnes nous les ont repréfentées.

§. 16. Quant à moi, je déclare fincèrement que c'eft là la feule voye par où je puis découvrir que les Idées des chofes entrent dans l'Entendement. Si d'autres perfonnes ont des Idées innées ou des Principes infus, je conviens qu'ils ont raifon d'en jouïr; & s'ils en font pleinement affurez, il eft impoffible aux autres hommes de leur refufer ce privilége qu'ils ont par deffus leurs Voifins. Je ne faurois parler, à cet égard, que de ce que je trouve en moi-même, & qui s'accorde avec les notions qui femblent dépendre des fondemens que j'ai pofez, & s'y rapporter dans toutes leurs parties & dans tous leurs différens dégrez, felon la méthode que je viens d'expofer, comme on peut s'en convaincre en examinant tout le cours de la vie des hommes dans leurs différens âges, dans leurs différens Païs, & par rapport à la différente maniére dont ils font élevez.

§. 17. Je ne prétens pas enfeigner, mais chercher la Vérité. C'eft pourquoi je ne puis m'empêcher de déclarer encore une fois, que les Senfations extérieures & intérieures font les feules voyes par où je puis voir que la connoiffance entre dans l'Entendement Humain. Ce font là, dis-je, autant que je puis m'en appercevoir, les feuls paffages par lefquels la lumiére entre dans cette Chambre obfcure. Car, à mon avis, l'Entendement ne reffemble pas mal à un Cabinet entièrement obfcur, qui n'auroit que quelques petites ouvertures pour laiffer entrer par dehors les images extérieures & vifibles, ou, pour ainfi dire, les idées des chofes: de forte que fi ces images venant à fe peindre dans ce Cabinet obfcur, pouvoient y refter, & y être placées en ordre, en forte qu'on pût les trouver dans l'occafion, il y auroit une grande reffemblance

CHAP. XI. blance entre ce Cabinet & l'Entendement humain, par rapport à tous les Objets de la vûë, & aux Idées qu'ils excitent dans l'Esprit.

Ce sont là mes conjectures touchant les moyens par lesquels l'Entendement vient à recevoir & à conserver les Idées simples & leurs différens Modes, avec quelques autres Opérations qui les concernent. Je vais présentement examiner, avec un peu plus de précision, quelques-unes de ces Idées simples & leurs Modes.

CHAPITRE XII.

Des Idées complexes.

CHAP. XII.

Les Idées complexes sont celles que l'Esprit compose des Idées simples.

§. I. NOus avons consideré jusqu'ici les Idées, dans la reception desquelles l'Esprit est purement passif, c'est-à-dire, ces Idées simples qu'il reçoit par la Sensation & par la Réflexion, en sorte qu'il n'est pas en son pouvoir d'en produire en lui-même aucune nouvelle de cet ordre, ni d'en avoir aucune qui ne soit pas entierement composée de celles-là. Mais quoi que l'Esprit soit purement passif dans la reception de toutes ses Idées simples, il produit néanmoins de lui-même plusieurs actes par lesquels il forme d'autres Idées, fondées sur les Idées simples qu'il a reçuës & qui sont les matériaux & les fondemens de toutes ses pensées. Voici en quoi consistent principalement ces actes de l'Esprit : 1. à combiner plusieurs Idées simples en une seule ; & c'est par ce moyen que se font toutes les Idées complexes. 2. à joindre deux Idées ensemble, soit qu'elles soient simples ou complexes, & à les placer l'une près de l'autre, en sorte qu'on les voye tout à la fois sans les combiner en une seule idée : c'est par-là que l'Esprit se forme toutes les Idées des Rélations. 3. Le troisiéme de ces actes consiste à separer des Idées d'avec toutes les autres qui existent réellement avec elles : c'est ce qu'on nomme *abstraction* ; & c'est par cette voye que l'Esprit forme toutes ses Idées générales. Ces différens actes montrent quel est le pouvoir de l'Homme ; & que ses opérations sont à peu près les mêmes dans le Monde matériel & dans le Monde intellectuel. Car les matériaux de ces deux Mondes sont de telle nature, que l'Homme ne peut ni en faire de nouveaux, ni détruire ceux qui existent, toute sa puissance se terminant uniquement ou à les unir ensemble, ou à les placer les uns auprès des autres, ou à les separer entierement. Dans le dessein que j'ai d'examiner nos *Idées complexes*, je commencerai par le prémier de ces actes ; & je parlerai des deux autres dans un autre endroit. Comme on peut observer que les Idées simples existent en différentes combinaisons, l'Esprit a la puissance de considerer comme une seule idée plusieurs de ces idées jointes ensemble ; & cela, non-seulement selon qu'elles sont unies dans les Objets extérieurs, mais selon qu'il les a jointes lui-même. Ces Idées formées ainsi de plusieurs idées simples mises ensemble, je les nomme complexes, telles sont la *Beauté*, la *reconnoissance*, un *homme*, une *Armée*, l'*Univers*.

Des Idées complexes. LIV. II.

CHAP. XII.

vers. Et quoi qu'elles soient composées de différentes Idées simples, ou d'Idées complexes formées d'Idées simples, l'Esprit considére pourtant, quand il veut, ces idées complexes chacune à part comme une chose unique qui fait un Tout désigné par un seul nom.

§. 2. Par cette faculté que l'Esprit a de repeter & de joindre ensemble ses Idées, il peut varier & multiplier à l'infini les Objets de ses pensées, au delà de ce qu'il reçoit par Sensation ou par Réflexion: mais toutes ces Idées se réduisent toûjours à ces Idées simples que l'Esprit a reçuës de ces deux Sources; & qui sont les matériaux auxquels se résolvent enfin toutes les compositions qu'il peut faire. Car les Idées simples sont toutes tirées des choses mêmes; & l'Esprit n'en peut avoir d'autres que celles qui lui sont suggerées. Il ne peut se former d'autres Idées de qualitez sensibles que celles qui lui viennent de dehors par les Sens, ni des idées d'aucune autre sorte d'opérations d'une Substance pensante que de celles qu'il trouve en lui-même. Mais lors qu'il a une fois acquis ces Idées simples, il n'est pas réduit à une simple contemplation des objets extérieurs qui se présentent à lui, il peut encore, par sa propre puissance, joindre ensemble les Idées qu'il a acquises, & en faire des Idées complexes, toutes nouvelles, qu'il n'avoit jamais reçuës ainsi unies.

C'est volontairement qu'on fait des Idées complexes.

§. 3. De quelque maniére que les Idées complexes soient composées & divisées, quoi que le nombre en soit infini, & qu'elles occupent les pensées des hommes avec une diversité sans bornes, elles peuvent pourtant être reduites à ces trois chefs:

Les Idées complexes sont ou des Modes, ou des Substances, ou des Rélations.

1. *Les Modes:*
2. *Les Substances:*
3. *Les Rélations.*

§. 4. Et prémiérement j'appelle *Modes*, ces Idées complexes, qui, quelque composées qu'elles soient, ne renferment point la supposition de subsister par elles-mêmes, mais sont considerées comme des dependances ou des affections des Substances, telles sont les idées signifiées par les mots de *Triangle*, de *gratitude*, de *meurtre*, &c. Que si j'employe dans cette occasion le terme de *Mode* dans un sens un peu différent de celui qu'on a accoûtumé de lui donner, je prie mon Lecteur de me pardonner cette liberté: car c'est une nécessité inévitable dans des Discours où l'on s'éloigne des notions communément reçuës, de faire de nouveaux mots, ou d'employer les anciens termes dans une signification un peu nouvelle; & ce dernier expédient est, peut-être, le plus tolerable dans cette rencontre.

Des Modes.

§. 5. Il y a de deux sortes de ces Modes, qui méritent d'être considerez à part. 1. Les uns ne sont que des combinaisons d'Idées simples de la même espèce, sans mélange d'aucune autre idée, comme une *douzaine*, une *vintaine*, qui ne sont autre chose que des idées d'autant d'unitez distinctes, jointes ensemble. Et ces Modes je les nomme *Modes Simples*, parce qu'ils sont renfermez dans les bornes d'une seule idée simple. 2. Il y en a d'autres qui sont composez d'idées simples de différentes espèces, qui jointes ensemble n'en font qu'une: telle est, par exemple, l'idée de la *Beauté*, qui est un certain assemblage de couleurs & de traits, qui fait du plaisir à voir.

Deux sortes de Modes, les uns Simples, & les autres Mixtes.

Ainsi

CHAP. XII. Ainſi le *Vol*, qui eſt un tranſport ſecret de la poſſeſſion d'une choſe, ſans le conſentement du Propriétaire, contient viſiblement une combinaiſon de pluſieurs idées de différentes eſpèces; & c'eſt ce que j'appelle *Modes mixtes*.

Subſtances ſingulières, ou collectives.

§. 6. En ſecond lieu, les Idées des *Subſtances* ſont certaines combinaiſons d'Idées ſimples, qu'on ſuppoſe repréſenter des choſes particuliéres & diſtinctes, ſubſiſtant par elles-mêmes, parmi leſquelles idées l'idée de Subſtance qu'on ſuppoſe ſans la connoître, quelle qu'elle ſoit en elle-même, eſt toûjours la prémiére & la principale. Ainſi, en joignant à l'idée de Subſtance celle d'un certain blanc-pale, avec certains dégrez de peſanteur, de dureté, de malléabilité, & de fuſibilité, nous avons l'idée du *Plomb*. De même, une combinaiſon d'idées d'une certaine eſpèce de figure, avec la puiſſance de ſe mouvoir, de penſer, & de raiſonner, jointes avec la Subſtance, forme l'idée ordinaire d'un *homme*.

Or à l'égard des *Subſtances*, il y a auſſi deux ſortes d'Idées, l'une des Subſtances ſinguliéres entant qu'elles exiſtent ſeparément, comme celle d'un *Homme* ou d'une *Brebis*, & l'autre de pluſieurs Subſtances jointes enſemble, comme *une Armée d'hommes*, & *un Troupeau de brebis* : car ces *Idées collectives* de pluſieurs Subſtances jointes de cette maniére, forment auſſi bien une ſeule idée que celle d'un *homme*, ou d'une *unité*.

Ce que c'eſt que Rélation.

§. 7. La troiſiéme eſpèce d'Idées complexes, eſt ce que nous nommons *Rélation*, qui conſiſte dans la comparaiſon d'une idée avec une autre: comparaiſon qui fait que la conſideration d'une choſe enferme en elle-même la conſideration d'une autre. Nous traiterons par ordre de ces trois différentes eſpèces d'Idées.

Les Idées les plus abſtruſes ne viennent que de deux ſources; la Senſation ou la Réflexion.

§. 8. Si nous prenons la peine de ſuivre pié-à-pié les progrès de notre Eſprit, & que nous nous appliquions à obſerver, comment il repete, ajoûte & unit enſemble les idées ſimples qu'il reçoit par le moyen de la Senſation ou de la Réflexion, cet examen nous conduira plus loin que nous ne pourrions peut-être nous le figurer d'abord. Et ſi nous obſervons ſoigneuſement les origines de nos Idées, nous trouverons, à mon avis, que les Idées même les plus abſtruſes, quelque éloignées qu'elles paroiſſent des Sens ou d'aucune opération de notre propre Entendement, ne ſont pourtant que des notions que l'Entendement ſe forme en repetant & combinant les Idées qu'il avoit reçuës des Objets des Sens, ou de ſes propres Opérations concernant les Idées qui lui ont été fournies par les Sens. De ſorte que *les idées les plus étenduës & les plus abſtraites nous viennent par la Senſation* ou *par la Réflexion* : car l'Eſprit ne connoit & ne ſauroit connoître que par l'uſage ordinaire de ſes facultez, qu'il exerce ſur les Idées qui lui viennent par les Objets extérieurs, ou par les Opérations qu'il obſerve en lui-même concernant celles qu'il a reçuës par les Sens. C'eſt ce que je tâcherai de faire voir à l'égard des Idées que nous avons de l'*Eſpace*, du *Temps*, de l'*Infinité*, & de quelques autres qui paroiſſent les plus éloignées de ces deux ſources.

CHAPITRE XIII.

Des Modes Simples; & prémiérement, de ceux de l'Espace.

§. 1. QUOIQUE j'aye déja parlé fort souvent des Idées simples, qui sont en effet les materiaux de toutes nos connoissances, cependant comme je les ai plûtôt considerées par rapport à la maniere dont elles sont introduites dans l'Esprit, qu'entant qu'elles sont distinctes des autres Idées plus composées, il ne sera peut-être pas hors de propos d'en examiner encore quelques-unes sous ce dernier rapport, & de voir ces différentes modifications de la même Idée, que l'Esprit trouve dans les choses mêmes, ou qu'il est capable de former en lui-même sans le secours d'aucun objet extérieur, ou d'aucune cause étrangère.

Ces Modifications d'une Idée Simple, quelle qu'elle soit, auxquelles je donne le nom de *Modes Simples*, comme il a été dit, sont des Idées aussi parfaitement distinctes dans l'Esprit que celles entre lesquelles il y a le plus de distance ou d'opposition. Car l'idée de *deux*, par exemple, est aussi différente & aussi distincte de celle d'*un*, que l'idée du *Bleu* diffère de celle de la *Chaleur*, ou que l'une de ces idées est distincte de celle de quelque autre nombre que ce soit. Cependant *deux* n'est composé que de l'idée Simple de l'unité repetée; & ce sont les repetitions de cette espèce d'idée qui jointes ensemble, font les idées distinctes ou les modes simples d'une *Douzaine*, d'une *Grosse*, d'un *Million*, &c.

§. 2. Je commencerai par l'*idée simple de l'Espace*. J'ai déja montré dans le Chapitre Quatriéme de ce Second Livre, que nous acquérons l'idée de l'Espace & par la vûë & par l'attouchement, ce qui est, ce me semble, d'une telle évidence, qu'il seroit aussi inutile de prouver que les hommes apperçoivent, par la vûë, la distance qui est entre des Corps de diverses couleurs, ou entre les parties du même Corps, qu'il le seroit de prouver qu'ils voyent les couleurs mêmes. Il n'est pas moins aisé de se convaincre que l'on peut appercevoir l'Espace dans les ténèbres par le moyen de l'attouchement.

§. 3. L'Espace consideré simplement par rapport à la longueur qui sépare deux Corps sans considerer aucune autre chose entre-deux, s'appelle *Distance*. S'il est consideré par rapport à la longueur, à la largeur & à la profondeur, on peut, à mon avis, le nommer *capacité*. Pour le terme d'*Etenduë*, on l'applique ordinairement à l'Espace de quelque maniére qu'on le considere.

§. 4. Chaque distance distincte est une différente modification de l'Espace, & chaque Idée d'une distance distincte ou d'un certain Espace, est un Mode Simple de cette Idée. Les hommes, pour leur usage, & par la coûtume de mesurer, qui s'est introduite parmi eux, ont établi dans leur Esprit les idées de certaines longueurs déterminées, comme sont un *pou-ce*

CHAP. XIII. ce, un *pié*, une *aune*, un *stade*, un *mille*, le *Diametre de la Terre*, &c. qui sont tout autant d'Idées distinctes, uniquement composées d'Espace. Lors que ces sortes de longueurs ou mesures d'Espace, leur sont devenuës familiéres, ils peuvent les repeter dans leur Esprit aussi souvent qu'il leur plaît, sans y joindre ou mêler l'idée du *Corps* ou d'aucune autre chose ; & se faire des idées de long, de quarré, ou de cubique, de *piés*, d'*aunes*, ou de *stades*, pour les rapporter dans cet Univers, aux Corps qui y sont, ou au delà des derniéres limites de tous les Corps ; & en multipliant ainsi ces idées par de continuelles additions, ils peuvent étendre leur idée de l'Espace autant qu'ils veulent. C'est par cette puissance de repeter ou de doubler l'idée que nous avons de quelque distance que ce soit, & de l'ajoûter à la précedente aussi souvent que nous voulons, sans pouvoir être arrêtez nulle part, que nous nous formons l'idée de l'*immensité*.

La Figure.
§. 5. Il y a une autre modification de cette Idée de l'Espace, qui n'est autre chose que la rélation qui est entre les parties qui terminent l'étenduë. C'est ce que l'attouchement découvre dans les Corps sensibles lorsque nous en pouvons toucher les extremitez, ou que l'œil apperçoit par les Corps mêmes & par leurs couleurs, lors qu'il en voit les bornes : auquel cas venant à observer comment les extremitez se terminent ou par des lignes droites qui forment des angles distincts, ou par des lignes courbes, où l'on ne peut appercevoir aucun angle, & les considerant dans le rapport qu'elles ont les unes avec les autres, dans toutes les parties des extremitez d'un Corps ou de l'Espace, nous nous formons l'idée que nous appellons *Figure*, qui se multiplie dans l'Esprit avec une infinie varieté. Car outre le nombre prodigieux de figures différentes qui existent réellement en diverses masses de matiére, l'Esprit en a un fonds absolument inépuisable par la puissance qu'il a de diversifier l'idée de l'Espace, & d'en faire par ce moyen de nouvelles compositions en repetant ses propres idées, & les assemblant comme il lui plait. C'est ainsi qu'il peut multiplier les Figures à l'infini.

§. 6. En effet, l'Esprit ayant la puissance de repeter l'idée d'une certaine ligne droite, & d'y en joindre une autre toute semblable sur le même plan, c'est-à-dire de doubler la longueur de cette ligne, ou bien de la joindre à une autre avec telle inclination qu'il juge à propos, & ainsi de faire telle sorte d'angle qu'il veut, notre Esprit, dis-je, pouvant outre cela accourcir une certaine ligne qu'il imagine, en ôtant la moitié de cette ligne, un quart ou telle partie qu'il lui plaira, sans pouvoir arriver à la fin de ces sortes de divisions, il peut faire un angle de telle grandeur qu'il veut. Il peut faire aussi les lignes qui en constituent les côtez, de telle longueur qu'il le juge à propos, & les joindre encore à d'autres lignes de différentes longueurs, & à differens angles, jusqu'à ce qu'il ait entierement fermé un certain espace : d'où il s'ensuit évidemment que nous pouvons multiplier les Figures à l'infini tant à l'égard de leur particuliére configuration, qu'à l'égard de leur capacité ; & toutes ces Figures ne sont autre chose que des Modes Simples de l'Espace, différens les uns des autres.

Ce qu'on peut faire avec des lignes droites, on peut le faire aussi avec des lignes

lignes courbes, ou bien avec des lignes courbes & droites mêlées ensemble : Chap. XIII. & ce qu'on peut faire sur des lignes, on peut le faire sur des surfaces, ce qui peut nous conduire à la connoissance d'une diversité infinie de Figures que l'Esprit peut se former à lui-même & par où il devient capable de multiplier si fort les Modes Simples de l'Espace.

§. 7. Une autre Idée qui se rapporte à cet article, c'est ce que nous ap- Le Lieu. pellons la *place*, ou le *lieu*. Comme dans le simple Espace nous considerons le rapport de distance qui est entre deux Corps, ou deux Points, de même dans l'idée que nous avons du *Lieu*, nous considerons le rapport de distance qui est entre une certaine chose, & deux Points ou plus encore, qu'on considere comme gardant la même distance l'un à l'égard de l'autre, & qu'on suppose par conséquent en repos: car lorsque nous trouvons aujourd'hui une chose à la même distance qu'elle étoit hier, de certains Points qui depuis n'ont point changé de situation les uns à l'égard des autres, & avec lesquels nous la comparions alors, nous disons qu'elle a gardé la même *place*. Mais si sa distance à l'égard de l'un de ces Points, a changé sensiblement, nous disons qu'elle a changé de place. Cependant à parler vulgairement, & selon la notion commune de ce qu'on nomme le *lieu*, ce n'est pas toûjours de certains points précis que nous prenons exactement la distance, mais de quelques parties considerables de certains Objets sensibles auxquels nous rapportons la chose dont nous observons la place & dont nous avons quelque raison de remarquer la distance qui est entre elle & ces Objets.

§. 8. Ainsi dans le jeu des Echecs quand nous trouvons toutes les Pièces placées sur les mêmes cases de l'Echiquier où nous les avions laissées, nous disons qu'elles sont toutes dans la même place, sans avoir été remuées, quoi que peut-être l'Echiquier ait été transporté, dans le même temps, d'une chambre dans une autre: parce que nous ne considerons les Pièces que par rapport aux parties de l'Echiquier qui gardent la même distance entre elles. Nous disons aussi, que l'Echiquier est dans le même lieu qu'il étoit, s'il reste dans le même endroit de la Chambre d'un Vaisseau où l'on l'avoit mis, quoi que le Vaisseau ait fait voile pendant tout ce tems-là. On dit aussi que le Vaisseau est dans le même lieu, supposé qu'il garde la même distance à l'égard des parties des Païs voisins, quoi que la Terre ait peut-être tourné tout autour, & qu'ainsi les Echecs, l'Echiquier & le Vaisseau ayent changé de place par rapport à des Corps plus éloignez qui ont gardé la même distance l'un à l'égard de l'autre. Cependant comme la place des Echecs est déterminée par leur distance de certaines parties de l'Echiquier: comme la distance où sont certaines parties fixes de la Chambre d'un Vaisseau à l'égard de l'Echiquier, sert à en déterminer la place, & que c'est par rapport à certaines parties fixes de la Terre que nous déterminons la place du Vaisseau, on peut dire à tous ces différens égards, que les Echecs, l'Echiquier, & le Vaisseau sont dans la même place, quoi que leur distance de quelques autres choses, auxquelles nous ne faisons aucune réflexion dans ce cas-là, ayant changé, il soit indubitable qu'ils ont aussi changé de place à cet égard; & c'est ainsi que nous en jugeons nous-mêmes, lorsque nous les comparons avec ces autres choses.

Q §. 9. Mais

Chap. XIII.

§. 9. Mais comme les Hommes ont inſtitué pour leur uſage, cette modification de Diſtance qu'on nomme *Lieu*, afin de pouvoir déſigner la poſition particuliére des choſes, lorſqu'ils ont beſoin d'une telle dénotation, ils conſidérent & déterminent la place d'une certaine choſe par rapport aux choſes *adjacentes* qui peuvent le mieux ſervir à leur préſent deſſein, ſans ſonger aux autres choſes qui dans une autre vûë ſeroient plus propres à déterminer le lieu de cette même choſe. Ainſi l'uſage de la dénotation de la place que chaque Echec doit occuper, étant déterminé par les différentes caſes tracées ſur l'Echiquier, ce ſeroit s'embarraſſer inutilement par rapport à cet uſage particulier que de meſurer la place des Echecs par quelque autre choſe. Mais lorſque ces mêmes Echecs ſont dans un Sac, ſi quelqu'un demandoit où eſt le *Roi noir*, il faudroit en déterminer le lieu par certains endroits de la Chambre où il ſeroit, & non pas par l'Echiquier : parce que l'uſage pour lequel on déſigne la place qu'il occupe préſentement, eſt différent de celui qu'on en tire en joüant lorſqu'il eſt ſur l'Echiquier; & par conſéquent, la place en doit être déterminée par d'autres Corps. De même, ſi l'on demandoit où ſont les Vers qui contiennent l'avanture de *Niſus* & d'*Eurialus*, ce ſeroit en déterminer fort mal l'endroit que de dire qu'ils ſont dans un tel lieu de la Terre, ou dans la Bibliotheque du Roi : mais la véritable détermination du lieu où ſont ces Vers, devroit être priſe des Ouvrages de *Virgile* : de ſorte que pour bien répondre à cette Queſtion, il faudroit dire qu'ils ſont vers le milieu du Neuviéme Livre de ſon *Eneïde*, & qu'ils ont toûjours été dans le même endroit, depuis que Virgile a été imprimé, ce qui eſt toûjours vrai, quoi que le Livre lui-même ait changé mille fois de place : l'uſage qu'on fait en cette rencontre de l'idée du Lieu, conſiſtant ſeulement à connoître en quel endroit du Livre ſe trouve cette Hiſtoire, afin que dans l'occaſion nous puiſſions ſavoir où la trouver, pour y recourir quand nous en aurons beſoin.

Du Lieu.

§. 10. Que l'idée que nous avons du *Lieu*, ne ſoit qu'une telle poſition d'une choſe par rapport à d'autres, comme je viens de l'expliquer, cela eſt, à mon avis, tout-à-fait évident; & nous le reconnoîtrons ſans peine, ſi nous conſiderons que nous ne ſaurions avoir aucune idée de la place de l'Univers, quoi que nous puiſſions avoir une idée de la place de toutes ſes parties, parce qu'au delà de l'Univers nous n'avons point d'idée de certains Etres fixes, diſtincts, & particuliers auxquels nous puiſſions juger que l'Univers ait aucun rapport de diſtance, n'y ayant au delà qu'un Eſpace ou Etenduë uniforme, où l'Eſprit ne trouve aucune varieté ni aucune marque de diſtinction. Que ſi l'on dit que l'Univers eſt quelque part, cela n'emporte dans le fond autre choſe, ſi ce n'eſt que l'Univers exiſte : car cette expreſſion quoi qu'empruntée du Lieu, ſignifie ſimplement ſon exiſtence, & non ſa ſituation ou *location*, s'il m'eſt permis de parler ainſi. Et quiconque pourra trouver & ſe repréſenter nettement & diſtinctement la place de l'Univers, pourra fort bien nous dire ſi l'Univers eſt en mouvement ou dans un continuel repos, dans cette étenduë infinie du Vuide où l'on ne ſauroit concevoir aucune diſtinction. Il eſt pourtant vrai, que le mot de *place* ou de *lieu* ſe prend ſouvent dans un ſens plus confus, pour cet eſpace

que

que chaque Corps occupe; & dans ce sens, l'Univers est dans un certain lieu.

Il est donc certain que nous avons l'idée du *Lieu* par les mêmes moyens que nous acquerons celle de l'Espace, dont le Lieu n'est qu'une consideration particuliére, bornée à certaines parties : je veux dire par la vûë & l'attouchement qui sont les deux moyens par lesquels nous recevons les idées de ce qu'on nomme étenduë ou distance.

§. 11. Il y a des gens * qui voudroient nous persuader, *Que le Corps & l'Etenduë sont une même chose.* Mais ou ils changent la signification des mots, dequoi je ne voudrois pas les soupçonner, eux qui ont si féverement condamné † la Philosophie qui étoit en vogue avant eux, pour être trop fondée sur le sens incertain ou sur l'obscurité illusoire de certains termes ambigus ou qui ne signifioient rien : ou bien, ils confondent deux Idées fort différentes, si par le *Corps* & l'*Etenduë* ils entendent la même chose que les autres hommes, savoir par le *Corps* ce qui est solide & étendu, dont les parties peuvent être divisées & muës en différentes maniéres, & par l'*Etenduë*, seulement l'espace que ces parties solides jointes ensemble occupent, & qui est entre les extremitez de ces parties. Car j'en appelle à ce que chacun juge en soi-même, pour savoir si l'Idée de l'Espace n'est pas aussi distincte de celle de la Solidité, que de l'Idée de la Couleur qu'on nomme Ecarlate. Il est vrai que la *Solidité* ne peut subsister sans l'étenduë, ni l'Ecarlate ne sauroit exister non plus sans l'étenduë, ce qui n'empêche pas que ce ne soient des Idées distinctes. Il y a plusieurs Idées qui pour exister, ou pour pouvoir être conçuës, ont absolument besoin d'autres Idées dont elles sont pourtant très-différentes. Le Mouvement ne peut être, ni être conçu sans l'Espace; & cependant le Mouvement n'est point l'Espace, ni l'Espace le Mouvement : l'Espace peut exister sans le Mouvement, & ce sont deux idées fort distinctes. Il en est de même, à ce que je croi, de l'Espace & de la Solidité. La Solidité est une idée si inséparable du Corps, que c'est parce que le Corps est solide, qu'il remplit l'Espace, qu'il touche un autre Corps, qu'il le pousse, & par-là lui communique du mouvement. Que si l'on peut prouver que l'Esprit est different du Corps, parce que ce qui pense, n'enferme point l'idée de l'étenduë : si cette raison est bonne, elle peut, à mon avis, servir tout aussi bien à prouver que *l'Espace n'est pas Corps*, parce qu'il n'enferme pas l'idée de la Solidité, l'Espace & la Solidité étant des Idées aussi différentes entr'elles que la Pensée & l'Etenduë, de sorte que l'Esprit peut les separer entiérement l'une de l'autre. Il est donc évident que le *Corps* & l'*Etenduë* sont deux Idées distinctes.

§. 12. Car prémiérement, l'Etenduë n'enferme ni Solidité ni résistance au mouvement d'un Corps, comme fait le Corps.

§. 13. En second lieu, les Parties de l'Espace pur sont inséparables l'une de l'autre, en sorte que la continuité n'en peut être, ni réellement, ni men-
tale-

Le *Corps* & l'*Etenduë* ne sont pas la même chose.

---

* Les Cartesiens.
† La Philosophie Scholastique qui a été enseignée dans toutes les Universitez de l'Europe long-temps avant Descartes.

CHAP. XIII. talement féparée. Car je défie qui que ce foit de pouvoir écarter, même par la penfée, une partie de l'Efpace d'avec une autre. Divifer & feparer actuellement, c'eft, à ce que je croi, faire deux fuperficies en écartant des partiés qui faifoient auparavant une quantité continuë ; & divifer mentalement, c'eft imaginer deux fuperficies où auparavant il y avoit continuité, & les confiderer comme éloignées l'une de l'autre, ce qui ne peut fe faire que dans les chofes que l'Efprit confidere comme capables d'être divifées, & de recevoir, par la divifion, de nouvelles furfaces diftinctes, qu'elles n'ont pas alors, mais qu'elles font capables d'avoir. Or aucune de ces fortes de divifions, foit réelle, ou mentale, ne fauroit convenir, ce me femble, à l'Efpace pur. A la vérité, un homme peut confiderer autant d'un tel efpace, qui réponde ou foit commenfurable à un pié, fans penfer au refte, ce qui eft bien une confideration de certaine portion de l'Efpace, mais n'eft point une divifion même mentale, parce qu'il n'eft pas plus poffible à un homme de faire une divifion par l'Efprit fans reflechir fur deux furfaces feparées l'une de l'autre, que de divifer actuellement, fans faire deux furfaces, écartées l'une de l'autre. Mais confiderer des parties, ce n'eft point les divifer. Je puis confiderer la lumiére dans le Soleil, fans faire reflexion à fa chaleur, ou la mobilité dans le Corps, fans penfer à fon étenduë, mais par-là je ne fonge point à feparer la lumiére d'avec la chaleur, ni la mobilité d'avec l'étenduë. La prémiére de ces chofes n'eft qu'une fimple confideration d'une feule partie, au lieu que l'autre eft une confideration de deux parties entant qu'elles exiftent feparément.

§. 14. En troifiéme lieu, les parties de l'*Efpace pur* font immobiles, ce qui fuit de ce qu'elles font indivifibles : car comme le *mouvement* n'eft qu'un changement de diftance entre deux chofes, un tel changement ne peut arriver entre des parties qui font infeparables, car il faut qu'elles foient par cela même dans un perpetuel repos l'une à l'égard de l'autre.

Ainfi l'Idée déterminée de l'*Efpace pur* le diftingue évidemment & fuffifamment du *Corps*, puifque fes parties font infeparables, immobiles, & fans refiftance au mouvement du Corps.

La Définition de l'Etenduë ne prouve point qu'il ne fauroit y avoir de l'Efpace fans Corps.

§. 15. Que fi quelqu'un me demande, ce que c'eft que cet *Efpace*, dont je parle, je fuis prêt à le lui dire, quand il me dira ce que c'eft que l'*Etenduë*. Car de dire comme on fait ordinairement, que l'Etenduë c'eft d'avoir *partes extra partes*, c'eft dire fimplement que l'Etenduë eft étenduë. Car, je vous prie, fuis-je mieux inftruit de la nature de l'Etenduë lorfqu'on me dit qu'elle confifte à avoir des parties étenduës, extérieures à d'autres parties étenduës, c'eft à dire que l'Etenduë eft compofée de parties étenduës, fuis-je mieux inftruit fur ce point, que celui qui me demandant ce que c'eft qu'une *Fibre*, recevroit pour réponfe, que c'eft une chofe compofée de plufieurs Fibres ? Entendroit-il mieux, après une telle réponfe, ce que c'eft qu'une Fibre, qu'il ne l'entendoit auparavant ? ou plûtôt, n'auroit-il pas raifon de croire que j'aurois bien plus en vûë de me moquer de lui, que de l'inftruire ?

La Divifion des Etres en Corps & Efprits, ne prouve point que l'Efpace & le Corps foient la même chofe.

§. 16. Ceux qui foûtiennent que l'Efpace & le Corps font une même chofe, fe fervent de ce Dilemme : Ou l'Efpace ft quelque chofe, ou ce n'eft n'est rien. S'il n'y a rien entre deux Corps, il faut nécessairement qu'ils se touchent : & si l'on dit que l'Espace est quelque chose (1), ils demandent si c'est Corps, ou Esprit ? A quoi je répons par une autre Question : Qui vous a dit, qu'il n'y a, ou qu'il n'y peut avoir que des Etres solides qui ne peuvent penser, & que des Etres pensans qui ne sont point étendus ? Car c'est là tout ce qu'ils entendent par les termes de *Corps* & d'*Esprit.*

§. 17. Si l'on demande, comme on a accoûtumé de faire, si l'Espace sans Corps est Substance ou Accident, je répondrai sans hésiter, Que je n'en sai rien ; & je n'aurai point de honte d'avoüer mon ignorance, jusqu'à ce que ceux qui font cette Question, me donnent une idée claire & distincte de ce qu'on nomme *Substance.*

§. 18. Je tâche de me délivrer, autant que je puis, de ces illusions que nous sommes sujets à nous faire à nous-mêmes, en prenant des mots pour des choses. Il ne nous sert de rien de faire semblant de savoir ce que nous ne savons pas, en prononçant certains sons qui ne signifient rien de distinct & de positif. C'est battre l'air inutilement. Car des mots faits à plaisir ne changent point la nature des choses, & ne peuvent devenir intelligibles qu'en-

CHAP. XIII.

La Substance, que nous ne connoissons pas, ne peut servir de preuve contre l'existence d'un Espace sans Corps.

(1) C'est la demande qu'on vient de faire * au Défenseur des Notions du Docteur Clarke, concernant l'Espace, cité ci-dessus, p. 69. Not. 1. ,, Si l'Auteur de cette *Défense*, dit-on, a quelque idée d'une Chose qui n'est ni Matiere ni Esprit, qu'il ne nous dise point ce que cette Chose n'est pas, mais ce qu'elle est. S'il n'a aucune idée d'une telle Chose, je suis assûré, dit son Antagoniste, qu'il ne prouvera jamais que l'Espace soit cette Chose-là : car prouver que c'est ce dont il n'a aucune idée, c'est prouver que c'est seulement *un il ne sait quoi* Et il ne suffira point, ajoûte-t-il, de répondre avec M. Locke à la Question, *si l'Espace est Corps ou Esprit ?* Qui vous a dit, qu'il n'y a, ou qu'il ne peut y avoir que des Etres solides qui ne peuvent penser, & que des Etres pensans qui ne sont point étendus. Cette réponse, *dit-il*, ne suffira point parce qu'ici la question n'est pas, s'il peut y avoir autre chose que *Corps & Esprit*, mais si nous n'avons aucune idée de quelque autre chose. Et si nous n'en avons aucune, je suis assûré qu'il sera impossible de prouver, comme je viens de dire, que l'Espace soit cette Chose-là. Voici les propres paroles de l'Original: *If the Author of the Defence of Dr.* CLARKE's *Notions concerning Space has any Idea of a thing, that is neither matter nor spirit, let him not tell us what it is not, but what it is. If he has not any Idea of such a Thing, then I am sure he can never prove Space to be that thing : for proving it to be what he has no Idea of, is proving it to be what - - - he knows not what. Nor will it be sufficient to say herewith Mr.* LOCKE, *who to the Question, whether Space be Body or Spirit ? answers by another Question, viz. Who told them that there was, or could be nothing but solid Beings which could not think, or thinking Beings that were not extended ? which is all they mean, he says, by the termes Body & Spirit. This, I say, will not be sufficient ; since the Question here, is not, whether there cannot be any Thing beside Body and Spirit ? but whether we have any Idea of any other Thing ? And, if we have not, I am sure it will be impossible to prove Space, y I have sayd before, to be such a Thing.* L'Auteur employe la meilleure partie de son Livre à prouver que l'Espace distinct de la Matiere n'a en effet aucune existence réelle, que c'est un pur vuide, un Néant absolu, un Être imaginaire, l'absence du Corps & rien de plus. Pour moi, j'avoûe sincerement que sur une Question si subtile, comme sur bien d'autres de cette nature, je n'ai point d'opinion déterminée ; & que je me fais une affaire de desapprendre tous les jours bien des choses dont je m'étois crû fort bien instruit. *Multa nescire mea pars magna sapientia.*

* Dans un Livre Anglois, intitulé *Dr.* CLARKE's *Notions of Space examined.* Imprimé à Londres, en 1733.

qu'entant que ce sont des signes de quelque chose de positif, & qu'ils expriment des Idées distinctes & déterminées. Je souhaiterois au reste, que ceux qui appuyent si fort sur le son de ces trois syllabes, *Substance*, prissent la peine de considerer, si l'appliquant, comme ils font, à Dieu, cet Etre infini & incomprehensible, aux Esprits finis, & au Corps, ils le prennent dans le même sens; & si ce mot emporte la même idée lorsqu'on le donne à chacun de ces trois Etres si différens. S'ils disent qu'oui, je les prie de voir s'il ne s'ensuivra point de là, Que Dieu, les Esprits finis, & les Corps participans en commun à la même nature de *Substance*, ne différent point autrement que par la différente modification de cette Substance, comme un Arbre & un Caillou qui étant Corps dans le même sens, & participant également à la nature du Corps, ne différent que dans la simple modification de cette matiére commune dont ils sont composez, ce qui seroit un dogme bien difficile à digerer. S'ils disent qu'ils appliquent le mot de *Substance* à Dieu, aux Esprits finis, & à la Matiére en trois différentes significations: que, lors qu'on dit que Dieu est une *Substance*, ce mot marque une certaine idée, qu'il en signifie une autre lors qu'on le donne à l'Ame, & une troisiéme lors qu'on le donne au Corps: si, dis-je, le terme de *Substance* a trois différentes idées, absolument distinctes, ces Messieurs nous rendroient un grand service s'ils vouloient prendre la peine de nous faire connoître ces trois idées, ou du moins de leur donner trois noms distincts, afin de prévenir, dans un sujet si important, la confusion & les erreurs que causera naturellement l'usage d'un terme si ambigu, si on l'applique indifferemment & sans distinction à des choses si différentes; car à peine a-t-il une seule signification claire & déterminée, tant s'en faut que dans l'usage ordinaire on soupçonne qu'il en renferme trois. Et du reste, s'ils peuvent attribuer trois idées distinctes à la *Substance*, qui peut empêcher qu'un autre ne lui en attribuë une quatriéme?

Les mots de *Substance* & d'*Accident* sont de peu d'usage dans la Philosophie.

§. 19. Ceux qui les prémiers se sont avisez de regarder les *Accidens* comme une espèce d'Etres réels qui ont besoin de quelque chose à quoi ils soient attachez, ont été contraints d'inventer le mot de *Substance*, pour servir de soûtien aux *Accidens*. Si un pauvre *Philosophe Indien* qui s'imagine que la Terre a aussi besoin de quelque appui, se fût avisé seulement du mot de *Substance*, il n'auroit pas eu l'embarras de chercher un Elephant pour soûtenir la Terre, & une Tortuë pour soûtenir son Elephant, le mot de *Substance* auroit entiérement fait son affaire. Et quiconque demanderoit après cela, ce que c'est qui soûtient la Terre, devroit être aussi content de la réponse d'un Philosophe Indien qui lui diroit, que c'est la *Substance*, sans savoir ce qu'emporte ce mot, que nous le sommes d'un *Philosophe Européen* qui nous dit, que la *Substance*, terme dont il n'entend pas non plus la signification, est-ce qui soûtient les *Accidens*. Car toute l'idée que nous avons de la Substance, c'est une idée obscure de ce qu'elle fait, & non une idée de ce qu'elle est.

§. 20. Quoi que pût faire un Savant en pareille rencontre, je ne croi pas qu'un Americain d'un Esprit un peu pénétrant qui voudroit s'instruire de la nature des choses, fût fort satisfait, si desirant d'apprendre notre maniére

niére de bâtir, on lui difoit, qu'un Pilier eſt une choſe foûtenuë par une CHAP. XIII.
Baſe; & qu'une Baſe eſt quelque choſe qui foûtient un Pilier. Ne croi-
roit-il pas qu'en lui tenant un tel diſcours, on auroit envie de ſe moquer de
lui, au lieu de ſonger à l'inſtruire? Et ſi un Etranger qui n'auroit jamais
vû des Livres, vouloit apprendre exactement, comment ils ſont faits &
ce qu'ils contiennent, ne ſeroit-ce pas un plaiſant moyen de l'en inſtruire
que de lui dire, que tous les bons Livres ſont compoſez de Papier & de
Lettres, que les Lettres ſont des choſes inhérentes au Papier, & le Papier
une choſe qui foûtient les Lettres? N'auroit-il pas, après cela, des Idées
fort claires des Lettres & du Papier? Mais ſi les mots Latins, *inhærentia*
& *ſubſtantia*, étoient rendus nettement en François par des termes qui ex-
primaſſent *l'action de s'attacher* & *l'action de ſoûtenir*, (car c'eſt ce qu'ils ſignifient proprement) nous verrions bien mieux le peu de clarté qu'il y a
dans tout ce qu'on dit de la *Subſtance* & des *Accidens*, & de quel uſage ces
mots peuvent être en Philoſophie pour décider les Queſtions qui y ont
quelque rapport.

§. 21. Mais pour revenir à notre Idée de l'Eſpace. Si l'on ne ſup- Qu'il y a un vuide
poſe pas le Corps infini, ce que perſonne n'oſera faire, à ce que je au delà des derniè-
croi, je demande, ſi un homme que Dieu auroit placé à l'extremité res bornes des
des Etres Corporels, ne pourroit point étendre ſa main au delà de ſon Corps.
Corps. S'il le pouvoit, il mettroit donc ſon bras dans un endroit où
il y avoit auparavant de l'Eſpace ſans Corps; & ſi ſa main étant dans
cet Eſpace, il venoit à écarter les doigts, il y auroit encore entredeux
de l'Eſpace ſans Corps. Que s'il ne pouvoit étendre ſa main, (1) ce
devroit être à cauſe de quelque empêchement extérieur, car je ſuppoſe
que cet homme eſt en vie avec la même puiſſance de mouvoir les
parties de ſon Corps qu'il a préſentement, ce qui de ſoi n'eſt pas impoſſible, ſi Dieu le veut ainſi, ou du moins eſt-il certain que Dieu
peut le mouvoir en ce ſens: & alors je demande ſi ce qui empêche ſa
main de ſe mouvoir en dehors, eſt ſubſtance ou accident, quelque choſe,
ou rien? Quand ils auront ſatisfait à cette queſtion, ils ſeront capables
de déterminer d'eux-mêmes ce que c'eſt qui ſans être Corps & ſans
avoir aucune Solidité, eſt, ou peut être entre deux Corps éloignez
l'un de l'autre. Du reſte, celui qui dit qu'un Corps en mouvement,
peut

(1) —— *Si jàm finitum conſtituatur*
Omne quod eſt ſpatium, ſi quis procurrat ad
oras
Ultimus extremas, jaciátque volatile telum:
Id validis utrùm contortum viribus ire
Quò fuerit miſſum, mavis, longéque volare,
An prohibere aliquid cenſes, obſtaréque poſſe?
Alterutrum fatearis enim, ſumàsque ne-
ceſſe eſt,
Quorum utrumque tibi effugium præcludit,
& omne

Cogit ut exemptâ concedas fine patere.
Nam ſive eſt aliquid, quod prohibeat officiátque
Quo minù quo miſſum'ſt veniat, finique lo-
cet ſe,
Sive foras fertur, non eſt ea fini profectò.
Hoc pacto ſequar, atque oras ubicumque lo-
caris
Extremas, quæram quid telo denique fiat.
Fiet, uti nuſquam poſſit conſiſtere finis:
Effugiumque fuge prolatet copia ſemper.
LUCRET. Lib. I. *vſ*. 967, &c.

CHAP. XIII. peut se mouvoir vers où rien ne peut s'opposer à son mouvement, comme au delà de l'Espace qui borne tous les Corps, raisonne pour le moins aussi conséquemment que ceux qui disent, que deux Corps entre lesquels il n'y a rien, doivent se toucher nécessairement. Car au lieu que l'Espace qui est entre deux Corps, suffit pour empêcher leur contact mutuel, l'Espace pur qui se trouve sur le chemin d'un Corps qui se meut, ne suffit pas pour en arréter le mouvement. La verité est, qu'il n'y a que deux partis à prendre pour ces Messieurs, ou de déclarer que les Corps sont infinis, quoi qu'ils ayent de la repugnance à le dire ouvertement, ou de reconnoître de bonne foi que l'Espace n'est pas Corps. Car je voudrois bien trouver quelqu'un de ces Esprits profonds qui par la pensée pût plûtôt mettre des bornes à l'Espace qu'il n'en peut mettre à la Durée, ou qui, à force de penser à l'étenduë de l'Espace & de la Durée, pût les épuiser entierement & arriver à leurs derniéres bornes. Que si son idée de l'*Eternité* est infinie, celle qu'il a de l'*Immensité* l'est aussi, toutes deux étant également finies, ou infinies.

La puissance d'annihiler prouve le Vuide.

§. 22. Bien plus, non seulement il faut que ceux qui soûtiennent que l'existence d'un Espace sans matiére est impossible, reconnoissent que le Corps est infini, il faut, outre cela, qu'ils nient que Dieu ait la puissance d'annihiler aucune partie de la Matiére. Je suppose que personne ne me niera que Dieu ne puisse faire cesser tout le mouvement qui est dans la Matiére, & mettre tous les Corps de l'Univers dans un parfait repos, pour les laisser dans cet état tout aussi long-temps qu'il voudra. Or quiconque tombera d'accord que durant ce repos universel Dieu peut annihiler ce Livre, ou le Corps de celui qui le lit, ne peut éviter de reconnoître la possibilité du *Vuide*. Car il est évident que l'Espace qui étoit rempli par les parties du Corps annihilé, restera toûjours, & sera un Espace sans corps; parce que les Corps qui sont tout autour, étant dans un parfait repos, sont comme une muraille de Diamant; & dans cet état mettent tout autre Corps dans une parfaite impossibilité d'aller remplir cet Espace. Et en effet, ce n'est que de la supposition, que tout est plein, qu'il s'ensuit qu'une partie de matiére doit nécessairement prendre la place qu'une autre partie vient de quitter. Mais cette supposition devroit être prouvée autrement que par un fait en question, qui bien loin de pouvoir être démontré par l'expérience, est visiblement contraire à des Idées claires & distinctes qui nous convainquent évidemment qu'il n'y a point de liaison nécessaire entre l'*Espace* & la *Solidité*, puisque nous pouvons concevoir l'un sans songer à l'autre. Et par conséquent ceux qui disputent pour ou contre le *Vuide*, doivent reconnoître qu'ils ont des idées distinctes du *Vuide* & du *Plein*, c'est à dire, qu'ils ont une idée de l'Etenduë exempte de solidité, quoi qu'ils en nient l'existence, ou bien ils disputent sur le pur néant. Car ceux qui changent si fort la signification des mots, qu'ils donnent à l'*Etenduë* le nom de *Corps*; & qui réduisent, par conséquent, toute l'essence du Corps à n'être rien autre chose qu'une pure étenduë sans solidité, doivent parler d'une maniére bien absurde lorsqu'ils raisonnent du Vuide, puisqu'il est impossible que l'Etenduë soit sans étenduë. Car enfin, qu'on reconnoisse ou qu'on nie l'existence

du

Des Modes Simples de l'Espace. Liv. II.

du Vuide, il est certain que le Vuide signifie *un Espace sans Corps*; & toute personne qui ne veut ni supposer la Matiere infinie, ni ôter à Dieu la puissance d'en annihiler quelque particule, ne peut nier la possibilité d'un tel Espace.

§. 23. Mais sans sortir de l'Univers pour aller au delà des dernieres bornes des Corps, & sans recourir à la toute-puissance de Dieu pour établir le Vuide, il me semble que le mouvement des Corps que nous voyons & dont nous sommes environnez, en démontre clairement l'existence. Car je voudrois bien que quelqu'un essayât de diviser un Corps solide de telle dimension qu'il voudroit, en sorte qu'il fît que ces parties solides pussent se mouvoir librement en haut, en bas, & de tous côtez dans les bornes de la superficie de ce Corps, quoi que dans l'étenduë de cette superficie il n'y eût point d'espace vuide aussi grand que la moindre partie dans laquelle il a divisé ce Corps solide. Que si lorsque la moindre partie du Corps divisé est aussi grosse qu'un grain de semence de moutarde, il faut qu'il y ait un espace vuide qui soit égal à la grosseur d'un grain de moutarde, pour faire que les parties de ce Corps ayent de la place pour se mouvoir librement dans les bornes de sa superficie ; il faut aussi, que lorsque les parties de la Matiére sont cent millions de fois plus petites qu'un grain de moutarde, il y ait un espace, vuide de matiere solide, qui soit aussi grand qu'une partie de moutarde, cent millions de fois plus petite qu'un grain de cette semence. Et si ce Vuide proportionel est nécessaire dans le prémier cas, il doit l'être dans le second, & ainsi à l'infini. Or que cet Espace vuide soit si petit qu'on voudra, cela suffit pour détruire l'hypothese qui établit que tout est plein. Car s'il peut y avoir un Espace, vuide de Corps, égal à la plus petite partie distincte de matiére qui existe présentement dans le Monde, c'est toûjours un Espace vuide de Corps, & qui met une aussi grande différence entre l'Espace pur, & le Corps, que si c'étoit un Vuide immense, μέγα χάσμα. Par conséquent, si nous supposons que l'Espace vuide qui est nécessaire pour le mouvement, n'est pas égal à la plus petite partie de la Matiére solide, actuellement divisée, mais à $\frac{1}{10}$ ou à $\frac{1}{1000}$ de cette partie, il s'ensuivra toûjours également qu'il y a de l'Espace sans matiére.

§. 24. Mais comme ici la Question est de savoir, si l'idée de Espace ou de l'Etenduë est la même que celle du Corps, il n'est pas nécessaire de prouver l'existence réelle du Vuide, mais seulement de montrer qu'on peut avoir l'idée d'un Espace sans Corps. Or je dis qu'il est évident que les hommes ont cette idée, puisqu'ils cherchent & disputent s'il y a du Vuide, ou non. Car s'ils n'avoient point l'idée d'un Espace sans Corps, ils ne pourroient pas mettre en question si cet Espace existe ; & si l'idée qu'ils ont du Corps, n'enferme pas en soi quelque chose de plus que l'Idée simple de l'Espace, ils ne peuvent plus douter que tout le Monde ne soit parfaitement plein. Et en ce cas-là, il seroit aussi absurde de demander s'il y auroit un Espace sans Corps, que de demander s'il y auroit un Espace sans espace, ou un Corps sans corps, puisque ce ne seroient que différens noms d'une même Idée.

CHAP. XIII.

Le Mouvement prouve le Vuide.

Les Idées de l'Espace & du Corps sont distinctes l'une de l'autre.

§. 25. Il

CHAP. XIII.
De ce que l'étenduë est inséparable du Corps il ne s'ensuit pas que l'Espace & le Corps soient une seule & même chose.

§. 25. Il est vrai que l'Idée de l'Etenduë est si inséparablement jointe à toutes les Qualitez visibles, & à la plûpart des Qualitez tactiles, que nous ne pouvons voir aucun Objet extérieur, ni en toucher fort peu, sans recevoir en même temps quelque impression de l'Etenduë. Or parce que l'Etenduë se mêle si constamment avec d'autres Idées, je conjecture que c'est ce qui a donné occasion à certaines gens de déterminer que toute l'essence du Corps consiste dans l'étenduë. Ce n'est pas une chose fort étonnante ; puisque quelques-uns se sont si fort rempli l'Esprit de l'idée de l'Etenduë par le moyen de la Vûë & de l'Attouchement, (les plus occupez de tous les Sens) qu'ils ne sauroient donner de l'existence à ce qui n'a point d'étenduë, cette Idée ayant, pour ainsi dire, rempli toute la capacité de leur Ame. Je ne prétens pas disputer présentement contre ces personnes, qui renferment la mesure & la possibilité de tous les Etres dans les bornes étroites de leur Imagination grossière. Mais comme je n'ai à faire ici qu'à ceux qui concluent que l'essence du Corps consiste dans l'Etenduë, parce qu'ils ne sauroient, disent-ils, imaginer aucune qualité sensible de quelque Corps que ce soit sans étenduë, je les prie de considerer, (1) que, s'ils eussent autant réfléchi sur les Idées qu'ils ont des Goûts & des Odeurs, que sur celles de la Vûë & de l'Attouchement, ou qu'ils eussent examiné les idées que leur cause la faim, la soif, & plusieurs autres incommoditez, ils auroient compris que toutes ces idées n'enferment en elles-mêmes aucune idée d'étenduë, qui n'est qu'une affection du Corps, comme tout le reste de ce qui peut être découvert par nos Sens, dont la pénétration ne peut guere aller jusqu'à voir la pure essence des choses.

§. 26.

(1) Il est difficile d'imaginer ce qui peut avoir engagé M. LOCKE à nous débiter ce long raisonnement contre les Cartesiens. C'est à eux qu'il en veut ici ; & il leur parle des *idées des Goûts & des Odeurs*, comme s'ils croyoient que ce sont des Qualitez inhérentes dans les Corps. Il est pourtant très-certain que long-temps avant que M. Locke eût songé à composer son Livre, les Cartesiens avoient démontré que les Idées des Saveurs & des Odeurs sont uniquement dans l'Esprit de ceux qui goûtent les Corps qu'on nomme savoureux & qui flairent les Corps qu'on nomme odoriferans ; & que bien loin que *ces Idées enferment en elles-mêmes aucune idée d'étenduë*, elles sont excitées dans notre Ame par quelque chose dans les Corps qui n'a aucun rapport à ces Idées, comme on peut le voir par ce qui a été remarqué sur la page 91. ch. VIII. §. 14. — Lorsque je vins à traduire cet endroit de l'*Essai concernant l'Entendement humain*, je m'apperçus de la méprise de M. Locke, & je l'en avertis : mais il me fut impossible de le faire convenir que le sentiment qu'il attribuoit aux Cartesiens, étoit directement opposé à celui qu'ils ont soûtenu, & prouvé avec la dernière évidence, & qu'il avoit adopté lui-même dans cet Ouvrage. Quelque temps après, commençant à me défier de mon jugement sur cette affaire, j'en écrivis à M. BAYLE, qui me répondit que j'étois bien fondé à trouver l'*ignoratio elenchi* dans le passage en question. On peut voir sa Réponse dans la 247me. Lettre, p. 932. Tom. III. de la Nouvelle Edition des LETTRES DE MR. BAYLE, publiée en 1729. par Mr. DES-MAIZEAUX, qui l'a augmentée de *Nouvelles Lettres*, & enrichie de *Remarques* très-curieuses & très-instructives. Et voici la Note par laquelle ce judicieux Editeur a trouvé bon de confirmer la censure que M. Bayle avoit faite du Passage qui fait le sujet de cet article : Les Cartesiens, dit-il après avoir cité les propres paroles de M. Locke jusqu'à ces mots, *Ils auroient compris que toutes ces Idées n'enferment en elles-mêmes aucune idée d'étenduë*, — Les Cartesiens à qui Mr. Locke en veut ici, ont fort bien compris, que toutes ces Idées n'enferment en elles-mêmes aucune idée d'étenduë. *Ils l'ont dit, redit, & prouvé plus nettement qu'on ne l'avoit encore fait : de sorte que l'avis que M. Locke leur donne, n'est pas fort à propos, & pourroit même faire croire qu'il n'entendoit pas trop bien leurs Principes, comme M. Coste s'en étoit apperçu, & comme l'insinuë ici M. Bayle.*

§. 26. Que si les Idées qui sont constamment jointes à toutes les autres, doivent passer dès-là pour l'essence des choses auxquelles ces Idées se trouvent jointes, & dont elles sont inséparables, l'Unité doit donc être, sans contredit, l'essence de chaque chose. Car il n'y a aucun Objet de Sensation ou de Réflexion, qui n'emporte l'idée de l'unité. Mais c'est une sorte de raisonnement dont nous avons déja montré suffisamment la foiblesse.

§. 27. Enfin, quelles que soient les pensées des hommes sur l'existence du Vuide, il me paroît évident, que nous avons une idée aussi claire de l'Espace, distinct de la Solidité, que nous en avons de la Solidité, distincte du Mouvement, ou du Mouvement distinct de l'Espace. Il n'y a pas deux Idées plus distinctes que celles-là, & nous pouvons concevoir aussi aisément l'Espace sans solidité, que le Corps ou l'Espace sans mouvement; quoi qu'il soit très-certain, que le Corps ou le Mouvement ne sauroient exister sans l'Espace. Mais soit qu'on ne regarde l'Espace que comme une Rélation qui resulte de l'existence de quelques Etres éloignez les uns des autres, ou qu'on croye devoir entendre litteralement ces paroles du sage Roi Salomon, *Les Cieux & les Cieux des Cieux ne te peuvent contenir*, ou celles-ci de St. *Paul*, ce *Philosophe inspiré* de Dieu, lesquelles sont encore plus emphatiques, (1) *C'est en lui que nous avons la vie, le mouvement, & l'être*, je laisse examiner ce qui en est à quiconque voudra en prendre la peine, & je me contente de dire, que l'idée que nous avons de l'Espace, est, à mon avis, telle que je viens de la représenter, & entierement distincte de celle du Corps. Car soit que nous considerions dans la Matiére même la distance de ses parties solides, jointes ensemble, & que nous lui donnions le nom d'*étenduë* par rapport à ces parties solides, ou que considerant cette distance comme étant entre les extrêmitez

Les idées de l'Espace & de la Solidité différent l'une de l'autre.

---

(1) *Act.* XVII, vers. 28. Εν αὐτῷ ζῶμεν, καὶ κινούμεθα, καὶ ἐσμεν. Ces paroles de l'Original expriment, ce me semble, quelque chose de plus que la Traduction Françoise, ou du moins elles représentent la même chose plus vivement & plus nettement. C'est la réflexion que je fis sur les paroles de S. Paul dans la prémière Edition Françoise de cet Ouvrage. Je voulois insinuer par-là qu'on devoit expliquer ces paroles litteralement & dans le sens propre. M. Locke parut satisfait du tour que j'avois pris, qui tendoit en effet à établir ce que M. Locke croyoit de l'Espace, & qu'il insinué en plusieurs endroits de cet Ouvrage, quoi que d'une maniére mysterieuse & indirecte, savoir que cet Espace est Dieu lui-même, ou plûtôt une proprieté de Dieu. Mais après y avoir pensé plus exactement, je m'apperçois qu'il y a beaucoup plus d'apparence, que dans ce Passage il faut traduire comme ont fait quelques Interprêtes, ἐν αὐτῷ, *par lui*, C'est *par lui que nous avons la vie, le mouvement & l'être*, c'est de la Bonté de Dieu que nous tenons la vie, ce grand Bien qui est le fondement de tous les autres; & c'est par son assistance actuelle que nous en jouïssons Cette explication est fort naturelle, & s'accorde très-bien avec ce que S. Paul venoit de dire dans le même Discours d'où ce passage est tiré, que *c'est Dieu qui donne à tous la vie, la respiration & toutes choses*, αὐτὸς διδοὺς πᾶσι ζωὴν, καὶ πνοὴν, καὶ τὰ πάντα, ỹ. 25. C'est d'ailleurs une chose connuë de tous ceux qui ont quelque teinture de la Langue Greque que la préposition ἐν que S. Luc a employée dans le Passage en question signifie quelquefois *par* dans les meilleurs Auteurs, & surtout dans le Nouveau Testament: ἐλάλησεν ἡμῖν ἐν υἱῷ, dit S. Paul dans son Epitre aux Hebreux, *Il nous a parlé par son Fils*, Ch. I. ỹ. I. & dans ce même Chapitre des Actes, ỹ. 31. ἐν ἀνδρὶ ᾧ ὥρισε, *par l'homme qu'il a destiné*. Pour ce qui est des raisonnemens purement Philosophiques que Mr. Locke employe dans ce Chapitre & ailleurs pour établir son sentiment sur l'existence & les proprietez de l'Espace voyez ce qui en a été dit dans ce même Chapitre, §. 16. pag. 125. dans la Note

CHAP. XIII. trêmitez d'un Corps, selon ses différentes dimensions, nous l'appellions *longueur*, *largeur*, & *profondeur*, ou soit que la considerant comme étant entre deux Corps, ou deux Etres positifs, sans penser s'il y a entredeux de la Matiere, ou non, nous la nommions *distance* : quelque nom qu'on lui donne, ou de quelque maniére qu'on la considére, c'est toûjours la même idée simple & uniforme de l'Espace, qui nous est venuë par le moyen des Objets dont nos Sens ont été occupez, de sorte qu'en ayant établi des idées dans notre Esprit, nous pouvons les reveiller, les repeter & les ajoûter l'une à l'autre aussi souvent que nous voulons, & ainsi considerer l'Espace ou la distance, soit comme remplie de parties solides, en sorte qu'un autre Corps n'y puisse point venir, sans déplacer & chasser le Corps qui y étoit auparavant, soit comme vuide de toute chose solide, en sorte qu'un Corps d'une dimension égale à ce pur Espace, puisse y être placé, sans en éloigner ou chasser aucune chose qui y soit déja. Mais pour éviter la confusion en traitant cette matiére, il seroit peut-être à souhaiter qu'on n'appliquât le nom d'*Etenduë* qu'à la Matiére ou à la distance qui est entre les extrémitez des Corps particuliers, & qu'on donnât le nom d'*Expansion* à l'Espace en général, soit qu'il fût plein ou vuide de matiére solide; de sorte qu'on dit, l'Espace a de l'*expansion*, & le Corps est *étendu*. Mais en ce point, chacun est maître d'en user comme il lui plaira. Je ne propose ceci que comme un moyen de s'exprimer plus clairement & plus distinctement.

Les hommes différent peu entr'eux sur les Idées simples qu'ils conçoivent clairement.

§. 28. Pour moi, je m'imagine que dans cette occasion aussi bien que dans plusieurs autres, toute la dispute seroit bientôt terminée si nous avions une connoissance précise & distincte de la signification des termes dont nous nous servons. Car je suis porté à croire que ceux qui viennent à réflechir sur leurs propres pensées, trouvent qu'en général leurs idées simples conviennent ensemble quoi que dans les discours qu'ils ont ensemble, ils les confondent par différens noms : de sorte que ceux qui sont accoûtumez à faire des abstractions, & qui examinent bien les idées qu'ils ont dans l'Esprit, ne sauroient penser fort différemment, quoi que peut-être ils s'embarrassent par des mots, en s'attachant aux façons de parler des Académies ou des Sectes dans lesquelles ils ont été élevez. Au contraire, je comprens fort bien, que les disputes, les criailleries & les vains galimathias doivent durer sans fin parmi les gens qui n'étant point accoûtumez à penser, ne se font point une affaire d'examiner scrupuleusement & avec soin leurs propres Idées, & ne les distinguent point d'avec les signes que les hommes employent pour les faire connoître aux autres, & sur tout, si ce sont des Savans de profession, chargez de lecture, dévoûez à certaines Sectes, accoûtumez au langage qui y est en usage, & qui se sont fait une habitude de parler après les autres sans savoir pourquoi. Mais enfin, s'il arrive que deux personnes qui font des réflexions sur leurs propres pensées, ayent des Idées différentes, je ne vois pas comment ils peuvent discourir ou raisonner ensemble. Au reste, ce seroit prendre fort mal ma pensée que de croire que toutes les vaines imaginations qui peuvent entrer dans le cerveau des hommes, soient précisément de cette espèce d'Idées dont je parle. Il n'est pas facile à l'Esprit de se débarrasser des notions confuses, & des préjugez dont il a été imbu par la coûtume,

par

par inadvertance, ou par les conversations ordinaires. Il faut de la peine, & une longue & sérieuse application pour examiner ses propres Idées, jusqu'à ce qu'on les ait réduites à toutes les idées simples, claires & distinctes dont elles sont composées, & pour démêler parmi ces idées simples, celles qui ont, ou qui n'ont point de liaison & de dépendance nécessaire entre elles. Car jusqu'à ce qu'un homme en soit venu aux notions prémiéres & originales des choses, il ne peut que bâtir sur des Principes incertains, & tomber souvent dans de grands mécomptes.

CHAP. XIII.

CHAPITRE XIV.

De la Durée, & de ses Modes Simples.

CHAP. XIV.

§. 1. IL y a une autre espèce de Distance ou de Longueur, dont l'idée ne nous est pas fournie par les parties permanentes de l'Espace, mais par les changemens perpetuels de la *succession*, dont les parties déperissent incessamment. C'est ce que nous appellons *Durée*; & les Modes simples de cette durée sont toutes ses différentes parties, dont nous avons des idées distinctes, comme les *Heures*, les *Jours*, les *Années*, &c. le *Temps*, & l'*Eternité*.

Ce que c'est que la Durée.

§. 2. La réponse qu'un grand homme fit à celui qui lui demandoit ce que c'étoit que le Temps, *Si non rogas, intelligo*, je comprens ce que c'est, lors que vous ne me le demandez pas, c'est-à-dire, plus je m'applique à en découvrir la nature, moins je la comprens, cette réponse, dis-je, pourroit peut-être faire croire à certaines personnes, que le Temps, qui découvre toutes choses, ne sauroit être connu lui-même. A la vérité, ce n'est pas sans raison qu'on regarde la Durée, le Temps, & l'Eternité, comme des choses dont la nature est, à certains égards, bien difficile à pénétrer. Mais quelque éloignées qu'elles paroissent être de notre conception, cependant si nous les rapportons à leur véritable origine, je ne doute nullement que l'une des sources de toutes nos connoissances, qui sont la *Sensation* & la *Réflexion*, ne puisse nous en fournir des idées, aussi claires & aussi distinctes, que plusieurs autres qui passent pour beaucoup moins obscures; & nous trouverons que l'idée de l'*Eternité* elle-même découle de la même source d'où viennent toutes nos autres Idées.

L'idée que nous en avons, nous vient de la réflexion que nous faisons sur la suite des Idées, qui se succedent dans notre Esprit.

§. 3. Pour bien comprendre ce que c'est que le Tems & l'Eternité, nous devons considerer avec attention quelle est l'idée que nous avons de la *Durée*, & comment elle nous vient. Il est évident à quiconque voudra rentrer en soi-même & remarquer ce qui se passe dans son Esprit, qu'il y a, dans son Entendement, une suite d'Idées qui se succedent constamment les unes aux autres, pendant qu'il veille. Or la Réflexion que nous faisons sur cette suite de différentes Idées qui paroissent l'une après l'autre dans notre Esprit, est ce qui nous donne l'idée de la *Succession*; & nous appellons *Durée* la distance qui est entre quelque partie de cette succession, ou entre les apparen-

ces

CHAP. XIV. ces de deux Idées qui se présentent à notre Esprit. Car tandis que nous pensons, ou que nous recevons successivement plusieurs idées dans notre Esprit, nous connoissons que nous existons; & ainsi la continuation de notre Etre, c'est-à-dire, notre propre existence, & la continuation de tout autre Etre, laquelle est commensurable à la succession des Idées qui paroissent & disparoissent dans notre Esprit, peut être appellée *durée* de nous-mêmes, & durée de tout autre Etre coëxistant avec nos pensées.

§. 4. Que la notion que nous avons de la Succession & de la Durée nous vienne de cette source, je veux dire, de la Réflexion que nous faisons sur cette suite d'Idées que nous voyons paroître l'une après l'autre dans notre Esprit, c'est ce qui me semble suivre évidemment de ce que nous n'avons aucune perception de la Durée, qu'en considérant cette suite d'Idées qui se succedent les unes aux autres dans notre Entendement. En effet, dès que cette succession d'Idées vient à cesser, la perception que nous avions de la Durée, cesse aussi, comme chacun l'éprouve clairement par lui-même lorsqu'il vient à dormir profondément: car qu'il dorme une heure, ou un jour, un mois, ou une année, il n'a aucune perception de la durée des choses tandis qu'il dort, ou qu'il ne songe à rien. Cette durée est alors tout-à-fait nulle à son égard; & il lui semble qu'il n'y a aucune distance entre le moment qu'il a cessé de penser en s'endormant, & celui auquel il s'est reveillé. Et je ne doute pas, qu'un homme éveillé n'éprouvât la même chose, s'il lui étoit possible de n'avoir qu'une seule idée dans l'Esprit, sans qu'il arrivât aucun changement à cette Idée, & qu'aucune autre vînt se joindre à elle. Nous voyons, tous les jours, que, lors qu'une personne fixe ses pensées avec une extrême application sur une seule chose, en sorte qu'il ne songe presque point à cette suite d'idées qui se succedent les unes aux autres dans son Esprit, il laisse échapper, sans y faire réflexion, une bonne partie de la Durée qui s'écoule pendant tout le temps qu'il est dans cette forte contemplation, s'imaginant que ce temps-là est beaucoup plus court, qu'il ne l'est effectivement. Que si le sommeil nous fait regarder ordinairement les parties distantes de la *Durée* comme un seul point, c'est parce que, tandis que nous dormons, cette succession d'idées ne se présente point à notre Esprit. Car si un homme vient à songer en dormant; & que ses songes lui présentent une suite d'idées différentes, il a pendant tout ce temps-là une perception de la Durée & de la longueur de cette durée. Ce qui, à mon avis, prouve évidemment, que les hommes tirent les idées qu'ils ont de la Durée, de la Réflexion qu'ils font sur cette suite d'Idées dont ils observent la succession dans leur propre Entendement, sans quoi ils ne sauroient avoir aucune idée de la Durée, quoi qu'il pût arriver dans le Monde.

Nous pouvons appliquer l'idée de la Durée à des choses qui existent pendant que nous dormons,

§. 5. En effet, dès qu'un homme a une fois acquis l'idée de la Durée par la réflexion qu'il a fait sur la succession & le nombre de ses propres pensées, il peut appliquer cette notion à des choses qui existent tandis qu'il ne pense point, tout de même que celui à qui la vûë ou l'attouchement ont fourni l'idée de l'Etenduë, peut appliquer cette idée à différentes distances où il ne voit ni ne touche aucun Corps. Ainsi, quoi qu'un homme n'ait aucune perception de la longueur de la durée qui s'écoule pendant qu'il dort ou qu'il qu'il n'a aucune penſée, cependant comme il a obſervé la révolution des Jours & des Nuits, & qu'il a trouvé que la longueur de cette durée eſt, en apparence, réguliére & conſtante, dès là qu'il ſuppoſe que, tandis qu'il a dormi, ou qu'il a penſé à autre choſe, cette Révolution s'eſt faite comme à l'ordinaire, il peut juger de la longueur de la durée qui s'eſt écoulée pendant ſon ſommeil. Mais lorſqu'*Adam & Eve* étoient ſeuls, ſi au lieu de ne dormir que pendant le temps qu'on employe ordinairement au ſommeil, ils euſſent dormi vingt-quatre heures ſans interruption, cet eſpace de vingt-quatre heures auroit été abſolument perdu pour eux, & ne ſeroit jamais entré dans le compte qu'ils faiſoient du temps.

§. 6. C'eſt ainſi qu'*en réflechiſſant ſur cette ſuite de nouvelles Idées qui ſe préſentent à nous l'une après l'autre, nous acquerons l'idée de la Succeſſion.* Que ſi quelqu'un ſe figure qu'elle nous vient plûtôt de la réflexion que nous faiſons ſur le Mouvement par le moyen des Sens, il changera, peut-être, de ſentiment pour entrer dans ma penſée, s'il conſidere que le Mouvement même excite dans ſon Eſprit une *idée de ſucceſſion*, juſtement de la même maniére qu'il y produit une ſuite continuë d'Idées diſtinctes les unes des autres. Car un homme qui regarde un Corps qui ſe meut actuellement, n'y apperçoit aucun mouvement, à moins que ce mouvement n'excite en lui une ſuite conſtante d'*Idées ſucceſſives*: Par exemple, qu'un homme ſoit ſur la Mer lorſqu'elle eſt calme, par un beau jour & hors de la vûë des Terres, s'il jette les yeux vers le Soleil, ſur la Mer, ou ſur ſon Vaiſſeau, une heure de ſuite, il n'y appercevra aucun mouvement, quoi qu'il ſoit aſſûré que deux de ces Corps, & peut-être, tous trois ayent fait beaucoup de chemin pendant tout ce temps-là: mais s'il apperçoit que l'un de ces trois Corps ait changé de diſtance à l'égard de quelque autre Corps, ce mouvement n'a pas plûtôt produit en lui une nouvelle idée, qu'il reconnoit qu'il y a eu du mouvement. Mais quelque part qu'un homme ſe trouve, toutes choſes étant en repos autour de lui, ſans qu'il apperçoive le moindre mouvement durant l'eſpace d'une heure, s'il a eu des penſées pendant cette heure de repos, il appercevra les différentes idées de ſes propres penſées, qui tout d'une ſuite ont paru les unes après les autres dans ſon Eſprit; & par-là il obſervera & trouvera de la ſucceſſion où il ne ſauroit remarquer aucun mouvement.

§. 7. Et c'eſt là, je croi, la raiſon pourquoi nous n'appercevons pas des mouvemens fort lents, quoi que conſtans, parce qu'en paſſant d'une partie ſenſible à une autre, le changement de diſtance eſt ſi lent, qu'il ne cauſe aucune nouvelle idée en nous, qu'après un long temps écoulé depuis un terme juſqu'à l'autre. Or comme ces mouvemens ſucceſſifs ne nous frappent point par une ſuite conſtante de nouvelles idées qui ſe ſuccedent immédiatement l'une à l'autre dans notre Eſprit, nous n'avons aucune perception de mouvement: car comme le Mouvement conſiſte dans une ſucceſſion continuë, nous ne ſaurions appercevoir cette ſucceſſion, ſans une ſucceſſion conſtante d'idées qui en proviennent.

§. 8. On n'apperçoit pas non plus les choſes, qui ſe meuvent ſi vîte qu'elles n'affectent point les Sens, parce que les différentes diſtances de
leur

CHAP. XIV.

L'Idée de la Succeſſion ne nous vient pas du Mouvement.

CHAP. XIV. leur mouvement ne pouvant frapper nos Sens d'une maniére diſtincte, elles ne produiſent aucune ſuite d'idées dans l'Eſprit. Car lors qu'un Corps ſe meut en rond, en moins de temps qu'il n'en faut à nos Idées pour pouvoir ſe ſucceder dans notre Eſprit les unes aux autres, il ne paroit pas être en mouvement, mais ſemble être un cercle parfait & entier, de la même matiére ou couleur que le Corps qui eſt en mouvement, & nullement une partie d'un Cercle en mouvement.

Nos Idées ſe ſuccedent dans notre Eſprit, dans un certain dégré de viteſſe.

§. 9. Qu'on juge après cela, s'il n'eſt pas fort probable, que pendant que nous ſommes éveillez, nos Idées ſe ſuccedent les unes aux autres dans notre Eſprit, à peu près de la même maniére que ces Figures diſpoſées en rond au dedans d'une Lanterne, que la chaleur d'une bougie fait tourner ſur un pivot. Or quoi que nos Idées ſe ſuivent peut-être quelquefois un peu plus vîte & quelquefois un peu plus lentement, elles vont pourtant, à mon avis, preſque toûjours du même train dans un homme éveillé; & il me ſemble même, que la viteſſe & la lenteur de cette ſucceſſion d'idées, ont certaines bornes qu'elles ne ſauroient paſſer.

§. 10. Je fonde la raiſon de cette conjecture, ſur ce que j'obſerve que nous ne ſaurions appercevoir de la ſucceſſion dans les impreſſions qui ſe font ſur nos Sens, que lorsqu'elles ſe font dans un certain dégré de viteſſe ou de lenteur; ſi par exemple, l'impreſſion eſt extrêmement prompte, nous n'y ſentons aucune ſucceſſion, dans les cas mêmes, où il eſt évident qu'il y a une ſucceſſion réelle. Qu'un Boulet de canon paſſe au travers d'une Chambre, & que dans ſon chemin il emporte quelque membre du Corps d'un homme, c'eſt une choſe auſſi évidente qu'aucune Démonſtration puiſſe l'être, que le boulet doit percer ſucceſſivement les deux côtez oppoſez de la Chambre. Il n'eſt pas moins certain qu'il doit toucher une certaine partie de la Chair avant l'autre, & ainſi de ſuite; & cependant je ne penſe pas qu'aucun de ceux qui ont jamais ſenti ou entendu un tel coup de canon, qui aît percé deux murailles éloignées l'une de l'autre, aît pû obſerver aucune ſucceſſion dans la douleur, ou dans le ſon d'un coup ſi prompt. Cette portion de durée où nous ne remarquons aucune ſucceſſion, c'eſt ce que nous appellons un *inſtant*; *portion de durée qui n'occupe juſtement que le temps auquel une ſeule idée eſt dans notre Eſprit ſans qu'une autre lui ſuccede*, & où, par conſéquent, nous ne remarquons abſolument aucune ſucceſſion.

§. 11. La même choſe arrive, lorsque le Mouvement eſt ſi lent, qu'il ne fournit point à nos Sens une ſuite conſtante de nouvelles idées, dans le dégré de vîteſſe qui eſt requis pour faire que l'eſprit ſoit capable d'en recevoir de nouvelles. Et alors comme les Idées de nos propres penſées trouvent de la place pour s'introduire dans notre Eſprit entre celles que le Corps qui eſt en mouvement préſente à nos Sens, le ſentiment de ce mouvement ſe perd; & le Corps, quoi que dans un mouvement actuel, ſemble être toûjours en repos, parce que ſa diſtance d'avec quelques autres Corps ne change pas d'une maniére viſible, auſſi promptement que les idées de notre Eſprit ſe ſuivent naturellement l'une l'autre. C'eſt ce qui paroit évidemment par l'éguille d'une Montre, par l'ombre d'un Cadran à Soleil;

&

& par plusieurs autres mouvemens continus, mais fort lents, où après certains intervalles, nous appercevons par le changement de distance qui arrive au Corps en mouvement, que ce Corps s'est mû, mais sans que nous ayions aucune perception du mouvement actuel.

§. 12. C'est pourquoi il me semble, qu'*une constante & régulière succession d'idées* dans un homme éveillé, *est comme la mesure & la règle de toutes les autres successions*. Ainsi, lorsque certaines choses se succedent plus vîte que nos Idées, comme quand deux Sons, ou deux Sensations de douleur *&c.* n'enferment dans leur Succession que la durée d'une seule idée, ou lors-qu'un certain mouvement est si lent qu'il ne va pas d'un pas égal avec les idées qui roulent dans notre Esprit, je veux dire avec la même vîtesse, que ces idées se succedent les unes aux autres comme lorsque dans le cours or-dinaire, une ou plusieurs idées viennent dans l'Esprit entre celles qui s'of-frent à la vûë par les différens changemens de distance qui arrivent à un Corps en mouvement, ou entre des Sons & des Odeurs dont la perception nous frappe successivement, dans tous ces cas, le sentiment d'une constan-te & continuelle succession se perd, de sorte que nous ne nous en apperce-vons qu'à certains intervalles de repos qui s'écoulent entre deux.

§. 13. Mais, *dira-t-on*, ,, s'il est vrai, que, tandis qu'il y a des idées ,, dans notre Esprit, elles se succedent continuellement, il est impossible ,, qu'un homme pense long-temps à une seule chose ". Si l'on entend par là qu'un homme ait dans l'Esprit une seule idée qui y reste long-temps pu-rement la même, sans qu'il y arrive aucun changement, je crois pouvoir dire qu'en effet cela n'est pas possible. Mais comme je ne sai pas de quelle maniére se forment nos idées, dequoi elles sont composées, d'où elles ti-rent leur lumiére & comment elles viennent à paroître, je ne saurois ren-dre d'autre raison de ce Fait que l'experience, & je souhaiterois que quel-qu'un voulût essayer de fixer son Esprit, pendant un temps considerable sur une seule idée qui ne fût accompagnée d'aucune autre, & sans qu'il s'y fît aucun changement.

§. 14. Qu'il prenne, par exemple, une certaine figure, un certain dégré de lumiére ou de blancheur, ou telle autre idée qu'il voudra, & il aura, je m'assûre, bien de la peine à tenir son Esprit vuide de toute autre idée, ou plutôt, il éprouvera qu'effectivement d'autres idées d'une espece différente, ou diverses considerations de la même idée, (chacune desquelles est une idée nouvelle) viendront se présenter incessamment à son Esprit les unes après les autres, quelque soin qu'il prenne pour se fixer à une seule idée.

§. 15. Tout ce qu'un homme peut faire en cette occasion, c'est, je croi, de voir & de considerer quelles sont les idées qui se succedent dans son Entendement, ou bien de diriger son Esprit vers une certaine espèce d'Idées, & de rappeller celles qu'il veut, ou dont il a besoin. Mais d'em-pêcher une constante succession de nouvelles idées, c'est, à mon avis, ce qu'il ne sauroit faire, quoi qu'ordinairement il soit en son pouvoir de se dé-terminer à les considerer avec application, s'il le trouve à propos.

§. 16. De savoir si ces différentes Idées que nous avons dans l'Esprit, sont produites par certains mouvemens, c'est ce que je prétens pas exa- miner

CHAP. XIV. miner ici; mais une chose dont je suis certain, c'est qu'elles n'enferment aucune idée de mouvement en se montrant à nous, & que celui qui n'auroit pas l'idée du Mouvement par quelque autre voye, n'en auroit aucune, à mon avis; ce qui suffit pour le dessein que j'ai présentement en vûë, comme aussi, pour faire voir que c'est par ce changement perpétuel d'idées que nous remarquons dans notre Esprit, & par cette suite de nouvelles apparences qui se présentent à lui, que nous acquerons les idées de la *Succession* & de la *Durée*, sans quoi elles nous seroient absolument inconnuës. Ce n'est donc pas le *Mouvement*, mais une suite constante d'idées qui se présentent à notre Esprit pendant que nous veillons, *qui nous donne l'idée de la Durée*, laquelle idée le Mouvement ne nous fait appercevoir qu'entant qu'il produit dans notre Esprit une constante succession d'idées, comme je l'ai déja montré, de sorte que sans l'idée d'aucun mouvement nous avons une idée aussi claire de la Succession & de la Durée par cette suite d'idées qui se présentent à notre Esprit les unes après les autres, que par une succession d'Idées produites par un changement sensible & continu de distance entre deux Corps, c'est à dire par des idées qui nous viennent du Mouvement. C'est pourquoi nous aurions l'idée de la Durée, quand bien nous n'aurions aucune perception du Mouvement.

duites en nous, elles n'enferment aucune sensation de mouvement.

Le Temps est une Durée distinguée par certaines mesures.

§. 17. L'Esprit ayant ainsi acquis l'idée de la Durée, la prémiére chose qui se présente naturellement à faire après cela, c'est de trouver une mesure de cette commune Durée, par laquelle on puisse juger de ses différentes longueurs, & voir l'ordre distinct dans lequel plusieurs choses existent; car sans cela, la plûpart de nos connoissances tomberoient dans la confusion, & une grande partie de l'Histoire deviendroit entierement inutile. La Durée ainsi distinguée en certaines Periodes, & désignée par certaines mesures ou *Epoques*, c'est, à mon avis, ce que nous appellons plus proprement le *Temps*.

Une bonne mesure du Temps doit mesurer toute sa durée en Periodes égales.

§. 18. Pour mesurer l'Etenduë, il ne faut qu'appliquer la mesure dont nous nous servons, à la chose dont nous voulons savoir l'étenduë. Mais c'est ce qu'on ne peut faire pour mesurer la Durée; parce qu'on ne sauroit joindre ensemble deux différentes parties de succession pour les faire servir de mesure l'une à l'autre. Comme la Durée ne peut être mesurée que par la Durée même, non plus que l'Etenduë par autre chose que par l'Etenduë, nous ne saurions retenir auprès de nous une mesure constante & invariable de la Durée, qui consiste dans une succession perpétuelle, comme nous pouvons garder des mesures de certaines longueurs d'étenduë, telles que les pouces, les piés, les aunes, *&c.* qui sont composées de parties permanentes de matiére. Aussi n'y a-t-il rien qui puisse servir de règle propre à bien mesurer le Temps, que ce qui a divisé toute la longueur de sa durée en parties apparemment égales, par des Periodes qui se suivent constamment. Pour ce qui est des parties de la Durée qui ne sont pas distinguées, ou qui ne sont pas considerées comme distinctes & mesurées par de semblables Périodes, elles ne peuvent pas être comprises si naturellement sous la notion du tems, comme il paroît par ces sortes de phrases, *avant tous les temps, & lorsqu'il n'y aura plus de temps.*

§. 19. Com-

§. 19. Comme les Révolutions diurnes & annuelles du Soleil ont été, depuis le commencement du Monde, constantes, réguliéres, généralement observées de tout le Genre Humain, & supposées égales entr'elles, on a eu raison de s'en servir pour mesurer la Durée. Mais parce que la distinction des Jours & des Années a dépendu du mouvement du Soleil, cela a donné lieu à une erreur fort commune, c'est qu'on s'est imaginé que le Mouvement & la Durée étoient la mesure l'un de l'autre. Car les hommes étant accoûtumez à se servir, pour mesurer la longueur du Temps, des idées de *Minutes*, d'*Heures*, de *Jours*, de *Mois*, d'*Années*, &c. qui se présentent à l'Esprit dès qu'on vient à parler du Temps ou de la Durée, & ayant mesuré differentes parties du Temps par le mouvement des Corps célestes, ils ont été portez à confondre le Temps & le Mouvement, ou du moins à penser qu'il y a une liaison nécessaire entre ces deux choses. Cependant toute autre apparence périodique, ou altération d'Idées qui arriveroit dans des Espaces de Durée *équidistans* en apparence, & qui seroit constamment & universellement observée, serviroit aussi bien à distinguer les intervalles du Temps, qu'aucun des moyens qu'on aît employé pour cela. Supposons, par exemple, que le Soleil, que quelques-uns ont regardé comme un Feu, eût été allumé à la même distance de temps qu'il paroit maintenant chaque jour sur le même Meridien, qu'il s'éteignit ensuite douze heures après, & que dans l'Espace d'une Révolution annuelle, ce Feu augmentât sensiblement en éclat & en chaleur, & diminuât dans la même proportion ; une apparence ainsi réglée ne serviroit-elle pas à tous ceux qui pourroient l'observer, à mesurer les distances de la Durée sans mouvement tout aussi bien qu'ils pourroient le faire à l'aide du mouvement ? Car si ces apparences étoient constantes, à portée d'être universellement observées, & dans des Périodes *équidistantes*, elles serviroient également au Genre Humain à mesurer le Temps, quand bien il n'y auroit aucun Mouvement.

CHAP. XIV.
Les Révolutions du Soleil & de la Lune sont les mesures du Temps les plus commodes.

§. 20. Car si la gelée, ou une certaine espèce de Fleurs revenoient reglément dans toutes les parties de la Terre, à certaines Périodes *équidistantes*, les hommes pourroient aussi bien s'en servir pour compter les années que des Révolutions du Soleil. Et en effet, il y a des Peuples en *Amerique* qui comptent leurs années par la venuë de certains Oiseaux qui dans quelques-unes de leurs saisons paroissent dans leur Païs, & dans d'autres se retirent. De même, un accès de fiévre, un sentiment de faim ou de soif, une odeur, une certaine saveur, ou quelque autre idée que ce fût, qui revint constamment dans des Périodes *équidistantes*, & se fit universellement sentir, tout cela seroit également propre à mesurer le cours de la succession & à distinguer les distances du Temps. Ainsi, nous voyons que les Aveugles-nez comptent assez bien par années, dont ils ne peuvent pourtant pas distinguer les révolutions par des Mouvemens qu'ils ne peuvent appercevoir. Sur quoi je demande si un homme qui distingue les Années par la chaleur de l'Eté & par le froid de l'Hiver, par l'odeur d'une Fleur dans le Printemps, ou par le goût d'un Fruit dans l'Automne, je demande, si un tel homme n'a point une meilleure mesure du Temps, que les Romains avant la reformation de leur Calendrier par *Jules César*, ou que plusieurs autres Peuples

Ce n'est pas par le mouvement du Soleil & de la Lune que le Temps est mesuré, mais par leurs apparences périodiques.

CHAP. XIV. dont les années font fort irrégulières malgré le mouvement du Soleil dont ils prétendent faire usage. Un des plus grands embarras qu'on rencontre dans la Chronologie, vient de ce qu'il n'est pas aisé de trouver exactement la longueur que chaque Nation a donné à ses Années, tant elles different les unes des autres, & toutes ensemble, du mouvement précis du Soleil, comme je croi pouvoir l'assurer hardiment. Que si depuis la Création jusqu'au Deluge, le Soleil s'est mû constamment sur l'Equateur, & qu'il ait ainsi répandu également sa chaleur & sa lumière sur toutes les Parties habitables de la Terre, faisant tous les Jours d'une même longueur, sans s'écarter vers les Tropiques dans une Révolution annuelle, comme l'a supposé un savant & ingenieux * Auteur de ce temps, je ne vois pas qu'il soit fort aisé d'imaginer, malgré le mouvement du Soleil, que les hommes qui ont vécu avant le Deluge ayent compté par années depuis le commencement du Monde, ou qu'ils ayent mesuré le Temps par Périodes, puisque dans cette supposition ils n'avoient point de marques fort naturelles pour les distinguer.

* Mr. *Burnet* dans un Livre intitulé, *Telluris Theoria Sacra.* Il est different de *G. Burnet* qui est mort Evêque de Salisbury, & d'un autre *Burnet*, Medecin Ecossois.

On ne peut point connoitre certainement que deux parties de Durée soient égales.

§. 21. Mais, dira-t-on peut-être, le moyen que sans un mouvement régulier comme celui du Soleil, ou quelque autre semblable, on pût jamais connoître que de telles Périodes fussent égales? A quoi je répons que l'égalité de toute autre apparence qui reviendroit à certains intervalles, pourroit être connuë de la même manière, qu'au commencement on connut, ou qu'on s'imagina de connoître l'égalité des Jours, ce que les hommes ne firent qu'en jugeant de leur longueur par cette suite d'Idées qui durant les intervalles leur passèrent dans l'Esprit. Car venant à remarquer par-là qu'il y avoit de l'inégalité dans les Jours artificiels, & qu'il n'y en avoit point dans les Jours naturels qui comprennent le jour & la nuit, ils conjecturerent que ces derniers étoient égaux, ce qui suffisoit pour les faire servir de mesure, quoi qu'on ait découvert après une exacte recherche, qu'il y a effectivement de l'inégalité dans les Révolutions diurnes du Soleil; & nous ne savons pas si les Révolutions annuelles ne sont point aussi inégales. Cependant par leur égalité supposée & apparente elles servent tout aussi bien à mesurer le Temps, que si l'on pouvoit prouver qu'elles sont exactement égales, quoi qu'au reste elles ne puissent point mesurer les parties de la Durée dans la derniere exactitude. Il faut donc prendre garde à distinguer soigneusement entre la Durée en elle-même, & entre les mesures que nous employons pour juger de sa longueur. La Durée en elle-même doit être considerée comme allant d'un pas constamment égal, & tout-à-fait uniforme. Mais nous ne pouvons point savoir qu'aucune des mesures de la Durée ait la même propriété, ni être assûrez que les parties ou Périodes qu'on leur attribuë soient égales en durée l'une à l'autre; car on ne peut jamais démontrer, que deux longueurs successives de Durée soient égales, avec quelque soin qu'elles ayent été mesurées. Le mouvement du Soleil, dont les hommes se sont servis si long-temps & avec tant d'assurance comme d'une mesure de Durée parfaitement exacte, s'est trouvé inégal dans ses différentes parties, comme je viens de dire. Et quoique depuis peu l'on ait employé le Pendule comme un mouvement plus constant & plus régulier que celui du Soleil, ou, pour mieux dire, que celui de la Terre; cependant si l'on demandoit à quelqu'un, comment il sait

cer-

certainement que deux vibrations fuccessives d'un Pendule font égales, il au- CHAP. XIV.
roit bien de la peine à fe convaincre lui-même qu'elles le font indubitablement, parce que nous ne pouvons point être affurez que la caufe de ce Mouvement, qui nous eft inconnuë, opére toûjours également, & nous favons
certainement que le milieu dans lequel le Pendule fe meut, n'eft pas conftamment le même. Or l'une de ces deux chofes venant à varier, l'égalité de
ces Périodes peut changer, & par ce moyen la certitude & la juftefle de cette mefure du Mouvement peut être tout aufli bien détruite que la juftefle
des Périodes de quelque autre apparence que ce foit. Du refte, la notion
de la Durée demeure toûjours claire & diftincte, quoi que parmi les mefures que nous employons pour en déterminer les parties, il n'y en ait aucune
dont on puiffe démontrer qu'elle eft parfaitement exacte. Puis donc que
deux parties de fucceflion ne fauroient être jointes enfemble, il eft impofli-
ble de pouvoir jamais s'affurer qu'elles font égales. Tout ce que nous pouvons faire, pour mefurer le Temps, c'eft de prendre certaines parties qui
femblent fe fuccéder conftamment à diftances égales: égalité apparente dont
nous n'avons point d'autre mefure que celle que la fuite de nos propres idées
a placé dans notre Mémoire ; ce qui avec le concours de quelques autres
raifons probables nous perfuade que ces Périodes font effectivement égales
entre elles.

§. 22. Une chofe qui me paroît bien étrange dans cet article, c'eft que Le Temps n'eft
pendant que tous les hommes mefurent vifiblement le Temps par le mouve- pas la mefure du
ment des Corps Céleftes, on ne laiffe pas de définir le Temps, *la mefure du* Mouvement.
Mouvement ; au lieu qu'il eft évident à quiconque y fait la moindre reflexion, que pour mefurer le mouvement il n'eft pas moins néceflaire de confiderer l'Efpace, que le Temps: & ceux qui porteront leur vûë un peu plus
loin, trouveront encore, que pour bien juger du mouvement d'un Corps,
& en faire une jufte eftimation, il faut néceflairement faire entrer en compte la grofleur de ce Corps. Et dans le fond le Mouvement ne fert point autrement à mefurer la Durée, qu'entant qu'il ramene conftamment certaines
Idées fenfibles, par des Périodes qui paroiffent également éloignées l'une de
l'autre. Car fi le mouvement du Soleil étoit auffi inégal que celui d'un
Vaifleau pouflé par des vents inconftans, tantôt foibles, & tantôt impetueux, & toûjours fort irréguliers : ou fi étant conftamment d'une égale
vîtefle, il n'étoit pourtant pas circulaire, & ne produifoit pas les mêmes
apparences, nous ne pourrions non plus nous en fervir à mefurer le Temps
que du mouvement des Cometes, qui eft inégal en apparence.

§. 23. Les *Minutes*, les *Heures*, les *Jours* & les *Années*, *ne font pas plus* Les *Minutes*, les
néceflaires pour mefurer le Temps, ou la Durée, que le *Pouce*, le *Pié*, l'*Au*- *Heures*, les *Jours*
ne, ou la *Lieuë* qu'on prend fur quelque portion de Matiére, font néceffai- ne font pas des
res pour mefurer l'Etenduë. Car quoi que par l'ufage que nous en faifons res de la Durée.
conftamment dans cet endroit de l'Univers, comme d'autant de Periodes,
déterminées par les Révolutions du Soleil, ou comme de portions connuës
de ces fortes de Periodes, nous ayions fixé dans notre Efprit les idées de ces
différentes longueurs de Durée, que nous appliquons à toutes les parties du
temps dont nous voulons confiderer la longueur, cependant il peut y avoir
d'au-

CHAP. XIV.

Notre mesure du Temps peut être appliquée à la Durée qui a existé avant le Temps.

d'autres Parties de l'Univers où l'on ne se sert non plus de ces sortes de mesures, qu'on se sert dans le Japon de nos *pouces*, de nos *piés*, ou de nos *lieuës*. Il faut pourtant qu'on employe par tout quelque chose qui ait du rapport à ces mesures. Car nous ne saurions mesurer, ni faire connoître aux autres, la longueur d'aucune Durée ; quoi qu'il y eût, dans le même temps, autant de mouvement dans le Monde qu'il y en a présentement, supposé qu'il n'y eût aucune partie de ce Mouvement qui se trouvât disposée de maniére à faire des révolutions réguliéres & apparemment *équidistantes*. Du reste, les différentes mesures dont on peut se servir pour compter le Temps, ne changent en aucune maniére la notion de la Durée, qui est la chose à mesurer ; non plus que les différens modéles du Pié & de la Coudée n'altérent point l'idée de l'Etenduë, à l'égard de ceux qui employent ces différentes mesures.

§. 24. L'Esprit ayant une fois acquis l'idée d'une mesure du Temps, telle que la revolution annuelle du Soleil, peut appliquer cette mesure à une certaine durée, avec laquelle cette mesure ne *coëxiste* point, & avec qui elle n'a aucun rapport, consideree en elle-même. Car dire, par exemple, qu'*Abraham* nâquit l'an 2712. de la *Période Julienne*, c'est parler aussi intelligiblement, que si l'on comptoit du commencement du Monde ; bien que dans une distance si éloignée il n'y eût ni mouvement du Soleil, ni aucun autre mouvement. En effet, quoi qu'on suppose que la Période Julienne a commencé plusieurs centaines d'années avant qu'il y eût des Jours, des Nuits ou des Années, désignées par aucune révolution Solaire, nous ne laissons pas de compter & de mesurer aussi bien la Durée par cette Epoque, que si le Soleil eût réellement existé dans ce temps-là, & qu'il se fût mû de la même maniére qu'il se meut présentement. L'Idée d'une Durée égale à une révolution annuelle du Soleil, peut être aussi aisément appliquée dans notre Esprit à la Durée, quand il n'y auroit ni Soleil ni Mouvement, que l'idée d'un pié ou d'une aune, prise sur les Corps que nous voyons sur la Terre, peut être appliquée par la pensée à des Distances qui soient au delà des limites du Monde, où il n'y a aucun Corps.

§. 25. Car supposé que de ce Lieu jusqu'au Corps qui borne l'Univers il y eut 5639. Lieuës, ou millions de Lieuës, (car le Monde étant fini, ses bornes doivent être à une certaine distance) comme nous supposons qu'il y a 5639. années depuis le temps présent jusques à la prémiére existence d'aucun Corps dans le commencement du Monde, nous pouvons appliquer dans notre Esprit cette mesure d'une année à la Durée qui a existé avant la Création, au delà de la Durée des Corps ou du Mouvement, tout de même que nous pouvons appliquer la mesure d'une lieuë à l'Espace qui est au delà des Corps qui terminent le Monde ; & ainsi par l'une de ces idées nous pouvons aussi bien mesurer la durée là où il n'y avoit point de mouvement, que nous pouvons par l'autre mesurer en nous-mêmes l'Espace là où il n'y a point de Corps.

§. 26. Si l'on m'objecte ici, que de la maniére dont j'explique le Temps,

Temps, je suppose ce que je n'ai pas droit de supposer, savoir, *Que le Monde n'est ni éternel ni infini*, je réponds qu'il n'est pas nécessaire pour mon dessein, de prouver en cet endroit que le Monde est fini, tant à l'égard de sa durée que de son étenduë. Mais comme cette derniére supposition est pour le moins aussi facile à concevoir que celle qui lui est opposée, j'ai sans contredit la liberté de m'en servir aussi bien qu'un autre a celle de poser le contraire ; & je ne doute pas que quiconque voudra faire reflexion sur ce point, ne puisse aisément concevoir en lui-même le commencement du Mouvement, quoi qu'il ne puisse comprendre celui de la Durée prise dans toute son étenduë. Il peut aussi, en considerant le Mouvement, venir à un dernier point, sans qu'il lui soit possible d'aller plus avant. Il peut de même donner des bornes au Corps & à l'Etenduë qui appartient au Corps ; mais c'est ce qu'il ne sauroit faire à l'égard de l'Espace vuide de Corps, parce que les dernieres limites de l'Espace & de la Durée sont au dessus de notre conception, tout ainsi que les derniéres bornes du Nombre passent la plus vaste capacité de l'Esprit ; ce qui est fondé, à l'un & à l'autre égard, sur les mêmes raisons, comme nous le verrons ailleurs.

§. 27. Ainsi de la même source que nous vient l'*idée du Temps*, nous vient aussi celle que nous nommons *Eternité*. Car ayant acquis l'idée de la Succession & de la Durée en reflechissant sur cette suite d'idées qui se succedent en nous les unes aux autres, laquelle est produite en nous, ou par les apparences naturelles de ces Idées qui d'elles-mêmes viennent se présenter constamment à notre Esprit pendant que nous veillons, ou par les objets extérieurs qui affectent successivement nos Sens, ayant d'ailleurs acquis, par le moyen des Révolutions du Soleil, les idées de certaines longueurs de Durée, nous pouvons ajoûter dans notre Esprit ces sortes de longueurs les unes aux autres, aussi souvent qu'il nous plait ; & après les avoir ainsi ajoûtées, nous pouvons les appliquer à des *durées* passées ou à venir, ce que nous pouvons continuer de faire sans jamais arriver à aucun bout, poussant ainsi nos pensées à l'infini, & appliquant la longueur d'une révolution annuelle du Soleil à une Durée qu'on suppose avoir été avant l'existence du Soleil, ou de quelque autre Mouvement que ce soit. Il n'y a pas plus d'absurdité ou de difficulté à cela, qu'à appliquer la notion que j'ai du mouvement que fait l'Ombre d'un Cadran pendant une heure du jour à la durée de quelque chose qui soit arrivée la nuit passée, par exemple à la flamme d'une chandelle qui aura brûlé pendant ce temps-là ; car cette flamme étant présentement éteinte, est entierement separée de tout mouvement actuel, & il est aussi impossible que la durée de cette flamme, qui a paru pendant une heure la nuit passée, coëxiste avec aucun mouvement qui existe présentement ou qui doive exister à l'avenir, qu'il est impossible qu'aucune portion de durée qui ait existé avant le commencement du Monde, coëxiste avec le mouvement présent du Soleil. Mais cela n'empêche pourtant pas, que si j'ai l'idée de la longueur du mouvement que l'ombre fait sur un Cadran en parcourant l'espace qui marque une heure, je ne puisse mesurer aussi distinctement en moi-même la durée de cette chandelle qui a brûlé la nuit passée, que je puis mesurer la durée de quoi que ce soit qui existe

CHAP. XIV. existe présentement: & ce n'est faire dans le fond autre chose que d'imaginer que si le Soleil eût éclairé de ses rayons un Cadran, & qu'il se fût mû avec le même dégré de vitesse qu'à cette heure, l'Ombre auroit passé sur ce Cadran depuis une de ces divisions qui marquent les heures jusqu'à l'autre, pendant le temps que la chandelle auroit continué de brûler.

§. 28. La notion que j'ai d'une Heure, d'un Jour, ou d'une Année, n'étant que l'idée que je me suis formé de la longueur de certains mouvemens réguliers & périodiques, dont il n'y en a aucun qui existe tout à la fois, mais seulement dans les idées que j'en conserve dans ma mémoire, & qui me sont venuës par voye de Sensation ou de Reflexion, je puis avec la même facilité, & par la même raison appliquer dans mon Esprit la notion de toutes ces différentes Périodes à une durée qui ait précedé toute sorte de mouvement, tout aussi bien qu'à une chose qui n'ait précedé que d'une minute ou d'un Jour, le mouvement où se trouve le Soleil dans ce moment-ci. Toutes les choses passées sont dans un égal & parfait repos; & à les considerer dans cette vûë, il est indifférent qu'elles ayent existé avant le commencement du Monde ou seulement hier. Car pour mesurer la durée d'une chose par un mouvement particulier, il n'est nullement nécessaire que cette chose coëxiste réellement avec ce mouvement-là, ou avec quelque autre révolution périodique, mais seulement que j'aye dans mon Esprit une idée claire de la longueur de quelque mouvement périodique, ou de quelque autre intervalle de durée, & que je l'applique à la durée de la chose que je veux mesurer.

§. 29. Aussi voyons-nous que certaines gens comptent que depuis la prémiére existence du Monde jusqu'à l'année 1689. il s'est écoulé 5639. années, ou que la durée du Monde est égale à 5639. Révolutions annuelles du Soleil; & que d'autres l'étendent beaucoup plus loin, comme les anciens *Egyptiens*, qui du temps d'*Alexandre* comptoient 23000. années depuis le Regne du *Soleil*, & les *Chinois* d'aujourd'hui, qui donnent au Monde 3, 269, 000. années, ou plus. Quoi que je ne croye pas que les Egyptiens & les Chinois ayent raison d'attribuer une si longue durée à l'Univers, je puis pourtant imaginer cette durée tout aussi bien qu'eux, & dire que l'une est plus grande que l'autre, de la même maniére que je comprens que la vie de *Mathusalem* a été plus longue que celle d'*Enoch*. Et supposé que le calcul ordinaire de 5639. années soit véritable, qui peut l'être aussi bien que tout autre, cela ne m'empêche nullement d'imaginer ce que les autres pensent lorsqu'ils donnent au Monde mille ans de plus; parce que chacun peut aussi aisément imaginer, (je ne dis pas croire) que le Monde a duré 50000. ans, que 5639. années, par la raison qu'il peut aussi bien concevoir la durée de 50000. ans que de 5639. années. D'où il paroît que pour mesurer la durée d'une chose par le Temps, il n'est pas nécessaire que la chose soit *coëxistante* au mouvement, ou à quelque autre Révolution Périodique que nous employions pour en mesurer la durée. Il suffit pour cela que nous ayions l'idée de la longueur de quelque apparence réguliére & périodique, que nous puissions appliquer en nous-mêmes à cette

De la Durée, & de ses Modes Simples. Liv. II. 145

te durée, avec laquelle le mouvement, ou cette apparence particuliére CHAP. XV.
n'aura pourtant jamais exifté.

§. 30. Car comme dans l'Hiftoire de la Création telle que *Moïfe* nous l'a De l'idée de
rapportée, je puis imaginer que la lumiére a exifté trois jours avant qu'il l'Eternité.
y eût ni Soleil ni aucun Mouvement, & cela fimplement en me repréfentant que la durée de la Lumiére qui fut créée avant le Soleil, fut fi longue qu'elle auroit été égale à trois revolutions diurnes du Soleil, fi alors cet Aftre fe fût mû comme à préfent; je puis avoir par le même moyen, une idée du *Chaos* ou des Anges, comme s'ils avoient été créez une minute, une heure, un jour, une année, ou mille années, avant qu'il y eût ni Lumiére, ni aucun mouvement continu. Car fi je puis feulement confiderer la durée comme égale à une minute avant l'exiftence ou le mouvement d'aucun Corps, je puis ajoûter une minute de plus, & encore une autre, jufqu'à ce que j'arrive à 60. minutes, & en ajoûtant de cette forte des minutes, des heures ou des années, c'eft à dire, telles ou telles parties d'une Révolution folaire, ou de quelque autre Période, dont j'aye l'idée, je puis avancer à l'infini, & fuppofer une Durée qui excede autant de fois ces fortes de Périodes, que j'en puis compter en les multipliant auffi fouvent qu'il me plaît, & c'eft là, à mon avis, l'idée que nous avons de l'*Eternité*, dont l'infinité ne nous paroît point différente de l'idée que nous avons de l'*infinité des Nombres*, auxquels nous pouvons toûjours ajoûter, fans jamais arriver au bout.

§. 31. Il eft donc évident, à mon avis, que les idées & les mefures de la Durée nous viennent des deux fources de toutes nos connoiffances dont j'ai déja parlé, favoir la *Reflexion* & la *Senfation*.

Car prémiérement, c'eft en obfervant ce qui fe paffe dans notre Efprit, je veux dire cette fuite conftante d'Idées dont les unes paroiffent à mefure que d'autres viennent à difparoître, que nous nous formons l'idée de la Succeffion.

Nous acquerons, en fecond lieu, l'idée de la *Durée* en remarquant de la diftance dans les parties de cette Succeffion.

En troifiéme lieu, venant à obferver, par le moyen des Sens, certaines apparences, diftinguées par certaines Periodes régulières, & en apparence *équidiftantes*, nous nous formons l'idée de certaines longueurs ou mefures de durée, comme font les Minutes, les Heures, les Jours, les Années, &c.

En quatriéme lieu, par la Faculté que nous avons de repeter auffi fouvent que nous voulons, ces mefures du Temps, ou ces idées de longueurs de durée déterminées dans notre Efprit, nous pouvons venir à imaginer de la durée là-même où rien n'exifte réellement. C'eft ainfi que nous imaginons *demain*, l'*année fuivante*, ou *fept années* qui doivent fucceder au temps préfent.

En cinquiéme lieu, par ce pouvoir que nous avons de repeter telle ou telle idée d'une certaine longueur de temps, comme d'une minute, d'une année ou d'un fiécle, auffi fouvent qu'il nous plaît, en les ajoûtant les unes aux autres, fans jamais approcher plus près de la fin d'une telle addition,

T que

que de la fin des Nombres auxquels nous pouvons toûjours ajoûter, nous nous formons à nous-mêmes l'idée de l'*Eternité*, qui peut être auſſi bien appliquée à l'éternelle durée de nos Ames, qu'à l'Eternité de cet Etre infini qui doit neceſſairement avoir toûjours exiſté.

6. Enfin, en conſiderant une certaine partie de cette Durée infinie entant que déſignée par des meſures périodiques, nous acquerons l'idée de ce qu'on nomme généralement le *Temps*.

CHAPITRE XV.

De la Durée & de l'Expanſion, conſiderées enſemble.

§. 1. QUOIQUE dans les Chapitres précedens je me ſois arrêté aſſez long-temps à conſiderer l'Eſpace & la Durée; cependant comme ce ſont des Idées d'une importance générale, & qui de leur nature ont quelque choſe de fort abſtrus & de fort particulier, je vais les comparer l'une avec l'autre, pour les faire mieux connoître, perſuadé que nous pourrons avoir des idées plus nettes & plus diſtinctes de ces deux choſes en les examinant jointes enſemble. Pour éviter la confuſion, je donne à la Diſtance ou à l'Eſpace conſideré dans une idée ſimple & abſtraite, le nom d'*Expanſion*, afin de le diſtinguer de l'*Etenduë*, terme que quelques-uns n'employent que pour exprimer cette diſtance entant qu'elle eſt dans les parties ſolides de la Matiére, auquel ſens il renferme, ou déſigne du moins l'idée du Corps ; au lieu que l'idée d'une pure diſtance n'enferme rien de ſemblable. Je préfere auſſi le mot d'*Expanſion* à celui d'*Eſpace*, parce que ce dernier eſt ſouvent appliqué à la diſtance des parties ſucceſſives & tranſitoires qui n'exiſtent jamais enſemble, auſſi bien qu'à celles qui ſont permanentes.

Pour venir maintenant à la comparaiſon de l'Expanſion & de la Durée, je remarque d'abord que l'Eſprit y trouve l'Idée commune d'une longueur continuée, capable du plus ou du moins, car on a une idée auſſi claire de la différence qu'il y a entre la longueur d'une heure & celle d'un jour, que de la différence qu'il y a entre un pouce & un pié.

§. 2. L'Eſprit s'étant formé l'idée de la longueur d'une certaine partie de l'*Expanſion*, d'un empan, d'un pas, ou de telle longueur que vous voudrez, il peut repeter cette idée, comme il a été dit, & ainſi en l'ajoûtant à la prémiére, étendre l'idée qu'il a de la longueur & l'égaler à deux empans, ou à deux pas, & cela auſſi ſouvent qu'il veut, juſqu'à ce qu'il égale la diſtance de quelques parties de la Terre qui ſoient à tel éloignement qu'on voudra l'une de l'autre, & continuer ainſi juſqu'à ce qu'il parvienne à remplir la diſtance qu'il y a d'ici au Soleil, ou aux Etoiles les plus éloignées. Et par une telle progreſſion, dont le commencement ſoit pris de l'endroit où nous ſommes, ou de quelque autre que ce ſoit, notre Eſprit peut toûjours avancer & paſſer au delà de toutes ces diſtances; en ſorte qu'il ne trouve rien qui puiſſe l'em-

considerées ensemble. Liv. II.

l'empêcher d'aller plus avant, soit dans le lieu des Corps, ou dans l'Espace vuide de Corps. Il est vrai, que nous pouvons aisément parvenir à la fin de l'Etenduë solide, & que nous n'avons aucune peine à concevoir l'extremité & les bornes de tout ce qu'on nomme *Corps*: mais lors que l'Esprit est parvenu à ce terme, il ne trouve rien qui l'empêche d'avancer dans cette Expansion infinie qu'il imagine au delà des Corps & où il ne sauroit ni trouver ni concevoir aucun bout. Et qu'on n'oppose point à cela, qu'il n'y a rien du tout au delà des limites du Corps, à moins qu'on ne prétende renfermer Dieu dans les bornes de la Matiére. *Salomon*, dont l'Entendement étoit rempli d'une sagesse extraordinaire, qui en avoit étendu & perfectionné les lumiéres, semble avoir d'autres pensées lorsqu'il dit en parlant à Dieu, *Les Cieux & les Cieux des Cieux ne peuvent te contenir*. Et je crois pour moi que celui-là se fait une trop haute idée de la capacité de son propre Entendement, qui se figure de pouvoir étendre ses pensées plus loin que le lieu où Dieu existe, ou imaginer une expansion où Dieu n'est pas.

CHAP. XV.

§. 3. Ce que je viens de dire de l'Expansion, convient parfaitement à la *Durée*. L'Esprit ayant conçu l'idée d'une certaine durée, peut la doubler, la multiplier, & l'étendre non seulement au delà de sa propre existence, mais au delà de celle de tous les Etres corporels, & de toutes les mesures du Temps, prises sur les Corps Célestes & sur leurs mouvemens. Mais quoi que nous fassions la Durée infinie, comme elle l'est certainement, personne ne fait difficulté de reconnoître que nous ne pouvons pourtant pas étendre cette Durée au delà de tout Etre, car DIEU remplit l'Eternité, comme chacun en tombe aisément d'accord. On ne convient pas de même que Dieu remplisse l'Immensité, mais il est mal-aisé de trouver la raison pourquoi l'on douteroit de ce dernier point, pendant qu'on assure le prémier, car certainement son Etre infini est aussi bien sans bornes à l'un qu'à l'autre de ces égards; & il me semble que c'est donner un peu trop à la Matiére que de dire, qu'il n'y a rien là où il n'y a point de Corps.

La Durée n'est pas bornée non plus par le Mouvement.

§. 4. De là nous pouvons apprendre, à mon avis, d'où vient que chacun parle familierement de l'Eternité, & la suppose sans hesiter le moins du monde, ne faisant aucune difficulté d'attribuer l'infinité à la Durée, quoi que plusieurs n'admettent ou ne supposent l'Infinité de l'Espace qu'avec beaucoup plus de retenuë, & d'un ton beaucoup moins affirmatif. La raison de cette difference vient, ce me semble, de ce que les termes de *Durée* & d'*Etenduë* étant employez comme des noms de qualitez qui appartiennent à d'autres Etres, nous concevons sans peine une durée infinie en DIEU, & ne pouvons même nous empêcher de le faire. Mais comme nous n'attribuons pas l'étenduë à Dieu, mais seulement à la Matiére qui est finie, nous sommes plus sujets à douter de l'existence d'une Expansion sans Matière, de laquelle seule nous supposons communément que l'Expansion est un attribut. Voilà pourquoi, lors que les hommes suivent les pensées qu'ils ont de l'Espace, ils sont portez à s'arrêter sur les limites qui terminent le Corps, comme si l'Espace étoit là aussi sur ses fins, & qu'il ne s'étendît pas plus loin: ou si considerant la chose de plus près, leurs idées les engagent à porter leurs pensées encore plus avant, ils ne laissent pas d'appeller tout ce qui est au delà

Pourquoi on admet plus aisément une Durée infinie, qu'une Expansion infinie.

T 2

CHAP. XV.

là des bornes de l'Univers, *Espace imaginaire*, comme si cet Espace n'étoit rien, dès là qu'il ne contient aucun Corps. Mais à l'égard de la Durée qui précede tous les Corps & les mouvemens par lesquels on la mesure, ils raisonnent tout autrement, car ils ne la nomment jamais imaginaire, parce qu'elle n'est jamais supposée vuide de quelque sujet qui existe réellement. Que si les noms des choses peuvent nous conduire en quelque maniére à l'origine des idées des hommes, (comme je suis tenté de croire qu'elles y peuvent contribuer beaucoup) le mot de *Durée* peut donner sujet de penser, que les hommes crurent qu'il y avoit quelque analogie entre une continuation d'existence qui enferme comme une espéce de résistance à toute force destructive, & entre une continuation de solidité, (propriété des Corps qu'on est souvent porté à confondre avec la *dureté*, & qu'on trouvera effectivement n'en être pas fort différente, si l'on considere les plus petits atomes de la Matiére,) & que cela donna occasion à la formation des mots *durer*, & *être dur*, qui ont une si étroite affinité ensemble. Cela paroit sur tout dans la Langue Latine, d'où ces mots ont passé dans nos Langues Modernes : car le mot Latin *durare* est aussi bien employé pour signifier l'idée de la *dureté* proprement dite, que l'idée d'une existence continuée, comme il paroît par cet endroit d'*Horace*, (Epod. XVI.) *ferro duravit sæcula*.. Quoi qu'il en soit, il est certain, que quiconque suit ses propres pensées, trouvera qu'elles se portent quelquefois bien au delà de l'étenduë des Corps, dans l'infinité de l'Espace ou de l'Expansion, dont l'idée est distincte du Corps & de toute autre chose ; ce qui peut fournir la matiere d'une plus ample méditation à qui voudra s'y appliquer.

Le Temps est à la Durée ce que le Lieu est à l'Expansion.

§. 5. En général, le Temps est à la Durée, ce que le Lieu est à l'Expansion. Ce sont autant de portions de ces deux *Océans infinis d'Eternité & d'Immensité*, distinguées du reste comme par autant de Bornes ; & qui servent en effet à marquer la position des Etres réels & finis, selon le raport qu'ils ont entr'eux dans cette uniforme & infinie étenduë de Durée & d'Espace. Ainsi, à bien considerer le Temps & le Lieu, ils ne sont rien autre chose que des idées de certaines distances déterminées, prises de certains points connus & fixes dans les choses sensibles, capables d'être distinguées & qu'on suppose garder toûjours la même distance les unes à l'égard des autres. C'est de ces points fixes dans les Etres sensibles que nous comptons la durée particuliére, & que nous mesurons la distance de diverses portions de ces Quantitez infinies ; & ces distinctions observées sont ce que nous appellons le *Temps* & le *Lieu*. Car la Durée & l'Espace étant uniformes de leur nature, si l'on ne jettoit la vûë sur ces sortes de points fixes, on ne pourroit point observer dans la Durée & dans l'Espace, l'ordre & la position des choses ; & tout seroit dans un confus entassement que rien ne seroit capable de débrouiller.

Le Temps & le Lieu sont pris pour autant de portions de Durée & d'Espace qu'on en peut designer par l'existence & le mouvement des Corps.

§. 6. Or à considerer ainsi le *Temps* & le *Lieu* comme autant de portions déterminées de ces Abymes infinis d'Espace & de Durée, qui sont separées ou qu'on suppose distinguées du reste, par des marques & des bornes connuës, on leur fait signifier à chacun deux choses differentes.

Et prémiérement, le *Temps* consideré en général se prend communément pour cette portion de Durée infinie, qui est mesurée par l'existence & le mou-

mouvement des Corps Célestes, & qui coëxiste à cette existence & à ce Chap. XV
mouvement, autant que nous en pouvons juger par la connoissance que nous
avons de ces Corps. A prendre la chose de cette maniére le Temps commence
& finit avec la formation de ce Monde sensible, & c'est le sens qu'il
faut donner à ces expressions que j'ai déja citées, *avant tous les temps*, ou
lorsqu'il n'y aura plus de temps. Le *Lieu* se prend aussi quelquefois pour cette
portion de l'Espace infini qui est comprise & renfermée dans le Monde
materiel, & qui par-là est distinguée du reste de l'*Expansion*; quoi que ce
fût parler plus proprement de donner à une telle portion de l'Espace, le
nom d'*Etenduë* plûtôt que celui de *Lieu*. C'est dans ces bornes que sont
renfermez le *Temps* & le *Lieu*, pris dans le sens que je viens d'expliquer; &
c'est par leurs parties capables d'être observées, qu'on mesure & qu'on détermine
le temps ou la durée particuliére de tous les Etres corporels, aussi
bien que leur étenduë & leur place particuliére.

§. 7. En second lieu, le *Temps* se prend quelquefois dans un sens plus étendu,
& est appliqué aux parties de la Durée infinie, non à celles qui sont
réellement distinguées & mesurées par l'existence réelle & par les mouvemens
périodiques des Corps, qui ont été destinez dès le commencement* à
servir de signe, & à marquer les saisons, les jours & les années, & qui suivant
cela nous servent à mesurer le Temps; mais à d'autres portions de cette
Durée infinie & uniforme que nous supposons égales, dans quelques rencontres,
à certaines longueurs d'un temps précis, & que nous considerons
par conséquent comme déterminées par certaines bornes. Car si nous supposions
par exemple, que la création des Anges ou leur chute fût arrivée
au commencement de la *Période Julienne*, nous parlerions assez proprement,
& nous nous ferions fort bien entendre, si nous disions que depuis
la création des Anges il s'est écoulé 764. ans de plus, que depuis la Création
du Monde. Par où nous désignerions tout autant de cette Durée indistincte,
que nous supposerions égaler 764. Révolutions annuelles du Soleil,
de sorte qu'elles auroient été renfermées dans cette portion, supposé
que le Soleil se fût mû de la même maniére qu'à présent. De même, nous
supposons quelquefois de la place, de la distance ou de la grandeur dans ce
Vuide immense qui est au delà des bornes de l'Univers, lorsque nous considerons
une portion de cet Espace, qui soit égale à un Corps d'une certaine
dimension déterminée comme d'un pié cubique, ou qui soit capable de le
recevoir: ou lors que dans cette vaste Expansion, vuide de Corps, nous
concevons un Point, à une distance précise d'une certaine partie de l'Univers.

Quelquefois pour tout autant de Durée & d'Espace que nous en désignons par des mesures prises de la grosseur ou du mouvement des Corps.
* *Genese*, chap. I. vs. 14.

§. 8. *Où* & *Quand* sont des Questions qui appartiennent à toutes les
existences finies, desquelles nous déterminons toûjours le lieu & le temps,
par rapport à quelques parties connuës de ce Monde sensible, & à certaines
Epoques qui nous sont marquées par les mouvemens qu'on y peut observer.
Sans ces sortes de Périodes ou Parties fixes, l'ordre des choses se trouveroit
anéanti eu égard à notre Entendement borné, dans ces deux vastes Océans
de Durée & d'Expansion, qui invariables & sans bornes renferment en eux-mêmes
tous les Etres finis, & n'appartiennent dans toute leur étenduë qu'à

Le Lieu & le Temps appartiennent à tous les Etres finis.

CHAP. XV. la Divinité. Il ne faut donc pas s'étonner que nous ne puiſſions nous former une idée complette de la Durée & de l'Expanſion, & que notre Eſprit ſe trouve, pour ainſi dire, ſi ſouvent hors de route, lorſque nous venons à les conſiderer, ou en elles-mêmes par voye d'abſtraction, ou comme appliquées en quelque maniere à l'*Etre ſuprême & incomprehenſible*. Mais lorſque l'Expanſion & la Durée ſont appliquées à quelque Être fini, l'Etenduë d'un Corps eſt tout autant de cet Eſpace infini, que la groſſeur de ce Corps en occupe ; & ce qu'on nomme le *Lieu*, c'eſt la poſition d'un Corps conſideré à une certaine diſtance de quelque autre Corps. Et comme l'idée de la durée particuliére d'une choſe, eſt l'idée de cette portion de durée infinie, qui paſſe durant l'exiſtence de cette choſe, de même le temps pendant lequel une choſe exiſte, eſt l'idée de cet Eſpace de durée qui s'écoule entre quelques périodes de durée, connuës & déterminées, & entre l'exiſtence de cette choſe. La prémiére de ces Idées montre la diſtance des extremitez de la grandeur ou des extremitez de l'exiſtence d'une ſeule & même choſe, comme que cette choſe eſt d'un pié en quarré, ou qu'elle dure deux années ; l'autre fait voir la diſtance de ſa *location*, ou de ſon exiſtence d'avec certains autres points fixes d'Eſpace ou de Durée, comme qu'elle exiſte au milieu de la *Place Royale*, ou dans le prémier dégré du *Taureau*, ou dans l'année 1671. ou l'an 1000. de la *Période Julienne* ; toutes diſtances que nous meſurons par les idées que nous avons conçuës auparavant de certaines longueurs d'Eſpace, ou de Durée, comme ſont, à l'égard de l'Eſpace, les pouces, les piés, les lieuës, les dégrez ; & à l'égard de la Durée, les Minutes, les Jours, & les Années, *&c*.

Chaque partie de l'Extenſion, eſt extenſion, & chaque partie de la Durée, eſt durée.

§. 9. Il y a une autre choſe ſur quoi l'Eſpace & la Durée ont enſemble une grande conformité, c'eſt que quoi que nous les mettions avec raiſon au nombre de nos *Idées ſimples*, cependant de toutes les idées diſtinctes que nous avons de l'Eſpace & de la Durée, il n'y en a aucune qui n'aît quelque ſorte de compoſition. Telle eſt la nature de ces deux choſes (1) d'être compoſées

(1) On a objecté à M. Locke, que ſi l'Eſpace eſt compoſé de parties, comme il l'avouë en cet endroit, il ne ſauroit le mettre au nombre des Idées ſimples, ou bien qu'il doit rénoncer à ce qu'il dit ailleurs qu'*une des proprietez des idées ſimples c'eſt d'être exemptes de toute compoſition, & de ne produire dans l'Ame qu'une conception entierement uniforme, qui ne puiſſe être diſtinguée en differentes idées*, p. 75. A quoi on ajoûte en paſſant qu'on eſt ſurpris que M. Locke n'ait pas donné dans le Chapitre II. du II. Livre où il commence à parler des idées ſimples, une définition exacte de ce qu'il entend par *Idées ſimples*. C'eſt M. *Barbeyrac* à préſent Profeſſeur en Droit à Groningue qui me communiqua ces Objections dans une Lettre que je fis voir à M. Locke. Et voici la réponſe que M. Locke me dicta peu de jours après. ,, Pour commencer par la derniere Ob-

,, jection, M. Locke déclare d'abord, qu'il n'a
,, pas traité ſon ſujet dans un ordre parfaitement
,, Scholaſtique, n'ayant pas eu beaucoup de
,, familiarité avec ces ſortes de Livres lors qu'il
,, a écrit le ſien, ou plûtôt ne ſe ſouvenant gue-
,, re plus alors de la Methode qu'on y obſerve ;
,, & qu'ainſi ſes Lecteurs ne doivent pas s'at-
,, tendre à des Définitions regulierement pla-
,, cées à la tête de châque nouveau ſujet. Il s'eſt
,, contenté d'employer les principaux termes ſur
,, leſquels il raiſonne de telle ſorte que d'une ma-
,, niére d'autre il faſſe comprendre nettement
,, à ſes Lecteurs ce qu'il entend par ces termes-
,, là. Et en particulier à l'égard du terme d'*I-
,, dée ſimple*, il a eu le bonheur de le définir dans
,, l'endroit de la page 75. cité dans l'Ob-
,, jection ; & par conſéquent il n'aura pas be-
,, ſoin de ſuppléer à ce défaut. La Queſtion ſe
,, réduit donc à ſavoir ſi l'idée d'*extenſion* peut
s'accor-

posées de parties. Mais comme ces parties sont toutes de la même espèce, & sans mélange d'aucune autre idée, elles n'empêchent pas que l'Espace & la Durée ne soient du nombre des Idées simples. Si l'Esprit pouvoit arriver, comme dans les Nombres, à une si petite partie de l'Etenduë ou de la Durée, qu'elle ne pût être divisée, ce seroit, pour ainsi dire, une idée, on une unité indivisible, par la repetition de laquelle l'Esprit pourroit se former les plus vastes idées de l'Etenduë & de la Durée qu'il puisse avoir. Mais parce que notre Esprit n'est pas capable de se représenter l'idée d'un Espace sans parties, on se sert, au lieu de cela, des mesures communes qui s'impriment dans la mémoire par l'usage qu'on en fait dans chaque Païs, comme sont à l'égard de l'Espace, les pouces, les piés, les coudées & les parasanges; & à l'égard de la Durée, les secondes, les minutes, les heures, les jours & les années : notre Esprit, dis-je, regarde ces idées ou autres semblables comme des idées simples dont il se sert pour composer des idées plus étenduës, qu'il forme dans l'occasion par l'addition de ces sortes de longueurs qui lui sont devenuës familiéres. D'un autre côté, la plus petite mesure ordinaire que nous ayons de l'un & de l'autre, est regardée comme l'Unité dans les Nombres, lorsque l'Esprit veut réduire l'Espace ou la Durée en plus petites fractions, par voye de division. Du reste, dans ces deux opérations, je veux dire dans l'addition & la division de l'Espace ou de la Durée, & lorsque l'idée en question devient fort étenduë, ou extrêmement resserrée, sa quantité précise devient fort obscure & fort confuse; & il n'y a plus que le nombre de ces additions ou divisions repetées qui soit clair

„ s'accorder avec cette définition, qui lui conviendra effectivement, si elle est entenduë dans le sens que M. Locke a eu principalement devant les yeux. Or la composition qu'il a eu proprement dessein d'exclurre dans cette définition, c'est une composition de differentes idées dans l'Esprit, & non une composition d'idées de même espece en définissant une chose dont l'essence consiste à avoir des parties de même espéce, & où l'on ne peut venir à une derniere entierement exempte de cette composition ; de sorte que si l'Idée d'*étenduë* consiste à avoir *partes extra partes*, comme on parle dans les Ecoles, c'est toûjours au sens de M. Locke, une idée simple, parce que l'idée d'avoir *partes extra partes* ne peut être resoluë en deux autres idées. Du reste, l'Objection qu'on fait à M. Locke à propos de la nature de l'Etenduë, ne lui avoit pas entierement échappé, comme on peut le voir dans le §. 9. de ce Chapitre où il dit que la moindre portion d'*Espace* ou d'*Etenduë* dont nous ayions une idée claire & distincte, est la plus propre à être regardée comme l'Idée simple de cette espece dont les Modes complexes de cette espece sont composez: & à son avis, on peut fort bien l'appel-

„ ler *une Idée simple*, puisque c'est la plus petite Idée de l'Espace que l'Esprit se puisse former à lui-même & qu'il ne peut par conséquent la diviser en deux plus petites. D'où il s'ensuit qu'elle est à l'Esprit une Idée simple, ce qui suffit dans cette occasion. Car l'affaire de M. Locke n'est pas de discourir en cet endroit de la réalité des choses, mais des Idées de l'Esprit. Et si cela ne suffit pas pour éclaircir la difficulté, M. Locke n'a plus rien à ajoûter, sinon que si l'idée d'*étenduë* est si singuliere qu'elle ne puisse s'accorder exactement avec la définition qu'il a donnée des *Idées simples*, de sorte qu'elle differe en quelque maniere de toutes les autres de cette espéce, il croit qu'il vaut mieux la laisser là exposée à cette difficulté, que de faire une nouvelle division en sa faveur. C'est assez pour Mr. Locke qu'on puisse comprendre sa pensée. Il n'est que trop ordinaire de voir des discours très-intelligibles, gâtez par trop de délicatesse sur ces pointilleries. Nous devons assortir les choses le mieux que nous pouvons, *doctrina causâ*; mais après tout, il se trouvera toûjours quantité de choses qui ne pourront pas s'ajuster exactement avec nos conceptions & nos façons de parler.

CHAP. XV. clair & diſtinct. C'eſt dequoi l'on ſera aiſément convaincu, ſi l'on abandonne ſon Eſprit à la contemplation de cette vaſte expanſion de l'Eſpace ou de la diviſibilité de la Matiére. Chaque partie de la Durée, eſt durée, & chaque partie de l'Extenſion, eſt extenſion; & l'une & l'autre ſont capables d'addition ou de diviſion à l'infini. Mais il eſt, peut-être, plus à propos que nous nous fixions à la conſideration des plus petites parties de l'une & de l'autre, dont nous ayions des idées claires & diſtinctes, comme à des idées ſimples de cette eſpece, deſquelles nos *Modes complexes* de l'Eſpace, de l'Etenduë & de la Durée, ſont formez, & auxquelles ils peuvent être encore diſtinctement réduits. Dans la Durée, cette petite partie peut être nommée un *moment*, & c'eſt le temps qu'une Idée reſte dans notre Eſprit, dans cette perpetuelle ſucceſſion d'idées qui s'y fait ordinairement. Pour l'autre petite portion qu'on peut remarquer dans l'Eſpace, comme elle n'a point de nom, je ne ſai ſi l'on me permettra de l'appeller *Point ſenſible*, par où j'entens la plus petite particule de Matiére ou d'Eſpace, que nous puiſſions diſcerner, & qui eſt ordinairement environ une minute, ou aux yeux les plus pénétrans, rarement moins que trente ſecondes d'un cercle dont l'Oeil eſt le centre.

Les parties de l'Expanſion & de la Durée ſont inſeparables.

§. 10. L'Expanſion & la Durée conviennent dans cet autre point; c'eſt que bien qu'on les conſidere l'une & l'autre comme ayant des parties, cependant leurs parties ne peuvent être ſeparées l'une de l'autre, pas même par la penſée; quoi que les parties des Corps d'où nous tirons la meſure de l'Expanſion, & celles du Mouvement, ou plûtôt, de la ſucceſſion des Idées dans notre Eſprit, d'où nous empruntons la meſure de la Durée, puiſſent être diviſées & interrompuës, ce qui arrive aſſez ſouvent, le Mouvement étant terminé par le Repos, & la ſucceſſion de nos idées par le ſommeil, auquel nous donnons auſſi le nom de *repos*.

La Durée eſt comme une Ligne, & l'Expanſion comme un Solide.

§. 11. Il y a pourtant cette différence viſible entre l'Eſpace & la Durée que les idées de longueur que nous avons de l'Expanſion, peuvent être tournées en tout ſens, & font ainſi ce que nous nommons figure, largeur & épaiſſeur; au lieu que la Durée n'eſt que comme une longueur continuée à l'infini en ligne droite, qui n'eſt capable de recevoir ni multiplicité ni variation, ni figure, mais eſt une commune meſure de tout ce qui exiſte, de quelque nature qu'il ſoit, une meſure à laquelle toutes choſes participent également pendant leur exiſtence. Car ce moment-ci eſt commun à toutes les choſes qui exiſtent préſentement, & renferme également cette partie de leur exiſtence, tout de même que ſi toutes ces choſes n'étoient qu'un ſeul Etre, de ſorte que nous pouvons dire avec verité, que tout ce qui eſt, exiſte dans un ſeul & même moment de temps. De ſavoir ſi la nature des Anges & des Eſprits a, de même, quelque analogie avec l'Expanſion, c'eſt ce qui eſt au deſſus de ma portée: & peut-être que par rapport à nous, dont l'Entendement eſt tel qu'il nous le faut pour la conſervation de notre Etre, & pour les fins auxquelles nous ſommes deſtinez, & non pour avoir une véritable & parfaite idée de tous les autres Etres, il nous eſt preſque auſſi difficile de concevoir quelque exiſtence, ou d'avoir l'idée de quelque Etre réel, entierement privé de toute ſorte d'Expanſion, que d'avoir l'idée de

quel-

considerées ensemble. Liv. II.

quelque exiſtence réelle qui n'ait abſolument aucune eſpéce de durée. C'eſt pourquoi nous ne ſavons pas quel rapport les Eſprits ont avec l'Eſpace, ni comment ils y participent. Tout ce que nous ſavons, c'eſt que chaque Corps pris à part occupe ſa portion particuliére de l'Eſpace, ſelon l'étenduë de ſes parties ſolides; & que par-là il empêche tous les autres Corps d'avoir aucune place dans cette portion particuliére, pendant qu'il en eſt en poſſeſſion.

Chap. XV.

§. 12. La Durée eſt donc, auſſi bien que le Temps qui en fait partie, l'idée que nous avons d'une diſtance qui périt, & dont deux parties n'exiſtent jamais enſemble, mais ſe ſuivent ſucceſſivement l'une l'autre; & l'Expanſion eſt l'idée d'une diſtance durable dont toutes les parties exiſtent enſemble, & ſont incapables de ſucceſſion. C'eſt pour cela que, bien que nous ne puiſſions concevoir aucune Durée ſans ſucceſſion, ni nous mettre dans l'Eſprit, qu'un Etre coëxiſte préſentement à *Demain*, ou poſſede à la fois plus que ce moment préſent de Durée, cependant nous pouvons concevoir que la Durée éternelle de l'Etre infini eſt fort différente de celle de l'Homme, ou de quelque autre Etre fini. Parce que la connoiſſance ou la puiſſance de l'Homme ne s'étend point à toutes les choſes paſſées & à venir, ſes penſées ne ſont, pour ainſi dire, que d'hier, & il ne ſait pas ce que le jour de demain doit mettre en évidence. Il ne ſauroit rappeller le paſſé, ni rendre préſent ce qui eſt encore à venir. Ce que je dis de l'Homme, je le dis de tous les Etres finis, qui, quoi qu'ils puiſſent être beaucoup au deſſus de l'Homme en connoiſſance & en puiſſance, ne ſont pourtant que de foibles Créatures en comparaiſon de Dieu lui-même. Ce qui eſt fini, quelque grand qu'il ſoit, n'a aucune proportion avec l'Infini. Comme la durée infinie de Dieu eſt accompagnée d'une connoiſſance & d'une puiſſance infinies, il voit toutes les choſes paſſées & à venir; en ſorte qu'elles ne ſont pas plus éloignées de ſa connoiſſance, ni moins expoſées à ſa vûë que les choſes préſentes Elles ſont toutes également ſous ſes yeux; & il n'y a rien qu'il ne puiſſe faire exiſter, chaque moment qu'il veut. Car l'exiſtence de toutes choſes dépendant uniquement de ſon bon-plaiſir, elles exiſtent toutes dans le même moment qu'il juge à propos de leur donner l'exiſtence.

Deux parties de la Durée n'exiſtent jamais enſemble, & les parties de l'Expanſion exiſtent toutes enſemble.

§. 13. Enfin l'Expanſion & la Durée ſont renfermées l'une dans l'autre, chaque portion d'Eſpace étant dans chaque partie de la Durée, & chaque portion de durée dans chaque partie de l'Expanſion. Je crois que parmi toute cette grande varieté d'idées que nous concevons ou pouvons concevoir, on trouveroit à peine une telle combinaiſon de deux Idées diſtinctes, ce qui peut fournir matiére à de plus profondes ſpéculations.

L'Expanſion & la Durée ſont renfermées l'une dans l'autre.

CHA-

CHAPITRE XVI.

Du Nombre.

Ch.ap. XVI.

Le Nombre eſt la plus ſimple & la plus univerſelle de toutes nos Idées.

§. 1. COmme parmi toutes les Idées que nous avons, il n'y en a aucune qui nous ſoit ſuggerée par plus de voyes que celle de l'*Unité*, auſſi n'y en a-t-il point de plus ſimple. Il n'y a, dis-je, aucune apparence de varieté ou de compoſition dans cette Idée ; & elle ſe trouve jointe à chaque Objet qui frappe nos Sens, à chaque idée qui ſe préſente à notre Entendement, & à chaque penſée de notre Eſprit. C'eſt pourquoi il n'y en a point qui nous ſoit plus familiére, comme c'eſt auſſi la plus univerſelle de nos Idées dans le rapport qu'elle a avec toutes les autres choſes ; car le Nombre s'applique aux Hommes, aux Anges, aux actions, aux penſées, en un mot, à tout ce qui exiſte, ou qui peut être imaginé.

Les Modes du Nombre ſe font par voye d'Addition.

§. 2. En repetant cette idée de l'Unité dans notre Eſprit, & ajoûtant ces répétitions enſemble, nous venons à former les *Modes* ou *Idées complexes du Nombre*. Ainſi en ajoûtant *un* à *un*, nous avons l'idée complexe d'une *couple* ; en mettant enſemble douze unitez, nous avons l'idée complexe d'une *douzaine* ; & ainſi d'une *centaine*, d'un *million*, ou de tout autre nombre.

Chaque Mode exactement diſtinct dans le Nombre.

§. 3. De tous les Modes ſimples il n'y en a point de plus diſtincts que ceux du Nombre, la moindre variation, qui eſt d'une unité, rendant chaque combinaiſon auſſi clairement diſtincte de celle qui en approche de plus près, que de celle qui en eſt la plus éloignée, *deux* étant auſſi diſtinct d'*un*, que de *deux cens* ; & l'idée de *deux* auſſi diſtincte de celle de *trois*, que la grandeur de toute la Terre eſt diſtincte de celle d'un Ciron. Il n'en eſt pas de même à l'égard des autres modes ſimples, dans leſquels il ne nous eſt pas ſi aiſé, ni peut-être poſſible de mettre de la diſtinction entre deux idées approchantes, quoi qu'il y ait une différence réelle entre elles. Car qui voudroit entreprendre de trouver de la différence entre la blancheur de ce Papier & celle qui en approche d'un dégré, ou qui pourroit former des idées diſtinctes du moindre excès de grandeur en differentes portions d'Etenduë ?

Les Demonſtrations dans les Nombres ſont plus précises.

§. 4. Or de ce que chaque Mode du Nombre paroit ſi clairement diſtinct de tout autre, de ceux-là même qui en approchent de plus près, je ſuis porté à conclurre que, ſi les Démonſtrations dans les Nombres ne ſont pas plus évidentes & plus exactes que celles qu'on fait ſur l'Etenduë, elles ſont du moins plus générales dans l'uſage, & plus déterminées dans l'application qu'on en peut faire. Parce que, dans les Nombres, les idées ſont & plus précises & plus propres à être diſtinguées les unes des autres, que dans l'Etenduë, où l'on ne peut point obſerver ou meſurer chaque égalité & chaque excès de grandeur auſſi aiſément que dans les Nombres, par la raiſon que dans l'Eſpace nous ne ſaurions arriver par la penſée à une certaine peti-

petiteſſe déterminée au delà de laquelle nous ne puiſſions aller, telle qu'eſt CHAP. XVI. l'unité dans le Nombre. C'eſt-pourquoi l'on ne ſauroit découvrir la quantité ou la proportion du moindre excès de grandeur, qui d'ailleurs paroit fort nettement dans les Nombres, où, comme il a été dit, 91. eſt auſſi aiſé à diſtinguer de 90. que de 9000, quoi que 91. excede immédiatement 90. Il n'en eſt pas de même dans l'Étenduë, où tout ce qui eſt quelque choſe de plus qu'un pié ou un pouce, ne peut être diſtingué de la meſure juſte d'un pié ou d'un pouce. Ainſi dans des lignes qui paroiſſent être d'une égale longueur, l'une peut être plus longue que l'autre par des parties innombrables; & il n'y a perſonne qui puiſſe donner un Angle qui comparé à un Droit, ſoit immédiatement le plus grand, en ſorte qu'il n'y en ait point d'autre plus petit qui ſe trouve plus grand que le Droit.

§. 5. En repetant, comme nous avons dit, l'idée de l'Unité, & la joignant à une autre unité, nous en faiſons une *Idée collective* que nous nommons *Deux*. Et quiconque peut faire cela, & avancer en ajoûtant toûjours un de plus à la derniére idée collective qu'il a d'un certain nombre quel qu'il ſoit, & à laquelle il donne un nom particulier, quiconque, dis-je, fait cela, peut compter, ou avoir des idées de différentes collections d'Unitez, diſtinctes les unes des autres, tandis qu'il a une ſuite de noms pour déſigner les nombres ſuivans, & aſſez de mémoire pour retenir cette ſuite de nombres avec leurs differens noms: car compter n'eſt autre choſe qu'ajoûter toûjours une unité de plus, & donner au nombre total regardé comme compris dans une ſeule idée, un nom ou un ſigne nouveau ou diſtinct, par où l'on puiſſe le diſcerner de ceux qui ſont devant & après, & le diſtinguer de chaque multitude d'Unitez qui eſt plus petite ou plus grande. De ſorte que celui qui ſait ajoûter un à un & ainſi à deux, & avancer de cette maniére dans ſon calcul, marquant toûjours en lui-même les noms diſtincts qui appartiennent à chaque progreſſion, & qui d'autre part ôtant une unité de chaque collection peut les diminuer autant qu'il veut, celui-là eſt capable d'acquerir toutes les idées des nombres dont les noms ſont en uſage dans ſa Langue, ou qu'il peut nommer lui-même, quoi que peut-être il n'en puiſſe pas connoître davantage. Car comme les différens Modes des Nombres ne ſont dans notre Eſprit que tout autant de combinaiſons d'unitez, qui ne changent point, & ne ſont capables d'aucune autre différence que du plus ou du moins, il ſemble que des noms ou des ſignes particuliers ſont plus néceſſaires à chacune de ces combinaiſons diſtinctes, qu'à aucune autre eſpèce d'Idées. La raiſon de cela eſt, que ſans de tels noms ou ſignes à peine pouvons-nous faire uſage des Nombres en comptant, ſur tout lorſque la combinaiſon eſt compoſée d'une grande multitude d'Unitez, car alors il eſt difficile d'empêcher, que de ces unitez jointes enſemble ſans qu'on ait diſtingué cette collection particuliére par un nom ou un ſigne précis, il ne s'en faſſe un parfait cahos.

Combien il eſt néceſſaire de donner des noms aux Nombres.

§. 6. C'eſt là, je crois, la raiſon pourquoi certains *Americains* avec qui je me ſuis entretenu, & qui avoient d'ailleurs l'eſprit aſſez vif & aſſez raiſonnable, ne pouvoient en aucune maniére compter comme nous juſqu'à *mille*, n'ayant aucune idée diſtincte de ce nombre, quoi qu'ils puſſent compter

Autre raiſon pour établir cette néceſſité.

juſ-

156 *Du Nombre.* Liv. II.

Chap. XVI. jusqu'à vingt. C'est que leur Langue peu abondante, & uniquement accommodée au peu de besoins d'une pauvre & simple vie, qui ne connoissoit ni le Negoce ni les Mathematiques, n'avoit point de mot qui signifiât *mille*, de sorte que lorsqu'ils étoient obligez de parler de quelque grand nombre, ils montroient les cheveux de leur tête, pour marquer en général une grande multitude qu'ils ne pouvoient nombrer : incapacité qui venoit, si je ne me trompe, de ce qu'ils manquoient de noms. Un * Voyageur qui a été chez les *Toupinambous*, nous apprend qu'ils n'avoient point de noms de nombres au dessus de cinq ; & que lorsqu'ils vouloient exprimer quelque nombre au delà, ils montroient leurs doigts, & les doigts des autres personnes qui étoient avec eux. Leur calcul n'alloit pas plus loin : & je ne doute pas que nous-mêmes ne puissions compter distinctement en paroles une beaucoup plus grande quantité de nombres que nous n'avons accoutumé de faire, si nous trouvions seulement quelques dénominations propres à les exprimer ; au lieu que suivant le tour que nous prenons de compter par millions (1) de millions, de millions, &c. il est fort difficile d'aller sans confusion au delà de dix-huit, ou pour le plus, de vingt-quatre progressions decimales. Mais pour faire voir, combien des noms distincts nous peuvent servir à bien compter, ou à avoir des idées utiles des Nombres, je vais ranger toutes les figures suivantes dans une seule ligne, comme si c'étoient des signes d'un seul nombre :

* *Jean de Lery*, Histoire d'un Voyage fait en la Terre du Bresil, *ch. 20. pag. 307 382.*

Nonilions. Octilions. Septilions. Sextilions. Quintilions. Quatrilions. Trilions. Bilions. Millions. Unitez.
857324. 162486. 345896. 437916. 423147. 248106. 235421. 261734. 368149. 623137.

La maniére ordinaire de compter ce nombre en Anglois, seroit de repeter souvent de millions, de millions, de millions, &c. Or *millions* est la propre dénomination de la seconde *sixaine*, 368149. Selon cette maniére, il seroit bien mal-aisé d'avoir aucune notion distincte de ce nombre : mais qu'on voye si en donnant à chaque *sixaine* une nouvelle dénomination selon l'ordre dans lequel elle seroit placée, l'on ne pourroit point compter sans peine ces figures ainsi rangées, & peut-être plusieurs autres, en sorte qu'on s'en formât plus aisément des idées distinctes à soi-même, & qu'on les fît connoître plus clairement aux autres. Je n'avance cela que pour faire voir, combien des noms distincts sont nécessaires pour compter, sans prétendre introduire de nouveaux termes de ma façon.

§. 7. Ainsi

(1) Il faut entendre ceci par rapport aux Anglois : car il y a long-temps que les François connoissent les termes de *bilions*, de *trilions*, de *quatrilions*, &c. on trouve dans *la Nouvelle Methode Latine*, dont la premiére Edition parut en 1655, le mot de *billion*, dans le Traité des Observations particulieres, au Chapitre second intitulé *Des nombres Romains*. Et le P. Lamy a inseré les mots de *bilions*, de *trilions*, de *quatrilions* &c. dans son Traité *de la Grandeur*, qui a été imprimé quelques années avant que cet Ouvrage de M. Locke eût vû le jour. Lorsqu'il y a plusieurs chifres sur une même ligne, dit le P. Lamy, pour éviter la confusion, on les coupe de trois en trois par tranches, ou seulement on laisse un petit espace vuide ; & chaque tranche ou chaque ternaire a son nom. Le premier ternaire s'appelle unité ; le second, mille, le troisiéme, millions ; le quatrieme, milliards ou billions ; le cinquiéme trilions, le sixiéme, quatrillions. ——— Quand on passe les quintilions, dit-il, cela s'appelle sextillions, septillions, ainsi de suite. Ce sont des mots que l'on invente, parce qu'on n'en a point d'autres. Il ne prétend pas par-là s'en attribuer l'invention, car ils avoient été inventez long-temps auparavant, comme je viens de le prouver.

Du Nombre. Liv. II.

§. 7. Ainsi les Enfans commencent assez tard à compter, & ne comptent point fort avant, ni d'une maniere fort assûrée que long-temps après qu'ils ont l'Esprit rempli de quantité d'autres idées, soit que d'abord il leur manque des mots pour marquer les différentes progressions des Nombres, ou qu'ils n'ayent pas encore la faculté de former des idées complexes, de plusieurs idées simples & détachées les unes des autres, de les disposer dans un certain ordre régulier, & de les retenir ainsi dans leur Mémoire, comme il est nécessaire pour bien compter. Quoi qu'il en soit, on peut voir tous les jours, des Enfans qui parlent & raisonnent assez bien, & ont des notions fort claires de bien des choses, avant que de pouvoir compter jusqu'à vingt. Et il y a des personnes qui faute de mémoire ne pouvant retenir différentes combinaisons de Nombres, avec les noms qu'on leur donne par rapport aux rangs distincts qui leur sont assignez, ni la dépendance d'une si longue suite de progressions numerales dans la relation qu'elles ont les unes avec les autres, sont incapables durant toute leur vie de compter, ou de suivre régulierement une assez petite suite de nombres. Car qui veut compter Vingt, ou avoir une idée de ce nombre, doit savoir que Dix-neuf le précede, & connoître le nom ou le signe de ces deux nombres, selon qu'ils sont marquez dans leur ordre, parce que dès que cela vient à manquer, il se fait une brêche, la chaîne se rompt, & il n'y a plus aucune progression. De sorte que, pour bien compter, il est nécessaire, 1. Que l'Esprit distingue exactement deux Idées, qui ne different l'une de l'autre que par l'addition ou la soustraction d'une Unité. 2. Qu'il conserve dans sa mémoire les noms, ou les signes des différentes combinaisons depuis l'unité jusqu'à ce Nombre, & cela, non d'une maniére confuse & sans règle, mais selon cet ordre exact dans lequel les Nombres se suivent les uns les autres. Si l'on vient à s'égarer dans l'un ou dans l'autre de ces points, tout le calcul est confondu, & il ne reste plus qu'une idée confuse de multitude, sans qu'il soit possible d'attraper les idées qui sont nécessaires pour compter distinctement.

§. 8. Une autre chose qu'il faut remarquer dans le Nombre, c'est que l'Esprit s'en sert pour mesurer toutes les choses que nous pouvons mesurer, qui sont principalement l'*Expansion* & la *Durée*; & que l'idée que nous avons de l'*Infini*, lors même qu'on l'applique à l'Espace & à la Durée, ne semble être autre chose qu'une infinité de Nombres. Car que sont nos idées de l'Eternité & de l'Immensité, sinon des additions de certaines idées de parties imaginées dans la Durée & dans l'Expansion que nous repetons avec l'infinité du Nombre qui fournit à de continuelles additions sans que nous en puissions jamais trouver le bout? Chacun peut voir sans peine que le Nombre nous fournit ce fonds inépuisable plus nettement que toutes nos autres Idées. Car qu'un homme assemble, en une seule somme, un aussi grand nombre qu'il voudra, cette multitude d'Unitez, quelque grande qu'elle soit, ne diminuë en aucune maniere la puissance qu'il a d'y en ajoûter d'autres, & ne l'approche pas plus près de la fin de ce fonds intarissable de nombres, auquel il reste toûjours autant à ajoûter que si l'on n'en avoit ôté aucun. Et c'est de cette addition infinie de nombres qui se présente si

Chap. XVI.
Pourquoi les Enfans ne comptent pas plûtôt, qu'ils n'ont accoûtumé de faire.

Le Nombre mesure tout ce qui est capable d'être mesuré.

CHAP. XVI. naturellement à l'Esprit, que nous vient, à mon avis, la plus nette & la plus distincte idée que nous puissions avoir de l'*Infinité*, dont nous allons parler plus au long dans le Chapitre suivant.

CHAPITRE XVII.

De l'Infinité.

CHAP. XVII.

Nous attribuons immédiatement l'idée de l'*Infinité* à l'Espace, à la Durée & au Nombre.

§. 1. QUI voudra savoir de quelle espèce est l'idée à laquelle nous donnons le nom d'*Infinité*, ne peut mieux parvenir à cette connoissance qu'en considerant à quoi c'est que notre Esprit attribuë plus immédiatement l'infinité, & comment il vient à se former cette idée.

Il me semble que le *Fini* & l'*Infini* sont regardez comme des *Modes de la Quantité*, & qu'ils ne sont attribuez originairement & dans leur prémiére dénomination qu'aux choses qui ont des parties & qui sont capables du plus ou du moins par l'addition ou la soustraction de la moindre partie. Telles sont les idées de l'Espace, de la Durée & du Nombre, dont nous avons parlé dans les Chapitres précedens. A la vérité, nous ne pouvons qu'être persuadez, que DIEU cet Etre suprême, de qui & par qui sont toutes choses, est *inconcevablement* infini: cependant lorsque nous appliquons, dans notre Entendement, dont les vûës sont si foibles & si bornées, notre *Idée de l'Infini* à ce Prémier Etre, nous le faisons principalement par rapport à sa Durée & à son *Ubiquité*, & plus figurément, à mon avis, par rapport à sa puissance, à sa sagesse, à sa bonté & à ses autres Attributs, qui sont effectivement inépuisables & incompréhensibles. Car lorsque nous nommons ces attributs, *infinis*, nous n'avons aucune autre idée de cette Infinité, que celle qui porte l'Esprit à faire quelque sorte de réflexion sur le nombre ou l'étenduë des Actes ou des Objets de la Puissance, de la Sagesse & de la Bonté de Dieu: Actes ou Objets qui ne peuvent jamais être supposez en si grand nombre que ces Attributs ne soient toûjours bien au delà, (1) quoi que nous les multipliyons en nous-mêmes avec une infinité de nombres multipliez sans fin. Du reste, je ne prétens pas expliquer comment ces Attributs sont en Dieu, qui est infiniment au dessus de la foible capacité de notre Esprit, dont les vûës sont si courtes. Ces Attributs contiennent sans doute en eux-mêmes toute perfection possible, mais telle est, dis-je, la manière dont nous les concevons, & telles sont les idées que nous avons de leur infinité.

L'Idée du *Fini* nous vient aisément dans l'Esprit.

§. 2. Après avoir donc établi, que l'Esprit regarde le Fini & l'Infini com-

---

(1) Il y a dans l'Anglois, *let us multiply them in our Thoughts, as far as we can, with all the infinity of endless number*, c'est-à-dire mot pour mot, *multiplions-les en nous-mêmes, autant que nous pouvons, avec toute l'infinité du nombre*, ou *d'un nombre infini*. L'obscurité que bien des Lecteurs trouveront dans ces paroles de l'Original, pourra m'excuser auprès de ceux qui trouveront le même défaut dans ma traduction.

De l'Infinité. Liv. II.

comme des Modifications de l'Expansion & de la Durée, il faut commencer par examiner comment l'Esprit vient à s'en former des idées. Pour ce qui est de l'*Idée du Fini*, la chose est fort aisée à comprendre, car des portions bornées d'Etenduë venant à frapper nos Sens, nous donnent l'idée du Fini: & les Périodes ordinaires de Succession, comme les Heures, les Jours & les Années, qui sont autant de longueurs bornées par lesquelles nous mesurons le Temps & la Durée, nous fournissent encore la même idée. La difficulté consiste à savoir comment nous acquerons les idées infinies d'*Eternité* & d'*Immensité*; puisque les Objets qui nous environnent sont si éloignez d'avoir aucune affinité ou proportion avec cette étenduë infinie.

Chap. XVII.

§. 3. Quiconque a l'idée de quelque longueur déterminée d'Espace, comme d'un Pié, trouve qu'il peut repeter cette idée, & en la joignant à la précedente former l'idée de deux piés, & ensuite de trois par l'addition d'une troisiéme, & avancer toûjours de même sans jamais venir à la fin des additions, soit de la même idée d'un pié, ou s'il veut, d'une double de celle-là, ou de quelque autre idée de longueur, comme d'un Mille, ou du Diametre de la Terre, ou de l'*Orbis Magnus:* car laquelle de ces idées qu'il prenne, & combien de fois qu'il les double, ou de quelque autre maniére qu'il les multiplie, il voit qu'après avoir continué ces additions en lui-même, & étendu aussi souvent qu'il a voulu, l'idée sur laquelle il a d'abord fixé son Esprit, il n'a aucune raison de s'arrêter, & qu'il ne se trouve pas d'un point plus près de la fin de ces sortes de multiplications, qu'il étoit lorsqu'il les a commencées. Ainsi la puissance qu'il a d'étendre sans fin son idée de l'Espace par de nouvelles additions, étant toûjours la même, c'est de là qu'il tire l'*idée d'un Espace infini.*

§. 4. Tel est, à mon avis, le moyen par où l'Esprit se forme l'idée d'un Espace infini. Mais parce que nos idées ne sont pas toûjours des preuves de l'existence des choses, examiner après cela si un tel Espace sans bornes dont l'esprit a l'idée, existe actuellement, c'est une Question tout-à-fait différente. Cependant, puis qu'elle se présente ici sur notre chemin, je pense être en droit de dire, que nous sommes portez à croire, qu'effectivement l'Espace est en lui-même actuellement infini; & c'est l'idée même de l'Espace qui nous y conduit naturellement. En effet soit que nous considerions l'Espace comme l'étendue du Corps, ou comme existant par lui-même sans contenir aucune matiére solide, (car non seulement nous avons l'idée d'un tel Espace vuide de Corps, mais je pense avoir prouvé la nécessité de son existence pour le mouvement des Corps,) il est impossible que l'Esprit y puisse jamais trouver ou supposer des bornes, ou être arrêté nulle part en avançant dans cet Espace, quelque loin qu'il porte ses pensées. Tant s'en faut que des bornes de quelque Corps solide, quand ce seroient des murailles de Diamant, puissent empêcher l'Esprit de porter ses pensées plus avant dans l'Espace & dans l'étenduë, qu'au contraire (1) cela lui en facilite les moyens. Car aussi loin que s'étend le Corps, aussi loin s'étend l'Eten-

Notre idée de l'Espace est sans bornes.

(1) Voyez sur cela un beau passage de *Lucrece*, cité ci-dessus, *pag.* 127.

CHAP. XVII. l'Etenduë, c'eſt dequoi perſonne ne peut douter. Mais lorſque nous ſommes parvenus aux dernieres extrémitez du Corps, qu'y a-t-il là qui puiſſe arrêter l'Eſprit, & le convaincre qu'il eſt arrivé au bout de l'Eſpace, puiſque bien loin d'appercevoir aucun bout, il eſt perſuadé que le Corps lui-même peut ſe mouvoir dans l'Eſpace qui eſt au delà ? Car s'il eſt néceſſaire qu'il y aît parmi les Corps de l'Eſpace vuide, quelque petit qu'il ſoit, pour que les Corps puiſſent ſe mouvoir, & par conſéquent, ſi les Corps peuvent ſe mouvoir dans ou à travers cet Eſpace vuide, ou plûtôt, s'il eſt impoſſible qu'aucune particule de Matiére ſe meuve que dans un Eſpace vuide, il eſt tout viſible qu'un Corps doit être dans la même poſſibilité de ſe mouvoir dans un Eſpace vuide, au delà des derniéres bornes des Corps, que dans un Vuide * diſperſé parmi les Corps. Car l'idée d'un Eſpace vuide, qu'on appelle autrement *pur Eſpace*, eſt exactement la même, ſoit que cet Eſpace ſe trouve entre les Corps, ou au delà de leurs derniéres limites. C'eſt toûjours le même Eſpace. L'un ne différe point de l'autre en nature, mais en dégré d'expanſion, & il n'y a rien qui empêche le Corps de s'y mouvoir: de ſorte que partout où l'Eſprit ſe transporte par la penſée, parmi les Corps, ou au delà de tous les Corps, il ne ſauroit trouver, nulle part, des bornes & une fin à cette idée uniforme de l'Eſpace; ce qui doit l'obliger à conclurre néceſſairement de la nature & de l'idée de chaque partie de l'Eſpace, que l'Eſpace eſt actuellement infini.

* *Vacuum diſſeminatum.*

Notre idée de la Durée eſt auſſi ſans bornes.

§. 5. Comme nous acquerons l'idée de l'Immenſité par la puiſſance que nous trouvons en nous-mêmes de repeter l'idée de l'Eſpace, auſſi ſouvent que nous voulons, nous venons auſſi à nous former l'*idée de l'Eternité* par le pouvoir que nous avons de repeter l'idée d'une longueur particuliére de Durée, avec une infinité de nombres, ajoûtez ſans fin. Car nous ſentons en nous-mêmes que nous ne pouvons non plus arriver à la fin de ces repetitions, qu'à la fin des nombres, ce que chacun eſt convaincu qu'il ne ſauroit faire. Mais de ſavoir s'il y a quelque Etre réel dont la durée ſoit éternelle, c'eſt une queſtion toute différente de ce que je viens de poſer, que nous avons une idée de l'Eternité. Et ſur cela je dis, que quiconque conſidere quelque choſe comme actuellement exiſtant, doit venir néceſſairement à quelque choſe d'éternel. Mais comme j'ai preſſé cet Argument dans un autre endroit, je n'en parlerai pas davantage ici; & je paſſerai à quelques autres réflexions ſur l'idée que nous avons de l'Infinité.

Pourquoi d'autres Idées ne ſont pas capables d'Infinité.

§. 6. S'il eſt vrai que notre idée de l'Infinité nous vienne de ce pouvoir que nous remarquons en nous-mêmes, de repeter ſans fin nos propres idées, on peut demander, *Pourquoi nous n'attribuons pas l'Infinité à d'autres idées, auſſi bien qu'à celles de l'Eſpace & de la Durée*; puiſque nous les pouvons repeter auſſi aiſément & auſſi ſouvent dans notre Eſprit que ces dernières; & cependant perſonne ne s'eſt encore aviſé d'admettre une douceur infinie, ou une infinie blancheur, quoi qu'on puiſſe repeter l'idée du *Doux* ou du *Blanc* auſſi ſouvent que celles d'une Aune, ou d'un Jour ? A cela je répons, que la repetition de toutes les Idées qui ſont conſiderées comme ayant des parties & qui ſont capables d'accroiſſement par l'addition de parties égales ou plus petites, nous fournit l'*Idée de l'Infinité*, parce que par cette repetipetition fans fin, il fe fait un accroiffement continuel qui ne peut avoir de bout. Mais dans d'autres Idées ce n'eft plus la même chofe : car que j'ajoûte la plus petite partie qu'il foit poffible de concevoir, à la plus vafte idée d'Etenduë ou de Durée que j'aye préfentement, elle en deviendra plus grande : mais fi à la plus parfaite idée que j'aye du Blanc le plus éclatant, j'y en ajoûte une autre d'un Blanc égal ou moins vif, (car je ne faurois y joindre l'idée d'un plus blanc que celui dont j'ai l'idée, que je fuppofe le plus éclatant que je conçoive actuellement) cela n'augmente ni n'étend mon idée en aucune maniére, c'eft-pourquoi on nomme *dégrez*, les différentes idées de blancheur, &c. A la vérité, les idées compofées de parties font capables de recevoir de l'augmentation par l'addition de la moindre partie : mais prenez l'idée du Blanc qui fut hier produit en vous par la vûë d'un morceau de neige, & une autre idée du Blanc qu'excite en vous un autre morceau de neige que vous voyez préfentement, fi vous joignez ces deux idées enfemble, elles s'incorporent, pour ainfi dire, & fe réuniffent en une feule, fans que l'idée de *Blancheur* en foit augmentée le moins du monde. Que fi nous ajoûtons un moindre degré de blancheur à un plus grand, bien loin de l'augmenter, c'eft juftement par-là que nous le diminuons. D'où il s'enfuit vifiblement que toutes ces Idées qui ne font pas compofées de parties, ne peuvent point être augmentées en telle proportion qu'il plaît aux hommes, ou, au delà de ce qu'elles leur font repréfentées par leurs Sens. Au contraire, comme l'Efpace, la Durée & le Nombre font capables d'accroiffement par voye de repetition, ils laiffent à l'Efprit une idée à laquelle il peut toûjours ajoûter fans jamais arriver au bout, en forte que nous ne faurions concevoir un terme qui borne ces additions ou ces progreffions; & par conféquent, ce font là les feules idées qui conduifent nos penfées vers l'Infini.

CHAP. XVII.

§. 7. Mais quoi que notre Idée de l'Infinité procede de la confideration de la Quantité, & des additions que l'Efprit eft capable d'y faire, par des repetitions réïterées fans fin, de telles portions qu'il veut, cependant je croi que nous mettons une extrême confufion dans nos penfées, lorfque nous joignons l'Infinité à quelque idée précife de Quantité, qui puiffe être fuppofée préfente à l'Efprit, & qu'après cela nous difcourons fur une Quantité infinie, favoir fur un Efpace infini ou une Durée infinie ; car *notre Idée de l'Infinité* étant, à mon avis, une idée qui s'augmente fans fin, & l'idée que l'Efprit a de quelque Quantité étant alors terminée à cette idée, parce que quelque grande qu'on la fuppofe, elle ne fauroit être plus grande qu'elle eft actuellement, joindre l'infinité à cette derniére idée, c'eft prétendre ajufter une mefure déterminée à une grandeur qui va toûjours en augmentant. C'eft pourquoi je ne penfe pas que ce foit une vaine fubtilité de dire qu'il faut diftinguer foigneufement entre l'idée de l'*Infinité de l'Efpace*, & l'idée d'*un Efpace infini*. La prémiére de ces idées n'eft autre chofe qu'une progreffion fans fin, qu'on fuppofe que l'Efprit fait par des repetitions de telles idées de l'Efpace qu'il lui plaît de choifir. Mais fuppofer qu'on a actuellement dans l'Efprit l'idée d'*un Efpace infini*, c'eft fuppofer que l'Efprit a déja parcouru, & qu'il voit actuellement toutes les idées répe-

Différence entre l'infinité de l'Efpace, & un Efpace infini.

Chap. XVII. repetées de l'Espace, qu'une repetition à l'infini ne peut jamais lui représenter totalement, ce qui renferme en soi une contradiction manifeste.

Nous n'avons pas l'idée d'un Espace infini.

§. 8. Cela sera peut-être un peu plus clair, si nous l'appliquons aux Nombres. L'*infinité des Nombres* auxquels tout le monde voit qu'on peut toûjours ajoûter, sans pouvoir approcher de la fin de ces additions, paroit sans peine à quiconque y fait reflexion. Mais quelque claire que soit cette idée de l'infinité des Nombres, rien n'est pourtant plus sensible que l'absurdité d'une idée actuelle d'*un Nombre infini*. Quelques idées positives que nous ayions en nous-mêmes d'un certain Espace, Nombre ou Durée, de quelque grandeur qu'elles soient, ce seront toûjours des idées finies. Mais lorsque nous supposons un reste inépuisable où nous ne concevons aucunes bornes, de sorte que l'Esprit y trouve dequoi faire des progressions continuelles sans en pouvoir jamais remplir toute l'idée, c'est là que nous trouvons notre idée de l'Infini. Or bien qu'à la considerer dans cette vûë, je veux dire, à n'y concevoir autre chose qu'une negation de limites, elle nous paroisse fort claire, cependant lorsque nous voulons nous former l'idée d'une Expansion, ou d'une Durée infinie, cette idée devient alors fort obscure & fort embrouillée, parce qu'elle est composée de deux parties fort différentes, pour ne pas dire entierement incompatibles. Car supposons qu'un homme forme dans son Esprit l'idée de quelque Espace ou de quelque Nombre, aussi grand qu'il voudra, il est visible que l'Esprit s'arrête & se borne à cette idée, ce qui est directement contraire à l'idée de l'*Infinité* qui consiste dans une progression qu'on suppose sans bornes. De là vient, à mon avis, que nous nous brouillons si aisément lorsque nous venons à raisonner sur un Espace infini, ou sur une Durée infinie, parce que voulant combiner deux Idées qui ne sauroient subsister ensemble, bien loin d'être deux parties d'une même idée, comme je l'ai dit d'abord pour m'accommoder à la supposition de ceux qui prétendent avoir une idée positive d'un Espace ou d'un Nombre infini, nous ne pouvons tirer des conséquences de l'une à l'autre sans nous engager dans des difficultez insurmontables, & toutes pareilles à celles où se jetteroit celui qui voudroit raisonner du Mouvement sur l'idée d'un mouvement qui n'avance point, c'est-à-dire, sur une idée aussi chimerique & aussi frivole que celle d'un Mouvement en repos. D'où je crois être en droit de conclurre, que l'idée d'un Espace, ou, ce qui est la même chose, d'un Nombre infini, c'est-à-dire, d'un Espace ou d'un Nombre qui est actuellement présent à l'Esprit, & sur lequel il fixe & termine sa vûë, est différente de l'idée d'un Espace ou d'un Nombre qu'on ne peut jamais épuiser par la pensée, quoi qu'on l'étende sans cesse par des additions & des progressions, continuées sans fin. Car de quelque étenduë que soit l'idée d'un Espace que j'ai actuellement dans l'Esprit, sa grandeur ne surpasse point la grandeur qu'elle a dans l'instant même qu'elle est présente à mon Esprit, bien que dans le moment suivant je puisse l'étendre au double, & ainsi, à l'infini: car enfin rien n'est infini que ce qui n'a point de bornes, & telle est cette idée de l'*Infinité* à laquelle nos pensées ne sauroient trouver aucune fin.

§. 9. Mais

De l'Infinité. Liv. II.

§. 9. Mais de toutes les idées qui nous fourniſſent l'idée de l'infinité, telle que nous ſommes capables de l'avoir, *il n'y en a aucune qui nous en donne une idée plus nette & plus diſtincte que celle du Nombre*, comme nous l'avons déja remarqué. Car lors même que l'Eſprit applique l'idée de l'infinité à l'Eſpace & à la Durée, il ſe ſert d'idées de nombres repetez, comme de millions de millions de Lieuës ou d'Années, qui ſont autant d'idées diſtinctes, que le Nombre empêche de tomber dans un confus entaſſement où l'Eſprit ne ſauroit éviter de ſe perdre. Mais quand nous avons ajoûté autant de millions qu'il nous a plû, de certaines longueurs d'Eſpace ou de Durée, l'idée la plus claire que nous nous puiſſions former de l'Infinité, c'eſt ce reſte confus & incomprehenſible de nombres, qui multipliez ſans fin ne laiſſent voir aucun bout qui termine ces additions.

Chap. XVII.

Le Nombre nous donne la plus nette idée de l'Infinité.

§. 10. Pour pénétrer plus avant dans cette idée que nous avons de l'Infinité, & nous convaincre que ce n'eſt autre choſe qu'une infinité de Nombres que nous appliquons à des parties déterminées dont nous avons des idées diſtinctes dans l'Eſprit, il ne ſera peut-être pas inutile de conſiderer qu'en général nous ne regardons pas le Nombre comme infini, au lieu que nous ſommes portez à attacher cette idée à la Durée & à l'Expanſion, ce qui vient de ce que dans le Nombre nous trouvons une fin: car comme il n'y a rien dans le Nombre qui ſoit moindre que l'Unité, nous nous arrêtons là, & y trouvons, pour ainſi dire, le bout de nos comptes. Du reſte, nous ne pouvons mettre aucunes bornes à l'addition ou à l'augmentation des Nombres. Nous ſommes à cet égard comme à l'extremité d'une ligne qui peut être continuée de l'autre côté au delà de tout ce que nous pouvons concevoir. Mais il n'en eſt pas de même à l'égard de l'Eſpace & de la Durée: car dans la Durée, nous conſiderons cette ligne de nombres, comme étenduë de deux côtez, à une longueur inconcevable, indéterminée, & infinie. Ce qui paroîtra évidemment à quiconque voudra reflechir ſur l'idée qu'il à de l'Éternité, qui, je croi, ne lui paroîtra autre choſe, que cette Infinité de nombres étenduë de deux côtez, à l'égard de la Durée paſſée, & de celle qui eſt à venir, *à parte ante*, & *à parte poſt*, comme on parle dans les Ecoles. Car lorſque nous voulons conſiderer l'Eternité *à parte ante*, que faiſons-nous autre choſe, que repeter dans notre Eſprit en commençant par le temps préſent où nous exiſtons, les idées des Années, ou des Siécles, ou de quelque autre portion que ce ſoit de la Durée paſſée, convaincus en nous-mêmes que nous pouvons continuer ces additions par le moyen d'une infinité de nombres qui ne peut jamais nous manquer? Et lorſque nous conſiderons l'Eternité *à parte poſt*, nous commençons auſſi par nous-mêmes, préciſément de la même maniére, en étendant, par des périodes à venir, multipliées ſans fin, cette ligne de nombres que nous continuons toûjours comme auparavant; & ces deux Lignes jointes enſemble font cette Durée que nous nommons *Eternité*, laquelle paroît infinie de quelque côté que nous la conſiderions, ou devant, ou derriére: parce que nous appliquons toûjours au côté que nous envisageons l'infinité de nombres, c'eſt à dire, la puiſſance d'ajoûter toûjours plus, ſans jamais parvenir à la fin de ces Additions.

Nous concevons différemment l'infinité du Nombre, celle de la Durée & celle de l'Expanſion.

X 2

§. 11. La

CHAP. XVII.
Comment nous concevons l'Infinité de l'Espace.

§. 11. La même chose arrive à l'égard de l'Espace, où nous nous considererons comme placez dans un Centre d'où nous pouvons ajoûter de tous côtez des lignes indéfinies de nombre, comptant vers tous les endroits qui nous environnent, une aune, une lieuë, un Diametre de la Terre, ou de l'*Orbis Magnus* que nous multiplions par cette infinité de nombres aussi souvent que nous voulons ; & comme nous n'avons pas plus de raison de donner des bornes à ces idées repetées, qu'au Nombre, nous acquerons par-là l'idée indéterminée de l'*Immensité*.

Il y a une infinie divisibilité dans la Matiere.

§. 12. Et parce que dans quelque masse de Matiere que ce soit, notre Esprit ne peut jamais arriver à la derniére *divisibilité*, il se trouve aussi en cela une infinité à notre égard ; & qui est aussi une infinité de Nombre, mais avec cette difference que dans l'infinité qui regarde l'Espace & la Durée, nous n'employons que l'addition des nombres, au lieu que la divisibilité de la Matiére est semblable à la division de l'Unité en ses fractions, où l'Esprit trouve à faire des additions à l'infini, aussi bien que dans les additions précedentes, cette division n'étant en effet qu'une continuelle addition de nouveaux nombres. Or dans l'addition de l'un nous ne pouvons non plus avoir l'idée positive d'un Espace infiniment grand, que par la division de l'autre arriver à l'idée d'un Corps infiniment petit, notre idée de l'Infinité étant à tous égards, une idée fugitive, & qui, pour ainsi dire, grossit toûjours par une progression qui va à l'infini sans pouvoir être fixée nulle part.

Nous n'avons point d'idée positive de l'Infini.

§. 13. Il seroit, je pense, bien difficile de trouver quelqu'un assez extravagant pour dire qu'il a une idée positive d'un Nombre actuellement infini, cette infinité ne consistant que dans le pouvoir d'ajoûter quelque combinaison d'unitez au dernier nombre quel qu'il soit ; & cela aussi long-temps & autant qu'on veut. Il en est de même à l'égard de l'Infinité de l'Espace & de la Durée, où ce pouvoir dont je viens de parler, laisse toûjours à l'Esprit le moyen d'ajoûter sans fin. Cependant il y a des gens qui se figurent d'avoir des idées positives d'une Durée infinie, ou d'un Espace infini. Mais pour anéantir une telle idée positive de l'Infini que ces personnes prétendent avoir, je crois qu'il suffit de leur demander s'ils pourroient ajoûter quelque chose à cette idée, ou non, ce qui montre sans peine le peu de fondement de cette prétenduë idée. En effet, nous ne saurions avoir, ce me semble, aucune idée positive d'un certain Espace ou d'une certaine Durée qui ne soit composée d'un certain nombre de piés ou d'aunes, de jours ou d'années, ou qui ne soit commensurable aux nombres repetez de ces communes mesures dont nous avons des idées dans l'Esprit, & par lesquelles nous jugeons de la grandeur de ces sortes de quantitez. Puis donc que l'idée d'un Espace infini ou d'une Durée infinie doit être nécessairement composée de parties infinies, elle ne peut avoir d'autre infinité, que celle des nombres capables d'être multipliez sans fin, & non, une idée positive d'un nombre actuellement infini. Car il est évident, à mon avis, que l'addition des choses finies (comme sont toutes les longueurs dont nous avons des idées positives) ne sauroit jamais produire l'idée de l'infini qu'à la maniére du Nombre, qui étant composé d'unitez finies, ajoûtées les unes aux autres,
ne

ne nous fournit l'idée de l'Infini que par la puissance que nous trouvons en nous-mêmes d'augmenter sans cesse la somme, & de faire toûjours de nouvelles additions de la même espéce, sans approcher le moins du monde de la fin d'une telle progression.

§. 14. Ceux qui prétendent prouver que leur idée de l'Infini est positive, se servent pour cela, d'un Argument qui me paroît bien frivole. Ils le tirent cet Argument de la negation d'une fin, qui est, disent-ils, quelque chose de negatif, mais dont la negation est positive. Mais quiconque considerera que la fin n'est autre chose dans le Corps que l'extrémité ou la superficie de ce Corps, aura peut-être de la peine à concevoir que la fin soit quelque chose de purement negatif; & celui qui voit que le bout de sa plume est noir ou blanc, sera porté à croire, que la *Fin* est quelque chose de plus qu'une pure negation : & en effet lorsqu'on l'applique à la Durée, ce n'est point une pure negation d'existence, mais c'est, à parler plus proprement, le dernier moment de l'existence. Que si ces gens-là veulent que la fin ne soit, par rapport à la Durée, qu'une pure negation d'existence, je suis assuré qu'ils ne sauroient nier que le Commencement ne soit le prémier instant de l'existence de l'Etre qui commence à exister; & jamais personne n'a imaginé que ce fût une pure negation. D'où il s'ensuit, par leur propre raisonnement, que l'idée de l'Eternité *à parte ante*, ou d'une Durée sans commencement n'est qu'une idée negative.

§. 15. L'Idée de l'Infini a, je l'avoûë, quelque chose de positif dans les choses mêmes que nous appliquons à cette idée. Lorsque nous voulons penser à un Espace infini ou à une Durée infinie, nous nous représentons d'abord une idée fort étenduë, comme vous diriez de quelques millions de siécles ou de lieuës, que peut-être nous doublons & multiplions plusieurs fois. Et tout ce que nous assemblons ainsi dans notre Esprit, est positif: c'est l'amas d'un grand nombre d'idées positives d'Espace ou de Durée ; mais ce qui reste toûjours au delà, c'est dequoi nous n'avons non plus de notion positive & distincte qu'un Pilote en a de la profondeur de la Mer, lorsqu'y ayant jetté un cordeau de quantité de brasses, il ne trouve aucun fond. Il connoît bien par-là, que la profondeur est de tant de brasses & au delà, mais il n'a aucune notion distincte de ce surplus. De sorte que s'il pouvoit ajoûter toûjours une nouvelle ligne, & qu'il trouvât que le Plomb avançât toûjours sans s'arrêter jamais, il seroit à peu près dans l'état où se rencontre notre Esprit lorsqu'il tâche d'arriver à une idée complette & positive de l'Infini: & dans ce cas, que le cordeau soit de dix brasses, ou de dix mille, il sert également à faire voir ce qui est au delà, je veux dire à nous découvrir fort confusément & par voye de comparaison, que ce n'est pas là tout, & qu'on peut aller encore plus avant. L'Esprit a une idée positive d'autant d'Espace qu'il en conçoit actuellement ; mais dans les efforts qu'il fait pour rendre cette idée infinie, il a beau l'étendre & l'augmenter sans cesse, elle est toûjours incomplette. Autant d'Espace que l'Esprit se représente à lui-même dans l'idée qu'il se forme d'une certaine grandeur, c'est tout autant d'étenduë nettement & réellement tracée dans l'Entendement: mais l'infini est encore plus grand. D'où j'infére, 1. *Que l'idée d'autant est claire*

CHAP. XVII. *claire & positive:* 2. *Que l'idée de quelque chose de plus grand est aussi claire, mais que ce n'est qu'une idée comparative:* 3. *Que l'idée d'une Quantité, qui passe d'autant toute grandeur qu'on ne sauroit la comprendre, est une idée purement negative,* qui n'a absolument rien de positif: car celui qui n'a pas une idée claire & positive de la grandeur d'une certaine Etenduë (ce qu'on cherche précisément dans l'idée de l'Infini) ne sauroit avoir une *idée comprehensive* des dimensions de cette Etenduë ; & je ne pense pas que personne prétende avoir une telle idée par rapport à ce qui est infini. Car de dire qu'un homme a une idée claire & positive d'une Quantité sans savoir quelle en est la grandeur, c'est raisonner aussi juste, que de dire que celui-là a une idée claire & positive des grains de sable qui sont sur le Rivage de la Mer, qui ne sait pas à la verité, combien il y en a, mais qui sait seulement qu'il y en a plus de vingt. Or c'est justement là l'idée parfaite & positive que nous avons d'un Espace ou d'une Durée infinie, lorsque nous disons de l'un & de l'autre, qu'ils surpassent l'étenduë ou la durée de 10, 100, 1000, ou de quelque autre nombre de Lieuës ou d'Années, dont nous avons, ou dont nous pouvons avoir une idée positive. Et c'est là, je croi, toute l'idée que nous avons de l'infini. De sorte que tout ce qui est au delà de notre idée positive à l'égard de l'Infini, est environné de ténèbres, & n'excite dans l'Esprit qu'une confusion indéterminée d'une idée negative, où je ne puis voir autre chose si ce n'est que je ne comprens point ni ne puis comprendre tout ce que j'y voudrois concevoir, & cela parce que c'est un Objet trop vaste pour une capacité foible & bornée comme la mienne : ce qui ne peut être que fort éloigné d'une idée complette & positive, puisque la plus grande partie de ce que je voudrois comprendre, est à l'écart sous la dénomination vague de quelque chose qui est toûjours plus grand. Car de dire qu'après avoir mesuré autant, ou avoir été si avant dans une Quantité, on n'en trouve pas le bout, c'est dire seulement, que cette Quantité est plus grande. De sorte que nier d'une certaine Quantité qu'elle ait une fin, signifie seulement en d'autres termes, qu'elle est plus grande ; & la totale negation d'une fin n'emporte autre chose que l'idée d'une Quantité toûjours plus grande, que vous retenez en vousmême pour l'appliquer à toutes les progressions que votre Esprit fera sur la Quantité, en l'ajoûtant à toutes les idées de Quantité que vous avez, ou qu'on peut supposer que vous ayiez. Qu'on juge à présent si c'est là une idée positive.

Nous n'avons point d'idée positive d'une Durée infinie.

§. 16. Je voudrois bien que ceux qui prétendent avoir une *Idée positive de l'Eternité,* me dissent si l'idée qu'ils ont de la Durée, enferme de la succession, ou non? Si elle n'enferme aucune succession, ils sont obligez de faire voir la différence qu'il y a entre la notion qu'ils ont de la Durée, lorsqu'elle est appliquée à un Etre éternel, & celle qu'ils en ont, lorsqu'elle est appliquée à un Etre fini : parce qu'ils trouveront peut-être d'autres personnes que moi, qui leur faisant un libre aveu de la foiblesse de leur Entendement dans ce point, declareront que la notion qu'ils ont de la Durée, les oblige à concevoir, que de tout ce qui a de la Durée, la continuation en a été plus longue aujourd'hui qu'hier. Que si pour éviter

ter

ter de mettre de la succession dans l'existence éternelle, ils recourent à ce qu'on appelle dans les Ecoles *Punctum stans*, Point fixe & permanent, je croi que cet expédient ne leur servira pas beaucoup à éclaircir la chose, ou à nous donner une idée plus claire & plus positive d'une Durée infinie, rien ne me paroissant plus inconcevable qu'une Durée sans succession. Et d'ailleurs, supposé que ce *Point permanent* signifie quelque chose, comme il n'a aucune * *quantité* de durée, finie ou infinie, on ne peut l'appliquer à la *Durée infinie* dont nous parlons. Mais si notre foible capacité ne nous permet pas de separer la succession d'avec la Durée quelle qu'elle soit, notre idée de l'Eternité ne peut être composée que d'une succession infinie de Momens, dans laquelle toutes choses existent. Du reste, si quelqu'un a, ou peut avoir une idée positive d'un Nombre actuellement infini, je m'en rapporte à lui-même. Qu'il voye quand c'est que ce Nombre infini, dont il prétend avoir l'idée, est assez grand pour qu'il ne puisse y rien ajoûter lui-même : car tandis qu'il peut l'augmenter, je m'imagine qu'il sera convaincu en lui-même, que l'idée qu'il a de ce nombre, est un peu trop resserrée pour faire une infinité positive.

CHAP. XVII.

* *Non est quantum*, disent les Scholastiques.

§. 17. Je croi qu'une Créature raisonnable, qui faisant usage de son Esprit, veut bien prendre la peine de reflechir sur son existence, ou sur celle de quelque autre Etre que ce soit, ne peut éviter d'avoir l'idée d'un Etre tout sage, qui n'a eû aucun commencement : & pour moi, je suis asssûré d'avoir une telle idée d'une Durée infinie. Mais cette *Négation d'un commencement* n'étant qu'une negation d'une chose positive, ne peut gueres me donner une idée positive de l'Infinité, à laquelle je ne saurois parvenir, quelque effor que je donne à mes pensées pour m'en former une notion claire & complette. J'avouë, dis-je, que mon Esprit se perd dans cette poursuite, & qu'après tous mes efforts, je me trouve toûjours au deça du but, bien loin de l'atteindre.

§. 18. Quiconque pense avoir une idée positive d'un Espace infini, trouvera, je m'assûre, s'il y fait un peu de reflexion, qu'il n'a pas plus d'idée du plus grand que du plus petit Espace. Car pour ce dernier, qui semble le plus aisé à concevoir, & le plus proportionné à notre portée, nous ne pouvons, au fond, y découvrir autre chose qu'une idée comparative de petitesse, qui sera toûjours plus petite qu'aucune de celles dont nous avons une idée positive. Toutes les Idées positives que nous avons de quelque Quantité que ce soit, grande ou petite, ont toûjours des bornes, quoi que nos idées de comparaison, par où nous pouvons toûjours ajoûter à l'une, & ôter de l'autre, n'en ayent point : car ce qui reste, soit grand ou petit, n'étant pas compris dans l'idée positive que nous avons, est dans les ténèbres, & ne consiste, à notre égard, que dans la puissance que nous avons d'étendre l'un, & de diminuer l'autre sans jamais cesser. Un Pilon & un Mortier reduiront tout aussi-tôt une partie de Matiére à l'*indivisibilité*, que l'Esprit du plus subtil Mathematicien ; & un Arpenteur pourroit aussi-tôt mesurer à la Perche l'Espace infini, qu'un Philosophe s'en former l'idée par la pénétrante vivacité de son Esprit, ou le comprendre par la pensée,

Nous n'avons point d'Idée positive d'un Espace infini.

ce

Chap. XVII.

ce qui est en avoir une idée positive. Celui qui pense à un Cube d'un pouce de Diametre, en a dans son Esprit une idée claire & positive. Il peut de même se former l'idée d'un Cube d'un ½ pouce, d'un ¼ ou d'un ⅛ de pouce, & toûjours en diminuant, jusqu'à ce qu'il ne lui reste dans l'Esprit que l'idée de quelque chose d'extrémement petit, mais qui cependant ne parvient point à cette petitesse incomprehensible que la Division peut produire. Son Esprit est aussi éloigné de ce reste de petitesse, que lorsqu'il a commencé la division : & par conséquent il ne vient jamais à avoir une idée claire & positive de cette petitesse qui est la suite d'une infinie Divisibilité.

Ce qu'il y a de positif, & de negatif dans notre Idée de l'Infini.

§. 19. Quiconque jette les yeux sur l'Infinité, se fait d'abord une idée fort étenduë de la chose à quoi il l'applique, soit Espace ou Durée ; & peut-être se fatigue-t-il lui-même à force de multiplier dans son Esprit cette prémiére Idée. Cependant, après tous ces efforts, il ne se trouve pas plus près d'avoir une idée positive & distincte de ce qui reste, pour en faire un *Infini positif*, que le Païsan d'*Horace* en avoit de l'eau qui devoit passer dans le Canal d'un Fleuve qu'il trouva sur son chemin :

> * *Ce pauvre sot que l'eau du Fleuve arrête,*
> *Pour pouvoir à pié sec plus aisément passer,*
> *Va se mettre dans la tête*
> *De la voir écouler.*
> *Il attend ce moment, mais le Fleuve rapide*
> *Continuë à suivre son cours,*
> *Et le suivra toûjours.*

Il y a des gens qui croyent avoir une idée positive de l'*Eternité* & non de l'*Espace*.

§. 20. J'ai vû quelques personnes qui mettent une si grande différence entre une Durée infinie, & un Espace infini, qu'ils se persuadent à eux-mêmes qu'ils ont une idée positive de l'Eternité, mais qu'ils n'ont ni ne peuvent avoir aucune idée d'un Espace infini. Voici, à mon avis, d'où vient cette erreur, c'est que ces gens-là trouvant par les reflexions solides qu'ils font sur les causes & les effets, qu'il est nécessaire d'admettre quelque Etre éternel, & par conséquent de regarder l'existence réelle de cet Etre, comme correspondante à l'idée qu'ils ont de l'Eternité ; & d'autre part ne voyant pas qu'il soit nécessaire, mais jugeant au contraire qu'il est apparemment absurde que le Corps soit infini, ils concluent hardiment qu'ils ne sauroient avoir l'idée d'un Espace infini, parce qu'ils ne sauroient imaginer la Matiére infinie : Conséquence fort mal tirée, à mon avis, parce que l'existence de la Matiére n'est non plus nécessaire à l'existence de l'Espace, que l'existence du Mouvement ou du Soleil l'est à la Durée, quoi qu'on soit accoûtumé de s'en servir pour la mesurer ; & je ne doute pas qu'un homme ne puisse aussi-bien avoir l'idée de 10000 Lieuës en quarré sans penser à un Corps de cette étenduë, que l'idée de 10000 années sans songer à un Corps qui ait existé aussi long-temps. Pour moi, il ne me semble pas plus mal-

aisé

---

* *Rusticus expectat dum defluat amnis, at ille* Labitur, & labetur in omne volubilis ævum. Horat. *Epist.* Lib. I. Epist. II. vs. 42.

aisé d'avoir l'idée d'un Espace vuide de Corps, que de penser à la capacité CHAP. XVII. d'un Boisseau vuide de blé, ou au creux d'une Noix sans Cerneaux. Car de ce que nous avons une idée de l'Infinité de l'Espace, il ne s'ensuit pas plus nécessairement qu'il y aît un Corps solide infiniment étendu, qu'il est nécessaire que le Monde soit éternel, parce que nous avons l'idée d'une Durée infinie. Et pourquoi, je vous prie, nous irions-nous figurer que l'existence réelle de la Matiére soit nécessaire pour soûtenir notre Idée d'un Espace infini, puisque nous voyons que nous avons une idée claire d'une Durée infinie à venir, tout de même que d'une Durée infinie déja passée, quoi qu'il n'y ait personne, à ce que je croi, qui s'imagine qu'on puisse concevoir qu'une chose existe ou aît existé dans cette Durée à venir? Car il est aussi impossible de joindre l'idée que nous avons d'une Durée à venir à une existence présente ou passée, que de faire que l'idée du Jour d'hier soit la même que celle d'aujourd'hui ou de demain, ou que d'assembler des siécles passez & à venir, & les rendre, pour ainsi dire, *contemporains*. Mais si ces personnes se figurent d'avoir des idées plus claires d'une Durée infinie, que d'un Espace infini, parce qu'il est certain que DIEU a existé de toute éternité, au lieu qu'il n'y a point de Matiére réelle qui remplisse l'étenduë de l'Espace infini : cependant comme il y a des Philosophes qui croyent que l'Espace infini est occupé par l'infinie *omniprésence* de DIEU, tout de même que la Durée infinie est occupée par l'existence éternelle de cet Etre suprême, il faudra qu'ils conviennent que ces Philosophes ont une idée aussi claire d'un Espace infini que d'une Durée infinie, quoi que dans l'un ou l'autre de ces cas ils n'ayent, à mon avis, ni les uns ni les autres aucune idée positive de l'*Infinité*. Car quelque idée positive de Quantité qu'un homme aît dans son Esprit, il peut repeter cette idée, & l'ajoûter à la précedente avec autant de facilité qu'il peut ajoûter ensemble aussi souvent qu'il veut, les idées de deux Jours ou de deux Pas : idées positives de longueurs qu'il a dans son Esprit. D'où il s'ensuit que si un homme avoit une idée positive de l'Infini, soit Durée ou Espace, il pourroit joindre deux *Infinis* ensemble; & même faire un *Infini*, infiniment plus grand que l'autre : Absurditez trop grossiéres pour devoir être refutées.

§. 21. Si cependant après tout ce que je viens de dire, il se trouve des gens qui se persuadent à eux-mêmes qu'ils ont des idées claires & positives de l'*Infinité*, il est juste qu'ils joüissent de ce rare privilege : & je serois bien aise, (aussi bien que d'autres personnes que je connois, qui confessent ingenûment que ces idées leur manquent) qu'ils voulussent me faire part de leurs découvertes sur cette matiere : car je me suis figuré jusqu'ici, que ces grandes & inexplicables difficultez qui ne cessent d'embroüiller tous les discours qu'on fait sur l'Infinité soit de l'Espace, de la Durée, ou de la Divisibilité, étoient des preuves certaines des Idées imparfaites que nous nous formons de l'Infini, & de la disproportion qu'il y a entre l'Infinité & la comprehension d'un Entendement aussi borné que le nôtre. Car tandis que les hommes parlent & disputent sur un Espace infini, ou une Durée infinie, comme s'ils en avoient une idée aussi complette & aussi positive, que des noms dont ils se servent pour les exprimer, ou de l'idée qu'ils ont d'une aûne,

Les idées positives qu'on suppose avoir de l'*Infinité* causent des méprises sur cet article.

CHAP. XVII. aûne, d'une heure, ou de quelque autre Quantité déterminée, ce n'est pas merveille que la nature incomprehensible de la chose dont ils discourent, les jette dans des embarras & des contradictions perpetuelles, & que leur Esprit se trouve accablé par un Objet qui est trop vaste & trop au dessus de leur portée, pour qu'ils puissent l'examiner, & le manier, pour ainsi dire, à leur volonté.

§. 22. Si je me suis arrêté assez long-temps à considerer la Durée, l'Espace, le Nombre, & l'Infinité qui dérive de la contemplation de ces trois choses, ce n'a pas été peut-être au delà de ce que la matiére l'exigeoit: car il y a peu d'Idées simples dont les Modes donnent plus d'exercice aux pensées des hommes que celles-ci. Je ne prétens pas, au reste, traiter de ces choses dans toute leur étenduë: il suffit pour mon dessein, de montrer comment l'Esprit les reçoit telles qu'elles sont, de la *Sensation* & de la *Reflexion*; & comment l'idée même que nous avons de l'*Infinité*, quelque éloignée qu'elle paroisse d'aucun Objet des Sens ou d'aucune operation de l'Esprit, ne laisse pas de tirer de là son origine aussi-bien que toutes nos autres idées. Peut-être se trouvera-t-il quelques Mathematiciens qui exercez à de plus subtiles speculations, pourront introduire dans leur Esprit les idées de l'Infinité par d'autres voyes: mais cela n'empêche pas, qu'eux-mêmes n'ayent eû, comme le reste des hommes, les prémiéres idées de l'Infinité par la Sensation & la Reflexion, de la maniére que je viens de l'expliquer.

CHAP. XVIII.

CHAPITRE XVIII.

De quelques autres Modes Simples.

§. 1. J'AI fait voir dans les Chapitres précedens, comment l'Esprit ayant reçu des *Idées simples* par le moyen des Sens, s'en sert pour s'élever jusqu'à l'idée même de l'*Infinité*, qui, bien qu'elle paroisse plus éloignée d'aucune perception sensible, que quelque autre idée que ce soit, ne renferme pourtant rien qui ne soit composé d'*idées simples* qui nous sont venuës par voye de Sensation, & que nous avons ensuite joint ensemble par le moyen de cette Faculté que nous avons de repeter nos propres Idées. Mais quoi que les exemples que j'ai donnez jusqu'ici, de *Modes simples*, formez d'idées simples qui nous sont venuës par les Sens, puissent suffire pour montrer comment l'Esprit vient à connoître ces Modes, cependant en consideration de l'ordre, je parlerai encore de quelques autres, mais en peu de mots: après quoi, je passerai aux Idées plus composées.

Modes du Mouvement.
§. 2. Il ne faut qu'entendre le François pour comprendre ce que c'est que *glisser, rouler, pirouetter, ramper, se promener, courir, danser, sauter, voltiger*, & plusieurs autres termes qu'on pourroit nommer, car dès qu'on les entend, on a dans l'Esprit tout autant d'idées distinctes de différentes modifications du Mouvement. Or les Modes du Mouvement répondent à

ceux

De quelques autres Modes Simples Liv. II.

ceux de l'Etenduë: car *vîte* & *lent* font deux différentes idées du Mouvement, dont les mefures font prifes des diftances du Temps & de l'Espace jointes enfemble, de forte que ce font des Idées complexes qui comprennent Temps, & Espace avec du Mouvement.

§. 3. La même diverfité fe rencontre dans les *Sons*. Chaque mot articulé eft une différente modification du Son: d'où il paroît qu'à la faveur de ces Modifications l'Ame peut recevoir, par le Sens de l'Ouïe, des idées diftinctes dans une quantité prefque infinie. Outre les cris diftincts qui font particuliers aux Oifeaux & aux autres Bêtes, les Sons peuvent être modifiez par le moyen de diverfes Notes de différente étenduë, jointes enfemble, ce qui fait cette Idée complexe que nous nommons un *Air*, & qu'un Muficien peut avoir préfente à l'Efprit, lors même qu'il n'entend ni ne forme aucun fon, en refléchiffant fur les idées de ces fons qu'il affemble ainfi tacitement en lui-même & dans fa propre imagination.

§. 4. Les Modes des Couleurs font auffi fort différens. Il y en a quelques-uns que nous regardons fimplement comme divers dégrez, ou pour parler en termes de l'Art, comme des *nuances d'une même Couleur*. Mais parce que nous faifons rarement des affemblages de Couleurs, pour l'ufage, ou pour le plaifir, fans que la figure y aît quelque part, comme dans la Peinture, dans les Ouvrages de Tapifferie, de Broderie, &c. les affemblages de couleurs les plus connus appartiennent pour l'ordinaire aux Modes Mixtes, parce qu'ils font compofez d'idées de différentes efpèces, favoir de figure & de couleur, comme font la *Beauté*, l'*Arc-en-Ciel*, &c.

§. 5. Toutes les *Saveurs & les Odeurs compofées* font auffi des Modes compofez des Idées fimples de ces deux Sens. Mais on y fait moins de reflexion, parce qu'en général on manque de noms pour les exprimer; & par la même raifon il n'eft pas poffible de les défigner en écrivant. C'eft pourquoi je m'en rapporte aux penfées & à l'experience de mes Lecteurs, fans m'arrêter à en faire l'énumeration.

§. 6. Mais il eft bon de remarquer en général, que ces *Modes fimples* qui ne font regardez que comme différens dégrez de la même *Idée fimple*, quoi qu'il y en aît plufieurs qui en eux-mêmes font des idées fort diftinctes de tout autre Mode, n'ont pourtant pas ordinairement des noms diftincts; & ne font pas fort confiderez comme des idées diftinctes, lorfqu'il n'y a entr'eux qu'une très-petite différence. De favoir fi les hommes ont négligé de prendre connoiffance de ces Modes, & de leur donner des noms particuliers, pour n'avoir pas des mefures propres à les diftinguer exactement, ou bien parce qu'après qu'on les auroit ainfi diftinguez, cette connoiffance n'auroit pas été fort néceffaire, ni d'un ufage général, j'en laiffe la décifion à d'autres. Il fuffit pour mon deffein, que je faffe voir que toutes nos idées fimples ne nous viennent dans l'Efprit que par Senfation & par Reflexion, & que, lorfqu'elles y ont été introduites, notre Efprit peut les repeter & combiner en différentes maniéres, & faire ainfi de nouvelles idées complexes. Mais quoi que le *Blanc*, le *Rouge*, ou le *Doux*, &c. n'ayent pas été modifiez, ou reduits à des Idées complexes par différentes combinaifons qu'on aît défigné par certains noms & rangé après cela en différentes Efpè-

Chap. XVIII.

Modes des Sons.

Modes des Couleurs.

Modes des Saveurs & des Odeurs.

C H A P.
X V I I I.

Pourquoi quelques Modes ont des noms ; & d'autres n'en ont pas.

ces, il y a pourtant quelques autres *Idées simples*, comme l'*Unité*, la *Durée*, le *Mouvement* dont nous avons déja parlé, la *Puissance* & la *Pensée*, desquelles on a formé une grande diversité d'*Idées complexes* qu'on a eu soin de distinguer par différens noms.

§. 7. Et voici, à mon avis, la raison pourquoi on en a usé ainsi, c'est que, comme le grand intérêt des hommes roule sur la societé qu'ils ont entr'eux, rien n'étoit plus nécessaire que la connoissance des hommes & de leurs actions, jointe au moyen de s'instruire les uns les autres de ces actions. C'est pour cela, dis-je, qu'ils ont formé des Idées d'Actions humaines, modifiées avec une extrême précision ; & qu'ils ont donné à chacune de ces idées complexes, des noms particuliers, afin qu'ils pussent plus aisément conserver le souvenir de ces choses qui se présentoient continuellement à leur Esprit, en discourir sans de grands détours & de longues circonlocutions, & les comprendre plus facilement & plus promptement, puis qu'ils devoient à toute heure en instruire les autres, & en être instruits eux-mêmes. Que les Hommes ayent eû cela en vûë, je veux dire qu'ils ayent été principalement portez à former différentes *Idées complexes*, & à leur donner des noms, pour le but général du Langage, l'un des plus prompts & des plus courts moyens qu'on ait pour s'entre-communiquer ses pensées, c'est ce qui paroît évidemment par les noms que les hommes ont inventez dans plusieurs Arts ou Métiers, pour les appliquer à différentes Idées complexes de certaines Actions composées qui appartiennent à ces différens Métiers, afin d'abreger le discours, lorsqu'ils donnent des ordres concernant ces actions-là, ou qu'ils en parlent entr'eux. Mais parce que ces Idées ne se trouvent point en général dans l'Esprit de ceux à qui ces occupations sont étrangéres, les Mots qui expriment ces Actions-là sont inconnus à la plûpart des hommes qui parlent la même Langue. Tels sont les mots de * *frisser*, † *amalgamer*, *sublimation*, *cohobation*: car ces mots étant employez pour désigner certaines idées complexes qui sont rarement dans l'Esprit d'autres personnes que de ceux à qui elles sont suggerées de temps en temps par leurs occupations particuliéres, ils ne sont entendus en général que des Imprimeurs, ou des Chimistes, qui ayant formé dans leur Esprit les idées complexes que ces termes signifient, & leur ayant donné des noms ou ayant reçu ceux que d'autres avoient déja inventez pour les exprimer, ne les entendent pas plûtôt prononcer par les personnes de leur Métier que ces Idées se présentent à leur Esprit. Le terme de *Cohobation*, par exemple, excite d'abord dans l'Esprit d'un Chimiste toutes les idées simples de Distillation, & le mélange qu'on fait de la liqueur distillée avec la matiére dont elle a été extraite pour la distiller de nouveau. Ainsi nous voyons qu'il y a une grande diversité d'Idées simples de Goûts, d'Odeurs, &c. qui n'ont point de nom ; & encore plus de Modes, qui, ou n'ayant pas été assez généralement observez, ou n'étant pas d'un assez grand usage pour que les hommes s'avisent d'en prendre connoissance dans leurs affaires & dans leurs entretiens, n'ont point été désignez par des noms, & ne passent pas par conséquent pour des Espéces particulieres. Mais j'aurai occasion dans la suite d'examiner plus au long cette matiére, lorsque je viendrai à parler des *Mots*.

* Terme d'Imprimerie.
† Termes de Chimie.

C H A

CHAPITRE XIX.
Des Modes qui regardent la Pensée.

§. 1. LORSQUE l'Esprit vient à reflêchir sur soi-même, & à contempler ses propres actions, la *Pensée* est la prémiére chose qui se présente à lui; & il y remarque une grande variété de Modifications, qui lui fournissent différentes idées distinctes. Ainsi, la perception ou pensée qui accompagne actuellement les impressions faites sur le Corps, & y est comme attachée, cette perception, dis-je, étant distincte de toute autre modification de la Pensée, produit dans l'Esprit une idée distincte de ce que nous nommons *Sensation*, qui est, pour ainsi dire, l'entrée actuelle des Idées dans l'Entendement par le moyen des Sens. Lorsque la même Idée revient dans l'Esprit, sans que l'Objet extérieur qui l'a d'abord fait naître, agisse sur nos Sens, cet Acte de l'Esprit, se nomme *Memoire*. Si l'Esprit tâche de la rappeller; & qu'enfin après quelques efforts il la trouve & se la rende présente, c'est *Reminiscence*. Si l'Esprit l'envisage long-temps avec attention, c'est *Contemplation*. Lorsque l'Idée que nous avons dans l'Esprit, y flotte, pour ainsi dire, sans que l'Entendement y fasse aucune attention, c'est ce qu'on appelle *Reverie*. Lorsqu'on reflêchit sur les idées qui se présentent d'elles-mêmes (car comme j'ai remarqué ailleurs, il y a toûjours dans notre Esprit une suite d'Idées qui se succedent les unes aux autres tandis que nous veillons) & qu'on les enregître, pour ainsi dire, dans sa Memoire, c'est *Attention*; & lorsque l'Esprit se fixe sur une Idée avec beaucoup d'application, qu'il la considere de tous côtez, & ne veut point s'en détourner malgré d'autres Idées qui viennent à la traverse, c'est ce qu'on nomme *Etude* ou *Contention d'Esprit*. Le *Sommeil* qui n'est accompagné d'aucun songe, est une cessation de toutes ces choses; & *songer* c'est avoir des idées dans l'Esprit pendant que les Sens extérieurs sont fermez, en sorte qu'ils ne reçoivent point l'impression des Objets extérieurs avec cette vivacité qui leur est ordinaire, c'est, dis-je, avoir des idées sans qu'elles nous soient suggerées par aucun Objet de dehors, ou par aucune occasion connuë, & sans être choisies ni déterminées en aucune maniere par l'Entendement. Quant à ce que nous nommons *Extase*, je laisse juger à d'autres si ce n'est point *songer les yeux ouverts*.

§. 2. Voilà un petit nombre d'exemples de divers *Modes de penser*, que l'Ame peut observer en elle-même, & dont elle peut, par conséquent, avoir des idées aussi distinctes que celles qu'elle a du *Blanc* & du *Rouge*, d'un *Quarré* ou d'un *Cercle*. Je ne prétens pas en faire une énumeration complette, ni traiter au long de cette suite d'idées qui nous viennent par la *Reflexion*. Ce seroit la matiére d'un Volume. Il me suffit pour le dessein que je me propose présentement, d'avoir montré par ce peu d'exemples, de quelle espece sont ces Idées, & comment l'Esprit vient à les acquerir,

Divers Modes de penser, la Sensation, la Reminiscence, la Contemplation, &c.

CHAP. XXI.

Différens dégrez d'attention dans l'Esprit, lorsqu'il pense.

Il s'enfuit probablement de là, que la Pensée est l'action & non l'essence de l'Ame.

rir, d'autant plus que j'aurai occasion dans la suite de parler plus au long de ce qu'on nomme *Raisonner*, *Juger*, *Vouloir*, & *Connoître*, qui sont du nombre des plus considerables *Modes de penser*, ou Operations de l'Esprit.

§. 3. Mais peut-être m'excusera-t-on si je fais ici en passant quelque reflexion sur *le différent état où se trouve notre Ame lorsqu'elle pense*. C'est une Digression qui semble avoir assez de rapport à notre présent dessein ; & ce que je viens de dire de l'*Attention*, de la *Rêverie* & des *Songes*, &c. nous y conduit assez naturellement. Qu'un Homme éveillé ait toûjours des idées présentes à l'Esprit, quelles qu'elles soient, c'est dequoi chacun est convaincu par sa propre expérience, quoi que l'Esprit les contemple avec differens dégrez d'attention. En effet, l'Esprit s'attache quelquefois à considerer certains Objets avec une si grande application, qu'il en examine les idées de tous côtez, en remarque les rapports & les circonstances, & en observe châque partie si exactement & avec une telle contention qu'il écarte toute autre pensée, & ne prend aucune connoissance des impressions ordinaires qui se font alors sur les Sens & qui dans d'autres temps lui auroient communiqué des perceptions extrêmement sensibles. Dans d'autres occasions il observe la suite des Idées qui se succedent dans son Entendement, sans s'attacher particuliérement à aucune ; & dans d'autres rencontres il les laisse passer sans presque jetter la vûë dessus, comme autant de vaines ombres qui ne font aucune impression sur lui.

§. 4. Je croi que chacun a éprouvé en soi-même cette contention ou ce relâchement de l'Esprit lorsqu'il pense, selon cette diversité de dégrez qui se rencontre entre la plus forte application & un certain état où il est fort près de ne penser à rien du tout. Allez un peu plus avant, & vous trouverez l'Ame dans le sommeil, éloignée, pour ainsi dire, de toute sensation, & à l'abri des mouvemens qui se font sur les organes des Sens, & qui lui causent dans d'autres temps des idées si vives & si sensibles. Je n'ai pas besoin de citer pour cela, l'exemple de ceux qui durant les nuits les plus orageuses dorment profondement sans entendre le bruit du Tonnerre, sans voir les éclairs, ou sentir le secouement de la Maison, toutes choses fort sensibles à ceux qui sont éveillez. Mais dans cet état où l'Ame se trouve alienée des Sens, elle conserve souvent une maniére de penser, foible & sans liaison que nous nommons *songer:* & enfin un profond sommeil ferme entiérement la scene, & met fin à toute sorte d'*apparences*. C'est, je croi, ce que presque tous les hommes ont éprouvé en eux-mêmes, de sorte que leurs propres observations les conduisent sans peine jusques-là. Il me reste à tirer de là une conséquence qui me paroît assez importante : car puisque l'Ame peut sensiblement se faire différens dégrez de pensée en divers temps, & quelquefois se détendre, pour ainsi dire, même dans un homme éveillé, à un tel point qu'elle n'aît que des pensées foibles & obscures, qui ne sont pas fort éloignées de n'être rien du tout ; & qu'enfin dans le ténébreux recueillement d'un profond sommeil, elle perd entiérement de vûë toutes sortes d'idées quelles qu'elles soient, puis, dis-je, que tout cela est évidemment confirmé par une constante expérience, je demande, s'il n'est pas fort probable, *Que la Pensée est l'action, & non l'essence de l'Ame*, par la raison que

Des Modes du Plaisir & de la Douleur. Liv. II.

que les Operations des Agents sont capables du plus & du moins, mais qu'on ne peut concevoir que les Essences des choses soient sujettes à une telle variation : ce qui soit dit en passant. Continuons d'examiner quelques autres Modes Simples.

Chap. XIX.

CHAPITRE XX.
Des Modes du Plaisir & de la Douleur.

Chap. XX.

§. 1. ENTRE les Idées Simples que nous recevons par voye de Sensation & de Reflexion, celles du *Plaisir* & de la *Douleur* ne sont pas des moins considerables. Comme parmi les Sensations du Corps il y en a qui sont purement indifferentes, & d'autres qui sont accompagnées de plaisir ou de douleur, de même les pensées de l'Esprit sont ou indifferentes, ou suivies de *plaisir* ou de *douleur*, de satisfaction ou de trouble, ou comme il vous plaira de l'appeller. On ne peut décrire ces Idées, non plus que toutes les autres idées simples, ni donner aucune définition des mots dont on se sert pour les désigner. La seule chose qui puisse nous les faire connoître, aussi bien que les Idées simples des Sens, c'est l'Expérience. Car de les définir par la présence du Bien ou du Mal, c'est seulement nous faire réfléchir, sur ce que nous sentons en nous-mêmes, à l'occasion de diverses operations que le Bien ou le Mal font sur nos Ames, selon qu'elles agissent différemment sur nous, ou que nous les considerons nous-mêmes.

Le Plaisir & la Douleur sont des Idées Simples.

§. 2. Donc les choses ne sont bonnes ou mauvaises que par rapport au Plaisir, ou à la Douleur. Nous nommons BIEN, tout ce qui est *propre à produire & à augmenter le plaisir en nous, ou à diminuer & abreger la douleur;* ou bien, *à nous procurer ou conserver la possession de tout autre Bien, ou l'absence de quelque Mal, que ce soit.* Au contraire, nous appellons MAL, ce qui est *propre à produire ou augmenter en nous quelque douleur, ou à diminuer quelque plaisir que ce soit;* ou bien, *à nous causer du mal, ou à nous priver de quelque bien que ce soit.* Au reste, je parle du Plaisir & de la Douleur comme appartenant au Corps ou à l'Ame suivant la distinction qu'on en fait communément, quoique dans la vérité ce ne soient que différens états de l'Ame, produits quelquefois par le désordre qui arrive dans le Corps, & quelquefois par les pensées de l'Esprit.

Ce que c'est que le Bien & le Mal.

§. 3. Le *Plaisir* & la *Douleur*, & ce qui les produit, savoir, le Bien & le Mal, sont les pivots sur lesquels roulent toutes nos Passions, dont nous pourrons aisément nous former des idées, si rentrant en nous-mêmes nous observons comment le Plaisir & la Douleur agissent sur notre Ame sous différens égards; quelles modifications ou dispositions d'Esprit, & quelles sensations intérieures, si j'ose ainsi parler, ils produisent en nous.

Le Bien & le Mal mettent nos Passions en mouvement.

§. 4. Ainsi, en refléchissant sur le plaisir, qu'une chose présente ou absente peut produire en nous, nous avons l'idée que nous appellons *Amour.* Car lorsque quelqu'un dit en Automne, quand il y a des Raisins, ou au Printemps

Ce que c'est que l'Amour.

Chap. XX. temps qu'il n'y en a point, qu'il les *aime*, il ne veut dire autre chose, sinon que le goût des Raisins lui donne de plaisir. Mais si l'alteration de sa santé ou de sa constitution ordinaire lui ôte le plaisir qu'il trouvoit à manger des Raisins, on ne pourra plus dire de lui qu'il les *aime*.

La Haine. §. 5. Au contraire la reflexion du desagrément ou de la douleur qu'une chose présente ou absente peut produire en nous, nous donne l'idée de ce que nous appellons *Haine*. Si c'étoit ici le lieu de porter mes recherches au delà des simples idées des Passions, entant qu'elles dépendent des différentes modifications du Plaisir & de la Douleur, je remarquerois que l'Amour & la Haine que nous avons pour les choses inanimées & insensibles, sont ordinairement fondées sur le plaisir & la douleur que nous recevons de leur usage, & de l'application qui en est faite sur nos Sens de quelque manière que ce soit, bien que ces choses soient détruites par cet usage même. Mais la Haine ou l'Amour qui ont pour objet des Etres capables de bonheur ou de malheur, c'est souvent un déplaisir ou un contentement que nous sentons en nous, procedant de la consideration même de leur existence ou du bonheur dont ils jouïssent. Ainsi, l'existence & la prosperité de nos Enfans ou de nos Amis, nous donnant constamment du plaisir, nous disons que nous les *aimons* constamment. Mais il suffit de remarquer que nos idées d'*Amour* & de *Haine* ne sont que des dispositions de l'Ame par rapport au Plaisir & à la Douleur en général, de quelque manière que ces dispositions soient produites en nous.

Le Desir. §. 6. L'*Inquiétude* (1) qu'un homme ressent en lui-même pour l'absence d'une chose qui lui donneroit du plaisir si elle étoit présente, c'est ce qu'on nomme *Desir*, qui est plus ou moins grand, selon que cette *inquiétude* est plus ou moins ardente. Et ici il ne sera peut-être pas inutile de remarquer en passant, que l'*Inquiétude* est le principal, pour ne pas dire le seul aiguillon qui excite l'industrie & l'activité des hommes. Car quelque Bien qu'on propose à l'Homme, si l'absence de ce Bien n'est suivie d'aucun déplaisir, ni d'aucune douleur, & que celui qui en est privé, puisse être content & à son aise sans le posseder, il ne s'avise pas de le desirer, & moins encore de faire des efforts pour en jouïr.

Il

---

(1) *Uneasiness*, c'est le mot Anglois dont l'Auteur se sert dans cet endroit & que je rends par celui d'*inquiétude*, qui n'exprime pas précisément la même idée. Mais nous n'avons point, à mon avis, d'autre terme en François qui en approche de plus près. Par *uneasiness* l'Auteur entend l'*état d'un homme qui n'est pas à son aise, le manque d'aise & de tranquillité dans l'Ame*, qui à cet égard est purement passive. De sorte que si l'on veut bien entrer dans la pensée de l'Auteur, il faut nécessairement attacher toûjours cette idée au mot d'*inquiétude* lorsqu'on le verra imprimé en Italique, car c'est ainsi que j'ai eû soin de l'écrire, toutes les fois qu'il se prend dans le sens que je viens d'expliquer. Cet Avis est sur tout nécessaire par rapport au chapitre suivant, où l'Auteur raisonne beaucoup sur cette espèce d'*Inquiétude*. Car si l'on n'attachoit pas à ce mot l'idée que je viens de marquer, il ne seroit pas possible de comprendre exactement les matieres qu'on traite dans ce chapitre, & qui sont des plus importantes & des plus délicates de tout l'Ouvrage.

Il ne sent pour cette espèce de Bien qu'une pure *velleïté*, terme qu'on em- CHAP. XX.
ploye pour signifier le plus bas dégré du *Desir*, & ce qui approche le plus
de cet état où se trouve l'Ame à l'égard d'une chose qui lui est tout-à-fait
indifférente, & qu'elle ne désire en aucune maniere, lors que le déplaisir
que cause l'absence d'une chose est si peu considerable, & si mince, pour
ainsi dire, qu'il ne porte celui qui en est privé, qu'à former quelques foibles souhaits sans se mettre autrement en peine d'en rechercher la possession.
Le *Desir* est encore éteint ou rallenti par l'opinion où l'on est, que le Bien
souhaité ne peut être obtenu, à proportion que l'*inquiétude* de l'Ame est
dissipée, ou diminuée par cette consideration particuliére. C'est une reflexion qui pourroit porter nos pensées plus loin, si c'en étoit ici le lieu.

§. 7. La *Joye* est un plaisir que l'Ame ressent, lorsqu'elle considere la La Joye.
possession d'un Bien présent ou futur, comme assûrée; & nous sommes en
possession d'un Bien, lorsqu'il est de telle sorte en notre pouvoir, que nous
pouvons en joüir quand nous voulons. Ainsi un homme à demi-mort ressent de la joye lorsqu'il lui arrive du secours, avant même qu'il ait le plaisir
d'en éprouver l'effet. Et un Pére à qui la prosperité de ses Enfans donne
de la joye, est en possession de ce Bien, aussi long-temps que ses Enfans
sont dans cet état: car il n'a besoin que d'y penser pour sentir du plaisir.

§. 8. La *Tristesse* est une *inquiétude* de l'Ame, lorsqu'elle pense à un Bien La Tristesse.
perdu, dont elle auroit pû joüir plus long-temps, ou quand elle est tour-
mentée d'un mal actuellement présent.

§. 9. L'*Esperance* est ce contentement de l'Ame que chacun trouve en L'Esperance.
soi-même lorsqu'il pense à la joüissance qu'il doit probablement avoir, d'u-
ne chose qui est propre à lui donner du plaisir.

§. 10. La *Crainte* est une *inquiétude* de notre Ame, lorsque nous pensons La Crainte.
à un Mal futur qui peut nous arriver.

§. 11. Le *Desespoir* est la pensée qu'on a qu'un Bien ne peut être obte- Le Desespoir.
nu: pensée qui agit différemment dans l'Esprit des hommes, car quelquefois elle y produit l'*inquiétude*, & l'affliction; & quelquefois, le repos &
l'indolence.

§. 12. La *Colere* est cette *inquiétude* ou ce desordre que nous ressentons La Colere.
après avoir reçu quelque injure; & qui est accompagné d'un desir présent
de nous vanger.

§. 13. L'*Envie* est une *inquiétude* de l'Ame, causée par la consideration L'Envie.
d'un Bien que nous desirons; lequel est possedé par une autre personne,
qui, à notre avis, n'auroit pas dû l'avoir préférablement à nous.

§. 14. Comme ces deux derniéres Passions, l'*Envie* & la *Colere*, ne sont Quelles Passions
pas simplement produites en elles-mêmes par la Douleur, ou par le Plaisir, se trouvent dans
mais qu'elles renferment certaines considerations de nous-mêmes & des au- tous les Hommes.
tres, jointes ensemble, elles ne se rencontrent point dans tous les Hommes,
parce qu'ils n'ont pas tous cette estime de leur propre mérite, ou ce desir
de vangeance, qui font partie de ces deux Passions. Mais pour toutes les
autres qui se terminent purement à la Douleur & au Plaisir, je croi qu'elles se trouvent dans tous les hommes; car nous *aimons*, nous *desirons*, nous
nous *réjoüissons*, nous *esperons*, seulement par rapport au Plaisir; au contraire

Z c'est

CHAP. XX. c'est uniquement en vûë de la Douleur que nous *haïssons*, que nous *craignons*, & que nous nous *affligeons*, & ces Passions ne sont produites que par les choses qui paroissent être les causes du Plaisir & de la Douleur, de sorte que le Plaisir ou la Douleur s'y trouvent joints d'une manière ou d'autre. Ainsi, nous étendons ordinairement notre *haine* sur le sujet qui nous a causé de la douleur, du moins si c'est un Agent sensible, ou volontaire, parce que la crainte qu'il nous laisse, est une douleur constante. Mais nous n'aimons pas si constamment ce qui nous a fait du bien, parce que le Plaisir n'agit pas si fortement sur nous que la Douleur ; & parce que nous ne sommes pas si disposez à esperer qu'une autre fois il agira sur nous de la même maniere : mais cela soit dit en passant.

Ce que c'est que le Plaisir & la Douleur.
§. 15. Je prie encore un coup mon Lecteur de remarquer, que j'entens toûjours par Plaisir & Douleur, par contentement & *inquiétude*, non seulement un plaisir & une douleur qui viennent du Corps, mais quelque espèce de satisfaction & d'*inquiétude* que nous sentions en nous-mêmes, soit qu'elles procedent de quelque Sensation, ou de quelque Reflexion, agréable ou desagréable.

§. 16. Il faut considerer, outre cela, que par rapport aux Passions, l'éloignement ou la diminution de la Douleur est consideré & agit effectivement comme Plaisir ; & que la privation ou la diminution d'un plaisir est considerée & agit comme douleur.

La Honte.
§. 17. On peut remarquer aussi, que la plûpart des Passions font en plusieurs personnes des impressions sur le Corps, & y causent diverses alterations. Mais comme ces alterations ne sont pas toûjours sensibles, elles ne font point une partie nécessaire de l'Idée de chaque passion. Car par exemple, la *Honte*, qui est une *inquiétude* de l'Ame, qu'on ressent quand on vient à considerer qu'on a fait quelque chose d'indécent, ou qui peut diminuer l'estime que les autres font de nous, n'est pas toûjours accompagnée de rougeur.

Ces Exemples peuvent servir à montrer comment les idées des Passions nous viennent par Sensation & par Reflexion.
§. 18. Je ne voudrois pas au reste qu'on allât s'imaginer que je donne ceci pour un Traité des Passions. Il y en a beaucoup plus que celles que je viens de nommer, & chacune de celles que j'ai indiquées, auroit besoin d'être expliquée plus au long, & d'une maniére beaucoup plus exacte. Mais ce n'est pas mon dessein. Je n'ai proposé ici celles qu'on vient de voir, que comme des exemples de Modes du Plaisir & de la Douleur, qui resultent en nous de différentes considerations du Bien & du Mal. Peut-être aurois-je pû proposer d'autres Modes de Plaisir & de Douleur plus simples que ceux-là, comme l'inquiétude que cause la faim & la soif, & le plaisir de manger & de boire qui fait cesser ces deux prémiéres Sensations, la douleur qu'on sent quand on a les dents agacées, le charme de la Musique, le chagrin que cause un ignorant chicaneur, & le plaisir que donne la conversation raisonnable d'un Ami, ou une étude bien réglée qui tend à la recherche & à la découverte de la Vérité. Mais comme les Passions nous interessent beaucoup plus, j'ai mieux aimé prendre de là des exemples, pour faire voir comment les idées que nous en avons, tirent leur origine de la Sensation & de la Reflexion.

CHA-

CHAPITRE XXI.

De la Puissance.

§. 1. L'ESPRIT étant instruit tous les jours, par le moyen des Sens, de l'alteration des Idées simples, qu'il remarque dans les choses extérieures; & observant comment une chose vient à finir & cesser d'être, & comment une autre, qui n'étoit pas auparavant, commence d'exister; refléchissant, d'autre part, sur ce qui se passe en lui-même, & voyant un perpetuel changement de ses propres Idées, causé quelquefois par l'impression des Objets extérieurs sur ses Sens, & quelquefois par la détermination de son propre choix, & concluant de ces changemens qu'il a vû arriver si constamment, qu'il y en aura, à l'avenir, de pareils dans les mêmes choses, produits par de pareils Agens & par de semblables voyes, il vient à considerer dans une chose, la possibilité qu'il y a qu'une de ses Idées simples soit changée, & dans une autre, la possibilité de produire ce changement; & par-là l'Esprit se forme l'idée que nous nommons *Puissance*. Ainsi, nous disons, que le Feu a la puissance de fondre l'Or, c'est-à-dire, de détruire l'union de ses parties insensibles, & par conséquent sa dureté, & par-là de le rendre fluide; & que l'Or a la puissance d'être fondu: Que le Soleil a la puissance de blanchir la Cire, & que la Cire a la puissance d'être blanchie par le Soleil, qui fait que la Couleur Jaune est détruite, & que la Blancheur existe en sa place. Dans ces cas & autres semblables, nous considerons la *Puissance* par rapport au changement des Idées qu'on peut appercevoir; car nous ne saurions découvrir qu'aucune alteration ait été faite dans une chose, ou que rien y ait operé si ce n'est par un changement remarquable de ses Idées sensibles; & nous ne pouvons comprendre qu'aucune alteration arrive dans une chose, qu'en concevant un changement de quelques-unes de ses Idées.

Comment nous acquerons l'idée de la Puissance.

§. 2. A prendre la chose dans ce sens-là, il y a deux sortes de puissances, l'une capable de produire ces changemens, l'autre d'en recevoir: on peut appeller la prémiére *Puissance Active*, & l'autre *Puissance Passive*. De savoir si la Matiére n'est pas entierement destituée de *Puissance active*, comme DIEU son Auteur est sans contredit au dessus de toute *Puissance passive*, & si les Esprits créez, qui sont entre la Matière & Dieu, ne sont pas les seuls Etres capables de la *Puissance active & passive*, c'est une chose qui mériteroit assez d'être examinée. Je ne prétens pas entrer ici dans cette recherche, mon dessein étant à présent de voir comment nous acquerons l'idée de la Puissance, & non d'en chercher l'origine. Mais puisque les *Puissances actives* font une grande partie des Idées complexes que nous avons des Substances naturelles, (comme nous le verrons dans la suite) & que je les suppose actives pour m'accommoder aux notions qu'on en a communément, quoi qu'elles ne le soient peut-être pas aussi certainement que notre Esprit décisif est

Puissance active & passive.

prompt

CHAP. XXI.

La Puissance renferme quelque relation.

La plus claire idée de la Puissance active nous vient de l'Esprit.

prompt à se le figurer, je ne croi pas qu'il soit mal d'avoir fait sentir par cette reflexion jettée ici en passant, qu'on ne peut avoir l'idée la plus claire de ce qu'on nomme *Puissance active* qu'en s'élevant jusqu'à la consideration de DIEU & des Esprits.

§. 3. J'avoûë que la *Puissance* renferme en soi quelque espèce de relation à l'action, ou au changement. Et dans le fond à examiner les choses avec soin, quelle idée avons-nous, de quelque espèce qu'elle soit, qui n'enferme quelque relation? Nos Idées de l'Etenduë, de la Durée & du Nombre, ne contiennent-elles pas toutes en elles-mêmes un secret rapport de parties? La même chose se remarque d'une maniére encore plus visible dans la Figure & le Mouvement. Et les Qualitez sensibles, comme les Couleurs, les Odeurs, &c. que sont-elles que des *Puissances* de différens Corps par rapport à notre Perception, &c? Et si l'on les considere dans les choses mêmes, ne dépendent-elles pas de la grosseur, de la figure, de la contexture, & du mouvement des parties, ce qui met une espèce de rapport entre elles? Ainsi, notre Idée de la *Puissance* peut fort bien être placée, à mon avis, parmi les autres Idées simples, & être considerée comme de la même espèce, puisqu'elle est du nombre de celles qui composent en grand' partie nos Idées complexes des Substances, comme nous aurons occasion de le faire voir dans la suite.

§. 4. Il n'y a presque point d'espèce d'Etres sensibles, qui ne nous fournisse amplement l'idée de la *Puissance passive*; car ne pouvant nous empécher d'observer dans la plûpart, que leurs Qualitez sensibles & leurs Substances mêmes sont dans un *flux* continuel, c'est avec raison que nous considerons ces Etres comme constamment sujets au même changement. Nous n'avons pas moins d'exemples de la *Puissance active*, qui est ce que le mot de *Puissance* emporte plus proprement : car quelque changement qu'on observe, l'Esprit en doit conclurre qu'il y a, quelque part, une Puissance capable de faire ce changement, aussi bien qu'une disposition dans la chose même à le recevoir. Cependant, si nous y prenons bien garde, les Corps ne nous fournissent pas, par le moyen des Sens, une idée si claire & si distincte de la *Puissance active*, que celle que nous en avons par les reflexions que nous faisons sur les operations de notre Esprit. Comme toute Puissance a du rapport à l'Action ; & qu'il n'y a, je croi, que deux sortes d'Actions dont nous ayions d'idée, savoir *Penser*, & *Mouvoir*, voyons d'où nous avons l'idée la plus distincte des *Puissances* qui produisent ces Actions. I. Pour ce qui est de la *Pensée*, le Corps ne nous en donne aucune idée ; & ce n'est que par le moyen de la Reflexion que nous l'avons. II. Nous n'avons pas non plus, par le moyen du Corps, aucune idée du commencement du Mouvement. Un Corps en repos ne nous fournit aucune idée d'une *Puissance active* capable de produire du Mouvement. Et quand le Corps lui-même est en mouvement, ce mouvement est dans le Corps une passion plûtôt qu'une Action, car lorsqu'une boule de Billard cede au choc du Bâton, ce n'est point une action de la part de la boule, mais une simple passion. De même, lorsqu'elle vient à pousser une autre boule qui se trouve sur son chemin, & la met en mouvement, elle ne fait que lui communiquer le

mouve-

De la Puiſſance. Liv. II. 181

mouvement qu'elle avoit reçu, & en perd tout autant que l'autre en re- CHAP. XXI.
çoit; ce qui ne nous donne qu'une idée fort obſcure d'une *Puiſſance active*
de mouvoir qui ſoit dans le Corps, puiſque dans ce cas nous ne voyons autre choſe qu'un Corps qui transfere le mouvement, ſans le produire en aucune maniére. C'eſt, dis-je, une idée bien obſcure de la Puiſſance que
celle qui ne s'étend point juſqu'à la production de l'Action, mais eſt une
ſimple continuation de Paſſion. Or tel eſt le Mouvement dans un Corps
pouſſé par un autre Corps, car la continuation du changement qui eſt produit dans ce Corps, du repos au mouvement, n'eſt non plus une action,
que l'eſt la continuation du changement de figure, produit en lui par l'impreſſion du même coup. Quant à l'idée du commencement du Mouvement,
nous ne l'avons que par le moyen de la reflexion que nous *faiſons ſur ce qui
ſe paſſe en nous-mêmes*, lorſque nous voyons par experience qu'en voulant
ſimplement mouvoir des parties de notre Corps, qui étoient auparavant en
repos, nous pouvons les mouvoir. De ſorte qu'il me ſemble que l'operation des Corps que nous obſervons par le moyen des Sens, ne nous donne
qu'une idée fort imparfaite & fort obſcure d'une *Puiſſance active*; puiſque
les Corps ne ſauroient nous fournir aucune idée en eux-mêmes de la puiſſance de commencer aucune action, ſoit penſée, ſoit mouvement. Mais ſi
quelqu'un penſe avoir une idée claire de la *Puiſſance*, en obſervant que les
Corps ſe pouſſent les uns les autres, cela ſert également à mon deſſein;
puiſque la Senſation eſt une des voyes par où l'Eſprit vient à acquerir des
Idées. Du reſte, j'ai crû qu'il étoit important d'examiner ici en paſſant,
ſi l'Eſprit ne reçoit point une idée plus claire & plus diſtincte de la *Puiſſance active*, par la reflexion qu'il fait ſur ſes propres operations, que par aucune ſenſation extérieure.

§. 5. Une choſe qui du moins eſt évidente, à mon avis, c'eſt que nous La Volonté &
trouvons en nous-mêmes la puiſſance de commencer ou de ne pas commen- l'Entendement
cer, de continuer ou de terminer pluſieurs actions de notre Eſprit, & plu- ſances.
ſieurs mouvemens de notre Corps, & cela ſimplement par une penſée ou
un choix de notre Eſprit, qui détermine & commande, pour ainſi dire,
que telle ou telle action particuliére ſoit faite, ou ne ſoit pas faite. Cette
Puiſſance que notre Eſprit a de diſpoſer ainſi de la préſence ou de l'abſence
d'une idée particuliére, ou de préferer le mouvement de quelque partie du
Corps au repos de cette même partie, ou de faire le contraire, c'eſt ce que
nous appellons *Volonté*. Et l'uſage actuel que nous faiſons de cette Puiſſance, en produiſant, ou en ceſſant de produire telle ou telle action, c'eſt ce
qu'on nomme *Volition*. La ceſſation ou la production de l'action qui ſuit
d'un tel commandement de l'Ame, s'appelle *volontaire*; & toute action qui
eſt faite ſans une telle direction de l'Ame, ſe nomme *involontaire*. La
Puiſſance d'appercevoir eſt ce que nous appellons *Entendement*; & la Perception que nous regardons comme un Acte de l'Entendement peut être
diſtinguée en trois eſpèces. 1. Il y a la Perception des Idées dans notre Eſprit. 2. La Perception de la ſignification des Signes. 3. La Perception
de la liaiſon ou oppoſition, de la convenance ou diſconvenance qu'il y a entre quelqu'une de nos Idées. Toutes ces différentes Perceptions ſont attri-
Z 3 buées.

Chap. XXI. buées à l'Entendement ou à la Puissance d'appercevoir que nous sentons en nous-mêmes, quoi que l'Usage ne nous permette d'appliquer le mot d'*entendre*, qu'aux deux derniéres seulement.

§. 6. Ces Puissances que l'Ame a d'appercevoir, & de préferer une chose à une autre, sont ordinairement désignées par d'autres noms; & l'on dit communément, que l'Entendement & la Volonté sont deux *Facultez* de l'Ame. Ces mots sont assez commodes, si l'on s'en sert comme on devroit se servir de tous les mots, de telle maniere qu'ils ne fissent naître aucune confusion dans l'Esprit des hommes: précaution qu'on a ici un peu négligée, en supposant, comme je soupçonne qu'on a fait, que ces Mots signifient quelques Etres réels dans l'Ame, lesquels produisent les actes d'*entendre* & de *vouloir*. Car lorsque nous disons que *la* Volonté *est cette Faculté supérieure de l'Ame qui règle & ordonne toutes choses, qu'elle est ou n'est pas libre, qu'elle détermine les* Facultez inférieures, *qu'elle suit le* dictamen *de l'Entendement, &c.* quoi que ces expressions & autres semblables puissent être entenduës en un sens clair & distinct par ceux qui examinent avec attention leurs propres Idées, & qui règlent plûtôt leurs pensées sur l'évidence des choses que sur le son des mots; je crains pourtant que cette maniére de parler des Facultez de l'Ame, n'aît fait venir à plusieurs personnes l'idée confuse d'autant d'Agents qui existent distinctement en nous, qui ont différentes fonctions & différens pouvoirs, qui commandent, obeïssent, & exécutent diverses choses, comme autant d'Etres distincts, ce qui a produit quantité de vaines disputes, de discours obscurs & pleins d'incertitude sur les Questions qui se rapportent à ces différens Pouvoirs de l'Ame.

D'où nous viennent les Idées de la *Liberté* & de la *Necessité*.

§. 7. Chacun, je pense, trouve en soi-même la *Puissance* de commencer différentes actions, ou de s'en abstenir, de les continuer ou de les terminer. Et c'est la consideration de l'étenduë de cette *Puissance* que l'Ame a sur les Actions de l'Homme, & que chacun trouve en soi-même, qui nous fournit l'idée de la *Liberté* & de la *Nécessité*.

Ce que c'est que la *Liberté*.

§. 8. Toutes les Actions dont nous avons quelque idée, se réduisent à ces deux, *mouvoir*, & *penser*, comme nous l'avons déja remarqué. Tant qu'un Homme a la puissance de penser ou de ne pas penser, de mouvoir ou de ne pas mouvoir, conformément à la préference ou au choix de son propre Esprit, jusque-là il est *Libre*. Au contraire, lorsqu'il n'est pas également au pouvoir de l'Homme d'agir ou de ne pas agir, tant que ces deux choses ne dépendent pas également de la préférence de son Esprit qui ordonne l'une ou l'autre, à cet égard l'Homme n'est point *Libre*, quoi que peut-être l'action qu'il fait, soit *volontaire*. Ainsi l'idée de la *Liberté* dans un certain Agent c'est l'idée de la Puissance qu'a cet Agent de faire ou de s'abstenir de faire une certaine action, conformément à la détermination de son Esprit en vertu de laquelle il préfere l'une à l'autre. Mais lorsque l'Agent n'a pas le pouvoir de faire l'une de ces deux choses en conséquence de la détermination actuelle de sa Volonté, que je nomme autrement *volition*, il n'y a, dans ce cas-là, plus de *Liberté*; & l'Agent est nécessité à cet égard. D'où il s'ensuit que là où il n'y a ni pensée, ni *volition*, ni volonté, il ne peut y avoir de *Liberté*; mais que la pensée, la *volonté* & la *volition* peuvent se trouver

où

De la Puissance. Liv. II. 183

où il n'y a point de Liberté. Il ne faut que faire un peu de reflexion fur CHAP. XXI.
un ou deux exemples familiers, pour être convaincu de tout cela d'une maniére évidente.

§. 9. Perfonne ne s'eft encore avifé de prendre pour un Agent Libre une   La Liberté fup-
Balle, foit qu'elle foit en mouvement après avoir été pouffée par une ra-   pofe l'Entende-
quette, ou qu'elle foit en repos. Si nous en cherchons la raifon, nous trou-   lonté.
verons que c'eft parce que nous ne concevons pas qu'une Balle penfe; ni
qu'elle aît, par conféquent, aucune volition qui lui faffe préferer le mouvement au repos, ou le repos au mouvement. D'où nous concluons qu'elle n'a point de *Liberté*, qu'elle n'eft pas un Agent Libre. Auffi regardons-
nous fon mouvement & fon repos fous l'idée d'une chofe *néceffaire*, & nous
l'appellons ainfi. De même, un Homme venant à tomber dans l'Eau, parce qu'un Pont fur lequel il marchoit, s'eft rompu fous lui, n'a point de liberté, & n'eft pas un Agent libre à cet égard. Car quoi qu'il aît la *volition*, c'eft-à-dire qu'il préfere de ne pas tomber à tomber, cependant comme il n'eft pas en fa puiffance d'empêcher ce mouvement, la ceffation de
ce mouvement ne fuit pas fa *volition*; c'eft pourquoi il n'eft point libre dans
ce cas-là. Il en eft de même d'un homme qui fe frappe lui-même, ou qui
frappe fon Ami, par un mouvement convulfif de fon Bras, qu'il n'eft pas
en fon pouvoir d'empêcher ou d'arrêter par la direction de fon Efprit: perfonne ne s'avife de penfer qu'un tel homme foit libre à cet égard, mais on
le plaint comme agiffant par néceffité & par contrainte.

§. 10. Autre exemple: Suppofons qu'on porte un homme, pendant   La Liberté n'ap-
qu'il eft dans un profond fommeil, dans une Chambre où il y ait une per-   partient pas à la
fonne qu'il lui tarde fort de voir & d'entretenir, & que l'on ferme à clef la   volition.
porte fur lui, de forte qu'il ne foit pas en fon pouvoir de fortir. Cet homme s'éveille, & eft charmé de fe trouver avec une perfonne dont il fouhai-
toit fi fort la compagnie, & avec qui il demeure avec plaifir, aimant mieux
être là avec elle dans cette Chambre que d'en fortir pour aller ailleurs: je
demande s'il ne refte pas *volontairement* dans ce Lieu-là? Je ne penfe pas que
perfonne s'avife d'en douter. Cependant, comme cet homme eft enfermé
à clef, il eft évident qu'il n'eft pas en liberté de ne pas demeurer dans cette
Chambre, & d'en fortir s'il veut. Et par conféquent, la *Liberté n'eft pas
une idée qui appartienne à la volition*, ou à la préference que notre Efprit
donne à une action plûtôt qu'à une autre, mais à la Perfonne qui a la puiffance d'agir ou de s'empêcher d'agir, felon que fon Efprit fe déterminera à
l'un ou à l'autre de ces deux partis. Notre Idée de la Liberté s'étend auffi
loin que cette Puiffance, mais elle ne va point au delà. Car toutes les fois
que quelque obftacle arrête cette Puiffance d'agir ou de ne pas agir, ou que
quelque force vient à détruire l'indifference de cette puiffance, il n'y a plus
de Liberté; & la notion que nous en avons, difparoit tout auffi-tôt.

§. 11. C'eft dequoi nous avons affez d'exemples dans notre propre Corps,
& fouvent plus que nous ne voudrions. Le Cœur d'un homme bat, &
fon fang circule, fans qu'il foit en fon pouvoir de l'empêcher par aucune
penfée ou *volition* particuliére; il n'eft donc pas un Agent libre par rapport
à ces mouvemens dont la ceffation ne dépend pas de fon choix & ne fuit
point

point la détermination de son Esprit. Des mouvemens convulsifs agitent ses jambes, de sorte que, quoi qu'il *veuille* en arrêter le mouvement, il ne peut le faire par aucune puissance de son Esprit, ces mouvemens convulsifs le contraignant de danser sans interruption, comme il arrive dans la maladie qu'on nomme *Chorea Sancti Viti*. Il est tout visible que bien loin d'être en liberté à cet égard, il est dans une aussi grande nécessité de se mouvoir, qu'une pierre qui tombe, ou une Balle poussée par une Raquette. D'un autre côté, la Paralysie empêche que ses Jambes n'obeïssent à la détermination de son Esprit, s'il veut s'en servir pour porter son Corps dans un autre Lieu. La Liberté manque dans tous ces cas, quoi que dans un Paralytique même ce soit une chose volontaire de demeurer assis, tandis qu'il préfere d'être assis à changer de place. *Volontaire* n'est donc pas opposé à *Nécessaire*, mais à *Involontaire*, car un homme peut préferer ce qu'il veut faire, à ce qu'il n'a pas la puissance de faire: il peut préferer l'état où il est, à l'absence ou au changement de cet état, quoi que dans le fond la nécessité l'aît reduit à ne pouvoir changer.

<small>Ce que c'est que la Liberté.</small>

§. 12. Il en est des pensées de l'Esprit comme des mouvemens du Corps. Lorsqu'une pensée est telle que nous avons la puissance de l'éloigner ou de la conserver, conformément à la préference de notre Esprit, nous sommes en liberté à cet égard. Un homme éveillé étant dans la nécessité d'avoir constamment quelques idées dans l'Esprit, n'est non plus libre de penser ou de ne pas penser, qu'il est en liberté d'empêcher ou de ne pas empêcher que son Corps touche ou ne touche point aucun autre Corps. Mais de transporter ses pensées d'une idée à l'autre, c'est ce qui est souvent en sa disposition; & en ce cas-là, il est aussi libre par rapport à ses Idées, qu'il l'est par rapport aux Corps sur lesquels il s'appuye, pouvant se transporter de l'un sur l'autre comme il lui vient en fantaisie. Il y a pourtant des Idées, qui comme certains Mouvemens du Corps, sont tellement fixées dans l'Esprit, que dans certaines circonstances on ne peut les éloigner quelque effort qu'on fasse pour cela. Un homme à la torture n'est pas en liberté de n'avoir pas l'idée de la *douleur*, & de l'éloigner en s'attachant à d'autres contemplations. Et quelquefois une violente passion agit sur notre Esprit, comme le vent le plus furieux agit sur nos Corps, sans nous laisser la liberté de penser à d'autres choses auxquelles nous aimerions bien mieux penser. Mais lorsque l'Esprit reprend la puissance d'arrêter ou de continuer, de commencer ou d'éloigner quelqu'un des mouvemens du Corps ou quelqu'une de ses propres pensées, selon qu'il juge à propos de préferer l'un à l'autre, dès lors nous le considerons comme un *Agent libre*.

<small>Ce que c'est que la Nécessité.</small>

§. 13. La *Nécessité* a lieu par-tout où la pensée n'a aucune part, ou bien par-tout où ne se trouve point la puissance d'agir ou de ne pas agir en conséquence d'une direction particuliere de l'Esprit. Lorsque cette nécessité se trouve dans un Agent capable de *volition*, & que le commencement ou la continuation de quelque Action est contraire à cette Préference de son Esprit, je la nomme *Contrainte*; & lorsque l'empêchement ou la cessation d'une Action, est contraire à la *volition* de cet Agent, qu'on me permette de l'appeller

peller (1) *Cohibition.* Quant aux Agents qui n'ont abſolument ni penſée ni volition, ce ſont des Agents néceſſaires à tous égards.

CHAP. XXI.

§. 14. Si cela eſt ainſi, comme je le croi ; qu'on voye, ſi, en prenant la choſe de cette manière, l'on ne pourroit point terminer la Queſtion agitée depuis ſi long-temps, mais très-abſurde, à mon avis, puiſqu'elle eſt inintelligible, *Si la volonté de l'homme eſt libre, ou non.* Car de ce que je viens de dire, il s'enſuit nettement, ſi je ne me trompe, que cette Queſtion conſiderée en elle-même, eſt très-mal conçuë, & que demander à un homme *ſi ſa volonté eſt libre,* c'eſt tomber dans une auſſi grande abſurdité, que ſi l'on lui demandoit *ſi ſon ſommeil eſt rapide,* ou *ſa vertu quarrée ;* parce que la Liberté peut être auſſi peu appliquée à la Volonté, que la rapidité du mouvement au Sommeil, ou la figure quarrée à la Vertu. Tout le monde voit l'abſurdité de ces deux dernières Queſtions ; & qui les entendroit propoſer ſerieuſement, ne pourroit s'empêcher d'en rire : parce que chacun voit ſans peine, que les modifications du Mouvement n'appartiennent point au Sommeil, ni la difference de figure à la Vertu. Je croi de même, que quiconque voudra examiner la choſe avec ſoin, verra tout auſſi clairement, que la Liberté qui n'eſt qu'une Puiſſance, appartient uniquement à des Agents, & ne ſauroit être un attribut ou une modification de la *Volonté,* qui n'eſt elle-même rien autre choſe qu'une Puiſſance.

La Liberté n'appartient pas à la Volonté.

§. 15. La difficulté d'exprimer par des ſons les actions intérieures de l'Eſprit, pour en donner par-là des Idées claires aux autres, eſt ſi grande, que je dois avertir ici mon Lecteur, que les mots *ordonner, diriger, choiſir, préférer,* &c. dont je me ſuis ſervi dans cette rencontre, ne font pas comprendre aſſez diſtinctement ce qu'il faut entendre par *volition,* à moins que ceux qui liront ce que je dis ici, ne prennent la peine de reflechir ſur ce qu'ils font eux-mêmes quand ils *veulent.* Par exemple, le mot de *préférence* qui ſemble peut-être le plus propre à exprimer l'acte de la *volition,* ne l'exprime pourtant pas préciſément : car quoi qu'un homme *préférât* de voler à marcher, on ne peut pourtant pas dire qu'il *veuille* jamais voler. La *Volition* eſt viſiblement *un Acte de l'Eſprit exerçant avec connoiſſance, l'empire qu'il ſuppoſe avoir ſur quelque partie de l'Homme pour l'appliquer à quelque action particuliére, ou pour l'en détourner.* Et qu'eſt-ce que la *Volonté* ſinon la Faculté de produire cet Acte ? Et cette Faculté n'eſt en effet autre choſe que la Puiſſance que notre Eſprit a de déterminer ſes penſées à la production, à la continuation ou à la ceſſation d'une Action, autant que cela dépend de nous : Car on ne peut nier que tout Agent qui a la puiſſance de penſer à ſes propres actions, & de préférer l'exécution d'une choſe à l'omiſſion de cette choſe, ou au contraire, on ne peut nier qu'un tel Agent n'ait la Faculté qu'on nomme *Volonté.* La *Volonté* n'eſt donc autre choſe qu'une telle puiſſance. La *Liberté,* d'autre part, c'eſt la puiſſance qu'un Homme a de faire ou de ne pas faire quelque Action particulière, conformément à la préference actuelle

De la *Volition.*

---

(1) Ce mot n'eſt pas François, mais je m'en ſers faute d'autre, car, ſi je ne me trompe, nous n'en avons aucun pour exprimer cette idée. En effet, le P. Tachart dans ſon Dictionnaire Latin & François n'a pû bien expliquer le terme Latin *cohibitio,* que par cette periphraſe, *l'Action d'empêcher qu'on ne faſſe quelque choſe.*

Chap. XXI. le que notre Esprit a donnée à l'action ou à la cessation de l'action, qui est autant que si l'on disoit, conformément à ce qu'il *veut* lui-même.

La Puissance n'appartient qu'à des Agens.

§. 16. Il est donc évident, que la *Volonté* n'est autre chose qu'une Puissance ou Faculté; & que la Liberté est une autre Puissance ou Faculté: de sorte que demander si la Volonté a de la Liberté, c'est demander si une Puissance a une autre Puissance, & si une Faculté a une autre Faculté: Question qui paroît, dès la prémiére vûë, trop grossierement absurde, pour devoir être agitée, ou avoir besoin de réponse. Car qui ne voit que les *Puissances* n'appartiennent qu'à des Agents, & *sont uniquement des Attributs des Substances & nullement de quelque autre Puissance*? De sorte que poser ainsi la Question, *La Volonté est-elle libre?* c'est demander en effet, si la *Volonté* est une Substance, & un Agent proprement dit, ou du moins c'est le supposer réellement: puisque ce n'est qu'à un Agent que la Liberté peut être proprement attribuée. Si l'on peut attribuer la Liberté à quelque Puissance, sans parler improprement, on pourra l'attribuer à la puissance que l'Homme a de produire ou de s'empécher de produire du mouvement dans les parties de son Corps, par choix ou par préférence; car c'est ce qui fait qu'on le nomme libre, c'est en cela même que consiste la Liberté. Mais si quelqu'un s'avisoit de demander, *si la Liberté est libre*, il passeroit sans doute pour un homme qui ne sait lui-même ce qu'il dit, comme toute personne seroit jugée digne d'avoir des oreilles semblables à celles du Roi *Midas*, qui sachant que la possession des Richesses donne à un homme la dénomination de *Riche*, demanderoit si les Richesses elles-mêmes sont riches.

§. 17. Quoi que le mot de *Faculté* que les Hommes ont donné à cette Puissance qu'on appelle *Volonté*, & qui les a engagez à parler de la Volonté comme d'un sujet agissant, puisse un peu servir à pallier cette absurdité, à la faveur d'une adaptation qui en déguise le veritable sens, il est pourtant vrai que dans le fond la *Volonté* ne signifie autre chose qu'une puissance, ou capacité de préferer ou choisir; & par conséquent, si sous le nom de *faculté* l'on la regarde simplement comme une capacité de faire quelque chose, ainsi qu'elle est effectivement, on verra sans peine combien il est absurde de dire que la Volonté est, ou n'est pas libre. Car s'il peut être raisonnable de supposer les Facultez comme autant d'Etres distincts qui puissent agir, & d'en parler sous cette idée, comme nous avons accoûtumé de faire, lorsque nous disons que la Volonté ordonne, que la Volonté est libre, *&c.* il faut que nous établissions aussi une *Faculté parlante*, une *Faculté marchante*, & une *Faculté dansante*, par lesquelles soient produites les actions de parler, de marcher, & de danser, qui ne sont que différentes Modifications du Mouvement, tout de même que nous faisons de la Volonté & de l'Entendement des Facultez par qui sont produites les actions de *choisir* & *d'appercevoir* qui ne sont que différens Modes de la Pensée. De sorte que nous parlons aussi proprement en disant, que c'est la *Faculté chantante* qui chante, & la *Faculté dansante* qui danse, que lors que nous disons, que *c'est la Volonté qui choisit*, ou *l'Entendement qui conçoit*, ou, comme on a accoûtumé de s'exprimer, *que la Volonté dirige l'Entendement*, ou que *l'Entendement obéit, ou n'obéit pas à la Volonté*. Car qui diroit, que la puissance de parler dirige

la

la puissance de chanter, ou que la puissance de chanter obéît, ou désobéît à la puissance de parler, s'exprimeroit d'une maniére aussi propre & aussi intelligible.

CHAP. XXI.

§. 18. Cependant cette façon de parler a prévalu, & causé, si je ne me trompe, bien du désordre; car toutes ces choses n'étant que différentes Puissances, dans l'Esprit, ou dans l'Homme, de faire diverses Actions, l'Homme les met en œuvre selon qu'il le juge à propos. Mais la puissance de faire une certaine Action, n'opére point sur la puissance de faire une autre Action. Car la puissance de penser n'opére non plus sur la puissance de choisir, ni la puissance de choisir sur celle de penser, que la puissance de danser opére sur la puissance de chanter, ou la puissance de chanter sur celle de danser, comme tout homme qui voudra y faire reflexion, le reconnoîtra sans peine. C'est pourtant là ce que nous disons, lorsque nous nous servons de ces façons de parler, *La Volonté agit sur l'Entendement*, ou *l'Entendement sur la Volonté*.

§. 19. Je conviens que telle ou telle Pensée actuelle peut donner lieu à la *Volition*, ou pour parler plus nettement, fournir à l'Homme une occasion d'exercer la puissance qu'il a de choisir; & d'autre part, le choix actuel de l'Esprit peut être cause qu'il pense actuellement à telle ou à telle chose, de même que de chanter actuellement un certain Air peut être l'occasion de danser une telle Danse, & qu'une certaine Danse peut être l'occasion de chanter un tel Air. Mais en tout cela ce n'est pas une Puissance qui agit sur une autre Puissance, mais c'est l'Esprit ou l'Homme qui met en œuvre ces différentes Puissances; car les Puissances sont des Relations & non des Agents. C'est celui qui fait l'Action qui a la puissance ou la capacité d'agir. Et par conséquent, *ce qui a, ou qui n'a pas la puissance d'agir, c'est cela seul qui est ou qui n'est pas libre*, & non la Puissance elle-même; car la Liberté ou l'absence de la Liberté ne peut appartenir qu'à ce qui a, ou n'a pas la puissance d'agir.

§. 20. L'erreur qui a fait attribuer aux Facultez ce qui ne leur appartient pas, a donné lieu à cette façon de parler: mais la coûtume qu'on a pris en discourant de l'Esprit, de parler de ses différentes operations sous le nom de *Faculté*, cette coûtume, dis-je, a, je crois, aussi peu contribué à nous avancer dans la connoissance de cette partie de nous-mêmes, que le grand usage qu'on a fait des *Facultez*, pour désigner les opérations du Corps, a servi à nous perfectionner dans la connoissance de la Médecine. Je ne nie pourtant pas qu'il n'y ait des Facultez dans le Corps & dans l'Esprit. Ils ont, l'un & l'autre, leurs Puissances d'opérer: autrement, ils ne pourroient operer ni l'un ni l'autre: car rien ne peut opérer, qui n'est pas capable d'opérer, & ce qui n'a pas la puissance d'opérer, n'est pas capable d'opérer. Tout cela est incontestable. Je ne nie pas non plus que ces mots & autres semblables ne doivent avoir lieu dans l'usage ordinaire des Langues, où ils sont communément reçus. Ce seroit une trop grande affectation de les rejetter absolument. La Philosophie elle-même peut s'en servir, car quoi qu'elle ne s'accommode pas d'une parure extravagante, cependant quand elle se montre en public, elle doit avoir la complaisance de paroître ornée à la mode du Païs, je veux dire se servir des termes usitez, autant que la

La Liberté n'appartient pas à la Volonté.

véri-

CHAP. XXI. vérité & la clarté le peuvent permettre. Mais la faute qu'on a commis dans cet usage des Facultez, c'est qu'on en a parlé comme d'autant d'Agents, & qu'on les a représentées effectivement ainsi. Car qu'on vînt à demander. Ce que c'étoit qui digeroit les viandes dans l'estomac : c'étoit disoit-on, une *Faculté digestive*. La réponse étoit toute prête, & fort bien reçuë. Si l'on demandoit, ce qui faisoit sortir quelque chose hors du Corps : on répondoit, Une *Faculté expulsive :* ce qui y causoit du mouvement, Une *Faculté motive*. De même à l'égard de l'Esprit, on disoit que c'étoit la *Faculté intellectuelle*, ou l'*Entendement*, qui entendoit, & la *Faculté élective* ou la *Volonté*, qui vouloit ou ordonnoit : Ce qui en peu de mots ne signifie autre chose sinon que la Capacité de digerer, digere ; que la Capacité de mouvoir, meut ; & que la Capacité d'entendre, entend. Car ces mots de *Faculté*, de *Capacité* & de *Puissance* ne sont que différens noms qui signifient purement les mêmes choses. De sorte que ces façons de parler, exprimées en d'autres termes plus intelligibles, n'emportent autre chose, à mon avis, sinon que la Digestion est faite par quelque chose qui est capable de digerer, que le Mouvement est produit par quelque chose qui est capable de mouvoir, & l'Entendement par quelque chose qui est capable d'entendre. Et dans le fond il seroit fort étrange, que cela fût autrement, & tout autant qu'il le seroit, qu'un homme fût libre sans être capable d'être libre.

La Liberté appartient uniquement à l'Agent, ou à l'Homme.

§. 21. Pour revenir maintenant à nos recherches touchant la *Liberté*, la Question ne doit pas être, à mon avis, *si la Volonté est libre*, car c'est parler d'une maniére fort impropre, mais, *si l'Homme est libre*.

Cela posé, je dis, I. Que, tandis que quelqu'un peut par la direction ou le choix de son Esprit, préferer l'existence d'une action à la non-existence de cette action, & au contraire, c'est à dire, tandis qu'il peut faire qu'elle existe ou qu'elle n'existe pas, selon qu'il le *veut*, jusque-là il est *Libre*. Car si par le moyen d'une pensée qui dirige le mouvement de mon Doigt, je puis faire, qu'il se meuve lorsqu'il est en repos, ou qu'il cesse de se mouvoir, il est évident qu'à cet égard-là je suis libre. Et si en conséquence d'une semblable pensée de mon Esprit préferant une chose à une autre, je puis prononcer des mots ou n'en point prononcer, il est visible que j'ai la liberté de parler, ou de me taire : & par conséquent, *Aussi loin que s'étend cette Puissance d'agir ou de ne pas agir, conformément à la préference que l'Esprit donne à l'un ou à l'autre, jusque-là l'Homme est Libre*. Car que pouvons-nous concevoir de plus, pour faire qu'un homme soit Libre, que d'avoir la puissance de faire ce qu'il veut ? Or tandis qu'un homme peut en préferant la présence d'une Action à son absence, ou le Repos à un mouvement particulier, produire cette Action ou le Repos, il est évident qu'il peut à cet égard faire ce qu'il *veut* ; car préférer de cette maniére une action particuliére à son absence, c'est *vouloir* faire cette action, & à peine pourrions-nous dire comment il seroit possible de concevoir un Etre plus libre qu'entant qu'il est capable de faire ce qu'il *veut*. Il semble donc que l'Homme est aussi libre, par rapport aux Actions qui dépendent de ce pouvoir qu'il trouve en lui-même, qu'il est possible à la Liberté de le rendre libre, si j'ose m'exprimer ainsi.

§. 22. Mais

§. 22. Mais les hommes dont le genie est naturellement fort curieux, desirant d'éloigner de leur Esprit, autant qu'ils peuvent, la pensée d'être coupables, quoi que ce soit en se réduisant dans un état pire que celui d'une fatale nécessité, ne sont pas satisfaits de cela. A moins que la Liberté ne s'étende encore plus loin, ils n'y trouvent pas leur compte ; & si l'homme n'a aussi bien la liberté de *vouloir*, que celle de faire ce qu'*il veut*, c'est, à leur avis, une fort bonne preuve, que l'Homme n'est point libre. C'est pourquoi l'on fait encore cette autre Question sur la Liberté de l'Homme, *si l'Homme est libre de vouloir* ; car c'est là, je pense, ce qu'on veut dire, lorsqu'on dispute, *si la Volonté est libre ou non*.

CHAP. XXI.

L'Homme n'est pas Libre par rapport à l'action de vouloir.

§. 23. Sur quoi je crois, II. Que *vouloir* ou *choisir* étant une Action, & la Liberté consistant dans le pouvoir d'agir ou de ne pas agir, *un Homme ne sauroit être libre par rapport à cet Acte particulier de vouloir une action qui est en sa puissance, lorsque cette Action a été une fois proposée à son Esprit*, comme devant être faite sur le champ. La raison en est toute visible ; car l'Action dépendant de sa *Volonté*, il faut de toute nécessité qu'elle existe ou qu'elle n'existe pas, & son existence ou sa non-existence ne pouvant manquer de suivre exactement la détermination & le choix de sa Volonté, il ne peut éviter de vouloir l'existence ou la non-existence de cette Action, il est, dis-je, absolument nécessaire qu'il veuille l'un ou l'autre, c'est à dire, qu'il préfere l'un à l'autre, puisque l'un des deux doit suivre nécessairement, & que la chose qui suit, procede du choix & de la détermination de son Esprit, c'est à dire, de ce qu'il la *veut*, car s'il ne la vouloit pas, elle ne seroit point. Et par conséquent, dans un tel cas l'Homme n'est point libre par rapport à l'acte même de *vouloir*, la Liberté consistant dans la puissance d'agir ou de ne pas agir, puissance que l'Homme n'a point alors par rapport à la (1) *Volition*. Car un Homme est dans une nécessité inévitable de choisir de faire ou de ne pas faire une Action qui est en sa puissance lorsqu'elle a été ainsi proposée à son Esprit. Il doit nécessairement *vouloir* l'un ou l'autre ; & sur cette préference ou *volition*, l'action ou l'*abstinence* de cette action suit certainement, & ne laisse pas d'être absolument volontaire. Mais l'acte de vouloir ou de préferer l'un des deux étant une chose qu'il ne sauroit éviter, il est nécessité par rapport à cet acte de vouloir, & ne peut, par conséquent, être libre à cet égard ; à moins que la Nécessité & la Liberté ne puissent subsister ensemble, & qu'un homme ne puisse être libre, & lié tout à la fois.

§. 24. Il est donc évident, qu'*un Homme n'est pas en liberté de vouloir ou de ne pas vouloir une chose qui est en sa puissance, dans toutes les occasions où l'action lui est proposée à faire sur le champ*, la Liberté consistant dans la puissance d'agir ou de s'empêcher d'agir, & en cela seulement. Car un homme qui est assis, est dit être en liberté, parce qu'il peut se promener s'il veut. Un homme qui se promene, est aussi en liberté, non parce qu'il se promene & se meut lui-même, mais parce qu'il peut s'arrêter s'il veut.

---

(1) Pour bien entrer dans le sens de l'Auteur, il faut toujours avoir dans l'Esprit ce qu'il entend par *Volition*, & *Volonté*, comme il l'a expliqué ci-dessus §. 5. & §. 15. Cela soit dit une fois pour toutes.

CHAP. XXI. Au contraire, un homme qui étant affis, n'a pas la puiſſance de changer de place, n'eſt pas en liberté. De même, un homme qui vient à tomber dans un Précipice, quoi qu'il ſoit en mouvement n'eſt pas en liberté, parce qu'il ne peut pas arrêter ce mouvement, s'il veut le faire. Cela étant ainſi, il eſt évident qu'un homme qui ſe promenant, ſe propoſe de ceſſer de ſe promener, n'eſt plus en liberté de vouloir *vouloir*, (permettez-moi cette expreſſion) car il faut néceſſairement qu'il choiſiſſe l'un ou l'autre, je veux dire de ſe promener ou de ne pas ſe promener. Il en eſt de même par rapport à toutes ſes autres actions qui ſont en ſa puiſſance ; & qui lui ſont ainſi propoſées pour être faites ſur le champ, leſquelles ſont ſans doute le plus grand nombre. Car parmi cette prodigieuſe quantité d'actions volontaires qui ſe ſuccedent l'une à l'autre à chaque moment que nous ſommes éveillez dans le cours de notre vie, il y en a fort peu qui ſoient propoſées à la Volonté avant le temps auquel elles doivent être miſes en exécution. Je ſoûtiens que dans toutes ces actions l'Eſprit n'a pas, par rapport à la volition, la puiſſance d'agir ou de ne pas agir, en quoi conſiſte la Liberté. L'Eſprit, dis-je, n'a point, en ce cas, la puiſſance de s'empêcher de *vouloir*, il ne peut éviter de ſe déterminer d'une maniére ou d'autre à l'égard de ſes actions. Que la reflexion ſoit auſſi courte, & la penſée auſſi rapide qu'on voudra, où elle laiſſe l'Homme dans l'état où il étoit avant que de penſer, ou elle le fait changer ; ou l'Homme continuë l'action, ou il la termine. D'où il paroît clairement, qu'il ordonne & choiſit l'un préferablement à l'autre, & que par-là ou la continuation ou le changement devient inévitablement volontaire.

La Vo'ont! déterminée par quelque choſe qui eſt hors d'elle même.

§. 25. Puis donc qu'il eſt évident que dans la plûpart des cas un Homme n'eſt pas en liberté de vouloir *vouloir*, ou non ; la prémiére choſe qu'on demande après cela, c'eſt, *Si l'Homme eſt en liberté de vouloir lequel des deux il lui plaît : le Mouvement, ou le Repos*. Cette Queſtion eſt ſi viſiblement abſurde en elle-même, qu'elle peut ſuffire à convaincre quiconque y fera reflexion, que la Liberté ne concerne point la Volonté. Car demander ſi un homme eſt en liberté de vouloir lequel il lui plaît du Mouvement, ou du Repos, de parler, ou de ſe taire, c'eſt demander ſi un homme peut vouloir ce qu'il veut, ou ſe plaire à ce à quoi il ſe plaît : Queſtion qui, à mon avis, n'a pas beſoin de réponſe. Quiconque peut mettre cela en queſtion, doit ſuppoſer qu'une Volonté détermine les Actes d'une autre Volonté, & qu'une autre détermine celle-ci, & ainſi à l'infini.

§. 26. Pour éviter ces abſurditez & autres ſemblables, rien ne peut être plus utile, que d'établir dans notre Eſprit des Idées diſtinctes & déterminées des choſes en queſtion. Car ſi les Idées de *Liberté* & de *Volition* étoient bien fixées dans notre Entendement, & que nous les euſſions toûjours préſentes à l'Eſprit telles qu'elles ſont, pour les appliquer à toutes les Queſtions qu'on a excitées ſur ces deux articles, je croi que la plûpart des difficultez qui embarraſſent & brouillent l'Eſprit des Hommes ſur cette matiére, ſeroient beaucoup plus aiſément réſoluës ; & par-là nous verrions où c'eſt que l'obſcurité procederoit de la ſignification confuſe des termes, ou de la nature même des choſes.

§. 27. Pré-

§. 27. Prémiérement donc, il faut se bien ressouvenir, Que *la Liberté consiste dans la dépendance de l'existence ou de la non-existence d'une Action d'avec la préférence de notre Esprit selon qu'il veut agir ou ne pas agir, & non dans la dépendance d'une Action ou de celle qui lui est opposée d'avec notre préférence.* Un homme qui est sur un Rocher, est en liberté de sauter vingt brasses en bas dans la Mer, non pas à cause qu'il a la puissance de faire le contraire, qui est de sauter vingt brasses en haut, car c'est ce qu'il ne sauroit faire; mais il est libre, parce qu'il a la puissance de sauter ou de ne pas sauter. Que si une plus grande force que la sienne le retient, ou le pousse en bas, il n'est plus libre à cet égard, par la raison qu'il n'est plus en sa puissance de faire ou de s'empêcher de faire cette action. Un Prisonnier enfermé dans une Chambre de vingt piés en quarré, lorsqu'il est au Nord de la Chambre, est en liberté d'aller l'espace de vingt piés vers le Midi, parce qu'il peut parcourir tout cet Espace ou ne le pas parcourir. Mais dans le même temps il n'est pas en liberté de faire le contraire, je veux dire d'aller vingt piés vers le Nord.

CHAP. XXI.
Ce que c'est que Liberté.

Voici donc en quoi consiste la *Liberté*, c'est *en ce que nous sommes capables d'agir ou de ne pas agir, en conséquence de notre choix*, ou volition.

§. 28. Nous devons nous souvenir, *en second lieu*, que la *Volition* est un acte de l'Esprit, dirigeant ses pensées à la production d'une certaine action, & par-là mettant en œuvre la puissance qu'il a de produire cette action. Pour éviter une ennuyeuse multiplication de paroles, je demanderai ici la permission de comprendre sous le terme d'*Action*, *l'abstinence* même d'une action que nous nous proposons en nous-mêmes, comme *être assis*, ou *demeurer dans le silence*, lorsque l'action de *se promener*, ou de *parler* sont proposées; car quoi que ce soient de pures abstinences d'une certaine action, cependant comme elles demandent aussi bien la détermination de la Volonté, & sont souvent aussi importantes dans leurs suites, que les Actions contraires, on est assez autorisé par ces considerations-là, à les regarder aussi comme des *Actions*. Ce que je dis pour empêcher qu'on ne prenne mal le sens de mes paroles, si pour abreger je parle quelquefois ainsi.

Ce que c'est que *Volition*.

§. 29. *En troisiéme lieu*, comme la *Volonté* n'est autre chose que cette Puissance que l'Esprit a de diriger les *Facultez operatives* de l'Homme, au Mouvement ou au Repos, autant qu'elles dépendent d'une telle direction; lorsqu'on demande, *Qu'est-ce qui determine la Volonté?* la veritable réponse qu'on doit faire à cette Question, consiste à dire, que c'est l'Esprit qui détermine la Volonté. Car ce qui détermine la puissance générale de diriger à telle ou telle direction particuliére, n'est autre chose que l'Agent lui-même qui exerce sa puissance de cette maniére particuliére. Si cette Réponse ne satisfait pas, il est visible que le sens de cette Question se réduit à ceci, *Qu'est-ce qui pousse l'Esprit, dans chaque occasion particuliére, à déterminer à tel mouvement ou à tel repos particulier la puissance générale qu'il a de diriger ses facultez vers le Mouvement ou vers le Repos?* A quoi je réponds, que le motif qui nous porte à demeurer dans le même état ou à continuer la même action, c'est uniquement la satisfaction présente qu'on y trouve. Au contraire, le motif

Qu'est-ce qui détermine la Volonté?

CHAP. XXI. tif qui incite à changer c'est toûjours quelque (1) *inquiétude*, rien ne nous portant à changer d'état, ou à quelque nouvelle action, que quelque *inquiétude*. C'est là, dis-je, le grand motif qui agit sur l'Esprit pour le porter à quelque action, ce que je nommerai, pour abreger, *déterminer la volonté*, & que je vais expliquer plus au long dans ce même Chapitre.

La Volonté & le Desir ne doivent pas être confondus.

§. 30. Pour entrer dans cet examen, il est nécessaire de remarquer avant toutes choses, que, bien que j'aye tâché d'exprimer l'acte de *volition* par les termes de *choisir*, *preferer*, & autres semblables qui signifient aussi bien le *Desir* que la *Volition*, & cela faute d'autres mots pour marquer cet Acte de l'Esprit dont le nom propre est *Vouloir* ou *Volition*; cependant comme c'est un Acte fort simple, quiconque souhaite de concevoir ce que c'est, le comprendra beaucoup mieux en reflechissant sur son propre Esprit, & observant ce qu'il fait lorsqu'il *veut*, que par tous les différens sons articulez qu'on peut employer pour l'exprimer. Et d'ailleurs, il est à propos de se précautionner contre l'erreur où nous pourroient jetter des expressions qui ne marquent pas assez la différence qu'il y a entre la *Volonté*, & divers Actes de l'Esprit tout-à-fait différens de la Volonté. Cette précaution, dis-je, est d'autant plus nécessaire, à mon avis, que j'observe que la Volonté est souvent confonduë avec différentes Affections de l'Esprit, & sur-tout, avec le *Desir*; de sorte que l'un est souvent mis pour l'autre, & cela * par des gens qui seroient fâchez qu'on les soupçonnât de n'avoir pas des idées fort distinctes des choses, & de n'en avoir pas écrit avec une extrême clarté. Cette méprise n'a pas été, je pense, une des moindres occasions de l'obscurité & des égaremens où l'on est tombé sur cette matiére. Il faut donc tâcher de l'éviter autant que nous pourrons. Or quiconque reflechira en lui-même sur ce qui se passe dans son Esprit lorsqu'il *veut*, trouvera que la *Volonté* ou la puissance de *vouloir* ne se rapporte qu'à nos propres Actions, qu'elle se termine là, sans aller plus loin, & que la *Volition* n'est autre chose que cette détermination particuliére de l'Esprit par laquelle il tâche, par un simple effet de la pensée, de produire, continuer, ou arrêter une action qu'il suppose être en son pouvoir. Cela bien consideré prouve évidemment que la *Volonté* est parfaitement distincte du *Desir*, qui dans la même Action peut avoir un but tout-à-fait différent de celui où nous porte notre *Volonté*. Par exemple, un Homme que je ne saurois refuser, peut m'obliger à me servir de certaines paroles pour persuader un autre homme sur l'Esprit de qui je puis souhaiter de ne rien gagner, dans le même temps que je lui parle. Il est visible que dans ce cas-là la *Volonté* & le *Desir* se trouvent en parfaite opposition ; car je veux une action qui tend d'un côté, pendant que mon *Desir* tend

* M. Locke en vouloit ici au P. *Malebranche*.

---

(1) *Uneasiness*. C'est le mot Anglois que le terme d'*Inquietude* ne rend qu'imparfaitement. Voyez ce que j'ai dit ci dessus dans une Note sur ce mot, Ch XX. §. 6 *pag*. 176. Il importe surtout ici d'avoir dans l'Esprit ce qui a été remarqué dans cet endroit, pour bien entendre ce que l'Auteur va dire dans le reste de ce Chapitre sur ce qui nous determine à cette suite d'actions dont notre vie est composée.

tend d'un autre directement contraire. Un homme qui par une violente CHAP. XXI.
attaque de Goute aux mains ou aux piés, se sent délivré d'une pesanteur
de téte ou d'un grand dégoût, desire d'être aussi soulagé de la douleur
qu'il sent aux piés ou aux mains, (car par-tout où se trouve la Douleur,
il y a un desir d'en être délivré) cependant s'il vient à comprendre que
l'éloignement de cette douleur peut causer le transport d'une dangereuse
humeur dans quelque partie plus vitale, sa volonté ne sauroit être déterminée à aucune Action qui puisse servir à dissiper cette douleur : d'où il paroît
évidemment, que *desirer* & *vouloir* sont deux Actes de l'Esprit, tout-à-fait
distincts; & par conséquent, que la *Volonté* qui n'est que la puissance de
vouloir, est encore beaucoup plus distincte du *Desir*.

§. 31. Voyons présentement *Ce que c'est qui détermine la Volonté par rap-* C'est l'inquiétu-
port à nos Actions. Pour moi, après avoir examiné la chose une seconde de qui détermi-
fois, je suis porté à croire, que ce qui détermine la Volonté à agir, n'est ne la Volonté.
pas *le plus grand Bien*, comme on le suppose ordinairement; mais plûtôt
quelque *inquiétude* actuelle, &, pour l'ordinaire, celle qui est la plus pressante. C'est là, dis-je, ce qui détermine successivement la Volonté, &
nous porte à faire les actions que nous faisons. Nous pouvons donner à
cette *inquiétude* le nom de *Desir* qui est effectivement une *inquiétude* de l'Esprit, causée par la privation de quelque Bien absent. Toute douleur du
Corps, quelle qu'elle soit, & tout mécontentement de l'Esprit, est une *in-*
quiétude, à laquelle est toûjours joint un Desir proportionné à la douleur
ou à l'*inquiétude* qu'on ressent, & dont il peut à peine être distingué. Car
le *Desir* n'étant que l'*inquiétude* que cause le manque d'un Bien absent par
rapport à quelque douleur qu'on ressent actuellement, le soulagement de
cette *inquiétude* est ce Bien absent, & jusqu'à ce qu'on obtienne ce soulagement ou cette (1) *quiétude*, on peut donner à cette *inquiétude* le nom de
desir, parce que personne ne sent de la douleur (2) qui ne souhaite d'en
être délivré, avec un desir proportionné à l'impression de cette douleur,
& qui en est inséparable. Mais outre le desir d'être délivré de la douleur,
il y a un autre desir d'un bien positif qui est absent; & encore à cet égard
le *desir* & l'*inquiétude* sont dans une égale proportion : car autant que nous
desirons un bien absent, autant est grande l'*inquiétude* que nous cause ce desir.

(1) *Ease*; c'est le mot Anglois dont se sert l'Auteur pour exprimer cet *Etat de l'Ame lorsqu'elle est à son aise*. Le mot de *quiétude* ne signifie peut-être pas exactement cela, non plus que celui d'*inquiétude* l'état contraire. Mais je ne puis faire autre chose que d'en avertir le Lecteur, afin qu'il y attache l'idée que je viens de marquer. C'est dequoi je le prie de se bien ressouvenir, s'il veut entrer exactement dans la pensée de l'Auteur.

(2) *Montagne* qui semble se jouer en traitant les matieres les plus serieuses & les plus abstraites, a décidé cette Question en deux mots sur le Principe dont se sert ici M. Locke. *Nostre bien estre*, dit-il, *ce n'est que la privation d'estre mal....Car ce mesme chatouillement & aiguisement, qui se rencontre en certains plaisirs, & semble nous enlever au dessus de la santé simple & de l'indolence; cette volupté active, mouvante, & je ne sçay comment cuisante & mordante, celle là mesme ne vise qu'à l'indolence comme à son but. L'appetit qui nous ravit à l'accointance des femmes, il ne cherche qu'à chasser la peine que nous apporte le desir ardent & furieux; & ne demande qu'à l'assouvir, & se loger en repos, & en l'exemption de cette fievre. Ainsi des autres* Essais, Tom II. L. II. Ch. XII. p. 335. Ed. de *la Haye* 1727. Voila la peine, l'inquiétude produite par un desir, qui nous détermine à agir.

B b

CHAP. XXI. sir. Mais il est à propos de remarquer ici, que tout bien absent ne produit pas une douleur proportionnée au dégré d'excellence qui est en lui, ou que nous y reconnoissons, comme toute Douleur cause un *desir* égal à elle-même ; parce que l'absence du Bien n'est pas toûjours un mal, comme est la présence de la Douleur. C'est pourquoi l'on peut considerer & envisager un Bien absent sans *desir*. Mais à proportion qu'il y a du *desir* quelque part, autant y a-t-il d'*inquiétude*.

Que le Desir est inquiétude.

§. 32. Quiconque refléchit sur soi-même trouvera bientôt que le *Desir* est un état d'*inquiétude* ; car qui est-ce qui n'a point senti dans le Desir ce que le Sage dit de l'*Esperance*, qui n'est pas fort differente du Desir, *qu'étant differée elle fait languir le cœur*, & cela d'une maniére proportionnée à la grandeur du *desir*, qui quelquefois porte l'*inquiétude* à un tel point, qu'elle fait crier avec * *Rachel, Donnez-moi des Enfans*, donnez-moi ce que je desire, *ou je vais mourir ?* La Vie elle-même avec tout ce qu'elle a de plus délicieux, seroit un fardeau insupportable, si elle étoit accompagnée du poids accablant d'une *inquiétude* qui se fît sentir sans relâche, & sans qu'il fût possible de s'en délivrer.

* Proverb. XIII. 12.

* Gen. XXX. 1.

L'Inquiétude causée par le Desir est ce qui détermine la Volonté.

§. 33. Il est vrai que le Bien & le Mal, présent & absent, agissent sur l'Esprit : mais ce qui de temps à autre détermine immédiatement la *Volonté* à chaque action volontaire, c'est l'*inquiétude du Desir, fixé sur quelque Bien absent*, quel qu'il soit, ou negatif, comme la privation de la Douleur à l'égard d'une personne qui en est actuellement atteinte, ou positif, comme la jouïssance d'un plaisir. Que ce soit cette *inquiétude* qui détermine la Volonté aux actions volontaires, qui se succedant en nous les unes aux autres, occupent la plus grande partie de notre vie, & nous conduisent à différentes fins par des voyes différentes, c'est ce que je tâcherai de faire voir, & par l'expérience, & par l'examen de la chose même.

Et qui nous porte à l'action.

§. 34. Lorsque l'Homme est parfaitement satisfait de l'état où il est, ce qui arrive lorsqu'il est absolument libre de toute *inquiétude* ; quel soin, quelle *Volonté* lui peut-il rester, que de continuer dans cet état ? Il n'a visiblement autre chose à faire, comme chacun peut s'en convaincre par sa propre expérience. Ainsi nous voyons que le sage Auteur de notre Etre ayant égard à notre constitution, & sachant ce qui détermine notre Volonté, a mis dans les Hommes l'incommodité de la faim & de la soif & des autres desirs naturels qui reviennent dans leur temps, afin d'exciter & de déterminer leurs Volontez à leur propre conservation, & à la continuation de leur Espéce. Car si la simple contemplation de ces deux fins auxquelles nous sommes portez par ces différens desirs, eût suffi pour déterminer notre Volonté & nous mettre en action, on peut, à mon avis, conclurre sûrement, qu'en ce cas-là nous n'aurions été sujets à aucunes de ces douleurs naturelles, & que peut-être nous n'aurions senti dans ce Monde que fort peu de douleur, ou que même nous en aurions été entierement exempts.

* 1. Cor. VII. 9.

* *Il vaut mieux*, dit S. Paul, *se marier que brûler* ; par où nous pouvons voir ce que c'est qui porte principalement les Hommes aux plaisirs de la vie Conjugale. Tant il est vrai, que le sentiment présent d'une petite brûlure

a plus

a plus de pouvoir sur nous que les attraits des plus grands plaisirs considerez en éloignement.

§. 35. C'est une Maxime si fort établie par le consentement général de tous les hommes, *Que c'est le Bien & le plus grand Bien qui détermine la Volonté*, que je ne suis nullement surpris d'avoir supposé cela comme indubitable, la prémiére fois que je publiai mes pensées sur cette matiere; & je pense que bien des gens m'excuseront plûtôt d'avoir d'abord adopté cette Maxime, que de ce que je me hazarde présentement à m'éloigner d'une Opinion si généralement reçuë. Cependant, après une plus exacte recherche, je me sens forcé de conclurre, que le Bien & le plus grand Bien, quoi que jugé & reconnu tel, ne détermine point la *Volonté*; à moins que venans à le desirer d'une maniére proportionnée à son excellence, ce *desir* ne nous rende *inquiets* de ce que nous en sommes privez. En effet, persuadez à un Homme, tant qu'il vous plaira, que l'abondance est plus avantageuse que la pauvreté; faites-lui voir & confesser que les agréables commoditez de la vie sont préférables à une sordide indigence; s'il est satisfait de ce dernier état, & qu'il n'y trouve aucune incommodité, il y persiste malgré tous vos discours; sa Volonté n'est déterminée à aucune action qui le porte à y renoncer. Qu'un homme soit convaincu de l'utilité de la Vertu, jusqu'à voir qu'elle est aussi nécessaire à quiconque se propose quelque chose de grand dans ce Monde, ou espére d'être heureux dans l'autre, que la nourriture est nécessaire au soûtien de notre vie; cependant jusqu'à ce que cet homme soit *affamé & alteré de la Justice*, jusqu'à ce qu'il se sente *inquiet* de ce qu'elle lui manque, sa volonté ne sera jamais déterminée à aucune action qui le porte à la recherche de cet excellent Bien dont il reconnoit l'utilité; mais quelque autre *inquiétude* qu'il sent en lui-même, venant à la traverse entraînera sa *Volonté* à d'autres choses. D'autre part, qu'un Homme adonné au vin considere, qu'en menant la vie qu'il mene, il ruïne sa santé, dissipe son Bien, qu'il va se deshonorer dans le Monde, s'attirer des maladies, & tomber enfin dans l'indigence jusques à n'avoir plus dequoi satisfaire cette passion de boire qui le possede si fort: cependant les retours de *l'inquiétude* qu'il sent à être absent de ses compagnons de débauche, l'entraînent au cabaret aux heures qu'il est accoûtumé d'y aller, quoi qu'il ait alors devant les yeux la perte de sa santé & de son Bien, & peut-être même celle du Bonheur de l'autre Vie: Bonheur qu'il ne peut regarder comme un Bien peu considerable en lui-même, puisqu'il avouë au contraire qu'il est beaucoup plus excellent que le plaisir de boire, ou que le vain babil d'une troupe de Débauchez. Ce n'est donc pas faute de jetter les yeux sur le souverain Bien qu'il persiste dans ce déreglement, car il l'envisage & en reconnoît l'excellence, jusque-là que durant le temps qui s'écoule entre les heures qu'il employe à boire, il résout de s'appliquer à la recherche de ce souverain Bien; mais quand l'*inquiétude* d'être privé du plaisir auquel il est accoûtumé, vient le tourmenter, ce Bien qu'il reconnoît être plus excellent que celui de boire, n'a plus de force sur son Esprit; & c'est cette *inquiétude* actuelle qui détermine sa Volonté à l'Action à laquelle il est accoûtumé, & qui par-là faisant de plus fortes impressions prévaut encore à la prémiére occasion, quoi que dans le

Ce n'est pas le plus grand Bien positif, mais l'Inquiétude qui détermine la Volonté.

même

CHAP. XXI. même temps il s'engage, pour ainsi dire, à lui-même par de secretes promesses à ne plus faire la même chose; & qu'il se figure que ce sera là en effet la derniére fois qu'il agira contre son plus grand intérêt. Ainsi il se trouve de temps en temps réduit dans l'état de cette miserable personne qui soûmise à une passion imperieuse disoit:

* Ovid. Meta-morph. *Lib.* VII. *vers.* 20. 21.

— — * *Video meliora, proboque,*
Deteriora sequor:

Je vois le meilleur parti, je l'approuve, & je prens le pire. Cette sentence qu'on reconnoit veritable, & qui n'est que trop confirmée par une constante expérience, est aisée à comprendre par cette voye-là; & ne l'est peut-être pas, de quelque autre sens qu'on la prenne.

L'éloignement de la Douleur est le premier dégré vers le bonheur.

§. 36. Si nous recherchons la raison de ce qu'ici l'Expérience vérifie avec tant d'évidence, & que nous examinions comment cette *inquiétude* opére toute seule sur la Volonté, & la détermine à prendre tel ou tel parti, nous trouverons, que, comme nous ne sommes capables que d'une seule détermination de la Volonté vers une seule action à la fois, l'*inquiétude* présente qui nous presse, détermine naturellement la Volonté en vûë de ce bonheur auquel nous tendons tous dans toutes nos Actions. Car tant que nous sommes tourmentez de quelque *inquiétude*, nous ne pouvons nous croire heureux ou dans le chemin du bonheur, parce que chacun regarde la douleur & * l'*Inquiétude* comme des choses incompatibles avec la félicité, & qui plus est, on en est convaincu par le propre sentiment de la Douleur qui nous ôte même le goût des Biens que nous possedons actuellement, car une petite Douleur suffit pour corrompre tous les plaisirs dont nous jouïssons. Par conséquent ce qui détermine incessamment le choix de notre Volonté à l'action suivante, sera toûjours l'éloignement de la Douleur, tandis que nous en sentons quelque atteinte, cet éloignement étant le prémier dégré vers le bonheur, & sans lequel nous n'y saurions jamais parvenir.

* *Uneasiness.*

Parce que c'est la seule chose qui nous est présente.

§. 37. Une autre raison pourquoi l'on peut dire que l'*inquiétude* détermine seule la Volonté, c'est qu'il n'y a que cela de présent à l'Esprit; & que c'est contre la nature des choses que ce qui est absent, opére où il n'est pas. On dira peut-être, qu'un Bien absent peut être offert à l'Esprit par voye de contemplation, & y être comme présent. Il est vrai que l'idée d'un Bien absent peut être dans l'Esprit & y être considerée comme présente: cela est incontestable. Mais rien ne peut être dans l'Esprit comme un Bien présent, en sorte qu'il soit capable de contrebalancer l'éloignement de quelque *inquiétude* dont nous sommes actuellement tourmentez, que lorsque ce Bien excite actuellement quelque desir en nous: & l'*inquiétude* causée par ce *Desir* est justement ce qui prévaut pour déterminer la Volonté. Jusque-là, l'idée d'un Bien quel qu'il soit, supposée dans l'Esprit, n'y est, tout ainsi que d'autres Idées, que comme l'Objet d'une simple spéculation tout-à-fait inactive, qui n'opére nullement sur la Volonté & n'a aucune force pour nous mettre en mouvement, dequoi je dirai la raison tout à l'heure. En effet, combien y a-t-il de gens à qui l'on a représenté les joyes indicibles

bles du Paradis par de vives peintures qu'ils reconnoissent possibles & proba- CHAP. XXI.
bles, qui cependant se contenteroient volontiers de la félicité dont ils jouïssent dans ce Monde? C'est que les *inquiétudes* de leurs présens desirs venant
à prendre le dessus & à se porter rapidement vers les plaisirs de cette Vie, déterminent, chacune à son tour, leurs *volontez* à rechercher ces plaisirs: &
pendant tout ce temps-là ils ne font pas un seul pas, ils ne sont portez par
aucun desir vers les Biens de l'autre vie, quelque excellens qu'ils se les figurent.

§. 38. Si la *Volonté* étoit déterminée par la vûë du Bien, selon qu'il pa- Parce que tous
roît plus ou moins important à l'Entendement lorsqu'il vient à le contem- ceux qui recon-
pler, ce qui est le cas où se trouve tout Bien absent, par rapport à nous; sibilité d'un
si, dis-je, la Volonté s'y portoit & y étoit entraînée par la consideration Bonheur après
du plus ou du moins d'excellence, comme on le suppose ordinairement, je recherchent
ne vois pas que la Volonté pût jamais perdre de vûë les délices éternelles & pas.
infinies du Paradis, lorsque l'Esprit les auroit une fois contemplées & considerées comme possibles. Car supposé comme on croit communément
que tout Bien absent proposé & représenté à l'Esprit, détermine par cela
seul la Volonté, & nous mette en action par même moyen: comme
tout Bien absent est seulement possible, & non infailliblement assuré, il
s'ensuivroit inévitablement de là, que le Bien possible qui seroit infiniment
plus excellent que tout autre Bien, devroit déterminer constamment la Volonté par rapport à toutes les Actions successives qui dépendent de sa direction ; & qu'ainsi nous devrions constamment porter nos pas vers le Ciel,
sans nous arrêter jamais, ou nous détourner ailleurs, puisque l'état d'une
éternelle félicité après cette vie est infiniment plus considerable que l'espérance d'acquerir des Richesses, des Honneurs, ou quelque autre Bien dont
nous puissions nous proposer la jouïssance dans ce Monde, quand bien la
possession de ces derniers Biens nous paroîtroit plus probable. Car rien
de ce qui est à venir, n'est encore possedé : & par consequent nous pouvons
être trompez dans l'attente même de ces Biens. Si donc il étoit vrai que
le plus grand Bien, offert à l'Esprit, déterminât en même temps la volonté, un Bien aussi excellent que celui qu'on attend après cette vie, nous
étant une fois proposé, ne pourroit que s'emparer entierement de la Volonté & l'attacher fortement à la recherche de ce Bien infiniment excellent,
sans lui permettre jamais de s'en éloigner. Car comme la Volonté gouverne & dirige les pensées aussi bien que les autres actions, elle fixeroit l'Esprit à la contemplation de ce Bien, s'il étoit vrai qu'elle fût necessairement
déterminée vers ce que l'Esprit considere & envisage comme le plus grand
Bien.

Tel seroit, en ce cas-là, l'état de l'Ame, & la pente régulière de la Vo- On ne néglige
lonté dans toutes ses déterminations. Mais c'est ce qui ne paroît pas fort pourrant jamais
clairement par l'expérience ; puisqu'au contraire nous négligeons souvent quiétude.
ce Bien, qui, de notre propre aveu, est infiniment au dessus de tous les
autres Biens, pour satisfaire des desirs inquiets qui nous portent successivement à de pures bagatelles. Mais quoi que ce souverain Bien que nous reconnoissons d'une durée éternelle & d'une excellence indicible, & dont même

CHAP. XXI. me notre Esprit a quelquefois été touché, ne fixe pas pour toûjours notre Volonté, nous voyons pourtant qu'une grande & violente *inquiétude* s'étant une fois emparée de la *Volonté*, ne lui donne aucun repit ; ce qui peut nous convaincre que c'est ce sentiment-là qui détermine la *Volonté*. Ainsi quelque véhémente douleur du Corps, l'indomptable passion d'un homme fortement amoureux, ou un impatient désir de vengeance arrêtent & fixent entierement la *Volonté* ; & la Volonté ainsi déterminée ne permet jamais à l'Entendement de perdre son objet de vûë, mais toutes les pensées de l'Esprit & toutes les puissances du Corps sont portées sans interruption de ce côté-là par la determination de la *Volonté*, que cette violente *inquiétude* met en action pendant tout le temps qu'elle dure. D'où il paroît évidemment, ce me semble, que la Volonté, ou la puissance que nous avons de nous porter à une certaine action préferablement à toute autre, est déterminée en nous par ce que j'appelle *inquiétude* ; sur quoi je souhaite que chacun examine en soi-même si cela n'est point ainsi.

Le Desir accompagne toute inquiétude.

§. 39. Jusqu'ici je me suis particuliérement attaché à considerer l'*inquiétude* qui naît du *Desir*, comme ce qui détermine la *Volonté* ; parce que c'en est le principal & le plus sensible ressort. En effet, il arrive rarement que la Volonté nous pousse à quelque action, ou qu'aucune action volontaire soit produite en nous, sans que quelque desir l'accompagne ; & c'est là, je pense, la raison pourquoi la *Volonté* & le *Desir* sont si souvent confondus ensemble. Cependant il ne faut pas regarder l'*inquiétude* qui fait partie, ou qui est du moins une suite de la plûpart des autres Passions, comme entiérement excluë dans ce cas. Car la *Haine*, la *Crainte*, la *Colére*, l'*Envie*, la *Honte*, &c. ont chacune leurs *inquiétudes* ; & par-là opérent sur la *Volonté*. Je doute que dans la vie & dans la pratique, aucune de ces Passions existe toute seule dans une entière simplicité, sans être mêlée avec d'autres, quoique dans le Discours & dans nos Reflexions nous ne nommions & ne considerions que celle qui agit avec plus de force, & qui éclate le plus par rapport à l'état présent de l'Ame. Je croi même qu'on auroit de la peine à trouver quelque Passion qui ne soit accompagnée de *Desir*. Du reste je suis assûré que par-tout où il y a de l'*inquiétude*, il y a du desir, car nous desirons incessamment le bonheur ; & autant que nous sentons d'*inquiétude*, il est certain que c'est autant de bonheur qui nous manque, selon notre propre opinion, dans quelque état ou condition que nous soyons d'ailleurs. Et comme (1) notre Éternité ne dépend pas du moment présent où nous existons, nous portons notre vûë au delà du temps présent, quels que soient les plaisirs dont nous jouïssons actuellement ; & le desir accompagnant ces re-

---

(1) Je ne suis pas trop assûré d'avoir attrappé ici le sens de M. Locke, quoi qu'il ait entendu lire cet endroit de ma Traduction sans y trouver à redire. Il y a dans l'Anglois, *The present moment not being our eternity* : Expression fort extraordinaire, qui renduë mot pour mot, veut dire, *Le moment présent n'étant pas notre Eternité*. Il me semble que le mot d'*éternité* n'est pas fort Philosophique en cet endroit. Peut-être que tout ce que M. Locke a voulu dire ici, c'est que *la Durée de notre Etat n'est pas mesurée ou déterminée par le moment présent de notre existence*. C'est du moins le seul sens raisonnable que je puis donner à ces paroles pour les accorder avec ce qui vient immédiatement après.

regards anticipez sur l'avenir, entraîne toûjours la Volonté à sa suite. De sorte qu'au milieu même de la *joye*, ce qui soûtient l'action d'où dépend le plaisir présent, c'est le désir de continuer ce plaisir & la crainte d'en être privé: & toutes les fois qu'une plus grande *inquiétude* que celle-là, vient à s'emparer de l'Esprit, elle détermine aussi-tôt la Volonté à quelque nouvelle action; & le plaisir présent est négligé.

CHAP. XXI.

§. 40. Mais comme dans ce Monde nous sommes assiégez de diverses *inquiétudes*, & distraits par différens desirs, ce qui se présente naturellement à rechercher après cela, c'est *laquelle de ces inquiétudes est la prémiére à déterminer la Volonté à l'action suivante?* A quoi l'on peut répondre qu'ordinairement c'est la plus pressante de toutes celles dont on croit être alors en état de pouvoir se délivrer. Car la *Volonté* étant cette puissance que nous avons de diriger nos *Facultez operatives* à quelque action pour une certaine fin, elle ne peut être muë vers une chose dans le temps même que nous jugeons ne pouvoir absolument point l'obtenir. Autrement, ce seroit supposer qu'un Etre intelligent agiroit de dessein formé pour une certaine fin dans la seule vûë de perdre sa peine, car agir pour ce qu'on juge ne pouvoir nullement obtenir, n'emporte précisément autre chose. C'est pour cela aussi que de fort grandes *inquiétudes* n'excitent pas la Volonté, quand on les juge incurables. On ne fait en ce cas-là aucun effort pour s'en délivrer. Mais celles-là exceptées, *l'inquiétude* la plus considerable & la plus pressante que nous sentons actuellement, est ce qui d'ordinaire détermine successivement la *Volonté*, dans cette suite d'Actions volontaires dont notre Vie est composée. La plus grande *inquiétude* actuellement présente, est ce qui nous pousse à agir, c'est l'aiguillon qu'on sent constamment, & qui pour l'ordinaire détermine la Volonté au choix de l'action immédiatement suivante. Car nous devons toûjours avoir ceci devant les yeux, Que le propre & le seul objet de la *Volonté* c'est quelqu'une de nos actions, & rien autre chose. Et en effet par notre *Volition* nous ne produisons autre chose que quelque action qui est en notre puissance. C'est à quoi notre *Volonté* se termine, sans aller plus loin.

L'inquiétude la plus pressante détermine naturellement la Volonté.

§. 41. Si l'on demande, outre cela, *Ce que c'est qui excite le desir*, je répons que c'est le *Bonheur*, & rien autre chose. Le *Bonheur* & la *Misére* sont des noms de deux extrémitez dont les derniéres bornes nous sont inconnuës: * *C'est ce que l'œil n'a point vû, que l'oreille n'a point entendu, & que le cœur de l'Homme n'a jamais compris.* Mais il se fait en nous de vives impressions de l'un & de l'autre, par différentes espèces de satisfaction & de joye, de tourment & de chagrin, que je comprendrai, pour abreger, sous le nom de *Plaisir* & de *Douleur*, qui conviennent, l'un & l'autre, à l'Esprit aussi bien qu'au Corps, ou qui, pour parler exactement, n'appartiennent qu'à l'Esprit, quoi que tantôt ils prennent leur origine dans l'Esprit à l'occasion de certaines pensées, & tantôt dans le Corps à l'occasion de certaines modifications du mouvement.

Tous les hommes desirent le bonheur.

* 1. Cor. II. 9.

§. 42. Ainsi, le *Bonheur* pris dans toute son étenduë est le plus grand plai-

Ce que c'est que le Bonheur.

CHAP. XXI. plaifir dont nous foyons capables, comme la *Mifére* confiderée dans la même étenduë, eft la plus grande douleur que nous puiffions reffentir; & le plus bas dégré de ce qu'on peut appeller Bonheur, c'eft cet état, où délivré de toute douleur on jouït d'une telle mefure de plaifir préfent, qu'on ne fauroit être content avec moins. Or parce que c'eft l'impreffion de certains Objets fur nos Efprits ou fur nos Corps qui produit en nous le Plaifir ou la Douleur, en differens dégrez; nous appellons *Bien*, tout ce qui eft propre à produire en nous du Plaifir, & au contraire nous appellons *Mal*, ce qui eft propre à produire en nous de la Douleur : & nous ne les nommons ainfi qu'à caufe de l'*aptitude* que ces chofes ont, à nous caufer du plaifir ou de la douleur, en quoi confifte notre *bonheur* & notre *mifére*. Du refte, quoi que ce qui eft propre à produire quelque dégré de plaifir, foit *bon* en lui-même, & que ce qui eft propre à produire quelque dégré de douleur foit *mauvais*: cependant il arrive fouvent que nous ne le nommons pas ainfi, lorfque l'un ou l'autre de ces Biens ou de ces Maux fe trouvent en concurrence avec un plus grand Bien ou un plus grand Mal, car alors on donne avec raifon la préference à ce qui a plus de dégrez de bien, ou moins de dégrez de mal. De forte qu'à juger exactement de ce que nous appellons *Bien* & *Mal*, on trouvera qu'il confifte pour la plûpart en idées de comparaifon, car la caufe de chaque diminution de douleur, auffi bien que de chaque augmentation de plaifir, participe de la nature du *Bien*, & au contraire, on regarde comme *Mal* la caufe de chaque augmentation de douleur, & de chaque diminution de plaifir.

§. 43. Quoique ce foit là ce qu'on nomme *Bien* & *Mal*, & que tout Bien foit le propre objet du Defir en général, cependant tout Bien, celui-là même qu'on voit & qu'on reconnoit être tel, n'émeut pas néceffairement le defir de chaque homme en particulier : mais feulement chacun defire tout autant de ce Bien qu'il regarde comme faifant une partie néceffaire de fon bonheur. Tous les autres Biens, quelque grands qu'ils foient, réellement ou en apparence, n'excitent point les defirs d'un homme qui dans la difpofition préfente de fon Efprit ne les confidere pas comme faifant partie du Bonheur dont il peut fe contenter. Le Bonheur confideré dans cette vûë, eft le but auquel chaque homme vife conftamment & fans aucune interruption; & tout ce qui en fait partie, eft l'objet de fes *Defirs*. Mais en même temps il peut regarder d'un œuil indifferent d'autres chofes qu'il reconnoit bonnes en elles-mêmes. Il peut, dis-je, ne les point defirer, les négliger; & refter fatisfait, fans en avoir la jouïffance. Il n'y a perfonne, je penfe, qui foit affez deftitué de fens pour nier qu'il n'y ait du plaifir dans la connoiffance de la Verité; & quant aux plaifirs des Sens, ils ont trop de fectateurs pour qu'on puiffe mettre en queftion fi les Hommes les aiment ou non. Cela étant, fuppofons qu'un homme mette fon contentement dans la jouïffance des plaifirs fenfuels, & un autre dans les charmes de la Science; quoique l'un des deux ne puiffe nier qu'il n'y ait du plaifir dans ce que l'autre recherche, cependant comme nul des deux ne fait confifter une partie de fon bonheur dans ce qui plaît à l'autre, l'un ne defire point ce que l'autre aime paffionnément, mais chacun eft content fans jouïr de ce que l'autre poffede; & par conféquent, fa Volonté n'eft point déterminée à le recherchercher. Cependant, si l'homme d'étude vient à être pressé de la faim & de la soif, quoique sa Volonté n'ait jamais été déterminée à chercher la bonne chere, les sausses piquantes, ou les vins délicieux, par le goût agréable qu'il y ait trouvé, il est d'abord déterminé à manger & à boire, par l'*inquiétude* que lui causent la faim & la soif; & il se repaît, quoique peut-être avec beaucoup d'indifférence, du prémier mets propre à le nourrir, qu'il rencontre. L'Epicurien, d'un autre côté, se donne tout entier à l'Etude, lorsque la honte de passer pour ignorant, ou le desir de se faire estimer de sa Maîtresse, peuvent lui faire regarder avec *inquiétude* le défaut de connoissance. Ainsi avec quelque ardeur & quelque perseverance que les hommes courent après le bonheur, ils peuvent avoir une idée claire d'un Bien, excellent en soi-même, & qu'ils reconnoissent pour tel, sans s'y interesser, ou y être aucunement sensibles, s'ils croyent pouvoir être heureux sans lui. Il n'en est pas de même de la Douleur. Elle interesse tous les Hommes, car ils ne sauroient sentir aucune *inquiétude* sans en être émus. Il s'ensuit de là que le manque de tout ce qu'ils jugent nécessaire à leur bonheur, les rendant * *inquiets*, un Bien ne paroît pas plûtôt faire partie de leur bonheur, qu'ils commencent à le desirer.

CHAP. XXI.

* *Uneasie*, c'est à dire, *non à leur aise*, s'il étoit permis de parler ainsi, ou *mésaises*, comme on a parlé autrefois.

Pourquoi l'on ne desire pas toûjours le plus grand Bien.

§. 44. Je crois donc que chacun peut observer en soi-même & dans les autres, que *le plus grand Bien visible n'excite pas toûjours les desirs des hommes à proportion de l'excellence qu'il paroit avoir & qu'on y reconnoit*, quoi que la moindre petite incommodité nous touche, & nous dispose actuellement à tâcher de nous en délivrer. La raison de cela se deduit évidemment de la nature même de notre *bonheur*, & de notre *misére*. Toute douleur actuelle, quelle qu'elle soit, fait partie de notre *misére* présente. Mais tout Bien absent n'est pas consideré comme faisant en tout temps une partie nécessaire de notre présent *Bonheur*; ni son absence non plus comme faisant une partie de notre *misére*. Si cela étoit, nous serions constamment & infiniment misérables, parce qu'il y a une infinité de dégrez de bonheur dont nous ne jouïssons point. C'est pourquoi toute *inquiétude* étant écartée, une portion médiocre de *Bien* suffit pour donner aux hommes une satisfaction présente; de sorte que peu de dégrez de plaisirs ordinaires qui se succedent les uns aux autres, composent une félicité qui peut fort bien les satisfaire. Sans cela, il ne pourroit point y avoir de lieu à ces actions indifférentes & visiblement frivoles, auxquelles notre Volonté se trouve souvent déterminée jusqu'à y consumer volontairement une bonne partie de notre vie. Ce relâchement, dis-je, ne sauroit s'accorder en aucune maniére avec une constante détermination de la Volonté ou du Desir vers le plus grand Bien apparent. C'est dequoi il est aisé de se convaincre; & il y a fort peu gens, à mon avis, qui ayent besoin d'aller bien loin de chez eux pour en être persuadez. En effet, il n'y a pas beaucoup de personnes ici-bas, dont le bonheur parvienne à un tel point de perfection qu'il leur fournisse une suite constante de plaisirs médiocres sans aucun mélange d'*inquiétude*; & cependant, ils seroient bien aises de demeurer toûjours dans ce Monde, quoi qu'ils ne puissent nier qu'il est possible qu'il y aura, après cette vie, un état éternellement heureux & infiniment plus excellent que tous les Biens dont on peut jouïr sur la Terre. Ils ne sauroient même s'empêcher de voir, que cet état est plus possible, que l'acquisition &

C c

la

Снар. XXI. la conservation de cette petite portion d'Honneurs, de Richesses ou de Plaisirs, après quoi ils soûpirent, & qui leur fait négliger cette éternelle félicité. Mais quoi qu'ils voyent distinctement cette différence, & qu'ils soient persuadez de la possibilité d'un bonheur parfait, certain, & durable dans un état à venir, & convaincus évidemment qu'ils ne peuvent s'en assûrer ici-bas la possession, tandis qu'ils bornent leur félicité à quelque petit plaisir, ou à ce qni regarde uniquement cette vie, & qu'ils excluent les délices du Paradis du rang des choses qui doivent faire une partie nécessaire de leur bonheur, cependant leurs desirs ne sont point émus par ce plus grand Bien apparent, ni leurs volontez déterminées à aucune action ou à aucun effort qui tende à le leur faire obtenir.

Pourquoi le plus grand B en ne meut pas la volonté, lors qu'il n'est pas desiré.

§. 45. Les nécessitez ordinaires de la Vie, en remplissent une grande partie par les *inquiétudes* de la *faim*, de la *soif*, du *Chaud*, du *Froid*, de la *lassitude* causée par le travail, de l'*envie de dormir*, &c. lesquelles reviennent constamment à certains temps. Que si, outre les maux d'accident, nous joignons à cela les *inquiétudes* chimeriques, (comme la démangeaison d'acquerir des *honneurs*, du *crédit*, ou des *richesses*, &c.) que la Mode, l'Exemple ou l'Education nous rendent habituelles, & mille autres desirs irréguliers qui nous sont devenus naturels par la coûtume, nous trouverons qu'il n'y a qu'une très-petite portion de notre Vie qui soit assez exempte de ces sortes d'*inquiétudes* pour nous laisser en liberté d'étre attirez par un Bien absent plus éloigné. Nous sommes rarement dans une entiere *quiétude*, & assez dégagez de la sollicitation des desirs naturels ou artificiels, de sorte que les *inquiétudes* qui se succedent constamment en nous, & qui émanent de ce fonds que nos besoins naturels ou nos habitudes ont si fort grossi, se saisissant par tour de la Volonté, nous n'avons pas plûtôt terminé l'action à laquelle nous avons été engagez par une détermination particuliere de la Volonté, qu'une autre *inquiétude* est prête à nous mettre en œuvre, si j'ose m'exprimer ainsi. Car comme c'est en éloignant les maux que nous sentons & dont nous sommes actuellement tourmentez, que nous nous délivrons de la Misére; & que c'est là par conséquent, la prémiére chose qu'il faut faire pour parvenir au bonheur, il arrive de là, qu'un Bien absent, auquel nous pensons, que nous reconnoissons pour un vrai Bien, & qui nous paroît tel actuellement, mais dont l'absence ne fait pas partie de notre Misére, s'éloigne insensiblement de notre Esprit pour faire place au soin d'écarter les *inquiétudes* actuelles que nous sentons, jusqu'à ce que venant à contempler de nouveau ce Bien comme il le mérite, cette contemplation l'ait, pour ainsi dire, approché plus près de notre Esprit, nous en ait donné quelque goût, & nous ait inspiré quelque desir, qui commençant dès lors à faire partie de notre présente *inquiétude*, se trouve comme de niveau avec nos autres desirs; & à son tour determine effectivement notre Volonté, à proportion de sa véhémence, & de l'impression qu'il fait sur nous.

Deux considerations excitent le desir en nous.

§. 46. Ainsi en considerant & examinant comme il faut, quelque Bien que ce soit qui nous est proposé, il est en notre puissance d'exciter nos desirs d'une maniére proportionnée à l'excellence de ce Bien, qui par-là peut

en

en temps & lieu opérer sur notre Volonté & devenir actuellement l'objet de nos recherches. Car un Bien, pour grand qu'on le reconnoisse, n'affecte point notre Volonté, qu'il n'ait excité dans notre Esprit des desirs qui font que nous ne pouvons plus en être privez sans *inquiétude*. Avant cela, nous ne sommes point dans la sphere de son activité, notre Volonté n'étant soûmise qu'à la détermination des *inquiétudes* qui se trouvent actuellement en nous, & qui, tant qu'elles y subsistent, ne cessent de nous presser, & de fournir à la Volonté le sujet de sa prochaine détermination, l'incertitude (lorsqu'il s'en trouve dans l'Esprit) se réduisant uniquement à savoir, quel desir doit être le prémier satisfait, quelle *inquiétude* doit être la prémiére éloignée. De là vient qu'aussi long-temps qu'il reste dans l'Esprit quelque *inquiétude*, quelque desir particulier, il n'y a aucun Bien, considéré simplement comme tel, qui ait lieu d'affecter la Volonté, ou de la déterminer en aucune maniere, parce que, comme nous avons déja dit, le prémier pas que nous faisons vers le Bonheur tendant à nous délivrer entiérement de la misére, & d'en éloigner tout sentiment, la Volonté n'a pas le loisir de viser à autre chose, jusqu'à ce que chaque *inquiétude* que nous sentons, soit parfaitement dissipée: & vu la multitude de besoins & de desirs dont nous sommes comme assiégez dans l'état d'imperfection où nous vivons, il n'y a pas apparence que dans ce Monde nous nous trouvions jamais entiérement libres à cet égard.

§. 47. Comme donc il se rencontre en nous un grand nombre d'*inquiétudes* qui nous pressent sans cesse, & qui sont toûjours en état de déterminer la volonté, il est naturel, comme j'ai déja dit, que celle qui est la plus considerable & la plus véhémente, détermine la *Volonté* à l'Action prochaine. C'est-là en effet ce qui arrive pour l'ordinaire, mais non pas toûjours. Car l'Ame ayant le pouvoir de suspendre l'accomplissement de quelqu'un de ses desirs, comme il paroît évidemment par l'experience, elle est, par conséquent, en liberté de les considerer tous l'un après l'autre, d'en examiner les Objets, de les observer de tous côtez, & de les comparer les uns avec les autres. C'est en cela que consiste la Liberté de l'Homme ; & c'est du mauvais usage qu'il en fait que procede toute cette diversité d'égaremens, d'erreurs, & de fautes où nous nous précipitons dans la conduite de notre Vie & dans la recherche que nous faisons du Bonheur ; lorsque nous déterminons trop promptement notre Volonté & que nous nous engageons trop tôt à agir, avant que d'avoir bien examiné quel parti nous devons prendre. Pour prévenir cet inconvenient, nous avons la puissance de suspendre l'execution de tel ou tel desir, comme chacun le peut éprouver tous les jours en soi-même. C'est-là, ce me semble, la source de toute Liberté; & c'est en quoi consiste, si je ne me trompe, ce que nous nommons, quoi qu'improprement, à mon avis, *Libre Arbitre*. Car en suspendant ainsi nos desirs avant que la Volonté soit déterminée à agir, & que l'action qui suit cette détermination, soit faite, nous avons, durant tout ce temps-là, la commodité d'examiner, de considerer, & de juger quel bien ou quel mal il y a dans ce que nous allons faire ; & lorsque nous avons jugé après un légitime examen, nous avons fait tout ce que nous pouvons ou devons faire en vûë de notre Bonheur: après quoi, ce n'est plus notre faute

La puissance que nous avons de suspendre chacun de nos desirs, nous fournit le moyen d'examiner, avant que de nous déterminer à agir.

CHAP. XXI.

Etre déterminé par son propre jugement, n'est pas une chose qui détruise la Liberté.

faute de desirer, de vouloir, & d'agir conformément au dernier resultat d'un sincére examen: c'est plûtôt une perfection de notre Nature.

§. 48. Bien loin que ce soit là ce qui restraint ou abrege la Liberté, c'est ce qui en fait l'utilité & la perfection. C'est là, dis-je, la fin & le véritable usage de la Liberté, au lieu d'en être la diminution: & plus nous sommes éloignez de nous déterminer de cette maniére, plus nous sommes près de la misére & de l'esclavage. En effet, supposez dans l'Esprit une parfaite & absoluë indifférence qui ne puisse être déterminée par le dernier Jugement qu'il fait du Bien & du Mal dont il croit que son choix doit être suivi: une telle indifférence seroit si éloignée d'être une belle & avantageuse qualité dans une Nature Intelligente, que ce seroit un état aussi imparfait que celui où se trouveroit cette même Nature, si elle n'avoit pas l'indifférence d'agir ou de ne pas agir, jusqu'à ce qu'elle fût déterminée par sa Volonté. Un Homme est en liberté de porter sa main sur sa tête, ou de la laisser en repos, il est parfaitement indifférent à l'égard de l'une & de l'autre de ces choses; & ce seroit une imperfection en lui, si ce pouvoir lui manquoit, s'il étoit privé de cette indifférence. Mais sa condition seroit aussi imparfaite, s'il avoit la même indifférence, soit qu'il voulût lever sa main, ou la laisser en repos, lorsqu'il voudroit défendre sa tête ou ses yeux d'un coup dont il se verroit prêt d'être frappé. C'est donc une aussi grande perfection, que le desir ou la puissance de préférer une chose à l'autre soit déterminée par le Bien, qu'il est avantageux que la puissance d'agir soit déterminée par la Volonté: & plus cette détermination est fondée sur de bonnes raisons, plus cette perfection est grande. Bien plus: si nous étions déterminez par autre chose, que par le dernier resultat de notre Esprit en vertu du jugement que nous avons fait du Bien ou du Mal attaché à une certaine action, nous ne serions point libres. Comme le vrai but de notre Liberté est que nous puissions obtenir le bien que nous choisissons, chaque homme est par cela même dans la nécessité, en vertu de sa propre constitution, & en qualité d'Etre intelligent, de se déterminer à vouloir ce que ses propres pensées & son Jugement lui représentent pour lors comme la meilleure chose qu'il puisse faire: sans quoi il seroit soûmis à la détermination de quelque autre que de lui-même, & par conséquent privé de Liberté. Et nier que la Volonté d'un homme suive son Jugement dans chaque détermination particuliére, c'est dire qu'un homme veut & agit pour une fin qu'il ne voudroit pas obtenir, dans le temps même qu'il veut cette fin, & qu'il agit dans le dessein de l'obtenir. Car si dans ce temps-là il la préfere en lui-même à toute autre chose, il est visible qu'il la juge alors la meilleure, & qu'il voudroit l'obtenir préférablement à toute autre, à moins qu'il ne puisse l'obtenir, & ne pas l'obtenir, la vouloir, & ne pas la vouloir en même temps: contradiction trop manifeste pour pouvoir être admise.

Les Agents les plus libres sont déterminez de cette maniére.

§. 49. Si nous jettons les yeux sur ces *Etres supérieurs* qui sont au dessus de nous & qui jouïssent d'une parfaite félicité, nous aurons sujet de croire *qu'ils sont plus fortement déterminez au choix du Bien, que nous*; & cependant nous n'avons pas raison de nous figurer qu'ils soient moins heureux ou moins libres que nous. Et s'il convenoit à de pauvres Créatures bornées

com-

comme nous sommes, de juger de ce que pourroit faire une Sagesse & une CHAP. XXI.
Bonté infinie, je croi que nous pourrions dire, Que Dieu lui-même ne
sauroit choisir ce qui n'est pas bon, & que la Liberté de cet Etre tout-
puissant ne l'empêche pas d'être déterminé par ce qui est le meilleur.

§. 50. Mais pour faire connoître exactement en quoi consiste l'erreur où   Une constante
l'on tombe sur cet article particulier de la Liberté, je demande s'il y a détermination
quelqu'un qui voulût être Imbecille, par la raison qu'un Imbecille est moins vers le bonheur
déterminé par de sages reflexions, qu'un homme de bon sens? Donner le point la Liberté,
nom de *Liberté* au pouvoir de faire le fou & de se rendre le jouet de la honte & de la misére, n'est-ce pas ravaler un si beau nom? Si la Liberté consiste à secouër le joug de la Raison & à n'être point soûmis à la nécessité
d'examiner & de juger, par où nous sommes empêchez de choisir ou de
faire ce qui est le pire; si c'est-là, dis-je, la véritable Liberté, les Fous
& les Insensez seront les seuls Libres. Mais je ne croi pas, que pour l'a-
mour d'une telle Liberté personne voulût être fou, hormis ceux qui le sont
déja. Personne, je pense, ne regarde le desir constant d'être heureux, &
la nécessité qui nous est imposée d'agir en vûë du bonheur, comme une diminution de sa Liberté, ou du moins comme une diminution dont il s'avise de se plaindre. Dieu lui-même est soûmis à la nécessité d'être heureux:
& plus un Etre intelligent est dans une telle nécessité, plus il approche d'u-
ne perfection & d'une félicité infinie. Afin que dans l'état d'ignorance où
nous nous trouvons, nous puissions éviter de nous méprendre dans le chemin du veritable Bonheur, foibles comme nous sommes & d'un esprit extrêmement borné, nous avons le pouvoir de suspendre chaque desir particulier qui s'excite en nous, & d'empêcher qu'il ne détermine la Volonté &
ne nous porte à agir. Ainsi, *suspendre* un desir particulier, c'est comme
s'arrêter où l'on n'est pas assez bien assûré du chemin. *Examiner*, c'est *consulter un guide*; & *Déterminer* sa volonté après un solide examen, c'est *suivre la direction de ce guide*: & celui qui a *le pouvoir d'agir ou de ne pas agir
selon qu'il est dirigé par une telle détermination*, est un *Agent libre*; & cette
détermination ne diminuë en aucune manière ce Pouvoir, en quoi consiste la
Liberté. Un Prisonnier dont les chaînes viennent à se détacher & à qui les
portes de la Prison sont ouvertes, est parfaitement en liberté, parce qu'il
peut s'en aller ou demeurer selon qu'il le trouve à propos, quoi qu'il puisse
être déterminé à demeurer, par l'obscurité de la nuit, ou par le mauvais
temps, ou faute d'autre Logis où il pût se retirer. Il ne cesse point d'être
libre, quoi que le desir de quelque commodité qu'il peut avoir en prison,
l'engage à y rester, & détermine absolument son choix de ce côté-là.

§. 51. Comme donc la plus haute perfection d'un Etre Intelligent con- La Nécessité de
siste à s'appliquer soigneusement & constamment à la recherche du vérita- rechercher le
ble & solide Bonheur, de même le soin que nous devons avoir, de ne pas véritable Bon-
prendre pour une félicité réelle celle qui n'est qu'imaginaire, est le fonde- heur est le fon-
ment nécessaire de notre Liberté. Plus nous sommes liez à la recherche dement de la
invariable du Bonheur en général qui est notre plus grand Bien, & qui Liberté.
comme tel ne cesse jamais d'être l'objet de nos desirs, plus notre Volonté
se trouve dégagée de la nécessité d'être déterminée à aucune action particu-
liè-

Chap. XXI. liére & de complairre au defir qui nous porte vers quelque Bien particulier qui nous paroit alors le plus important, jufqu'à ce que nous ayions examiné avec toute l'application néceffaire, fi effectivement ce Bien particulier fe rapporte ou s'oppofe à notre veritable Bonheur. Et ainfi jufqu'à ce que par cette recherche nous foyions autant inftruits que l'importance de la matiére & la nature de la chofe l'exigent, nous fommes obligez de fufpendre la fatisfaction de nos defirs dans chaque cas particulier, & cela par la néceffité qui nous eft impofée de préferer & de rechercher le véritable Bonheur comme notre plus grand Bien.

Pourquoi? §. 52. C'eft ici le pivot fur lequel roule toute la Liberté des Etres Intelligens dans les continuels efforts qu'ils employent pour arriver à la véritable félicité, & dans la vigoureufe & conftante recherche qu'ils en font, je veux dire fur ce qu'ils peuvent fufpendre cette recherche dans les cas particuliers, jufqu'à ce qu'ils ayent regardé devant eux, & reconnu fi la chofe qui leur eft alors propofée, ou dont ils defirent la jouïffance, peut les conduire à leur principal but, & faire une partie réelle de ce qui conftituë leur plus grand Bien. Car l'Inclination qu'ils ont naturellement pour le Bonheur, leur eft une obligation & un motif de prendre foin de ne pas méconnoître ou manquer ce Bonheur, & par-là les engage néceffairement à fe conduire, dans la direction de leurs actions particuliéres, avec beaucoup de retenuë, de prudence, & de circonfpection. La même néceffité qui détermine à la recherche du vrai Bonheur, emporte auffi une obligation indifpenfable de fufpendre, d'examiner, & de confiderer avec circonfpection chaque defir qui s'élève fucceffivement en nous, pour voir fi l'accompliffement n'en eft pas contraire à notre veritable bonheur, de forte qu'il nous en éloigne au lieu de nous y conduire. C'eft là, ce me femble, le grand privilege des Etres finis doûez d'intelligence; & je fouhaiterois fort qu'on prît la peine d'examiner avec foin, fi (1) le grand mobile, & l'ufage le plus important de toute la Liberté que les hommes ont, qu'ils font capables d'avoir, ou qui peut leur être de quelque avantage, de celle d'où dépend la conduite de leurs actions, ne confifte point en ce qu'ils peuvent *fufpendre* leurs defirs & les empêcher de déterminer leur volonté à quelque action particuliére, jufqu'à ce qu'ils en ayent dûement & fincerement examiné le bien & le mal, autant que l'importance de la chofe le requiert. C'eft ce que nous fommes capables de faire; & quand nous l'avons fait, nous avons fait notre devoir & tout ce qui eft en notre puiffance, & dans le fond, tout ce qui eft néceffaire: car puifqu'on fuppofe que c'eft la connoiffance qui règle le choix de la Volonté, tout ce que nous pouvons faire ici, fe réduit à tenir nos volontez indéterminées jufqu'à ce que nous ayions examiné le bien & le mal de ce que nous defirons. Ce qui fuit après cela, vient par une fuite de conféquences enchaînées l'une à l'autre, qui dépendent toutes de la derniére détermination du Jugement, laquelle eft en notre pouvoir, foit qu'elle foit formée fur un examen fait à la hâte & d'une maniére précipitée, ou mûrement & avec toutes les précautions requifes, l'expérience nous faifant voir que dans la plûpart des cas nous fommes capables de fufpendre l'accompliffement préfent de quelque defir que ce foit. §. 53. Mais

(1) Il y a dans l'Original *The great inlet.*

§. 53. Mais fi quelque trouble exceffif vient à s'emparer entierement de notre Ame, ce qui arrive quelquefois, comme lorfque la douleur d'une cruelle torture, un mouvement impetueux d'amour, de colére ou de quelque autre violente paffion, nous entraînent avec rapidité & ne nous donnent pas la liberté de penfer, en forte que nous ne fommes pas affez maîtres de nous-mêmes pour confiderer & examiner les chofes à fond & fans préjugé; dans ce cas-là Dieu qui connoit notre fragilité, qui compatit à notre foibleffe, qui n'exige rien de nous au delà de ce que nous pouvons faire, & qui voit ce qui étoit & n'étoit pas en notre pouvoir, nous jugera comme un Pére tendre & plein de compaffion. Mais comme la jufte direction de notre conduite par rapport au véritable bonheur, dépend du foin que nous prenons de ne pas fatisfaire trop promptement nos defirs, de moderer & de reprimer nos Paffions, en forte que notre Entendement puiffe avoir la liberté d'examiner, & la Raifon, celle de juger fans aucune prévention; ce foin-là devroit faire notre principale étude. C'eft en cette rencontre que nous devrions tâcher de faire prendre à notre Efprit le goût du bien ou du mal, réel & effectif qui fe trouve dans les chofes, & ne pas permettre qu'un Bien excellent & confiderable, que nous reconnoiffons ou fuppofons pouvoir être obtenu, nous échappe de l'Efprit, fans y laiffer aucun goût, aucun defir de lui-même, jufqu'à ce que par une jufte confideration de fon véritable prix, nous ayions excité en nous des appetits proportionnez à fon excellence, & que nous nous foyions mis dans une telle difpofition à fon égard que fa privation nous rende *inquiets*, ou bien la crainte de le perdre lorfque nous le poffedons. Il eft aifé à chacun en particulier d'éprouver jufqu'où cela eft en fon pouvoir, en formant en lui-même les réfolutions qu'il eft capable d'accomplir. Et que perfonne ne dife ici qu'il ne fauroit maîtrifer fes paffions, ni empêcher qu'elles ne fe déchaînent & ne le forcent d'agir; car ce qu'il peut faire devant un Prince, ou un grand Seigneur, il peut le faire, s'il veut, lorfqu'il eft feul, ou en la préfence de Dieu.

CHAP. XXI.
Le grande perfection de la Liberté confifte à maîtrifer fes propres paffions.

§. 54. Par ce que nous venons de dire, il eft aifé d'expliquer comment il arrive, que, quoi que tous les hommes defirent d'être heureux, ils font pourtant entraînez par leur volonté à des chofes fi oppofées, & quelques-uns par conféquent à ce qui eft mauvais en foi-même. Sur quoi je dis que tous ces différens choix que les Hommes font dans ce Monde, quelque oppofez qu'ils foient, ne prouvent point que les Hommes ne vifent pas tous à la recherche du Bien, mais feulement que la même chofe n'eft pas également bonne pour chacun d'eux. Cette variété de recherches montre que chacun ne place pas le bonheur dans la jouïffance de la même chofe, ou qu'il ne choifit pas le même chemin pour y parvenir. Si les intérêts de l'Homme ne s'étendoient point au delà de cette Vie, la raifon pourquoi les uns s'appliqueroient à l'Etude, & les autres à la Chaffe, pourquoi ceux-ci fe plongeroient dans le luxe & dans la débauche, & pourquoi ceux-là préferant la Temperance à la Volupté, fe feroient un plaifir d'amaffer des richeffes, la raifon, dis-je, de cette diverfité d'inclinations ne procederoit pas de ce que chacun d'eux n'auroit pas en vûë fon propre bonheur, mais feulement de ce qu'ils placeroient leur bonheur dans des chofes différentes.

Comment il arrive que les Hommes ne tiennent pas tous la même conduite.

C'eft-

Chap. XXI. C'est pourquoi cette réponse qu'un Medecin fit un jour à un homme qui avoit mal aux yeux, étoit fort raisonnable, *Si vous prenez plus de plaisir au goût du vin qu'à l'usage de la Vûë, le vin vous est fort bon: mais si le plaisir de voir vous paroit plus grand que celui de boire, le vin vous est fort mauvais.*

§. 55. L'Ame a différens Goûts aussi bien que le Palais; & si vous prétendiez faire aimer à tous les Hommes la gloire ou les richesses, auxquelles pourtant certaines personnes attachent entierement leur Bonheur, vous y travailleriez aussi inutilement que si vous vouliez satisfaire le goût de tous les hommes en leur donnant du fromage ou des huîtres, qui sont des mets fort exquis pour certaines gens, mais extrêmement dégoutans pour d'autres, de sorte que bien des personnes prefereroient avec raison les incommoditez de la faim la plus piquante à ces mets que d'autres mangent avec tant de plaisir. C'étoit là, je croi, la raison pourquoi les Anciens Philosophes cherchoient inutilement si le *Souverain Bien* consistoit dans les Richesses, ou dans les Voluptez du Corps, ou dans la Vertu, ou dans la Contemplation. Ils auroient pû disputer avec autant de raison, s'il falloit chercher le goût le plus délicieux dans les Pommes, les Prunes, ou les Abricots, & se partager sur cela en différentes Sectes. Car comme les Goûts agréables ne dépendent pas des choses mêmes, mais de la convenance qu'ils ont avec tel ou tel Palais, en quoi il y a une grande diversité, de même le plus grand bonheur consiste dans la joüissance des choses qui produisent le plus grand plaisir, & dans l'absence de celles qui causent quelque trouble & quelque douleur: choses qui sont fort différentes par rapport à différentes personnes. Si donc les hommes n'avoient d'espérance & ne pouvoient goûter de plaisir que dans cette Vie, ce ne seroit point une chose étrange ni déraisonnable qu'ils fissent consister leur félicité à éviter toutes les choses qui leur causent ici-bas quelque incommodité, & à rechercher tout ce qui leur donne du plaisir; & l'on ne devroit point être surpris de voir sur tout cela une grande varieté d'inclinations. Car s'il n'y a rien à espérer au delà du Tombeau, la conséquence est sans doute fort juste, *Mangeons & bûvons*, joüissons de tout ce qui nous fait plaisir, *car demain nous mourrons*. Et cela peut servir, ce me semble, à nous faire voir la raison pourquoi, bien que tous les hommes desirent d'être heureux, ils ne sont pourtant pas émus par le même Objet. Les hommes pourroient choisir différentes choses, & cependant faire tous un bon choix, supposé que semblables à une troupe de chetifs Insectes, quelques-uns comme les Abeilles aimassent les Fleurs & le doux suc qu'ils en recueillent, & d'autres comme les Escarbots se plussent à quelque autre chose; & qu'après avoir passé une certaine saison ils cessassent d'être, pour ne plus exister.

Ce qui engage les Hommes à faire de mauvais choix.

§. 56. Ces choses duement consideréés nous donnerons, à mon avis, une claire connoissance de l'Etat de la *Liberté de l'Homme*. Il est visible que la Liberté consiste dans la Puissance de faire ou de ne pas faire, de faire ou de s'empêcher de faire, selon ce que nous voulons. C'est ce qu'on ne sauroit nier. Mais comme cela semble ne comprendre que les actions qu'un homme fait en conséquence de sa Volition, on demande encore si l'homme est

en

en liberté de vouloir ou non. A quoi l'on a déja répondu, que dans la CHAP. XXI. plûpart des cas un homme n'est pas en liberté de ne pas vouloir ; qu'il est obligé de produire un acte de sa Volonté d'où s'ensuit l'existence ou la non-existence de l'action proposée. Il y a pourtant un cas où l'Homme est en liberté par rapport à l'action de vouloir : c'est lorsqu'il s'agit de choisir un bien éloigné comme une fin à obtenir. Dans cette occasion un homme peut suspendre l'acte de son choix : il peut empêcher que cet Acte ne soit déterminé pour ou contre la chose proposée, jusqu'à ce qu'il ait examiné si la chose est, de sa nature & dans ses conséquences, véritablement propre à le rendre heureux ou non. Car lorsqu'il l'a une fois choisie, & que par-là elle est venuë à faire partie de son bonheur, elle excite un desir en lui : & ce desir lui cause, à proportion de sa violence, une *inquiétude* qui détermine sa Volonté, & lui fait entreprendre la poursuite de son choix dans toutes les occasions qui s'en présentent. Et ici, nous pouvons voir comment il arrive qu'un homme peut se rendre justement digne de punition : quoi qu'il soit indubitable que dans toutes les actions particuliéres qu'il *veut*, il veut nécessairement ce qu'il juge être bon dans le temps qu'il le veut. Car bien que sa Volonté soit toûjours déterminée à ce que son Entendement lui fait juger être bon, cela ne l'excuse pourtant pas : parce que par un choix précipité qu'il a fait lui-même, il s'est imposé de fausses mesures du Bien & du Mal, qui toutes fausses & trompeuses qu'elles sont, ont autant d'influence sur toute sa conduite à venir, que si elles étoient justes & véritables. Il a corrompu son palais, & doit être responsable à lui-même de la maladie & de la mort qui s'en ensuit. La Loi éternelle & la nature des choses ne doit pas être alterée pour être adaptée à son choix mal reglé. Si l'abus qu'il a fait de cette Liberté qu'il avoit d'examiner ce qui pourroit servir réellement & veritablement à son bonheur, le jette dans l'égarement, quelques mauvaises conséquences qui en découlent, c'est à son propre choix qu'il faut en attribuer la cause. Il avoit le pouvoir de suspendre sa détermination : ce pouvoir lui avoit été donné afin qu'il pût examiner, prendre soin de sa propre felicité, & voir de ne pas se tromper soi-même : & il ne pouvoit point juger qu'il valût mieux être trompé que de ne l'être pas, dans un point d'une si haute importance, & qui le touche de si près. Ce que nous avons dit jusqu'ici, peut encore nous faire voir la raison pourquoi les Hommes se déterminent dans ce Monde à différentes choses, & recherchent le bonheur par des chemins opposez. Mais comme ils ont constamment & serieusement les mêmes pensées à l'égard du Bonheur & de la Misére, il reste toûjours à examiner, *d'où vient que les Hommes préferent souvent le pire à ce qui est meilleur*; & choisissent ce qui de leur propre aveu, les a rendus miserables.

§. 57. Pour rendre raison de tous les Chemins différens & opposez que les Hommes prennent dans ce Monde, quoi que tous aspirent également au Bonheur, il faut considerer d'où naissent les diverses *inquiétudes* qui déterminent la Volonté au choix de chaque action volontaire.

I. Quelques-unes proviennent de certaines causes qui ne sont pas en no- Les Douleurs du Corps. tre puissance, comme sont fort souvent les Douleurs du Corps, produites

D d par

CHAP. XXI. par l'indigence, la maladie, ou quelque force extérieure, comme la torture, &c. lesquelles agissant actuellement & d'une manière violente sur l'Esprit des hommes, forcent pour l'ordinaire leur volonté, les détournent du chemin de la Vertu, les contraignent d'abandonner le parti de la Piété & de la Religion, & de renoncer à ce qu'ils croyoient auparavant propre à les rendre heureux; & cela, parce que tout homme ne tâche pas, ou n'est pas capable d'exciter en soi-même, par la contemplation d'un Bien éloigné & à venir, des desirs de ce Bien qui soient assez puissans pour contrebalancer l'*inquiétude* que lui causent ces tourmens corporels, & pour conserver sa Volonté constamment fixée au choix des actions qui conduisent au Bonheur qu'il attend après cette vie. C'est dequoi le Monde nous fournit une infinité d'exemples; & l'on peut trouver dans tous les Païs & dans tous les temps assez de preuves de cette commune observation " Que la Necessité entraîne les ,, hommes à des actions honteuses, *Necessitas cogit ad turpia.* C'est pourquoi nous avons grand sujet de prier Dieu, * *Qu'il ne nous induise point en tentation.*

* *Matth.* VI. 13.

Les Desirs causez par de faux Jugemens.

II. Il y a d'autres *inquiétudes* qui procedent des desirs que nous avons d'un Bien absent, lesquels desirs sont toûjours proportionnez au jugement que nous formons de ce Bien absent, de sorte que c'est de là qu'ils dépendent aussi bien que du goût que nous en concevons: deux considerations qui nous font tomber en divers égaremens; & toûjours par notre propre faute.

Le Jugement présent que nous faisons du Bien ou du Mal est toûjours droit.

§. 58. J'examinerai, en prémier lieu, les faux jugemens que les Hommes font du Bien & du Mal à venir, par où leurs desirs sont séduits: car pour ce qui est de la félicité & de la misére présente, lorsque la reflexion ne va pas plus loin, & que toutes conséquences sont entierement mises à quartier, *l'Homme ne choisit jamais mal.* Il connoit ce qui lui plaît le plus; & il s'y porte actuellement. Or les choses considerées entant qu'on en joüit actuellement, sont ce qu'elles semblent être: dans ce cas, le bien apparent, & réel n'est qu'une seule & même chose. Car la Douleur ou le Plaisir étant justement aussi considerables qu'on les sent, & pas davantage, le Bien ou le Mal présent est réellement aussi grand qu'il paroît. Et par conséquent, si chacune de nos Actions étoit renfermée en elle-même, sans traîner aucune conséquence après elle, nous ne pourrions jamais nous méprendre dans le choix que nous ferions du Bien: mais infailliblement, nous prendrions toûjours le meilleur parti. Que dans le même temps la peine qui suit un honnête travail se présentât à nous d'un côté, & de l'autre la nécessité de mourir de faim & de froid, personne ne balanceroit à choisir. Si l'on offroit tout à la fois à un homme le moyen de contenter quelque passion présente, & la joüissance actuelle des Délices du Paradis, il n'auroit garde d'hésiter le moins du monde, ou de se méprendre dans la détermination de son choix.

§. 59. Mais parce que nos Actions volontaires ne produisent pas justement dans le temps de leur éxécution tout le Bonheur & toute la Misére qui en dépend, mais qu'elles sont des causes antécedentes du Bien & du Mal,

Mal, qu'elles entraînent après elles & attirent sur nous après même qu'elles ont cessé d'exister; par cette raison nos desirs s'étendent au delà du plaisir présent, & nous obligent à jetter les yeux sur le *Bien* absent, selon que nous le jugeons nécessaire pour faire, ou pour augmenter notre Bonheur. C'est cette opinion que nous avons de sa nécessité qui nous attire à lui; & sans cela, un *Bien* absent ne nous touche point. Car dans cette petite mesure de capacité que nous éprouvons en nous-mêmes, & à quoi nous sommes tout accoûtumez, nous ne jouïssons que d'un seul plaisir à la fois, qui tandis qu'il dure, suffit pour nous persuader que nous sommes heureux, si dans ce même temps nous sommes degagez de toute *inquiétude*. C'est pourquoi tout Bien qui est éloigné, ou même qui nous est actuellement offert, ne nous émeut point, parce que l'indolence, & la jouïssance actuelle de quelque autre Bien suffisant à notre Bonheur présent, nous ne nous soucions pas de courir le hazard du changement, par la raison qu'étant contens nous nous croyons déja heureux, ce qui suffit: car qui est content, est heureux. Mais dès que quelque nouvelle *inquiétude* vient à la traverse, ce bonheur est interrompu; & nous voilà engagez de nouveau à courir après le Bonheur.

§. 60. Par conséquent, une des grandes raisons pourquoi les Hommes ne sont pas excitez à desirer le plus grand Bien absent, c'est ce penchant qu'ils ont à conclurre qu'ils peuvent être heureux sans en jouïr. Car tandis qu'ils sont préoccupez de cette pensée, les Délices d'un état à venir ne les touchent point: ils ne s'en mettent pas fort en peine, & ne les desirent que foiblement. Et la Volonté n'étant point déterminée par ces sortes de desirs, s'abandonne à la recherche des plaisirs plus prochains, uniquement appliquée à se delivrer de l'*inquiétude* que lui cause alors l'absence de ces plaisirs, ou l'envie de les posseder. Mais que ces choses se présentent à l'Homme dans un autre point de vûë; qu'il voye que la Vertu & la Religion sont nécessaires à son Bonheur; qu'il jette les yeux sur cet état à venir qui doit être accompagné de bonheur ou de misére selon la sage dispensation de Dieu; & qu'il se représente ce juste Juge prêt *à rendre à chacun selon ses œuvres*, en donnant *la Vie éternelle à ceux qui par leur perseverance à bien faire, cherchent la gloire, l'honneur & l'immortalité*, & en répandant *sur l'Ame de tout homme qui fait le mal les effets de son indignation & de sa fureur, l'affliction & l'angoisse*; qu'un homme, dis-je, se forme une juste idée de ce différent état de Bonheur ou de Misére, destiné aux hommes après cette vie selon qu'ils se seront conduits dans ce Monde; dès-lors les Règles du Bien ou du Mal qui déterminent son choix, seront tout autres à son égard. Car puisque les plaisirs & les peines de ce Monde ne peuvent avoir aucune proportion avec le Bonheur éternel ou la Misére extrême que l'Ame doit souffrir après cette vie, un tel homme ne réglera pas les actions qui sont en sa puissance par rapport aux plaisirs passagers ou à la douleur dont elles sont accompagnées ou suivies ici-bas, mais selon qu'elles peuvent contribuer à lui assûrer la possession de cette parfaite & éternelle félicité qu'il attend après cette vie.

§. 61. Mais pour rendre plus particulierement raison de la Misére où les Hom-

CHAP. XXI.

Idée plus particuliére des faux

CHAP. XXI.
Jugemens des Hommes.

Hommes se précipitent souvent d'eux-mêmes, quoi qu'ils recherchent tous le Bonheur avec une entiére sincerité, il faut considerer comment les choses viennent à être représentées à nos Desirs sous des apparences trompeuses, ce qui vient du faux Jugement que nous portons de ces choses. Et pour voir jusqu'où cela s'étend, & quelles sont les causes de ces faux Jugemens, il faut se ressouvenir que les choses sont jugées bonnes ou mauvaises en deux sens.

Prémiérement, *ce qui est proprement bon ou mauvais, n'est autre chose que le Plaisir ou la Douleur*: & en second lieu, comme ce qui est le propre objet de nos desirs, & qui est capable de toucher une Créature doûée de prévoyance, n'est pas seulement la satisfaction & la douleur présente, mais encore ce qui par son efficace ou par ses suites est propre à produire ces sentimens en nous, à une certaine distance de temps, *on considére aussi comme bonnes & mauvaises les choses qui sont suivies de Plaisir & de Douleur*.

§. 62. Le faux Jugement qui nous seduit, & qui détermine souvent la Volonté au plus méchant parti, consiste à faire une mauvaise évaluation sur les diverses comparaisons du Bien & du Mal considerez dans les choses capables de nous causer du plaisir & de la douleur. Le *faux Jugement* dont je parle en cet endroit, n'est pas ce qu'un homme peut penser de la détermination d'un autre homme, mais ce que chacun doit confesser en soi-même être déraisonnable. Car après avoir posé pour fondement indubitable, Que tout Etre Intelligent cherche réellement le Bonheur, qui consiste dans la joüissance du Plaisir sans aucun mélange considerable d'*inquiétude*, il est impossible que personne pût rendre volontairement sa condition malheureuse, ou négliger une chose qui seroit en son pouvoir & contribueroit à sa propre satisfaction & à l'accomplissement de son bonheur, s'il n'y étoit porté par un *faux Jugement*. Je ne prétens point parler ici de ces sortes de méprises qui sont des suites d'une erreur invincible, & qui méritent à peine le nom de *faux Jugement*: je ne parle que de ce faux Jugement qui est tel par la propre confession que chaque Homme en doit faire en lui-même.

I.
Faux Jugement dans la comparaison du présent & de l'avenir.
* Voyez ci-dessus. §. 58. pag. 210.

§. 63. Prémiérement donc, pour ce qui est du Plaisir & de la Douleur que nous sentons actuellement, l'Ame ne se méprend jamais dans le jugement qu'elle fait du Bien ou du Mal réel, comme * nous avons déja dit; car ce qui est le plus grand plaisir, ou la plus grande douleur, est justement tel qu'il paroît. Mais quoi que la différence & les degrez du Plaisir présent & de la Douleur présente soient si visibles qu'on ne puisse s'y méprendre, cependant *lorsque nous comparons ce Plaisir ou cette Douleur avec un Plaisir ou une Douleur à venir*, (& c'est pour l'ordinaire sur cela que roulent les plus importantes déterminations de la Volonté) *nous faisons souvent de faux Jugemens*, en ce que nous mesurons ces deux sortes de plaisirs & de douleurs par la différente distance où elles se trouvent à notre égard. Comme les Objets qui sont près de nous, passent aisément pour être plus grands que d'autres d'une plus vaste circonférence qui sont plus éloignez, de même à l'égard des Biens & des Maux, le présent prend ordinairement le dessus; & dans la comparaison ceux qui sont éloignez, ont toûjours du desavantage. Ainsi la plûpart des Hommes, semblables à des Héritiers prodigues, sont portez à croire qu'un petit Bien présent est préférable à de grands

grands Biens à venir; de forte que pour la poffeffion préfente de peu de CHAP. XXI. chofe ils renoncent à un grand héritage qui ne pourroit leur manquer. Or, que ce foit là un *faux Jugement*, chacun doit le reconnoître, en quoi que ce foit qu'il faffe confifter fon plaifir, parce que ce qui eft à venir, doit certainement devenir préfent un jour; & alors ayant le même avantage de proximité, il fe fera voir dans fa jufte grandeur & mettra en jour la prévention déraifonnable de celui qui a jugé de fon prix par des mefures inégales. Si dans le même moment qu'un homme prend un verre en main, (1) le plaifir qu'il trouve à boire étoit accompagné de cette douleur de tête & de ces maux d'eftomac qui ne manquent pas d'arriver à certaines gens, peu d'heures après qu'ils ont trop bû, je ne croi pas que jamais perfonne voulût à ces conditions goûter du vin du bout des lèvres, quelque plaifir qu'il prît à en boire; & cependant, ce même homme fe remplit tous les jours de cette dangereufe liqueur, uniquement déterminé à choifir le plus mauvais par la feule illufion que lui fait une petite différence de temps. Mais fi le Plaifir ou la Douleur diminuë fi fort par le feul éloignement de peu d'heures, à combien plus forte raifon une plus grande diftance produira-t-elle le même effet dans l'Efprit d'un homme qui ne fait point, par un jufte examen de la chofe même, ce que le temps l'obligera de faire en la lui mettant actuellement devant les yeux, c'eft-à-dire qui ne la confidére pas comme préfente pour en connoître au jufte les véritables dimenfions? C'eft ainfi que nous nous trompons ordinairement nous-mêmes par rapport au Plaifir & à la Douleur confidérez en eux-mêmes, ou par rapport aux véritables dégrez de Bonheur ou de Mifére que les chofes font capables de produire. Car ce qui eft à venir perdant fa jufte proportion à notre égard, nous préférons le préfent comme plus confiderable. Je ne parle point ici de ce *faux Jugement* par lequel ce qui eft abfent n'eft pas feulement diminué, mais tout-à-fait anéanti dans l'Efprit des hommes; quand ils jouïffent de tout ce qu'ils peuvent obtenir pour le préfent, & s'en mettent en poffeffion, concluant fauffement qu'il n'en arrivera aucun mal: car cela n'eft pas fondé fur la comparaifon qu'on peut faire de la grandeur d'un Bien & d'un Mal à venir, dequoi nous parlons préfentement, mais fur une autre efpèce de *faux Jugement* qui regarde le Bien ou le Mal confidérez comme la caufe & l'occafion du plaifir & de la douleur qui en doit provenir.

§. 64. C'eft, ce me femble, *la foible & étroite capacité de notre Efprit qui eft la caufe des Faux Jugemens que nous faifons en comparant le Plaifir préfent ou la Douleur préfente avec un Plaifir ou une Douleur à venir.* Nous ne faurions bien jouïr de deux Plaifirs à la fois; & moins encore pouvons-nous guere jouïr d'aucun plaifir dans le temps que nous fommes obfedez par la Douleur. Le Plaifir préfent, s'il n'eft extrémement foible, jufqu'à n'être prefque rien du tout, remplit l'étroite capacité de notre Ame; & par-là s'em-

Quelles en font les caufes.

(1) Voici comment *Montagne* a exprimé la même chofe. *Si la douleur de tefte*, dit il, *nous venoit avant l'yvreffe, nous nous garderions de trop boire: mais la volupté, pour nous tromper, marche devant, & nous cache fa fuite.* Effais, Tom. I. Liv. I. Ch. 38, pag. 449. Éd. de la Haye 1727.

Снар. XXI. s'empare de tout notre Esprit en sorte qu'il y laisse à peine aucune pensée de choses absentes. Ou si parmi nos Plaisirs il s'en trouve quelques-uns qui ne nous frappent point assez vivement pour nous détourner de la consideration des choses éloignées, nous avons pourtant une telle aversion pour la Douleur, qu'une petite douleur éteint tous nos plaisirs. Un peu d'amertume mêlée dans la coupe, nous empêche d'en goûter la douceur ; & de là vient que nous desirons à quelque prix que ce soit d'être délivrez du Mal présent, que nous sommes portez à croire plus rude que tout autre Mal absent ; parce qu'au milieu de la Douleur qui nous presse actuellement, nous ne nous trouvons capables d'aucun dégré de Bonheur. Les plaintes qu'on entend faire tous les jours aux Hommes, en font une bonne preuve, car le Mal que chacun sent actuellement, est toûjours le plus rude de tous, témoin ces cris qu'on entend sortir ordinairement de la bouche de ceux qui souffrent, *Ah! toute autre douleur plûtôt que celle-ci : Rien ne peut être plus insupportable que ce que j'endure présentement.* C'est pour cela que nous employons tous nos efforts & toutes nos pensées à nous délivrer avant toutes choses du *Mal présent*, considerans cette délivrance comme la prémiére condition absolument nécessaire pour nous rendre heureux, quoi qu'il en puisse arriver. Dans le fort de la passion, nous nous figurons que rien ne peut surpasser, ou presque égaler l'*inquiétude* qui nous presse si violemment. Et parce que l'abstinence d'un plaisir présent qui s'offre à nous, est une douleur, & qui même est souvent très-aiguë, à cause de la violence du desir qui est enflammé par la proximité & par les attraits de l'Objet, il ne faut pas s'étonner qu'un tel sentiment agisse de la même maniere que la douleur, qu'il diminuë dans notre Esprit l'idée de ce qui est à venir ; & que par conséquent il nous force, pour ainsi dire, à l'embrasser aveuglément.

§. 65. Ajoûtez à cela, qu'un Bien absent, ou ce qui est la même chose, un plaisir à venir, & sur tout, s'il est d'une espèce de plaisirs qui nous soient inconnus, est rarement capable de contrebalancer une *inquiétude* causée par une douleur, ou un desir actuellement présent. Car la grandeur de ce plaisir ne pouvant s'étendre au delà du goût qu'on en recevra réellement quand on en aura la joüissance, les Hommes ont assez de penchant à diminuër ce plaisir à venir, pour lui faire ceder la place à quelque desir présent, & à conclurre en eux-mêmes, que quand on en viendroit à l'épreuve, il ne répondroit peut-être pas à l'idée qu'on en donne, ni à l'opinion qu'on en a généralement, ayant souvent trouvé par leur propre expérience que non seulement les plaisirs que d'autres ont exalté, leur ont paru fort insipides, mais que ce qui leur a causé à eux-mêmes beaucoup de plaisir dans un temps, les a choquez & leur a déplu dans un autre ; & qu'ainsi ils ne voyent rien dans ce Bien à venir pourquoi ils devroient renoncer à un plaisir qui s'offre actuellement à eux. Mais que cette maniére de juger soit déraisonnable, étant appliquée au Bonheur que Dieu nous promet après cette vie, c'est ce qu'ils ne sauroient s'empêcher de reconnoître, à moins qu'ils ne disent que Dieu ne sauroit rendre heureux ceux qu'il a dessein de rendre tels effectivement. Car comme c'est là ce qu'il se propose en les mettant dans

l'état

l'état du bonheur, il faut nécessairement que cet état convienne à chacun de ceux qui y auront part; de sorte que supposé que leurs goûts soient là aussi différens qu'ils sont ici-bas, cette Manne céleste conviendra au palais de chacun d'eux. En voilà assez sur le sujet des *Faux Jugemens* que nous faisons du Plaisir & de la Douleur, à les considerer comme présens & à venir, lorsque les comparant ensemble, on regarde ce qui est absent, comme à venir.

CHAP. XXI.

§. 66. Pour ce qui est, *en second lieu*, des choses bonnes ou mauvaises *dans leurs conséquences*, & par *l'aptitude* qu'elles ont à nous procurer du Bien ou du Mal à l'avenir, nous en jugeons faussement en différentes maniéres.

II. Faux Jugemens qu'on fait du Bien ou du Mal, considerez dans leurs conséquences.

1. Lorsque nous jugeons que ces choses ne sont pas capables de nous faire réellement autant de mal qu'elles le sont effectivement.

2. Lorsque nous jugeons, que, bien que les conséquences en soient fort importantes, elles ne sont pourtant pas si certaines que le contraire ne puisse arriver, ou du moins qu'on ne puisse en éviter l'effet d'une maniére ou d'autre, comme par industrie, par addresse, par un changement de conduite, par la repentance, *&c.* Il seroit aisé de montrer en détail que ce sont là tout autant de Jugemens déraisonnables, si je les voulois examiner au long un par un; mais je me contenterai de remarquer en général, que c'est agir directement contre la Raison que de hazarder un plus grand Bien pour un plus petit, sur des conjectures incertaines, & avant que d'être entré dans un juste examen, proportionné à l'importance de la chose, & à l'intérêt que nous avons de ne pas nous méprendre. C'est, à mon avis, ce que chacun est obligé d'avoûer, & sur-tout, s'il considere les causes ordinaires de ce *faux Jugement*, dont voici quelques-unes.

§. 67. I. Prémiérement, l'*Ignorance*; car celui qui juge sans s'instruire autant qu'il en est capable, ne peut s'exempter de mal juger.

Quelles sont les causes de cette espèce de faux jugemens.

II. La seconde est l'*Inadvertance*; lorsqu'un homme ne fait aucune reflexion sur cela même dont il est instruit. C'est une ignorance affectée & présente qui séduit le Jugement autant que l'autre. Juger, c'est, pour ainsi dire, balancer un compte, & déterminer de quel côté est la différence. Si donc on assemble confusément & à la hâte l'un des côtez, & qu'on laisse échapper par négligence plusieurs sommes qui doivent faire partie du compte, cette précipitation ne produit pas moins de *faux Jugemens*, qu'une parfaite ignorance. Or la cause la plus ordinaire de ce défaut, c'est la force prédominante de quelque sentiment présent de plaisir ou de douleur, augmentée par notre Nature foible & passionnée, sur qui le présent fait de si fortes impressions. L'Entendement & la Raison nous ont été donnez pour arrêter cette précipitation, si nous en voulons faire un bon usage, en considerant les choses en elles-mèmes, & jugeant alors sur ce que nous aurons vû. L'Entendement sans Liberté ne seroit d'aucun usage, & la Liberté sans l'Entendement (supposé que cela pût être) ne signifieroit rien. Si un homme voit ce qui peut lui faire du bien ou du mal, ce qui peut le rendre heureux ou malheureux, mais que du reste il ne soit pas capable de faire un pas pour s'avancer vers l'un, ou s'éloigner de l'autre, en est-il mieux pour
avoir

CHAP. XXI. avoir l'ufage de la vûë? Et celui qui a la liberté de courir çà & là dans une parfaite obfcurité, ne retire pas plus d'avantage de cette efpèce de liberté, que s'il étoit balotté au gré du vent comme ces bouteilles qui fe forment fur la furface de l'Eau? Si l'on eft entrainé par une impulfion aveugle; que l'impulfion vienne de dedans, ou de dehors, la différence n'eft pas fort grande. Ainfi le prémier & le plus grand ufage de la Liberté confifte à reprimer ces précipitations aveugles, & fa principale occupation doit être de s'arrêter, d'ouvrir les yeux, de regarder autour de foi, & de pénétrer dans les conféquences de ce qu'on va faire autant que l'importance de la matiére le requiert. Je n'entrerai point ici dans un plus grand examen pour faire voir combien la pareffe, la négligence, la paffion, l'emportement, le poids de la coûtume, ou des habitudes qu'on a contractées, contribuent ordinairement à produire ces faux Jugemens. Je me contenterai d'ajoûter un autre faux Jugement dont je croi qu'il eft néceffaire de parler, parce qu'on n'y fait peut-être pas beaucoup de reflexion, quoi qu'il ait une grande influence fur la conduite des hommes.

Nous jugeons mal de ce qui eft néceffaire à notre bonheur.

§. 68. Tous les hommes defirent d'être heureux, cela eft inconteftable: mais, comme nous avons déja remarqué, lorfqu'ils font exempts de douleur, ils font fujets à prendre le prémier plaifir qui leur vient fous la main, ou que la coûtume leur a rendu agréable, & à en refter fatisfaits: de forte qu'étant heureux, jufqu'à ce que quelque nouveau defir les rendant *inquiets* vienne troubler cette félicité, & leur faire fentir qu'ils ne font point heureux, ils ne regardent pas plus loin, leur volonté ne fe trouvant déterminée à aucune action qui les porte à la recherche de quelque autre Bien connu, ou apparent. Comme nous fommes convaincus par expérience, que nous ne faurions joüir de toute forte de Biens, mais que la poffeffion de l'un exclut la joüiffance de l'autre, nous ne fixons point nos defirs fur chaque Bien qui paroît le plus excellent, à moins que nous ne le jugions néceffaire à notre Bonheur; de forte que, fi nous croyons pouvoir être heureux fans en joüir, il ne nous touche point. C'eft encore là une occafion aux hommes de mal juger, lorfqu'ils ne regardent pas comme néceffaire à leur Bonheur ce qui l'eft effectivement: Erreur qui nous féduit, & par rapport au choix du Bien que nous avons en vûë, & fort fouvent par rapport aux moyens que nous employons pour l'obtenir, lorfque c'eft un Bien éloigné. Mais de quelque maniére que nous nous trompions, foit en mettant notre bonheur où dans le fond il ne fauroit confifter, foit en négligeant d'employer les moyens néceffaires pour nous y conduire, comme s'ils n'y pouvoient fervir de rien; il eft hors de doute que quiconque manque fon principal but, qui eft fa propre félicité, doit reconnoître qu'il n'a pas jugé droitement. Ce qui contribuë à cette Erreur, c'eft le défagrément, réel ou fuppofé, des actions qui conduifent au Bonheur: car les hommes s'imaginent qu'il eft fi fort contre l'ordre de fe rendre malheureux foi-même pour parvenir au Bonheur, qu'ils ont beaucoup de peine à s'y réfoudre.

Nous pouvons changer l'agré-

§. 69. Ainfi, la derniére chofe qui refte à examiner fur cette matiére c'eft, c'eſt, *s'il eſt au pouvoir d'un homme de changer l'agrément ou le desagrément qui accompagne quelque action particuliére?* & il eſt viſible qu'on peut le faire en pluſieurs rencontres. Les Hommes peuvent & doivent corriger leur palais, & ſe faire du goût pour des choſes qui ne lui conviennent point, ou qu'ils ſuppoſent ne lui pas convenir. Le Goût de l'Ame n'eſt pas moins divers que celui du Corps, & l'on peut y faire des changemens tout auſſi bien qu'à ce dernier. C'eſt une erreur de s'imaginer, que les Hommes ne ſauroient changer leurs inclinations juſqu'à trouver du plaiſir dans des actions pour leſquelles ils ont du dégoût & de l'indifférence, s'ils veulent s'y appliquer de tout leur pouvoir. En certains cas un juſte examen de la choſe produira ce changement; & dans la plûpart, la pratique, l'application & la coûtume feront le même effet. Quoi qu'on ait ouï dire que le Pain ou le Tabac ſont utiles à la ſanté, on peut en négliger l'uſage à cauſe de l'indifférence ou du dégoût qu'on a pour ces deux choſes: mais la Raiſon & la reflexion venant à nous les rendre recommandables, on commence à en faire l'épreuve; & l'uſage ou la coûtume nous les fait trouver agréables. Il eſt certain qu'il en eſt de même à l'égard de la Vertu. Les Actions ſont agréables ou desagréables, conſiderées en elles-mêmes, ou comme des moyens pour arriver à une fin plus excellente & plus deſirable. Qu'un homme mange d'une viande bien aſſaiſonnée & tout-à-fait à ſon goût, ſon Ame peut être touchée du plaiſir même qu'il trouve en mangeant, ſans avoir égard à aucune autre fin: mais la conſidération du plaiſir que donne la ſanté & la force du Corps, à quoi cette viande contribuë, peut y ajoûter un nouveau goût, capable de nous faire avaler une potion fort desagreable. A ce dernier égard, une action ne devient plus ou moins agréable que par la conſidération de la fin qu'on ſe propoſe, & par la perſuaſion plus ou moins forte où l'on eſt, que cette action y conduit, ou qu'elle a une liaiſon néceſſaire avec elle. Pour ce qui eſt du plaiſir qui ſe trouve dans l'Action même, il s'acquiert ou s'augmente beaucoup plus par l'uſage & par la pratique. En effet l'expérience nous rend ſouvent agréable ce que nous regardions de loin avec averſion, & nous fait aimer, par la repetition des mêmes actes, ce qui peut-être nous avoit déplû au prémier eſſai. Les habitudes ſont de puiſſans charmes, & attachent un ſi grand plaiſir à ce que nous nous accoûtumons de faire, que nous ne ſaurions nous en abſtenir, ou du moins omettre ſans *inquiétude* les Actions qu'une pratique habituelle nous a renduës propres & familiéres, & par même moyen recommandables. Quoi que cela ſoit de la derniére évidence, & que chacun ſoit convaincu par ſa propre expérience, qu'il en peut venir là; c'eſt néanmoins un Devoir que les Hommes negligent ſi fort dans la conduite qu'ils tiennent par rapport au Bonheur, qu'on regardera peut-être comme un Paradoxe ſi je dis, que les hommes peuvent faire que des choſes ou des actions leur ſoient plus ou moins agréables, & par-là remedier à cette diſpoſition d'eſprit, à laquelle on peut juſtement attribuer une grande partie de leurs égaremens. La Mode & les Opinions communément reçuës ayant une fois établi de fauſſes notions dans le Monde, & l'Education & la Coûtume ayant formé de mauvaiſes habitudes, on perd enfin l'idée du juſte prix des choſes, &

CHAP. XXI. *ment ou le desagrément que nous trouvons dans les choſes.*

E e   le

Chap. XXI. le goût des hommes se corrompt entierement. Il faudroit donc prendre la peine de rectifier ce goût & de contracter des habitudes opposées qui pussent changer nos Plaisirs, & nous faire aimer ce qui est nécessaire, ou qui peut contribuer à notre félicité. Chacun doit avoüer que c'est là ce qu'il peut faire; & quand un jour ayant perdu le Bonheur, il se verra en proye à la Misére, il confessera qu'il a eû tort de le négliger, & se condamnera lui-même pour cela. Je demande à chacun en particulier s'il ne lui est pas souvent arrivé de se reconnoitre coupable à cet égard.

Préferer le Vice à la Vertu, c'est vilibement mal juger.

§. 70. Je ne m'étendrai pas présentement davantage sur les *faux Jugemens* des Hommes, ni sur leur négligence à l'égard de ce qui est en leur pouvoir: deux grandes sources des égaremens où ils se précipitent malheureusement eux-mêmes. Cet examen pourroit fournir la matiére d'un Volume; & ce n'est pas mon affaire d'entrer dans une telle discussion. Mais quelque fausses que soient les notions des hommes, ou quelque honteuse que soit leur négligence à l'égard de ce qui est en leur pouvoir; & de quelque maniére que ces fausses notions & cette négligence contribuent à les mettre hors du chemin du Bonheur, & à leur faire prendre toutes ces différentes routes où nous les voyons engagez, il est pourtant certain que la Morale établie sur ses véritables fondemens ne peut que déterminer à la Vertu le choix de quiconque voudra prendre la peine d'examiner ses propres actions: & celui qui n'est pas raisonnable jusques à se faire une affaire de refléchir serieusement sur un Bonheur & un Malheur infini, qui peut arriver après cette vie, doit se condamner lui-même, comme ne faisant pas l'usage qu'il doit de son Entendement. Les récompenses & les peines d'une autre Vie que Dieu a établies pour donner plus de force à ses Loix, sont d'une assez grande importance pour déterminer notre choix, contre tous les Biens, ou tous les Maux de cette Vie, lors même qu'on ne considere le Bonheur ou le Malheur à venir que comme possible; dequoi personne ne peut douter. Quiconque, dis-je, conviendra qu'un Bonheur excellent & infini est une suite possible de la bonne vie qu'on aura menée sur la Terre, & un Etat opposé la récompense possible d'une conduite déréglée, un tel homme doit nécessairement avoüer qu'il juge très-mal, s'il ne conclut pas de là, qu'une bonne vie jointe à l'espérance d'une éternelle félicité qui peut arriver, est préferable à une mauvaise vie, accompagnée de la crainte d'une misére affreuse dans laquelle il est fort possible que le Méchant se trouve un jour enveloppé, ou pour le moins, de l'épouvantable & incertaine espérance d'être annihilé. Tout cela est de la derniére évidence, supposé meme que les gens de bien n'eussent que des maux à essuyer dans ce Monde, & que les Méchans y joüissent d'une perpétuelle félicité, ce qui pour l'ordinaire prend un tour si opposé que les Méchans n'ont pas grand sujet de se glorifier de la différence de leur Etat, par rapport même aux Biens dont ils joüissent actuellement; ou plûtôt, qu'à bien considerer toutes choses, ils sont, à mon avis, les plus mal-partagez, même dans cette vie. Mais lorsqu'on met en balance un Bonheur infini avec une infinie Misére, si le pis qui puisse arriver à l'Homme de bien, supposé qu'il se trompe, est le plus grand avantage que le Méchant puisse obtenir, au cas qu'il vienne à rencontrer juste,

juſte, qui eſt l'homme qui peut en courir le hazard, s'il n'a tout-à-fait CHAP. XXI. perdu l'Eſprit? Qui pourroit, dis-je, être aſſez fou pour réſoudre en ſoi-même de s'expoſer à un danger poſſible d'être infiniment malheureux, en ſorte qu'il n'y aît rien à gagner pour lui que le pur néant, s'il vient à échapper à ce danger? L'Homme de bien, au contraire, hazarde le néant contre un Bonheur infini dont il doit joüir au cas que le ſuccès ſuive ſon attente. Si ſon eſpérance ſe trouve bien fondée, il eſt éternellement heureux; & s'il ſe trompe, il n'eſt pas malheureux, il ne ſent rien. D'un autre côté, ſi le Méchant a raiſon, il n'eſt pas heureux, & s'il ſe trompe, il eſt infiniment miſerable. N'eſt-ce pas un des plus viſibles déréglemens d'eſprit où les hommes puiſſent tomber, que de ne pas voir du prémier coup d'œuil quel parti doit être préferé dans cette rencontre? J'ai évité de rien dire de la certitude ou de la probabilité d'un Etat à venir; parce que je n'ai d'autre deſſein en cet endroit que de montrer le faux Jugement dont chacun doit ſe reconnoître coupable ſelon ſes propres Principes, quels qu'ils puiſſent être, lorſque pour quelque conſidération que ce ſoit il s'abandonne aux courtes voluptez d'une vie déreglée, dans le temps qu'il ſait d'une maniere à n'en pouvoir douter, qu'une Vie après celle-ci eſt, tout au moins, une choſe poſſible.

§. 71. Pour conclurre cette diſcuſſion ſur la Liberté de l'Homme, je ne puis m'empêcher de dire, que la prémiére fois que ce Livre vit le jour, je commençai à craindre qu'il n'y eut quelque mépriſe dans ce Chapitre tel qu'il étoit alors. Un de mes Amis eût la même penſée après la publication de l'Ouvrage, quoi qu'il ne pût m'indiquer préciſément ce qui lui étoit ſuſpect. C'eſt ce qui m'obligea à revoir ce Chapitre avec plus d'exactitude; & ayant jetté par hazard les yeux ſur une mépriſe preſque imperceptible que j'avois faite en mettant un mot pour un autre, ce qui ne ſembloit être d'aucune conſéquence, cette découverte me donna les nouvelles ouvertures que je ſoûmets préſentement au jugement des Savans, & dont voici l'abregé. La *Liberté* eſt une puiſſance d'agir ou de ne pas agir, ſelon que notre Eſprit ſe détermine à l'un ou à l'autre. Le pouvoir de diriger les *Facultez Opératives* au mouvement ou au repos dans les cas particuliers, c'eſt ce que nous appellons la *Volonté*. Ce qui dans le cours de nos Actions volontaires détermine la *Volonté* à quelque changement d'opération, eſt quelque *inquiétude* préſente, qui conſiſte dans le *Deſir* ou qui du moins en eſt toûjours accompagnée. Le *Deſir* eſt toûjours excité par le Mal en vûë de le fuir; parce qu'une totale exemption de douleur fait toûjours une partie néceſſaire de notre Félicité. Mais chaque *Bien*, ni même chaque *Bien plus excellent* n'émeut pas conſtamment le Deſir, parce qu'il peut ne pas faire, ou n'être pas conſideré comme faiſant une partie néceſſaire de notre Bonheur: car tout ce que nous deſirons, c'eſt uniquement d'être heureux. Mais quoi que ce Deſir général d'être heureux agiſſe conſtamment & invariablement dans l'Homme, nous pouvons ſuſpendre la ſatisfaction de chaque deſir particulier, & empêcher qu'il ne détermine la Volonté à faire quoi que ce ſoit qui tende à cette ſatisfaction, juſqu'à ce que nous ayions examiné mûrement, ſi le Bien particulier qui ſe montre

à

Chap. XXI. à nous & que nous defirons dans ce temps-là, fait partie de notre Bonheur réel, ou bien s'il y eft contraire, ou non. Le refultat de notre Jugement en conféquence de cet examen, c'eft ce qui, pour ainfi dire, détermine en dernier reffort l'Homme, qui ne fauroit être *Libre*, fi fa Volonté étoit déterminée par autre chofe que par fon propre *Defir* guidé par fon propre Jugement.

Je fai que certaines gens font confifter la Liberté dans une certaine Indifférence de l'Homme, antecedente à la détermination de fa *Volonté*. Je fouhaiterois que ceux qui font tant de fond fur cette *indifférence antecedente*, comme ils parlent, nous euffent dit nettement fi cette indifférence qu'ils fuppofent, précede la connoiffance & le jugement de l'Entendement, auffi bien que la détermination de la Volonté; car il eft bien malaifé de la placer entre ces deux termes, je veux dire immédiatement après le jugement de l'Entendement & avant la détermination de la Volonté, parce que la détermination de la Volonté fuit immédiatement le jugement de l'Entendement: & d'ailleurs, placer la Liberté dans une Indifférence qui précede la penfée & le jugement de l'Entendement, c'eft, ce me femble, faire confifter la Liberté dans un état de ténèbres où l'on ne peut ni voir ni dire ce que c'eft: C'eft du moins la placer dans un fujet incapable de Liberté, nul Agent n'étant jugé capable de Liberté qu'en conféquence de la penfée & du jugement qu'on reconnoît en lui. Comme je ne fuis pas délicat en fait d'expreffions, je confens à dire avec ceux qui aiment à parler ainfi, que la Liberté confifte dans l'Indifférence; mais dans une Indifférence qui refte après le Jugement de l'Entendement, & même après la détermination de la Volonté: ce qui n'eft pas une Indifférence de l'Homme, (car après que l'Homme a une fois jugé ce qu'il eft meilleur de faire ou de ne pas faire, il n'eft plus indifférent) mais une Indifférence des Puiffances actives ou opératives de l'Homme, lesquelles demeurant tout autant capables d'agir ou de ne pas agir, après qu'avant la détermination de la Volonté, font dans un état qu'on peut appeller Indifférence, fi l'on veut: & auffi loin que cette Indifférence s'étend, jusque-là l'Homme eft libre, & non au delà. Par exemple, j'ai la puiffance de mouvoir ma main, ou de la laiffer en repos: cette faculté opérative eft indifférente au mouvement & au repos de ma main: je fuis libre à cet égard. Ma Volonté vient-elle à déterminer cette puiffance opérative au repos: je fuis encore libre, parce que l'indifférence de cette puiffance opérative qui eft en moi d'agir ou de ne pas agir refte encore; la puiffance de mouvoir ma main n'étant nullement diminuée par la détermination de ma Volonté qui à préfent ordonne le repos. L'indifférence de cette puiffance à agir ou à ne pas agir, eft toute telle qu'elle étoit auparavant, comme il paroîtra fi la Volonté veut en faire l'épreuve en ordonnant le contraire. Mais fi pendant le temps que ma main eft en repos, elle vient à être faifie d'une foudaine paralyfie, l'indifférence de cette Puiffance opérative eft détruite, & ma Liberté avec elle : je n'ai plus de liberté à cet égard, mais je fuis dans la néceffité de laiffer ma main en repos. D'un autre côté fi ma main eft mife en mouvement par une convulfion, l'indifférence de cette faculté opérative s'évanouït ; & en ce cas-là.

là ma Liberté est détruite, parce que je suis dans la nécessité de laisser mouvoir ma main. J'ai ajoûté ceci pour faire voir dans quelle sorte d'Indifférence il me paroit que la Liberté consiste précisément, & qu'elle ne peut consister dans aucune autre, réelle ou imaginaire.

§. 72. Il est d'une si grande importance d'avoir de véritables notions sur la nature & l'étenduë de la *Liberté*, que j'espere qu'on me pardonnera cette Digression où m'a engagé le desir d'éclaircir une matiére si abstruse. Les Idées de *Volonté*, de *Volition*, de *Liberté* & de *Nécessité* se présentoient naturellement dans ce Chapitre de la *Puissance*. J'exposai mes pensées sur toutes ces choses dans la prémiére Edition de cet Ouvrage, suivant les lumiéres que j'avois alors; mais en qualité d'amateur sincére de la Vérité qui n'adore nullement ses propres conceptions, j'avoûë que j'ai fait quelque changement dans mon opinion, croyant y être suffisamment autorisé par des raisons que j'ai découvertes depuis la prémiére publication de ce Livre. Dans ce que j'écrivis d'abord, je suivis avec une entiére indifférence la Vérité, où je croyois qu'elle me conduisoit. Mais comme je ne suis pas assez vain pour prétendre à l'Infaillibilité, ni si entêté d'un faux honneur que je veuille cacher mes fautes de peur de ternir ma reputation, je n'ai pas eu honte de publier, dans le même dessein de suivre sincérement la Vérité, ce qu'une recherche plus exacte m'a fait connoître. Il pourra bien arriver, que certaines gens croiront mes prémiéres pensées plus justes; que d'autres, comme j'en ai déja trouvé, approuveront les derniéres; & que quelques-uns ne trouveront ni les unes ni les autres à leur gré. Je ne ferai nullement surpris d'une telle diversité de sentimens; parce que c'est une chose assez rare parmi les hommes que de raisonner sans aucune prévention sur des points controversez, & que d'ailleurs il n'est pas fort aisé de faire des déductions exactes dans des sujets abstraits; & sur tout lorsqu'elles sont de quelque étenduë. C'est pourquoi je me croirai fort redevable à quiconque voudra prendre la peine d'éclaircir sincérement les difficultez qui peuvent rester dans cette matiére de la Liberté, soit en raisonnant sur les fondemens que je viens de poser, ou sur quelque autre que ce soit. Du reste, avant que de finir ce Chapitre, je croi que, pour avoir des Idées plus distinctes de la *Puissance*, il ne sera ni hors de propos ni inutile de prendre une plus exacte connoissance de ce qu'on nomme *Action*. J'ai déja dit * au commencement de ce Chapitre, qu'il n'y a que deux sortes d'*Actions* dont nous ayions d'idée, savoir, le Mouvement & la Pensée. Or quoi qu'on donne à ces deux choses le nom d'*Action*, & qu'on les considére comme telles, on trouvera pourtant, à les considerer de près, que cette Qualité ne leur convient pas toûjours parfaitement. Et si je ne me trompe, il y a des exemples de ces deux espèces de choses, qu'on reconnoîtra, après les avoir examinées exactement, pour des *Passions* plûtôt que pour des *Actions*, & par conséquent, pour de simples effets de puissances passives dans des sujets qui pourtant passent à leur occasion pour véritables Agents. Car dans ces exemples, la Substance en qui se trouve le mouvement ou la pensée, reçoit purement de dehors l'impression par où l'action lui est communiquée; & ainsi, elle n'agit que par la seule capacité qu'elle a de recevoir une telle

*Pag 180. §. 4.

CHAP. XXI. impreſſion de la part de quelque Agent extérieur; de ſorte qu'en ce cas-là, la *Puiſſance* n'eſt pas proprement dans le ſujet une Puiſſance active, mais une pure capacité paſſive. Quelquefois, la Subſtance ou l'Agent ſe met en action par ſa propre puiſſance, & c'eſt là proprement une *Puiſſance active*. On appelle *Action*, toute modification qui ſe trouve dans une Subſtance par laquelle modification cette Subſtance produit quelque effet; par exemple, qu'une Subſtance ſolide agiſſe par le moyen du mouvement ſur les Idées ſenſibles de quelque autre Subſtance, ou y cauſe quelque alteration, nous donnons à cette modification du mouvement le nom d'*Action*. Cependant, à bien conſiderer la choſe, ce mouvement n'eſt dans cette Subſtance ſolide qu'une ſimple paſſion, ſi elle le reçoit uniquement de quelque Agent extérieur. Et par conſéquent, la *Puiſſance active* de mouvoir ne ſe trouve dans aucune Subſtance, qui étant en repos ne ſauroit commencer le mouvement en elle-même, ou dans quelque autre Subſtance. De même, à l'égard de la *Penſée*, la puiſſance de recevoir des idées ou des penſées par l'opération de quelque Subſtance extérieure, s'appelle *Puiſſance* de penſer, mais ce n'eſt dans le fond qu'une *Puiſſance paſſive*, ou une ſimple capacité. Mais le pouvoir que nous avons de rappeller, quand nous voulons, des Idées abſentes, & de comparer enſemble celles que nous jugeons à propos, eſt véritablement un *Pouvoir actif*. Cette reflexion peut nous empêcher de tomber, à l'égard de ce qu'on nomme *Puiſſance* & *Action*, dans des erreurs, où la Grammaire & le tour ordinaire des Langues peuvent nous engager facilement, parce que ce qui eſt ſignifié par les verbes que les Grammairiens nomment *Actifs*, ne ſignifie pas toûjours l'*Action*: Par exemple, ces Propoſitions, *Je vois la Lune*, ou *une Etoile*, *Je ſens la chaleur du Soleil*, quoi qu'exprimées par un verbe actif, ne ſignifient en moi aucune action par où j'opére ſur ces Subſtances, mais ſeulement la reception des idées de lumiére, de rondeur & de chaleur; en quoi je ne ſuis point actif, mais purement paſſif; de ſorte que, poſé l'état où ſont mes yeux ou mon Corps, je ne ſaurois éviter de recevoir ces Idées. Mais lorſque je tourne mes yeux d'un autre côté, ou que j'éloigne mon Corps des rayons du Soleil, je ſuis proprement actif, parce que par mon propre choix, & par une puiſſance que j'ai en moi-même, je me donne ce mouvement-là; & une telle action eſt la production d'une *Puiſſance Active*.

§. 73. Juſqu'ici j'ai expoſé comme dans un petit Tableau nos Idées Originales d'où toutes les autres viennent, & dont elles ſont compoſées. De ſorte que, ſi l'on vouloit examiner ces dernieres en Philoſophe, & voir quelles en ſont les cauſes & la matiére, je croi qu'on pourroit les reduire à ce petit nombre d'*Idées primitives* & *originales*, ſavoir,

    L'*Etenduë*,
    La *Solidité*,
    La *Mobilité* ou la Puiſſance d'être mû:
Idées que nous recevons du Corps par le moyen des Sens:
        La *Perceptivité*, ou la Puiſſance d'appercevoir ou de penſer,
        La *Motivité*, ou la Puiſſance de mouvoir. (Qu'on me permet-

te (1) de me servir de ces deux mots nouveaux, de peur qu'on ne prît mal ma pensée si j'employois les termes usitez qui sont équivoques dans cette rencontre.)

Ces deux derniéres Idées nous viennent dans l'Esprit par voye de *Reflexion*. Si nous leur joignons
  L'*Existence*,
  La *Durée*,
  & le *Nombre*,
qui nous viennent par les deux voyes de Sensation & de Reflexion, nous aurons peut-être toutes les Idées Originales d'où dépendent toutes les autres. Car par ces Idées-là, nous pourrions expliquer, si je ne me trompe, la nature des Couleurs, des Sons, des Goûts, des Odeurs & de toutes les autres Idées que nous avons; si nos Facultez étoient assez subtiles pour appercevoir les différentes modifications d'étenduë, & les divers mouvemens des petits Corps qui produisent en nous toutes ces différentes sensations. Mais comme je me propose dans cet Ouvrage d'examiner quelle est la connoissance que l'Esprit Humain a des choses par le moyen des Idées qu'il en reçoit selon que Dieu l'en a rendu capable, & comment il vient à acquerir cette connoissance, plûtôt que de rechercher les causes de ces Idées & la maniére dont elles sont produites; je ne m'engagerai point à considerer en Physicien la forme particuliére des Corps, & la configuration des parties, par où ils ont le pouvoir de produire en nous les Idées de leurs Qualitez sensibles. Il suffit, pour mon dessein, que j'observe par exemple, que l'*Or* ou le *Saffran* ont la puissance de produire en nous l'idée du *Jaune*, & la Neige ou le Lait celle du *Blanc*, idées que nous pouvons avoir seulement par le moyen de la Vûë; sans que je m'amuse à examiner la contexture des parties de ces Corps, non plus que les figures particuliéres ou les mouvemens des particules qui sont reflechies de leur surface pour causer en nous ces Sensations particuliéres; quoi qu'au fond, si non contens de considerer purement & simplement les idées que nous trouvons en nousmêmes, nous voulons en rechercher les Causes, nous ne puissions concevoir qu'il y aît dans les Objets sensibles aucune autre chose par où ils produisent différentes idées en nous, que la différente grosseur, figure, nombre, contexture & mouvement de leurs parties insensibles.

(1) Si M. *Locke* s'excuse à ses Lecteurs de ce qu'il employe ces deux mots je dois le faire à plus forte raison, parce que la Langue Françoise permet beaucoup moins que l'Angloise qu'on fabrique de nouveaux termes. Mais dans un Ouvrage de pur raisonnement, comme celui ci, rempli de disquisitions si fines & si abstraites, l'on ne peut éviter de faire des mots, pour pouvoir exprimer de nouvelles idées. Nos plus grands Puristes conviendront sans doute que dans un tel cas c'est une liberté qu'on doit prendre, sans craindre de choquer leur délicatesse.

CHAPITRE XXII.

Des Modes Mixtes.

CHAP. XXII.

Ce que c'est que les Modes Mixtes.

§. 1 APRE's avoir traité des *Modes Simples* dans les Chapitres précedens, & donné divers exemples de quelques-uns des plus considérables, pour faire voir ce qu'ils font, & comment nous venons à les acquerir, il nous faut examiner ensuite les *Modes* que nous appellons *Mixtes*, comme sont les Idées complexes que nous désignons par les noms d'*Obligation*, d'*Amitié*, de *Mensonge*, &c. qui ne sont que diverses combinaisons d'*Idées simples* de différentes espèces. Je leur ai donné le nom de *Modes Mixtes*, pour les distinguer des *Modes* plus simples, qui ne sont composez que d'idées simples de la même espèce. Et d'ailleurs, comme ces Modes Mixtes sont de certaines combinaisons d'Idées simples, qu'on ne regarde pas comme des marques caractéristiques d'aucun Etre qui ait une existence fixe, mais comme des Idées détachées & indépendantes, que l'Esprit joint ensemble, elles sont par-là distinguées des Idées complexes des Substances.

Ils sont formez par l'Esprit.

§. 2. L'Expérience nous montre évidemment, que l'Esprit est purement passif à l'égard de ses Idées simples, & qu'il les reçoit toutes de l'existence & des opérations des choses, selon que la Sensation ou la Reflexion les lui présente, sans qu'il soit capable d'en former aucune de lui-même. Mais si nous examinons avec attention les Idées que j'appelle *Modes Mixtes* & dont nous parlons présentement, nous trouverons qu'elles ont une autre origine. En effet, l'Esprit agit souvent par lui-même en faisant ces différentes combinaisons; car ayant une fois reçu des Idées simples, il peut les joindre & combiner en diverses maniéres, & faire par-là différentes Idées complexes, sans considerer si elles existent ainsi réunies dans la Nature. Et de là vient, à mon avis, qu'on donne à ces sortes d'idées le nom de *Notion*; comme si leur origine & leur continuelle existence étoient plûtôt fondées sur les pensées des hommes que sur la nature même des choses, & qu'il suffit, pour former ces Idées-là, que l'Esprit joignît ensemble leurs différentes parties, & qu'elles subsistassent ainsi réunies dans l'Entendement, sans examiner si elles avoient, hors de là, aucune existence réelle. Je ne nie pourtant pas, que plusieurs de ces Idées ne puissent être déduites de l'observation & de l'existence de plusieurs idées simples, combinées de la même maniére qu'elles sont réunies dans l'Entendement. Car celui qui le prémier forma l'idée de l'*Hypocrisie*, peut l'avoir reçuë d'abord de la reflexion qu'il fit sur quelque personne qui faisoit parade de bonnes qualitez qu'il n'avoit pas, ou avoir formé cette idée dans son Esprit sans avoir eu un tel modelle devant ses yeux. En effet, il est évident, que lorsque les hommes commencérent à discourir entr'eux, & à entrer en societé, plusieurs de ces idées complexes qui étoient des suites des réglemens

mens établis parmi eux, ont été nécessairement dans l'Esprit des hommes, avant que d'exister nulle autre part, & que plusieurs Mots qui signifioient de telles idées complexes, ont été en usage, & que les Idées attachées à ces Mots ont été formées, (1) avant que les combinaisons que ces Mots & ces Idées représentoient, eussent existé.

§. 3. A la verité, présentement que les Langues sont formées & qu'elles abondent en termes qui expriment ces Combinaisons, *c'est par l'explication des termes mêmes qui servent à les exprimer, qu'on acquiert ordinairement ces idées complexes.* Car comme elles sont composées d'un certain nombre d'Idées simples combinées ensemble, elles peuvent, par le moyen des mots qui expriment ces Idées simples, être présentées à l'Esprit de celui qui entend ces mots, quoi que l'existence réelle des choses n'eût jamais fait naître dans son Esprit une telle combinaison d'Idées simples. Ainsi un homme peut venir à se représenter l'idée de ce qu'on nomme *Meurtre*, ou *Sacrilege*, si l'on lui fait une énumeration des Idées simples que ces deux mots signifient, sans qu'il aît jamais vû commettre ni l'un ni l'autre de ces crimes.

§. 4. Chaque Mode mixte étant composé de plusieurs Idées simples, distinctes les unes des autres, il semble raisonnable de rechercher *d'où c'est qu'il tire son Unité*, & comment une telle multitude particuliére d'Idées vient à faire une seule Idée, puis que cette combinaison n'existe pas toûjours réellement dans la nature des choses. Il est évident, que l'Unité de ces Modes vient d'un Acte de l'Esprit qui combine ensemble ces différentes Idées simples, & les considére comme une seule Idée complexe qui renferme toutes ces diverses parties: & ce qui est la marque de cette union, ou qu'on regarde en géneral comme ce qui la détermine exactement, c'est le nom qu'on donne à cette combinaison d'idées. Car c'est sur les noms que les hommes réglent ordinairement le compte qu'ils font d'autant d'espèces distinctes de Modes mixtes; & il arrive rarement qu'ils reçoivent ou considerent aucun nombre d'Idées simples comme faisant une idée complexe, excepté les collections qui sont désignées par certains noms. Ainsi, quoi que le crime de celui qui tuë un Vieillard, soit, de sa nature, aussi propre à former une idée complexe, que le crime de celui qui tuë son Pére; cependant parce qu'il n'y a point de nom qui signifie précisément le prémier, comme il y a le mot de *Parricide* pour désigner le dernier, on ne regarde pas le prémier comme une particuliére Idée complexe, ou comme une espèce d'action distincte de celle par laquelle on tuë un jeune homme, ou quelque autre homme que ce soit.

§. 5. Si nous poussons un peu plus loin nos recherches pour voir ce qui détermine les hommes à convertir diverses combinaisons d'idées simples en autant de Modes distincts, pendant qu'ils en négligent d'autres, qui, à consi-

CHAP. XXII.

On les acquiert quelquefois par l'explication des termes qui servent à les exprimer.

Les noms attachent les parties des Modes mixtes à une seule Idée.

Pourquoi les hommes font des Modes mixtes?

---

(1) Supposé, par exemple, que le prémier homme aît fait une Loi contre le crime qui consiste à tuer son Pére ou sa Mére, en le désignant par le terme de *Parricide*, avant qu'un tel crime eût été commis, il est visible que l'Idée complexe que le mot de *Parricide* signifie, n'exista d'abord, que dans l'Esprit du Législateur & de ceux à qui cette Loi fut notifiée.

F f

CHAP. XXII. considerer la nature même des choses, sont aussi propres à être combinées & à former des idées distinctes, nous en trouverons la raison dans le but même du Langage. Car les hommes l'ayant institué pour se faire connoître ou se communiquer leurs pensées les uns aux autres, aussi promptement qu'ils peuvent, ils font d'ordinaire de ces sortes de collections d'idées qu'ils convertissent en Modes complexes auxquels ils donnent certains noms, selon qu'ils en ont besoin par rapport à leur maniére de vivre & à leur conversation ordinaire. Pour les autres idées qu'ils ont rarement occasion de faire entrer dans leurs discours, ils les laissent détachées, & sans noms qui les puissent lier ensemble, aimant mieux, lorsqu'ils en ont besoin, compter l'une après l'autre toutes les idées qui les composent, que de se charger la memoire d'idées complexes & de leurs noms, dont ils n'auront que rarement, & peut-être jamais aucune occasion de se servir.

Comment dans une Langue, il y a des mots qu'on ne peut exprimer dans une autre par des mots qui leur répondent.

§. 6. Il paroit de là comment il arrive, *Qu'il y a dans chaque Langue des termes particuliers qu'on ne peut rendre mot pour mot dans une autre.* Car les Coûtumes, les Mœurs, & les Usages d'une Nation faisant tout autant de combinaisons d'idées, qui sont familiéres & nécessaires à un Peuple, & qu'un autre Peuple n'a jamais eu occasion de former, ni peut-être même de connoître en aucune maniére, les Peuples qui font usage de ces sortes de combinaisons, y attachent communément des noms, pour éviter de longues periphrases dans des choses dont ils parlent tous les jours; & dès-là ces combinaisons deviennent dans leur Esprit tout autant d'*Idées complexes*, entiérement distinctes. Ainsi *l'Ostracisme* parmi les Grecs, & la † *Proscription* parmi les Romains, étoient des mots que les autres Langues ne pouvoient exprimer par d'autres termes qui y répondissent exactement, parce que ces mots signifioient parmi les Grecs & les Romains des idées complexes qui ne se rencontroient pas dans l'Esprit des autres Peuples. Par-tout où de telles Coûtumes n'étoient point en usage, on n'y avoit aucune notion de ces sortes d'actions & l'on ne s'y servoit point de semblables combinaisons d'Idées jointes, &, pour ainsi dire, liées ensemble par des termes particuliers; & par conséquent, dans tous ces Païs il n'y avoit point de noms pour les exprimer.

* Ὀστρακισμός.
† *Proscriptio.*

Pourquoi les Langues changent?

§. 7. Par-là nous pouvons voir aussi la raison *pourquoi les Langues sont sujettes à de continuels changemens*, pourquoi elles adoptent des mots nouveaux & en abandonnent d'autres qui ont été en usage depuis long temps. C'est que le changement qui arrive dans les Coûtumes & dans les Opinions, introduisant en même temps de nouvelles Combinaisons d'idées dont on est souvent obligé de s'entretenir en soi-même & avec les autres hommes, on leur donne des noms pour éviter de longues periphrases; ce qui fait qu'elles deviennent de nouvelles espèces de Modes complexes. Pour être convaincu combien d'idées différentes sont comprises par ce moyen dans un seul mot, & combien on épargne par-là de temps, il ne faut que prendre la peine de faire une énumeration de toutes les Idées qu'emportent ces deux termes de Palais, *Surséance* ou *Appel*, & d'employer à la place de l'un de ces mots une periphrase pour en faire comprendre le sens à un autre.

Où existent les

§. 8. Quoi que je doive avoir occasion d'examiner cela plus au long, quand

quand je viendrai à traiter des * *Mots* & de leur usage, je ne pouvois pour- CHAP. XXI.
tant pas éviter de faire quelque reflexion en passant sur les noms des Modes Modes Mixtes.
mixtes, qui étant des combinaisons d'Idées simples purement *transitoires*, * Liv. III.
qui n'existent que peu de temps, & cela simplement dans l'Esprit des Hommes, où même leur existence ne s'étend point au delà du temps qu'elles sont
l'objet actuel de la pensée, *n'ont par conséquent l'apparence d'une existence constante & durable, nulle autre part que dans les mots dont on se sert pour les exprimer*; lesquels par cela même sont fort sujets à être pris pour les *Idées*
mêmes qu'ils signifient. En effet, si nous examinons où existe l'idée d'un
Triomphe ou d'une *Apotheose*, il est évident qu'aucune de ces Idées ne sauroit exister nulle part tout à la fois dans les choses mêmes, parce que ce sont
des actions qui demandent du temps pour être exécutées, & qui ne pourroient jamais exister toutes ensemble. Pour ce qui est de l'Esprit des hommes, où l'on suppose que se trouvent les idées de ces Actions, elles y ont
aussi une existence fort incertaine ; c'est pourquoi nous sommes portez à les
attacher à des noms qui les excitent en nous.

§. 9. Au reste, c'est *par trois moyens que nous acquerons ces Idées complexes de* Comment nous
Modes Mixtes: I. par l'Expérience & l'observation des choses mêmes. Ain- acquerons les
si, en voyant deux hommes *luter*, ou faire des armes, nous acquerons l'i- idées des Modes mixtes.
dée de ces deux sortes d'exercices. II. Par l'*invention*, ou l'assemblage volontaire de différentes idées simples que nous joignons ensemble dans notre
Esprit ; ainsi celui qui le prémier inventa l'*Imprimerie* ou *la Gravure*, en
avoit l'idée dans l'Esprit, avant qu'aucun de ces Arts eût jamais existé. III.
Le troisiéme moyen par où nous acquerons plus ordinairement des idées de
Modes mixtes, c'est par l'explication qu'on nous donne des termes qui expriment les Actions que nous n'avons jamais vuës, ou des Notions que nous
ne saurions voir, en nous présentant une à une toutes les Idées dont ces
Actions doivent être composées, & les peignant, pour ainsi dire, à notre
imagination. Car après avoir reçu des idées simples dans l'Esprit par voye
de Sensation & de Reflexion, & avoir appris par l'usage les noms qu'on leur
donne, nous pouvons par le moyen de ces noms représenter à une autre personne l'idée complexe que nous voulons lui faire concevoir pourvû qu'elle
ne renferme aucune idée simple qui ne lui soit connuë, & qu'il n'exprime
par le même nom que nous. Car toutes nos Idées complexes peuvent être
réduites aux Idées simples dont elles sont originairement composées, quoi
que peut-être leurs parties immédiates soient aussi des Idées complexes.
Ainsi, le Mode mixte exprimé par le mot de *Mensonge*, comprend ces
Idées simples: 1. des sons articulez: 2. certaines idées dans l'Esprit de
celui qui parle: 3. des mots qui sont les signes de ces idées: 4. l'union
de ces signes joints ensemble par affirmation ou par negation, autrement que
les idées qu'ils signifient ne le sont dans l'Esprit de celui qui parle. Je ne
croi pas qu'il soit nécessaire de pousser plus loin l'analyse de cette Idée
complexe que nous appellons *Mensonge*. Ce que je viens de dire suffit, pour faire voir qu'elle est composée d'Idées simples ; & il ne pourroit
être que fort ennuyeux à mon Lecteur si j'allois lui faire un plus grand
détail de chaque Idée simple qui fait partie de cette Idée complexe,

CHAP. XXII.

Les Idées qui ont été le plus modifiées, sont celles du Mouvement, de la Pensée & de la Puissance.

* Παρρησία.

ce qu'il peut aisément déduire par lui-même de ce qui a été dit ci-dessus. Nous pouvons faire la même chose à l'égard de toutes nos Idées complexes, sans exception, car quelque complexes qu'elles soient, elles peuvent enfin être réduites à des Idées simples, uniques materiaux des connoissances ou des pensées que nous avons, ou que nous pouvons avoir. Et il ne faut pas apprehender, que par-là notre Esprit se trouve réduit à un trop petit nombre d'Idées, si l'on considere quel fonds inépuisable de Modes simples nous est fourni par le Nombre & la Figure seulement. Il est aisé d'imaginer après cela que les Modes mixtes qui contiennent diverses combinaisons de différentes Idées simples & de leurs Modes dont le nombre est infini, sont bien éloignez d'être en petit nombre & renfermez dans des bornes fort étroites. Nous verrons même, avant que de finir cet Ouvrage, que personne n'a sujet de craindre de n'avoir pas un champ assez vaste pour donner essor à ses pensées; quoi qu'à mon avis elles se réduisent toutes aux Idées simples que nous recevons de la *Sensation* ou de la *Reflexion*, & de leurs différentes combinaisons.

§. 10. Une chose qui mérite d'être examinée, c'est, *lesquelles de toutes nos Idées simples ont été le plus modifiées, & ont servi à composer le plus de Modes Mixtes, qu'on ait désigné par des noms particuliers*. Ce sont les trois suivantes, la *Pensée*, le *Mouvement*, deux Idées auxquelles se réduisent toutes les actions, & la *Puissance*, d'où l'on conçoit que ces Actions découlent. Ces Idées simples de Pensée, de Mouvement, & de Puissance ont, dis-je, reçu plus de modifications qu'aucune autre; & c'est de leurs modifications qu'on a formé plus de Modes complexes, désignez par des noms particuliers. Car comme la grande affaire du Genre Humain consiste dans l'Action, & que c'est à l'Action que se rapporte tout ce qui fait le sujet des Loix, il ne faut pas s'étonner qu'on ait pris connoissance des différens Modes de penser & de mouvoir, qu'on en ait observé les idées, qu'on les ait comme enregîtrées dans la Mémoire, & qu'on leur ait donné des noms; sans quoi les Loix n'auroient pû être faites, ni le vice ou le déreglement reprimé. Il n'auroit guere pû y avoir, non plus, de commerce entre les hommes, sans le secours de telles idées complexes, exprimées par certains noms particuliers; c'est pourquoi ils ont établi des noms, & supposé dans leur Esprit des idées fixes de Modes de diverses Actions, distinguées par leurs Causes, Moyens, Objets, Fins, Instrumens, Temps, Lieu, & autres Circonstances, comme aussi des Idées de leurs différentes *Puissances* qui se rapportent à ces Actions, telle est la *Hardiesse* qui est la Puissance de faire, ou de dire ce qu'on veut, devant d'autres personnes, sans craindre, ou se déconcerter le moins du monde : puissance qui par rapport à cette derniére partie qui regarde le discours, avoit un nom particulier * parmi les Grecs. Or cette Puissance ou *aptitude* qui se trouve dans un homme de faire une chose, constituë l'idée que nous nommons *Habitude*, lorsqu'on a acquis cette puissance en faisant souvent la même chose ; & quand on peut la réduire en acte, à chaque occasion qui s'en présente, nous l'appellons *Disposition*; ainsi la *Tendresse* est une disposition à l'*amitié* ou à l'*amour*.

Qu'on examine enfin tels Modes d'Action qu'on voudra, comme la *Con-*
tem-

templation & l'*Affentiment* qui font des Actions de l'Efprit, le *Marcher* & le *Parler* qui font des Actions du Corps, la *Vengeance* & le *Meurtre* qui font des Actions du Corps & de l'Efprit ; & l'on trouvera que ce ne font autre chofe que des Collections d'Idées fimples qui jointes enfemble conftituent les *Idées complexes* qu'on a défignées par ces noms-là.

CHAP. XXII.

§. 11. Comme la *Puiffance* eft la fource d'où procedent toutes les Actions, on donne le nom de *Caufe* aux Subftances où ces *Puiffances* refident, lorfqu'elles reduifent leur puiffance en acte ; & on nomme *Effets* les Subftances produites par ce moyen, ou plûtôt les Idées fimples qui, par l'exercice de telle ou telle Puiffance, font introduites dans un fujet. Ainfi, l'*Efficace* par laquelle une nouvelle Subftance ou Idée eft produite, s'appelle *Action* dans le fujet qui exerce ce pouvoir, & on la nomme *Paffion* dans le fujet où quelque Idée fimple eft alterée ou produite. Mais quelque diverfe que foit cette efficace ; & quoi que les effets qu'elle produit, foient prefque infinis, je croi pourtant qu'il nous eft aifé de reconnoître que dans les Agents Intellectuels ce n'eft autre chofe que différens Modes de penfer & de vouloir, & dans les Agents corporels, que diverfes modifications du Mouvement ; nous ne pouvons, dis-je, concevoir, à mon avis, que ce foit autre chofe que cela ; car s'il y a quelque autre efpèce d'Action, outre celles-là, qui produife quelques effets, j'avouë ingenûment que je n'en ai ni notion ni idée quelconque, que c'eft une chofe tout-à-fait éloignée de mes conceptions, de mes penfées, de ma connoiffance, & qui m'eft auffi inconnuë que la notion de cinq autres Sens différens des nôtres, ou que les Idées des Couleurs font inconnuës à un Aveugle. Du refte, *plufieurs mots qui femblent exprimer quelque Action, ne fignifient rien de l'Action*, ou de la manière d'operer, mais fimplement l'*effet* avec quelques circonftances du fujet qui reçoit l'action, ou bien *la caufe operante*. Ainfi, par exemple, la *Création* & l'*Annihilation* ne renferment aucune idée de l'action, ou de la maniére, par où ces deux chofes font produites, mais fimplement de la caufe, & de la chofe même qui eft produite. Et lorfqu'un Païfan dit que le Froid glace l'Eau, quoi que le terme de *glacer* femble emporter quelque action, il ne fignifie pourtant autre chofe que l'*effet*; favoir que l'eau qui étoit auparavant fluide, eft devenuë dure & confiftante, fans que ce mot emporte dans fa bouche aucune idée de l'action par laquelle cela fe fait.

Plufieurs mots qui femblent exprimer quelque Action ne fignifient que l'Effet.

§. 12. Je ne croi pas, au refte, qu'il foit néceffaire de remarquer ici, que, quoi que la Puiffance & l'Action conftituent la plus grande partie des Modes mixtes qu'on a défignez par des noms particuliers & qui font le plus fouvent dans l'Efprit & dans la bouche des hommes, il ne faut pourtant pas exclurre les autres Idées fimples avec leurs différentes combinaifons. Il eft, je penfe, encore moins néceffaire de faire une énumeration de tous les Modes mixtes qui ont été fixez & déterminez par des noms particuliers. Ce feroit vouloir faire un Dictionnaire de la plus grande partie des Mots qu'on employe dans la Théologie, dans la Morale, dans la Jurifprudence, dans la Politique & dans diverfes autres Sciences. Tout ce qui fait à mon préfent deffein, c'eft de montrer, quelle efpèce d'Idées font celles que je nomme *Modes Mixtes*, comment l'Efprit vient à les acquerir, & que ce font des com-

Modes Mixtes compofez d'autres Idées.

combinaisons d'Idées simples qu'on acquiert par la Sensation & par la Réflexion : & c'est là, à mon avis, ce que j'ai déja fait.

CHAPITRE XXIII.

De nos Idées Complexes des Substances.

Chap. XXIII.

Idées des Substances comment formées.

§. 1. L'Esprit étant fourni, comme j'ai déja remarqué, d'un grand nombre d'Idées simples qui lui sont venuës par les Sens selon les diverses impressions qu'ils ont reçu des Objets extérieurs, ou par la Reflexion qu'il fait sur ses propres opérations, remarque outre cela, qu'un certain nombre de ces Idées simples vont constamment ensemble, qui étant regardées comme appartenantes à une seule chose, sont désignées par un seul nom lors qu'elles sont ainsi réunies dans un seul sujet, par la raison que le Langage est accommodé aux communes conceptions, & que son principal usage est de marquer promptement ce qu'on a dans l'Esprit. De là vient, que quoi que ce soit véritablement un amas de plusieurs idées jointes ensemble, dans la suite nous sommes portez par inadvertance à en parler comme d'une seule Idée simple, & à les considerer comme n'étant effectivement qu'une seule Idée ; parce que, comme j'ai déja dit, ne pouvant imaginer comment ces Idées simples peuvent subsister par elles-mêmes, nous nous accoûtumons à supposer quelque * chose qui les soûtienne, où elles subsistent, & d'où elles resultent, à qui pour cet effet on a donné le nom de *Substance*.

* *Substratum.* Voyez la remarque qui a été faite sur ce mot, *pag.* 52. L. I. Ch. III. §. 18.

Quelle est notre Idée de Substance en général.

§. 2. De sorte que qui voudra prendre la peine de se consulter soi-même sur la notion qu'il a de la *pure Substance en général*, trouvera qu'il n'en a absolument point d'autre que de je ne sai quel sujet qui lui est tout-à-fait inconnu, & qu'il suppose être le soûtien des Qualitez qui sont capables d'exciter des Idées simples dans notre Esprit, Qualitez qu'on nomme communément des *Accidents*. En effet, qu'on demande à quelqu'un ce que c'est que le sujet dans lequel la Couleur ou le Poids existent, il n'aura autre chose à dire sinon que ce sont des parties solides & étenduës. Mais si on lui demande ce que c'est que la chose dans laquelle la solidité & l'étenduë sont *inhérentes*, il ne sera pas moins en peine que l'Indien dont * nous avons déja parlé, qui ayant dit que la Terre étoit soûtenuë par un grand Elephant, répondit à ceux qui lui demandérent sur quoi s'appuyoit cet Elephant, que c'étoit sur une grande Tortuë, & qui étant encore pressé de dire ce qui soûtenoit la Tortuë, repliqua que c'étoit quelque chose, un je ne sai quoi qu'il ne connoissoit pas. Dans cette rencontre aussi bien que dans plusieurs autres où nous employons des mots sans avoir des idées claires & distinctes de ce que nous voulons dire, nous parlons comme des Enfans, à qui l'on n'a pas plûtôt demandé ce que c'est qu'une telle chose qui leur est inconnuë, qu'ils font cette réponse fort satisfaisante à leur gré, *que c'est quelque chose*; mais qui employée de cette maniére ou par des Enfans ou par des Hommes faits,

* Pag. 126. L. II. Ch. XIII. §. 19.

des Substances Liv. II.

faits, signifie purement & simplement qu'ils ne savent ce que c'est; & que CHAP.XXIII.
la chose dont ils prétendent parler & avoir quelque connoissance, n'excite
aucune idée dans leur Esprit, & leur est par conséquent tout-à-fait inconnuë. Comme donc toute l'idée que nous avons de ce que nous désignons
par le terme général de *Substance*, n'est autre chose qu'un sujet que nous ne
connoissons pas, que nous supposons être le soûtien des Qualitez dont nous
découvrons l'existence, & que nous ne croyons pas pouvoir subsister *sine re
substante*, sans quelque chose qui les soûtienne, nous donnons à ce soûtien
le nom de *Substance* qui rendu nettement en François selon sa véritable signification veut dire * *ce qui est dessous* ou *qui soûtient*.

* En Latin *Quod substat*.

§. 3. Nous étant ainsi fait une idée obscure & relative de la Substance en De différentes Espèces de Substances, en assemblant ces Combinaisons d'Idées simples, que l'Expérience & ces.
les Observations que nous faisons par le moyen des Sens, nous font remarquer existant ensemble, & que nous supposons pour cet effet émaner de
l'interne & particuliére constitution ou essence inconnuë de cette Substance. C'est ainsi que nous venons à avoir les idées d'un *Homme*, d'un *Cheval*,
de l'*Or*, du *Plomb*, de l'*Eau*, &c. desquelles Substances si quelqu'un a aucune autre idée que celle de certaines Idées simples qui existent ensemble, je
m'en rapporte à ce que chacun éprouve en soi-même. Les Qualitez ordinaires qui se remarquent dans le *Fer* ou dans un *Diamant*, constituent la véritable idée complexe de ces deux Substances qu'un Serrurier ou un Jouaillier connoit communément beaucoup mieux qu'un Philosophe, qui, malgré tout ce qu'il nous dit des *formes substantielles*, n'a dans le fond aucun
autre idée de ces Substances, que celle qui est formée par la collection des
Idées simples qu'on y observe. Nous devons seulement remarquer, que
nos Idées complexes des Substances, outre toutes les Idées simples dont elles
sont composées, emportent toûjours une idée confuse de quelque chose à
quoi elles appartiennent & dans quoi elles subsistent. C'est pour cela que,
lorsque nous parlons de quelque espèce de Substance, nous disons que c'est
une *Chose* qui a telles ou telles Qualitez; comme, que le *Corps* est une
Chose étenduë, figurée, & capable de Mouvement, que l'*Esprit* est une *Chose* capable de penser. Nous disons de même que la *Dureté*, la *Friabilité* &
la puissance d'attirer le Fer, sont des Qualitez qu'on trouve dans l'*Aimant*.
Ces façons de parler & autres semblables donnent à entendre que la Substance est toûjours supposée comme quelque chose de distinct de l'Etenduë, de
la Figure, de la Solidité, du Mouvement, de la Pensée & des autres Idées
qu'on peut observer, quoi que nous ne sachions ce que c'est.

§. 4. Delà vient, que lorsque quelque Espèce particuliére de Substances Nous n'avons aucune idée claire
corporelles, comme un *Cheval*, une *Pierre*, &c. vient à faire le sujet de de la Substance en
notre entretien & de nos pensées, quoi que l'idée que nous avons de l'une ou général.
de l'autre de ces choses ne soit qu'une combinaison ou collection de différentes Idées simples des Qualitez sensibles que nous trouvons unies dans ce que
nous appellons *Cheval* ou *Pierre*, cependant comme nous ne saurions concevoir que ces Qualitez subsistent toutes seules, ou l'une dans l'autre, nous
supposons qu'elles existent dans quelque sujet commun qui en est le *soûtien*;

&

CHAP. XXIII. & c'eſt ce *ſoûtien* que nous déſignons par le nom de *Subſtance*, quoi qu'au fond il ſoit certain que nous n'avons aucune idée claire & diſtincte de cette *Choſe* que nous ſuppoſons être le ſoûtien de ces Qualitez ainſi combinées.

Nous avons une idée auſſi claire de l'Eſprit que du Corps.

§. 5. La même choſe arrive à l'égard des Operations de l'Eſprit, ſavoir, la *Penſée*, le *Raiſonnement*, la *Crainte*, &c. Car voyant d'un côté qu'elles ne ſubſiſtent point par elles-mêmes, & ne pouvant comprendre, de l'autre, comment elles peuvent appartenir au Corps ou être produites par le Corps, nous ſommes portez à penſer que ce ſont des Actions de quelque autre Subſtance que nous nommons *Eſprit*. D'où il paroît pourtant avec la derniére évidence, que, puiſque nous n'avons aucune idée ou notion de la *Matiére*, que comme de quelque choſe dans quoi ſubſiſtent pluſieurs Qualitez ſenſibles qui frappent nos Sens, nous n'avons pas plûtôt ſuppoſé un Sujet dans lequel exiſte la *penſée*, la *connoiſſance*, le *doute* & la *puiſſance de mouvoir*, &c. que nous avons une idée auſſi claire de la *Subſtance de l'Eſprit* que de la *Subſtance du Corps*; celle-ci étant ſuppoſée le * *ſoûtien* des Idées ſimples qui nous viennent de dehors, ſans que nous connoiſſions ce que c'eſt que ce ſoûtien-là; & l'autre étant regardée comme le *ſoûtien* des Operations que nous trouvons en nous-mêmes par expérience, & qui nous eſt auſſi tout-à-fait inconnu. Il eſt donc évident, que l'idée d'une Subſtance corporelle dans la Matiére eſt auſſi éloignée de nos conceptions, que celle de la Subſtance ſpirituelle, ou de l'Eſprit. Et par conſéquent, de ce que nous n'avons aucune notion de la Subſtance ſpirituelle, nous ne ſommes pas plus autoriſez à concluire la non-exiſtence des Eſprits, qu'à nier par la même raiſon l'exiſtence des Corps : car il eſt auſſi raiſonnable d'aſſurer qu'il n'y a point de Corps parce que nous n'avons aucune idée de la Subſtance de la *Matiére*, que de dire qu'il n'y a point d'Eſprits parce que nous n'avons aucune idée de la Subſtance d'un *Eſprit*.

* *Subſtratum.*

Des différentes ſortes de Subſtances.

§. 6. Ainſi, quelle que ſoit la nature abſtraite de la *Subſtance* en général, toutes les idées que nous avons des eſpèces particulières & diſtinctes des Subſtances, ne ſont autre choſe que différentes combinaiſons d'Idées ſimples qui *coëxiſtent* par une union à nous inconnuë, qui en fait un Tout exiſtant par lui-même. C'eſt par de telles combinaiſons d'Idées ſimples, & non par autre choſe, que nous nous repréſentons à nous-mêmes des eſpèces particuliéres de Subſtances. C'eſt à quoi ſe réduiſent les Idées que nous avons dans l'Eſprit de différentes eſpèces de Subſtances, & celles que nous ſuggerons aux autres en les leur déſignant par des noms *ſpécifiques*, comme ſont ceux d'*Homme*, de *Cheval*, de *Soleil*, d'*Eau*, de *Fer*, &c. Car quiconque entend le François ſe forme d'abord à l'ouïe de ces noms, une combinaiſon de diverſes idées ſimples qu'il a communément obſervé ou imaginé exiſter enſemble ſous telle ou telle dénomination : toutes leſquelles idées il ſuppoſe ſubſiſter, & être, pour ainſi dire, attachées à ce commun ſujet inconnu, qui n'eſt pas inhérent lui-même dans aucune autre choſe : quoi qu'en même temps il ſoit manifeſte, comme chacun peut s'en convaincre en refléchiſſant ſur ſes propres penſées, que nous n'avons aucune autre idée de quelque Subſtance particuliére, comme de l'*Or*, d'un *Cheval*,

du

du *Fer*, d'un *Homme*, du *Vitriol*, du *Pain*, &c. que celle que nous avons des Qualitez senfibles que nous suppofons jointes enfemble par le moyen d'un certain Sujet qui fert, pour ainfi dire, de * *foûtien* à ces Qualitez ou Idées fimples qu'on a obfervé exifter jointes enfemble. Ainfi, qu'eft-ce que le Soleil, finon un affemblage de ces differentes Idées fimples, la lumiére, la chaleur, la rondeur, un mouvement conftant & régulier qui eft à une certaine diftance de nous, & peut-être quelques autres, felon que celui qui reflêchit fur le Soleil ou qui en parle, a été plus ou moins exact à obferver les Qualitez, Idées, ou Proprietez fenfibles qui font dans ce qu'il nomme *Soleil* ?

CHAP. XXIII.

* *Subftratum.*

§. 7. Car celui-là a l'idée la plus parfaite de quelque Subftance particuliére qui a joint & raffemblé un plus grand nombre d'Idées fimples qui exiftent dans cette Subftance, parmi lesquelles il faut compter fes *Puiffances actives* & fes *capacitez paffives*, qui, à parler exactement, ne font pas des Idées fimples, mais qu'on peut pourtant mettre ici affez commodément dans ce rang-là, pour abreger. Ainfi, la puiffance d'attirer le Fer eft une des Idées de la Subftance que nous nommons *Aimant* ; & la puiffance d'être ainfi attiré, fait partie de l'idée complexe que nous nommons *Fer* : deux fortes de Puiffances qui paffent pour autant de Qualitez inhérentes dans l'Aimant, & dans le Fer. Car chaque Subftance étant auffi propre à changer certaines Qualitez fenfibles dans d'autres fujets par le moyen de diverfes Puiffances qu'on y obferve, qu'elle eft capable d'exciter en nous les idées fimples que nous en recevons *immédiatement*, elle nous fait voir par le moyen de ces nouvelles Qualitez fenfibles produites dans d'autres fujets, ces fortes de Puiffances qui par-là frappent *médiatement* nos Sens, & cela d'une maniére auffi reguliére que les Qualitez fenfibles de cette Subftance, lorfqu'elles agiffent immédiatement fur nous. Dans le *Feu*, par exemple, nous y appercevons immédiatement, par le moyen des Sens, de la *chaleur* & de la *couleur*, qui, à bien confiderer la chofe, ne font dans le Feu, que des *Puiffances* de produire ces Idées en nous. De même, nous appercevons par nos Sens la couleur & la *friabilité* du Charbon, par où nous venons à connoître une autre Puiffance du Feu qui confifte à changer la couleur & la confiftence du Bois. Ces différentes Puiffances du Feu fe découvrent à nous *immédiatement* dans le prémier cas, & *médiatement* dans le fecond : c'eft-pourquoi nous les regardons comme faifant partie des Qualitez du Feu, & par conféquent, de l'idée complexe que nous nous en formons. Car comme toutes ces *Puiffances* que nous venons à connoître, fe terminent uniquement à l'alteration qu'elles font de quelques Qualitez fenfibles dans les fujets fur qui elles exercent leur opération, & qui par-là excitent de nouvelles idées fenfibles en nous, je mets ces *Puiffances* au nombre des Idées fimples qui entrent dans la compofition des efpèces particuliéres des Subftances ; quoi que ces Puiffances confiderées en elles-mêmes foient effectivement des Idées complexes. Je prie mon Lecteur de m'accorder la liberté de m'exprimer ainfi, & de fe fouvenir de ne pas prendre mes paroles à la rigueur, lorfque je range quelqu'une de ces *Potentialitez* parmi les Idées fimples que nous raffemblons dans notre Efprit, toutes les fois que nous venons

Les Puiffances font une grande partie de nos Idées complexes des Subftances.

CHAP.
XXIII.

Et comment.

à penser à quelque Substance particulière. Car si nous voulons avoir de vrayes & distinctes notions des Substances, il est absolument nécessaire de considerer les différentes Puissances qu'on y peut découvrir.

§. 8. Au reste, nous ne devons pas être surpris, que les *Puissances* fassent une grande partie des *Idées complexes* que nous avons des *Substances* ; puisque ce qui dans la plûpart des Substances contribuë le plus à les distinguer l'une de l'autre, & qui fait ordinairement une partie considerable de l'Idée complexe que nous avons de leurs différentes espèces, ce sont leurs * secondes Qualitez. Car nos Sens ne pouvant nous faire appercevoir la grosseur, la contexture & la figure des petites parties des Corps d'où dépendent leurs constitutions réelles & leurs veritables différences, nous sommes obligez d'employer leurs *secondes Qualitez* comme des marques caracteristiques, par lesquelles nous puissions nous en former des idées dans l'Esprit, & les distinguer les unes des autres. Or toutes ces secondes Qualitez ne sont que de simples *Puissances*, comme nous l'avons † déja montré. Car la couleur & le goût de l'*Opium* sont aussi bien que sa vertu soporifique ou anodyne, de pures *Puissances* qui dépendent de ses *Prémiéres Qualitez*, par lesquelles il est propre à produire ces différentes Opérations sur diverses parties de nos Corps.

* Voyez ci-dessus (pag. 87.) le Chapitre VIII. où l'Auteur explique au long ce qu'il entend par *secondes Qualitez*.

† Pag. 88. & suiv.

Trois sortes d'Idées constituent nos Idées complexes des Substances.

§. 9. Il y a trois sortes d'Idées qui forment les idées complexes que nous avons des Substances corporelles. Prémiérement les Idées des *Prémiéres Qualitez* que nous appercevons dans les choses par le moyen des Sens, & qui y sont lors même que nous ne les y appercevons pas, comme sont la grosseur, la figure, le nombre, la situation & le mouvement des parties des Corps qui existent réellement, soit que nous les appercevions ou non. Il y a, en second lieu, les *secondes Qualitez* qu'on appelle communément *Qualitez sensibles*, qui dépendent de ces *Prémiéres Qualitez*, & ne sont autre chose que différentes *Puissances* que ces Substances ont de produire diverses idées en nous à la faveur des Sens ; idées qui ne sont dans les choses mêmes que de la même maniére qu'une chose existe dans la cause qui l'a produite. Il y a, en troisiéme lieu, l'*aptitude* que nous observons dans une Substance, de produire ou de recevoir tels & tels changemens de ses *Prémiéres Qualitez* ; de sorte que la Substance ainsi alterée excite en nous des idées, différentes de celles qu'elle y produisoit auparavant, & c'est ce qu'on nomme *Puissance active* & *Puissance passive* ; deux *Puissances*, qui, autant que nous en avons quelque perception ou connoissance, se terminent uniquement à des Idées simples qui tombent sous les Sens. Car quelque alteration qu'un Aimant ait pû produire dans les petites particules du Fer, nous n'aurions jamais aucune notion de cette puissance par laquelle il peut opérer sur le Fer, si le mouvement sensible du Fer ne nous le montroit expressément, & je ne doute pas que les Corps que nous manions tous les jours, n'ayent la puissance de produire l'un dans l'autre mille changemens auxquels nous ne songeons en aucune maniére, parce qu'ils ne paroissent jamais par des effets sensibles.

§. 10. Il est donc vrai de dire, que les *Puissances* font une grande partie de nos Idées complexes des Substanc. Quiconque refléchira, par exemple,

ple, sur l'idée complexe qu'il a de l'*Or*, trouvera que la plûpart des Idées CHAP. XXIII. dont elle est composée, ne sont que des *Puissances*; ainsi la puissance d'être fondu dans le Feu, mais sans rien perdre de sa propre matiére, & celle d'être dissous dans l'*Eau Regale*, sont des Idées qui composent aussi nécessairement l'idée complexe que nous avons de l'*Or*, que sa couleur & sa pesanteur, qui, à le bien prendre, ne sont aussi que différentes *Puissances*. Car à parler exactement, la *Couleur jaune* n'est pas actuellement dans l'Or, mais c'est une Puissance que ce Metal a d'exciter cette idée en nous par le moyen de nos yeux, lorsqu'il est dans son véritable jour. De même, la chaleur que nous ne pouvons séparer de l'idée que nous avons du *Soleil*, n'est pas plus réellement dans le Soleil que la blancheur que cet Astre produit dans la Cire. L'une & l'autre sont également de simples *Puissances* dans le Soleil, qui par le mouvement & la figure de ses parties insensibles opére tantôt sur l'Homme en lui faisant avoir l'idée de la *Chaleur*, & tantôt sur la Cire en la rendant capable d'exciter dans l'Homme l'idée du *Blanc*.

§. 11. Si nous avions les Sens assez vifs pour discerner les petites particules des Corps, & la constitution réelle d'où dépendent leurs Qualitez sensibles, je ne doute pas qu'ils ne produisissent de tout autres idées en nous: que la couleur jaune, par exemple, qui est présentement dans l'*Or*, ne disparût; & qu'au lieu de cela, nous ne vissions une admirable contexture de parties, d'une certaine grosseur & figure. C'est ce qui paroît évidemment par les Microscopes, car ce qui vû simplement des yeux, nous donne l'idée d'une certaine couleur, se trouve tout autre chose, lorsque notre vûë vient à s'augmenter par le moyen d'un Microscope: de sorte que cet Instrument changeant, pour ainsi dire, la proportion qui est entre la grosseur des particules de l'Objet coloré & notre vûë ordinaire, nous fait avoir des idées différentes de celles que le même Objet excitoit auparavant en nous. Ainsi, le *sable*, ou le *verre pilé*, qui nous paroit opaque & blanc, est transparent dans un Microscope; & un cheveu que nous regardons à travers cet Instrument, perd aussi sa couleur ordinaire, & paroit transparent pour la plus grande partie, avec un mélange de quelques couleurs brillantes, semblables à celles qui sont produites par la refraction d'un Diamant ou de quelque autre Corps *pellucide*. Le *Sang* nous paroît tout rouge; mais par le moyen d'un bon Microscope qui nous découvre ses plus petites parties, nous n'y voyons que quelques Globules rouges en fort petit nombre, qui nagent dans une liqueur transparente; & l'on ne sait de quelle manière paroîtroient ces Globules rouges, si l'on pouvoit trouver des Verres qui les pussent grossir mille ou dix mille fois davantage.

Les secondes Qualitez que nous remarquons présentement dans les Corps, disparoîtroient si nous venions à découvrir les prémiéres Qualitez de leurs plus petites parties.

§. 12. Dieu qui par sa sagesse infinie nous a fait tels que nous sommes, avec toutes les choses qui sont autour de nous, a disposé nos Sens, nos Facultez, & nos Organes de telle sorte qu'ils pussent nous servir aux nécessitez de cette vie, & à ce que nous avons à faire dans ce Monde. Ainsi, nous pouvons par le secours des Sens, connoître & distinguer les choses, les examiner autant qu'il est nécessaire pour les appliquer à notre usage, & les employer, en différentes maniéres, à nos besoins dans cette vie. Et en effet, nous pénétrons assez avant dans leur admirable conformation

Les Facultez qui nous servent à connoître les choses, sont proportionnées à notre état dans ce Monde.

Chap. XXIII. tion & dans leurs effets furprenans, pour reconnoître & exalter la fageffe, la puiffance, & la bonté de Celui qui les a faites. Une telle connoiffance convient à l'état où nous nous trouvons dans ce Monde, & nous avons toutes les Facultez néceffaires pour y parvenir. Mais il ne paroît pas que Dieu ait eu en vûë de faire que nous puffions avoir une connoiffance parfaite, claire & abfoluë des Chofes qui nous environnent; & peut-être même que cela eft bien au deffus de la portée de tout Etre fini. Du refte, nos Facultez, toutes groffiéres & foibles qu'elles font, fuffifent pour nous faire connoître le Créateur par la connoiffance qu'elles nous donnent de la Créature, & pour nous inftruire de nos devoirs, comme auffi pour nous faire trouver les moyens de pourvoir aux néceffitez de cette vie. Et c'eft à quoi fe réduit tout ce que nous avons à faire dans ce Monde. Mais fi nos Sens recevoient quelque altération confidérable, & devenoient beaucoup plus vifs & plus pénétrans, l'apparence & la forme extérieure des chofes feroit toute autre à notre égard. Et je fuis tenté de croire que dans cette partie de l'Univers que nous habitons, un tel changement feroit incompatible avec notre nature, ou du moins avec un état auffi commode & auffi agréable que celui où nous nous trouvons préfentement. En effet, qui confiderera combien par notre conftitution nous fommes peu capables de fubfifter dans un endroit de l'Air un peu plus haut que celui où nous refpirons ordinairement, aura raifon de croire, que fur cette Terre qui nous a été affignée pour demeure, le fage Architecte de l'Univers a mis de la proportion entre nos organes & les Corps qui doivent agir fur ces organes. Si, par exemple, notre Sens de l'*Ouïe* étoit mille fois plus vif qu'il n'eft, combien ferions-nous diftraits par ce bruit qui nous battroit inceffamment les oreilles, puis qu'en ce cas-là nous ferions moins en état de dormir ou de mediter dans la plus tranquille retraite que parmi le fracas d'un Combat de Mer? Il en eft de même à l'égard de la *Vûë*, qui eft le plus inftructif de tous nos Sens. Si un homme avoit la Vûë mille ou dix mille fois plus fubtile, qu'il ne l'a par le fecours du meilleur Microfcope, il verroit avec les yeux fans l'aide d'aucun Microfcope des chofes, plufieurs millions de fois plus petites, que le plus petit objet qu'il puiffe difcerner préfentement; & il feroit ainfi plus en état de découvrir la contexture & le mouvement des petites particules dont chaque Corps eft compofé. Mais dans ce cas il feroit dans un Monde tout différent de celui où fe trouve le refte des hommes. Les idées vifibles de chaque chofe feroient tout autres à fon égard que ce qu'elles nous paroiffent préfentement. C'eft pourquoi je doute qu'il pût difcourir avec les autres hommes des Objets de la Vûë ou des Couleurs, dont les apparences feroient en ce cas-là fi fort différentes. Peut-être même qu'une Vûë fi perçante & fi fubtile ne pourroit pas foûtenir l'éclat des rayons du Soleil, ou même la Lumiére du Jour, ni appercevoir à la fois qu'une très-petite partie d'un Objet, & feulement à une fort petite diftance. Suppofé donc que par le fecours de ces fortes de Microfcopes, (qu'on me permette cette expreffion) un homme pût pénétrer plus avant qu'on ne fait d'ordinaire, dans la contexture radicale des Corps, il ne gagneroit pas beaucoup au change, s'il ne pouvoit pas fe fervir d'une vûë fi perçante pour aller au Marché ou à la Bourfe,

Bourfe; s'il fe trouvoit après tout dans l'incapacité de voir à une jufte dif- CHAP. XXIII. tance les chofes qu'il lui importeroit d'éviter ; & de diftinguer celles dont il auroit befoin, par le moyen des Qualitez fenfibles qui les font connoitre aux autres. Un homme, par exemple, qui auroit les yeux affez pénétrans pour voir la configuration des petites parties du reffort d'une Horloge, & pour obferver quelle en eft la ftructure particuliére, & la jufte impulfion d'où dépend fon mouvement élaftique, découvriroit fans doute quelque chofe de fort admirable. Mais fi avec des yeux ainfi faits il ne pouvoit pas voir tout d'un coup l'aiguille & les nombres du Cadran, & par-là connoître de loin, quelle heure il eft, une vuë fi perçante ne lui feroit pas dans le fond fort avantageufe, puis qu'en lui découvrant la configuration fecrete des parties de cette Machine, elle lui en feroit perdre l'ufage.

§. 13. Permettez-moi ici de vous propofer une Conjecture bizarre qui Conjecture tou-m'eft venuë dans l'Efprit. Si l'on peut ajoûter foi au rapport des chofes chant les Efprits. dont notre Philofophie ne fauroit rendre raifon, nous avons quelque fujet de croire que les Efprits peuvent s'unir à des Corps de différente groffeur, figure, & conformation de parties. Cela étant, je ne fai fi l'un des grands avantages que quelques-uns de ces Efprits ont fur nous, ne confifte point en ce qu'ils peuvent fe former & fe façonner à eux-mêmes des organes de fenfation ou de perception qui conviennent juftement à leur préfent deffein, & aux circonftances de l'Objet qu'ils veulent examiner. Car combien un homme furpafferoit-il tous les autres en connoiffance, qui auroit feulement la faculté de changer de telle forte la ftructure de fes yeux, que le Sens de la Vuë devînt capable de tous les différens dégrez de vifion que le fecours des Verres au travers defquels on regarda au commencement par hazard, nous a fait connoître? Quelles merveilles ne découvriroit pas celui qui pourroit proportionner fes yeux à toute forte d'Objets, jufqu'à voir, quand il voudroit, la figure & le mouvement des petites particules du fang & des autres liqueurs qui fe trouvent dans le Corps des Animaux, d'une maniére auffi diftincte qu'il voit la figure & le mouvement des Animaux mêmes? Mais dans l'état où nous fommes préfentement, il ne nous feroit peut-être d'aucun ufage d'avoir des organes invariables, façonnez de telle forte que par leur moyen nous puffions découvrir la figure & le mouvement des petites particules des Corps, d'où dépendent les Qualitez fenfibles que nous y remarquons préfentement. Dieu nous a faits fans doute de la maniére, qui nous eft la plus avantageufe par rapport à notre condition, & tels que nous devons être à l'égard des Corps qui nous environnent & avec qui nous avons à faire. Ainfi, quoi que nos Facultez ne puiffent nous conduire à une parfaite connoiffance des chofes, elles peuvent néanmoins nous être d'un affez grand ufage par rapport aux fins dont je viens de parler, en quoi confifte notre grand intérêt. Encore une fois, je demande pardon à mon Lecteur de la liberté que j'ai pris de lui propofer une penfée fi extravagante touchant la maniére dont les Etres qui font au deffus de nous, peuvent appercevoir les chofes. Mais quelque bizarre qu'elle foit, je doute que nous puiffions imaginer comment les Anges viennent à connoître les chofes, autrement que par cette voye, ou par quelque autre femblable, je veux dire qui ait quel-

que

CHAP. XXIII. que rapport à ce que nous trouvons & obſervons en nous-mêmes. Car bien que nous ne puiſſions nous empêcher de reconnoître que Dieu qui eſt infiniment puiſſant & infiniment ſage, peut faire des Créatures qu'il enrichiſſe de mille facultez & maniéres d'appercevoir les choſes extérieures, que nous n'avons pas ; cependant nous ne ſaurions imaginer d'autres facultez que celles que nous trouvons en nous-mêmes, tant il nous eſt impoſſible d'étendre nos conjectures mêmes, au delà des Idées qui nous viennent par la Senſation & par la Reflexion. Il ne faut pas, du moins, que ce qu'on ſuppoſe que les Anges s'uniſſent quelquefois à des Corps, nous ſurprenne, puiſqu'il ſemble que quelques-uns des plus anciens & des plus ſavans Péres de l'Egliſe ont crû, que les Anges avoient des Corps. Ce qu'il y a de certain, c'eſt que leur état & leur maniére d'exiſter nous eſt tout-à-fait inconnuë.

Idées complexes des Subſtances.

§. 14. Mais pour revenir aux Idées que nous avons des Subſtances, & aux moyens par lesquels nous venons à les acquérir, je dis que les Idées ſpecifiques que nous avons des Subſtances, ne ſont autre choſe qu'*une collection d'un certain nombre d'Idées ſimples, conſiderées comme unies en un ſeul ſujet.* Quoi qu'on appelle communément ces idées de Subſtances *ſimples apprehenſions*, & les noms qu'on leur donne, *Termes ſimples*, elles ſont pourtant *complexes* dans le fond. Ainſi, l'Idée qu'un François comprend ſous le mot de *Cygne*, c'eſt une couleur blanche, un long cou, un bec rouge, des jambes noires, un pié uni, & tout cela d'une certaine grandeur, avec la puiſſance de nager dans l'eau & de faire un certain bruit ; à quoi un homme qui a long-temps obſervé ces ſortes d'Oiſeaux, ajoûte peut-être quelques autres propriétez qui ſe terminent toutes à des Idées ſimples, unies dans un commun ſujet.

L'Idée des Subſtances ſpirituelles eſt auſſi claire que celle des Subſtances corporelles.

§. 15. Outre les Idées complexes que nous avons des Subſtances materielles & ſenſibles dont je viens de parler, nous pouvons encore nous former *l'idée complexe d'un Eſprit immateriel*, par le moyen des Idées ſimples que nous avons déduites des operations de notre propre Eſprit, que nous ſentons tous les jours en nous-mêmes, comme *penſer*, *entendre*, *vouloir*, *connoitre* & *pouvoir mettre des Corps en mouvement*, &c. qualitez qui coëxiſtent dans une même Subſtance. De ſorte qu'en joignant enſemble les idées de *penſée*, de *perception*, de *Liberté*, & de *puiſſance de mouvoir* notre propre Corps & des Corps étrangers, nous avons une notion auſſi claire des Subſtances immaterielles que des materielles. Car en conſiderant les idées de *Penſer*, de *Vouloir*, ou de *pouvoir exciter* ou *arrêter le mouvement des Corps* comme inhérentes dans une certaine Subſtance dont nous n'avons aucune idée diſtincte, nous avons l'idée d'un *Eſprit immateriel* : & de même en joignant les idées de *ſolidité*, de *coheſion* de parties avec la *puiſſance d'être mû*, & ſuppoſant que ces choſes coëxiſtent dans une Subſtance dont nous n'avons non plus aucune idée poſitive, nous avons l'idée de la *Matiére*. L'une de ces Idées eſt auſſi claire & auſſi diſtincte que l'autre : car les Idées de penſer, & de mouvoir un Corps, peuvent être conçuës auſſi nettement & auſſi diſtinctement que celles d'étenduë, de ſolidité & de mobilité, & dans l'une & l'autre de ces choſes, l'idée de *Subſtance* eſt également obſcure,

où

des Substances. Liv. II. 239

ou plûtôt n'est rien du tout à notre égard, puisqu'elle n'est qu'un je ne sai quoi, que nous supposons être le soûtien de ces Idées que nous nommons *Accidens.* C'est donc faute de reflexion que nous sommes portez à croire, que nos Sens ne nous présentent que des choses materielles. Chaque acte de Sensation, à le considerer exactement, nous fait également envisager des choses corporelles, & des choses spirituelles. Car dans le temps que voyant ou entendant, *&c.* je connois qu'il y a quelque Etre corporel hors de moi qui est l'objet de cette sensation, je sai d'une maniére encore plus certaine qu'il y a au dedans de moi quelque Etre spirituel qui voit & qui entend. Je ne saurois, dis-je, éviter d'être convaincu en moi-même que cela n'est pas l'action d'une matiére purement insensible, & ne pourroit jamais se faire sans un Etre pensant & immateriel.

Chap. XXIII.

§. 16. Par l'idée complexe d'étenduë, de figure, de couleur, & de toutes les autres Qualitez sensibles, à quoi se réduit tout ce que nous connoissons du Corps, nous sommes aussi éloignez d'avoir quelque idée de la Substance du Corps, que si nous ne le connoissions point du tout. Et quelque connoissance particuliére que nous pensions avoir de la Matiere, & malgré ce grand nombre de Qualitez que les hommes croyent appercevoir & remarquer dans les Corps, on trouvera, peut-être, après y avoir bien pensé, *que les idées originales qu'ils ont du Corps, ne sont ni en plus grand nombre ni plus claires, que celles qu'ils ont des Esprits immateriels.*

Nous n'avons aucune idée de la Substance abstraite.

§. 17. Les *Idées originales* que nous avons du Corps, comme lui étant particuliéres, entant qu'elles servent à le distinguer de l'Esprit, sont la *cohesion de parties solides* & par conséquent *separables, & la puissance de communiquer le mouvement par la voye d'impulsion.* Ce sont là, dis-je, à mon avis, les idées originales du Corps qui lui sont propres & particuliéres, car la *Figure* n'est qu'une suite d'une Extension bornée.

La cohesion de parties solides & l'impulsion, sont les Idées originales du Corps.

§. 18. Les Idées que nous considerons comme particuliéres à l'Esprit, sont la *Pensée,* la *Volonté,* ou la puissance de mettre un Corps en mouvement par la pensée; & la *Liberté* qui est une suite de ce pouvoir. Car comme un Corps ne peut que communiquer son mouvement par voye d'impulsion à un autre Corps qu'il rencontre en repos; de même l'Esprit peut mettre des Corps en mouvement, ou s'empêcher de le faire, selon qu'il lui plaît. Quant aux idées d'Existence, de Durée & de Mobilité, elles sont communes au Corps & à l'Esprit.

La pensée & la puissance de donner du mouvement, sont les idées originales de l'Esprit.

§. 19. On ne doit point, au reste, trouver étrange que j'attribuë la Mobilité à l'Esprit: car comme je ne connois le mouvement que sous l'idée d'un changement de distance par rapport à d'autres Etres qui sont considerez en repos; & que je trouve que les Esprits non plus que les Corps ne sauroient operer qu'où ils sont; & que les Esprits operent en divers temps dans différens lieux; je ne puis qu'attribuer le changement de place à tous les Esprits finis, car je ne parle point ici de l'*Esprit Infini.* En effet, mon Esprit étant un Etre réel aussi bien que mon Corps, il est certainement aussi capable que le Corps même, de changer de distance par rapport à quelque Corps ou à quelque autre Etre que ce soit; & par conséquent il est *capable de mouvement.* De sorte que, si un Mathematicien peut considerer

Les Esprits sont capables de mouvement.

une

240 *De nos Idées Complexes*

Chap. XXIII. une certaine distance, ou un changement de distance entre deux points, qui que ce soit peut concevoir sans doute une distance & un changement de distance entre deux Esprits, & concevoir par ce moyen leur mouvement, l'approche ou l'éloignement de l'un à l'égard de l'autre.

§. 20. Chacun sent en lui-même que son Ame peut penser, vouloir, & operer sur son Corps, dans le lieu où il est, mais qu'elle ne sauroit operer sur un Corps ou dans un Lieu qui seroit à cent lieues d'elle. Ainsi, personne ne peut s'imaginer que, tandis qu'il est à *Paris*, son Ame puisse penser ou remuer un Corps à *Montpellier*, & ne pas voir que son Ame étant unie à son Corps, elle change continuellement de place durant tout le chemin qu'il fait de *Paris* à *Montpellier*, de même que le Carosse ou le Cheval qui le porte. D'où l'on peut sûrement conclurre, à mon avis, que son Ame est en mouvement pendant tout ce temps-là. Que si l'on fait difficulté de reconnoître que cet exemple nous donne une idée assez claire du mouvement de l'Ame, on n'a, je pense, qu'à reflechir sur sa separation d'avec le Corps par la Mort, pour être convaincu de ce mouvement: car considerer l'Ame comme sortant du Corps, & abandonnant le Corps, sans avoir aucune idée de son mouvement, c'est, ce me semble, une chose absolument impossible.

§. 21. Si l'on dit, Que l'Ame ne sauroit changer de lieu, parce qu'elle n'en occupe aucun, les Esprits n'étant pas (1) *in loco, sed ubi*; je ne crois pas que bien des gens fassent maintenant beaucoup de fond sur cette façon de parler, dans un siécle où l'on n'est pas fort disposé à admirer des sons frivoles, ou à se laisser tromper par ces sortes d'expressions inintelligibles. Mais si quelqu'un s'imagine que cette distinction peut recevoir un sens raisonnable & qu'on peut l'appliquer à notre présente Question, je le prie de l'exprimer en François intelligible, & d'en tirer, après cela, une raison qui montre que les Esprits immateriels ne sont pas capables de mouvement. On ne peut, à la verité, attribuer du mouvement à Dieu, non pas parce qu'il est un Esprit immateriel, mais parce qu'il est un Esprit infini.

Comparaison entre l'idée du Corps & celle de l'Ame.

§. 22. Comparons donc l'idée complexe que nous avons de l'*Esprit* avec l'idée complexe que nous avons du *Corps*, & voyons s'il y a plus d'obscurité dans l'une que dans l'autre, & dans laquelle il y en a davantage. Notre idée du Corps emporte, à ce que je crois, une Substance étenduë, solide & capable de communiquer du mouvement par impulsion ; & l'idée que nous avons de notre Ame considerée comme un Esprit immateriel, est celle d'une Substance qui pense, & qui a la puissance de mettre un Corps en mouvement par la volonté ou la pensée. Telles sont, à mon avis, les idées com-

plexes

---

(1) Comme ces mots employez de cette maniere, ne signifient rien, il n'est pas possible de les traduire en François. Les Scholastiques ont cette commodité de se servir de mots auxquels ils n'attachent aucune idée ; & à la faveur de ces termes barbares ils soûtiennent tout ce qu'ils veulent, *ce qu'ils n'entendent pas aussi bien que ce qu'ils entendent*. Mais quand on les oblige d'expliquer ces termes par d'autres qui soient usitez dans une Langue vulgaire, l'impossibilité où ils sont de le faire, montre nettement qu'ils ne cachent sous ces mots que de vains galimathias, & un jargon mystérieux par lequel ils ne peuvent tromper que ceux qui sont assez sots pour admirer ce qu'ils n'entendent point.

Des Substances. Liv. II.

plexes que nous avons de l'Esprit & du Corps entant qu'ils sont distincts Chap.XXIII.
l'un de l'autre. Voyons présentement laquelle de ces deux idées est la plus
obscure & la plus difficile à comprendre. Je sai que certaines gens dont les
pensées sont, pour ainsi dire, enfoncées dans la matiére, & qui ont si fort
asservi leur Esprit à leurs Sens, qu'ils élevent rarement leurs pensées au delà, sont portez à dire, qu'ils ne sauroient concevoir une chose qui pense; ce
qui est, peut-être, fort veritable. Mais je soûtiens que s'ils y songent bien,
ils trouveront qu'ils ne peuvent pas mieux concevoir une chose étenduë.

§. 23. Si quelqu'un dit à ce propos, Qu'il ne sait ce que c'est qui pen- La cohésion de
se en lui, il entend par-là qu'il ne sait quelle est la Substance de cet Etre parties solides dans
pensant. Il ne connoit pas non plus, répondrai-je, quelle est la Substance difficile à conce-
d'une chose solide. Et s'il ajoûte qu'il ne sait point comment il pense, je voir que la Pensée
repliquerai, qu'il ne sait pas non plus comment il est étendu; comment les dans l'Ame.
parties solides du Corps sont unies ou attachées ensemble pour faire un tout
étendu. Car quoi qu'on puisse attribuer à la pression des particules de
l'Air, la cohésion des differentes parties de Matiére qui sont plus grosses
que les parties de l'Air, & qui ont des pores plus petits que les corpuscules
de l'Air, cependant la pression de l'Air ne sauroit servir à expliquer la cohésion des particules de l'Air même, puisqu'elle n'en sauroit être la cause.
Que si la pression de l'*Ether* ou de quelque autre matiére plus subtile que
l'Air, peut unir & tenir attachées les parties d'une particule d'Air aussi bien
que des autres Corps, cette *Matiére subtile* ne peut se servir de lien à elle-
même, & tenir unies les parties qui composent l'un de ses plus petits corpuscules. Et ainsi, quelque ingénieusement qu'on explique cette Hypothese, en faisant voir que les parties des Corps sensibles sont unies par la
pression de quelque autre Corps insensible, elle ne sert de rien pour expliquer l'union des parties de l'*Ether* même ; & plus elle prouve évidemment que les parties des autres Corps sont jointes ensemble par la pression
extérieure de l'*Ether*, & qu'elles ne peuvent avoir une autre cause intelligible de leur cohésion, plus elle nous laisse dans l'obscurité par rapport à la
cohésion des parties qui composent les corpuscules de l'*Ether* lui-même:
car nous ne saurions concevoir ces corpuscules sans parties, puis qu'ils sont
Corps & par conséquent divisibles, ni comprendre comment leurs parties
sont unies les unes aux autres, puisqu'il leur manque cette cause d'union qui
sert à expliquer la cohésion des parties des autres Corps.

§. 24. Mais dans le fond on ne sauroit concevoir que la pression d'un
Ambiant fluide, quelque grande qu'elle soit, puisse être la cause de la cohésion des parties solides de la Matiere. Car quoi qu'une telle pression
puisse empêcher qu'on n'éloigne deux surfaces polies l'une de l'autre par
une ligne qui leur soit perpendiculaire, comme on voit par l'expérience de
deux Marbres polis, posez l'un sur l'autre, elle ne sauroit du moins empêcher qu'on ne les separe par un mouvement parallele à ces surfaces. Parce
que, comme l'*Ambiant* fluide a une entiére liberté de succeder à chaque
point d'espace qui est abandonné par ce mouvement de côté, il ne résiste
pas davantage au mouvement des Corps ainsi joints, qu'il résisteroit au
mouvement d'un Corps qui seroit environné de tous côtez par ce Fluide,

H h &

CHAP. XXIII. & ne toucheroit aucun autre Corps. C'est pour cela que s'il n'y avoit point d'autre cause de la cohésion des Corps, il seroit fort aisé d'en separer toutes les parties, en les faisant ainsi glisser de côté. Car si la pression de l'*Ether* est la cause absoluë de la cohésion, il ne peut y avoir de cohésion, là où cette cause n'opére point. Et puisque la pression de l'*Ether* ne sauroit agir contre une telle separation de côté, ainsi que je viens de le faire voir, il s'ensuit de là qu'à prendre tel plain qu'on voudroit, qui coupât quelque masse de Matiére, il n'y auroit pas plus de cohésion qu'entre deux surfaces polies, qu'on pourra toûjours faire glisser aisément l'une de dessus l'autre, quelque grande qu'on imagine la pression du Fluide qui les environne. De sorte que, quelque claire que soit l'idée que nous croyons avoir de l'étenduë du Corps, qui n'est autre chose qu'une cohésion de parties solides, peut-être que qui considerera bien la chose en lui-même, aura sujet de conclurre qu'il lui est aussi facile d'avoir une idée claire de la maniére dont l'Ame pense, que de celle dont le Corps est étendu. Car comme le Corps n'est point autrement étendu que par l'union & la cohésion de ses parties solides, nous ne pouvons jamais bien concevoir l'étenduë du Corps, sans voir en quoi consiste l'union de ses parties, ce qui me paroit aussi incomprehensible que la pensée & la maniére dont elle se forme.

§. 25. Je sai que la plûpart des gens s'étonnent de voir qu'on trouve de la difficulté dans ce qu'ils croyent observer chaque jour. Ne voyons-nous pas, diront-ils d'abord, les parties des Corps fortement jointes ensemble ? Y a-t-il rien de plus commun ? Quel doute peut-on avoir là-dessus ? Et moi, je dis de même à l'égard de la Pensée & de la Puissance de mouvoir, ne sentons-nous pas ces deux choses en nous-mêmes par de continuelles expériences, & ainsi, le moyen d'en douter ? De part & d'autre le fait est évident, j'en tombe d'accord. Mais quand nous venons à l'examiner d'un peu plus près, & à considerer comment se fait la chose, je croi qu'alors nous sommes hors de route à l'un & à l'autre égard. Car je comprens aussi peu comment les parties du Corps sont jointes ensemble, que de quelle maniére nous appercevons le Corps, ou le mettons en mouvement : ce sont pour moi deux énigmes également impénétrables. Et je voudrois bien que quelqu'un m'expliquât d'une maniére intelligible, comment les parties de l'*Or* & du *Cuivre*, qui venant d'être fonduës tout à l'heure, étoient aussi désunies les unes des autres que les particules de l'Eau ou du sable, ont été, quelques momens après, si fortement jointes & attachées l'une à l'autre, que toute la force des bras d'un homme ne sauroit les separer. Je croi que toute personne qui est accoûtumée à faire des reflexions, se verra ici dans l'impossibilité de trouver quoi que ce soit qui puisse le satisfaire.

§. 26. Les petits corpuscules qui composent ce Fluide que nous appellons *Eau*, sont d'une si extraordinaire petitesse, que je n'ai pas encore ouï dire que personne ait prétendu appercevoir leur grosseur, leur figure distincte, ou leur mouvement particulier ; par le moyen d'aucun Microscope, quoi qu'on m'ait assuré qu'il y a des Microscopes, qui font voir les Objets, dix mille & même cent mille fois plus grands qu'ils ne nous paroissent naturellement. D'ailleurs, les particules de l'Eau sont si fort détachées les

unes

unes des autres, que la moindre force les separe d'une maniére sensible. Bien CHAP. XXIII.
plus, si nous considerons leur perpetuel mouvement, nous devons reconnoître qu'elles ne sont point attachées l'une à l'autre. Cependant, qu'il vienne un grand froid, elles s'unissent & deviennent solides : ces petits atomes s'attachent les uns aux autres, & ne sauroient être separez que par une grande force. Qui pourra trouver les liens qui attachent si fortement ensemble les amas de ces petits corpuscules qui étoient auparavant separez, quiconque, dis-je, nous fera connoître le ciment qui les joint si étroitement l'un à l'autre, nous découvrira un grand secret, jusqu'à cette heure entierement inconnu. Mais quand on en seroit venu là, l'on seroit encore assez éloigné d'expliquer d'une maniére intelligible l'étendue du Corps, c'est-à-dire, la cohésion de ses parties solides, jusqu'à ce qu'on put faire voir en quoi consiste l'union ou la cohésion des parties de ces liens, ou de ce ciment, ou de la plus petite partie de Matiére qui existe. D'où il paroît que cette prémière qualité du Corps qu'on suppose si évidente, se trouvera, après y avoir bien pensé, tout aussi incomprehensible qu'aucun attribut de l'Esprit: on verra, dis-je, qu'une Substance solide & étendue est aussi difficile à concevoir qu'une Substance qui pense, quelques difficultez que certaines gens forment contre cette derniére Substance.

§. 27. En effet, pour pousser nos pensées un peu plus loin, cette pression qu'on propose pour expliquer la cohésion des Corps, est aussi inintelligible que la cohésion elle-même. Car si la Matiére est supposée finie, comme elle l'est sans doute, que quelqu'un se transporte en esprit jusqu'aux extremitez de l'Univers, & qu'il voye là quels cerceaux, quels crampons il peut imaginer qui retiennent cette masse de matiére dans cette étroite union, d'où l'*Acier* tire toute sa solidité, & les parties du *Diamant* leur dureté & leur *indissolubilité*, si j'ose me servir de ce terme : car si la Matiére est finie, elle doit avoir ses limites, & il faut que quelque chose empêche que ses parties ne se dissipent de tous côtez. Que si pour éviter cette difficulté, quelqu'un s'avise de supposer la Matiére infinie, qu'il voye à quoi lui servira de s'engager dans cet abyme, quel secours il en pourra tirer pour expliquer la cohésion du Corps ; & s'il sera plus en état de la rendre intelligible en l'établissant sur la plus absurde & la plus incomprehensible supposition qu'on puisse faire. Tant il est vrai que si nous voulons rechercher la nature, la cause & la maniére de l'Etendue du Corps, qui n'est autre chose que la cohésion de parties solides, nous trouverons qu'il s'en faut de beaucoup que l'idée que nous avons de l'étendue du Corps soit plus claire que l'idée que nous avons de la *Pensée*.

La cohésion des parties solides dans le Corps, aussi difficile à concevoir que la pensée dans l'Ame.

§. 28. Une autre idée que nous avons du Corps, c'est la *puissance de communiquer le mouvement par impulsion*, & une autre que nous avons de l'Ame, c'est la *puissance de produire du mouvement par la pensée*. L'experience nous fournit chaque jour ces deux Idées d'une maniére évidente: mais si nous voulons encore rechercher comment cela se fait, nous nous trouvons également dans les ténébres. Car à l'égard de la communication du mouvement, par où un Corps perd autant de mouvement qu'un autre en reçoit, qui est le cas le plus ordinaire, nous ne concevons autre chose

La communication du mouvement par l'impulsion ou par la pensée également inintelligible.

CHAP. XXIII. par-là qu'un mouvement qui paſſe d'un Corps à un autre Corps, ce qui eſt, je croi, auſſi obſcur & auſſi inconcevable, que la maniére dont notre Eſprit met en mouvement ou arrête notre Corps par la penſée, ce que nous voyons qu'il fait à tout moment. Et il eſt encore plus mal-aiſé d'expliquer par voye d'impulſion, l'augmentation du mouvement qu'on obſerve, ou qu'on croit arriver en certaines rencontres. L'expérience nous fait voir tous les jours des preuves évidentes du mouvement produit par l'impulſion, & par la penſée, mais nous ne pouvons guere comprendre comment cela ſe fait. Dans ces deux cas notre Eſprit eſt également à bout. De ſorte que de quelque maniére que nous conſiderions le mouvement, & ſa communication, comme des effets produits par le Corps ou par l'Eſprit, *l'idée qui appartient à l'Eſprit, eſt pour le moins auſſi claire, que celle qui appartient au Corps*. Et pour ce qui eſt de la Puiſſance active de mouvoir, ou de la *motivité*, ſi j'oſe me ſervir de ce terme, on la conçoit beaucoup plus clairement dans l'Eſprit que dans le Corps: parce que deux Corps en repos, placez l'un auprès de l'autre, ne nous fourniront jamais * l'idée d'une Puiſſance qui ſoit dans l'un de ces Corps pour remuer l'autre, autrement que par un mouvement emprunté, au lieu que l'Eſprit nous préſente chaque jour l'idée d'une Puiſſance active de mouvoir les Corps. C'eſt pourquoi ce n'eſt pas une choſe indigne de notre recherche de voir ſi la *Puiſſance active* eſt l'attribut propre des Eſprits, & la *Puiſſance paſſive* celui des Corps. D'où l'on pourroit conjecturer, que les Eſprits créez étant *actifs* & *paſſifs* ne ſont pas totalement ſeparez de la Matiere. Car l'Eſprit pur, c'eſt-à-dire DIEU, étant ſeulement *actif*, & la pure Matiére ſimplement *paſſive*, on peut croire que ces autres Etres qui ſont *actifs* & *paſſifs* tout enſemble, participent de l'un & de l'autre. Mais quoi qu'il en ſoit, les idées que nous avons de l'Eſprit, ſont, je penſe, en auſſi grand nombre & auſſi claires que celles que nous avons du Corps, la Subſtance de l'un & de l'autre nous étant également inconnuë ; & l'idée de *la penſée* que nous trouvons dans l'Eſprit nous paroiſſant auſſi claire que celle de *l'étenduë* que nous remarquons dans le Corps ; & la communication du mouvement qui ſe fait par la penſée & que nous attribuons à l'Eſprit, eſt auſſi évidente que celle qui ſe fait par impulſion & que nous attribuons au Corps. Une conſtante expérience nous fait voir ces deux communications d'une maniére ſenſible, quoi que la foible capacité de notre Entendement ne puiſſe les comprendre ni l'une ni l'autre. Car dès que l'Eſprit veut porter ſa vuë au delà de ces Idées originales qui nous viennent par *Senſation* ou par *Reflexion*, pour pénétrer dans leurs cauſes & dans la maniére de leur production, nous trouvons que cette recherche ne ſert qu'à nous faire ſentir combien ſont courtes nos lumiéres.

§. 29. Enfin pour conclurre ce Parallele, la *Senſation* nous fait connoître évidemment, qu'il y a des Subſtances ſolides & étenduës, & la *Reflexion* qu'il y a des Subſtances qui penſent. L'Expérience nous perſuade de l'exiſtence de ces deux ſortes d'Etres, & que l'un a la Puiſſance de mouvoir le Corps par impulſion, & l'autre par la penſée: c'eſt dequoi nous ne ſaurions douter. L'Expérience, dis-je, nous fournit à tout moment des idées claires de l'un & de l'autre : mais nos Facultez ne peuvent rien ajoûter à ces

Idées

* Voy. ci-deſſus, Ch. XXI. §. 4. pag. 180. où cela eſt prouvé plus au long.

Idées au delà de ce que nous y découvrons par la *Sensation* ou par la *Reflexion*. Que si nous voulons rechercher, outre cela, leur nature, leurs causes, *&c.* nous appercevons bientôt que la nature de l'Etenduë ne nous est pas connuë plus nettement que celle de la Pensée. Si, dis-je, nous voulons les expliquer plus particulierement, la facilité est égale des deux côtez, je veux dire que nous ne trouvons pas plus de difficulté à concevoir comment une Substance que nous ne connoissons pas, peut par la pensée mettre un Corps en mouvement, qu'à comprendre comment une Substance que nous ne connoissons pas non plus, peut remuer un Corps par voye d'impulsion. De sorte que nous ne sommes pas plus en état de découvrir en quoi consistent les Idées qui regardent le Corps, que celles qui appartiennent à l'Esprit. D'où il paroit fort probable que les Idées simples que nous recevons de la *Sensation* & de la *Reflexion* sont les bornes de nos pensées, au delà desquelles notre Esprit ne sauroit avancer d'un seul point, quelque effort qu'il fasse pour cela; & par conséquent, c'est en vain qu'il s'attacheroit à rechercher avec soin la nature & les causes secretes de ces idées, il ne peut jamais y faire aucune découverte.

Chap. XXIII.

§. 30. Voici donc en peu de mots à quoi se réduit l'idée que nous avons de l'Esprit comparée à celle que nous avons du Corps. La Substance de l'Esprit nous est inconnuë, & celle du Corps nous l'est tout autant. Nous avons des idées claires & distinctes de deux *Prémiéres Qualitez* ou propriétez du Corps, qui sont la cohésion de parties solides, & l'impulsion : de même nous connoissons dans l'Esprit deux prémiéres Qualitez ou propriétez dont nous avons des idées claires & distinctes, savoir la pensée & la puissance d'agir, c'est-à-dire, de commencer ou d'arrêter différentes pensées ou divers mouvemens. Nous avons aussi des idées claires & distinctes de plusieurs Qualitez inhérentes dans le Corps, lesquelles ne sont autre chose que différentes modifications de l'étenduë de parties solides, jointes ensemble, & de leur mouvement. L'Esprit nous fournit de même des idées de plusieurs *Modes de penser*, comme *croire*, *douter*, *être appliqué*, *craindre*, *espérer*, &c. nous y trouvons aussi les idées de *Vouloir*, & de *mouvoir le Corps* en conséquence de la volonté, & de se mouvoir lui-même avec le Corps: car l'Esprit est capable de mouvement, comme nous l'avons * déja montré.

Comparaison des Idées que nous avons du Corps & de l'Esprit.

§. 31. Enfin, s'il se trouve dans cette notion de l'Esprit quelque difficulté, qu'il ne soit peut-être pas facile d'expliquer, nous n'avons pas pour cela plus de raison de nier ou de revoquer en doute l'existence des Esprits, que nous en aurions de nier ou de revoquer en doute l'existence du Corps, sous prétexte que la notion du Corps est embarrassée de quelques difficultez qu'il est fort difficile & peut-être impossible d'expliquer ou d'entendre. Car je voudrois bien qu'on me montrât dans la notion que nous avons de l'Esprit, quelque chose de plus embrouillé ou qui approche plus de la contradiction, que ce que renferme la notion même du Corps, je veux parler de la *Divisibilité à l'infini* d'une étenduë finie. Car soit que nous recevions cette divisibilité à l'infini, ou que nous la rejettions, elle nous engage dans des conséquences qu'il nous est impossible d'expliquer ou de pouvoir concilier, & qui entraînent de plus grandes difficultez & des absurditez plus apparen-

* Pag. 239.
§. 19. 20. 21.
La Notion d'un Esprit n'enferme pas plus de difficulté que celle du Corps.

CHAP. XXIII. tes que tout ce qui peut suivre de la notion d'une Substance immaterielle douée d'intelligence.

Nous ne connoissons rien au delà de nos Idées simples.

§. 32. Et c'est dequoi nous ne devons point être surpris, puisque n'ayant que quelque petit nombre d'Idées superficielles des choses, qui nous viennent uniquement ou des Objets extérieurs à la faveur des Sens, ou de notre propre Esprit reflechissant sur ce qu'il éprouve en lui-même, notre connoissance ne s'étend pas plus avant, tant s'en faut que nous puissions pénétrer dans la constitution intérieure & la vraye nature des choses, étant destituez des Facultez nécessaires pour parvenir jusque-là. Puis donc que nous trouvons en nous-mêmes de la connoissance, & le pouvoir d'exciter du mouvement en conséquence de notre volonté, & cela d'une maniére aussi certaine que nous découvrons dans des choses qui sont hors de nous, une cohésion & une division de parties solides, en quoi consiste l'étenduë & le mouvement des Corps, *nous avons autant de raison de nous contenter de l'Idée que nous avons d'un Esprit immateriel, que de celles que nous avons du Corps, & d'être également convaincus de l'existence de tous les deux.* Car il n'y a pas plus de contradiction que la *Pensée* existe separée & indépendante de la *Solidité*, qu'il y en a que la Solidité existe separée & indépendante de la Pensée; la *Solidité* & la *Pensée* n'étant que des Idées simples, indépendantes l'une de l'autre. Et comme nous trouvons d'ailleurs en nous-mêmes des idées aussi claires & aussi distinctes de la Pensée que de la Solidité, je ne vois pas pourquoi nous ne pourrions pas admettre aussi bien l'existence d'une chose qui pense sans être solide, c'est-à-dire, qui soit *immaterielle*, que l'existence d'une chose solide qui ne pense pas, c'est-à-dire, de la *Matiére*; & sur-tout, puisqu'il n'est pas plus difficile de concevoir comment la pensée pourroit exister sans Matiére, que de comprendre comment la Matiére pourroit penser. Car dès que nous voulons aller au delà des Idées Simples qui nous viennent par la *Sensation* ou par la *Reflexion*, & pénétrer plus avant dans la nature des Choses, nous nous trouvons aussi-tôt dans les ténèbres, & dans un embarras de difficultez inexplicables, & ne pouvons après tout découvrir autre chose que notre ignorance & notre propre aveuglement. Mais quelle que soit la plus claire de ces deux Idées complexes, celle du Corps ou celle de l'Esprit, il est évident que les Idées simples qui les composent ne sont autre chose que ce qui nous vient par *Sensation* ou par *Reflexion*. Il en est de même de toutes les autres Idées de *Substances* sans en excepter celle de DIEU lui-même.

Idée de Dieu.

§. 33. En effet, si nous examinons l'Idée que nous avons de cet Etre supréme & incompréhensible, nous trouverons que nous l'acquerons par la même voye, & que les *Idées complexes* que nous avons de DIEU & des Esprits purs, sont composées des *Idées simples* que nous recevons de la *Reflexion*. Par exemple, après avoir formé par la consideration de ce que nous éprouvons en nous-mêmes, les idées d'*existence* & de *durée*, de *connoissance*, de *puissance*, de *plaisir*, de *bonheur* & de plusieurs autres Qualitez & Puissances, qu'il est plus avantageux d'avoir que de n'avoir pas, lorsque nous voulons former l'idée la plus convenable à l'Etre supréme, qu'il nous est possible d'imaginer, nous étendons chacune de ces Idées par le moyen de celle

que

que nous avons de * l'*Infini*, & joignant toutes ces Idées ensemble, nous formons notre Idée complexe de D I E U. Car que l'Esprit ait cette puissance d'étendre quelques-unes de ses Idées, qui lui sont venuës par *Sensation* ou par *Reflexion*, c'est ce que nous avons † déja montré.

§. 34. Si je trouve que je connois un petit nombre de choses, & quelques-unes de celles-là, ou, peut-être, toutes, d'une maniére imparfaite, je puis former une idée d'un Etre qui en connoit deux fois autant, que je puis doubler encore aussi souvent que je puis ajoûter au nombre, & ainsi augmenter mon idée de connoissance en étendant sa comprehension à toutes les choses qui existent ou peuvent exister. J'en puis faire de même à l'égard de la maniére de connoître toutes ces choses plus parfaitement, c'est à-dire, toutes leurs Qualitez, Puissances, Causes, Conséquences, & Relations, &c. jusqu'à ce que tout ce qu'elles renferment ou qui peut y être rapporté en quelque maniére, soit parfaitement connu: Par où je puis me former l'idée d'une connoissance infinie, ou qui n'a point de bornes. On peut faire la même chose à l'égard de la Puissance que nous pouvons étendre jusqu'à ce que nous soyions parvenus à ce que nous appellons *Infini*, comme aussi à l'égard de la Durée d'une existence sans commencement ou sans fin, & ainsi former l'idée d'un Etre *Eternel*. Les dégrez ou l'étenduë dans laquelle nous attribuons à cet Etre suprême que nous appellons *Dieu*, l'existence, la puissance, la sagesse, & toutes les autres Perfections dont nous pouvons avoir quelque idée, ces dégrez, dis-je, étant infinis & sans bornes, nous nous formons par-là la meilleure idée que notre Esprit soit capable de se faire de ce Souverain Etre; & tout cela se fait, comme je viens de dire, en élargissant ces Idées simples qui nous viennent des opérations de notre Esprit par la Reflexion, ou des choses extérieures par le moyen des Sens, jusqu'à cette prodigieuse étenduë où l'Infinité peut les porter.

§. 35. Car c'est l'*Infinité* qui jointe à nos Idées d'existence, de puissance, de connoissance, *&c.* constituë cette idée complexe, par laquelle nous nous représentons l'Etre suprême le mieux que nous pouvons. Car quoi que D I E U dans sa propre essence, qui certainement nous est inconnuë à nous qui ne connoissons pas même l'essence d'un Caillou, d'un Moucheron ou de notre propre personne, soit simple & sans aucune composition; cependant je crois pouvoir dire que nous n'avons de Lui qu'une idée complexe d'existence, de connoissance, de puissance, de félicité, &c. infinie & éternelle : toutes idées distinctes, & dont quelques-unes étant relatives, sont composées de quelque autre idée. Et ce sont toutes ces Idées, qui procedant originairement de la Sensation & de la Reflexion, comme on l'a déja montré, composent l'idée ou notion que nous avons de D I E U.

§. 36. Il faut remarquer, outre cela, qu'excepté l'*Infinité*, il n'y a aucune idée que nous attribuyons à Dieu, qui ne soit aussi une partie de l'Idée complexe que nous avons des autres Esprits. Parce que n'étant capables de recevoir d'autres Idées simples que celles qui appartiennent au Corps, excepté celles que nous recevons de la *Reflexion* que nous faisons sur les Opérations de notre propre Esprit, nous ne pouvons attribuer d'autres Idées aux

Es-

CHAP. XXIII.
* Dont il est parlé ci-dessus dans tout le Chapître XVII. de ce Liv. II. pag. 155.
† Pag. 108. &c. Chap. XI. §. 6. &c.

Dans les Idées complexes que nous avons des Esprits, il n'y en a aucune que nous n'ayions reçuë de la Sensation ou de la Reflexion.

CHAP. XXIII. Esprits que celles qui nous viennent de cette source ; & toute la différence que nous pouvons mettre entre elles en les rapportant aux Esprits, consiste uniquement dans la différente étenduë, & les divers dégrez de leur Connoissance, de leur Puissance, de leur Durée, de leur Bonheur, &c. Car que les Idées que nous avons, tant des Esprits que des autres Choses, se terminent à celles que nous recevons de la *Sensation* & de la *Reflexion*, c'est ce qui suit évidemment de ce que dans nos idées des Esprits, à quelque dégré de perfection que nous les portions au delà de celles des Corps, même jusqu'à celle de l'Infini, nous ne saurions pourtant y demêler aucune idée de la maniére dont les Esprits se découvrent leurs pensées les uns aux autres ; quoi que nous ne puissions éviter de conclurre, que les Esprits separez, qui ont des connoissances plus parfaites & qui sont dans un état beaucoup plus heureux que nous, doivent avoir aussi une voye plus parfaite de s'entre-communiquer leurs pensées, que nous qui sommes obligez de nous servir de signes corporels, & particulierement de sons, qui sont de l'usage le plus général comme les moyens les plus commodes & les plus prompts que nous puissions employer pour nous communiquer nos pensées les uns aux autres. Mais parce que nous n'avons en nous-mêmes aucune expérience, & par conséquent, aucune notion d'une communication immédiate, nous n'avons point aussi d'idée de la maniére dont les Esprits qui n'usent point de paroles, peuvent se communiquer promptement leurs pensées ; & moins encore comprenons-nous comment n'ayant point de Corps, ils peuvent être maîtres de leurs propres pensées, & les faire connoître ou les cacher comme il leur plaît, quoi que nous devions supposer nécessairement qu'ils ont une telle Puissance.

Recapitulation.

§. 37. Voilà donc présentement, *Quelles sortes d'Idées nous avons de toutes les différentes espèces de Substances*, En quoi elles consistent ; & Comment nous les acquérons. D'où je croi qu'on peut tirer évidemment ces trois conséquences.

La prémiére, que toutes les Idées que nous avons des differentes Espèces de Substances, ne sont que des Collections d'Idées simples avec la supposition d'un Sujet auquel elles appartiennent & dans lequel elles subsistent, quoi que nous n'ayons point d'idée claire & distincte de ce sujet.

* Substratum.

La seconde, que toutes les Idées simples qui ainsi unies dans un commun * sujet composent les *Idées complexes* que nous avons de différentes sortes de Substances, ne sont autre chose que des idées qui nous sont venuës par *Sensation* ou par *Reflexion*. De sorte que dans les choses mêmes que nous croyons connoître de la maniére la plus intime, & comprendre avec le plus d'exactitude, nos plus vastes conceptions ne sauroient s'étendre au delà de ces Idées simples. De même, dans les choses qui paroissent les plus éloignées de toutes les autres que nous connoissons, & qui surpassent infiniment tout ce que nous pouvons appercevoir en nous-mêmes par la *Reflexion*, ou découvrir dans les autres choses par le moyen de la *Sensation*, nous ne saurions y rien découvrir que ces Idées simples qui nous viennent originairement de la *Sensation* ou de la *Reflexion*, comme il paroît évidemment à l'égard des Idées complexes que nous avons des Anges & en particulier de Dieu lui-même.

Ma troisiéme conséquence est, que la plûpart des Idées simples qui composent nos Idées complexes des Substances, ne sont, à les bien considerer, que des Puissances, quelque penchant que nous ayions à les prendre pour des Qualitez positives. Par exemple, la plus grande partie des Idées qui composent l'idée complexe que nous avons de l'*Or*, sont la Couleur jaune, une grande pesanteur, la *ductilité*, la *fusibilité*, la capacité d'être dissous par l'Eau Regale, &c. toutes lesquelles idées unies ensemble dans un sujet inconnu qui en est comme * le *soûtien*, ne sont qu'autant de rapports à d'autres *Substances*, & n'existent pas réellement dans l'Or consideré purement en lui-même, quoi qu'elles dépendent des Qualitez originales & réelles de sa constitution intérieure, par laquelle il est capable d'opérer diversement, & de recevoir différentes impressions de la part de plusieurs autres Substances.

CHAP. XXIII.

* *Substratum.*

CHAPITRE XXIV.

Des Idées Collectives de Substances.

CHAP. XXIV.

§. 1. OUTRE ces Idées complexes de différentes Substances singuliéres, comme d'un *Homme*, d'un *Cheval*, de l'*Or*, d'une *Rose*, d'une *Pomme*, &c. l'Esprit a aussi des *Idées collectives de Substances*. Je les nomme ainsi, parce que ces sortes d'idées sont composées de plusieurs Substances particuliéres, considerées ensemble comme jointes en une seule Idée, & qui étant ainsi unies ne font effectivement qu'une idée: par exemple, l'idée de cet amas d'hommes qui compose une *Armée*, est aussi bien une seule idée que celle d'un *homme* quoi qu'elle soit composée d'un grand nombre de Substances distinctes. De même cette grande idée collective de tous les Corps qu'on désigne par le terme d'*Univers*, est aussi bien une seule idée, que celle de la plus petite particule de Matiére qui soit dans le Monde. Car pour faire qu'une idée soit unique, il suffit qu'elle soit considerée comme une seule image, quoi que d'ailleurs elle soit composée du plus grand nombre d'Idées particuliéres qu'il soit possible de concevoir.

Une seule idée faire de l'assemblage de plusieurs idées.

§. 2. L'Esprit forme ces *Idées collectives de Substances* par la Puissance qu'il a de composer & de réunir diversement des Idées simples ou complexes en une seule idée, ainsi qu'il se forme, par la même faculté, des idées complexes des Substances particuliéres, qui sont composées d'un assemblage de diverses idées simples, unies dans une seule Substance. Et comme l'Esprit en joignant ensemble des idées repetées d'*unité*, fait les modes collectifs ou l'idée complexe de quelque nombre que ce soit, comme d'une *douzaine*, d'une *vingtaine*, d'une *Grosse*, &c. de même en joignant ensemble diverses Substances particuliéres, il forme des idées collectives de Substances, comme une *Troupe*, une *Armée*, un *Essain*, une *Ville*, une *Flotte*; car il n'y a personne qui n'éprouve en lui-même qu'il se représente,

Ce qui se fait par la Puissance que l'Esprit a de composer & rassembler des Idées.

pour

Chap. XXIV. pour ainsi dire, d'un coup d'œuil chacune de ces Idées en particulier par une seule idée ; & qu'ainsi sous cette notion il considére aussi parfaitement ces différens amas de choses comme une seule chose, que lorsqu'il se représente un *Vaisseau* ou un *atome*. En effet, il n'est pas plus mal-aisé de concevoir comment une Armée de dix mille hommes peut faire une seule idée, que comment un homme peut nous être représenté sous une seule idée ; car il est aussi facile à l'Esprit de réunir l'idée d'un grand nombre d'hommes en une seule idée, & de la considérer comme une idée effectivement unique, que de former une idée singuliére de toutes les idées distinctes qui entrent dans la composition d'un homme, & les regarder toutes ensemble comme une seule idée.

Toutes les choses artificielles sont des Idées collectives.

§. 3. Il faut mettre au nombre de ces sortes d'*Idées Collectives*, la plus grande partie des Choses artificielles, ou du moins celles de cette nature qui sont composées de Substances distinctes ; & dans le fond, à bien considerer toutes ces Idées collectives, comme une *Armée*, une *Constellation*, l'*Univers*, nous trouverons qu'entant qu'elles forment autant d'Idées singuliéres, ce ne sont que des Tableaux artificiels que l'Esprit trace, pour ainsi dire, en assemblant sous un seul point de vuë des choses fort éloignées, & indépendantes les unes des autres, afin de les mieux contempler, & d'en discourir plus commodément lorsqu'elles sont ainsi réunies sous une seule conception, & désignées par un seul nom. Car il n'y a rien de si éloigné ni de si contraire que l'Esprit ne puisse rassembler en une seule idée par le moyen de cette Faculté, comme il paroît visiblement par ce que signifie le mot d'*Univers* qui n'emporte qu'une seule idée, quelque composé qu'il puisse être.

CHAPITRE XXV.

De la Relation.

Chap. XXV.
Ce que c'est que Relation.

§. 1. OUTRE les Idées simples ou complexes que l'Esprit a des Choses considerées en elles-mêmes, il y en d'autres qu'il forme de la comparaison qu'il fait de ces choses entre elles. Lors que l'Entendement considére une chose, il n'est pas borné précisément à cet Objet ; il peut transporter, pour ainsi dire, chaque idée hors d'elle-même, ou du moins regarder au delà, pour voir quel rapport elle a avec quelque autre idée. Lorsque l'Esprit envisage ainsi une chose, en sorte qu'il la conduit & la place, pour ainsi dire, auprès d'une autre, en jettant la vuë de l'une sur l'autre, c'est une *Relation* ou *rapport*, selon ce qu'emportent ces deux mots ; quant aux denominations qu'on donne aux choses positives, pour désigner ce rapport & être comme autant de marques qui servent à porter la pensée au delà du sujet même qui reçoit la dénomination vers quelque chose qui en soit distinct, c'est ce qu'on appelle termes *Relatifs* ; & pour les choses qu'on approche ainsi l'une de l'autre, on les nomme * *sujets de la Relation*. Ainsi, lorsf-

* *Relata.*

De la Relation. Liv. II.

lorsque l'Esprit considére *Titius* comme un certain Etre positif, il ne ren- Chap. XXV. ferme rien dans cette idée que ce qui existe réellement dans *Titius*: par exemple, lors que je le considere comme un homme, je n'ai autre chose dans l'Esprit que l'idée complexe de cette espèce *Homme*; de même quand je dis que *Titius* est un homme blanc, je ne me représente autre chose qu'un homme qui a cette couleur particuliére. Mais quand je donne à *Titius* le nom de *Mari*, je désigne en même temps quelque autre personne, savoir, sa *femme*; & lorsque je dis qu'il est *plus blanc*, je désigne aussi quelque autre chose, par exemple l'*yvoire*; car dans ces deux cas ma pensée porte sur quelque autre chose que sur *Titius*, de sorte que j'ai actuellement deux objets présens à l'Esprit. Et comme chaque idée soit simple ou complexe, peut fournir à l'Esprit une occasion de mettre ainsi deux choses ensemble, & de les envisager en quelque sorte tout à la fois, quoi qu'il ne laisse pas de les considerer comme distinctes, il s'ensuit de là que chacune de nos idées peut servir de fondement à un rapport. Ainsi dans l'exemple que je viens de proposer, le contract & la cérémonie du mariage de *Titius* avec *Sempronia* fondent la dénomination ou la Relation de *Mari*; & la couleur blanche est la raison pourquoi je dis qu'il est *plus blanc* que l'*yvoire*.

§. 2. Ces Relations-là & autres semblables exprimées par des termes Re- *On n'apperçoit pas aisément les* latifs auxquels il y a d'autres termes qui répondent reciproquement, com- *Relations qui manquent de* me *Pere* & *Fils*; *plus grand* & *plus petit*; *Cause* & *Effet*; toutes ces sortes *termes correlatifs.* de Relations se présentent aisément à l'Esprit, & chacun découvre aussitôt le rapport qu'elles renferment. Car les mots de *Pére* & de *Fils*, de *Mari* & de *Femme*, & tels autres termes *correlatifs* paroissent avoir une si étroite liaison entr'eux, & par coûtume se répondent si promptement l'un à l'autre dans l'Esprit des hommes, que dès qu'on nomme un de ces termes, la pensée se porte d'abord au delà de la chose nommée; de sorte qu'il n'y a personne qui manque de s'appercevoir ou qui doute en aucune maniére d'un rapport qui est marqué avec tant d'évidence. Mais lorsque les Langues ne fournissent point de noms *correlatifs*, l'on ne s'apperçoit pas toûjours si facilement de la Relation. *Concubine* est sans doute un terme relatif aussi bien que *femme*; mais dans les Langues où ce mot & autres semblables n'ont point de terme *correlatif*, on n'est pas si porté à les regarder sous cette idée; parce qu'ils n'ont pas cette marque évidente de relation qu'on trouve entre les termes *correlatifs*, qui semblent s'expliquer l'un l'autre, & ne pouvoir exister que tout à la fois. De là vient que plusieurs de ces termes, qui, à les bien considérer, enferment des Rapports évidens, ont passé sous le nom de dénominations extérieures. Mais tous les noms qui ne sont pas de vains sons, doivent renfermer nécessairement quelque *idée*; & cette idée est, ou dans la chose à laquelle le nom est appliqué, auquel cas elle est positive, & est considérée comme unie & existante dans la chose à laquelle on donne la dénomination, ou bien elle procede du rapport que l'Esprit trouve entre cette idée & quelque autre chose qui en est distinct, avec quoi il la considére; & alors cette idée renferme une relation.

§. 3. Il y a une autre sorte de *termes relatifs* qu'on ne regarde point sous *Quelques termes d'une si-* cette idée, ni même comme des dénominations extérieures, & qui paroissant

252 *De la Relation.* Liv. II.

CHAP. XXV.
gnification absoluë en apparence sont effectivement relatifs.

sant signifier quelque chose d'absolu dans le sujet auquel on les applique, cachent pourtant sous la forme & l'apparence de *termes positifs*, une relation tacite, quoi que moins remarquable; tels sont les termes en apparence positifs de *vieux*, *grand*, *imparfait*, &c. dont j'aurai occasion de parler plus au long dans les Chapitres suivans.

La Relation diffère des choses qui sont le sujet de la Relation.

§. 4. On peut remarquer, outre cela, Que les idées de Relation peuvent être les mêmes dans l'Esprit de certaines personnes qui ont d'ailleurs des idées fort différentes des choses qui se rapportent ou sont ainsi comparées l'une à l'autre. Ceux qui ont, par exemple, des idées extrêmement différentes de l'*Homme*, peuvent pourtant s'accorder sur la notion de *Pére*, qui est une notion ajoûtée à cette *Substance* qui constituë l'homme, & se rapporte uniquement à un acte particulier de la chose que nous nommons *Homme*, par lequel acte cet homme contribuë à la génération d'un Etre de son Espéce; que l'Homme soit d'ailleurs ce qu'on voudra.

Il peut y avoir un changement de Relation sans qu'il arrive aucun changement dans le sujet.

§. 5. Il s'ensuit de là que la nature de la *Relation* consiste dans la comparaison qu'on fait d'une chose avec une autre; de laquelle comparaison l'une de ces choses ou toutes deux reçoivent une dénomination particuliére. Que si l'une est mise à l'écart ou cesse d'être, la *Relation* cesse, aussi bien que la dénomination qui en est une suite, quoi que l'autre ne reçoive par-là aucune alteration en elle-même. Ainsi *Titius* que je considére aujourd'hui comme *Pére*, cesse de l'être demain, sans qu'il se fasse aucun changement en lui, par cela seul que son Fils vient à mourir. Bien plus, la même chose est capable d'avoir des dénominations contraires dans le même temps, dès là seulement que l'Esprit la compare avec un autre objet; par exemple, en comparant *Titius* à différentes personnes on peut dire avec vérité qu'il est *plus vieux* & *plus jeune*, *plus fort* & *plus foible*, &c.

La Relation n'est qu'entre deux choses.

§. 6. Tout ce qui existe, qui peut exister ou être consideré comme une seule chose, est positif, & par conséquent, non seulement les Idées simples & les Substances sont des Êtres positifs, mais aussi les *Modes*. Car quoi que les parties dont ils sont composez, soient fort souvent relatives l'une à l'autre, le tout pris ensemble est consideré comme une seule chose, & produit en nous l'*idée complexe* d'une seule chose: laquelle idée est dans notre Esprit comme un seul Tableau (bien que ce soit un assemblage de diverses parties) & nous présente sous un seul nom une chose ou une idée positive & absoluë. Ainsi, quoi que les parties d'un *Triangle*, comparées l'une à l'autre soient *relatives*, cependant l'idée du Tout est une idée positive & absoluë. On peut dire la même chose d'une *Famille*, d'un *Air de chanson*, &c. car il ne peut y avoir de Relation qu'entre deux choses considerées comme deux choses. Un rapport suppose nécessairement deux idées ou deux choses, réellement separées l'une de l'autre ou considerées comme distinctes, & qui par-là servent de fondement ou d'occasion à la comparaison qu'on en fait.

§. 7. Voici quelques observations qu'on peut faire touchant la Relation en général.

Toutes choses sont capables de Relation.

Prémiérement, *Il n'y a aucune chose*, soit Idée simple, Substance, Mode, soit Relation, ou dénomination d'aucune de ces choses, *sur laquelle on*
ne

ne puisse faire un nombre presque infini de considerations par rapport à d'autres choses: ce qui compose une grande partie des pensées & des paroles des hommes. Un homme, par exemple, peut soûtenir tout à la fois toutes les Relations suivantes, *Pére, Frére, Fils, Grand-pére, Petit-fils Beau-pére, Beau-fils, Mari, Ami, Ennemi, Sujet, Général, Juge, Patron, Professeur, Européen, Anglois, Insulaire, Valet, Maître, Possesseur, Capitaine, Supérieur, Inférieur, Plus grand, Plus petit, Plus vieux, Plus jeune, Contemporain, Semblable, Dissemblable*, &c. Un homme, dis-je, peut avoir tous ces différens rapports & plusieurs autres dans un nombre presque infini, étant capable de recevoir autant de *relations*, qu'on trouve d'occasions de le comparer à d'autres choses, eu égard à toute sorte de convenance, de disconvenance, ou de rapport qu'il est possible d'imaginer. Car, comme il a été dit, la *Relation* est un moyen de comparer, ou considerer deux choses ensemble, en donnant à l'une ou à toutes deux quelque nom tiré de cette comparaison; & quelquefois en désignant la Relation même, par un nom particulier.

CHAP. XXV.

§. 8. On peut remarquer, en second lieu, que, quoi que la Relation ne soit pas renfermée dans l'existence réelle des choses, mais que ce soit quelque chose d'extérieur & comme ajoûté au sujet, cependant les Idées signifiées par des termes relatifs, sont souvent plus claires & plus distinctes que celles des Substances à qui elles appartiennent. Ainsi, la notion que nous avons d'un *Pére* ou d'un *Frére*, est beaucoup plus claire & plus distincte que celle que nous avons d'un *Homme*; ou si vous voulez, la *paternité* est une chose dont il est bien plus aisé d'avoir une idée claire que de l'*humanité*. Je puis de même concevoir beaucoup plus facilement ce que c'est qu'un *Ami*, que ce que c'est que Dieu. Parce que la connoissance d'une action ou d'une simple idée suffit souvent pour me donner la notion d'un *Rapport*: au lieu que pour connoître quelque Etre *Substantiel*, il faut faire nécessairement une collection exacte de plusieurs idées. Lors qu'un homme compare deux choses ensemble, on ne peut gueres supposer qu'il ignore ce qu'est la chose sur quoi il les compare, de sorte qu'en comparant certaines choses ensemble, il ne peut qu'avoir une idée fort nette de ce rapport. Et par conséquent, *les Idées des Relations sont tout au moins capables d'être plus parfaites & plus distinctes dans notre Esprit que les Idées des Substances:* parce qu'il est difficile pour l'ordinaire de connoître toutes les *Idées simples* qui sont réellement dans chaque Substance, & qu'au contraire il est communément assez facile de connoître les Idées simples qui constituent un Rapport auquel je pense, ou que je puis exprimer par un nom particulier. Ainsi en comparant deux hommes par rapport à un commun *Pére*, il m'est fort aisé de former les idées de *Fréres*, quoi que je n'aye pas l'idée parfaite d'un *Homme*. Car les termes relatifs qui renferment quelque sens, ne signifiant que des idées, non plus que les autres; & ces Idées étant toutes, ou simples, ou composées d'autres Idées simples; pour connoître l'idée précise qu'un terme relatif signifie, il suffit de concevoir nettement ce qui est le fondement de la Relation: ce qu'on peut faire sans avoir une idée claire & parfaite de la chose à laquelle cette Relation est attribuée.

Les idées des Relations sont souvent plus claires que celles des choses qui sont les sujets des Relations.

CHAP. XXV.

Toutes les Relations se terminent à des Idées simples.

Les Termes qui conduisent l'Esprit au delà du sujet de la dénomination, sont *Relatifs*.

Conclusion.

buée. Ainsi, lorsque je sai qu'un Oiseau a pondu l'Oeuf d'où est éclos un autre Oiseau, j'ai une idée claire de la Relation de *Mére* & de *Petit*, qui est entre les deux (1) *Cassiovaris* qu'on voit dans le (2) *Parc de St. James*, quoi que je n'aye peut-être qu'une idée fort obscure & fort imparfaite de cette espèce d'Oiseaux.

§. 9. En troisième lieu, quoi qu'il y ait quantité de considerations sur quoi l'on peut fonder la comparaison d'une chose avec une autre, & par conséquent un grand nombre de Relations, cependant ces Relations se terminent toutes à des Idées simples qui tirent leur origine de la *Sensation* ou de la *Reflexion*, comme je le montrerai nettement à l'égard des plus considerables Relations qui nous soient connuës, & de quelques-unes qui semblent les plus éloignées des *Sens* ou de la *Reflexion*.

§. 10. En quatriéme lieu, comme la *Relation* est la consideration d'une chose par rapport à une autre, ce qui lui est tout-à-fait extérieur, il est évident que tous les mots qui conduisent nécessairement l'Esprit à d'autres Idées qu'à celles qu'on suppose exister réellement dans la chose à laquelle le mot est appliqué, sont des *termes relatifs*. Ainsi, quand je dis, un homme *noir*, *gai*, *pensif*, *alteré*, *chagrin*, *sincere*, ces termes & plusieurs autres semblables sont tous *termes absolus*, parce qu'ils ne signifient ni ne désignent aucune autre chose que ce qui existe, ou qu'on suppose exister réellement dans l'Homme, à qui l'on donne ces dénominations. Mais les mots suivans, *Pére*, *Frére*, *Roi*, *Mari*, *Plus noir*, *Plus gai*, &c. sont des mots qui, outre la chose qu'ils denotent, renferment aussi quelque autre chose de séparé de l'existence de cette chose-là & qui lui est tout-à-fait exterieur.

§. 11. Après avoir proposé ces Remarques préliminaires touchant la *Relation* en général, je vais montrer présentement par quelques exemples, comment toutes nos Idées de Relation ne sont composées que d'Idées simples, aussi bien que les autres, & se terminent enfin à des Idées simples, quelque déliées, & éloignées des Sens qu'elles paroissent. Je commencerai par la *Relation* qui est de la plus vaste étenduë, & à laquelle toutes les choses qui existent ou peuvent exister, ont part, je veux dire la Relation de la *Cause* & de l'*Effet* : idées qui découlent des deux sources de nos connoissances, la *Sensation* & la *Reflexion*, comme je le ferai voir dans le Chapitre suivant.

CHAPITRE XXVI.

CHAP. XXVI.

De la Cause & de l'Effet; & *de quelques autres Relations*.

D'où nous viennent les Idées de *Cause* & d'*Effet*.

§. 1. EN considerant, par le moyen des Sens, la constante vicissitude des choses, nous ne pouvons nous empêcher d'observer que plusieurs choses particuliéres, soit Qualitez ou Substances, commencent d'exister;

(1) Ce sont deux Oiseaux inconnus en Europe, qui apparemment n'ont point d'autre nom en François.
(2) Parc du Roi d'Angleterre, derriére le Palais de S. James à Londres.

ifter; & qu'elles reçoivent leur exiftence de la jufte application ou opération CHAP. XXVI. de quelque autre Être. Et c'eft par cette obfervation que nous acquérons les Idées de *Caufe* & d'*Effet*. Nous defignons par le terme général de *Caufe*, ce qui produit quelque idée *fimple* ou *complexe*, & ce qui eft produit, par celui d'*Effet*. Ainfi, après avoir vû que dans la Subftance que nous appellons *Cire*, la Fluidité qui eft une idée fimple, qui n'y étoit pas auparavant, y eft conftamment produite par l'application d'un certain dégré de chaleur, nous donnons à l'idée fimple de *chaleur* le nom de *Caufe*, par rapport à la fluidité qui eft dans la *Cire*, & celui d'*Effet* à cette *fluidité*. De même, éprouvant que la Subftance que nous appellons *Bois*, qui eft une certaine collection d'Idées fimples à qui l'on donne ce nom, eft réduite par le moyen du Feu dans une autre Subftance qu'on nomme *Cendre*, autre *idée complexe* qui confifte dans une collection d'*Idées fimples*, entierement différente de cette *Idée Complexe* que nous appellons *Bois*; nous confidérons le *Feu* par rapport aux Cendres, comme *Caufe*, & les *cendres* comme un *Effet*. Ainfi, tout ce que nous confidérons comme contribuant à la production de quelque idée fimple ou de quelque collection d'Idées fimples, foit Subftance ou Mode qui n'exiftoit point auparavant, excite par-là dans notre Efprit la relation d'une *Caufe*, & nous lui en donnons le nom.

§. 2. Après avoir ainfi acquis la notion de la *Caufe* & de l'*Effet*, par le moyen de ce que nos Sens font capables de découvrir dans les Opérations des Corps l'un à l'égard de l'autre, c'eft-à-dire, après avoir compris que la *Caufe* eft ce qui fait qu'une autre chofe, foit idée fimple, Subftance, ou Mode, commence à exifter; & qu'un *Effet* eft ce qui tire fon origine de quelque autre chofe; l'Efprit ne trouve pas grand' difficulté à diftinguer les différentes origines des Chofes en deux efpèces.

Ce que c'eft que Création, Génération, Faire, & Alteration.

Premiérement, lorfque la chofe eft tout-à-fait nouvelle, de forte que nulle de fes parties n'avoit exifté auparavant, (comme lorfqu'une nouvelle particule de Matiére qui n'avoit eu auparavant aucune exiftence, commence à paroître dans la nature des Chofes) c'eft ce que nous appellons *Création*.

En fecond lieu, quand une chofe eft compofée de particules qui exiftoient toutes auparavant, quoi que la chofe même ainfi formée de parties préexiftantes, qui confiderées dans cet affemblage compofent une telle collection d'*idées fimples*, n'eût point exifté auparavant, comme *cet homme, cet œuf, cette rofe, cette cerife*, &c. fi cette efpèce de formation fe rapporte à une Subftance produite felon le cours ordinaire de la Nature, par un Principe interne qui eft mis en œuvre par quelque Agent ou quelque Caufe extérieure, d'où elle reçoit fa forme par des voyes que nous n'appercevons pas, nous nommons cela *Génération*: fi la Caufe eft extérieure, & que l'Effet foit produit par une feparation fenfible, ou une *juxtapofition* de parties qui puiffent être difcernées, nous appellons cela *faire*; & dans ce rang font toutes les *Chofes Artificielles*: & fi une idée fimple, qui n'étoit pas auparavant dans un Sujet, y eft produite, c'eft ce qu'on nomme *Alteration*. Ainfi, un homme eft *engendré*, un Tableau *fait*, & l'une ou l'autre de ces chofes eft *alterée* lorfque dans l'une ou l'autre il fe fait une production de quelque nouvelle Qualité fenfible, ou Idée fimple, qui n'y étoit pas auparavant.

CHAP. XXVI. vant. Les Choses qui reçoivent ainsi une existence qu'elles n'avoient pas auparavant, sont des *Effets*; & celles qui procurent cette existence, sont des *Causes*. Nous pouvons observer dans ce cas-là & dans tous les autres, que la notion de *Cause* & d'*Effet* tire son origine des Idées qu'on a reçuës par Sensation ou par Reflexion, & qu'ainsi ce *Rapport*, quelque étendu qu'il soit, se termine enfin à ces sortes d'Idées. Car pour avoir les idées de *Cause* & d'*Effet*, il suffit de considerer quelque idée simple ou quelque Substance comme commençant d'exister par l'opération de quelque autre chose, quoi qu'on ne connoisse point la maniére dont se fait cette opération.

Les Relations fondées sur le Temps. §. 3. Le *Temps* & le *Lieu* servent aussi de fondement à des Relations fort étenduës, auxquelles ont part tous les Etres finis pour le moins. Mais comme j'ai déja montré ailleurs, de quelle maniére nous acquérons ces Idées, il suffira de faire remarquer ici, que la plûpart des dénominations des choses, fondées sur le Temps, ne sont que de pures Rélations. Ainsi, quand on dit, que la Reine *Elizabeth* a vécu soixante-neuf ans, & en a regné quarante-cinq, ces mots n'emportent autre chose qu'un rapport de cette Durée avec quelque autre Durée, & signifie simplement, que la Durée de l'existence de cette Princesse étoit égale à soixante-neuf Revolutions annuelles du Soleil, & la Durée de son Gouvernement à quarante-cinq de ces mêmes Revolutions; & tels sont tous les mots par lesquels on répond à cette Question, *Combien de temps* ? De même, quand je dis, *Guillaume le Conquerant* envahit l'Angleterre environ l'an 1070. cela signifie qu'en prenant la Durée depuis le temps de notre Sauveur jusqu'à présent pour une longueur entiere de temps, il paroit à quelle distance de ces deux extrémitez fut faite cette *Invasion*. Il en est de même de tous les termes destinez à marquer le temps, qui répondent à la Question, *Quand* ? lesquels montrent seulement la distance de tel ou tel point de temps, d'avec une Période d'une plus longue Durée, d'où nous mesurons, & à laquelle nous considerons par-là que se rapporte cette distance.

§. 4. Outre ces termes Relatifs qu'on employe pour désigner le Temps, il y en a d'autres qu'on regarde ordinairement comme ne signifiant que des Idées positives, qui cependant, à les bien considerer, sont effectivement *Relatifs*, comme, *jeune*, *vieux*, &c. qui renferment & signifient le rapport qu'une chose a avec une certaine longueur de Durée, dont nous avons l'idée dans l'Esprit. Ainsi, après avoir posé en nous-mêmes, que l'idée de la Durée ordinaire d'un homme comprend soixante-dix ans, lorsque nous disons qu'un homme est *jeune*, nous entendons par-là, que son âge n'est encore qu'une petite partie de la Durée à laquelle les hommes arrivent ordinairement; & quand nous disons qu'il est *vieux*, nous voulons donner à entendre que sa Durée est presque arrivée à la fin de celle que les hommes ne passent point ordinairement. Et par-là on ne fait autre chose que comparer l'âge ou la durée particuliére de tel ou tel homme avec l'idée de la Durée que nous jugeons appartenir ordinairement à cette espèce d'Animaux. C'est ce qui paroit évidemment dans l'application que nous faisons de ces noms à d'autres choses. Car un Homme est appellé *jeune* à l'âge de vingt ans,

& de quelques autres Relations. Liv II. 257

ans, & fort jeune à l'âge de sept ans: cependant nous appellons *vieux*, un Chap.XXVI.
Cheval qui a vingt ans, & un *Chien* qui en a sept; parce que nous comparons l'âge de chacun de ces Animaux à différentes idées de Durée que nous
avons fixé dans notre Esprit, comme appartenant à ces diverses espèces
d'Animaux, selon le cours ordinaire de la Nature. Car quoi que le Soleil
& les Etoiles ayent duré depuis quantité de générations d'hommes, nous ne
disons pas que ces Astres soient *vieux*, parce que nous ne savons pas quelle
durée Dieu a assigné à ces sortes d'Etres. Le terme de *vieux* appartenant
proprement aux choses dont nous pouvons observer suivant le cours ordinaire, que deperissant naturellement elles viennent à finir dans une certaine période de temps, nous avons par ce moyen-là une espèce de mesure
dans l'esprit à laquelle nous pouvons comparer les différentes parties de leur
Durée, & c'est en vertu de ce rapport que nous les appellons *jeunes* ou
vieilles; ce que nous ne saurions faire par conséquent à l'égard d'un *Rubis*
ou d'un *Diamant*, parce que nous ne connoissons pas les périodes ordinaires
de leur Durée.

§. 5. Il est aussi fort aisé d'observer la relation que les choses ont l'une à Les Relations du
l'autre à l'occasion des Lieux qu'elles occupent & de leurs distances, com- *Lieu* & de l'*Etendue*.
me quand on dit qu'une chose est en haut, en bas, à une lieuë de *Versailles*,
en *Angleterre*, à *Londres*, &c. Mais il y a certaines Idées concernant l'*Etenduë* & la *Grandeur*, qui sont Relatives, aussi bien que celles qui appartiennent à la *Durée*, quoi que nous les exprimions par des termes qui passent
pour positifs. Ainsi *grand* & *petit* sont des termes effectivement *Relatifs*.
Car ayant aussi fixé dans notre Esprit des idées de la grandeur de différentes
espèces de choses que nous avons souvent observées, & cela, par le moyen
de celles de chaque espèce qui nous sont le plus connuës nous nous servons
de ces Idées comme d'une Mesure pour désigner la grandeur de toutes les
autres de la même espèce. Ainsi, nous appellons une *grosse Pomme* celle
qui est plus grosse que l'Espèce ordinaire de celles que nous avons accoutumé de voir: nous appellons de même un *petit Cheval* celui qui n'égale pas
l'idée que nous nous sommes faite de la grandeur ordinaire des Chevaux, &
un Cheval qui sera grand selon l'idée d'un *Gallois* paroît fort petit à un
Flamand, parce que les différentes races de Chevaux qu'on nourrit dans
leurs Païs, leur ont donné différentes idées de ces Animaux, auxquelles ils
les comparent, & à l'égard desquelles ils les appellent *grands* & *petits*.

§. 6. Les mots, *fort* & *foible*, sont aussi des *dénominations relatives* de Des termes ab-
Puissance, comparées à quelque idée que nous avons alors d'une Puissance *solus* signifient
plus ou moins grande. Ainsi, quand nous disons d'un homme qu'il est *foi-* *tions.*
ble, nous entendons qu'il n'a pas tant de force, ou de puissance de mouvoir, que les hommes en ont ordinairement, ou que ceux de sa taille ont
accoutumé d'en avoir; ce qui est comparer sa force avec l'idée que
nous avons de la force ordinaire des hommes, ou de ceux qui sont de la
même grandeur que lui. Il en est de même quand nous disons, que toutes les
Créatures sont foibles: car dans cette occasion le terme de *foible* est purement *relatif*, & ne signifie autre chose que la disproportion qu'il y a entre
la Puissance de Dieu & ses Créatures. Et dans le Discours ordinaire,

K k quan-

CHAP. XXVI. quantité de mots, (& peut-être la plus grande partie) ne renferment autre chose que de simples Relations, quoi qu'à la prémiére vûë ils ne paroissent point avoir une signification relative. Ainsi quand on dit qu'un Vaisseau a les provisions nécessaires, les mots *nécessaire* & *provision* sont tous deux relatifs, car l'un se rapporte à l'accomplissement du Voyage qu'on a dessein de faire, & l'autre à l'usage à venir. Du reste, il est si aisé de voir comment toutes ces Relations se terminent à des Idées qui viennent par *Sensation* ou par *Reflexion* qu'il n'est pas nécessaire de l'expliquer.

CHAPITRE XXVII.

Ce que c'est qu'Identité, & Diversité.

CHAP. XXVII.

En quoi consiste l'*Identité*.

§. 1. UNE autre source de comparaisons dont nous faisons un assez fréquent usage, c'est l'existence même des choses, lorsque venant à considerer une chose comme existant dans un tel temps & dans un tel lieu déterminé, nous la comparons avec elle-même existant dans un autre temps, par où nous formons les Idées d'*Identité* & de *Diversité*. Quand nous voyons une chose dans une telle place durant un certain moment, nous sommes assûrez (quoi que ce puisse être) que c'est la chose même que nous voyons, & non une autre qui dans le même temps existe dans un autre lieu, quelque semblables & difficiles à distinguer qu'elles soient, à tout autre égard. Et c'est en cela que consiste l'*Identité*, je veux dire en ce que les Idées auxquelles on l'attribuë, ne sont en rien différentes de ce qu'elles étoient dans le moment que nous consideron leur prémiére existence, & à quoi nous comparons leur existence présente. Car ne trouvant jamais & ne pouvant même concevoir qu'il soit possible, que deux choses de la même espèce existent en même temps dans le même lieu, nous avons droit de conclurre, que tout ce qui existe quelque part dans un certain temps, en exclut toute autre chose de la même espèce, & existe là tout seul. Lors donc que nous demandons, *si une chose est la même, ou non*, cela se rapporte toûjours à une chose qui dans un tel temps existoit dans une telle place, & qui dans cet instant étoit certainement la même avec elle-même, & non avec une autre. D'où il s'ensuit, qu'une chose ne peut avoir deux commencemens d'existence, ni deux choses un seul commencement, étant impossible que deux choses de la même espèce soient ou existent, dans le même instant, dans un seul & même lieu, ou qu'une seule & même chose existe en differens lieux. Par conséquent, ce qui a un même commencement par rapport au temps & au lieu, est la même chose, & ce qui à ces deux égards a un commencement différent de celle-là, n'est pas la même chose qu'elle, mais en est actuellement different. L'embarras qu'on a trouvé dans cette espece de Relation, n'est venu que du peu de soin qu'on a pris de se faire des notions précises des choses auxquelles on l'attribuë.

§. 2. Nous

§. 2. Nous n'avons d'idée que de trois sortes de Substances, qui sont, CHAP.
1. DIEU; 2. les *Intelligences Finies*; 3. & les *Corps*.   XXVII.
   Prémiérement, Dieu est sans commencement, éternel, inaltérable, & Identité des
préfent par-tout, c'est pourquoi l'on ne peut former aucun doute sur son Substances.
Identité.
   En second lieu, les Esprits finis ayant eu chacun un certain temps & un
certain lieu qui a déterminé le commencement de leur existence, la relation
à ce temps & à ce lieu déterminera toûjours l'*Identité* de chacun d'eux,
aussi long temps qu'elle subsistera.
   En troisiéme lieu, l'on peut dire de même à l'égard de chaque particule de Matiére, que, tandis qu'elle n'est ni augmentée ni diminuée par l'addition ou la soustraction d'aucune matiere, elle est la même. Car quoi que
ces trois sortes de *Substances*, comme nous les nommons, ne s'excluent pas
l'une l'autre du même lieu, cependant nous ne pouvons nous empêcher de
concevoir, que chacune d'elles doit nécessairement exclurre du même lieu
toute autre qui est de la même espèce. Autrement, les notions & les noms
d'*Identité* & de *Diversité* seroient inutiles; & il ne pourroit y avoir aucune
distinction de Substances ni d'aucunes choses differentes l'une de l'autre.
Par exemple, si deux Corps pouvoient être dans un même lieu tout à la
fois, deux particules de Matiére seroient une seule & même particule, soit
que vous les supposiez grandes ou petites; ou plûtôt, tous les Corps ne
seroient qu'un seul & même Corps. Car par la même raison que deux particules de Matiére peuvent être dans un seul lieu, tous les Corps peuvent
être aussi dans un seul lieu: supposition qui étant une fois admise détruit
toute distinction entre l'*Identité* & la *Diversité*, entre un & plusieurs, &
la rend tout-à-fait ridicule. Or comme c'est une contradiction, que deux
ou plus d'un ne soient qu'un, l'*Identité* & la *Diversité* sont des rapports &
des moyens de comparaison très-bien fondez, & de grand usage à l'Entendement.
   Toutes les autres choses n'étant, après les Substances, que des *Modes* ou Identité des
des *Relations* qui se terminent aux Substances, on peut déterminer encore Modes.
par la même voye l'*Identité* & la *Diversité* de chaque existence particuliére
qui leur convient. Seulement à l'égard des choses dont l'existence consiste
dans une perpetuelle succession, comme sont les actions des Etres finis, le
Mouvement & la *Pensée*, qui consistent l'un & l'autre dans une continuelle
succession, on ne peut douter de leur *diversité*; car chacune périssant dans
le même moment qu'elle commence, elles ne sauroient exister en différens
temps, on en différens lieux, ainsi que des Etres permanens peuvent en
divers temps exister dans des lieux différens; & par conséquent, aucun
mouvement ni aucune pensée qu'on considere comme dans différens temps,
ne peuvent être les mêmes, puisque chacune de leurs parties a un différent
commencement d'existence.
   §. 3. Par tout ce que nous venons de dire il est aisé de voir ce que c'est Ce que c'est
qui constitué un *Individu* & le distingue de tout autre Etre; (ce qu'on qu'on nomme
nomme *Principium Individuationis* dans les Ecoles, où l'on se tourmente si *Principium Indivi-*
fort pour savoir ce que c'est) il est, dis-je, évident, que ce *Principe* con- *duationis*.
siste

CHAP.
XXVII.

siste dans l'existence même qui fixe chaque être, de quelque sorte qu'il soit, à un temps particulier, & à un lieu incommunicable à deux Etres de la même espèce. Quoi que cela paroisse plus aisé à concevoir dans les *Substances* ou *Modes* les plus simples, on trouvera pourtant, si l'on y fait reflexion, qu'il n'est pas plus difficile de le comprendre dans les Substances, ou Modes les plus complexes, si l'on prend la peine de considerer à quoi ce Principe est précisément appliqué. Supposons par exemple un *Atome*, c'est-à-dire, un Corps continu sous une surface immuable, qui existe dans un temps & dans un lieu déterminé, il est évident, que dans quelque instant de son existence qu'on le considere, il est dans cet instant le même avec lui-même. Car étant dans cet instant ce qu'il est effectivement & rien autre chose, il est le même & doit continuer d'être tel, aussi long-temps que son existence est continuée : car pendant tout ce temps il sera le même, & non un autre. Et si deux, trois, quatre *Atomes*, & davantage, sont joints ensemble dans une même *Masse*, chacun de ces Atomes sera le même, par la règle que je viens de poser ; & pendant qu'ils existent joints ensemble, la *masse* qui est composée des mêmes Atomes, doit être la même *masse*, ou le même *Corps*, de quelque manière que les parties soient assemblées. Mais si l'on en ôte un de ces Atomes, ou qu'on y en ajoûte un nouveau, ce n'est plus la même *masse*, ni le même *corps*. Quant aux créatures vivantes, leur *Identité* ne dépend pas d'une *masse composée des mêmes particules*, mais de quelque autre chose. Car en elles un changement de grandes parties de matiére ne donne point d'atteinte à l'*Identité*. Un *Chêne* qui d'une petite plante devient un grand arbre, & qu'on vient d'émonder, est toûjours *le même Chêne* ; & un *Poulain* devenu *Cheval*, tantôt gras, & tantôt maigre, est durant tout ce temps-là *le même Cheval*, quoi que dans ces deux cas il y aît un manifeste changement de parties : de sorte qu'en effet ni l'un ni l'autre n'est *une même masse* de matiere, bien qu'ils soient veritablement, l'un *le même Chêne* ; & l'autre, *le même Cheval*. Et la raison de cette différence est fondée sur ce que dans ces deux cas concernant une masse de matiére, & un Corps vivant, l'*Identité* n'est pas appliquée à la même chose.

Identité des
Vegetaux.

§. 4. Il reste donc de voir en quoi un *Chêne* diffère d'une masse de Matiére ; & c'est, ce me semble, en ce que la derniére de ces choses n'est que la cohésion de certaines particules de Matiére, de quelque manière qu'elles soient unies, au lieu que l'autre est une disposition de ces particules telle qu'elle doit être pour constituer les parties d'un *Chêne*, & une telle *organization* de ces parties qui soit propre à recevoir & à distribuer la nourriture nécessaire pour former le bois, l'écorce, les feuilles, *&c.* d'un *Chêne*, en quoi consiste la vie des *Vegetaux*. Puis donc que ce qui constituë l'*unité* d'une Plante, c'est d'avoir une telle *organization* de parties dans un seul Corps qui participe à une commune vie ; une Plante continuë d'être *la même Plante* aussi long-temps qu'elle a part à la même vie, quoi que cette vie vienne à être communiquée à de nouvelles parties de matiére, unies *vitalement* à la Plante déja vivante, en vertu d'une pareille *organization* continuée, laquelle convient à cette espèce de Plante. Car cette organization étant

en

en un certain moment dans un certain amas de Matière, est distinguée dans ce composé particulier de toute autre organization, & constituë cette vie *individuelle*, qui existe continuellement dans ce moment, tant avant, qu'après, dans la même continuité de parties insensibles qui se succedent les unes aux autres, unies au Corps vivant de la *Plante*, par où la Plante a cette *Identité* qui la fait être la même *Plante*, & qui fait que toutes ses parties sont les parties d'une même *Plante*, pendant tout le temps qu'elles existent jointes à cette *organization* continuée, qui est propre à transmettre cette commune vie à toutes les parties ainsi unies.

CHAP. XXVII.

§. 5. Le cas n'est pas si différent dans les Brutes que chacun ne puisse conclurre de là, que leur *Identité* consiste dans ce qui constituë un *Animal* & le fait continuer d'être *le même*. Il y a quelque chose de pareil dans les Machines artificielles, & qui peut servir à éclaircir cet article. Car par exemple, qu'est-ce qu'une Montre ? Il est évident que ce n'est autre chose qu'une organization ou construction de parties, propre à une certaine fin, qu'elle est capable de remplir, lorsqu'elle reçoit l'impression d'une force suffisante pour cela. De sorte que si nous supposions que cette Machine fût un seul Corps continu, dont toutes les parties organizées fussent reparées, augmentées, ou diminuées par une constante addition ou separation de parties insensibles par le moyen d'une commune vie qui entretînt toute la machine, nous aurions quelque chose de fort semblable au Corps d'un *Animal*, avec cette différence, Que dans un Animal la justesse de l'organization & du mouvement, en quoi consiste la vie, commence tout à la fois, le mouvement venant de dedans; au lieu que dans les Machines la force qui les fait agir, venant de dehors, manque souvent lorsque l'organe est en état & bien disposé à en recevoir les impressions.

Identité des Animaux.

§. 6. Cela montre encore en quoi consiste l'*Identité* du même *homme*, savoir, en cela seul qu'il jouït de la même vie, continuée par des particules de Matière qui sont dans un flux perpetuel, mais qui dans cette succession sont *vitalement* unies au même Corps organizé. Quiconque attachera l'*Identité de l'Homme* à quelque autre chose qu'à ce qui constituë celle des autres Animaux, je veux dire à un Corps bien organizé dans un certain instant, & qui dès lors continuë dans cette *organization vitale* par une succession de diverses particules de Matière qui lui sont unies, aura de la peine à faire qu'un *Embryon*, un homme âgé, un fou & un sage soient le même homme en vertu d'une supposition d'où il ne s'ensuive qu'il est possible que *Seth*, *Ismaël*, *Socrate*, *Pilate*, *St. Augustin*, & *César Borgia* sont un seul & même homme. Car si l'*Identité* de l'Ame fait toute seule qu'un homme est *le même*, & qu'il n'y ait rien dans la nature de la Matière qui empêche qu'un même Esprit *individuel* ne puisse être uni à différens Corps, il sera fort possible que ces hommes qui ont vécu en différens siécles & ont été d'un temperament différent, ayent été un seul & même homme: façon de parler qui seroit fondée sur l'étrange usage qu'on feroit du mot *homme* en l'appliquant à une idée dont on excluroit le Corps & la forme extérieure. Cette manière de parler s'accorderoit encore plus mal avec les notions de ces Philosophes qui reconnoissant la *Transmigration*, croyent que les Ames

Identité de l'Homme.

des

CHAP. XXVII.

des hommes peuvent être envoyées pour punition de leurs déreglemens, dans des Corps de Bêtes, comme dans des habitations propres à l'assouvissement de leurs passions brutales. Car je ne croi pas qu'une personne qui seroit assûrée que l'Ame d'*Heliogabale* existoit dans l'un de ses *Pourceaux*, voulût dire que ce *Pourceau* étoit un *homme*, ou le même *homme* qu'*Heliogabale*.

L'Identité répond à l'idée qu'on se fait des choses.

§. 7. Ce n'est donc pas l'unité de Substance qui comprend toute sorte d'*Identité*, ou qui la peut déterminer dans chaque rencontre. Mais pour se faire une idée exacte de l'*Identité*, & en juger sainement, (1) il faut voir quelle idée est signifiée par le mot auquel on l'applique; car être la même *Substance*, le même *homme*, & la même *personne* sont trois choses différentes, s'il est vrai que ces trois termes, *Personne*, *Homme*, & *Substance* emportent trois différentes idées; parce que telle qu'est l'idée qui appartient à un certain nom, telle doit être l'*Identité*. Cela consideré avec un peu plus d'attention & d'exactitude auroit peut-être prévenu une bonne partie des embarras où l'on tombe souvent sur cette matiére, & qui sont suivis de grandes difficultez apparentes, principalement à l'égard de l'*Identité personnelle* que nous allons examiner pour cet effet avec un peu d'application.

Ce qui fait le même Homme.

§. 8. Un *Animal* est un Corps vivant organizé; & par conséquent, *le même Animal* est, comme nous avons déja remarqué, la même vie continuée, qui est communiquée à différentes particules de Matiére, selon qu'elles viennent à être successivement unies à ce Corps organizé qui a de la vie: & quoi qu'on dise des autres définitions, une observation sincere nous fait voir certainement, que l'idée que nous avons dans l'Esprit de ce dont le mot *Homme* est un signe dans notre bouche, n'est autre chose que l'idée d'un Animal d'une certaine forme. C'est dequoi je ne doute en aucune maniére; car je croi pouvoir avancer hardiment, que qui de nous verroit une Créature faite & formée comme soi-même, quoi qu'elle n'eût jamais fait paroître plus de raison qu'un *Chat* ou un *Perroquet*, ne laisseroit pas de l'appeller *Homme*; ou que, s'il entendoit un *Perroquet* discourir raisonnablement & en Philosophe, il ne l'appelleroit ou ne le croiroit que *Perroquet*, & qu'il diroit du prémier de ces Animaux que c'est un *Homme* grossier, lourd & destitué de raison, & du dernier que c'est un *Perroquet* plein d'esprit & de bon sens. Un fameux (2) Ecrivain de ce temps nous raconte une histoire qui peut suffire pour autoriser la supposition que je viens de faire, d'un Perroquet raisonnable. Voici ses paroles: ,, J'avois toûjours
,, eu envie de savoir de la propre bouche du Prince *Maurice de Nassau*, ce
,, qu'il y avoit de vrai dans une histoire que j'avois ouï dire plusieurs fois
,, au sujet d'un Perroquet qu'il avoit pendant qu'il étoit dans son Gouver-
,, nement du Bresil. Comme je crus que vraisemblablement je ne le verrois
,, plus, je le priai de m'en éclaircir. On disoit que ce Perroquet faisoit
,, des questions & des réponses aussi justes qu'une créature raisonnable au-
,, roit pû faire, de sorte que l'on croyoit dans la Maison de ce Prince que
,, ce Perroquet étoit possédé. On ajoûtoit qu'un de ses Chapelains qui
,, avoit

(1) Ceci sert à expliquer la fin du prémier Paragraphe de ce Chapitre.
(2) Mr. le Chevalier Temple dans ses *Memoires*, p. 66. Edit. de Hollande, an. 1692.

„ avoit vécu depuis ce temps-là en Hollande, avoit pris une si forte aver-
„ sion pour les Perroquets à cause de celui-là, qu'il ne pouvoit pas les
„ souffrir, disant qu'ils avoient le Diable dans le Corps. J'avois appris tou-
„ tes ces circonstances & plusieurs autres qu'on m'assuroit être véritables;
„ ce qui m'obligea de prier le Prince Maurice de me dire ce qu'il y avoit de
„ vrai en tout cela. Il me répondit avec sa franchise ordinaire & en peu
„ de mots, qu'il y avoit quelque chose de véritable, mais que la plus gran-
„ de partie de ce qu'on m'avoit dit, étoit faux. Il me dit que lorsqu'il vint
„ dans le Bresil, il avoit ouï parler de ce Perroquet; & qu'encore qu'il
„ crut qu'il n'y avoit rien de vrai dans le récit qu'on lui en faisoit, il avoit
„ eu la curiosité de l'envoyer chercher, quoi qu'il fût fort loin du lieu où
„ il faisoit sa residence: qu'il étoit fort vieux & fort gros; & que lorsqu'il
„ vint dans la Sale où le Prince étoit avec plusieurs Hollandois auprès de
„ lui; le Perroquet dit, dès qu'il les vit, *Quelle compagnie d'hommes blancs*
„ *est celle-ci?* On lui demanda en lui montrant le Prince, *qui il étoit?* Il
„ répondit que c'étoit *quelque Général*. On le fit approcher, & le Prince
„ lui demanda, *D'où venez-vous?* Il répondit, *de Marinan*. Le Prince,
„ *A qui êtes-vous?* Le Perroquet, *A un Portugais*. Le Prince, *Que fais-*
„ *tu là?* Le Perroquet, *Je garde les poules*. Le Prince se mit à rire, & dit,
„ *Vous gardez les poules?* Le Perroquet répondit, *Oui, moi; & je sai bien*
„ *faire chuc, chuc*; ce qu'on a accoûtumé de faire quand on appelle les pou-
„ les, & ce que le Perroquet repeta plusieurs fois. Je rapporte les paroles
„ de ce beau Dialogue en François, comme le Prince me les dit. Je lui
„ demandai encore en quelle langue parloit le Perroquet. Il me répondit,
„ que c'étoit en Brasilien. Je lui demandai s'il entendoit cette Langue. Il
„ me répondit, que non, mais qu'il avoit eu soin d'avoir deux Interpretes,
„ un Brasilien qui parloit Hollandois, & l'autre Hollandois qui parloit Bra-
„ silien, qu'il les avoit interrogez separement, & qu'ils lui avoient rappor-
„ té tous deux les mêmes paroles. Je n'ai pas voulu omettre cette Histoi-
„ re, parce qu'elle est extrêmement singuliére, & qu'elle peut passer pour
„ certaine. J'ose dire au moins que ce Prince croyoit ce qu'il me disoit,
„ ayant toûjours passé pour un homme de bien & d'honneur. Je laisse aux
„ Naturalistes le soin de raisonner sur cette avanture, & aux autres hom-
„ mes la liberté d'en croire ce qu'il leur plairra. Quoi qu'il en soit, il n'est
„ peut-être pas mal d'égayer quelquefois la scene par de telles digressions,
„ à propos ou non.

J'ai eu soin de faire voir à mon Lecteur cette Histoire tout au long dans
les propres termes de l'Auteur, parce qu'il me semble qu'il ne l'a pas jugée
incroyable, car on ne sauroit s'imaginer qu'un si habile homme que lui, qui
avoit assez de capacité pour autoriser tous les temoignages qu'il nous donne
de lui-même, eût pris tant de peine dans un endroit où cette Histoire ne
fait rien à son sujet, pour nous reciter sur la foi d'un homme qui étoit non
seulement son ami, comme il nous l'aprend lui-même, mais encore un
Prince qu'il reconnoit homme de bien & d'honneur, un conte qu'il ne pouvoit croire incroyable sans le regarder comme fort ridicule. Il est visible
que le Prince qui garentit cette Histoire, & que notre Auteur qui la rapporte

CHAP. XXVII.

te après lui, appellent tous deux ce causeur, *un Perroquet*: & je demande à toute autre personne à qui cette Histoire paroit digne d'être racontée, si, supposé que ce Perroquet & tous ceux de son Espèce eussent toûjours parlé, comme ce Prince nous assure que celui-là parloit, je demande, dis-je, s'ils n'auroient pas passé pour une race d'*Animaux raisonnables*: mais si malgré tout cela ils n'auroient pas été reconnus pour des Perroquets plûtôt que pour des hommes. Car je m'imagine, que ce qui constituë l'idée d'*un homme*, dans l'Esprit de la plûpart des gens, n'est pas seulement l'Idée d'un Etre pensant & raisonnable, mais aussi celle d'un Corps formé de telle & de telle manière qui est joint à cet Etre. Or si c'est là l'idée d'un *Homme*, le même Corps formé de parties successives qui ne se dissipent pas toutes à la fois, doit concourir aussi bien qu'un même Esprit Immateriel à faire le *même homme*.

En quoi consiste l'*Identité personnelle*.

§. 9. Cela posé, pour trouver en quoi consiste l'*Identité personnelle*, il faut voir ce qu'emporte le mot de *Personne*. C'est, à ce que je croi, un Etre pensant & intelligent, capable de raison & de reflexion, & qui se peut considerer soi-même comme *le même*, comme une même chose qui pense en différens temps & en différens lieux; ce qu'il fait uniquement par le sentiment qu'il a de ses propres actions, lequel est inseparable de la pensée, & lui est, ce me semble, entièrement essentiel, étant impossible à quelque Etre que ce soit d'*appercevoir*, sans appercevoir qu'*il apperçoit*. Lorsque nous voyons, que nous entendons, que nous flairons, que nous goûtons, que nous sentons, que nous méditons, ou que nous voulons quelque chose, nous le connoissons à mesure que nous le faisons. Cette connoissance accompagne toûjours nos Sensations & nos perceptions présentes; & c'est par-là que chacun est à lui-meme ce qu'il appelle *soi-même*. On ne considére pas dans ce cas si le même (1) *Soi* est continué dans la même Substance, ou dans diverses Substances. Car puisque la (2) *con-sci-ence* accompagne toûjours la pensée, & que c'est là ce qui fait que chacun est ce qu'il

---

(1) Le *Moi* de Mr. *Pascal* m'autorise en quelque maniére à me servir du mot *soi*, *soi-même*, pour exprimer ce sentiment que chacun a en lui-même qu'il est *le même*; ou pour mieux dire, j'y suis obligé par une nécessité indispensable, car je ne saurois exprimer autrement le sens de mon Auteur qui a pris la même liberté dans sa Langue. Les Périphrases que je pourrois employer dans cette occasion, embarrasseroient le Discours, & le rendroient peut-être tout-à-fait inintelligible.

(2) Le mot Anglois est *consciousness* qu'on pourroit exprimer en Latin par celui de *conscientia*, si sumatur pro actu illo hominis quo sibi est conscius. Et c'est en ce sens que les Latins ont souvent employé ce mot, témoin cet endroit de *Cicéron* (*Epist. ad. Famil. Lib VI. Epist.* 4.) *Conscientia recta voluntatis maxima consolatio est rerum incommodarum*. En François nous n'avons à mon avis que les mots de *sentiment* & de *conviction* qui répondent en quelque sorte à cette idée. Mais en plusieurs endroits de ce Chapitre ils ne peuvent qu'exprimer fort imparfaitement la pensée de Mr. *Locke* qui fait absolument dépendre l'*Identité personnelle* de cet acte de l'Homme *quo sibi est conscius*. J'ai apprehendé que tous les raisonnemens que l'Auteur fait sur cette matière, ne fussent entièrement perdus, si je me servois en certaines rencontres du mot de *sentiment* pour exprimer ce qu'il entend par *consciousness* & que je viens d'expliquer. Après avoir songé quelque temps aux moyens de remedier à cet inconvenient, je n'en ai point trouvé de meilleur que de me servir du terme de *Conscience* pour exprimer cet acte même. C'est pourquoi j'aurai soin de le faire imprimer en Italique, afin que le Lecteur se souvienne d'y attacher toûjours cet-

qu'il nomme *foi-même*, & par où il se distingue de toute autre chose pensante : c'est aussi en cela seul que consiste l'*Identité personnelle*, ou ce qui fait qu'un Etre raisonnable est toûjours *le même*. Et aussi loin que cette *con-science* peut s'étendre sur les actions ou les pensées déja passées, aussi loin s'étend l'Identité de cette Personne : le *soi* est présentement le même qu'il étoit alors ; & cette action passée a été faite par le même *soi* que celui qui se la remet à présent dans l'Esprit.

CHAP. XXVII.

§. 10. Mais on demande outre cela, si c'est précisément & absolument la même Substance. Peu de gens penseroient être en droit d'en douter, si les perceptions avec la *con-science* qu'on en a en soi-même, se trouvoient toûjours présentes à l'Esprit, par où la même *Chose pensante* seroit toûjours *sciemment* présente, &, comme on croiroit, évidemment la même à elle-même. Mais ce qui semble faire de la peine dans ce point, c'est que cette *con-science* est toûjours interrompuë par l'oubli, n'y ayant aucun moment dans notre vie, auquel tout l'enchaînement des actions que nous avons jamais faites, soit présent à notre Esprit ; c'est que ceux qui ont le plus de mémoire perdent de vûë une partie de leurs actions, pendant qu'ils considerent l'autre ; c'est que quelquefois, ou plûtôt la plus grande partie de notre vie, au lieu de refléchir sur notre *soi* passé, nous sommes occupez de nos pensées présentes, & qu'enfin dans un profond sommeil, nous n'avons absolument aucune pensée, ou aucune du moins qui soit accompagnée de cette

La Con-science fait l'Identité personnelle.

cette idée. Et pour faire qu'on distingue encore mieux cette signification d'avec celle qu'on donne ordinairement à ce mot, il m'est venu dans l'esprit un expedient qui paroîtra d'abord ridicule à bien des gens, mais qui sera au goût de plusieurs autres, si je ne me trompe, c'est d'écrire *conscience* en deux mots joints par un tiret, de cette maniére, *con-science*. Mais, dira-t-on, voila une étrange licence, de détourner un mot de sa signification ordinaire, pour lui en attribuer une qu'on ne lui a jamais donnée dans notre Langue. A cela je n'ai rien à répondre. Je suis choqué moi-même de la liberté que je prens, & peut-être serois-je des prémiers à condamner un autre Ecrivain qui auroit eu recours à un tel expedient. Mais j'aurois tort, ce me semble, si après m'être mis à la place de cet Ecrivain, je trouvois enfin qu'il ne pouvoit se tirer autrement d'affaire. C'est à quoi je souhaite qu'on fasse reflexion, avant que de décider si j'ai bien ou mal fait. J'avoüe que dans un Ouvrage qui ne seroit pas comme celui-ci, de pur raisonnement, une pareille liberté seroit tout-à-fait inexcusable. Mais dans un Discours Philosophique non seulement on peut, mais on doit employer des mots nouveaux, ou hors d'usage, lorsqu'on n'en a point qui expriment l'idée *précise* de l'Auteur. Se faire un scrupule d'user de cette liberté dans un pareil cas, ce seroit vouloir perdre ou affoiblir un raisonnement de gayeté de cœur ; ce qui seroit, à mon avis, une délicatesse fort mal placée. J'entens, lorsqu'on y est réduit par une nécessité indispensable, qui est le cas où je me trouve dans cette occasion, si je ne me trompe. Je vois enfin que j'aurois pû sans tant de façon employer le mot de *conscience* dans le sens que M. Locke l'a employé dans ce Chapitre & ailleurs, puisqu'un de nos meilleurs Ecrivains, le fameux Pére *Malebranche*, n'a pas fait difficulté de s'en servir dans ce même sens en plusieurs endroits de la *Recherche de la Verité*. Après avoir remarqué dans le Chap. VII. du troisiéme Livre, qu'il faut distinguer quatre maniéres de connoître les choses, il dit que *la troisiéme est de les connoître par conscience ou par sentiment interieur*. *Sentiment interieur* & *conscience* sont donc, selon lui, des termes synonymes. *On connoit par conscience*, dit-il un peu plus bas, *toutes les choses qui ne sont point distinguées de soi*. - - - - *Nous ne connoissons point notre Ame*, dit-il encore, *par son idée*, nous ne *la connoissons que par conscience*. -- *La Conscience que nous avons de nous-mêmes ne nous montre que la moindre partie de notre Etre*. Voilà qui suffit pour faire voir en quel sens j'ai employé le mot de *conscience*, & pour en autoriser l'usage.

CHAP. XXVII.

te *con-science* qui est attachée aux pensées que nous avons en veillant. Comme, dis-je, dans tous ces cas le sentiment que nous avons de nous-mêmes est interrompu, & que nous nous perdons *nous-mêmes* de vûë par rapport au passé, on peut douter si nous sommes toûjours la même *Chose pensante*, c'est-à-dire, la même Substance, ou non. Lequel doute, quelque raisonnable ou déraisonnable qu'il soit, n'interesse en aucune manière l'*Identité personnelle*. Car il s'agit de savoir ce qui fait la *même personne*, & non si c'est précisément la même Substance qui pense toûjours dans la même personne, ce qui ne fait rien dans ce cas : parce que différentes Substances peuvent étre unies dans une seule personne par le moyen de la même *con-science* à laquelle ils ont part, tout ainsi que différens Corps sont unis par la même vie dans un seul animal, dont l'*Identité* est conservée parmi le changement de Substances, à la faveur de l'unité d'une même vie continuée. En effet, comme c'est la même *con-science* qui fait qu'un homme est *le même* à lui-même, l'*Identité personnelle* ne dépend que de là, soit que cette *con-science* ne soit attachée qu'à une seule Substance individuelle, ou qu'elle puisse étre continuée dans différentes Substances qui se succedent l'une à l'autre. En effet, tant qu'un Etre intelligent peut repeter en soi-même l'idée d'une action passée avec la même *con-science* qu'il en avoit eu prémiérement, & avec la même qu'il a d'une action présente, jusque-là il est le *même soi*. Car c'est par la *con-science* qu'il a en lui-même de ses pensées & de ses actions présentes qu'il est dans ce moment *le même* à lui-même ; & par la même raison il sera le même *soi*, aussi long-temps que cette *con-science* peut s'étendre aux actions passées ou à venir : de sorte qu'il ne sauroit non plus étre deux Personnes par la distance des temps, ou par le changement de Substance, qu'un homme étre deux hommes, parce qu'il porte aujourd'hui un habit qu'il ne portoit pas hier, après avoir dormi entre-deux pendant un long ou un court espace de temps. Cette même *con-science* réunit dans la même Personne ces actions qui ont existé en différens temps, quelles que soient les Substances qui ont contribué à leur production.

L'*Identité personnelle* subsiste dans le changement des Substances.

§. 11. Que cela soit ainsi, nous en avons une espèce de démonstration dans notre propre Corps, dont toutes les particules font partie de nous-mêmes, c'est-à-dire, de cet Etre pensant qui se reconnoit interieurement *le même*, tandis que ces particules sont vitalement unies à ce même *soi* pensant, de sorte que nous sentons le bien ou le mal qui leur arrive par l'attouchement ou par quelque autre voye que ce soit. Ainsi les Membres du Corps de chaque homme sont une partie de *lui-même*: il prend part & est interessé à ce qui les touche. Mais qu'une main vienne à étre coupée, & par-là separée du sentiment que nous avions du chaud, du froid, & des autres affections de cette main, dès ce moment elle n'est non plus une partie de ce que nous appellons *nous-mêmes*, que la partie de Matiére qui est la plus éloignée de nous. Ainsi nous voyons que la Substance dans laquelle consistoit le *soi personnel* en un temps, peut étre changée dans un autre temps, sans qu'il arrive aucun changement à l'*Identité personnelle* : car on ne doute point de la continuation de la même *Personne*, quoi que les membres qui en faisoient partie il n'y a qu'un moment, viennent à étre retranchez.

§. 12. Mais

§. 12. Mais la Question, est, *si la même Substance qui pense, étant chan-* **Chap.**
gée, la Personne peut être la même, ou *si cette Substance demeurant la même,* **XXVII.**
il peut y avoir différentes Personnes.
Si elle subsiste
A quoi je répons en prémier lieu, que cela ne sauroit être une Question dans le change-
pour ceux qui font consister la pensée dans une *constitution animale*, pure- Substances pen-
ment materielle, sans qu'une Substance immaterielle y ait aucune part. Car santes.
que leur supposition soit vraye ou fausse, il est évident qu'ils conçoivent
que l'Identité personnelle est conservée dans quelque autre chose que dans
l'Identité de Substance, tout de même que l'Identité de l'Animal est conservée dans une Identité de vie & non de Substance. Et par conséquent,
ceux qui n'attribuent la pensée qu'à une Substance immaterielle, doivent
montrer, avant que de pouvoir attaquer ces prémiers, pourquoi l'*Identité
personnelle* ne peut être conservée dans un changement de Substances immaterielles, ou dans une varieté de Substances particuliéres immaterielles,
aussi bien que l'*Identité animale* se conserve dans un changement de Substances materielles, ou dans une varieté de Corps particuliers; à moins qu'ils ne
veuillent dire qu'un seul Esprit immateriel fait la même vie dans les Brutes,
comme un seul Esprit immateriel fait la même personne dans les Hommes,
ce que les *Cartesiens* au moins n'admettront pas, de peur d'ériger aussi les
Bétes Brutes en Etres pensans.

§. 13. Mais, supposé qu'il n'y ait que des Substances immaterielles, qui
pensent, je dis sur la prémiére partie de la Question, qui est, *si la même
Substance pensante étant changée, la Personne peut être la même*; je répons,
dis-je, qu'elle ne peut être résoluë que par ceux qui savent quelle est l'espéce de Substance qui pense en eux, & si la *con-science* qu'on a de ses actions
passées, peut être transferée d'une Substance pensante à une autre Substance pensante. Je conviens, que cela ne pourroit se faire, si cette *con-science*
étoit une seule & même action individuelle. Mais comme ce n'est qu'une
représentation actuelle d'une action passée, il reste à prouver comment il
n'est pas possible que ce qui n'a jamais été réellement, puisse être représenté à l'Esprit comme ayant été véritablement. C'est pourquoi nous au-
rons de la peine à déterminer jusques où le * sentiment des actions passées * *Consciousnese.*
est attaché à quelque Agent individuel, en sorte qu'un autre Agent ne
puisse l'avoir; il nous sera, dis-je, bien difficile de déterminer cela, jusqu'à ce que nous connoissions quelle espéce d'Actions ne peuvent être faites
sans un Acte reflechi de perception, qui les accompagne, & comment ces
sortes d'actions sont produites par des *Substances pensantes* qui ne sauroient
penser sans en être convaincuës en elles-mêmes. Mais parce que ce que
nous appellons la *même con-science* n'est pas un même Acte individuel, il
n'est pas facile de s'assûrer par la nature des choses, comment une Substance intellectuelle ne sauroit recevoir la représentation d'une chose comme faite par elle-même, qu'elle n'auroit pas faite, mais qui peut-être auroit été
faite par quelque autre Agent, tout aussi bien que plusieurs représentations
en songe, que nous regardons comme véritables pendant que nous songeons.
Et jusques à ce que nous connoissions plus clairement la nature des Substances pensantes, nous n'aurons point de meilleur moyen pour nous assûrer que

CHAP.
XXVII.

cela n'eſt point ainſi, que de nous en remettre à la Bonté de Dieu : car autant que la felicité ou la miſére de quelqu'une de ſes créatures capables de ſentiment, ſe trouve intereſſée en cela, il faut croire que cet Etre ſuprême dont la Bonté eſt infinie, ne tranſportera pas de l'une à l'autre en conſequence de l'erreur où elles pourroient être, le ſentiment qu'elles ont de leurs bonnes ou de leurs mauvaiſes actions, qui entraîne après lui la peine ou la recompenſe. Je laiſſe à d'autres à juger juſqu'où ce raiſonnement peut être preſſé contre ceux qui font conſiſter la Penſée dans un aſſemblage d'Eſprits Animaux qui ſont dans un flux continuel. Mais pour revenir à la Queſtion que nous avons en main, on doit reconnoître que ſi la même *con-ſcience*, qui eſt une choſe entiérement différente de la même figure ou du même mouvement numerique dans le Corps, peut être tranſportée d'une Subſtance penſante à une autre Subſtance penſante, il ſe pourra faire que deux Subſtances penſantes ne conſtituent qu'une ſeule perſonne. Car l'*Identité perſonnelle* eſt conſervée, dès là que la même *con-ſcience* eſt préſervée dans la même Subſtance, ou dans différentes Subſtances.

§. 14. Quant à la ſeconde partie de la Queſtion, qui eſt, *Si la même Subſtance immaterielle reſtant, il peut y avoir deux Perſonnes diſtinctes*; elle me paroît fondée ſur ceci, *ſavoir*, ſi le même Etre immateriel convaincu en lui-même de ſes actions paſſées, peut être tout-à-fait dépouillé de tout ſentiment de ſon exiſtence paſſée, & le perdre entiérement, ſans le pouvoir jamais recouvrer; de ſorte que commençant, pour ainſi dire, un nouveau compte depuis une nouvelle période, il ait une *con-ſcience*, qui ne puiſſe s'étendre au delà de ce nouvel état. Tous ceux qui croyent la préexiſtence des Ames, ſont viſiblement dans cette penſée, puiſqu'ils reconnoiſſent que l'Ame n'a aucun reſte de connoiſſance de ce qu'elle a fait dans l'état où elle a préexiſté, ou entiérement ſeparée du Corps, ou dans un autre Corps. Et s'ils faiſoient difficulté de l'avoüer, l'Experience ſeroit viſiblement contre eux. Ainſi, l'*Identité perſonnelle* ne s'étendant pas plus loin que le ſentiment intérieur qu'on a de ſa propre exiſtence, un Eſprit préexiſtant qui n'a pas paſſé tant de ſiécles dans une parfaite *inſenſibilité*, doit néceſſairement conſtituer différentes perſonnes. Suppoſez un Chrétien *Platonicien* ou *Pythagoricien* qui ſe crût en droit de conclurre de ce que Dieu auroit terminé le ſeptiéme jour tous les Ouvrages de la Création, que ſon Ame a exiſté depuis ce temps-là, & qu'il vînt à s'imaginer qu'elle auroit paſſé dans différens Corps Humains, comme un homme que j'ai vû, qui étoit perſuadé que ſon Ame avoit été l'Ame de *Socrate*; (je n'examinerai point ſi cette prétenſion étoit bien fondée, mais ce que je puis aſſûrer certainement, c'eſt que dans le poſte qu'il a rempli, & qui n'étoit pas de petite importance, il a paſſé pour un homme fort raiſonnable; & il a paru par ſes Ouvrages qui ont vû le jour, qu'il ne manquoit ni d'eſprit ni de ſavoir) cet homme ou quelque autre qui crut la Tranſmigration des Ames, diroit-il qu'il pourroit être la même perſonne que *Socrate*, quoi qu'il ne trouvât en lui-même aucun ſentiment des actions ou des penſées de Socrate? Qu'un homme, après avoir reflechi ſur ſoi-même, concluë qu'il a en lui-même une Ame immaterielle qui eſt ce qui penſe en lui, & le fait être le

mê-

même, dans le changement continuel qui arrive à son Corps, & que c'est-là ce qu'il appelle *soi-même:* Qu'il suppose encore, que c'est la même Ame qui étoit dans *Nestor* ou dans *Thersite* au siege de *Troye*; car les Ames étant indifférentes à l'égard de quelque portion de Matiére que ce soit, autant que nous le pouvons connoître par leur nature, cette supposition ne renferme aucune absurdité apparente, & par conséquent cette Ame peut avoir été alors aussi bien celle de *Nestor* ou de *Thersite*, qu'elle est présentement celle de quelque autre homme. Cependant si cet homme n'a présentement aucun * sentiment de quoi que ce soit que *Nestor* ou *Thersite* ait jamais fait ou pensé; conçoit-il, ou peut-il concevoir qu'il est *la même personne* que *Nestor* ou *Thersite*? Peut-il prendre part aux actions de ces deux anciens Grecs? Peut-il se les attribuer, ou penser qu'elles soient plûtôt ses propres Actions que celles de quelque autre homme qui ait jamais existé? Il est visible que le sentiment qu'il a de sa propre existence, ne s'étendant à aucune des actions de Nestor ou de Thersite, il n'est pas plus une même personne avec l'un des deux, que si l'Ame ou l'Esprit immateriel qui est présentement en lui, avoit été créé, & avoit commencé d'exister, lorsqu'il commença d'animer le Corps qu'il a présentement; quelque vrai qu'il fût d'ailleurs que le même Esprit qui avoit animé le Corps de Nestor ou de Thersite, étoit le même en nombre que celui qui anime le sien présentement. Cela, dis-je, ne contribueroit pas davantage à le faire *la même personne* que Nestor, que si quelques-unes des particules de matiére qui une fois ont fait partie de Nestor, étoient à présent une partie de cet homme-là: car la même Substance immaterielle sans la même *con-science*, ne fait non plus la même personne pour être unie à tel ou tel Corps, que les mêmes particules de matiére unies à quelque Corps sans une *con-science* commune, peuvent faire la même personne. Mais que cet homme vienne à trouver en lui-même que quelqu'une des actions de Nestor lui appartient comme émanée de lui-même, il se trouve alors la même personne que Nestor.

CHAP. XXVII.

* Ou *con-science*.

§. 15. Et par-là nous pouvons concevoir sans aucune peine ce qui à la Resurrection doit faire la même personne, quoi que dans un Corps qui n'ait pas exactement la même forme & les mêmes parties qu'il avoit dans ce Monde, pourvû que la même *con-science* se trouve jointe à l'Esprit qui l'anime. Cependant l'Ame toute seule, le Corps étant changé, peut à peine suffire pour faire *le même homme*, horsmis à l'égard de ceux qui attachent toute l'essence de l'Homme à l'Ame qui est en lui. Car que l'Ame d'un *Prince* accompagnée d'un sentiment intérieur de la vie de Prince qu'il a déja menée dans le Monde, vînt à entrer dans le Corps d'un *Savetier*, aussitôt que l'Ame de ce pauvre homme auroit abandonné son Corps, chacun voit que ce seroit la même personne que le Prince, uniquement responsable des actions qu'elle auroit fait étant Prince. Mais qui voudroit dire que ce seroit *le même homme*? Le Corps doit donc entrer aussi dans ce qui constitue l'Homme; & je m'imagine qu'en ce cas-là le corps détermineroit l'*Homme*, au jugement de tout le monde; & que l'Ame accompagnée de toutes les pensées de Prince qu'elle avoit autrefois, ne constitueroit pas un autre homme. Ce seroit toûjours le même Savetier, dans l'opinion de

Ll 3   cha-

CHAP. XXVII.

chacun, (1) lui seul excepté. Je sai que dans le Langage ordinaire *la même personne*, & *le même homme* signifient une seule & même chose. A la vérité, il sera toûjours libre à chacun de parler comme il voudra, & d'attacher tels sons articulez à telles idées qu'il jugera à propos, & de les changer aussi souvent qu'il lui plairra. Mais lorsque nous voudrons rechercher ce que c'est qui fait le *même Esprit*, le *même homme*, ou la *même personne*, nous ne saurions nous dispenser de fixer en nous-mêmes les idées d'*Esprit*, d'*Homme* & de *Personne*; & après avoir ainsi établi ce que nous entendons par ces trois mots, il ne sera pas mal-aisé de déterminer à l'égard d'aucune de ces choses ou d'autres semblables, quand c'est qu'elle est, ou n'est pas la *même*.

La Conscience fait la même personne.

§. 16. Mais quoi que la même Substance immaterielle ou la même Ame ne suffise pas toute seule pour constituer l'Homme, où qu'elle soit, & dans quelque état qu'elle existe; il est pourtant visible que la *con-science*, aussi loin qu'elle peut s'étendre, quand ce seroit jusqu'aux siécles passez, réunit dans une même personne les *existences* & les actions les plus éloignées par le temps, tout de même qu'elle unit l'existence & les actions du moment immédiatement précedent; de sorte que quiconque a une *con-science*, un sentiment intérieur de quelques actions présentes & passées, est la même personne à qui ces actions appartiennent. Si par exemple, je *sentois* également en moi-même, que j'ai vû l'Arche & le Deluge de *Noé*, comme je *sens* que j'ai vû, l'hyver passé, l'inondation de la *Tamise*, ou que j'écris présentement, je ne pourrois non plus douter, que le *Moi* qui écrit dans ce moment, qui a vû, l'hyver passé, inonder la Tamise, & qui a été présent au Deluge Universel, ne fût le même *soi*, dans quelque Substance que vous mettiez ce *soi*, que je suis certain, que moi qui écris ceci, suis, à présent que j'écris, le même *moi* que j'étois hier, soit que je sois tout composé ou non de la même Substance materielle ou immaterielle. Car pour être le même *soi*, il est indifférent que ce même *soi* soit composé de la même Substance, ou de différentes Substances; car je suis autant interessé, & aussi justement responsable pour une action faite il y a mille ans, qui m'est présentement adjugée par cette (2) *con-science* que j'en ai comme ayant été faite par moi-même, que je le suis pour ce que je viens de faire dans le moment précedent.

Le Soi dépend de la conscience.

§. 17. Le *soi* est cette chose pensante, intérieurement convaincuë de ses propres actions (de quelque Substance qu'elle soit formée, soit spirituelle ou materielle, simple ou composée, il n'importe) qui sent du plaisir & de la douleur, qui est capable de bonheur ou de misére, & par-là est interessée pour soi-même, aussi loin que cette *con-science* peut s'étendre. Ainsi chacun

éprouve

---

(1) Si lui seul doit être excepté, & qu'on convienne qu'il fait mieux que personne qu'il n'est pas *le même Savetier*, ce qu'on ne sauroit nier, il semble qu'ici cet exemple est beaucoup plus propre à brouiller le point en question qu'à l'éclaircir. Car puisqu'en effet, & de l'aveu de M. Locke, cet homme n'est point *le même Savetier*, c'est donc un autre homme.

(2) *Self-consciousness*: mot expressif en Anglois qu'on ne sauroit rendre en François dans toute sa force. Je le mets ici en faveur de ceux qui entendent l'Anglois.

éprouve tous les jours, que, tandis que son petit doigt est compris sous cette *con-science*, il fait autant partie de *soi-même*, que ce qui y a le plus de part. Et si ce petit doigt venant à être separé du reste du Corps, cette *conscience* accompagnoit le petit doigt, & abandonnoit le reste du Corps, il est évident que le petit doigt seroit la *personne*, la *même personne*; & qu'alors le *soi* n'auroit rien à démêler avec le reste du Corps. Comme dans ce cas ce qui fait la même personne & constituë ce *soi* qui en est inséparable, c'est la *conscience* qui accompagne la Substance lorsqu'une partie vient à être separée de l'autre; il en est de même par rapport aux Substances qui sont éloignées par le temps. Ce à quoi la *con-science* de cette présente *chose pensante* se peut joindre, fait la même *personne* & le même *soi* avec elle, & non avec aucune autre chose; & ainsi il reconnoit & s'attribuë à lui-même toutes les actions de cette chose comme des actions qui lui sont propres, autant que cette *con-science* s'étend, & pas plus loin, comme l'appercevront tous ceux qui y feront quelque reflexion.

CHAP. XXVII.

§. 18. C'est sur cette *Identité personnelle* qu'est fondé tout le droit & toute la justice des peines & des récompenses, du bonheur & de la misére, puisque c'est sur cela que chacun est interessé pour *lui-même*, sans se mettre en peine de ce qui arrive d'aucune Substance qui n'a aucune liaison avec cette *con-science*, ou qui n'y a point de part. Car comme il paroit nettement dans l'exemple que je viens de proposer, si la *con-science* suivoit le petit doigt, lorsqu'il vient à être coupé, le même *soi* qui hier étoit interessé pour tout le Corps comme faisant partie de *lui-même*, ne pourroit que regarder les actions qui furent faites hier, comme des actions qui lui appartiennent présentement. Et cependant, si le même Corps continuoit de vivre & d'avoir, immédiatement après la separation du petit doigt, sa *con-science* particuliére à laquelle le petit doit n'eût aucune part, le *soi* attaché au petit doigt n'auroit garde d'y prendre aucun intérêt comme à une partie de *lui-même*, il ne pourroit avoüer aucune de ses actions, & l'on ne pourroit non plus lui en imputer aucune.

Ce qui est l'objet des Récompenses & des Châtimens.

§. 19. Nous pouvons voir par-là en quoi consiste l'*Identité personnelle*; & qu'elle ne consiste pas dans l'Identité de Substance, mais comme j'ai dit, dans l'Identité de *con-science*: de sorte que si *Socrate* & le présent Roi du *Mogol* participent à cette derniére Identité, Socrate & le Roi du Mogol sont une même personne. Que si le même Socrate veillant, & dormant, ne participe pas à une seule & même *con-science*: Socrate veillant, & dormant, n'est pas la même personne. Et il n'y auroit pas plus de justice à punir Socrate veillant pour ce qu'auroit pensé Socrate dormant, & dont Socrate veillant n'auroit jamais eu aucun sentiment, qu'à punir un Jumeau pour ce qu'auroit fait son frére & dont il n'auroit aucun sentiment, parce que leur extérieur seroit si semblable qu'on ne pourroit les distinguer l'un de l'autre; car on a vû de tels Jumeaux.

§. 20. Mais voici une Objection qu'on fera peut-être encore sur cet article: Supposé que je perde entierement le souvenir de quelques parties de ma vie, sans qu'il soit possible de le rappeller, de sorte que je n'en aurai peut-être jamais aucune connoissance; ne suis-je pourtant pas la même personne

Chap.
XXVII.

sonne qui a fait ces actions, qui a eu ces pensées, desquelles j'ai eu une fois en moi-même un sentiment positif, quoi que je les aye oubliées présentement? Je répons à cela; Que nous devons prendre garde à quoi ce mot JE est appliqué dans cette occasion. Il est visible que dans ce cas il ne designe autre chose que l'homme. Et comme on présume que le même homme est la même personne, on suppose aisément qu'ici le mot JE signifie aussi la même personne. Mais s'il est possible à un même homme d'avoir en différens temps une *con-science* distincte & incommunicable, il est hors de doute que le même homme doit constituer différentes personnes en différens temps; & il paroit par des Déclarations solemnelles que c'est là le sentiment du Genre Humain, car les Loix Humaines ne punissent pas l'*homme fou* pour les actions que fait l'*homme de sens rassis*, ni l'homme de sens rassis pour ce qu'a fait l'homme fou, par où elles en font deux personnes : ce qu'on peut expliquer en quelque sorte par une façon de parler dont on se sert communément en François, quand on dit, *un Tel n'est plus le même*, ou, (1) *Il est hors de lui-même* : expressions qui donnent à entendre en quelque manière que ceux qui s'en servent présentement, ou du moins, qui s'en sont servis au commencement, ont crû que le *soi* étoit changé, que ce *soi*, dis-je, qui constitue la même personne, n'étoit plus dans cet homme.

Différence entre l'identité d'homme & celle de personne.

§. 21. Il est pourtant bien difficile de concevoir que Socrate, le même homme individuel, soit deux personnes. Pour nous aider un peu nous-mêmes à soudre cette difficulté, nous devons considerer ce qu'on peut entendre par *Socrate*, ou par le même homme individuel.

On ne peut entendre par-là que ces trois choses :

Prémiérement, la même Substance individuelle, immaterielle & pensante, en un mot, la même Ame en nombre, & rien autre chose.

Ou, en second lieu, le même Animal sans aucun rapport à l'Ame immaterielle.

Ou, en troisiéme lieu, le même Esprit immateriel uni au même Animal.

Qu'on prenne telle de ces suppositions qu'on voudra, il est impossible de faire consister l'*Identité personnelle* dans autre chose que dans la *con-science*, ou même de la porter au delà.

Car par la prémière de ces suppositions on doit reconnoître qu'il est possible qu'un homme né de différentes femmes & en divers temps, soit le même homme. Façon de parler qu'on ne sauroit admettre sans avoüer qu'il est possible qu'un même homme soit aussi bien deux personnes distinctes, que deux hommes qui ont vécu en différens siecles sans avoir eû aucune connoissance mutuelle de leurs pensées.

Par la seconde & la troisiéme supposition, Socrate dans cette vie, & après, ne peut être en aucune manière le même homme qu'à la faveur de la mê-

(1) Ce sont des expressions plus populaires que Philosophiques, comme il paroît par l'usage qu'on en a toûjours fait. *Tu fac apud te ut sies*, dit *Terence* dans l'*Andrienne*, Acte II. Scene 4.

même *con-science*; & ainsi en faisant consister l'*Identité humaine* dans la mê- CHAP
me chose à quoi nous attachons l'*Identité personnelle*, il n'y aura point d'in- XXVII.
convénient à reconnoître que le même homme est la même personne. Mais
en ce cas-là, ceux qui ne placent l'*Identité humaine* que dans la *con-science*,
& non dans aucune autre chose, s'engagent dans un fâcheux défilé; car il
leur reste à voir comment ils pourront faire que Socrate Enfant soit le même homme que Socrate après la resurrection. Mais quoi que ce soit qui,
selon certaines gens, constituë *l'Homme* & par conséquent le même homme
individuel, sur quoi peut-être il y en a peu qui soient d'un même avis; il
est certain qu'on ne sauroit placer l'Identité personnelle dans aucune autre
chose que dans la *con-science*, qui seule fait ce qu'on appelle *soi-même*, sans
s'embarrasser dans de grandes absurditez.

§. 22. Mais si un homme qui est yvre, & qui ensuite ne l'est plus, n'est
pas la même personne, pourquoi le punit-on pour ce qu'il a fait étant yvre,
quoi qu'il n'en ait plus aucun sentiment? Il est tout autant la même perso-
ne qu'un homme qui pendant son sommeil marche & fait plusieurs autres
choses, & qui est responsable de tout le mal qu'il vient à faire dans cet état,
les Loix humaines punissant l'un & l'autre par une justice conforme à leur
maniére de connoître les choses. Comme dans ces cas-là, elles ne peuvent
pas distinguer certainement ce qui est réel, & ce qui est contrefait, l'ignorance n'est pas reçuë pour excuse de ce qu'on a fait étant yvre ou endormi.
Car quoi que la punition soit attachée à la *personalité*, & la personalité à la
con-science, & qu'un homme yvre n'ait peut-être aucune *con-science* de ce
qu'il fait, il est pourtant puni devant les Tribunaux humains, parce que le
fait est prouvé contre lui, & qu'on ne sauroit prouver pour lui le défaut de
con-science. Mais au grand & redoutable Jour du Jugement, où les secrets
de tous les cœurs seront découverts, on a droit de croire que personne ne
sera responsable de ce qui lui est entiérement inconnu, mais que chacun
recevra ce qui lui est dû, étant accusé ou excusé par sa propre Con-
science.

§. 23. Il n'y a que la *con-science* qui puisse réunir dans une même Per- La *Con-science* seu-
sonne des *existences* éloignées. L'Identité de Substance ne peut le faire. le constitue le *soi*.
Car quelle que soit la Substance, de quelque maniére qu'elle soit formée, il
n'y a point de *personalité* sans *con-science*; & un Cadavre peut aussi bien être
une Personne, qu'aucune sorte de Substance peut l'être sans *con-science*.

Si nous pouvions supposer deux *Con-sciences* distinctes & incommunica-
bles, qui agiroient dans le même Corps, l'une constamment pendant le
jour, & l'autre durant la nuit, & d'un autre côté la même *con-science* a-
gissant par intervalle dans deux Corps différens; je demande si dans le prémier cas l'homme de jour & l'homme de nuit, si j'ose m'exprimer de la sorte, ne seroient pas deux personnes aussi distinctes que *Socrate* & *Platon*; &
si dans le second cas ce ne seroit pas une seule Personne dans deux Corps
distincts, tout de même qu'un homme est le même homme dans deux différens habits? Et il n'importe en rien de dire, que cette même *con-science* qui
affecte deux differens Corps, & ces *con-sciences* distinctes qui affectent le
même Corps en divers temps, appartiennent l'une à la même Substance im-

M m   ma-

materielle, & les deux autres à deux diſtinctes Subſtances immaterielles qui introduiſent ces diverſes *con-ſciences* dans ces Corps-là. Car que cela ſoit vrai ou faux, le cas ne change en rien du tout, puisqu'il eſt évident que l'*Identité perſonnelle* ſeroit également déterminée par la *con-ſcience*, ſoit que cette *con-ſcience* fût attachée à quelque Subſtance individuelle immaterielle, ou non. Car après avoir accordé que la Subſtance penſante qui eſt dans l'Homme, doit être ſuppoſée néceſſairement immaterielle, il eſt évident qu'une choſe immaterielle qui penſe, doit quelquefois perdre de vûë ſa *con-ſcience* paſſée & la rappeller de nouveau, comme il paroit en ce que les hommes oublient ſouvent leurs actions paſſées, & que pluſieurs fois l'Eſprit rappelle le ſouvenir de choſes qu'il avoit faites, mais dont il n'avoit eu aucune reminiſcence pendant vingt ans de ſuite. Suppoſez que ces intervalles de mémoire & d'oubli reviennent par tour, le jour & la nuit, dès-là vous avez deux Perſonnes avec le même Eſprit immateriel, tout ainſi que dans l'Exemple que je viens de propoſer, on voit deux Perſonnes dans un même Corps. D'où il s'enſuit que le *ſoi* n'eſt pas déterminé par l'Identité ou la Diverſité de Subſtance, dont on ne peut être aſſûré, mais ſeulement par l'Identité de *con-ſcience*.

§. 24. A la vérité, le *ſoi* peut concevoir que la Subſtance dont il eſt préſentement compoſé, a exiſté auparavant, uni au même Etre qui ſe ſent le même. Mais ſeparez-en la *con-ſcience*, cette Subſtance ne conſtituë non plus le même *ſoi*, ou n'en fait non plus une partie, que quelque autre Subſtance que ce ſoit, comme il paroit par l'exemple que nous avons déja donné, d'un Membre retranché du reſte du Corps, dont la chaleur, la froideur, ou les autres affections n'étant plus attachées au ſentiment intérieur que l'Homme a de ce qui le touche, ce Membre n'appartient pas plus au *ſoi* de l'Homme qu'aucune autre matiére de l'Univers. Il en ſera de même de toute Subſtance immaterielle qui eſt deſtituée de cette *con-ſcience* par laquelle je ſuis *moi-même* à moi-même: car s'il y a quelque partie de ſon exiſtence dont je ne puiſſe rappeller le ſouvenir pour la joindre à cette *con-ſcience* préſente par laquelle je ſuis préſentement *moi-même*, elle n'eſt non plus moi-même par rapport à cette partie de ſon exiſtence, que quelque autre Etre immatériel que ce ſoit. Car qu'une Subſtance ait penſé ou fait des choſes que je ne puis rappeller en moi-même, ni en faire mes propres penſées & mes propres actions par ce que nous nommons *con-ſcience*, tout cela, dis-je, a beau avoir été fait ou penſé par une partie de *moi*, il ne m'appartient pourtant pas plus, que ſi un autre Etre immateriel qui eût exiſté en tout autre endroit, l'eût fait ou penſé.

§. 25. Je tombe d'accord que l'opinion la plus probable, c'eſt, que ce ſentiment intérieur que nous avons de notre exiſtence & de nos actions, eſt attaché à une ſeule Subſtance individuelle & immaterielle.

Mais que les Hommes décident ce point comme ils voudront ſelon leurs différentes hypotheſes, chaque Etre Intelligent ſenſible au bonheur ou à la miſére, doit reconnoitre, qu'il y a en lui quelque choſe qui eſt *lui-même*, à quoi il s'intereſſe, & dont il deſire le bonheur, que ce *ſoi* a exiſté dans une durée continuë plus d'un inſtant, qu'ainſi il eſt poſſible qu'à l'avenir il

exiſte

exifte comme il a déja fait, des mois & des années, fans qu'on puiffe met- **CHAP.**
tre des bornes précifes à fa durée; & qu'il peut être le même *foi*, à la fa- **XXVII.**
veur de la même *con-fcience*, continuée pour l'avenir. Et ainfi par le moyen
de cette *con-fcience* il fe trouve être le même *foi* qui fit, il y a quelques années, telle ou telle action, par laquelle il eft préfentement heureux ou malheureux. Dans cette expofition de ce qui conftituë le *foi*, on n'a point
d'égard à la même Subftance numerique comme conftituant *le même foi*,
mais à la même *con-fcience* continuée, & quoi que différentes Subftances
puiffent avoir été unies à cette Con-fcience, & en avoir été feparées
dans la fuite, elles ont pourtant fait partie de ce même *foi*, tandis qu'elles
ont perfifté dans une union vitale avec le Sujet où cette con-fcience refi-
doit alors. Ainfi chaque partie de notre Corps qui vitalement unie à ce qui
agit en nous avec *con-fcience* fait une partie de *nous-mêmes*; mais dès qu'elle
vient à être feparée de cette union vitale, par laquelle cette *con-fcience* lui eft
communiquée, ce qui étoit partie de nous-mêmes il n'y a qu'un moment, ne
l'eft non plus à préfent, qu'une portion de matiére unie vitalement au Corps
d'un autre homme eft une partie de *moi-même*; & il n'eft pas impoffible
qu'elle puiffe devenir en peu de temps une partie réelle d'une autre perfonne.
Voilà comment une même Subftance numerique vient à faire partie de deux
différentes Perfonnes; & comment une même perfonne eft confervée parmi
le changement de différentes Subftances. Si l'on pouvoit fuppofer un Efprit entiérement privé de tout fouvenir & de toute *con-fcience* de fes actions
paffées, comme nous éprouvons que les nôtres le font à l'égard d'une grande
partie, & quelquefois de toutes, l'union ou la feparation d'une telle Subftance fpirituelle ne feroit non plus de changement à l'*Identité perfonnelle*, que
celle que fait quelque particule de Matiére que ce puiffe être. Toute Subftance vitalement unie à préfent Etre penfant, eft une partie de ce même
foi qui exifte préfentement; & toute Subftance qui lui eft unie par la *con-
fcience* des actions paffées, fait auffi partie de ce même *foi*, qui eft le même
tant à l'égard de ce temps paffé qu'à l'égard du temps préfent.

§. 26. Je regarde le mot de *Perfonne* comme un mot qui a été employé Le mot de *Perfon-*
pour défigner précifement ce qu'on entend par *foi-même*. Par-tout où un hom- *ne* eft un terme
me trouve ce qu'il appelle *foi-même*, je croi qu'un autre peut dire que là re- de Barreau.
fide la même Perfonne. Le mot de *Perfonne* eft un terme de Barreau qui
approprie des actions, & le mérite ou le démerite de ces actions; & qui par
conféquent n'appartient qu'à des Agents Intelligens, capables de Loi, &
de bonheur ou de mifére. La *perfonalité* ne s'étend au delà de l'exiftence
préfente jusqu'à ce qui eft paffé, que par le moyen de la *con-fcience*, qui fait
que la perfonne prend intérêt à des actions paffées, en devient refponfable,
les reconnoit pour fiennes, & fe les impute fur le même fondement &
pour la même raifon qu'elle s'attribuë les actions préfentes. Et tout cela eft
fondé fur l'intérêt qu'on prend au bonheur qui eft inévitablement attaché
à la *con-fcience:* car ce qui a un fentiment de plaifir & de douleur, defire
que ce *foi* en qui refide ce fentiment, foit heureux. Ainfi toute action paf-
fée qu'il ne fauroit adapter ou *approprier* par la *con-fcience* à ce préfent *foi*,
ne peut non plus l'intereffer que s'il ne l'avoit jamais faite, de forte que s'il

venoit

venoit à recevoir du plaisir ou de la douleur, c'est-à-dire, des récompenses ou des peines en conséquence d'une telle action, ce seroit autant que s'il devenoit heureux ou malheureux dès le premier moment de son existence sans l'avoir mérité en aucune maniére. Car supposé qu'un homme fût puni présentement pour ce qu'il a fait dans une autre vie, mais dont on ne sauroit lui faire avoir absolument aucune *con-science*, il est tout visible qu'il n'y auroit aucune différence entre un tel traitement, & celui qu'on lui feroit en le créant misérable. C'est pourquoi S. *Paul* nous dit, qu'au Jour du Jugement où *Dieu rendra à chacun selon ses œuvres, les secrets de tous les Cœurs seront manifestez*. La sentence sera justifiée par la conviction même où seront tous les hommes, que dans quelque Corps qu'ils paroissent, ou à quelque Substance que ce sentiment intérieur soit attaché, ils ont *Eux-mêmes* commis telles ou telles actions, & qu'ils méritent le châtiment qui leur est infligé pour les avoir commises.

§. 27. Je n'ai pas de peine à croire que certaines suppositions que j'ai faites pour éclaircir cette matiére, paroîtront étranges à quelques-uns de mes Lecteurs; & peut-être le sont-elles effectivement. Il me semble pourtant qu'elles sont excusables, vû l'ignorance où nous sommes concernant la nature de cette *Chose pensante* qui est en nous, & que nous regardons comme *Nous-mêmes*. Si nous savions ce que c'est que cet Etre, ou Comment il est uni à un certain assemblage d'Esprits Animaux qui sont dans un flux continuel, ou s'il pourroit ou ne pourroit pas penser & se ressouvenir hors d'un Corps organizé comme sont les nôtres; & si Dieu a jugé à propos d'établir qu'un tel Esprit ne fût uni qu'à un tel Corps, en sorte que sa faculté de retenir ou de rappeller les Idées dépendît de la juste constitution des organes de ce Corps, si, dis-je, nous étions une fois bien instruits de toutes ces choses, nous pourrions voir l'absurdité de quelques-unes des suppositions que je viens de faire. Mais si dans les ténèbres où nous sommes sur ce sujet, nous prenons l'Esprit de l'Homme, comme on a accoûtumé de faire présentement, pour une Substance immaterielle, indépendante de la Matiére, à l'égard de laquelle il est également indifférent, il ne peut y avoir aucune absurdité, fondée sur la nature des choses, à supposer que le même Esprit peut en divers temps être uni à différens Corps, & composer avec eux un seul homme durant un certain temps, tout ainsi que nous supposons que ce qui étoit hier une partie du Corps d'une Brebis peut être demain une partie du Corps d'un homme, & faire dans cette union une partie vitale de *Melibée* aussi bien qu'il faisoit auparavant une partie de son *Belier*.

§. 28. Enfin, toute Substance qui commence à exister, doit nécessairement être la même durant son existence: de même, quelque composition de Substances qui vienne à exister, le composé doit être le même pendant que ces Substances sont ainsi jointes ensemble; & tout *Mode* qui commence à exister, est aussi le même durant tout le temps de son existence. Enfin la même Règle a lieu, soit que la composition renferme des Substances distinctes, ou différens *Modes*. D'où il paroît que la difficulté ou l'obscurité qu'il y a dans cette matiére vient plûtôt des Mots mal appliquez, que de l'obscurité des Choses mêmes. Car quelle que soit la chose qui constituë une idée specifique, designée par un certain nom, si cette Idée est constamment attachée à ce nom, la distinction de l'Identité ou de la Diversité d'une Chose sera fort aisée à concevoir, sans qu'il puisse naître aucun doute sur ce sujet.

§. 29. Supposons par exemple qu'un Esprit raisonnable constituë l'*Idée d'un Homme*, il est aisé de savoir ce que c'est que le *même Homme*; car il est visible qu'en ce cas-là le même Esprit, separé du Corps, ou dans le Corps, sera le *même homme*. Que si l'on suppose qu'un Esprit raisonnable, vitalement uni à un Corps d'une certaine configuration de parties constituë un homme, l'homme sera *le même*, tandis que cet Esprit raisonnable restera uni à cette configuration vitale de parties, quoi que continuée dans un Corps dont les particules se succedent les unes aux autres dans un flux perpetuel. Mais si d'autres gens ne renferment dans leur idée de l'Homme que l'union vitale de ces parties avec une certaine forme extérieure, un Homme restera *le même* aussi long-temps que cette union vitale & cette forme resteront dans un composé, qui n'est le même qu'à la faveur d'une succession de particules, continuée dans un flux perpetuel. Car quelle que soit la composition dont une Idée complexe est formée, tant que l'existence la fait une chose particuliére sous une certaine denomination, la même existence continuée fait qu'elle continuë d'être le même individu sous la même denomination.

CHAPITRE XXVIII.

De quelques autres Relations, & sur-tout, des Relations Morales.

§. 1. OUTRE les raisons de comparer ou de rapporter les choses l'une à l'autre, dont je viens de parler, & qui sont fondées sur le temps, le lieu & la *causalité*, il y en a une infinité d'autres, comme j'ai déja dit, dont je vais proposer quelques-unes.

Je mets dans le prémier rang toute *Idée simple* qui étant capable de parties & de dégrez, fournit un moyen de comparer les sujets où elle se trouve, l'un avec l'autre, par rapport à cette Idée simple; par exemple, *plus blanc, plus doux, plus gros, égal, davantage,* &c. Ces Relations qui dépendent de l'égalité & de l'excès de la même idée simple, en différens sujets, peuvent être appellées, si l'on veut, *proportionnelles.* Or que ces sortes de Relations roulent uniquement sur les Idées simples que nous avons reçuës par la *Sensation* ou par la *Reflexion*, cela est si évident qu'il seroit inutile de le prouver.

§. 2. En second lieu, une autre raison de comparer des choses ensemble, ou de considerer une chose en sorte qu'on renferme quelque autre chose dans cette consideration, ce sont les circonstances de leur origine ou de leur commencement qui n'étant pas alterées dans la suite, fondent des relations qui durent aussi long-temps que les sujets auxquels elles appartiennent, par exemple, *Pére & Enfant, Fréres, Cousins-germains,* &c. dont les Rela-

tions

CHAP.
XXVIII.

tions font établies fur la communauté d'un même fang auquel ils participent en différens dégrez ; *Compatriotes*, c'eſt-à-dire, ceux qui font nez dans un même Païs. Et ces Relations, je les nomme *Naturelles*. Nous pouvons obferver à ce propos que les Hommes ont adapté leurs notions & leur langage à l'uſage de la vie commune, & non pas à la vérité & à l'étenduë des choſes. Car il eſt certain que dans le fond la Relation entre celui qui produit & celui qui eſt produit, eſt la même dans les différentes races des autres Animaux que parmi les Hommes : cependant on ne s'aviſe guere de dire, ce Taureau eſt le grand-pére d'un tel Veau, ou que deux Pigeons font couſins-germains. Il eſt fort néceſſaire que parmi les hommes on remarque ces Relations & qu'on les déſigne par des noms diſtincts, parce que dans les Loix, & dans d'autres commerces qui les lient enſemble, on a occaſion de parler des Hommes & de les déſigner fous ces fortes de relations. Mais il n'en eſt pas de même des Bêtes. Comme les hommes n'ont que peu ou point du tout de ſujet de leur appliquer ces relations, ils n'ont pas jugé à propos de leur donner des noms diſtincts & particuliers. Cela peut fervir en paſſant à nous donner quelque connoiſſance du différent état & progrès des Langues qui ayant été uniquement formées pour la commodité de communiquer enſemble, font proportionnées aux notions des hommes & au deſir qu'ils ont de s'entre-communiquer des penſées qui leur font familiéres, mais nullement à la réalité ou à l'étenduë des choſes, ni aux divers rapports qu'on peut trouver entr'elles, non plus qu'aux différentes conſidérations abſtraites dont elles peuvent fournir le ſujet. Où ils n'ont point eu de notions Philoſophiques, ils n'ont point eu non plus de termes pour les exprimer : & l'on ne doit pas être ſurpris que les hommes n'ayent point inventé de noms, pour exprimer des penſées, dont ils n'ont point occaſion de s'entretenir. D'où il eſt aiſé de voir pourquoi dans certains Païs les hommes n'ont pas même un mot pour déſigner un Cheval, pendant qu'ailleurs moins curieux de leur propre généalogie que de celle de leurs Chevaux, ils ont non ſeulement des noms pour chaque cheval en particulier, mais auſſi pour les différens dégrez de parentage qui ſe trouvent entre eux.

Rapports d'inſtitution.

§. 3. En troiſiéme lieu, le fondement ſur lequel on conſidere quelquefois les choſes, l'une par rapport à l'autre, c'eſt un certain acte par lequel on vient à faire quelque choſe en vertu d'un droit moral, d'un certain pouvoir, ou d'une obligation particuliere. Ainſi un *Général* eſt celui qui a le pouvoir de commander une Armée ; & une *Armée* qui eſt ſous le commandement d'un Général, eſt un amas d'hommes armez, obligez d'obeïr à un ſeul homme. Un *Citoyen* ou un *Bourgeois* eſt celui qui a droit à certains privileges dans tel ou tel Lieu. Toutes ces fortes de Relations qui dépendent de la volonté des hommes ou des accords qu'ils ont fait entr'eux, je les appelle *Rapports d'inſtitution* ou *volontaires* ; & l'on peut les diſtinguer des Relations *naturelles* en ce que la plûpart, pour ne pas dire toutes, peuvent être alterées d'une maniére ou d'autre, & feparées des perſonnes à qui elles ont appartenu quelquefois ; ſans que pourtant aucune des Subſtances qui font le ſujet de la Relation vienne à être détruite. Mais quoi qu'elles ſoient toutes réciproques auſſi bien que les autres, & qu'elles renferment

un

un rapport de deux choses, l'une à l'autre: cependant parce que souvent l'une des deux n'a point de nom relatif qui emporte cette mutuelle correspondance, les hommes n'en prennent pour l'ordinaire aucune connoissance, & ne pensent point à la Relation qu'elles renferment effectivement. Par exemple, on reconnoit sans peine que les termes de *Patron* & de *Client* sont relatifs : mais dès qu'on entend ceux de *Dictateur* ou de *Chancelier*, on ne se les figure pas si promptement sous cette idée; parce qu'il n'y a point de nom particulier pour désigner ceux qui sont sous le commandement d'un Dictateur ou d'un Chancelier, & qui exprime un rapport à ces deux sortes de Magistrats ; quoi qu'il soit indubitable que l'un & l'autre ont certain pouvoir sur quelques autres personnes par où ils ont relation avec ces Personnes, tout aussi bien qu'un Patron avec son Client, ou un Général avec son Armée.

Chap. XXVIII.

§. 4. Il y a, en quatriéme lieu, une autre sorte de Relation, qui est la convenance ou la disconvenance qui se trouve entre les Actions volontaires des hommes, & une Règle à quoi on les rapporte & par où l'on en juge, ce qu'on peut appeller, à mon avis, *Relation morale* : parce que c'est de là que nos actions morales tirent leur dénomination : sujet qui sans doute mérite bien d'être examiné avec soin, puisqu'il n'y a aucune partie de nos connoissances sur quoi nous devions être plus soigneux de former des idées déterminées, & d'éviter la confusion & l'obscurité, autant qu'il est en notre pouvoir. Lorsque les Actions humaines avec leurs différens objets, leurs diverses fins, maniéres & circonstances viennent à former des Idées distinctes & complexes, ce sont, comme j'ai déja montré, autant de *Modes Mixtes* dont la plus grande partie ont leurs noms particuliers. Ainsi, supposant que la *Gratitude* est une disposition à reconnoître & à rendre les honnêtetez qu'on a reçuës, que la *Polygamie* est d'avoir plus d'une femme à la fois ; lors que nous formons ainsi ces notions dans notre Esprit, nous y avons autant d'Idées déterminées de *Modes Mixtes*. Mais ce n'est pas à quoi se terminent toutes nos actions: il ne suffit pas d'en avoir des Idées déterminées, & de savoir quels noms appartiennent à telles & à telles combinaisons d'Idées qui composent une Idée complexe, désignée par un tel nom; nous avons dans cette affaire un intérêt bien plus important & qui s'étend beaucoup plus loin. C'est de savoir si ces sortes d'Actions sont moralement bonnes ou mauvaises.

Relations Morales.

§. 5. Le *Bien* & le *Mal* n'est, comme * nous avons montré ailleurs, que le Plaisir ou la Douleur, ou bien ce qui est l'occasion ou la cause du Plaisir ou de la Douleur que nous sentons. Par conséquent le Bien & le Mal consideré moralement, n'est autre chose que la conformité ou l'opposition qui se trouve entre nos actions volontaires & une certaine Loi : conformité & opposition qui nous attire du Bien ou du Mal par la Volonté & la Puissance du Législateur ; & ce Bien & ce Mal qui n'est autre chose que le plaisir ou la douleur qui par la détermination du Législateur accompagnent l'observation ou la violation de la Loi, c'est ce que nous appellons *récompense* & *punition*.

Ce que c'est que Bien moral & Mal moral.
* Chap. xx. §. 2. & chap. xxi. §. 42.

§. 6. Il y a, ce me semble, trois sortes de telles Règles, ou Loix Morales

Règles Morales.

rales auxquelles les Hommes rapportent généralement leurs Actions, & par où ils jugent si elles sont bonnes ou mauvaises ; & ces trois sortes de Loix sont soûtenuës par trois différentes espèces de récompense & de peine qui leur donnent de l'autorité. Car comme il seroit entièrement inutile de supposer une Loi imposée aux Actions libres de l'Homme sans être renforcée par quelque Bien ou quelque Mal qui pût déterminer la Volonté, il faut pour cet effet que par-tout où l'on suppose une Loi, l'on suppose aussi quelque peine ou quelque récompense attachée à cette Loi. Ce seroit en vain qu'un Etre Intelligent prétendroit soûmettre les actions d'un autre à une certaine règle, s'il n'est pas en son pouvoir de le récompenser lorsqu'il se conforme à cette règle, & de le punir lorsqu'il s'en éloigne, & cela par quelque Bien ou par quelque Mal qui ne soit pas la production & la suite naturelle de l'action même : car ce qui est naturellement commode ou incommode agiroit de lui-même sans le secours d'aucune Loi. Telle est, si je ne me trompe, la nature de toute Loi, proprement ainsi nommée.

Combien de sortes de Loix?

§. 7. Voici, ce me semble, les trois sortes de Loix auxquelles les Hommes rapportent en général leurs Actions, pour juger de leur droiture ou de leur obliquité : 1. la Loi Divine : 2. la Loi Civile : 3. la Loi d'opinion ou de reputation, si j'ose l'appeller ainsi. Lorsque les hommes rapportent leurs actions à la prémiére de ces Loix, ils jugent par-là si ce sont des *Péchez* ou des *Devoirs* : en les rapportant à la seconde ils jugent si elles sont *criminelles* ou *innocentes* ; & à la troisiéme, si ce sont des *vertus* ou des *vices*.

La Loi Divine règle ce qui est péché ou devoir.

§. 8. Il y a, prémiérement, la Loi Divine, par où j'entens cette Loi que Dieu a prescrite aux hommes pour régler leurs actions, soit qu'elle leur ait été *notifiée* par la Lumiére de la Nature, ou par voye de Revelation. Je ne pense pas qu'il y ait d'homme assez grossier pour nier que Dieu ait donné une telle règle par laquelle les hommes devroient se conduire. Il a droit de le faire, puisque nous sommes ses créatures. D'ailleurs, sa bonté & sa sagesse le portent à diriger nos actions vers ce qu'il y a de meilleur ; & il est Puissant pour nous y engager par des récompenses & des punitions d'un poids & d'une durée infinie dans une autre vie : car personne ne peut nous enlever de ses mains. C'est la seule pierre-de-touche par où l'on peut juger de la *Rectitude Morale* ; & c'est en comparant leurs actions à cette Loi, que les hommes jugent du plus grand bien ou du plus grand mal moral qu'elles renferment, c'est-à-dire, si en qualité de Devoirs ou de Péchez elles peuvent leur procurer du bonheur ou du malheur de la part du Tout-puissant.

La Loi Civile est la règle du Crime & de l'Innocence.

§. 9. En second lieu, la Loi Civile qui est établie par la Société pour diriger les actions de ceux qui en font partie, est une autre Règle à laquelle les hommes rapportent leurs actions pour juger si elles sont criminelles ou non. Personne ne méprise cette Loi : car les peines & les récompenses qui lui donnent du poids sont toûjours prêtes, & proportionnées à la Puissance d'où cette Loi émane, c'est-à-dire, à la force même de la Société qui est engagée à défendre la vie, la liberté, & les biens de ceux qui vivent conformément à ces Loix, & qui a le pouvoir d'ôter à ceux qui les violent, la vie,

vie, la liberté ou les biens; ce qui est le châtiment des offenses commises contre cette Loi.

CHAP. XXVIII.

§. 10. Il y a, en troisiéme lieu, la *Loi d'opinion* ou *de reputation*. On prétend & on suppose par tout le Monde que les mots de *Vertu* & de *Vice* signifient des actions bonnes & mauvaises de leur nature: & tant qu'ils sont réellement appliquez en ce sens, la *Vertu* s'accorde parfaitement avec la *Loi Divine* dont je viens de parler; & le *Vice* est tout-à-fait la même chose que ce qui est contraire à cette Loi. Mais quelles que soient les prétensions des hommes sur cet article, il est visible que ces noms de *Vertu* & de *Vice*, considerez dans les applications particuliéres qu'on en fait parmi les diverses Nations, & les différentes Sociétez d'hommes repanduës sur la Terre, sont constamment & uniquement attribuez à telles ou telles actions qui dans chaque Païs & dans chaque Societé sont reputées honorables ou honteuses. Et il ne faut pas trouver étrange que les hommes en usent ainsi, je veux dire que par tout le Monde ils donnent le nom de *vertu* aux actions qui parmi eux sont jugées dignes de louange, & qu'ils appellent *vice* tout ce qui leur paroît digne de blâme. Car autrement, ils se condamneroient eux-mêmes, s'ils jugeoient qu'une chose est bonne & juste sans l'accompagner d'aucune marque d'estime, & qu'une autre est mauvaise sans y attacher aucune idée de blâme. Ainsi, la mesure de ce qu'on appelle *vertu* & *vice* & qui passe pour tel dans tout le Monde, c'est cette approbation ou ce mépris, cette estime ou ce blâme qui s'établit par un secret & tacite consentement en différentes Sociétez & Assemblées d'hommes; par où différentes Actions sont estimées ou méprisées parmi eux, selon le jugement, les maximes & les coûtumes de chaque Lieu. Car quoi que les hommes réunis en Sociétez politiques, ayent resigné entre les mains du Public la disposition de toutes leurs forces, de sorte qu'ils ne peuvent pas les employer contre aucun de leurs Concitoyens au delà de ce qui est permis par la Loi du Païs, ils retiennent pourtant toûjours la puissance de penser bien ou mal, d'approuver ou desapprouver les actions de ceux avec qui ils vivent & entretiennent quelque liaison; & c'est par cette approbation & ce desaveu qu'ils établissent parmi eux ce qu'ils veulent appeler *Vertu* & *Vice*.

La Loi Philosophique est la mesure du vice & de la vertu.

§. 11. Que ce soit là la mesure ordinaire de ce qu'on nomme Vertu & Vice, c'est ce qui paroitra à quiconque considerera, que, quoi que ce qui passe pour *vice* dans un Païs soit regardé dans un autre comme une *vertu*, ou du moins comme une action indifférente, cependant la vertu & la louange, le vice & le blâme vont par tout de compagnie. En tous lieux ce qui passe pour vertu, est cela même qu'on juge digne de louange, & l'on ne donne ce nom à aucune autre chose qu'à ce qui remporte l'estime publique. Que dis-je? La vertu & la louange sont unies si étroitement ensemble, qu'on les désigne souvent par le même nom: (1) *Sunt hîc etiam sua præmia laudi*, dit *Virgile*; & *Ciceron*, *Nihil habet natura præstantius quàm honestatem, quàm laudem, quàm dignitatem, quàm decus*. Quæst. Tusculanarum *Lib*. 2. *cap*.

(1) *Æneid*. Lib. I. vers. 461. Il est visible que le mot *Laus* qui signifie ordinairement l'approbation duë à la Vertu, se prend ici pour la Vertu même.

CHAP.
XXVIII.

2. *cap.* 20. à quoi il ajoûte immédiatement après, (2) Qu'il ne prétend exprimer par tous ces noms d'*honnêteté*, de *louange*, de *dignité*, & d'*honneur*, qu'une seule & même chose. Tel étoit le langage des Philosophes Payens qui savoient fort bien en quoi consistoient les notions qu'ils avoient de la Vertu & du Vice. Et bien que le divers temperament, l'éducation, les coûtumes, les maximes, & les intérêts de différentes sortes d'hommes fussent peut-être cause que ce qu'on estimoit dans un Lieu, étoit censuré dans un autre; & qu'ainsi les *vertus* & les *vices* changeassent en différentes Sociétez, cependant quant au principal, c'étoient pour la plûpart les mêmes par-tout. Car comme rien n'est plus naturel que d'attacher l'estime & la reputation à ce que chacun reconnoît lui être avantageux à lui-même, & de blâmer & de décrediter le contraire; l'on ne doit pas être surpris que l'estime & le deshonneur, la vertu & le vice se trouvassent par-tout conformes, pour l'ordinaire, à la Règle invariable du Juste & de l'Injuste, qui a été établie par la Loi de Dieu, rien dans ce Monde ne procurant & n'assûrant le Bien général du Genre Humain d'une manière si directe & si visible que l'obeïssance aux Loix que Dieu a imposées à l'Homme, & rien au contraire n'y causant tant de misére & de confusion que la négligence de ces mêmes Loix. C'est pourquoi à moins que les hommes n'eussent renoncé tout-à-fait à la Raison, au Sens commun, & à leur propre intérêt, auquel ils sont si constamment devouez, ils ne pouvoient pas en général se méprendre jusques à ce point que de faire tomber leur estime & leur mépris sur ce qui ne le mérite pas réellement. Ceux-là même dont la conduite étoit contraire à ces Loix, ne laissoient pas de bien placer leur estime, peu étant parvenus à ce dégré de corruption, de ne pas condamner, du moins dans les autres, les fautes dont ils étoient eux-mêmes coupables: ce qui fit que parmi la dépravation même des mœurs, les veritables bornes de la Loi de Nature qui doit être la Règle de la *Vertu* & du *Vice*, furent assez bien conservées, de sorte que les Docteurs inspirez n'ont pas même fait difficulté dans leurs exhortations d'en appeller à la commune reputation: *Que toutes les choses qui sont aimables*, dit S. Paul, *que toutes les choses qui sont de bonne renommée, s'il y a quelque vertu & quelque louange, pensez à ces choses.* Philip. Ch. IV. vs. 8.

Ce qui fait valoir cette derniere Loi c'est la loüange & le blâme.

§. 12. Je ne sai si quelqu'un ira se figurer que j'ai oublié la notion que je viens d'attacher au mot de *Loi*, lorsque je dis que la Loi par laquelle les hommes jugent de la *Vertu* & du *Vice*, n'est autre chose que le consentement de simples Particuliers, qui n'ont pas assez d'autorité pour faire une Loi, & sur-tout, puisque ce qui est si nécessaire & si essentiel à une Loi leur manque, je veux dire la puissance de la faire valoir. Mais je croi pouvoir dire que quiconque s'imagine que l'approbation & le blâme ne sont pas de puissans motifs pour engager les hommes à se conformer aux opinions & aux maximes de ceux avec qui ils conversent, ne paroît pas fort bien instruit de l'Histoire du Genre Humain, ni avoir pénétré fort avant dans la nature des hommes, dont il trouvera que la plus grande partie se gouverne principalement, pour ne pas dire uniquement, par la Loi de la Coûtume: d'où vient qu'ils ne pensent qu'à ce qui peut leur conserver l'estime de

ceux

---

(2) *Hisce ego pluribus nominibus unam rem declarari volo.*

ceux qu'ils fréquentent, sans se mettre beaucoup en peine des Loix de Dieu ou de celles du Magistrat. Pour les peines qui sont attachées à l'infraction des Loix de Dieu, quelques-uns, & peut-être la plupart y font rarement de sérieuses réflexions; & parmi ceux qui y pensent, il y en a plusieurs qui se figurent à mesure qu'ils violent cette Loi, qu'ils se reconcilieront un jour avec celui qui en est l'Auteur: & à l'égard des châtimens qu'ils ont à craindre de la part des Loix de l'Etat, ils se flattent souvent de l'esperance de l'impunité. Mais il n'y a point d'homme qui venant à faire quelque chose de contraire à la coûtume & aux opinions de ceux qu'il fréquente, & à qui il veut se rendre recommandable, puisse éviter la peine de leur censure & de leur dédain. De dix mille hommes il ne s'en trouvera pas un seul qui aît assez de force & d'insensibilité d'esprit, pour pouvoir supporter le blâme & le mépris continuel de sa propre Cotterie. Et l'homme qui peut être satisfait de vivre constamment décredité & en disgrace auprès de ceux-là même avec qui il est en societé, doit avoir une disposition d'esprit fort étrange, & bien différente de celle des autres hommes. Il s'est trouvé bien des gens qui ont cherché la solitude, & qui s'y sont accoûtumez : mais personne à qui il soit resté quelque sentiment de sa propre nature, ne peut vivre en societé, continuellement dédaigné & méprisé par ses Amis & par ceux avec qui il converse. Un fardeau si pesant est au dessus des forces humaines; & quiconque peut prendre plaisir à la compagnie des hommes, & souffrir pourtant avec insensibilité le mépris & le dédain de ses compagnons, doit être un composé bizarre de contradictions absolument incompatibles.

CHAP. XXVIII.

§. 13. Voilà donc les trois Loix auxquelles les Hommes rapportent leurs actions en différentes maniéres, la Loi de Dieu, la Loi des Sociétez Politiques, & la Loi de la Coûtume ou la Censure des Particuliers. Et c'est par la conformité que les actions ont avec l'une de ces Loix que les hommes se règlent quand ils veulent juger de la rectitude morale de ces actions, & les qualifier bonnes ou mauvaises.

Trois Règles du Bien moral & du Mal moral.

§. 14. Soit que la Règle à laquelle nous rapportons nos actions volontaires comme à une pierre-de-touche par où nous puissions les examiner, juger de leur bonté, & leur donner, en conséquence de cet examen, un certain nom qui est comme la marque du prix que nous leur assignons, soit, dis-je, que cette règle soit prise de la Coûtume du Païs ou de la volonté d'un Législateur, l'Esprit peut observer aisément le rapport qu'une action a avec cette Règle, & juger si l'action lui est conforme ou non. Et par-là il a une notion du *Bien* ou du *Mal moral* qui est la conformité ou la non-conformité d'une action avec cette Règle, qui pour cet effet est souvent appellée *Rectitude morale*. Or comme cette Règle n'est qu'une collection de différentes *Idées simples*, s'y conformer n'est autre chose que disposer l'action de telle sorte que les Idées simples qui la composent, puissent correspondre à celles que la Loi exige. Par où nous voyons comment les Etres ou Notions morales se terminent à ces Idées simples que nous recevons par *Sensation* ou par *Reflexion*, & qui en sont le dernier fondement. Considerons par exemple l'idée complexe que nous exprimons par le mot de

Chap.
XXVIII.

Meurtre. Si nous l'épluchons exactement & que nous examinions toutes les idées particuliéres qu'elle renferme, nous trouverons qu'elles ne font autre chose qu'un amas d'Idées simples qui viennent de la *Reflexion* ou de la *Sensation*, (car prémiérement par la *Reflexion* que nous faisons sur les opérations de notre Esprit nous avons les Idées de vouloir, de déliberer, de résoudre par avance, de souhaiter du mal à un autre, d'être mal intentionné contre lui, comme aussi les idées de vie ou de perception & de faculté de se mouvoir. La *Sensation* en second lieu nous fournit un assemblage de toutes les idées simples & sensibles qu'on peut découvrir dans un homme, & d'une action particuliére par où nous détruisons la perception & le mouvement dans un tel homme ; toutes lesquelles idées simples sont comprises dans le mot de *Meurtre.* Selon que je trouve que cette collection d'Idées simples s'accorde ou ne s'accorde pas avec l'estime générale dans le Païs où j'ai été élevé, & qu'elle y est jugée par la plûpart digne de louange ou de blâme, je la nomme une action vertueuse ou vicieuse. Si je prens pour règle la Volonté d'un suprême & invisible Législateur, comme je suppose en ce cas-là que cette action est commandée ou défenduë de Dieu, je l'appelle bonne ou mauvaise, un Péché ou un Devoir ; & si j'en juge par rapport à la Loi Civile, à la Règle établie par le pouvoir Législatif du Païs, je dis qu'elle est permise ou non permise, qu'elle est criminelle, ou non criminelle. De sorte que d'où que nous prenions la règle des *Actions Morales*, de quelque mesure que nous nous servions pour nous former des Idées des Vertus ou des Vices, les Actions morales ne sont composées que de collections d'Idées simples que nous recevons originairement de la *Sensation* ou de la *Reflexion* ; & leur rectitude ou obliquité consiste dans la *convenance* ou la *disconvenance* qu'elles ont avec des modelles prescrits par quelque Loi.

Ce qu'il y a de moral dans les Actions est un rapport des Actions à ces Règles-là.

§. 15. Pour avoir des idées justes des Actions Morales, nous devons les considerer sous ces deux égards. Prémiérement, entant qu'elles sont chacune à part & en elles-mêmes composées de telle ou telle collection d'Idées simples. Ainsi, l'*Yvrognerie* ou le *Mensonge* renferment tel ou tel amas d'Idées simples que j'appelle *Modes Mixtes* ; & en ce sens ce sont des Idées tout autant *positives* & *absoluës* que l'action d'un Cheval qui boit ou d'un Perroquet qui parle. En second lieu, nos actions sont considerées comme *bonnes*, *mauvaises*, ou *indifférentes*, & à cet égard elles sont relatives : car c'est leur convenance ou disconvenance avec quelque Règle, qui les rend réguliéres ou irréguliéres, bonnes ou mauvaises ; & ce rapport s'étend aussi loin que s'étend la comparaison qu'on fait de ces Actions avec une certaine Règle, & que la dénomination qui leur est donnée en vertu de cette comparaison. Ainsi l'action de *défier* & de *combattre un homme*, considerée comme un certain Mode positif, ou une certaine espèce d'action distinguée de toutes les autres par des idées qui lui sont particuliéres, s'appelle *Duel* : laquelle action consideré par rapport à la Loi de Dieu, mérite le nom de *péché*, par rapport à la Loi de la Coûtume passe en certains Païs pour une action de valeur & de vertu ; & par rapport aux Loix municipales de certains Gouvernemens est un crime capital. Dans ce cas, lorsque le Mode positif a différens

rens noms selon les divers rapports qu'il a avec la Loi, la distinction est aussi facile à observer que dans les Substances, où un seul nom, par exemple celui d'*Homme*, est employé pour signifier la chose même; & un autre comme celui de *Pére* pour exprimer la Relation.

CHAP. XXVIII.

§. 16. Mais parce que fort souvent l'idée positive d'une action & celle de sa relation morale, sont comprises sous un seul nom, & qu'un même terme est employé pour exprimer le Mode ou l'Action, & sa rectitude ou son obliquité morale; on reflêchit moins sur la Relation même, & fort souvent on ne met aucune distinction entre l'idée positive de l'Action & le rapport qu'elle a à une certaine Règle. En confondant ainsi sous un même nom ces deux considerations distinctes, ceux qui se laissent trop aisément préoccuper par l'impression des sons, & qui sont accoûtumez à prendre les mots pour des choses, s'égarent souvent dans les jugemens qu'ils font des Actions. Par exemple, boire du vin ou quelque autre liqueur forte jusqu'à en perdre l'usage de la Raison, c'est ce qu'on appelle proprement *s'enyvrer*: mais comme ce mot signifie aussi dans l'usage ordinaire la turpitude morale qui est dans l'action par opposition à la Loi, les hommes sont portez à condamner tout ce qu'ils entendent nommer *yvresse*, comme une action mauvaise & contraire à la Loi Morale. Cependant s'il arrive à un homme d'avoir le cerveau troublé pour avoir bû une certaine quantité de vin qu'un Médecin lui aura prescrit pour le bien de sa santé, quoi qu'on puisse donner proprement le nom d'*yvresse* à cette action, à la considerer comme le nom d'un tel *Mode Mixte*, il est visible que consideréé par rapport à la Loi de Dieu & dans le rapport qu'elle a avec cette souveraine Règle, ce n'est point un péché ou une transgression de la Loi, bien que le mot d'*yvresse* emporte ordinairement une telle idée.

La dénomination des actions nous trompe souvent.

§. 17. En voilà assez sur les actions humaines considerées dans la relation qu'elles ont à la Loi, & que je nomme pour cet effet des *Relations Morales*.

Les Relations sont innombrables.

Il faudroit un Volume pour parcourir toutes les espèces de Relations. On ne doit donc pas attendre que je les étale ici toutes. Il suffit pour mon présent dessein de montrer par celles qu'on vient de voir, quelles sont les Idées que nous avons de ce qu'on nomme *Relation*, ou *Rapport*: consideration qui est d'une si vaste étenduë, si diverse, & dont les occasions sont en si grand nombre (car il y en a autant qu'il peut y avoir d'occasions de comparer les choses l'une à l'autre) qu'il n'est pas fort aisé de les reduire à des régles précises, ou à certains chefs particuliers. Celles dont j'ai fait mention, sont, je croi, des plus considerables & peuvent servir à faire voir d'où c'est que nous recevons nos idées des Relations, & sur quoi elles sont fondées. Mais avant que de quitter cette matiére, permettez-moi de déduire de ce que je viens de dire, les observations suivantes.

§. 18. La prémière est, qu'il est évident que toute Relation se termine à ces Idées simples que nous avons reçu par *Sensation* ou par *Reflexion*, que c'en est le dernier fondement; de sorte que ce que nous avons nous-mêmes dans l'Esprit en pensant, (si nous pensons effectivement à quelque chose, ou qu'il y ait quelque sens à ce que nous pensons) tout ce qui est l'objet de

Toutes les Relations se terminent à des Idées simples.

CHAP.
XXVIII.

nos propres penſées ou que nous voulons faire entendre aux autres lorſque nous nous ſervons de mots, & qui renferme quelque relation, tout cela, dis-je, n'eſt autre choſe que certaines Idées ſimples, ou un aſſemblage de quelques Idées ſimples, comparées l'une avec l'autre. La choſe eſt ſi viſible dans cette eſpèce de Relations que j'ai nommé *proportionnelles*, que rien ne peut l'être davantage. Car lorſqu'un homme dit, *Le Miel eſt plus doux que la Cire*, il eſt évident que dans cette relation ſes penſées ſe terminent à l'idée ſimple de *douceur* ; & il en eſt de même de toute autre relation, quoi que peut-être quand nos penſées ſont extrêmement compliquées, on faſſe rarement reflexion aux Idées ſimples dont elles ſont compoſées. Par exemple, lorſqu'on employe le mot de *Pére*, prémiérement on entend par-là cette eſpèce particuliére, ou cette idée collective ſignifiée par le mot *homme*; ſecondement, les idées ſimples & ſenſibles, ſignifiées par le terme de *génération* ; & en troiſiéme lieu, ſes effets, & toutes les idées ſimples qu'emporte le mot d'*Enfant*. Ainſi le mot d'*Ami* étant pris pour un homme *qui aime un autre homme & eſt prêt à lui faire du bien*, contient toutes les Idées ſuivantes qui le compoſent ; prémiérement, toutes les idées ſimples compriſes ſous le mot *Homme*, ou *Etre intelligent* ; en ſecond lieu, l'idée d'*amour* ; en troiſiéme lieu, l'idée de *diſpoſition* à faire quelque choſe ; en quatriéme lieu l'idée d'*action* qui doit être quelque eſpèce de penſée ou de mouvement, & enfin l'idée de *Bien*, qui ſignifie tout ce qui peut lui procurer du bonheur, & qui à l'examiner de près, ſe termine enfin à des idées ſimples & particuliéres, dont chacune eſt renfermée ſous le terme de *Bien* en général, lequel terme ne ſignifie rien, s'il eſt entiérement ſéparé de toute idée ſimple. Voilà comment les termes de Morale ſe terminent enfin, comme tout autre, à une collection d'idées ſimples, quoi que peut-être de plus loin, la ſignification immédiate des termes Relatifs contenant fort ſouvent des relations ſuppoſées connuës, qui étant conduites comme à la trace de l'une à l'autre ne manquent pas de ſe terminer à des Idées ſimples.

Nous avons ordinairement une notion auſſi claire ou plus claire de la Relation que de ſon fondement.

§. 19. La ſeconde choſe que j'ai à remarquer, c'eſt que dans les Relations nous avons pour l'ordinaire, ſi ce n'eſt point toûjours, une idée auſſi claire du rapport, que des Idées ſimples ſur leſquelles il eſt fondé, la *convenance* ou la *diſconvenance* d'où dépend la Relation étant des choſes dont nous avons communément des idées auſſi claires que de quelque autre que ce ſoit, parce qu'il ne faut pour cela que diſtinguer les idées ſimples l'une de l'autre, ou leurs différens dégrez, ſans quoi nous ne pouvons abſolument point avoir de connoiſſance diſtincte. Car ſi j'ai une idée claire de *douceur*, de *lumiére* où d'*étenduë*, j'ai auſſi une idée claire d'autant, de plus, ou de moins de chacune de ces choſes. Si je ſai ce que c'eſt à l'égard d'un homme d'être né d'une femme, comme de *Sempronia*, je ſai ce que c'eſt à l'égard d'un autre homme d'être né de la même *Sempronia*, & par-là je puis avoir une notion auſſi claire de la *fraternité* que de la *naiſſance*, & peut-être plus claire. Car ſi je croyois que *Sempronia* a pris *Titus* de deſſous un Chou, comme (1) on a accoûtumé de dire aux petits Enfans, & que par-là elle eſt devenuë

---

(1) Je ne ſai ſi l'on ſe ſert communément en France de ce tour, pour ſatisfaire la curioſité

venuë sa Mére; & qu'ensuite elle a eu *Cajus* de la même maniére, j'aurois une notion aussi claire de la relation de *frere* entre *Titus* & *Cajus*, que si j'avois tout le savoir des sages-femmes; parce que tout le fondement de cette relation roule sur cette notion, que la même femme a également contribué à leur naissance en qualité de Mére (quoi que je fusse dans l'ignorance ou dans l'erreur à l'égard de la maniére) & que la naissance de ces deux Enfans convient dans cette circonstance, en quoi que ce soit qu'elle consiste effectivement. Pour fonder la notion de *fraternité* qui est ou n'est pas entr'eux, il me suffit de les comparer sur l'origine qu'ils tirent d'une même personne, sans que je connoisse les circonstances particuliéres de cette origine. Mais quoi que les idées des Relations particuliéres puissent être aussi claires & aussi distinctes dans l'Esprit de ceux qui les consiiderent dûement, que les idées des *Modes mixtes*, & plus déterminées que celles des Substances, cependant les termes de Relation sont souvent aussi ambigus, & d'une signification aussi incertaine, que les noms des Substances ou des Modes mixtes; & beaucoup plus, que ceux des Idées simples. La raison de cela, c'est que les termes relatifs étant des signes d'une comparaison, qui se fait uniquement par les pensées des hommes, & dont l'idée n'existe que dans leur Esprit, les hommes appliquent souvent ces termes à différentes comparaisons de choses, selon leurs propres imaginations (1) qui ne correspondent pas toûjours à l'imagination d'autres personnes qui se servent des mêmes mots.

CHAP.
XXVIII.

§. 20. Je remarque en troisiéme lieu, que dans les Relations que je nomme *morales*, j'ai une véritable notion du Rapport en comparant l'action avec une certaine Règle, soit que la Règle soit vraye, ou fausse. Car si je mesure une chose avec une Aune, je sai si la chose que je mesure est plus longue ou plus courte que cette Aune prétenduë, quoi que peut-être l'Aune dont je me sers, ne soit pas exactement juste, ce qui à la vérité est une Question tout-à-fait différente. Car quoi que la Règle soit fausse & que je me méprenne en la prenant pour bonne, cela n'empêche pourtant pas, que la *convenance* ou la *disconvenance* qui se remarque dans ce que je compare à cette Règle, ne me fasse voir la relation. A la vérité en me servant d'une fausse

La notion de la Relation est la même, soit que la règle à laquelle une action est comparée soit vraye ou fausse.

---

sité des Enfans sur cet article. Je l'ai ouï employer dans ce dessein. Quoi qu'il en soit, la chose n'est pas de grande importance. On se sert en Anglois d'un tour un peu différent, mais qui revient au même.

(1) Il me souvient à ce propos d'une plaisante équivoque fondée sur ce que M. Locke dit ici. Deux Femmes conversant ensemble, l'une vint à parler d'un certain homme de sa connoissance, & dit que c'étoit un *très-bon* homme. Mais quelque temps après, s'étant engagée à le caractériser plus particulierement, elle ajoûta que c'étoit un homme injuste, de mauvaise humeur, qui par sa dureté & ses manieres violentes se rendoit insupportable à sa Femme, à ses Enfans, & à tous ceux qui avoient à faire avec lui. Sur cela l'autre personne qui avoit l'Esprit juste & pénétrant, surprise de ce nouveau caractere qui lui paroissoit incompatible avec le prémier, s'écria, *Mais n'avez-vous pas dit tout à l'heure que c'étoit un très-bon homme? Oui vraiment, je l'ai dit*, repliqua-t-elle aussitôt: *mais je vous assure, Madame, qu'on n'en vaut pas mieux pour être bon*: faisant sentir par le ton railleur dont elle prononça ces derniéres paroles qu'elle étoit fort surprise à son tour, que la personne qui lui faisoit une si pitoyable Objection, eût vécu si long-temps dans le monde sans s'être apperçuë d'une chose si ordinaire. C'est que dans le langage de cette bonne Femme, *être bon* ne signifioit autre chose qu'aller souvent à l'Eglise, & s'acquitter exactement de tous les devoirs exterieurs de la Religion.

CHAP. XXVIII.

fauſſe règle, je ſerai engagé par-là à mal juger de la rectitude morale de l'action ; parce que je ne l'aurai pas examinée par ce qui eſt la véritable Règle ; mais je ne me trompe pourtant pas à l'égard du rapport que cette action a avec la Règle à laquelle je la compare, ce qui en fait la *convenance* ou la *disconvenance*.

CHAP. XXIX.

CHAPITRE XXIX.

Des Idées claires & obſcures, diſtinctes & confuſes.

Il y a des Idées claires & diſtinctes, d'autres obſcures & confuſes.

§. I. APRE`S avoir montré l'origine de nos Idées & fait une revûë de leurs différentes eſpèces ; après avoir conſideré la différence qu'il y a entre les Idées ſimples & complexes, & avoir obſervé comment les Complexes ſe réduiſent à ces trois ſortes d'Idées, les *Modes*, les *Subſtances* & les *Relations :* examen où doit entrer néceſſairement quiconque veut connoître à fond les progrès de ſon Eſprit dans ſa maniére de concevoir & de connoître les choſes : on s'imaginera peut-être qu'ayant parcouru tous ces chefs, j'ai traité aſſez amplement des Idées. Il faut pourtant que je prie mon Lecteur, de me permettre de lui propoſer encore un petit nombre de reflexions qu'il me reſte à faire ſur ce ſujet. La prémiére eſt, que certaines Idées ſont *claires* & d'autres *obſcures*, quelques-unes *diſtinctes* & d'autres *confuſes*.

La clarté & l'obſcurité des idées expliquée par comparaiſon à la vûë.

§. 2. Comme rien n'explique plus nettement la perception de l'Eſprit que les mots qui ont rapport à la Vûë, nous comprendrons mieux ce qu'il faut entendre par la clarté & l'obſcurité dans nos Idées, ſi nous faiſons reflexion ſur ce qu'on appelle *clair* & *obſcur* dans les Objets de la Vûë. La Lumiére étant ce qui nous découvre les Objets viſibles, nous nommons obſcur ce qui n'eſt pas expoſé à une lumière qui ſuffiſe pour nous faire voir exactement la figure & les couleurs qu'on y peut obſerver, & qu'on y diſcerneroit dans une plus grande lumière. De même nos Idées ſimples ſont *claires* lorſqu'elles ſont telles, que les Objets mêmes d'où l'on les reçoit, les préſentent ou peuvent les préſenter avec toutes les circonſtances requiſes à une ſenſation ou perception bien ordonnée. Lorſque la Mémoire les conſerve de cette maniére, & qu'elle peut les exciter ainſi dans l'Eſprit toutes les fois qu'il a occaſion de les conſiderer, ce ſont en ce cas-là des Idées claires. Et autant qu'il leur manque de cette exactitude originale, ou qu'elles ont, pour ainſi dire, perdu de leur prémiére fraîcheur, étant comme ternies & flêtries par le temps, autant ſont-elles obſcures. Quant aux *Idées complexes*, comme elles ſont compoſées d'Idées ſimples, elles ſont claires quand les Idées qui en ſont partie, ſont claires ; & que le nombre & l'ordre des Idées ſimples qui compoſent chaque idée complexe, eſt certainement fixé & déterminé dans l'Eſprit.

Quelles ſont les cauſes de l'obſcurité des Idées.

§. 3. La cauſe de l'obſcurité des Idées ſimples, c'eſt ou des organes groſſiers, ou des impreſſions foibles & tranſitoires faites par les Objets, ou bien la foibleſſe de la Mémoire qui ne peut les retenir comme elle les a reçuës.

Des Idées claires & obscures, distinctes & confuses. L I V. II.   289

çuës. Car pour revenir encore aux Objets visibles qui peuvent nous aider CHAP.XXIX.
à comprendre cette matiere; si les organes ou les facultez de la Perception,
semblables à de la Cire durcie par le froid, ne reçoivent pas l'impression du
Cachet, en conséquence de la pression qui se fait ordinairement pour en
tracer l'empreinte, ou si ces organes ne retiennent pas bien l'empreinte du
cachet, quoi qu'il soit bien appliqué, parce qu'ils ressemblent à de la Cire
trop molle où l'impression ne se conserve pas long-temps, ou enfin parce
que le seau n'est pas appliqué avec toute la force nécessaire pour faire une
impression nette & distincte, quoi que d'ailleurs la Cire soit disposée comme il faut pour recevoir tout ce qu'on y voudra imprimer; dans tous ces cas
l'impression du seau ne peut qu'être obscure. Je ne croi pas qu'il soit nécessaire d'en venir à l'application pour rendre cela plus évident.

§. 4. Comme une Idée claire est celle dont l'Esprit a une pleine & évi- Ce que c'est qu'u-
dente perception, telle qu'elle est quand il la reçoit d'un Objet extérieur & confuse.
qui opere dûement sur un organe bien disposé; de même une *idée distincte*
est celle où l'Esprit apperçoit une difference qui la distingue de toute autre
idée: & une *idée confuse* est celle qu'on ne peut pas suffisamment distinguer
d'avec une autre, de qui elle doit être différente.

§. 5. Mais, dira-t-on, s'il n'y a d'Idée confuse que celle qu'on ne peut Objection.
pas suffisamment distinguer d'avec une autre de qui elle doit être differente,
il sera bien difficile de trouver aucune idée confuse: car quoi que puisse être
une certaine idée, elle ne peut être que telle qu'elle est apperçuë par l'Esprit; & cette même perception la distingue suffisamment de toutes autres
Idées qui ne peuvent être autres, c'est-à-dire différentes, sans qu'on s'apperçoive qu'elles le sont. Par conséquent, nulle idée ne peut être dans l'incapacité d'être distinguée d'une autre de qui elle doit être différente, à moins
que vous ne la veuilliez supposer différente d'elle-même, car elle est évidemment différente de toute autre.

§. 6. Pour lever cette difficulté & trouver le moyen de concevoir au juste La confusion des
ce que c'est qui fait la confusion qu'on attribuë aux Idées, nous devons Idées se rapporte
considerer que les choses rangées sous certains noms distincts sont supposées leur donne.
assez différentes pour être distinguées, en sorte que chaque espèce puisse
être désignée par son nom particulier, & traitée à part dans quelque occasion que ce soit: & il est de la derniére évidence qu'on suppose que la plus
grande partie des noms différens signifient des choses différentes. Or chaque Idée qu'un homme a dans l'Esprit, étant visiblement ce qu'elle est,
& distincte de toute autre Idée que d'elle-même; ce qui la rend *confuse*,
c'est lorsqu'elle est telle, qu'elle peut être aussi bien désignée par un
autre nom que par celui dont on se sert pour l'exprimer, ce qui arrive lorsqu'on néglige de marquer la différence qui conserve de la distinction entre
les choses qui doivent être rangées sous ces deux différens noms, & qui fait
que quelques-unes appartiennent à l'un de ces Noms, & quelques autres à
l'autre, & dès-lors la distinction qu'on s'étoit proposé de conserver par le
moyen de ces différens Noms, est entiérment perduë.

§. 7. Voici, à mon avis, les principaux défauts qui causent ordinaire- Défauts qui cau-
ment cette confusion. sent la confusion
des idées.

O o   Le

CHAP. XXIX.

Prémier défaut: Les Idées complexes compofées de trop peu d'idées fimples.

Le prémier eft, lorfque quelque idée complexe, (car ce font les Idées complexes qui font le plus fujettes à tomber dans la confufion) eft compofée d'un trop petit nombre d'Idées fimples, & de ces Idées feulement qui font communes à d'autres chofes, par où les différences qui font que cette Idée mérite un nom particulier, font laiffées à l'écart. Ainfi, celui qui a une idée uniquement compofée des idées fimples d'une Bête tachetée, n'a qu'une idée confufe d'un *Leopard*, qui n'eft pas fuffifamment diftingué par-là d'un *Lynx* & de plufieurs autres Bêtes qui ont la peau tachetée. De forte qu'une telle idée, bien que defignée par le nom particulier de *Leopard*, ne peut être diftinguée de celles qu'on défigne par les noms de *Lynx* ou de *Panthere*, & elle peut auffi bien recevoir le nom de Lynx que celui de Leopard. Je vous laiffe à penfer combien la coûtume de définir les mots par des termes généraux, doit contribuer à rendre confufes & indéterminées les idées qu'on prétend défigner par ces termes-là. Il eft évident que les Idées confufes rendent l'ufage des mots incertain, & détruifent l'avantage qu'on peut tirer des noms diftincts. Lorfque les Idées que nous défignons par différens termes, n'ont point de différence qui réponde aux noms diftincts qu'on leur donne, de forte qu'elles ne peuvent point être diftinguées par ces noms-là, dans ce cas elles font véritablement confufes.

Second défaut: Les idées fimples qui forment une Idée complexe, brouillées & confonduës enfemble.

§. 8. Un autre défaut qui rend nos Idées confufes, c'eft lors qu'encore que les Idées particuliéres qui compofent quelque idée complexe, foient en affez grand nombre, elles font pourtant fi fort confonduës enfemble qu'il n'eft pas aifé de difcerner fi cet amas appartient plûtôt au nom qu'on donne à cette idée-là, qu'à quelque autre nom. Rien n'eft plus propre à nous faire comprendre cette confufion que certaines Peintures qu'on montre ordinairement comme ce que l'Art peut produire de plus furprenant, où les couleurs de la maniére qu'on les applique avec le pinceau fur la plaque ou fur la Toile, repréfentent des figures fort bizarres & fort extraordinaires, & paroiffent pofées au hazard & fans aucun ordre. Un tel Tableau compofé de parties où il ne paroit ni ordre ni fymmetrie, n'eft pas en lui-même plus confus que le Portrait d'un Ciel couvert de nuages, que perfonne ne s'avife de regarder comme confus quoi qu'on n'y remarque pas plus de fymmetrie dans les figures ou dans l'application des couleurs. Qu'eft-ce donc qui fait que le prémier Tableau paffe pour confus, fi le manque de fymmetrie n'en eft pas la caufe, comme il ne l'eft pas certainement, puifqu'un autre Tableau, fait fimplement à l'imitation de celui-là, ne feroit point appellé confus? A cela je répons, que ce qui le fait paffer pour confus, c'eft de lui appliquer un certain nom qui ne lui convient pas plus diftinctement que quelque autre. Ainfi, quand on dit que c'eft le Portrait d'un *Homme* ou de *Céfar*, on le regarde dès-lors avec raifon comme quelque chofe de confus, parce que dans l'état qu'il paroît, on ne fauroit connoître que le nom d'*Homme* ou de *Céfar* lui convienne mieux que celui de *Singe* ou de *Pompée*; deux noms qu'on fuppofe fignifier des idées différentes de celles qu'emportent les mots d'*Homme* ou de *Céfar*. Mais lorfqu'un Miroir Cylindrique placé comme il faut par rapport à ce Tableau, a fait paroître ces traits irréguliers dans leur ordre, & dans leur jufte proportion,

la

la confusion disparoît dès ce moment, & l'Oeil apperçoit aussi-tôt que ce Portrait est un *Homme* ou *César*, c'est-à-dire, que ces noms-là lui conviennent véritablement & qu'il est suffisamment distingué d'un *Singe* ou de *Pompée*, c'est-à-dire, des idées que ces deux noms signifient. Il en est justement de même à l'égard de nos idées qui sont comme les peintures des choses. Nulle de ces *peintures mentales*, j'ose m'exprimer ainsi, ne peut être appellée confuse, de quelque manière que leurs parties soient jointes ensemble, car telles qu'elles sont, elles peuvent être distinguées évidemment de toute autre, jusqu'à ce qu'elles soient rangées sous quelque nom ordinaire auquel on ne sauroit voir qu'elles appartiennent plûtôt qu'à quelque autre nom qu'on reconnoit avoir une signification différente.

CHAP. XXIX.

§. 9. Un troisiéme défaut qui fait souvent regarder nos Idées comme confuses, c'est quand elles sont incertaines & indéterminées. Ainsi l'on voit tous les jours des gens qui ne faisant pas difficulté de se servir des mots usitez dans leur Langue maternelle, avant que d'en avoir appris la signification précise, changent l'idée qu'ils attachent à tel ou tel mot, presque aussi souvent qu'ils le font entrer dans leurs discours. Suivant cela, l'on peut dire, par exemple, qu'un homme a une idée confuse de l'*Eglise* & de l'*Idolatrie*, lorsque par l'incertitude où il est de ce qu'il doit exclurre de l'idée de ces deux mots, ou de ce qu'il doit y faire entrer toutes les fois qu'il pense à l'une ou à l'autre, il ne se fixe point constamment à une certaine combinaison précise d'Idées qui composent chacune de ces Idées; & cela pour la même raison qui vient d'être proposée dans le Paragraphe précedent, savoir, parce qu'une Idée changeante (si l'on veut la faire passer pour une seule idée) n'appartient pas plûtôt à un nom qu'à un autre, & perd par conséquent la distinction pour laquelle les noms distincts ont été inventez.

Troisiéme cause de la confusion de nos Idées, elles sont incertaines & indéterminées.

§. 10. On peut voir par tout ce que nous venons de dire, combien les Noms contribuent à cette dénomination d'*Idées distinctes & confuses*, si l'on les regarde comme autant de signes fixes des choses, lesquels selon qu'ils sont différens signifient des choses distinctes, & conservent de la distinction entre celles qui sont effectivement différentes, par un rapport secret & imperceptible que l'Esprit met entre ses Idées & ces noms-là. C'est ce que l'on comprendra peut-être mieux après avoir lû & examiné ce que je dis des *Mots* dans le *Troisieme* Livre de cet Ouvrage. Du reste, si l'on ne fait aucune attention au rapport que les Idées ont des noms distincts considerez comme des signes de choses distinctes, il sera bien mal-aisé de dire ce que c'est qu'une Idée confuse. C'est pourquoi lorsqu'un homme désigne par un certain nom une espèce de choses ou une certaine chose particuliere distincte de toute autre, l'idée complexe qu'il attache à ce nom, est d'autant plus distincte que les idées sont plus particuliéres, & que le nombre & l'ordre des Idées dont elle est composée, est plus grand & plus déterminé. Car plus elle renferme de ces Idées particuliéres, plus elle a de différences sensibles par où elle se conserve distincte & separée de toutes les idées qui appartiennent à d'autres noms, de celles-là même qui lui ressemblent le plus, ce qui fait qu'elle ne peut être confonduë avec elles.

§. 11. La

CHAP.
XXIX.
La confusion regarde toûjours deux Idées.

§. 11. La *confusion*, qui rend difficile la separation de deux choses qui devroient être separées, *concerne toûjours deux Idées*, & celles-là sur-tout qui sont le plus approchantes l'une de l'autre. C'est pourquoi toutes les fois que nous soupçonnons que quelque Idée soit confuse, nous devons examiner quelle est l'autre idée qui peut être confonduë avec elle, ou dont elle ne peut être aisément separée, & l'on trouvera toûjours que cette autre Idée est designée par un autre nom, & doit être par conséquent une chose différente, dont elle n'est pas encore assez distincte parce que c'est ou la même, ou qu'elle en fait partie, ou du moins qu'elle est aussi proprement designée par le nom sous lequel cette autre est rangée, & qu'ainsi elle n'en est pas si différente que leurs divers noms le donnent à entendre.

§. 12. C'est là, je pense, la confusion qui convient aux Idées, & qui a toûjours un secret rapport aux noms. Et s'il y a quelque autre confusion d'Idées, celle-là du moins contribuë plus qu'aucune autre à mettre du desordre dans les pensées & dans les discours des hommes: car la plûpart des idées dont les hommes raisonnent en eux-mêmes, & celles qui sont le continuel sujet de leurs entretiens avec les autres hommes, ce sont celles à qui l'on a donné des noms. C'est pourquoi toutes les fois qu'on suppose deux Idées différentes, designées par deux différens noms, mais qu'on ne peut pas distinguer si facilement que les sons mêmes qu'on employe pour les designer; dans de telles rencontres il ne manque jamais d'y avoir de la confusion: & au contraire lorsque deux Idées sont aussi distinctes que les Idées des deux sons par lesquels on les designe, il ne peut y avoir aucune confusion entre elles. Le moyen de prévenir cette confusion, c'est d'assembler & de réunir dans notre Idée complexe, d'une maniére aussi précise qu'il est possible, tout ce qui peut servir à la faire distinguer de toute autre idée, & d'appliquer constamment le même nom à cet amas d'idées, ainsi unies en nombre fixe, & dans un ordre déterminé. Mais comme cela n'accommode ni la paresse ni la vanité des hommes, & qu'il ne peut servir à autre chose qu'à la découverte & à la défense de la Verité, qui n'est pas toûjours le but qu'ils se proposent, une telle exactitude est une de ces choses qu'on doit plûtôt souhaiter qu'esperer. Car comme l'application vague des noms à des idées indéterminées, variables & qui sont presque de purs néants, sert d'un côté à couvrir notre propre ignorance, & de l'autre à confondre & embarrasser les autres, ce qui passe pour véritable savoir & pour marque de supériorité en fait de connoissance, il ne faut pas s'étonner que la plûpart des hommes fassent un tel usage des mots, pendant qu'ils le blâment en autrui. Mais quoi que je croie qu'une bonne partie de l'obscurité qui se rencontre dans les notions des hommes, pourroit être évitée si l'on s'attachoit à parler d'une maniére plus exacte & plus sincére; je suis pourtant fort éloigné de conclurre que tous les abus qu'on commet sur cet article soient volontaires. Certaines Idées sont si complexes, & composées de tant de parties, que la Mémoire ne sauroit aisément retenir au juste la même combinaison d'Idées simples sous le même nom: moins encore sommes-nous capables de deviner constamment quelle est précisément l'Idée complexe qu'un tel nom signifie dans l'usage qu'en fait une autre personne. La prémiére

miére de ces choses, met de la confusion dans nos propres sentimens & dans les raisonnemens que nous faisons en nous-mêmes, & la derniére dans nos discours & dans nos entretiens avec les autres hommes. Mais comme j'ai traité plus au long, dans le Livre suivant, des Mots & de l'abus qu'on en fait, je n'en dirai pas davantage dans cet endroit.

CHAP. XXIX.

§. 13. Comme nos Idées complexes consistent en autant de combinaisons de diverses Idées simples, elles peuvent être fort claires & fort distinctes d'un côté, & fort obscures & fort confuses de l'autre. Par exemple, si un homme parle d'une figure de mille côtez, l'idée de cette figure peut être fort obscure dans son Esprit, quoi que celle du Nombre y soit fort distincte; de sorte que pouvant discourir & faire des démonstrations sur cette partie de son *Idée complexe* qui roule sur le nombre de mille, il est porté à croire qu'il a aussi une idée distincte d'une Figure de mille côtez, quoi qu'il soit certain qu'il n'en a point d'idée précise, de sorte qu'il puisse distinguer cette Figure d'avec une autre qui n'a que neuf cens nonante neuf côtez. Il s'est introduit d'assez grandes erreurs dans les pensées des hommes, & beaucoup de confusion dans leurs discours, faute d'avoir observé cela.

Nos Idées complexes peuvent être claires d'un côté, & confuses de l'autre.

§. 14. Que si quelqu'un s'imagine avoir une idée distincte d'une Figure de mille côtez, qu'il en fasse l'épreuve en prenant une autre partie de la même matiére uniforme, comme d'or ou de cire, qui soit d'une égale grosseur, & qu'il en fasse une figure de neuf cens nonante neuf côtez. Il est hors de doute qu'il pourra distinguer ces deux idées l'une de l'autre par le nombre des côtez, & raisonner distinctement sur leurs différentes proprietez, tandis qu'il fixera uniquement ses pensées & ses raisonnemens sur ce qu'il y a dans ces Idées qui regarde le nombre, comme que les côtez de l'une peuvent être divisez en deux nombres égaux, & non ceux de l'autre, *&c.* Mais s'il veut venir à distinguer ces idées par leur figure, il se trouvera d'abord hors de route, & dans l'impuissance, à mon avis, de former deux idées qui soient distinctes l'une de l'autre, par la simple figure que ces deux piéces d'or présentent à son Esprit, comme il feroit, si les mêmes piéces d'or étoient formées l'une en Cube, & l'autre dans une figure de cinq côtez. Du reste, nous sommes fort sujets à nous tromper nous-mêmes, & à nous engager dans de vaines disputes avec les autres au sujet de ces idées incompletes, & sur-tout lorsqu'elles ont des noms particuliers & généralement connus. Car étant convaincus en nous-mêmes de ce que nous voyons de clair dans une partie de l'Idée; & le nom de cette idée, qui nous est familier, étant appliqué à toute l'idée, à la partie imparfaite & obscure aussi bien qu'à celle qui est claire & distincte, nous sommes portez à nous servir de ce nom pour exprimer cette partie confuse, & à en tirer des conclusions par rapport à ce qu'il ne signifie que d'une maniére obscure, avec autant de confiance que nous le faisons à l'égard de ce qu'il signifie clairement.

Il peut arriver bien du desordre dans nos raisonnemens pour ne pas prendre garde à cela.

§. 15. Ainsi, comme nous avons souvent dans la bouche le mot d'*Eternité*, nous sommes portez à croire, que nous en avons une idée positive & complete, ce qui est autant que si nous disions, qu'il n'y a aucune partie de cette *durée* qui ne soit clairement contenue dans notre idée. Il est vrai que

Exemple de cela dans l'Eternité.

CHAP.
XXIX.

que celui qui se figure une telle chose, peut avoir une idée claire de la Durée. Il peut avoir, outre cela, une idée fort évidente d'une très-grande étenduë de durée, comme aussi de la comparaison de cette grande étenduë avec une autre encore plus grande. Mais comme il ne lui est pas possible de renfermer tout à la fois dans son idée de la Durée, quelque vaste qu'elle soit, toute l'étenduë d'une durée qu'il suppose sans bornes, cette partie de son idée qui est toûjours au delà de cette vaste étenduë de durée, & qu'il se représente en lui même dans son Esprit, est fort obscure & fort indéterminée. De là vient que dans les disputes & les raisonnemens qui regardent l'Eternité, ou quelque autre *Infini*, nous sommes sujets à nous embarrasser nous-mêmes dans de manifestes absurditez.

Autre Exemple, dans la divisibilité de la Matiére.

§. 16. Dans la Matiére nous n'avons guere d'idée claire de la petitesse de ses parties au delà de la plus petite qui puisse frapper quelqu'un de nos Sens; & c'est pour cela que lorsque nous parlons de la *Divisibilité de la Matiére à l'infini*, quoi que nous ayions des idées claires de *division* & de *divisibilité*, aussi bien que de parties détachées d'un Tout par voye de division, nous n'avons pourtant que des idées fort obscures & fort confuses des corpuscules qui peuvent être ainsi divisez, après que par des divisions précedentes ils ont été une fois réduits à une petitesse qui va beaucoup au delà de la perception de nos Sens. Ainsi, tout ce dont nous avons des idées claires & distinctes, c'est de ce qu'est la division en général ou par abstraction, & le rapport de *Tout* & de *Partie*. Mais pour ce qui est de la grosseur du Corps entant qu'il peut être ainsi divisé à l'infini après certaines progressions; c'est dequoi je pense que nous n'avons point d'idée claire & distincte. Car je demande si un homme prend le plus petit Atome de poussiere qu'il ait jamais vû, aura-t-il quelque idée distincte (j'excepte toûjours le nombre, qui ne concerne point l'Etenduë) entre la 100, 000me & la 1, 000, 000me particule de cet Atome? Et s'il croit pouvoir *subtiliser* ses idées jusqu'à ce point, sans perdre ces deux particules de vûë; qu'il ajoûte dix chiffres à chacun de ces nombres. La supposition d'un tel dégré de petitesse ne doit pas paroître déraisonnable, puisque par une telle division, cet Atome ne se trouve pas plus près de la fin d'une Division infinie que par une division en deux parties. Pour moi, j'avouë ingenument que je n'ai aucune idée claire & distincte de la différente grosseur ou étenduë de ces petits Corps, puisque je n'en ai même qu'une fort obscure de chacun d'eux pris à part & consideré en lui-même. Ainsi, je crois que, lorsque nous parlons de la Division des Corps à l'infini, l'idée que nous avons de leur grosseur distincte, qui est le sujet & le fondement de la division, se confond après une petite progression, & se perd presque entierement dans une profonde obscurité. Car une telle idée qui n'est destinée qu'à nous représenter la grosseur, doit être bien obscure & bien confuse, puisque nous ne saurions la distinguer d'avec l'idée d'un Corps dix fois aussi grand, que par le moyen du nombre; en sorte que tout ce que nous pouvons dire, c'est que nous avons des idées claires & distinctes d'*Un* & de *Dix*, mais nullement de deux pareilles Etenduës. Il s'ensuit clairement de là, que lorsque nous parlons de l'infinie divisibilité du Corps ou de l'Etenduë, nos idées

claires

claires & distinctes ne tombent que sur les nombres, mais que nos idées clai- CHAP. res & distinctes d'Etenduë se perdant entiérement après quelques dégrez de XXIX. division, sans qu'il nous reste aucune idée distincte de telles & telles parcelles, notre Idée se termine comme toutes celles que nous pouvons avoir de l'Infini, à l'idée du Nombre susceptible de continuelles additions, sans arriver jamais à une idée distincte de parties actuellement infinies. Nous avons, il est vrai, une idée claire de la Division aussi souvent que nous y voulons penser, mais par-là nous n'avons non plus d'idée claire de parties infinies dans la Matiére, que nous en avons d'un Nombre infini dès-là que nous pouvons ajoûter de nouveaux nombres à tout nombre donné qui est présent à notre Esprit, car la *divisibilité à l'infini* ne nous donne pas plûtôt une idée claire & distincte de parties actuellement infinies, que cette *addibilité sans fin*, si j'ose m'exprimer ainsi, nous donne une idée claire & distincte d'un nombre actuellement infini; puisque l'une & l'autre n'est autre chose qu'une capacité de recevoir sans cesse une augmentation de nombre, que le nombre soit déja si grand qu'on voudra. De sorte que pour ce qui reste à ajoûter (en quoi consiste l'infinité) nous n'en avons qu'une idée obscure, imparfaite & confuse, sur laquelle nous ne saurions non plus raisonner avec aucune certitude ou clarté que nous pouvons raisonner dans l'Arithmetique sur un nombre dont nous n'avons pas une idée aussi distincte que de *quatre* ou de *cent*, mais seulement une idée obscure & purement relative qui est que ce nombre comparé à quelque autre que ce soit, est toûjours plus grand: car lorsque nous disons, ou que nous concevons, qu'il est plus grand que 400, 000, 000, nous n'en avons pas une idée plus claire & plus positive que si nous disions qu'il est plus grand que 40, ou que 4: parce que 400, 000, 000 n'a pas une plus prochaine proportion avec la fin de l'Addition ou du Nombre, que 4. Car celui qui ajoûte seulement 4 à 4, & avance de cette maniére, arrivera aussi-tôt à la fin de toute Addition que celui qui ajoûte 400, 000, 000 à 400, 000. 000: Il en est de même à l'égard de l'*Eternité* : celui qui a une idée de 4 ans seulement, a une idée de l'Eternité aussi positive & aussi complete, que celui qui en a une de 400, 000, 000 d'années; car ce qui reste de l'Eternité au delà de l'un & de l'autre de ces deux nombres d'Années, est aussi clair à l'égard de l'une de ces personnes qu'à l'égard de l'autre, c'est-à-dire que nul d'eux n'en a absolument aucune idée claire & positive. En effet, celui qui ajoûte seulement 4 à 4, & continuë ainsi, parviendra aussi-tôt à l'Eternité, que celui qui ajoûte 400, 000, 000 d'années & ainsi de suite, ou qui, s'il le trouve à propos, double le produit aussi souvent qu'il lui plairra: l'Abyme qui reste à remplir, étant toûjours autant au delà de la fin de toutes ces progressions qu'il surpasse la longueur d'un jour ou d'une heure. Car rien de ce qui est fini, n'a aucune proportion avec l'Infini; & par conséquent cette proportion ne se trouve point dans nos Idées qui sont toutes finies. Ainsi, lorsque nous augmentons notre Idée de l'Etenduë par voye d'addition & que nous voulons comprendre par nos pensées un Espace infini; il nous arrive la même chose que lorsque nous diminuons cette idée par le moyen de la division. Après avoir doublé peu de fois les idées d'étenduë

les

les plus vastes que nous ayions accoûtumé d'avoir, nous perdons de vûë l'idée claire & distincte de cet Espace, ce n'est plus qu'une grande étenduë que nous concevons confusément avec un reste d'étenduë encore plus grand sur lequel toutes les fois que nous voudrons raisonner, nous nous trouverons toûjours *désorientez* & tout à fait hors de route, les idées confuses ne manquant jamais d'embrouiller les raisonnemens & les conclusions que nous voulons déduire du côté confus de ces Idées.

CHAPITRE XXX.

Des Idées réelles, & chimeriques.

Les Idées réelles sont conformes à leurs Archetypes.

§. 1. IL reste encore quelques reflexions à faire sur les Idées, par rapport aux choses d'où elles sont déduites, ou qu'on peut supposer qu'elles représentent; & à cet égard je croi qu'on les peut considerer sous cette triple distinction :

Prémiérement, comme *Réelles* ou *Chimeriques :*
En second lieu, comme *Completes* ou *Incompletes :*
Et en troisiéme lieu, comme *Vrayes* ou *Fausses*.

Et prémiérement, par *Idées réelles* j'entens celles qui ont du fondement dans la Nature; qui sont conformes à un Etre réel, à l'existence des Choses, ou à leurs Archetypes. Et j'appelle Idées *phantastiques* ou *chimeriques* celles qui n'ont point de fondement dans la Nature, ni aucune conformité avec la réalité des choses auxquelles elles se rapportent tacitement comme à leurs Archetypes.

Les Idées simples sont toutes réelles.

* *Chap.* VIII. §. 9. 10, & *suiv.* jusqu'à la fin du Chapitre.

§. 2. Si nous examinons les différentes sortes d'Idées dont nous avons parlé ci-devant, nous trouverons en prémier lieu, *Que nos Idées simples sont toutes réelles & conviennent toutes avec la réalité des choses*. Ce n'est pas qu'elles soient toutes des Images ou représentations de ce qui existe; nous avons déja * fait voir le contraire à l'égard de toutes ces Idées, excepté les *prémiéres Qualitez* des Corps. Mais quoi que la *Blancheur* & la *Froideur* ne soient non plus dans la neige que la *Douleur*, cependant comme ces Idées de blancheur, de froideur, de douleur, &c. sont en nous des effets d'une Puissance attachée aux choses extérieures, établie par l'Auteur de notre Etre pour nous faire avoir telles & telles sensations, ce sont en nous des Idées réelles par où nous distinguons les Qualitez qui sont réellement dans les choses mêmes. Car ces diverses apparences étant destinées à être les marques par où nous puissions connoître & distinguer les choses dont nous avons à faire, nos Idées nous servent également pour cette fin, & sont des caractéres également propres à nous faire distinguer les choses, soit que ce ne soient que des effets constans, ou bien des images exactes de quelque chose qui existe dans les choses mêmes; la réalité de ces Idées consistant dans cette continuelle & variable correspondance qu'elles ont avec les constitutions distinctes des Etres réels. Mais il n'importe qu'elles répondent à

ces

Des Idées réelles, & chimeriques. Liv. II. 297

ces constitutions comme à des causes ou à des modèles; il suffit qu'elles soient constamment produites par ces constitutions. Et ainsi nos Idées simples sont toutes réelles & véritables, parce qu'elles répondent toutes à ces Puissances que les choses ont de les produire dans notre Esprit: car c'est là tout ce qu'il faut pour faire qu'elles soient réelles, & non de vaines fictions forgées à plaisir. Car dans les Idées simples, l'Esprit est uniquement borné aux operations que les choses font sur lui, comme nous l'avons déja montré; & il ne peut se produire à soi-même aucune idée simple au delà de celles qu'il a reçuës.

§. 3. Mais quoi que l'Esprit soit purement passif à l'égard de ses Idées simples, nous pouvons dire, à mon avis, qu'il ne l'est pas à l'égard de ses Idées complexes. Car comme ces derniéres sont des combinaisons d'Idées simples, jointes ensemble & unies sous un seul nom général, il est évident que l'Esprit de l'homme prend quelque liberté en formant ces Idées complexes. Autrement d'où vient que l'idée qu'un homme a de l'or ou de la Justice est différente de celle qu'un autre se fait de ces deux choses, si ce n'est de ce que l'un admet ou n'admet pas dans son Idée complexe des Idées simples que l'autre n'a pas admis ou qu'il a admis dans la sienne? La Question est donc de savoir, quelles de ces combinaisons sont réelles & quelles purement imaginaires; quelles collections sont conformes à la réalité des choses, & quelles n'y sont pas conformes?

§. 4. A cela je dis, en second lieu, Que les *Modes mixtes* & les *Relations* n'ayant d'autre réalité que celle qu'ils ont dans l'Esprit des hommes, tout ce qui est requis pour faire que ces sortes d'Idées soient réelles, c'est la possibilité d'exister & de compatir ensemble. Comme ces idées sont elles-mêmes des Archetypes, elles ne sauroient différer de leurs originaux, & par conséquent être chimeriques; à moins qu'on ne leur associe des Idées incompatibles. A la verité, comme ces Idées ont des noms usitez dans les Langues vulgaires, qu'on leur a assignez & par lesquels celui qui a ces idées dans l'Esprit, peut les faire connoître à d'autres personnes, une simple possibilité d'exister ne suffit pas, il faut d'ailleurs qu'elles ayent de la conformité avec la signification ordinaire du nom qui leur est donné, de peur qu'on ne les croye chimeriques, comme on feroit, par exemple, si un homme donnoit le nom de *Justice* à cette vertu qu'on appelle communément *Liberalité*: mais ce qu'on appelleroit chimerique en cette rencontre, se rapporte plûtôt à la proprieté du Langage qu'à la réalité des Idées. Car étre tranquille dans le danger pour considérer de sang froid ce qu'il est à propos de faire, & pour l'executer avec fermeté, c'est un Mode mixte ou une idée complexe d'une Action qui peut exister. Mais de se troubler dans le péril sans faire aucun usage de sa Raison, de ses forces ou de son industrie, c'est aussi une chose fort possible, & par conséquent une idée aussi réelle que la précedente. Cependant la prémiére étant une fois désignée par le nom de *Courage* qu'on lui donne communément, peut être une idée juste ou fausse par rapport à ce nom-là; au lieu que si l'autre n'a point de nom commun & usité dans quelque Langue connuë, elle ne peut être, durant

P p   tout

Chap. XXX.

Les Idées complexes sont des combinaisons volontaires.

Les Modes mixtes composez d'Idées qui peuvent compatir ensemble, sont réels.

CHAP. XXX.

Les Idées des Substances sont réelles, lorsqu'elles conviennent avec l'existence des choses.

tout ce temps-là, susceptible d'aucune (1) difformité, puisqu'elle n'est formée par rapport à aucune autre chose qu'à elle-même.

§. 5. III. Pour nos Idées complexes des Substances, comme elles sont toutes formées par rapport aux choses qui sont hors de nous, & pour représenter les Substances telles qu'elles existent réellement, elles ne sont réelles qu'entant que ce sont des combinaisons d'Idées simples, réellement unies & *coëxistantes* dans les choses qui existent hors de nous. Au contraire, celles-là sont *chimeriques* qui sont composées de telles collections d'Idées simples qui n'ont jamais été réellement unies, qu'on n'a jamais trouvé ensemble dans aucune Substance, par exemple une Créature raisonnable avec une tête de cheval, jointe à un corps de forme humaine, ou telle qu'on représente les *Centaures*, ou bien, un corps jaune, fort malleable, fusible & *fixe*, mais plus leger que l'Eau ; ou un Corps uniforme, non organizé, tout composé, à en juger par les Sens, de parties similaires, qui ait de la perception & une motion volontaire. Mais quoi qu'il en soit, ces Idées de Substances n'étant conformes à aucun Patron actuellement existant qui nous soit connu, & étant composées de tels amas d'Idées qu'aucune Substance ne nous a jamais fait voir jointes ensemble, elles doivent passer dans notre Esprit pour des Idées purement imaginaires : mais ce nom convient sur-tout à ces Idées complexes qui sont composées de parties incompatibles, ou contradictoires.

CHAP. XXXI.

CHAPITRE XXXI.

Des Idées completes & incompletes.

Les Idées completes représentent parfaitement leurs Archetypes.

§. 1. ENTRE nos Idées réelles quelques-unes sont (2) *completes*, & quelques autres (3) *incompletes*. J'appelle Idées completes celles qui représentent parfaitement les Originaux d'où l'Esprit suppose qu'elles sont tirées, qu'il prétend qu'elles représentent, & auxquels il les rapporte. Les Idées incompletes sont celles qui ne représentent qu'une partie des Originaux auxquels elles se rapportent.

Toutes les Idées simples sont completes.

§. 2. Cela posé, il est évident en prémier lieu, *Que toutes nos Idées simples sont completes.* Parce que n'étant autre chose que des effets de certaines Puissances que Dieu a mises dans les Choses pour produire telles & telles sensations en nous, elles ne peuvent qu'être conformes & correspondre entiérement à ces Puissances ; & nous sommes assûrez qu'elles s'accordent avec la réalité des choses. Car si le *sucre* produit en nous les idées que nous appellons *blancheur*, & *douceur*, nous sommes assûrez qu'il y a dans le sucre une puissance de produire ces Idées dans notre Esprit, ou qu'autrement le sucre n'auroit pû les produire. Ainsi chaque sensation répondant à la puissance qui opere sur quelqu'un de nos Sens, l'idée produite par ce moyen est

---

(1) *Deformity :* c'est le mot Anglois, que M. Locke a trouvé bon d'employer ici.
(2) En Latin *adæquata*.   (3) *Inadæquata.*

est une Idée réelle, & non une fiction de notre Esprit, car il ne sauroit se CHAP. XXXI. produire à lui-même aucune idée simple, comme nous l'avons déja prouvé; & cette Idée ne peut qu'être complete, puisqu'il suffit pour cela qu'elle réponde à cette Puissance: d'où il s'ensuit *que toutes les Idées simples sont completes.* A la verité, parmi les choses qui produisent en nous ces Idées simples, il y en a peu que nous désignions par des noms qui nous les fassent regarder comme de simples causes de ces Idées; nous les considerons au contraire comme des sujets où ces Idées sont inhérentes comme autant d'Etres réels. Car quoi que nous disions que le Feu est (1) *douloureux* lorsqu'on le touche, par où nous désignons la puissance qu'il a de produire en nous une idée de douleur, on l'appelle aussi *chaud & lumineux*, comme si dans le Feu la chaleur, & la lumiére étoient des choses réelles, différentes de la puissance d'exciter ces idées en nous; d'où vient qu'on les nomme des Qualitez du Feu, ou qui existent dans le Feu. Mais comme ce ne sont effectivement que des Puissances de produire en nous telles & telles Idées, on doit se souvenir que c'est ainsi que je l'entens lorsque je parle des *secondes Qualitez*, comme si elles existoient dans les choses, ou de leurs Idées, comme si elles étoient dans les Objets qui les excitent en nous. Ces façons de parler quoi qu'accommodées aux notions vulgaires, sans lesquelles on ne sauroit se faire entendre, ne signifient pourtant rien dans le fond que cette puissance qui est dans les choses, d'exciter certaines sensations ou idées en nous. Car s'il n'y avoit point d'organes propres à recevoir les impressions du Feu sur la Vûë & sur l'Attouchement, & qu'il n'y eût point d'Ame unie à ces organes pour recevoir des idées de Lumiére & de Chaleur par le moyen des impressions du Feu ou du Soleil, il n'y auroit non plus de lumiére ou de chaleur dans le Monde, que de douleur s'il n'y avoit aucune créature capable de la sentir, quoi que le Soleil fût précisément le même qu'il est à présent & que le mont *Gibel* vomît des flammes plus haut & avec plus d'impetuosité qu'il n'a jamais fait. Pour la *solidité*, l'*étenduë*, la *figure*, le *mouvement* & le *repos*, toutes choses dont nous avons des idées, elles existeroient réellement dans le Monde telles qu'elles sont, soit qu'il y eût quelque Etre capable de sentiment pour les appercevoir, ou qu'il n'y en eût aucun: c'est pourquoi nous avons raison de les regarder comme des modifications réelles de la Matiere, & comme les causes de toutes les diverses sensations que nous recevons des Corps. Mais sans m'engager plus avant dans cette recherche qu'il n'est pas à propos de poursuivre dans cet endroit, je vais continuer de faire voir quelles Idées complexes sont, ou ne sont pas completes.

§. 3. En second lieu, comme nos Idées complexes des Modes sont des assemblages volontaires d'Idées simples que l'Esprit joint ensemble, sans avoir égard à certains Archetypes ou Modèles réels & actuellement existans, elles sont completes, & ne peuvent être autrement. Parce que n'étant pas regardées comme des copies de choses réellement existantes, mais comme des Archetypes que l'Esprit forme pour s'en servir à ranger les choses sous cer-

Tous les Modes sont complets.

---
(1) *Qui cause de la douleur.* C'est ainsi que Mrs. de l'Academie Françoise ont expliqué ce mot dans leur Dictionnaire, & c'est dans ce sens que je l'employe en cet endroit.

CHAP. XXXI. certaines dénominations, rien ne fauroit leur manquer, puifque chacune renferme telle combinaifon d'Idées que l'Efprit a voulu former, & par conféquent telle perfection qu'il a eu deffein de lui donner ; de forte qu'il en eft fatisfait & n'y peut trouver rien à dire. Ainfi, lorfque j'ai l'idée d'une figure de trois côtez qui forment trois angles, j'ai une idée complete, où je ne vois rien qui manque pour la rendre parfaite. Que l'Efprit, dis-je, foit content de la perfection d'une telle idée, c'eft ce qui paroît évidemment en ce qu'il ne conçoit pas que l'Entendement de qui que ce foit ait, ou puiffe avoir une idée plus complete ou plus parfaite de la Chofe qu'il défigne par le mot de *Triangle*, fuppofé qu'elle exifte, que celle qu'il trouve dans cette idée complexe de trois côtez & de trois angles, dans laquelle eft contenu tout ce qui eft ou peut être effentiel à cette idée, ou qui peut être néceffaire à la rendre complete, dans quelque lieu ou de quelque maniére qu'elle exifte. Mais il en eft autrement de nos Idées des Subftances. Car comme par ces Idées nous nous propofons de copier les chofes telles qu'elles exiftent réellement, & de nous repréfenter à nousmêmes cette conftitution d'où dépendent toutes leurs Propriétez, nous appercevons que nos Idées n'atteignent point la perfection que nous avons en vûë ; nous trouvons qu'il leur manque toûjours quelque chofe que nous ferions bien aifes d'y voir ; & par conféquent elles font toutes incompletes. Mais les *Modes mixtes* & les *Rapports* étant des Archetypes fans aucun modèle, ils n'ont à repréfenter autre chofe qu'eux-mêmes, & ainfi ils ne peuvent être que *complets*, car chaque chofe eft complete à l'égard d'elle-même. Celui qui affembla le prémier l'idée d'un Danger qu'on apperçoit, l'exemption du trouble que produit la peur, une confideration tranquille de ce qu'il feroit raifonnable de faire dans une telle rencontre, & une application actuelle à l'executer fans fe défaire ou s'épouvanter par le peril où l'on s'engage, celui-là, dis-je, qui réunit le prémier toutes ces chofes, avoit fans doute dans fon Efprit une idée complexe, compofée de cette combinaifon d'idées : & comme il ne vouloit pas que ce fût autre chofe que ce qu'elle eft, ni qu'elle contînt d'autres idées fimples que celles qu'elle contient, ce ne pouvoit être qu'une idée complete, de forte qu'en la confervant dans fa mémoire en lui donnant le nom de *Courage* pour la défigner aux autres & pour s'en fervir à dénoter toute action qu'il verroit être conforme à cette idée, il avoit par-là une Règle par où il pouvoit mefurer & défigner les actions qui s'y rapportoient. Une idée ainfi formée, & établie pour fervir de modèle, doit néceffairement être complete, puifqu'elle ne fe rapporte à aucune autre chofe qu'à elle-même, & qu'elle n'a point d'autre origine que le bon plaifir de celui qui forma le prémier cette combinaifon particuliére.

Les Modes peuvent être incomplets, par rapport à de noms qu'on leur a attaché.

§. 4. A la vérité, fi après cela un autre vient à apprendre de lui dans la converfation le mot de *courage*, il peut former une idée qu'il défigne auffi par ce nom de *courage*, qui foit différente de ce que le prémier Auteur marque par ce terme-là, & qu'il a dans l'Efprit lorfqu'il l'employe. Et en ce cas-là s'il prétend que cette idée qu'il a dans l'Efprit, foit conforme à celle de cette autre perfonne, ainfi que le nom dont il fe fert dans le difcours, eft est conforme, quant au son, à celui qu'employe la personne dont il l'a appris, en ce cas-là, dis-je, son idée peut être très-fausse & très-incomplete. Parce qu'alors prenant l'idée d'un autre homme pour le patron de l'idée qu'il a lui-même dans l'Esprit, tout ainsi que le mot ou le son employé par un autre lui sert de modèle en parlant, son idée est autant *defectueuse* & incomplete, qu'elle est éloignée de l'Archetype & du modèle auquel il la rapporte, & qu'il prétend exprimer & faire connoître par le nom qu'il employe pour cela & qu'il voudroit faire passer pour un signe de l'idée de cette autre personne (à laquelle idée ce nom a été originairement attaché) & de sa propre idée qu'il prétend lui être conforme. Mais si dans le fond son idée ne s'accorde pas exactement avec celle-là, elle est dès-là défectueuse & incomplete.

§. 5. Lors donc que nous rapportons dans notre Esprit ces idées complexes des Modes à des Idées de quelque autre Etre Intelligent, exprimées par les noms que nous leur appliquons, prétendant qu'elles y répondent exactement, elles peuvent être en ce cas-là très-defectueuses, fausses & incompletes; parce qu'elles ne s'accordent pas avec ce que l'Esprit se propose pour leur Archetype ou modèle. Et c'est à cet égard seulement qu'une idée de Modes peut être fausse, imparfaite ou incomplete. Sur ce pié-là nos Idées des *Modes mixtes* sont plus sujettes qu'aucune autre à être fausses & défectueuses; mais cela a plus de rapport à la propriété du Langage qu'à la justesse des connoissances.

§. 6. J'ai déja montré * quelles Idées nous avons des Substances, il me reste à remarquer, en troisième lieu, que ces Idées ont un double rapport dans l'Esprit. 1. Quelquefois elles se rapportent à une essence, supposée réelle, de chaque Espèce de choses. 2. Et quelquefois elles sont uniquement regardées comme des peintures & des représentations des choses qui existent, peintures qui se forment dans l'Esprit par les idées des Qualitez qu'on peut découvrir dans ces choses-là. Et dans ces deux cas, les copies de ces originaux sont imparfaites & incompletes.

Les Idées des Substances entant qu'elles se rapportent à des Essences réelles, ne sont pas completes.
* Chap. XXIII. pag. 230.

Je dis en prémier lieu, que les hommes sont accoûtumez à regarder les noms des Substances comme des choses qu'ils supposent avoir certaines essences réelles qui les font être de telle ou de telle espèce: & comme ce qui est signifié par les noms, n'est autre chose que les idées qui sont dans l'Esprit des hommes, il faut par conséquent qu'ils rapportent leurs idées à ces essences réelles comme à leurs Archetypes. Or que les hommes & sur-tout ceux qui ont été imbus de la doctrine qu'on enseigne dans nos Ecoles, supposent certaines Essences *spécifiques* des Substances, auxquelles les Individus se rapportent & participent, chacun dans son Espèce différente, c'est ce qu'il est si peu nécessaire de prouver, qu'il paroîtra étrange que quelqu'un parmi nous veuille s'éloigner de cette méthode. Ainsi, l'on applique ordinairement les noms spécifiques sous lesquels on range les Substances particulières, aux choses entant que distinguées en Espèces par ces sortes d'essences qu'on suppose exister réellement. Et en effet on auroit de la peine à trouver un homme qui ne fût choqué de voir qu'on doutât qu'il se donne le nom d'*homme* sur quelque autre fondement que sur ce qu'il a l'essence réelle d'un

Chap. XXXI. d'un Homme. Cependant si vous demandez, quelles sont ces Essences réelles, vous verrez clairement que les hommes sont dans une entiére ignorance à cet égard; & qu'ils ne savent absolument point ce que c'est. D'où il s'ensuit que les Idées qu'ils ont dans l'Esprit, étant rapportées à des essences réelles comme à des Archetypes qui leur sont inconnus, doivent être si éloignées d'être *completes*, qu'on ne peut pas même supposer qu'elles soient en aucune maniére des représentations de ces Essences. Les Idées complexes que nous avons des Substances, sont, comme j'ai déja montré, certaines collections d'Idées simples qu'on a observé ou supposé exister constamment ensemble. Mais une telle idée complexe ne sauroit être l'essence réelle d'aucune Substance: car si cela étoit, les proprietez que nous découvrons dans tel ou tel Corps, dépendroient de cette idée complexe; elles en pourroient être déduites, & l'on connoîtroit la connexion nécessaire qu'elles auroient avec cette idée, ainsi que toutes les propriétez d'un Triangle dépendent, & peuvent être déduites, autant qu'on peut les connoître, de l'idée complexe de trois lignes qui enferment un Espace. Mais il est évident que nos Idées complexes des Substances ne renferment point de telles idées d'où dépendent toutes les autres Qualitez qu'on peut rencontrer dans les Substances. Par exemple, l'idée commune que les hommes ont du *Fer*, c'est un Corps d'une certaine couleur, d'un certain poids, & d'une certaine dureté: & une des propriétez qu'ils regardent appartenir à ce Corps; c'est la *malléabilité*. Cependant cette propriété n'a point de liaison nécessaire avec une telle idée complexe, ou avec aucune de ses parties: car il n'y a pas plus de raison de juger que la *malléabilité* dépend de cette couleur, de ce poids & de cette dureté, que de croire que cette couleur ou ce poids dépendent de sa malleabilité. Mais quoi que nous ne connoissions point ces Essences réelles, rien n'est pourtant plus ordinaire que de voir des gens qui rapportent les différentes espèces des choses à de telles essences. Ainsi la plûpart des hommes supposent hardiment que cette partie particuliere de Matiére dont est composé l'Anneau que j'ai au doigt, a une essence réelle qui le fait être de l'*Or*, & que c'est de là que procedent les Qualitez que j'y remarque, savoir, sa couleur particuliére, son poids, sa dureté, sa *fusibilité*, sa *fixité*, comme parlent les Chimistes, & le changement de couleur qui lui arrive dès qu'elle est touchée legerement par du Vif-argent &c. Mais quand je veux entrer dans la recherche de cette Essence, d'où découlent toutes ces propriétez, je vois nettement que je ne saurois la découvrir. Tout ce que je puis faire, c'est de présumer que cet Anneau n'étant autre chose que corps, son essence réelle ou sa constitution intérieure d'où dépendent ces Qualitez, ne peut être autre chose que la figure, la grosseur & la liaison de ses parties solides: mais comme je n'ai absolument point de perception distincte d'aucune de ces choses, je ne puis avoir aucune idée de son essence réelle qui fait que cet Anneau a une couleur jaune qui lui est particuliére, une plus grande pesanteur qu'aucune chose que je connoisse d'un pareil volume, & une disposition à changer de couleur par l'attouchement du Vif-argent. Que si quelqu'un dit que l'Essence réelle & la constitution intérieure d'où dépendent ces propriétez, n'est pas la figure,

Des Idées completes & incompletes. Liv. II.   303

re, la grosseur & l'arrangement ou la contexture de ses parties solides, mais quelque autre chose qu'il nomme sa *forme* particuliére, je me trouve plus éloigné d'avoir aucune idée de son essence réelle, que je n'étois auparavant. Car j'ai en général une idée de figure, de grosseur, & de situation de parties solides, quoi que je n'en aye aucune en particulier de la figure, de la grosseur, ou de la liaison des parties, par où les Qualitez dont je viens de parler, sont produites: Qualitez que je trouve dans cette portion particuliére de Matiére que j'ai au doigt, & non dans une autre portion de Matiére dont je me sers pour tailler la Plume avec quoi j'écris. Mais quand on me dit que son essence est quelque autre chose que la figure, la grosseur & la situation des parties solides de ce Corps, quelque chose qu'on nomme *Forme substantielle* ; c'est dequoi j'avouë que je n'ai absolument aucune idée, excepté celle du son de ces deux syllabes, *forme* ; ce qui est bien loin d'avoir une idée de son essence ou constitution réelle. Je n'ai pas plus de connoissance de l'essence réelle de toutes les autres Substances naturelles, que j'en ai de celle de l'Or dont je viens de parler. Leurs essences me sont également inconnuës, je n'en ai aucune idée distincte; & je suis porté à croire que les autres se trouveront dans la même ignorance sur ce point, s'ils prennent la peine d'examiner leurs propres connoissances.

Chap. XXXI.

§. 7. Cela posé, lorsque les hommes appliquent à cette portion particuliére de Matiére que j'ai au doigt, un nom général qui est déja en usage, & qu'ils l'appellent *Or*, ne lui donnent-ils pas, ou ne suppose-t-on pas ordinairement qu'ils lui donnent ce nom comme appartenant à une Espèce particuliére de Corps qui a une essence réelle & intérieure, en sorte que cette Substance particuliére soit rangée sous cette espèce, & désignée par ce nom-là, parce qu'elle participe à l'Essence réelle & intérieure de cette Espèce particuliére? Que si cela est ainsi, comme il l'est visiblement, il s'ensuit de là que les noms par lesquels les choses sont désignées comme ayant cette essence, doivent être originairement rapportez à cette essence, & par conséquent que l'idée à laquelle ce nom est attribué, doit être aussi rapportée à cette Essence, & regardée comme en étant la représentation. Mais comme cette Essence est inconnuë à ceux qui se servent ainsi des noms, il est visible que toutes leurs idées des Substances doivent être incompletes à cet égard, puisqu'au fond elles ne renferment point en elles-mêmes l'essence réelle que l'Esprit suppose y être contenuës.

Les Idées des Substances entant qu'elles sont rapportées à des essences réelles ne sont pas completes.

§. 8. En second lieu, d'autres négligeant cette supposition inutile d'essences réelles inconnuës, par où sont distinguées les différentes Espèces des Substances, tâchent de représenter les Substances en assemblant les idées des Qualitez sensibles qu'on y trouve exister ensemble. Bien que ceux-là soient beaucoup plus près de s'en faire de justes images, que ceux qui se figurent je ne sai quelles essences specifiques qu'ils ne connoissent pas, ils ne parviennent pourtant point à se former des idées tout-à-fait completes des Substances dont ils voudroient se faire par-là des copies parfaites dans l'Esprit; & ces copies ne contiennent pas pleinement & exactement tout ce qu'on peut trouver dans leurs originaux. Parce que les Qualitez & *Puissances* dont nos Idées complexes des Substances sont composées, sont si diverses

Entant que des collections de leurs Qualitez, elles sont toutes incompletes.

verses

Chap. XXXI. verfes & en fi grand nombre, que perfonne ne les renferme toutes dans l'idée complexe qu'il s'en forme en lui-même.

Et prémiérement, que nos Idées abftraites des Subftances ne contiennent pas toutes les idées fimples qui font unies dans les chofes mêmes, c'eft ce qui paroit vifiblement en ce que les hommes font entrer rarement dans leur idée complexe d'aucune Subftance, toutes les Idées fimples qu'ils favent exifter actuellement dans cette Subftance: parce que tâchant de rendre la fignification des noms fpécifiques des Subftances aufli claire & aufli peu embarraffée qu'ils peuvent, ils compofent pour l'ordinaire les idées fpecifiques qu'ils ont de diverfes fortes de Subftances, d'un petit nombre de ces Idées fimples qu'on y peut remarquer. Mais comme celles-ci n'ont originairement aucun droit de paffer devant, ni de compofer l'idée fpécifique, plûtôt que les autres qu'on en exclut, il eft évident qu'à ces deux égards nos Idées des Subftances font défectueufes & incompletes.

D'ailleurs, fi vous exceptez dans certaines Efpèces de Subftances la figure & la groffeur, toutes les Idées fimples dont nous formons nos Idées complexes des Subftances, font de pures Puiffances: & comme ces Puiffances font des Relations à d'autres Subftances, nous ne pouvons jamais être affûrez de connoître toutes les Puiffances qui font dans un Corps jufqu'à ce que nous ayions éprouvé quels changemens il eft capable de produire dans d'autres Subftances, ou de recevoir de leur part dans les différentes applications qui en peuvent être faites. C'eft qu'il n'eft pas poffible d'effayer fur aucun Corps en particulier, moins encore fur tous ; & par conféquent il nous eft impoffible d'avoir des idées *completes* d'aucune Subftance, qui comprennent une collection parfaite de toutes leurs Propriétez.

§. 9. Celui qui le prémier trouva une pièce de cette efpèce de Subftance que nous défignons par le mot d'*Or*, ne put pas fuppofer raifonnablement que la groffeur & la figure qu'il remarqua dans ce morceau, dépendoient de fon effence réelle ou conftitution intérieure. C'eft pourquoi ces chofes n'entrerent point dans l'idée qu'il eut de cette efpèce de Corps, mais peut-être, fa couleur particuliére & fon poids furent les prémieres qu'il en déduifit pour former l'idée complexe de cette Efpèce: deux chofes qui ne font que de fimples Puiffances, l'une de frapper nos yeux d'une telle maniére & de produire en nous l'idée que nous appellons *jaune*, & l'autre de faire tomber en bas un autre Corps d'une égale groffeur, fi l'on les met dans les deux baffins d'une balance en équilibre. Un autre ajoûta peut-être à ces Idées, celles de *fufibilité* & de *fixité*, deux autres *Puiffances paffives* qui fe rapportent à l'opération du Feu fur l'Or. Un autre y remarqua la *ductilité* & la capacité d'être diffous dans de l'*Eau Regale*: deux autres Puiffances qui fe rapportent à ce que d'autres Corps operent en changeant fa figure extérieure, ou en le divifant en parties infenfibles. Ces Idées, ou une partie jointes enfemble forment ordinairement dans l'Efprit des hommes l'idée complexe de cette efpèce de Corps que nous appellons *Or*.

§. 10. Mais quiconque a fait quelques reflexions fur les propriétez des Corps en général, ou fur cette efpèce en particulier, ne peut douter que
ce

ce Corps que nous nommons *Or*, n'ait une infinité d'autres propriétez, qui ne font pas contenuës dans cette idée complexe. Quelques-uns qui l'ont examiné plus exactement, pourroient compter, je m'assûre, dix fois plus de propriétez dans l'Or, toutes aussi inféparables de sa constitution intérieure que sa couleur ou son poids. Et il y a apparence que si quelqu'un connoissoit toutes les propriétez que différentes personnes ont découvert dans ce Metal, il entreroit dans l'idée complexe de l'Or cent fois autant d'idées qu'un homme ait encore admis dans l'idée complexe qu'il s'en est formé en lui-même: & cependant ce ne seroit peut-être pas la milliéme partie des propriétez qu'on peut découvrir dans l'Or. Car les changemens que ce seul Corps est capable de recevoir, & de produire sur d'autres Corps surpassent de beaucoup non seulement ce que nous en connoissons, mais tout ce que nous saurions imaginer. C'est ce qui ne paroîtra pas un si grand paradoxe à quiconque voudra prendre la peine de considerer, combien les hommes sont encore éloignez de connoître toutes les propriétez du *Triangle*, qui n'est pas une figure fort composée; quoi que les Mathematiciens en ayent déja découvert un grand nombre.

CHAP.XXXI.

§. 11. Soit donc conclu que toutes nos Idées complexes des Substances sont imparfaites & incompletes. Il en seroit de même à l'égard des Figures de Mathematique si nous n'en pouvions acquerir des idées complexes qu'en rassemblant leurs propriétez par rapport à d'autres Figures. Combien, par exemple, nos idées d'une Ellipse seroient incertaines & imparfaites, si l'idée que nous en aurions, se réduisoit à quelques-unes de ses propriétez ? Au lieu que renfermant toute l'essence de cette Figure dans l'idée claire & nette que nous en avons, nous en déduisons ces propriétez, & nous voyons démonstrativement comment elles en découlent, & y sont inseparablement attachées.

§. 12. Ainsi l'Esprit a trois fortes d'Idées abstraites ou essences nominales. Premiérement des *Idées simples* qui sont certainement completes, quoi que ce ne soient que des copies, parce que n'étant destinées qu'à exprimer la puissance qui est dans les choses de produire une telle sensation dans l'Esprit, cette sensation une fois produite ne peut qu'être l'effet de cette puissance. Ainsi le Papier sur lequel j'écris, ayant la puissance, étant exposé à la *lumiére*, (je parle de la lumiére selon les notions communes) de produire en moi la sensation que je nomme *blanc*, ce ne peut être que l'effet de quelque chose qui est hors de l'Esprit ; puisque l'Esprit n'a pas la puissance de produire en lui-même aucune semblable idée : de sorte que cette sensation ne signifiant autre chose que l'effet d'une telle puissance, cette idée simple est réelle & complete. Car la sensation du *blanc* qui se trouve dans mon Esprit, étant l'effet de la Puissance qui est dans le Papier, de produire cette sensation, (1) répond parfaitement à cette

Les Idées simples sont completes, quoi que ce soient des copies.

(1) *Huic potentiæ perfectè adæquata est*, c'est ce qu'emporte l'Anglois mot pour mot, & qu'on ne sauroit, je croi, traduire en François que comme je l'ai traduit dans le Texte. Je pourrois me tromper ; & j'aurai obligation à quiconque voudra prendre la peine de m'en convaincre en me fournissant une traduction plus directe & plus juste de cette expression Latine.

cette Puissance, ou autrement cette Puissance produiroit une autre idée.

CHAP. XXXII. Les Idées des Substances sont des copies, & incompletes.

§. 13. En second lieu, les Idées complexes des *Substances* sont aussi des copies, mais qui ne sont point entierement completes. C'est dequoi l'Esprit ne peut douter, puisqu'il apperçoit évidemment que de quelque amas d'idées simples dont il compose l'idée de quelque Substance qui existe, il ne peut s'assûrer que cet amas contienne exactement tout ce qui est dans cette Substance. Car comme il n'a pas éprouvé toutes les opérations que toutes les autres Substances peuvent produire sur celle-là, ni découvert toutes les alterations qu'elle peut recevoir des autres Substances, ou qu'elle y peut causer, il ne sauroit se faire une collection exacte & complete de toutes ses *capacitez actives* & *passives*, ni avoir par conséquent une idée complete des Puissances d'aucune Substance existante & de ses Relations, à quoi se réduit l'idée complexe que nous avons des Substances. Mais après tout si nous pouvions avoir, & si nous avions actuellement dans notre idée complexe une collection exacte de toutes les *secondes Qualitez* ou Puissances d'une certaine Substance, nous n'aurions pourtant pas par ce moyen une idée de l'essence de cette chose. Car puisque les Puissances ou Qualitez que nous y pouvons observer, ne sont pas l'essence réelle de cette Substance, mais en dépendent & en découlent comme de leur Principe; un amas de ces qualitez (quelque nombreux qu'il soit) ne peut être l'essence réelle de cette chose. Ce qui montre évidemment que nos Idées des Substances ne sont point completes, qu'elles ne sont pas ce que l'Esprit prétend qu'elles soient. Et d'ailleurs, l'Homme n'a aucune idée de la Substance en général, & ne sait ce que c'est que la *Substance* en elle-même.

Les Idées des Modes & des Relations sont des Archetypes, & ne peuvent qu'être completes.

§. 14. En troisiéme lieu, *les Idées complexes des Modes & des Relations sont des Archetypes* ou *originaux*. Ce ne sont point des copies; elles ne sont point formées d'après le patron de quelque existence réelle, à quoi l'Esprit ait en vûë qu'elles soient conformes & qu'elles répondent exactement. Comme ce sont des collections d'idées simples que l'Esprit assemble lui-même, & des collections dont chacune contient précisément tout ce que l'Esprit a dessein qu'elle renferme, ce sont des Archetypes & des Essences de *Modes* qui peuvent exister; & ainsi elles sont uniquement destinées à représenter ces sortes de *Modes :* elles n'appartiennent qu'à ces *Modes* qui lorsqu'ils existent, ont une exacte conformité avec ces Idées complexes. Par conséquent, *les Idées des Modes & des Relations ne peuvent qu'être completes.*

CHAP. XXXII.

CHAPITRE XXXII.

Des Vrayes & des Fausses Idées.

La *Verité* & la *Fausseté* appartiennent proprement aux Propositions.

§. 1. QUoi qu'à parler exactement, la Vérité & la Fausseté n'appartiennent qu'aux Propositions, on ne laisse pourtant pas d'appeller souvent les Idées, *vrayes* & *fausses* ; & où sont les mots qu'on n'em-

Des Vrayes & des Fausses Idées. Liv. II. 307

n'employe dans un sens fort étendu, & un peu éloigné de leur propre & juste signification? Je croi pourtant que, lorsque les Idées sont nommées *vrayes* ou *fausses*, il y a toûjours quelque proposition tacite, qui est le fondement de cette dénomination, comme on le verra, si l'on examine les occasions particuliéres où elles viennent à être ainsi nommées. Nous trouverons, dis-je, dans toutes ces rencontres, quelque espèce d'affirmation ou de negation qui autorise cette dénomination-là. Car nos Idées n'étant autre chose que de simples apparences ou perceptions dans notre Esprit, on ne sauroit dire, à les considerer proprement & purement en elles-mêmes, qu'elles soient vrayes ou fausses, non plus que le simple nom d'aucune chose ne peut être appellé vrai ou faux.

§. 2. On peut dire, à la vérité, que les Idées & les Mots sont *véritables* à prendre le mot de *vérité* dans un sens métaphysique, comme on dit de toutes les autres choses, de quelque maniére qu'elles existent, qu'elles sont véritables, c'est-à-dire, qu'elles sont véritablement telles qu'elles existent: quoi que dans les choses que nous appellons véritables même en ce sens, il y ait peut-être un secret rapport à nos Idées que nous regardons comme la mesure de cette espèce de vérité, ce qui revient à une Proposition mentale, encore qu'on ne s'en apperçoive pas ordinairement.

Ce qu'on nomme vérité métaphysique contient une Proposition tacite.

§. 3. Mais ce n'est pas en prenant le mot de *vérité* dans ce sens métaphysique, que nous examinons si nos Idées peuvent être vrayes ou fausses, mais dans le sens qu'on donne le plus communément à ces mots. Cela posé, je dis que les Idées n'étant dans l'Esprit qu'autant d'apparences ou de perceptions, il n'y en a point de fausse. Ainsi l'idée d'*un Centaure* ne renferme pas plus de fausseté lorsqu'elle se présente à notre Esprit, que le nom de *Centaure* en a lorsqu'il est prononcé ou écrit sur le papier. Car la vérité ou la fausseté étant toûjours attachées à quelque affirmation ou negation, *mentale* ou *verbale*, nulle de nos Idées ne peut être fausse, avant que l'Esprit vienne à en porter quelque jugement, c'est-à-dire, à en affirmer ou nier quelque chose.

Nulle idée n'est vraye ou fausse entant qu'elle est une apparence dans l'Esprit.

§. 4. Toutes les fois que l'Esprit rapporte quelqu'une de ses idées à quelque chose qui leur est extérieur, elles peuvent être nommées vrayes ou fausses, parce que dans ce rapport l'Esprit fait une supposition tacite de leur conformité avec cette chose-là: & selon que cette supposition vient à être vraye ou fausse, les Idées elles-mêmes sont nommées vrayes ou fausses. Voici les cas les plus ordinaires où cela arrive.

Les Idées entant qu'elles sont rapportées à quelque chose peuvent être vrayes ou fausses.

§. 5. Prémiérement, lorsque l'Esprit suppose que quelqu'une de ses idées est conforme à une idée qui est dans l'Esprit d'une autre personne sous un même nom commun: quand, par exemple, l'Esprit s'imagine ou juge que ses Idées de *Justice*, de *Temperance*, de *Religion*, sont les mêmes que celles que d'autres hommes désignent par ces noms-là.

Les Idées des autres hommes, l'existence réelle, les essences supposées réelles, sont les choses à quoi les hommes rapportent ordinairement leurs Idées.

En second lieu, lorsque l'Esprit suppose qu'une Idée qu'il a en lui-même est conforme à quelque chose qui existe réellement. Ainsi, l'Idée d'*un homme* & celle d'*un Centaure* étant supposées des Idées de deux Substances réelles, l'une est véritable & l'autre fausse, l'une étant conforme à ce qui a existé réellement, & l'autre ne l'étant pas.

CHAP.
XXXII.

En troisiéme lieu, lorsque l'Esprit rapporte quelqu'une de ses Idées à cette essence ou constitution réelle d'où dépendent toutes ses propriétez; & en ce sens, la plus grande partie de nos Idées des Substances, pour ne pas dire toutes, sont fausses.

La cause de ces sortes de rapports.

§. 6. L'Esprit est fort porté à faire tacitement ces sortes de suppositions touchant ses propres Idées. Cependant à bien examiner la chose, on trouvera que c'est principalement, ou peut-être uniquement à l'égard de ses *Idées complexes*, considerées d'une maniére abstraite, qu'il en use ainsi. Car l'Esprit étant comme entraîné par un penchant naturel à savoir & à connoître, & trouvant que s'il ne s'appliquoit qu'à la connoissance des choses particuliéres, ses progrès seroient fort lents, & son travail infini; pour abreger ce chemin & donner plus d'étendue à chacune de ses perceptions, la prémiére chose qu'il fait & qui lui sert de fondement pour augmenter ses connoissances avec plus de facilité, soit en considerant les choses mêmes qu'il voudroit connoître, ou en s'en entretenant avec les autres, c'est de les lier, pour ainsi dire, en autant de faisceaux, & de les réduire ainsi à certaines espéces, pour pouvoir par ce moyen étendre sûrement la connoissance qu'il acquiert de chacune de ces choses, sur toutes celles qui sont de cette espèce, & avancer ainsi à plus grands pas vers la Connoissance qui est le but de toutes ses recherches. C'est là, comme j'ai montré ailleurs, la raison pourquoi nous reduisons les choses en *Genres* & en *Espèces*, sous des Idées comprehensives auxquelles nous attachons des noms.

§. 7. C'est pourquoi si nous voulons faire une serieuse attention sur la maniére dont notre Esprit agit, & considerer quel cours il suit ordinairement pour aller à la connoissance, nous trouverons, si je ne me trompe, que l'Esprit ayant acquis une idée dont il croit pouvoir faire quelque usage, soit par la consideration des choses mêmes ou par le discours, la prémiére chose qu'il fait, c'est de se la représenter par abstraction, & alors de lui trouver un nom & la mettre ainsi en reserve dans sa Mémoire comme une idée qui renferme l'essence d'une espéce de choses dont ce nom doit toûjours être la marque. De là vient que nous remarquons fort souvent, que, lorsque quelqu'un voit une chose nouvelle d'une espéce qui lui est inconnuë, il demande aussi-tôt ce que c'est, ne songeant par cette Question qu'à en apprendre le nom, comme si le nom d'une chose emportoit avec lui la connoissance de son espéce, ou de son Essence dont il est effectivement regardé comme le signe, le nom étant supposé en général attaché à l'essence de la chose.

§. 8. Mais cette Idée abstraite étant quelque chose dans l'Esprit qui tient le milieu entre la chose qui existe & le nom qu'on lui donne, c'est dans nos Idées que consiste la justesse de nos connoissances & la propriété ou la netteté de nos expressions. De là vient que les hommes sont si enclins à supposer que les Idées abstraites qu'ils ont dans l'Esprit s'accordent avec les choses qui existent hors d'eux-mêmes, & auxquelles ils rapportent ces Idées, & que ce sont les mêmes Idées auxquelles les noms qu'ils leur donnent, appartiennent selon l'usage & la propriété de la Langue dont ils se servent: car ils voyent que sans cette double conformité, ils n'auroient

point

point de pensées justes sur les choses mêmes, & ne pourroient pas en parler intelligiblement aux autres.

§. 9. Je dis donc en prémier lieu, Que *lorsque nous jugeons de la vérité de nos Idées par la conformité qu'elles ont avec celles qui se trouvent dans l'Esprit des autres hommes, & qu'ils désignent communément par le même nom, il n'y en a point qui ne puissent être fausses dans ce sens-là.* Cependant les Idées simples sont celles sur qui l'on est moins sujet à se méprendre en cette occasion, parce qu'un homme peut aisément connoître par ses propres Sens & par de continuelles observations, quelles sont les Idées simples qu'on désigne par des noms particuliers autorisez par l'Usage, ces Noms étant en petit nombre, & tels, que s'il est dans quelque doute, ou dans quelque méprise à leur égard, il peut se redresser aisément par le moyen des Objets auxquels ces Noms sont attachez.

C'est pourquoi il est rare que quelqu'un se trompe dans le nom de ses Idées simples, qu'il applique le nom de *rouge* à l'idée du *verd*, ou le nom de *doux* à l'idée de l'*amer*. Ces hommes sont encore moins sujets à confondre les noms qui appartiennent à des Sens différens, à donner, par exemple, le nom d'un Goût à une Couleur, *&c.* Ce qui montre évidemment que les Idées simples qu'ils désignent par certains noms, sont ordinairement les mêmes que celles que les autres ont dans l'Esprit quand ils employent les mêmes noms.

§. 10. *Les* Idées complexes *sont beaucoup plus sujettes à être fausses à cet égard, & les Idées complexes des* Modes Mixtes *beaucoup plus que celles des* Substances. Parce que dans les *Substances*, & sur-tout celles qui sont désignées par des noms communs & usitez dans quelque Langue que ce soit, il y a toûjours quelques qualitez sensibles qu'on remarque sans peine, & qui servant pour l'ordinaire à distinguer une Espèce d'avec une autre, empêchent facilement que ceux qui apportent quelque exactitude dans l'usage de leurs mots, ne les appliquent à des espèces de Substances auxquelles ils n'appartiennent en aucune maniére. Mais l'on se trouve dans un plus grand embarras à l'égard des *Modes mixtes*, parce qu'à l'égard de plusieurs actions il n'est pas facile de déterminer, s'il faut leur donner le nom de *Justice* ou de *Cruauté*, de *Liberalité* ou de *Prodigalité*. Ainsi en rapportant nos idées à celles des autres hommes qui sont désignées par les mêmes noms, nos Idées peuvent être fausses : de sorte qu'il peut fort bien arriver, par exemple, qu'une idée que nous avons dans l'Esprit, & que nous exprimons par le mot de *Justice*, soit en effet quelque chose qui devroit porter un autre nom.

§. 11. Mais soit que nos Idées des *Modes mixtes* soient plus ou moins sujettes qu'aucune autre espèce d'idées à être différentes de celles des autres hommes qui sont désignées par les mêmes noms, il est du moins certain que cette espèce de fausseté est plus communément attribuée à nos Idées des Modes mixtes qu'à aucune autre. Lorsqu'on juge qu'un homme a une fausse idée de *Justice*, de *Reconnoissance* ou de *Gloire*, c'est uniquement parce que son Idée ne s'accorde pas avec celle que chacun de ces noms désignent dans l'Esprit des autres hommes.

§. 12. Et

CHAP.
XXXII.
Pourquoi cela?

§. 12. Et voici, ce me semble, quelle en est la raison, c'est que les Idées abstraites des Modes mixtes étant des combinaisons volontaires que les hommes font d'un certain amas déterminé d'Idées simples, & l'essence de chaque espèce de ces Modes étant par cela même uniquement formée par les hommes, de sorte que nous n'en pouvons avoir d'autre modèle sensible qui existe nulle part, que le nom même d'une telle combinaison, ou la définition de ce nom, nous ne pouvons rapporter les idées que nous nous faisons de ces Modes mixtes à aucun autre Modèle qu'aux idées de ceux qui ont la reputation d'employer ces noms dans leur plus juste & plus propre signification. De cette manière, selon que nos Idées font conformes à celles de ces gens-là, ou en font différentes, elles passent pour *vrayes*, ou pour *fausses*. En voilà assez sur la verité & la fausseté de nos Idées par rapport à leurs noms.

Il n'y a que les idées des Substances qui puissent être fausses par rapport à l'existence réelle. Les Idées simples ne peuvent l'être à cet égard, & pourquoi.

§. 13. Pour ce qui est, en second lieu, de la vérité & de la fausseté de nos Idées par rapport à l'existence réelle des choses, lorsque c'est cette existence qu'on prend pour règle de leur vérité, il n'y a que nos Idées complexes de Substances qu'on puisse nommer *fausses*.

§. 14. Et prémiérement, comme nos Idées simples ne font que de pures perceptions, telles que Dieu nous a rendus capables de les recevoir, par la puissance qu'il a donnée aux Objets extérieurs de les produire en nous, en vertu de certaines Loix ou moyens conformes à sa sagesse & à sa bonté, quoi qu'incomprehensibles à notre égard, toute la vérité de ces Idées simples ne consiste en aucune autre chose que dans ces apparences qui font produites en nous & qui doivent répondre à cette puissance que Dieu a mis dans les Objets extérieurs, sans quoi elles ne pourroient être produites dans nos Esprits; & ainsi dès-là qu'elles répondent à ces *puissances*, elles font ce qu'elles doivent être, de véritables Idées. Que si l'Esprit juge que ces Idées font dans les choses mêmes, (ce qui arrive, comme je croi, à la plûpart des hommes) elles ne doivent point être taxées pour cela d'aucune fausseté. Car Dieu ayant par un effet de sa sagesse, établi ces idées, comme autant de marques de distinction dans les choses, par où nous pussions être capables de discerner une chose d'avec une autre, & ainsi de choisir pour notre propre usage, celles dont nous avons besoin; la nature de nos Idées simples n'est point alterée, soit que nous jugions que l'idée de *jaune* est dans le *Souci* même, ou seulement dans notre Esprit, de sorte qu'il n'y ait dans le *Souci* que la puissance de produire cette idée par la contexture de ses parties en reflechissant les particules de lumiére d'une certaine manière. Car dès-là qu'une telle contexture de l'objet produit en nous la même idée de *jaune* par une operation constante & réguliére, cela suffit pour nous faire distinguer par les yeux cet Objet de toute autre chose, soit que cette marque *distinctive* qui est réellement dans le *Souci*, ne soit qu'une contexture particuliére de ses parties, ou bien cette même couleur dont l'idée que nous avons dans l'Esprit, est une exacte ressemblance. C'est cette apparence, qui lui donne également la dénomination de *jaune*, soit que ce soit cette couleur réelle, ou seulement une contexture particuliére du *Souci* qui excite en nous cette idée; puisque le nom de *jaune* ne désigne proprement

autre

autre chose que cette marque de distinction qui est dans un *Souci* & que nous ne pouvons discerner que par le moyen de nos yeux, en quoi qu'elle consiste, ce que nous ne sommes pas capables de connoître distinctement, & qui peut-être nous * seroit moins utile, si nous avions des facultez capables de nous faire discerner la contexture des parties d'où dépend cette couleur.

CHAP. XXVIII.

* Voy. ci-dessus, chap. XXIII. §. 12.

§. 15. Nos Idées simples ne devroient pas non plus être soupçonnées d'aucune fausseté, quand bien il seroit établi en vertu de la différente structure de nos Organes, *Que le même Objet dût produire en même temps différentes idées dans l'Esprit de différentes personnes*, si par exemple, l'idée qu'une *Violette* produit par les yeux dans l'Esprit d'un homme, étoit la même que celle qu'un *Souci* excite dans l'Esprit d'un autre homme, & au contraire. Car comme cela ne pourroit jamais être connu, parce que l'Ame d'un homme ne sauroit passer dans le Corps d'un autre homme pour voir quelles apparences sont produites par ces organes, les Idées ne seroient point confonduës par-là, non plus que les noms; & il n'y auroit aucune fausseté dans l'une ou l'autre de ces choses. Car tous les Corps qui ont la contexture d'une *Violette* venant à produire constamment l'idée qu'il appelle *bleuatre*; & ceux qui ont la contexture d'un *Souci* ne manquant jamais de produire l'idée qu'il nomme aussi constamment *jaune*, quelles que fussent les apparences qui sont dans son Esprit, il seroit en état de distinguer aussi régulierement les choses pour son usage par le moyen de ces apparences, de comprendre, & de désigner ces distinctions marquées par les noms de *bleu* & de *jaune*, que si les apparences ou idées que ces deux Fleurs excitent dans son Esprit, étoient exactement les mêmes que les idées qui se trouvent dans l'Esprit des autres hommes. J'ai néanmoins beaucoup de penchant à croire que les Idées sensibles qui sont produites par quelque objet que ce soit, dans l'Esprit de différentes personnes, sont pour l'ordinaire fort semblables. On peut apporter, à mon avis, plusieurs raisons de ce sentiment: mais ce n'est pas ici le lieu d'en parler. C'est pourquoi sans engager mon Lecteur dans cette discussion, je me contenterai de lui faire remarquer, que la supposition contraire, en cas qu'elle pût être prouvée, n'est pas d'un grand usage, ni pour l'avancement de nos connoissances, ni pour la commodité de la vie; & qu'ainsi il n'est pas nécessaire que nous nous tourmentions à l'examiner.

Quand bien l'idée qu'un homme a du *jaune* seroit différente de celle qu'un autre en a.

§. 16. De tout ce que nous venons de dire sur nos Idées simples, il s'ensuit évidemment, à mon avis, *Qu'aucune de nos Idées simples ne peut être fausse par rapport aux choses qui existent hors de nous*. Car la vérité de ces apparences ou perceptions qui sont dans notre Esprit, ne consistant, comme il a été dit, que dans ce rapport qu'elles ont à la puissance que Dieu a donnée aux Objets extérieurs de produire de telles apparences en nous par le moyen de nos Sens; & chacune de ces apparences étant dans l'Esprit, telle qu'elle est, conforme à la puissance qui la produit, & qui ne représente autre chose, elle ne peut être fausse à cet égard, c'est-à-dire entant qu'elle se rapporte à un tel Patron. Le *bleu* ou le *jaune*, le *doux* ou l'*amer*, ne sauroient être des Idées fausses. Ce sont des perceptions dans l'Esprit qui

Les Idées simples ne peuvent être fausses par rapport aux choses extérieures, & pourquoi.

CHAP.
XXXII.

qui font juſtement telles qu'elles y paroiſſent, & qui répondent aux puiſſances que Dieu a établies pour leur production ; & ainſi elles ſont véritablement ce qu'elles ſont & qu'elles doivent être ſelon leur deſtination
naturelle. L'on peut à la vérité appliquer mal-à-propos les noms de
ces idées, comme ſi un homme qui n'entend pas bien le François, donnoit à la *Pourpre* le nom d'*Ecarlate*: mais cela ne met aucune fauſſeté
dans les Idées mêmes.

Les Idées des Modes ne peuvent l'être non plus.

§. 17. En ſecond lieu, *nos Idées complexes des Modes ne ſauroient non plus
être fauſſes par rapport à l'eſſence d'une choſe réellement exiſtante.* Parce que
quelque idée complexe que je me forme d'un *Mode*, il n'a aucun rapport à
un modèle exiſtant & produit par la Nature. Il n'eſt ſuppoſé renfermer
en lui-même que les idées qu'il renferme actuellement, ni repréſenter autre
choſe que cette combinaiſon d'Idées qu'il repréſente. Ainſi, quand j'ai
l'idée de l'action d'un homme qui refuſe de ſe nourrir, de s'habiller, & de
jouïr des autres commoditez de la vie ſelon que ſon Bien & ſes richeſſes le
lui permettent, & que ſa condition l'exige, je n'ai point une fauſſe idée,
mais une idée qui repréſente une action, telle que je la trouve, ou que je
l'imagine ; & dans ce ſens elle n'eſt capable ni de vérité ni de fauſſeté. Mais
lorſque je donne à cette action le nom de *frugalité* ou de *vertu*, elle peut
alors être appellée une fauſſe idée, ſi je ſuppoſe par-là qu'elle s'accorde avec
l'idée qu'emporte le nom de *frugalité* ſelon la proprieté du langage, ou
qu'elle eſt conforme à la Loi qui eſt la meſure de la vertu & du vice.

Quand c'eſt que les idées des Subſtances peuvent être fauſſes.

§. 18. En troiſiéme lieu, *nos Idées complexes des Subſtances peuvent être
fauſſes*, parce qu'elles ſe rapportent toutes à des modèles exiſtans dans les
choſes mêmes. Qu'elles ſoient fauſſes, lorſqu'on les conſidére comme des
repréſentations des Eſſences inconnuës des choſes, cela eſt ſi évident qu'il
n'eſt pas néceſſaire de perdre du temps à le prouver. Sans donc m'arrêter
à cette ſuppoſition chimerique, je vais conſidérer les Subſtances comme
autant de collections d'Idées ſimples, formées dans l'Eſprit qui les déduit
de certaines combinaiſons d'Idées ſimples qui exiſtent conſtamment enſemble dans les choſes mêmes, combinaiſons qui ſont les originaux dont on ſuppoſe que ces collections formées dans l'Eſprit, ſont des copies. Or à les
conſiderer dans ce rapport qu'elles ont à l'exiſtence des Choſes, elles ſont
fauſſes, I. Lorſqu'elles réuniſſent des idées ſimples qui ne ſe trouvent point
enſemble dans les choſes actuellement exiſtantes, comme lorſqu'à la forme
& à la grandeur qui exiſtent enſemble dans un Cheval, on joint dans la
même idée complexe la puiſſance d'*abboyer* qui ſe trouve dans un Chien:
trois Idées qui, quoi que réunies dans l'Eſprit en une ſeule, n'ont jamais
été jointes enſemble dans la Nature. On peut donc appeller cette Idée
complexe, une fauſſe idée d'un Cheval. II. Les Idées des Subſtances ſont
encore fauſſes à cet égard, lorſque d'une collection d'Idées ſimples qui
exiſtent toûjours enſemble, on en ſepare par une negation directe & formelle, quelque autre idée ſimple qui leur eſt conſtamment unie. Si par
exemple, quelqu'un joint dans ſon Eſprit à l'étenduë, à la ſolidité, à la
fuſibilité, à la peſanteur particuliére & à la couleur jaune de l'*Or*, la negation d'un plus grand dégré de *fixité*, que dans le Plomb ou le Cuivre, on

peut

peut dire qu'il a une fausse idée complexe, tout ainsi que lorsqu'il joint à ces autres idées simples l'idée d'une *fixité* parfaite & absoluë. Car l'idée complexe de l'or étant composée, à ces deux égards, d'Idées simples qui ne se trouvent point ensemble dans la Nature, on peut l'appeller une fausse idée. Mais s'il exclut entiérement de l'idée complexe qu'il se forme de ce Metal, celle de la *fixité*, soit en ne l'y joignant pas actuellement, ou en la séparant, dans son Esprit, de tout le reste; on doit regarder, à mon avis, cette idée complexe plûtôt comme incomplete & imparfaite que comme fausse: puisque, bien qu'elle ne contienne point toutes les Idées simples qui sont unies dans la Nature, elle ne joint ensemble que celles qui existent réellement ensemble.

§. 19. Quoi que pour m'accommoder au Langage ordinaire, j'aye montré en quel sens & sur quel fondement nos Idées peuvent être quelquefois *vrayes* ou *fausses*; cependant si nous voulons examiner la chose de plus près dans tous les cas où quelque idée est appellée *vraye* ou *fausse*, nous trouverons que c'est en vertu de quelque jugement que l'Esprit fait, ou est supposé faire, qu'elle est vraye ou fausse. Car la verité ou la fausseté n'étant jamais sans quelque affirmation ou negation, expresse ou tacite, elle ne se trouve qu'où des signes sont joints ou separez, selon la convenance ou la disconvenance des choses qu'ils représentent. Les signes dont nous nous servons principalement, sont ou des Idées ou des Mots, avec quoi nous formons des Propositions *mentales* ou *verbales*. La vérité consiste à unir ou à séparer ces signes, selon que les choses qu'ils représentent, conviennent ou disconviennent entre elles; & la Fausseté consiste à faire tout le contraire, comme nous le ferons voir plus au long dans la suite de cet Ouvrage.

§. 20. Donc, nulle idée que nous ayons dans l'Esprit, soit qu'elle soit conforme ou non à l'existence réelle des choses, ou à des Idées qui sont dans l'Esprit des autres hommes, ne sauroit par cela seul être proprement appellée fausse. Car si ces representations ne renferment rien que ce qui existe dans les choses extérieures, elles ne sauroient passer pour fausses, puisque ce sont de justes représentations de quelque chose: & si elles contiennent quelque chose qui differe de la réalité des Choses, on ne peut pas dire proprement que ce sont de fausses représentations ou idées de Choses qu'elles ne representent point. Quand est-ce donc qu'il y a de l'erreur & de la fausseté? Le voici en peu de mots.

§. 21. Prémiérement, *lorsque l'Esprit ayant une idée, juge & conclut qu'elle est la même que celle qui est dans l'Esprit des autres hommes, exprimée par le même nom*; ou qu'elle répond à la signification ou définition ordinaire & communément reçuë de ce Mot, lorsqu'elle n'y répond pas effectivement: méprise qu'on commet le plus ordinairement à l'égard des *Modes mixtes*, quoi qu'on y tombe aussi à l'égard d'autres Idées.

§. 22. En second lieu, quand l'Esprit s'étant formé une idée complexe, composée d'une telle collection d'Idées simples que la Nature ne mit jamais ensemble, il juge qu'*elle s'accorde avec une espèce de Créatures réellement existantes*, comme quand il joint la pesanteur de l'Etain, à la couleur, à la fusibilité, & à la fixité de l'Or.

§. 23. En

CHAP.
XXXII.
Troisième cas.

§. 23. En troisiéme lieu, lorsqu'ayant réuni dans son Idée complexe, un certain nombre d'idées simples qui existent réellement ensemble dans quelques espéces de créatures, & en ayant exclus d'autres qui en sont autant inseparables, il juge que *c'est l'idée parfaite & complete d'une espèce de choses, ce qui n'est point effectivement :* comme si venant à joindre les idées d'une substance jaune, malleable, fort pesante & fusible, il suppose que cette Idée complexe est une idée complete de l'Or, quoi qu'une certaine fixité & la capacité d'être dissous dans l'*Eau Regale* soient aussi inseparables des autres idées ou qualitez de ce Corps, que celles-là le sont l'une de l'autre.

Quatriéme cas.

§. 24. En quatriéme lieu, la méprise est encore plus grande, quand je juge que *cette Idée complexe renferme l'essence réelle d'un Corps existant*; puisqu'il ne contient tout au plus qu'un petit nombre de proprietez qui découlent de son essence & constitution réelle. Je dis un petit nombre de ces proprietez, car comme ces proprietez consistent, pour la plûpart, en *Puissances actives* & *passives* que tel ou tel Corps a par rapport à d'autres choses; toutes celles qu'on connoit communément dans un Corps, & dont on forme ordinairement l'idée complexe de cette espèce de choses, ne sont qu'en très-petit nombre en comparaison de ce qu'un homme qui l'a examiné en différentes maniéres, connoit de cette espèce particuliére; & toutes celles que les plus habiles connoissent, sont encore en fort petit nombre, en comparaison de celles qui sont réellement dans ce Corps & qui dépendent de sa constitution intérieure ou essentielle. L'essence d'un Triangle est fort bornée : elle consiste dans un très-petit nombre d'idées; trois lignes qui terminent un Espace, composent toute cette essence. Mais il en découle plus de proprietez qu'on n'en sauroit connoître ou nombrer. Je m'imagine qu'il en est de même à l'égard des substances; leurs essences réelles se réduisent à peu de chose; & les proprietez qui découlent de cette constitution intérieure, sont infinies.

§. 25. Enfin, comme l'Homme n'a aucune notion de quoi que ce soit hors de lui, que par l'idée qu'il en a dans son Esprit, & à laquelle il peut donner tel nom qu'il voudra, il peut à la verité former une idée qui ne s'accorde ni avec la réalité des choses ni avec les Idées exprimées par des mots dont les autres hommes se servent communément, mais il ne sauroit se faire une fausse idée d'une chose qui ne lui est point autrement connuë que par l'idée qu'il en a. Par exemple, lorsque je me forme une idée des jambes, des bras & du corps d'un Homme, & que j'y joins la tête & le cou d'un Cheval, je ne me fais point de fausse idée de quoi que ce soit; parce que cette idée ne représente rien hors de moi. Mais lorsque je nomme cela *un homme* ou *un Tartare*; & que je me figure qu'il représente quelque Etre réel hors de moi, ou que c'est la même idée que d'autres désignent par ce même nom, je puis me tromper en ces deux cas. Et c'est dans ce sens qu'on l'appelle une fausse idée, quoi qu'à parler exactement, la fausseté ne tombe pas sur l'*idée*, mais sur une *Proposition tacite & mentale*, dans laquelle on attribuë à deux choses une conformité & une ressemblance qu'elles n'ont point effectivement. Cependant, si après avoir formé une telle idée dans mon Esprit, sans penser en moi-même que l'existence ou le nom d'*homme* ou de
Tartare

Tartare lui convienne, je veux la désigner par le nom d'*homme* ou de *Tarta-*   CHAP.
re, on aura droit de juger qu'il y a de la bizarrerie dans l'imposition d'un   XXXII.
tel nom, mais nullement que je me trompe dans mon Jugement, & que
cette Idée est fausse.

§. 26. En un mot, je croi que nos Idées, considerées par l'Esprit ou par   *On pourroit*
rapport à la signification propre des noms qu'on leur donne ou par rapport *plus proprement appeller les*
à la réalité des choses, peuvent être fort bien nommées idées (1) *justes* ou *fau-* *Idées, justes ou*
tives, selon qu'elles conviennent ou disconviennent aux Modèles auxquels *fautives, que*
on les rapporte. Mais qui voudra les appeller *véritables* ou *fausses*, peut le *vrayes ou fausses.*
faire. Il est juste qu'il jouïsse de la liberté que chacun peut prendre de
donner aux choses tels noms qu'il juge leur convenir le mieux, quoi que
selon la propriété du Langage, la vérité & la fausseté ne puissent guere
convenir aux Idées, ce me semble, sinon entant que d'une maniére ou
d'autre elles renferment *virtuellement* quelque Proposition mentale. Les
Idées qui sont dans l'Esprit d'un homme, considerées simplement en elles-
mêmes, ne sauroient être fausses, excepté les Idées complexes dont les
parties sont incompatibles. Toutes les autres Idées sont droites en elles-
mêmes, & la connoissance qu'on en a, est une connoissance droite & véritable. Mais quand nous venons à les rapporter à certaines choses, comme
à leurs Modèles ou Archetypes, alors elles peuvent être fausses, autant
qu'elles s'éloignent de ces Archetypes.

CHAPITRE XXXIII.

De l'Association des Idées.

    CHAP.
    XXXIII.

§. 1. IL N'Y A presque personne qui ne remarque dans les opinions, *Bizarre assortiment*
dans les raisonnemens & dans les actions des autres hommes quel- *d'Idées qu'on découvre*
que chose qui lui paroit bizarre & extravagant, & qui l'est en effet. Cha- *dans les discours ou les*
cun a la vûë assez perçante pour observer dans un autre le moindre défaut *actions d'autrui.*
de cette espèce s'il est différent de celui qu'il a lui-même, & il ne manque
pas de se servir de sa Raison pour le condamner; quoi qu'il y aît dans ses
opinions & dans sa conduite de plus grandes irrégularitez dont il ne s'apperçoit jamais; & dont il seroit difficile, pour ne pas dire impossible, de le
convaincre.

§. 2. Cela ne vient pas absolument de l'Amour propre, quoi que cette *Ne vient point*
passion y aît souvent beaucoup de part. On voit tous les jours des gens *absolument de l'Amour propre.*
cou-

---

(1) Il n'y a point de mots en François qui ré-   terme opposé à *juste*, pris en ce sens-là, qui
pondent mieux aux deux mots Anglois *right*   soit plus propre que celui de *fautif*, qui n'est
or wrong, dont l'Auteur se sert en cette occa-   pourtant pas trop bon, mais dont il faut se
sion. On entend ce que c'est qu'une *idée juste*,   servir, faute d'autre.
& nous n'avons point, à ce que je croi, de

CHAP.
XXXIII.

coupables de ce défaut qui ont le cœur bien fait, & ne font point fottement entêtez de leur propre mérite. Et souvent une personne écoute avec surprise les raisonnemens d'un habile homme dont il admire l'opiniâtreté, pendant que lui-même résiste à des raisons de la derniére évidence qu'on lui propose fort distinctement.

Il ne suffit pas, pour expliquer ce défaut d'en attribuer la cause à l'Education & aux préjugez.

§. 3. On est accoûtumé d'imputer ce défaut de raison, à l'Education & à la force des préjugez; & ce n'est pas sans sujet pour l'ordinaire, quoi que cela n'aille pas jusqu'à la racine du mal, & ne montre pas assez nettement d'où il vient, & en quoi il consiste. On est souvent très-bien fondé à en attribuer la cause à l'*Education*; & le terme de *Préjugé* est un mot général très-propre à désigner la chose même. Cependant je crois que qui voudra conduire cette espèce de folie jusques à sa source, doit porter la vûë un peu plus loin, & en expliquer la nature de telle sorte qu'il fasse voir d'où ce mal procede originairement dans des Esprits fort raisonnables, & en quoi c'est qu'il consiste précisément.

Pourquoi on lui conne le nom de *folie*?

§. 4. Quelque rude que soit le nom de folie que je lui donne, on n'aura pas de peine à me le pardonner, si l'on considére que l'opposition à la Raison ne merite point d'autre titre. C'est effectivement une folie, & il n'y a presque personne qui en soit si exempt, qu'il ne fût jugé plus propre à être mis aux Petites-Maisons qu'à être reçu dans la compagnie des honnêtes gens, s'il raisonnoit & agissoit toûjours & en toutes occasions, comme il fait constamment en certaines rencontres. Je ne veux pas dire, lors qu'il est en proye à quelque violente passion, mais dans le cours ordinaire de sa vie. Ce qui servira encore plus à excuser l'usage de ce mot, & la liberté que je prens d'imputer une chose si choquante à la plus grande partie du Genre Humain, c'est ce que j'ai * déja dit en passant, & en peu de mots sur la nature de la Folie. J'ai trouvé que la folie découle de la même source, & dépend de la même cause que ce défaut dont nous parlons présentement. La consideration des choses mêmes me suggera tout d'un coup cette pensée, lorsque je ne songeois à rien moins qu'au sujet que je traite dans ce Chapitre. Et si c'est effectivement une foiblesse à laquelle tous les hommes soient si fort sujets; si c'est une tache si universellement répanduë sur le Genre Humain, il faut prendre d'autant plus de soin de la faire connoître par son veritable nom, afin d'engager les hommes à s'appliquer plus fortement à prévenir ce défaut, ou à s'en défaire lorsqu'ils en sont entachez.

* Pag. 114.
Chap. XI.
§. 13.

Ce défaut vient d'une liaison d'idées non-naturelle.

§. 5. Quelques-unes de nos Idées ont entr'elles une correspondance & une liaison naturelle. Le devoir & la plus grande perfection de notre Raison consiste à découvrir ces Idées & à les tenir ensemble dans cette union & dans cette correspondance qui est fondée sur leur existence particuliére. Il y a une autre liaison d'idées qui dépend uniquement du hazard ou de la coûtume, de sorte que des Idées qui d'elles-mêmes n'ont absolument aucune connexion naturelle, viennent à être si fort unies dans l'Esprit de certaines personnes, qu'il est fort difficile de les séparer. Elles vont toûjours de compagnie, & l'une n'est pas plûtôt présente à l'Entendement, que celle qui lui est associée, paroit aussi-tôt; & s'il y en a plus de deux ainsi unies, elles vont aussi toutes ensemble, sans se séparer jamais.

§. 6. Cette

De l'Association des Idées. Liv. II.

CHAP.
XXXIII.
Comment se forme cette liaison?

§. 6. Cette forte combinaison d'Idées qui n'est pas cimentée par la Nature, l'Esprit la forme en lui-même, ou volontairement, ou par hazard; & de là vient qu'elle est fort différente en diverses personnes selon la diversité de leurs inclinations, de leur éducation, & de leurs intérêts. La coûtume forme dans l'Entendement des habitudes de penser d'une certaine maniére, tout ainsi qu'elle produit certaines déterminations dans la Volonté, & certains mouvemens dans le Corps: toutes choses qui semblent n'être que certains mouvemens continuez dans les Esprits animaux qui étant une fois portez d'un certain côté, coulent dans les mêmes traces où ils ont accoûtumé de couler, lesquelles traces par le cours fréquent des Esprits animaux se changent en autant de chemins battus, de sorte que le mouvement y devient aisé, & pour ainsi dire, naturel. Il me semble, dis-je, que c'est ainsi que les Idées sont produites dans notre Esprit, autant que nous sommes capables de comprendre ce que c'est que *penser*. Et si elles ne sont pas produites de cette maniére, cela peut servir du moins à expliquer comment elles se suivent l'une l'autre dans un cours habituel, lorsqu'elles ont pris une fois cette route, comme il sert à expliquer de pareils mouvemens du Corps. Un Musicien accoûtumé à chanter un certain Air, le trouve dès qu'il l'a une fois commencé. Les idées des diverses notes se suivent l'une l'autre dans son Esprit, chacune à son tour, sans aucun effort ou aucune alteration, aussi régulierement que ses doigts se remuent sur le clavier d'une Orgue pour joûer l'air qu'il a commencé, quoi que son Esprit distrait promene ses pensées sur toute autre chose. Je ne détermine point, si le mouvement des Esprits animaux est la cause naturelle de ses idées, aussi bien que du mouvement régulier de ses doigts, quelque probable que la chose paroisse par le moyen de cet exemple. Mais cela peut servir un peu à nous donner quelque notion des habitudes intellectuelles, & de la liaison des Idées.

Elle est la cause de la plûpart des sympathies & antipathies, qui passent pour naturelles.

§. 7. Qu'il y ait de telles associations d'Idées, que la coûtume a produites dans l'Esprit de la plûpart des hommes, c'est dequoi je ne crois pas que personne qui ait fait de serieuses réflexions sur soi-même & sur les autres hommes, s'avise de douter. Et c'est peut-être à cela qu'on peut justement attribuer la plus grande partie des sympathies & des antipathies qu'on remarque dans les hommes; & qui agissent aussi fortement, & produisent des effets aussi réglez, que si elles étoient naturelles, ce qui fait qu'on les nomme ainsi; quoi que d'abord elles n'ayent eu d'autre origine que la liaison accidentelle de deux Idées, que la violence d'une prémiére impression, ou une trop grande indulgence a si fort unies qu'après cela elles ont toûjours été ensemble dans l'Esprit de l'Homme comme si ce n'étoit qu'une seule idée. Je dis la plûpart des antipathies & non pas toutes: car il y en a quelques-unes véritablement naturelles, qui dépendent de notre constitution originaire, & sont nées avec nous. Mais si l'on observoit exactement la plûpart de celles qui passent pour naturelles, on reconnoîtroit qu'elles ont été causées au commencement par des impressions dont on ne s'est point apperçu, quoi qu'elles ayent peut-être commencé de fort bonne heure, ou bien

CHAP.
XXXIII.

bien par quelques fantaifies ridicules. Un homme fait qui a été incommodé pour avoir trop mangé de miel, n'entend pas plûtôt ce mot, que fon imagination lui caufe des foulevemens de cœur. Il n'en fauroit fupporter la feule idée. D'autres idées de dégoût, & des maux de cœur, accompagnez de vomiffement, fuivent auffi-tôt; & fon eftomac eft tout en desordre. Mais il fait à quel temps il doit rapporter le commencement de cette foibleffe; & comment cette indifpofition lui eft venuë. Que fi cela lui fût arrivé pour avoir mangé une trop grande quantité de miel, lorfqu'il étoit Enfant, tous les mêmes effets s'en feroient enfuivis, mais on fe feroit mépris fur la caufe de cet accident qu'on auroit regardé comme une antipathie naturelle.

Combien il importe de prévenir de bonne heure cette bizarre connexion d'idées.

§. 8. Je ne rapporte pas cela, comme s'il étoit fort néceffaire en cet endroit de diftinguer exactement entre les antipathies naturelles & acquifes: mais j'ai fait cette remarque dans une autre vuë, favoir, afin que ceux qui ont des Enfans, ou qui font chargez de leur éducation, voyent par-là que c'eft une chofe bien digne de leurs foins d'obferver avec attention & de prévenir foigneufement cette irréguliére liaifon d'Idées dans l'Efprit des jeunes gens. C'eft le temps le plus fufceptible des impreffions durables. Et quoi que les perfonnes raifonnables faffent reflexion à celles qui fe rapportent à la fanté & au Corps pour les combattre, je fuis pourtant fort tenté de croire, qu'il s'en faut bien qu'on ait eu autant de foin que la chofe le mérite, de celles qui fe rapportent plus particuliérement à l'Ame, & qui fe terminent à l'Entendement ou aux Paffions : ou plûtôt, ces fortes d'impreffions, qui fe rapportent purement à l'Entendement, ont été, je penfe, entiérement négligées par la plus grande partie des hommes.

§. 9. Cette connexion irréguliére qui fe fait dans notre Efprit, de certaines Idées qui ne font point unies par elles-mêmes, ni dépendantes l'une de l'autre, a une fi grande influence fur nous, & eft fi capable de mettre du travers dans nos actions tant morales que naturelles, dans nos Paffions, dans nos raifonnemens, & dans nos Notions mêmes, qu'il n'y a peut-être rien qui mérite davantage que nous nous appliquions à le confiderer pour le prévenir ou le corriger le plûtôt que nous pourrons.

Exemple de cette fion d'idées.

§. 10. Les Idées des *Efprits* ou des *Phantômes* n'ont pas plus de rapport aux ténèbres qu'à la lumière : mais fi une fervante étourdie vient à inculquer fouvent ces différentes idées dans l'Efprit d'un Enfant, & à les y exciter comme jointes enfemble, peut-être que l'Enfant ne pourra plus les féparer durant tout le refte de fa vie, de forte que l'obfcurité lui paroiffant toûjours accompagnée de ces effrayantes Idées, ces deux fortes d'Idées feront fi étroitement unies dans fon Efprit, qu'il ne fera non plus capable de fouffrir l'une que l'autre.

Autre exemple.

§. 11. Un homme reçoit une injure fenfible de la part d'un autre homme, il penfe & repenfe à la perfonne & à l'action; & en y penfant ainfi fortement ou pendant longtemps, il cimente fi fort ces deux Idées enfemble qu'il les réduit prefque à une feule, ne fongeant jamais à cet homme, que le mal qu'il en a reçu, ne lui vienne dans l'Efprit: de forte que diftinguant à peine ces deux chofes il a autant d'averfion pour l'une que pour l'autre.

C'eft

De l'Association des Idées. Liv. II. 319

C'est ainsi qu'il naît souvent des haines pour des sujets fort legers & pres- Chap. que innocens; & que les querelles s'entretiennent & se perpetuent dans le XXXIII. Monde.

§. 12. Un homme a souffert de la douleur, ou a été malade dans un cer- Troisiéme exem- tain Lieu: il a vû mourir son ami dans une telle chambre. Quoi que ces ple. choses n'ayent naturellement aucune liaison l'une avec l'autre, cependant l'impression étant une fois faite, lorsque l'idée de ce Lieu se présente à son Esprit, elle porte avec elle une idée de douleur & de déplaisir; il les confond ensemble, & peut aussi peu souffrir, l'une que l'autre.

§. 13. Lorsque cette combinaison est formée, & durant tout le temps Quatriéme exem- qu'elle subsiste, il n'est pas au pouvoir de la Raison d'en détourner les effets. ple. Les Idées qui sont dans notre Esprit, ne peuvent qu'y operer tandis qu'elles y sont, selon leur nature & leurs circonstances: d'où l'on peut voir pourquoi le temps dissipe certaines affections que la Raison ne sauroit vaincre, quoi que ses suggestions soient très-justes & reconnuës pour telles: & que les mêmes personnes sur qui la Raison ne peut rien dans ce cas-là, soient portées à la suivre en d'autres rencontres. La mort d'un Enfant qui faisoit le plaisir continuel des yeux de sa Mére & la plus grande satisfaction de son Ame, bannit la joye de son cœur & la privant de toutes les douceurs de la vie lui cause tous les tourmens imaginables. Employez, pour la consoler, les meilleures raisons du monde, vous avancerez tout autant que si vous exhortiez un homme qui est à la question, à être tranquille; & que vous prétendissiez adoucir par de beaux discours la douleur que lui cause la contorsion de ses membres. Jusqu'à ce que le temps ait insensiblement dissipé le sentiment que produit, dans l'Esprit de cette Mére affligée, l'idée de son Enfant qui lui revient dans la mémoire, tout ce qu'on peut lui représenter de plus raisonnable, est absolument inutile. De là vient que certaines personnes en qui l'union de ces Idées ne peut être dissipée, passent leur vie dans le deuil, & portent leur tristesse dans le tombeau.

§. 14. Un de mes Amis a connu un homme qui ayant été parfaitement Cinquiéme exem- guéri de la rage par une operation extrêmement sensible, se reconnut obli- ple bien remar- gé toute sa vie à celui qui lui avoit rendu ce service, qu'il regardoit comme quable. le plus grand qu'il pût jamais recevoir. Mais malgré tout ce que la reconnoissance & la raison pouvoient lui suggerer, il ne put jamais souffrir la vûë de l'Operateur. Cette image lui rappelloit toûjours l'idée de l'extrême douleur qu'il avoit enduré par ses mains: idée qu'il ne lui étoit pas possible de supporter, tant elle faisoit de violentes impressions sur son Esprit.

§. 15. Plusieurs Enfans imputant les mauvais traitemens qu'ils ont endu- Autres exemples. rez dans les Ecoles, à leurs Livres qui en ont été l'occasion, joignent si bien ces idées qu'ils regardent un Livre avec aversion, & ne peuvent plus concevoir de l'inclination pour l'étude & pour les Livres; de sorte que la lecture, qui autrement auroit peut-être fait le plus grand plaisir de leur vie, leur devient un véritable supplice. Il y a des Chambres assez commodes où certaines personnes ne sauroient étudier, & des Vaisseaux d'une certaine forme où ils ne sauroient jamais boire, quelque propres & commodes

qu'ils

CHAP.
XXXIII.

qu'ils ſoient; & cela, à cauſe de quelques idées accidentelles qui y ont été attachées, & qui leur rendent ces Chambres & ces Vaiſſeaux déſagréables. Et qui eſt-ce qui n'a pas remarqué certaines gens qui ſont atterrez à la préſence ou dans la compagnie de quelques autres perſonnes qui ne leur ſont pas autrement ſuperieures, mais qui ont une fois pris de l'aſcendant ſur eux en certaines occaſions? L'idée d'autorité & de reſpect ſe trouve ſi bien jointe avec l'idée de la perſonne, dans l'Eſprit de celui qui a été une fois ainſi ſoûmis, qu'il n'eſt plus capable de les ſéparer.

Exemple qu'on ajoûte pour la ſingularité.

§. 16. On trouve par-tout tant d'exemples de cette eſpèce, que ſi j'en ajoûte un autre, c'eſt ſeulement pour ſa plaiſante ſingularité. C'eſt celui d'un jeune homme qui ayant appris à danſer, & même juſqu'à un grand point de perfection dans une Chambre où il y avoit par hazard un vieux cofre tandis qu'il apprenoit à danſer, combina de telle maniere dans ſon Eſprit l'idée de ce cofre avec les tours & les pas de toutes ſes Danſes, que quoi qu'il danſât très-bien dans cette Chambre, il n'y pouvoit danſer que lorſque ce vieux Cofre y étoit, & ne pouvoit danſer dans aucune autre Chambre, à moins que ce cofre ou quelque autre ſemblable n'y fût dans ſa juſte poſition. Si l'on ſoupçonne que cette hiſtoire ait reçu quelque embelliſſement qui en a corrompu la vérité, je répons pour moi que je la tiens depuis quelques années d'un homme d'honneur, plein de bon Sens, qui a vû lui-même la choſe telle que je viens de la raconter. Et j'oſe dire que parmi les perſonnes accoûtumées à faire des reflexions, qui liront ceci, il y en a peu qui n'ayent ouï raconter, ou même vû des exemples de cette nature, qui peuvent être comparez à celui-ci, ou du moins le juſtifier.

On contracte de la même maniere, des habitudes intellectuelles.

§. 17. Les habitudes intellectuelles qu'on a contractées de cette maniére, ne ſont pas moins fortes ni moins fréquentes, pour être moins obſervées. Que les Idées de l'Etre & de la Matiére ſoient fortement unies enſemble ou par l'Education ou par une trop grande application à ces deux idées pendant qu'elles ſont ainſi combinées dans l'Eſprit, quelles notions & quels raiſonnemens ne produiront-elles pas touchant les Eſprits ſéparez? Qu'une coûtume contractée dès la prémiére Enfance, ait une fois attaché une forme & une figure à l'idée de Dieu, dans quelles abſurditez une telle penſée ne nous jettera-t-elle pas (1) à l'égard de la Divinité?

Ces combinaiſons d'idées contraires à la nature produiſent tant de divers ſentimens extravagans dans la Philoſophie & dans la Religion.

§. 18. On trouvera, ſans doute, que ce ſont de pareilles combinaiſons d'Idées, mal fondées & contraires à la Nature, qui produiſent ces oppoſitions irréconciliables qu'on voit entre différentes Sectes de Philoſophie & de Religion: car nous ne ſaurions imaginer que chacun de ceux qui ſuivent ces différentes Sectes, ſe trompe volontairement ſoi-même, & rejette contre ſa propre conſcience la Vérité qui lui eſt offerte par des raiſons évidentes. Quoi que l'Intérêt ait beaucoup de part dans cette affaire, on ne ſauroit pourtant ſe perſuader qu'il corrompe ſi univerſellement des Sociétez entieres d'hommes, que chacun d'eux juſqu'à un ſeul ſoûtienne des fauſſetez contre ſes propres lumières. On doit reconnoître qu'il y en a au moins quelques-uns qui font ce que tous prétendent faire, c'eſt-à-dire, qui cherchent ſincerement la Vérité. Et par conſéquent, il faut qu'il y ait quelque

(1) Voyez ce qui a été remarqué ſur cela, pag. 51. ſur le §. 16. du Ch. III. Liv. I.

que autre chose qui aveugle leur Entendement, & les empêche de voir la faussété de ce qu'ils prennent pour la Vérité toute pure. Si l'on prend la peine d'examiner ce que c'est qui captive ainsi la Raison des personnes les plus sincéres, & qui leur aveugle l'Esprit jusqu'à les faire agir contre le Sens commun, on trouvera que c'est cela même dont nous parlons présentement, je veux dire quelques Idées indépendantes qui n'ont aucune liaison entre elles, mais qui sont tellement combinées dans leur Esprit par l'education, par la coutûme, & par le bruit qu'on en fait incessamment dans leur Parti, qu'elles s'y montrent toûjours ensemble; de sorte que ne pouvant non plus les séparer en eux-mêmes, que si ce n'étoit qu'une seule idée, ils prennent l'une pour l'autre. C'est ce qui fait passer le galimathias pour bon sens, les absurditez pour des démonstrations, & les discours les plus incompatibles pour des raisonnemens solides & bien suivis. C'est le fondement, j'ai pensé dire, de toutes les erreurs qui regnent dans le Monde, mais si la chose ne doit point être poussée jusque-là, c'est du moins l'un des plus dangereux, puisque par-tout où il s'étend, il empêche les hommes de voir, & d'entrer dans aucun examen. Lorsque deux choses actuellement séparées paroissent à la vûë constamment jointes, si l'Oeuil les voit comme colées ensemble, quoi qu'elles soient séparées en effet, par où commencerez-vous à rectifier les erreurs attachées à deux Idées que des personnes qui voyent les objets de cette maniére sont accoûtumées d'unir dans leur Esprit jusqu'à substituer l'une à la place de l'autre, & si je ne me trompe, sans s'en appercevoir eux-mêmes? Pendant tout le temps que les choses leur paroissent ainsi, ils sont dans l'impuissance d'être convaincus de leur erreur, & s'applaudissent eux-mêmes comme s'ils étoient de zélez défenseurs de la Vérité, quoi qu'en effet ils soûtiennent le parti de l'Erreur; & cette confusion de deux Idées différentes, que la liaison qu'ils ont accoûtumé d'en faire dans leur Esprit, leur fait presque regarder comme une seule idée, leur remplit la tête de fausses vûës, & les entraîne dans une infinité de mauvais raisonnemens.

CHAP. XXXIII.

§. 19. Après avoir exposé tout ce qu'on vient de voir sur l'origine, les différentes espèces, & l'etenduë de nos Idées, avec plusieurs autres considerations sur ces instrumens ou materiaux de nos connoissances, (je ne sai laquelle de ces deux dénominations leur convient le mieux) après cela, dis-je, je devrois en vertu de la methode que je m'étois proposée d'abord, m'attacher à faire voir quel est l'usage que l'Entendement fait de ces Idées; & quelle est la connoissance que nous acquerons par leur moyen. Mais venant à considerer la chose de plus près, j'ai trouvé qu'il y a une si étroite liaison entre les Idées & les Mots; & un rapport si constant entre les idées abstraites, & les Termes généraux, qu'il est impossible de parler clairement & distinctement de notre *Connoissance*, qui consiste toute en Propositions, sans examiner auparavant, la nature, l'usage & la signification du *Langage:* ce sera donc le sujet du Livre suivant.

Conclusion de ce second Livre.

Fin du Second Livre.

ESSAI PHILOSOPHIQUE

CONCERNANT

L'ENTENDEMENT HUMAIN.

LIVRE TROISIEME.

DES MOTS.

CHAPITRE I.

Des Mots ou du Langage en général.

L'homme a des organes propres à former des sons articulez.

§. 1. DIEU ayant fait l'homme pour être une créature sociable, non seulement lui a inspiré le desir, & l'a mis dans la nécessité de vivre avec ceux de son Espèce, mais de plus lui a donné la faculté de parler, pour que ce fût le grand instrument & le lien commun de cette Société. C'est pourquoi l'Homme a naturellement ses organes façonnez de telle manière qu'ils sont propres à *former des sons articulez* que nous appellons des *Mots*. Mais cela ne suffisoit pas pour faire le Langage : car on peut dresser les Perroquets & plusieurs autres Oiseaux à former des sons articulez & assez distincts, cependant ces Animaux ne sont nullement capables de Langage.

Afin de se servir de ces sons pour être signes de ses idées.

§. 2. Il étoit donc nécessaire qu'outre les sons articulez, l'Homme fût capable *de se servir de ces Sons comme de signes de conceptions intérieures*, & de les établir comme autant de marques des Idées que nous avons dans l'Esprit, afin que par-là elles pussent être manifestées aux autres, & qu'ainsi les hommes pussent s'entre-communiquer les pensées qu'ils ont dans l'Esprit.

§. 3. Mais

§. 3. Mais cela ne fuffifoit point encore pour rendre les Mots auffi utiles qu'ils doivent être. Ce n'eft pas affez pour la perfection du Langage que les Sons puiffent devenir fignes des Idées, à moins qu'on ne puiffe fe fervir de ces fignes en forte qu'ils comprenent plufieurs chofes particulieres: car la multiplication des Mots en auroit confondu l'ufage, s'il eût fallu un nom diftinct pour défigner chaque chofe particuliére. Afin de remedier à cet inconvenient, le Langage a été encore perfectionné par l'ufage des termes généraux, par où un feul mot eft devenu le figne d'une multitude d'exiftences particulieres: Excellent ufage des Sons qui a été uniquement produit par la différence des Idées dont ils font devenus les fignes; les Noms à qui l'on fait fignifier des Idées générales, devenant généraux; & ceux qui expriment des Idées particulieres, demeurant particuliers.

<small>CHAP. I.
Les mots fervent auffi de fignes généraux.</small>

§. 4. Outre ces noms qui fignifient des Idées, il y a d'autres mots que les hommes employent, non pour fignifier quelque idée, mais le manque ou l'abfence d'une certaine idée fimple ou complexe, ou de toutes les idées enfemble, comme font les mots, *Rien, ignorance,* & *ftérilité.* On ne peut pas dire que tous ces mots negatifs ou privatifs n'appartiennent proprement à aucune idée, ou ne fignifient aucune idée, car en ce cas-là ce feroient des Sons qui ne fignifieroient abfolument rien: mais ils fe rapportent à des Idées pofitives, & en défignent l'abfence.

§. 5. Une autre chofe qui nous peut approcher un peu plus de l'origine de toutes nos notions & connoiffances, c'eft d'obferver combien les mots dont nous nous fervons, dépendent des idées fenfibles, & comment ceux qu'on employe pour fignifier des actions & des notions tout-à-fait éloignées des Sens, tirent leur origine de ces mêmes Idées fenfibles, d'où ils font transferez à des fignifications plus abftrufes pour exprimer des Idées qui ne tombent point fous les Sens. Ainfi, les mots fuivans *imaginer, comprendre, s'attacher, concevoir, inftiller, dégoûter, trouble, tranquillité,* &c. font tous empruntez des opérations de chofes fenfibles, & appliquez à certains *Modes* de penfer. Le mot *Efprit* dans fa prémiére fignification, c'eft le *fouffle*; & celui d'*Ange* fignifie *Meffager*. Et je ne doute point que, fi nous pouvions conduire tous les mots jufqu'à leur fource, nous ne trouvaffions que dans toutes les Langues, les mots qu'on employe pour fignifier des chofes qui ne tombent pas fous les Sens, ont tiré leur prémiére origine d'Idées fenfibles. D'où nous pouvons conjecturer quelle forte de notions avoient ceux qui les prémiers parlerent ces Langues-là, d'où elles leur venoient dans l'Efprit, & comment la Nature fuggera inopinément aux hommes l'origine & le principe de toutes leurs connoiffances, par les noms mêmes qu'ils donnoient aux chofes; puifque pour trouver des noms qui puffent faire connoître aux autres les opérations qu'ils fentoient en eux-mêmes, ou quelque autre idée qui ne tombât pas fous les Sens, ils furent obligez d'emprunter des mots, des idées de fenfation les plus connuës, afin de faire concevoir par-là plus aifément les opérations qu'ils éprouvoient en eux-mêmes, & qui ne pouvoient être repréfentées, par des apparences fenfibles & extérieures. Après avoir ainfi trouvé des noms connus & dont ils convenoient mutuellement, pour fignifier ces opérations intérieures de l'Efprit, ils pou-

<small>Les Mots tirent leur prémiére origine d'autres mots qui fignifient des Idées fenfibles.</small>

voient

CHAP. I. voient sans peine faire connoître par des mots toutes leurs autres idées, puisqu'elles ne pouvoient consister qu'en des perceptions extérieures & sensibles, ou en des opérations intérieures de leur Esprit sur ces perceptions : car comme il a été prouvé, nous n'avons absolument aucune idée qui ne vienne originairement des Objets sensibles & extérieurs, ou des opérations intérieures de l'Esprit, que nous sentons, & dont nous sommes intérieurement convaincus en nous-mêmes.

Division générale de ce Troisieme Livre.

§. 6. Mais pour mieux comprendre quel est l'usage & la force du Langage, entant qu'il sert à l'instruction & à la connoissance, il est à propos de voir en prémier lieu, *A quoi c'est que les noms sont immediatement appliquez dans l'usage qu'on fait du Langage.*

Et puisque tous les noms (excepté les noms propres) sont généraux, & qu'ils ne signifient pas en particulier telle ou telle chose singuliére, mais les espéces des choses ; il sera nécessaire de considérer, en second lieu, *Ce que c'est que les Espéces & les Genres des Choses, en quoi ils consistent, & comment ils viennent à être formez.* Après avoir examiné ces choses comme il faut, nous serons mieux en état de découvrir le veritable usage des mots, les perfections & les imperfections naturelles du Langage, & les remedes qu'il faut employer pour éviter dans la signification des mots l'obscurité ou l'incertitude, sans quoi il est impossible de discourir nettement ou avec ordre de la connoissance des choses, qui roulant sur des Propositions pour l'ordinaire universelles, a plus de liaison avec les mots qu'on n'est peut-être porté à se l'imaginer.

Ces considerations feront donc le sujet des Chapitres suivans.

CHAP. II.

CHAPITRE II.

De la signification des Mots.

Les Mots sont des signes sensibles nécessaires aux hommes pour s'entre-communiquer leurs pensées.

§. 1. QUOIQUE l'Homme aît une grande diversité de pensées, qui sont telles que les autres hommes en peuvent recueuillir aussi bien que lui, beaucoup de plaisir & d'utilité ; elles sont pourtant toutes renfermées dans son Esprit, invisibles & cachées aux autres, & ne sauroient paroître d'elles-mêmes. Comme on ne sauroit jouïr des avantages & des commoditez de la Société, sans une communication de pensées, il étoit nécessaire que l'Homme inventât quelques signes extérieurs & sensibles par lesquels ces Idées invisibles dont ses pensées sont composées, pussent être manifestées aux autres. Rien n'étoit plus propre pour cet effet, soit à l'égard de la fécondité ou de la promptitude, que ces sons articulez qu'il se trouve capable de former avec tant de facilité & de variété. Nous voyons par-là, comment les Mots qui étoient si bien adaptez à cette fin par la Nature, viennent à être employez par les hommes pour être signes de leurs Idées, & non par aucune liaison naturelle qu'il y aît entre certains sons articulez & certaines idées, car en ce cas-là il n'y auroit qu'une Langue parmi les hommes) mais par une institution arbitraire

traire en vertu de laquelle un tel mot a été fait volontairement le signe d'une telle Idée. Ainsi, l'usage des Mots consiste à être des marques sensibles des Idées: & les Idées qu'on désigne par les Mots, sont ce qu'ils signifient proprement & immédiatement.

§. 2. Comme les hommes se servent de ces signes, ou pour enregîtrer, si j'ose ainsi dire, leurs propres pensées afin de soulager leur mémoire, ou pour produire leurs Idées & les exposer aux yeux des autres hommes, les Mots ne signifient autre chose dans leur prémiére & immédiate signification, que les idées qui sont dans l'Esprit de celui qui s'en sert, quelque imparfaitement ou negligemment que ces Idées soient déduites des choses qu'on suppose qu'elles représentent. Lorsqu'un homme parle à un autre, c'est afin de pouvoir être entendu; & le but du Langage est que ces sons ou marques puissent faire connoître les idées de celui qui parle, à ceux qui l'écoutent. Par conséquent c'est des Idées de celui qui parle que les Mots sont des signes, & personne ne peut les appliquer immédiatement comme signes à aucune autre chose qu'aux idées qu'il a lui-même dans l'Esprit: car en user autrement, ce seroit les rendre signes de nos propres conceptions, & les appliquer cependant à d'autres idées, c'est-à-dire faire qu'en même temps ils fussent & ne fussent pas des signes de nos idées, & par cela même qu'ils ne signifiassent effectivement rien du tout. Comme les Mots sont des signes volontaires par rapport à celui qui s'en sert, ils ne sauroient être des signes volontaires qu'il employe pour désigner des choses qu'il ne connoît point. Ce seroit vouloir les rendre signes de rien, de vains sons destituez de toute signification. Un homme ne peut pas faire que ses Mots soient signes, ou des qualitez qui sont dans les choses, ou des conceptions qui se trouvent dans l'Esprit d'une autre personne, s'il n'a lui-même aucune idée de ces qualitez & de ces conceptions. Jusqu'à ce qu'il ait quelques idées de son propre fonds, il ne sauroit supposer que certaines idées correspondent aux conceptions d'une autre personne, ni se servir d'aucuns signes pour les exprimer; car alors ce seroient des signes de ce qu'il ne connoîtroit pas, c'est-à-dire des signes d'un Rien. Mais lorsqu'il se représente à lui-même les idées des autres hommes par celles qu'il a lui-même, s'il consent de leur donner les mêmes noms que les autres hommes leur donnent, c'est toûjours à ses propres idées qu'il donne ces noms, aux idées qu'il a, & non à celles qu'il n'a pas.

§. 3. Cela est si nécessaire dans le Langage, qu'à cet égard l'homme habile & l'ignorant, le savant & l'idiot se servent des mots de la même maniére, lorsqu'ils y attachent quelque signification. Je veux dire que les mots signifient dans la bouche de chaque homme les idées qu'il a dans l'Esprit, & qu'il voudroit exprimer par ces mots-là. Ainsi, un Enfant n'ayant remarqué dans le Metal qu'il entend nommer *Or*, rien autre chose qu'une brillante couleur jaune, applique seulement le mot d'*Or* à l'idée qu'il a de cette couleur, & à nulle autre chose; c'est pourquoi il donne le nom d'*Or* à cette même couleur qu'il voit dans la queuë d'un *Paon*. Un autre qui a mieux observé ce metal, ajoûte à la couleur jaune une grande pesanteur; & alors le mot d'*Or* signifie dans sa bouche une idée complexe d'un Jaune brillant,

CHAP. II. & d'une Substance fort pesante. Un troisiéme ajoûte à ces Qualitez la *fusibilité*, & dès-là ce nom signifie à son égard un Corps brillant, jaune, fusible, & fort pesant. Un autre ajoûte la *malleabilité*. Chacune de ces personnes se servent également du mot d'*Or*, lorsqu'ils ont occasion d'exprimer l'idée à laquelle ils l'appliquent; mais il est évident qu'aucun d'eux ne peut l'appliquer qu'à sa propre idée, & qu'il ne sauroit le rendre signe d'une idée complexe qu'il n'a pas dans l'Esprit.

§. 4. Mais encore que les Mots, considerez dans l'usage qu'en font les hommes, ne puissent signifier proprement & immédiatement rien autre chose que les idées qui sont dans l'Esprit de celui qui parle, cependant les hommes leur attribuent dans leurs pensées un secret rapport à deux autres choses.

Prémiérement, *ils supposent que les Mots dont ils se servent, sont signes des idées qui se trouvent aussi dans l'Esprit des autres hommes avec qui ils s'entretiennent.* Car autrement ils parleroient en vain & ne pourroient être entendus, si les sons qu'ils appliquent à une idée, étoient attachez à une autre idée par celui qui les écoute, ce qui seroit parler deux Langues. Mais dans cette occasion, les hommes ne s'arrêtent pas ordinairement à examiner si l'idée qu'ils ont dans l'Esprit, est la même que celle qui est dans l'Esprit de ceux avec qui ils s'entretiennent. Ils s'imaginent qu'il leur suffit d'employer le mot dans le sens qu'il a communément dans la Langue qu'ils parlent, ce qu'ils croyent faire; & dans ce cas ils supposent que l'idée dont ils le font signe, est précisément la même que les habiles gens du Païs attachent à ce nom-là.

§. 5. En second lieu, parce que les hommes seroient fâchez qu'on crût qu'ils parlent simplement de ce qu'ils imaginent, mais qu'ils veulent aussi qu'on s'imagine qu'ils parlent des choses selon ce qu'elles sont réellement en elles-mêmes, ils supposent souvent à cause de cela, *que leurs paroles signifient aussi la réalité des choses.* Mais comme ceci se rapporte plus particulierement aux *Substances* & à leurs noms, ainsi que ce que nous venons de dire dans le Paragraphe précedent se rapporte peut-être aux *Idées simples* & aux *Modes*, nous parlerons plus au long de ces deux différens moyens d'appliquer les Mots, lorsque nous traiterons en particulier des noms des *Modes Mixtes* & des Substances. Cependant, permettez-moi de dire ici en passant que c'est pervertir l'usage des Mots, & embarrasser leur signification d'une obscurité & d'une confusion inévitable, que de leur faire tenir lieu d'aucune autre chose que des Idées que nous avons dans l'Esprit.

§. 6. Il faut considerer encore à l'égard des Mots, prémiérement qu'étant immédiatement les signes des Idées des hommes & par ce moyen les instrumens dont ils se servent pour s'entre-communiquer leurs conceptions, & exprimer l'un à l'autre les pensées qu'ils ont dans l'Esprit, il se fait, par un constant usage, une telle connexion entre certains sons & les idées designées par ces sons-là, que les noms qu'on entend, excitent dans l'Esprit certaines idées avec presque autant de promptitude & de facilité, que si les Objets propres à les produire, affectoient actuellement les Sens. C'est ce qui arrive évidemment à l'égard de toutes les Qualitez sensibles les plus communes,

munes, & de toutes les Substances qui se présentent souvent & familierement à nous.

§. 7. Il faut remarquer, en second lieu, que, quoi que les Mots ne signifient proprement & immédiatement que les idées de celui qui parle; cependant parce que par un usage qui nous devient familier dès le berceau, nous apprenons très-parfaitement certains sons articulez qui nous viennent promptement sur la langue, & que nous pouvons rappeller à tout moment, mais dont nous ne prenons pas toûjours la peine d'examiner ou de fixer exactement la signification, *il arrive souvent que les hommes appliquent davantage leurs pensées aux mots qu'aux choses*, lors même qu'ils voudroient s'appliquer à considerer attentivement les choses en elles-mêmes. Et parce qu'on a appris la plûpart de ces mots, avant que de connoître les idées qu'ils signifient, il y a non seulement des Enfans, mais des hommes faits, qui parlent souvent comme des Perroquets, se servant de plusieurs mots par la seule raison qu'ils ont appris ces sons & qu'ils se sont fait une habitude de les prononcer. Du reste, tant que les Mots ont quelque signification, il y a, jusque-là, une constante liaison entre le son & l'idée, & une marque que l'un tient lieu de l'autre. Mais si l'on n'en fait pas cet usage, ce ne sont plus que de vains sons qui ne signifient rien.

§. 8. Les Mots, par un long & familier usage, excitent, comme nous venons de dire, certaines Idées dans l'Esprit si règlément & avec tant de promptitude, que les hommes sont portez à supposer qu'il y a une liaison naturelle entre ces deux choses. Mais que les mots ne signifient autre chose que les idées particulières des hommes, & cela par une institution tout-à-fait arbitraire, c'est ce qui paroit évidemment en ce qu'ils n'excitent pas toûjours dans l'Esprit des autres, (lors même qu'ils parlent le même Langage) les mêmes idées dont nous supposons qu'ils sont les signes. Et chacun a une si inviolable liberté de faire signifier aux Mots telles idées qu'il veut, que personne n'a le pouvoir de faire que d'autres ayent dans l'Esprit les mêmes idées qu'il a lui-même quand il se sert des mêmes Mots. C'est pourquoi *Auguste* lui-même élevé à ce haut dégré de puissance qui le rendoit maître du Monde, reconnut qu'il n'étoit pas en son pouvoir de faire un nouveau mot Latin; ce qui vouloit dire qu'il ne pouvoit pas établir par sa pure volonté, de quelle idée un certain son devroit être le signe dans la bouche & dans le langage ordinaire de ses Sujets. A la vérité, dans toutes les Langues l'Usage approprie par un consentement tacite certains sons à certaines idées, & limite de telle sorte la signification de ce son, que quiconque ne l'applique pas justement à la même idée, parle improprement: à quoi j'ajoûte qu'à moins que les Mots dont un homme se sert, n'excitent dans l'Esprit de celui qui l'écoute, les mêmes idées qu'il leur fait signifier en parlant, il ne parle pas d'une maniére intelligible. Mais quelle que soit la conséquence que produit l'usage qu'un homme fait des mots dans un sens different de celui qu'ils ont généralement, ou de celui qu'y attache en particulier la personne à qui il addresse son discours, il est certain que par rapport à celui qui s'en sert, leur signification est bornée aux idées qu'il a dans l'Esprit, & qu'ils ne peuvent être signes d'aucune autre chose.

CHAPITRE III.

Des Termes généraux.

La plus grande partie des Mots sont généraux.

§. 1 Tout ce qui exifte, étant des chofes particuliéres, on pourroit peut-être s'imaginer, qu'il faudroit que les Mots qui doivent être conformes aux chofes, fuffent auffi particuliers par rapport à leur fignification. Nous voyons pourtant que c'eft tout le contraire, car la plus grande partie des mots qui compofent les diverfes Langues du Monde, font des termes généraux: ce qui n'eft pas arrivé par négligence ou par hazard, mais par raifon & par néceffité.

Il eft impoffible que chaque chofe particuliére ait un nom particulier & diftinct.

§. 2. Prémiérement, *il eft impoffible que chaque chofe particuliére pût avoir un nom particulier & diftinct.* Car la fignification & l'ufage des mots dépendant de la connexion que l'Efprit met entre fes Idées & les fons qu'il employe pour en être les fignes, il eft néceffaire qu'en appliquant les noms aux chofes l'Efprit ait des idées diftinctes des chofes, & qu'il retienne auffi le nom particulier qui appartient à chacune avec l'adaptation particuliére qui en eft faite à cette idée. Or il eft au deffus de la capacité humaine de former & de retenir des idées diftinctes de toutes les chofes particuliéres qui fe préfentent à nous. Il n'eft pas poffible que chaque Oifeau, chaque Bête que nous voyons, que chaque Arbre & chaque Plante qui frappent nos Sens, trouvent place dans le plus vafte Entendement. Si l'on a regardé comme un exemple d'une memoire prodigieufe, que certains Généraux ayent pû appeller chaque foldat de leur Armée par fon propre nom, il eft aifé de voir la raifon pourquoi les hommes n'ont jamais tenté de donner des noms à chaque Brebis dont un Troupeau eft compofé, ou à chaque Corbeau qui vole fur leurs têtes, & moins encore de défigner par un nom particulier, chaque feuille des Plantes qu'ils voyent, ou chaque grain de fable qui fe trouve fur leur chemin.

Cela feroit inutile.

§. 3. En fecond lieu, fi cela pouvoit fe faire, *il feroit pourtant inutile*, parce qu'il ne ferviroit point à la fin principale du Langage. C'eft en vain que les hommes entafferoient des noms de chofes particuliéres, cela ne leur feroit d'aucun ufage pour s'entre-communiquer leurs penfées. Les hommes n'apprennent des mots & ne s'en fervent dans leurs entretiens avec les autres hommes, que pour pouvoir être entendus; ce qui ne fe peut faire que lorfque par l'ufage ou par un mutuel confentement, les fons que je forme par les organes de la voix, excitent dans l'Efprit d'un autre qui l'écoute, l'idée que j'y attache en moi-même lorfque je le prononce. Or c'eft ce qu'on ne pourroit faire par des noms appliquez à des chofes particuliéres, dont les idées fe trouvant uniquement dans mon Efprit, les noms que je leur donnerois, ne pourroient être intelligibles à une autre perfonne, qui ne connoîtroit pas précifément toutes les mêmes chofes qui font venuës à ma connoiffance.

§. 4. Mais

Des Termes généraux. Liv. III.

§. 4. Mais en troisiéme lieu, supposé que cela pût se faire, (ce que je ne croi pas) cependant *un nom distinct pour chaque chose particuliére ne seroit pas d'un grand usage pour l'avancement de nos connoissances*, qui, bien que fondées sur des choses particuliéres, s'étendent par des vûës générales qu'on ne peut former qu'en réduisant les choses à certaines espèces sous des noms généraux. Ces Espèces sont alors renfermées dans certaines bornes avec les noms qui leur appartiennent, & ne se multiplient pas chaque moment au delà de ce que l'Esprit est capable de retenir, ou que l'usage le requiert. C'est pour cela que les hommes se sont arrêtez pour l'ordinaire à ces conceptions générales; mais non pas pourtant jusqu'à s'abstenir de distinguer les choses particuliéres par des noms distincts, lorsque la nécessité l'exige. C'est pourquoi dans leur propre Espèce avec qui ils ont le plus à faire, & qui leur fournit souvent des occasions de faire mention de personnes particuliéres, ils se servent de noms propres, chaque Individu distinct étant désigné par une particuliére & distincte dénomination.

§. 5. Outre les personnes, on a donné communément des noms particuliers aux *Païs*, aux *Villes*, aux *Riviéres*, aux *Montagnes*; & à d'autres telles distinctions de Lieu, & cela par la même raison; je veux dire, à cause que les hommes ont souvent occasion de les désigner en particulier, & de les mettre, pour ainsi dire, devant les yeux des autres dans les entretiens qu'ils ont avec eux. Et je suis persuadé que, si nous étions obligez de faire mention de Chevaux particuliers aussi souvent que nous avons occasion de parler de différens hommes en particulier, nous aurions pour désigner les Chevaux des noms propres, qui nous seroient aussi familiers, que ceux dont nous nous servons pour désigner les hommes; que le mot de *Bucephale*, par exemple, seroit d'un usage aussi commun que celui d'*Alexandre*. Aussi voyons-nous que les Maquignons donnent des noms propres à leurs chevaux aussi communément qu'à leurs valets, pour pouvoir les connoître, & les distinguer les uns des autres, parce qu'ils ont souvent occasion de parler de tel ou tel cheval particulier, lorsqu'il est éloigné de leur vûë.

Chap. III.

A quoi c'est qu'on a donné des noms propres.

§. 6. Une autre chose qu'il faut considerer après cela, c'est, *comment se font les termes généraux*. Car tout ce qui existe, étant particulier, comment est-ce que nous avons des termes généraux, & où trouvons-nous ces natures universelles que ces termes signifient ? Les Mots deviennent généraux lorsqu'ils sont instituez signes d'Idées générales; & les Idées deviennent générales lorsqu'on en sépare les circonstances du temps, du lieu & de toute autre idée qui peut les déterminer à telle ou telle existence particuliére. Par cette sorte d'abstraction elles sont renduës capables de représenter également plusieurs choses individuelles, dont chacune étant en elle-même conforme à cette idée abstraite, est par-là de cette *espèce* de choses, comme on parle.

Comment se font les termes généraux.

§. 7. Mais pour expliquer ceci un peu plus distinctement, il ne sera peut-être pas hors de propos de considerer nos notions & les noms que nous leur donnons dès leur origine, & d'observer par quels dégrez nous venons à former & à étendre nos Idées depuis notre prémiére Enfance. Il est tout visible que les idées que les Enfans se font des personnes avec qui ils con-

Tt   ver-

Снар. III. versent (pour nous arrêter à cet exemple) sont semblables aux personnes mêmes, & ne sont que particuliéres. Les Idées qu'ils ont de leur Nourrice & de leur Mére, sont fort bien tracées dans leur Esprit, & comme autant de fidelles tableaux y représentent uniquement ces Individus. Les noms qu'ils leur donnent d'abord, se terminent aussi à ces Individus : ainsi les noms de *Nourrice* & de *Maman*, dont se servent les Enfans, se rapportent uniquement à ces personnes. Quand après cela le temps & une plus grande connoissance du Monde leur a fait observer qu'il y a plusieurs autres Etres, qui par certains communs rapports de figure & de plusieurs autres qualitez ressemblent à leur Pére, à leur Mére, & aux autres personnes qu'ils ont accoûtumé de voir, ils forment une idée à laquelle ils trouvent que tous ces Etres particuliers participent également, & ils lui donnent comme les autres le nom d'*homme*, par exemple. Voila comment ils viennent à avoir un nom général & une idée générale. En quoi ils ne forment rien de nouveau, mais écartant seulement de l'idée complexe qu'ils avoient de *Pierre* & de *Jaques*, de *Marie* & d'*Elizabeth*, ce qui est particulier à chacun d'eux, ils ne retiennent que ce qui leur est commun à tous.

§. 8. Par le même moyen qu'ils acquiérent le nom & l'idée générale d'*Homme*, ils acquiérent aisément des noms, & des notions plus générales. Car venant à observer que plusieurs choses qui différent de l'idée qu'ils ont de l'*Homme*, & qui ne sauroient par conséquent être comprises sous ce nom, ont pourtant certaines qualitez en quoi elles conviennent avec l'Homme, ils se forment une autre idée plus générale en retenant seulement ces Qualitez & les réunissant dans une seule idée ; & en donnant un nom à cette idée, ils font un terme d'une comprehension plus étenduë. Or cette nouvelle Idée ne se fait point par aucune nouvelle addition, mais seulement comme la précedente, en ôtant la figure & quelques autres propriétez désignées par le mot d'*homme*, & en retenant seulement un Corps, accompagné de vie, de sentiment, & de *motion spontanée*, ce qui est compris sous le nom d'*Animal*.

Les Natures générales ne sont autre chose que des Idées abstraites.

§. 9. Que ce soit là le moyen par où les hommes forment prémiérement les idées générales & les noms généraux qu'ils leur donnent, c'est, je crois, une chose si évidente qu'il ne faut pour la prouver que considerer ce que nous faisons nous-mêmes, ou ce que les autres font, & quelle est la route ordinaire que leur Esprit prend pour arriver à la Connoissance. Que si l'on se figure que les natures ou notions générales sont autre chose que de telles idées *abstraites* & *partiales* d'autres Idées plus complexes qui ont été prémiérement déduites de quelque existence particuliére, on sera, je pense, bien en peine de savoir où les trouver. Car que quelqu'un reflechisse en soi-même sur l'idée qu'il a de l'*Homme*, & qu'il me dise ensuite en quoi elle différe de l'idée qu'il a de *Pierre* & de *Paul*, ou en quoi son idée de *Cheval* est différente de celle qu'il a de *Bucephale*, si ce n'est dans l'éloignement de quelque chose qui est particulier à chacun de ces Individus, & dans la conservation d'autant de particuliéres Idées complexes qu'il trouve convenir à plusieurs existences particulieres. De même, en ôtant, des Idées complexes, signifiées par les noms d'*homme* & de *cheval*, les seules idées

parti-

Des Termes généraux. Liv. III. 331

particuliéres en quoi ils différent, en ne retenant que celles dans lesquelles Chap. III. ils conviennent, & en faisant de ces idées une nouvelle & distincte Idée complexe, à laquelle on donne le nom d'*Animal*, on a un terme plus général, qui avec l'Homme comprend plusieurs autres Créatures. Otez après cela, de l'idée d'*Animal* le sentiment & le mouvement spontanée; dès-là l'idée complexe qui reste, composée d'idées simples de Corps, de vie & de nutrition, devient une idée encore plus générale, qu'on désigne par le terme *Vivant* qui est d'une plus grande étenduë. Et pour ne pas nous arrêter plus long-temps sur ce point qui est si évident par lui-même, c'est par la même voye que l'Esprit vient à se former l'idée de *Corps*, de *Substance*, & enfin d'*Etre*, de *Chose* & de tels autres termes universels qui s'appliquent à quelque idée que ce soit que nous ayions dans l'Esprit. En un mot, tout ce mystére des *Genres* & des *Espèces* dont on fait tant de bruit dans les Ecoles, mais qui hors de là est avec raison si peu considéré, tout ce mystére, dis-je, se réduit uniquement à la formation d'Idées abstraites, plus ou moins étenduës, auxquelles on donne certains noms. Sur quoi ce qu'il y a de certain & d'invariable, c'est que chaque terme plus général signifie une certaine idée qui n'est qu'une partie de quelqu'une de celles qui sont contenuës sous elle.

§. 10. Nous pouvons voir par-là quelle est la raison pourquoi en définissant les mots, ce qui n'est autre chose que faire connoître leur signification, nous nous servons du *Genre*, ou du terme général le plus prochain sous lequel est compris le mot que nous voulons définir. On ne fait point cela par nécessité, mais seulement pour s'épargner la peine de compter les différentes idées simples que le prochain terme général signifie, ou quelquefois peut-être pour s'épargner la honte de ne pouvoir faire cette énumeration. Mais quoi que la voye la plus courte de definir soit par le moyen du *Genre* & de la *Différence*, comme parlent les Logiciens, on peut douter, à mon avis, qu'elle soit la meilleure. Une chose du moins, dont je suis asssûré, c'est qu'elle n'est pas l'unique, ni par conséquent absolument nécessaire. Car définir n'étant autre chose que faire connoître à un autre par des paroles quelle est l'idée qu'emporte le mot qu'on définit, la meilleure définition consiste à faire le dénombrement de ces idées simples qui sont renfermées dans la signification du terme défini; & si au lieu d'un tel dénombrement les hommes se sont accoûtumez à se servir du prochain terme général, ce n'a pas été par nécessité, ou pour une plus grande clarté, mais pour abreger. Car je ne doute point que, si quelqu'un desiroit de connoître quelle idée est signifiée par le mot *Homme*, & qu'on lui dit que l'Homme est une Substance solide, étenduë, qui a de la vie, du sentiment, un mouvement spontanée, & la faculté de raisonner, je ne doute pas qu'il n'entendît aussi bien le sens de ce mot *Homme*, & que l'idée qu'il signifie ne lui fût pour le moins aussi clairement connuë, que lorsqu'on le définit *un Animal raisonnable*, ce qui par les différentes définitions d'*Animal*, de *Vivant*, & de *Corps*, se réduit à ces autres idées dont on vient de voir le dénombrement. Dans l'explication du mot *Homme* je me suis attaché, en cet endroit, à la définition qu'on en donne ordinairement dans les Ecoles, qui

Pourquoi on se sert ordinairement du *Genre*, dans les Définitions.

Tt 2 quoi

CHAP. III. quoi qu'elle ne soit peut-être pas la plus exacte, sert pourtant assez bien à mon présent dessein. On peut voir par cet exemple, ce qui a donné occasion à cette règle, *Qu'une Définition doit être composée de Genre & de Différence:* & cela suffit pour montrer le peu de nécessité d'une telle Règle, ou le peu d'avantage qu'il y a à l'observer exactement. Car les Définitions n'étant, comme il a été dit, que l'explication d'un Mot par plusieurs autres, en sorte qu'on puisse connoître certainement le sens ou l'idée qu'il signifie, les Langues ne sont pas toûjours formées selon les règles de la Logique, de sorte que la signification de chaque terme puisse être exactement & clairement exprimée par deux autres termes. L'experience nous fait voir suffisamment le contraire: ou bien ceux qui ont fait cette Règle ont eu tort de nous avoir donné si peu de définitions qui y soient conformes. Mais nous parlerons plus au long des *Définitions* dans le Chapitre suivant.

Ce qu'on appelle Général, & Universel est un Ouvrage de l'Entendement.

§. 11. Pour retourner aux termes généraux, il s'ensuit évidemment de ce que nous venons de dire, que ce qu'on appelle *général & universel* n'appartient pas à l'existence réelle des choses, mais *que c'est un Ouvrage de l'Entendement* qu'il fait pour son propre usage, & qui se rapporte uniquement aux signes, soit que ce soient des Mots ou des Idées. Les Mots sont généraux, comme il a été dit, lorsqu'on les employe pour être signes d'Idées générales; ce qui fait qu'ils peuvent être indifferemment appliquez à plusieurs choses particuliéres : & les Idées sont générales, lorsqu'elles sont formées pour être des représentations de plusieurs choses particuliéres. Mais l'universalité n'appartient pas aux choses mêmes qui sont toutes particuliéres dans leur existence, sans en excepter les mots & les idées dont la signification est générale. Lors donc que nous laissons à part les * Particuliers; les Généraux qui restent, ne sont que de simples productions de notre Esprit, dont la nature générale n'est autre chose que la capacité que l'Entendement leur communique, de signifier ou de représenter plusieurs Particuliers. Car la signification qu'ils ont, n'est qu'une relation, qui leur est attribuée par l'Esprit de l'Homme.

* *Mots, idées ou choses.*

Les Idées abstraites sont les essences des Genres & des Espèces.

§. 12. Ainsi, ce qu'il faut considerer immédiatement après, c'est *quelle sorte de signification appartient aux Mots généraux.* Car il est évident qu'ils ne signifient pas simplement une seule chose particuliere, puisqu'en ce cas-là ce ne seroient pas des termes généraux, mais des noms propres. D'autre part il n'est pas moins évident qu'ils ne signifient pas une pluralité de choses, car si cela étoit, *homme & hommes* signifieroient la meme chose; & la distinction des nombres, comme parlent les Grammairiens, seroit superflüe & inutile. Ainsi, ce que les termes généraux signifient c'est une espèce particuliére de choses; & chacun de ces termes acquiert cette signification en devenant signe d'une Idée abstraite que nous avons dans l'Esprit; & à mesure que les choses existantes se trouvent conformes à cette idée, elles viennent à être rangées sous cette dénomination, ou ce qui est la même chose, à être de cette espèce. D'où il paroit clairement que les Essences de chaque Espèce de choses ne sont que ces Idées abstraites. Car puisqu'avoir l'essence d'une Espèce, c'est avoir ce qui fait qu'une chose est de cette Espè-

Des Termes généraux. Liv. III.

Efpèce; & puifque la conformité à l'idée à laquelle le nom fpécifique eft Chap. III. attaché, eft ce qui donne droit à ce nom de défigner cette idée, il s'enfuit néceffairement de là, qu'avoir cette effence, & avoir cette conformité, c'eft une feule & même chofe, parce qu'être d'une telle Efpèce, & avoir droit au nom de cette Efpèce, eft une feule & même chofe. Ainfi par exemple, c'eft la même chofe d'être *homme*, ou *de l'Efpèce d'homme*, & d'avoir droit au nom d'*homme*: comme être homme, ou de l'Efpèce d'homme, & avoir l'effence d'homme, eft une feule & même chofe. Or comme rien ne peut être *homme*, ou avoir droit au nom d'*homme* que ce qui a de la conformité avec l'idée abftraite que le nom d'*homme* fignifie; & qu'aucune chofe ne peut être un homme ou avoir droit à l'Efpèce d'homme, que ce qui a l'effence de cette Efpèce, il s'enfuit que l'idée abftraite que ce nom emporte, & l'effence de cette Efpèce, n'eft qu'une feule & même chofe. Par où il eft aifé de voir que les effences des Efpèces des Chofes & par conféquent la réduction des Chofes en efpèces eft un ouvrage de l'Entendement qui forme lui-même ces idées générales par abftraction.

§. 13. Je ne voudrois pas qu'on s'imaginât ici, que j'oublie, & moins *Les Efpèces* encore que je nie que la Nature dans la production des Chofes en fait plu- *font l'ouvrage* fieurs femblables. Rien n'eft plus ordinaire fur-tout dans les races des Âni- *ment, mais el-* maux, & dans toutes les chofes qui fe perpetuent par femence. Cepen- *les font fondées* dant, je croi pouvoir dire que la réduction de ces Chofes en efpèces fous *blance des Cho-* certaines dénominations, eft l'Ouvrage de l'Entendement qui prend occa- *fes.* fion de la reffemblance qu'il remarque entre elles de former des idées abftraites & générales, & de les fixer dans l'Efprit fous certains noms, qui font attachez à ces idées dont ils font comme autant de modèles, de forte qu'à mefure que les chofes particuliéres actuellement exiftantes fe trouvent conformes, à tels ou tels modelles, elles viennent à être d'une telle Efpèce, à avoir une telle dénomination, ou à être rangées fous une telle Claffe. Car lorfque nous difons, c'eft *un homme*, c'eft *un cheval*, c'eft *juftice*, c'eft *cruauté*, c'eft *une montre*, c'eft *une bouteille*; que faifons-nous par-là que ranger ces chofes fous différens noms fpécifiques entant qu'elles conviennent aux idées abftraites dont nous avons établi que ces noms feroient les fignes? Et que font les Effences de ces Efpèces, diftinguées & défignées par certains noms, finon ces idées abftraites, qui font comme des liens par où les chofes particuliéres actuellement exiftantes font attachées aux noms fous lefquels elles font rangées? En effet, lorfque les termes généraux ont quelque liaifon avec des Etres particuliers, ces Idées abftraites font comme un milieu qui unit ces Etres enfemble, de forte que les Effences des Efpèces, felon que nous les diftinguons, & les défignons par des noms, ne font, & ne peuvent être autre chofe que ces Idées précifes & abftraites que nous avons dans l'Efprit. C'eft pourquoi fi les Effences, fuppofées réelles, des Subftances, font différentes de nos Idées abftraites, elles ne fauroient être les Effences des Efpèces fous lefquelles nous les rangeons. Car deux Efpèces peuvent être avec autant de fondement une feule Efpèce, que deux différentes Effences peuvent être l'effence d'une feule Efpèce: & je voudrois bien qu'on me dît quelles font les altérations qui peu-

CHAP. III. peuvent ou ne peuvent pas être faites dans un *Cheval*, ou dans le *Plomb*, sans que l'une ou l'autre de ces choses soit d'une autre Espèce. Si nous déterminons les Espèces de ces Choses par nos Idées abstraites, il est aisé de résoudre cette Question; mais quiconque voudra se borner en cette occasion à des Essences supposées réelles, sera, je m'assûre, tout-à-fait désorienté, & ne pourra jamais connoître quand une Chose cesse précisément d'être de l'espèce d'un Cheval, ou de l'espèce du Plomb.

<small>Chaque Idée abstraite distincte est une Essence distincte.</small>

§. 14. Personne, au reste, ne sera surpris de m'entendre dire, que ces Essences ou Idées abstraites qui sont les mesures des noms & les bornes des Espèces, soient l'Ouvrage de l'Entendement, si l'on considére qu'il y a du moins des Idées complexes qui dans l'Esprit de diverses personnes sont souvent différentes collections d'Idées simples; & qu'ainsi ce qui est *Avarice* dans l'Esprit d'un homme, ne l'est pas dans l'Esprit d'un autre. Bien plus, dans les Substances dont les Idées abstraites semblent être tirées des Choses mêmes, on ne peut pas dire que ces Idées soient constamment les mêmes, non pas même dans l'Espèce qui nous est la plus familière, & que nous connoissons de la manière la plus intime : puisqu'on a douté plusieurs fois si le fruit qu'une femme a mis au Monde étoit homme, jusqu'à disputer si l'on devoit le nourrir & le baptiser : ce qui ne pourroit être, si l'Idée abstraite ou l'Essence à laquelle appartient le nom d'*homme*, étoit l'ouvrage de la Nature, & non une diverse & incertaine collection d'Idées simples que l'Entendement unit ensemble, & à laquelle il attache un nom, après l'avoir renduë générale par voye d'abstraction. De sorte que dans le fond chaque Idée distincte formée par abstraction est une essence distincte; & les noms qui signifient de telles Idées distinctes sont des noms de Choses essentiellement différentes. Ainsi, un *Cercle* différe aussi essentiellement d'un *Ovale*, qu'une *Brebis* d'une *Chévre*; & la Pluye est aussi essentiellement différente de la Neige, que l'Eau différe de la Terre; puisqu'il est impossible que l'Idée abstraite qui est l'Essence de l'une, soit communiquée à l'autre. Et ainsi deux Idées abstraites qui différent entre elles par quelque endroit & qui sont désignées par deux noms distincts, constituent deux *sortes* ou *espèces* distinctes, lesquelles sont aussi essentiellement différentes, que les deux Idées les plus opposées du monde.

<small>Il y a une Essence réelle, & une nominale.</small>

§. 15. Mais parce qu'il y a des gens qui croyent, & non sans raison, que les Essences des Choses nous sont entiérement inconnuës, il ne sera pas hors de propos de considerer les différentes significations du mot *Essence*.

Prémiérement, l'Essence peut se prendre pour la propre existence de chaque chose. Et ainsi dans les Substances en général, la constitution réelle, intérieure & inconnuë des Choses, d'où dependent les Qualitez qu'on y peut découvrir, peut être appellée leur *essence*. C'est la propre & originaire signification de ce mot, comme il paroît par sa formation, le terme d'*essence*

<small>* Ab esse Essentia.</small> signifiant proprement * l'*Etre*, dans sa prémiére dénotation. Et c'est dans ce sens que nous l'employons encore quand nous parlons de l'Essence des choses particuliéres sans leur donner aucun nom.

En second lieu, la doctrine des Ecoles s'étant fort exercée sur le *Genre* & l'*Espèce* qui y ont été le sujet de bien des mots, le mot d'*essence* a presque

que perdu sa prémiére signification, & au lieu de désigner la constitution réelle des choses, il a presque été entierement appliqué à la constitution artificielle du *Genre* & de l'*Espèce*. Il est vrai qu'on suppose ordinairement une constitution réelle de l'Espèce de chaque chose, & il est hors de doute qu'il doit y avoir quelque constitution réelle, d'où chaque amas d'Idées simples *coëxistantes* doit dépendre. Mais comme il est évident que les Choses ne sont rangées en *Sortes* ou *Espèces* sous certains noms qu'entant qu'elles conviennent avec certaines Idées abstraites, auxquelles nous avons attaché ces noms-là, l'*essence* de chaque *Genre* ou *Espèce* vient ainsi à n'être autre chose que l'Idée abstraite, signifiée par le nom général ou spécifique. Et nous trouverons que c'est-là ce qu'emporte le mot d'*essence* selon l'usage le plus ordinaire qu'on en fait. Il ne seroit pas mal, à mon avis, de désigner ces deux sortes d'essences par deux noms différens, & d'appeller la prémiére *réelle*, & l'autre *essence nominale*.

§. 16. *Il y a une si étroite liaison entre l'essence nominale & le nom*, qu'on ne peut attribuer le nom d'aucune sorte de choses à aucun Être particulier qu'à celui qui a cette essence par où il répond à cette Idée abstraite, dont le nom est le signe. Il y a une constante liaison entre le nom & l'essence nominale.

§. 17. A l'égard des Essences réelles des Substances corporelles, pour ne parler que de celles-là, il y a deux opinions, si je ne me trompe. L'une est de ceux qui se servant du mot *essence* sans savoir ce que c'est, supposent un certain nombre de ces Essences, selon lesquelles toutes les choses naturelles sont formées, & auxquelles chacune d'elles participe exactement, par où elles viennent à être de telle ou de telle Espèce. L'autre opinion qui est beaucoup plus raisonnable, est de ceux qui reconnoissent que toutes les Choses naturelles ont une certaine constitution réelle, mais inconnuë, de leurs parties insensibles, d'où découlent ces Qualitez sensibles qui nous servent à distinguer ces Choses l'une de l'autre, selon que nous avons occasion de les distinguer en certaines *sortes*, sous de communes dénominations. La prémiére de ces Opinions qui suppose ces Essences comme autant de moules où sont jettées toutes les choses naturelles qui existent & auxquelles elles ont également part, a, je pense, fort embrouillé la connoissance des Choses naturelles. Les fréquentes productions de Monstres dans toutes les Espèces d'Animaux, la naissance des Imbecilles, & d'autres suites étranges des Enfantemens forment des difficultez qu'il n'est pas possible d'accorder avec cette hypothèse: puisqu'il est aussi impossible que deux choses qui participent exactement à la même essence réelle ayent différentes propriétez, qu'il est impossible que deux figures participant à la même essence réelle d'un Cercle ayent différentes propriétez. Mais quand il n'y auroit point d'autre raison contre une telle hypothese, cette supposition d'Essences qu'on ne sauroit connoître, & qu'on regarde pourtant comme ce qui distingue les Espèces des Choses, est si fort inutile, & si peu propre à avancer aucune partie de nos connoissances, que cela seul suffiroit pour nous la faire rejetter, & nous obliger à nous contenter de ces Essences des Espèces des Choses, que nous sommes capables de concevoir, & qu'on trouvera, après y avoir bien pensé, n'être autre chose que ces Idées abstraites

Chap. III.
L'Essence réelle & nominale la même dans les Idées simples & dans les Modes; différente dans les Substances.

tes & complexes auxquelles nous avons attaché certains noms généraux.

§. 18. Les Essences étant ainsi distinguées en *nominales* & *réelles*, nous pouvons remarquer outre cela, que *dans les Espèces des Idées simples & des Modes, elles sont toûjours les mêmes*, mais que dans les Substances elles sont toûjours entiérement différentes. Ainsi, une Figure qui termine un Espace par trois lignes, c'est l'essence d'un Triangle, tant *réelle que nominale :* car c'est non seulement l'idée abstraite à laquelle le nom général est attaché, mais l'Essence ou l'Etre propre de la chose même, le véritable fondement d'où procedent toutes ses propriétez, & auquel elles sont inseparablement attachées. Mais il en est tout autrement à l'égard de cette portion de matiére qui compose l'Anneau que j'ai au doigt, dans laquelle ces deux essences sont visiblement différentes. Car c'est de la constitution réelle de ses parties insensibles que dépendent toutes ces propriétez de couleur, de pesanteur, de fusibilité, de *fixité*, &c. qu'on y peut observer. Et cette constitution nous est inconnuë, de sorte que n'en ayant point d'idée, nous n'avons point de nom qui en soit le signe. Cependant c'est sa couleur, son poids, sa fusibilité, & sa fixité, *&c.* qui la font être de l'or, ou qui lui donnent droit à ce nom, qui est pour cet effet son *essence nominale :* puisque rien ne peut avoir le nom d'or que ce qui a cette conformité de qualitez avec l'idée complexe & abstraite à laquelle ce nom est attaché. Mais comme cette distinction d'essences appartient principalement aux Substances, nous aurons occasion d'en parler plus au long, quand nous traiterons des noms des Substances.

Essences *ingénérables* & incorruptibles.

§. 19. Une autre chose qui peut faire voir encore que ces Idées abstraites, désignées par certains noms, sont les Essences que nous concevons dans les Choses, c'est ce qu'on a accoûtumé de dire, qu'elles sont *ingénérables* & incorruptibles. Ce qui ne peut être véritable des Constitutions réelles des choses, qui commencent & périssent avec elles. Toutes les choses qui existent, excepté leur Auteur, sont sujettes au changement, & sur-tout celles qui sont de notre connoissance, & que nous avons réduit à certaines Espèces sous des noms distincts. Ainsi, ce qui hier étoit herbe, est demain la chair d'une Brebis, & peu de jours après fait partie d'un homme. Dans tous ces changemens & autres semblables, l'Essence réelle des Choses, c'est à dire, la constitution d'où dépendent leurs différentes propriétez, est détruite & périt avec elles. Mais les Essences étant prises pour des Idées établies dans l'Esprit avec certains noms qui leur ont été donnez, sont supposées rester constamment les mêmes, à quelques changemens que soient exposées les Substances particuliéres. Car quoi qu'il arrive d'*Alexandre* & de *Bucephale*, les idées auxquelles on a attaché les noms d'*homme* & de *cheval* sont toûjours supposées demeurer les mêmes; & par conséquent les essences de ces Espèces sont conservées dans leur entier, quelques changemens qui arrivent à aucun Individu, ou même à tous les Individus de ces Espèces. C'est ainsi, dis-je, que l'essence d'une Espèce reste en sureté & dans son entier; sans l'existence même d'un seul Individu de cette Espèce. Car bien qu'il n'y eût présentement aucun Cercle dans le Monde (comme peut-être cette Figure n'existe nulle part tracée exactement) cependant l'idée qui est

atta-

attachée à ce nom, ne cesseroit pas d'être ce qu'elle est, & de servir com- CHAP. III. me de modèle pour déterminer quelles des Figures particuliéres qui se présentent à nous, ont ou n'ont pas droit à ce nom de Cercle, & pour faire voir par même moyen laquelle de ces Figures seroit de cette Espèce dès-là qu'elle auroit cette essence. De même, quand bien il n'y auroit présentement, ou n'y auroit jamais eu dans la Nature aucune Bête telle que la *Licorne*, ni aucun Poisson tel que la *Siréne*, cependant si l'on suppose que ces noms signifient des idées complexes & abstraites qui ne renferment aucune impossibilité, l'essence d'une Siréne est aussi intelligible que celle d'un Homme; & l'idée d'une Licorne est aussi certaine, aussi constante & aussi permanente que celle d'un Cheval. D'où il s'ensuit évidemment que les Essences ne sont autre chose que des idées abstraites, par cela même qu'on dit qu'elles sont immuables; que cette doctrine de l'immutabilité des Essences est fondée sur la Rélation qui est établie entre ces Idées abstraites & certains sons considerez comme signes de ces Idées, & qu'elle sera toûjours véritable, pendant que le même nom peut avoir la même signification.

§. 20. Pour conclurre; voici en peu de mots ce que j'ai voulu dire sur Recapitulation. cette matière, c'est que tout ce qu'on nous débite à grand bruit sur les Genres, sur les Espèces & sur leurs Essences, n'emporte dans le fond autre chose que ceci, savoir, que les hommes venant à former des idées abstraites, & à les fixer dans leur Esprit avec des noms qu'ils leur assignent, se rendent par-là capables de considerer les choses & d'en discourir, comme si elles étoient assemblées, pour ainsi dire, en divers faisseaux, afin de pouvoir plus commodément, plus promptement & plus facilement s'entre-communiquer leurs Pensées, & avancer dans la connoissance des choses, où ils ne pourroient faire que des progrès fort lents, si leurs mots & leurs pensées étoient entièrement bornées à des choses particuliéres.

CHAPITRE IV.

Des Noms des Idées simples.

§. 1. Quoi que les Mots ne signifient rien immédiatement que les Les noms des idées qui sont dans l'Esprit de celui qui parle, comme je l'ai Idées simples, des déja montré; cependant après avoir fait une revûë plus exacte, Modes, & des nous trouverons que les noms des *Idées simples*, des *Modes mixtes* (sous lesquels je comprens aussi les *Relations*) & des *Substances* ont chacun quelque chose de particulier, par où ils diffèrent les uns des autres.

§. 2. Et prémiérement, les noms des Idées simples & des Substances I. marquent, outre les idées abstraites qu'ils signifient immédiatement, quelque existence réelle, d'où leur patron original a été tiré. Mais les noms donnent à entendes Modes mixtes se terminent à l'idée qui est dans l'Esprit, & ne portent pas nos pensées plus avant, comme nous verrons dans le Chapitre suivant.

Chap. IV.

II. Les noms des Idées simples & des Modes signifient toûjours l'essence réelle & nominale.

* Chap. VI. du Liv. III.

III. Les noms des idées simples ne peuvent être définis.

§. 3. En second lieu, les noms des Idées simples & des Modes signifient toûjours l'*essence réelle* de leurs Espèces aussi bien que la *nominale*. Mais les noms des Substances naturelles ne signifient que rarement, pour ne pas dire jamais, autre chose que l'essence nominale de leurs Espèces, comme on verra dans le Chapitre où nous traitons * des *Noms des Substances* en particulier.

§. 4. En troisiéme lieu, les noms des *Idées simples* ne peuvent être définis; & ceux de toutes ses *Idées complexes* peuvent l'être. Jusqu'ici personne, que je sache, n'a remarqué quels sont les termes qui peuvent, ou ne peuvent pas être définis; & je suis tenté de croire qu'il s'élève souvent de grandes disputes & qu'il s'introduit bien du galimathias dans les discours des hommes pour ne pas songer à cela, les uns demandant qu'on leur définisse des termes qui ne peuvent être définis, & d'autres croyant devoir se contenter d'une explication qu'on leur donne d'un mot par un autre plus général, & par ce qui en restraint le sens, ou pour parler en termes de l'Art, par un *Genre* & une *Différence*, quoi que souvent ceux qui ont ouï cette définition faite selon les règles, n'ayent pas une connoissance plus claire du sens de ce mot qu'ils n'en avoient auparavant. Je croi du moins qu'il ne sera pas tout-à-fait hors de propos de montrer en cet endroit quels mots peuvent être définis & quels ne sauroient l'être, & en quoi consiste une bonne Définition; ce qui servira peut-être si fort à faire connoître la nature de ces signes de nos Idées, qu'il vaut la peine d'être examiné plus particuliérement qu'il ne l'a été jusqu'ici.

Si tous pouvoient être définis, cela iroit à l'infini.

§. 5. Je ne m'arrêterai pas ici à prouver que tous les Mots ne peuvent point être définis, par la raison tirée du progrès à l'infini, où nous nous engagerions visiblement, si nous reconnoissions que tous les Mots peuvent être définis. Car où s'arrêter, s'il falloit définir les mots d'une Définition par d'autres mots? Mais je montrerai par la nature de nos Idées, & par la signification de nos paroles, pourquoi certains noms peuvent être définis, & pourquoi d'autres ne sauroient l'être, & quels ils sont.

Ce que c'est qu'une définition.

§. 6. On convient, je pense, que Définir *n'est autre chose que faire connoître le sens d'un Mot par le moyen de plusieurs autres mots qui ne soient pas synonymes*. Or comme le sens des mots n'est autre chose que les idées mêmes dont ils sont établis les signes par celui qui les employe, la signification d'un mot est connuë, ou le mot est défini dès que l'idée dont il est rendu signe, & à laquelle il est attaché dans l'Esprit de celui qui parle, est, pour ainsi dire, représentée & comme exposée aux yeux d'une autre personne par le moyen d'autres termes, & que par-là la signification en est déterminée. C'est-là le seul usage & l'unique fin des Définitions, & par conséquent l'unique règle par où l'on peut juger si une définition est bonne ou mauvaise.

Les Idées simples pourquoi ne peuvent être définies.

§. 7. Cela posé, je dis que les noms des Idées simples ne peuvent point être définis, & que ce sont les seuls qui ne puissent l'être. En voici la raison. C'est que les différens termes d'une Définition signifiant différentes idées, ils ne sauroient en aucune maniére représenter une idée qui n'a aucune composition. Et par conséquent, une Définition, qui n'est proprement autre chose que l'explication du sens d'un Mot par le moyen de plusieurs autres Mots qui ne signifient point la même chose ne peut avoir lieu dans les noms des Idées simples.

§. 8 Ces

Des Noms des Idées simples. LIV. III.

§. 8. Ces célèbres vetilles dont on fait tant de bruit dans les Ecoles, sont venues de ce qu'on n'a pas pris garde à cette différence qui se trouve dans nos idées & dans les noms dont nous nous servons pour les exprimer, comme il est aisé de voir dans les définitions qu'ils nous donnent de quelque peu d'Idées simples. Car les plus grands Maîtres dans l'art de définir, ont été contraints d'en laisser la plus grande partie sans les définir, par la seule impossibilité qu'ils y ont trouvé. Le moyen, par exemple, que l'Esprit de l'homme pût inventer un plus fin galimathias que celui qui est renfermé dans cette Définition, *L'Acte d'un Etre en puissance entant qu'il est en puissance?* Un homme raisonnable, à qui elle ne seroit pas connuë d'avance par son extrême absurdité qui l'a renduë si fameuse, seroit sans doute fort embarrassé de conjecturer quel mot on pourroit supposer qu'on ait voulu expliquer par-là. Si, par exemple, *Ciceron* eût demandé à un Flamand ce que c'étoit que *beweeginge* & que le Flamand lui en eût donné cette explication en Latin, *Est Actus Entis in potentia quatenus in potentia*, je demande si l'on pourroit se figurer que Ciceron eût entendu par ces paroles ce que signifioit le mot de *beweeginge* ou qu'il eût même pû conjecturer quelle étoit l'idée qu'un Flamand avoit ordinairement dans l'Esprit, & qu'il vouloit faire connoître à une autre personne, lorsqu'il prononçoit ce * mot-là.

CHAP. IV.
Exemple tiré du *Mouvement*.

* Qui signifie en Flamand ce que nous appellons *mouvement*, en François.

§. 9. Nos Philosophes modernes qui ont tâché de se défaire du jargon des Ecoles & de parler intelligiblement, n'ont pas mieux réussi à définir les idées simples, par l'explication qu'ils nous donnent de leurs causes ou par quelque autre voye que ce soit. Ainsi les Partisans des Atomes qui définissent le Mouvement, *Un passage d'un lieu dans un autre*, ne font autre chose que mettre un mot synonyme à la place d'un autre. Car qu'est-ce qu'un *passage* sinon un *mouvement?* Et si l'on leur demandoit, ce que c'est que *passage*, comment le pourroient-ils mieux définir que par le terme de mouvement? En effet, dire qu'*un passage est un mouvement d'un lieu dans un autre*, n'est-ce pas s'exprimer pour le moins d'une maniére aussi propre & aussi significative que de dire, *Le Mouvement est un passage d'un lieu dans l'autre?* C'est traduire & non pas définir, que de mettre ainsi deux mots de la même signification l'un à la place de l'autre. A la vérité, quand l'un est mieux entendu que l'autre, cela peut servir à faire connoître quelle idée est signifiée par le terme inconnu; mais il s'en faut pourtant beaucoup que ce soit une définition, à moins que nous ne disions que chaque mot François qu'on trouve dans un Dictionnaire est la définition du mot Latin qui lui répond, & que le mot de *mouvement* est une définition de celui de *motus*. Que si l'on examine bien la définition que les Cartésiens nous donnent du *Mouvement*, quand ils disent que c'est *l'application successive des parties de la surface d'un Corps aux parties d'un autre Corps*, on trouvera qu'elle n'est pas meilleure.

§. 10. *L'Acte de Transparent entant que transparent*, est une autre définition que les Peripateticiens ont prétendu donner d'une Idée simple, qui n'est pas dans le fond plus absurde que celle qu'ils nous donnent du Mouvement, mais qui paroit plus visiblement inutile, & ne signifier absolument rien;

Autre exemple tiré de la *Lumiere*.

CHAP. III. rien; parce que l'expérience convaincra aifément quiconque y fera reflexion, qu'elle ne peut faire entendre à un Aveugle le mot de *lumiére* dont on veut qu'elle foit l'explication. La définition du Mouvement ne paroît pas d'abord fi frivole, parce qu'on ne peut pas la mettre à cette épreuve. Car cette Idée fimple s'introduifant dans l'Efprit par l'attouchement auffi bien que par la vuë, il eft impoffible de citer quelqu'un qui n'ait point eu d'autre moyen d'acquerir l'idée du Mouvement que par la fimple définition de ce Mot. Ceux qui difent que la *Lumiére* eft un grand nombre de petits globules qui frappent vivement le fond de l'œil, parlent plus intelligiblement qu'on ne parle fur ce fujet dans les Ecoles: mais que ces mots foient entendus avec la derniére évidence, ils ne fauroient pourtant jamais faire que l'idée fignifiée par le mot de *Lumiére* foit plus connuë à un homme qui ne l'entend pas auparavant, que fi on lui difoit que la Lumiére n'eft autre chofe qu'un amas de petites balles que des *Fées* pouffent tout le jour avec des raquettes contre le front de certains hommes, pendant qu'elles négligent de rendre le même fervice à d'autres. Car fuppofé que l'explication de la chofe foit véritable, cette idée de la caufe de la Lumiére auroit beau nous être connuë avec toute l'exactitude poffible, elle ne ferviroit non plus à nous donner l'idée de la Lumiére même, entant que c'eft une perception particuliére qui eft en nous, que l'idée de la figure & du mouvement d'une épingle nous pourroit donner l'idée de la douleur qu'une épingle eft capable de produire en nous. Car dans toutes les Idées fimples qui nous viennent par un feul Sens, la caufe de la fenfation, & la fenfation elle-même font deux idées, & qui font fi différentes & fi éloignées l'une de l'autre, que deux Idées ne fauroient l'être davantage. C'eft pourquoi les Globules de Defcartes auroient beau frapper la retine d'un homme que la maladie nommée *Gutta ferena* auroit rendu aveugle, jamais il n'auroit, par ce moyen, aucune idée de lumiére ni de quoi que ce foit d'approchant, encore qu'il comprît à merveille ce que font ces petits Globules, & ce que c'eft que frapper un autre Corps. Pour cet effet les Cartefiens qui ont fort bien compris cela, diftinguent exactement entre cette *lumiére* qui eft la caufe de la fenfation qui s'excite en nous à la vûë d'un Objet, & entre l'idée qui eft produite en nous par cette caufe, & qui eft proprement la *Lumiére*.

On cont'nuë d'expliquer pourquoi les Idées fimples ne peuvent être définies.

§. 11. Les Idées fimples ne nous viennent, comme on a déja vû, que par le moyen des impreffions que les Objets font fur notre Efprit, par les organes appropriez à chaque efpèce. Si nous ne les recevons pas de cette maniére, *tous les mots qu'on employeroit pour expliquer ou définir quelqu'un des noms qu'on donne à ces Idées, ne pourroient jamais produire en nous l'idée que ce nom fignifie.* Car les mots n'étant que des fons, ils ne peuvent exciter d'autre idée fimple en nous que celle de ces fons mêmes, ni nous faire avoir aucune idée qu'en vertu de la liaifon volontaire qu'on reconnoit être entre eux & ces idées fimples dont ils ont été établis fignes par l'ufage ordinaire. Que celui qui penfe autrement fur cette matiére, éprouve s'il trouvera des mots qui puiffent lui donner le goût des *Ananas*, & lui faire avoir la vraye idée de l'exquife faveur de ce Fruit. Que fi l'on lui dit que ce goût approche de quelque autre goût, dont il a déja l'idée dans fa Mémoire où elle a
été

été imprimée par des Objets senfibles qui ne sont pas inconnus à son palais, il peut approcher de ce goût en lui-même selon ce dégré de resssemblance. Mais ce n'est pas nous faire avoir cette idée par le moyen d'une définition. C'est seulement exciter en nous d'autres idées simples par leurs noms connus; ce qui sera toûjours fort différent du véritable goût de ce Fruit. Il en est de même à l'égard de la Lumiére, des Couleurs & de toutes les autres Idées simples; car la signification des sons n'est pas naturelle, mais imposée par une institution arbitraire. C'est pourquoi il n'y a aucune définition de la *Lumiére* ou de la *Rougeur* qui soit plus capable d'exciter en nous aucune de ces Idées, que le son du mot *lumiére*, ou *rougeur* pourroit le faire par lui-même. Car espérer de produire une idée de lumiére ou de couleur par un son, de quelque maniére qu'il soit formé, c'est se figurer que les sons pourront être vûs ou que les couleurs pourront être ouïes; & attribuer aux oreilles la fonction de tous les autres Sens; ce qui est autant que si l'on disoit que nous pouvons *goûter*, *flairer*, & *voir* par le moyen des oreilles; espèce de Philosophie qui ne peut convenir qu'à *Sancho Pança* qui avoit la faculté de voir *Dulcinée* par ouï-dire. Soit donc conclu que quiconque n'a pas dejà reçu dans son Esprit par la porte naturelle, l'idée simple qui est signifiée par un certain mot, ne sauroit jamais venir à connoître la signification de ce Mot par le moyen d'autres mots ou sons, quels qu'ils puissent être, de quelque maniére qu'ils soient joints ensemble par aucunes règles de Définition qu'on puisse jamais imaginer. Le seul moyen de la lui faire connoître, c'est de frapper ses Sens par l'objet qui leur est propre, & de produire ainsi en lui l'idée dont il a déja appris le nom. Un homme aveugle qui aimoit l'étude, s'étant fort tourmenté la tête sur le sujet des Objets visibles, & ayant consulté ses Livres & ses Amis pour pouvoir comprendre les mots de *lumiére* & de *couleur* qu'il rencontroit souvent dans son chemin, dit un jour avec une extrême confiance, qu'il comprenoit enfin ce que signifioit l'*Ecarlate*. Sur quoi son Ami lui ayant demandé ce que c'étoit que l'Ecarlate, *C'est*, répondit-il, *quelque chose de semblable au son de la Trompette*. Quiconque prétendra découvrir ce qu'emporte le nom de quelque autre Idée simple par le seul moyen d'une Définition, ou par d'autres termes qu'on peut employer pour l'expliquer, se trouvera justement dans le cas de cet Aveugle.

Chap. IV.

§. 12. Il en est tout autrement à l'égard des *Idées complexes*. Comme elles sont composées de plusieurs Idées simples, les Mots qui signifient les différentes idées qui entrent dans cette composition, peuvent imprimer dans l'Esprit des Idées complexes qui n'y avoient jamais été, & en rendre par là les noms intelligibles. C'est dans de telles collections d'Idées, désignées par un seul nom qu'a lieu la définition ou l'explication d'un Mot par plusieurs autres, & qu'elle peut nous faire entendre les noms de certaines choses qui n'étoient jamais tombées sous nos Sens, & nous engager à former des Idées conformes à celles que les autres hommes ont dans l'Esprit, lorsqu'ils se servent de ces noms-là; pourvû que nul des termes de la Définition ne signifie aucune idée simple, que celui à qui on la propose, n'ait encore jamais eu dans l'Esprit. Ainsi, le mot de *Statuë*

Le contraire paroit dans les 1. dées complexes par les exemples d'une *Statuë* & de l'Arc-en-Ciel.

peut

CHAP. IV. peut bien être expliqué à un Aveugle par d'autres mots, mais non pas celui de *peinture*, ſes Sens lui ayant fourni l'idée de la figure, & non celle des couleurs, qu'on ne ſauroit pour cet effet exciter en lui par le ſecours des mots. C'eſt ce qui fit gagner le prix au Peintre ſur le Statuaire. Etant venus à diſputer de l'excellence de leur Art, le Statuaire prétendit que la Sculpture devoit être préferée à cauſe qu'elle s'étendoit plus loin, & que ceux-là mêmes qui étoient privez de la vûë, pouvoient encore s'appercevoir de ſon excellence. Le Peintre convint de s'en rapporter au jugement d'un Aveugle. Celui-ci étant conduit où étoit la Statuë du Sculpteur & le Tableau du Peintre, on lui préſenta prémiérement la Statuë, dont il parcourut avec ſes mains tous les traits du viſage & la forme du Corps, & plein d'admiration il exalta l'addreſſe de l'Ouvrier. Mais étant conduit auprès du Tableau, on lui dit, à meſure qu'il étendoit la main deſſus, que tantôt il touchoit la tête, tantôt le front, les yeux, le nez, &c. à meſure que ſa main ſe mouvoit ſur les différentes parties de la peinture qui avoit été tirée ſur la Toile, ſans qu'il y trouvât la moindre diſtinction; ſur quoi il s'écria que ce devoit être ſans contredit un Ouvrage tout-à-fait admirable & divin, puiſqu'il pouvoit leur repréſenter toutes ces parties où il n'en pouvoit ni ſentir ni appercevoir la moindre trace.

§. 13. Celui qui ſe ſerviroit du mot *Arc-en-ciel*, en parlant à une perſonne qui connoîtroit toutes les couleurs dont il eſt compoſé mais qui n'auroit pourtant jamais vû ce *Phénoméne*, définiroit ſi bien ce mot en repréſentant la figure, la grandeur, la poſition & l'arrangement des Couleurs, qu'il pourroit le lui faire tout-à-fait bien comprendre. Mais quelque exacte & parfaite que fût cette définition, elle ne feroit jamais entendre à un Aveugle ce que c'eſt que l'Arc-en-ciel, parce que pluſieurs des Idées ſimples qui forment cette Idée complexe, étant de telle nature qu'elles ne lui ont jamais été connuës par ſenſation & par expérience, il n'y a point de paroles qui puiſſent les exciter dans ſon Eſprit.

Quand les noms des Idées complexes peuvent être rendus intelligibles par le ſecours des Mots.

§. 14. Comme les Idées ſimples ne nous viennent que de l'expérience par le moyen des Objets qui ſont propres à produire ces perceptions en nous, dès que notre Eſprit a acquis par ce moyen une certaine quantité de ces Idées, avec la connoiſſance des noms qu'on leur donne, nous ſommes en état de définir, & d'entendre, à la faveur des définitions, les noms des Idées complexes qui ſont compoſées de ces Idées ſimples. Mais lorſqu'un terme ſignifie une idée ſimple qu'un homme n'a point eu encore dans l'Eſprit, il eſt impoſſible de lui en faire comprendre le ſens par des paroles. Au contraire, ſi un terme ſignifie une idée qu'un homme connoit dejà, mais ſans ſavoir que ce terme en ſoit le ſigne, on peut lui faire entendre le ſens de ce mot par le moyen d'un autre qui ſignifie la même idée & auquel il eſt accoûtumé. Mais il n'y a abſolument aucun cas où le nom d'aucune idée ſimple puiſſe être défini.

IV.
Les noms des Idées ſimples ſont les moins douteux.

§. 15. En quatriéme lieu, quoi qu'on ne puiſſe point faire concevoir la ſignification préciſe des noms des Idées ſimples en les définiſſant, cela n'empêche pourtant pas qu'en général ils ne ſoient moins douteux, & moins incertains que ceux des *Modes Mixtes* & des *Subſtances*. Car comme ils ne ſigni-

signifient qu'une simple perception, les hommes pour l'ordinaire s'accordent facilement & parfaitement sur leur signification; & ainsi, l'on n'y trouve pas grand sujet de se méprendre, ou de disputer. Celui qui sait une fois que la *blancheur* est le nom de la Couleur qu'il a observée dans la *Neige* ou dans le *Lait*, ne pourra guere se tromper dans l'application de ce mot, tandis qu'il conserve cette idée dans l'Esprit; & s'il vient à la perdre entierement, il n'est plus sujet à n'en pas prendre le vrai sens, mais il apperçoit qu'il ne l'entend absolument point. Il n'y a, dans ce cas, ni multiplicité d'Idées simples qu'il faille joindre ensemble, ce qui rend douteux les noms des *Modes mixtes*; ni une essence, supposée réelle, mais inconnuë, accompagnée de propriétez qui en dépendent & dont le juste nombre n'est pas moins inconnu, ce qui met de l'obscurité dans les noms des Substances. Au contraire dans les Idées simples toute la signification du nom est connuë tout à la fois, & n'est point composée de parties, de sorte qu'en mettant un plus grand ou un plus petit nombre de parties l'idée puisse varier, & que la signification du nom qu'on lui donne, puisse être par conséquent obscure & incertaine.

§. 16. On peut observer, en cinquiéme lieu, touchant les Idées simples & leurs noms, qu'ils n'ont que très-peu de subordinations dans ce que les Logiciens appellent *Linea prædicamentalis*, depuis la * *derniére Espéce* jusqu'au † *Genre suprême*. Et la raison, c'est que la derniere Espéce n'étant qu'une seule Idée simple, on n'en peut rien retrancher pour faire que ce qui la distingue des autres étant ôté, elle puisse convenir avec quelque autre chose par une idée qui leur soit commune à toutes deux, & qui n'ayant qu'un nom, soit le genre des deux autres: par exemple, on ne peut rien retrancher de l'idée du *Blanc* & du *Rouge* pour faire qu'elles conviennent dans une commune apparence, & qu'ainsi elles ayent un seul nom général, comme lorsque la faculté de raisonner étant retranchée de l'idée complexe d'*Homme*, la fait convenir avec celle de *Bête*, dans l'idée & la dénomination plus générale d'*Animal*. C'est pour cela que, lorsque les hommes souhaitans d'éviter de longues & ennuyeuses énumerations ont voulu comprendre le *Blanc* & le *Rouge* & plusieurs autres semblables Idées simples sous un seul nom général, ils ont été obligez de le faire par un mot qui exprime uniquement le moyen par où elles s'introduisent dans l'Esprit. Car lorsque le *Blanc*, le *Rouge* & le *Jaune* sont tous compris sous le Genre ou le nom de *Couleur*, cela ne désigne autre chose que ces Idées entant qu'elles sont produites dans l'Esprit uniquement par la vûë, & qu'elles n'y entrent qu'à travers les yeux. Et quand on veut former un terme encore plus général qui comprenne les Couleurs, les Sons & semblables Idées simples, on se sert d'un mot qui signifie toutes ces sortes d'Idées qui ne viennent dans l'Esprit que par un seul Sens; & ainsi sous le terme général de *Qualité* pris dans le sens qu'on lui donne ordinairement on comprend les Couleurs, les Sons, les Goûts, les Odeurs & les Qualitez tactiles, pour les distinguer de l'Etenduë, du Nombre, du Mouvement, du Plaisir & de la Douleur qui agissent sur l'Esprit & y introduisent leurs idées par plus d'un Sens.

§. 17. En sixiéme lieu, une différence qu'il y a entre les noms des Idées sim-

V. Les Idées simples ont très-peu de subordinations dans ce que les Logiciens nomment *Linea predicamentalis*.
* *Species infima*,
† *Genus supremum*.

VI.
Les noms des

344 *Des Noms des Modes mixtes* Liv. III.

CHAP. IV.
Idées simples emportent des idées qui ne font nullement arbitraires.

simples, des Substances & des Modes mixtes, c'est que *ceux des Modes mixtes désignent des Idées parfaitement arbitraires, qu'il n'en est pas tout-à-fait de même de ceux des Substances*, puisqu'ils se rapportent à un modelle, quoi que d'une maniére un peu vague, & enfin *que les noms des Idées simples sont entierement pris de l'existence des choses & ne sont nullement arbitraires*. Nous verrons dans les Chapitres suivans quelle différence naît de là dans la signification des noms de ces trois sortes d'Idées.

Quant aux noms des Modes simples, ils ne différent pas beaucoup de ceux des idées simples.

CHAPITRE V.

CHAP. V.

Des Noms des Modes Mixtes, & des Relations.

Les noms des Modes mixtes signifient des idées abstraites, comme les autres noms généraux.

§. 1. LEs noms des *Modes mixtes* étant généraux, ils signifient, comme il a été dit, des Espèces de choses dont chacune a son essence particuliere. Et les essences de ces Espèces ne sont que des Idées abstraites, auxquelles on a attaché certains noms. Jusque-là les noms & les essences des *Modes mixtes* n'ont rien qui ne leur soit commun avec d'autres Idées: mais si nous les examinons de plus près, nous y trouverons quelque chose de particulier qui peut-être mérite bien que nous y fassions attention.

I.
Les Idées qu'ils signifient, sont formées par l'Entendement.

§. 2. La prémiére chose que je remarque, c'est que les Idées abstraites, ou, si vous voulez, les Essences des différentes Espèces de Modes mixtes sont formées par l'Entendement, en quoi elles différent de celles des Idées simples, car pour ces dernieres l'Esprit n'en sauroit produire aucune; il reçoit seulement celles qui lui sont offertes par l'existence réelle des choses qui agissent sur lui.

II.
Elles sont formées arbitrairement & sans modéles.

§. 3. Je remarque, après cela, que les Essences des Espèces des Modes mixtes sont non seulement formées par l'Entendement, mais qu'elles sont formées d'une maniére purement arbitraire, sans modéle, ou rapport à aucune existence réelle. En quoi elles différent de celles des Substances qui supposent quelque Etre réel, d'où elles sont tirées, & auquel elles sont conformes. Mais dans les Idées complexes, que l'Esprit se forme des Modes mixtes, il prend la liberté de ne pas suivre exactement l'existence des Choses. Il assemble, & retient certaines combinaisons d'idées, comme autant d'*Idées spécifiques* & distinctes, pendant qu'il en laisse à quartier d'autres qui se présentent aussi souvent dans la Nature, & qui sont aussi clairement suggerées par les choses extérieures, sans les désigner par des noms, ou des spécifications distinctes. L'Esprit ne se propose pas non plus dans les Idées des Modes mixtes, comme dans les Idées complexes des Substances, de les examiner par rapport à l'existence réelle des Choses, ou de les verifier par des modéles qui existent dans la Nature, composez de telles idées particuliéres. Par exemple, si un homme veut savoir si son idée de l'*adultere* ou de l'*inceste* est exacte, ira-t-il la chercher parmi les choses actuellement existan-

Des Noms des Modes Mixtes. Liv. III.

exiſtantes ? Ou bien, eſt-ce qu'une telle idée eſt véritable, parce que quelqu'un a été témoin de l'action qu'elle ſuppoſe ? Nullement. Il ſuffit pour cela que les hommes ayent réuni une telle Collection dans une ſeule Idée complexe, qui dès-là devient modéle original & idée ſpécifique, ſoit qu'une telle action ait été commiſe, ou non.

Chap. V.

§. 4. Pour bien comprendre ceci, il nous faut voir en quoi conſiſte la formation de ces ſortes d'Idées complexes. Ce n'eſt pas à faire quelque nouvelle Idée, mais à joindre enſemble celles que l'Eſprit a déjà. Et dans cette occaſion, l'Eſprit fait ces trois choſes: Prémiérement, il choiſit un certain nombre d'Idées; en ſecond lieu, il met une certaine liaiſon entre elles, & les réunit dans une ſeule idée; enfin il les lie enſemble par un ſeul nom. Si nous examinons comment l'Eſprit agit, quelle liberté il prend en cela, nous verrons ſans peine comment les Eſſences des Eſpèces des Modes mixtes ſont un ouvrage de l'Eſprit; & que par conſéquent les Eſpèces même ſont de l'invention des hommes.

Comment cela?

§. 5. Quiconque conſiderera qu'on peut former cette ſorte d'Idées complexes, les abſtraire, leur donner des noms, & qu'ainſi l'on peut conſtituer une Eſpèce diſtincte avant qu'aucun Individu de cette Eſpèce ait jamais exiſté, quiconque, dis-je, fera réflexion ſur tout cela, ne pourra douter que ces Idées de Modes mixtes ne ſoient faites par une combinaiſon volontaire d'Idées réunies dans l'Eſprit. Qui ne voit, par exemple, que les hommes peuvent former en eux-mêmes les idées de *ſacrilege* ou d'*adultére*, & leur donner des noms, en ſorte que par-là ces Eſpèces de Modes mixtes pourroient être établies avant que ces choſes ayent été commiſes, & qu'on en pourroit diſcourir auſſi bien, & découvrir ſur leur ſujet des véritez auſſi certaines, pendant qu'elles n'exiſteroient que dans l'Entendement, qu'on ſauroit le faire à préſent qu'elles n'ont que trop ſouvent une exiſtence réelle ? D'où il paroît évidemment que les Eſpèces des *Modes mixtes* ſont un Ouvrage de l'Entendement, où ils ont une exiſtence auſſi propre à tous les uſages qu'on en peut tirer pour l'avancement de la Vérité, que lorſqu'ils exiſtent réellement. Et l'on ne peut douter que les Légiſlateurs n'ayent ſouvent fait des Loix ſur des eſpèces d'Actions qui n'étoient que des Ouvrages de leur Entendement, c'eſt-à-dire, des Etres qui n'exiſtoient que dans leur Eſprit. Je ne croi pas non plus que perſonne nie, que la *Reſurrection* ne fût une Eſpèce de *Mode mixte*, qui exiſtoit dans l'Eſprit avant que d'avoir hors de là une exiſtence réelle.

Il paroit évidemment qu'elles ſont arbitraires en ce que l'Idée d'un Mode mixte eſt ſouvent avant l'exiſtence de la choſe qu'elle repréſente.

§. 6. Pour voir avec quelle liberté ces Eſſences des Modes mixtes ſont formées dans l'Eſprit des hommes, il ne faut que jetter les yeux ſur la plûpart de celles qui nous ſont connuës. Un peu de reflexion que nous ferons ſur leur nature nous convaincra que c'eſt l'Eſprit qui combine en une ſeule Idée complexe différentes Idées diſperſées, & indépendantes les unes des autres, & qui par le nom commun qu'il leur donne, les fait être l'eſſence d'une certaine Eſpèce, ſans ſe régler en cela ſur aucune liaiſon qu'elles ayent dans la Nature. Car comment l'Idée d'*un homme* a-t-elle une plus grande liaiſon dans la Nature que celle d'*une Brebis* avec l'idée de *tuer*, pour que celle-ci jointe à celle d'un homme devienne l'Eſpèce particuliére d'une ac-

Exemples tirez du *Meurtre*, de l'*Inceſte*, &c.

Xx   tion

CHAP. V. tion signifiée par le mot de *Meurtre*, & non quand elle est jointe avec l'idée d'une Brebis? Ou bien, quelle plus grande union l'idée de la relation de *Pére* a-t-elle, dans la Nature, avec celle de *tuer*, que cette derniere idée n'en a avec celle de *Fils* ou de *voisin*, pour que ces deux prémiéres Idées soient combinées dans une seule Idée complexe, qui devient par-là l'essence de cette Espèce distincte qu'on nomme *Parricide*, tandis que les autres ne constituent point d'Espèce distincte? Mais quoi qu'on ait fait de l'action de tuer son Pére ou sa Mére une espèce distincte de celle de tuer son Fils ou sa Fille, cependant en d'autres cas, le Fils & la Fille sont combinez avec la même action aussi bien que le Pére & la Mére, tous étant également compris dans la même Espèce, comme dans celle qu'on nomme *Inceste*. C'est ainsi que dans les *Modes mixtes* l'Esprit réunit arbitrairement en Idées complexes telles Idées simples qu'il trouve à propos; pendant que d'autres qui ont en elles-mêmes autant de liaison ensemble, sont laissées désunies, sans être jamais combinées en une seule Idée, parce qu'on n'a pas besoin d'en parler sous une seule dénomination. Il est, dis-je, évident que l'Esprit réunit par une libre détermination de sa Volonté, un certain nombre d'Idées qui en elles-mêmes n'ont pas plus de liaison ensemble que les autres dont il néglige de former de semblables combinaisons. Et si cela n'étoit ainsi, d'où vient qu'on fait attention à cette partie des Armes par où commence la blessure, pour constituer cette Espèce d'Action distincte de toute autre, qu'on appelle en Anglois (1) *Stabbing*, pendant qu'on ne prend garde ni à la figure ni à la matiere de l'Arme même? Je ne dis pas que cela se fasse sans raison. Nous verrons le contraire tout à l'heure. Je dis seulement que cela se fait par un libre choix de l'Esprit qui va par-là à ses fins; & qu'ainsi les Espèces des *Modes mixtes* sont l'Ouvrage de l'Entendement : & il est visible que dans la formation de la plûpart de ces Idées l'Esprit n'en cherche pas les modèles dans la Nature, & qu'il ne rapporte pas ces Idées à l'existence réelle des choses, mais assemble celles qui peuvent le mieux servir à son dessein, sans s'obliger à une juste & précise imitation d'aucune chose réellement existante.

Les Idées des Modes mixtes quoi qu'arbitraires sont pourtant proportionnées au but qu'on se propose dans le Langage.

§. 7. Mais quoi que ces Idées complexes ou Essences des Modes mixtes dépendent de l'Esprit qui les forme avec une grande liberté, elles ne sont pourtant pas formées au hazard, & entassées ensemble sans aucune raison. En-

(1) Rien ne prouve mieux le raisonnement de Mr. *Locke* sur ces sortes d'Idées qu'il nomme *Modes mixtes* que l'impossibilité qu'il y a de traduire en François ce mot de *Stabbing*, dont l'usage est fondé sur une Loi d'Angleterre, par laquelle celui qui tuë un homme en le frappant d'estoc est condamné à la mort sans espérance de pardon, au lieu que ceux qui tuent en frappant du tranchant de l'épée, peuvent obtenir grace. La Loi ayant consideré differemment ces deux actions, on a été obligé de faire de cet acte de *tuer en frappant d'estoc* une Espèce particuliére, & de la designer par ce mot de *Stabbing*. Le terme François qui en approche le plus, est celui de *poignarder*; mais il n'exprime pas précisément la même idée. Car *poignarder* signifie seulement *blesser, tuer avec un poignard, sorte d'Arme propre à frapper de la pointe, plus courte qu'une épée*: au lieu que le mot Anglois *Stab* signifie, tuer en frappant de la pointe d'une Arme propre à cela. De sorte que la seule chose qui constituë cette Espèce d'action, c'est de tuer de la pointe d'une Arme, courte ou longue, il n'importe; ce qu'on ne peut exprimer en François par un seul mot, si je ne me trompe.

Encore qu'elles ne soient pas toûjours copiées d'après nature, elles sont toû- CHAP. V.
jours proportionnées à la fin pour laquelle on forme des Idées abstraites; &
quoi que ce soient des combinaisons composées d'Idées qui sont naturellement assez désunies & qui ont entre elles aussi peu de liaison que plusieurs
autres que l'Esprit ne combine jamais dans une seule idée, elles sont pourtant toûjours unies pour la commodité de l'entretien qui est la principale
fin du Langage. L'usage du Langage est de marquer par des sons courts
d'une maniére facile & prompte des conceptions générales, qui non seulement renferment quantité de choses particuliéres, mais aussi une grande variété d'idées indépendantes, rassemblées dans une seule Idée complexe. C'est-
pourquoi dans la formation des différentes Espèces de *Modes mixtes*, les
hommes n'ont eu égard qu'à ces combinaisons dont ils ont occasion de s'entretenir ensemble. Ce sont celles-là dont ils ont formé des Idées complexes distinctes, & auxquelles ils ont donné des noms, pendant qu'ils en laissent d'autres détachées qui ont une liaison aussi étroite dans la Nature, sans
songer le moins du monde à les réunir. Car pour ne parler que des Actions
humaines, s'ils vouloient former des idées distinctes & abstraites de toutes
les variétez qu'on y peut remarquer, le nombre de ces Idées iroit à l'infini;
& la Mémoire seroit non seulement confonduë par cette grande abondance, mais accablée sans nécessité. Il suffit que les hommes forment & désignent par des noms particuliers autant d'Idées complexes de *Modes mixtes*,
qu'ils trouvent qu'ils ont besoin d'en nommer dans le cours ordinaire des
affaires. S'ils joignent à l'idée de tuer celle de Pére ou de Mére, & qu'ainsi
ils en fassent une Espèce distincte du meurtre de son Enfant ou de son voisin, c'est à cause de la différente atrocité du crime, & du supplice qui doit
être infligé à celui qui tuë son Pére ou sa Mére, différent de celui qu'on
doit faire souffrir à celui qui tuë son Enfant ou son voisin. Et c'est pour
cela aussi qu'on a trouvé nécessaire de le désigner par un nom distinct, ce
qui est la fin qu'on se propose en faisant cette combinaison particuliére.
Mais quoi que les Idées de *Mére* & de *Fille* soient traitées si différemment
par rapport à l'idée de *tuer*, que l'une y est jointe pour former une idée distincte & abstraite, désignée par un nom particulier, & pour constituer
par même moyen une Espèce distincte, tandis que l'autre n'entre point dans
une telle combinaison avec l'idée de *meurtre*, cependant ces deux Idées de
Mére & de *Fille* considerées par rapport à un commerce illicite sont également renfermées sous l'*inceste*, & cela encore pour la commodité d'exprimer par un même nom & de ranger sous une seule Espèce ces conjonctions
impures qui ont quelque chose de plus infame que les autres; ce qu'on fait
pour éviter des circonlocutions choquantes, ou des descriptions qui rendroient le discours ennuyeux.

§. 8. Il ne faut qu'avoir une médiocre connoissance de differentes Lan- Autre preuve,
gues pour être convaincu sans peine de la vérité de ce que je viens de dire, que les Idées des
que les hommes forment arbitrairement diverses Espèces de Modes mixtes, se forment arbi-
car *rien n'est plus ordinaire que de trouver quantité de mots dans une Langue* rée de ce que
auxquels il n'y en a aucun dans une autre Langue qui leur réponde. Ce qui plusieurs mots
montre évidemment, que ceux d'un même Païs ont eu besoin en consé- ne peuvent être
quen- une autre.

CHAP. V. quence de leurs coûtumes & de leur maniére de vivre, de former plusieurs Idées complexes & de leur donner des noms, que d'autres n'ont jamais réuni en Idées spécifiques. Ce qui n'auroit pû arriver de la sorte, si ces Espèces étoient un constant ouvrage de la Nature, & non des combinaisons formées & *abstraites* par l'Esprit pour la commodité de l'entretien, après qu'on les a désignées par des noms distincts. Ainsi l'on auroit bien de la peine à trouver en Italien ou en Espagnol qui sont deux Langues fort abondantes, des mots qui répondissent aux termes de notre Jurisprudence qui ne sont pas de vains sons : moins encore pourroit-on, à mon avis, traduire ces termes en Langue *Caribe* ou dans les Langues qu'on parle parmi les *Iroquois* & les *Kiristinous*. Il n'y a point de mots dans d'autres Langues qui répondent au mot *versura* usité parmi les Romains, ni à celui de *corban*, dont se servoient les Juifs. Il est aisé d'en voir la raison par ce que nous venons de dire. Bien plus ; si nous voulons examiner la chose d'un peu plus près, & comparer exactement diverses Langues, nous trouverons que quoi qu'elles ayent des mots qu'on suppose dans les (1) Traductions & dans les Dictionnaires se répondre l'un à l'autre, à peine y en a-t-il un entre dix, parmi les noms des Idées complexes, & sur-tout, des Modes mixtes, qui signifie précisément la même idée que le mot par lequel il est traduit dans les Dictionnaires. Il n'y a point d'idées plus communes & moins composées que celles des mesures du Temps, de l'Etenduë & du Poids. On rend hardiment en François les mots Latins, *hora*, *pes*, & *libra* par ceux d'*heure*, de *pié* & de *livre* : cependant il est évident que les idées qu'un Romain attachoit à ces mots Latins étoient fort différentes de celles qu'un François exprime par ces mots François. Et qui que ce fût des deux qui viendroit à se servir des mesures que l'autre désigne par des noms usitez dans sa Langue, se méprendroit infailliblement dans son calcul, s'il les regardoit comme les mêmes que celles qu'il exprime dans la sienne. Les preuves en sont trop sensibles pour qu'on puisse le revoquer en doute ; & c'est ce que nous verrons beaucoup mieux dans les noms des Idées plus abstraites & plus composées, telles que sont la plus grande partie de celles qui composent les Discours de Morale : car si l'on vient à comparer exactement les noms de ces Idées avec ceux par lesquels ils sont rendus dans d'autres Langues, on en trouvera fort peu qui correspondent exactement dans toute l'etenduë de leurs significations.

On a formé des Espéces de Modes mixtes pour s'entretenir commodément.

§. 9. La raison pourquoi j'examine ceci d'une maniére si particuliére, c'est afin que nous ne nous trompions point sur les Genres, les Espéces & leurs Essences, comme si c'étoient des choses formées régulierement & constamment par la Nature, & qui eussent une existence réelle dans les choses mêmes ; puisqu'il paroît, après un examen un peu plus exact, que ce n'est qu'un artifice dont l'Esprit s'est avisé pour exprimer plus aisément les collections d'Idées dont il avoit souvent occasion de s'entretenir, par un seul terme général, sous lequel diverses choses particuliéres peuvent être com-

(1) Sans aller plus loin, cette Traduction en est une preuve, comme on peut le voir par quelques Remarques que j'ai été obligé de faire pour en avertir le Lecteur.

comprises, autant qu'elles conviennent avec cette idée abstraite. Que si la
signification douteuse du mot *Espèce* fait que certaines gens sont choquez de m'entendre dire que les Espèces des Modes mixtes sont formées par
l'Entendement, je croi pourtant que personne ne peut nier que ce ne soit
l'Esprit qui forme ces idées complexes & abstraites auxquelles les noms spécifiques ont été attachez. Et s'il est vrai, comme il l'est certainement,
que l'Esprit forme ces modèles pour réduire les Choses en Espèces, & leur
donner des noms, je laisse à penser qui c'est qui fixe les limites de chaque
Sorte ou *Espèce*, car ces deux mots sont chez moi tout-à-fait synonymes.

§. 10. L'étroit rapport qu'il y a entre les *Espèces*, les *Essences* & leurs *Dans les Modes*
noms généraux, du moins dans les *Modes mixtes*, paroîtra encore davanta- *mixtes c'est le*
ge, si nous considerons que c'est le nom qui semble préserver ces Essences *semble la com-*
& leur assûrer une perpetuelle durée. Car l'Esprit ayant mis de la liaison *binaison de di-*
entre les parties détachées de ces Idées complexes, cette union qui n'a au- *en fait une Es-*
cun fondement particulier dans la Nature, cesseroit, s'il n'y avoit quelque *pèce.*
chose qui la maintînt, & qui empêchât que ces parties ne se dispersassent.
Ainsi, quoi que ce soit l'Esprit qui forme cette combinaison, c'est le nom,
qui est, pour ainsi dire, le nœud qui les tient étroitement liez ensemble.
Quelle prodigieuse variété de différentes idées le mot Latin *Triumphus* ne joint-
il pas ensemble, & nous présente comme une Espèce unique! Si ce nom
n'eût jamais été inventé, ou eût été entiérement perdu, nous aurions pû
sans doute avoir des descriptions de ce qui se passoit dans cette solemnité.
Mais je croi pourtant, que ce qui tient ces différentes parties jointes ensemble dans l'unité d'une Idée complexe, c'est ce même mot qu'on y a attaché,
sans lequel on ne regarderoit non plus les différentes parties de cette solemnité comme faisant une seule Chose, qu'aucun autre spectacle qui n'ayant
paru qu'une fois n'a jamais été réuni en une seule idée complexe sous une
seule dénomination. Qu'on voye après cela jusques à quel point l'unité
nécessaire à l'essence des Modes mixtes dépend de l'Esprit; & combien la
continuation & la détermination de cette unité dépend du nom qui lui est
attaché dans l'usage ordinaire; je laisse, dis-je, examiner cela à ceux qui
regardent les Essences & les Espèces comme des choses réelles & fondées
dans la Nature.

§. 11. Conformément à cela, nous voyons que les hommes imaginent
& considèrent rarement aucune autre idée complexe comme une Espèce
particuliére de Modes mixtes, que celles qui sont distinguées par certains
noms; parce que ces Modes n'étant formez par les hommes que pour recevoir une certaine dénomination, l'on ne prend point de connoissance d'aucune telle Espèce, l'on ne suppose pas même qu'elle existe, à moins qu'on
n'y attache un nom qui soit comme un signe qu'on a combiné plusieurs idées
détachées en une seule, & que par ce nom on assûre une union durable à
ces parties qui autrement cesseroient d'être jointes, dès que l'Esprit laisseroit à quartier cette idée abstraite, & discontinueroit d'y penser actuellement. Mais quand une fois on y a attaché un nom dans lequel les parties
de cette Idée complexe ont une union déterminée & permanente, alors
l'essence est, pour ainsi dire, établie, & l'Espèce est considerée comme

CHAP. V. complete. Car dans quelle vûë la Mémoire se chargeroit-elle de telles compositions, à moins que ce ne fût par voye d'abstraction pour les rendre générales ; & pourquoi les rendroit-on générales si ce n'étoit pour avoir des noms généraux dont on put se servir commodément dans les entretiens qu'on auroit avec les autres hommes ? Ainsi nous voyons qu'on ne regarde pas comme deux Espèces d'actions distinctes de tuer un homme avec une épée ou avec une hache, mais si la pointe de l'épée entre la prémiére dans le Corps, on regarde cela comme une Espèce distincte dans les Lieux où cette action a un nom distinct, comme (1) en Angleterre. Mais dans un autre Païs où il est arrivé que cette action n'a pas été spécifiée sous un nom particulier, elle ne passe pas pour une Espèce distincte. Du reste, quoi que dans les Espèces des Substances corporelles, ce soit l'Esprit qui forme l'Essence nominale ; cependant parce que les Idées qui y sont combinées, sont supposées être unies dans la Nature, soit que l'Esprit les joigne ensemble ou non, on les regarde comme des Espèces distinctes, sans que l'Esprit y interpose son operation, soit par voye d'abstraction, ou en donnant un nom à l'idée complexe qui constituë cette essence.

Nous ne considerons point les Originaux des Modes mixtes au de-là de l'Esprit, ce qui prouve encore qu'ils sont l'Ouvrage de l'Entendement.

§. 12. Une autre remarque qu'on peut faire en conséquence de ce que je viens de dire sur les Essences des Espèces des Modes mixtes, qu'elles sont produites par l'Entendement plûtôt que par la Nature, c'est *que leurs noms conduisent nos pensées à ce qui est dans l'Esprit, & point au delà.* Lorsque nous parlons de *Justice* & de *Reconnoissance*, nous ne nous représentons aucune chose existante que nous songions à concevoir, mais nos pensées se terminent aux idées abstraites de ces vertus, & ne vont pas plus loin, comme elles font quand nous parlons d'un *Cheval* ou du *Fer*, dont nous ne considerons pas les idées spécifiques comme existantes purement dans l'Esprit ; mais dans les Choses mêmes qui nous fournissent les patrons originaux de ces Idées. Au contraire, dans les *Modes mixtes*, ou du moins dans les plus considérables qui sont les Etres de morale, nous considerons les modèles originaux comme existans dans l'Esprit, & c'est à ces modèles que nous avons égard pour distinguer chaque Etre particulier par des noms distincts. De-là vient, à mon avis, qu'on donne aux essences des Espèces des Modes mixtes le nom plus particulier de (2) *Notion*, comme si elles appartenoient à l'Entendement d'une maniére plus particuliére que les autres Idées.

La raison pourquoi ils sont si composez, c'est parce qu'ils sont formez par l'Entendement sans modèles.

§. 13. Nous pouvons aussi apprendre par-là, *pourquoi les Idées complexes des Modes mixtes sont communément plus composées, que celles des Substances naturelles.* C'est parce que l'Entendement qui en les formant par lui-même sans aucun rapport à un original préexistant, s'attache uniquement à son but, & à la commodité d'exprimer en abregé les idées qu'il voudroit faire connoître à une autre personne, réunit souvent avec une extrême liberté dans une seule idée abstraite des choses qui n'ont aucune liaison dans la Nature : & par-là il assemble sous un seul terme une grande varieté d'Idées diverse-

---

(1) Où on la nomme *Stabbing.* Voyez ci-dessus pag. 346. ce qui a été dit sur ce mot-là.
(2) On dit, *la Notion de la Justice, de la Temperance* ; mais on ne dit point, *la Notion d'un Cheval, d'une pierre,* &c.

versement composées. Prenons pour exemple le mot de *Procession*; quel mélange d'idées indépendantes, de personnes, d'habits, de tapisseries, d'ordre, de mouvemens, de sons, &c. ne renferme-t-il pas dans cette idée complexe que l'Esprit de l'homme a formée arbitrairement pour l'exprimer par ce nom-là? Au lieu que les Idées complexes qui constituent les Espèces des Substances, ne sont ordinairement composées que d'un petit nombre d'idées simples; & dans les différentes Espèces d'Animaux, l'Esprit se contente ordinairement de ces deux Idées, la *figure* & la *voix*, pour constituer toute leur essence nominale.

§. 14. Une autre chose que nous pouvons remarquer à propos de ce que je viens de dire, c'est *que les noms des Modes mixtes signifient toûjours les essences réelles de leurs Espèces lors qu'ils ont une signification déterminée.* Car ces Idées abstraites étant une production de l'Esprit, & n'ayant aucun rapport à l'existence réelle des choses, on ne peut supposer qu'aucune autre chose soit signifiée par ce nom, que la seule idée complexe que l'Esprit a formé lui-même, & qui est tout ce qu'il a voulu exprimer par ce nom-là: & c'est de-là aussi que dépendent toutes les propriétez de cette Espèce, & d'où elles découlent uniquement. Par conséquent dans les Modes mixtes l'essence réelle & nominale n'est qu'une seule & même chose. Nous verrons ailleurs de quelle importance cela est pour la connoissance certaine des véritez générales.

Les noms de Modes mixtes signifient toûjours leurs Essences réelles;

§. 15. Ceci nous peut encore faire voir la raison, *pourquoi l'on vient à apprendre la plûpart des noms des Modes mixtes avant que de connoître parfaitement les idées qu'ils signifient.* C'est que n'y ayant point d'Espèces de ces Modes dont on prenne ordinairement connoissance sinon de celles qui ont des noms; & ces Espèces ou plûtôt leurs essences étant des Idées complexes & abstraites, formées arbitrairement par l'Esprit, il est à propos, pour ne pas dire nécessaire, de connoître les noms, avant que de s'appliquer à former ces Idées complexes; à moins qu'un homme ne veuille se remplir la tête d'une foule d'Idées complexes & abstraites, auxquelles les autres hommes n'ont attaché aucun nom, & qui lui sont si inutiles à lui-même qu'il n'a autre chose à faire après les avoir formées que de les laisser à l'abandon & les oublier entièrement. J'avouë que dans les commencemens des Langues, il étoit nécessaire qu'on eût l'idée, avant que de lui donner un certain nom; & il en est de même encore aujourd'hui, lorsque l'Esprit venant à faire une nouvelle idée complexe & la réunissant en une seule par un nouveau nom qu'il lui donne, il invente pour cet effet un nouveau mot. Mais cela ne regarde point les Langues établies qui en général sont fort bien pourvuës de ces idées que les hommes ont souvent occasion d'avoir dans l'Esprit & de communiquer aux autres. Et c'est sur ces sortes d'Idées que je demande, s'il n'est pas ordinaire que les Enfans apprennent les noms des Modes mixtes avant qu'ils en ayent les idées dans l'Esprit? De mille personnes à peine y en a-t-il une qui forme l'idée abstraite de *Gloire* ou d'*Ambition* avant que d'en avoir ouï les noms. Je conviens qu'il en est tout autrement à l'égard des Idées simples & des Substances; car comme elles ont une existence & une liaison réelle dans la Nature, on

Pourquoi l'on aprend d'ordinaire leurs noms avant les Idées qu'ils renferment.

ac-

CHAP. V.
Pourquoi je m'étends si fort sur ce sujet.

acquiert l'idée avant le nom, ou le nom avant l'idée comme il se rencontre.

§. 16. Ce que je viens de dire des *Modes mixtes* peut être aussi appliqué aux *Relations*, sans y changer grand' chose, & parce que chacun peut s'en appercevoir de lui-même, je m'épargnerai le soin d'étendre davantage cet article, & sur tout à cause que ce que j'ai dit sur les Mots dans ce Troisiéme Livre, paroîtra peut-être à quelques-uns beaucoup plus long que ne méritoit un sujet de si petite importance. J'avouë qu'on auroit pû le renfermer dans un plus petit espace. Mais j'ai été bien aise d'arrêter mon Lecteur sur une matiére qui me paroît nouvelle, & un peu éloignée de la route ordinaire, (je suis du moins assûré que je n'y avois point encore pensé, quand je commençai à écrire cet Ouvrage) afin qu'en l'examinant à fond, & en la tournant de tous côtez, quelque partie puisse frapper çà ou là l'Esprit des Lecteurs, & donner occasion aux plus opiniâtres ou aux plus négligens de refléchir sur un désordre général, dont on ne s'apperçoit pas beaucoup, quoi qu'il soit d'une extrème conséquence. Si l'on considére le bruit qu'on fait au sujet des *Essences* des choses; & combien on embrouille toutes sortes de Sciences, de discours, & de conversations par le peu d'exactitude & d'ordre qu'on employe dans l'usage & l'application des Mots, on jugera peut-être que c'est une chose bien digne de nos soins d'approfondir entiérement cette matiére, & de la mettre dans tout son jour. Ainsi, j'espére qu'on m'excusera de ce que j'ai traité au long un sujet qui mérite d'autant plus, à mon avis, d'être inculqué & rebattu que les fautes qu'on commet ordinairement dans ce genre, apportent non seulement les plus grands obstacles à la vraye Connoissance, mais sont si respectées qu'elles passent pour des fruits de cette même Connoissance. Les hommes s'appercevroient souvent que dans ces Opinions dont ils font tant les fiers, il y a bien peu de raison & de vérité, ou peut-être qu'il n'y en a absolument point, s'ils vouloient porter leur Esprit au delà de certains sons qui sont à la mode; & considérer quelles idées sont ou ne sont pas comprises sous des termes dont ils se munissent à toutes fins & en toutes rencontres, & qu'ils employent avec tant de confiance pour expliquer toute sorte de matiéres. Pour moi je croirai avoir rendu quelque service à la Vérité, à la Paix, & à la véritable Science, si en m'étendant un peu sur ce sujet, je puis engager les hommes à refléchir sur l'usage qu'ils font des mots en parlant, & leur donner occasion de soupçonner que puisqu'il arrive souvent à d'autres d'employer dans leurs discours & dans leurs Ecrits de fort bons mots, autorisez par l'usage, dans un sens fort incertain, & qui se réduit à très-peu de chose ou même à rien du tout, ils pourroient bien tomber aussi dans le même inconvénient. D'où il s'ensuit évidemment qu'ils ont grand' raison de s'observer exactement eux-mêmes, sur ces matiéres, & d'être bien aises que d'autres s'appliquent à les examiner. C'est sur ce fondement que je vais continuër de proposer ce qui me reste à dire sur cet article.

CHA-

CHAPITRE VI.

Des Noms des Substances.

§. 1. Les noms communs des Substances emportent, aussi bien que les autres termes généraux, l'idée générale de *Sorte*, ce qui ne veut dire autre chose sinon que ces noms-là sont faits signes de telles ou telles Idées complexes, dans lesquelles plusieurs Substances particuliéres conviennent ou peuvent convenir; & en vertu de quoi elles sont capables d'être comprises sous une commune conception, & signifiées par un seul nom. Je dis qu'elles conviennent ou peuvent convenir: car, par exemple, quoi qu'il n'y ait qu'un seul Soleil dans le Monde, cependant l'idée en étant formée par abstraction de telle maniere que d'autres Substances (supposé qu'il y en eût plusieurs autres) pussent chacune y participer également, cette idée est aussi bien une *Sorte* ou *Espèce* que s'il y avoit autant de Soleils qu'il y a d'Etoiles. Et ce n'est pas sans fondement que certaines gens pensent qu'il y a véritablement autant de Soleils ; & que par rapport à une personne qui seroit placée à une juste distance, chaque Etoile Fixe répondroit en effet à l'idée signifiée par le mot de *Soleil:* ce qui, pour le dire en passant, nous peut faire voir combien les *Sortes*, ou si vous voulez, les *Genres* & les *Espèces* des Choses (car ces deux derniers mots dont on fait tant de bruit dans les Ecoles, ne signifient autre chose chez moi que ce qu'on entend en François par le mot de *Sorte*) dépendent des Collections d'idées que les hommes ont faites, & nullement de la nature réelle des choses, puisqu'il n'est pas impossible que dans la plus grande exactitude du Langage, ce qui à l'égard d'une certaine personne est une Etoile, ne puisse être un Soleil à l'égard d'une autre.

Les noms communs des Substances emportent l'idée de Sorte.

§. 2. La mesure & les bornes de chaque *Espèce* ou *Sorte*, par où elle est érigée en une telle Espèce particuliére, & distinguée des autres, c'est ce que nous appellons son *Essence*; qui n'est autre chose que l'Idée abstraite à laquelle le nom est attaché, de sorte que chaque chose contenuë dans cette Idée, est essentielle à cette Espèce. Quoi que ce soit là toute l'essence des Substances naturelles qui nous est connuë, & par où nous distinguons ces Substances en différentes Espèces, je la nomme pourtant *essence nominale*, pour la distinguer de la constitution réelle des Substances, d'où dépendent toutes les idées qui entrent dans l'*essence nominale*, & toutes les propriétez de chaque Espèce: Laquelle constitution réelle quoi qu'inconnuë peut être appellée pour cet effet l'*essence réelle*, comme il a été dit. Par exemple, l'*essence nominale* de l'Or, c'est cette Idée complexe que le mot *Or* signifie, comme vous diriez un Corps jaune, d'une certaine pesanteur, malléable. fusible, & fixe. Mais l'*Essence réelle*, c'est la constitution des parties insensibles de ce Corps, de laquelle ces Qualitez & toutes les autres propriétez de l'Or dépendent. Il est aisé de voir d'un coup d'œil combien ces deux

L'essence de chaque Sorte, c'est l'Idée abstraite.

CHAP. VI. deux chofes font différentes, quoi qu'on leur donne à toutes deux le nom d'*effence*.

Différence entre l'effence réelle & l'effence nominale.

§. 3. Car encore qu'un Corps d'une certaine forme, accompagné de fentiment, de raifon, & de motion volontaire conftituë peut-être l'idée complexe à laquelle moi & d'autres attachons le nom d'*Homme*; & qu'ainfi ce foit l'effence nominale de l'Efpèce que nous défignons par ce nom-là, cependant perfonne ne dira jamais, que cette Idée complexe eft l'effence réelle & la fource de toutes les opérations qu'on peut trouver dans chaque Individu de cette Efpéce. Le fondement de toutes ces Qualitez qui entrent dans l'Idée complexe que nous en avons, eft tout autre chofe, & fi nous connoiffions cette conftitution de l'*Homme*, d'où découlent fes facultez de mouvoir, de fentir, de raifonner, & fes autres puiffances, & d'où dépend fa figure fi réguliére, comme peut-être les Anges la connoiffent, & comme la connoit certainement celui qui en eft l'Auteur, nous aurions une idée de fon effence tout-à-fait différente de celle qui eft préfentement renfermée dans notre définition de cette Efpèce, en quoi elle confifte; & l'idée que nous aurions de chaque homme individuel feroit auffi différente de celle que nous en avons à préfent, que l'idée de celui qui connoit tous les refforts, toutes les rouës & tous les mouvemens particuliers de chaque pièce de la fameufe Horloge de *Strasbourg*, eft différente de celle qu'en a un Païfan groffier qui voit fimplement le mouvement de l'Aiguille, qui entend le fon du Timbre, & qui n'obferve que les parties extérieures de l'Horloge.

Rien n'eft effentiel aux Individus.

§. 4. Ce qui fait voir que l'*Effence* fe rapporte aux Efpèces, dans l'ufage ordinaire qu'on fait de ce mot, & qu'on ne la confidére dans les Etres particuliers qu'entant qu'ils font rangez fous certaines Efpèces, c'eft qu'ôté les Idées abftraites par où nous réduifons les Individus à certaines fortes & les rangeons fous de communes dénominations, rien n'eft plus regardé comme leur étant effentiel. Nous n'avons point de notion de l'un fans l'autre, ce qui montre évidemment leur relation. Il eft néceffaire que je fois ce que je fuis. DIEU & la Nature m'ont ainfi fait, mais je n'ai rien qui me foit effentiel. Un accident ou une maladie peut apporter de grands changemens à mon teint ou à ma taille: une Fiévre ou une chute peut m'ôter entierement la Raifon ou la mémoire, ou toutes deux enfemble; & une Apoplexie peut me reduire à n'avoir ni fentiment, ni entendement, ni vie. D'autres Créatures de la même forme que moi peuvent être faites avec un plus grand ou un plus petit nombre de facultez que je n'en ai, avec des facultez plus excellentes ou pires que celles dont je fuis doûé; & d'autres Créatures peuvent avoir de la Raifon & du fentiment dans une forme & dans un Corps fort différent du mien. Nulle de ces chofes n'eft effentielle à aucun Individu, à celui-ci ou à celui-là, jufqu'à ce que l'Efprit le rapporte à quelque *forte* ou *efpèce* de Chofes: mais l'Efpèce n'eft pas plûtôt formée qu'on trouve quelque chofe d'effentiel par rapport à l'idée abftraite de cette Efpèce. Que chacun prenne la peine d'examiner fes propres penfées; & il verra, je m'affûre, que dès qu'il fuppofe quelque chofe d'effentiel, ou qu'il en parle, la confideration de quelque Efpèce ou de quelque Idée complexe,

fignisignifiée par quelque nom général, se présente à son Esprit; & c'est par rapport à cela qu'on dit que telle ou telle Qualité est essentielle. De sorte que, si l'on me demande s'il est essentiel à moi ou à quelque autre Etre particulier & corporel d'avoir de la Raison, je répondrai que non, & que cela n'est non plus essentiel qu'il est essentiel à cette Chose blanche sur quoi j'écris, qu'on y trace des mots dessus. Mais si cet Etre particulier doit être compté parmi cette Espèce qu'on appelle *Homme* & avoir le nom d'*homme*, dès-lors la Raison lui est essentielle, supposé que la Raison fasse partie de l'Idée complexe qui est signifiée par le nom d'*homme*, comme il est essentiel à la Chose sur quoi j'écris, de contenir des mots, si je lui veux donner le nom de *Traité* & le ranger sous cette Espèce. De sorte que ce qu'on appelle *essentiel* & *non-essentiel*, se rapporte uniquement à nos Idées abstraites & aux noms qu'on leur donne: ce qui ne veut dire autre chose, sinon que toute chose particuliére qui n'a pas en elle-même les Qualitez qui sont contenuës dans l'idée abstraite qu'un terme général signifie, ne peut être rangée sous cette Espèce ni être appellée de ce nom, puisque cette Idée abstraite est la véritable essence de cette Espèce.

§. 5. Cela posé, si l'idée du *Corps* est, comme veulent quelques-uns, une simple étenduë, ou le pur Espace, alors la solidité n'est pas *essentielle* au Corps. Si d'autres établissent que l'idée à laquelle ils donnent le nom de *Corps*, emporte solidité & étenduë, en ce cas la solidité est essentielle au Corps. Par conséquent ce qui fait partie de l'Idée complexe que le nom signifie, est la chose, & la seule chose qu'il faut considerer comme essentielle, & sans laquelle nulle chose particuliére ne peut être rangée sous cette Espèce, ni être désignée par ce nom-là. Si l'on trouvoit une partie de Matiére qui eût toutes les autres qualitez qui se rencontrent dans le Fer, excepté celle d'être attirée par l'Aimant & d'en recevoir une direction particuliére, qui est-ce qui s'aviseroit de mettre en question s'il manqueroit à cette portion de matière quelque chose d'essentiel? Qui ne voit plûtôt l'absurdité qu'il y auroit de demander s'il manqueroit quelque chose d'essentiel à une chose réellement existante? Ou bien, pourroit-on demander si cela seroit ou non une différence essentielle ou spécifique, puisque nous n'avons point d'autre mesure de ce qui constituë l'essence ou l'Espèce des choses que nos Idées abstraites; & que parler de différences spécifiques dans la Nature, sans rapport à des Idées générales & à des noms généraux, c'est parler inintelligiblement? Car je voudrois bien vous demander ce qui suffit pour faire une différence essentielle dans la Nature entre deux Etres particuliers sans qu'on ait égard à quelque Idée abstraite qu'on considére comme l'essence & le patron d'une Espèce. Si l'on ne fait absolument point d'attention à tous ces Modèles, on trouvera sans doute que toutes les Qualitez des Etres particuliers, considerez en eux-mêmes, leur sont également *essentielles*; & dans chaque Individu chaque chose lui sera *essentielle*, ou plûtôt, rien du tout ne lui sera essentiel. Car quoi qu'on puisse demander raisonnablement s'il est essentiel au Fer d'ètre attiré par l'Aimant, je croi pourtant que c'est une chose absurde & frivole de demander si cela est *essentiel* à cette portion particuliére de matière dont je me sers pour tailler ma plume, sans la consi-

CHAP. VI. derer fous le nom de *fer*, ou comme étant d'une certaine *Espèce*. Et fi nos Idées abftraites auxquelles on a attaché certains noms, font les bornes des Efpèces, comme nous avons dejà dit, rien ne peut être effentiel que ce qui eft renfermé dans ces Idées.

§. 6. A la vérité, j'ai fouvent fait mention d'une *effence réelle*, qui dans les Subftances eft diftincte des Idées abftraites qu'on s'en fait & que je nomme leurs *effences nominales*. Et par cette effence réelle, j'entens la conftitution réelle de chaque chofe qui eft le fondement de toutes les proprietez, qui font combinées & qu'on trouve *coëxifter* conftamment avec l'effence nominale, cette conftitution particuliére que chaque chofe a en elle-même fans aucun rapport à rien qui lui foit extérieur. Mais l'effence prife même en ce fens-là fe rapporte à une certaine *forte*, & fuppofe une Efpèce: car comme c'eft la conftitution réelle d'où dépendent les propriétez, elle fuppofe néceffairement une forte de chofes, puifque les propriétez appartiennent feulement aux Efpèces, & non aux Individus. Suppofé, par exemple, que l'*effence nominale* de l'Or foit d'être un Corps d'une telle couleur, d'une telle pefanteur, malleable & fufible, fon effence réelle eft la difpofition des parties de matiére, d'où dépendent ces Qualitez & leur union, comme elle eft auffi le fondement de ce que ce Corps fe diffout dans l'*Eau Regale*, & des autres propriétez qui accompagnent cette Idée complexe. Voilà des effences & des propriétez, mais toutes fondées fur la fuppofition d'une Efpèce ou d'une Idée générale & abftraite qu'on confidere comme immuable: car il n'y a point de particule individuelle de Matiére, à laquelle aucune de ces Qualitez foit fi fort attachée, qu'elle lui foit effentielle ou en foit infeparable. Ce qui eft effentiel à une certaine portion de matiere, lui appartient comme une condition par où elle eft de telle ou telle Efpèce; mais ceffez de la confiderer comme rangée fous la dénomination d'une certaine Idée abftraite, dès-lors il n'y a plus rien qui lui foit néceffairement attaché, rien qui en foit infeparable. Il eft vrai qu'à l'égard des Effences réelles des Subftances, nous fuppofons feulement leur exiftence fans connoître précifément ce qu'elles font. Mais ce qui les lie toûjours à certaines Efpèces, c'eft l'*effence nominale* dont on fuppofe qu'elles font la caufe & le fondement.

L'Effence nominale détermine l'Efpèce.

§. 7. Il faut examiner après cela par quelle de ces deux Effences on réduit les Subftances à telles & telles Efpèces. Il eft évident que c'eft par l'*effence nominale*. Car c'eft cette feule effence qui eft fignifiée par le nom qui eft la marque de l'Efpèce. Il eft donc impoffible que les Efpèces des Chofes que nous rangeons fous des noms généraux, foient déterminées par autre chofe que par cette idée dont le nom eft établi pour figne; & c'eft là ce que nous appellons *effence nominale*, comme on l'a dejà montré. Pourquoi difons-nous, c'eft un Cheval, c'eft une Mule, c'eft un Animal, c'eft un Arbre? Comment une chofe particuliére vient-elle à être de telle ou telle Efpèce, fi ce n'eft à caufe qu'elle a cette effence nominale, ou ce qui revient au même, parce qu'elle convient avec l'Idée abftraite à laquelle ce nom eft attaché? Je fouhaite feulement que chacun prenne la peine de reflêchir fur fes propres penfées,

fées, lorſqu'il entend tels & tels noms de Subſtances, ou qu'il en par- Chap. VI.
le lui-même pour ſavoir quelles ſortes d'eſſences ils ſignifient.

§. 8. Or que les Eſpèces des Choſes ne ſoient à notre égard que
leur reduction à des noms diſtincts, ſelon les idées complexes que nous
en avons, & non pas ſelon les eſſences préciſes, diſtinctes & réelles qui
ſont dans les Choſes, c'eſt ce qui paroît évidemment de ce que nous
trouvons que quantité d'Individus rangez ſous une ſeule Eſpèce, dé-
ſignez par un nom commun, & qu'on conſidére par conſéquent comme
d'une ſeule Eſpèce, ont pourtant des Qualitez dépendantes de leurs conſtitutions réelles, par où ils ſont autant differens, l'un de l'autre, qu'ils le ſont
d'autres Individus dont on compte qu'ils différent *ſpécifiquement*. C'eſt ce
qu'obſervent ſans peine tous ceux qui examinent les Corps naturels: & en
particulier les Chymiſtes ont ſouvent occaſion d'en être convaincus par de
fâcheuſes expériences, cherchant quelquefois en vain dans un morceau de
ſouphre, d'antimoine, ou de vitriol les mêmes Qualitez qu'ils ont trouvées
dans d'autres parties de ces Mineraux. Quoi que ce ſoient des Corps de la
même Eſpèce, qui ont la même *eſſence nominale* ſous le même nom; cependant après un rigoureux examen il paroit dans l'un des Qualitez ſi différentes de celles qui ſe rencontrent dans l'autre, qu'ils trompent l'attente & le
travail des Chymiſtes les plus exacts. Mais ſi les Choſes étoient diſtinguées
en Eſpèces ſelon leurs eſſences réelles, il ſeroit auſſi impoſſible de trouver
différentes propriétez dans deux Subſtances individuelles de la même Eſpèce, qu'il l'eſt de trouver différentes propriétez dans deux Cercles, ou dans
deux Triangles équilateres. C'eſt proprement l'eſſence, qui à notre
égard détermine chaque choſe particuliére à telle ou à telle Claſſe, ou
ce qui revient au même, à tel ou tel nom général; & elle ne peut être
autre choſe que l'idée abſtraite à laquelle le nom eſt attaché. D'où il s'enſuit que dans le fond cette Eſſence n'a pas tant de rapport à l'exiſtence des
choſes particuliéres, qu'à leurs dénominations générales.

§. 9. Et en effet, nous ne pouvons point réduire les choſes à certaines Ce n'eſt pas
Eſpèces, ni par conſéquent leur donner des dénominations (ce qui eſt le l'*Eſſence réelle*
but de cette reduction) en vertu de leurs *eſſences réelles*, parce que ces eſſen- l'Eſpèce, puis
ces nous ſont inconnuës. Nos Facultez ne nous conduiſent point, pour la que cette Eſſen-
connoiſſance & la diſtinction des Subſtances, au delà d'une collection des connuë.
Idées ſenſibles que nous y obſervons actuellement, laquelle collection quoi
que faite avec la plus grande exactitude dont nous ſoyons capables, eſt pourtant plus éloignée de la veritable conſtitution intérieure d'où ces Qualitez
découlent, que l'Idée qu'un Païſan a de l'Horloge de *Strasbourg* n'eſt éloignée d'être conforme à l'artifice intérieur de cette admirable Machine,
dont le Païſan ne voit que la figure & les mouvemens extérieurs. Il n'y a
point de Plante ou d'Animal ſi peu conſiderable qui ne confonde l'Entendement de la plus vaſte capacité. Quoi que l'uſage ordinaire des choſes qui
ſont autour de nous, étouffe l'admiration qu'elles nous cauſeroient autrement, cela ne guerit pourtant point notre ignorance. Dès que nous venons à examiner les pierres que nous foulons aux pieds, ou le Fer que nous
manions tous les jours, nous ſommes convaincus que nous n'en connoiſſons

point

CHAP. VI. point la conſtitution interieure, & que nous ne ſçaurions rendre raiſon des differentes Qualitez que nous y découvrons. Il eſt évident que cette conſtitution intérieure, d'où dépendent les Qualitez des Pierres & du Fer nous eſt abſolument inconnuë. Car pour ne parler que des plus groſſieres & des plus communes que nous y pouvons obſerver, quelle eſt la contexture de parties, l'eſſence réelle qui rend le Plomb & l'Antimoine fuſibles, & qui empêche que le Bois & les Pierres ne ſe fondent point? Qu'eſt-ce qui fait que le Plomb & le Fer ſont *malleables*, & que l'Antimoine & les Pierres ne le ſont pas? Cependant quelle infinie diſtance n'y a-t-il pas de ces Qualitez aux arrangemens ſubtils & aux inconcevables eſſences réelles des Plantes & des Animaux? C'eſt ce que tout le monde reconnoit ſans peine. L'artifice que Dieu, cet Etre tout ſage & tout puiſſant, a employé dans le grand Ouvrage de l'Univers & dans chacune de ſes parties, ſurpaſſe davantage la capacité & la comprehenſion de l'homme le plus curieux & le plus pénétrant, que la plus grande ſubtilité de l'Eſprit le plus ingenieux ne ſurpaſſe les conceptions du plus ignorant & du plus groſſier des hommes. C'eſt donc en vain que nous prétendons reduire les choſes à certaines Eſpèces & les ranger en diverſes claſſes ſous certains noms, en vertu de leurs eſſences réelles, que nous ſommes ſi éloignez de pouvoir découvrir, ou comprendre. Un Aveugle peut auſſitôt réduire les Choſes en Eſpèces par le moyen de leurs couleurs; & celui qui a perdu l'odorat peut auſſi bien diſtinguer un Lis & une Roſe par leurs odeurs que par ces conſtitutions intérieures qu'il ne connoit pas. Celui qui croit pouvoir diſtinguer les Brebis & les Chévres par leurs eſſences réelles, qui lui ſont inconnuës, peut tout auſſi bien exercer ſa pénétration ſur les Eſpèces qu'on nomme *Caſſiowary* & *Querechinchio*, & déterminer à la faveur de leurs eſſences réelles & intérieures, les bornes de leurs Eſpèces, ſans connoître les Idées complexes des Qualitez ſenſibles que chacun de ces noms ſignifie dans les Païs où l'on trouve ces Animaux-là.

Ce n'eſt pas non plus les *Formes ſubſtantielles*, que nous connoiſſons encore moins.

§. 10. Ainſi, ceux à qui l'on a enſeigné que les differentes Eſpèces de Subſtances avoient leurs *formes ſubſtantielles* diſtinctes & intérieures, & que c'étoient ces formes qui font la diſtinction des Subſtances en leurs vrais *Genres* & leurs veritables Eſpèces, ont été encore plus éloignez du droit chemin, puiſque par-là ils ont appliqué leur Eſprit à de vaines recherches ſur des formes ſubſtantielles entierement inintelligibles, & dont à peine avons-nous quelque obſcure ou confuſe conception en général.

Par les Idées que nous avons des Eſprits il paroit encore que c'eſt par l'*eſſence nominale* que nous diſtinguons les Eſpèces.

§. 11. Que la diſtinction que nous faiſons des Subſtances naturelles en Eſpèces particuliéres, conſiſte dans des Eſſences nominales établies par l'Eſprit, & nullement dans les Eſſences réelles qu'on peut trouver dans les choſes mêmes, c'eſt ce qui paroit encore bien clairement par les Idées que nous avons des *Eſprits*. Car notre Entendement n'acquerant les idées qu'il attribuë aux Eſprits que par les reflexions qu'il fait ſur ſes propres operations, il n'a ou nê peut avoir d'autre notion d'un Eſprit, qu'en attribuant toutes les opérations qu'il trouve en lui-même, à une ſorte d'Etres, ſans aucun égard à la Matiére. L'idée même la plus parfaite que nous ayons de DIEU, n'eſt qu'une attribution des mêmes *Idées ſimples* qui nous ſont venuës en refléchiſſant ſur ce que nous trouvons en nous-mêmes, &
dont

dont nous concevons que la possession nous communique plus de per- CHAP. VI
fection, que nous n'en aurions si nous en étions privez; ce n'est, dis-
je, autre chose qu'une attribution de ces Idées simples à cet Etre suprême, dans un dégré illimité. Ainsi après avoir acquis par la reflexion
que nous faisons sur nous-mêmes, l'idée d'existence, de connoissance,
de puissance & de plaisir, de chacune desquelles nous jugeons qu'il
vaut mieux jouïr que d'en être privé, & que nous sommes d'autant
plus heureux que nous les possedons dans un plus haut dégré, nous
joignons toutes ces choses ensemble en attachant l'*Infinité* à chacune en particulier, & par-là nous avons l'idée complexe d'un Etre
éternel, *omniscient*, tout-puissant, infiniment sage, & infiniment heureux. Or quoi qu'on nous dise qu'il y a différentes Espèces d'Anges,
nous ne savons pourtant comment nous en former diverses idées spécifiques; non que nous soyons prévenus de la pensée qu'il est impossible
qu'il y ait plus d'une Espèce d'Esprits, mais parce que n'ayant & ne
pouvant avoir d'autres idées simples applicables à de tels Etres, que ce
petit nombre que nous tirons de nous-mêmes & des actions de notre
propre Esprit, lorsque nous pensons, que nous ressentons du plaisir & que
nous remuons différentes parties de notre Corps, nous ne saurions autrement
distinguer dans nos conceptions, différentes sortes d'Esprits, l'une de l'autre, qu'en leur attribuant dans un plus haut ou plus bas dégré ces operations
& ces puissances que nous trouvons en nous-mêmes: & ainsi nous ne pouvons point avoir des Idées specifiques des Esprits, qui soient fort distinctes,
Dieu seul excepté, à qui nous attribuons la durée & toutes ces autres Idées
dans un dégré infini, au lieu que nous les attribuons aux autres Esprits avec
limitation. Et autant que je puis concevoir la chose, il me semble que
dans nos Idées nous ne mettons aucune différence entre Dieu & les Esprits
par aucun nombre d'idées simples que nous ayons de l'un & non des autres,
excepté celle de l'Infinité. Comme toutes les idées particuliéres d'existence,
de connoissance, de volonté, de puissance, de mouvement, *&c.* procedent
des opérations de notre Esprit, nous les attribuons toutes à toute sorte d'Esprits, avec la seule différence de dégrez jusqu'au plus haut que nous puissions imaginer, & même jusqu'à l'infinité, lorsque nous voulons nous former, autant qu'il est en notre pouvoir, une idée du Prémier Etre, qui cependant est toûjours infiniment plus éloigné, par l'excellence réelle de sa
nature, du plus élevé & du plus parfait de tous les Etres créez, que le plus
excellent homme, ou plûtôt que l'Ange & le *Seraphin* le plus pur est éloigné de la partie de Matiére la plus contemptible, & qui par conséquent
doit être infiniment au dessus de ce que notre Entendement borné peut concevoir de Lui.

§. 12. Il n'est ni impossible de concevoir, ni contre la Raison qu'il puisse Il est probable
y avoir plusieurs Espèces d'Esprits, autant différentes l'une de l'autre par qu'il y a un
des proprietez distinctes dont nous n'avons aucune idée, que les Espèces des brable d'Espèces
choses sensibles sont distinguées l'une de l'autre par des Qualitez que nous d'Esprits.
connoissons & que nous y observons actuellement. Sur quoi il me semble
qu'on peut conclurre probablement de ce que dans tout le Monde visible &

cor-

CHAP. VI. corporel nous ne remarquons aucun vuide, qu'il devroit y avoir plus d'Espèces de Créatures Intelligentes au deſſus de nous, qu'il n'y en a de ſenſibles & de materielles au deſſous. En effet en commençant depuis nous juſqu'aux choſes les plus baſſes, c'eſt une deſcente qui ſe fait par de fort petits dégrez, & par une ſuite continuée de choſes qui dans chaque éloignement different fort peu l'une de l'autre. Il y a des Poiſſons qui ont des aîles & à qui l'Air n'eſt pas étranger, & il y a des Oiſeaux qui habitent dans l'Eau, qui ont le ſang froid comme les Poiſſons & dont la chair leur reſſemble ſi fort par le goût qu'on permet aux ſcrupuleux d'en manger durant les jours maigres. Il y a des animaux qui approchent ſi fort de l'Eſpèce des Oiſeaux & des Bêtes qu'ils tiennent le milieu entre deux. Les Amphibies tiennent également des Bêtes terreſtres & des aquatiques. Les Veaux marins vivent ſur la Terre & dans la Mer; &-les Marſouins ont le ſang chaud & les entrailles d'un Cochon, pour ne pas parler de ce qu'on rapporte des Sirenes ou des hommes marins. Il y a des Bêtes qui ſemblent avoir autant de connoiſſance & de raiſon que quelques animaux qu'on appelle hommes; & il y a une ſi grande proximité entre les Animaux & les Vegetaux, que ſi vous prenez le plus imparfait de l'un & le plus parfait de l'autre, à peine remarquerez-vous aucune différence conſiderable entr'eux. Et ainſi, juſqu'à ce que nous arrivions aux plus baſſes & moins organiſées parties de matière, nous trouverons par tout, que les différentes Eſpèces ſont liées enſemble; & ne différent que par des dégrez preſque inſenſibles. Et lorſque nous conſiderons la puiſſance & la ſageſſe infinie de l'Auteur de toutes choſes, nous avons ſujet de penſer que c'eſt une choſe conforme à la ſomptueuſe harmonie de l'Univers, & au grand deſſein, auſſi bien qu'à la bonté infinie de ce ſouverain Architecte, que les différentes *Eſpèces* de Créatures s'élevent auſſi peu-à-peu depuis nous vers ſon infinie perfection, comme nous voyons qu'ils vont depuis nous en deſcendant par des dégrez preſque inſenſibles. Et cela une fois admis comme probable, nous avons raiſon de nous perſuader qu'il y a beaucoup plus d'Eſpèces de Créatures au deſſus de nous qu'il n'y en a au deſſous; parce que nous ſommes beaucoup plus éloignez en dégrez de perfection de l'Etre infini de DIEU, que du plus bas état de l'Etre & de ce qui approche le plus près du néant. Cependant nous n'avons nulle idée claire & diſtincte de toutes ces différentes Eſpèces, pour les raiſons qui ont été propoſées ci-deſſus.

Il paroit par l'Eau & par la Glace que c'eſt l'eſſence nominale qui conſtituë l'Eſpèce.

§. 13. Mais pour revenir aux Eſpèces des Subſtances corporelles: Si je demandois à quelqu'un ſi la Glace & l'Eau ſont deux diverſes Eſpèces de choſes, je ne doute pas qu'il ne me répondît qu'oui; & l'on ne peut nier qu'il n'eût raiſon. Mais ſi un Anglois élevé dans la *Jamaique* où il n'auroit peut-être jamais vû de glace ni ouï dire qu'il y eût rien de pareil dans le Monde, arrivant en Angleterre pendant l'Hyver trouvoit l'Eau qu'il auroit miſe le ſoir dans un Baſſin, gelée le matin en grand' partie, & que ne ſachant pas le nom particulier qu'elle a dans cet état, il l'appellât de l'*Eau durcie*, je demande ſi ce ſeroit à ſon égard une nouvelle Eſpèce différente de l'Eau; & je croi qu'on me répondra que dans ce cas-là ce ne ſeroit non plus une nouvelle Eſpèce à l'égard de cet Anglois, qu'un ſuc de viande qui

ſe

se congele quand il est froid, est une Espèce distincte de cette même gelée CHAP. VI.
quand elle est chaude & fluide ; ou que l'or liquide dans le creuset est une
Espèce distincte de l'or qui est en consistence dans les mains de l'Ouvrier. Si
cela est ainsi, il est évident que nos Espèces distinctes ne sont que des amas
distincts d'Idées complexes auxquels nous attachons des noms distincts. Il
est vrai que chaque Substance qui existe, a sa constitution particuliere d'où
dépendent les Qualitez sensibles & les Puissances que nous y remarquons :
mais la reduction que nous faisons des choses en Espèces qui n'emporte autre
chose que leur arrangement sous des Espèces particuliéres désignées par certains noms distincts, cette reduction, dis-je, se rapporte uniquement aux
Idées que nous en avons : & quoi que cela suffise pour les distinguer si bien
par des noms, que nous puissions en discourir lorsqu'elles ne sont pas devant
nous, cependant si nous supposons que cette distinction est fondée sur leur
constitution réelle & intérieure, & que la nature distingue les choses qui
existent, en autant d'Espèces par leurs essences réelles, de la même manière que nous les distinguons nous-mêmes en Espèces par telles & telles dénominations, nous risquerons de tomber dans de grandes méprises.

§. 14. Pour pouvoir distinguer les Etres substantiels en Espèces selon la *Difficultez con-*
supposition ordinaire, qu'il y a certaines *Essences* ou *formes* précises des *tre le sentiment*
choses, par où tous les Individus existans sont distinguez naturellement en *certain nombre*
Espèces, voici des conditions qu'il faut remplir nécessairement. *déterminé d'Es-*
sences réelles.

§. 15. Premièrement, on doit être assûré que la Nature se propose toûjours dans la production des Choses de les faire participer à certaines *Essences* réglées & établies, qui doivent être les modèles de toutes les choses à
produire. Cela proposé ainsi cruement comme on a accoûtumé de faire,
auroit besoin d'une explication plus précise avant qu'on pût le recevoir
avec un entier consentement.

§. 16. Il seroit nécessaire, en second lieu, de savoir si la Nature parvient toûjours à cette *Essence* qu'elle a en vûë dans la production des Choses. Les naissances irrégulières & monstrueuses qu'on a observées en différentes Espèces d'Animaux, nous donneront toûjours sujet de douter de l'un
de ces articles, ou de tous les deux ensemble.

§. 17. Il faut déterminer, en troisiéme lieu, si ces Etres que nous appellons des *Monstres*, sont réellement une Espèce distincte selon la notion
scholastique du mot d'*Espèce* puisqu'il est certain que chaque chose qui
existe, a sa constitution particuliére ; car nous trouvons que quelques-uns
de ces Monstres n'ont que peu ou point de ces Qualitez qu'on suppose
resulter de l'Essence de cette Espèce d'où elles tirent leur origine, & à
laquelle il semble qu'elles appartiennent en vertu de leur naissance.

§. 18. Il faut, en quatriéme lieu, que les *Essences réelles* de ces choses que nous distinguons en Espèces & auxquelles nous donnons des noms
après les avoir ainsi distinguées, nous soient connuës, c'est-à-dire que
nous devons en avoir des idées. Mais comme nous sommes dans l'ignorance sur ces quatre articles les *essences réelles des Choses ne nous servent de
rien à distinguer les Substances en Espèces.*

§. 19. En cinquiéme lieu, le seul moyen qu'on pourroit imaginer pour *Nos essences*
l'é-

CHAP. VI. l'éclaircissement de cette Question, ce seroit qu'après avoir formé des Idées complexes entiérement parfaites des Propriétez des Choses, qui découleroient de leurs différentes essences réelles, nous les distinguassions par-là en Espèces. Mais c'est encore ce qu'on ne sauroit faire : car comme l'Essence réelle nous est inconnuë, il nous est impossible de connoître toutes les Propriétez qui en dérivent, & qui y sont si intimement unies que l'une d'elles n'y étant plus, nous puissions certainement conclurre que cette Essence n'y est pas, & que par conséquent la chose n'appartient point à cette Espèce. Nous ne pouvons jamais connoître quel est précisément le nombre des propriétez qui dépendent de l'essence réelle de l'Or, de sorte que l'une de ces propriétez venant à manquer dans tel ou tel sujet, l'essence réelle de l'Or & par conséquent l'Or ne fût point dans ce sujet, à moins que nous ne connussions l'essence de l'Or lui-même, pour pouvoir par-là déterminer cette Espèce. Il faut supposer qu'ici par le mot d'*Or*, je désigne une piéce particuliére de matiére comme la derniére * *Guinée* qui a été frappée en Angleterre. Car si ce mot étoit pris ici dans sa signification ordinaire pour l'idée complexe que moi ou quelque autre appellons *Or*, c'est-à-dire, pour l'essence nominale de *l'Or*, ce seroit un vrai galimathias ; tant il est difficile de faire voir la différente signification des Mots & leur imperfection, lorsque nous ne pouvons le faire que par le secours même des mots.

*Monnoye d'Or qui a cours en Angleterre.

§. 20. De tout cela il s'ensuit évidemment que les distinctions que nous faisons des Substances en Espèces par différentes dénominations, ne sont nullement fondées sur leurs *Essences réelles*, & que nous ne saurions prétendre les ranger & les réduire exactement à certaines Espèces en conséquence de leurs différences essentielles & intérieures.

§. 21. Mais puisque nous avons besoin de termes généraux, comme il a été remarqué ci-dessus, quoi que nous ne connoissions pas les *essences réelles* des choses ; tout ce que nous pouvons faire, c'est d'assembler tel nombre d'Idées simples que nous trouvons par expérience unies ensemble dans les Choses existantes, & d'en faire une seule Idée complexe. Bien que ce ne soit point là l'Essence réelle d'aucune Substance qui existe, c'est pourtant l'*essence spécifique* à laquelle appartient le nom que nous avons attaché à cette Idée complexe, de sorte qu'on peut prendre l'un pour l'autre ; par où nous pouvons enfin éprouver la vérité de ces *Essences nominales*. Par exemple, il y a des gens qui disent que l'Etenduë est l'essence du Corps. S'il est ainsi, comme nous ne pouvons jamais nous tromper en mettant l'essence d'une Chose pour la Chose même, mettons dans le discours l'*étenduë* pour le *Corps*, & quand nous voulons dire que le Corps se meut, disons que l'Etenduë se meut, & voyons comment cela ira. Quiconque diroit qu'une Etenduë met en mouvement une autre Etenduë par voye d'impulsion, montreroit suffisamment l'absurdité d'une telle notion. L'Essence d'une Chose est, par rapport à nous, toute l'idée complexe, comprise & désignée par un certain nom ; & dans les Substances, outre les différentes Idées simples qui les composent, il y a une idée confuse de Substance ou d'un soûtien inconnu, & d'une cause de leur union qui en fait toûjours une par-

partie. C'est pourquoi l'Essence du Corps n'est pas la pure Etenduë, (1) mais une *Chose étenduë & solide*; de sorte que dire qu'une chose étenduë & solide en remuë ou pousse une autre, c'est autant que si l'on disoit qu'un Corps remuë ou pousse un autre Corps. La prémiére de ces expressions est autant intelligible que la derniére. De même quand on dit qu'un Animal raisonnable est capable de conversation, c'est autant que si l'on disoit qu'un homme en est capable. Mais personne ne s'avisera de dire que la (2) *Raisonnabilité* est capable de conversation, parce qu'elle ne constituë pas toute l'essence à laquelle nous donnons le nom d'*Homme*.

§. 22. Il y a des Créatures dans le Monde qui ont une forme pareille à la nôtre, mais qui sont veluës, & n'ont point l'usage de la Parole & de la Raison. Il y a parmi nous des Imbecilles qui ont parfaitement la même forme que nous, mais qui sont destituez de Raison, & quelques-uns d'entre eux qui n'ont point aussi l'usage de la Parole. Il y a des Créatures, à ce qu'on dit, qui avec l'usage de la Parole, de la Raison, & une forme semblable en toute autre chose à la nôtre ont des queuës veluës ; je m'en rapporte à ceux qui nous le racontent, mais au moins ne paroit-il pas contradictoire qu'il y ait de telles Créatures. Il y en a d'autres dont les Mâles n'ont point de barbe, & d'autres dont les Femelles en ont. Si l'on demande si toutes ces Créatures sont hommes ou non, si elles sont d'Espèce humaine, il est visible que cette Question se rapporte uniquement à l'*Essence nominale*; car entre ces Creatures-là celles à qui convient la définition du mot *Homme*, ou l'idée complexe signifiée par ce nom, sont hommes ; & les autres ne le sont point à qui cette définition ou cette idée complexe ne convient pas. Mais si la recherche roule sur l'*essence* supposée *réelle*, ou que l'on demande si la constitution intérieure de ces différentes Créatures est *spécifiquement* différente, il nous est absolument impossible de répondre, puisque nulle partie de cette constitution intérieure n'entre dans notre *Idée spécifique*: seulement nous avons raison de penser que là où les facultez ou la figure extérieure sont si différentes, la constitution intérieure n'est pas exactement la même. Mais c'est en vain que nous rechercherions quelle est la distinction que la différence spécifique met dans la constitution réelle & intérieure, tandis que

CHAP. VI.

Les Idées abstraites que nous nous formons des Substances sont les mesures des Espèces par rapport à nous: Exemple dans l'idée que nous avons de l'Homme.

---

(1) C'est ainsi que l'entendent les Cartesiens. *La chose que nous concevons étenduë en longueur, largeur & profondeur, est ce que nous nommons un Corps*, dit Rohault dans sa Physique, *Ch*. II. *Part*. I. Lors donc que les Cartesiens soûtiennent que l'Etenduë est l'essence du Corps, ils ne prétendent affirmer autre chose de l'étenduë par rapport au Corps que ce que M. Locke dit ailleurs de la solidité par rapport au Corps, que *de toutes les idées c'est celle qui paroit la plus essentielle & la plus étroitement unie au Corps, --- de sorte que l'Esprit la regarde comme inseparablement attachée au Corps, où qu'il soit, & de quelque maniere qu'il soit modifié*: Ci-dessus, *pag.* 79.

(2) Ou faculté de raisonner. Quoi que ces sortes de mots soient inconnus dans le Monde, l'on doit en permettre l'usage, ce me semble, dans un Ouvrage comme celui-ci. Je prens d'avance cette liberté & je ferai souvent obligé de la prendre dans la suite de ce Troisiéme Livre, où l'Auteur n'auroit pû faire connoître la meilleure partie de ses pensées, s'il n'eût inventé de nouveaux termes, pour pouvoir exprimer des conceptions toutes nouvelles. Qui ne voit que je ne puis me dispenser de l'imiter en cela? C'est une liberté qu'ont prise *Rohault*, le P. *Malebranche*, & que Messieurs de l'*Academie Royale des Sciences* prennent tous les jours.

CHAP. VI. que nos mesures des Espèces ne seront, comme elles sont à présent, que les Idées abstraites que nous connoissons, & non la constitution intérieure qui ne fait point partie de ces Idées. La différence de poil sur la peau doit-elle être une marque d'une différente constitution intérieure & spécifique entre un Imbecille & un Magot, lorsqu'ils conviennent d'ailleurs par la forme, & par le manque de raison & de langage? Le défaut de raison & de langage ne nous doit-il pas servir d'un signe de différentes constitutions & d'*Espèces* réelles entre un Imbecille & un homme raisonnable? Et ainsi du reste, si nous prétendons que la distinction des Espèces soit justement établie sur la forme réelle & la constitution intérieure des Choses.

Les Espèces ne sont pas distinguées par la Génération.

§. 23. Et qu'on ne dise pas que les *Espèces* supposées *réelles* sont conservées distinctes & dans leur entier dans les Animaux par l'accouplement du Mâle & de la Femelle; & dans les Plantes par le moyen des semences. Car cela supposé veritable ne nous serviroit à fixer la distinction des Espèces des Choses qu'à l'égard des Animaux & des Vegetaux. Que faire du reste? Mais cela ne suffit pas même à l'égard de ceux-là, car s'il en faut croire l'Histoire, des femmes ont été engrossées par des Magots; & voilà une nouvelle Question de savoir de quelle Espèce doit être dans la Nature une telle production en vertu de cette Règle. D'ailleurs, nous n'avons aucun sujet de croire que cela soit impossible, puisqu'on voit si souvent des Mulets & des (1) Jumarts, les prémiers engendrez d'un Ane & d'une Cavale, & les derniers d'un Taureau & d'une Jument. J'ai vû un Animal engendré d'un Chat & d'un Rat, & qui avoit des marques visibles de ces deux Bêtes, en quoi il paroissoit que la Nature n'avoit suivi le modèle d'aucune de ces Espèces en particulier, mais les avoit confondües ensemble. Et qui ajoûtera à cela les productions monstrueuses qu'on rencontre si souvent dans la Nature, trouvera qu'il est bien mal-aisé à l'égard même des races des Animaux de déterminer par la génération de quelle espèce est la race de chaque animal, & se reconnoîtra dans une parfaite ignorance touchant l'essence réelle qu'il croit être certainement provignée par le moyen de la génération, & avoir seule un droit au nom spécifique. Mais outre cela, si les Espèces des Animaux & des Plantes ne peuvent être distinguées que par la propagation, dois-je aller aux Indes pour voir le pére & la mere de l'un, & la Plante d'où la semence a été cueuillie qui produit l'autre, afin de savoir si cet Animal est un *Tigre*, & si cette Plante est du *Thé*?

Ni par les Formes substantielles.

§. 24. Enfin il est évident que c'est des collections que les hommes font eux-mêmes des Qualitez sensibles, qu'ils composent les Essences des différentes sortes de Substances dont ils ont des idées, & que la plûpart ne songent en aucune maniére à leur structure intérieure & réelle, quand ils les réduisent à telles ou telles Espèces: moins encore aucun d'eux a-t-il jamais pensé à certaines *formes substantielles*, si vous en exceptez ceux qui dans ce seul endroit du Monde ont appris le Langage de nos Ecoles. Cependant ces pauvres ignorans qui sans prétendre pénétrer dans les Essences réelles, ou s'embarrasser l'Esprit de formes substantielles, se contentent de connoître les choses une à une par leurs Qualitez sensibles sont souvent mieux in-

(1) Voy. sur ce mot le Dictionaire Etymologique de Mr. *Menage*.

instruits de leurs différences, peuvent les distinguer plus exactement pour leur usage, & connoissent mieux ce qu'on peut faire de chacune en particulier que ces Docteurs subtils qui s'appliquent si fort à en pénétrer le fond & qui parlent avec tant de confiance de quelque chose de plus caché & de plus essentiel que ces Qualitez sensibles que tout le monde y peut voir sans peine.

CHAP. VI.

§. 25. Mais supposé que les Essences réelles des Substances pussent être découvertes par ceux qui s'appliqueroient soigneusement à cette recherche, nous ne saurions pourtant croire raisonnablement qu'en rangeant les Choses sous des noms généraux, on se soit réglé par ces constitutions réelles & intérieures, ou par aucune autre chose que par leurs apparences qui se présentent naturellement; puisque dans tous les Païs, les Langues ont été formées long-temps avant les Sciences. Ce ne sont pas des Philosophes, des Logiciens ou telles autres gens, qui après s'être bien tourmentez à penser aux formes & aux essences des Choses ont formé les noms généraux qui sont en usage parmi les différentes Nations: mais plûtôt dans toutes les Langues, la plûpart de ces termes d'une extension plus ou moins grande ont tiré leur origine & leur signification du Peuple ignorant & sans Lettres, qui a réduit les choses à certaines Espèces, & leur a donné des noms en vertu des Qualitez sensibles qu'il y rencontroit, pour pouvoir les désigner aux autres lorsqu'elles n'étoient pas présentes, soit qu'ils eussent besoin de parler d'une Espèce, ou d'une seule chose en particulier.

Les Essences spécifiques sont faites par l'Esprit.

§. 26. Puis donc qu'il est évident que nous rangeons les Substances sous différentes Espèces & sous diverses dénominations selon leurs *essences nominales*, & non selon leurs *essences réelles*; ce qu'il faut considerer ensuite, c'est comment, & par qui ces Essences viennent à être faites. Pour ce qui est de ce dernier point, il est visible que c'est l'Esprit qui est Auteur de ces essences, & non la Nature; parce que si c'étoit un Ouvrage de la Nature, elles ne pourroient point être si différentes en différentes personnes, comme il est visible qu'elles sont. Car si nous prenons la peine de l'examiner, nous ne trouverons point que l'Essence nominale d'aucune Espèce de Substances soit la même dans tous les hommes, non pas même celle qu'ils connoissent de la manière la plus intime. Il ne seroit peut-être pas possible que l'Idée abstraite à laquelle on a donné le nom d'*Homme* fût différente en différens hommes, si elle étoit formée par la Nature; & qu'à l'un elle fût un *Animal raisonnable*, & à l'autre un *Animal sans plume, à deux piés avec de larges ongles*. Celui qui attache le nom d'*Homme* à une idée complexe, composée de sentiment & de motion volontaire, jointe à un Corps d'une telle forme, a par ce moyen une certaine essence de l'Espèce qu'il appelle *Homme*; & celui qui après un plus profond examen, y ajoûte la *Raisonnabilité*, a une autre essence de l'Espèce à laquelle il donne le même nom d'*Homme*, de sorte qu'à l'égard de l'un d'eux le même Individu sera par-là un véritable homme, qui ne l'est point à l'égard de l'autre. Je ne pense pas qu'il se trouve à peine une seule personne qui convienne, que cette stature droite, si connuë, soit la différence essentielle de l'Espèce qu'il désigne par le nom d'*Homme*. Cependant il est visible qu'il y a bien des gens qui déterminent

C'est pour cela qu'elles sont fort diverses & incertaines.

plû-

CHAP. VI. plûtôt les Espèces des Animaux par leur forme exterieure que par leur naiſſance, puiſqu'on a mis en queſtion plus d'une fois ſi certains *fœtus* humains devoient être admis au Baptême ou non, par la ſeule raiſon que leur configuration extérieure différoit de la forme ordinaire des Enfans, ſans qu'on fût s'ils n'étoient point auſſi capables de raiſon que des Enfans jettez dans un autre moule, dont il s'en trouve quelques-uns, qui, quoi que d'une forme approuvée, ne ſont jamais capables de faire voir, durant toute leur vie, autant de raiſon qu'il en paroit dans un Singe ou un Elephant, & qui ne donnent jamais aucune marque d'être conduits par une Ame raiſonnable. D'où il paroit évidemment, que la forme extérieure qu'on a ſeulement trouvé à dire, & non la faculté de raiſonner, dont perſonne ne peut ſavoir ſi elle devoit manquer dans ſon temps, a eté renduë eſſentielle à l'Eſpèce humaine. Et dans ces occaſions les Théologiens & les Juriſconſultes les plus habiles, ſont obligez de renoncer à leur ſacrée définition d'*Animal raiſonnable*, & de mettre à la place quelque autre eſſence de l'Eſpèce humaine. Mr. *Ménage* nous fournit l'exemple d'un certain *Abbé de St. Martin* qui mérite d'être rapporté ici; * *Quand cet Abbé de St. Martin*, dit-il, *vint au monde, il avoit ſi peu la figure d'un homme qu'il reſſembloit plûtôt à un Monſtre. On fut quelque temps à déliberer ſi on le batiſeroit. Cependant il fut batiſé, & on le déclara homme par proviſion*, c'eſt-à-dire, juſqu'à ce que le temps eût fait connoitre ce qu'il étoit. *Il étoit ſi diſgracié de la Nature, qu'on l'a appellé toute ſa vie* l'Abbé Malotru. *Il étoit de Caën*. Voilà un Enfant qui fut fort près d'être exclus de l'Eſpèce humaine ſimplement à cauſe de ſa forme. Il échappa à toute peine tel qu'il étoit; & il eſt certain qu'une figure un peu plus contrefaite, l'en auroit privé pour jamais, & l'auroit fait périr comme un Etre qui ne devoit point paſſer pour un homme. Cependant on ne ſauroit donner aucune raiſon, pourquoi une Ame raiſonnable n'auroit pû loger en lui ſi les traits de ſon viſage euſſent été un peu plus alterez, pourquoi un viſage un peu plus long, ou un nez plus plat, ou une bouche plus fenduë n'auroient pû ſubſiſter, auſſi bien que le reſte de ſa figure irréguliére, avec une Ame & des qualitez qui le rendirent capable, tout contrefait qu'il étoit, d'avoir une dignité dans l'Egliſe.

* *Menagiana*, Tom. I. Pag. 278. de l'Edition de Hollande, an. 1694.

§. 27. Pour cet effet, je ſerois bien aiſe de ſavoir en quoi conſiſtent les bornes préciſes & invariables de cette Eſpèce. Il eſt évident à quiconque prend la peine de l'examiner, que la nature n'a fait, ni établi rien de ſemblable parmi les hommes. On ne peut s'empêcher de voir que l'Eſſence réelle de telle ou telle ſorte de Subſtances nous eſt inconnuë; & de là vient que nous ſommes ſi indéterminez à l'égard des *Eſſences nominales* que nous formons nous-mêmes, que ſi l'on interrogeoit diverſes perſonnes ſur certains *Fœtus* qui ſont difformes en venant au monde, pour ſavoir s'ils les croyent hommes, il eſt hors de doute qu'on en recevroit différentes réponſes; ce qui ne pourroit arriver, ſi les Eſſences nominales par où nous limitons & diſtinguons les Eſpèces des Subſtances, n'étoient point formées par les hommes avec quelque liberté, mais qu'elles fuſſent exactement copiées d'après des bornes préciſes, que la Nature eût établies, & par leſquelles elle eût diſtingué toutes les Subſtances en certaines Eſpèces.

Qui

Qui voudroit, par exemple, entreprendre de déterminer de quelle espèce é- CHAP.VI. toit ce Monstre dont parle *Licetus*, (Liv. I. Chap. 3.) qui avoit la tête d'un homme, & le corps d'un pourceau; ou ces autres qui sur des corps d'hommes avoient des têtes de Bêtes, comme de Chiens, de Chevaux, &c.? Si quelqu'une de ces Créatures eût été conservée en vie & eût pû parler, la difficulté auroit été encore plus grande. Si le haut du Corps jusqu'au milieu eût été de figure humaine, & que tout le reste eût représenté un pourceau, auroit-ce été un meurtre de s'en défaire? Ou bien auroit-il fallu consulter l'Evêque, pour savoir si un tel Etre étoit assez homme pour devoir être présenté sur les fonts, ou non, comme j'ai ouï dire que cela est arrivé en France il y a quelques années dans un cas à peu près semblable? Tant les bornes des Espèces des Animaux sont incertaines par rapport à nous qui n'en pouvons juger que par les Idées complexes que nous rassemblons nous-mêmes; & tant nous sommes éloignez de connoître certainement ce que c'est qu'un *Homme*. Ce qui n'empêchera peut-être pas qu'on ne regarde comme une grande ignorance d'avoir aucun doute là-dessus. Quoi qu'il en soit, je pense être en droit de dire, que, tant s'en faut que les bornes certaines de cette Espèce soient déterminées, & que le nombre précis des Idées simples qui en constituent l'essence nominale, soit fixé & parfaitement connu, qu'on peut encore former des doutes fort importans sur cela; & je croi qu'aucune Définition qu'on ait donnée jusqu'ici du mot *Homme*, ni aucune description qu'on ait faite de cette espèce d'Animal, ne sont assez parfaites ni assez exactes pour contenter une personne de bon sens qui approfondit un peu les choses, moins encore pour être reçuës avec un consentement général, de sorte que par-tout les hommes voulussent s'y tenir pour la décision des cas concernant les Productions qui pourroient arriver, & pour déterminer s'il faudroit conserver ces Productions en vie, ou leur donner la mort, leur accorder, ou leur refuser le Baptême.

§. 28. Mais quoi que ces Essences nominales des Substances soient formées par l'Esprit, elles ne sont pourtant pas formées si arbitrairement que celles des *Modes mixtes*. Pour faire une essence nominale il faut prémièrement que les Idées dont elle est composée, ayent une telle union qu'elles ne forment qu'une idée, quelque complexe qu'elle soit; & en second lieu, que les Idées particuliéres ainsi unies, soient exactement les mêmes, sans qu'il y en ait ni plus ni moins. Pour la prémiére de ces choses, lorsque l'Esprit forme ses idées complexes des Substances, il suit uniquement la Nature, & ne joint ensemble aucunes idées qu'il ne suppose unies dans la Nature. Personne n'allie le bêlement d'une Brebis à une figure de Cheval, ni la couleur du Plomb à la pesanteur & à la *fixité* de l'Or pour en faire des idées complexes de quelques Substances réelles, à moins qu'il ne veuille se remplir la tête de chimeres, & embarrasser ses discours de mots inintelligibles. Mais les hommes observant certaines qualitez qui toûjours existent & sont unies ensemble, en ont tiré des copies d'après Nature; & de ces Idées ainsi unies en ont formé leurs Idées complexes des Substances. Car encore que les hommes puissent faire telles Idées complexes qu'ils veulent & leur donner tels noms qu'ils jugent à propos, il faut pourtant que lorsqu'ils

Les Essences nominales des Substances ne sont pas formées si arbitrairement que celles des Modes mixtes.

CHAP. VI. qu'ils parlent de choses réellement existantes ils conforment jusqu'à un certain degré leurs idées aux choses dont ils veulent parler, s'ils souhaitent d'être entendus. Autrement, le Langage des hommes seroit tout-à-fait semblable à celui de *Babel*, & les mots dont chaque particulier se serviroit, n'étant intelligibles qu'à lui-même, ils ne seroient plus d'aucun usage, pour la conversation & pour les affaires ordinaires de la vie, si les idées qu'ils désignent, ne répondoient en quelque maniére aux communes apparences & conformitez des Substances, considerées comme réellement existantes.

Quoi qu'elles soient fort imparfaites.

§. 29. En second lieu, quoi que l'Esprit de l'Homme en formant ses Idées complexes des Substances, n'en réunisse jamais qui n'existent ou ne soient supposées exister ensemble, & qu'ainsi il fonde véritablement cette union sur la nature meme des choses, cependant *le nombre d'idées qu'il combine, dépend de la différente application, industrie, ou fantaisie de celui qui forme cette Espèce de combinaison*. En général les hommes se contentent de quelque peu de qualitez sensibles qui se présentent sans aucune peine; & souvent, pour ne pas dire toûjours, ils en omettent d'autres qui ne sont ni moins importantes ni moins fortement unies que celles qu'ils prennent. Il y a deux sortes de Substances sensibles; l'une des Corps organisez qui sont perpetuez par semence, & dans ces Substances la forme extérieure est la Qualité sur laquelle nous nous réglons le plus, c'est la partie la plus caracteristique qui nous porte à en déterminer l'Espèce. C'est pourquoi dans les *Vegetaux* & dans les *Animaux*, une Substance étenduë & solide d'une telle ou telle figure sert ordinairement à cela: Car quelque estime que certaines gens fassent de la définition d'*Animal raisonnable* pour désigner l'Homme, cependant si l'on trouvoit une Créature qui eût la faculté de parler & l'usage de la Raison, mais qui ne participât point à la figure ordinaire de l'Homme, elle auroit beau être un Animal raisonnable, l'on auroit, je croi, bien de la peine à la reconnoître pour un homme. Et si l'Anesse de *Balaam* eût discouru toute sa vie aussi raisonnablement qu'elle fit une fois avec son Maître, je doute que personne l'eût jugée digne du nom d'*Homme* ou reconnuë de la même Espèce que lui-même. Comme c'est sur la figure qu'on se règle le plus souvent pour déterminer l'Espèce des *Vegetaux* & des Animaux, de même à l'égard de la plûpart des Corps qui ne sont pas produits par semence, c'est à la couleur qu'on s'attache le plus. Ainsi là où nous trouvons la couleur de l'*Or*, nous sommes portez à nous figurer que toutes les autres Qualitez comprises dans notre Idée complexe y sont aussi, de sorte que nous prenons communément ces deux Qualitez qui se présentent d'abord à nous, la figure & la couleur, pour des Idées si propres à désigner differentes Espèces, que voyant un bon Tableau, nous disons aussitôt, *C'est un Lion*, *c'est une Rose*, *c'est une coupe d'or* ou *d'argent*; & cela seulement à cause des diverses figures & couleurs représentées à l'Oeuil par le moyen du Pinceau.

Elles peuvent pourtant servir pour la conversation ordinaire.

§. 30. Mais quoi que cela soit assez propre à donner des conceptions grossières & confuses des choses, & à fournir des expressions & des pensées inexactes; cependant *il s'en faut bien que les hommes conviennent du nombre précis des Idées simples ou des Qualitez qui appartiennent à une telle Espèce de choses*

choses & qui sont désignées par le nom qu'on lui donne. Et il n'y a pas sujet d'en être surpris, puisqu'il faut beaucoup de temps, de peine, d'addresse, une exacte recherche & un long examen pour trouver quelles sont ces Idées simples qui sont constamment & inseparablement unies dans la Nature, qui se rencontrent toûjours ensemble dans le même sujet, & combien il y en a. La plûpart des hommes n'ayant ni le temps ni l'inclination ou l'addresse qu'il faut pour porter sur cela leurs vûës jusqu'à quelque dégré tant soit peu raisonnable, se contentent de la connoissance de quelques apparences communes, extérieures & en fort petit nombre, par où ils puissent les distinguer aisément, & les réduire à certaines Espéces pour l'usage ordinaire de la vie; & ainsi, sans un plus ample examen, ils leur donnent des noms, ou se servent, pour les désigner, des noms qui sont déja en usage. Or quoi que dans la conversation ordinaire ces noms passent assez aisément pour des signes de quelque peu de Qualitez communes qui coëxistent ensemble, il s'en faut pourtant beaucoup qu'ils comprennent dans une signification déterminée un nombre précis d'Idées simples, & encore moins toutes celles qui sont unies dans la Nature. Malgré tout le bruit qu'on a fait sur le *Genre* & l'*Espéce*, & malgré tant de discours qu'on a débitez sur les Différences spécifiques, quiconque considerera combien peu de mots il y a dont nous ayions des définitions fixes & déterminées, sera sans doute en droit de penser que les *Formes* dont on a tant parlé dans les Ecoles, ne sont que de pures Chiméres qui ne servent en aucune maniére à nous faire entrer dans la connoissance de la nature spécifique des Choses. Et qui considerera combien il s'en faut que les noms des Substances ayent des significations sur lesquelles tous ceux qui les employent soient parfaitement d'accord, aura sujet d'en conclurre qu'encore qu'on suppose que toutes les Essences nominales des Substances soient copiées d'après nature, elles sont pourtant toutes ou la plûpart, très-imparfaites: puisque l'amas de ces Idées complexes est fort différent en différentes personnes, & qu'ainsi ces bornes des Espéces sont telles qu'elles sont établies par les hommes, & non par la Nature, si tant est qu'il y ait dans la Nature de telles bornes fixes & déterminées. Il est vrai que plusieurs Substances particuliéres sont formées de telle sorte par la Nature, qu'elles ont de la ressemblance & de la conformité entre elles, & que c'est là un fondement suffisant pour les ranger sous certaines Espéces. Mais cette reduction que nous faisons des choses en Espéces déterminées, n'étant destinée qu'à leur donner des noms généraux & à les comprendre sous ces noms, je ne saurois voir comment en vertu de cette reduction on peut dire proprement que la Nature fixe les bornes des Espéces des Choses. Ou si elle le fait, il est du moins visible que les limites que nous assignons aux Espéces, ne sont pas exactement conformes à celles qui ont été établies par la Nature. Car dans le besoin que nous avons de noms généraux pour l'usage présent, nous ne nous mettons point en peine de découvrir parfaitement toutes ces Qualitez, qui nous feroient mieux connoître leurs différences & leurs conformitez les plus essentielles, mais nous les distinguons nous-mêmes en Espèces, en vertu de certaines apparences qui frappent les yeux de tout le monde, afin de pouvoir par des noms généraux communiquer

A a a *plus*

Chap. VI. plus aifément aux autres ce que nous en penfons. Car comme nous ne connoiſſons aucune Subſtance que par le moyen des Idées ſimples qui y ſont unies, & que nous obſervons pluſieurs choſes particuliéres qui conviennent avec d'autres par pluſieurs de ces Idées ſimples, nous formons de cet amas d'idées notre *Idée ſpécifique*, & lui donnons un nom général, afin que lorſque nous voulons enregîtrer, pour ainſi dire, nos propres penſées, & diſcourir avec les autres hommes, nous puiſſions déſigner par un ſon court tous les Individus qui conviennent dans cette Idée complexe, ſans faire une énumeration des Idées ſimples dont elle eſt compoſée, pour éviter par-là de perdre du temps & d'uſer nos poumons à faire de vaines & ennuyeuſes deſcriptions ; ce que nous voyons que ſont obligez de faire tous ceux qui veulent parler de quelque nouvelle eſpèce de choſes qui n'ont point encore de nom.

<small>Les Eſſences des Eſpèces ſont fort différentes ſous un même nom.</small>

§. 31. Mais quoi que ces Eſpèces de Subſtances puiſſent aſſez bien paſſer dans la converſation ordinaire, il eſt évident que l'Idée complexe dans laquelle on remarque que pluſieurs Individus conviennent, eſt formée différemment par différentes perſonnes, plus exactement par les uns, & moins exactement par les autres, quelques-uns y comprenant un plus grand, & d'autres un plus petit nombre de qualitez, ce qui montre viſiblement que c'eſt un Ouvrage de l'Eſprit. Un Jaune éclattant conſtituë l'*Or* à l'égard des Enfans, d'autres y ajoûtent la peſanteur, la malleabilité & la fuſibilité, & d'autres encore d'autres Qualitez qu'ils trouvent auſſi conſtamment jointes à cette couleur jaune, que la peſanteur ou la fuſibilité. Car parmi toutes ces Qualitez & autres ſemblables, l'une a autant de droit que l'autre de faire partie de l'Idée complexe de cette Subſtance, où elles ſont toutes réunies enſemble. C'eſt pourquoi différentes perſonnes omettant dans ce ſujet, ou y faiſant entrer pluſieurs idées ſimples, ſelon leur différente application ou addreſſe à l'examiner, ils ſe font par-là diverſes eſſences de l'Or, leſquelles doivent être, par conſéquent, une production de leur Eſprit, & non de la Nature.

<small>Plus nos idées ſont générales, plus elles ſont incompletes.</small>

§. 32. Si le nombre des Idées ſimples qui compoſent l'Eſſence nominale de la plus baſſe Eſpèce, ou la prémiére diſtribution des Individus en Eſpèces, dépend de l'Eſprit de l'Homme qui aſſemble diverſement ces idées, il eſt bien plus évident qu'il en eſt de même dans les Claſſes les plus étenduës qu'on appelle *Genres* en terme de Logique. En effet, ce ne ſont que des Idées qu'on rend imparfaites à deſſein ; car qui ne voit du premier coup d'œil que diverſes qualitez que l'on peut trouver dans les choſes mêmes, ſont excluës exprès des *Idées génériques ?* Comme l'Eſprit pour former des Idées générales qui puiſſent comprendre divers Etres particuliers, en exclut le temps, le lieu & les autres circonſtances qui ne peuvent être communes à pluſieurs Individus ; ainſi pour former des Idées encore plus générales, & qui comprennent différentes eſpèces, l'Eſprit en exclut les Qualitez qui diſtinguent ces Eſpèces les unes des autres, & ne renferme dans cette nouvelle combinaiſon d'idées que celles qui ſont communes à différentes Eſpèces. La même commodité qui a porté les hommes à déſigner par un ſeul nom les diverſes pièces de cette Matiére jaune qui vient de la

Gui-

Guinée ou du *Perou*, les engage aussi à inventer un seul nom qui puisse com- CHAP. VI. prendre l'Or, l'Argent & quelques autres Corps de différentes sortes; ce qu'on fait en omettant les qualitez qui sont particuliéres à chaque Espèce, & en retenant une idée complexe, formée de celles qui sont communes à toutes ces Espèces. Ainsi le nom de *Metal* leur étant assigné, voilà un Genre établi, dont l'essence n'est autre chose qu'une idée abstraite qui contenant seulement la malleabilité & la fusibilité avec certains degrez de pesanteur & de fixité, en quoi quelques Corps de différentes espèces conviennent, laisse à part la couleur & les autres qualitez particuliéres à l'Or, à l'Argent & aux autres sortes de Corps compris sous le nom de *Metal*. D'où il paroît évidemment, que, lorsque les hommes forment leurs *Idées génériques* des Substances, ils ne suivent pas exactement les modèles qui leur sont proposez par la Nature; puisqu'on ne sauroit trouver aucun Corps qui renferme simplement la malleabilité, & la fusibilité sans d'autres Qualitez, qui en soient aussi inséparables que celles-là. Mais comme les hommes en formant leurs idées générales, cherchent plûtôt la commodité du Langage, & le moyen de s'exprimer promptement, par des signes courts & d'une certaine étenduë, que de découvrir la vraye & précise nature des choses, telles qu'elles sont en elles-mêmes, ils se sont principalement proposé, dans la formation de leurs Idées abstraites, cette fin, qui consiste à faire provision de noms généraux, & de différente étenduë. De sorte que dans cette matiére des *Genres* & des *Espèces*, le *Genre* ou l'idée la plus étenduë n'est autre chose qu'une conception partiale de ce qui est dans les *Espèces*, & l'*Espèce* n'est autre chose qu'une idée partiale de ce qui est dans chaque *Individu*. Si donc quelqu'un s'imagine qu'un homme, un cheval, un animal, & une plante, &c. sont distinguez par des essences réelles formées par la Nature, il doit se figurer la Nature bien liberale de ces essences réelles, si elle en produit une pour le Corps, une autre pour l'Animal, & l'autre pour un Cheval, & qu'il communique liberalement toutes ces essences à *Bucephale*. Mais si nous considerons exactement ce qui arrive dans la formation de tous ces Genres & de toutes ces Espèces, nous trouverons qu'il ne fait rien de nouveau, mais que ces Genres & ces Espèces ne sont autre chose que des signes plus ou moins étendus, par où nous pouvons exprimer en peu de mots un grand nombre de choses particuliéres, entant qu'elles conviennent dans des conceptions plus ou moins générales que nous avons formées dans cette vûë. Et dans tout cela nous pouvons observer que le terme le plus général est toûjours le nom d'une Idée moins complexe, & que chaque Genre n'est qu'une conception partiale de l'Espèce qu'il comprend sous lui. De sorte que si ces Idées générales & abstraites passent pour completes, ce ne peut être que par rapport à une certaine relation établie entre elles & certains noms qu'on employe pour les désigner, & non à l'égard d'aucune chose existante, entant que formée par la Nature.

§. 33. Ceci est adapté à la véritable fin du Langage qui doit être de Tout cela est a-communiquer nos notions par le chemin le plus court & le plus facile qu'on dapté à la fin du puisse trouver. Car par ce moyen celui qui veut discourir des choses entant Langage.

Chap. VI. qu'elles conviennent dans l'Idée complexe d'*étenduë* & de *solidité*, n'a besoin que du mot de *Corps* pour désigner tout cela. Celui qui à ces Idées en veut joindre d'autres signifiées par les mots de *vie*, de *sentiment* & de *mouvement spontanée*, n'a besoin que d'employer le mot d'*Animal* pour signifier tout ce qui participe à ces idées, & celui qui a formé une idée complexe d'un Corps accompagné de vie, de sentiment & de mouvement, auquel est jointe la faculté de raisonner avec une certaine figure, n'a besoin que de ce petit mot *Homme* pour exprimer toutes les idées particulieres qui répondent à cette idée complexe. Tel est le veritable usage du *Genre* & de l'*Espèce*, & c'est ce que les hommes font sans songer en aucune manière aux *essences réelles*, ou *formes substantielles*, qui ne font point partie de nos connoissances quand nous pensons à ces choses, ni de la signification des mots dont nous nous servons en nous entretenant avec les autres hommes.

Exemple dans les Cassiowaris.

§. 34. Si je veux parler à quelqu'un d'une Espèce d'Oiseaux que j'ai vû depuis peu dans le Parc de *S. James*, de trois ou quatre piés de haut, dont la peau est couverte de quelque chose qui tient le milieu entre la plume & le poil, d'un brun obscur, sans aîles, mais qui au lieu d'aîles a deux ou trois petites branches semblables à des branches de genêt qui lui descendent au bas du Corps, avec de longues & grosses jambes, des piés armez seulement de trois griffes, & sans queue; je dois faire cette description par où je puis me faire entendre aux autres. Mais quand on m'a dit que *Cassiowary* est le nom de cet Animal, je puis alors me servir de ce mot pour désigner dans le discours toutes mes idées complexes comprises dans la description qu'on vient de voir, quoi qu'en vertu de ce mot qui est présentement devenu un nom spécifique je ne connoisse pas mieux la constitution ou l'essence réelle de cette sorte d'Animaux que je la connoissois auparavant, & que selon toutes les apparences j'eusse autant de connoissance de la Nature de cette espèce d'oiseaux avant que d'en avoir appris le nom, que plusieurs François en ont des *Cignes* ou des *Herons*, qui sont des noms spécifiques, fort connus, de certaines sortes d'Oiseaux assez communs en France.

Ce sont les hommes qui déterminent les Espèces des Choses.

§. 35. Il paroit par ce que je viens de dire, que *ce sont les hommes qui forment les Espèces des Choses*. Car comme ce ne sont que les différentes essences qui constituent les différentes Espèces, il est évident que ceux qui forment ces idées abstraites qui constituent les essences nominales, forment par même moyen les Espèces. Si l'on trouvoit un Corps qui eût toutes les autres qualitez de l'Or excepté la malleabilité, on mettroit sans doute en question s'il seroit de l'Or ou non, c'est-à-dire s'il seroit de cette Espèce. Et cela ne pourroit être déterminé que par l'idée abstraite à laquelle chacun en particulier attache le nom d'*Or*; en sorte que ce Corps-là seroit de véritable Or, & appartiendroit à cette Espèce par rapport à celui qui ne renferme pas la malleabilité dans l'essence nominale qu'il désigne par le mot d'*Or*: & au contraire il ne seroit pas de l'Or véritable ou de cette Espèce à l'égard de celui qui renferme la malleabilité dans l'idée spécifique qu'il a de l'Or. Qui est-ce, je vous prie, qui fait ces diverses Espèces, même sous un seul & même nom, sinon ceux qui forment deux différentes idées abstrai-

traites qui ne font pas exactement compoſées de la même collection de Qua- CHAP. VI.
litez? Et qu'on ne diſe pas que c'eſt une pure ſuppoſition, d'imaginer qu'il
puiſſe exiſter un Corps, dans lequel, excepté la malleabilité, l'on puiſſe
trouver les autres qualitez ordinaires de l'Or; puiſqu'il eſt certain que l'Or
lui-même eſt quelquefois ſi *aigre* (comme parlent les Artiſans) qu'il ne peut
non plus réſiſter au marteau que le Verre. Ce que nous avons dit que l'un
renferme la malleabilité dans l'idée complexe à laquelle il attache le nom
d'or, & que l'autre l'omet, on peut le dire de ſa peſanteur particuliére, de
ſa fixité & de pluſieurs autres ſemblables Qualitez; car quoi que ce ſoit
qu'on excluë ou qu'on admette, c'eſt toûjours l'idée complexe à laquelle
le nom eſt attaché qui conſtituë l'Eſpèce; & dès-là qu'une portion particuliére de matiére répond à cette Idée, le nom de l'Eſpèce lui convient véritablement, & elle eſt de cette eſpèce. C'eſt de l'or véritable, c'eſt un
parfait metal. Il eſt viſible que cette détermination des Eſpèces dépend de
l'Eſprit de l'Homme qui forme telle ou telle idée complexe.

§. 36. Voici donc en un mot tout le myſtère. La Nature produit plu- La Nature fait
ſieurs choſes particuliéres qui conviennent entre elles en pluſieurs Qualitez des choſes.
ſenſibles, & probablement auſſi, par leur forme & conſtitution intérieure:
mais ce n'eſt pas cette eſſence réelle qui les diſtingue en Eſpèces; ce ſont
les hommes qui prenant occaſion des qualitez qu'ils trouvent unies dans les
Choſes particuliéres, & auxquelles ils remarquent que pluſieurs Individus
participent également, les réduiſent en Eſpèces par rapport aux noms qu'ils
leur donnent; afin d'avoir la commodité de ſe ſervir de ſignes d'une certaine
étenduë, ſous leſquels les Individus viennent à être rangez comme ſous autant d'Etendards, ſelon qu'ils ſont conformes à telle ou telle Idée abſtraite;
de ſorte que celui-ci eſt du Regiment bleu, celui-là du Regiment rouge,
ceci eſt un homme, cela un ſinge. C'eſt-là, dis-je, à quoi ſe réduit, à
mon avis, tout ce qui concerne le *Genre* & l'*Eſpèce*.

§. 37. Je ne dis pas que dans la conſtante production des Etres particuliers la Nature les faſſe toûjours nouveaux & différens. Elle les fait, au
contraire, fort ſemblables l'un à l'autre, ce qui, je crois, n'empêche pourtant pas qu'il ne ſoit vrai *que les bornes des Eſpèces ſont établies par les hommes*,
puiſque les Eſſences des Eſpèces qu'on diſtingue par différens noms, ſont
formées par les hommes, comme il a été prouvé, & qu'elles ſont rarement
conformes à la nature intérieure des choſes, d'où elles ſont déduites. Et
par conſéquent nous pouvons dire avec vérité, que cette reduction des choſes en certaines Eſpèces, eſt l'Ouvrage de l'homme.

§. 38. Une choſe qui, je m'aſſûre, paroîtra fort étrange dans cette Chaque Idée
Doctrine, c'eſt qu'il s'enſuivra de ce qu'on vient de dire, que *chaque Idée* Eſſence.
abſtraite qui a un certain nom, forme une Eſpèce diſtincte. Mais que faire à
cela, ſi la Vérité le veut ainſi? Car il faut que cela reſte de cette maniére,
juſqu'à ce que quelqu'un nous puiſſe montrer les Eſpèces des choſes, limitées &
diſtinguées par quelque autre marque, & nous faire voir que les termes généraux ne ſignifient pas nos Idées abſtraites, mais quelque choſe qui en eſt
différent. Je voudrois bien ſavoir pourquoi un *Bichon* & un *Levrier* ne ſont
pas des Eſpèces auſſi diſtinctes qu'un *Epagneul* & un *Elephant*. Nous n'a-
vons

CHAP. V.

vons pas autrement d'idée de la différente essence d'un Elephant & d'un Epagneul, que nous en avons de la différente essence d'un Bichon & d'un Levrier, car toute la différence essentielle par où nous connoissons ces Animaux, & les distinguons les uns des autres, consiste uniquement dans le différent amas d'idées simples auquel nous avons donné ces différens noms.

La formation des *Genres* & des *Espèces* se rapporte aux noms généraux.
* Pag. 360. §. 13.

§. 39. Outre l'exemple de la Glace & de l'Eau que nous avons rapporté * ci-dessus, en voici un fort familier par où il sera aisé de voir combien la formation des Genres & des Espèces a du rapport aux noms généraux, & combien les noms généraux sont nécessaires, si ce n'est pour donner l'existence à une Espèce, du moins pour la rendre complete, & la faire passer pour telle. Une Montre qui ne marque que les heures, & une Montre sonnante ne sont qu'une seule Espèce à l'égard de ceux qui n'ont qu'un nom pour les désigner: mais à l'égard de celui qui a le nom de *Montre* pour désigner la prémière, & celui d'*Horloge* pour signifier la derniére, avec les différentes idées complexes auxquelles ces noms appartiennent, ce sont, par rapport à lui, des Espèces différentes. On dira peut-être que la disposition intérieure est différente dans ces deux Machines dont un Horloger a une idée fort distincte. Qu'importe? Il est pourtant visible qu'elles ne sont qu'une Espèce par rapport à l'Horloger, tandis qu'il n'a qu'un seul nom pour les désigner. Car qu'est-ce qui suffit dans la disposition intérieure pour faire une nouvelle Espèce? Il y a des Montres à quatre roües, & d'autres à cinq; est-ce là une différence spécifique par rapport à l'Ouvrier? Quelques-unes ont des cordes & des fusées, & d'autres n'en ont point: quelques-unes ont le balancier libre, & d'autres conduit par un ressort fait en ligne spirale, & d'autres par des soyes de Pourceau: quelqu'une de ces choses ou toutes ensemble suffisent-elles pour faire une différence spécifique à l'égard de l'Ouvrier qui connoit chacune de ces différences en particulier, & plusieurs autres qui se trouvent dans la constitution intérieure des Montres? Il est certain que chacune de ces choses différe réellement du reste, mais de savoir si c'est une différence essentielle & spécifique, ou non, c'est une question dont la décision dépend uniquement de l'idée complexe à laquelle le nom de *montre* est appliqué. Tandis que toutes ces choses conviennent dans l'idée que ce nom signifie, & que ce nom ne comprend pas différentes Espèces sous lui en qualité de terme *générique*, il n'y a entre elles ni différence essentielle, ni spécifique. Mais si quelqu'un veut faire de plus petites divisions fondées sur les différences qu'il connoit dans la configuration intérieure des Montres, & donner des noms à ces idées complexes, formées sur ces précisions, il peut le faire; & en ce cas-là ce seront tout autant de nouvelles Espèces à l'égard de ceux qui ont ces idées & qui leur assignent des noms particuliers: de sorte qu'en vertu de ces différences ils peuvent distinguer les Montres en toutes ces diverses Espèces; & alors le mot de *Montre* sera un terme générique. Cependant ce ne seroient pas des Espèces distinctes par rapport à des gens qui n'étant point Horlogers ignoreroient la composition intérieure des Montres, & n'en auroient point d'autre idée que comme d'une Machine d'une certaine forme extérieure, d'une telle grosseur, qui marque les heures par le moyen d'une aiguille. Tous ces autres noms ne seroient à leur égard

égard qu'autant de termes synonymes pour exprimer la même idée, & ne CHAP. VI.
signifieroient autre chose qu'une *Montre*. Il en est justement de même dans
les choses naturelles. Il n'y a personne, je m'assûre, qui doute que les Rouës
ou les Ressorts (si j'ose m'exprimer ainsi) qui agissent intérieurement dans
un homme raisonnable & dans un Imbecille ne soient différens, de même
qu'il y a de la différence entre la forme d'un Singe, & celle d'un Imbecille.
Mais de savoir si l'une de ces différences, ou toutes deux sont essentielles ou
specifiques, nous ne saurions le connoître que par la conformité ou non-conformité qu'un Imbecille & un Singe ont avec l'idée complexe qui est signifiée par le mot *Homme*; car c'est uniquement par-là qu'on peut déterminer,
si l'un de ces Etres est *Homme*; s'ils le sont tous deux, ou s'ils ne le sont ni
l'un ni l'autre.

§. 40. Il est aisé de voir par tout ce que nous venons de dire, la raison
pourquoi *dans les Espèces de Choses artificielles il y a en général moins de con-* Les Espèces
fusion & d'incertitude que dans celles des choses naturelles. C'est qu'une chose ficielles sont
artificielle étant un ouvrage d'homme que l'Artisan s'est proposé de faire, & que celles des
dont par conséquent l'idée lui est fort connuë, on suppose que le nom de la naturelles.
chose n'emporte point d'autre idée ni d'autre essence que ce qui peut être
certainement connu & qu'il n'est pas fort mal-aisé de comprendre. Car l'i-
dée ou l'essence des différentes sortes de choses artificielles ne consistant pour
la plûpart que dans une certaine figure déterminée des parties sensibles, &
quelquefois dans le mouvement qui en dépend, (ce que l'Artisan opére sur
la Matiére selon qu'il le trouve nécessaire à la fin qu'il se propose) il n'est pas
au dessus de la portée de nos facultez de nous en former une certaine idée,
& par-là de fixer la signification des noms qui distinguent les différentes Espèces des choses artificielles, avec moins d'incertitude, d'obscurité & d'é-
quivoque que nous ne pouvons le faire à l'égard des choses naturelles, dont
les différences & les opérations dépendent d'un mechanisme que nous ne saurions découvrir.

§. 41. J'espére qu'on n'aura pas de peine à me pardonner la pensée où je
suis, que les choses artificielles sont de diverses Espèces distinctes, aussi bien Les choses ar-
que les naturelles; puisque je les trouve rangées aussi nettement & aussi dis- de diverses Es-
tinctement en différentes sortes par le moyen de différentes idées abstraites, pèces distinctes.
& des noms généraux qu'on leur assigne, lesquels sont aussi distincts l'un de
l'autre que ceux qu'on donne aux Substances naturelles. Car pourquoi ne
croirions-nous pas qu'une *Montre* & un *Pistolet* sont deux Espèces distinctes
l'une de l'autre aussi bien qu'un Cheval & un Chien, puisqu'elles sont représentées à notre Esprit par des idées distinctes, & aux autres hommes par des
dénominations distinctes ?

§. 42. Il faut de plus remarquer à l'égard des Substances, que de toutes Les seules Sub-
les diverses sortes d'idées que nous avons, ce sont les seules qui ayent des noms propres.
noms propres, par où l'on ne désigne qu'une seule chose particuliére. Et
cela, parce que dans les Idées simples, dans les Modes & dans les Relations
il arrive rarement que les hommes ayent occasion de faire souvent mention
d'aucune telle idée individuelle & particuliére lorsqu'elle est absente. Outre que la plus grande partie des Modes mixtes étant des actions qui périssent
dès

CHAP. VI.

dès leur naissance, elles ne sont pas capables d'une longue durée, ainsi que les Substances qui sont des Agents & dans lesquelles les Idées simples qui forment les Idées complexes, désignées par un nom particulier, subsistent long-temps unies ensemble.

Difficulté qu'il y a à traiter des Mots.

§. 43. Je suis obligé de demander pardon à mon Lecteur pour avoir discouru si long-temps sur ce sujet, & peut-être avec quelque obscurité. Mais je le prie en même temps de considerer combien il est difficile de faire entrer une autre personne par le secours des paroles dans l'examen des choses mêmes lorsqu'on vient à les dépouiller de ces différences spécifiques que nous avons accoûtumé de leur attribuer. Si je ne nomme pas ces choses, je ne dis rien; & si je les nomme, je les range par-là sous quelque Espèce particuliére, & je suggère à l'Esprit l'ordinaire idée abstraite de cette Espèce-là, par où je traverse mon propre dessein. Car de parler d'un *homme* & de renoncer en même temps à la signification ordinaire du nom d'*Homme*, qui est l'idée complexe qu'on y attache communément, & de prier le Lecteur de considerer l'*Homme* comme il est en lui-même & selon qu'il est distingué réellement des autres par sa constitution intérieure ou essence réelle, c'est-à-dire par quelque chose qu'il ne connoit pas, c'est, ce semble, un vrai badinage. Et cependant c'est ce que ne peut se dispenser de faire quiconque veut parler des Essences ou Espèces supposées réelles, entant qu'on les croit formées par la Nature; quand ce ne seroit que pour faire entendre qu'une telle chose signifiée par les noms généraux dont on se sert pour désigner les Substances, n'existe nulle part. Mais parce qu'il est difficile de conduire l'Esprit de cette maniére en se servant de noms connus & familiers, permettez-moi de proposer encore un exemple qui fasse connoître plus clairement les différentes vûës sous lesquelles l'Esprit considere les noms & les idées spécifiques, & de montrer comment les idées complexes des *Modes* ont quelquefois du rapport à des *Archetypes* qui sont dans l'Esprit de quelque autre Etre intelligent, ou ce qui est la même chose, à la signification que d'autres attachent aux noms dont on se sert communément pour désigner ces Modes; & comment ils ne se rapportent quelquefois à aucun Archetype. Permettez-moi aussi de faire voir comment l'Esprit rapporte toûjours ses idées des *Substances*, ou aux Substances mêmes, ou à la signification de leurs noms, comme à des Archetypes, & d'expliquer nettement, quelle est la nature des Espèces ou de la reduction des Choses en Espèces, selon que nous la comprenons & que nous la mettons en usage; & quelle est la nature des essences qui appartiennent à ces Espèces, ce qui peut-être contribuë beaucoup plus qu'on ne croit d'abord, à découvrir quelle est l'étenduë & la certitude de nos connoissances.

Exemple de Modes mixtes dans les mots Kinneah & Niouph.

§. 44. Supposons *Adam* dans l'état d'un homme fait, doüé d'un Esprit solide, mais dans un Païs Etranger, environné de choses qui lui sont toutes nouvelles & inconnuës, sans autres facultez pour en acquerir la connoissance, que celles qu'un homme de cet âge a présentement. Il voit *Lamech* plus triste qu'à l'ordinaire, & il se figure que cela vient du soupçon qu'il a conçu que sa femme *Adah* qu'il aime passionnément, n'ait trop d'amitié pour un autre homme. Adam communique ces pensées-là à *Eve*, & lui recom-

recommande de prendre garde qu'Adah ne fasse quelque folie ; & dans cet entretien qu'il a avec Eve, il se sert de ces deux mots nouveaux *Kinneah* & *Niouph*. Il paroit dans la suite qu'Adam s'est trompé; car il trouve que la melancolie de Lamech vient d'avoir tué un homme. Cependant les deux mots *Kinneah* & *Niouph* ne perdent point leurs significations distinctes, le prémier signifiant le soupçon qu'un Mari a de l'infidélité de sa femme, & l'autre l'acte par lequel une femme commet cette infidélité. Il est évident que voilà deux différentes Idées complexes de *Modes mixtes*, désignées par des noms particuliers, deux espèces distinctes d'actions essentiellement différentes. Cela étant, je demande en quoi consistoient les essences de ces deux Espèces distinctes d'actions. Il est visible qu'elles consistoient dans une combinaison précise d'Idées simples, différente dans l'une & dans l'autre. Mais l'idée complexe qu'Adam avoit dans l'Esprit & qu'il nomme *Kinneah*, étoit-elle complete, ou non? Il est évident qu'elle étoit complete : car étant une combinaison d'Idées simples qu'il avoit assemblées volontairement sans rapport à aucun Archetype, sans avoir égard à aucune chose qu'il prit pour modèle d'une telle combinaison, l'ayant formée lui-même par abstraction & lui ayant donné le nom de *Kinneah* pour exprimer en abregé aux autres hommes par ce seul son toutes les idées simples contenuës & unies dans cette idée complexe, il s'ensuit nécessairement de là que c'étoit une idée complete. Comme cette combinaison avoit été formée par un pur effet de sa volonté, elle renfermoit tout ce qu'il avoit dessein qu'elle renfermât ; & par conséquent elle ne pouvoit qu'être parfaite & complete, puisqu'on ne pouvoit supposer qu'elle se rapportât à aucun autre Archetype qu'elle dût représenter.

§. 45. Ces mots *Kinneah* & *Niouph* furent introduits par dégrez dans l'usage ordinaire, & alors le cas fut un peu différent. Les Enfans d'Adam avoient les mêmes facultez, & par conséquent, le même pouvoir qu'il avoit, d'assembler dans leur Esprit telles idées complexes de *Modes mixtes* qu'ils trouvoient à propos, d'en former des abstractions, & d'instituer tels sons qu'ils vouloient pour les désigner. Mais parce que l'usage des noms consiste à faire connoître aux autres les idées que nous avons dans l'Esprit, on ne peut en venir là que lorsque le même signe signifie la même idée dans l'Esprit de deux personnes qui veulent s'entre-communiquer leurs pensées & discourir ensemble. Ainsi ceux d'entre les Enfans d'Adam qui trouvérent ces deux mots, *Kinneah* & *Niouph*, reçus dans l'usage ordinaire, ne pouvoient pas les prendre pour de vains sons qui ne signifioient rien, mais ils devoient conclurre nécessairement qu'ils signifioient quelque chose, certaines idées déterminées, des idées abstraites, puisque c'étoient des noms généraux; lesquelles idées abstraites étoient des essences de certaines Espèces distinguées de toute autre par ces noms-là. Si donc ils vouloient se servir de ces Mots comme de noms d'Espèces déja établies & reconnuës d'un commun consentement, ils étoient obligez de conformer les idées qu'ils formoient en eux-mêmes comme signifiées par ces noms-là aux idées qu'elles signifioient

dans

CHAP. VI.

*קִנְאָה signifie jalousie & נִאֻף adultére.

Exemples des Substances dans le mot *Zahab*.

dans l'Esprit des autres hommes, comme à leurs veritables modèles. Et dans ce cas les idées qu'ils se formoient de ces Modes complexes étoient sans doute sujettes à être incompletes, parce qu'il peut arriver facilement que ces sortes d'Idées & sur-tout celles qui sont composées de combinaisons de quantité d'idées, ne répondent pas exactement aux idées qui sont dans l'Esprit des autres hommes qui se servent des mêmes noms. Mais à cela il y a pour l'ordinaire un remede tout prêt, qui est de prier celui qui se sert d'un mot que nous n'entendons pas, de nous en dire la signification ; car il est aussi impossible de savoir certainement ce que les mots de *jalousie* & d'*adultére*, qui, je crois, répondent aux mots Hébreux * *Kinneah* & *Niouph*, signifient dans l'Esprit d'un autre homme avec qui je m'entretiens de ces choses, qu'il étoit impossible dans le commencement du Langage de savoir ce que *Kinneah* & *Niouph* signifioient dans l'Esprit d'un autre homme sans en avoir entendu l'explication, puisque ce sont des signes arbitraires dans l'Esprit de chaque personne en particulier.

§. 46. Considerons présentement de la même maniére les noms des Substances, dans la prémiére application qui en fut faite. Un des Enfans d'Adam courant çà & là sur des Montagnes découvre par hazard une Substance éclatante qui lui frappe agréablement la vûë. Il la porte à Adam qui, après l'avoir considerée, trouve qu'elle est dure, d'un jaune fort brillant & d'une extrême pesanteur. Ce sont peut-être là toutes les Qualitez qu'il y remarque d'abord, & formant par abstraction une idée complexe, composée d'une Substance qui a cette particuliére couleur jaune, & une très-grande pesanteur par rapport à sa masse, il lui donne le nom de *Zahab*, pour désigner par ce mot toutes les Substances qui ont ces qualitez sensibles. Il est évident que dans ce cas Adam agit d'une toute autre maniére qu'il n'a fait en formant les idées de *Modes mixtes* auxquelles il a donné les noms de *Kinneah* & de *Niouph*. Car dans ce dernier cas il joignit ensemble, par le seul secours de son imagination, des Idées qui n'étoient point prises de l'existence d'aucune chose, & leur donna des noms qui pussent servir à désigner tout ce qui se trouveroit conforme à ces idées abstraites qu'il avoit formées, sans considerer si aucune telle chose existoit ou non. Là le modèle étoit purement de son invention. Mais lorsqu'il se forme une idée de cette nouvelle Substance, il suit un chemin tout opposé, car il y a en cette occasion un modèle formé par la Nature : de sorte que voulant se le représenter à lui-même par l'idée qu'il en a lors même que ce modèle est absent, il ne fait entrer dans son idée complexe nulle idée simple dont la perception ne lui vienne de la chose même. Il a soin que son idée soit conforme à cet Archetype, & veut que le nom exprime une idée qui ait une telle conformité.

§. 47. Cette portion de Matiére qu'Adam désigna ainsi par le terme de *Zahab*, étant entiérement différente de toute autre qu'il eût vû auparavant, il ne se trouvera, je crois, personne qui nie qu'elle ne constituë une Espèce distincte qui a son essence particuliére, & que le mot de *Zahab* ne soit le signe de cette Espèce, & un nom qui appartient à toutes les choses qui participent à cette Essence. Or il est visible qu'en cette occasion l'essence

sence qu'Adam désigna par le nom de *Zahab*, ne comprenoit autre chose qu'un corps dur, brillant, jaune & fort pesant. Mais la curiosité naturelle à l'Esprit de l'Homme qui ne sauroit se contenter de la connoissance de ces Qualitez superficielles, engage Adam à considerer cette Matiére de plus près. Pour cet effet, il la frappe avec un caillou pour voir ce qu'on y peut découvrir en dedans. Il trouve qu'elle cede aux coups, mais qu'elle n'est pas aisément divisée en morceaux, & qu'elle se plie sans se rompre. La ductilité ne doit-elle pas, après cela, être ajoûtée à son idée précedente, & faire partie de l'essence de l'Espèce qu'il désigne par le terme de *Zahab*? De plus particuliéres experiences y découvrent la fusibilité & la fixité. Ces dernieres propriétez ne doivent-elles pas entrer aussi dans l'idée complexe qu'emporte le mot de *Zahab*, par la même raison que toutes les autres y ont été admises? Si l'on dit que non; comment fera-t-on voir que l'une doit être préferée à l'autre? Que s'il faut admettre celles-là, dès-lors toute autre propriété que de nouvelles observations feront connoître dans cette Matiére, doit par la même raison faire partie de ce qui constituë cette idée complexe, signifiée par le mot de *Zahab*, & être par conséquent l'essence de l'Espèce qui est désignée par ce nom-là; & comme ces propriétez sont infinies, il est évident qu'une idée formée de cette maniére sur un tel Archetype, sera toûjours incomplete.

§. 48. Mais ce n'est pas tout; il s'ensuivroit encore de là que les noms des Substances auroient non seulement différentes significations dans la bouche de diverses personnes (ce qui est effectivement) mais qu'on le supposeroit ainsi, ce qui répandroit une grande confusion dans le Langage. Car si chaque qualité que chacun découvriroit dans quelque Matiére que ce fût, étoit supposée faire une partie nécessaire de l'idée complexe signifiée par le nom commun qui lui est donné, il s'ensuivroit nécessairement de là que les hommes doivent supposer que le même mot signifie différentes choses en différentes personnes, puisqu'on ne peut douter que diverses personnes ne puissent avoir découvert plusieurs qualitez dans des Substances de la même dénomination, que d'autres ne connoissent en aucune maniére.

Les Idées des Substances sont imparfaites, & à cause de cela, diverses.

§. 49. Pour éviter cet inconvénient, certaines gens ont supposé une essence réelle, attachée à chaque Espèce, d'où découlent toutes ces propriétez, & ils prétendent que les noms dont ils se servent pour désigner les Espèces, signifient ces sortes d'Essences. Mais comme ils n'ont aucune idée de cette essence réelle dans les Substances, & que leurs paroles ne signifient que les Idées qu'ils ont dans l'Esprit, cet expedient n'aboutit à autre chose qu'à mettre le nom ou le son à la place de la chose qui a cette essence réelle, sans savoir ce que c'est que cette essence, & c'est là effectivement ce que font les hommes quand ils parlent des Espèces des choses en supposant qu'elles sont établies par la Nature, & distinguées par leurs essences réelles.

Pour fixer leurs espèces, on suppose une essence réelle.

§. 50. Et pour cet effet, quand nous disons que tout Or est fixe, voyons ce qu'emporte cette affirmation. Ou cela veut dire que la *fixité* est une partie de la Définition, une partie de l'Essence nominale que le mot *Or* signifie, & par conséquent cette affirmation, *Tout Or est fixe*, ne contient

Cette supposition n'est d'aucun usage.

CHAP. VI. tient autre chofe que la fignification du terme d'*Or*. Ou bien cela fignifie que la fixité ne faifant pas partie de la Définition du mot *Or*, c'eft une propriété de cette Subftance même ; auquel cas il eft vifible que le mot *Or* tient la place d'une Subftance qui a l'effence réelle d'une Efpèce de chofes, formée par la Nature : fubftitution qui donne à ce mot une fignification fi confufe & fi incertaine, qu'encore que cette Propofition, *l'Or eft fixe*, foit en ce fens une affirmation de quelque chofe de réel, c'eft pourtant une vérité qui nous échappera toûjours dans l'application particuliére que nous en voudrons faire ; & ainfi elle eft incertaine & n'a aucun ufage réel. Mais quelque vrai qu'il foit que tout Or, c'eft-à-dire tout ce qui a l'effence réelle de l'*Or*, eft fixe, à quoi fert cela, puifqu'à prendre la chofe en ce fens, nous ignorons ce que c'eft qui eft ou n'eft pas Or ? Car fi nous ne connoiffons pas l'effence réelle de l'Or, il eft impoffible que nous connoiffions quelle particule de Matiére a cette effence, & par conféquent fi telle particule de matiére eft veritable Or, ou non.

Conclufion. §. 51. Pour conclurre ; la même liberté qu'Adam eut au commencement de former telles idées complexes de *Modes mixtes* qu'il vouloit, fans fuivre aucun autre modèle que fes propres penfées, tous les hommes l'ont euë depuis ce temps-là ; & la même néceffité qui fut impofée à Adam de conformer fes idées des Subftances aux chofes extérieures, s'il ne vouloit point fe tromper volontairement lui-même, cette même néceffité a été depuis impofée à tous les hommes. De même la liberté qu'Adam avoit d'attacher un nouveau nom à quelque idée que ce fût, chacun l'a encore aujourd'hui, & fur-tout ceux qui font une Langue, fi l'on peut imaginer de telles perfonnes ; nous avons, dis-je, aujourd'hui ce même droit, mais avec cette différence que dans les Lieux où les hommes unis en fociété ont deja une Langue établie parmi eux, il ne faut changer la fignification des mots qu'avec beaucoup de circonfpection & le moins qu'on peut, parce que les hommes étant deja pourvûs de noms pour défigner leurs idées, & l'ufage ordinaire ayant approprié des noms connus à certaines idées, ce feroit une chofe fort ridicule que d'affecter de leur donner un fens différent de celui qu'ils ont deja. Celui qui a de nouvelles notions, fe hazardera peut-être quelquefois de faire de nouveaux termes pour les exprimer ; mais on regarde cela comme une efpèce de hardieffe ; & il eft incertain fi jamais l'ufage ordinaire les autorifera. Mais dans les entretiens que nous avons avec les autres hommes, il faut néceffairement faire en forte que les idées que nous défignons par les mots ordinaires d'une Langue, foient conformes aux idées qui font exprimées par ces mots-là dans leur fignification propre & connuë, ce que j'ai deja expliqué au long ; ou bien il faut faire connoître diftinctement le nouveau fens que nous leur donnons.

CHAPITRE VII.

Des Particules.

§. 1. OUTRE les Mots qui servent à nommer les idées qu'on a dans l'Esprit, il y en a un grand nombre d'autres, qu'on employe pour signifier la connexion que l'Esprit met entre les Idées ou les Propositions, qui composent le Discours. Lorsque l'Esprit communique ses pensées aux autres, il n'a pas seulement besoin de signes qui marquent les idées qui se présentent alors à lui, mais d'autres encore pour désigner ou faire connoître quelque action particuliére qu'il fait lui-même, & qui dans ce temps-là se rapporte à ces idées. C'est ce qu'il peut faire en diverses maniéres. *Cela est, cela n'est pas*, sont les signes généraux dont l'Esprit se sert en affirmant ou en niant. Mais outre l'affirmation & la negation, sans quoi il n'y a ni vérité ni fausseté dans les paroles; lorsque l'Esprit veut faire connoître ses pensées aux autres, il lie non seulement les parties des Propositions, mais des sentences entiéres l'une à l'autre, dans toutes leurs différentes relations & dépendances, afin d'en faire un discours suivi.

Les Particules lient les parties des Propositions ou les Propositions entiéres.

§. 2. Or ces Mots par lesquels l'Esprit exprime cette liaison qu'il donne aux différentes affirmations ou negations pour en faire un raisonnement continué, ou une narration suivie, on les appelle en général des *Particules*; & c'est de la juste application qu'on en fait, que dépend principalement la clarté & la beauté du stile. Pour qu'un homme pense bien, il ne suffit pas qu'il ait des idées claires & distinctes en lui-même, ni qu'il observe la convenance ou la disconvenance qu'il y a entre quelques-unes de ces Idées, il doit encore lier ses pensées, & remarquer la dépendance que ses raisonnemens ont l'un avec l'autre. Et pour bien exprimer ces sortes de pensées, rangées méthodiquement, & enchaînées l'une à l'autre par des raisonnemens suivis, il lui faut des termes qui montrent la *connexion*, la *restriction*, la *distinction*, l'*opposition*, l'*emphase*, &c. qu'il met dans chaque partie respective de son Discours. Que si l'on vient à se méprendre dans l'application de ces particules, on embarrasse celui qui écoute, bien loin de l'instruire. Voilà pourquoi ces Mots, qui par eux-mêmes ne sont point effectivement le nom d'aucune idée, sont d'un usage si constant & si indispensable dans la Langue, & servent si fort aux hommes pour se bien exprimer.

C'est dans le bon usage des Particules que consiste l'art de bien parler.

§. 3. Cette partie de la Grammaire qui traite des Particules a peut-être été aussi négligée que quelques autres ont été cultivées avec trop d'exactitude. Il est aisé d'écrire l'un après l'autre des *Cas* & des *Genres*, des *Modes* & des *Temps*, des *Gerondifs* & des *Supins*. C'est à quoi l'on s'est attaché avec grand soin; & dans quelques Langues on a aussi rangé les particules sous différens chefs avec une extrême apparence d'exactitude. Mais quoi que les *Prépositions*, les *Conjonctions*, &c. soient des noms fort connus dans la Grammaire, & que les Particules qu'on renferme sous ces titres, soient

Les Particules servent à montrer quel rapport l'Esprit met entre ses pensées.

Снар. VI. rangées exactement fous des subdivisions distinctes; cependant qui voudra montrer le véritable usage des Particules, leur force & toute l'étenduë de leurs significations, ne doit pas se borner à parcourir ces Catalogues: il faut qu'il prenne un peu plus de peine, qu'il refléchisse sur ses propres pensées, & qu'il observe avec la derniére exactitude les différentes formes que son Esprit prend en discourant.

§. 4. Et pour expliquer ces Mots, il ne suffit pas de les rendre, comme on fait ordinairement dans les Dictionnaires, par des Mots d'une autre Langue qui approchent le plus de leur signification, car pour l'ordinaire il est aussi mal-aisé de comprendre dans une Langue que dans l'autre ce qu'on entend précisément par ces Mots-là. Ce sont tout autant de *marques de quelque action de l'Esprit ou de quelque chose qu'il veut donner à entendre:* ainsi, pour bien comprendre ce qu'ils signifient, il faut considerer avec soin les différentes vûës, postures, situations, tours, limitations, exceptions & autres pensées de l'Esprit que nous ne pouvons exprimer faute de noms, ou parce que ceux que nous avons, sont très-imparfaits. Il y a une grande variété de ces sortes de pensées, & qui surpassent de beaucoup le nombre des Particules que la plûpart des Langues fournissent pour les exprimer. C'est-pourquoi l'on ne doit pas être surpris que la plûpart de ces Particules ayent des significations différentes, & quelquefois presque opposées. Dans la Langue Hébraïque il y a une particule qui n'est composée que d'une seule lettre, mais dont on compte, s'il m'en souvient bien, soixante-dix, ou certainement plus de cinquante significations différentes.

Exemple tiré de la Particule *Mais*.

§. 5. (1) *Mais* est une des particules les plus communes dans notre Langue, & après avoir dit que c'est une *Conjonction discrétive* qui répond au *Sed* des Latins, on pense l'avoir suffisamment expliquée. Cependant il me semble qu'elle donne à entendre divers rapports que l'Esprit attribuë à différentes Propositions ou parties de Propositions qu'il joint par ce Monosyllabe.

Prémiérement, cette Particule sert à marquer contrariété, exception, différence. *Il est fort honnête homme*, MAIS *il est trop prompt. Vous pouvez faire un tel marché*, MAIS *prenez garde qu'on ne vous trompe. Elle n'est pas si belle qu'une telle*, MAIS *enfin elle est jolie.*

II. Elle sert à rendre raison de quelque chose dont on se veut excuser. *Il est vrai, je l'ai battu,* MAIS *j'en avois sujet.*

III. MAIS *pour ne pas parler davantage sur ce sujet:* Exemple où cette Particule sert à faire entendre que l'Esprit s'arrête dans le chemin où il alloit, avant que d'être arrivé au bout.

IV. (2) *Vous priez Dieu,* MAIS *ce n'est pas, qu'il veuille vous amener à*
la

---

(1) En Anglois *But*. Notre *Mais* ne répond point exactement à ce mot Anglois, comme il paroît visiblement par les divers rapports que l'Auteur remarque dans cette Particule, dont il y en a quelques-uns qui ne sauroient être appliquez à notre *Mais*. Comme je ne pouvois traduire ces exemples en notre Langue, j'en ai mis d'autres à la place, que j'ai tirez en partie du Dictionnaire de l'*Academie Françoise*.

(2) Cet exemple est dans l'Anglois. Nos Pu-ristes blâmeront peut-être deux *Mais* dans une même periode, mais ce n'est pas dequoi il s'agit. Suffit qu'on voye par-là que l'Esprit marque par une seule particule deux rapports fort différens: & je ne sai même, si malgré les règles scrupuleuses de nos Grammairiens, il n'est pas nécessaire d'employer quelquefois ces deux *Mais*, pour marquer plus vivement & plus nettement ce qu'on a dans l'Esprit. Cela soit dit sans décider.

Des Particules. LIV. III.

la connoissance de la vraye Religion. V. MAIS *qu'il vous confirme dans la vôtre.* CHAP. VII. Le prémier de ces *Mais* désigne une supposition dans l'Esprit de quelque chose qui est autrement qu'elle ne devroit être; & le second fait voir, que l'Esprit met une opposition directe entre ce qui suit & ce qui précede.

VI. *Mais* sert quelquefois de transition (1) pour revenir à un sujet, ou pour quitter celui dont on parloit. MAIS *revenons à ce que nous disions tantôt.* (2) MAIS *laissons Chapelain pour la derniére fois.*

§. 6. A ces significations du mot de *Mais*, j'en pourrois ajouter sans doute plusieurs autres, si je me faisois une affaire d'examiner cette Particule dans toute son étenduë, & de la considerer dans tous les Lieux où elle peut se rencontrer. Si quelqu'un vouloit prendre cette peine, je doute que dans tous les sens qu'on lui donne, elle pût mériter le titre de *discrétive*, par où les Grammairiens la désignent ordinairement. Mais je n'ai pas dessein de donner une explication complete de cette espèce de signes. Les exemples que je viens de proposer sur cette seule particule, pourront donner occasion de reflêchir sur l'usage & sur la force que ces Mots ont dans le Discours, & nous conduire à la consideration de plusieurs actions que notre Esprit a trouvé le moyen de faire sentir aux autres par le secours de ces Particules, dont quelques-unes renferment constamment le sens d'une Proposition entiére, & d'autres ne le renferment que lors qu'elles sont construites d'une certaine maniére.

On n'a touché cette matiére que fort legerement.

CHAPITRE VIII.

Des Termes abstraits & concrets.

CHAP. VIII.

§. 1. LEs Mots communs des Langues, & l'usage ordinaire que nous en faisons, auroient pû nous fournir des lumiéres pour connoître la nature de nos Idées, si l'on eût pris la peine de les considerer avec attention. L'Esprit, comme nous avons fait voir, a la puissance d'*abstraire* ses idées, qui par-là deviennent autant d'essences générales par où les choses sont distinguées en Espèces. Or chaque idée abstraite étant distincte, en sorte que de deux l'une ne peut jamais être l'autre, l'Esprit doit appercevoir par sa connoissance *intuitive* la différence qu'il y a entre elles; & par conséquent dans des Propositions deux de ces Idées ne peuvent jamais être affirmées l'une de l'autre. C'est ce que nous voyons dans l'Usage ordinaire des Langues, *qui ne permet pas que deux termes abstraits, ou deux noms d'I-*

Les termes abstraits ne peuvent être affirmez l'un de l'autre, & pourquoi.

dées

---

(1) Une chose digne de remarque, c'est que les Latins se servoient quelquefois de *nam* en ce sens-là. *Nam quid ego dicam de Patre*, dit *Terence*, Andr. Act. I. Sc. VI. v. 18. Il ne faut que voir l'endroit pour être convaincu qu'on ne le peut mieux traduire en François que par ces paroles, MAIS *que dirai-je de mon Pere?* Ce qui, pour le dire en passant, prouve d'une maniére plus sensible ce que vient de dire M *Locke*, qu'il ne faut pas chercher dans les Dictionnaires la signification de ces Particules, mais dans la disposition d'esprit où se trouve celui qui s'en sert.

(2) *Despreaux*, Sat. IX. v. 242.

CHAP. VIII. *dées abstraites soient affirmez l'un de l'autre.* Car quelque affinité qu'il paroisse y avoir entr'eux, & quelque certain qu'il soit, par exemple, qu'un homme est un Animal, qu'il est raisonnable, qu'il est blanc, &c. cependant chacun voit d'abord la fausseté de ces Propositions, l'*Humanité est Animalité*, ou *Raisonnabilité*, ou *Blancheur*. Cela est d'une aussi grande évidence qu'aucune des Maximes le plus généralement reçuës. Toutes nos affirmations roulent donc uniquement sur des idées concretes, ce qui est affirmer non qu'une idée abstraite est une autre idée, mais qu'une idée abstraite est jointe à une autre idée. Ces idées abstraites peuvent être de toute Espèce dans les Substances, mais dans tout le reste elles ne sont guére autre chose que des idées de Relations. D'ailleurs, dans les Substances, les plus ordinaires sont des idées de Puissance; par exemple, *un homme est blanc*, signifie que la Chose qui a l'essence d'un homme, a aussi en elle l'essence de blancheur, qui n'est autre chose qu'un pouvoir de produire l'idée de blancheur dans une personne dont les yeux peuvent discerner les Objets ordinaires : ou, *un homme est raisonnable*, veut dire que la même chose qui a l'essence d'un homme a aussi en elle l'essence de *Raisonnabilité*, c'est-à-dire, la puissance de raisonner.

Ils montrent la différence de nos Idées.

§. 2. Cette distinction des Noms fait voir aussi la différence de nos Idées ; car si nous y prenons garde, nous trouverons que *nos Idées simples ont toutes des noms abstraits aussi bien que de concrets*, dont l'un (pour parler en Grammairien) est un Substantif, & l'autre un Adjectif, comme *blancheur*, *blanc*; *douceur*, *doux*. Il en est de même à l'égard de nos Idées des *Modes* & des *Relations*, comme *Justice*, *juste* ; *égalité*, *égal* ; mais avec cette seule différence, que quelques-uns des noms concrets des Relations, sur tout ceux qui concernent l'Homme, sont Substantifs, comme *paternité*, *pére*; de quoi il ne seroit pas difficile de rendre raison. Quant à nos idées des Substances, elles n'ont que peu de noms abstraits, ou plûtôt elles n'en ont absolument point. Car quoi que les Ecoles ayent introduit les noms d'*Animalité*, d'*Humanité*, de *Corporcité*, & quelques autres ; ce n'est rien en comparaison de ce nombre infini de noms de Substances auxquels les Scholastiques n'ont jamais été assez ridicules pour joindre des noms abstraits: & le petit nombre qu'ils ont forgé, & qu'ils ont mis dans la bouche de leurs Ecoliers, n'a jamais pû entrer dans l'Usage ordinaire, ni être autorisé dans le Monde. D'où l'on peut au moins conclurre, ce me semble, que tous les hommes reconnoissent par-là qu'ils n'ont point d'idée des essences réelles des Substances, puisqu'ils n'ont point de noms dans leurs Langues pour les exprimer, dont ils n'auroient pas manqué sans doute de se pourvoir, si le sentiment par lequel ils sont intérieurement convaincus que ces Essences leur sont inconnuës, ne les eût détournez d'une si frivole entreprise. Ainsi, quoi qu'ils ayent assez d'idées pour distinguer l'Or d'avec une pierre, & le Metal d'avec le Bois, ils n'oseroient pourtant se servir des mots (1) *Aureitas*, *Saxeitas*, *Metalleitas*, *Ligneitas*, & de tels autres noms, par où ils pré-

(1) Ces Mots qui sont tout-à-fait barbares en Latin, paroîtroient de la derniére extravagance en François.

prétendroient exprimer les essences réelles de ces Substances dont ils seroient convaincus qu'ils n'ont aucune idée. Et en effet ce ne fut que la Doctrine des *Formes Substantielles*, & la confiance téméraire de certaines personnes, destituées d'une connoissance qu'ils prétendoient avoir, qui firent prémiérement fabriquer & ensuite introduire les mots d'*Animalité* & d'*Humanité*, & autres semblables, qui cependant n'allérent pas bien loin de leurs Ecoles, & n'ont jamais pû être de mise parmi les gens raisonnables. Je sai bien que le mot *humanitas* étoit en usage parmi les Romains, mais dans un sens bien différent; car il ne signifioit pas l'essence abstraite d'aucune Substance. C'étoit le nom abstrait d'un *Mode*, son concret étant *humanus* (1), & non pas *homo*.

CHAPITRE IX.
De l'Imperfection des Mots.

§. 1. Il est aisé de voir par ce qui a été dit dans les Chapitres précedens, quelle imperfection il y a dans le Langage, & comment la nature même des Mots fait qu'il est presque inévitable que plusieurs d'entr'eux n'ayent une signification douteuse & incertaine. Pour découvrir en quoi consiste la perfection & l'imperfection des Mots, il est nécessaire, en prémier lieu, d'en considérer l'usage & la fin, car selon qu'ils sont plus ou moins proportionnez à cette fin, ils sont plus ou moins parfaits. Dans la prémiére partie de ce Discours nous avons souvent parlé par occasion d'un *double usage* qu'ont les Mots.

1. L'un est, d'enregistrer, pour ainsi dire, nos propres pensées.
2. L'autre, de communiquer nos pensées aux autres.

§. 2. Quant au prémier de ces usages qui est d'enregistrer nos propres pensées pour aider notre Memoire, qui nous fait, pour ainsi dire, parler à nous-mémes; toutes sortes de paroles, quelles qu'elles soient, peuvent servir à cela. Car puisque les sons sont des signes arbitraires & indifférens de quelque idée que ce soit, un homme peut employer tels mots qu'il veut pour exprimer à lui-méme ses propres idées; & ces mots n'auront jamais aucune imperfection, s'il se sert toûjours du méme signe pour désigner la méme idée, car en ce cas il ne peut manquer d'en comprendre le sens, en quoi consiste le véritable usage & la perfection du Langage.

§. 3. En second lieu, pour la communication qui se fait entre les hommes par le moyen des paroles, les Mots ont aussi un double usage:
I. L'un est *Civil*.
II. Et l'autre *Philosophique*.

Prémiérement, par l'*usage civil* j'entens cette communication de pensées & d'idées par le secours des Mots, autant qu'elle peut servir à la conversation & au commerce qui regarde les affaires & les commoditez ordinaires de

---

(1) C'est ainsi qu'en François, d'*humain* nous avons fait *humanité*.

CHAP. IX.

L'imperfection des Mots c'est l'ambiguité de leurs significations.

Quelles sont les causes de leur imperfection.

de la Vie Civile dans les différentes Sociétez qui lient les hommes les uns aux autres.

En second lieu, par l'*usage philosophique* des Mots j'entens l'usage qu'on en doit faire pour donner des notions précises des Choses, & pour exprimer en propositions générales des véritez certaines & indubitables sur lesquelles l'Esprit peut s'appuyer, & dont il peut être satisfait dans la recherche de la Vérité. Ces deux Usages sont fort distincts; & l'on peut se passer dans l'un de beaucoup moins d'exactitude que dans l'autre, comme nous verrons dans la suite.

§. 4. La principale fin du Langage dans la communication que les hommes font de leurs pensées les uns aux autres, étant d'être entendu, les Mots ne sauroient bien servir à cette fin dans le Discours Civil ou Philosophique, lorsqu'un mot n'excite pas dans l'Esprit de celui qui écoute, la même idée qu'il signifie dans l'Esprit de celui qui parle. Or puisque les sons n'ont aucune liaison naturelle avec nos Idées, mais qu'ils tirent tous leur signification de l'imposition arbitraire des hommes, ce qu'il y a de douteux & d'incertain dans leur signification, (en quoi consiste l'imperfection dont nous parlons présentement) vient plûtôt des idées qu'ils signifient que d'aucune incapacité qu'un son ait plûtôt qu'un autre, de signifier aucune idée, car à cet égard ils sont tous également parfaits.

Par conséquent, ce qui fait que certains Mots ont une signification plus douteuse & plus incertaine que d'autres, c'est la différence des Idées qu'ils signifient.

§. 5. Comme les Mots ne signifient rien naturellement, il faut que ceux qui veulent s'entrecommuniquer leurs pensées, & lier un discours intelligible avec d'autres personnes en quelque Langue que ce soit, apprennent & retiennent l'idée que chaque mot signifie: ce qui est fort difficile à faire dans les cas suivans.

I. Lorsque les idées que les Mots signifient, sont extrêmement complexes, & composées d'un grand nombre d'idées jointes ensemble.

II. Lorsque les Idées que ces Mots signifient, n'ont point de liaison naturelle les unes avec les autres, de sorte qu'il n'y a dans la Nature aucune mesure fixe, ni aucun modèle pour les rectifier & les combiner.

III. Lorsque la signification d'un Mot se rapporte à un modèle, qu'il n'est pas aisé de connoître.

IV. Lorsque la signification d'un Mot, & l'essence réelle de la Chose, ne sont pas exactement les mêmes.

Ce sont-là des difficultez attachées à la signification de plusieurs Mots qui sont intelligibles. Pour les Mots qui sont tout-à-fait inintelligibles, comme les noms qui signifient quelque idée simple qu'on ne peut connoître faute d'organes ou de facultez propres à nous en donner la connoissance, tels que sont les noms des Couleurs à l'égard d'un Aveugle, ou les Sons à l'égard d'un Sourd, il n'est pas nécessaire d'en parler en cet endroit.

Dans tous ces cas, dis-je, nous trouverons de l'imperfection dans les Mots, ce que j'expliquerai plus au long, en considérant les Mots dans leur application particuliére aux différentes sortes d'idées que nous avons dans l'Esprit : car si nous y prenons garde, nous trouverons que *les noms des Modes mixtes sont le plus sujets à être douteux & imparfaits dans leurs significations pour les deux prémiéres raisons, & les noms des* Substances *pour les deux derniéres.*

§. 6. Je dis prémiérement, que les noms des *Modes mixtes* sont la plûpart sujets à une grande incertitude, & à une grande obscurité dans leurs significations.

Les noms des Modes mixtes sont douteux:

I. A cause de l'extrême composition de ces sortes d'idées complexes. Pour faire que les Mots servent au but d'un entretien mutuel, il faut, comme il a été dit, qu'ils excitent exactement la même idée dans celui qui écoute, que celle qu'ils signifient dans l'Esprit de celui qui parle. Sans quoi les hommes qui parlent ensemble, ne font que se remplir la tête de vains sons, sans pouvoir se communiquer par-là leurs pensées, & se peindre, pour ainsi dire, leurs idées les uns aux autres, ce qui est le but du Discours & du Langage. Mais lorsqu'un mot signifie une idée fort complexe, composée de différentes parties qui sont elles-mêmes composées de plusieurs autres, il n'est pas facile aux hommes de former & de retenir cette idée avec une telle exactitude qu'ils fassent signifier au nom qu'on lui donne dans l'usage ordinaire, la même idée précise, sans la moindre variation. Delà vient que les noms des Idées fort complexes, comme sont pour la plûpart les termes de Morale, ont rarement la même signification précise dans l'Esprit de deux différentes personnes, parce que l'idée complexe d'un homme convient rarement avec celle d'un autre, & qu'elle différe souvent de celle qu'il a lui-même en divers temps, de celle, par exemple, qu'il avoit hier, & qu'il aura demain.

I. à cause que les idées qu'ils signifient, sont fort complexes.

§. 7. En second lieu, les noms des *Modes mixtes* sont fort équivoques, parce qu'ils n'ont, pour la plûpart, aucun modèle dans la Nature, sur lequel les hommes puissent en rectifier & régler la signification. Ce sont des amas d'Idées mises ensemble, comme il plaît à l'Esprit, qui les forme par rapport au but qu'il se propose dans le discours & à ses propres notions, par où il n'a pas en vûë de copier aucune chose qui existe actuellement, mais de nommer & de ranger les choses selon qu'elles se trouvent conformes aux Archetypes ou modèles qu'il a faits lui-même. Celui qui le prémier a mis en usage les mots (1) *brusquer*, *débrutaliser*, *depicquer*, &c. a joint ensemble, comme il l'a jugé à propos, les idées qu'il a fait signifier à ces Mots: & ce qui arrive à l'égard de quelques nouveaux noms de *Modes* qui commencent présentement à être introduits dans une Langue, est arrivé à l'égard des vieux Mots de cette Espèce, lors qu'ils ont commencé d'être mis en usage. Il en est de ces derniers comme des premiers. D'où il s'ensuit que les noms qui signifient des collections d'Idées que l'Esprit forme à plaisir, doivent être nécessairement d'une signification douteuse, lorsque ces collections ne peuvent se trouver nulle part, constamment unies dans la Natu-.

II. Parce qu'elles n'ont point de modèles.

---

(1) Ce sont des termes nouveaux dans la Langue; & par cela même qu'ils ne sont pas fort en usage, ils n'en sont peut-être que plus propres à faire sentir le raisonnement que M *Locke* fait en cet endroit.

Снар. IX. Nature, & qu'on ne peut montrer aucuns modèles par où l'on puisse les rectifier. Ainsi, l'on ne sauroit jamais connoître par les choses mêmes ce qu'emporte le mot de *Meurtre* ou de *Sacrilege*, &c. Il y a plusieurs parties de ces Idées complexes qui ne paroissent point dans l'action même: l'intention de l'Esprit, ou le rapport aux choses saintes, qui font partie du *Meurtre* ou du *Sacrilege*, n'ont pas une liaison nécessaire avec l'action extérieure & visible de celui qui commet l'un ou l'autre de ces Crimes: & l'action de tirer à soi la détente du Mousquet par où l'on commet un meurtre, & qui est peut-être la seule action visible, n'a point de liaison naturelle avec les autres idées qui composent cette idée complexe, nommée *meurtre*; lesquelles tirent uniquement leur union & leur combinaison de l'Entendement qui les assemble sous un seul nom. Mais comme il fait cet assemblage sans règle ou modèle, il faut nécessairement que la signification du Nom qui désigne de telles collections arbitraires, se trouve souvent différente dans l'Esprit de différentes personnes qui ont à peine aucun modèle fixe sur lequel ils règlent eux-mêmes leurs notions dans ces sortes d'idées arbitraires.

La propriété du Langage ne suffit pas pour remedier à cet inconvénient.

§. 8. L'on peut supposer à la vérité que l'Usage commun qui règle la propriété du Langage, nous est de quelque secours en cette rencontre pour fixer la signification des Mots; & l'on ne peut nier qu'il ne la fixe jusqu'à un certain point. Il est, dis-je, hors de doute que l'Usage commun règle assez bien le sens des Mots pour la conversation ordinaire. Mais comme personne n'a droit d'établir la signification précise des Mots, ni de déterminer à quelles idées chacun doit les attacher, l'Usage ordinaire ne suffit pas pour nous autoriser à les adapter à des Discours Philosophiques: car à peine y a-t-il un nom d'aucune Idée fort complexe (pour ne pas parler des autres) qui dans l'Usage ordinaire n'ait une signification fort vague, & qui, sans devenir impropre, ne puisse être fait signe d'Idées fort différentes. D'ailleurs, la règle & la mesure de la propriété des termes n'étant déterminée nulle part, on a souvent occasion de disputer si suivant la propriété du Langage on peut employer un mot d'une telle ou d'une telle manière. Et de tout cela il s'ensuit fort visiblement, que les noms de ces sortes d'idées fort complexes sont naturellement sujets à cette imperfection d'avoir une signification douteuse & incertaine; & que même dans l'Esprit de ceux qui désirent sincerement de s'entendre l'un l'autre, ils ne signifient pas toûjours la même idée dans celui qui parle, & dans celui qui écoute. Quoi que les noms de *Gloire* & de *Gratitude* soient les mêmes dans la bouche de tout François qui parle la Langue de son Païs, cependant l'idée complexe que chacun a dans l'Esprit, ou qu'il prétend signifier par l'un de ces noms, est apparemment fort différente dans l'usage qu'en font bien des gens qui parlent cette même Langue.

La manière dont on apprend les noms des *Modes mixtes* contribuë encore à leur incertitude.

§. 9. D'ailleurs, la manière dont on apprend ordinairement les noms des *Modes mixtes*, ne contribuë pas peu à rendre leur signification douteuse. Car si nous prenons la peine de considerer comment les Enfans apprennent les Langues, nous trouverons, que, pour leur faire entendre ce que signifient les noms des Idées simples & des Substances, on leur montre ordinairement

rement la chose dont on veut qu'ils ayent l'idée, & qu'on leur dit plusieurs CHAP. IX. fois le nom qui en est le signe, *blanc*, *doux*, *lait*, *sucre*, *chien*, *chat*, &c. Mais pour ce qui est des *Modes mixtes*, & sur-tout les plus importans, je veux dire ceux qui expriment des idées de Morale, d'ordinaire les Enfans apprennent prémiérement les sons : & pour savoir ensuite quelles idées complexes sont signifiées par ces sons-là, ou ils en sont redevables à d'autres qui les leur expliquent, ou (ce qui arrive le plus souvent) on s'en remet à leur sagacité & à leurs propres observations. Et comme ils ne s'appliquent pas beaucoup à rechercher la veritable & précise signification des noms, il arrive que ces termes de Morale ne sont guere autre chose que de simples sons dans la bouche de la plûpart des hommes : ou s'ils ont quelque signification, c'est pour l'ordinaire, une signification fort vague & fort indéterminée, & par conséquent très-obscure & très-confuse. Ceux-là même qui ont été les plus exacts à déterminer le sens qu'ils donnent à leurs notions, ont pourtant bien de la peine à éviter l'inconvénient de leur faire signifier des idées complexes, différentes de celles que d'autres personnes habiles attachent à ces mêmes noms. Où trouver, par exemple, un discours de Controverse, ou un entretien familier sur l'*Honneur*, la *Foi*, la *Grace*, la *Religion*, l'*Eglise*, &c. où il ne soit pas facile de remarquer les différentes notions que les hommes ont de ces Choses ; ce qui ne veut dire autre chose, sinon qu'ils ne conviennent point sur la signification de ces Mots, & que les idées complexes qu'ils ont dans l'Esprit & qu'ils leur font signifier, ne sont pas les mêmes, de sorte que toutes les Disputes qui suivent de là, ne roulent en effet, que sur la signification d'un son. Aussi voyons-nous en conséquence de cela qu'il n'y a point de fin aux interpretations des Loix, divines ou humaines : un Commentaire produit un autre Commentaire : une explication fournit de matiére à de nouvelles explications : & l'on ne cesse jamais de limiter, de distinguer, & de changer la signification de ces termes de Morale. Comme les hommes forment eux-mêmes ces Idées, ils peuvent les multiplier à l'infini, parce qu'ils ont toûjours le pouvoir de les former. Combien y a-t-il de gens qui fort satisfaits à la prémiére lecture, de la maniére dont ils entendoient un texte de l'Ecriture, ou une certaine clause dans le Code, en ont tout-à-fait perdu l'intelligence en consultant les Commentateurs, dont les explications n'ont servi qu'à leur faire avoir des doutes, ou à augmenter ceux qu'ils avoient dejà, & à répandre des ténèbres sur le passage en question. Je ne dis pas cela pour donner à entendre que je croye les Commentaires inutiles, mais seulement pour faire voir combien les noms des *Modes mixtes* sont naturellement incertains, dans la bouche même de ceux qui vouloient & pouvoient parler aussi clairement que la Langue étoit capable d'exprimer leurs pensées.

§. 10. Il seroit inutile de faire remarquer quelle obscurité doit avoir été C'est ce qui inévitablement répanduë par ce moyen dans les Ecrits des hommes qui ont rend les Anvécu dans des temps reculez, & en différens Païs. Car le grand nombre inévitablemens de Volumes que de savans hommes ont écrit pour éclaircir ces Ouvrages, obscurs. ne prouve que trop quelle attention, quelle étude, quelle pénétration, quelle force de raisonnement est nécessaire pour découvrir le veritable sens

CHAP. IX. des *Anciens Auteurs*. Mais comme il n'y a point d'Ouvrages dont il importe extrêmement que nous nous mettions fort en peine de pénétrer le sens, excepté ceux qui contiennent, ou des véritez que nous devons croire, ou des Loix auxquelles nous devons obéïr & que nous ne pouvons mal expliquer ou transgresser sans tomber dans de fâcheux inconvéniens, nous sommes en droit de ne pas nous tourmenter beaucoup à pénétrer le sens des autres Auteurs qui n'écrivent que leurs propres opinions : car nous ne sommes pas plus obligez de nous instruire de ces opinions, qu'ils le sont de savoir les nôtres. Comme notre bonheur ou notre malheur ne dépend point de leurs Decrets, nous pouvons ignorer leurs notions sans courir aucun danger. Si donc en lisant leurs Écrits nous voyons qu'ils n'employent pas les mots avec toute la clarté & la netteté requise, nous pouvons fort bien les mettre à quartier sans leur faire aucun tort, & dire en nous-mêmes,

* *Si non vis intelligi, debes negligi.*

* *Pourquoi se fatiguer à pouvoir te comprendre,*
Si tu ne veux te faire entendre ?

§. 11. Si la signification des noms des *Modes mixtes* est incertaine, parce qu'il n'y a point de modèles réels, existans dans la Nature, auxquels ces Idées puissent être rapportées, & par où elles puissent être réglées, les noms des Substances sont équivoques par une raison toute contraire, je veux dire à cause que les idées qu'ils signifient sont supposées conformes à la réalité des Choses, & qu'*elles sont rapportées à des Modèles formez par la Nature*. Dans nos Idées des Substances nous n'avons pas la liberté, comme dans les Modes mixtes, de faire telles combinaisons que nous jugeons à propos, pour être des signes caractéristiques par lesquels nous puissions ranger & nommer les choses. Dans les idées des Substances nous sommes obligez de suivre la Nature, de conformer nos idées complexes à des existences réelles, & de régler la signification de leurs noms sur les Choses mêmes, si nous voulons que les noms que nous leur donnons, en soient les signes, & servent à les exprimer. A la vérité, nous avons en cette occasion des modèles à suivre, mais des modèles qui rendront la signification de leurs noms fort incertaine, car les noms doivent avoir un sens fort incertain & fort divers, lorsque les idées qu'ils signifient, se rapportent à des modèles hors de nous, *qu'on ne peut absolument point connoître, ou qu'on ne peut connoître que d'une maniére imparfaite, & incertaine.*

Les noms des Substances se rapportent prémiérement à des Essences réelles qui ne peuvent être connuës.

§. 12. Les noms des Substances ont dans l'usage ordinaire un double rapport, comme on l'a déjà montré.

Prémiérement, on suppose quelquefois qu'ils signifient la constitution réelle des Choses, & qu'ainsi leur signification s'accorde avec cette constitution, d'où découlent toutes leurs propriétez, & à quoi elles aboutissent toutes. Mais cette constitution réelle, ou (comme on l'appelle communément) cette essence nous étant entiérement inconnuë, tout son qu'on employe pour l'exprimer doit être fort incertain dans cet usage, de sorte qu'il nous sera impossible, par exemple, de savoir quelles choses sont ou doivent être appellées *Cheval* ou *Antimoine*, si nous employons ces mots pour signifier des essences réelles, dont nous n'avons absolument aucune idée. Comme

me dans cette suppofition l'on rapporte les noms des Subſtances à des Modèles qui ne peuvent être connus, leurs fignifications ne fauroient être réglées & déterminées par ces Modèles.

§. 13. En fecond lieu, ce que les noms des Subſtances fignifient immédiatement, n'étant autre chofe que les *Idées fimples* qu'on trouve *coëxiſter*
dans les Subſtances, ces Idées entant que réunies dans les différentes Efpèces des Chofes, font les veritables modèles, auxquels leurs noms fe rapportent, & par lefquels on peut le mieux rectifier leurs fignifications. Mais
c'eſt à quoi ces Archetypes ne ferviront pourtant pas fi bien, qu'ils puiffent exempter ces noms d'avoir des fignifications fort différentes & fort incertaines, parce que ces Idées fimples qui coëxiſtent & font unies dans un
même fujet, étant en très-grand nombre, & ayant toutes un égal droit
d'entrer dans l'idée complexe & fpécifique que le nom fpécifique doit défigner, il arrive qu'encore que les hommes ayent deſſein de confiderer le
même Sujet, ils s'en forment pourtant des idées fort différentes : ce qui
fait que le nom qu'ils employent pour l'exprimer, a infailliblement différentes fignifications en différentes perfonnes. Les Qualitez qui compofent
ces Idées complexes, étant pour la plûpart des Puiſſances, par rapport aux
changemens qu'elles font capables de produire dans les autres Corps, ou de
recevoir des autres Corps, font prefque infinies. Qui confiderera combien
de divers changemens eſt capable de recevoir l'un des plus bas Métaux quel
qu'il foit, feulement par la differente application du Feu, & combien plus
il en reçoit entre les mains d'un Chymiſte par l'application d'autres Corps,
ne trouvera nullement étrange de m'entendre dire qu'il n'eſt pas aifé de raſ-
fembler les propriétez de quelque forte de Corps que ce foit, & de les connoître exactement par les différentes recherches où nos facultez peuvent
nous conduire. Comme donc ces Propriétez font du moins en fi grand
nombre que nul homme ne peut en connoître le nombre précis & défini,
diverfes perfonnes font differentes découvertes felon la diverſité qui fe trouve dans l'habileté, & l'attention, les moyens qu'ils employent à manier les
Corps qui en font le fujet : & par conféquent ces perfonnes ne peuvent qu'a-
voir différentes idées de la même *Subſtance*, & rendre la fignification de
fon nom commun, fort diverfe & fort incertaine. Car les Idées complexes
des Subſtances étant compofées d'Idées fimples qu'on fuppofe *coëxiſter* dans
la Nature, chacun a droit de renfermer dans fon idée complexe les qualitez
qu'il a trouvées jointes enfemble. En effet, quoi que dans la Subſtance
que nous nommons *Or*, l'un fe contente d'y comprendre la couleur & la pefanteur, un autre fe figure que la capacité d'être diſſous dans l'*Eau Regale*
doit être auſſi néceſſairement jointe à cette couleur, dans l'idée qu'il a de
l'Or, qu'un troifiéme croit être en droit d'y faire entrer la fufibilité ; parce que la capacité d'être diſſous dans l'*Eau Regale* eſt une Qualité auſſi
conſtamment unie à la couleur & à la pefanteur de l'Or, que la fufibilité
ou quelque autre Qualité que ce foit. D'autres y mettent la *ductilité*, la
fixité, &c. felon qu'ils ont appris par tradition ou par expérience que ces
propriétez fe rencontrent dans cette Subſtance. Qui de tous ceux-là a établi la vraye fignification du mot *Or*, ou qui choifira-t-on pour la déterminer ?

CHAP. IX.

Secondement à
des Qualitez
qui coëxiſtent
dans les Subſtan-
ces & qu'on
ne connoit
qu'imparfaite-
ment.

ner? Chacun a son modéle dans la Nature, auquel il en appelle; & c'est avec raison qu'il croit avoir autant de droit de renfermer dans son idée complexe signifiée par le mot *Or*, les Qualitez que l'expérience lui a fait voir jointes ensemble, qu'un autre qui n'a pas si bien examiné la chose en a de les exclurre de son Idée, ou un troisiéme d'y en mettre d'autres qu'il y a trouvées après de nouvelles expériences. Car l'union naturelle de ces Qualitez étant un véritable fondement pour les unir dans une seule idée complexe, l'on n'a aucun sujet de dire que l'une de ces Qualitez doive étre admise ou rejettée plûtot que l'autre. D'où il s'ensuivra toûjours inévitablement, que les idées complexes des Substances, seront fort différentes dans l'Esprit des gens qui se servent des mémes noms pour les exprimer, & que la signification de ces noms sera, par conséquent, fort incertaine.

§. 14. Outre cela à peine y a-t-il une chose existante qui par quelqu'une de ses Idées simples n'aît de la convenance avec un plus grand ou un plus petit nombre d'autres Etres particuliers. Qui déterminera dans ce cas, quelles sont les idées qui doivent constituer la collection précise qui est signifiée par le nom spécifique; ou qui a droit de définir quelles qualitez communes & visibles doivent étre excluës de la signification du nom de quelque Substance, ou quelles plus secretes & plus particuliéres y doivent entrer? Toutes choses qui considerées ensemble, ne manquent guere, ou plûtot jamais de produire dans les noms des Substances cette variété & cette ambiguité de signification qui cause tant d'incertitude, de disputes, & d'erreurs, lorsqu'on vient à les employer à un usage Philosophique.

Malgré cette imperfection ces noms peuvent servir dans la conversation ordinaire, mais non pas dans des Discours Philosophiques.

§. 15. A la vérité, dans le commerce civil & dans la conversation ordinaire, les noms généraux des Substances, déterminez dans leur signification vulgaire par quelques qualitez qui se présentent d'elles-mémes, (comme par la figure extérieure dans les choses qui viennent par une propagation feminale & connuë, & dans la plûpart des autres Substances par la couleur, jointe à quelques autres Qualitez sensibles,) ces noms, dis-je, sont assez bons pour désigner les choses dont les hommes veulent entretenir les autres: aussi conçoit-on d'ordinaire assez bien quelles Substances sont signifiées par le mot *Or* ou *Pomme*, pour pouvoir les distinguer l'une de l'autre. Mais dans des Recherches & des Controverses Philosophiques, où il faut établir des véritez générales & tirer des conséquences de certaines positions déterminées, on trouvera dans ce cas que la signification précise des noms des Substances n'est pas seulement bien établie, mais qu'il est méme bien difficile qu'elle le soit. Par exemple, celui qui fera entrer dans son idée complexe de l'Or la malléabilité, ou un certain dégré de *fixité*, peut faire des propositions touchant l'Or, & en déduire des conséquences qui découleront véritablement & clairement de cette signification particuliére du mot *Or*, mais qui sont telles pourtant qu'un autre homme ne peut jamais étre obligé d'admettre, ni étre convaincu de leur vérité, s'il ne regarde point la malléabilité ou le méme dégré de *fixité*, comme une partie
de

de cette idée complexe que le mot *Or* signifie dans le sens qu'il l'employe.

§. 16. C'est là une imperfection naturelle & presque inévitablement attachée à presque tous les noms des Substances dans toutes sortes de Langues, ce que les hommes reconnoîtront sans peine toutes les fois que renonçant aux notions confuses ou indéterminées ils viendront à des recherches plus exactes & plus précises. Car alors ils verront combien ces Mots sont douteux & obscurs dans leur signification qui dans l'usage ordinaire paroissoit fort claire & fort expresse. Je me trouvai un jour dans une Assemblée de Médecins habiles & pleins d'esprit, où l'on vint à examiner par hazard si quelque *liqueur* passoit à travers les filamens des nerfs : les sentimens furent partagez, & la dispute dura assez long-temps, chacun proposant de part & d'autre différens argumens pour appuyer son opinion. Comme je me suis mis dans l'Esprit depuis long-temps, qu'il pourroit bien être que la plus grande partie des Disputes roule plûtôt sur la signification des Mots que sur une différence réelle qui se trouve dans la maniére de concevoir les choses, je m'avisai de demander à ces Messieurs qu'avant que de pousser plus loin cette dispute, ils voulussent prémiérement examiner & établir entr'eux ce que signifioit le mot de *liqueur*. Ils furent d'abord un peu surpris de cette proposition ; & s'ils eussent été moins polis, ils l'auroient peut-être regardée avec mépris comme frivole & extravagante, puisqu'il n'y avoit personne dans cette Assemblée qui ne crût entendre parfaitement ce que signifioit le mot de *liqueur*, qui, je croi, n'est pas effectivement un des noms des Substances le plus embarrassé. Quoi qu'il en soit, ils eurent la complaisance de ceder à mes instances ; & ils trouvérent enfin, après avoir examiné la chose, que la signification de ce mot n'étoit pas si déterminée ni si certaine qu'ils l'avoient tous crû jusqu'alors, & qu'au contraire chacun d'eux le faisoit signe d'une différente idée complexe. Ils virent par-là que le fort de leur dispute rouloit sur la signification de ce terme, & qu'ils convenoient tous à peu près de la même chose, savoir que quelque matiére fluide & subtile passoit à travers les conduits des nerfs, quoi qu'il ne fût pas si facile de déterminer si cette matiére devoit porter le nom de liqueur, ou non : ce qui bien consideré par chacun d'eux fut jugé indigne d'être un sujet de dispute.

§. 17. J'aurai peut-être occasion de faire remarquer ailleurs que c'est de là que dépend la plus grande partie des Disputes où les hommes s'engagent avec tant de chaleur. Contentons-nous de considerer un peu plus exactement l'exemple du mot *Or* que nous avons proposé ci-dessus, & nous verrons combien il est difficile d'en déterminer précisément la signification. Je croi que tout le monde s'accorde à lui faire signifier un Corps d'un certain jaune brillant ; & comme c'est l'idée à laquelle les Enfans ont attaché ce nom-là, l'endroit de la queuë d'un Paon qui a cette couleur jaune, est proprement *Or* à leur égard. D'autres trouvant la *fusibilité* jointe à cette couleur jaune dans certaines parties de Matiére, en font une idée complexe à laquelle ils donnent le nom d'Or pour désigner une sorte de Substance, & par-là excluent du privilege d'être Or tous ces Corps d'un jaune brillant

Chap. IX. que le Feu peut réduire en cendres, & n'admettent dans cette espèce, ou ne comprennent sous le nom d'*Or* que les Substances qui ayant cette couleur jaune sont fondues par le feu, au lieu d'être réduites en cendres. Un autre par la même raison ajoûte la *pesanteur*, qui étant une qualité aussi étroitement unie à cette couleur que la fusibilité, a un égal droit, selon lui, d'être jointe à l'idée de cette Substance, & d'être renfermée dans le nom qu'on lui donne ; d'où il conclut que l'autre idée qui ne contient qu'un Corps d'une telle couleur & d'une telle fusibilité est imparfaite, & ainsi de tout le reste : en quoi personne ne peut donner aucune raison, pourquoi quelques-unes des Qualitez inséparables qui sont toûjours unies dans la Nature, devroient entrer dans l'essence nominale, & d'autres en devroient être excluës ; ou pourquoi le mot *Or* qui signifie cette sorte de Corps dont est composé l'anneau que j'ai au doigt, devroit déterminer cette espèce par sa couleur, par son poids & par sa fusibilité plûtôt que par sa couleur, par son poids & par sa capacité d'être dissous dans l'*Eau Regale*; puisque cette derniére propriété d'être dissous dans cette liqueur en est aussi inséparable que la propriété d'être fondu par le feu : propriétez qui ne sont toutes deux qu'un rapport que cette Substance a avec deux autres Corps, qui ont la puissance d'opérer différemment sur elle. Car de quel droit la fusibilité vient-elle à être une partie de l'Essence, signifiée par le mot *Or*, pendant que cette capacité d'être dissous dans l'Eau Regale n'en est qu'une propriété ? Ou bien, pourquoi sa Couleur fait-elle partie de son essence, tandis que la malléabilité n'est regardée que comme une propriété ? Je veux dire par-là, que toutes ces choses n'étant que des propriétez qui dépendent de la constitution réelle de ce Corps, & ces propriétez n'étant autre chose que des puissances *actives* ou *passives* par rapport à d'autres Corps, personne n'a le droit de fixer la signification du mot *Or*, entant qu'il se rapporte à un tel Corps existant dans la Nature, personne, dis-je, ne peut la fixer à une certaine collection d'Idées qu'on peut trouver dans ce Corps, plûtôt qu'à une autre. D'où il s'ensuit que la signification de ce mot doit être nécessairement fort incertaine, puisque différentes personnes observent différentes propriétez dans la même Substance, comme il a été dit ; & je crois pouvoir ajoûter, que personne ne les découvre toutes. Ce qui fait que nous n'avons que des descriptions fort imparfaites des Choses, & que la signification des Mots est très-incertaine.

Les noms des Idées simples sont les moins douteux.

§. 18. De tout ce qu'on vient de dire, il est aisé d'en conclurre ce qui a été remarqué ci-dessus, *Que les noms des Idées simples sont le moins sujets à équivoque*, & cela, pour les raisons suivantes. La prémiére est que chacune des idées qu'ils signifient n'étant qu'une simple perception, on les forme plus aisément, & on les conserve plus distinctement que celles qui sont plus complexes ; & par conséquent elles sont moins sujettes à cette incertitude qui accompagne ordinairement les idées complexes des *Substances* & des *Modes mixtes*, dans lesquelles on ne convient pas si facilement du nombre précis des *idées simples* dont elles sont composées, qu'on ne retient pas non plus si bien. La seconde raison pourquoi l'on est moins sujet à se méprendre dans les noms des Idées simples, c'est qu'ils ne se rapportent à nulle autre essence qu'à la perception même que les choses produisent en nous & que ces noms signifient immédiatement ; lequel rapport est au contraire la véritable cause pourquoi la signification des noms des Substances est naturellement si perplexe, & donne occasion à tant de disputes. Ceux qui n'abusent pas des termes pour tromper les autres ou pour se tromper eux-mêmes, se méprennent rarement dans une Langue qui leur est connuë, sur l'usage & la signification des noms des Idées simples : *Blanc, doux, jaune, amer*, sont des mots dont le sens se présente si naturellement que quiconque l'ignore & veut s'en instruire, le comprend aussi-tôt d'une maniére précise, ou l'apperçoit sans beaucoup de peine. Mais il n'est pas si aisé de savoir quelle collection d'Idées simples est désignée au juste par les termes de *Modestie* ou de *Frugalité*, selon qu'ils sont employez par une autre personne. Et quoi que nous soyons portez à croire que nous comprenons assez bien ce qu'on entend par *Or* ou par *Fer*, cependant il s'en faut bien que nous connoissions exactement l'idée complexe dont d'autres hommes se servent pour en être les signes ; & c'est fort rarement, à mon avis, qu'ils signifient précisément la même collection d'idées, dans l'Esprit de celui qui parle, & de celui qui écoute. Ce qui ne peut que produire des mécomptes & des disputes, lorsque ces Mots sont employez dans des Discours où les hommes font des propositions générales & voudroient établir dans leur Esprit des véritez universelles, & considerer les conséquences qui en découlent.

CHAP. IX.

§. 19. *Après les noms des Idées simples, ceux des Modes simples sont*, par la même régle, *le moins sujets à être ambigus*, & sur-tout ceux des Figures & des Nombres dont on a des idées si claires & si distinctes. Car qui jamais a mal pris le sens de *sept* ou d'un *Triangle*, s'il a eu dessein de comprendre ce que c'est ? Et en général on peut dire qu'en chaque Espèce les noms des Idées les moins composées sont le moins douteux.

Et après cela, ceux des *Modes simples*.

§. 20. C'est pourquoi les *Modes mixtes* qui ne sont composez que d'un petit nombre d'Idées simples les plus communes, ont ordinairement des noms dont la signification n'est pas fort incertaine. Mais les noms des *Modes mixtes* qui contiennent un grand nombre d'Idées simples, ont communément des significations fort douteuses & fort indéterminées, comme nous l'avons dejà montré. Les noms des Substances qu'on attache à des idées qui ne sont ni des Essences réelles ni des représentations exactes des Modéles auxquels elles se rapportent, sont encore sujets à une plus grande incertitude, sur-tout quand nous les employons à un usage Philosophique.

Les noms les plus douteux sont ceux des *Modes mixtes*, fort complexes, & des *Substances*.

§. 21. Comme la plus grande confusion qui se trouve dans les noms des Substances procede pour l'ordinaire du défaut de connoissance & de l'incapacité où nous sommes de découvrir leurs constitutions réelles, on pourra s'étonner avec quelque apparence de raison, que j'attache cette imperfection aux Mots, plûtôt que de la mettre sur le compte de notre Entendement. Et cette Objection paroît si juste, que je me crois obligé de dire pourquoi j'ai suivi cette méthode. J'avouë donc que, lorsque je commençai cet Ouvrage, & long-temps après, il ne me vint nullement dans l'Esprit qu'il fût nécessaire de faire aucune réflexion sur les Mots pour traiter

Pourquoi l'on rejette cette imperfection sur les Mots.

CHAP. IX. cette matiére. Mais quand j'eus parcouru l'origine & la composition de nos Idées, & que je commençai à examiner l'étenduë & la certitude de nos Connoissances, je trouvai qu'elles ont une liaison si étroite avec nos paroles, qu'à moins qu'on n'eût consideré auparavant avec exactitude, quelle est la force des Mots, & comment ils signifient les Choses, on ne sauroit guere parler clairement & raisonnablement de la Connoissance, qui roulant uniquement sur la Vérité est toûjours renfermée dans des Propositions. Et quoi qu'elle se termine aux Choses, je m'apperçus que c'étoit principalement par l'intervention des Mots, qui par cette raison me sembloient à peine capables d'être separez de nos Connoissances générales. Il est du moins, certain qu'ils s'interposent de telle maniere entre notre Esprit & la vérité que l'Entendement veut contempler & comprendre, que semblables au Milieu par où passent les rayons des Objets visibles, ils répandent souvent des nuages sur nos yeux & imposent à notre Entendement par le moyen de ce qu'ils ont d'obscur & de confus. Si nous considerons que la plûpart des illusions que les hommes se font à eux-mêmes, aussi bien qu'aux autres, que la plûpart des méprises qui se trouvent dans leurs notions & dans leurs Disputes viennent des Mots, & de leur signification incertaine ou mal-entenduë, nous aurons tout sujet de croire que ce défaut n'est pas un petit obstacle à la vraye & solide Connoissance. D'où je conclus qu'il est d'autant plus nécessaire, que nous soyions soigneusement avertis, que bien loin qu'on ait regardé cela comme un inconvénient, l'art d'augmenter cet inconvénient, a fait la plus considerable partie de l'Etude des hommes, & a passé pour érudition, & pour subtilité d'Esprit, comme nous le verrons dans le Chapitre suivant. Mais je suis tenté de croire, que, si l'on examinoit plus à fond les imperfections du Langage consideré comme l'instrument de nos connoissances, la plus grande partie des Disputes tomberoient d'elles-mêmes, & que le chemin de la Connoissance, & peut-être de la Paix seroit beaucoup plus ouvert aux hommes qu'il n'est encore.

Cette incertitude des Mots nous devroit apprendre à être moderez, quand il s'agit d'imposer aux autres le sens que nous attribuons aux Anciens Auteurs.

§. 22. Une chose au moins dont je suis assûré, c'est que dans toutes les Langues la signification des Mots dépendant extrêmement des pensées, des notions, & des idées de celui qui les employe, elle doit être inévitablement très-incertaine dans l'Esprit de bien des gens du même Païs & qui parlent la même Langue. Cela est si visible dans les Auteurs Grecs, que quiconque prendra la peine de feuilleter leurs Ecrits, trouvera dans presque chacun d'eux un Langage différent, quoi qu'il voye par-tout les mêmes Mots. Que si à cette difficulté naturelle qui se rencontre dans chaque Païs, nous ajoûtons celles que doit produire la différence des Païs, & l'éloignement des temps dans lesquels ceux qui ont parlé & écrit ont eu différentes notions, divers temperamens, différentes coûtumes, allusions, & figures de Langage, &c. chacune desquelles choses avoit quelque influence dans la signification des Mots, quoi que présentement elles nous soient tout-à-fait inconnuës, la Raison nous obligera à avoir de l'indulgence & de la charité les uns pour les autres à l'égard des interpretations ou des faux sens que les uns ou les autres donnent à ces Anciens Ecrits, puisqu'encore qu'il nous importe beaucoup de les bien entendre, ils renferment d'inévitables difficul-

tez,

tez, attachées au Langage, qui excepté les noms des *Idées simples* & quelques autres fort communs, ne sauroit faire connoître d'une maniére claire & déterminée le sens & l'intention de celui qui parle, à celui qui écoute, sans de continuelles définitions des termes. Et dans les Discours de Religion, de Droit & de Morale, où les matiéres sont d'une plus haute importance, on y trouvera aussi de plus grandes difficultez.

§. 23. Le grand nombre de Commentaires qu'on a faits sur le Vieux & sur le Nouveau Testament, en sont des preuves bien sensibles. Quoique tout ce qui est contenu dans le Texte soit infailliblement véritable, le Lecteur peut fort bien se tromper dans la maniére dont il l'explique, ou plûtôt il ne sauroit éviter de tomber sur cela dans quelque méprise. Et il ne faut pas s'étonner que la Volonté de Dieu, lorsqu'elle est ainsi revêtuë de paroles, soit sujette à des ambiguitez qui sont inévitablement attachées à cette maniére de communication, puisque son Fils même étoit sujet à toutes les foiblesses & à toutes les incommoditez de notre Nature, excepté le péché, tandis qu'il a été revêtu de la Chair humaine. Du reste nous devons exalter sa bonté de ce qu'il a daigné exposer en caractéres si lisibles ses Ouvrages & sa Providence aux yeux de tout le Monde, & de ce qu'il a accordé au Genre Humain une assez grande mesure de Raison pour que ceux qui n'ont jamais entendu parler de sa Parole écrite, ne puissent point douter de l'existence d'un DIEU, ni de l'obéissance qui lui est duë, s'ils appliquent leur Esprit à cette recherche. Puis donc que les Préceptes de la Religion Naturelle sont clairs & tout-à-fait proportionnez à l'intelligence du Genre Humain, qu'ils ont rarement été mis en question, & que d'ailleurs les autres Véritez revelées qui nous sont instillées par des Livres & par le moyen des Langues, sont sujettes aux obscuritez & aux difficultez qui sont ordinaires & comme naturellement attachées aux Mots, ce seroit, ce me semble, une chose bienséante aux hommes de s'appliquer avec plus de soin & d'exactitude à l'observation des Loix naturelles, & d'être moins impérieux & moins décisifs à imposer aux autres le sens qu'ils donnent aux Véritez que la Revelation nous propose.

CHAPITRE X.

De l'Abus des Mots.

§. 1. OUTRE l'imperfection naturelle au Langage, & l'obscurité & la confusion qu'il est si difficile d'éviter dans l'usage des Mots, il y a plusieurs fautes & plusieurs négligences volontaires que les hommes commettent dans cette maniére de communiquer leurs pensées, par où ils rendent la signification de ces signes moins claire & moins distincte qu'elle ne devroit être naturellement.

§. 2. Le prémier & le plus visible abus qu'on commet en ce point, c'est qu'on se sert de Mots auxquels on n'attache aucune idée claire & distincte,

Abus des Mots.

1. On se sert de mots auxquels on n'attache au-
ou,

CHAP. X.
cune idée, ou du moins aucune idée claire.

ou, qui pis eſt, qu'on établit ſignes, ſans leur faire ſignifier aucune choſe. On peut diſtinguer ces Mots en deux Claſſes.

I. Chacun peut remarquer dans toutes les Langues, certains Mots, qu'on trouvera, après les avoir bien examinez, ne ſignifier dans leur prémiére origine & dans leur uſage ordinaire, aucune idée claire & déterminée. La plûpart des Sectes de Philoſophie & de Religion en ont introduit quelques-uns. Leurs Auteurs ou leurs Promoteurs affectant des ſentimens ſinguliers & au deſſus de la portée ordinaire des hommes, ou bien voulant ſoûtenir quelque opinion étrange ou cacher quelque endroit foible de leurs Syſtêmes, ne manquent guére de fabriquer de nouveaux termes qu'on peut juſtement appeller de *vains ſons*, quand on vient à les examiner de près. Car ces mots ne contenant pas un amas déterminé d'idées qui leur ayent été aſſignées quand on les a inventez pour la prémiere fois: ou renfermant du moins des idées qu'on trouvera incompatibles après les avoir examinées, il ne faut pas s'étonner que dans la ſuite ce ne ſoient, dans l'uſage ordinaire qu'en fait le Parti, que de vains ſons qui ne ſignifient que peu de choſe, ou rien du tout parmi des gens qui ſe figurent qu'il ſuffit de les avoir ſouvent à la bouche, comme des caractéres diſtinctifs de leur Egliſe ou de leur Ecole, ſans ſe mettre beaucoup en peine d'examiner quelles ſont les idées préciſes que ces Mots ſignifient. Il n'eſt pas néceſſaire que j'entaſſe ici des exemples de ces ſortes de termes, chacun peut en remarquer un aſſez grand nombre dans les Livres & dans la converſation: ou s'il en veut faire une plus ample proviſion, je croi qu'il trouvera dequoi ſe contenter pleinement chez les Scholaſtiques & les Metaphyſiciens, parmi leſquels on peut ranger, à mon avis, les Philoſophes de ces derniers ſiécles qui ont excité tant de diſputes ſur des Queſtions Phyſiques & Morales.

§. 3. II. Il y en a d'autres qui portent cet abus encore plus avant, prenant ſi peu garde de ne pas ſe ſervir des Mots qui dans leur prémier uſage ſont à peine attachez à quelque idée claire & diſtincte, que par une négligence inexcuſable, ils employent communément des Mots adoptez par l'Uſage de la Langue à des idées fort importantes, ſans y attacher eux-mêmes aucune idée diſtincte. Les mots de *ſageſſe*, de *gloire*, de *grace*, &c. ſont fort ſouvent dans la bouche des hommes: mais parmi ceux qui s'en ſervent, combien y en a-t-il qui, ſi l'on leur demandoit ce qu'ils entendent par-là, s'arrêteroient tout court, ſans ſavoir que répondre? Preuve évidente qu'encore qu'ils ayent appris ces ſons & qu'ils les rappellent aiſément dans leur Mémoire, ils n'ont pourtant pas dans l'Eſprit des idées déterminées qui puiſſent être, pour ainſi dire, *exhibées* aux autres par le moyen de ces termes.

Cela vient de ce qu'on apprend les mots avant que d'apprendre les idées qui leur appartiennent.

§. 4. Comme il eſt facile aux hommes d'apprendre & de retenir des Mots, & qu'ils ont été accoûtumez à cela dès le berceau avant qu'ils connuſſent ou qu'ils euſſent formé les idées complexes auxquelles les Mots ſont attachez ou qui doivent ſe trouver dans les Choſes dont ils ſont regardez comme les ſignes, ils continuent ordinairement d'en uſer de même pendant toute leur vie: de ſorte que ſans prendre la peine de fixer dans leur Eſprit

des

des Idées déterminées, ils se servent des Mots pour désigner les notions vagues & confuses qu'ils ont dans l'Esprit, contens des mêmes mots que les autres employent, comme si constamment le son même de ces mots devoit nécessairement avoir le même sens. Mais quoi que les hommes s'accommodent de ce desordre dans les affaires ordinaires de la vie où ils ne laissent pas de se faire entendre en cas de besoin, se servant de tant de différentes expressions qu'ils font enfin concevoir aux autres ce qu'ils veulent dire; cependant lorsqu'ils viennent à raisonner sur leurs propres opinions, ou sur leurs intérêts, ce défaut de signification dans leurs mots remplit visiblement leur discours de quantité de vains sons, & principalement sur des points de Morale, où les mots ne signifient pour l'ordinaire que des amas nombreux & arbitraires d'idées qui ne sont point unies régulièrement & constamment dans la Nature, il arrive souvent qu'on ne pense qu'au son des syllabes dont ces Mots sont composez, ou du moins qu'à des notions fort obscures & fort incertaines qu'on y a attachées. Les hommes prennent les mots qu'ils trouvent en usage chez leurs Voisins; & pour ne pas paroître ignorer ce que ces mots signifient, ils les employent avec confiance sans se mettre beaucoup en peine de les prendre en un sens fixe & déterminé. Outre que cette conduite est commode, elle leur procure encore cet avantage, c'est que comme dans ces sortes de discours il leur arrive rarement d'avoir raison, ils sont aussi rarement convaincus qu'ils ont tort : car entreprendre de tirer d'erreur ces gens qui n'ont point de notions déterminées, c'est vouloir déposseder de son habitation un Vagabond qui n'a point de demeure fixe. C'est ainsi que j'imagine la chose; & chacun peut observer en lui-même & dans les autres, ce qui en est.

§. 5. En second lieu, un autre grand abus qu'on commet en cette rencontre, c'est l'*usage inconstant qu'on fait des mots*. Il est difficile de trouver un Discours écrit sur quelque sujet & particulièrement de Controverse où celui qui voudra le lire avec attention, ne s'apperçoive que les mêmes mots & pour l'ordinaire ceux qui sont les plus essentiels dans le Discours & sur lesquels roule le fort de la Question, y sont employez en divers sens, tantôt pour désigner une certaine collection d'Idées simples, & tantôt pour en désigner une autre; ce qui est un parfait abus du Langage. Comme les Mots sont destinez à être signes de mes Idées, pour me servir à faire connoître ces idées aux autres hommes, non par une signification qui leur soit naturelle, mais par une institution purement arbitraire, c'est une manifeste tromperie que de faire signifier aux Mots, tantôt une chose, & tantôt une autre : procedé qu'on ne peut attribuer, s'il est volontaire, qu'à une extrême folie, ou à une grande malice. Un homme qui a un compte à faire avec un autre, peut aussi honnêtement faire signifier aux caractéres des nombres quelquefois une certaine collection d'unitez & quelquefois une autre, prendre, par exemple, ce caractére 3, tantôt pour trois, tantôt pour quatre & quelquefois pour huit, qu'il peut dans un Discours ou dans un Raisonnement employer les mêmes mots pour signifier différentes collection d'idées simples. S'il se trouvoit des gens qui en usassent ainsi dans leurs comptes, qui, je vous prie, voudroit avoir affaire avec eux? Il est

CHAP. X.

II. On applique les mots d'une manière inconstante.

CHAP. X. visible que quiconque parleroit de cette maniére dans les affaires du Monde, donnant à cette figure 8, quelquefois le nom de sept, & quelquefois celui de neuf, selon qu'il y trouveroit mieux son compte, seroit regardé comme un fou ou un méchant homme. Cependant dans les Discours & dans les Disputes des Savans cette maniére d'agir passe ordinairement pour subtilité & pour véritable savoir. Mais pour moi, je n'en juge point ainsi, & si j'ose dire librement ma pensée, il me semble qu'un tel procedé est aussi malhonnête que de mal placer les jettons en supputant un compte; & que la tromperie est d'autant plus grande que la Vérité est d'une bien plus haute importance & d'un plus grand prix que l'Argent.

III. Obscurité affectée par de mauvaises applications qu'on fait des mots.

§. 6. Un troisiéme abus qu'on fait du Langage, c'est *une obscurité affectée*, soit en donnant à des termes d'usage des significations nouvelles & inusitées, soit en introduisant des termes nouveaux & ambigus sans définir ni les uns ni les autres, ou bien en les joignant ensemble d'une maniére qui confonde le sens qu'ils ont ordinairement. Quoi que la *Philosophie Peripateticienne* se soit renduë remarquable par ce défaut, les autres Sectes n'en ont pourtant pas été tout-à-fait exemptes. A peine y en a-t-il aucune, (telle est l'imperfection des connoissances humaines) qui n'ait été embarrassé de quelques difficultez qu'on a été contraint de couvrir par l'obscurité des termes & en confondant la signification des Mots, afin que cette obscurité fût comme un nuage devant les yeux du Peuple qui put l'empêcher de découvrir les endroits foibles de leur Hypothese. Quiconque est capable d'un peu de reflexion voit sans peine que dans l'usage ordinaire, *Corps* & *Extension* signifient deux idées distinctes; cependant il y a des gens qui trouvent nécessaire d'en confondre la signification. Il n'y a rien qui ait plus contribué à mettre en vogue le dangereux abus du Langage qui consiste à confondre la signification des termes, que la Logique & les Sciences, telles qu'on les a maniées dans les Ecoles; & l'art de disputer, qui a été en si grande admiration, a aussi beaucoup augmenté les imperfections naturelles du Langage, tandis qu'on l'a fait servir à embrouiller la signification des Mots plûtôt qu'à découvrir la nature & la vérité des Choses. En effet, qu'on jette les yeux sur les savans Ecrits de cette espèce, & l'on verra que les Mots y ont un sens plus obscur, plus incertain & plus indéterminé que dans la Conversation ordinaire.

La Logique & les Disputes ont beaucoup contribué à cet abus.

§. 7. Cela doit être nécessairement ainsi, par-tout où l'on juge de l'Esprit & du Savoir des hommes par l'addresse qu'ils ont à disputer. Et lors que la réputation & les récompenses sont attachées à ces sortes de conquêtes, qui dépendent le plus souvent de la subtilité des mots, ce n'est pas merveille que l'Esprit de l'homme étant tourné de ce côté-là, confonde, embrouille, & subtilise la signification des sons, en sorte qu'il lui reste toûjours quelque chose à dire pour combattre ou pour défendre quelque Question que ce soit, la Victoire étant adjugée non à celui qui a la Vérité de son côté, mais à celui qui parle le dernier dans la Dispute.

Cette obscurité est faussement appellée *subtilité*.

§. 8. Quoi que ce soit une adresse bien inutile, & à mon avis, entierement propre à nous détourner du chemin de la Connoissance, elle a pourtant passé jusqu'ici pour subtilité & pénétration d'Esprit, & a remporté

De l'Abus des Mots. Liv. III.

l'applaudiſſement des Ecoles & d'une partie des Savans. Ce qui n'eſt pas fort ſurprenant: puiſque les anciens Philoſophes (j'entens ces Philoſophes ſubtils & chicaneurs que *Lucien* tourne ſi joliment & ſi raiſonnablement en ridicule) & depuis ce temps-là les Scholaſtiques, prétendant acquerir de la gloire & gagner l'eſtime des hommes par une connoiſſance univerſelle à laquelle il eſt bien plus aiſé de prétendre qu'il n'eſt facile de l'acquerir effectivement, ont trouvé par-là un bon moyen de couvrir leur ignorance par un tiſſu curieux mais inexplicable de paroles obſcures & de ſe faire admirer des autres hommes par des termes inintelligibles, d'autant plus propres à cauſer de l'admiration qu'ils peuvent être moins entendus; bien qu'il paroiſſe par toute l'Hiſtoire que ces profonds Docteurs n'ont été, ni plus ſages, ni de plus grand ſervice que leurs Voiſins, & qu'ils n'ont pas fait grand bien aux hommes en général, ni aux Sociétez particuliéres dont ils ont fait partie; à moins que ce ne ſoit une choſe utile à la vie humaine, & digne de louange & de récompenſe que de fabriquer de nouveaux mots ſans propoſer de nouvelles choſes auxquelles ils puiſſent être appliquez, ou d'embrouiller & d'obſcurcir la ſignification de ceux qui ſont déja uſitez, & par-là de mettre tout en queſtion & en diſpute.

CHAP. X.

§. 9. En effet, ces ſavans Diſputeurs, ces Docteurs ſi capables & ſi intelligens ont eu beau paroître dans le Monde avec toute leur Science, c'eſt à des Politiques qui ignorent cette doctrine des Ecoles que les Gouvernemens du Monde doivent leur tranquillité, leur défenſe & leur liberté: & c'eſt de la Mechanique, toute idiote & mépriſée qu'elle eſt (car ce nom eſt diſgracié dans le Monde) c'eſt de la Mechanique, dis-je, exercée par des gens ſans Lettres que nous viennent ces Arts ſi utiles à la vie, qu'on perfectionne tous les jours. Cependant le ſavoir qui s'eſt introduit dans les Ecoles, a fait entiérement prévaloir dans ces derniers ſiécles cette ignorance artificielle, & ce docte jargon, qui par-là a été en ſi grand crédit dans le Monde qu'il a engagé les gens de loiſir & d'eſprit dans mille diſputes embarraſſées ſur des mots inintelligibles; Labyrinthe où l'admiration des Ignorans & des Idiots qui prennent pour ſavoir profond tout ce qu'ils n'entendent pas, les a retenus, bon gré, malgré qu'ils en euſſent. D'ailleurs, il n'y a point de meilleur moyen pour mettre en vogue ou pour défendre des doctrines étranges & abſurdes que de les munir d'une legion de mots obſcurs, douteux, & indéterminez. Ce qui pourtant rend ces retraites bien plus ſemblables à des Cavernes de Brigands ou à des Taniéres de Renards qu'à des Forterſſes de généreux Guerriers. Que s'il eſt mal aiſé d'en chaſſer ceux qui s'y refugient, ce n'eſt pas à cauſe de la force de ces Lieux-là, mais à cauſe des ronces, des épines & de l'obſcurité des Buiſſons dont ils ſont environnez. Car la Fauſſeté étant par elle-même incompatible avec l'Eſprit de l'homme, il n'y a que l'obſcurité qui puiſſe ſervir de défenſe à ce qui eſt abſurde.

Ce Savoir ne fait pas grand bien à la Société.

§. 10. C'eſt ainſi que cette docte Ignorance, que cet Art qui ne tend qu'à éloigner de la véritable connoiſſance les gens mêmes qui cherchent à s'inſtruire, a été provigné dans le Monde & a répandu des ténébres dans

Il détruit au contraire les inſtrumens de l'inſtruction & de la converſation.

E e e   l'En-

Chap. X. l'Entendement, en prétendant l'éclairer. Car nous voyons tous les jours que d'autres personnes de bon sens qui par leur éducation n'ont pas été dressez à cette espèce de subtilité, peuvent exprimer nettement leurs pensées les uns aux autres & se servir utilement du Langage en le prenant dans sa simplicité naturelle. Mais quoi que les gens sans étude entendent assez bien les mots *blanc* & *noir*, & qu'ils ayent des notions constantes des idées que ces mots signifient, il s'est trouvé des Philosophes qui avoient assez de savoir & de subtilité pour prouver que la *Neige* est *noire*, c'est-à-dire, que le *blanc* est *noir*; par où ils avoient l'avantage d'anéantir les instrumens du Discours, de la Conversation, de l'Instruction, & de la Societé, tout leur art & toute leur subtilité n'aboutissant à autre chose qu'à brouiller & confondre la signification des Mots, & à rendre ainsi le Langage moins utile qu'il ne l'est par ses défauts réels: Admirable talent, qui a été inconnu jusqu'ici aux gens sans lettres!

Il est aussi utile que le seroit l'art de confondre les caractéres.

§. 11. Ces sortes de Savans servent autant à éclairer l'Entendement des hommes & à leur procurer des commoditez dans ce Monde, que celui qui altérant la signification des Caractéres déja connus, feroit voir dans ses Ecrits par une savante subtilité fort superieure à la capacité d'un Esprit idiot, grossier & vulgaire, qu'il peut mettre un A pour un B, & un D pour un E, &c. au grand étonnement de son Lecteur à qui une telle invention seroit fort avantageuse: car employer le mot de *noir* qu'on reconnoît universellement signifier une certaine idée simple, pour exprimer une autre idée, ou une idée contraire, c'est-à-dire, appeller la neige *noire*, c'est une aussi grande extravagance que de mettre ce caractére A à qui l'on est convenu de faire signifier une modification de son, faite par un certain mouvement des organes de la Parole, pour B à qui l'on est convenu de faire signifier une autre modification de son, produite par un autre mouvement des mêmes Organes.

Cet art d'obscurcir les mots a embrouillé la Religion & la Justice.

§. 12. Mais ce mal ne s'est pas arrêté aux pointilleries de Logique, ou à de vaines spéculations, il s'est insinué dans ce qui intéresse le plus la vie & la Société humaine, ayant obscurci & embrouillé les véritez les plus importantes du Droit & de la Théologie, & jetté le desordre & l'incertitude dans les affaires du Genre Humain: de sorte que s'il n'a pas détruit ces deux grandes Règles des actions de l'homme, la *Religion* & la *Justice*, il les a rendües en grand' partie inutiles. A quoi ont servi la plûpart des Commentaires & des Controverses sur les Loix de Dieu & des hommes, qu'à en rendre le sens plus douteux & plus embarrassé? Combien de distinctions curieuses, multipliées sans fin, combien de subtilitez délicates a-t-on inventé? Et qu'ont-elles produit que l'obscurité & l'incertitude, en rendant les mots plus inintelligibles, & en dépaïsant davantage le Lecteur? Si cela n'étoit, d'où vient qu'on entend si facilement les Princes dans les ordres communs qu'ils donnent de bouche ou par écrit, & qu'ils sont si peu intelligibles dans les Loix qu'ils prescrivent à leurs Peuples? Et n'arrive-t-il pas souvent, comme il a été remarqué ci-dessus, qu'un homme d'une capacité ordinaire lisant un passage de l'Ecriture, ou une Loi, l'entend fort bien,

jusjufqu'à ce qu'il aît confulté un Interprete ou un Avocat, qui après avoir Chap. X. employé beaucoup de temps à expliquer ces endroits, fait en forte que les Mots ne fignifient rien du tout, ou qu'ils fignifient tout ce qu'il lui plaît?

§. 13. Je ne prétens point examiner, en cet endroit, fi quelques-uns de Il ne doit pas ceux qui exercent ces Profeffions ont introduit ce defordre pour l'intérêt paffer pour fa- du Parti; mais je laiffe à penfer s'il ne feroit pas avantageux aux hommes, voir. à qui il importe de connoître les chofes comme elles font & de faire ce qu'ils doivent, & non d'employer leur vie à difcourir de ces chofes à perte de vuë, ou à fe jouer fur des mots, fi, dis-je, il ne vaudroit pas mieux qu'on rendît l'ufage des mots fimple & direct, & que le Langage qui nous a été donné pour nous perfectionner dans la connoiffance de la Vérité, & pour lier les hommes en fociété, ne fût point employé à obfcurcir la Vérité, à confondre les droits des Peuples, & à couvrir la Morale & la Religion de ténèbres impénétrables; ou que du moins, fi cela doit arriver ainfi, on ne le fît point paffer pour connoiffance & pour véritable favoir?

§. 14. En quatriéme lieu, un grand abus qu'on fait des Mots, c'eft *qu'on* IV. Autre abus du *les prend pour des Chofes.* Quoi que cela regarde en quelque maniére tous Langage; prendre les noms en général, il arrive plus particuliérement à l'égard des noms des chofes. Subftances; & ceux-là font fur-tout fujets à commettre cet abus qui renferment leurs penfées dans un certain Syftême, & fe laiffent fortement prévenir en faveur de quelque Hypothefe reçue qu'ils croyent fans défauts, par où ils viennent à fe perfuader que les termes de cette Secte font fi conformes à la nature des chofes, qu'ils répondent parfaitement à leur exiftence réelle. Qui eft-ce, par exemple, qui ayant été élevé dans la Philofophie Peripateticienne ne fe figure que les dix noms fous lefquels font rangez les dix Prédicamens font exactement conformes à la nature des Chofes? Qui dans cette Ecole n'eft pas perfuadé que les *Formes Subftantielles*, les *Ames vegetatives*, *l'horreur du Vuide*, les *Efpèces intentionnelles*, &c. font quelque chofe de réel? Comme ils ont appris ces mots en commençant leurs Études & qu'ils ont trouvé que leurs Maîtres, & les Syftêmes qu'on leur mettoit entre les mains, faifoient beaucoup de fond fur ces termes-là, ils ne fauroient fe mettre dans l'Efprit que ces mots ne font pas conformes aux chofes mêmes, & qu'ils ne repréfentent aucun Etre réellement exiftant. Les Platoniciens ont leur *Ame du Monde*, & les Epicuriens la *tendance de leurs Atomes vers le Mouvement*, dans le temps qu'ils font en repos. A peine y a-t-il aucune Secte de Philofophie qui n'aît un amas diftinct de termes que les autres n'entendent point. Ét enfin ce jargon, qui, vû la foibleffe de l'Entendement Humain, eft fi propre à pallier l'ignorance des hommes & à couvrir leurs erreurs, devenant familier à ceux de la même Secte, il paffe dans leur Efprit pour ce qu'il y a de plus effentiel dans la Langue, & de plus expreffif dans le Difcours. Si les *véhicules aëriens* & *éthériens* du Docteur *More* euffent été une fois généralement introduits dans quelque endroit du Monde où cette Doctrine eût prévalu, ces termes auroient fait fans doute d'affez fortes impreffions fur les Efprits des hommes pour leur

CHAP. X.

Exemple sur le mot de *Matiére*.

leur persuader l'existence réelle de ces vehicules, tout aussi bien qu'on a été ci-devant entêté des *Formes substantielles*, & des *Espèces intentionnelles*.

§. 15. Pour être pleinement convaincu, combien des noms pris pour des choses sont propres à jetter l'Entendement dans l'erreur, il ne faut que lire avec attention les Ecrits des Philosophes. Et peut-être y en verra-t-on des preuves dans des mots qu'on ne s'avise guére de soupçonner de ce défaut. Je me contenterai d'en proposer un seul, & qui est fort commun. Combien de disputes embarrassées n'a-t-on pas excité sur la *Matiére*, comme si c'étoit un certain Etre réellement existant dans la Nature, distinct du *Corps*, & cela parce que le mot de *Matiére* signifie une idée distincte de celle du *Corps*, ce qui est de la derniére évidence; car si les idées que ces deux termes signifient, étoient précisément les mêmes, on pourroit les mettre indifféremment en tous lieux l'une à la place de l'autre. Or il est visible que, quoi qu'on puisse dire proprement qu'*une seule Matiére compose tous les Corps*, on ne sauroit dire, que *le Corps compose toutes les Matiéres*. Nous disons ordinairement, *Un Corps est plus grand qu'un autre*, mais ce seroit une façon de parler bien choquante & dont on ne s'est jamais avisé de se servir, à ce que je croi, que de dire, *Une matiére est plus grande qu'une autre*. Pourquoi cela? C'est qu'encore que la *Matiére* & le *Corps* ne soient pas réellement distincts, mais que l'un soit par-tout où est l'autre, cependant la *Matiére* & le *Corps* signifient deux différentes conceptions, dont l'une est incomplete, & n'est qu'une partie de l'autre. Car le *Corps* signifie une Substance solide, étendue, & figurée, dont la *Matiére* n'est qu'une conception partiale & plus confuse, qu'on n'employe, ce me semble, que pour exprimer la Substance & la solidité du Corps sans considerer son étendue & sa figure. C'est pour cela qu'en parlant de la *Matiére*, nous en parlons comme d'une chose unique, parce qu'en effet elle ne renferme que l'idée d'une Substance solide qui est par-tout la même; qui est par-tout uniforme. Telle étant notre idée de la Matiére, nous ne concevons non plus différentes *Matiéres* dans le Monde que différentes *soliditez*, nous ne parlons non plus de différentes Matiéres que de différentes soliditez, quoique nous imaginions différens Corps & que nous en parlions à tout moment, parce que l'étendue & la figure sont capables de variation. Mais comme la *solidité* ne sauroit exister sans étendue & sans figure, dès qu'on a pris la Matiére pour un nom de quelque chose qui existoit réellement sous cette précision, cette pensée a produit sans doute tous ces discours obscurs & inintelligibles, toutes ces Disputes embrouillées sur la *Matiére prémiére* qui ont rempli la tête & les livres des Philosophes. Je laisse à penser jusqu'à quel point cet abus peut regarder quantité d'autres termes généraux. Ce que je croi du moins pouvoir assûrer, c'est qu'il y auroit beaucoup moins de disputes dans le Monde, si les Mots étoient pris pour ce qu'ils sont, seulement pour des signes de nos Idées, & non pour les Choses mêmes. Car lorsque nous raisonnons sur la *Matiére* ou sur tel autre terme, nous ne raisonnons effectivement que sur l'idée que nous exprimons par ce son, soit que cette idée précise convienne avec quelque chose qui existe réellement dans la Nature,

ou

ou non. Et si les hommes vouloient dire quelles idées ils attachent aux Chap. X.
Mots dont ils se servent, il ne pourroit point y avoir la moitié tant d'obscuritez ou de disputes dans la recherche ou dans la défense de la Vérité, qu'il y en a.

§. 16. Mais quelque inconvénient qui naisse de cet abus des Mots, je suis assûré que par le constant & ordinaire usage qu'on en fait en ce sens, ils entraînent les hommes dans des notions fort éloignées de la vérité des Choses. En effet, il seroit bien mal-aisé de persuader à quelqu'un que les mots dont se sert son Pére, son Maître, son Curé, ou quelque autre vénérable Docteur ne signifient rien qui existe réellement dans le Monde: Prévention qui n'est peut-être pas l'une des moindres raisons pourquoi il est si difficile de désabuser les hommes de leurs erreurs, même dans des Opinions purement Philosophiques, & où ils n'ont point d'autre intérêt que la Vérité. Car les mots auxquels ils ont été accoûtumez depuis long-temps, demeurant fortement imprimez dans leur Esprit, ce n'est pas merveille que l'on n'en puisse éloigner les fausses notions qui y sont attachées.

C'est ce qui perpetuë les Erreurs.

§. 17. Un cinquiéme abus qu'on fait des Mots, c'est *de les mettre à la place des choses qu'ils ne signifient ni ne peuvent signifier en aucune maniére.* On peut observer a l'égard des noms généraux des Substances, dont nous ne connoissons que les essences nominales, comme nous l'avons déjà prouvé, que, lorsque nous en formons des propositions, & que nous affirmons ou nions quelque chose sur leur sujet, nous avons accoûtumé de supposer ou de prétendre tacitement que ces noms signifient l'essence réelle d'une certaine espèce de Substances. Car lorsqu'un homme dit, *L'Or est malléable,* il entend & voudroit donner à entendre quelque chose de plus que ceci, *Ce que j'appelle Or, est malléable,* (quoi que dans le fond cela ne signifie pas autre chose) prétendant faire entendre par-là, que l'Or, c'est-à-dire, *ce qui a l'essence réelle de l'Or est malléable*; ce qui revient à ceci, *Que la Malléabilité dépend & est inséparable de l'essence réelle de l'Or.* Mais si un homme ignore en quoi consiste cette essence réelle, la Malléabilité n'est pas jointe effectivement dans son Esprit avec une essence qu'il ne connoit pas, mais seulement avec le son Or qu'il met à la place de cette essence. Ainsi, quand nous disons que c'est bien définir l'*Homme* que de dire qu'il est un *Animal raisonnable,* & qu'au contraire c'est le mal définir que de dire que c'est *un Animal sans plume, à deux piés, avec de larges ongles,* il est visible que nous supposons que le nom d'*homme* signifie dans ce cas-là l'essence réelle d'une Espèce, & que c'est autant que si l'on disoit, qu'un *Animal raisonnable* renferme une meilleure description de cette Essence réelle, qu'un *Animal à deux piés, sans plume, & avec de larges ongles.* Car autrement, pourquoi *Platon* ne pouvoit-il pas faire signifier aussi proprement au mot ἄνθρωπος ou *homme,* une idée complexe, composée des idées d'un Corps distingué des autres par une certaine figure & par d'autres apparences extérieures, qu'*Aristote* a pû former une idée complexe qu'il a nommée ἄνθρωπος ou *homme,* composée d'un Corps & de la faculté de raisonner qu'il a joint ensemble; à moins qu'on ne suppose que le mot ἄνθρωπος ou *homme* signifie quelque autre chose

V. On prend les mots pour ce qu'ils ne signifient en aucune maniére.

CHAP. X.

Comme, lorſ-qu'on les met pour les eſſences réelles des Subſtances.

que ce qu'il ſignifie, & qu'il tient la place de quelque autre choſe que de l'idée qu'un homme déclare vouloir exprimer par ce mot.

§. 18. A la vérité, les noms des Subſtances ſeroient beaucoup plus commodes, & les Propoſitions qu'on formeroit ſur ces noms, beaucoup plus certaines, ſi les eſſences réelles des Subſtances étoient les idées mêmes que nous avons dans l'Eſprit & que ces noms ſignifient. Et c'eſt parce que ces eſſences réelles nous manquent, que nos paroles répandent ſi peu de lumiére ou de certitude dans les Diſcours que nous faiſons ſur les Subſtances. C'eſt pour cela que l'Eſprit voulant écarter cette imperfection autant qu'il peut, ſuppoſe tacitement que les mots ſignifient une choſe qui a cette eſſence réelle, comme ſi par-là il en approchoit de plus près. Car quoi que le mot *Homme* ou *Or* ne ſignifie effectivement autre choſe qu'une idée complexe de propriétez, jointes enſemble dans une certaine ſorte de Subſtance; cependant à peine ſe trouve-t-il une perſonne qui dans l'uſage de ces Mots ne ſuppoſe que chacun d'eux ſignifie une choſe qui a l'eſſence réelle, d'où dépendent ces propriétez. Mais tant s'en faut que l'imperfection de nos Mots diminuë par ce moyen, qu'au contraire elle eſt augmentée par l'abus viſible que nous en faiſons en leur voulant faire ſignifier quelque choſe dont le nom que nous donnons à notre idée complexe, ne peut abſolument point être le ſigne; parce qu'elle n'eſt point renfermée dans cette idée.

Ce qui fait que nous ne croyons pas que chaque changement qui arrive dans notre idée d'une Subſtance n'en change pas l'Eſpèce.

§. 19. Nous voyons en cela la raiſon pourquoi à l'égard des *Modes mixtes* dès qu'une des idées qui entrent dans la compoſition d'un Mode complexe, eſt excluë ou changée, on reconnoît auſſi-tôt qu'il eſt autre choſe, c'eſt-à-dire qu'il eſt d'une autre Eſpèce, comme il paroît viſiblement par ces mots (1) *meurtre, aſſaſſinat, parricide,* &c. La raiſon de cela, c'eſt que l'idée complexe ſignifiée par le nom d'un *Mode mixte* eſt l'eſſence réelle auſſi bien que la nominale, & qu'il n'y a point de ſecret rapport de ce nom à aucune autre eſſence qu'à celle-là. Mais il n'en eſt pas de même à l'égard des Subſtances. Car quoi que dans celle que nous nommons *Or,* l'un mette dans ſon idée complexe ce qu'un autre omet, & au contraire; les hommes ne croyent pourtant pas que pour cela l'Eſpèce ſoit changée, parce qu'en eux-mêmes ils rapportent ſecretement ce nom à une eſſence réelle & immuable d'une Choſe exiſtante, de laquelle eſſence ces Propriétez dépendent & à laquelle ils ſuppoſent que ce nom eſt attaché. Celui qui ajoûte à ſon idée complexe de l'Or celle de *fixité* ou de capacité d'être diſſous dans l'*Eau Regale,* qu'il n'y mettoit pas auparavant, ne paſſe pas pour avoir changé l'Eſpèce, mais ſeulement pour avoir une idée plus parfaite en ajoûtant une autre idée ſimple qui eſt toûjours actuellement jointe aux autres, dont étoit compoſée ſa prémiére idée complexe. Mais bien loin

---

(1) L'Auteur propoſe, outre le mot de *parricide,* trois mots qui marquent trois eſpèces de meurtre, bien diſtinctes. J'ai été obligé de les omettre, parce qu'on ne peut les exprimer en François que par periphraſe. Le prémier eſt *chance-medly,* meurtre commis par hazard & ſans aucun deſſein. Le ſecond *man-ſlaughter,* meurtre qui n'a pas été fait de deſſein prémédité, quoi que volontairement; comme lorſque dans une querelle entre deux perſonnes, l'agreſſeur ayant le prémier tiré l'épée, vient à être tué. Le troiſiéme, *murther,* homicide de deſſein prémédité.

loin que ce rapport du nom à une chose dont nous n'avons point d'idée, Chap. X.
nous soit de quelque secours, il ne sert qu'à nous jetter dans de plus grandes difficultez. Car par ce secret rapport à l'essence réelle d'une certaine
espéce de Corps, le mot *Or* par exemple, (qui étant pris pour une collection plus ou moins parfaite d'Idées simples, sert assez bien dans la Conversation ordinaire à désigner cette sorte de corps) vient à n'avoir absolument
aucune signification, si on le prend pour quelque chose dont nous n'avons
nulle idée; & par ce moyen il ne peut signifier quoi que ce soit, lorsque le
Corps lui-même est hors de vûë. Car bien qu'on puisse se figurer que c'est
la même chose de raisonner sur le nom d'*Or*, & sur une partie de ce Corps
même, comme sur une *feuille d'or* qui est devant nos yeux, & que dans le
Discours ordinaire nous soyons obligez de mettre le nom à la place de la
chose même, on trouvera pourtant, si l'on y prend bien garde, que c'est
une chose entièrement différente.

§. 20. Ce qui, je croi, dispose si fort les hommes à mettre les noms à La cause de cet
la place des essences réelles des Espèces, c'est la supposition dont nous avons suppose que la
déja parlé, que la Nature agit régulierement dans la production des cho- Nature agit toû-
ses, & fixe des bornes à chacune de ces Espèces en donnant exactement la ment.
même constitution réelle & intérieure à chaque Individu que nous rangeons
sous un nom général. Mais quiconque observe leurs différentes qualitez,
ne peut guere douter que plusieurs des Individus qui portent le même nom,
ne soient aussi différens l'un de l'autre dans leur constitution intérieure, que
plusieurs de ceux qui sont rangez sous différens noms spécifiques. Cependant cette supposition qu'on fait, *que la même constitution intérieure suit toûjours le même nom spécifique*, porte les hommes à prendre ces noms pour des
représentations de ces essences réelles; quoi que dans le fond ils ne signifient
autre chose que les idées complexes qu'on a dans l'Esprit quand on se sert de
ces noms-là. De sorte que signifiant, pour ainsi dire, une certaine chose
& étant mis à la place d'un autre, ils ne peuvent qu'apporter beaucoup
d'incertitude dans les Discours des hommes, & sur-tout, de ceux dont
l'Esprit a été entierement imbu de la doctrine des *formes substantielles*, par
laquelle ils sont fortement persuadez que les différentes Espèces des choses
sont déterminées & distinguées avec la derniere exactitude.

§. 21. Mais quelque absurdité qu'il y ait à faire signifier aux noms que Cet abus est fon-
nous donnons aux choses, des idées que nous n'avons pas, ou (ce qui est la ses suppositions.
même chose) des essences qui nous sont inconnuës, ce qui est en effet rendre nos paroles signes d'un Rien, il est pourtant évident à quiconque refléchit un peu sur l'usage que les hommes font des mots, que rien n'est plus
ordinaire. Quand un homme demande si telle ou telle chose qu'il voit,
(que ce soit un Magot ou un *Fœtus* monstrueux) est un homme ou non,
il est visible que la question n'est pas si cette chose particuliére convient avec
l'idée complexe que cette personne a dans l'Esprit & qu'il signifie par le
nom d'*homme*, mais si elle renferme l'essence réelle d'une Espèce de choses;
laquelle essence il suppose que le nom d'*homme* signifie. Manière d'employer les noms des Substances qui contient ces deux fausses suppositions.

La

CHAP. X.

La prémiére, qu'il y a certaines Essences précises selon lesquelles la Nature forme toutes les choses particuliéres, & par où elles sont distinguées en Espèces. Il est hors de doute que chaque chose a une constitution réelle par où elle est ce qu'elle est, & d'où dépendent ses Qualitez sensibles : mais je pense avoir prouvé que ce n'est pas là ce qui fait la distinction des Espèces, de la maniére que nous les rangeons, ni ce qui en déterminé les noms.

Secondement, cet usage des Mots donne tacitement à entendre que nous avons des idées de ces Essences. Car autrement, à quoi bon rechercher si telle ou telle chose a l'essence réelle de l'Espèce que nous nommons *homme*, si nous ne supposions pas qu'il y a une telle essence spécifique qui est connuë? Ce qui pourtant est tout-à-fait faux ; d'où il s'ensuit que cette application des noms par où nous voudrions leur faire signifier des idées que nous n'avons pas, doit apporter nécessairement bien du desordre dans les Discours & dans les Raisonnemens qu'on fait sur ces noms-là, & causer de grands inconveniens dans la communication que nous avons ensemble par le moyen des Mots.

VI. On abuse encore des mots en supposant qu'ils ont une signification certaine & évidente.

§. 22. En sixiéme lieu, un autre abus qu'on fait des Mots, & qui est plus général quoi que peut-être moins remarqué, c'est que les hommes étant accoûtumez par un long & familier usage, à leur attacher certaines idées, sont portez à se figurer qu'*il y a une liaison si étroite & si nécessaire entre les noms & la signification qu'on leur donne, qu'ils supposent sans peine qu'on ne peut qu'en comprendre le sens*, & qu'il faut, pour cet effet, recevoir les mots qui entrent dans le discours sans en demander la signification, comme s'il étoit indubitable que dans l'usage de ces sons ordinaires & usitez, celui qui parle & celui qui écoute ayent nécessairement & précisément la même idée ; d'où ils concluent, que, lorsqu'ils se sont servis de quelque terme dans leur Discours, ils ont par ce moyen mis, pour ainsi dire, devant les yeux des autres la chose même dont ils parlent. Et prenant de même les mots des autres comme si naturellement ils avoient au juste la signification qu'ils ont accoûtumé eux-mêmes de leur donner, ils ne se mettent nullement en peine d'expliquer le sens qu'ils attachent aux mots, ou d'entendre nettement celui que les autres leur donnent. C'est ce qui produit communément bien du bruit & des disputes qui ne contribuent en rien à l'avancement ou à la connoissance de la Vérité, tandis qu'on se figure que les Mots sont des signes constans & réglez de notions que tout le monde leur attache d'un commun accord, quoi que dans le fond ce ne soient que des signes arbitraires & variables des idées que chacun a dans l'Esprit. Cependant, les hommes trouvent fort étrange qu'on s'avise quelquefois de leur demander dans un Entretien ou dans la Dispute, où cela est absolument nécessaire, quelle est la signification des mots dont ils se servent, quoi qu'il paroisse évidemment dans les raisonnemens qu'on fait en conversation, comme chacun peut s'en convaincre tous les jours par lui-même, qu'il y a peu de noms d'Idées complexes que deux hommes employent pour signifier précisément la même collection. Il est difficile de trouver un mot qui n'en soit pas un exemple sensible. Il n'y a point de terme plus commun que celui de *vie*, & il se trouveroit peu de gens qui ne prissent pour un affront qu'on leur deman-

mandât ce qu'ils entendent par ce mot. Cependant, s'il est vrai qu'on met- CHAP. X.
te en question, si une Plante qui est dejà formée dans la semence, a de la
vie, si le Poulet dans un œuf qui n'a pas encore été couvé, ou un homme
en défaillance sans sentiment ni mouvement, est en vie ou non; il est aisé
de voir qu'une idée claire, distincte & déterminée n'accompagne pas toûjours l'usage d'un Mot aussi connu que celui de *vie*. A la vérité, les hommes ont quelques conceptions grossiéres & confuses auxquelles ils appliquent
les mots ordinaires de leur Langue; & cet usage vague qu'ils font des mots
leur sert assez bien dans leurs discours & dans leurs affaires ordinaires. Mais
cela ne suffit pas dans des recherches Philosophiques. La véritable connoissance & le raisonnement exact demandent des idées précises & déterminées.
Et quoi que les hommes ne veuillent pas paroître si peu intelligens & si im-
portuns que de ne pouvoir comprendre ce que les autres disent, sans leur
demander une explication de tous les termes dont ils se servent, ni critiques
si incommodes que de reprendre sans cesse les autres de l'usage qu'ils font
des mots; cependant lorsqu'il s'agit d'un Point où la Vérité est intéressée
& dont on veut s'instruire exactement, je ne vois pas quelle faute il peut y
avoir à s'informer de la signification des Mots dont le sens paroît douteux,
ou pourquoi un homme devroit avoir honte d'avouër qu'il ignore en quel
sens une autre personne prend les mots dont il se sert, puisque pour le savoir
certainement, il n'a point d'autre voye que de lui faire dire quelles sont les
idées qu'il y attache précisément. Cet abus qu'on fait des mots en les prenant au hazard sans savoir exactement quel sens les autres leur donnent, s'est
répandu plus avant & a eu de plus dangereuses suites parmi les gens d'étude
que parmi le reste des hommes. La multiplication & l'opiniâtreté des Disputes d'où sont venus tant de desordres dans le Monde savant, ne doivent
leur principale origine qu'au mauvais usage des mots. Car encore qu'on croye en général que tant de Livres & de Disputes dont le Monde est accablé,
contiennent une grande diversité d'opinions, cependant tout ce que je puis
voir que font les Savans de différens Partis dans les raisonnemens qu'ils éta-
lent les uns contre les autres, c'est qu'ils parlent différens Langages; & je
suis fort tenté de croire, que, lorsqu'ils viennent à quitter les mots pour
penser aux choses & considerer ce qu'ils pensent, il arrive qu'ils pensent
tous la même chose, quoi que peut-être leurs intérêts soient différens.

§. 23. Pour conclurre ces considerations sur l'imperfection & l'abus du *Les fins du Lan-*
Langage; comme la fin du Langage dans nos entretiens avec les autres hom- *gage sont, 1. de*
mes, consiste principalement dans ces trois choses, *prémiérement*, à faire *idées dans l'Es-*
connoître nos pensées ou nos idées aux autres, *secondement*, à le faire avec *prit des autres*
autant de facilité & de promptitude qu'il est possible, & *en troisiéme lieu*, à *hommes.*
faire entrer dans l'Esprit par ce moyen la connoissance des choses; le Langage est mal appliqué ou imparfait, quand il manque de remplir l'une de
ces trois fins.

Je dis en prémier lieu, que les mots ne répondent pas à la prémiére de
ces fins, & ne font pas connoître les idées d'un homme à une autre personne, prémiérement, lorsque les hommes ont des noms à la bouche sans avoir
dans l'Esprit aucunes idées déterminées dont ces noms soient les signes; ou

Fff   en

De l'Abus des Mots. Liv. III.

Chap. X. en second lieu, lorsqu'ils appliquent les termes ordinaires & usitez d'une Langue à des idées auxquelles l'usage commun de cette Langue ne les applique point ; & enfin lorsqu'ils ne sont pas constans dans cette application, faisant signifier aux mots tantôt une idée, & bientôt après une autre.

2. De le faire promptement.

§. 24. En second lieu, les hommes manquent à faire connoître leurs pensées avec toute la promptitude & toute la facilité possible, lorsqu'ils ont dans l'Esprit des idées complexes, sans avoir des noms distincts pour les désigner. C'est quelquefois la faute de la Langue même qui n'a point de terme qu'on puisse appliquer à une telle signification ; & quelquefois la faute de l'homme qui n'a pas encore appris le nom dont il pourroit se servir pour exprimer l'idée qu'il voudroit faire connoître à un autre.

3. De leur donner par-là la connoissance des Choses.

§. 25. En troisiéme lieu, les mots dont se servent les hommes ne sauroient donner aucune connoissance des Choses, quand leurs idées ne s'accordent pas avec l'existence réelle des Choses. Quoi que ce défaut ait son origine dans nos Idées qui ne sont pas si conformes à la nature des choses qu'elles peuvent le devenir par le moyen de l'attention, de l'étude & de l'application ; il ne laisse pourtant pas de s'étendre aussi sur nos Mots, lorsque nous les employons comme signes d'Etres réels qui n'ont jamais eu aucune réalité.

Comment les mots dont se servent les hommes manquent à remplir ces trois fins.

§. 26. Car prémiérement, quiconque retient les Mots d'une Langue sans les appliquer à des idées distinctes qu'il ait dans l'Esprit, ne fait autre chose, toutes les fois qu'il les employe dans le Discours, que prononcer des sons qui ne signifient rien. Et quelque savant qu'il paroisse par l'usage de quelques mots extraordinaires ou *scientifiques*, il n'est pas plus avancé par-là dans la connoissance des Choses que celui qui n'auroit dans son Cabinet que de simples titres de Livres, sans savoir ce qu'ils contiennent, pourroit être chargé d'érudition. Car quoi que tous ces termes soient placez dans un Discours, selon les règles les plus exactes de la Grammaire, & cette cadence harmonieuse des periodes les mieux tournées, ils ne renferment pourtant autre chose que de simples sons, & rien davantage.

§. 27. En second lieu, quiconque a dans l'Esprit des idées complexes sans des noms particuliers pour les désigner, est à peu près dans le cas où se trouveroit un Libraire qui auroit dans sa Boutique quantité de Livres en feuilles & sans titres, qu'il ne pourroit par conséquent faire connoître aux autres qu'en leur montrant les feuilles détachées, & les donnant l'une après l'autre. De même, cet homme est embarrassé dans la Conversation, faute de mots pour communiquer aux autres ses idées complexes qu'il ne peut leur faire connoître que par une énumeration des idées simples dont elles sont composées ; de sorte qu'il est souvent obligé d'employer vingt mots pour exprimer ce qu'une autre personne donne à entendre par un seul mot.

§. 28. En troisiéme lieu, celui qui n'employe pas constamment le même signe pour signifier la même idée, mais se sert des mêmes mots tantôt dans un sens & tantôt dans un autre, doit passer dans les Ecoles & dans les Conversations ordinaires pour un homme aussi sincére que celui qui au Marché & à la Bourse vend différentes choses sous le même nom.

§. 29.

§. 29. En quatriéme lieu, celui qui applique les mots d'une Langue à des Idées différentes de celles qu'ils signifient dans l'usage ordinaire du Païs, a beau avoir l'Entendement rempli de lumiére, il ne pourra guere éclairer les autres sans définir ses termes. Car encore que ce soient des sons ordinairement connus, & aisément entendus de ceux qui y sont accoûtumez, cependant s'ils viennent à signifier d'autres idées que celles qu'ils signifient communément & qu'ils ont accoûtumé d'exciter dans l'Esprit de ceux qui les entendent, ils ne sauroient faire connoître les pensées de celui qui les employe dans un autre sens.

§. 30. En cinquiéme lieu, celui qui venant à imaginer des Substances qui n'ont jamais existé & à se remplir la téte d'idées qui n'ont aucun rapport avec la nature réelle des Choses, ne laisse pas de donner à ces Substances & à ces idées des noms fixes & déterminez, peut bien remplir ses discours & peut-être la téte d'une autre personne de ses imaginations chimériques, mais il ne sauroit faire par ce moyen un seul pas dans la vraye & réelle connoissance des Choses.

§. 31. Celui qui a des noms sans idées, n'attache aucun sens à ses mots & ne prononce que de vains sons. Celui qui a des idées complexes sans noms pour les désigner, ne sauroit s'exprimer facilement & en peu de mots, mais est obligé de se servir de périphrase. Celui qui employe les mots d'une maniére vague & inconstante, ne sera pas écouté, ou du moins ne sera point entendu. Celui qui applique les Mots à des idées différentes de celles qu'ils marquent dans l'usage ordinaire, ignore la propriété de sa Langue & parle jargon : & Celui qui a des idées des Substances, incompatibles avec l'existence réelle des Choses, est destitué par cela même des matériaux de la vraye connoissance, & n'a l'Esprit rempli que de chiméres.

§. 32. Dans les notions que nous nous formons des Substances, nous pouvons commettre toutes les fautes dont je viens de parler. 1. Par exemple, celui qui se sert du mot de *Tarentule* sans avoir aucune image ou idée de ce qu'il signifie, prononce un bon mot ; mais jusque-là il n'entend rien du tout par ce son. 2. Celui qui dans un Païs nouvellement découvert, voit plusieurs sortes d'Animaux & de Vegetaux qu'il ne connoissoit pas auparavant, peut en avoir des idées aussi véritables que d'un *Cheval* ou d'un *Cerf*, mais il ne sauroit en parler que par des descriptions, jusqu'à ce qu'il apprenne les noms que les habitans du Païs leur donnent, ou qu'il leur en ait imposé lui-méme. 3. Celui qui employe le mot de *Corps*, tantôt pour désigner la simple étenduë, & quelquefois pour exprimer l'étenduë & la solidité jointes ensemble, parlera d'une maniére trompeuse & entierement sophistique. 4. Celui qui donne le nom de *Cheval* à l'idée que l'Usage ordinaire désigne par le mot de *Mule*, parle improprement & ne veut point être entendu. 5. Celui qui se figure que le mot de *Centaure* signifie quelque Etre réel, se trompe lui-méme, & prend des mots pour des choses.

§. 33. Dans les Modes & dans les Relations nous ne sommes sujets en général qu'aux quatre prémiers de ces inconvéniens. Car 1. je puis me ressouvenir des noms des *Modes*, comme de celui de *gratitude* ou de *charité*, & cependant n'avoir dans l'Esprit aucune idée précise, attachée à ces noms-là.

Comment à l'égard des Substances.

Comment à l'égard des Modes & des Relations.

CHAP. X. 2.° Je puis avoir des idées, & ne favoir pas les noms qui leur appartiennent; je puis avoir, par exemple, l'idée d'un homme qui boit jufqu'à ce qu'il change de couleur & d'humeur, qu'il commence à begayer, à avoir les yeux rouges & à ne pouvoir fe foûtenir fur fes piés, & cependant ne favoir pas que cela s'appelle *yvreffe*. 3. Je puis avoir des idées des vertus ou des vices & en connoître les noms, mais les mal appliquer, comme lorfque j'applique le mot de *frugalité* à l'idée que d'autres appellent *avarice*, & qu'ils défignent par ce fon. 4. Je puis enfin employer ces noms-là d'une maniére inconftante, tantôt pour être fignes d'une idée & tantôt d'une autre. 5. Mais du refte dans les Modes & dans les Relations je ne faurois avoir des idées incompatibles avec l'exiftence des chofes ; car comme les Modes font des Idées complexes que l'Efprit forme à plaifir, & que la Relation n'eft autre chofe que la maniére dont je confidére ou compare deux chofes enfemble, & que c'eft aufli une idée de mon invention, à peine peut-il arriver que de telles idées foient incompatibles avec aucune chofe exiftante, puifqu'elles ne font pas dans l'Efprit comme des copies de chofes faites régulièrement par la Nature, ni comme des propriétez qui découlent infeparablement de la conftitution intérieure ou de l'effence d'aucune Subftance, mais plûtôt comme des modèles placez dans ma Mémoire avec des noms que je leur affigne pour m'en fervir à dénoter les actions & les relations, à mefure qu'elles viennent à exifter. La méprife que je fais communément en cette occafion, c'eft de donner un faux nom à mes conceptions ; d'où il arrive qu'employant les Mots dans un fens différent de celui que les autres hommes leur donnent, je me rends inintelligible, & l'on croit que j'ai de fauffes idées de ces chofes lorfque je leur donne de faux noms. Mais fi dans mes idées des *Modes mixtes* ou des Relations je mets enfemble des idées incompatibles, je me remplirai aufli la tête de chiméres ; puifqu'à bien examiner de telles idées, il eft tout vifible qu'elles ne fauroient exifter dans l'Efprit, tant s'en faut qu'elles puiffent fervir à dénoter quelque Etre réel.

VII. Les termes figurez doivent être comptez pour un abus du Langage.

§. 34. Comme ce qu'on appelle *efprit* & *imagination* eft mieux reçu dans le Monde que la Connoiffance réelle & la Vérité toute féche, on aura de la peine à regarder les *termes figurez & les allufions* comme une imperfection & un véritable abus du Langage. J'avoûë que dans des Difcours où nous cherchons plûtôt à plaire & à divertir, qu'à inftruire & à perfectionner le Jugement, on ne peut guere faire paffer pour fautes ces fortes d'ornemens qu'on emprunte des figures. Mais fi nous voulons repréfenter les chofes comme elles font, il faut reconnoître qu'excepté l'ordre & la netteté, tout l'Art de la Rhetorique, toutes ces applications artificielles & figurées qu'on fait des mots, fuivant les règles que l'Eloquence a inventées, ne fervent à autre chofe qu'à infinuer de fauffes idées dans l'Efprit, qu'à émouvoir les Paffions & à feduire par-là le Jugement ; de forte que ce font en effet de parfaites fupercheries. Et par conféquent l'Art Oratoire a beau faire recevoir ou même admirer tous ces différens traits, il eft hors de doute qu'il faut les éviter abfolument dans tous les Difcours qui font deftinez à l'inftruction, & l'on ne peut les regarder que comme de grands défauts ou dans le Langage ou dans la perfonne qui s'en fert, par-tout où la Vérité eft intereffée. Il feroit

inutile

inutile de dire ici quels sont ces tours d'éloquence, & de combien d'espèces différentes il y en a; les Livres de Rhetorique dont le Monde est abondamment pourvû, en informeront ceux qui l'ignorent. Une seule chose que je ne puis m'empêcher de remarquer, c'est combien les hommes prennent peu d'intérêt à la conservation & à l'avancement de la Vérité, puisque c'est à ces Arts fallacieux qu'on donne le prémier rang & les recompenses. Il est, dis-je, bien visible que les hommes aiment beaucoup à tromper & à être trompez, puisque la Rhetorique, ce puissant instrument d'erreurs & de fourberie, a ses Professeurs gagez, qu'elle est enseignée publiquement, & qu'elle a toûjours été en grande réputation dans le monde. Cela est si vrai, que je ne doute pas que ce que je viens de dire (1) contre cet Art, ne soit regardé comme l'effet d'une extrême audace, pour ne pas dire d'une brutalité sans exemple. Car l'*Eloquence*, semblable au beau Sexe, a des charmes trop puissans pour qu'on puisse être admis à parler contre elle; & c'est en vain qu'on découvriroit les défauts de certains Arts décevans par lesquels les hommes prennent plaisir à être trompez.

CHAP. X.

CHAPITRE XI.

Des Remedes qu'on peut apporter aux imperfections, & aux abus dont on vient de parler.

CHAP. XI.

§. 1. NOus venons de voir au long quelles sont les imperfections naturelles du Langage, & celles que les hommes y ont introduites: & comme le Discours est le grand lien de la Société humaine, & le canal commun par où les progrès qu'un homme fait dans la Connoissance sont communiquez à d'autres hommes, & d'une Génération à l'autre, c'est une chose bien digne de nos soins de considerer quels remedes on pourroit apporter aux inconvéniens qui ont été proposez dans les deux Chapitres précedens.

C'est une chose digne de nos soins de chercher les moyens de remedier aux abus dont on vient de parler.

§. 2. Je ne suis pas assez vain pour m'imaginer que qui que ce soit puisse songer à tenter de reformer parfaitement, je ne dis pas toutes les Langues du Monde, mais même celle de son propre Païs, sans se rendre lui-meme ri-

Ils ne sont pas faciles à trouver.

---

(1) Je crois que qui distingueroit exactement les artifices de la *Déclamation* d'avec les regles solides d'une véritable Eloquence seroit convaincu que l'Eloquence est en effet un Art très-serieux & très-utile, *propre à instruire, à reprimer les passions, à corriger les mœurs, à soûtenir les Loix, à diriger les déliberations publiques, à rendre les hommes bons & heureux*, comme l'assure & le prouve l'illustre Auteur du *Telemaque* dans ses *Reflexions sur la Rhetorique*, p. 19. d'où j'ai transcrit cet éloge de l'Eloquence. Si l'on lit tout ce que ce grand homme ajoûte pour caractériser le véritable Orateur, & le distinguer *du Déclamateur fleuri qui ne cherche que des phrases brillantes & des tours ingenieux, qui ignorant le fond des choses fait parler avec grace sans savoir ce qu'il faut dire, qui énerve les plus grandes veritez par des ornemens vains & excessifs*, on reconnoîtra que la véritable Eloquence a une beauté réelle, & que ceux qui la connoissent telle qu'elle est, en peuvent faire un très-bon usage. Et j'ose assurer que s'il ne paroissoit aucune trace de la véritable Eloquence dans cet Ouvrage de M. Locke, peu de gens voudroient ou pourroient se donner la peine de le lire.

Fff 3

CHAP. XI. ridicule. Car exiger que les hommes employassent constamment les mots dans un même sens, & pour n'exprimer que des idées déterminées & uniformes, ce seroit se figurer que tous les hommes devroient avoir les mêmes notions, & ne parler que des choses dont ils ont des idées claires & distinctes; ce que personne ne doit espérer, s'il n'a la vanité de se figurer qu'il pourra engager les hommes à être fort éclairez ou fort taciturnes. Et il faut avoir bien peu de connoissance du Monde pour croire qu'une grande volubilité de Langue ne se trouve qu'à la suite d'un bon Jugement, & que la seule règle que les hommes se font de parler plus ou moins, soit fondée sur le plus ou sur le moins de connoissance qu'ils ont.

Mais ils sont nécessaires en Philosophie.

§. 3. Mais quoi qu'il ne faille pas se mettre en peine de reformer le Langage du Marché & de la Bourse, & d'ôter aux Femmelettes leurs anciens privileges de s'assembler pour caqueter sur tout à perte de vûë; & quoi qu'il puisse peut-être sembler mauvais aux Etudians & aux Logiciens de profession qu'on propose quelque moyen d'abreger la longueur ou le nombre de leurs Disputes, je croi pourtant que ceux qui prétendent serieusement à la recherche ou à la défense de la Vérité, devroient se faire une obligation d'étudier comment ils pourroient s'exprimer sans ces obscuritez & ces équivoques auxquelles les Mots dont les hommes se servent, sont naturellement sujets, si l'on n'a le soin de les en dégager.

L'abus des mots cause de grandes Erreurs.

§. 4. Car qui considerera les erreurs, la confusion, les méprises & les ténèbres que le mauvais usage des Mots a répandu dans le Monde, trouvera quelque sujet de douter si le Langage consideré dans l'usage qu'on en a fait, a plus contribué à avancer ou à interrompre la connoissance de la Vérité parmi les hommes. Combien y a-t-il de gens qui, lorsqu'ils veulent penser aux choses, attachent uniquement leurs pensées aux Mots, & sur-tout, quand ils appliquent leur Esprit à des sujets de Morale? Le moyen d'être surpris après cela que le resultat de ces contemplations ou raisonnemens qui ne roulent que sur des sons, en sorte que les idées qu'on y attache, sont très-confuses ou fort incertaines, ou peut-être ne sont rien du tout, le moyen, dis-je, d'être surpris que de telles pensées & de tels raisonnemens ne se terminent qu'à des décisions obscures & erronées sans produire aucune connoissance claire & raisonnée?

Comme l'opiniâtreté.

§. 5. Les hommes souffrent de cet inconvénient, causé par le mauvais usage des mots, dans leurs Méditations particulières, mais les desordres qu'il produit dans leur Conversation, dans leurs discours, & dans leurs raisonnemens avec les autres hommes, sont encore plus visibles. Car le Langage étant le grand canal par où les hommes s'entre-communiquent leurs découvertes, leurs raisonnemens, & leurs connoissances; quoi que celui qui en fait un mauvais usage ne corrompe pas les sources de la Connoissance qui sont dans les Choses mêmes, il ne laisse pas, autant qu'il dépend de lui, de rompre ou de boucher les canaux par lesquels elle se répand pour l'usage & le bien du Genre Humain. Celui qui se sert des mots sans leur donner un sens clair & déterminé ne fait autre chose que se tromper lui-même & induire les autres en erreur; & quiconque en use ainsi de propos déliberé, doit être regardé comme ennemi de la Vérité & de la Connoissance. L'on ne doit pourtant

pas

pas être surpris qu'on ait si fort accablé les Sciences & tout ce qui fait par- CHAP. XI.
tie de la Connoissance, de termes obscurs & équivoques, d'expressions douteuses & destituées de sens, toutes propres à faire que l'Esprit le plus attentif ou le plus pénétrant ne soit guére plus instruit ou plus orthodoxe, ou
plûtôt ne le soit pas davantage que le plus grossier qui reçoit ces mots sans
s'appliquer le moins du monde à les entendre, puisque la subtilité a passé si
hautement pour vertu dans la personne de ceux qui font profession d'enseigner ou de défendre la Vérité: vertu qui ne consistant pour l'ordinaire que
dans un usage illusoire de termes obscurs ou trompeurs, n'est propre qu'à
rendre les hommes plus vains dans leur ignorance, & plus obstinez dans
leurs erreurs.

§. 6. On n'a qu'à jetter les yeux sur des Livres de Controverse de toute Les Disputes.
espèce, pour voir que tous ces termes obscurs, indeterminez ou équivoques, ne produisent autre chose que du bruit & des querelles sur des sons,
sans jamais convaincre ou éclairer l'Esprit. Car si celui qui parle, & celui qui écoute, ne conviennent point entr'eux des idées que signifient les
mots dont ils se servent, le raisonnement ne roule point sur des Choses, mais
sur des mots. Pendant tout le temps qu'un de ces mots dont la signification n'est point déterminée entr'eux, vient à être employé dans le discours,
il ne se présente à leur Esprit aucun autre Objet sur lequel ils conviennent
qu'un simple son, les choses auxquelles ils pensent en ce temps-là comme
exprimées par ce mot, étant tout-à-fait différentes.

§. 7. Lorsqu'on demande si une *Chauve-souris* est un *Oiseau* ou non, la Exemple tiré d'u-
question n'est pas si une *Chauve-souris* est autre chose que ce qu'elle est ef- ne *Chauve-souris* &
fectivement, ou si elle a d'autres qualitez qu'elle n'a véritablement, car il se- d'un *Oiseau*.
roit de la derniére absurdité d'avoir aucun doute là-dessus. Mais la Question
est, 1. ou entre ceux qui reconnoissent n'avoir que des idées imparfaites de
l'une des Espèces ou de toutes les deux Espèces de choses qu'on suppose que
ces noms signifient; & en ce cas-là, c'est une recherche réelle sur la nature
d'un *Oiseau* ou d'une *Chauve-souris*, par où ils tâchent de rendre les idées
qu'ils en ont, plus completes, tout imparfaites qu'elles sont, & cela en examinant, si toutes les idées simples qui combinées ensemble sont désignées
par le nom d'*oiseau*, se peuvent toutes rencontrer dans une *Chauve-souris* : ce
qui n'est point une Question de gens qui disputent, mais de personnes qui
examinent sans affirmer ou nier quoi que ce soit. Ou bien, en second lieu,
cette Question se passe entre des gens qui disputent, dont l'un affirme &
l'autre nie qu'une *Chauve-souris* soit un *Oiseau:* mais alors la question roule
simplement sur la signification d'un de ces mots ou de tous les deux ensemble, parce que n'ayant pas de part & d'autre les mêmes idées complexes
qu'ils désignent par ces deux noms, l'un soûtient que ces deux noms peuvent être affirmez l'un de l'autre ; & l'autre le nie. S'ils étoient d'accord
sur la signification de ces deux noms, il seroit impossible qu'ils y pussent
trouver un sujet de dispute, car cela étant une fois arrêté entr'eux, ils verroient d'abord & avec la derniére évidence, si toutes les idées du nom le
plus général qui est *Oiseau*, se trouveroient dans l'idée complexe d'une
Chauve-souris ou non, & par ce moyen on ne sauroit douter si une Chauve-
souris

Chap. XI. souris seroit un Oiseau ou non. A propos dequoi je voudrois bien qu'on considerât, & qu'on examinât soigneusement si la plus grande partie des Disputes qu'il y a dans le monde ne sont pas purement *verbales*, & ne roulent point uniquement sur la signification des Mots, & s'il n'est pas vrai que, si l'on venoit à définir les termes dont on se sert pour les exprimer, & qu'on les reduisît aux collections déterminées des idées simples qu'ils signifient, (ce qu'on peut faire, lorsqu'ils signifient effectivement quelque chose) ces Disputes finiroient d'elles-mêmes & s'évanouïroient aussi-tôt. Qu'on voye après cela, ce que c'est que l'Art de disputer, & combien l'occupation de ceux dont l'étude ne consiste que dans une vaine ostentation de sons, c'est-à-dire, qui employent toute leur vie à des Disputes & des Controverses, contribuë à leur avantage, ou à celui des autres hommes. Du reste, quand je remarquerai que quelqu'un de ces Disputeurs écarte de tous ces termes l'équivoque & l'obscurité, (ce que chacun peut faire à l'égard des Mots dont il se sert lui-même) je croirai qu'il combat véritablement pour la Vérité & pour la Paix, & qu'il n'est point esclave de la Vanité, de l'Ambition, ou de l'Amour de Parti.

I. Remede, n'employer aucun mot sans y attacher une idée.

§. 8. Pour remedier aux défauts de Langage dont on a parlé dans les deux derniers Chapitres, & pour prévenir les inconvéniens qui s'en ensuivent, je m'imagine que l'observation des Règles suivantes pourra être de quelque usage, jusqu'à ce que quelque autre plus habile que moi, veuille bien prendre la peine de méditer plus profondément sur ce sujet, & faire part de ses pensées au Public.

Prémiérement donc, chacun devroit prendre soin *de ne se servir d'aucun mot sans signification*, ni d'aucun nom auquel il n'attachât quelque idée. Cette Règle ne paroîtra pas inutile à quiconque prendra la peine de rappeller en lui-même, combien de fois il a remarqué des mots de cette nature, comme *instinct*, *sympathie*, *antipathie*, &c. employez de telle maniére dans le discours des autres hommes, qu'il lui est aisé d'en conclurre que ceux qui s'en servent, n'ont dans l'Esprit aucunes idées auxquelles il ayent soin de les attacher, mais qu'ils les prononcent seulement comme de simples sons, qui pour l'ordinaire tiennent lieu de raison en pareille rencontre. Ce n'est pas que ces Mots & autres semblables n'ayent des significations propres dans lesquelles on peut les employer raisonnablement. Mais comme il n'y a point de liaison naturelle entre aucun mot & aucune idée, il peut arriver que des gens apprenant ces mots-là & quelques autres que ce soient par routine, les prononcent ou les écrivent sans avoir dans l'Esprit des idées auxquelles ils les ayent attachez & dont ils les rendent signes, ce qu'il faut pourtant que les hommes fassent nécessairement, s'ils veulent se rendre intelligibles à eux-mêmes.

II. Remede, avoir des idées distinctes attachées aux mots qui expriment des Modes.

§. 9. En second lieu, il ne suffit pas qu'un homme employe les mots comme signes de quelques idées, il faut encore que les idées qu'il leur attache, si elles sont simples, soient claires & distinctes, & si elles sont complexes, qu'elles soient déterminées, c'est-à-dire, qu'une collection précise d'idées simples soit fixée dans l'Esprit avec un son qui lui soit attaché comme signe de cette collection précise & déterminée, & non d'aucune autre

autre chose. Ceci est fort nécessaire par rapport aux noms des *Modes*, & CHAP. XI. sur-tout par rapport aux Mots qui n'ayant dans la Nature aucun Objet déterminé d'où leurs idées soient déduites comme de leurs originaux sont sujets à tomber dans une grande confusion. Le mot de *Justice* est dans la bouche de tout le monde, mais il est accompagné le plus souvent d'une signification fort vague & fort indéterminée, ce qui sera toûjours ainsi, à moins qu'un homme n'ait dans l'Esprit une collection distincte de toutes les parties dont cette idée complexe est composée : & si ces parties renferment d'autres parties, il doit pouvoir les diviser encore, jusqu'à ce qu'il vienne enfin aux Idées simples qui la composent. Sans cela l'on fait un mauvais usage des mots, de celui de *Justice*, par exemple, ou de quelque autre que ce soit. Je ne dis pas qu'un homme soit obligé de rappeller & de faire cette analyse au long, toutes les fois que le nom de *Justice* se rencontre dans son chemin : mais il faut du moins qu'il ait examiné la signification de ce mot & qu'il aît fixé dans son Esprit l'idée de toutes ses parties, de telle maniére qu'il puisse en venir-là quand il lui plaît. Si, par exemple, quelqu'un se représente la Justice comme *une conduite à l'égard de la personne & des biens d'autrui, qui soit conforme à la Loi*, & que cependant il n'aît aucune idée claire & distincte de ce qu'il nomme *Loi* qui fait une partie de son idée complexe de *Justice*, il est évident que son idée même de Justice sera confuse & imparfaite. Cette exactitude paroîtra, peut-être, trop incommode & trop pénible ; & par cette raison la plûpart des hommes croiront pouvoir se dispenser de déterminer si précisément dans leur Esprit les idées complexes des *Modes mixtes*. N'importe : je suis pourtant obligé de dire que jusqu'à ce qu'on en vienne-là, il n'y a pas lieu de s'étonner que les hommes ayent l'Esprit rempli de tant de ténèbres, & que leurs discours avec les autres hommes soient sujets à tant de disputes.

§. 10. Quant aux noms des Substances, il ne suffit pas, pour en faire un bon usage, d'en avoir des idées déterminées, il faut encore que les noms soient conformes aux choses selon qu'elles existent : mais c'est de quoi j'aurai bientôt occasion de parler plus au long. Cette exactitude est absolument nécessaire dans des recherches Philosophiques & dans les Controverses qui tendent à la découverte de la Vérité. Il seroit aussi fort avantageux qu'elle s'introduisît jusque dans la Conversation ordinaire & dans les affaires communes de la vie, mais c'est ce qu'on ne peut guere attendre, à mon avis. Les notions vulgaires s'accordent avec les discours vulgaires ; & quelque confusion qui les accompagne, on s'en accommode assez bien au Marché & à la Promenade. Les Marchands, les Amans, les Cuisiniers, les Tailleurs, &c. ne manquent pas de mots pour expedier leurs affaires ordinaires. Les Philosophes, & les Controversistes pourroient aussi terminer les leurs, s'ils avoient envie d'entendre nettement, & d'être entendus de même.

Et des idées distinctes & conformes aux choses à l'égard des Mots qui expriment des Substances.

§. 11. En troisiéme lieu, ce n'est pas assez que les hommes ayent des idées, & des idées déterminées, auxquelles ils attachent leurs mots pour en être les signes : il faut encore qu'ils prennent soin d'*approprier leurs mots autant qu'il est possible, aux idées que l'Usage ordinaire leur a assigné*. Car com-

III. Remede, se servir de termes propres.

CHAP. XI. me les Mots, & sur-tout ceux des Langues déja formées, n'appartiennent point en propre à aucun homme, mais sont la règle commune du commerce & de la communication qu'il y a entre les hommes, il n'est pas raisonnable que chacun change à plaisir l'empreinte sous laquelle ils ont cours, ni qu'il altère les idées qui y ont été attachées, ou du moins, lorsqu'il doit le faire nécessairement, il est obligé d'en donner avis. Quand les hommes parlent, leur intention est, ou devroit être au moins d'être entendus, ce qui ne peut être, lorsqu'on s'écarte de l'Usage ordinaire, sans de fréquentes explications, des demandes & autres telles interruptions incommodes. Ce qui fait entrer nos pensées dans l'Esprit des autres hommes de la maniére la plus facile & la plus avantageuse, c'est la propriété du Langage, dont la connoissance est par conséquent bien digne d'une partie de nos soins & de notre Etude, & sur-tout à l'égard des Mots qui expriment des idées de Morale. Mais de qui peut-on le mieux apprendre la signification propre & le véritable usage des termes ? C'est sans doute de ceux qui dans leurs Ecrits & dans leurs Discours paroissent avoir eu de plus claires notions des Choses, & avoir employé les termes les plus choisis & les plus justes pour les exprimer. A la vérité, malgré tout le soin qu'un homme prend de ne se servir des mots que selon l'exacte propriété du Langage, il n'a pas toûjours le bonheur d'être entendu: mais en ce cas-là, l'on en impute ordinairement la faute à celui qui a si peu de connoissance de sa propre Langue qu'il ne l'entend pas, lors même qu'on l'employe conformément à l'usage établi.

IV. Remede, déclarer en quel sens on prend les Mots.

§. 12. Mais parce que l'Usage commun n'a pas si visiblement attaché des significations aux Mots, qu'on puisse toûjours connoître certainement ce qu'ils signifient au juste ; & parce que les hommes en perfectionnant leurs connoissances, viennent à avoir des idées qui différent des idées vulgaires, de sorte que pour désigner ces nouvelles idées, ils sont obligez ou de faire de nouveaux mots, (ce qu'on hazarde rarement, de peur que cela ne passe pour affectation ou pour un desir d'innover) ou d'employer des termes usitez, dans un sens tout nouveau: pour cet effet après avoir observé les Règles précedentes, je dis en quatriéme lieu, qu'*il est quelquefois nécessaire, pour fixer la signification des mots, de déclarer en quel sens on les prend*, lors que l'usage commun les a laissez dans une signification vague & incertaine, (comme dans la plûpart des noms des Idées fort complexes) ou lorsqu'on s'en sert dans un sens un peu particulier, ou que le terme étant si essentiel dans le Discours que le principal sujet de la Question en dépend, il se trouve sujet à quelque équivoque ou à quelque mauvaise interpretation.

Ce qu'on peut faire en trois manieres.

§. 13. Comme les Idées que nos mots signifient, sont de différentes Espèces, il y a aussi différens moyens de faire connoître dans l'occasion les idées qu'ils signifient. Car quoi que la Définition passe pour la voye la plus commode de faire connoître la signification propre des Mots, il y a pourtant quelques mots qui ne peuvent être définis, comme il y en a d'autres dont on ne sauroit faire connoître le sens précis que par le moyen de la Définition ; & peut-être y en a-t-il une troisiéme espèce qui participe un peu des deux autres, comme nous verrons en parcourant les noms des *Idées simples*, des *Modes* & des *Substances*.

§. 14. Pré-

§. 14. Prémiérement donc, quand un homme se sert du nom d'une idée simple qu'il voit qu'on n'entend pas, ou qu'on peut mal interpreter, il est obligé dans les règles de la véritable honnêteté & selon le but même du Langage de déclarer le sens de ce mot, & de faire connoître quelle est l'idée qu'il lui fait signifier. Or c'est ce qui ne se peut faire par voye de définition, comme nous l'avons * déja montré. Et par conséquent, lorsqu'un terme synonyme ne peut servir à cela, l'on n'en peut venir à bout que par l'un de ces deux moyens. Prémiérement, il suffit quelquefois de nommer le sujet où se trouve l'idée simple pour en rendre le nom intelligible à ceux qui connoissent ce Sujet, & qui en savent le nom. Ainsi, pour faire entendre à un Païsan quelle est la couleur qu'on nomme *feuille-morte*, il suffit de lui dire que c'est la couleur des feuilles séches qui tombent en Automne. Mais en second lieu, la seule voye de faire connoître sûrement à un autre la signification du nom d'une Idée simple, c'est de présenter à ses Sens le Sujet qui peut produire cette idée dans son Esprit, & lui faire avoir actuellement l'idée qui est signifiée par ce nom-là.

CHAP. XI.
1. A l'égard des Idées simples, par des termes synonymes, ou en montrant la chose.

* Liv. III. Ch. IV. §. 6. 7. 8. 9. 10, & 11.

§. 15. Voyons en second lieu le moyen de faire entendre les noms des *Modes mixtes*. Comme les Modes mixtes, & sur-tout ceux qui appartiennent à la Morale, sont pour la plûpart des combinaisons d'idées que l'Esprit joint ensemble par un effet de son propre choix, & dont on ne trouve pas toûjours des modèles fixes & actuellement existans dans la Nature, on ne peut pas faire connoître la signification de leurs noms comme on fait entendre ceux des Idées simples, en montrant quoi que ce soit: mais en recompense, on peut les définir parfaitement & avec la derniére exactitude. Car ces Modes étant des combinaisons de différentes idées que l'Esprit a assemblées arbitrairement sans rapport à aucun Archetype, les hommes peuvent connoître exactement, s'ils veulent, les diverses idées qui entrent dans chaque combinaison, & ainsi employer ces mots dans un sens fixe & assuré, & déclarer parfaitement ce qu'ils signifient, lorsque l'occasion s'en présente. Cela bien observé exposeroit à de grandes censures ceux qui ne s'expriment pas nettement & distinctement dans leurs discours de Morale. Car puisqu'on peut connoître la signification précise des noms des *Modes mixtes*, ou ce qui est la même chose, l'essence réelle de chaque Espéce, parce qu'ils ne sont pas formez par la Nature, mais par les hommes mêmes, c'est une grande négligence ou une extrême malice que de discourir de choses morales d'une manière vague & obscure : ce qui est beaucoup plus pardonnable lorsqu'on traite des Substances naturelles, auquel cas il est plus difficile d'éviter les termes équivoques, par une raison toute opposée, comme nous verrons tout à l'heure.

2. A l'égard des Modes mixtes, par des définitions.

§. 16. C'est sur ce fondement que j'ose me persuader que la Morale est capable de démonstration aussi bien que les Mathématiques, puisqu'on peut connoître parfaitement & précisément l'essence réelle des choses que les termes de Morale signifient, par où l'on peut découvrir certainement, quelle est la convenance ou la disconvenance des choses mêmes en quoi consiste la parfaite Connoissance. Et qu'on ne m'objecte pas que dans la Morale on a souvent occasion d'employer les noms des Substan-

Que la Morale est capable de Démonstration.

Chap. XI. ces aussi bien que ceux des *Modes*, ce qui y causera de l'obscurité: car pour les Substances qui entrent dans les Discours de Morale, on en suppose les diverses natures plûtôt qu'on ne songe à les rechercher. Par exemple, quand nous disons, que l'*Homme est sujet aux Loix*, nous n'entendons autre chose par le mot *Homme* qu'une Créature corporelle & raisonnable, sans nous mettre aucunement en peine de savoir quelle est l'essence réelle ou les autres Qualitez de cette Créature. Ainsi, que les Naturalistes disputent tant qu'ils voudront entr'eux, si un Enfant ou un Imbecille est *Homme* dans un sens physique, cela n'interesse en aucune maniére l'*Homme moral*, si j'ose l'appeller ainsi, qui ne renferme autre chose que cette idée immuable & inaltérable d'un *Etre corporel & raisonnable*. Car si l'on trouvoit un Singe ou quelque autre Animal qui eût l'usage de la Raison à tel dégré qu'il fût capable d'entendre les signes généraux & de tirer des conséquences des idées générales, il seroit sans doute sujet aux Loix, & seroit *Homme* en ce sens-là, quelque différent qu'il fût, par sa forme extérieure, des autres Etres qui portent le nom d'*Homme*. Si les noms des Substances sont employez comme il faut dans les Discours de Morale, ils n'y causeront non plus de désordre que dans des Discours de Mathematique, dans lesquels si les Mathematiciens viennent à parler d'un Cube ou d'un Globe d'or, ou de quelque autre matiére, leur idée est claire & déterminée, sans varier le moins du monde, quoi qu'elle puisse être appliquée par erreur à un Corps particulier, auquel elle n'appartient pas.

Les matiéres de Morale peuvent être traitées clairement par le moyen des définitions.

§. 17. J'ai proposé cela en passant pour faire voir combien il importe qu'à l'égard des noms que les hommes donnent aux *Modes mixtes*, & par conséquent dans tous leurs discours de Morale, ils ayent soin de définir les mots lorsque l'occasion s'en présente, puisque par-là l'on peut porter la connoissance des véritez morales à un si haut point de clarté & de certitude. Et c'est avoir bien peu de sincerité, pour ne pas dire pis, que de refuser de le faire, puisque la définition est le seul moyen qu'on ait de faire connoître le sens précis des termes de Morale ; & un moyen par où l'on peut en faire comprendre le sens d'une maniére certaine, & sans laisser sur cela aucun lieu à la dispute. C'est pourquoi la négligence ou la malice des hommes est inexcusable, si les Discours de Morale ne sont pas plus clairs que ceux de Physique, puisque les Discours de Morale roulent sur des idées qu'on a dans l'Esprit, & dont aucune n'est ni fausse ni disproportionnée, par la raison qu'elles ne se rapportent à nuls Etres extérieurs comme à des Archetypes auxquels elles doivent être conformes. Il est bien plus facile aux hommes de former dans leur Esprit une idée, pour être un Modèle auquel ils donnent le nom de *Justice*, de sorte que toutes les actions qui seront conformes à un Patron ainsi fait, passent sous cette dénomination, que de se former, après avoir vû *Aristide*, une telle idée qui en toutes choses ressemble exactement à cette personne, qui est telle qu'elle est, sous quelque idée qu'il plaise aux hommes de se la représenter. Pour former la prémiére de ces idées, ils n'ont besoin que de connoître la combinaison des idées qui sont jointes ensemble dans leur Esprit; & pour former l'autre, il faut qu'ils s'engagent dans la recherche de la constitution cachée & abstruse de toute la nature & des diverses qualitez d'une Chose qui existe hors d'eux-mêmes. §. 18. Une

§. 18. Une autre raison qui rend la définition des *Modes mixtes* si nécessaire, & sur-tout celle des mots qui appartiennent à la Morale, c'est ce que je viens de dire en passant, que c'est *la seule voye par où l'on puisse connoître certainement la plûpart de ces mots.* Car la plus grande partie des idées qu'ils signifient, étant de telle nature qu'elles n'existent nulle part ensemble, mais sont dispersées & mélées avec d'autres, c'est l'Esprit seul qui les assemble & les réunit en une seule idée: & ce n'est que par le moyen des paroles que venant à faire l'énumération des différentes idées simples que l'Esprit a jointes ensemble, nous pouvons faire connoître aux autres ce qu'emportent les noms de ces *Modes mixtes*, car les Sens ne peuvent en ce cas-là nous être d'aucun secours en nous présentant des objets sensibles, pour nous montrer les idées que les noms de ces Modes signifient, comme ils le font souvent à l'égard des noms des idées simples qui sont sensibles, & à l'égard des noms des Substances jusqu'à un certain dégré.

CHAP. XI.
Et c'est le seul moyen.

§. 19. Pour ce qui est, en troisième lieu, des moyens d'expliquer la signification des noms des Substances, entant qu'ils signifient les idées que nous avons de leurs Espèces distinctes, il faut, en plusieurs rencontres, recourir nécessairement aux deux voyes dont nous venons de parler, qui est de montrer la chose qu'on veut connoître, & de définir les noms qu'on employe pour l'exprimer. Car comme il y a ordinairement en chaque sorte de Substances quelques Qualitez *directrices*, si j'ose m'exprimer ainsi, auxquelles nous supposons que les autres idées qui composent notre idée complexe de cette Espèce, sont attachées, nous donnons hardiment le nom spécifique à la chose dans laquelle se trouve cette marque *caractéristique* que nous regardons comme l'idée la plus distinctive de cette Espèce. Ces Qualitez *directrices*, ou, pour ainsi dire, *caractéristiques*, sont pour l'ordinaire dans les differentes Espèces d'Animaux & de Vegetaux la figure, comme * nous l'avons déjà remarqué, & la couleur dans les Corps inanimez; & dans quelques-uns, c'est la couleur & la figure tout ensemble.

3. A l'égard des Substances le moyen de faire connoître en quel sens on prend leurs noms, c'est de montrer la Chose & de définir le nom.

* Liv. III. Ch. VI. §. 29. & *Chap.* IX. §. 15.

§. 20. Ces Qualitez sensibles que je nomme *directrices*, sont, pour ainsi dire, les principaux ingrédiens de nos Idées spécifiques, & sont par conséquent la plus remarquable & la plus immuable partie des définitions des noms que nous donnons aux Espèces des Substances qui viennent à notre connoissance. Car quoi que le son *Homme* soit par sa nature aussi propre à signifier une idée complexe, composée d'*Animalité* & de *raisonnabilité*, unies dans un même sujet qu'à signifier quelque autre combinaison, néanmoins étant employé pour désigner une sorte de Créature que nous comptons de notre propre Espèce, peut-être que la figure extérieure doit entrer aussi nécessairement dans notre idée complexe, signifiée par le mot *Homme*, qu'aucune autre qualité que nous y trouvions. C'est pourquoi il n'est pas aisé de faire voir par quelle raison l'*Animal* de Platon *sans plume*, *à deux piés*, *avec de larges ongles*, ne seroit pas une aussi bonne définition du mot *Homme*, consideré comme signifiant cette Espèce de Créature, car c'est la figure qui comme *qualité directrice* semble plus déterminer cette Espèce, que la faculté de raisonner qui ne paroît pas d'abord, & même jamais dans quelques-

On acquiert mieux les idées des Qualitez sensibles des Substances par la présentation des Substances mêmes.

uns.

uns. Que ſi cela n'eſt point ainſi, je ne vois pas comment on peut excuſer de meurtre ceux qui mettent à mort des productions *monſtrueuſes* (comme on a accoûtumé de les nommer) à cauſe de leur forme extraordinaire, ſans connoître ſi elles ont une Ame raiſonnable ou non; ce qui ne ſe peut non plus connoître dans un Enfant bien formé que dans un Enfant contrefait, lorſqu'ils ne font que de naître. Et qui nous a appris qu'une Ame raiſonnable ne ſauroit habiter dans un Logis qui n'a pas juſtement une telle ſorte de frontiſpice, ou qu'elle ne peut s'unir à une Eſpèce de Corps qui n'a pas préciſément une telle configuration extérieure?

§. 21. Or le meilleur moyen de faire connoître ces *qualitez caractériſtiques*, c'eſt de montrer les Corps où elles ſe trouvent; & à grand'peine pourroit-on les faire connoître autrement. Car la figure d'un *Cheval* ou d'un *Caſſiowary* ne peut être empreinte dans l'Eſprit par des paroles, que d'une maniére fort groſſiére & fort imparfaite. Cela ſe fait cent fois mieux en voyant ces Animaux. De même, on ne peut acquerir l'idée de la couleur particuliére de l'*Or* par aucune deſcription, mais ſeulement par une fréquente habitude que les yeux ſe font de conſiderer cette couleur, comme on le voit évidemment dans ces perſonnes accoûtumées à examiner ce Metal, qui diſtinguent ſouvent par la vûë le véritable Or d'avec le faux, le pur d'avec celui qui eſt falſifié, tandis que d'autres qui ont d'auſſi bons yeux, mais qui n'ont pas acquis, par uſage, l'idée preciſe de cette couleur particuliére, n'y remarqueront aucune différence. On peut dire la même choſe des autres idées ſimples, particuliéres en leur eſpèce à une certaine Subſtance, auxquelles idées préciſes on n'a point donné de noms particuliers. Ainſi, le ſon particulier qu'on remarque dans l'or, & qui eſt diſtinct du ſon des autres Corps, n'a été déſigné par aucun nom particulier, non plus que la couleur jaune qui appartient à ce Metal.

On acquiert mieux les idées de leurs puiſſances par des définitions.

§. 22. Mais parce que la plûpart des Idées ſimples qui compoſent nos Idées ſpécifiques des Subſtances, ſont des Puiſſances qui ne ſont pas préſentes à nos Sens dans les choſes conſiderées ſelon qu'elles paroiſſent ordinairement, il s'enſuit de là que *dans les noms des Subſtances l'on peut mieux donner à connoître une partie de leur ſignification en faiſant une énumeration de ces idées ſimples qu'en montrant la Subſtance même.* Car celui qui outre ce jaune brillant qu'il a remarqué dans l'Or par le moyen de la vûë, acquerra les idées d'une grande ductilité, de fuſibilité, de fixité, & de capacité d'être diſſous dans l'*Eau Regale*, en conſéquence de l'énumeration que je lui en ferai, aura une idée plus parfaite de l'Or, qu'il ne peut avoir en voyant une piéce d'or, par où il ne peut recevoir dans l'Eſprit que la ſeule empreinte des qualitez les plus ordinaires de l'Or. Mais ſi la conſtitution formelle de cette Choſe brillante, peſante, ductile, &c. d'où decoulent toutes ces proprietez, paroiſſoit à nos Sens d'une maniére auſſi diſtincte que nous voyons la conſtitution formelle ou l'eſſence d'un Triangle, la ſignification du mot *Or* pourroit être auſſi aiſément déterminée que celle d'un Triangle.

§. 23. Nous

§. 23. Nous pouvons voir par-là combien le fondement de toute la connoissance que nous avons des Choses corporelles, dépend de nos Sens. Car pour les Esprits séparez des Corps qui en ont une connoissance, & des idées certainement beaucoup plus parfaites que les nôtres, nous n'avons absolument aucune idée ou notion de la maniére (1) dont ces choses leur sont connuës. Nos connoissances ou imaginations ne s'étendent point au delà de nos propres idées, qui sont elles-mêmes bornées à notre maniére d'appercevoir les choses. Et quoi qu'on ne puisse point douter que les Esprits d'un rang plus sublime que ceux qui sont comme plongez dans la Chair, ne puissent avoir d'aussi claires idées de la constitution radicale des Substances, que celles que nous avons de la constitution d'un Triangle, & reconnoître par ce moyen comment toutes leurs propriétez & operations en découlent, il est toûjours certain que la maniére dont ils parviennent à cette connoissance, est au dessus de notre conception.

CHAP. XI.
Reflexion sur la maniére dont les purs Esprits connoissent les choses corporelles.

§. 24. Mais bien que les Définitions servent à expliquer les noms des Substances entant qu'ils signifient nos idées, elles les laissent pourtant dans une grande imperfection entant qu'ils signifient des Choses. Car les noms des Substances n'étant pas simplement employez pour désigner nos Idées, mais étant aussi destinez à représenter les choses mêmes, & par conséquent à en tenir la place, leur signification doit s'accorder avec la vérité des choses, aussi bien qu'avec les idées des hommes. C'est pourquoi dans les Substances il ne faut pas toûjours s'arrêter à l'idée complexe qu'on s'en forme d'ordinaire, & qu'on regarde communément comme la signification du nom qui leur a été donné; mais nous devons aller un peu plus avant, rechercher la nature & les propriétez des Choses mêmes, & par cette recherche perfectionner, autant que nous pouvons, les idées que nous avons de leurs Espèces distinctes, ou bien apprendre quelles sont ces propriétez de ceux qui connoissent mieux cette Espèce de choses par usage & par expérience. Car puisqu'on prétend que les noms des Substances doivent signifier des collections d'idées simples qui existent réellement dans les choses mêmes, aussi bien que l'idée complexe qui est dans l'Esprit des autres hommes & que ces noms signifient dans leur usage ordinaire, il faut, pour pouvoir bien définir ces noms des Substances, étudier l'Histoire naturelle, & examiner les Substances mêmes avec soin, pour en découvrir les propriétez. Car pour éviter tout inconvénient dans nos discours & dans nos raisonnemens sur les Corps naturels & sur les choses substantielles, il ne suffit pas d'avoir appris quelle est l'idée ordinaire, mais confuse, ou très-imparfaite à laquelle chaque mot est appliqué selon la propriété du Langage, & toutes les fois que nous employons ces mots, de les attacher constamment à ces sortes d'idées: il faut, outre cela, que nous acquerions une connoissance

Les idées des Substances doivent être conformes aux Choses.

---

(1) *L'homme*, dit Montagne, *ne peut estre que ce qu'il est, ni imaginer que selon sa portée. C'est plus grande presomption, dit Plutarque, à ceux qui ne sont qu'hommes, d'entreprendre de parler & discourir des Dieux, que ce n'est à un homme ignorant de musique, vouloir juger de ceux qui chantent: ou à un homme qui ne fut jamais au camp, vouloir disputer des armes & la guerre, en presumant comprendre par quelque legere conjecture, les effets d'un art qui est hors de sa cognoissance.* Essais, Liv. II. Ch. 12. Tom. II. pag. 405. Ed. de la Haye 1727.

ce historique de telle ou telle Espèce de choses, afin de rectifier & de fixer par-là notre idée complexe qui appartient à chaque Nom spécifique : & dans nos entretiens avec les autres hommes (si nous voyons qu'ils prennent mal notre pensée) nous devons leur dire quelle est l'idée complexe que nous faisons signifier à un tel Nom. Tous ceux qui cherchent à s'instruire exactement des choses, sont d'autant plus obligez d'observer cette méthode, que les Enfans apprenant les Mots quand ils n'ont que des notions fort imparfaites des choses, les appliquent au hazard, & sans songer beaucoup à former des idées déterminées que ces mots doivent signifier. Comme cette coûtume n'engage à aucun effort d'Esprit & qu'on s'en accommode assez bien dans la Conversation & dans les affaires ordinaires de la vie, ils sont sujets à continuer de la suivre après qu'ils sont hommes faits, & par ce moyen ils commencent tout à rebours, apprenant en prémier lieu les mots, & parfaitement, mais formant fort grossiérement les notions auxquelles ils appliquent ces mots dans la suite. Il arrive par-là que des gens qui parlent la Langue de leur Païs proprement, c'est-à-dire selon les regles grammaticales de cette Langue, parlent pourtant fort improprement des choses mêmes : de sorte que malgré tous les raisonnemens qu'ils font entr'eux, ils ne découvrent pas beaucoup de véritez utiles, & n'avancent que fort peu dans la connoissance des Choses, à les considerer comme elles sont en elles-mêmes, & non dans notre propre imagination. Et dans le fond, peu importe pour l'avancement de nos connoissances, comment on nomme les choses qui en doivent être le sujet.

Il n'est pas aisé de les rendre telles.

§. 25. C'est pourquoi il seroit à souhaiter que ceux qui se sont exercez à des Recherches Physiques & qui ont une connoissance particuliére de diverses sortes de Corps naturels, voulussent proposer les idées simples dans lesquelles ils observent que les Individus de chaque Espèce conviennent constamment. Cela remedieroit en grande partie à cette confusion que produit l'usage que différentes personnes font du même nom pour désigner une collection d'un plus grand ou d'un plus petit nombre de Qualitez sensibles, selon qu'ils ont été plus ou moins instruits des Qualitez d'une telle Espèce de Choses qui passent sous une seule dénomination, ou qu'ils ont été plus ou moins exacts à les examiner. Mais pour composer un Dictionaire de cette espèce qui contînt, pour ainsi dire, une Histoire Naturelle, il faudroit trop de personnes, trop de temps, trop de dépense, trop de peine & trop de *sagacité* pour qu'on puisse jamais esperer de voir un tel Ouvrage : & jusqu'à ce qu'il soit fait, nous devons nous contenter des définitions des noms des Substances qui expliquent le sens que leur donnent ceux qui s'en servent. Et ce seroit un grand avantage, s'ils vouloient nous donner ces définitions, lorsqu'il est nécessaire. C'est du moins ce qu'on n'a pas accoûtumé de faire. Au lieu de cela les hommes s'entretiennent & disputent sur des Mots dont le sens n'est point fixé entr'eux, s'imaginant faussement que la signification des Mots communs est déterminée incontestablement, & que les idées précises que ces mots signifient, sont

si parfaitement connuës, qu'il y a de la honte à les ignorer: deux suppo- CHAP. XI.
sitions entierement fausses. Car il n'y a point de noms d'idées complexes
qui ayent des significations si fixes & si déterminées qu'ils soient constamment employez pour signifier justement les mêmes idées; & un homme ne
doit pas avoir honte de ne connoître certainement une chose que par les
moyens qu'il faut employer nécessairement pour la connoître. Par conséquent, il n'y a aucun deshonneur à ignorer quelle est l'idée précise qu'un
certain son signifie dans l'Esprit d'un autre homme, s'il ne me le déclare lui-
même d'une autre maniére qu'en employant simplement ce son-là, puisque
sans une telle déclaration, je ne puis le savoir certainement par aucune autre voye. A la vérité, la nécessité de s'entre-communiquer ses pensées par
le moyen du Langage, ayant engagé les hommes à convenir de la signification des mots communs dans une certaine latitude qui peut assez bien servir à la conversation ordinaire, l'on ne peut supposer qu'un homme ignore
entierement quelles sont les idées que l'Usage commun a attachées aux Mots
dans une Langue qui lui est familiére. Mais parce que l'Usage ordinaire
est une Règle fort incertaine qui se réduit enfin aux idées des Particuliers,
c'est souvent un modèle fort variable. Au reste, quoi qu'un Dictionnaire
tel que celui dont je viens de parler, demandât trop de temps, trop de peine & trop de dépense pour pouvoir espérer de le voir dans ce siécle, il n'est
pourtant pas, je croi, mal à propos d'avertir que les mots qui signifient
des choses qu'on connoit & qu'on distingue par leur figure exterieure, devroient être accompagnez de petites tailles-douces qui représentassent ces
choses. Un Dictionnaire fait de cette maniére enseigneroit peut-être plus
facilement & en moins de temps (1) la véritable signification de quantité
de termes, sur-tout dans des Langues de Païs ou de siécles éloignez, & fixeroit dans l'Esprit des hommes de plus justes idées de quantité de choses dont
nous lisons les noms dans les Anciens Auteurs, que tous les vastes & laborieux Commentaires des plus savans Critiques. Les Naturalistes qui traitent
des Plantes & des Animaux, ont fort bien compris l'avantage de cette méthode; & quiconque a eu occasion de les consulter, n'aura pas de peine à
reconnoître qu'il a, par exemple, une plus claire idée de * l'*Ache* ou d'un †   * *Apium.*
Bouquetin, par une petite figure de cette Herbe ou de cet Animal, qu'il   † *Ibex*, espèce
ne pourroit avoir par le moyen d'une longue définition du nom de l'une ou   de bouc sauvage.
de l'autre de ces Choses. De même, il auroit sans doute une idée bien
plus distincte de ce que les Latins appelloient *Strigilis* & *Sistrum*, si au lieu
des mots *Etrille* & *Cymbale* qu'on trouve dans quelques Dictionnaires François comme l'explication de ces deux mots Latins, il pouvoit voir à la mar-
ge de petites figures de ces Instrumens, tels qu'ils étoient en usage parmi
les

---

(1) Ce dessein a été enfin executé par un savant Antiquaire, le fameux P. de *Montfau-con*. Son Ouvrage est intitulé: *L'Antiquité expliquée & représentée en figures.* fol. 10 voll. Paris 1722. Il a publié en 1724 un Suplément en 5. voll. *in fol.* Ce curieux Ouvrage est plein de tailles-douces qui nous donnent des idées exactes de la plupart des choses dont on trouve les noms dans les Anciens Auteurs Grecs & Latins, & qui n'étant plus en usage, ne peuvent être bien représentées à l'Esprit, que par les figures qui en restent dans des bas reliefs, sur les Médailles & dans d'autres Monumens antiques.

CHAP. XI. les Anciens. On traduit sans peine les mots *toga, tunica* & *pallium* par ceux de *robe*, de *veste* & de *manteau*: mais par-là nous n'avons non plus de véritables idées de la maniére dont ces habits étoient faits parmi les Romains que du visage des Tailleurs qui les faisoient. Les figures qu'on traceroit de ces sortes de choses que l'Oeuil distingue par leur forme extérieure, les feroient bien mieux entrer dans l'Esprit, & par-là détermineroient bien mieux la signification des noms qu'on leur donne, que tous les mots qu'on met à la place, ou dont on se sert pour les définir. Mais cela soit dit en passant.

V. Remede, employer constamment le même terme dans le même sens.

§. 26. En cinquiéme lieu, si les hommes ne veulent pas prendre la peine d'expliquer le sens des mots dont ils se servent, & qu'on ne puisse les obliger à définir leurs termes, le moins qu'on puisse attendre c'est que dans tous les Discours où un homme en prétend instruire ou convaincre un autre, *il employe constamment le même terme dans le même sens.* Si l'on en usoit ainsi, (ce que personne ne peut refuser de faire, s'il a quelque sincerité) combien de Livres qu'on auroit pû s'épargner la peine de faire? combien de Controverses qui malgré tout le bruit qu'elles font dans le Monde, s'en iroient en fumée? Combien de gros Volumes, pleins de mots ambigus, qu'on employe tantôt dans un sens & bientôt après dans un autre, seroient réduits à un fort petit espace? Combien de Livres de Philosophes (pour ne parler que de ceux-là) qui pourroient être renfermez dans une coque de noix aussi bien que les Ouvrages du Poëte?

Quand on change la signification d'un mot, il faut avertir en quel sens on le prend.

§. 27. Mais après tout, il y a une si petite provision de mots en comparaison de cette diversité infinie de pensées qui viennent dans l'Esprit, que les hommes manquant de termes pour exprimer au juste leurs véritables notions, seront souvent obligez, quelque précaution qu'ils prennent, de se servir du même mot dans des sens un peu différens. Et quoi que dans la suite d'un Discours ou d'un Raisonnement, il soit bien malaisé de trouver l'occasion de donner la définition particuliére d'un mot aussi souvent qu'on en change la signification, cependant le but général du Discours, si l'on ne s'y propose rien de sophistique, suffira pour l'ordinaire à conduire un Lecteur intelligent & sincére dans le vrai sens de ce Mot. Mais lors que cela n'est pas capable de guider le Lecteur, l'Ecrivain est obligé d'expliquer sa pensée, & de faire voir en quel sens il employe ce terme dans cet endroit-là.

Fin du Troisiéme Livre.

ESSAI

ESSAI PHILOSOPHIQUE
CONCERNANT
L'ENTENDEMENT HUMAIN.

LIVRE QUATRIEME.

DE LA CONNOISSANCE.

CHAPITRE I.

De la Connoissance en général.

§. 1. PUISQUE l'Esprit n'a point d'autre Objet de ses pensées & de ses raisonnemens que ses propres Idées qui sont la seule chose qu'il contemple ou qu'il puisse contempler, il est évident que ce n'est que sur nos Idées que roule toute notre Connoissance.

Toute notre connoissance roule sur nos Idées.

§. 2. Il me semble donc que *la Connoissance n'est autre chose que la perception de la liaison & convenance, ou de l'opposition & de la disconvenance qui se trouve entre deux de nos Idées*. C'est, dis-je, en cela seul que consiste la Connoissance. Par-tout où se trouve cette perception, il y a de la Connoissance; & où elle n'est pas, nous ne saurions jamais parvenir à la connoissance, quoi que nous puissions y trouver sujet d'*imaginer*, de *conjecturer*, ou de *croire*. Car lorsque nous connoissons *que le Blanc n'est pas le Noir*, que faisons-nous autre chose qu'appercevoir que ces deux idées ne conviennent point ensemble? De même, quand nous som-

La connoissance est la perception de la convenance ou de la disconvenance de deux Idées.

sommes fortement convaincus en nous-mêmes, *Que les trois Angles d'un Triangle sont égaux à deux Droits*, nous ne faisons autre chose qu'appercevoir que l'égalité à deux Angles droits convient necessairement avec les trois Angles d'un Triangle, & qu'elle en est entièrement inseparable.

Cette convenance est de quatre espèces.

§. 3. Mais pour voir un peu plus distinctement en quoi consiste cette *convenance* ou *disconvenance*, je crois qu'on peut la réduire à ces quatre Espèces.
1. *Identité* ou *Diversité*.
2. *Relation*.
3. *Coëxistence*, ou *connexion nécessaire*.
4. *Existence réelle*.

La prémière est de l'*Identité* ou de la *Diversité*.

§. 4. Et pour ce qui est de la prémière espèce de convenance ou de disconvenance, qui est l'*Identité* ou la *Diversité*; le prémier & le principal acte de l'Esprit, lorsqu'il a quelque sentiment ou quelque idée, c'est d'appercevoir les idées qu'il a, & autant qu'il les apperçoit, de voir ce que chacune est en elle-même, & par-là d'appercevoir aussi leur différence, & comment l'une n'est pas l'autre. C'est une chose si fort nécessaire, que sans cela l'Esprit ne pourroit ni connoître, ni imaginer, ni raisonner, ni avoir absolument aucune pensée distincte. C'est par-là, dis-je, qu'il apperçoit clairement & d'une manière infaillible que chaque idée convient avec elle-même, & qu'elle est ce qu'elle est; & qu'au contraire toutes les idées distinctes disconviennent entre elles, c'est-à-dire, que l'une n'est pas l'autre: ce qu'il voit sans peine, sans effort, sans faire aucune déduction, mais dès la prémière vûë, par la puissance naturelle qu'il a d'appercevoir & de distinguer les choses. Quoi que les Logiciens ayent réduit cela à ces deux Règles générales, *Ce qui est, est*; & *Il est impossible qu'une même chose soit & ne soit pas en même temps*, afin de les pouvoir promptement appliquer à tous les cas où l'on peut avoir sujet d'y faire reflexion, il est pourtant certain que c'est sur des idées particulières que cette faculté commence de s'exercer. Un homme n'a pas plûtôt dans l'Esprit les idées qu'il nomme *blanc* & *rond*, qu'il connoit infailliblement que ce sont les idées qu'elles sont véritablement, & non d'autres idées qu'il appelle *rouge* ou *quarré*. Et il n'y a aucune Maxime ou Proposition dans le Monde qui puisse le lui faire connoître plus nettement ou plus certainement qu'il ne faisoit auparavant sans le secours d'aucune Règle générale. C'est donc là la prémière convenance ou disconvenance que l'Esprit apperçoit dans ses Idées, & qu'il apperçoit toûjours dès la prémière vûë. Que s'il s'éleve jamais quelque doute sur ce sujet, on trouvera toûjours que c'est sur les noms & non sur les idées mêmes, desquelles on appercevra toûjours l'Identité & la Diversité, aussi-tôt & aussi clairement que les idées mêmes. Cela ne sauroit être autrement.

La seconde peut être appellée *Relative*.

§. 5. La seconde sorte de convenance ou de disconvenance que l'Esprit apperçoit dans quelqu'une de ses idées, peut être appellée *Relative*; & ce n'est autre chose que la perception du rapport qui est entre deux Idées, de quelque espèce qu'elles soient, *Substances*, *Modes*, ou autres. Car puisque toutes les Idées distinctes doivent être éternellement reconnuës pour n'être

pas

pas les mêmes, & ainsi être universellement & constamment niées l'une de l'autre, nous n'aurions absolument point de moyen d'arriver à aucune connoissance positive, si nous ne pouvions appercevoir aucun rapport entre nos idées, ni découvrir la convenance ou la disconvenance qu'elles ont l'une avec l'autre dans les différens moyens dont l'Esprit se sert pour les comparer ensemble.

§. 6. La troisiéme espèce de convenance ou de disconvenance qu'on peut trouver dans nos Idées, & sur laquelle s'exerce la Perception de l'Esprit, c'est la *coëxistence* ou la *non-coëxistence* dans le même sujet; ce qui regarde particuliérement les Substances. Ainsi, quand nous affirmons touchant l'*Or*, qu'il est fixe, la connoissance que nous avons de cette vérité se réduit uniquement à ceci, que la *fixité* ou la puissance de demeurer dans le Feu sans se consumer, est une idée qui se trouve toûjours jointe avec cette espèce particuliére de jaune, de pesanteur, de fusibilité, de malléabilité & de capacité d'être dissous dans l'*Eau Regale*, qui compose notre idée complexe que nous désignons par le mot *Or*.

La troisiéme est une convenance de coëxistence.

§. 7. La derniére & quatriéme espèce de convenance, c'est celle d'une existence actuelle & réelle qui convient à quelque chose dont nous avons l'idée dans l'Esprit. Toute la connoissance que nous avons ou pouvons avoir, est renfermée, si je ne me trompe, dans ces quatre sortes de convenance ou de disconvenance. Car toutes les recherches que nous pouvons faire sur nos Idées, tout ce que nous connoissons ou pouvons affirmer au sujet d'aucune de ces idées, c'est qu'elle est ou n'est pas la même avec une autre; qu'elle coëxiste ou ne coëxiste pas toûjours avec quelque autre idée dans le même sujet; qu'elle a tel ou tel rapport avec quelque autre idée; ou qu'elle a une existence réelle hors de l'Esprit. Ainsi, cette Proposition *le Bleu n'est pas le Jaune*, marque une disconvenance d'Identité: Celle-ci, *Deux triangles dont la base est égale & qui sont entre deux lignes paralleles, sont égaux*, signifie une convenance de rapport: Cette autre, *le Fer est susceptible des impressions de l'Aimant*, emporte une convenance de coëxistence: Et ces mots, *Dieu existe*, renferment une convenance d'existence réelle. Quoi que l'*Identité* & la *Coëxistence* ne soient effectivement que de simples relations, elles fournissent pourtant à l'Esprit des moyens si particuliers de considerer la convenance ou la disconvenance de nos Idées, qu'elles méritent bien d'être considerées comme des chefs distincts, & non simplement sous le titre de Relation en général, puisque ce sont des fondemens d'affirmation & de negation fort différens, comme il paroîtra aisément à quiconque prendra seulement la peine de reflêchir sur ce qui est dit en plusieurs endroits de cet Ouvrage. Je devrois examiner présentement les différens dégrez de notre Connoissance: mais il faut considerer auparavant les divers sens du mot *Connoissance*.

La quatriéme est celle d'une existence réelle.

§. 8. Il y a différens états dans lesquels l'Esprit se trouve imbu de la Vérité, & auxquels on donne le nom de *Connoissance*.

Il y a une connoissance actuelle & habituelle.

I. Il y a une connoissance actuelle qui est la perception présente que l'Esprit a de la convenance ou de la disconvenance de quelqu'une de ses Idées, ou du rapport qu'elles ont l'une à l'autre.   II. On

CHAP. I.

II. On dit, en second lieu, qu'un homme connoit une Proposition lorsque cette Proposition ayant été une fois présente à son Esprit, il a apperçu évidemment la convenance ou la disconvenance des Idées dont elle est composée, & qu'il l'a placée de telle maniére dans sa Mémoire, que toutes les fois qu'il vient à refléchir sur cette Proposition, il la voit par le bon côté sans douter ni hésiter le moins du monde, l'approuve, & est assûré de la vérité qu'elle contient. C'est ce qu'on peut appeller, à mon avis, *Connoissance habituelle*. Suivant cela, l'on peut dire d'un homme, qu'il connoit toutes les véritez qui sont dans sa Mémoire, en vertu d'une pleine & évidente perception qu'il en a eûë auparavant, & sur laquelle l'Esprit se repose hardiment sans avoir le moindre doute, toutes les fois qu'il a occasion de refléchir sur ces véritez. Car un Entendement aussi borné que le nôtre, n'étant capable de penser clairement & distinctement qu'à une seule chose à la fois, si les hommes ne connoissent que ce qui est l'objet actuel de leurs pensées, ils seroient tous extrêmement ignorans; & celui qui connoîtroit le plus, ne connoîtroit qu'une seule vérité, l'Esprit de l'homme n'étant capable d'en considerer qu'une seule à la fois.

Il y a une double connoissance habituelle.

§. 9. Il y a aussi, vulgairement parlant, deux dégrez de connoissance habituelle.

I. L'un regarde *ces Véritez mises comme en reserve dans la Mémoire qui ne se présentent pas plûtôt à l'Esprit qu'il voit le rapport qui est entre ces idées.* Ce qui se rencontre dans toutes les Véritez dont nous avons une connoissance intuitive, où les idées mêmes font connoître par une vûë immédiate la convenance ou la disconvenance qu'il y a entre elles.

II. Le second dégré de Connoissance habituelle appartient à *ces Véritez, dont l'Esprit ayant été une fois convaincu, il conserve le souvenir de la conviction sans en retenir les preuves.* Ainsi, un homme qui se souvient certainement qu'il a vû une fois d'une maniére démonstrative, *Que les trois angles d'un Triangle sont égaux à deux Droits*, est assûré qu'il connoît la vérité de cette Proposition, parce qu'il ne sauroit en douter. Quoi qu'un homme puisse s'imaginer qu'en adherant ainsi à une vérité dont la Démonstration qui la lui a fait prémiérement connoître, lui a échappé de l'Esprit, il croit plûtôt sa mémoire, qu'il ne connoit réellement la vérité en question; & quoi que cette maniére de retenir une vérité m'ait paru autrefois quelque chose qui tient le milieu entre l'opinion & la connoissance, une espèce d'assûrance qui est au dessus d'une simple croyance fondée sur le témoignage d'autrui; cependant je trouve après y avoir bien pensé, que cette connoissance renferme une parfaite certitude, & est en effet une véritable connoissance. Ce qui d'abord peut nous faire d'illusion sur ce sujet, c'est que dans ce cas-là l'on n'apperçoit pas la convenance ou la disconvenance des Idées comme on avoit fait la prémiére fois, par une vûë actuelle de toutes les Idées *intermédiates* par le moyen desquelles la convenance ou la disconvenance des idées contenuës dans la Proposition avoit été apperçuë la prémiére fois, mais par d'autres idées moyennes qui font voir la convenance ou la disconvenance des Idées renfermées dans la Proposition dont la certitude nous est connuë par voye de reminiscence. Par exemple,

dans

dans cette Proposition, *les trois Angles d'un Triangle sont égaux à deux Droits*, quiconque a vû & apperçu clairement la démonstration de cette vérité, connoit que cette Proposition est véritable lors même que la Démonstration lui est si bien échappée de l'Esprit, qu'il ne la voit plus, & que peutêtre il ne sauroit la rappeller, mais il le connoit d'une autre maniére qu'il ne faisoit auparavant. Il apperçoit la convenance des deux Idées qui sont jointes dans cette Proposition, mais c'est par l'intervention d'autres idées que celles qui ont premiérement produit cette perception. Il se souvient, c'est-à-dire, il connoit (car le souvenir n'est autre chose que le renouvellement d'une chose passée) qu'il a été une fois assuré de la vérité de cette Proposition, Que *les trois Angles d'un Triangle sont égaux à deux Droits*. L'immutabilité des mêmes rapports entre les mêmes choses immuables, est présentement l'idée qui fait voir, que si les trois Angles d'un Triangle ont été une fois égaux à deux Droits, ils ne cesseront jamais d'être égaux à deux Droits. D'où il s'ensuit certainement que ce qui a été une fois véritable, est toûjours vrai dans le même cas, que les Idées qui conviennent une fois entre elles, conviennent toûjours; & par conséquent que ce qu'on a une fois connu véritable, on le reconnoîtra toûjours pour véritable, aussi long-temps qu'on pourra se ressouvenir de l'avoir une fois connu comme tel. C'est sur ce fondement que dans les Mathematiques les Démonstrations particuliéres fournissent des connoissances générales. En effet, si la Connoissance n'étoit pas si fort établie sur cette perception, *Que les mêmes idées doivent toûjours avoir les mêmes rapports*, il ne pourroit y avoir aucune connoissance de Propositions générales dans les Mathematiques: car nulle Démonstration Mathematique ne seroit que particuliére; & lorsqu'un homme auroit démontré une Proposition touchant un Triangle ou un Cercle, sa connoissance ne s'étendroit point au delà de cette Figure particuliére. S'il vouloit l'étendre plus avant, il seroit obligé de renouveller sa Démonstration dans un autre exemple, avant qu'il pût être assuré qu'elle est véritable à l'égard d'un autre semblable Triangle, & ainsi du reste: auquel cas, on ne pourroit jamais parvenir à la connoissance d'aucune Proposition générale. Je ne croi pas que personne puisse nier que Mr. *Newton* ne connoisse certainement que chaque Proposition qu'il lit présentement dans son * Livre en quelque temps que ce soit, est véritable, quoi qu'il n'ait pas actuellement devant les yeux cette suite admirable d'Idées moyennes par lesquelles il en découvrit au commencement la vérité. On peut dire sûrement qu'une Mémoire qui seroit capable de retenir un tel enchaînement de veritez particuliéres, est au delà des Facultez humaines, puisqu'on voit par expérience que la découverte, la perception & l'assemblage de cette admirable connexion d'idées qui paroît dans cet excellent Ouvrage surpasse la comprehension de la plûpart des Lecteurs. Il est pourtant visible que l'Auteur lui-même connoit que telle & telle Proposition de son Livre est véritable, dès-là qu'il se souvient d'avoir vû une fois la connexion de ces Idées aussi certainement qu'il sait qu'un tel homme en a blessé un autre, parce qu'il se souvient de lui avoir vû passer son épée au travers du Corps. Mais parce que le simple souvenir n'est pas toûjours si clair,

que

* Intitulé, *Philosophiæ naturalis Principia Mathematica,*

CHAP. I.

que la perception actuelle; & que par succession de temps elle déchoit, plus ou moins, dans la plûpart des hommes, c'est une raison, entre autres, qui fait voir que la *Connoissance démonstrative* est beaucoup plus imparfaite que la *Connoissance intuitive*, ou de simple vûë, comme nous l'allons voir dans le Chapitre suivant.

CHAP. II.

CHAPITRE II.

Des Dégrez de notre Connoissance.

Ce que c'est que la Connoissance intuitive.

§. 1. TOUTE notre Connoissance consistant, comme j'ai dit, dans la vûë que l'Esprit a de ses propres Idées, ce qui fait la plus vive lumière & la plus grande certitude dont nous soyons capables avec les Facultez que nous avons, & selon la manière dont nous pouvons connoître les Choses, il ne sera pas mal à propos de nous arrêter un peu à considerer les différens dégrez d'évidence dont cette Connoissance est accompagnée. Il me semble que la différence qui se trouve dans la clarté de nos Connoissances, consiste dans la différente manière dont notre Esprit apperçoit la convenance ou la disconvenance de ses propres Idées. Car si nous réfléchissons sur notre manière de penser, nous trouverons que quelquefois l'Esprit apperçoit la convenance ou la disconvenance de deux Idées, immédiatement par elles-mêmes, sans l'intervention d'aucune autre, ce qu'on peut appeller une *Connoissance intuitive*. Car en ce cas l'Esprit ne prend aucune peine pour prouver ou examiner la vérité, mais il l'apperçoit comme l'Oeuil voit la Lumière, dès-là seulement qu'il est tourné vers elle. Ainsi, l'Esprit voit que le Blanc n'est pas le Noir, qu'un Cercle n'est pas un Triangle, que *Trois* est plus que *Deux*, & est égal à *deux & un*. Dès que l'Esprit voit ces idées ensemble, il apperçoit ces sortes de véritez par une simple intuition, sans l'intervention d'aucune autre idée. Cette espèce de Connoissance est la plus claire & la plus certaine dont la foiblesse humaine soit capable. Elle agit d'une manière *irrésistible*. Semblable à l'éclat d'un beau Jour, elle se fait voir immédiatement & comme par force, dès que l'Esprit tourne la vûë vers elle; & sans lui permettre d'hésiter, de douter, ou d'entrer dans aucun examen, elle le pénetre aussi-tôt de sa Lumière. C'est sur cette simple vûë qu'est fondée toute la certitude & toute l'évidence de nos Connoissances; & chacun sent en lui-même que cette certitude est si grande, qu'il n'en sauroit imaginer, ni par conséquent demander une plus grande. Car personne ne se peut croire capable d'une plus grande certitude, que de connoître qu'une idée qu'il a dans l'Esprit, est telle qu'il l'apperçoit; & que deux Idées entre lesquelles il voit de la différence, sont différentes & ne sont pas précisément la même. Quiconque demande une plus grande certitude que celle-là, ne sait ce qu'il demande, & fait voir seulement qu'il a envie d'être Pyrrhonien sans en pouvoir venir à bout. La certitude dépend si fort de cette intuition, que dans le dégré suivant de Connoissance que je nomme

Dé-

Des Dégrez de notre Connoissance. Liv. IV.   433

Démonstration, cette intuition est absolument nécessaire dans toutes les connexions des Idées moyennes, de sorte que sans elle nous ne saurions parvenir à aucune Connoissance ou certitude.

CHAP. II.

§. 2. Ce qui constitue cet autre dégré de notre Connoissance, c'est quand nous découvrons la convenance ou la disconvenance de quelques idées, mais non pas d'une maniére immédiate. Quoi que par-tout où l'Esprit apperçoit la convenance ou la disconvenance de quelqu'une de ses Idées, il y ait une Connoissance certaine, il n'arrive pourtant pas toûjours que l'Esprit voye la convenance ou la disconvenance qui est entre elles, lors même qu'elle peut être découverte : auquel cas il demeure dans l'ignorance, ou ne rencontre tout au plus qu'une conjecture probable. La raison pourquoi l'Esprit ne peut pas toûjours appercevoir d'abord la convenance ou la disconvenance de deux Idées, c'est qu'il ne peut joindre ces idées dont il cherche à connoître la convenance ou la disconvenance, en sorte que cela seul la lui fasse connoître. Et dans ce cas où l'Esprit ne peut joindre ensemble ses idées, pour appercevoir leur convenance ou leur disconvenance en les comparant immédiatement, & les appliquant, pour ainsi dire, l'une à l'autre, il est obligé de se servir de l'intervention d'autres idées (d'une ou de plusieurs, comme il se rencontre) pour découvrir la convenance ou la disconvenance qu'il cherche ; & c'est ce que nous appellons *raisonner*. Ainsi, dans la *Grandeur*, l'Esprit voulant connoître la convenance ou la disconvenance qui se trouve entre les trois Angles d'un Triangle & deux Droits, il ne peut le faire par une vûë immédiate, & en les comparant ensemble, parce que les trois Angles d'un Triangle ne sauroient être pris tout à la fois, & comparez avec un ou deux autres Angles ; & par conséquent l'Esprit n'a pas sur cela une connoissance immédiate ou intuitive. C'est pourquoi il est obligé de se servir de quelques autres angles auxquels les trois angles d'un Triangle soient égaux : & trouvant que ceuxlà sont égaux à deux Droits, il connoit par-là que les trois angles d'un Triangle sont aussi égaux à deux Droits.

Ce que c'est que la Connoissance démonstrative.

§. 3. Ces Idées qu'on fait intervenir pour montrer la convenance de deux autres, on les nomme des *preuves* ; & lorsque par le moyen de ces preuves, on vient à appercevoir clairement & distinctement la convenance ou la disconvenance des idées que l'on considére, c'est ce qu'on appelle *Démonstration*, cette convenance ou disconvenance étant alors *montrée* à l'Entendement, de sorte que l'Esprit voit que la chose est ainsi, & non autrement. Au reste, la disposition que l'Esprit a à trouver promptement ces idées moyennes qui montrent la convenance ou la disconvenance de quelque autre idée, & à les appliquer comme il faut, c'est, à mon avis, ce qu'on nomme *Sagacité*.

Elle dépend des preuves.

§. 4. Quoi que cette espèce de Connoissance qui nous vient par le secours des preuves, soit certaine, elle n'a pourtant pas une évidence si forte ni si vive, & ne se fait pas recevoir si promptement, que la Connoissance de simple vûë. Car quoi que dans une Démonstration, l'Esprit apperçoive enfin la convenance ou la disconvenance des idées qu'il considere, ce n'est pourtant pas sans peine & sans attention ; ce n'est pas par une seule vûë

Elle n'est pas si facile à acquerir.

I i i   pas-

Des Degrez de notre Connoissance. Liv. IV.

CHAP. II.

passagére qu'on peut la découvrir; mais en s'appliquant fortement & sans relâche. Il faut s'engager dans une certaine progression d'Idées, faite peu à peu & par dégrez, avant que l'Esprit puisse arriver par cette voye à la Certitude, & appercevoir la convenance ou l'opposition qui est entre deux idées, ce qu'on ne peut reconnoître que par des preuves enchaînées l'une à l'autre, & en faisant usage de sa Raison.

Elle est précedée de quelque doute.

§. 5. Une autre différence qu'il y a entre la Connoissance Intuitive & la Démonstrative, c'est qu'*encore qu'il ne reste aucun doute dans cette dernière lorsque par l'intervention des idées moyennes on apperçoit une fois la convenance ou la disconvenance des idées qu'on considère, il y en avoit avant la Démonstration*: ce qui dans la Connoissance intuitive ne peut arriver à un Esprit qui possede la Faculté qu'on nomme *Perception* dans un dégré assez parfait pour avoir des idées distinctes. Cela, dis-je, est aussi impossible, qu'il est impossible à l'Oeil qui peut voir distinctement le blanc & le noir, de douter si cette encre & ce papier sont de la même couleur. Si la Lumière réfléchie de dessus ce Papier, vient à le frapper, il appercevra tout aussi-tôt, sans hésiter le moins du monde, que les mots tracez sur le Papier, sont différens de la Couleur du Papier: de même si l'Esprit a la faculté d'appercevoir distinctement les choses, il appercevra la convenance ou la disconvenance des Idées qui produisent la Connoissance intuitive. Mais si les Yeux ont perdu la faculté de voir, ou l'Esprit celle d'appercevoir, c'est en vain que nous chercherions dans les prémiers une vûë pénétrante, & dans le dernier une (1) Perception claire & distincte.

Elle n'est pas si claire que la Connoissance intuitive.

§. 6. Il est vrai que la perception qui est produite par voye de Démonstration, est aussi fort claire: mais cette évidence est souvent bien différente de cette Lumiére éclatante, de cette pleine assurance qui accompagne toûjours ce que j'appelle Connoissance intuitive. Cette prémiére perception qui est produite par voye de Démonstration peut être comparée à l'image d'un Visage refléchi par plusieurs Miroirs de l'un à l'autre, qui aussi long-temps qu'elle conserve de la ressemblance avec l'Objet, produit de la Connoissance, mais toûjours en perdant, à chaque reflexion successive, quelque partie de cette parfaite clarté & distinction qui est dans la prémiére image, jusqu'à ce qu'enfin après avoir été éloignée plusieurs fois, elle devient fort confuse, & n'est plus d'abord si reconnoissable, & sur-tout par des yeux foibles. Il en est de même à l'égard de la Connoissance qui est produite par une longue suite de preuves.

Chaque dégré de la déduction doit être connu intuitivement, & par lui-même.

§. 7. Au reste, à chaque pas que la Raison fait dans une Démonstration, il faut qu'elle apperçoive par une connoissance de simple vûë la convenance ou la disconvenance de chaque idée qui lie ensemble les idées entre lesquelles elle intervient pour montrer la convenance ou la disconvenance des deux idées extrêmes. Car sans cela, on auroit encore besoin de preuves pour faire voir la convenance ou la disconvenance que chaque idée moyenne a avec celles entre lesquelles elle est placée, puisque sans la

---

(1) Ce mot se prend ici pour une Faculté, & c'est dans ce sens qu'on l'a pris au Liv. II. Ch. IX.me. intitulé, *De la Perception.*

la perception d'une telle convenance ou disconvenance, il ne sauroit y avoir aucune connoissance. Si elle est apperçuë par elle-même, c'est une connoissance intuitive; & si elle ne peut être apperçuë par elle-même, il faut quelque autre idée qui intervienne pour servir, en qualité de mesure commune, à montrer leur convenance ou leur disconvenance. D'où il paroît évidemment, que dans le raisonnement chaque dégré qui produit de la connoissance, a une certitude intuitive, que l'Esprit n'a pas plûtôt apperçuë qu'il ne reste autre chose que de s'en ressouvenir, pour faire que la convenance ou la disconvenance des Idées, qui est le sujet de notre recherche, soit visible & certaine. De sorte que pour faire une Démonstration, il est nécessaire d'appercevoir la convenance immédiate des idées moyennes, sur lesquelles est fondée la convenance ou la disconvenance des deux idées qu'on examine, & dont l'une est toûjours la prémiére & l'autre la derniére qui entre en ligne de compte. L'on doit aussi retenir exactement dans l'Esprit cette perception intuitive de la convenance ou disconvenance des idées moyennes, dans chaque dégré de la Demonstration; & il faut être assûré qu'on n'en omet aucune partie. Mais parce que, lorsqu'il faut faire de longues déductions & employer une longue suite de preuves, la Mémoire ne conserve pas toûjours si promptement & si exactement cette liaison d'idées, il arrive que cette connoissance à laquelle on parvient par voye de Démonstration, est plus imparfaite que la Connoissance intuitive, & que les hommes prennent souvent des faussetez pour des Démonstrations.

§. 8. La nécessité de cette connoissance de simple vûë à l'égard de chaque dégré d'un raisonnement démonstratif, a, je pense, donné occasion à cet Axiome, que tout raisonnement vient de choses déja connuës & déja accordées, *ex præcognitis & præconcessis*, comme on parle dans les Ecoles. Mais j'aurai occasion de montrer plus au long ce qu'il y a de faux dans cet Axiome, lorsque je traiterai des Propositions, & sur-tout de celles qu'on appelle *Maximes*, qu'on prend mal à propos pour les fondemens de toutes nos Connoissances & de tous nos Raisonnemens, comme je le ferai voir au même endroit.

§. 9. C'est une Opinion communément reçuë, qu'il n'y a que les Mathématiques qui soient capables d'une certitude démonstrative. Mais comme je ne vois pas que ce soit un privilege attaché uniquement aux Idées de Nombre, d'Etenduë & de Figure, d'avoir une convenance ou disconvenance qui puisse être apperçuë intuitivement, c'est peut-être faute d'application de notre part, & non d'une assez grande évidence dans les choses, qu'on a crû que la Démonstration avoit si peu de part dans les autres parties de notre Connoissance, & qu'à peine qui que ce soit a songé à y parvenir, excepté les Mathématiciens : car quelques idées que nous ayons, où l'Esprit peut appercevoir la convenance ou la disconvenance immédiate qui est entre elles, l'Esprit est capable d'une connoissance intuitive à leur égard; & par-tout où il peut appercevoir la convenance ou la disconvenance que certaines idées ont avec d'autres idées moyennes, l'Esprit est capable d'en venir

De là vient le faux sens qu'on donne à cet Axiome, que tout raisonnement vient de choses déja connuës & déja accordées.

La connoissance démonstrative n'est pas bornée à la Quantité.

Chap. III.

Pourquoi on l'a ainſi crû.

nir à la Démonſtration, qui par conſéquent n'eſt pas bornée aux ſeules idées d'Etenduë, de Figure, de Nombre, & de leurs Modes.

§. 10. La raiſon pourquoi l'on n'a cherché la Démonſtration que dans ces derniéres Idées, & qu'on a ſuppoſé qu'elle ne ſe rencontroit point ailleurs, ç'a été, je croi, non ſeulement à cauſe que les Sciences qui ont pour objet ces ſortes d'Idées, ſont d'une utilité générale, mais encore parce que lorſqu'on compare l'égalité ou l'excès de différens nombres, la moindre différence de chaque Mode eſt fort claire & fort aiſée à reconnoître. Et quoi que dans l'Etenduë chaque moindre excès ne ſoit pas ſi perceptible, l'Eſprit a pourtant trouvé des moyens pour examiner & pour faire voir démonſtrativement la juſte égalité de deux Angles, ou de différentes Figures ou étenduës : & d'ailleurs, on peut décrire les Nombres & les Figures par des marques viſibles & durables, par où les Idées qu'on conſidére ſont parfaitement déterminées, ce qu'elles ne ſont pas pour l'ordinaire, lorſqu'on n'employe que des noms & des mots pour les déſigner.

§. 11. Mais dans les autres idées ſimples dont on forme & dont on compte les Modes & les différences par des dégrez, & non par la quantité; nous ne diſtinguons pas ſi exactement leurs différences, que nous puiſſions appercevoir ou trouver des moyens de meſurer leur juſte égalité, ou leurs plus petites différences : car comme ces autres Idées ſimples ſont des apparences ou des ſenſations produites en nous par la groſſeur, la figure, le nombre & le mouvement de petits Corpuſcules qui pris à part ſont abſolument imperceptibles, leurs différens dégrez dépendent auſſi de la variation de quelques-unes de ces Cauſes, ou de toutes enſemble; de ſorte que ne pouvant obſerver cette variation dans les particules de Matiére dont chacune eſt trop ſubtile pour être apperçuë, il nous eſt impoſſible d'avoir aucunes meſures exactes des différens dégrez de ces Idées ſimples. Car ſuppoſé, par exemple, que la Senſation, ou l'idée que nous nommons *Blancheur* ſoit produite en nous par un certain nombre de Globules qui pirouëttans autour de leur propre centre, vont frapper la retine de l'Oeuil avec un certain dégré de tournoyement & de viteſſe progreſſive, il s'enſuivra aiſément de là que plus les parties qui compoſent la ſurface d'un Corps, ſont diſpoſées de telle maniére qu'elles reflechiſſent un plus grand nombre de globules de lumiére, & leur donnent ce tournoyement particulier qui eſt propre à produire en nous la ſenſation du *Blanc*, plus un Corps doit paroître blanc, lorſque d'un égal eſpace il pouſſe vers la retine un plus grand nombre de ces Globules avec cette eſpèce particuliére de mouvement. Je ne décide pas que la nature de la *Lumiére* conſiſte dans de petits globules, ni celle de la *Blancheur* dans une telle contexture de parties qui en reflechiſſant ces globules leur donne un certain pirouëttement, car je ne traite point ici en Phyſicien de la Lumiére ou des Couleurs; mais ce que je croi pouvoir dire, c'eſt que je ne ſaurois comprendre comment des Corps qui exiſtent hors de nous, peuvent affecter autrement nos Sens, que par le contact immédiat des Corps ſenſibles, comme dans le Goût & dans l'Attouchement, ou par le moyen de l'impulſion de quelques particules inſenſibles qui viennent des Corps, comme à l'égard de la Vûë de l'Ouïe, & de l'Odorat; laquelle

im-

impulsion étant différente selon qu'elle est causée par la différente grosseur, figure & mouvement des parties, produit en nous les différentes sensations que chacun éprouve en soi-même. Que si quelqu'un peut faire voir d'une manière intelligible qu'il conçoit autrement la chose, il me feroit plaisir de m'en instruire.

§. 12. Ainsi, qu'il y ait des globules, ou non, & que ces globules par un certain pirouëttement autour de leur propre centre, produisent en nous l'idée de la *Blancheur*; ce qu'il y a de certain, c'est que plus il y a de particules de lumière refléchies d'un Corps disposé à leur donner ce mouvement particulier qui produit la sensation de *Blancheur* en nous; & peut-être aussi, plus ce mouvement particulier est prompt, plus le Corps d'où le plus grand nombre de globules est refléchi, paroit blanc, comme on le voit évidemment dans une feuille de papier qu'on met aux rayons du Soleil, à l'ombre, ou dans un trou obscur; trois différens endroits où ce Papier produira en nous l'idée de trois dégrez de blancheur fort différens.

§. 13. Or comme nous ignorons combien il doit y avoir de particules & quel mouvement leur est nécessaire, pour pouvoir produire un certain dégré de blancheur quel qu'il soit, nous ne saurions démontrer la juste égalité de deux dégrez particuliers de blancheur, parce que nous n'avons aucune règle certaine pour les mesurer, ni aucun moyen pour distinguer chaque petite différence réelle, tout le secours que nous pouvons esperer sur cela venant de nos Sens qui ne sont d'aucun usage en cette occasion. Mais lorsque la différence est si grande qu'elle excite dans l'Esprit des idées clairement distinctes dont on peut retenir parfaitement les différences; dans ce cas-là ces idées de Couleurs, comme on le voit dans leurs différentes espèces telles que le *Bleu* & le *Rouge*, sont aussi capables de démonstration que les idées du Nombre & de l'Etenduë. Ce que je viens de dire de la *Blancheur* & des Couleurs, est, je pense, également véritable à l'égard de toutes les secondes Qualitez & de leurs Modes.

§. 14. Voilà donc les deux dégrez de notre Connoissance, l'*Intuition* & la *Démonstration*. Pour tout le reste qui ne peut se rapporter à l'un des deux, avec quelque assûrance qu'on le reçoive, c'est *foi* ou *opinion*, & non pas *connoissance*, du moins à l'égard de toutes les véritez générales. Car l'Esprit a encore une autre Perception qui regarde l'existence particuliére des Etres finis hors de nous: Connoissance qui va au delà de la simple probabilité, mais qui n'a pourtant pas toute la certitude des deux dégrez de connoissance dont on vient de parler. Que l'idée que nous recevons d'un objet extérieur soit dans notre Esprit, rien ne peut être plus certain, & c'est une connoissance intuitive. Mais de savoir s'il y a quelque chose de plus que cette idée qui est dans notre Esprit, & si de là nous pouvons inferer certainement l'existence d'aucune chose hors de nous qui corresponde à cette idée, c'est ce que certaines gens croyent qu'on peut mettre en question; parce que les hommes peuvent avoir de telles idées dans leur Esprit, lors que rien de tel n'existe actuellement, & que leurs Sens ne sont affectez de nul objet qui corresponde à ces idées. Pour moi, je crois pourtant que dans ce cas-là nous avons un dé-

La Connoissance sensitive établit l'existence des Etres particuliers.

Chap. II.

dégré d'évidence qui nous éleve au deſſus du doute. Car je demande à qui que ce ſoit, s'il n'eſt pas invinciblement convaincu en lui-même qu'il a une différente perception, lorſque de jour il vient à regarder le Soleil, & que de nuit il penſe à cet Aſtre; lorſqu'il goûte actuellement de l'abſinthe & qu'il ſent une Roſe, ou qu'il penſe ſeulement à ce goût ou à cette odeur? Nous ſentons auſſi clairement la différence qu'il y a entre une idée qui eſt renouvellée dans notre Eſprit par le ſecours de la Mémoire, ou qui nous vient actuellement dans l'Eſprit par le moyen des Sens, que nous voyons la différence qui eſt entre deux idées abſolument diſtinctes. Mais ſi quelqu'un me replique qu'un ſonge peut faire le même effet, & que toutes ces Idées peuvent être produites en nous ſans l'intervention d'aucun objet extérieur; qu'il ſonge, s'il lui plait, que je lui répons ces deux choſes: Premierement qu'il n'importe pas beaucoup que je leve ou non ce ſcrupule, car ſi tout n'eſt que ſonge, le raiſonnement & tous les argumens qu'on pourroit faire ſont inutiles, la Vérité & la Connoiſſance n'étant rien du tout: & en ſecond lieu, Qu'il reconnoîtra, à mon avis, une différence tout à fait ſenſible entre ſonger d'être dans un feu, & y être actuellement. Que s'il perſiſte à vouloir paroître Sceptique juſqu'à ſoûtenir que ce que j'appelle être actuellement dans le feu n'eſt qu'un ſonge, & que par-là nous ne ſaurions connoître certainement qu'une telle choſe telle que le Feu, exiſte actuellement hors de nous; je répons que comme nous trouvons certainement que le Plaiſir ou la Douleur vient en ſuite de l'application de certains Objets ſur nous, deſquels Objets nous appercevons l'exiſtence actuellement ou en ſonge, par le moyen de nos Sens, cette certitude eſt auſſi grande que notre bonheur ou notre miſére, deux choſes au delà deſquelles nous n'avons aucun intérêt par rapport à notre Connoiſſance, ou à notre exiſtence. C'eſt pourquoi je crois que nous pouvons encore ajoûter aux deux précedentes eſpèces de Connoiſſance, celle qui regarde l'exiſtence des objets particuliers qui exiſtent hors de nous, en vertu de cette perception & de ce ſentiment intérieur que nous avons de l'introduction actuelle des Idées qui nous viennent de la part de ces Objets; & qu'ainſi nous pouvons admettre ces trois ſortes de connoiſſance, ſavoir l'*intuitive*, la *démonſtrative*, & la *ſenſitive*, entre leſquelles on diſtingue differens dégrez & différentes voyes d'évidence & de certitude.

La Connoiſſance n'eſt pas toûjours claire, quoi que les Idées le ſoient.

§. 15. Mais puiſque notre Connoiſſance n'eſt fondée & ne roule que ſur nos Idées, ne s'enſuivra-t-il pas de là qu'elle eſt conforme à nos Idées, & que par tout où nos Idées ſont claires & diſtinctes, ou obſcures & confuſes, il en ſera de même à l'égard de notre Connoiſſance? Nullement; car notre Connoiſſance n'étant autre choſe que la perception de la convenance ou de la diſconvenance qui eſt entre deux idées, ſa clarté ou ſon obſcurité conſiſte dans la clarté ou dans l'obſcurité de cette Perception, & non pas dans la clarté ou dans l'obſcurité des Idées mêmes: par exemple, un homme qui a des idées auſſi claires des Angles d'un Triangle & de l'égalité à deux Droits, qu'aucun Mathematicien qu'il y ait dans le monde, peut pourtant avoir une perception fort obſcure de leur convenance, & en avoir par conſéquent une connoiſſance fort obſcure. Mais des idées qui ſont confufuses à cause de leur obscurité ou pour quelque autre raison, ne peuvent jamais produire de connoissance claire & distincte, parce qu'à mesure que des idées sont confuses, l'Esprit ne sauroit jusque-là appercevoir nettement si elles conviennent ou non; ou pour exprimer la même chose d'une maniére qui la rende moins sujette à être mal interpretée, quiconque n'a pas attaché des idées déterminées aux Mots dont il se sert, ne sauroit en former des Propositions, de la vérité desquelles il puisse être assûré.

CHAPITRE III.

De l'Etenduë de la Connoissance humaine.

§. 1. LA Connoissance consistant, comme nous avons dejà dit, dans la perception de la convenance ou disconvenance de nos idées, il s'ensuit de là, prémierement, Que nous ne pouvons avoir aucune connoissance où nous n'avons aucune idée.

I. Notre Connoissance ne va point au delà de nos Idées.

§. 2. En second lieu, Que nous ne saurions avoir de connoissance qu'autant que nous pouvons appercevoir cette convenance ou cette disconvenance: Ce qui se fait, I. ou par *intuition*, c'est-à-dire, en comparant immédiatement deux idées; II. ou par *raison*, en examinant la convenance ou la disconvenance de deux idées, par l'intervention de quelques autres idées; III. ou enfin, par *sensation*, en appercevant l'existence des choses particuliéres.

II. Elle ne s'étend pas plus loin que la perception de la convenance ou de la disconvenance de nos Idées.

§. 3. D'où il s'ensuit, en troisiéme lieu, Que nous ne saurions avoir une connoissance intuitive qui s'étende à toutes nos idées, & à tout ce que nous voudrions savoir sur leur sujet; parce que nous ne pouvons point examiner & appercevoir toutes les relations qui se trouvent entre elles en les comparant immédiatement l'une avec l'autre. Par exemple, si j'ai des idées de deux Triangles, l'un oxygone & l'autre amblygone, tracés sur une base égale & entre deux lignes paralleles, je puis appercevoir par une connoissance de simple vûë que l'un n'est pas l'autre, mais je ne saurois connoître par ce moyen si ces deux Triangles sont égaux ou non; parce qu'on ne sauroit appercevoir leur égalité ou inégalité en les comparant immédiatement. La différence de leur figure rend leurs parties incapables d'être exactement & immédiatement appliquées l'une sur l'autre; c'est pourquoi il est nécessaire de faire intervenir quelque autre quantité pour les mesurer, ce qui est *démontrer*, ou connoître par raison.

III. Notre connoissance intuitive ne s'étend point à toutes les Relations de toutes nos Idées.

§. 4. En quatriéme lieu, il s'ensuit aussi de ce qui a été observé ci-dessus, que notre Connoissance raisonnée ne peut point embrasser toute l'étenduë de nos Idées. Parce qu'entre deux différentes idées que nous voudrions examiner, nous ne saurions trouver toûjours des idées moyennes que nous puissions lier l'une à l'autre par une connoissance intuitive

IV. Ni notre connoissance Démonstrative.

CHAP. III.

V. La Connoiſſance ſenſitive eſt moins étenduë que les deux précédentes.

VI. Par conſéquent, notre Connoiſſance eſt plus bornée que nos Idées.

ve dans toutes les parties de la déduction : & par tout où cela nous manque, la connoiſſance & la démonſtration nous manquent auſſi.

§. 5. En cinquiéme lieu, comme la Connoiſſance *ſenſitive* ne s'étend point au delà de l'exiſtence des choſes qui frappent actuellement nos Sens, elle eſt beaucoup moins étenduë que les deux précédentes.

§. 6. De tout cela il s'enſuit évidemment que l'étenduë de notre Connoiſſance eſt non ſeulement au deſſous de la réalité des choſes, mais encore qu'elle ne répond pas à l'étenduë de nos propres idées. Mais quoi que notre connoiſſance ſe termine à nos idées, de ſorte qu'elle ne puiſſe les ſurpaſſer ni en étenduë ni en perfection ; quoi que ce ſoient là des bornes fort étroites par rapport à l'étenduë de tous les Etres, & qu'une telle connoiſſance ſoit bien éloignée de celle qu'on peut juſtement ſuppoſer dans d'autres Intelligences créées, dont les lumiéres ne ſe terminent pas à l'inſtruction groſſiere qu'on peut tirer de quelques voyes de perception, en auſſi petit nombre, & auſſi peu ſubtiles que le ſont nos Sens ; ce nous ſeroit pourtant un grand avantage, ſi notre connoiſſance s'étendoit auſſi loin que nos Idées, & qu'il ne nous reſtât bien des doutes & bien des queſtions ſur le ſujet des idées que nous avons, dont la ſolution nous eſt inconnuë, & que nous ne trouverons jamais dans ce Monde, à ce que je croi. Je ne doute pourtant point que dans l'état & la conſtitution préſente de notre Nature, la connoiſſance humaine ne pût être portée beaucoup plus loin qu'elle ne l'a été juſqu'ici, ſi les hommes vouloient s'employer ſincerement & avec une entiére liberté d'eſprit, à perfectionner les moyens de decouvrir la Vérité avec toute l'application & toute l'induſtrie qu'ils employent à colorer, ou à ſoûtenir la Fauſſeté, à défendre un Syſtême pour lequel ils ſe ſont déclarez, certain Parti, & certains Intéréts où ils ſe trouvent engagez. Mais après tout cela, je croi pouvoir dire hardiment, ſans faire tort à la Perfection humaine, que notre connoiſſance ne ſauroit jamais embraſſer tout ce que nous pouvons deſirer de connoître touchant les idées que nous avons, ni lever toutes les difficultez & réſoudre toutes les Queſtions qu'on peut faire ſur aucune de ces Idées. Par exemple, nous avons des idées d'un *Quarré*, d'un *Cercle*, & de ce qu'emporte égalité ; cependant nous ne ſerons, peut-être, jamais capables de trouver un Cercle égal à un Quarré, & de ſavoir certainement s'il y en a. Nous avons des idées de la *Matiére* & de la *Penſée* ; mais peut-être ne ſerons-nous jamais capables de connoitre ſi un Etre purement materiel penſe ou non, par la raiſon qu'il nous eſt impoſſible de découvrir par la contemplation de nos propres idées, ſans Révélation, (1) ſi Dieu n'a point donné à quelques amas de Matiére diſpo-

---

(1) Le Docteur *Stillingfleet*, ſavant Prélat de l'Egliſe Anglicane, ayant pris à tache de refuter pluſieurs Opinions de M. Locke repanduës dans cet Ouvrage, ſe recria principalement ſur ce que M. Locke avance ici, que nous ne ſaurions découvrir, *ſi Dieu n'a point donné à certains amas de matiére, diſpoſez comme il le trouve à propos, la puiſſance d'ap-* *percevoir & de penſer*. La queſtion eſt délicate ; & M Locke ayant eu ſoin dans le dernier Ouvrage qu'il écrivit pour repouſſer les attaques du Dr. Stillingfleet, d'étendre ſa penſée ſur cet Article, de l'éclaircir, & de la prouver par toutes les raiſons dont il put s'aviſer, j'ai cru qu'il étoit néceſſaire de donner ici un Extrait exact de tout ce qu'il a dit pour établir ſon ſentiment.

La

posez comme il le trouve à propos, la puissance d'appercevoir & de penser; CHAP. III.
ou

La connoissance que nous avons, dit d'abord le Dr. Stilingfleet, *étant fondée*, *selon M. Locke*, *sur nos idées; & l'idée que nous avons de la matiére en général*, *étant une Substance solide; & celle du Corps une Substance étenduë*, *solide*, *& figurée*, *dire que la Matiére est capable de penser*, *c'est confondre l'idée de la Matiére avec l'idée d'un Esprit.* Pas p'us, répond M. Locke, que je confons l'idée de la Matiére avec l'idée d'un Cheval quand je dis que la Matiére en général est une Substance solide & étenduë; & qu'un Cheval est un Animal, ou une Substance solide, étenduë, avec sentiment & motion spontanée. L'Idée de la Matiére est une Substance étenduë & solide: par-tout où se trouve une telle Substance, là se trouve la Matiére & l'essence de la Matiére; quelques autres qualitez non contenuës dans cette Essence, qu'il plaise à Dieu d'y joindre par dessus. Par exemple, Dieu crée une Substance étenduë & solide, sans y joindre par dessus aucune autre chose; & ainsi nous pouvons la considerer en repos. Il joint le mouvement à quelques-unes de ses parties, qui conservent toûjours l'essence de la Matiére. Il en façonne d'autres parties en Plantes, & leur donne toutes les propriétez de la *vegetation*, la vie & la beauté qui se trouve dans un Rosier & un Pommier, par dessus l'essence de la matiére en général, quoiqu'il n'y ait que de la matiere dans le Rosier & le Pommier. Et à d'autres parties il ajoûte le sentiment & le mouvement spontanée, & les autres propriétez qui se trouvent dans un Elephant. On ne doute point que la puissance de Dieu ne puisse aller jusque-là, ni que les propriétez d'un Rosier, d'un Pommier, ou d'un Elephant, ajoûtées à la Matiére, changent les proprietez de la Matiére. On reconnoit que dans ces choses la Matiere est toûjours matiere. Mais si l'on se hazarde d'avancer encore un pas, & de dire que Dieu peut joindre à la Matiére, la Pensée, la Raison, & la Volition, aussi bien que le sentiment & le mouvement spontanée, il se trouve aussi-tôt des gens prêts à limiter la puissance du Souverain Créateur, & à nous dire que c'est une chose que Dieu ne peut point faire, parce que cela détruit l'essence de la Matiére, ou en change les propriétez essentielles. Et pour prouver cette assertion, tout ce qu'ils disent se reduit à ceci, que la Pensée & la Raison ne sont pas renfermées dans l'essence de la Matiére. Elles n'y sont pas renfermées, j'en conviens, dit M. Locke. Mais une proprieté qui n'étant pas contenuë dans la Matiére, vient à être ajoûtée à la Matiére, n'en détruit point pour cela l'essence, si elle la laisse être une Substance étenduë & solide. Par-tout où cette Substance se rencontre, là est aussi l'essence de la Matiére. Mais si, dès qu'une chose qui a plus de perfection, est ajoûtée à cette Substance, l'essence de la Matiére est détruite, que deviendra l'essence de la Matiére dans une Plante, ou dans un Animal dont les proprietez sont si fort au dessus d'une Substance purement solide & étenduë?

Mais, ajoûte-t on, il n'y a pas moyen de concevoir comment la Matiére peut penser. J'en tombe d'accord, répond M. Locke: mais inferer de là que Dieu ne peut pas donner à la Matiére la faculté de penser, c'est dire que la toute-puissance de Dieu est renfermée dans des bornes fort étroites, par la raison que l'Entendement de l'Homme est lui-même fort borné. Si Dieu ne peut donner aucune puissance à une portion de matiére que celle que les hommes peuvent déduire de l'essence de la Matiére en général, si l'essence ou les proprietez de la Matiére sont détruites par toutes les qualitez qui nous paroissent au dessus de la Matiére, & que nous ne saurions concevoir comme des conséquences naturelles de cette essence, il est évident que l'Essence de la Matiére est détruite dans la plûpart des parties sensibles de notre Systême, dans les Plantes, & dans les Animaux. On ne sauroit comprendre comment la Matiére pourroit penser; Donc Dieu ne peut lui donner la puissance de penser. Si cette raison est bonne, elle doit avoir lieu dans d'autres rencontres. Vous ne pouvez concevoir que la Matiére puisse attirer la Matiére à aucune distance, moins encore à la distance d'un million de milles; Donc Dieu ne peut lui donner une telle puissance. Vous ne pouvez concevoir que la Matiére puisse sentir ou se mouvoir, ou affecter un Etre immateriel & être muë par cet Etre; Donc Dieu ne peut lui donner de te'les Puissances; ce qui est en effet nier la Pesanteur, & la revolution des Planetes autour du Soleil, changer les Bêtes en pures machines sans sentiment ou mouvement spontanée, & refuser à l'Homme le sentiment & le mouvement vo'ontaire.

Portons cette Règle un peu plus avant. Vous ne sauriez concevoir comment une Substance étenduë & solide pourroit penser; Donc Dieu ne sauroit faire qu'elle pense. Mais pouvez-vous concevoir comment votre propre Ame, ou aucune Substance pense? Vous trouvez à la

ou s'il a joint & uni à la Matiére ainsi disposée une Substance immaterielle qui

vérité, que vous pensez. Je le trouve aussi. Mais je voudrois bien que quelqu'un m'apprît comment se fait l'Action de penser; car j'avouë que c'est une chose tout-à-fait au dessus de ma portée. Cependant je ne saurois en nier l'existence; quoi que je n'en puisse pas comprendre la maniére. Je trouve que Dieu m'a donné cette Faculté, & bien que je ne puisse qu'être convaincu de sa Puissance à cet égard, je ne saurois pourtant en concevoir la maniere dont il l'exerce; & ne seroit-ce pas une insolente absurdité de nier sa Puissance en d'autres cas pareils, par la seule raison que je ne saurois comprendre comment elle peut être exercée dans ces cas-là?

Dieu, continuë M. Locke, a créé une Substance: que ce soit, par exemple, une Substance étenduë & solide: Dieu est-il obligé de lui donner, outre l'être, la puissance d'agir? C'est ce que personne n'osera dire, à ce que je croi. Dieu peut donc la laisser dans une parfaite inactivité. Ce sera pourtant une Substance. De même, Dieu crée ou fait exister de nouveau une Substance immaterielle, qui, sans doute, ne perdra pas son être de Substance, quoi que Dieu ne lui donne que cette simple existence, sans lui communiquer aucune activité. Je demande à present, quelle puissance Dieu peut donner à l'une de ces Substances qu'il ne puisse point donner à l'autre. Dans cet état d'inactivité, il est visible qu'aucune d'elles ne pense: car penser étant une action, l'on ne peut nier que Dieu ne puisse arrêter l'action de toute Substance créée sans annihiler la Substance: & si cela est ainsi, il peut aussi créer ou faire exister une telle Substance, sans lui donner aucune action. Par la même raison il est évident qu'aucune de ces Substances ne peut se mouvoir elle-même. Je demande à présent pourquoi Dieu ne pourroit-il point donner à l'une de ces Substances, qui sont également dans un état de parfaite inactivité, la même puissance de se mouvoir qu'il peut donner à l'autre, comme, par exemple, la puissance d'un mouvement spontanée, laquelle on suppose que Dieu peut donner à une Substance non-solide, mais qu'on nie qu'il puisse donner à une Substance solide.

Si l'on demande à ces gens-là pourquoi ils bornent la Toute-puissance de Dieu à l'égard de l'une plûtôt qu'à l'égard de l'autre de ces Substances, tout ce qu'ils peuvent dire se reduit à ceci; Qu'ils ne sauroient concevoir comment la Substance solide peut jamais être capable de se mouvoir elle-même. A quoi je répons, qu'ils ne conçoivent pas mieux comment une Substance créée non solide peut se mouvoir. Mais dans une Substance immaterielle il peut y avoir des choses que vous ne connoissez pas. J'en tombe d'accord; & il peut y en avoir aussi dans une Substance materielle. Par exemple, la gravitation de la Matiére vers la Matiére selon differentes proportions qu'on voit à l'œuil, pour ainsi dire, montre qu'il y a quelque chose dans la Matiére que nous n'entendons pas, à moins que nous ne puissions découvrir dans la Matiére une Faculté de se mouvoir elle-même, ou une attraction inexplicable & inconcevable, qui s'étend jusqu'à des distances immenses & presque incomprehensibles. Par conséquent il faut convenir qu'il y a dans les Substances solides, aussi bien que dans les Substances non-solides quelque chose que nous n'entendons pas. Ce que nous savons, c'est que chacune de ces Substances peut avoir son existence distincte, sans qu'aucune activité leur soit communiquée; à moins qu'on ne veuille nier que Dieu puisse ôter à un Etre sa puissance d'agir, ce qui passeroit, sans doute, pour une extrême présomption. Et après y avoir bien pensé, vous trouverez en effet qu'il est aussi difficile d'imaginer la puissance de se mouvoir dans un Etre immateriel, que dans un Etre materiel: & par conséquent, on n'a aucune raison de nier qu'il soit au pouvoir de Dieu de donner, s'il veut, la puissance de se mouvoir à une Substance materielle, tout aussi bien qu'à une Substance immaterielle, puisque nulle de ces deux Substances ne peut l'avoir par elle-même, & que nous ne pouvons concevoir comment cette puissance peut être en l'une ou en l'autre.

Que Dieu ne puisse pas faire qu'une Substance soit solide & non-solide en même temps, c'est, je croi, ce que nous pouvons assurer sans blesser le respect qui lui est dû. Mais qu'une Substance ne puisse point avoir des puissances, des perfections & des puissances qui n'ont aucune liaison naturelle ou visiblement nécessaire avec la solidité & l'étenduë, c'est temerité à nous qui ne sommes que d'hier & qui ne connoissons rien, de l'assurer positivement. Si Dieu ne peut joindre les choses par des connexions que nous ne saurions comprendre, nous devons nier la consistence & l'existence de la Matiére même; puisque chaque partie de Matiére ayant quelque grosseur, a ses parties unies par des moyens que nous ne saurions concevoir.

qui pense. Car par rapport à nos notions il ne nous est pas plus mal aisé de con-

voir. Et par conséquent, toutes les difficultez qu'on forme contre la puissance de penser attachée à la Matiére, fondées sur notre ignorance ou les bornes étroites de notre conception, ne touchent en aucune maniere la puissance de Dieu, s'il veut communiquer à la Matiere la faculté de penser; & ces difficultez ne prouvent point qu'il ne l'ait pas actuellement communiquée à certaines parties de matiére disposées comme il le trouve à propos, jusqu'à ce qu'on puisse montrer qu'il y a de la contradiction à le supposer.

Quoi que dans cet Ouvrage M. Locke ait expressément compris la sensation sous l'idée de penser en général, il parle dans sa Replique au D. Stillingfleet du sentiment dans les Brutes comme d'une chose distincte de la Pensée: parce que ce Docteur reconnoît que les Bêtes ont du sentiment. Sur quoi M. Locke observe que si ce Docteur donne du sentiment aux Bêtes, il doit reconnoître, ou que Dieu peut donner & donne actuellement la puissance d'appercevoir & de penser à certaines particules de Matiére, ou que les Bêtes ont des Ames immaterielles, & par conséquent immortelles, selon le Dr. Stillingfleet, tout aussi bien que les Hommes. Mais, *ajoûte M. Locke*, dire que les Mouches & les Cirons ont des Ames immortelles aussi bien que les Hommes, c'est ce qu'on regardera peut-être comme une assertion qui a bien la mine de n'avoir été avancée que pour faire valoir une hypothese.

Le Docteur Stillingfleet avoit demandé à M. Locke *ce qu'il y avoit dans la Matiére qui pût répondre au sentiment inferieur que nous avons de nos Actions.* Il n'y a rien de tel, répond M. Locke, dans la Matiere considerée simplement comme Matiere. Mais on ne prouvera jamais que Dieu ne puisse donner à certaines parties de Matiére la puissance de penser, en demandant, comment il est possible de comprendre que le simple Corps puisse appercevoir qu'il apperçoit. Je conviens de la foiblesse de notre comprehension à cet égard : & j'avoûë que nous ne saurions concevoir comment une Substance solide, ni même comment une Substance non-solide créée pense : mais cette foiblesse de notre comprehension n'affecte en aucune maniere la puissance de Dieu.

Le Docteur Stillingfleet avoit dit *qu'il ne mettoit point de bornes à la Toute-puissance de Dieu, qui peut*, dit-il, *changer un Corps en une Substance immaterielle.* C'est-à-dire, répond M. Locke, que Dieu peut ôter à une Substance la solidité qu'elle avoit auparavant & qui la rendoit Matiere, & lui donner ensuite la faculté de penser qu'elle n'avoit pas auparavant, & qui la rend Esprit, *la même Substance restant*. Car si la même Substance ne *reste* pas, le Corps n'est pas changé en une Substance immaterielle, mais la Substance solide est annihilée avec toutes ses appartenances ; & une Substance immaterielle est créée à la place, ce qui n'est pas changer une chose en une autre, mais en détruire une, & en faire une autre de nouveau.

Cela posé, voici quel avantage M. Locke prétend tirer de cet aveu.

1. Dieu, dites-vous, peut ôter d'une Substance solide la solidité, qui est-ce qui la rend Substance solide ou Corps ; & qu'il peut en faire une Substance immaterielle, c'est-à-dire une Substance sans solidité. Mais cette privation d'une qualité ne donne pas une autre qualité ; & le simple éloignement d'une moindre qualité n'en communique pas une plus excellente, à moins qu'on ne dise que la puissance de penser resulte de la nature même de la Substance, auquel cas il faut qu'il y ait une puissance de penser, par-tout où est la Substance. Voila donc, *ajoûte M. Locke*, une Substance immaterielle sans faculté de penser, selon les propres Principes, du Dr. Stillingfleet.

2. Vous ne nierez pas en second lieu, que Dieu ne puisse donner la faculté de penser à cette Substance ainsi dépouillée de solidité, puisqu'il suppose qu'elle en est rendüe capable en devenant immaterielle ; d'où il s'ensuit que la même Substance numerique peut être en un certain temps non-pensante, ou sans faculté de penser, & dans un autre temps parfaitement pensante, ou douée de la puissance de penser.

3. Vous ne nierez pas non plus, que Dieu ne puisse donner la solidité à cette Substance, & la rendre encore materielle. Cela posé, permettez-moi de vous demander pourquoi Dieu ayant donné à cette Substance la faculté de penser après lui avoir ôté la solidité, ne peut pas lui redonner la solidité sans lui ôter la faculté de penser. Après que vous aurez éclairci ce point, vous aurez prouvé qu'il est impossible à Dieu, malgré sa Toute puissance, de donner à une Substance solide la Faculté de penser : mais avant cela, nier que Dieu puisse le faire, c'est nier qu'il puisse faire ce qui de soi est possible, & par conséquent mettre des bornes à la Toute-puissance de Dieu.

Enfin M. Locke déclare que s'il est d'une d in-

CHAP. III. concevoir que DIEU peut, s'il lui plait, ajoûter à notre idée de la Matiére la faculté de penser, que de comprendre qu'il y joigne une autre Substance avec la faculté de penser, puisque nous ignorons en quoi consiste la Pensée, & à quelle espéce de Substances cet Etre tout-puissant a trouvé à propos d'accorder cette puissance qui ne sauroit être dans aucun Etre créé qu'en vertu du bon plaisir & de la bonté du Créateur. Je ne vois pas quelle contradiction il y a, que Dieu cet Etre pensant, éternel & tout-puissant donne, s'il veut, quelques dégrez de sentiment, de perception & de pensée à certains amas de Matiére créée & insensible, qu'il joint ensemble comme il le trouve à propos ; quoi que j'aye prouvé, si je ne me trompe, (*Liv. IV. Ch.* 10.) que c'est une parfaite contradiction de supposer que la Matiére

dangereuse conséquence de ne pas admettre comme une vérité incontestable l'immaterialité de l'Ame, son Antagoniste devoit l'établir sur de bonnes preuves, à quoi il étoit d'autant plus obligé que, selon lui, *rien n'assure mieux les grandes fins de la Religion & de la Morale que les preuves de l'Immortalité de l'Ame, fondées sur sa nature & sur ses proprietez, qui font voir qu'elle est immaterielle.* Car quoi qu'il ne doute point que Dieu ne puisse donner l'*Immortalité à une Substance materielle,* il dit expressément, que *c'est beaucoup diminuer l'évidence de l'Immortalité que de la faire dépendre entiérement de ce que Dieu lui donne ce dont elle n'est pas capable de sa propre nature.* M. Locke soûtient que c'est dire nettement, que la fidelité de Dieu n'est pas un fondement assez ferme & assez sûr pour s'y reposer, sans le concours du témoignage de la Raison ; ce qui est autant que si l'on disoit que Dieu ne doit pas en être crû sur sa parole, ce qui soit dit sans blasphême, à moins que ce qu'il revele ne soit en soi-même si croyable qu'on en puisse être persuadé sans revelation. *Si c'est là,* ajoute M. Locke, *le moyen d'accrediter la Religion Chrétienne dans tous ses Articles, je ne suis pas fâché que cette méthode ne se trouve point dans aucun de mes Ouvrages. Car pour moi, je crois qu'une telle chose m'auroit attiré (& avec raison) un reproche de Scepticisme. Mais je suis si éloigné de m'exposer à un pareil reproche sur cet article que je suis fortement persuadé qu'encore qu'on ne puisse pas montrer que l'Ame est immaterielle, cela ne diminuë nullement l'évidence de son Immortalité ; parce que la fidelité de Dieu est une démonstration de la vérité de tout ce qu'il a revelé, & que le manque d'une autre démonstration ne rend pas douteuse une Proposition démontrée.*

Au reste M. Locke ayant proûvé par des passages de *Virgile*, & de *Ciceron* que l'usage qu'il faisoit du mot *Esprit* en le prenant pour une Substance pensante sans en exclurre la materialité, n'étoit pas nouveau, le Dr. Stillingfleet soûtient que ces deux Auteurs distinguoient expressément l'Esprit du Corps. A cela M. Locke répond qu'il est très-convaincu que ces Auteurs ont distingué ces deux choses, c'est-à-dire que par *Corps* ils ont entendu les parties grossiéres & visibles d'un homme, & par *Esprit* une matiere subtile, comme le *vent*, le *feu* ou l'*éther*, par où il est évident qu'ils n'ont pas prétendu dépouiller l'Esprit de toute espèce de materialité. Ainsi Virgile décrivant l'Esprit ou l'Ame d'Anchise, que son Fils veut embrasser, nous dit :

* *Ter conatus ibi collo dare bracchia circum :*
  Ter frustra comprensa manus effugit Imago,
  Par levibus ventis, volucrique simillima
  somno.

Et Ciceron suppose dans le prémier Livre des *Questions Tusculanes*, qu'elle est air ou feu, *Anima sit Animus* (a), dit-il, *ignisve nescio*, ou bien un Air enflammé, (b) *inflammata anima*, ou une quintessence introduite par Aristote, (c) *quinta quædam natura ab Aristotele introducta.*

Mr. Locke conclut enfin que, tant s'en faut qu'il y ait de la contradiction à dire que *Dieu peut donner, s'il veut, à certains amas de matiére, disposez comme il le trouve à propos, la faculté d'appercevoir & de penser,* personne n'a prétendu trouver en cela aucune contradiction avant Des-Cartes qui pour en venir-là dépouilla les Bêtes de tout sentiment, contre l'Experience la plus palpable. Car autant qu'il a pû s'en instruire par lui-même ou sur le rapport d'autrui, les Péres de l'Eglise Chrétienne n'ont jamais entrepris de démontrer, que la Matiére fût incapable de recevoir, des mains du Créateur, le pouvoir de sentir, d'appercevoir, & de penser.

* *Æneid. Lib.* VI. v. 700. &c. (*a*) *Cap.* 25. (*b*) *Cap.* 18. (*c*) *Cap.* 26.

re qui de sa nature est évidemment destituée de sentiment & de pensée, puisse être ce Premier Etre pensant qui existe de toute éternité. Car comment un homme peut-il s'assûrer, que quelques perceptions, comme vous diriez le Plaisir & la Douleur, ne sauroient se rencontrer dans certains Corps, modifiez & mûs d'une certaine manière, aussi bien que dans une Substance immaterielle en conséquence du mouvement des parties du Corps? Le Corps, autant que nous pouvons le concevoir, n'est capable que de frapper & d'affecter un Corps, & le Mouvement ne peut produire autre chose que du mouvement, si nous nous en rapportons à tout ce que nos Idées nous peuvent fournir sur ce sujet; de sorte que lorsque nous convenons que le Corps produit le Plaisir ou la Douleur, ou bien l'idée d'une Couleur ou d'un Son, nous sommes obligez d'abandonner notre Raison, d'aller au delà de nos propres idées, & d'attribuer cette production au seul bon plaisir de notre Créateur. Or puisque nous sommes contraints de reconnoître que Dieu a communiqué au Mouvement des effets que nous ne pouvons jamais comprendre que le Mouvement soit capable de produire, quelle raison avons-nous de conclurre qu'il ne pourroit pas ordonner que ces effets soient produits dans un Sujet que nous ne saurions concevoir capable de les produire, aussi bien que dans un Sujet sur lequel nous ne saurions comprendre que le Mouvement de la Matiére puisse opérer en aucune manière? Je ne dis point ceci pour diminuer en aucune sorte la croyance de l'*Immaterialité* de l'Ame. Je ne parle point ici de probabilité, mais d'une connoissance évidente; & je crois que non seulement c'est une chose digne de la modestie d'un Philosophe de ne pas prononcer en maître, lorsque l'évidence requise pour produire la connoissance, vient à nous manquer, mais encore, qu'il nous est utile de distinguer jusqu'où peut s'étendre notre Connoissance; car l'état où nous sommes présentement, n'étant pas un *état de vision*, comme parlent les Théologiens, la Foi & la Probabilité nous doivent suffire sur plusieurs choses; & à l'égard de l'*Immaterialité de l'Ame* dont il s'agit présentement, si nos Facultez ne peuvent parvenir à une certitude démonstrative sur cet article, nous ne le devons pas trouver étrange. Toutes les grandes fins de la Morale & de la Religion sont établies sur d'assez bons fondemens sans le secours des preuves de l'immaterialité de l'Ame tirées de la Philosophie; puisqu'il est évident que celui qui a commencé à nous faire subsister ici comme des Etres sensibles & intelligens, & qui nous a conservez plusieurs années dans cet état, peut & veut nous faire joüir encore d'un pareil état de sensibilité dans l'autre Monde, & nous y rendre capables de recevoir la retribution qu'il a destinée aux hommes selon qu'ils se seront conduits dans cette vie. C'est pourquoi la nécessité de se déterminer pour ou contre l'immaterialité de l'Ame n'est pas si grande, que certaines gens trop passionnez pour leurs propres sentimens ont voulu le persuader: dont les uns ayant l'Esprit trop enfoncé, pour ainsi dire, dans la Matiére, ne sauroient accorder aucune existence à ce qui n'est pas materiel; & les autres ne trouvant point que la *pensée* soit renfermée dans les facultez naturelles de la Matiere, après l'avoir examinée en tout sens avec toute l'application dont ils sont capables, ont l'assûrance de conclurre de là, que Dieu lui-même ne

Chap. III. sauroit donner la vie & la perception à une substance solide. Mais quiconque considerera combien il nous est difficile d'allier la sensation avec une Matiére étenduë, & l'existence avec une Chose qui n'ait absolument point d'étenduë, confessera qu'il est fort éloigné de connoître certainement ce que c'est que son Ame. C'est-là, dis-je, un point qui me semble tout-à-fait au dessus de notre Connoissance. Et qui voudra se donner la peine de considerer & d'examiner librement les embarras & les obscuritez impénétrables de ces deux hypotheses, n'y pourra guere trouver de raisons capables de le déterminer entierement pour ou contre la *materialité* de l'Ame ; puisque de quelque maniére qu'il regarde l'Ame, ou comme une Substance non-étenduë, ou comme de la Matiére étenduë qui pense, la difficulté qu'il aura de comprendre l'une ou l'autre de ces choses l'entraînera toûjours vers le sentiment opposé, lorsqu'il n'aura l'Esprit appliqué qu'à l'un des deux : Methode déraisonnable qui est suivie par certaines personnes, qui voyant que des choses considerées d'un certain côté sont tout-à-fait incompréhensibles, se jettent tête baissée dans le parti opposé, quoi qu'il soit aussi inintelligible à quiconque l'examine sans préjugé. Ce qui ne sert pas seulement à faire voir la foiblesse & l'imperfection de nos Connoissances, mais aussi le vain triomphe qu'on prétend obtenir par ces sortes d'argumens qui fondez sur nos propres vûës peuvent à la verité nous convaincre que nous ne saurions trouver aucune certitude dans un des côtez de la Question, mais qui par-là ne contribuent en aucune màniére à nous approcher de la Vérité, si nous embrassons l'opinion contraire, qui nous paroîtra sujette à d'aussi grandes difficultez, dès que nous viendrons à l'examiner serieusement. Car quelle sureté, quel avantage peut trouver un homme à éviter les absurditez & les difficultez insurmontables qu'il voit dans une Opinion, si pour cela il embrasse celle qui lui est opposée, quoi que bâtie sur quelque chose d'aussi inexplicable ; & qui est autant éloigné de sa comprehension ? On ne peut nier que nous n'ayions en nous quelque chose qui pense ; le doute même que nous avons sur sa nature, nous est une preuve indubitable de la certitude de son existence, mais il faut se résoudre à ignorer de quelle espèce d'Etre elle est. Du reste, c'est en vain qu'on voudroit à cause de cela douter de son existence, comme il est déraisonnable en plusieurs autres rencontres de nier positivement l'existence d'une chose, parce que nous ne saurions comprendre sa nature. Car je voudrois bien savoir quelle est la Substance actuellement existante qui n'ait pas en elle-même quelque chose qui passe visiblement les lumiéres de l'Entendement Humain. S'il y a d'autres Esprits qui voyent & qui connoissent la nature & la constitution intérieure des Choses, comme on n'en peut douter, combien leur connoissance doit-elle être supérieure à la nôtre ? Et si nous ajoûtons à cela une plus vaste comprehension qui les rende capables de voir tout à la fois la connexion & la convenance de quantité d'idées, & qui leur fournisse promptement les preuves moyennes, que nous ne trouvons que pié-à-pié, lentement, avec beaucoup de peine, & après avoir tâtonné long-temps dans les ténèbres, sujets d'ailleurs à oublier une de ces preuves avant que d'en avoir trouvé une autre, nous pouvons imaginer par conjecture, quelle est une partie du bonheur

De l'Etenduë de la Connoissance humaine. Liv. IV. 447

heur des Esprits du prémier Ordre, qui ont la vûë plus vive & plus pénétrante, & un champ de connoissance beaucoup plus vaste que nous. Mais pour revenir à notre sujet, notre connoissance ne se termine pas seulement au petit nombre d'idées que nous avons, & à ce qu'elles ont d'imparfait, elle reste même en deçà, comme nous l'allons voir à cette heure en examinant jusqu'où elle s'étend.

§. 7. Les affirmations ou negations que nous faisons sur le sujet des idées que nous avons, peuvent se réduire comme j'ai déja dit en général, à ces quatre Espèces, *Identité*, *Coëxistence*, *Relation*, & *Existence réelle*. Voyons jusqu'où notre Connoissance s'étend à l'égard de chacun de ces articles en particulier.

Chap. III.

Jusqu'où s'étend notre Connoissance.

§. 8. Prémiérement, à l'égard de l'Identité & de la Diversité considerées comme une source de la convenance ou de la disconvenance de nos Idées, notre connoissance de simple vûë est aussi étenduë que nos Idées mêmes; car l'Esprit ne peut avoir aucune idée qu'il ne voye aussi-tôt par une connoissance de simple vûë qu'elle est ce qu'elle est, & qu'elle est différente de toute autre.

I. Notre connoissance d'Identité & de diversité va aussi loin que nos Idées.

§. 9. Quant à la seconde espèce qui est la convenance ou la disconvenance de nos idées par rapport à leur *coëxistence*, notre connoissance ne s'étend pas fort loin à cet égard, quoi que ce soit en cela que consiste la plus grande & la plus importante partie de nos Connoissances touchant les Substances. Car nos Idées des Espèces des Substances n'étant autre chose, comme j'ai déja montré, que certaines collections d'Idées simples, unies en un seul sujet, & qui par-là coëxistent ensemble. Par exemple, notre idée de *Flamme*, c'est un Corps chaud, lumineux, & qui se meut en haut; & celle d'*Or*, un corps pesant jusqu'à un certain dégré, jaune, malléable, & fusible; de sorte que les deux noms de ces différentes Substances, *Flamme*, & *Or*, signifient ces idées complexes, ou telles autres qui se trouvent dans l'Esprit des hommes. Et lorsque nous voulons connoître quelque chose de plus touchant ces Substances, ou aucune autre espèce de Substances, nos recherches ne tendent qu'à savoir quelles autres Qualitez ou Puissances se trouvent ou ne se trouvent pas dans ces Substances, c'est-à-dire, quelles autres idées simples coëxistent, ou ne coëxistent pas avec celles qui constituent notre idée complexe.

II. Celle de la convenance ou disconvenance de nos idées par rapport à leur coëxistence ne s'étend pas fort loin.

§. 10. Quoi que ce soit-là une partie fort importante de la Science humaine, elle est pourtant fort bornée, & se réduit presque à rien. La raison de cela est que les idées simples qui composent nos idées complexes des Substances, sont de telle nature, qu'elles n'emportent avec elles aucune liaison visible & nécessaire, ou aucune incompatibilité avec aucune autre idée simple, dont nous voudrions connoître la coëxistence avec l'idée complexe que nous avons déja.

Parce que nous ignorons la connexion qui est entre la plûpart des idées simples.

§. 11. Les Idées dont nos idées complexes des Substances sont composées, & sur quoi roule presque toute la connoissance que nous avons des Substances, sont celles des *Secondes Qualitez*. Et comme toutes ces Secondes Qualitez dépendent, ainsi que nous l'avons * déja montré, des *Prémiéres Qualitez* des particules insensibles des Substances, ou si ce n'est de-là, de quel-

Et sur-tout celle des Secondes Qualitez.

* Liv. II. Ch. VIII.

CHAP. XI. quelque chose encore plus éloigné de notre comprehension, il nous est impossible de connoître la liaison ou l'incompatibilité qui se trouve entre ces Secondes Qualitez ; car ne connoissant pas la source d'où elles découlent, je veux dire la grosseur, la figure & la contexture des parties d'où elles dépendent, & d'où resultent, par exemple, les Qualitez qui composent notre idée complexe de l'*Or*, il est impossible que nous puissions connoître quelles autres Qualitez procedent de la même constitution des parties insensibles de l'Or, ou sont incompatibles avec elle, & doivent par conséquent coëxister toûjours avec l'idée complexe que nous avons de l'Or, ou ne pouvoir subsister avec une telle idée.

Parce que nous ne saurions découvrir la connexion qui est entre aucune seconde Qualité & les Prémières Qualitez.

§. 12. Outre cette ignorance où nous sommes à l'égard des *Prémiéres Qualitez* des parties insensibles des Corps d'où dépendent toutes leurs secondes Qualitez, il y a une autre ignorance encore plus incurable, & qui nous met dans une plus grande impuissance de connoître certainement la *coëxistence* ou la *non-coëxistence* de différentes idées dans un même sujet, c'est qu'on ne peut découvrir aucune liaison entre une seconde Qualité & les prémières Qualitez dont elle dépend.

§. 13. Que la grosseur, la figure & le mouvement d'un Corps causent du changement dans la grosseur, dans la figure & dans le mouvement d'un autre Corps, c'est ce que nous pouvons fort bien comprendre. Que les parties d'un Corps soient divisées en conséquence de l'intrusion d'un autre Corps, & qu'un Corps soit transferé du repos au mouvement par l'impulsion d'un autre Corps, ces choses & autres semblables nous paroissent avoir quelque liaison l'une avec l'autre : & si nous connoissions ces prémières Qualitez des Corps, nous aurions sujet d'esperer que nous pourrions connoître un beaucoup plus grand nombre de ces différentes maniéres dont les Corps opérent l'un sur l'autre. Mais notre Esprit étant incapable de découvrir aucune liaison entre ces prémières Qualitez des Corps, & les sensations qui sont produites en nous par leur moyen, nous ne pouvons jamais être en état d'établir des règles certaines & indubitables de la conséquence ou de la coëxistence d'aucunes secondes Qualitez, quand bien nous pourrions découvrir la grosseur, la figure ou le mouvement des Parties insensibles qui les produisent immédiatement. Nous sommes si éloignez de connoître quelle figure, quelle grosseur, ou quel mouvement de parties produit la couleur jaune, un gout de douceur, ou un son aigu, que nous ne saurions comprendre comment aucune grosseur, aucune figure, ou aucun mouvement de parties peut jamais être capable de produire en nous l'idée de quelque couleur, de quelque goût, ou de quelque son que ce soit. Nous ne saurions, dis-je, imaginer aucune connexion entre l'une & l'autre de ces choses.

§. 14. Ainsi quoi que ce soit uniquement par le secours de nos Idées que nous pouvons parvenir à une connoissance certaine & générale, c'est en vain que nous tâcherions de découvrir par leur moyen quelles sont les autres idées qu'on peut trouver constamment jointes avec celles qui constituent notre Idée complexe de quelque substance que ce soit ; puisque nous ne con-

connoissons point la constitution réelle des petites particules d'où dependent leurs secondes Qualitez, & que, si elle nous étoit connuë, nous ne saurions découvrir aucune liaison nécessaire entre telle ou telle constitution des Corps & aucune de leurs secondes Qualitez, ce qu'il faudroit faire nécessairement avant que de pouvoir connoître leur coëxistence nécessaire. Et par conséquent, quelle que soit notre idée complexe d'aucune espèce de Substances, à peine pouvons-nous déterminer certainement, en vertu des Idées simples qui y sont renfermées, la coëxistence nécessaire de quelque autre Qualité que ce soit. Dans toutes ces recherches notre Connoissance ne s'étend guere au delà de notre expérience. A la vérité, quelque peu de prémiéres Qualitez ont une dépendance nécessaire & une visible liaison entr'elles; ainsi la figure suppose nécessairement l'étenduë; & la reception ou la communication du mouvement par voye d'impulsion suppose la solidité: Mais quoi qu'il y ait une telle dépendance entre ces idées, & peut-être entre quelques autres, il y en a pourtant si peu qui ayent une connexion visible, que nous ne saurions découvrir par intuition ou par démonstration que la coëxistence de fort peu de Qualitez qui se trouvent unies dans les Substances; de sorte que pour connoître quelles Qualitez sont renfermées dans les Substances, il ne nous reste que le simple secours des Sens. Car de toutes les Qualitez qui coëxistent dans un sujet sans cette dépendance & cette évidente connexion de leurs idées, on n'en sauroit remarquer deux dont on puisse connoître certainement qu'elles coëxistent, qu'entant que l'Expérience nous en assûre par le moyen de nos Sens. Ainsi, quoi que nous voyions la couleur jaune, & que nous trouvions, par expérience, la pesanteur, la malléabilité, la fusibilité & la fixité, unies dans une pièce d'or; cependant parce que nulle de ces Idées n'a aucune dépendance visible, ou aucune liaison nécessaire avec l'autre, nous ne saurions connoître certainement que là où se trouvent quatre de ces Idées, la cinquiéme y doive être aussi, quelque probable qu'il soit qu'elle y est effectivement; parce que la plus grande probabilité n'emporte jamais certitude, sans laquelle il ne peut y avoir aucune véritable Connoissance. Car la connoissance de cette coëxistence ne peut s'étendre au delà de la perception qu'on en a, & dans les sujets particuliers on ne peut appercevoir cette coëxistence que par le moyen des Sens, ou en général que par la connexion nécessaire des Idées mêmes.

§. 15. Quant à l'incompatibilité des idées dans un même sujet, nous pouvons connoître qu'un sujet ne sauroit avoir, de chaque espèce de prémiéres Qualitez, qu'une seule à la fois. Par exemple, une étenduë particuliére, une certaine figure, un certain nombre de parties, un mouvement particulier exclut toute autre étenduë, toute autre figure, tout autre mouvement & nombre de parties. Il en est certainement de même de toutes les idées sensibles particuliéres à chaque Sens; car toute idée de chaque sorte qui est présente dans un sujet, exclut toute autre de cette espèce, par exemple, aucun sujet ne peut avoir deux odeurs, ou deux couleurs dans un même temps. Mais, dira-t-on peut-être, ne voit-on pas dans le même temps deux couleurs dans une Opale, ou dans l'infusion du Bois, nommé

La connoissance de l'incompatibilité des Idées dans un même sujet, s'étend plus loin que celle de leur coëxistence.

Lignum

CHAP. III. *Lignum Nephriticum?* A cela je répons que ces Corps peuvent exciter dans le même temps des couleurs différentes dans des yeux diversement placez; mais aussi j'ose dire que ce sont différentes parties de l'Objet, qui réfléchissent les particules de lumiére vers des yeux diversement placez; de sorte que ce n'est pas la même partie de l'Objet, ni par conséquent le même sujet qui paroit jaune & azur dans le même temps. Car il est aussi impossible que dans le même temps une seule & même particule d'un Corps modifie ou réfléchisse différemment les rayons de lumiére, qu'il est impossible qu'elle ait deux différentes figures & deux différentes contextures dans le même temps.

Celle de la coëxistence des Puissances ne s'etend pas fort avant.

§. 16. Pour ce qui est de la puissance qu'ont les Substances de changer les Qualitez sensibles des autres Corps, ce qui fait une grande partie de nos recherches sur les Substances, & qui n'est pas une branche peu importante de nos Connoissances, je doute qu'à cet égard notre Connoissance s'étende plus loin que notre experience, ou que nous puissions découvrir la plûpart de ces Puissances & être assûrez qu'elles sont dans un sujet en vertu de la liaison qu'elles ont avec aucune des idées qui constituent son essence par rapport à nous. Car comme les *Puissances actives & passives* des Corps, & leurs maniéres d'operer consistent dans une certaine contexture & un certain mouvement de parties que nous ne saurions découvrir en aucune maniére, ce n'est que dans fort peu de cas que nous pouvons être capables d'appercevoir comment elles dépendent de quelqu'une des idées qui constituent l'idée complexe que nous nous formons d'une telle espéce de choses, ou comment elles leur sont opposées. J'ai suivi en cette occasion l'hypothese des Philosophes * *Materialistes,* comme celle qui nous peut conduire plus avant, à ce qu'on croit, dans l'explication intelligible des Qualitez des Corps: & je doute que l'Entendement humain, foible comme il est, puisse en substituer une autre qui nous donne une plus ample & plus nette connoissance de la connexion nécessaire & de la coëxistence des Puissances qu'on peut observer unies en différentes sortes de Corps. Ce qu'il y a de certain au moins, c'est que, quelle que soit l'hypothese la plus claire & la plus conforme à la vérité (car ce n'est pas mon affaire de déterminer cela présentement) notre connoissance touchant les Substances corporelles ne sera pas portée fort avant par aucune de ces hypotheses, jusqu'à ce qu'on nous fasse voir quelles Qualitez & quelles Puissances des Corps ont une liaison ou une opposition nécessaire entr'elles; ce que nous ne connoissons, à mon avis, que jusqu'à un très-petit dégré dans l'état où se trouve présentement la Philosophie. Et je doute qu'avec les facultez que nous avons, nous soyions jamais capables de porter plus avant sur ce point, je ne dis pas l'expérience particuliére, mais nos Connoissances générales. C'est de l'Expérience que doivent dépendre toutes nos recherches en cette occasion; & il seroit à souhaiter qu'on y eût fait de plus grands progrès. Nous voyons tous les jours combien la peine que quelques personnes généreuses ont

* *Qui expliquent les effets de la Nature par la seule consideration de la grosseur, de la figure, & du mouvement des parties de la Matiére.*

pris

pris pour cela, a augmenté le fonds des Connoissances Physiques. Si CHAP. III.
d'autres personnes & sur-tout les Chimistes, qui prétendent perfectionner cette partie de nos connoissances, avoient été aussi exacts dans
leurs observations & aussi sincéres dans leurs rapports que devroient l'être
des gens qui se disent *Philosophes*, nous connoîtrions beaucoup mieux les
Corps qui nous environnent, & nous pénétrerions beaucoup plus avant dans
leurs Puissances & dans leurs operations.

§. 17. Si nous sommes si peu instruits des Puissances & des Operations La connoissance
des Corps, je croi qu'il est aisé de conclurre que nous sommes dans de plus que nous avons
grandes ténèbres à l'égard des Esprits, dont nous n'avons naturellement core plus bornée.
point d'autres idées que celles que nous tirons de l'idée de notre propre Esprit en refléchissant sur les operations de notre Ame, autant que nos propres observations peuvent nous les faire connoître. J'ai proposé ailleurs en
passant une petite ouverture à mes Lecteurs pour leur donner lieu de penser combien les Esprits qui habitent nos Corps, tiennent un rang peu considerable parmi ces différentes, & peut-être innombrables Espèces d'Etres
plus excellens, & combien ils sont éloignez d'avoir les qualitez & les perfections des *Cherubins* & des *Seraphins*, & d'une infinité de sortes d'Esprits
qui sont au dessus de nous.

§. 18. Pour ce qui est de la troisiéme espèce de Connoissance, qui est la III. Il n'est pas
convenance ou la disconvenance de quelqu'une de nos idées, considerées aisé de marquer
dans quelque autre rapport que ce soit; comme c'est là le plus vaste champ tre Connoissance
de nos Connoissances, il est bien difficile de determiner jusqu'où il peut s'é- des autres Rela-
tendre. Parce que les progrès qu'on peut faire dans cette partie de notre est capable de
Connoissance, dépendent de notre *sagacité* à trouver des idées moyennes Démonstration.
qui puissent faire voir les rapports des idées dont on ne considére pas la
coëxistence, il est mal-aisé de dire quand c'est que nous sommes au bout de
ces sortes de découvertes, & que la Raison a tous les secours dont elle peut
faire usage pour trouver des preuves, & pour examiner la convenance ou la
disconvenance des idées éloignées. Ceux qui ignorent l'*Algebre* ne sauroient
se figurer les choses étonnantes qu'on peut faire en ce genre par le moyen
de cette Science; & je ne vois pas qu'il soit facile de déterminer quels nouveaux moyens de perfectionner les autres parties de nos Connoissances peuvent être encore inventez par un Esprit pénétrant. Je croi du moins que
les Idées qui regardent la Quantité, ne sont pas les seules capables de démonstration; mais qu'il y en a d'autres qui sont peut-être la plus importante partie de nos Contemplations, d'où l'on pourroit déduire des connoissances certaines, si les Vices, les Passions, & des Intérêts dominans, ne
s'opposoient directement à l'exécution d'une telle entreprise.

L'idée d'un Etre suprême, infini en puissance, en bonté & en sagesse,
qui nous a faits, & de qui nous dépendons; & l'idée de Nous-mêmes comme de Créatures Intelligentes & Raisonnables, ces deux Idées, dis-je, étant
une fois clairement dans notre Esprit, en sorte que nous les considéras-
sions comme il faut pour en déduire les conséquences qui en découlent naturellement, nous fourniroient, à mon avis, de tels fondemens de nos Devoirs,

CHAP. III.

voirs, & de telles règles de conduite, que nous pourrions par leur moyen élever la Morale au rang des Sciences capables de Démonstration. Et à ce propos je ne ferai pas difficulté de dire, que je ne doute nullement qu'on ne puisse déduire, de Propositions évidentes par elles-mêmes, les véritables mesures du Juste & de l'Injuste par des conséquences nécessaires, & aussi incontestables que celles qu'on employe dans les Mathematiques, si l'on veut s'appliquer à ces discussions de Morale avec la même indifférence & avec autant d'attention qu'on s'attache à suivre des raisonnemens Mathematiques. On peut appercevoir certainement les rapports des autres Modes aussi bien que ceux du Nombre & de l'Etenduë ; & je ne saurois voir pourquoi ils ne seroient pas aussi capables de démonstration, si on songeoit à se faire de bonnes méthodes pour examiner pié-à-pié leur convenance ou leur disconvenance. Par exemple, cette Proposition, *Il ne sauroit y avoir de l'injustice où il n'y a point de propriété*, est aussi certaine qu'aucune Démonstration qui soit dans *Euclide*, car l'idée de *propriété* étant un droit à une certaine chose ; & l'idée qu'on désigne par le nom d'*injustice* étant l'invasion ou la violation d'un Droit, il est évident que ces idées étant ainsi déterminées, & ces noms leur étant attachez, je puis connoître aussi certainement que cette Proposition est véritable que je connois qu'un Triangle a trois angles égaux à deux Droits. Autre Proposition d'une égale certitude, *Nul Gouvernement n'accorde une absoluë liberté* ; car comme l'idée du *Gouvernement* est un établissement de société sur certaines règles ou Loix dont il exige l'exécution, & que l'idée d'une *absoluë liberté* est à chacun une puissance de faire tout ce qu'il lui plaît, je puis être aussi certain de la vérité de cette Proposition que d'aucune qu'on trouve dans les Mathematiques.

Deux choses pourquoi on a cru les Idées morales incapables de Démonstration.
1. Parce qu'elles ne peuvent être représentées par des marques sensibles ; &
2. parce qu'elles sont fort complexes.

§. 19. Ce qui a donné à cet égard, l'avantage aux idées de Quantité, & les a fait croire plus capables de certitude & de démonstration, c'est,

Prémiérement, qu'on peut les représenter par des marques sensibles qui ont une plus grande & plus étroite correspondance avec elles, que quelques mots ou sons qu'on puisse imaginer. Des figures tracées sur le Papier sont autant de copies des idées qu'on a dans l'Esprit, & qui ne sont pas sujettes à l'incertitude que les Mots ont dans leur signification. Un Angle, un Cercle, ou un Quarré qu'on trace avec des lignes, paroît à la vûë, sans qu'on puisse s'y méprendre, il demeure invariable ; & peut être considéré à loisir ; on peut revoir la démonstration qu'on a faite sur son sujet, & en considerer plus d'une fois toutes les parties sans qu'il y ait aucun danger que les idées changent le moins du monde. On ne peut pas faire la même chose à l'égard des Idées morales ; car nous n'avons point de marques sensibles qui les représentent, & par où nous puissions les exposer aux yeux. Nous n'avons que des mots pour les exprimer ; mais quoi que ces mots restent les mêmes quand ils sont écrits, cependant les idées qu'ils signifient, peuvent varier dans le même homme ; & il est fort rare qu'elles ne soient pas différentes en différentes personnes.

En second lieu, une autre chose qui cause une plus grande difficulté dans la Morale, c'est que les Idées morales sont communément plus complexes

que

que celles des Figures qu'on confidére ordinairement dans les Mathematiques. D'où il naît ces deux inconvéniens, le prémier que les noms des idées morales ont une fignification plus incertaine, parce qu'on ne convient pas fi aifément de la collection d'Idées fimples qu'ils fignifient précifément; & par conféquent le figne qu'on met toûjours à leur place lorfqu'on s'entretient avec d'autres perfonnes, & fouvent en méditant en foi-même, n'emporte pas conftamment avec lui la même idée; ce qui caufe le même defordre & la même méprife qui arriveroit, fi un homme voulant démontrer quelque chofe d'un Heptagone omettoit dans la figure qu'il feroit pour cela un des angles, ou donnoit fans y penfer, à la Figure un angle de plus que ce nom-là n'en défigne ordinairement, ou qu'il ne vouloit lui donner la premiére fois qu'il penfa à fa Démonftration. Cela arrive fouvent, & à peine peut-on l'éviter dans chaque idée complexe de Morale, où en retenant le même nom, on omet ou l'on infere, dans un temps plûtôt que dans l'autre, un Angle, c'eft-à-dire une idée fimple dans une Idée complexe qu'on appelle toûjours du même nom. Un autre inconvénient qui naît de la complication des Idées morales, c'eft que l'Efprit ne fauroit retenir aifément ces combinaifons précifes d'une maniére auffi exacte & auffi parfaite qu'il eft néceffaire pour examiner les rapports, les convenances, ou les difconvenances de plufieurs de ces Idées comparées l'une à l'autre, & fur-tout lorfqu'on n'en peut juger que par de longues déductions, & par l'intervention de plufieurs autres Idées complexes dont on fe fert pour montrer la convenance de deux Idées éloignées.

Le grand fecours que les Mathematiciens ont trouvé contre cet inconvénient dans les Figures qui étant une fois tracées reftent toûjours les mêmes, eft fort vifible; & en effet fans cela, la Memoire auroit fouvent bien de la peine à retenir ces Figures fi exactement, tandis que l'Efprit en parcourt les parties pié-à-pié, pour en examiner les différens rapports. Et quoi qu'en affemblant une grande fomme dans l'*Addition*, dans la *Multiplication*, ou dans la *Divifion*, où chaque partie n'eft qu'une progreffion de l'Efprit qui envifage fes propres idées, & qui confidére leur convenance ou leur difconvenance, la refolution de la Queftion ne foit autre chofe que le refultat du Tout compofé de nombres particuliers dont l'Efprit a une claire perception; cependant fi l'on ne défigne les différentes parties par des marques dont la fignification précife foit connuë, & qui reftent & demeurent en vûë lorfque la Memoire les a laiffé échapper, il feroit prefque impoffible de retenir dans l'Efprit un fi grand nombre d'idées différentes, fans brouiller ou laiffer échapper quelques articles du Compte, & par-là rendre inutiles tous les raifonnemens que nous ferions fur cela. Dans ce cas-là, ce n'eft point du tout par le fecours des Chiffres que l'Efprit apperçoit la convenance de deux ou de plufieurs nombres, leur égalité ou leur proportion, mais uniquement par l'intuition des idées qu'il a des nombres mêmes. Les caractéres numeriques fervent feulement à la Memoire pour enregîtrer & conferver les différentes idées fur lefquelles roule la Démonftration; & par leur moyen un homme peut connoître jufqu'où eft parvenuë fa Connoiffance intuitive dans l'examen de plufieurs de ces nombres particuliers;

CHAP. III.

Moyens pour remedier à ces difficultez.

liers ; afin que par-là il puisse avancer sans confusion vers ce qui lui est encore inconnu, & avoir enfin devant lui, d'un coup d'œil, le resultat de toutes ses perceptions & de tous ses raisonnemens.

§. 20. Un moyen par où l'on peut beaucoup remedier à une partie de ces inconvéniens qui se rencontrent dans les Idées Morales & qui les ont fait regarder comme incapables de démonstration, c'est d'exposer, par des définitions, la collection d'idées simples que chaque terme doit signifier, & ensuite de faire servir les termes à désigner précisément & constamment cette collection d'idées. Du reste, il n'est pas aisé de prévoir quelles methodes peuvent être suggerées par l'*Algebre* ou par quelque autre moyen de cette nature, pour écarter les autres difficultez. Je suis assûré du moins que, si les hommes vouloient s'appliquer à la recherche des Véritez morales selon la même méthode, & avec la même indifférence qu'ils cherchent les Véritez Mathématiques ; ils trouveroient que ces prémiéres ont une plus étroite liaison l'une avec l'autre, qu'elles découlent de nos idées claires & distinctes par des conséquences plus nécessaires, & qu'elles peuvent être démontrées d'une maniére plus parfaite qu'on ne croit communément. Mais il ne faut pas espérer qu'on s'applique beaucoup à de telles découvertes, tandis que le desir de l'Estime, des Richesses ou de la Puissance portera les hommes à épouser les opinions autorisées par la Mode, & à chercher ensuite des Argumens ou pour les faire passer pour bonnes, ou pour les farder, & pour couvrir leur difformité, rien n'étant si agréable à l'Oeuil que la Vérité l'est à l'Esprit, rien n'étant si difforme, ni si incompatible avec l'Entendement que le Mensonge. Car quoi qu'un homme puisse trouver assez de plaisir à s'unir par le mariage avec une femme d'une beauté fort mediocre, personne n'est assez hardi pour avouër ouvertement qu'il a épousé la Fausseté, & reçu dans son sein une chose aussi affreuse que le Mensonge. Mais pendant que les differens Partis font embrasser leurs opinions à tous ceux qu'ils peuvent avoir en leur puissance, sans leur permettre d'examiner si elles sont fausses ou véritables, & qu'ils ne veulent pas laisser, pour ainsi dire, à la Vérité ses coudées franches, ni aux hommes la liberté de la chercher, quels progrès peut-on attendre de ce côté-là, quelle nouvelle lumiére peut-on espérer dans les Sciences qui concernent la Morale ? Cette partie du Genre Humain qui est sous le joug, devroit attendre, au lieu de cela, dans la plûpart des Lieux du Monde, les ténèbres aussi bien que l'esclavage d'Egypte, si la Lumiére du Seigneur ne se trouvoit pas d'elle-même présente à l'Esprit humain, Lumiére sacrée que tout le pouvoir des hommes ne sauroit éteindre entiérement.

IV. A l'égard de l'existence réelle, nous avons une connoissance intuitive de notre Existence, une démonstrative de l'existence de Dieu, & une connoissance

§. 21. Quant à la quatriéme sorte de Connoissance que nous avons, qui est de l'existence réelle & actuelle des choses, nous avons une connoissance intuitive de notre existence, & une connoissance démonstrative de l'existence de Dieu. Pour l'existence d'aucune autre chose nous n'en avons point d'autre qu'une connoissance *sensitive* qui ne s'étend point au delà des objets qui sont présens à nos Sens.

§. 22. Notre Connoissance étant resserrée dans des bornes si étroites, comme je l'ai montré ; pour mieux voir l'état présent de notre Esprit, il ne ne sera peut-être pas inutile d'en considérer un peu le côté obscur, & de prendre connoissance de notre propre Ignorance, qui étant infiniment plus étenduë que notre Connoissance, peut servir beaucoup à terminer les Disputes & à augmenter les connoissances utiles, si après avoir découvert jusqu'où nous avons des idées claires & distinctes, nous nous bornons à la contemplation des choses qui sont à la portée de notre Entendement, & que nous ne nous engagions point dans cet abyme de ténèbres (où nos Yeux nous sont entierement inutiles, & où nos Facultez ne sauroient nous faire appercevoir quoi que ce soit) entêtez de cette folle pensée que rien n'est au dessus de notre comprehension. Mais nous n'avons pas besoin d'aller fort loin pour être convaincus de l'extravagance d'une telle imagination. Quiconque sait quelque chose, sait avant toutes choses qu'il n'a pas besoin de chercher fort loin des exemples de son Ignorance. Les choses les moins considerables & les plus communes qui se rencontrent sur notre chemin, ont des côtez obscurs où la Vûë la plus pénétrante ne sauroit se faire jour. Les hommes accoûtumez à penser, & qui ont l'Esprit le plus net & le plus étendu, se trouvent embarrassez & hors de route, dans l'examen de chaque particule de Matiére. C'est dequoi nous serons moins surpris, si nous considerons les *Causes de notre Ignorance*, lesquelles peuvent être réduites à ces trois principales, si je ne me trompe.

La prémiere, que nous manquons d'Idées.

La seconde, que nous ne saurions découvrir la connexion qui est entre les idées que nous avons.

Et la troisième, que nous négligeons de suivre & d'examiner exactement nos idées.

§. 23. Prémiérement, il y a certaines choses, & qui ne sont pas en petit nombre, que nous ignorons faute d'Idées.

En prémier lieu, toutes les Idées simples que nous avons, sont bornées à celles que nous recevons des Objets corporels par *Sensation*, & des Operations de notre propre Esprit comme Objets de la *Reflexion*: c'est dequoi nous sommes convaincus en nous-mêmes. Or ceux qui ne sont pas assez destituez de raison pour se figurer que leur comprehension s'étende à toutes choses, n'auront pas de peine à se convaincre que ces chemins étroits & en si petit nombre n'ont aucune proportion avec toute la vaste étenduë des Etres. Il ne nous appartient pas de déterminer quelles autres idées simples peuvent avoir d'autres Créatures dans d'autres parties de l'Univers, par d'autres Sens & d'autres Facultez plus parfaites & en plus grand nombre que celles que nous avons, ou différentes de celles que nous avons. Mais de dire ou de penser qu'il n'y a point de telles facultez parce que nous n'en avons aucune idée, c'est raisonner aussi juste qu'un Aveugle qui soûtiendroit qu'il n'y a ni Vûë ni Couleurs, parce qu'il n'a absolument point d'idée d'aucune telle chose, & qu'il ne sauroit se représenter en aucune manière ce que c'est que voir. L'ignorance qui est en nous, n'empêche ni ne borne non plus la connoissance des autres, ne le défaut de

la

CHAP. III.

Parce que les Objets sont trop éloignez de nous.

la vûë dans les Taupes empêche les Aigles d'avoir les yeux si perçans. Quiconque considerera la puissance infinie, la sagesse & la bonté du Créateur de toutes choses, aura tout sujet de penser que ces grandes Vertus n'ont pas été bornées à la formation d'une Créature aussi peu considerable & aussi impuissante que lui paroîtra l'Homme, qui selon toutes les apparences tient le dernier rang parmi tous les Etres Intellectuels. Ainsi nous ignorons de quelles facultez ont été enrichies d'autres Espèces de Créatures pour pénétrer dans la nature & dans la constitution intérieure des Choses, & quelles idées elles peuvent en avoir, entiérement différentes des nôtres. Une chose que nous savons & que nous voyons certainement, c'est qu'il nous manque de les voir plus à fond que nous ne faisons, pour pouvoir les connoître d'une maniére plus parfaite. Et il nous est aisé d'être convaincus, que les idées que nous pouvons avoir par le secours de nos Facultez, n'ont aucune proportion avec les Choses mêmes, puisque nous n'avons pas une idée claire & distincte de la Substance même qui est le fondement de tout le reste. Mais un tel manque d'idées étant une partie aussi bien qu'une cause de notre Ignorance, ne sauroit être specifié. Ce que je crois pouvoir dire hardiment sur cela, c'est que le Monde Intellectuel & le Monde Materiel sont parfaitement semblables en ce point, Que la partie que nous voyons de l'un ou de l'autre n'a aucune proportion avec ce que nous ne voyons pas; & que tout ce que nous en pouvons découvrir par nos yeux ou par nos pensées, n'est qu'un point, & presque rien en comparaison du reste.

§. 24. En second lieu, une autre grande cause de notre Ignorance, c'est le manque des Idées que nous sommes capables d'avoir. Car comme le manque d'idées que nos Facultez sont incapables de nous donner, nous ôte entierement la vûë des choses qu'on doit supposer raisonnablement dans d'autres Etres plus parfaits que nous, ainsi le manque des idées dont je parle présentement, nous retient dans l'ignorance des choses que nous concevons capables d'être connuës par nous. La *grosseur*, la *figure* & le *mouvement* sont des choses dont nous avons des idées. Mais quoi que les idées de ces *prémieres Qualitez* des Corps ne nous manquent pas, cependant comme nous ne connoissons pas ce que c'est que la grosseur particuliére, la figure & le mouvement de la plus grande partie des Corps de l'Univers, nous ignorons les différentes puissances, productions & maniéres d'opérer, par où sont produits les Effets que nous voyons tous les jours. Ces choses nous sont cachées en certains Corps, parce qu'ils sont trop éloignez de nous; & en d'autres, parce qu'ils sont trop petits. Si nous considerons l'extrême distance des parties du Monde qui sont exposées à notre vûë & dont nous avons quelque connoissance, & les raisons que nous avons de penser que ce qui est exposé à notre vûë n'est qu'une petite partie de cet immense Univers, nous découvrirons aussi-tôt un vaste abyme d'ignorance. Le moyen de savoir quelles sont les fabriques particulieres des grandes Masses de matiére qui composent cette prodigieuse machine d'Etres corporels, jusqu'où elles s'étendent, quel est leur mouvement, comment il est perpetué ou communiqué; & quelle influence elles ont l'une sur l'autre! Ce sont tout autant de recherches où notre Esprit se perd dès la prémiére reflexion qu'il y fait. Si

nous

nous bornons notre contemplation à ce petit Coin de l'Univers où nous CHAP. III.
sommes renfermez, je veux dire au Syftême de notre Soleil & à ces grandes Maffes de matiére qui roulent vifiblement autour de lui, combien de
diverfes fortes de Vegetaux, d'Animaux & d'Etres corporels, doûez d'intelligence, infiniment différens de ceux qui vivent fur notre petite Boule,
peut-il y avoir, felon toutes les apparences, dans les autres Planetes, defquels nous ne pouvons rien connoître, pas même leurs figures & leurs parties extérieures, pendant que nous fommes confinez dans cette Terre, puifqu'il n'y a point de voyes naturelles qui en puiffent introduire dans notre
Efprit des idées certaines par Senfation ou par Reflexion ? Toutes ces chofes, dis-je, font au delà de la portée de ces deux fources de toutes nos Connoiffances, de forte que nous ne faurions même conjecturer dequoi font pa-
rées ces Regions, & quelles fortes d'habitans il y a, tant s'en faut que nous
en ayions des idées claires & diftinctes.

§. 25. Si une grande partie, ou plûtôt la plus grande partie des diffé- Parce qu'ils font
rentes efpèces de Corps qui font dans l'Univers, échappent à notre Con- trop petits.
noiffance à caufe de leur éloignement, il y en a d'autres qui ne nous font
pas moins cachez par leur extrême petiteffe. Comme ces corpufcules infenfibles font les parties actives de la Matiére & les grands inftrumens de la
Nature, d'où dépendent non feulement toutes leurs *Secondes Qualitez*, mais
auffi la plûpart de leurs opérations naturelles, nous nous trouvons dans une
ignorance invincible de ce que nous defirons de connoître fur leur fujet,
parce que nous n'avons point d'idées précifes & diftinctes de leurs prémiéres Qualitez. Je ne doute point, que, fi nous pouvions découvrir la figure, la groffeur, la contexture & le mouvement des petites particules de deux
Corps particuliers, nous ne puffions connoître, fans le fecours de l'expérience, plufieurs des opérations qu'ils feroient capables de produire l'un fur
l'autre, comme nous connoiffons préfentement les propriétez d'un Quarré
ou d'un Triangle. Par exemple, fi nous connoiffions les affections mécha-
niques des particules de la *Rhubarbe*, de la *Ciguë*, de l'*Opium* & d'un *Homme*, comme un Horloger connoit celles d'une Montre par où cette Machine produit fes opérations, & celles d'une Lime qui agiffant fur les parties
de la Montre doit changer la figure de quelqu'une de fes rouës, nous ferions
capables de dire par avance que la Rhubarbe doit purger un homme, que
la Ciguë le doit tuer, & l'Opium le faire dormir, tout ainfi qu'un Horloger peut prévoir qu'un petit morceau de papier pofé fur le Balancier, empêchera la Montre d'aller, jufqu'à ce qu'il foit ôté, ou qu'une certaine petite partie de cette Machine étant détachée par la Lime, fon mouvement
ceffera entiérement, & que la Montre n'ira plus. En ce cas, la raifon pourquoi l'Argent fe diffout dans l'Eau forte, & non dans l'Eau Regale où l'Or
fe diffout quoi qu'il ne fe diffolve pas dans l'Eau forte, feroit peut-être auffi facile à connoître, qu'il l'eft à un Serrurier de comprendre pourquoi une
clé ouvre une certaine ferrure, & non pas une autre. Mais pendant que
nous n'avons pas des Sens affez pénétrans pour nous faire voir les petites particules des Corps & pour nous donner des idées de leurs affections méchani-
ques, nous devons nous réfoudre à ignorer leurs propriétez & la maniére

Mmm dont

CHAP. III.

D'où il s'enfuit que nous n'avons aucune *connoiſſance ſcientifique* concernant les Corps.

dont ils opérent; & nous ne pouvons être aſſûrez d'aucune autre choſe ſur leur ſujet que de ce qu'un petit nombre d'expériences peut nous en apprendre. Mais de ſavoir ſi ces expériences réüſſiront une autre fois, c'eſt dequoi nous ne pouvons pas être certains. Et c'eſt là ce qui nous empêche d'avoir une connoiſſance certaine des Véritez univerſelles touchant les Corps naturels; car ſur cet article notre Raiſon ne nous conduit guere au delà des Faits particuliers.

§. 26. C'eſt pourquoi quelque loin que l'induſtrie humaine puiſſe porter la Philoſophie Expérimentale ſur des choſes Phyſiques, je ſuis tenté de croire que nous ne pourrons jamais parvenir ſur ces matiéres à une connoiſſance *ſcientifique*, ſi j'oſe m'exprimer ainſi, parce que nous n'avons pas des idées parfaites & complettes de ces Corps mêmes qui ſont le plus près de nous, & le plus à notre diſpoſition. Nous n'avons, dis-je, que des idées fort imparfaites & incomplettes des Corps que nous avons rapportez à certaines Claſſes ſous des noms généraux, & que nous croyons le mieux connoître. Peut-être pouvons-nous avoir des idées diſtinctes de différentes ſortes de Corps qui tombent ſous l'examen de nos Sens, mais je doute que nous ayions des idées complettes d'aucun d'eux. Et quoi que la prémiére maniére de connoître ces Corps nous ſuffiſe pour l'uſage & pour le diſcours ordinaire, cependant tandis que la derniére nous manque, nous ne ſommes point capables d'une *Connoiſſance ſcientifique*; & nous ne pourrons jamais découvrir ſur leur ſujet des véritez générales, inſtructives & entiérement inconteſtables. La *Certitude* & la *Démonſtration* ſont des choſes auxquelles nous ne devons point prétendre ſur ces matiéres. Par le moyen de la couleur, de la figure, du goût, de l'odeur & des autres Qualitez ſenſibles, nous avons des idées auſſi claires & auſſi diſtinctes de la *Sauge* & de la *Ciguë* que nous en avons d'un Cercle & d'un Triangle: mais comme nous n'avons point d'idée des prémiéres Qualitez des particules inſenſibles de l'une & de l'autre de ces Plantes & des autres Corps auxquels nous voudrions les appliquer, nous ne ſaurions dire quels effets elles produiront; & lorſque nous voyons ces effets, nous ne ſaurions conjecturer la maniére dont ils ſont produits, bien loin de la connoître certainement. Ainſi, n'ayant point d'idée des particuliéres affections mechaniques des petites particules des Corps qui ſont près de nous, nous ignorons leurs conſtitutions, leurs puiſſances & leurs opérations. Pour les Corps plus éloignez, ils nous ſont encore plus inconnus, puiſque nous ne connoiſſons pas même leur figure extérieure, ou les parties ſenſibles & groſſiéres de leurs Conſtitutions.

Encore moins concernant les Eſprits.

§. 27. Il paroît d'abord par-là combien notre Connoiſſance a peu de proportion avec toute l'étenduë des Etres même materiels. Que ſi nous ajoûtons à cela la conſideration de ce nombre infini d'Eſprits qui peuvent exiſter & qui exiſtent probablement, mais qui ſont encore plus éloignez de notre Connoiſſance, puiſqu'ils nous ſont abſolument inconnus & que nous ne ſaurions nous former aucune idée diſtincte de leurs différens ordres ou différentes Eſpèces, nous trouverons que cette Ignorance nous cache dans une obſcurité impénétrable preſque tout le Monde intellectuel, qui certainement eſt & plus grand & plus beau que le Monde materiel. Car excepté quelque

que peu d'Idées fort superficielles que nous nous formons d'un *Esprit* par la CHAP. III.
reflexion que nous faisons sur notre propre Esprit, d'où nous déduisons le
mieux que nous pouvons l'idée du *Pére des Esprits*, cet Etre éternel & indépendant qui a fait ces excellentes Créatures, qui nous a faits avec tout
ce qui existe, nous n'avons aucune connoissance des autres Esprits, non pas
même de leur existence, autrement que par le secours de la Revelation.
L'existence actuelle des Anges & de leurs différentes Espèces, est naturellement au delà de nos découvertes; & toutes ces Intelligences dont il y a
apparemment plus de diverses sortes que de Substances corporelles, sont des
choses dont nos Facultez naturelles ne nous apprennent absolument rien
d'assûré. Chaque homme a sujet d'être persuadé par les paroles & les actions des autres hommes qu'il y a en eux une Ame, un Etre pensant aussi bien
que dans soi-même; & d'autre part la connoissance qu'on a de son propre
Esprit, ne permet pas à un homme qui fait quelque reflexion sur la cause de
son existence d'ignorer qu'il y a un DIEU. Mais qu'il y ait des dégrez d'Etres spirituels entre nous & Dieu, qui est-ce qui peut venir à le connoître
par ses propres recherches & par la seule pénétration de son Esprit? Encore moins pouvons-nous avoir des idées distinctes de leurs différentes natures,
conditions, états, puissances & diverses constitutions, par où ces Etres
différent les uns des autres & de nous. C'est pourquoi nous sommes dans
une absoluë ignorance sur ce qui concerne leurs différentes Espèces & leurs
diverses Propriétez.

§. 28. Après avoir vû combien parmi ce grand nombre d'Etres qui II. Autre
existent dans l'Univers il y en a peu qui nous soient connus, faute source de notre
d'idées, considerons, *en second lieu*, une autre source d'Ignorance qui n'est que nous ne
pas moins importante, c'est que nous ne saurions trouver la connexion qui trouver la connexion qui est entre les Idées
est entre les Idées que nous avons actuellement. Car par-tout où cette nexion qui est
connexion nous manque, nous sommes entièrement incapables d'une Con- que nous avons.
noissance universelle & certaine; & toutes nos vûës se réduisent comme
dans le cas précedent à ce que nous pouvons apprendre par l'Observation &
par l'Expérience, dont il n'est pas nécessaire de dire qu'elle est fort bornée
& bien éloignée d'une Connoissance générale, car qui ne le sait? Je vais
donner quelques exemples de cette cause de notre Ignorance, & passer ensuite à d'autres choses. Il est évident que la grosseur, la figure & le mouvement des différens Corps qui nous environnent, produisent en nous différentes sensations de Couleurs, de Sons, de Gouts ou d'Odeurs, de plaisir ou de douleur, *&c.* Comme les affections mechaniques de ces Corps
n'ont aucune liaison avec ces Idées qu'elles produisent en nous (car on ne
sauroit concevoir aucune liaison entre aucune impulsion d'un Corps quel
qu'il soit, & aucune perception de couleur ou d'odeur que nous trouvions
dans notre Esprit) nous ne pouvons avoir aucune connoissance distincte de
ces sortes d'operations au delà de notre propre expérience, ni raisonner sur
leur sujet que comme sur des effets produits par l'institution d'un Agent infiniment sage, laquelle est entierement au dessus de notre comprehension.
Mais tout ainsi que nous ne pouvons déduire, en aucune manière, les idées
des Qualitez sensibles que nous avons dans l'Esprit, d'aucune cause corporelle,

relle, ni trouver aucune correspondance ou liaison entre ces Idées & les prémiéres Qualitez qui les produisent en nous, comme il paroît par l'experience, il nous est d'autre part aussi impossible de comprendre comment nos Esprits agissent sur nos Corps. Il nous est, dis-je, tout aussi difficile de concevoir qu'une Pensée produise du Mouvement dans le Corps, que de concevoir qu'un Corps puisse produire aucune pensée dans l'Esprit. Si l'Expérience ne nous eût convaincus que cela est ainsi, la consideration des choses mêmes n'auroit jamais été capable de nous le découvrir en aucune maniére. Quoi que ces choses & autres semblables ayent une liaison constante & réguliére dans le cours ordinaire, cependant comme cette liaison ne peut être reconnuë, dans les Idées mêmes, qui ne semblent avoir aucune dépendance nécessaire, nous ne pouvons attribuer leur connexion à aucune autre chose qu'à la détermination arbitraire d'un Agent tout sage qui les a fait être & agir ainsi par des voyes qu'il est absolument impossible à notre foible Entendement de comprendre.

Exemples. §. 29. Il y a, dans quelques-unes de nos Idées, des relations & des liaisons qui sont si visiblement renfermées dans la nature des Idées mêmes, que nous ne saurions concevoir qu'elles en puissent être separées par quelque Puissance que ce soit. Et ce n'est qu'à l'égard de ces idées que nous sommes capables d'une connoissance certaine & universelle. Ainsi l'idée d'un Triangle rectangle emporte nécessairement avec soi l'égalité de ses Angles à deux Droits; & nous ne saurions concevoir que la relation & la connexion de ces deux Idées puisse être changée, ou dépende d'un Pouvoir arbitraire qui l'ait fait ainsi à sa volonté, ou qui l'eût pû faire autrement. Mais la cohésion & la *continuité* des parties de la Matiére, la maniére dont les sensations des Couleurs, des Sons, &c. se produisent en nous par impulsion & par mouvement, les règles & la communication du Mouvement même étant des choses où nous ne saurions découvrir aucune connexion naturelle avec aucune idée que nous ayions, nous ne pouvons les attribuer qu'à la volonté arbitraire & au bon plaisir du sage Architecte de l'Univers. Il n'est pas nécessaire, à mon avis, que je parle ici de la Resurrection des Morts, de l'état à venir du Globe de la Terre & de telles autres choses que chacun reconnoit dépendre entiérement de la détermination d'un Agent libre. Lorsque nous trouvons que des Choses agissent réguliérement, aussi loin que s'étendent nos Observations, nous pouvons conclurre qu'elles agissent en vertu d'une Loi qui leur est prescrite, mais qui pourtant nous est inconnuë: auquel cas, encore que les Causes agissent reglément & que les Effets s'en ensuivent constamment, cependant comme nous ne saurions découvrir par nos Idées leurs connexions & leurs dépendances, nous ne pouvons en avoir qu'une connoissance expérimentale. Par tout cela il est aisé de voir dans quelles ténèbres nous sommes plongez, & combien la Connoissance que nous pouvons avoir de ce qui existe, est imparfaite & superficielle. Par conséquent nous ne mettrons point cette Connoissance à trop bas prix si nous pensons modestement en nous-mêmes, que nous sommes si éloignez de nous former une idée de toute la nature de l'Univers & de comprendre

De l'Etenduë de la Connoissance humaine. Liv. IV. 461

toutes les choses qu'il contient, que nous ne sommes pas même capables CHAP. III.
d'acquérir une connoissance Philosophique des Corps qui sont autour de
nous, & qui font partie de nous-mêmes, puisque nous ne saurions avoir une
certitude universelle de leurs secondes Qualitez, de leurs Puissances, & de
leurs Operations. Nos Sens apperçoivent chaque jour différens Effets,
dont nous avons jusque-là une *connoissance sensitive :* mais pour les causes, la
manière & la certitude de leur production, nous devons nous résoudre à les
ignorer pour les deux raisons que nous venons de proposer. Nous ne pouvons aller, sur ces choses, au delà de ce que l'Expérience particulière nous
découvre comme un point de fait, d'où nous pouvons ensuite conjecturer
par analogie quels effets il est apparent que de pareils Corps produiront dans
d'autres Expériences. Mais pour une *connoissance* parfaite touchant les
Corps naturels (pour ne pas parler des Esprits) nous sommes, je croi, si é-
loignez d'être capables d'y parvenir, que je ne ferai pas difficulté de dire
que c'est perdre sa peine que de s'engager dans une telle recherche.

§. 30. En troisiéme lieu, là où nous avons des idées complettes & où il III. Troisiéme
y a entr'elles une connexion certaine que nous pouvons découvrir, nous som- cause d'ignoran-
mes souvent dans l'ignorance, faute de suivre ces idées que nous avons, ou ce, nous ne sui-
que nous pouvons avoir, & pour ne pas trouver les idées moyennes qui peu- idées.
vent nous montrer quelle espèce de convenance ou de disconvenance elles
ont l'une avec l'autre. Ainsi, plusieurs ignorent des véritez Mathématiques, non en conséquence d'aucune imperfection dans leurs Facultez, ou
d'aucune incertitude dans les Choses mêmes, mais faute de s'appliquer à acquerir, examiner, & comparer ces Idées de la manière qu'il faut. Ce qui
a le plus contribué à nous empêcher de bien conduire nos Idées & de découvrir
leurs rapports, la convenance ou la disconvenance qui se trouve entr'elles,
ç'a été, à mon avis, le mauvais usage des Mots. Il est impossible que les
hommes puissent jamais chercher exactement, ou découvrir certainement
la convenance, ou la disconvenance des Idées, tandis que leurs pensées ne
roulent & ne voltigent que sur des sons d'une signification douteuse & incertaine. Les Mathematiciens en formant leurs pensées indépendamment
des noms, & en s'accoûtumant à présenter à leurs Esprits les idées mêmes
qu'ils veulent considerer, & non les sons à la place de ces idées, ont évité
par-là une grande partie des embarras & des disputes qui ont si fort arrêté
les progrès des hommes dans d'autres Sciences. Car tandis qu'ils s'attachent à des mots d'une signification indéterminée & incertaine, ils sont incapables de distinguer, dans leurs propres Opinions, le Vrai du Faux, le
Certain de ce qui n'est que Probable, & ce qui est suivi & raisonnable de ce
qui est absurde. Tel a été le destin ou le malheur d'une grande partie des
Gens de Lettres ; & par-là le fonds des Connoissances réelles n'a pas été fort
augmenté à proportion des Ecoles, des Disputes & des Livres dont le Monde a été rempli, pendant que les gens d'étude perdus dans un vaste labyrinthe de Mots n'ont sû où ils en étoient, jusqu'où leurs Découvertes étoient
avancées, & ce qui manquoit à leur propre fonds, ou au Fonds général des
Connoissances humaines. Si les hommes avoient agi dans leurs Découvertes du Monde Materiel comme ils en ont usé à l'égard de celles qui regardent

CHAP. III.

dent le Monde Intellectuel, s'ils avoient tout confondu dans un cahos de termes & de façons de parler d'une fignification douteufe & incertaine; tous les Volumes qu'on auroit écrit fur la Navigation & fur les Voyages, toutes les fpeculations qu'on auroit formées, toutes les difputes qu'on auroit excité & multiplié fans fin fur les Zones & fur les Marées, les vaiffeaux même qu'on auroit bâtis & les Flottes qu'on auroit mifes en Mer, tout cela ne nous auroit jamais appris un chemin au delà de la Ligne; & les Antipodes feroient toûjours auffi inconnus que lors qu'on avoit déclaré que c'étoit une Héréfie de foûtenir, qu'il y en eût. Mais parce que j'ai déja traité affez au long des Mots & du mauvais ufage qu'on en fait communément, je n'en parlerai pas davantage en cet endroit.

Autre étenduë de notre Connoiffance, par rapport à fon univerfalité.

§. 31. Outre l'étenduë de notre Connoiffance que nous avons examiné jufqu'ici, & qui fe rapporte aux différentes efpèces d'Etres qui exiftent, nous pouvons y confiderer une autre forte d'étenduë, par rapport à fon Univerfalité, & qui eft bien digne auffi de nos reflexions. Notre Connoiffance fuit, à cet égard, la nature de nos Idées. Lorfque les Idées dont nous appercevons la convenance ou la difconvenance, font abftraites, notre Connoiffance eft univerfelle. Car ce qui eft connu de ces fortes d'Idées générales, fera toûjours véritable de chaque chofe particuliére, où cette effence, c'eft à-dire, cette idée abftraite doit fe trouver renfermée; & ce qui eft une fois connu de ces Idées, fera continuellement & éternellement véritable. Ainfi pour ce qui eft de toutes les connoiffances générales, c'eft dans notre Efprit que nous devons les chercher & les trouver uniquement; & ce n'eft que la confidération de nos propres Idées qui nous les fournit. Les véritez qui appartiennent aux Effences des chofes, c'eft-à-dire, aux idées abftraites, font éternelles; & l'on ne peut les découvrir que par la contemplation de ces Effences, tout ainfi que l'exiftence des Chofes ne peut être connuë que par l'Expérience. Mais je dois parler plus au long fur ce fujet dans les Chapitres où je traiterai de la Connoiffance générale & réelle; ce que je viens de dire en général de l'Univerfalité de notre Conoiffance peut fuffire pour le préfent.

CHAP. IV.

CHAPITRE IV.

De la Réalité de notre Connoiffance.

Objection: Si notre connoiffance eft placée dans nos idées, elle peut être toute chimerique.

§. 1. JE ne doute point qu'à préfent il ne puiffe venir dans l'Efprit de mon Lecteur que je n'ai travaillé jufqu'ici qu'à bâtir un château en l'air, & qu'il ne foit tenté de me dire, ,, A quoi bon tout cet étalage ,, de raifonnemens? La Connoiffance, dites-vous, n'eft autre chofe que la ,, perception de la convenance ou de la difconvenance de nos propres idées. ,, Mais qui fait ce que peuvent être ces Idées? Y a-t-il rien de fi extrava- ,, gant que les Imaginations qui fe forment dans le cerveau des hommes? ,, Où eft celui qui n'a pas quelque chimére dans la tête? Et s'il y a un
,, hom-

De la Réalité de notre Connoissance. Liv. IV.

CHAP. IV.

„ homme d'un sens rassis & d'un jugement tout-à-fait solide, quelle diffé-
„ rence y aura-t-il, en vertu de vos Règles, entre la Connoissance d'un tel
„ homme, & celle de l'Esprit le plus extravagant du monde ? Ils ont tous
„ deux leurs idées ; & apperçoivent tous deux la convenance ou la discon-
„ venance qui est entre elles. Si ces Idées différent par quelque endroit,
„ tout l'avantage sera du côté de celui qui a l'imagination la plus échauffée,
„ parce qu'il a des idées plus vives & en plus grand nombre ; de sorte que
„ selon vos propres Règles il aura aussi plus de connoissance. S'il est vrai
„ que toute la Connoissance consiste uniquement dans la perception de la
„ convenance ou de la disconvenance de nos propres Idées, il y aura au-
„ tant de certitude dans les Visions d'un Enthousiaste que dans les raison-
„ nemens d'un homme de bon sens. Il n'importe ce que les choses sont en
„ elles-mêmes, pourvû qu'un homme observe la convenance de ses pro-
„ pres imaginations & qu'il parle conséquemment, ce qu'il dit est certain,
„ c'est la vérité toute pure. Tous ces Châteaux bâtis en l'air seront d'aussi
„ fortes Retraites de la Vérité que les Démonstrations d'*Euclide.* A ce
„ compte, dire qu'une Harpye n'est pas un Centaure, c'est aussi bien
„ une connoissance certaine & une vérité, que de dire qu'un Quarré n'est
„ pas un Cercle.

„ Mais de quel usage sera toute cette belle Connoissance des imagina-
„ tions des hommes, à celui qui cherche à s'instruire de la réalité des Cho-
„ ses ? Qu'importe de savoir ce que sont les fantaisies des hommes ? Ce
„ n'est que la connoissance des Choses qu'on doit estimer, c'est cela seul
„ qui donne du prix à nos Raisonnemens, & qui fait préferer la Connois-
„ sance d'un homme à celle d'un autre, je veux dire la connoissance de ce
„ que les Choses sont réellement en elles-mêmes, & non une connoissance
„ de songes & de visions.

§. 2. A cela je répons, que si la Connoissance que nous avons de nos Idées, se termine à ces idées sans s'étendre plus avant lors qu'on se propose quelque chose de plus, nos plus sérieuses pensées ne seront pas d'un beaucoup plus grand usage que les reveries d'un Cerveau déreglé ; & que les Véritez fondées sur cette Connoissance ne seront pas d'un plus grand poids que les discours d'un homme qui voit clairement les choses en songe, & les débite avec une extrême confiance. Mais avant que de finir, j'espére montrer évidemment que cette voye d'acquerir de la certitude par la connoissance de nos propres idées renferme quelque chose de plus qu'une pure imagination ; & en même temps il paroîtra, à mon avis, que toute la certitude qu'on a des véritez générales, ne renferme effectivement autre chose.

Réponse: notre connoissance n'est pas chimérique, par-tout où nos Idées s'accordent avec les choses.

§. 3. Il est évident que l'Esprit ne connoit pas les choses immédiatement, mais seulement par l'intervention des idées qu'il en a. Et par conséquent notre Connoissance n'est réelle, qu'autant qu'il y a de la conformité entre nos Idées & la réalité des Choses. Mais quel sera ici notre *Criterion* ? Comment l'Esprit qui n'apperçoit rien que ses propres idées, connoîtra-t-il qu'elles conviennent avec les choses mêmes ? Quoi que cela ne semble pas exempt de difficulté, je croi pourtant qu'il y a deux sortes d'Idées dont nous pouvons être assûrez qu'elles sont conformes aux choses.

4. Le

CHAP. IV.
Et prémiérement, de ce nombre font toutes les *idées simples.*

§. 4. Les prémiéres sont les *Idées simples* ; car puisque l'Esprit ne sauroit en aucune maniére se les former à lui-même, comme nous l'avons fait voir, il faut nécessairement qu'elles soient produites par des choses qui agissent naturellement sur l'Esprit & y font naître les perceptions auxquelles elles sont appropriées par la sagesse & la volonté de Celui qui nous a faits. Il s'enfuit de là que les idées simples ne sont pas des fictions de notre propre imagination, mais des productions naturelles & réguliéres de Choses existantes hors de nous, qui opérent réellement sur nous ; & qu'ainsi elles ont toute la conformité à quoi elles sont destinées, ou que notre état exige: car elles nous représentent les choses sous les apparences que les choses sont capables de produire en nous, par où nous devenons capables nous-mêmes de distinguer les Espèces des substances particuliéres, de discerner l'état où elles se trouvent, & par ce moyen de les appliquer à notre usage. Ainsi, l'idée de *blancheur*, ou d'*amertume* telle qu'elle est dans l'Esprit étant exactement conforme à la Puissance qui est dans un Corps d'y produire une telle idée, à toute la conformité réelle qu'elle peut ou doit avoir avec les choses qui existent hors de nous. Et cette conformité qui se trouve entre nos idées simples & l'existence des choses, suffit pour nous donner une connoissance réelle.

Secondement, toutes les *Idées complexes*, excepté celles des Substances.

§. 5. En second lieu, toutes nos Idées complexes, excepté celles des Substances, étant des Archetypes que l'Esprit a formez lui-même, qu'il n'a pas destiné à être des copies de quoi que ce soit, ni rapportez à l'existence d'aucune chose comme à leurs originaux, elles ne peuvent manquer d'avoir toute la conformité nécessaire à une connoissance réelle. Car ce qui n'est pas destiné à représenter autre chose que soi-même, ne peut être capable d'une fausse représentation, ni nous éloigner de la juste conception d'aucune chose par sa dissemblance d'avec elle. Or excepté les idées des Substances, telles sont toutes nos idées complexes qui, comme j'ai fait voir ailleurs, sont des combinaisons d'Idées que l'Esprit joint ensemble par un libre choix, sans examiner si elles ont aucune liaison dans la Nature. De là vient que toutes les idées de cet Ordre sont elles-mêmes considerées comme des Archetypes ; & les choses ne sont considerées qu'entant qu'elles y sont conformes. De sorte que nous ne pouvons qu'être infailliblement assûrez que toute notre Connoissance touchant ces idées est réelle, & s'étend aux choses mêmes, parce que dans toutes nos Pensées, dans tous nos Raisonnemens & dans tous nos Discours sur ces sortes d'Idées nous n'avons dessein de considerer les choses qu'autant qu'elles sont conformes à nos Idées ; & par conséquent nous ne pouvons manquer d'attraper sur ce sujet une réalité certaine & indubitable.

C'est sur cela qu'est fondée la réalité des Connoissances Mathématiques.

§. 6. Je suis assuré qu'on m'accordera sans peine que la Connoissance que nous pouvons avoir des Véritez Mathematiques, n'est pas seulement une connoissance certaine, mais réelle, que ce ne sont point de simples visions, & des chimeres d'un cerveau fertile en imaginations frivoles. Cependant à bien considerer la chose, nous trouverons que toute cette connoissance roule uniquement sur nos propres idées. Le Mathematicien examine

amine la vérité & les propriétez qui appartiennent à un Rectangle ou à un Cercle, à les considerer seulement tels qu'ils sont en idée dans son Esprit; car peut-être n'a-t-il jamais trouvé en sa vie aucune de ces Figures, qui soient mathematiquement, c'est-à-dire, précisément & exactement véritables. Ce qui n'empêche pourtant pas que la connoissance qu'il a de quelque vérité ou de quelque propriété que ce soit, qui appartienne au Cercle ou à toute autre Figure Mathematique, ne soit véritable & certaine, même à l'égard des choses réellement existantes, parce que les choses réelles n'entrent dans ces sortes de Propositions & n'y sont considerées qu'autant qu'elles conviennent réellement avec les Archetypes qui sont dans l'Esprit du Mathematicien. Est-il vrai de l'idée du Triangle que ses trois Angles sont égaux à deux Droits? La même chose est aussi véritable d'un Triangle, en quelque endroit qu'il existe réellement. Mais que toute autre Figure actuellement existante, ne soit pas exactement conforme à l'idée du Triangle qu'il a dans l'Esprit, elle n'a absolument rien à démêler avec cette Proposition. Et par conséquent le Mathematicien voit certainement que toute sa connoissance touchant ces sortes d'Idées est réelle; parce que ne considerant les choses qu'autant qu'elles conviennent avec ces idées qu'il a dans l'Esprit, il est assûré, que tout ce qu'il fait sur ces Figures, lorsqu'elles n'ont qu'une existence *idéale* dans son Esprit, se trouvera aussi véritable à l'égard de ces mêmes Figures si elles viennent à exister réellement dans la Matière: ses reflexions ne tombent que sur ces Figures, qui sont les mêmes, où qu'elles existent, & de quelque maniére qu'elles existent.

CHAP. IV.

§. 7. Il s'ensuit de là que la connoissance des Véritez Morales est aussi capable d'une certitude réelle que celle des Véritez Mathematiques, car la certitude n'étant que la perception de la convenance ou de la disconvenance de nos Idées; & la Démonstration n'étant autre chose que la perception de cette convenance par l'intervention d'autres idées moyennes; comme nos Idées Morales sont elles-mêmes des Archetypes aussi bien que les Idées Mathematiques, & qu'ainsi ce sont des idées complettes, toute la convenance ou la disconvenance que nous découvrirons entr'elles produira une connoissance réelle, aussi bien que dans les Figures Mathematiques.

Et la réalité des connoissances Morales.

§. 8. Pour parvenir à la *Connoissance* & à la certitude, il est nécessaire que nous ayons des idées déterminées, & pour faire, que notre Connoissance soit réelle, il faut que nos Idées répondent à leurs Archetypes. Du reste, l'on ne doit pas trouver étrange, que je place la certitude de notre Connoissance dans la consideration de nos Idées, sans me mettre fort en peine (à ce qu'il semble) de l'existence réelle des Choses; puisqu'après y avoir bien pensé, l'on trouvera, si je ne me trompe, que la plûpart des Discours sur lesquels roulent les Pensées & les Disputes de ceux qui prétendent ne songer à autre chose qu'à la recherche de la Vérité & de la Certitude, ne sont effectivement que des Propositions générales & des notions auxquelles l'existence n'a aucune part. Tous les Discours des Mathematiciens sur la Quadrature du Cercle, sur les Sections Coniques, ou sur toute autre

L'Existence n'est pas requise pour rendre cette connoissance réelle.

N n n partie

CHAP. IV. partie des Mathematiques, ne regardent point du tout l'existence d'aucune de ces Figures. Les Demonstrations qu'ils font sur cela, & qui dépendent des idées qu'ils ont dans l'Esprit, sont les mêmes, soit qu'il y ait un Quarré ou un Cercle actuellement existant dans le Monde, ou qu'il n'y en ait point. De même, la vérité & la certitude des Discours de Morale est considerée indépendamment de la vie des hommes & de l'existence que les Vertus dont ils traitent, ont actuellement dans le Monde; & les *Offices de Ciceron* ne sont pas moins conformes à la Vérité, parce qu'il n'y a personne dans le Monde qui en pratique exactement les maximes, & qui règle sa vie sur le Modèle d'un homme de bien, tel que *Ciceron* nous l'a dépeint dans cet Ouvrage, & qui n'existoit qu'en idée lorsqu'il écrivoit. S'il est vrai dans la spéculation, c'est-à-dire, en idée, que le Meurtre mérite la mort, il le sera aussi à l'égard de toute action réelle qui est conforme à cette idée de *Meurtre:* Quant aux autres actions, la vérité de cette Proposition ne les touche en aucune manière. Il en est de même de toutes les autres espèces de Choses qui n'ont point d'autre essence que les idées mêmes qui sont dans l'Esprit des hommes.

Notre Connoissance n'est pas moins véritable ou certaine, parce que les idées de Morale sont de notre propre invention, & que c'est nous qui leur donnons des noms.

§. 9. Mais, dira-t-on, si la connoissance Morale ne consiste que dans la contemplation de nos propres Idées Morales; & que ces Idées, comme celles des autres Modes, soient de notre propre invention, quelle étrange notion aurons-nous de la *Justice* & de la *Temperance?* Quelle confusion entre les Vertus & les Vices, si chacun peut s'en former telles idées qu'il lui plaira? Il n'y aura pas plus de confusion, ou de desordre dans les choses mêmes, & dans les raisonnemens qu'on fera sur leur sujet, que dans les Mathematiques il arriveroit du desordre dans les Démonstrations, ou du changement dans les Propriétez des Figures & dans les rapports que l'une a avec l'autre, si un homme faisoit un *Triangle* à quatre coins, & un *Trapeze* à quatre Angles droits, c'est-à-dire en bon François, s'il changeoit les noms des Figures, & qu'il appellât d'un certain nom ce que les Mathematiciens appellent d'un autre. Car qu'un homme se forme l'idée d'une Figure à trois angles dont l'un soit droit, & qu'il l'appelle, s'il veut, *Equilatere* ou *Trapeze*, ou de quelque autre nom; les propriétez de cette Idée & les Démonstrations qu'il fera sur son sujet, seront les mêmes que s'il l'appelloit *Triangle Rectangle*. J'avoûë que ce changement de nom, contraire à la propriété du Langage, troublera d'abord celui qui ne sait pas quelle idée ce nom signifie; mais dès que la Figure est tracée, les conséquences sont évidentes, & la Démonstration paroit clairement. Il en est justement de même à l'égard des Connoissances Morales. Par exemple, qu'un homme ait l'idée d'une Action qui consiste à prendre aux autres sans leur consentement ce qu'une honnête industrie leur a fait gagner, & qu'il lui donne, s'il veut, le nom de *Justice;* quiconque prendra ici le nom sans l'idée qui y est attachée, s'égarera infailliblement, en y attachant une autre idée de sa façon. Mais séparez l'idée d'avec le nom, ou prenez le nom tel qu'il est dans la bouche de celui qui s'en sert; & vous trouverez que les mêmes choses conviennent à cette idée qui lui conviendront si vous l'appellez *injustice*. A la vérité, les noms impropres causent ordinairement plus de desordre dans

les

De la Réalité de notre Connoissance. Liv. IV.   467

les Discours de Morale, parce qu'il n'est pas si facile de les rectifier que dans les Mathematiques, où la Figure une fois tracée & exposée aux yeux fait que le mot est inutile, & n'a plus aucune force; car qu'est-il besoin de signe lorsque la chose signifiée est présente? Mais dans les termes de Morale on ne sauroit faire cela si aisément ni si promptement, à cause de tant de compositions compliquées qui constituent les idées complexes de ces Modes. Cependant qu'on vienne à nommer quelqu'une de ces idées d'une maniére contraire à la signification que les Mots ont ordinairement dans cette Langue, cela n'empêchera point que nous ne puissions avoir une connoissance certaine & démonstrative de leurs diverses convenances ou disconvenances, si nous avons le soin de nous tenir constamment aux mêmes idées précises, comme dans les Mathematiques, & que nous suivions ces Idées dans les différentes relations qu'elles ont l'une à l'autre sans que leurs noms nous fassent jamais prendre le change. Si nous séparons une fois l'idée en question d'avec le signe qui tient sa place, notre Connoissance tend également à la découverte d'une vérité réelle & certaine, quels que soient les sons dont nous nous servions.

§. 10. Une autre chose à quoi nous devons prendre garde, c'est que lorsque Dieu ou quelque autre Législateur ont défini certains termes de Morale, ils ont établi par-là l'Essence de cette Espèce à laquelle ce nom appartient; & il y a du danger, après cela, de l'appliquer ou de s'en servir dans un autre sens. Mais en d'autres rencontres c'est une pure impropriété de Langage que d'employer ces termes de Morale d'une maniére contraire à l'usage ordinaire du Païs. Cependant cela même ne trouble point la certitude de la Connoissance, qu'on peut toûjours acquérir, par une légitime considération & par une exacte comparaison de ces Idées, quelques noms bizarres qu'on leur donne.

§. 11. En troisiéme lieu, il y a une autre sorte d'Idées complexes qui se rapportant à des Archetypes qui existent hors de nous, peuvent en être différentes; & ainsi notre Connoissance touchant ces Idées peut manquer d'être réelle. Telles sont nos Idées des Substances, qui consistant dans une Collection d'idées simples, qu'on suppose déduite des Ouvrages de la Nature, peuvent pourtant être différentes de ces Archetypes, dès-là qu'elles renferment plus d'Idées, ou d'autres Idées que celles qu'on peut trouver unies dans les Choses mêmes. D'où il arrive qu'elles peuvent manquer, & qu'en effet elles manquent d'être exactement conformes aux Choses mêmes.

§. 12. Je dis donc que pour avoir des idées des Substances qui étant conformes aux Choses puissent nous fournir une connoissance réelle, il ne suffit pas de joindre ensemble, ainsi que dans les *Modes*, des Idées qui ne soient pas incompatibles, quoi qu'elles n'ayent jamais existé auparavant de cette maniére, comme sont, par exemple, les idées de *sacrilege* ou de *parjure*, &c. qui étoient aussi véritables & aussi réelles avant qu'après l'existence d'aucune telle Action. Il en est, dis-je, tout autrement à l'égard de nos Idées des Substances; car celles-ci étant regardées comme des copies qui doivent représenter des Archetypes existans hors de nous, elles doivent être

Chap. IV.

Des noms mal imposez ne confondent point la certitude de notre Connoissance.

Les Idées des Substances ont leurs Archetypes hors de nous.

Autant que nos Idées conviennent avec ces Archetypes, autant notre Connoissance est réelle.

toûjours formées fur quelque chofe qui exifte ou qui ait exifté ; & il ne faut pas qu'elles foient compofées d'idées que notre Efprit joigne arbitrairement enfemble fans fuivre aucun Modèle réel d'où elles ayent été déduites, quoi que nous ne puiffions appercevoir aucune incompatibilité dans une telle combinaifon. La raifon de cela eft, que ne fachant pas quelle eft la conftitution réelle des Subftances d'où dépendent nos Idées fimples, & qui eft effectivement la caufe de ce que quelques-unes d'elles font étroitement liées enfemble dans un même fujet, & que d'autres en font excluës; il y en a fort peu dont nous puiffions affûrer qu'elles peuvent ou ne peuvent pas exifter enfemble dans la Nature, au delà de ce qui paroît par l'Expérience & par des Obfervations fenfibles. Par conféquent toute la réalité de la Connoiffance que nous avons des Subftances eft fondée fur ceci : Que toutes nos Idées complexes des Subftances doivent être telles qu'elles foient uniquement compofées d'Idées fimples qu'on ait reconnu coëxifter dans la Nature. Jufque-là nos Idées font véritables ; & quoi qu'elles ne foient peut-être pas des copies fort exactes des Subftances, elles ne laiffent pourtant pas d'être les fujets de la Connoiffance réelle que nous avons des Subftances : Connoiffance qu'on trouvera ne s'étendre pas fort loin, comme je l'ai déja montré. Mais ce fera toûjours une Connoiffance réelle, auffi loin qu'elle pourra s'étendre. Quelques Idées que nous ayions, la convenance que nous trouvons qu'elles ont avec d'autres, fera toûjours un fujet de Connoiffance. Si ces idées font abftraites, la Connoiffance fera générale. Mais pour la rendre réelle par rapport aux Subftances, les idées doivent être déduites de l'exiftence réelle des Chofes. Quelques Idées fimples qui ayent été trouvées coëxifter dans une Subftance, nous pouvons les rejoindre hardiment enfemble, & former ainfi des Idées abftraites des Subftances. Car tout ce qui a été une fois uni dans la Nature, peut l'être encore.

§. 13. Si nous confiderions bien cela, & que nous ne bornaffions pas nos penfées & nos idées abftraites à des noms, comme s'il n'y avoit, ou ne pouvoit y avoir d'autres Efpèces de Chofes que celles que les noms connus ont deja déterminées, & pour ainfi dire, produites, nous penferions aux Chofes mêmes d'une maniére beaucoup plus libre & moins confufe que nous ne faifons. Si je difois de certains *Imbecilles* qui ont vécu quarante ans fans donner le moindre figne de raifon, que c'eft quelque chofe qui tient le milieu entre l'Homme & la Bête, cela pafferoit peut-être pour un Paradoxe bien hardi, ou même pour une fauffeté d'une très-dangereufe conféquence ; & cela en vertu d'un Préjugé, qui n'eft fondé fur autre chofe que fur cette fauffe fuppofition, que ces deux noms, *Homme* & *Bête*, fignifient des Efpèces diftinctes, fi bien marquées par des Effences réelles que nulle autre Efpèce ne peut intervenir entre elles ; au lieu que fi nous voulons faire abftraction de ces noms, & renoncer à la fuppofition de ces Effences fpecifiques, établies par la Nature, auxquelles toutes les chofes de la même dénomination participent exactement & avec une entière égalité, fi, dis-je, nous ne voulons pas nous figurer qu'il y ait un certain nombre précis de ces Effences fur lefquelles toutes les Chofes ayent été formées & comme jettées au moule, nous trouverons que l'idée de la figure, du mouvement & de la
vie

vie d'un homme destitué de Raison, est aussi bien une Idée distincte, & constituë aussi bien une espèce de Choses distincte de l'Homme & de la Bête, que l'Idée de la figure d'un Ane accompagnée de Raison seroit différente de celle de l'Homme ou de la Bête, & constitueroit une Espèce d'Animal qui tiendroit le milieu entre l'Homme & la Bête, ou qui seroit distinct de l'un & de l'autre.

CHAP. IV.

§. 14. Ici chacun sera d'abord tenté de me dire, *Si l'on peut supposer que des* Imbecilles *sont quelque chose entre l'Homme & la Bête, que sont-ils donc, je vous prie?* Je répons, ce sont des *Imbecilles*; ce qui est un aussi bon mot pour quelque chose de différent de la signification du mot *Homme* ou *Bête*, que les noms d'*homme* & de *bête* sont propres à marquer des significations distinctes l'une de l'autre. Cela bien consideré pourroit résoudre cette Question, & faire voir ma pensée sans qu'il fût besoin de plus longs discours. Mais je ne connois pas si peu le zéle de certaines gens, toûjours prêts à tirer des conséquences, & à se figurer la Religion en danger, dès que quelqu'un se hazarde de quitter leurs façons de parler, pour ne pas prévoir quelles odieuses épithetes on peut donner à une telle Proposition ; & d'abord on me demandera sans doute, si les *Imbecilles* sont quelque chose entre l'Homme & la Bête, que deviendront-ils dans l'autre Monde ? A cela je répons, prémiérement, qu'il ne m'importe point de le savoir ni de le rechercher: * *Qu'ils tombent ou qu'ils se soûtiennent, cela regarde leur Maître.* Et soit que nous déterminions quelque chose ou que nous ne déterminions rien sur leur condition, elle n'en sera ni meilleure ni pire pour cela. Ils sont entre les mains d'un Créateur fidelle, & d'un Pére plein de bonté qui ne dispose pas de ses Créatures suivant les bornes étroites de nos pensées ou de nos opinions particuliéres, & qui ne les distingue point conformément aux noms & aux Espèces qu'il nous plaît d'imaginer. Du reste, comme nous connoissons si peu de choses de ce Monde, où nous vivons actuellement, nous pouvons bien, ce me semble, nous résoudre sans peine à nous abstenir de prononcer définitivement sur les différens états par où doivent passer les Créatures en quittant ce Monde. Il nous peut suffire que Dieu ait fait connoître à tous ceux qui sont capables d'instruction, de discours & de raisonnement, qu'ils seront appellez à rendre compte de leur conduite, & qu'ils recevront † *selon ce qu'ils auront fait dans ce Corps.*

Objection contre ce que je dis qu'un Imbecille est quelque chose entre l'Homme & la Bête. Réponse.

* Rom. XIV, 4.

† 2 Corinth. V, 10.

§. 15. Mais je répons, en second lieu, que tout le fort de cette Question, *si je veux priver les* Imbecilles *d'un Etat à venir*, roule sur une de ces deux suppositions qui sont également fausses. La prémiére est que toutes les choses qui ont la forme & l'apparence extérieure d'homme, doivent être nécessairement destinées à un état d'immortalité après cette vie ; ou en second lieu, que tout ce qui a une naissance humaine doit joüir de ce privilege. Otez ces imaginations ; & vous verrez que ces sortes de Questions sont ridicules & sans aucun fondement. Je supplie donc ceux qui se figurent qu'il n'y a qu'une différence accidentelle entr'eux & des *Imbecilles*, (l'essence étant exactement la même dans l'un & dans l'autre) de considerer s'ils peuvent imaginer que l'Immortalité soit attachée à aucune forme extérieure du Corps. Il suffit, je pense, de leur proposer la chose, pour la leur faire

CHAP. IV. faire desavouer. Car je ne croi pas qu'on ait encore vû personne dont l'Esprit soit assez enfoncé dans la Matiére pour élever aucune figure composée de parties grossiéres, sensibles, & extérieures, jusqu'à ce point d'excellence que d'affirmer que la Vie éternelle lui soit duë, ou en soit une suite nécessaire; ou qu'aucune Masse de matiére une fois dissoute ici-bas doive ensuite être rétablie dans un état où elle aura éternellement du sentiment, de la perception & de la connoissance, dès-là seulement qu'elle a été moulée sur une telle figure, & que ses parties extérieures ont eu une telle configuration particuliére. Si l'on admet une fois ce Sentiment, qui attache l'Immortalité à une certaine configuration extérieure, il ne faut plus parler d'Ame ou d'Esprit, ce qui a été jusqu'ici le seul fondement sur lequel on a conclu que certains Etres Corporels étoient immortels, & que d'autres ne l'étoient pas. C'est donner davantage à l'extérieur qu'à l'interieur des Choses. C'est faire consister l'excellence d'un homme dans la figure extérieure de son Corps plûtôt que dans les perfections intérieures de son Ame; ce qui n'est guere mieux que d'attacher cette grande & inestimable prérogative d'un Etat immortel & d'une Vie éternelle dont l'Homme joüit préferablement aux autres Etres Materiels, que de l'attacher, dis-je, à la maniére dont sa Barbe est faite, ou dont son Habit est taillé; car une telle ou une telle forme extérieure de nos Corps n'emporte pas plûtôt avec soi des espérances d'une durée éternelle, que la façon dont est fait l'habit d'un homme lui donne un sujet raisonnable de penser que cet habit ne s'usera jamais, ou qu'il rendra sa personne immortelle. On dira peut-être, Que personne ne s'imagine que la Figure rende quoi que ce soit immortel, mais que c'est la Figure qui est le signe de la residence d'une Ame raisonnable qui est immortelle. J'admire qui l'a renduë signe d'une telle chose; car pour faire que cela soit, il ne suffit pas de le dire simplement. Il faudroit avoir des preuves pour en convaincre une autre personne. Je ne sache pas qu'aucune Figure parle un tel Langage, c'est-à-dire, qu'elle désigne rien de tel par elle-même. Car on peut conclurre aussi raisonnablement que le corps mort d'un homme, en qui l'on ne peut trouver non plus d'apparence de vie ou de mouvement que dans une Statuë, renferme une Ame vivante à cause de sa figure, que de dire qu'il y a une Ame raisonnable dans un *Imbecille*, parce qu'il a l'extérieur d'une Créature raisonnable, quoi que durant tout le cours de sa vie, il ne paroisse dans ses actions aucune marque de raison si expresse que celles qu'on peut observer en plusieurs Bétes.

De ce qu'on nomme *Monstre*.

§. 16. Mais un *Imbecille* vient de parens raisonnables; & par conséquent il faut qu'il ait une Ame raisonnable. Je ne vois pas par quelle règle de Logique vous pouvez tirer une telle conséquence; qui certainement n'est reconnuë en aucun endroit de la Terre; car si elle l'étoit, comment les hommes oseroient-ils détruire, comme ils font par-tout, des productions mal formées & contrefaites? Oh, direz-vous, mais ces Productions sont des Monstres. Eh bien, soit. Mais que seront ces *Imbecilles*, toûjours couverts de bave, sans intelligence, & tout-à-fait intraitables? Un défaut dans le corps fera-t-il un Monstre, & non un défaut dans l'Esprit, qui est la plus noble, & comme on parle communément, la plus essentielle partie de l'Homl'Homme? Eſt-ce le manque d'un Nez ou d'un Cou qui doit faire un Monſtre, & exclurre du rang des hommes ces ſortes de Productions; & non, le manque de Raiſon & d'Entendement? C'eſt réduire toute la Queſtion à ce qui vient d'être refuté tout à l'heure; c'eſt faire tout conſiſter dans la figure, & ne juger de l'Homme que par ſon extérieur. Mais pour faire voir qu'en effet de la manière dont on raiſonne ſur ce ſujet, les gens ſe fondent entièrement ſur la Figure, & réduiſent toute l'*Eſſence* de l'Eſpèce humaine (ſuivant l'idée qu'ils s'en forment) à la forme extérieure, quelque déraiſonnable que cela ſoit, & malgré tout ce qu'ils diſent pour le deſavouer, nous n'avons qu'à ſuivre leurs penſées & leur pratique un peu plus avant, & la choſe paroîtra avec la dernière évidence. Un *Imbecille* bien formé eſt un homme, il a une Ame raiſonnable quoi qu'on n'en voye aucun ſigne: il n'y a point de doute à cela, dites-vous. Faites les oreilles un peu plus longues & plus pointuës, le nez un peu plus plat qu'à l'ordinaire; & vous commencez à héſiter. Faites le viſage plus étroit, plus plat & plus long; vous voilà tout-à-fait indéterminé. Donnez-lui encore plus de reſſemblance à une Bête Brute, juſqu'à ce que la tête ſoit parfaitement celle de quelque autre Animal, dès-lors c'eſt un *Monſtre*; & ce vous eſt une Démonſtration qu'il n'a point d'Ame, & qu'il doit être détruit. Je vous demande préſentement, où trouver la juſte meſure & les dernières bornes de la Figure qui emporte avec elle une Ame raiſonnable? Car puiſqu'il y a eu des *Fœtus* humains, moitié bête & moitié homme, & d'autres dont les trois parties participent de l'un, & l'autre partie de l'autre; & qu'il peut arriver qu'ils approchent de l'une ou de l'autre forme ſelon toute la variété imaginable, & qu'ils reſſemblent à un homme ou à une bête par différens dégrez mêlez enſemble; je ſerois bien aiſe de ſavoir quels ſont au juſte les lineamens auxquels une Ame raiſonnable peut ou ne peut pas être unie, ſelon cette Hypotheſe; quelle ſorte d'extérieur eſt une marque aſſûrée qu'une Ame habite ou n'habite pas dans le Corps. Car juſqu'à ce qu'on en ſoit venu là, nous parlons de l'Homme au hazard; & nous en parlerons, je croi, toûjours ainſi, tandis que nous nous fixerons à certains ſons, & que nous nous figurerons certaines Eſpèces déterminées dans la Nature, ſans ſavoir ce que c'eſt. Mais après tout, je ſouhaiterois qu'on conſiderât que ceux qui croyent avoir ſatisfait à la difficulté, en nous diſant qu'un *Fœtus* contrefait eſt un Monſtre, tombent dans la même faute qu'ils veulent reprendre, c'eſt qu'ils établiſſent par-là une Eſpèce moyenne entre l'Homme & la Bête; car je vous prie, qu'eſt-ce que leur Monſtre en ce cas-là, (ſi le mot de *Monſtre* ſignifie quoi que ce ſoit) ſinon une choſe qui n'eſt ni homme ni bête, mais qui participe de l'un & de l'autre? Or tel eſt juſtement l'*Imbecille* dont on vient de parler. Tant il eſt néceſſaire de renoncer à la notion commune des Eſpèces & des Eſſences, ſi nous voulons pénétrer véritablement dans la nature des Choſes mêmes, & les examiner par ce que nos Facultez nous y peuvent faire découvrir, à les conſiderer telles qu'elles exiſtent, & non pas, par de vaines fantaiſies dont on s'eſt entêté ſur leur ſujet ſans aucun fondement.

§. 17. J'ai propoſé ceci dans cet endroit, parce que je croi que nous ne fau-

CHAP. IV. *distinction des choses en Espèces nous imposent.*

saurions prendre trop de soin pour éviter que les *Mots*, & les *Espèces*, à en juger par les notions vulgaires selon lesquelles nous avons accoûtumé de les employer, ne nous imposent ; car je suis porté à croire que c'est là ce qui nous empêche le plus d'avoir des connoissances claires & distinctes, particuliérement à l'égard des Substances ; & que c'est de là qu'est venuë une grande partie des difficultez sur la Vérité, & sur la Certitude. Si nous nous accoûtumions seulement à séparer nos Reflexions & nos Raisonnemens d'avec les Mots, nous pourrions remedier en grand partie à cet inconvénient par rapport à nos propres pensées que nous considererions en nous-mêmes ; ce qui n'empêcheroit pourtant pas que nous ne fussions toûjours embrouillez dans nos Discours avec les autres hommes, pendant que nous persisterons à croire que les Espèces & leurs Essences sont autre chose que nos Idées abstraites telles qu'elles sont, auxquelles nous attachons certains noms pour en être les signes.

Recapitulation.

§. 18. Enfin, pour reprendre en peu de mots ce que nous venons de dire sur la certitude & la réalité de nos Connoissances ; par-tout où nous appercevons la convenance ou la disconvenance de quelqu'une de nos Idées, il y a là une Connoissance certaine, & par-tout où nous sommes assurez que ces Idées conviennent avec la réalité des Choses, il y a une Connoissance certaine & réelle. Et ayant donné ici les marques de cette convenance de nos Idées avec la réalité des choses, je croi avoir montré en quoi consiste la vraye Certitude, la Certitude réelle ; ce qui de quelque manière qu'il eût paru à d'autres, avoit été jusqu'ici, à mon égard, un de ces *Desiderata*, sur quoi, à parler franchement, j'avois grand besoin d'être éclairci.

CHAP. V.

CHAPITRE V.

De la Vérité en général.

Ce que c'est que la Vérité.

§. 1. IL y a plusieurs siécles qu'on a demandé ce que c'est que la *Vérité* ; & comme c'est là ce que tout le Genre Humain cherche ou prétend chercher, il ne peut qu'être digne de nos soins d'examiner avec toute l'exactitude dont nous sommes capables, en quoi elle consiste, & par-là de nous instruire nous-mêmes de sa Nature, & d'observer comment l'Esprit la distingue de la Fausseté.

Une juste conjonction ou séparation des signes, c'est-à-dire des Idées ou des Mots.

§. 2. Il me semble donc que la Vérité n'emporte autre chose, selon la signification propre du mot, que *la conjonction ou la séparation des signes suivant que les Choses mêmes conviennent ou disconviennent entr'elles.* Il faut entendre ici par la conjonction ou la separation des signes ce que nous appellons autrement *Proposition.* De sorte que la Vérité n'appartient proprement qu'aux Propositions ; dont il y en a de deux sortes, l'une *Mentale*, & l'autre *Verbale*, ainsi que les signes dont on se sert communément sont de deux sortes, savoir les *Idées* & les *Mots*.

Ce qui fait les

§. 3. Pour avoir une notion claire de la Vérité, il est fort nécessaire de con-

considerer la vérité mentale & la vérité verbale distinctement l'une de l'autre. Cependant il est très-difficile d'en discourir séparément, parce qu'en traitant des Propositions mentales on ne peut éviter d'employer le secours des Mots; & dès-là les exemples qu'on donne de Propositions Mentales cessent d'être purement mentales, & deviennent verbales. Car une Proposition mentale n'étant qu'une simple considération des Idées comme elles sont dans notre Esprit sans être revêtuës de mots, elles perdent leur nature de Propositions purement mentales dès qu'on employe des Mots pour les exprimer.

CHAP. V.
Propositions Mentales & Verbales.

§. 4. Ce qui fait qu'il est encore plus difficile de traiter des Propositions mentales & des verbales séparément, c'est que la plûpart des hommes, pour ne pas dire tous, mettent des mots à la place des idées en formant leurs pensées & leurs raisonnemens en eux-mêmes, du moins lorsque le sujet de leur méditation renferme des idées complexes. Ce qui est une preuve bien évidente de l'imperfection & de l'incertitude de nos Idées de cette espèce, & qui, à le bien considerer, peut servir à nous faire voir quelles sont les choses dont nous avons des idées claires & parfaitement déterminées, & quelles sont les choses dont nous n'avons point de telles idées. Car si nous observons soigneusement la maniére dont notre Esprit se prend à penser & à raisonner, nous trouverons, à mon avis, que quand nous formons en nous-mêmes quelques Propositions sur le *Blanc* ou le *Noir*, sur le *Doux* ou l'*Amer*, sur un *Triangle* ou un *Cercle*, nous pouvons former dans notre Esprit les Idées mêmes; & qu'en effet nous le faisons souvent, sans refléchir sur les noms de ces Idées. Mais quand nous voulons faire des reflexions ou former des Propositions sur des Idées plus complexes, comme sur celles d'*homme*, de *vitriol*, de *valeur*, de *gloire*, nous mettons ordinairement le nom à la place de l'Idée; parce que les idées que ces noms signifient, étant la plûpart imparfaites, confuses & indéterminées, nous réfléchissons sur les noms mêmes; parce qu'ils sont plus clairs, plus certains, plus distincts, & plus propres à se présenter promptement à l'Esprit que de pures Idées; de sorte que nous employons ces termes à la place des Idées mêmes, lors même que nous voulons méditer & raisonner en nous-mêmes, & faire tacitement des Propositions mentales. Nous en usons ainsi à l'égard des Substances, comme je l'ai deja remarqué, à cause de l'imperfection de nos Idées, prenant le nom pour l'essence réelle dont nous n'avons pourtant aucune idée. Dans les *Modes*, nous faisons la même chose, à cause du grand nombre d'Idées simples dont ils sont composez. Car la plûpart d'entr'eux étant extrêmement complexes, le nom se présente bien plus aisément que l'Idée même qui ne peut être rappellée, & pour ainsi dire, exactement retracée à l'Esprit qu'à force de temps & d'application, même à l'égard des personnes qui ont auparavant pris la peine d'éplucher toutes ces différentes idées, ce que ne sauroient faire ceux qui pouvant aisément rappeller dans leur Mémoire la plus grande partie des termes ordinaires de leur Langue, n'ont peut-être jamais songé, durant tout le cours de leur vie, à considerer quelles sont les idées précises que la plûpart de ces termes signifient. Ils se sont contentez d'en avoir quelques notions confuses & obscures. Combien de gens y a-t-il, par exem-

Il est fort difficile de traiter des Propositions mentales.

exemple, qui parlent beaucoup de *Religion* & de *Conscience*, d'*Eglise* & de *Foi*, de *Puissance* & de *Droit*, d'*Obstructions* & d'*humeurs*, de *melancolie* & de *bile*, mais dont les pensées & les méditations se réduiroient peut-être à fort peu de chose, si on les prioit de refléchir uniquement sur les Choses mêmes, & de laisser à quartier tous ces mots avec lesquels il est si ordinaire qu'ils embrouillent les autres & qu'ils s'embarassent eux-mêmes.

Elles ne sont que des Idées jointes ou separées sans l'intervention des mots.

§. 5. Mais pour revenir à considerer en quoi consiste la Vérité, je dis qu'il faut distinguer deux sortes de Propositions que nous sommes capables de former.

Prémiérement, les *Mentales*, où *les Idées sont jointes ou separées* dans notre Entendement, sans l'intervention des Mots, par l'Esprit, qui appercevant leur convenance ou leur disconvenance, en juge actuellement.

Il y a, en second lieu, des Propositions *Verbales* qui sont des *Mots*, signes de nos Idées, *joints ou separez en des sentences affirmatives ou negatives*. Et par cette maniére d'affirmer ou de nier, ces signes formez par des sons, sont, pour ainsi dire, joints ensemble ou separez l'un de l'autre. De sorte qu'une Proposition consiste à joindre ou à separer des signes; & la Vérité consiste à joindre ou à separer ces signes selon que les choses qu'ils signifient, conviennent ou disconviennent.

Quand c'est que les Propositions mentales & verbales contiennent quelque verité reelle.

§. 6. Chacun peut être convaincu par sa propre expérience, que l'Esprit venant à appercevoir ou à supposer la convenance ou la disconvenance de quelqu'une de ses Idées, les réduit tacitement en lui-même à une Espèce de Proposition affirmative ou negative, ce que j'ai tâché d'exprimer par les termes de *joindre ensemble* & de *separer*. Mais cette action de l'Esprit qui est si familiere à tout homme qui pense & qui raisonne, est plus facile à concevoir en reflechissant sur ce qui se passe en nous, lorsque nous affirmons ou nions, qu'il n'est aisé de l'expliquer par des paroles. Quand un homme a dans l'Esprit l'idée de deux Lignes, savoir la laterale & la diagonale d'un Quarré, dont la diagonale a un pouce de longueur, il peut avoir aussi l'idée de la division de cette Ligne en un certain nombre de parties égales, par exemple en cinq, en dix, en cent, en mille, ou en tout autre nombre; & il peut avoir l'idée de cette Ligne longue d'un pouce comme pouvant, ou ne pouvant pas être divisée en telles parties égales qu'un certain nombre d'elles soit égal à la ligne laterale. Or toutes les fois qu'il apperçoit, qu'il croit, ou qu'il suppose qu'une telle Espèce de divisibilité convient où ne convient pas avec l'idée qu'il a de cette Ligne, il joint ou sepâre, pour ainsi dire, ces deux idées, je veux dire celle de cette Ligne, & celle de cette espèce de divisibilité, & par-là il forme une Proposition mentale qui est vraye ou fausse, selon qu'une telle espèce de divisibilité, ou qu'une divisibilité en de telles parties aliquotes convient réellement ou non avec cette Ligne. Et quand les Idées sont ainsi jointes ou separées dans l'Esprit, selon que ces idées ou les choses qu'elles signifient, conviennent ou disconviennent, c'est là, si j'ose ainsi parler, *une Vérité mentale*. Mais la *Vérité verbale* est quelque chose de plus. C'est une Proposition où des Mots sont affirmez ou niez l'un de l'autre, selon que les idées qu'ils signi-

De la Vérité en général. Liv. IV.

signifient, conviennent ou disconviennent: & cette Vérité est encore de deux espéces, ou *purement verbale & frivole,* de laquelle je traiterai dans le Chapitre X.me. ou bien *réelle* & instructive ; & c'est elle qui est l'objet de cette Connoissance réelle dont nous avons déjà parlé.

§. 7. Mais peut-être qu'on aura encore ici le même scrupule à l'égard de la Vérité qu'on a eu touchant la Connoissance & qu'on m'objectera „ que, si la Vérité n'est autre chose qu'une conjonction ou separation de „ Mots, formans des Propositions, selon que les Idées qu'ils signifient, „ conviennent ou disconviennent dans l'Esprit des hommes, la connoissan- „ ce de la Vérité n'est pas une chose si estimable qu'on se l'imagine ordi- „ nairement ; puisqu'à ce compte, elle ne renferme autre chose qu'une „ conformité entre des mots & les productions chimeriques du cerveau des „ hommes ; car qui ignore de quelles notions bizarres est remplie la tête „ de je ne sai combien de personnes, & quelles étranges idées peuvent se „ former dans le cerveau de tous les hommes? Mais si nous nous en tenons „ là, il s'ensuivra que par cette Règle nous ne connoissons la vérité de quoi „ que ce soit, que d'un Monde visionnaire, & cela en consultant nos pro- „ pres imaginations ; & que nous ne découvrons point de vérité qui ne „ convienne aussi bien aux Harpyes & aux Centaures qu'aux Hommes & „ aux Chevaux. Car les idées des Centaures & autres semblables chimé- „ res peuvent se trouver dans notre Cerveau, & y avoir une convenance „ ou disconvenance, tout aussi bien que les idées des Etres réels, & par „ conséquent on peut former d'aussi véritables Propositions sur leur sujet, „ que sur des idées de Choses réellement existantes, de sorte que cette „ Proposition, *Tous les Centaures sont des Animaux,* sera aussi véritable que „ celle-ci, *Tous les hommes sont des Animaux,* & la certitude de l'une sera „ aussi grande que celle de l'autre. Car dans ces deux Propositions les „ mots sont joints ensemble selon la convenance que les Idées ont dans no- „ tre Esprit, la convenance de l'Idée d'*Animal* avec celle de *Centaure* étant „ aussi claire & aussi visible dans l'Esprit, que la convenance de l'idée „ d'*Animal* avec celle d'*homme* ; & par conséquent ces deux Propositions „ sont également véritables, & d'une égale certitude. Mais à quoi nous „ sert une telle Vérité?

Chap. V.

Objection contre la Vérité verbale, que suivant ce que j'en dis, elle peut être entiérement chimerique.

§. 8. Quoi que ce qui a été dit dans le Chapitre précedent pour distinguer la connoissance réelle d'avec l'imaginaire pût suffire ici à dissiper ce doute, & à faire discerner la Vérité réelle de celle qui n'est que chimerique, ou, si vous voulez, purement nominale, ces deux distinctions étant établies sur le même fondement, il ne sera pourtant pas inutile de faire encore remarquer, dans cet endroit, que, quoi que nos Mots ne signifient autre chose que nos Idées, cependant comme ils sont destinez à signifier des choses, la vérité qu'ils contiennent, lorsqu'ils viennent à former des Propositions, ne sauroit être que *verbale,* quand ils désignent dans l'Esprit des Idées qui ne conviennent point avec la réalité des Choses. C'est pourquoi la Vérité, aussi bien que la Connoissance peut être fort bien distinguée en *verbale,* & en *réelle* ; celle-là étant seulement *verbale,* où les termes sont joints selon la convenance ou la disconvenance des Idées qu'ils signi-

Réponse à cette Objection. La Vérité réelle regarde les Idées conformes aux choses.

CHAP. V.

signifient, sans considerer si nos Idées sont telles qu'elles existent ou peuvent exister dans la Nature. Mais au contraire les Propositions renferment une vérité réelle, lorsque les signes dont elles sont composées, sont joints selon que nos Idées conviennent ; & que ces Idées sont telles que nous les connoissons capables d'exister dans la Nature ; ce que nous ne pouvons connoître à l'égard des Substances qu'en sachant que telles Substances ont existé.

La Fausseté consiste à joindre les noms autrement que leurs Idées ne conviennent.

§. 9. La *Vérité* est la dénotation en paroles de la convenance ou de la disconvenance des Idées, telle qu'elle est. La *Fausseté* est la dénotation en paroles de la convenance ou de la disconvenance des Idées, autre qu'elle n'est effectivement. Et tant que ces Idées, ainsi désignées par certains sons, sont conformes à leurs Archetypes, jusque-là seulement la vérité est réelle ; de sorte que la Connoissance de cette Espèce de vérité consiste à savoir quelles sont les Idées que les mots signifient, & à appercevoir la convenance ou la disconvenance de ces Idées, selon qu'elle est désignée par ces mots.

Les Propositions générales doivent être traitées plus au long.

§. 10. Mais parce qu'on regarde les Mots comme les grands *vehicules* de la Vérité & de la Connoissance, si j'ose m'exprimer ainsi, & que nous nous servons de mots & de Propositions en communiquant & en recevant la Vérité, & pour l'ordinaire en raisonnant sur son sujet, j'examinerai plus au long en quoi consiste la certitude des Véritez réelles, renfermées dans des Propositions, & où c'est qu'on peut la trouver, & je tâcherai de faire voir dans quelle espèce de Propositions universelles nous sommes capables de voir certainement la vérité ou la fausseté réelle qu'elles renferment.

Je commencerai par les Propositions générales, comme étant celles qui occupent le plus nos pensées, & qui donnent le plus d'exercice à nos speculations. Car comme les Véritez générales étendent le plus notre Connoissance & qu'en nous instruisant tout d'un coup de plusieurs choses particuliéres, elles nous donnent de grandes vûës & abregent le chemin qui nous conduit à la Connoissance, l'Esprit en fait aussi le plus grand objet de ses recherches.

Vérité Morale, & Metaphysique.

§. 11. Outre cette Vérité, prise dans ce sens resserré dont je viens de parler, il y en a deux autres espèces. La prémiére est la *Vérité Morale*, qui consiste à parler des choses selon la persuasion de notre Esprit, quoi que la Proposition que nous prononçons, ne soit pas conforme à la réalité des choses. Il y a, en second lieu, une *Vérité Métaphysique*, qui n'est autre chose que l'existence réelle des choses, conforme aux idées auxquelles nous avons attaché les noms dont on se sert pour désigner ces choses. Quoi qu'il semble d'abord que ce n'est qu'une simple considération de l'existence même des choses, cependant à le considerer de plus près, on verra qu'il renferme une Proposition tacite par où l'Esprit joint telle chose particuliere à l'idée qu'il s'en étoit formé auparavant en lui assignant un certain nom. Mais parce que ces considérations sur la Vérité ont été examinées auparavant, ou qu'elles n'ont pas beaucoup de rapport à notre présent dessein, c'est assez qu'en cet endroit nous les ayions indiquées en passant.

CHA-

CHAPITRE VI.

Des Propositions universelles, de leur Vérité, & de leur Certitude.

§. 1. QUOIQUE la meilleure & la plus sûre voye pour arriver à une connoissance claire & distincte, soit d'examiner les idées & d'en juger par elles-mêmes, sans penser à leurs noms en aucune manière; cependant c'est, je pense, ce qu'on pratique fort rarement, tant la coûtume d'employer des sons pour des idées a prévalu parmi nous. Et chacun peut remarquer combien c'est une chose ordinaire aux hommes de se servir des noms à la place des idées, lors même qu'ils méditent & qu'ils raisonnent en eux-mêmes, sur-tout si les idées sont fort complexes & composées d'une grande collection d'Idées simples. C'est là ce qui fait que la considération des mots & des Propositions est une partie si nécessaire d'un discours où l'on traite de la Connoissance, qu'il est fort difficile de parler intelligiblement de l'une de ces choses sans expliquer l'autre.

Il est nécessaire de parler des Mots en traitant de la Connoissance.

§. 2. Comme toute la connoissance que nous avons se réduit uniquement à des véritez particuliéres, ou générales, il est évident, que, quoi qu'on puisse faire pour parvenir à l'intelligence des véritez particuliéres, l'on ne sauroit jamais faire bien entendre les véritez générales, qui sont avec raison l'objet le plus ordinaire de nos recherches, ni les comprendre que fort rarement soi-même, qu'entant qu'elles sont conçuës & exprimées par des paroles. Ainsi, en recherchant ce qui constituë notre Connoissance, il ne sera pas hors de propos d'examiner la vérité & la certitude des Propositions Universelles.

Il est difficile d'entendre des véritez générales si elles ne sont exprimées par des Propositions verbales.

§. 3. Mais afin de pouvoir éviter ici l'illusion où nous pourroit jetter l'ambiguité des termes, écueil dangereux en toute occasion, il est à propos de remarquer qu'il y a une double certitude, une *Certitude de Vérité* & une *Certitude de Connoissance*. Lorsque les mots sont joints de telle maniére dans des Propositions, qu'ils expriment exactement la convenance ou la disconvenance telle qu'elle est réellement, c'est une *Certitude de Vérité*. Et la *Certitude de Connoissance* consiste à appercevoir la convenance ou la disconvenance des Idées, entant qu'elle est exprimée dans des Propositions. C'est ce que nous appellons ordinairement connoître la vérité d'une Proposition, ou en être certain.

Il y a une double Certitude, l'une de Vérité, & l'autre de Connoissance.

§. 4. Or comme nous ne saurions *être assûrez de la vérité d'aucune Proposition générale, à moins que nous ne connoissions les bornes précises, & l'étenduë des Espèces que signifient les Termes dont elle est composée*, il seroit nécessaire que nous connussions l'Essence de chaque Espèce, puisque c'est cette Essence qui constituë & termine l'Espèce. C'est ce qu'il n'est pas mal aisé de faire à l'égard de toutes les *Idées Simples & des Modes*; car dans les Idées Simples & dans les Modes, l'Essence réelle & la nominale n'est qu'une seule & même chose, ou, pour exprimer la même pensée en d'autres termes, l'idée

On ne peut être assûré d'aucune Proposition générale qu'elle est véritable lorsque l'Essence de chaque Espèce dont il y est parlé, n'est pas connuë.

CHAP. VI. abstraite que le terme général signifie étant la seule chose qui constituë ou qu'on peut supposer qui constituë l'essence & les bornes de l'Espèce, on ne peut être en peine de savoir jusqu'où s'étend l'Espèce, ou quelles choses sont comprises sous chaque terme; car il est évident que ce sont toutes celles qui ont une exacte conformité avec l'idée que ce terme signifie, & nulle autre. Mais dans les Substances, où une Essence réelle, distincte de la nominale, est supposée constituer, déterminer & limiter les Espèces, il est visible que l'étenduë d'un terme général est fort incertaine; parce que ne connoissant pas cette essence réelle, nous ne pouvons pas savoir ce qui est ou n'est pas de cette Espèce, & par conséquent, ce qui peut ou ne peut pas en être affirmé avec certitude. Ainsi, lorsque nous parlons d'un *Homme* ou de l'*Or*, ou de quelque autre Espèce de Substances naturelles, entant que déterminée par une certaine *Essence réelle* que la Nature donne régulierement à chaque Invidu de cette Espèce, & qui le fait être de cette Espèce, nous ne saurions être certains de la vérité d'aucune affirmation ou negation faite sur le sujet de ces Substances. Car à prendre l'*Homme* ou l'*Or* en ce sens, pour une Espèce de choses, déterminée par des Essences réelles, différentes de l'idée complexe qui est dans l'Esprit de celui qui parle, ces choses ne signifient qu'un je ne sai quoi; & l'étenduë de ces Espèces, fixée par de telles limites, est si inconnuë & si indéterminée qu'il est impossible d'affirmer avec quelque certitude, que tous les hommes sont raisonnables, & que tout Or est jaune. Mais lors qu'on regarde l'Essence nominale comme ce qui limite chaque Espèce, & que les hommes n'étendent point l'application d'aucun terme général au delà des Choses particulieres, sur lesquelles l'idée complexe qu'il signifie, doit être fondée, ils ne sont point en danger de méconnoître les bornes de chaque Espèce, & ne sauroient douter sur ce pié-là, si une Proposition est véritable, ou non. J'ai voulu expliquer en stile Scholastique cette incertitude des Propositions qui regardent les Substances, & me servir en cette occasion des termes d'*Essence* & d'*Espèce*, afin de montrer l'absurdité & l'inconvénient qu'il y a à se les figurer comme quelque sorte de réalitez qui soient autre chose que des idées abstraites, désignées par certains noms. En effet, supposer que les Espèces des Substances soient autre chose que la reduction même des Substances en certaines sortes, rangées sous divers noms généraux, selon qu'elles conviennent aux différentes idées abstraites que nous désignons par ces noms-là, c'est confondre la vérité, & rendre incertaines toutes les Propositions générales qu'on peut faire sur les Substances. Ainsi, quoi que peut-être ces matiéres pussent être exposées plus nettement & dans un meilleur tour, à des gens qui n'auroient aucune connoissance de la Science Scholastique; cependant comme ces fausses notions d'*Essences* & d'*Especes* ont pris racine dans l'Esprit de la plûpart de ceux qui ont reçu quelque teinture de cette sorte de Savoir qui a si fort prévalu dans notre Europe, il est bon de les faire connoître & de les dissiper pour donner lieu à faire un tel usage des mots, qu'il puisse faire entrer la certitude dans l'Esprit.

Cela regarde plus particuliérement les Substances.

§. 5. *Lors* donc *que les noms des Substances sont employez pour signifier des Espèces qu'on suppose déterminées par des Essences réelles que nous ne connoissons pas,*

pas, ils sont incapables d'introduire la certitude dans l'Entendement; & nous CHAP. VI.
ne saurions être assûrez de la vérité des Propositions générales, composées
de ces sortes de termes. La raison en est évidente. Car comment pouvons-
nous être assûrez que telle ou telle Qualité est dans l'Or, tandis que nous
ignorons ce qui est, ou n'est pas dans l'Or; puisque selon cette maniére de
parler, rien n'est Or, que ce qui participe à une essence qui nous est inconn-
nuë, & dont par conséquent nous ne saurions dire, où c'est qu'elle est, ou
n'est pas; d'où il s'ensuit que nous ne pouvons jamais être assûrez à l'égard
d'aucune partie de Matiére qui soit dans le Monde, qu'elle est, ou n'est
pas Or en ce sens-là; par la raison qu'il nous est absolument impossible de
savoir, si elle a, ou n'a pas ce qui fait qu'une chose est appellée Or, c'est-
à-dire, cette essence réelle de l'Or dont nous n'avons absolument aucune
idée. Il nous est, dis-je, aussi impossible de savoir cela, qu'il l'est à un
Aveugle de dire en quelle Fleur se trouve ou ne se trouve point la *Couleur
de* Pensée, tandis qu'il n'a absolument aucune idée de la *Couleur de Pensée*. *C'est le nom
Ou bien, si nous pouvions savoir certainement (ce qui n'est pas possible) d'une Fleur assez
où est l'essence réelle que nous ne connoissons pas, dans quels amas de Ma- Dictionnaire de
tiére est, par exemple, l'essence réelle de l'Or, nous ne pourrions pour- *l'Academie Fran-
tant point être assûrez que telle ou telle Qualité pût être attribuée avec vé- çoise*.
rité à l'Or; puisqu'il nous est impossible de connoître qu'une telle Qualité
ou Idée ait une liaison nécessaire avec une *Essence réelle* dont nous n'avons
aucune idée, quelle que soit l'Espéce qu'on puisse imaginer que cette Essence qu'on suppose réelle, constituë effectivement.

§. 6. D'autre part, quand les noms des Substances sont employez, com- Il n'y a que peu
me ils devroient toûjours l'être, pour désigner les idées que les hommes ont de Propositions
dans l'Esprit, quoi qu'ils ayent alors une signification claire & déterminée, universelles sur les
ils ne servent pourtant pas encore à former plusieurs Propositions universelles, vérité soit con-
de la vérité desquelles nous puissions être assûrez. Ce n'est pas à cause qu'en nuë.
faisant un tel usage des mots, nous sommes en peine de savoir quelles choses ils signifient; mais parce que les Idées complexes qu'ils signifient, sont
telles combinaisons d'Idées simples qui n'emportent avec elles nulle connexion, ou incompatibilité visible qu'avec très-peu d'autres Idées.

§. 7. Les Idées complexes que les Noms que nous donnons aux Espéces Parce qu'on ne
des Substances, signifient, sont des Collections de certaines Qualitez que peut connoître
nous avons remarqué coëxister dans un *soûtien inconnu que nous appellons contres la coëxis-
Substance*. Mais nous ne saurions connoître certainement quelles autres Idées.
Qualitez coëxistent nécessairement avec de telles combinaisons; à moins * *Substratum*.
que nous ne puissions découvrir leur dépendance naturelle, dont nous ne
saurions porter la connoissance fort avant à l'égard de leurs *Prémiéres Qualitez.* Et pour toutes leurs *secondes Qualitez*, nous n'y pouvons absolument point découvrir de connexion pour les raisons qu'on a vû dans le Chapitre III. de ce IV. Livre; prémierement, parce que nous ne connoissons
point les constitutions réelles des Substances, desquelles dépend en particulier chaque *seconde Qualité*; & en second lieu, parce que supposé que cela
nous fût connu, il ne pourroit nous servir que pour une connoissance expe-
rimentale, & non pour une connoissance universelle, ne pouvant s'étendre
avec

CHAP. VI. avec certitude au delà d'un tel ou d'un tel exemple, parce que notre Entendement ne sauroit découvrir aucune connexion imaginable entre une *Seconde Qualité* & quelque modification que ce soit d'une des *Prémiéres Qualitez*. Voilà pourquoi l'on ne peut former sur les Substances que fort peu de Propositions générales qui emportent avec elles une certitude indubitable.

Exemple dans l'Or.

§. 8. *Tout Or est fixe*, est une Proposition dont nous ne pouvons pas connoître certainement la vérité; quelque généralement qu'on la croye véritable. Car si selon la vaine imagination des Ecoles, quelqu'un vient à supposer que le mot *Or* signifie une Espèce de choses, distinguée par la Nature à la faveur d'une Essence réelle qui lui appartient, il est évident qu'il ignore quelles Substances particuliéres sont de cette Espèce, & qu'ainsi il ne sauroit avec certitude affirmer universellement quoi que ce soit de l'Or. Mais s'il prend le mot Or pour une Espèce déterminée par son Essence nominale; que l'Essence nominale soit, par exemple, l'idée complexe d'un *Corps* d'une *certaine couleur jaune*, *malléable*, *fusible*, & *plus pesant* qu'aucun autre Corps connu; en employant ainsi le mot *Or* dans son usage propre, il n'est pas difficile de connoître ce qui est ou n'est pas Or. Mais avec tout cela, nulle autre Qualité ne peut être universellement affirmée ou niée avec une certitude de l'Or, que ce qui a avec cette Essence nominale une connexion ou une incompatibilité qu'on peut découvrir. La *Fixité*, par exemple, n'ayant aucune connexion nécessaire avec la Couleur, la Pesanteur, ou aucune autre idée simple qui entre dans l'idée complexe que nous avons de l'Or, ou avec cette combinaison d'Idées prises ensemble, il est impossible que nous puissions connoître certainement la vérité de cette Proposition, Que *tout Or est fixe*.

§. 9. Comme on ne peut découvrir aucune liaison entre la Fixité & la Couleur, la Pesanteur, & les autres idées simples de l'Essence nominale de l'Or, que nous venons de proposer; de même si nous faisons que notre Idée complexe de l'Or, soit un Corps *jaune*, *fusible*, *ductile*, *pesant* & *fixe*, nous serons dans la même incertitude à l'égard de sa capacité d'être dissous dans l'*Eau Regale*, & cela par la même raison; puisque par la considération des idées mêmes nous ne pouvons jamais affirmer ou nier avec certitude d'un Corps dont l'Idée complexe renferme la couleur jaune, une grande pesanteur, la ductilité, la fusibilité & la fixité, qu'il peut être dissous dans l'*Eau Regale*; & ainsi du reste de ses autres Qualitez. Je voudrois bien voir une affirmation générale touchant quelque Qualité de l'Or, dont on puisse être certainement assûré qu'elle est véritable. Sans doute qu'on me repliquera d'abord; voici une Proposition Universelle tout-à-fait certaine, *Tout Or est malléable*. A quoi je répons: C'est-là, j'en conviens, une Proposition très-assûrée, si la *Malléabilité* fait partie de l'idée complexe que le mot *Or* signifie. Mais tout ce qu'on affirme de l'Or en ce cas-là, c'est que ce son signifie une idée dans laquelle est renfermée la *Malléabilité*; espèce de vérité & de certitude toute semblable à cette affirmation, *Un Centaure est un Animal à quatre piés*. Mais si la *Malléabilité* ne fait pas partie de l'Essence
spé-

de leur Vérité & de leur Certitude. Liv. IV. 481

spécifique, signifié par le mot *Or*, il est visible que cette affirmation, *Tout* CHAP. VI.
Or est malléable, n'est pas une Proposition certaine; car que l'idée complexe de l'Or soit composée de telles autres Qualitez qu'il vous plaira supposer dans l'Or, la Malléabilité ne paroîtra point dépendre de cette idée complexe, ni découler d'aucune idée simple qui y soit renfermée. La connexion que la Malléabilité a avec ces autres Qualitez, si elle en a aucune, venant seulement de l'intervention de la constitution réelle de ses parties insensibles, laquelle constitution nous étant inconnuë, il est impossible que nous appercevions cette connexion, à moins que nous ne puissions decouvrir ce qui joint toutes ces Qualitez ensemble.

§. 10. A la vérité, plus le nombre de ces Qualitez coëxistantes que nous réunissons sous un seul nom dans une Idée complexe, est grand, plus nous rendons la signification de ce mot précise & déterminée. Mais pourtant nous ne pouvons jamais la rendre par ce moyen capable d'une certitude universelle par rapport à d'autres Qualitez qui ne sont pas contenuës dans notre Idée complexe; puisque nous n'appercevons point la liaison ou la dépendance qu'elles ont l'une avec l'autre, ne connoissant ni la constitution réelle sur laquelle elles sont fondées, ni comment elles en tirent leur origine. Car la principale partie de notre Connoissance sur les Substances ne consiste pas simplement, comme en d'autres choses, dans le rapport de deux Idées qui peuvent exister separément, mais dans la liaison & dans la coëxistence nécessaire de plusieurs idées distinctes dans un même sujet, ou dans leur incompatibilité à coëxister de cette maniére. Si nous pouvions commencer par l'autre bout, & découvrir en quoi consiste une telle Couleur, ce qui rend un Corps plus leger ou plus pesant, quelle contexture de parties le rend malléable, fusible, fixe & propre à être dissous dans cette espèce de liqueur & non dans une autre; si, dis-je, nous avions une telle idée des Corps, & que nous pussions appercevoir en quoi consistent originairement toutes leurs Qualitez sensibles, & comment elles sont produites, nous pourrions nous en former de telles idées abstraites qui nous ouvriroient le chemin à une connoissance plus générale, & nous mettroient en état de former des Propositions universelles, qui emporteroient avec elles une certitude & une vérité générale. Mais tandis que nos idées complexes des Espèces des Substances sont si éloignées de cette constitution réelle & intérieure, d'où dépendent leurs Qualitez sensibles; & qu'elles ne sont composées que d'une collection imparfaite des Qualitez apparentes que nos Sens peuvent découvrir, il ne peut y avoir que très-peu de Propositions générales touchant les Substances, de la vérité réelle desquelles nous puissions être certainement assûrez, parce qu'il y a fort peu d'Idées simples dont la connexion & la coëxistence nécessaire nous soient connuës d'une maniére certaine & indubitable. Je croi pour moi, que parmi toutes les *secondes Qualitez* des Substances, & parmi les Puissances qui s'y rapportent, on n'en sauroit nommer deux dont la coëxistence nécessaire ou l'incompatibilité puisse être connuë certainement, hormis dans les Qualitez qui appartiennent au même Sens, lesquelles s'excluent nécessairement l'une l'autre, comme je l'ai déja montré. Personne, dis-je, ne peut connoître certaine-

Jusqu'où cette coëxistence peut être connuë, jusque-là les Propositions universelles peuvent être certaines. Mais cela ne s'étend pas fort loin.

tainement par la couleur qui est dans un certain Corps, quelle odeur, quel goût, quel son, ou quelles Qualitez tactiles il a, ni quelles alterations il est capable de faire sur d'autres Corps, ou de recevoir par leur moyen. On peut dire la même chose du Son, du Goût, &c. Comme les noms spécifiques dont nous nous servons pour désigner les Substances, signifient des Collections de ces sortes d'Idées, il ne faut pas s'étonner que nous ne puissions former avec ces noms que fort peu de Propositions générales d'une certitude réelle & indubitable. Mais pourtant lorsque l'Idée complexe de quelque sorte de Substances que ce soit, contient quelque idée simple dont ou peut découvrir la coëxistence nécessaire qui est entr'elle & quelque autre idée; jusque-là l'on peut former sur cela des Propositions universelles qu'on a droit de regarder comme certaines : si par exemple, quelqu'un pouvoit découvrir une connexion nécessaire entre la *Malléabilité* & la *Couleur* ou la *Pesanteur* de l'Or, ou quelqu'autre partie de l'Idée complexe qui est désignée par ce nom-là, il pourroit former avec certitude une Proposition universelle touchant l'Or consideré dans ce rapport ; & alors la vérité réelle de cette Proposition, *Tout Or est malléable*, seroit aussi certaine que la vérité de celle-ci, *Les trois Angles de tout Triangle rectangle sont égaux à deux Droits.*

Parce que les Qualitez qui composent nos idées complexes des Substances dependent, pour la plûpart, de causes exterieures, eloignées & que nous ne pouvons appercevoir.

§. 11. Si nous avions de telles idées des Substances, que nous pussions connoître, quelles constitutions réelles produisent les Qualitez sensibles que nous y remarquons, & comment ces Qualitez en découlent, nous pourrions par les Idées spécifiques de leurs Essences réelles que nous aurions dans l'Esprit, déterrer plus certainement leurs Propriétez, & découvrir quelles sont les Qualitez que les Substances ont, ou n'ont pas ; que nous ne pouvons le faire présentement par le secours de nos Sens ; de sorte que pour connoître les proprietez de l'Or, il ne seroit non plus nécessaire, que l'Or existât, & que nous fissions des experiences sur ce Corps que nous nommons ainsi, qu'il est nécessaire, pour connoître les proprietez d'un Triangle, qu'un Triangle existe dans quelque portion de Matière. L'idée que nous aurions dans l'Esprit serviroit aussi bien pour l'un que pour l'autre. Mais tant s'en faut que nous ayions été admis dans les Secrets de la Nature, qu'à peine avons-nous jamais approché de l'entrée de ce Sanctuaire. Car nous avons accoûtumé de considerer les Substances que nous rencontrons, chacune à part, comme une chose entière qui subsiste par elle-même, qui a en elle-même toutes ses Qualitez, & qui est indépendante de toute autre chose ; c'est, dis-je, ainsi que nous nous représentons les Substances sans songer pour l'ordinaire aux operations de cette matière fluide & invisible dont elles sont environnées, des mouvemens & des operations de laquelle matière dépend la plus grande partie des Qualitez qu'on remarque dans les Substances, & que nous regardons comme les marques inhérentes de distinction, par où nous les connoissons, & en vertu desquelles nous leur donnons certaines dénominations. Mais une pièce d'Or qui existeroit en quelque endroit par elle-même, separée de l'impression & de l'influence de tout autre Corps, perdroit aussi-tôt toute sa couleur & sa pesanteur, & peut-être aussi sa *Malléabilité*, qui pourroit bien

se

se changer en une parfaite friabilité; car je ne vois rien qui prouve le contraire. L'*Eau* dans laquelle la fluidité est par rapport à nous une Qualité essentielle, cesseroit d'être fluide, si elle étoit laissée à elle-même. Mais si les Corps inanimez dépendent si fort d'autres Corps extérieurs, par rapport à leur état présent, en sorte qu'ils ne seroient pas ce qu'ils nous paroissent être, si les Corps qui les environnent, étoient éloignez d'eux; cette dépendance est encore plus grande à l'égard des *Vegetaux* qui sont nourris, qui croissent, & qui produisent des feuilles, des fleurs, & de la semence dans une constante succession. Et si nous examinons de plus près l'état des Animaux, nous trouverons que leur dépendance par rapport à la vie, au Mouvement & aux plus considérables Qualitez qu'on peut observer en eux, roule si fort sur des causes extérieures & sur des Qualitez d'autres Corps qui n'en font point partie, qu'ils ne sauroient subsister un moment sans eux, quoi que pourtant ces Corps dont ils dépendent ne soient pas fort considerez en cette occasion, & qu'ils ne fassent point partie de l'Idée complexe que nous nous formons de ces Animaux. Otez l'Air à la plus grande partie des Créatures vivantes pendant une seule minute, & elles perdront aussi-tôt le sentiment, la vie & le mouvement. C'est dequoi la nécessité de respirer nous a forcé de prendre connoissance. Mais combien y a-t-il d'autres Corps extérieurs, & peut-être plus éloignez, d'où dépendent les ressorts de ces admirables Machines, quoi qu'on ne les remarque pas communément, & qu'on n'y fasse même aucune reflexion, & combien y en a-t-il que la recherche la plus exacte ne sauroit découvrir? Les Habitans de cette petite Boule que nous nommons la Terre, quoi qu'éloignez du Soleil de tant de millions de lieuës, dépendent pourtant si fort du mouvement duëment temperé des Particules qui en émanent & qui sont agitées par la chaleur de cet Astre, que si cette Terre étoit transferée de la situation où elle se trouve présentement, à une petite partie de cette distance, de sorte qu'elle fût placée un peu plus loin ou un peu plus près de cette source de chaleur, il est plus que probable que la plus grande partie des Animaux qui y sont, périroient tout aussi-tôt, puisque nous les voyons mourir si souvent par l'excès ou le défaut de la Chaleur du Soleil, à quoi une position accidentelle les expose dans quelques parties de ce petit Globe. Les Qualitez qu'on remarque dans une Pierre d'Aimant doivent nécessairement avoir leur cause bien au delà des limites de ce Corps; & la mortalité qui se repand souvent sur différentes espèces d'Animaux par des Causes invisibles, & la mort qui, à ce qu'on dit, arrive certainement à quelqu'un d'eux dès qu'ils viennent à passer la Ligne, ou à d'autres, comme on n'en peut douter, pour être transportez dans un Païs voisin, tout cela montre evidemment que le concours & l'operation de divers Corps avec lesquels on croit rarement que ces Animaux ayent aucune relation, est absolument nécessaire pour faire qu'ils soient tels qu'ils nous paroissent, & pour conserver ces Qualitez par où nous les connoissons & les distinguons. Nous nous trompons donc entierement, de croire que les Choses renferment en elles-mêmes les Qualitez que nous y remarquons: & c'est en vain que nous cherchons dans le corps d'une Mouche ou d'un Elephant la constitution d'où dependent les Qualitez & les

CHAP. VI. Puissances que nous voyons dans ces Animaux, puisque pour en avoir une parfaite connoissance il nous faudroit regarder non seulement au delà de cette Terre & de notre Atmosphere, mais meme au delà du Soleil, ou des Etoiles les plus éloignées que nos yeux ayent encore pû découvrir : car il nous est impossible de déterminer jusqu'à quel point l'existence & l'operation des Substances particuliéres qui sont dans notre Globe dépendent de Causes entierement éloignées de notre vuë. Nous voyons & nous appercevons quelques mouvemens & quelques operations dans les choses qui nous environnent : mais de savoir d'où viennent ces flux de Matiére qui conservent en mouvement & en état toutes ces admirables Machines, comment ils sont conduits & modifiez, c'est ce qui passe notre connoissance & toute la capacité de notre Esprit ; de sorte que les grandes parties, & les rouës, si j'ose ainsi dire, de ce prodigieux Bâtiment que nous nommons l'*Univers*, peuvent avoir entr'elles une telle connexion & une telle dépendance dans leurs influences & dans leurs operations (car nous ne voyons rien qui aille à établir le contraire) que les Choses qui sont ici dans le coin que nous habitons, prendroient peut-être une toute autre face, & cesseroient d'être ce qu'elles sont, si quelqu'une des Etoiles ou quelqu'un de ces vastes Corps qui sont à une distance inconcevable de nous, cessoit d'être, ou de se mouvoir comme il fait. Ce qu'il y a de certain, c'est que les Choses, quelque parfaites & entiéres qu'elles paroissent en elles-mêmes, ne sont pourtant que des apanages d'autres parties de la Nature, par rapport à ce que nous y voyons de plus remarquable : car leurs Qualitez sensibles, leurs actions & leurs puissances dépendent de quelque chose qui leur est extérieur. Et parmi tout ce qui fait partie de la Nature, nous ne connoissons rien de si complet & de si parfait qui ne doive son existence & ses perfections à d'autres Etres qui sont dans son voisinage : de sorte que pour comprendre parfaitement les Qualitez qui sont dans un Corps, il ne faut pas borner nos pensées à la consideration de sa surface, mais porter notre vuë beaucoup plus loin.

§. 12. Si cela est ainsi, il n'y a pas lieu de s'étonner que nous ayions des idées fort imparfaites des Substances ; & que les Essences réelles d'où dépendent leurs propriétez & leurs opérations, nous soient inconnuës. Nous ne pouvons pas même découvrir quelle est la grosseur, la figure & la contexture des petites particules actives qu'elles ont réellement, & moins encore les différens mouvemens que d'autres Corps extérieurs communiquent à ces particules, d'où dépend & par où se forme la plus grande & la plus remarquable partie des Qualitez que nous observons dans ces Substances, & qui constituent les Idées complexes que nous en avons. Cette seule consideration suffit pour nous faire perdre toute espérance d'avoir jamais des idées de leurs essences réelles, au défaut desquelles les Essences nominales que nous leur substituons, ne seront guere propres à nous donner aucune Connoissance générale, ou à nous fournir des Propositions universelles, capables d'une certitude réelle.

Le Jugement peut s'etendre plus avant.

§. 13. Nous ne devons donc pas être surpris qu'on ne trouve de certitude que dans un très-petit nombre de Propositions générales qui regar-

gardent les Substances. La connoissance que nous avons de leurs Qua- CHAP. VI.
litez & de leurs Proprietez s'étend rarement au delà de ce que nos mais ce n'est pas
Sens peuvent nous apprendre. Peut-être que des gens curieux & ap- Connoissance.
pliquez à faire des Observations peuvent, par la force de leur Jugement, pénétrer plus avant, & par le moyen de quelques probabilitez
déduites d'une observation exacte, & de quelques apparences réunies à
propos, faire souvent de justes conjectures sur ce que l'Expérience ne
leur a pas encore découvert. Mais ce n'est toûjours que conjecturer,
ce qui ne produit qu'une simple opinion, & n'est nullement accompagné de la certitude nécessaire à une vraye connoissance; car toute
notre Connoissance générale est uniquement renfermée dans nos propres pensées, & ne consiste que dans la contemplation de nos propres
Idées abstraites. Par-tout où nous appercevons quelque convenance ou
quelque disconvenance entr'elles, nous y avons une connoissance générale; de sorte que formant des Propositions, ou joignant comme il faut
les noms de ces Idées, nous pouvons prononcer des *véritez générales*
avec certitude. Mais parce que dans les Idées abstraites des Substances que leurs noms spécifiques signifient, lorsqu'ils ont une signification
distincte & déterminée, on n'y peut découvrir de liaison ou d'incompatibilité qu'avec fort peu d'autres Idées; la certitude des Propositions
universelles qu'on peut faire sur les Substances, est extrêmement bornée
& défectueuse dans le principal point des recherches que nous faisons
sur leur sujet; & parmi les noms des Substances à peine y en a-t-il
un seul (que l'idée qu'on lui attache soit ce qu'on voudra) dont nous
puissions dire généralement & avec certitude qu'il renferme telle ou telle autre Qualité qui ait une coëxistence ou une incompatibilité constante avec cette Idée par-tout où elle se rencontre.

§. 14. Avant que nous puissions avoir une telle connoissance dans un Ce qui est néces-
dégré passable, nous devons savoir prémiérement quels sont les chan- saire pour que
gemens que les *prémiéres Qualitez* d'un Corps produisent regulierement connoître les
dans les prémiéres Qualitez d'un autre Corps, & comment se fait cet- Substances.
te alteration. En second lieu, nous devons savoir quelles prémiéres Qualitez d'un Corps produisent certaines sensations ou idées en nous. Ce qui,
à le bien prendre, ne signifie pas moins que connoître tous les effets de la
Matiére sous ses diverses modifications de grosseur, de figure, de cohésion
de parties, de mouvement & de repos; ce qu'il nous est absolument impossible de connoître sans Revelation, comme tout le monde en conviendra,
si je ne me trompe. Et quand même une Revelation particuliére nous ap-
prendroit quelle sorte de figure, de grosseur & de mouvement dans les parties insensibles d'un Corps devroit produire en nous la sensation de la Couleur jaune, & quelle espèce de figure, de grosseur & de contexture de parties doit avoir la superficie d'un Corps pour pouvoir donner à de tels corpuscules le mouvement qu'il faut pour produire cette couleur, cela suffiroit-
il pour former avec certitude des Propositions universelles touchant les différentes espèces de figure, de grosseur, de mouvement, & de contexture,
par où les particules insensibles des Corps produisent en nous un nombre infini

fini de senfations? Non fans doute, à moins que nous n'euffions des facultez affez fubtiles pour appercevoir au jufte la groffeur, la figure, la contexture, & le mouvement des Corps, dans ces petites particules par où ils opérent fur nos Sens; afin que par cette connoiffance nous puiffions nous en former des idées abftraites. Je n'ai parlé dans cet endroit que des Subftances corporelles, dont les operations femblent avoir plus de proportion avec notre Entendement; car pour les operations des Efprits, c'eft-à-dire, la Faculté de penfer & de mouvoir des Corps, nous nous trouvons d'abord tout-à-fait hors de route à cet égard; quoi que peut-être après avoir examiné de plus près la nature des Corps & leurs opérations, & confideré jufqu'où les notions mêmes que nous avons de ces Opérations peuvent être portées avec quelque clarté au delà des faits fenfibles, nous ferons contraints d'avouër qu'à cet égard même toutes nos découvertes ne fervent prefque à autre chofe qu'à nous faire voir notre ignorance, & l'abfoluë incapacité où nous fommes de trouver rien de certain fur ce fujet.

Tandis que nos Idées des Subftances ne renferment point leurs conftitutions réelles, nous ne pouvons former fur leur fujet, que peu de Propofitions générales, certaines.

§. 15. Il eft, dis-je, de la derniére évidence, que les conftitutions réelles des Subftances n'étant pas renfermées dans les Idées abftraites & complexes que nous nous formons des Subftances & que nous défignons par leurs noms généraux, ces idées ne peuvent nous fournir qu'un petit dégré de certitude univerfelle. Parce que dès-là que les Idées que nous avons des Subftances, ne comprennent point leurs conftitutions réelles, elles ne font point compofées de la chofe d'où dépendent les Qualitez que nous obfervons dans ces Subftances, ou avec laquelle elles ont une liaifon certaine, & qui pourroit nous en faire connoître la nature. Par exemple, que l'idée à laquelle nous donnons le nom d'*Homme* foit, comme elle eft communément, un Corps d'une certaine forme extérieure avec du Sentiment, de la Raifon, & la Faculté de fe mouvoir volontairement. Comme c'eft là l'idée abftraite, & par conféquent l'Effence de l'Efpèce que nous nommons *Homme*, nous ne pouvons former avec certitude que fort peu de Propofitions générales touchant l'*Homme*, pris pour une telle Idée complexe. Parce que ne connoiffant pas la conftitution réelle d'où dépend le fentiment, la puiffance de fe mouvoir & de raifonner, avec cette forme particuliére, & par où ces quatre chofes fe trouvent unies enfemble dans le même fujet, il y a fort peu d'autres Qualitez avec lefquelles nous puiffions appercevoir qu'elles ayent une liaifon néceffaire. Ainfi, nous ne faurions affirmer avec certitude que *tous les hommes dorment à certains intervalles*, qu'*aucun homme ne peut fe nourrir avec du bois ou des pierres*, que *la Ciguë eft un poifon pour tous les hommes*; parce que ces Idées n'ont aucune liaifon ou incompatibilité avec cette Effence nominale que nous attribuons à l'*Homme*, avec cette idée abftraite que ce nom fignifie. Dans ce cas & autres femblables nous devons en appeller à des Experiences faites fur des fujets particuliers, ce qui ne fauroit s'étendre fort loin. A l'égard du refte nous devons nous contenter d'une fimple probabilité; car nous ne pouvons avoir aucune certitude générale, pendant que notre Idée fpécifique de l'Homme ne renferme point cette conftitution réelle qui eft la racine à laquelle toutes fes Qualitez infeparables

font

font unies, & d'où elles tirent leur origine. Et tandis que l'idée que nous faifons fignifier au mot *Homme* n'eft qu'une collection imparfaite de quelques Qualitez fenfibles & de quelques Puiffances qui fe trouvent en lui, nous ne faurions découvrir aucune connexion ou incompatibilité entre notre Idée fpécifique & l'operation que les parties de la Ciguë ou des pierres doivent produire fur fa conftitution. Il y a des Animaux qui mangent de la Ciguë fans en étre incommodez, & d'autres qui fe nourriffent de bois & de pierres; mais tant que nous n'avons aucune idée des conftitutions réelles de différentes fortes d'Animaux, d'où dépendent ces Qualitez, ces Puiffances-là & autres femblables, nous ne devons point efpérer de venir jamais à former, fur leur fujet, des Propofitions univerfelles d'une entiére certitude. Ce qui nous peut fournir de telles Propofitions, c'eft feulement les Idées qui font unies avec notre Effence nominale ou avec quelqu'une de fes parties par des liens qu'on peut découvrir. Mais ces Idées-là font en fi petit nombre & de fi peu d'importance, que nous pouvons regarder avec raifon notre Connoiffance générale touchant les Subftances (j'entens une connoiffance certaine) comme n'étant prefque rien du tout.

§. 16. Enfin, pour conclurre, les Propofitions générales, de quelque efpèce qu'elles foient, ne font capables de certitude, que lorfque les termes dont elles font compofées, fignifient des Idées dont nous pouvons découvrir la convenance & la difconvenance felon qu'elle y eft exprimée. Et quand nous voyons que les Idées que ces termes fignifient, conviennent ou ne conviennent pas, felon qu'ils font affirmez ou niez l'un de l'autre, c'eft alors que nous fommes certains de la vérité ou de la fauffeté de ces Propofitions. D'où nous pouvons inferer qu'une *Certitude générale* ne peut jamais fe trouver que dans nos Idées. Que fi nous l'allons chercher ailleurs dans des Experiences ou des Obfervations hors de nous, dès-lors notre Counoiffance ne s'étend point au delà des exemples particuliers. C'eft la contemplation de nos propres Idées abftraites qui feule peut nous fournir une *Connoiffance générale*.

En quoi confifte la certitude générale des Propofitions.

CHAPITRE VII.

Des Propofitions qu'on nomme Maximes *ou* Axiomes.

§. 1. IL y a une efpèce de Propofitions qui fous le nom de *Maximes* & d'*Axiomes* ont paffé pour les Principes des Sciences: & parce qu'elles font évidentes par elles-mêmes, on a fuppofé qu'elles étoient *innées*, fans que perfonne ait jamais tâché (que je fache) de faire voir la raifon & le fondement de leur extrême clarté, qui nous force, pour ainfi dire, à leur donner notre confentement. Il n'eft pourtant pas inutile d'entrer dans cette recherche, & de voir fi cette grande évidence eft particuliére à ces feules Propofitions, comme auffi d'examiner jufqu'où elles contribuent à nos autres Connoiffances.

Les Axiomes font évidens par eux-mêmes.

§. 2. La

488 Des Axiomes. Liv. IV.

CHAP. VII.
En quoi consiste cette évidence immédiate.

§. 2. La Connoissance consiste, comme je l'ai deja montré, dans la perception de la convenance ou de la disconvenance des Idées. Or par-tout où cette convenance ou disconvenance est apperçuë immédiatement par elle-même, sans l'intervention ou le secours d'aucune autre Idée, notre Connoissance est *évidente par elle-même*. C'est dequoi sera convaincu tout homme qui considerera une de ces Propositions auxquelles il donne son consentement dès la prémière vûë sans l'intervention d'aucune preuve; car il trouvera que la raison pourquoi il reçoit toutes ces Propositions, vient de la convenance ou de la disconvenance que l'Esprit voit dans ces Idées en les comparant immédiatement entr'elles selon l'affirmation ou la negation qu'elles emportent dans une telle Proposition.

Elle n'est pas particuliére aux Propositions qui passent pour Axiomes.

§. 3. Cela étant ainsi, voyons présentement si cette (1) *évidence immédiate* ne convient qu'à ces Propositions auxquelles on donne communément le nom de *Maximes*, & qui ont l'avantage de passer pour *Axiomes*. Il est tout visible, que plusieurs autres Véritez qu'on ne reconnoit point pour Axiomes sont aussi évidentes par elles-mêmes que ces sortes de Propositions. C'est ce que nous verrons bien-tôt, si nous parcourons les différentes sortes de convenance ou de disconvenance d'Idées que nous avons proposé ci-dessus, savoir, l'*Identité, la relation, la coëxistence, & l'existence réelle* ; par où nous reconnoîtrons que non seulement ce peu de Propositions qui ont passé pour Maximes sont évidentes par elles-mêmes, mais que quantité, ou plutôt une infinité d'autres Propositions le sont aussi.

I. A l'égard de l'Identité & de la Diversité toutes les Propositions sont également évidentes par elles-mêmes.

§. 4. Car prémiérement la perception immédiate d'une convenance ou disconvenance d'*Identité*, étant fondée sur ce que l'Esprit a des Idées distinctes, elle nous fournit autant de Propositions évidentes par elles-mêmes que nous avons d'Idées distinctes. Quiconque a quelque connoissance, a diverses idées distinctes qui sont comme le fondement de cette Connoissance: & le prémier acte de l'Esprit sans quoi il ne peut jamais être capable d'aucune connoissance, consiste à connoître chacune de ses Idées par elle-même, & à la distinguer de toute autre. Chacun voit en lui-même qu'il connoit les idées qu'il a dans l'Esprit, qu'il connoit aussi quand c'est qu'une Idée est présente à son Entendement, & ce qu'elle est; & que lorsqu'il y en a plus d'une, il les connoit distinctement, & sans les confondre l'une avec l'autre. Ce qui étant toûjours ainsi, (car il est impossible qu'il n'apperçoive point ce qu'il apperçoit) il ne peut jamais douter qu'une Idée qu'il a dans l'Esprit, n'y soit actuellement, & ne soit ce qu'elle est; & que deux Idées distinctes qu'il a dans l'Esprit, n'y soient effectivement, & ne soient deux idées. Ainsi, toutes ces sortes d'affirmations & de negations se font sans qu'il soit possible d'hésiter, d'avoir aucun doute ou aucune incertitude à leur

---

(1) *Self-evidence*: mot expressif en Anglois, qu'on ne peut rendre en François, si je ne me trompe, que par periphrase. C'est *la propriété qu'a une Proposition d'être évidente par elle-même*; ce que j'appelle *évidence immédiate*, pour ne pas embarrasser le Discours par une longue circonlocution. Après ce que l'Auteur vient de dire dans le Paragraphe précedent, il étoit aisé d'entendre ici ce que j'ai voulu dire par cette expression. Mais comme j'en aurai peut-être besoin dans la suite, j'ai crû qu'il ne seroit pas inutile d'avertir le Lecteur que c'est-là le sens que je lui donnerai constamment.

à leur égard; & nous ne pouvons éviter d'y donner notre confentement, Chap. VII. dès que nous les comprenons, c'eſt-à-dire, dès que nous avons dans l'Eſprit les idées déterminées qui ſont déſignées par les mots contenus dans la Propoſition. Et par conſéquent, toutes les fois que l'Eſprit vient à conſiderer attentivement une Propoſition, en ſorte qu'il apperçoive que les deux Idées qui ſont ſignifiées par les termes dont elle eſt compoſée, & affirmées ou niées l'une de l'autre, ne ſont qu'une même idée, ou ſont différentes, dès-là il eſt infailliblement certain de la vérité d'une telle Propoſition; & cela également, ſoit que ces Propoſitions ſoient compoſées de termes qui ſignifient des idées plus ou moins générales ; par exemple, ſoit que l'idée générale de l'*Etre* ſoit affirmée d'elle-même, comme dans cette Propoſition, *Tout ce qui eſt, eſt*; ou qu'une idée plus particuliére ſoit affirmée d'elle-même, comme *Un homme eſt un homme*, ou *Ce qui eſt blanc, eſt blanc*: ſoit que l'idée de l'*Etre* en général ſoit niée du *Non-Etre*, qui eſt (ſi j'oſe ainſi parler) la ſeule idée différente de l'Etre, comme dans cette autre Propoſition, *Il eſt impoſſible qu'une même choſe ſoit & ne ſoit pas*; ou que l'idée de quelque Etre particulier ſoit niée d'une autre qui en eſt différente, comme, *Un homme n'eſt pas un cheval, Le Rouge n'eſt pas Bleu*. La différence des Idées fait voir auſſi-tôt la vérité de la Propoſition avec une entière évidence, dès qu'on entend les termes dont on ſe ſert pour les déſigner, & cela avec autant de certitude & de facilité dans une Propoſition moins générale que dans celle qui l'eſt davantage; le tout par la même raiſon, je veux dire à cauſe que l'Eſprit apperçoit dans toute idée qu'il a, qu'elle eſt la même avec elle-même, & que deux Idées différentes, ſont différentes & non les mêmes. Dequoi il eſt également certain, ſoit que ces Idées ſoient d'une plus petite ou d'une plus grande étenduë, plus ou moins générales, & plus ou moins abſtraites. Par conſéquent, le privilege d'être évident par ſoi-même n'appartient point uniquement, & par un droit particulier, à ces deux Propoſitions générales, *Tout ce qui eſt, eſt*, &, *Il eſt impoſſible qu'une même choſe ſoit & ne ſoit pas en même temps*. La perception d'être, ou de n'être point, n'appartient pas plûtôt aux idées vagues, ſignifiées par ces termes, *Tout ce qui*, & *choſe*, qu'à quelque autre idée que ce ſoit. Car ces deux Maximes n'emportent dans le fond autre choſe ſinon que *Le même eſt le même*, ou que *Ce qui eſt le même, n'eſt pas différent*: véritez qu'on reconnoit auſſi bien dans des Exemples plus particuliers que dans ces Maximes générales, ou, pour parler plus exactement, qu'on découvre dans des Exemples particuliers avant que d'avoir jamais penſé à ces Maximes générales, & qui tirent toute leur force de la Faculté que l'Eſprit a de diſcerner les idées particuliéres qu'il vient à conſiderer. En effet, il eſt tout viſible que l'Eſprit *connoit* & *apperçoit*, que l'idée du Blanc eſt l'idée du Blanc, & non celle du Bleu; & que, lorſque l'idée du Blanc eſt dans l'Eſprit, elle y eſt & n'en eſt pas abſente, qu'il l'*apperçoit*, dis-je, ſi clairement & le *connoit* ſi certainement ſans le ſecours d'aucune preuve, ou ſans refléchir ſur aucune de ces deux Propoſitions générales, que la conſideration de ces Axiomes ne peut rien ajoûter à l'évidence ou à la certitude de la connoiſſance qu'il a de ces choſes. Il en eſt juſtement de même à l'égard

gard de toutes les idées qu'un homme a dans l'Esprit, comme chacun peut l'éprouver en soi-même. Il connoit que chaque Idée est cette même idée, & non une autre, & qu'elle est dans son Esprit, & non hors de son Esprit, lorsqu'elle y est actuellement; il le connoit, dis-je, avec une certitude qui ne sauroit être plus grande. D'où il s'ensuit qu'il n'y a point de Proposition générale dont la vérité puisse être connuë avec plus de certitude, ni qui soit capable de rendre cette prémiére plus parfaite. Ainsi, notre Connoissance de simple vûë s'étend aussi loin que nos Idées par rapport à l'Identité, & nous sommes capables de former autant de Propositions évidentes par elles-mêmes, que nous avons de noms pour désigner des idées distinctes; sur quoi j'en appelle à l'Esprit de chacun en particulier, pour savoir si cette Proposition, *Un Cercle est un Cercle*, n'est pas une Proposition aussi évidente par elle-même que celle-ci qui est composée de termes plus généraux, *Tout ce qui est, est*; & encore, si cette Proposition, *le Bleu n'est pas Rouge*, n'est point une Proposition dont l'Esprit ne peut non plus douter, dès qu'il en comprend les termes, que de cet Axiome, *Il est impossible qu'une même chose soit & ne soit pas:* & ainsi de toutes les autres Propositions de cette espèce.

II. Par rapport à la coëxistence, nous avons fort peu de Propositions évidentes par elles-mêmes.

§. 5. En second lieu, pour ce qui est de la coëxistence, ou d'une connexion entre deux Idées, tellement nécessaire, que dès que l'une est supposée dans un sujet, l'autre doive l'être aussi d'une maniére inévitable, l'Esprit n'a une perception immédiate d'une telle convenance ou disconvenance qu'à l'égard d'un très-petit nombre d'Idées. C'est pourquoi notre Connoissance intuitive ne s'étend pas fort loin sur cet article; & l'on ne peut former là-dessus que très-peu de Propositions évidentes par elles-mêmes. Il y en a pourtant quelques-unes; par exemple, l'idée de remplir un lieu égal au contenu de sa surface, étant attachée à notre Idée du Corps, je croi que c'est une Proposition évidente par elle-même, *Que deux Corps ne sauroient être dans le même lieu.*

III. Nous en pouvons avoir dans les autres Relations.

§. 6. Quant à la troisiéme sorte de convenance qui regarde les Relations des Modes, les Mathematiciens ont formé plusieurs Axiomes sur la seule relation d'*Egalité*, comme que *si de choses égales on en ôte des choses égales, le reste est égal*. Mais encore que cette Proposition & les autres du même genre soient reçuës par les Mathematiciens comme autant de Maximes, & que ce soient effectivement des Véritez incontestables; je croi pourtant qu'en les considerant avec toute l'attention imaginable, on ne sauroit trouver qu'elles soient plus clairement évidentes par elles-mêmes que celles-ci, *Un & un sont égaux à deux, si de cinq doigts d'une Main, vous en ôtez deux, & deux autres des cinq doigts de l'autre Main, le nombre des doigts qui restera sera égal.* Ces Propositions & mille autres semblables qu'on peut former sur les Nombres, se font recevoir nécessairement dès qu'on les entend pour la prémiére fois, & emportent avec elles une aussi grande, pour ne pas dire une plus grande évidence que les Axiomes de Mathematique.

IV. Touchant l'existence réelle nous n'en avons aucune.

§. 7. En quatriéme lieu, à l'égard de l'existence réelle, comme elle n'a de liaison avec aucune autre de nos Idées qu'avec celle de Nous-mêmes & du Prémier Etre, tant s'en faut que nous ayions sur l'existence réelle de tous

les autres Etres une connoissance qui nous soit évidente par elle-même, que CHAP. VII.
nous n'avons pas même une connoissance démonstrative. Et par conséquent
il n'y a point d'Axiome sur leur sujet.

§. 8. Voyons après cela quelle est l'influence que ces Maximes reçuës *Les Axiomes*
sous le nom d'Axiomes, ont sur les autres parties de notre Connoissance. *n'ont pas beau-*
La Règle qu'on pose dans les Ecoles, *Que tout Raisonnement vient de* *ce sur les autres*
choses deja connuës, & deja accordées, ex præcognitis & præconcessis, com- *parties de notre*
me ils parlent; cette Règle, dis-je, semble faire regarder ces Maximes *Connoissance.*
comme le fondement de toute autre connoissance, & comme des choses déja connuës: par où l'on entend, je croi, ces deux choses; la prémiére,
que ces Axiomes sont les véritez, les prémiéres connuës à l'Esprit; & la
seconde, que les autres parties de notre Connoissance dépendent de ces
Axiomes.

§. 9. Et *prémiérement*, il paroit évidemment par l'Expérience, que ces *Parce que ce ne*
Véritez ne sont pas les prémiéres connuës, comme nous l'avons* deja mon- *sont pas les Vé-*
tré. En effet, qui ne s'apperçoit qu'un Enfant connoit certainement *miéres connuës.*
qu'un Etranger n'est pas sa Mére, que la verge qu'il craint n'est pas le su- * Liv. I. Ch. I.
cre qu'on lui présente, long-temps avant que de savoir, *Qu'il est impossible*
qu'une chose soit & ne soit pas? Combien peut-on remarquer de véritez sur
les Nombres, dont on ne peut nier que l'Esprit ne les connoisse parfaitement & n'en soit pleinement convaincu, avant qu'il ait jamais pensé à ces
Maximes générales, auxquelles les Mathematiciens les rapportent quelquefois dans leurs raisonnemens ? Tout cela est incontestable, & il n'est pas difficile d'en voir la raison. Car ce qui fait que l'Esprit donne son consentement à ces sortes de Propositions, n'étant autre chose que la perception
qu'il a de la convenance ou de la disconvenance de ses Idées, selon qu'il les
trouve affirmées ou niées l'une de l'autre par des termes qu'il entend; &
connoissant d'ailleurs que chaque Idée est ce qu'elle est, & que deux Idées
distinctes ne sont jamais la même Idée, il doit s'ensuivre necessairement de
là, que parmi ces sortes de véritez évidentes par elles-mêmes, celles-là doivent être connuës les prémiéres qui sont composées d'idées qui sont les prémiéres dans l'Esprit: & il est visible que les prémiéres idées qui sont dans
l'Esprit, sont celles des choses particuliéres, desquelles l'Entendement va
par des dégrez insensibles à ce petit nombre d'idées générales qui étant formées à l'occasion des Objets des Sens qui se présentent le plus communément, sont fixées dans l'Esprit avec les noms généraux dont on se sert pour
les désigner. Ainsi, les idées particuliéres sont les prémiéres que l'Esprit reçoit, qu'il discerne, & sur lesquelles il acquiert des connoissances. Après cela, viennent les idées moins générales ou les idées spécifiques qui suivent immédiatement les particuliéres. Car les Idées abstraites ne se présentent pas si-tôt ni si aisément que les Idées particuliéres, aux Enfans, ou à un Esprit qui n'est pas encore exercé à
cette maniére de penser. Que si elles paroissent aisées à former à des
personnes faites, ce n'est qu'à cause du constant & du familier usage qu'ils
en font; car si nous les considerons exactement, nous trouverons que les
Idées générales sont des fictions de l'Esprit qu'on ne peut former sans quel-

que peine, & qui ne se présentent pas si aisément que nous sommes portez à nous le figurer. Prenons, par exemple, l'idée générale d'un Triangle; quoi qu'elle ne soit pas la plus abstraite, la plus étenduë, & la plus malaisée à former, il est certain qu'il faut quelque peine & quelque addresse pour se la représenter, car il ne doit être ni Oblique, ni Rectangle, ni Equilatére, ni Isoscele, ni Scalene, mais tout cela à la fois, & nul de ces Triangles en particulier. Il est vrai que dans l'état d'imperfection où se trouve notre Esprit, il a besoin de ces Idées, & qu'il se hâte de les former le plûtôt qu'il peut, pour communiquer plus aisément ses pensées & étendre ses propres connoissances, deux choses auxquelles il est naturellement fort enclin. Mais avec tout cela, l'on a raison de regarder ces idées comme autant de marques de notre imperfection; ou du moins, cela suffit pour faire voir que les Idées les plus générales & les plus abstraites ne sont pas celles que l'Esprit reçoit les prémiéres & avec le plus de facilité, ni celles sur qui roule sa prémière Connoissance.

§. 10. *En second lieu*, il s'ensuit évidemment de ce que je viens de dire, que ces Maximes tant vantées ne sont pas les Principes & les Fondemens de toutes nos autres Connoissances. Car s'il y a quantité d'autres Véritez qui soient autant évidentes par elles-mêmes que ces Maximes, & plusieurs même qui nous sont plûtôt connuës qu'elles, il est impossible que ces Maximes soient les Principes d'où nous déduisons toutes les autres véritez. Ne sauroit-on voir par exemple, qu'*un & deux sont égaux à trois*, qu'en vertu de cet Axiome ou de quelque autre semblable, *Le tout est égal à toutes ses parties prises ensemble*? Qui ne voit au contraire qu'il y a bien des gens qui savent qu'un & deux sont égaux à trois, sans avoir jamais pensé à cet Axiome, ou à aucun autre semblable, par où l'on puisse le prouver, & qui le savent pourtant aussi certainement qu'aucune autre personne puisse être assurée de la vérité de cet Axiome, *Le Tout est égal à toutes ses parties*, ou de quelque autre que ce soit; & cela par la même raison, qui est * l'*évidence immédiate* qu'ils voyent dans cette Proposition, *un & deux sont égaux à trois*; l'égalité de ces idées leur étant aussi visible, & aussi certaine, sans le secours d'aucun Axiome, que par son moyen, puisqu'ils n'ont besoin d'aucune preuve pour l'appercevoir? Et après qu'on vient à savoir, Que le Tout est égal à toutes ses parties, on ne voit pas plus clairement ni plus certainement qu'auparavant, *Qu'un & deux sont égaux à trois*. Car s'il y a quelque différence entre ces Idées, il est visible que celles de *Tout* & de *Partie* sont plus obscures, ou qu'au moins elles se placent plus difficilement dans l'Esprit, que celles d'*Un*, de *Deux*, & de *Trois*. Et je voudrois bien demander à ces Messieurs qui prétendent que toute Connoissance, excepté celle de ces Principes généraux, dépend de Principes généraux, innez, & évidens par eux-mêmes, de quel Principe on a besoin pour prouver qu'*un & un sont deux*, que *deux & deux sont quatre*, & que *trois fois deux* font *six*? Or comme on connoit la vérité de ces Propositions sans le secours d'aucune preuve, il s'ensuit de là visiblement, ou que toute Connoissance ne dépend point de certaines véritez dejà connuës, & de ces Maximes générales qu'on nomme Principes, ou bien que ces Propositions-là sont autant

* *J'ai dit dans une Note, pag. 488. ce qu'il faut entendre par là.*

Des Axiomes. Liv. IV. 493

tant de Principes ; & si on les met au rang des Principes, il faudra y met- Chap. VII. tre aussi une grande partie des Propositions qui regardent les Nombres. Si nous ajoûtons à cela toutes les Propositions évidentes par elles-mêmes qu'on peut former sur toutes nos Idées distinctes, le nombre des Principes que les hommes viennent à connoître en différens âges, sera presque infini, ou du moins innombrable ; & il en faudra mettre dans ce rang quantité qui ne viennent jamais à leur connoissance durant tout le cours de leur vie. Mais que ces sortes de veritez se présentent à l'Esprit, plûtôt, ou plus tard ; ce qu'on en peut dire véritablement, c'est qu'elles sont très-connuës par leur propre évidence, qu'elles sont entiérement indépendantes, & qu'elles ne reçoivent & ne sont capables de recevoir les unes des autres aucune lumiére ni aucune preuve, & moins encore les plus particuliéres des plus générales, ou les plus simples des plus composées ; car les plus simples & les moins abstraites sont les plus familiéres & celles qu'on apperçoit plus aisément & plûtôt. Mais quelles que soient les plus claires idées, voici en quoi consiste l'évidence & la certitude de toutes ces sortes de Propositions, c'est en ce qu'un homme voit que la même idée est la même idée, & qu'il apperçoit infailliblement que deux différentes Idées sont des Idées différentes. Car lorsqu'un homme a dans l'Esprit les idées d'*Un* & de *Deux*, l'idée du *Jaune* & celle du *Bleu*, il ne peut que connoître certainement que l'idée d'*Un* est l'idée d'*Un*, & non celle de *Deux* ; & que l'idée du *Jaune* est l'idée du *Jaune*, & non celle du *Bleu*. Car un homme ne sauroit confondre dans son Esprit des idées qu'il y voit distinctes : ce seroit supposer ces idées confuses & distinctes en même temps, ce qui est une parfaite contradiction ; & d'ailleurs n'avoir point d'idées distinctes, ce seroit être privé de l'usage de nos Facultez, & n'avoir absolument aucune connoissance. Par conséquent, toutes les fois qu'une idée est affirmée d'elle-même, ou que deux Idées parfaitement distinctes sont niées l'une de l'autre, l'Esprit ne peut que donner son consentement à une telle Proposition, comme à une verité infaillible, dès qu'il entend les termes dont elle est composée, il ne peut, dis-je, que la recevoir sans hésiter le moins du monde, sans avoir besoin de preuve, ou penser à ces Propositions composées de termes plus généraux, auxquelles on donne le nom de *Maximes*.

§. 11. Que dirons-nous donc de ces Maximes générales ? Sont-elles absolument inutiles ? Nullement ; quoi que peut-être leur usage ne soit pas tel qu'on s'imagine ordinairement. Mais parce que douter le moins du monde des priviléges que certaines gens ont attribuez à ces Maximes, c'est une hardiesse contre laquelle on pourroit se recrier, comme contre un attentat horrible qui ne va pas à moins qu'à renverser toutes les Sciences, il ne sera pas inutile de considerer ces Maximes par rapport aux autres parties de notre Connoissance, & d'examiner plus particuliérement qu'on n'a encore fait, à quoi elles servent, & à quoi elles ne sauroient servir.

De quel usage sont ces Maximes générales.

I. Il paroit évidemment par ce qui vient d'être dit, qu'elles ne sont d'aucun usage pour prouver, ou pour confirmer des Propositions plus particuliéres qui sont évidentes par elles-mêmes.

II. Il n'est pas moins visible qu'elles ne sont ni n'ont jamais été les fon-

Chap. VII. demens d'aucune Science. Je fai bien que fur la foi des Scholaftiques, on parle beaucoup de Sciences, & des *Maximes*, fur qui ces Sciences font fondées. Mais je n'ai point eu encore le bonheur de rencontrer quelqu'une de ces Sciences, & moins encore aucune qui foit bâtie fur ces deux Maximes, *Ce qui eft, eft*, &, *Il eft impoffible qu'une même chofe foit & ne foit pas en même temps*. Je ferois fort aife qu'on me montrât où je pourrois trouver quelqu'une de ces Sciences bâties fur ces Axiomes généraux, ou fur quelque autre femblable; & je ferois bien obligé à quiconque voudroit me faire voir le plan & le fyftême de quelque Science, fondée fur ces Maximes ou fur quelque autre de cet ordre; dont on ne puiffe faire voir qu'elle fe foûtient auffi bien fans le fecours de ces fortes d'Axiomes. Je demande fi ces Maximes générales ne peuvent point être du même ufage dans l'Etude de la Théologie & dans les Queftions Théologiques, que dans les autres Sciences. Il eft hors de doute qu'elles peuvent fervir auffi dans la Théologie à fermer la bouche aux Chicaneurs & à terminer les Difputes; mais je ne croi pourtant pas que perfonne en veuille conclurre que la Religion Chrétienne eft fondée fur ces Maximes, ou que la Connoiffance que nous en avons, découle de ces *Principes*. C'eft de la Revelation que nous eft venuë la connoiffance de cette Sainte Religion; & fans le fecours de la Revelation ces Maximes n'auroient jamais été capables de nous la faire connoître. Lorsque nous trouvons une idée par l'intervention de laquelle nous découvrons la liaifon de deux autres Idées, c'eft une Revelation qui nous vient de la part de Dieu par la voix de la Raifon, car dès-lors nous connoiffons une vérité que nous ne connoiffions pas auparavant. Quand Dieu nous enfeigne lui-même une vérité, c'eft une Revelation qui nous eft communiquée par la voix de fon Efprit; & dès-là notre Connoiffance eft augmentée. Mais dans l'un ou l'autre de ces cas ce n'eft point de ces Maximes que notre Efprit tire fa lumière ou fa connoiffance; car dans l'un elle nous vient des chofes mêmes dont nous découvrons la vérité en appercevant leur convenance ou leur disconvenance; & dans l'autre la Lumiére nous vient immédiatement de Dieu, dont l'infaillible *Véracité*, fi j'ofe me fervir de ce terme, nous eft une preuve évidente de la vérité de ce qu'il dit.

III. En troifiéme lieu, ces Maximes générales ne contribuent en rien à faire faire aux hommes des progrès dans les Sciences, ou des découvertes de véritez auparavant inconnuës. M. *Newton* a démontré dans * fon Livre qu'on ne peut affez admirer, plufieurs Propofitions qui font tout autant de nouvelles véritez, inconnuës auparavant dans le Monde, & qui ont porté la connoiffance des Mathematiques plus avant, qu'elle n'avoit été encore: mais ce n'eft point en recourant à ces Maximes générales, *Ce qui eft, eft*, *Le Tout eft plus grand que fa partie*, & autres femblables, qu'il a fait ces belles découvertes. Ce n'eft point, dis-je, par leur moyen qu'il eft venu à connoître la vérité & la certitude de ces Propofitions. Ce n'eft pas non plus par leur fecours qu'il en a trouvé les démonftrations, mais en découvrant des Idées moyennes qui puffent lui faire voir la convenance ou la disconvenance des Idées telles qu'elles étoient exprimées dans les Propofitions qu'il a démontrées. Voilà l'emploi le plus confidérable de l'Entendement

Hu-

* Intitulé, *Philofophiæ Naturalis Principia Mathematica.*

Humain; c'est là ce qui l'aide le plus à étendre ses lumieres & à perfectionner les Sciences, en quoi il ne reçoit absolument aucun secours de la considération de ces Maximes ou autres semblables qu'on fait tant valoir dans les Ecoles. Que si ceux qui ont conçu, par tradition, une si haute estime pour ces sortes de Propositions, qu'ils croyent qu'on ne peut faire un pas dans la Connoissance des choses sans le secours d'un Axiome, & qu'on ne peut poser aucune pierre dans l'édifice des Sciences sans une Maxime générale, si ces gens-là, dis-je, prenoient seulement la peine de distinguer entre le moyen d'acquérir la Connoissance, & celui de communiquer la connoissance qu'on a une fois acquise, entre la Méthode d'inventer une Science, & celle de l'enseigner aux autres, autant qu'elle est connuë, ils verroient que ces Maximes générales ne sont point les fondemens sur lesquels les prémiers Inventeurs ont élevé ces admirables Edifices, ni les Clefs qui leur ont ouvert les secrets de la Connoissance. Quoi que dans la suite, après qu'on eut érigé des Ecoles & établi des Professeurs pour enseigner les Sciences que d'autres avoient déja inventées, ces Professeurs se soient souvent servi de Maximes, c'est-à-dire, qu'ils ayent établi certaines Propositions évidentes par elles-mêmes, ou qu'on ne pouvoit éviter de recevoir pour véritables après les avoir examinées avec quelque attention; de sorte que les ayant une fois imprimées dans l'Esprit de leurs Ecoliers comme autant de véritez incontestables, ils les ont employées dans l'occasion pour convaincre ces Ecoliers de quelques véritez particuliéres qui ne leur étoient pas si familiéres que ces Axiomes généraux qui leur avoient été auparavant inculquez, & fixez soigneusement dans l'Esprit. Du reste, ces exemples particuliers, considerez avec attention, ne paroissent pas moins évidens par eux-mêmes à l'Entendement, que ces Maximes générales qu'on propose pour les confirmer; & c'est dans ces exemples particuliers que les prémiers Inventeurs ont trouvé la Vérité sans le secours de ces Maximes générales; & tout autre qui prendra la peine de les considerer attentivement, pourra faire encore la même chose.

Pour venir donc à l'usage qu'on fait de ces Maximes, prémiérement elles peuvent servir, dans la Méthode qu'on employe ordinairement pour enseigner les Sciences, jusqu'où elles ont été avancées, mais elles ne servent que fort peu, ou rien du tout pour porter les Sciences plus avant.

En second lieu, elles peuvent servir dans les Disputes, à fermer la bouche à des Chicaneurs opiniâtres, & à terminer ces sortes de contestations. Sur quoi je prie mes Lecteurs de m'accorder la liberté d'examiner si la nécessité d'employer ces Maximes dans cette vûë, n'a pas été introduite de la maniére qu'on va voir. Les Ecoles ayant établi la Dispute comme la pierre-de-touche de l'habileté des gens, & comme la preuve de leur Science, elles adjugeoient la victoire à celui à qui le champ de bataille demeuroit, & qui parloit le dernier, de sorte qu'on en concluoit, que s'il n'avoit pas soûtenu le meilleur parti, il avoit eu du moins l'avantage de mieux argumenter. Mais parce que selon cette Méthode il pouvoit arriver que la Dispute ne pourroit point être décidée entre deux Combattans également experts, tandis que l'un auroit toûjours un *terme moyen* pour prouver une certaine Proposition,

CHAP. VII. position, & que l'autre par une distinction ou sans distinction pourroit nier constamment la majeure ou la mineure de l'Argument qui lui seroit objecté; pour éviter que la Dispute ne s'engageât dans une suite infinie de Syllogismes, on introduisit dans les Ecoles certaines Propositions générales dont la plûpart sont évidentes par elles-mêmes, & qui étant de nature à être reçuës de tous les hommes avec un entier consentement, devoient être regardées, comme des mesures générales de la Vérité, & tenir lieu de Principes (lorsque les Disputans n'en avoient point posé d'autres entr'eux) au delà desquels on ne pouvoit point aller, & auxquels on seroit obligé de se tenir de part & d'autre. Ainsi, ces Maximes ayant reçu le nom de *Principes* qu'on ne pouvoit point nier dans la Dispute, ils les prirent, par erreur, pour l'origine & la source d'où toute la Connoissance avoit commencé à s'introduire dans l'Esprit, & pour les fondemens sur lesquels les Sciences étoient bâties; parce que lorsque dans leurs Disputes ils en venoient à quelqu'une de ces Maximes, ils s'arrêtoient sans aller plus avant, & la question étoit terminée. Mais j'ai déja fait voir que c'est-là une grande erreur.

Cette Methode étant en vogue dans les Ecoles qu'on a regardé comme les sources de la Connoissance, a introduit le même usage de ces Maximes dans la plûpart des Conversations hors des Ecoles, & cela pour fermer la bouche aux Chicaneurs avec qui l'on est excusé de raisonner plus longtemps dès qu'ils viennent à nier ces Principes généraux, évidens par eux-mêmes & admis par toutes les personnes raisonnables qui y ont une fois fait quelque reflexion. Mais encore un coup, ils ne servent dans cette occasion qu'à terminer les Disputes. Car au fond si l'on en presse la signification dans ces mêmes cas, ils ne nous enseignent rien de nouveau. Cela a été déja fait par les Idées moyennes dont on s'est servi dans la Dispute, & dont on peut voir la liaison sans le secours de ces Maximes, de sorte que par le moyen de ces Idées la Vérité peut être connuë avant que la Maxime ait été produite, & que l'Argument ait été poussé jusqu'au premier Principe. Car les hommes n'auroient pas de peine à connoître & à quitter un méchant Argument avant que d'en venir-là, si dans leurs Disputes ils avoient en vûë de chercher & d'embrasser la Vérité, & non de contester pour obtenir la victoire. C'est ainsi que les Maximes servent à reprimer l'opiniâtreté de ceux que leur propre sincerité devroit obliger à se rendre plûtôt. Mais la Méthode des Ecoles ayant autorisé & encouragé les hommes à s'opposer & à résister à des véritez évidentes, jusqu'à ce qu'ils soient battus, c'est-à-dire, qu'ils soient réduits à se contredire eux-mêmes, ou à combattre des Principes établis, il ne faut pas s'étonner que dans la conversation ordinaire ils n'ayent pas honte de faire ce qui est un sujet de gloire & passe pour vertu dans les Ecoles, je veux dire, de soûtenir opiniâtrément & jusqu'à la derniére extrémité le côté de la Question qu'ils ont une fois embrassé, vrai ou faux, même après qu'ils sont convaincus: Etrange moyen de parvenir à la Vérité & à la Connoissance, & qui l'est à tel point que les gens raisonnables repandus dans le reste du Monde, qui n'ont pas été corrompus par l'Education, auroient, je pense, bien de la peine à croire qu'une telle méthode eût jamais été suivie par des personnes qui font profession d'aimer la Vérité,

rité, & qui paſſent leur vie à étudier la Religion ou la Nature, ou qu'elle eût été admiſe dans des Seminaires établis pour enſeigner les Véritez de la Religion ou de la Philoſophie à ceux qui les ignorent entiérement! Je n'examinerai point ici combien cette maniére d'inſtruire eſt propre à détourner l'Eſprit des Jeunes-gens de l'amour & d'une recherche ſincére de la Vérité, ou plûtôt, à les faire douter s'il y a effectivement quelque Vérité dans le Monde, ou du moins qui mérite qu'on s'y attache. Mais ce que je croi fortement, c'eſt qu'excepté les Lieux qui ont admis la Philoſophie Peripateticienne dans leurs Ecoles, où elle a regné pluſieurs ſiécles ſans enſeigner autre choſe au monde que l'art de diſputer, on n'a regardé nulle part ces Maximes, dont nous parlons préſentement, comme les fondemens des Sciences, & comme des ſecours importans pour avancer dans la Connoiſſance des choſes.

Ces Maximes générales ſont donc d'un grand uſage dans les Diſputes, comme j'ai déja dit, pour fermer la bouche aux Chicaneurs, mais elles ne contribuent pas beaucoup à la découverte des Véritez inconnuës, ou à fournir à l'Eſprit le moyen de faire de nouveaux progrès dans la recherche de la Vérité. Car qui eſt-ce, je vous prie, qui a commencé de fonder ſes connoiſſances ſur cette Propoſition générale, *Ce qui eſt, eſt*, ou, *Il eſt impoſſible qu'une choſe ſoit & ne ſoit pas en même temps*? Qui eſt-ce qui ayant pris pour principe l'une ou l'autre de ces Maximes, en a déduit un Syſtême de Connoiſſances utiles? L'une de ces Maximes peut fort bien ſervir comme de pierre-de-touche, pour faire voir où aboutiſſent certaines fauſſes opinions qui renferment ſouvent de pures contradictions; mais quelque propres qu'elles ſoient à dévoiler l'abſurdité ou la fauſſeté du raiſonnement ou de l'opinion particuliére d'un homme, elles ne ſauroient contribuer beaucoup à éclairer l'Entendement, & l'on ne trouvera pas que l'Eſprit en reçoive beaucoup de ſecours à l'égard du progrès qu'il fait dans la Connoiſſance des choſes; progrès qui ne ſeroit ni plus ni moins certain, quand bien l'Eſprit n'auroit jamais penſé à ces deux Propoſitions générales. A la vérité, elles peuvent ſervir dans l'Argumentation, comme j'ai déja dit, pour réduire un Chicaneur au ſilence, en lui faiſant voir l'abſurdité de ce qu'il dit, & en l'expoſant à la honte de contredire ce que tout le monde voit, & dont il ne peut s'empêcher lui-même de reconnoître la vérité. Mais autre choſe eſt de montrer à un homme qu'il eſt dans l'erreur, & autre choſe de l'inſtruire de la Vérité. Et je voudrois bien ſavoir quelles véritez ces Propoſitions peuvent nous faire connoître par leur influence, que nous ne connuſſions pas auparavant, ou que nous ne puſſions connoître ſans leur ſecours. Tirons-en toutes les conſéquences que nous pourrons; ces conſéquences ſe réduiront toûjours à des Propoſitions purement (1) *identiques*; & toute l'influence de ces Maximes, ſi elle en a aucune,

---

(1) C'eſt à-dire, *où une idée eſt affirmée d'elle-même*. Comme le mot *identique* eſt tout-à-fait inconnu dans notre Langue, je me ſerois contenté d'en mettre l'explication dans le Texte, s'il ne ſe fût rencontré que dans cet endroit. Mais parce que je ſerai bien-tôt indiſpenſablement obligé de me ſervir de ce terme, autant vaut-il que je l'employe préſentement. Le Lecteur s'y accoûtumera plûtôt, en le voyant plus ſouvent.

CHAP. VII. ne, ne tombera que fur ces fortes de Propofitions. Chaque Propofition particuliére qui regarde l'*Identité* ou la *Diverfité*, eft connuë auffi clairement & auffi certainement par elle-même, fi on la confidere avec attention, qu'aucune de ces deux Propofitions générales, avec cette feule différence, que ces derniéres pouvant être appliquées à tous les cas, on y infifte davantage. Quant aux autres Maximes moins générales, il y en a plufieurs qui ne font que des Propofitions purement verbales, & qui ne nous apprennent autre chofe que le rapport que certains noms ont entr'eux. Telle eft celleci, *Le Tout eft égal à toutes fes parties*; car, je vous prie, quelle vérité réelle nous eft enfeignée par cette Maxime ? Que contient-elle de plus que ce qu'emporte par foi-même la fignification du mot *Tout* ? Et comprend-on que celui qui fait que le mot *Tout* fignifie ce qui eft compofé de toutes fes parties, foit fort éloigné de favoir, que le Tout eft égal à toutes fes parties ? Je croi fur le même fondement que cette Propofition, *Une Montagne eft plus haute qu'une Vallée*, & plufieurs autres femblables peuvent auffi paffer pour des Maximes. Cependant lorfque les Profeffeurs en Mathematique veulent apprendre aux autres ce qu'ils favent eux-mêmes de cette Science, ils font très-bien de pofer à l'entrée de leurs Syftêmes cette Maxime & quelques autres femblables, afin que dès le commencement leurs Ecoliers s'étant rendu tout-à-fait familiéres ces fortes de Propofitions, exprimées en termes généraux, ils puiffent s'accoûtumer aux reflexions qu'elles renferment & à regarder ces Propofitions plus générales comme autant de fentences & de régles établies, qu'ils foient en état d'appliquer à tous les cas particuliers; non qu'à les confiderer avec une égale application elles paroiffent plus claires & plus évidentes que les exemples particuliers pour la confirmation defquels on les propofe, mais parce qu'étant plus familiéres à l'Efprit, il fuffit de les nommer pour convaincre l'Entendement. Cela, dis-je, vient plûtôt, à mon avis, de la coûtume que nous avons de les mettre à cet ufage, & de les fixer dans notre Efprit à force d'y penfer fouvent, que de la différente évidence qui foit dans les Chofes. En effet, avant que la coûtume ait établi dans notre Efprit des méthodes de penfer & de raifonner, je m'imagine qu'il en eft tout autrement, & qu'un Enfant à qui l'on ôte une partie de fa pomme, le connoit mieux dans cet exemple particulier que par cette Propofition générale, *Le Tout eft égal à toutes fes parties*, & que fi l'une de ces chofes a befoin de lui être confirmée par l'autre, il eft plus néceffaire que la Propofition générale foit introduite dans fon Efprit, à la faveur de la Propofition particuliére, que la particuliére par le moyen de la générale; car c'eft par des chofes particuliéres que commence notre Connoiffance, qui s'étend enfuite par dégrez à des idées générales. Cependant, notre Efprit prend après cela un chemin tout différent, car réduifant fa Connoiffance à des Propofitions auffi générales qu'il peut, il fe les rend familiéres & s'accoûtume à y recourir comme à des modèles du Vrai & du Faux,& les faifant fervir ordinairement de Règles pour mefurer la vérité des autres Propofitions, il vient à fe figurer dans la fuite, que les Propofitions plus particuliéres empruntent leur vérité & leur évidence de la conformité qu'elles ont avec ces Propofitions plus générales, fur lefquelles on appuye fi

fou-

Des Axiomes. Liv. IV.

souvent en Conversation & dans les Disputes, & qui sont si constamment reçuës. C'est-là, je pense, la raison pourquoi parmi tant de Propositions évidentes par elles-mêmes, on n'a donné le nom de *Maximes* qu'aux plus générales.

§. 12. Une autre chose qu'il ne sera pas, je croi, mal à propos d'observer sur ces Maximes générales, c'est qu'elles sont si éloignées d'avancer, ou de confirmer notre Esprit dans la vraye Connoissance, que, si nos notions sont fausses, vagues ou incertaines, & que nous attachions nos pensées au son des mots, au lieu de les fixer sur les idées constantes & déterminées des Choses, ces Maximes générales serviront à nous confirmer dans des erreurs; & selon cette méthode si ordinaire d'employer les Mots sans aucun rapport aux choses, elles serviront même à prouver des contradictions. Par exemple, celui qui avec *Descartes* se forme dans son Esprit une idée de ce qu'il appelle *Corps*, comme d'une chose qui n'est qu'Etenduë, peut démontrer aisément par cette Maxime, *Ce qui est, est*, qu'il n'y a point de *Vuide*, c'est-à-dire, d'Espace sans Corps. Car l'idée à laquelle il attache le mot de *Corps* n'étant que pure étenduë, la connoissance qu'il en déduit, que l'Espace ne sauroit être sans Corps, est certaine. Car il connoit clairement & distinctement sa propre idée d'*Etenduë*, & il sait qu'*elle est ce qu'elle est*, & non une autre idée, quoi qu'elle soit désignée par ces trois noms *Etenduë*, *Corps*, & *Espace*: trois mots qui signifiant une seule & même idée, peuvent sans doute être affirmez l'un de l'autre avec la même évidence & la même certitude que chacun de ces termes peut être affirmé de soi-même: & il est aussi certain, que, tandis que je les employe tous pour signifier une seule & même idée, cette affirmation, *le Corps est Espace*, est aussi véritable & aussi *identique* dans sa signification que celle-ci, *le Corps est Corps*, l'est tant à l'égard de sa signification qu'à l'égard du son.

§. 13. Mais si une autre personne vient à se représenter la chose sous une idée différente de celle de Descartes, se servant pourtant avec Descartes du mot de *Corps*, mais regardant l'idée qu'il exprime par ce mot, comme une chose qui est étenduë & solide tout ensemble, il démontrera aussi aisément qu'il peut y avoir du Vuide, ou un Espace sans Corps, que Descartes a démontré le contraire; parce que l'idée à laquelle il donne le nom d'*Espace* n'étant qu'une idée simple d'*Extension*, & celle à laquelle il donne le nom de *Corps* étant une idée composée d'extension & de *resistibilité* ou solidité jointes ensemble dans le même Sujet, les Idées de Corps & d'Espace ne sont pas exactement une seule & même idée, mais sont aussi distinctes dans l'Entendement que les Idées d'*Un* & de *Deux*, de *Blanc* & de *Noir*, ou que celle de *Corporeïté* & * d'*Humanité*, si j'ose me servir de ces termes barbares: d'où il s'ensuit que l'une n'est pas affirmée de l'autre ni dans notre Esprit, ni par les paroles dont on se sert pour les désigner, mais que cette Proposition negative qu'on en peut former, l'*Extension ou l'Espace n'est pas Corps*, est aussi véritable & aussi évidemment certaine qu'aucune Proposition qu'on puisse prouver par cette Maxime, *Il est impossible qu'une même chose soit & ne soit pas en même temps.*

Chap. VII

Si l'on ne prend pas garde à l'usage qu'on fait des mots, ces Maximes peuvent prouver des contradictions. Exemple dans le *Vuide*.

* Voyez ci dessus pag. 384, 385.

§. 14. Mais

CHAP. VII.
Ces Maximes ne prouvent point l'exiftence des chofes hors de nous.

§. 14. Mais quoi qu'on puiffe également démontrer ces deux Propofitions, *Il y a du Vuide*, & *Il n'y en a point*, par le moyen de ces deux Principes indubitables, *Ce qui eft, eft*, & *Il eft impoffible qu'une même chofe foit & ne foit pas*; cependant nul de ces Principes ne pourra jamais fervir à nous prouver qu'il y ait des Corps actuellement exiftans, ou quels font ces Corps Car pour celà, il n'y a que nos Sens qui puiffent nous l'apprendre autant qu'il eft en leur pouvoir. Quant à ces Principes univerfels & évidens par eux-mêmes, comme ils ne font autre chofe que la connoiffance conftante, claire & diftinéte que nous avons de nos Idées les plus générales & les plus étendües, ils ne peuvent nous affûrer de rien qui fe paffe hors de notre Efprit: leur certitude n'eft fondée que fur la connoiffance que nous avons de chaque Idée confiderée en elle-même, & de fa diftinction d'avec les autres, fur quoi nous ne faurions nous méprendre, tandis que ces Idées font dans notre Efprit: quoi que nous puiffions nous tromper, & que fouvent nous nous trompions effectivement, lorfque nous retenons les noms fans les Idées, ou que nous les employons confufément, pour defigner tantôt une idée, & tantôt une autre. Dans ces cas-là, la force de ces Axiomes ne portant que fur le fon, & non fur la fignification des Mots, elle ne fert qu'à nous jetter dans la confufion & dans l'erreur. J'ai fait cette Remarque pour montrer aux hommes, que ces Maximes, quelque fort qu'on les exalte comme les grands boulevards de la Vérité, ne les mettront pas à couvert de l'Erreur, s'ils employent les mots dans un fens vague & indéterminé. Du refte, dans tout ce qu'on vient de voir fur le peu qu'elles contribuent à l'avancement de nos Connoiffances, ou fur leur dangereux ufage lors qu'on les applique à des idées indéterminées, j'ai été fort éloigné de dire ou de prétendre qu'elles doivent être (1) *laiffées à l'écart*, comme certaines gens ont été un peu trop prompts à me l'imputer. Je les reconnois pour des véritez, & des véritez évidentes par elles-mêmes, & en cette qualité elles ne peuvent point être *laiffées à l'écart*. Jufques où que s'étende leur influence, c'eft en vain qu'on voudroit tâcher de la refferrer, & c'eft à quoi je ne fongeai jamais. Je puis pourtant avoir raifon de croire, fans faire aucun tort à la Vérité, que, quelque grand fond qu'il femble qu'on faffe fur ces Maximes, leur ufage ne répond point à cette idée; & je puis avertir les hommes de n'en pas faire un mauvais ufage pour fe confirmer eux-mêmes dans l'Erreur.

Leur ufage eft dangereux à l'égard des Idées complexes.

§. 15. Mais qu'elles ayent tel ufage qu'on voudra dans des Propofitions Verbales, elles ne fauroient nous faire voir, ou nous prouver la moindre connoiffance qui appartienne à la nature des Subftances telles qu'elles fe trouvent & qu'elles exiftent hors de nous, au delà de ce que l'Expérience nous enfeigne. Et quoi que la conféquence de ces deux Propofitions qu'on nomme *Principes*, foit fort claire, & que leur ufage ne foit ni nuifible ni dangereux

---

(1) Ce font les propres termes d'un Auteur qui a attaqué ce que Mr. *Locke* a dit du peu d'ufage qu'on peut tirer des *Maximes*. On ne voit pas trop bien ce qu'il entend par L A I A S I D E, *laiffer à l'écart*. Peut-être a-t-il voulu dire par-là *négliger*, *méprifer*. Quoi qu'il en foit, on ne peut mieux faire que de rapporter fes propres termes.

reux pour prouver des chofes, où le fecours de ces Maximes n'eſt nullement néceſſaire pour en établir la preuve, parce qu'elles font aſſez claires par elles-mêmes fans leur entremife, c'eſt-à-dire, où nos Idées font déterminées & connuës par le moyen des noms qu'on employe pour les défigner; cependant lorfqu'on fe fert de ces Principes, *Ce qui eſt, eſt*, &, *Il eſt impoſſible qu'une même chofe foit & ne foit pas*, pour prouver des Propofitions où il y a des Mots, qui fignifient des Idées complexes, comme ceux-ci, *Homme*, *Cheval*, *Or*, *Vertu*, &c. alors ces Principes font extrêmement dangereux, & engagent ordinairement les hommes à regarder & à recevoir la Fauſſeté comme une Vérité manifeſte, & des chofes fort incertaines comme des Démonſtrations, ce qui produit l'erreur, l'opiniâtreté, & tous les malheurs où peuvent s'engager les hommes en raifonnant mal. Ce n'eſt pas, que ces Principes foient moins véritables, ou qu'ils ayent moins de force pour prouver des Propofitions compoſées de termes qui fignifient des idées complexes, que des Propofitions qui ne roulent que fur des Idées fimples ; mais parce qu'en général les hommes fe trompent en croyant, que, lorfqu'on retient les mêmes termes, les Propofitions roulent fur les mêmes chofes, quoi que dans le fond les idées que ces termes fignifient, foient différentes. Ainfi, l'on fe fert de ces Maximes pour foûtenir des Propofitions qui par le fon & par l'apparence font vifiblement contradictoires, comme on l'a pu voir clairement dans les Démonſtrations que je viens de propofer fur le *Vuide*. De forte que, tandis que les hommes prennent des mots pour des chofes, comme ils le font ordinairement, ces Maximes peuvent fervir & fervent communément à prouver des propofitions contradictoires, comme je vais le faire voir encore plus au long.

§. 16. Par exemple, que l'homme foit le fujet fur lequel on veut démontrer quelque chofe par le moyen de ces prémiers Principes, & nous verrons que tant que la Démonſtration dépendra de ces Principes, elle ne fera que verbale, & ne nous fournira aucune Propofition certaine, véritable, & univerfelle, ni aucune connoiſſance de quelque Etre exiſtant hors de nous. Prémiérement, un Enfant s'étant formé l'Idée d'un *homme*, il eſt probable que fon idée eſt juſtement femblable au Portrait qu'un Peintre fait des apparences vifibles qui jointes enfemble conſtituent la forme extérieure d'un homme ; de forte qu'une telle complication d'Idées unies dans fon Entendement compofe cette particuliére Idée complexe qu'il appelle *homme* ; & comme le *Blanc* ou la *couleur de Chair* fait partie de cette Idée, l'Enfant peut vous démontrer qu'*un Negre n'eſt pas un homme*, parce que la Couleur blanche eſt une des idées fimples qui entrent conſtamment dans l'idée complexe qu'il appelle *homme*, il peut, dis-je, démontrer en vertu de ce Principe, *Il eſt impoſſible qu'une même chofe foit & ne foit pas*, qu'un Négre n'eſt pas un homme, fa certitude n'étant pas fondée fur cette Propofition univerfelle, dont il n'a peut-être jamais ouï parler, ou à laquelle il n'a jamais penfé, mais fur la perception claire & diſtincte qu'il a de fes idées fimples de *noir* & de *blanc*, qu'il ne peut confondre enfemble, ou prendre l'une

CHAP. VII. pour l'autre, soit qu'il soit, ou ne soit pas instruit de cette Maxime. Vous ne sauriez non plus démontrer à cet Enfant, ou à quiconque a une telle idée qu'il désigne par le nom d'*Homme*, qu'un homme ait une Ame, parce que son Idée d'*Homme* ne renferme en elle-même aucune telle notion; & par conséquent c'est un point qui ne peut lui être prouvé par le Principe, *Ce qui est, est*, mais qui dépend de conséquences & d'observations, par le moyen desquelles il doit former son idée complexe, désignée par le mot *Homme*.

§. 17. En second lieu, un autre qui en formant la collection de l'idée complexe qu'il appelle *Homme*, est allé plus avant, & qui a ajoûté à la forme extérieure le *rire* & le *discours raisonnable*, peut démontrer que les Enfans qui ne font que de naître, & les Imbecilles, ne sont pas des *hommes*, par le moyen de cette Maxime, *Il est impossible qu'une même chose soit & ne soit pas*. Et en effet il m'est arrivé de discourir avec des personnes fort raisonnables qui m'ont nié actuellement, que les Enfans & les Imbecilles fussent *hommes*.

§. 18. En troisiéme lieu, peut-être qu'un autre ne compose son idée complexe qu'il appelle *Homme*, que des idées de Corps en général, & de la puissance de parler & de raisonner, & en exclut entiérement la forme extérieure. Et un tel homme peut démontrer qu'un homme peut n'avoir point de mains & avoir quatre piés; puisqu'aucune de ces deux choses ne se trouve enfermée dans son idée d'*Homme*: & dans quelque Corps ou Figure qu'il trouve la faculté de parler jointe à celle de raisonner, c'est là un homme, à son égard; parce qu'ayant une connoissance évidente d'une telle Idée complexe, il est certain que *Ce qui est, est*.

Combien ces Maximes servent peu à prouver quelque chose, lorsque nous avons des idées claires & distinctes.

§. 19. De sorte qu'à bien considerer la chose, je croi que nous pouvons assûrer, que, lorsque nos Idées sont déterminées dans notre Esprit, & désignées par des noms fixes & connus que nous leur avons attachez sous ces déterminations précises, ces Maximes sont fort peu nécessaires, ou plûtôt ne sont absolument d'aucun usage, pour prouver la convenance ou la disconvenance d'aucune de ces Idées. Quiconque ne peut pas discerner la vérité, ou la fausseté de ces sortes de Propositions sans le secours de ces Maximes ou autres semblables, ne pourra le faire par leur entremise; puisqu'on ne sauroit supposer qu'il connoisse sans preuve la vérité de ces Maximes mêmes, s'il ne peut connoître sans preuve la vérité de ces autres Propositions qui sont aussi évidentes par elles-mêmes que ces Maximes. C'est sur ce fondement que la *Connoissance Intuitive* n'exige ou n'admet aucune preuve, dans une de ses parties plûtôt que dans l'autre. Quiconque suppose qu'elle en a besoin, renverse le fondement de toute Connoissance & de toute Certitude; & celui à qui il faut une preuve pour être assûré de cette Proposition, *Deux sont égaux à Deux*, & pour y donner son consentement, aura aussi besoin d'une preuve pour pouvoir admettre celle-ci, *Ce qui est, est*. De même, tout homme qui a besoin d'une preuve pour être convaincu que *Deux ne sont pas Trois*, que *le Blanc n'est pas Noir*,

Noir, qu'*un Triangle n'est pas un Cercle*, &c. ou que deux autres Idées déterminées & distinctes, quelles qu'elles soient, ne sont pas une seule & même idée, aura aussi besoin d'une Démonstration pour pouvoir être convaincu, *Qu'il est impossible qu'une chose soit & ne soit pas*.

§. 20. Or comme ces Idées sont d'un fort petit usage lorsque nous avons des Idées déterminées, elles sont d'ailleurs d'un usage fort dangereux, comme je viens de le montrer, lorsque nos Idées ne sont pas déterminées, & que nous nous servons de Mots qui ne sont pas attachez à des Idées déterminées, mais qui ont une signification vague & inconstante, signifiant tantôt une idée, & tantôt une autre ; d'où s'ensuivent des méprises & des erreurs que ces Maximes citées en preuve pour établir des Propositions dont les termes signifient des idées indéterminées, servent à confirmer, & à graver plus fortement dans l'Esprit par leur autorité.

Leur usage est dangereux, lors que nos Idées sont confuses.

CHAPITRE VIII.

Des Propositions Frivoles.

§. 1. JE laisse présentement à d'autres à juger si les Maximes dont je viens de parler dans le Chapitre précedent, sont d'un aussi grand usage pour la Connoissance réelle, qu'on le suppose généralement. Ce que je croi pouvoir assûrer hardiment, c'est qu'il y a des Propositions universelles, qui, quoi que certainement véritables, ne répandent aucune lumière dans l'Entendement, & n'ajoûtent rien à notre Connoissance.

Certaines Propositions n'ajoûtent rien à notre Connoissance.

§. 2. Telles sont, prémièrement, *toutes les Propositions purement identiques*. On reconnoit d'abord & à la prémière vûë qu'elles ne renferment aucune instruction. Car lorsque nous affirmons le même terme de lui-même, soit qu'il ne soit qu'un simple son, ou qu'il contienne quelque idée claire & réelle, une telle Proposition ne nous apprend rien que ce que nous devons dejà connoître certainement, soit que nous la formions nous-mêmes, ou que d'autres nous la proposent. A la vérité, cette Proposition si générale, *Ce qui est, est*, peut servir quelquefois à faire voir à un homme l'absurdité où il s'est engagé lorsque par des circonlocutions ou des termes équivoques, il veut, dans des exemples particuliers, nier la même chose d'elle-même ; parce que personne ne peut se déclarer si ouvertement contre le bon sens que de soûtenir des contradictions visibles & directes en termes évidens, ou s'il le fait, on est excusable de rompre tout entretien avec lui. Mais avec tout cela je croi pouvoir dire que ni cette Maxime ni aucune autre Proposition *identique*, ne nous apprend rien du tout : & quoi que dans ces sortes de Propositions, cette célèbre Maxime qu'on fait si fort valoir comme le fondement de la Démonstration, puisse être & soit souvent employée pour les confirmer, tout ce qu'elle prouve n'emporte dans le fond autre chose que ceci, c'est *Que le même mot peut être affirmé de lui-même*

I. Les Propositions Identiques.

avec

CHAP.VIII. avec une entiére certitude, sans qu'on puisse douter de la vérité d'une telle Proposition, & permettez-moi d'ajoûter, sans qu'on puisse aussi arriver par-là à aucune connoissance réelle.

§. 3. Car à ce compte, le plus ignorant de tous les hommes qui peut seulement former une Proposition & qui sait ce qu'il pense quand il dit *oui* ou *non*, peut faire un million de Propositions de la vérité desquelles il peut être infailliblement assûré sans être pourtant instruit de la moindre chose par ce moyen, comme, *Ce qui est Ame, est Ame*, c'est-à-dire, *une Ame est une Ame*, *un Esprit est un Esprit*, *une Fetiche est une Fetiche*, &c. toutes Propositions équivalentes à celle-ci, *Ce qui est, est*, c'est-à-dire, *Ce qui a de l'existence, a de l'existence*, ou *celui qui a une Ame a une Ame*. Qu'est-ce autre chose que se jouer des mots? C'est faire justement comme un Singe qui s'amuseroit à jetter une Huitre d'une main à l'autre, & qui, s'il avoit des mots, pourroit sans doute dire, l'Huitre dans la main droite est le sujet, & l'Huitre dans la main gauche est * l'attribut, & former par ce moyen cette Proposition évidente par elle-même, *l'Huitre est l'Huitre*, sans avoir pour tout cela le moindre grain de connoissance de plus. Cette maniére d'agir pourroit tout aussi bien satisfaire la faim du Singe que l'Entendement d'un homme; & elle serviroit autant à faire croître le prémier en grosseur, qu'à faire avancer le dernier en Connoissance.

* Ce qu'on nomme autrement dans les Ecoles *prædicatum*.

Je sai qu'il y a des gens, qui s'interessent beaucoup pour les *Propositions Identiques*, & qui s'imaginent qu'elles rendent de grands services à la Philosophie, parce qu'elles sont évidentes par elles-mêmes. Ils les exaltent comme si elles renfermoient tout le secret de la Connoissance, & que l'Entendement fût conduit uniquement par leur moyen dans toutes les véritez qu'il est capable de comprendre. J'avoüe aussi librement que qui que ce soit, que toutes ces Propositions sont véritables & évidentes par elles-mêmes. Je conviens de plus que le fondement de toutes nos Connoissances dépend de la Faculté que nous avons d'appercevoir que la même Idée est la même, & de la discerner de celles qui sont différentes, comme je l'ai fait voir dans le Chapitre précedent. Mais je ne vois pas comment cela empéche que l'usage qu'on prétendroit faire des Propositions *Identiques* pour l'avancement de la Connoissance ne soit justement traité de frivole. Qu'on repete aussi souvent qu'on voudra, Que *la volonté est la volonté*, & qu'on fasse sur cela autant de fond qu'on jugera à propos; de quel usage sera cette Proposition, & une infinité d'autres semblables pour étendre nos Connoissances? Qu'un homme forme autant de ces sortes de Propositions que les mots qu'il sait pourront lui permettre d'en faire, comme celles-ci, *Une Loi est une Loi*, & *l'Obligation est l'Obligation, le Droit est le Droit*, & *l'Injuste est l'Injuste*; ces Propositions & autres semblables lui seront-elles d'aucun usage pour apprendre la Morale? Lui feront-elles connoître à lui ou aux autres les devoirs de la vie? Ceux qui ne savent & ne sauront peut-être jamais ce que c'est que *Juste* & *Injuste*, ni les mesures de l'un & de l'autre, peuvent former avec autant d'assûrance toutes ces sortes de Propositions, & en connoître aussi infailliblement la vérité, que celui qui est le mieux instruit des véritez de la Morale. Mais quel progrès font-ils par le moyen de ces Proposipositions dans la Connoissance d'aucune chose nécessaire ou utile à leur conduite ?

On regarderoit sans doute comme un pur badinage les efforts d'un homme qui pour éclairer l'Entendement sur quelque Science, s'amuseroit à entasser des Propositions *Identiques* & à insister sur des Maximes comme celle-ci, *La Substance est la Substance, le Corps est le Corps, le Vuide est le Vuide, un Tourbillon est un Tourbillon, un Centaure est un Centaure, & une Chimére est une Chimére,* &c. Car toutes ces Propositions & autres semblables sont également véritables, également certaines, & également évidentes par elles-mêmes. Mais avec tout cela, elles ne peuvent passer que pour des *Propositions frivoles*, si l'on vient à s'en servir comme de Principes d'instruction, & à s'y appuyer comme sur des moyens pour parvenir à la Connoissance ; puisqu'elles ne nous enseignent rien que ce que tout homme, qui est capable de discourir, sait lui-même sans que personne le lui dise, *savoir*, que le même terme est le même terme, & que la même Idée est la même Idée. Et c'est sur ce fondement que j'ai crû & que je crois encore, que de mettre en avant & d'inculquer ces sortes de Propositions dans le dessein de répandre de nouvelles lumiéres dans l'Entendement, ou de lui ouvrir un chemin vers la Connoissance des choses, c'est une imagination tout-à-fait ridicule. L'Instruction consiste en quelque chose de bien différent. Quiconque veut entrer lui-même, ou faire entrer les autres dans des véritez qu'il ne connoit point encore, doit trouver des Idées moyennes, & les ranger l'une auprès de l'autre dans un tel ordre que l'Entendement puisse voir la convenance ou la disconvenance des Idées en question. Les Propositions qui servent à cela, sont veritablement instructives, mais elles sont bien différentes de celles où l'on affirme le même terme de lui-même, par où nous ne pouvons jamais parvenir ni faire parvenir les autres à aucune espèce de Connoissance. Cela n'y contribuë pas plus, qu'il serviroit à une personne qui voudroit apprendre à lire, qu'on lui inculquât ces Propositions, *un A est un A, un B est un B*, &c. Ce qu'un homme peut savoir aussi bien qu'aucun Maître d'Ecole, sans être pourtant jamais capable de lire un seul mot durant tout le cours de sa vie, ces Propositions & autres semblables purement *Identiques*, ne contribuant en aucune maniére à lui apprendre à lire, quelque usage qu'il en puisse faire.

Si ceux qui désapprouvent que je nomme *Frivoles* ces sortes de Propositions, avoient lû & pris la peine de comprendre ce que j'ai écrit ci-dessus en termes fort intelligibles, ils n'auroient pû s'empêcher de voir que par *Propositions Identiques* je n'entens que celles-là seulement où le même terme emportant la même Idée, est affirmé de lui-même. C'est là, à mon avis, ce qu'il faut entendre proprement par des Propositions *Identiques* ; & je crois pouvoir continuer de dire surement à l'égard de toutes ces sortes de Propositions, que de les proposer comme des moyens d'instruire l'Esprit, c'est un vrai badinage. Car personne qui a l'usage de la Raison, ne peut éviter de les rencontrer toutes les fois qu'il est nécessaire qu'il en prenne connoissance ; & lorsqu'il en prend connoissance, il ne sauroit douter de leur vérité.

CHAP. VIII. Que fi certaines gens veulent donner le nom d'*Identique* à des Propofitions où le même terme n'eft pas affirmé de lui-même, c'eft à d'autres à juger s'ils parlent plus proprement que moi. Ce qu'il y a de certain, c'eft que tout ce qu'ils difent des Propofitions qui ne font pas *Identiques*, ne tombe point fur moi, ni fur ce que j'ai dit; puifque tout ce que j'ai dit, fe rapporte à ces Propofitions où le même terme eft affirmé de lui-même; & je voudrois bien voir un exemple où l'on pût fe fervir d'une telle Propofition pour avancer dans quelque Connoiffance que ce foit. Quant aux Propofitions d'une autre Efpèce, tout l'ufage qu'on en peut faire, ne m'intereffe en aucune manière, parce qu'elles ne font pas du nombre de celles que je nomme *Identiques*.

II. Lorfqu'on affirme une partie d'une Idée complexe du nom du Tout.

§. 4. En fecond lieu, une autre Efpèce de Propofitions Frivoles, c'eft quand une partie de l'Idée complexe eft affirmée du nom du Tout, ou ce qui eft la même chofe, quand on affirme une partie d'une définition du mot défini. Telles font toutes les Propofitions où le Genre eft affirmé de l'Efpèce, & où des termes plus généraux font affirmez de termes qui le font moins. Car quelle inftruction, quelle connoiffance produit cette Propofition, *Le Plomb eft un Metal*, dans l'Efprit d'un homme qui connoit l'Idée complexe que le mot de *Plomb* fignifie, puifque toutes les Idées fimples qui conftituent l'Idée complexe qui eft fignifiée par le mot de *Metal*, ne font autre chofe que ce qu'il comprenoit auparavant fous le nom de *Plomb*. Il eft bien vrai qu'à l'égard d'un homme qui connoit la fignification du mot de *Metal*, & non pas celle du mot de *Plomb*, il eft plus court de lui expliquer la fignification du mot de *Plomb*, en lui difant que c'eft un *Metal* (ce qui défigne tout d'un coup plufieurs de fes Idées fimples) que de les compter une à une, en lui difant que c'eft un Corps fort pefant, fufible, & malléable.

Comme lorfqu'une partie de la Définition eft affirmée du mot défini.

§. 5. C'eft encore fe jouer fur des mots que d'affirmer quelque partie d'une Définition du terme défini, ou d'affirmer une des Idées dont eft formée une Idée complexe, du nom de toute l'Idée complexe, comme *Tout Or eft fufible*; car la fufibilité étant une des Idées fimples qui compofent l'Idée complexe que le mot *Or* fignifie, affirmer du nom d'*Or* ce qui eft déja compris dans fa fignification reçuë, qu'eft-ce autre chofe que fe jouer fur des fons? On trouveroit beaucoup plus ridicule d'affûrer gravement comme une vérité fort importante que *l'Or eft jaune*; mais je ne vois pas comment c'eft une chofe plus importante de dire que *l'Or eft fufible*, fi ce n'eft que cette Qualité n'entre point dans l'idée complexe dont le mot *Or* eft le figne dans le difcours ordinaire. De quoi peut-on inftruire un homme en lui difant ce qu'on lui a déja dit, ou qu'on fuppofe qu'il fait auparavant? car on doit fuppofer que je fai la fignification du mot dont un autre fe fert en me parlant, ou bien il doit me l'apprendre. Que fi je fai que le mot *Or* fignifie cette idée complexe de *Corps jaune, pefant, fufible, malléable*, ce ne fera pas m'apprendre grand' chofe que de réduire enfuite cela folemnellement en une Propofition, & de me dire gravement, *Tout Or eft fufible*. De telles Propofitions ne fervent qu'à faire voir le peu de fincerité d'un homme qui veut me faire accroire qu'il dit quelque chofe de nouveau

en

en ne faisant que repasser souvent sur la définition des termes qu'il a déja expliquez. Mais quelque certaines qu'elles soient, elles n'emportent point d'autre connoissance que celle de la signification même des Mots.

§. 6. Eclaircissons ceci par d'autres exemples: *Chaque homme est un Animal* ou *un Corps vivant*, est une Proposition aussi certaine qu'il puisse y en avoir, mais qui ne contribuë pas plus à la connoissance des Choses, que si l'on disoit, *Un Palefroi est un Cheval*, ou *un Animal qui va l'amble & qui hennit*; car ces deux Propositions roulent également sur la signification des Mots, la prémiere ne me faisant connoître autre chose, sinon que le *Corps*, le *sentiment* & le *mouvement*, ou la puissance de sentir & de se mouvoir, sont trois idées que je comprens toûjours sous le mot d'*Homme*, & que je désigne par ce nom-là; de sorte que le nom d'*Homme* ne sauroit appartenir aux choses où ces Idées ne se trouvent point ensemble; comme d'autre part quand on me dit qu'un Palefroi est un Animal qui va l'amble & qui hennit, on ne m'apprend par-là autre chose, sinon que l'idée de Corps, le sentiment, & une certaine maniére d'aller avec une certaine espèce de voix sont quelques-unes des Idées que je renferme toûjours sous le terme de *Palefroi*, de sorte que le nom de *Palefroi* n'appartient point aux choses où ces Idées ne se trouvent point ensemble. Il en est justement de même, lorsqu'un terme *concret* qui signifie une ou plusieurs idées simples qui composent ensemble l'Idée complexe qu'on désigne par le nom d'Homme est affirmée du mot *Homme*: supposez par exemple qu'un Romain eût signifié par le mot *Homo* toutes ces idées distinctes unies dans un seul sujet, *corporeitas, sensibilitas, potentia se movendi, rationabilitas, risibilitas*; il auroit pu sans doute affirmer très-certainement, & universellement du mot *Homo* une ou plusieurs de ces idées, ou toutes ensemble, mais par-là il n'auroit dit autre chose, sinon que dans son Païs le mot *Homo* comprenoit dans sa signification toutes ces idées. De même un *Chevalier de Roman* qui par le mot de *Palefroi* signifieroit les idées suivantes, *un Corps d'une certaine figure, qui a quatre jambes, du sentiment & du mouvement, qui va l'amble, qui hennit, & est accoûtumé à porter une femme sur son dos*, pourroit avec autant de certitude affirmer universellement une de ces Idées du mot de *Palefroi* ou toutes ensemble, mais il ne nous enseigneroit par-là autre chose si ce n'est que le mot de *Palefroi* en termes de Roman signifie toutes ces Idées, & ne doit être appliqué à aucune chose en qui l'une de ces idées ne se rencontre pas. Mais si quelqu'un me dit que tout Etre en qui le sentiment, le mouvement, la Raison & le rire sont unis ensemble, a actuellement une notion de D I E U, ou peut être assoupi par *l'opium*, une telle personne avance sans doute une Proposition instructive, parce qu'*avoir une notion de Dieu*, ou *être plongé dans le sommeil par l'opium*, étant deux choses qui ne se trouvent pas renfermées dans l'idée que le mot d'*Homme* signifie, nous sommes instruits, par ces Propositions, de quelque chose de plus que de ce que le mot d'*Homme* signifie simplement; & par conséquent la connoissance que ces Propositions renferment, est plus que *verbale*.

§. 7. On doit supposer qu'avant qu'un homme forme une Proposition, il entend les termes dont elle est composée: autrement, il parle comme un Per-

CHAP. VIII.
Signification des mots.

roquet, ne songeant qu'à faire du bruit, & à former certains sons qu'il a appris de quelque autre, & qu'il prononce après lui, sans savoir pourquoi, & non comme une Créature raisonnable qui employe ces sons comme autant de signes des idées qu'elle a dans l'Esprit. Il faut supposer aussi que celui qui écoute, entend les termes dans le même sens que s'en sert celui qui parle ; ou bien, son discours n'est qu'un vrai jargon, un bruit confus & inintelligible. C'est-pourquoi, c'est se jouer des mots que de faire une Proposition qui ne contienne rien de plus que ce qui est renfermé dans l'un des termes, & qu'on suppose être déja connu de celui à qui l'on parle, comme, *Un Triangle a trois côtez*, ou *Le saffran est jaune*. Ce qui ne peut être souffert que, lorsqu'un homme veut expliquer à un autre les termes dont il se sert, parce qu'il suppose que la signification lui en est inconnuë, ou lorsque la personne avec qui il s'entretient, lui déclare qu'il ne les entend point : auquel cas *il lui enseigne seulement la signification de ce mot*, & l'usage de ce signe.

Et non, aucune connoissance réelle.

§. 8. Il y a donc deux sortes de Propositions dont nous pouvons connoître la vérité avec une entière certitude, l'une est de ces Propositions frivoles qui ont de la certitude, mais une certitude purement verbale, & qui n'apporte aucune instruction dans l'Esprit. En second lieu, nous pouvons connoître la vérité, & par ce moyen être *certains* des Propositions qui affirment quelque chose d'une autre qui est une conséquence nécessaire de son idée complexe, mais qui n'y est pas renfermée, comme *Que l'Angle extérieur de tout Triangle est plus grand que l'un des Angles intérieurs opposez* ; car comme ce rapport de l'Angle extérieur à l'un des Angles intérieurs opposez ne fait point partie de l'Idée complexe qui est signifiée par le mot de *Triangle*, c'est là une vérité réelle qui emporte une connoissance réelle & instructive.

Les Propositions générales concernant les Substances, sont souvent frivoles.

§. 9. Comme nous n'avons que peu ou point de connoissance des Combinaisons d'Idées simples qui existent ensemble dans les Substances, que par le moyen de nos Sens, nous ne saurions faire sur leur sujet aucunes Propositions universelles, qui soient certaines au delà du terme où leurs Essences nominales nous conduisent ; & comme ces Essences nominales ne s'étendent qu'à un petit nombre de véritez, très-peu importantes, eu égard à celles qui dépendent de leurs constitutions réelles, il arrive de là que *les Propositions générales qu'on forme sur les Substances, sont pour la plûpart frivoles, si elles sont certaines* ; & que si elles sont instructives, elles sont incertaines, & de telle nature que nous ne pouvons avoir aucune connoissance de leur vérité réelle, quelque secours que de constantes observations & l'analogie puissent nous fournir pour former des conjectures. D'où il arrive qu'on peut souvent rencontrer des discours fort clairs & fort suivis qui se réduisent pourtant à rien. Car il est visible que les noms des Etres substantiels, aussi bien que les autres étant considerez dans toute l'étenduë de la signification relative qui leur est assignée, peuvent être joints, avec beaucoup de vérité, par des Propositions affirmatives & negatives, selon que leurs Définitions respectives les rendent propres à être unis ensemble, & que les Propositions, composées de ces sortes de termes, peuvent être déduites l'une de l'autre

avec

avec autant de clarté que celles qui fourniſſent à l'Eſprit les véritez les plus réelles; & tout cela ſans que nous ayions aucune connoiſſance de la nature ou de la réalité des choſes exiſtantes hors de nous. Selon cette méthode, l'on peut faire en paroles des démonſtrations & des Propoſitions indubitables, ſans pourtant avancer par-là le moins du monde dans la connoiſſance de la vérité des choſes: par exemple, celui qui a appris les mots ſuivans, avec leurs ſignifications ordinaires & reſpectives qu'on leur a attaché, *Subſtance*, *homme*, *animal*, *forme*, *ame vegetative*, *ſenſitive*, *raiſonnable*: peut former pluſieurs Propoſitions indubitables touchant l'*Ame* ſans ſavoir en aucune maniére ce que l'Ame eſt réellement. Chacun peut voir une infinité de Propoſitions, de raiſonnemens & de concluſions de cette ſorte dans des Livres de Metaphyſique, de Théologie Scholaſtique, & d'une certaine eſpéce de Phyſique, dont la lecture ne lui apprendra rien de plus de Dieu, des Eſprits & des Corps, que ce qu'il en ſavoit avant que d'avoir parcouru ces Livres.

Cʜᴀᴘ. VIII.

§. 10. Celui qui a la liberté de définir, c'eſt-à-dire, de déterminer la ſignification des noms qu'il donne aux Subſtances, (ce que tout homme qui établit ſignes de ſes propres idées fait certainement) & qui détermine ces ſignifications au hazard ſur ſes propres imaginations ou ſur celles des autres hommes, & non ſur un ſerieux examen de la nature des choſes mêmes, peut démontrer facilement ces différentes ſignifications l'une à l'égard de l'autre ſelon les différens rapports & les mutuelles relations qu'il a établi entre elles, auquel cas ſoit que les choſes conviennent ou diſconviennent, telles qu'elles ſont en elles-mêmes, il n'a beſoin que de reflêchir ſur ſes propres idées & ſur les noms qu'il leur a impoſé. Mais auſſi par ce moyen il n'augmente pas plus ſa connoiſſance que celui-là augmente ſes richeſſes qui prenant un ſac de jettons, nomme l'un placé dans un certain endroit un *Ecu*, l'autre placé dans un autre une *Livre*, & l'autre dans un troiſiéme endroit un *Sou*; il peut ſans doute en continuant toûjours de même compter fort exactement, & aſſembler une groſſe ſomme, ſelon que ſes jettons ſeront placez, & qu'ils ſignifieront plus ou moins comme il le trouvera à propos, ſans être pourtant plus riche d'une pite, & ſans ſavoir même combien vaut un *Ecu*, une *Livre* ou un *Sou*, mais ſeulement que l'un eſt contenu trois fois dans l'autre, & contient l'autre vingt fois, ce qu'un homme peut faire auſſi dans la ſignification des Mots en leur donnant plus ou moins d'étenduë conſiderez l'un par rapport à l'autre.

Et pourquoi.

§. 11. Mais à l'occaſion des Mots qu'on employe dans les Diſcours & ſurtout dans ceux de Controverſe, & où l'on diſpute ſelon la méthode établie dans les Ecoles, voici une maniére de ſe jouer des mots qui eſt d'une conſéquence encore plus dangereuſe, & qui nous éloigne beaucoup plus de la certitude que nous eſperons trouver dans les Mots ou à laquelle nous prétendons arriver par leur moyen; c'eſt que la plûpart des Ecrivains, bien loin de ſonger à nous inſtruire dans la connoiſſance des choſes telles qu'elles ſont en elles-mêmes, employent les mots d'une maniére vague & incertaine, de ſorte que ne tirant pas même de leurs mots des déductions claires & évidentes l'une par rapport à l'autre, en prenant conſtamment les mêmes mots

III. Employer les Mots en divers ſens, c'eſt ſe jouer ſur des ſons.

dans

CHAP.VIII. dans la même signification, il arrive que leurs discours, qui sans être fort instructifs pourroient être du moins suivis & faciles à entendre, ne le sont point du tout; ce qui ne leur seroit pas fort mal-aisé, s'ils ne trouvoient à propos de couvrir leur ignorance ou leur opiniâtreté sous l'obscurité & l'embarras des termes, à quoi peut-être l'inadvertance & une mauvaise habittude contribuent beaucoup à l'égard de plusieurs personnes.

Marques des Propositions verbales. 1. Lorsqu'elles sont composées de deux termes abstraits affirmez l'un de l'autre.

§. 12. Mais pour conclurre, voici les marques auxquelles on peut connoître *les Propositions purement verbales.*

Prémiérement, toutes les Propositions où deux termes abstraits sont affirmez l'un de l'autre, ne concernent que la signification des sons. Car nulle idée abstraite ne pouvant être la même, avec aucune autre qu'avec elle-même, lorsque son nom abstrait est affirmé d'un autre terme abstrait, il ne peut signifier autre chose si ce n'est que cette idée peut ou doit être appellée de ce nom; ou que ces deux noms signifient la même idée. Ainsi, qu'un homme dise, que *l'Epargne est Frugalité*, que *la Gratitude est Justice*, ou que telle ou telle action est, ou n'est pas *Temperance*; quelque spécieuses que ces Propositions & autres semblables paroissent du premier coup d'œil, cependant si l'on vient à en presser la signification & à examiner exactement ce qu'elles contiennent, on trouvera que tout cela n'emporte autre chose que la signification de ces termes.

2. Lorsqu'une partie de la définition est affirmée du terme défini.

§. 13. En second lieu, toutes les Propositions où une partie de l'idée complexe qu'un certain terme signifie, est affirmé de ce terme, sont purement verbales, comme si je dis que l'*Or est un metal* ou qu'*il est pesant*. Et ainsi toute Proposition où les Mots de la plus grande étenduë qu'on appelle *Genres* sont affirmez de ceux qui leur sont subordonnez ou qui ont moins d'étenduë, qu'on nomme *Espèces* ou *Individus*, est purement verbale.

Si nous examinons sur ces deux Règles les Propositions qui composent les Discours écrits ou non écrits, nous trouverons peut-être qu'il y en a beaucoup plus qu'on ne croit communément qui ne roulent que sur la signification des mots, & qui ne renferment rien que l'usage & l'application de ces signes.

En un mot, je croi pouvoir poser pour une Règle infaillible, Que partout où l'idée qu'un mot signifie, n'est pas distinctement connuë & présente à l'Esprit, & où quelque chose qui n'est pas déja contenu dans cette Idée, n'est pas affirmé ou nié, dans ce cas-là nos pensées sont uniquement attachées à des sons, & n'enferment ni vérité ni fausseté réelle. Ce qui, si l'on y prenoit bien garde, pourroit peut-être épargner bien de vains amusemens & des disputes, & abreger extrèmement la peine que nous prenons, les tours & détours que nous faisons pour parvenir à une Connoissance réelle & véritable.

CHAPITRE IX.

De la Connoissance que nous avons de notre Existence.

§. 1. NOus n'avons consideré jusqu'ici que les Essences des Choses; & comme ce ne sont que des Idées abstraites que nous rassemblons dans notre Esprit en les détachant de toute existence particuliére (car tout ce que l'Esprit fait en se formant des Abstractions, c'est de considerer une idée sans aucun rapport à aucune autre existence que celle qu'elle a dans l'Entendement) elles ne nous donnent absolument point de connoissance d'aucune existence réelle. Sur quoi nous pouvons remarquer en passant que les Propositions universelles de la vérité ou de la fausseté desquelles nous pouvons avoir une connoissance certaine, ne se rapportent point à l'existence; & d'ailleurs que toutes les affirmations ou negations particuliéres qui ne seroient pas certaines, si on les rendoit générales, appartiennent seulement à l'existence; donnant seulement à connoître l'union ou la separation accidentelle de certaines idées dans des choses existantes, quoi qu'à les considerer dans leurs natures abstraites, ces Idées n'ayent aucune liaison ou incompatibilité nécessaire qui nous soit connuë. *Les Propositions générales & certaines ne se rapportent pas à l'existence.*

§. 2. Mais sans parler ici de la nature de differentes espéces de Propositions, que nous considererons plus au long dans un autre endroit; examinons présentement quelle connoissance nous pouvons avoir de l'existence des Choses, & comment nous y parvenons. Je dis donc que nous avons une connoissance de notre propre existence par *Intuition*, de l'existence de DIEU par *Démonstration*, & d'autres Choses par *Sensation*. *Triple Connoissance de l'existence.*

§. 3. Pour ce qui est de notre existence, nous l'appercevons avec tant d'évidence & de certitude, que la chose n'a pas besoin & n'est point capable d'être démontrée par aucune preuve. *Je pense, je raisonne, je sens du plaisir & de la douleur*; aucune de ces choses peut-elle m'être plus évidente que ma propre existence? Si je doute de toute autre chose, ce doute même me convainc de ma propre existence, & ne me permet pas d'en douter; car si je connois que *je sens de la douleur*, il est évident que j'ai une perception aussi certaine de ma propre existence que de l'existence de la douleur que je sens; ou si je connois que *je doute*, j'ai une perception aussi certaine de l'existence de la Chose qui doute, que de cette Pensée que j'appelle *Doute*. C'est donc l'Experience qui nous convainc que *nous avons une Connoissance intuitive de notre Existence*, & une infaillible perception intérieure que nous sommes quelque chose. Dans chaque Acte de sensation, de raisonnement ou de pensée, nous sommes intérieurement convaincus en nous-mêmes de notre propre Etre, & nous parvenons sur cela au plus haut dégré de certitude qu'il est possible d'imaginer. *La Connoissance de notre existence est intuitive.*

CHAPITRE X.
De la Connoissance que nous avons de l'existence de Dieu.

Nous sommes capables de connoître certainement qu'il y a un Dieu.

§. 1. QUOIQUE Dieu ne nous ait donné aucune idée de lui-même qui soit née avec nous; quoi qu'il n'ait gravé dans nos Ames aucuns caractéres originaux qui nous y puissent faire lire son existence; cependant on peut dire qu'en donnant à notre Esprit les Facultez dont il est orné, il ne s'est pas laissé sans témoignage; puisque nous avons des Sens, de l'Intelligence & de la Raison, & que nous ne pouvons manquer de preuves manifestes de son existence, tandis que nous reflechissons sur nous-mêmes. Nous ne saurions, dis-je, nous plaindre avec justice de notre ignorance sur cet important article; puisque DIEU lui-même nous a fourni si abondamment les moyens de le connoître, autant qu'il est nécessaire, à la fin pour laquelle nous existons, & pour notre felicité qui est le plus grand de tous nos intérêts. Mais encore que l'existence de Dieu soit la vérité la plus aisée à découvrir par la Raison, & que son évidence égale, si je ne me trompe, celle des Démonstrations Mathematiques, elle demande pourtant de l'attention; & il faut que l'Esprit s'applique à la tirer de quelque partie incontestable de nos Connoissances par une déduction reguliére. Sans quoi nous serons dans une aussi grande incertitude & dans une aussi grande ignorance à l'égard de cette vérité, qu'à l'égard des autres Propositions qui peuvent être démontrées évidemment. Du reste, pour faire voir que *nous sommes capables de connoître, & de connoître avec certitude qu'il y a un* DIEU, & pour montrer comment nous parvenons à cette connoissance, je croi que nous n'avons besoin que de faire reflexion sur nous-mêmes, & sur la connoissance indubitable que nous avons de notre propre existence.

L'homme connoit qu'il est lui-même.

§. 2. C'est, je pense, une chose incontestable, que l'Homme connoît clairement & certainement, qu'il existe & qu'il est quelque chose. S'il y a quelqu'un qui en puisse douter, je déclare que ce n'est pas à lui que je parle, non plus que je ne voudrois pas disputer contre le pur Néant, & entreprendre de convaincre un *Non-être* qu'il est quelque chose. Que si quelqu'un veut pousser le Pyrrhonisme jusques à ce point que de nier sa propre existence (car d'en douter effectivement, il est clair qu'on ne sauroit le faire) je ne m'oppose point au plaisir qu'il a d'être un véritable Néant; qu'il jouïsse de ce prétendu bonheur, jusqu'à ce que la faim ou quelque autre incommodité lui persuade le contraire. Je croi donc pouvoir poser cela comme une vérité, dont tous les hommes sont convaincus certainement en eux-mêmes, sans avoir la liberté d'en douter en aucune maniere, *Que chacun connoit, qu'il est quelque chose qui existe actuellement.*

Il connoit aussi que le Néant ne

§. 3. L'homme sait encore, par une Connoissance de simple vûë, *que le*

De l'Existence de Dieu. Liv. IV.

le pur Néant peut non plus produire un Etre réel, que le même Néant peut être égal à deux angles droits. S'il y a quelqu'un qui ne sache pas, que le Non-être, ou l'absence de tout Etre ne peut pas être égal à deux Angles droits, il est impossible qu'il conçoive aucune des Démonstrations d'*Euclide*. Et par conséquent, si nous savons que quelque Etre réel existe, & que le Non-être ne sauroit produire aucun Etre, il est d'une évidence Mathematique que quelque chose a existé de toute éternité; puisque ce qui n'est pas de toute éternité, a un commencement, & que tout ce qui a un commencement, doit avoir été produit par quelque autre chose.

Chap. X. sauroit produire quelque chose; Donc il y a quelque chose d'éternel.

§. 4. Il est de la même évidence, que tout Etre qui tire son existence & son commencement d'un autre, tire aussi d'un autre tout ce qu'il a & tout ce qui lui appartient. On doit reconnoître, que toutes ses Facultez lui viennent de la même source. Il faut donc que la source éternelle de tous les Etres, soit aussi la source & le Principe de toutes leurs Puissances ou Facultez; de sorte que *cet Etre éternel doit être aussi Tout-puissant.*

Cet Etre Eternel doit être tout-puissant.

§. 5. Outre cela, l'homme trouve en lui-même de la *perception* & de la *connoissance*. Nous pouvons donc encore avancer d'un dégré, & nous assûrer non seulement que quelque Etre existe, mais encore, qu'il y a au Monde quelque Etre Intelligent.

Tout intelligent.

Il faut donc dire l'une de ces deux choses, ou qu'il y a eu un temps auquel il n'y avoit aucun Etre Intelligent, & auquel la Connoissance a commencé à exister; ou bien qu'il y a eu *un Etre Intelligent de toute Eternité*. Si l'on dit, qu'il y a eu un temps, auquel aucun Etre n'a eu aucune Connoissance, & auquel l'Etre éternel étoit privé de toute intelligence, je replique, qu'il étoit donc impossible qu'une Connoissance existât jamais. Car il est aussi impossible, qu'une chose absolument destituée de Connoissance & qui agit aveuglément & sans aucune perception, produise un Etre intelligent, qu'il est impossible qu'un Triangle se fasse à soi-même trois angles qui soient plus grands que deux Droits. Et il est aussi contraire à l'idée de la Matière privée de sentiment, qu'elle se produise à elle-même du sentiment, de la perception & de la connoissance, qu'il est contraire à l'idée d'un Triangle, qu'il se fasse à lui-même des angles qui soient plus grands que deux Droits.

§. 6. Ainsi, par la consideration de nous-mêmes, & de ce que nous trouvons infailliblement dans notre propre nature, la Raison nous conduit à la connoissance de cette vérité certaine & évidente, *Qu'il y a un Etre éternel, très-puissant, & très-intelligent*, quelque nom qu'on lui veuille donner, soit qu'on l'appelle Dieu ou autrement, il n'importe. Rien n'est plus évident; & en considerant bien cette idée, il sera aisé d'en déduire tous les autres Attributs que nous devons reconnoître dans cet Etre éternel. Que s'il se trouvoit quelqu'un assez déraisonnable pour supposer, que l'Homme est le seul Etre qui ait de la Connoissance & de la sagesse, mais que néanmoins il a été formé par le pur hazard; & que c'est ce même Principe aveugle & sans connoissance qui conduit tout le reste de l'Univers, je le prierai d'examiner à loisir cette Censure tout-à-fait solide & pleine d'emphase que *Ciceron* fait * quelque part contre ceux qui pourroient avoir

Et par conséquent, Dieu lui-même.

* *De Legibus,* Lib. 2.

T t t une

CHAP. X.

une telle pensée : *Quid enim verius*, dit ce sage Romain, *quàm neminem esse oportet tàm stultè arrogantem, ut in se mentem & rationem putet inesse, in Cœlo Mundoque non putet? Aut ut ea quæ vix summa ingenii ratione comprehendat, nulla ratione moveri putet?* ,, Certainement personne ne devroit être ,, si sottement orgueilleux que de s'imaginer qu'il y a au dedans de lui un ,, Entendement & de la Raison, & que cependant il n'y a aucune Intelli- ,, gence qui gouverne les Cieux & tout ce vaste Univers ; ou de croire que ,, des choses que toute la pénétration de son Esprit est à peine capable de ,, lui faire comprendre, se meuvent au hazard, & sans aucune règle.

De ce que je viens de dire, il s'ensuit clairement, ce me semble, que nous avons une connoissance plus certaine de l'existence de D I E U que de quelque autre chose que ce soit que nos Sens ne nous ayent pas découvert immédiatement. Je croi même pouvoir dire que nous connoissons plus certainement qu'il y a un D I E U, que nous ne connoissons qu'il y a quelque autre chose hors de nous. Quand je dis que *nous connoissons*, je veux dire que nous avons en notre pouvoir cette connoissance qui ne peut nous manquer, si nous nous y appliquons avec la même attention qu'à plusieurs autres recherches.

L'Idée que nous avons d'un Etre tout parfait n'est pas la seule preuve de l'existence d'un Dieu.

§. 7. Je n'examinerai point ici comment l'idée d'un Etre souverainement parfait qu'un homme peut se former dans son Esprit, prouve ou ne prouve point l'existence de D I E U. Car il y a une telle diversité dans les temperamens des hommes & dans leur maniére de penser, qu'à l'égard d'une même vérité dont on veut les convaincre, les uns sont plus frappez d'une raison, & les autres d'une autre. Je croi pourtant être en droit de dire, que ce n'est pas un fort bon moyen d'établir l'existence d'un D I E U & de fermer la bouche aux Athées que de faire rouler tout le fort d'un Article aussi important que celui-là sur ce seul pivot, & de prendre pour seule preuve de l'existence de Dieu l'idée que quelques personnes ont de ce souverain Etre ; je dis *quelques personnes* ; car il est évident qu'il y a des gens qui n'ont aucune idée de Dieu, qu'il y en a d'autres qui en ont une telle idée qu'il vaudroit mieux qu'ils n'en eussent point du tout, & que la plus grande partie en ont une idée telle quelle, si j'ose me servir de cette expression. C'est, dis-je, une méchante méthode que de s'attacher trop fortement à cette découverte favorite : jusques à rejetter toutes les autres Démonstrations de l'existence de Dieu, ou du moins à tâcher de les affoiblir, & à défendre de les employer comme si elles étoient foibles ou fausses ; quoi que dans le fond ce soient des preuves qui nous font voir si clairement & d'une maniére si convainquante l'Existence de ce souverain Etre, par la consideration de notre propre existence & des Parties sensibles de l'Univers, que je ne pense pas qu'un homme sage y puisse résister. Car il n'y a point, à ce que je croi, de vérité plus certaine & plus évidente que celle-ci, *Que les perfections invisibles de* D I E U, *sa Puissance éternelle & sa Divinité sont devenuës visibles depuis la création du Monde, par la connoissance que nous en donnent ses Créatures.* Mais bien que notre propre existence nous fournisse une preuve claire & incontestable de l'existence de Dieu, comme je l'ai déja montré ; & bien que je croye que personne ne puisse éviter de s'y rendre, si on

De l'Existence de Dieu. Liv. IV. 515

l'examine avec autant de foin qu'aucune autre Démonſtration d'une auſſi longue déduction; cependant comme c'eſt un point ſi fondamental & d'une ſi haute importance, que toute la Religion & la véritable Morale en dépendent, je ne doute pas que mon Lecteur ne m'excuſe ſans peine, ſi je reprens quelques parties de cet Argument pour les mettre dans un plus grand jour.

Chap. X.

§. 8. C'eſt une vérité tout-à-fait évidente qu'il doit y avoir *quelque choſe qui exiſte de toute éternité*. Je n'ai encore ouï perſonne qui fût aſſez déraiſonnable pour ſuppoſer une contradiction auſſi manifeſte que le feroit celle de ſoûtenir qu'il y a eu un temps auquel il n'y avoit abſolument rien. Car ce feroit la plus grande de toutes les abſurditez, que de croire, que le pur Néant, une parfaite negation, & une abſence de tout Etre pût jamais produire quelque choſe d'actuellement exiſtant.

Quelque choſe exiſte de toute éternité.

Puis donc que toute Créature raiſonnable doit néceſſairement reconnoître, que quelque choſe a exiſté de toute éternité; voyons préſentement quelle eſpèce de choſe ce doit être.

§. 9. L'homme ne connoit ou ne conçoit dans ce Monde que deux ſortes d'Etres.

Il y a deux ſortes d'Etres, les uns penſans & les autres non-penſans.

Prémiérement, ceux qui ſont purement materiels, qui n'ont ni ſentiment, ni perception, ni penſée, comme l'extrémité des poils de la Barbe, & les rogneures des Ongles.

Secondement, des Etres qui ont du ſentiment, de la perception, & des penſées, tels que nous reconnoiſſons nous-mêmes. C'eſt pourquoi dans la ſuite nous déſignerons, s'il vous plait, ces deux ſortes d'Etres par le nom d'*Etres penſans* & *non-penſans*; termes qui ſont peut-être plus commodes pour le deſſein que nous avons préſentement en vûë, (s'ils ne le font pas pour autre choſe) que ceux de *materiel* & d'*immateriel*.

§. 10. Si donc il doit y avoir un Etre qui exiſte de toute éternité, voyons de quelle de ces deux ſortes d'Etre il faut qu'il ſoit. Et d'abord la Raiſon porte naturellement à croire que ce doit être neceſſairement un Etre qui penſe; car il eſt auſſi impoſſible de concevoir que la ſimple Matiére *non-penſante* produiſe jamais un Etre intelligent qui penſe, qu'il eſt impoſſible de concevoir que le Néant pût de lui-même produire la Matiére. En effet, ſuppoſons une partie de Matiére, groſſe ou petite, qui exiſte de toute éternité, nous trouverons qu'elle eſt incapable de rien produire par elle-même. Suppoſons par exemple, que la matiére du premier caillou qui nous tombe entre les mains, ſoit éternelle, que les parties en ſoient exactement unies, & qu'elles ſoient dans un parfait repos les unes auprès des autres: s'il n'y avoit aucun autre Etre dans le Monde, ce caillou ne demeureroit-il pas éternellement dans cet état, toûjours en repos & dans une entiére inaction? Peut-on concevoir qu'il puiſſe ſe donner du mouvement à lui-même, n'étant que pure Matiére, ou qu'il puiſſe produire aucune choſe? Puis donc que la Matiére ne ſauroit, par elle-même, ſe donner du mouvement, il faut qu'elle ait ſon mouvement de toute éternité, ou que le mouvement lui ait été imprimé par quelque autre Etre plus puiſſant que la Matiére, laquelle, comme on voit, n'a pas la force de ſe mouvoir elle-même

Un Etre non-penſant ne ſauroit produire un Etre penſant.

Ttt 2

CHAP. X. même. Mais suppofons que le Mouvement foit de toute éternité dans la Matiére; cependant la Matiére qui eft un Etre *non-penfant*, & le Mouvement ne fauroient jamais faire naître la Penfée, quelques changemens que le Mouvement puiffe produire tant à l'égard de la Figure qu'à l'égard de la groffeur des parties de la Matiére. Il fera toûjours autant au deffus des forces du Mouvement & de la Matiére de produire de la Connoiffance, qu'il eft au deffus des forces du Néant de produire la Matiére. J'en appelle à ce que chacun penfe en lui-même: qu'il dife s'il n'eft point vrai qu'il pourroit concevoir auffi aifément la Matiére produite par le Néant, que fe figurer que la Penfée ait été produite par la fimple Matiére dans un temps, auquel il n'y avoit aucune chofe *penfante*, ou aucun Etre intelligent qui exiftât actuellement. Divifez la Matiére en autant de petites parties qu'il vous plairra, (ce que nous fommes portez à regarder comme un moyen de la *fpiritualifer* & d'en faire une chofe *penfante*) donnez-lui, dis-je, toutes les Figures & tous les différens mouvemens que vous voudrez; faites-en un Globe, un Cube, un Cone, un Prifme, un Cylindre, &c. dont les Diamètres ne foient que la 1000000me partie d'un (a) *Gry*; cette Particule de matiére n'agira pas autrement fur d'autres Corps d'une groffeur qui lui foit proportionnée, que des Corps qui ont un pouce ou un pié de Diamètre; & vous pouvez efpérer avec autant de raifon de produire du fentiment, des Penfées & de la Connoiffance, en joignant enfemble de groffes parties de matiére qui ayent une certaine figure & un certain mouvement, que par le moyen des plus petites parties de Matiére qu'il y ait au Monde. Ces dernieres fe heurtent, fe pouffent & réfiftent l'une à l'autre, juftement comme les plus groffes parties; & c'eft là tout ce qu'elles peuvent faire. Par conféquent, fi nous ne voulons pas fuppofer un Prémier Etre qui aît exifté de toute éternité, la Matiére ne peut jamais commencer d'exifter. Que fi nous difons que la fimple Matiére, deftituée de Mouvement, eft éternelle, le Mouvement ne peut jamais commencer d'exifter; & fi nous fuppofons qu'il n'y a eu que la Matiére & le Mouvement qui ayent exifté, ou qui foient éternels, on ne voit pas que la *Penfée* puiffe jamais commencer d'exifter. Car il eft impoffible de concevoir que la Matiére, foit qu'elle fe meuve ou ne fe meuve pas, puiffe avoir originairement en elle-même, ou tirer, pour ainfi dire, de fon fein le fentiment, la perception & la connoiffance; comme il paroit évidemment de ce qu'en ce cas-là ce devroit être une Propriété éternellement

---

(a) J'appelle Gry $\frac{1}{10}$ de Ligne: la Ligne $\frac{1}{10}$ d'un Pouce: le Pouce $\frac{1}{10}$ d'un Pié Philofophique: le Pié Philofophique $\frac{1}{3}$ d'un Pendule, dont chaque vibration, dans la latitude de 45 dégrez, eft égale à une feconde de temps, ou à $\frac{1}{60}$ de minute. J'ai affecté de me fervir ici de cette mefure, & de fes parties divifées par dix, en leur donnant des noms particuliers, parce que je croi qu'il feroit d'une commodité générale que tous les Savans s'accordaffent à employer cette mefure dans leurs calculs. [Cette Note eft de Mr. Locke. Le mot Gry eft de fa façon. Il l'a inventé pour exprimer $\frac{1}{10}$ de Ligne, mefure qui jufqu'ici n'a point eu de nom, & qu'on peut auffi bien défigner par ce mot que par quelque autre que ce foit.]

ment inseparable de la Matiére & de chacune de ses parties, d'avoir du CHAP. X.
sentiment, de la perception, & de la connoissance. A quoi l'on pourroit
ajoûter, qu'encore que l'idée générale & specifique que nous avons de la
Matiére nous porte à en parler comme si c'étoit une chose unique en nombre, cependant toute la Matiére n'est pas proprement une chose individuelle qui existe comme un Etre materiel, ou un Corps singulier que nous connoissons, ou que nous pouvons concevoir. De sorte que si la Matiére étoit
le prémier Etre éternel *pensant*, il n'y auroit pas un Etre unique éternel,
infini & pensant, mais un nombre infini d'Etres éternels, finis, *pensans*,
qui seroient indépendans les uns des autres, dont les forces seroient bornées,
& les pensées distinctes, & qui par conséquent ne pourroient jamais produire cet Ordre, cette Harmonie, & cette Beauté qu'on remarque dans la Nature.
Puis donc que le Prémier Etre doit être nécessairement *un Etre pensant*, &
que ce qui existe avant toutes choses, doit nécessairement contenir, & avoir
actuellement, du moins, toutes les perfections qui peuvent exister dans la
suite; (car il ne peut jamais donner à un autre des Perfections qu'il n'a
point, ou actuellement en lui-même, ou du moins dans un plus haut dégré) il s'ensuit nécessairement de là, que le prémier Etre éternel ne peut
être la Matiére.

§. 11. Si donc il est évident, que *quelque chose doit nécessairement exister* Il y a donc en
de toute éternité, il ne l'est pas moins, que *cette chose doit être nécessairement* un Etre sage de
un Etre pensant. Car il est aussi impossible que la Matiére *non-pensante* pro- toute éternité.
duise un Etre pensant, qu'il est impossible que le Néant ou l'absence de
tout Etre pût produire un Etre positif, ou la Matiére.

§. 12. Quoi que cette découverte d'*un Esprit nécessairement existant de
toute éternité* suffise pour nous conduire à la connoissance de DIEU; puis
qu'il s'ensuit de là, que tous les autres Etres Intelligens, qui ont un commencement, doivent dépendre de ce Prémier Etre, & n'avoir de connoissance & de puissance qu'autant qu'il leur en accorde; & que s'il a produit
ces Etres Intelligens, il a fait aussi les parties moins considerables de cet
Univers, c'est-à-dire, tous les Etres inanimez; ce qui fait nécessairement
connoître sa *toute-science*, sa *puissance*, sa *providence*, & tous ses autres attributs: encore, dis-je, que cela suffise pour démontrer clairement l'existence de Dieu, cependant pour mettre cette preuve dans un plus grand
jour, nous allons voir ce qu'on peut objecter pour la rendre suspecte.

§. 13. *Prémiérement*, on dira peut-être, que, bien que ce soit une vé- S'il est maté-
rité aussi évidente que la Démonstration la plus certaine, Qu'il doit y avoir riel, ou non.
un ETRE éternel, & que cet Etre doit avoir de la Connoissance; il ne
s'ensuit pourtant pas de là, que cet Etre pensant ne puisse être materiel.
Eh bien, qu'il soit materiel; il s'ensuivra toûjours également de là, qu'il
y a un DIEU. Car s'il y a un Etre éternel qui ait une science & une puissance infinie, il est certain qu'il y a un Dieu, soit que vous supposiez cet
Etre matériel ou non. Mais cette supposition a quelque chose de dangereux & d'illusoire, si je ne me trompe; car comme on ne peut éviter de se
rendre à la Démonstration qui établit un Etre éternel qui a de la connoissance, ceux qui soûtiennent l'éternité de la Matiére, seroient bien aises

qu'on leur accordât, que cet Etre Intelligent eſt matériel; après quoi laiſſant échapper de leurs Eſprits, & banniſſant entiérement de leurs Diſcours
la Démonſtration, par laquelle on a prouvé l'exiſtence néceſſaire d'un Etre
éternel intelligent, ils viendroient à foûtenir que tout eſt Matiére, & par
ce moyen ils nieroient l'exiſtence de Dieu, c'eſt-à-dire, d'un Etre éternel, penſant; ce qui bien loin de confirmer leur Hypotheſe ne ſert qu'à la
renverſer entiérement. Car s'il peut être, comme ils le croyent, que la
Matiére exiſte de toute éternité ſans aucun Etre éternel penſant, il eſt évident qu'ils ſeparent la Matiére & la Penſée, comme deux choſes qu'ils ſuppoſent n'avoir enſemble aucune liaiſon néceſſaire; par où ils établiſſent,
contre leur propre penſée, l'exiſtence néceſſaire d'un Eſprit éternel, &
non pas celle de la Matiére; puiſque nous avons deja prouvé qu'on ne ſauroit éviter de reconnoître un Etre penſant qui exiſte de toute éternité. Si
donc la Penſée & la Matiére peuvent être ſeparées, *l'exiſtence éternelle de
la Matiére ne ſera point une ſuite de l'exiſtence éternelle d'un Etre penſant*, ce
qu'ils ſuppoſent ſans aucun fondement.

Il n'eſt pas ma-
teriel, I. parce
que chaque par-
tie de Matiére
eſt non-penſante.

§. 14. Mais voyons à préſent comment ils peuvent ſe perſuader à eux-
mêmes, & faire voir aux autres, que cet *Etre éternel penſant* eſt *matériel*.
Prémiérement, je voudrois leur demander s'ils croyent que toute la Matiére, c'eſt-à-dire, chaque partie de la Matiére, penſe. Je ſuppoſe qu'ils
feront difficulté de le dire; car en ce cas-là il y auroit autant d'Etres éternels penſans, qu'il y a de particules de Matiére; & par conſéquent, il y
auroit un nombre infini de Dieux. Que s'ils ne veulent pas reconnoître,
que la Matiére comme Matiére, c'eſt-à-dire chaque partie de Matiére,
ſoit auſſi bien *penſante* qu'elle eſt étenduë, ils n'auront pas moins de peine
à faire ſentir à leur propre Raiſon, qu'un Etre penſant ſoit compoſé de parties *non-penſantes*, qu'à lui faire comprendre qu'un Etre étendu ſoit compoſé de parties *non étenduës*.

II Parce qu'une
ſeule partie de
Matiére ne peut
être penſante.

§. 15. En ſecond lieu, ſi toute la Matiére ne penſe pas, qu'ils me diſent *s'il n'y a qu'un ſeul Atome qui penſe*. Ce ſentiment eſt ſujet à un auſſi
grand nombre d'abſurditez que l'autre; car ou cet Atome de Matiére eſt
ſeul éternel, ou non. S'il eſt ſeul éternel, c'eſt donc lui ſeul qui par ſa
penſée ou ſa volonté toute-puiſſante a produit tout le reſte de la Matiére.
D'où il s'enſuit que la Matiére a été créée par une Penſée toute-puiſſante,
ce que ne veulent point avouer ceux contre qui je diſpute préſentement.
Car s'ils ſuppoſent qu'un ſeul Atome penſant a produit tout le reſte de la
Matiére, ils ne ſauroient lui attribuer cette prééminence ſur aucun autre
fondement que ſur ce qu'il penſe; ce qui eſt l'unique différence qu'on ſuppoſe entre cet Atome & les autres parties de la Matiére. Que s'ils diſent
que cela ſe fait de quelque autre maniére qui eſt au deſſus de notre conception, il faut toûjours que ce ſoit par voye de création; & par-là ils ſont
obligez de renoncer à leur grande Maxime, *Rien ne ſe fait de Rien*. S'ils
diſent que tout le reſte de la Matiére exiſte de toute éternité auſſi bien que
ce ſeul Atome penſant, à la vérité ils diſent une choſe qui n'eſt pas tout-à-
fait ſi abſurde, mais ils l'avancent *gratis* & ſans aucun fondement; car je
vous prie, n'eſt-ce pas bâtir une hypotheſe en l'air ſans la moindre apparence

De l'Exiſtence de Dieu. Liv. IV.

ce de raiſon, que de ſuppoſer que toute la Matiére eſt éternelle, mais qu'il CHAP. X. y en a une petite particule qui ſurpaſſe tout le reſte en connoiſſance & en puiſſance? Chaque particule de Matiére, en qualité de Matiére, eſt capable de recevoir toutes les mêmes figures & tous les mêmes mouvemens que quelque autre particule de Matiére que ce puiſſe être; & je défie qui que ce ſoit de donner à l'une quelque choſe de plus qu'à l'autre, s'il s'en rapporte préciſément à ce qu'il en penſe en lui-même.

§. 16. En troiſiéme lieu, ſi donc un ſeul Atome particulier ne peut point être cet Etre éternel penſant, qu'on doit admettre néceſſairement comme nous l'avons déjà prouvé; ſi toute la Matiére, en qualité de Matiére, c'eſt-à-dire, chaque partie de Matiére ne peut pas l'être non plus, le ſeul parti qui reſte à prendre à ceux qui veulent que *cet Etre éternel penſant* ſoit materiel, c'eſt de dire qu'il eſt *un certain amas particulier de Matiére* jointe enſemble. C'eſt là, je penſe, l'idée ſous laquelle ceux qui prétendent que Dieu ſoit materiel, ſont le plus portez à ſe le figurer, parce que c'eſt la notion qui leur eſt le plus promptement ſuggerée par l'idée commune qu'ils ont d'eux-mêmes & des autres hommes qu'ils regardent comme autant d'Etres materiels qui penſent. Mais cette imagination, quoi que plus naturelle, n'eſt pas moins abſurde que celles que nous venons d'examiner; car de ſuppoſer que cet Etre éternel *penſant* ne ſoit autre choſe qu'un amas de parties de Matiére dont chacune eſt *non-penſante*, c'eſt attribuer toute la ſageſſe & la connoiſſance de cet Etre éternel à la ſimple *juxtapoſition* des Parties qui le compoſent; ce qui eſt la choſe du monde la plus abſurde. Car des parties de Matiére qui ne penſent point, ont beau être étroitement jointes enſemble, elles ne peuvent acquerir par-là qu'une nouvelle relation locale, qui conſiſte dans une nouvelle poſition de ces differentes parties; & il n'eſt pas poſſible que cela ſeul puiſſe leur communiquer la Penſée & la Connoiſſance.

III. Parce qu'un certain amas de Matiére non-penſante ne peut être penſant.

§. 17. Mais de plus, ou toutes les parties de cet *amas de matiére* ſont en repos, ou bien elles ont un certain mouvement qui fait qu'il penſe. Si cet amas de matiére eſt dans un parfait repos, ce n'eſt qu'une lourde maſſe privée de toute action, qui ne peut par conſéquent avoir aucun privilege ſur un Atome.

Soit' qu'il ſoit en mouvement, ou en repos.

Si c'eſt le mouvement de ſes parties qui le fait penſer, il s'enſuivra de là, que toutes ſes penſées doivent être néceſſairement accidentelles & limitées; car toutes les parties dont cet amas de matiére eſt compoſé, & qui par leur mouvement y produiſent la penſée, étant en elles-mêmes & priſes ſeparément, deſtituées de toute penſée, elles ne ſauroient régler leurs propres mouvemens, & moins encore être réglées par les penſées du Tout qu'elles compoſent; parce que dans cette ſuppoſition, le Mouvement devant préceder la penſée & être par conſéquent ſans elle, la penſée n'eſt point la cauſe, mais la ſuite du mouvement; ce qui étant poſé, il n'y aura ni Liberté, ni Pouvoir, ni Choix, ni Penſée, ou Action quelconque réglée par la Raiſon & par la Sageſſe. De ſorte qu'un tel Etre penſant ne ſera ni plus parfait ni plus ſage que la ſimple Matiére toute brute; puiſque de réduire tout à des mouvemens accidentels & déreglez d'une Matiére aveugle, ou bien à des penſées dé-

Chap. X.

La Matiére ne peut pas être coëternelle avec un Esprit éternel.

dépendantes des mouvemens déreglez de cette même matiére, c'est la même chose, pour ne rien dire des bornes étroites où se trouveroient resserrées ces sortes de pensées & de connoissances qui seroient dans une absoluë dépendance du mouvement de ces différentes parties. Mais quoi que cette Hypothese soit sujette à mille autres absurditez, celle que nous venons de proposer suffit pour en faire voir l'impossibilité, sans qu'il soit nécessaire d'en rapporter davantage. Car supposé que cet amas de Matiére pensant fût toute la Matiére, ou seulement une partie de celle qui compose cet Univers, il seroit impossible qu'aucune Particule connût son propre mouvement, ou celui d'aucune autre Particule, ou que le Tout connût le mouvement de chaque Partie dont il seroit composé, & qu'il pût par conséquent régler ses propres pensées ou mouvemens, ou plutôt avoir aucune pensée qui resultât d'un semblable mouvement.

§. 18. D'autres s'imaginent que la Matiére est éternelle, quoi qu'ils reconnoissent un Etre éternel, pensant & immateriel. A la vérité, ils ne détruisent point par-là l'existence d'un Dieu, cependant comme ils lui ôtent une des parties de son Ouvrage, la prémiére en ordre, & fort considerable par elle-même, je veux dire la *Création*, examinons un peu ce sentiment. Il faut, dit-on, reconnoître que la Matiére est éternelle. Pourquoi? Parce que vous ne sauriez concevoir, comment elle pourroit être faite de rien. Pourquoi donc ne vous regardez-vous point aussi vous-même comme éternel? Vous répondrez peut-être, que c'est à cause que vous avez commencé d'exister depuis vingt ou trente ans. Mais si je vous demande ce que vous entendez par ce *Vous* qui commença alors à exister, peut-être serez-vous embarrassé à le dire. La Matiére dont vous êtes composé, ne commença pas alors à exister; parce que si cela étoit, elle ne seroit pas éternelle: elle commença seulement à être formée & arrangée de la maniére qu'il faut pour composer votre Corps. Mais cette disposition de parties n'est pas *Vous*, elle ne constituë pas ce Principe pensant qui est en vous & qui est vous-même; car ceux à qui j'ai à faire présentement, admettent bien un Etre pensant, éternel & immateriel, mais ils veulent aussi que la Matiére, quoi que *non-pensante*, soit aussi éternelle. Quand est-ce donc que ce Principe pensant qui est en vous, a commencé d'exister? S'il n'a jamais commencé d'exister, il faut donc que de toute éternité vous ayez été un Etre pensant; absurdité que je n'ai pas besoin de refuter, jusqu'à ce que je trouve quelqu'un qui soit assez dépourvu de sens pour la soûtenir. Que si vous pouvez reconnoître qu'un Etre pensant a été fait de rien (comme doivent être toutes les choses qui ne sont point éternelles) pourquoi ne pouvez-vous pas aussi reconnoître, qu'une égale Puissance puisse tirer du néant un Etre materiel, avec cette seule différence que vous êtes assûré du prémier par votre propre expérience, & non pas de l'autre? Bien plus; on trouvera, tout bien consideré, qu'il ne faut pas moins de pouvoir pour créer un Esprit, que pour créer la Matiére. Et peut-être que si nous voulions nous éloigner un peu des idées communes, donner l'essor à notre Esprit, & nous engager dans l'examen le plus profond que nous pourrions faire de la

nature

De l'existence de Dieu. L I V. IV.

nature des choses, (1) nous pourrions en venir jusques à concevoir, quoi que C ᴴ A P. X.
d'une maniére imparfaite, comment la Matiére peut d'abord avoir été
produite, & avoir commencé d'exister par le pouvoir de ce prémier Etre
éternel, mais on verroit en même temps que de donner l'être à un Esprit,
c'est un effet de cette Puissance éternelle & infinie, beaucoup plus mal aisé
à comprendre. (2) Mais parce que cela m'écarteroit peut-être trop des notions
sur lesquelles la Philosophie est présentement fondée dans le Monde, je ne
serois pas excusable de m'en éloigner si fort, ou de rechercher autant que
la Grammaire le pourroit permettre, si dans le fond l'Opinion communément établie est contraire à ce sentiment particulier, j'aurois tort, dis-je,
de m'engager dans cette discussion, sur-tout dans cet endroit de la Terre où
la Doctrine reçuë est assez bonne pour mon dessein, puisqu'elle pose comme

---

(1) Il y a, mot pour mot, dans l'Anglois, *Nous pourrions être capables de viser à quelque conception obscure & confuse, de la maniére dont la Matiere pourroit d'abord avoir été produite, &c. we might be able to aim at some dim and seeming conception* how Matter might at *first be made.* Comme je n'entendois pas fort bien ces mots, *dim and seeming conception*, que je n'entens pas mieux encore, je mis à la place, *quoi que d'une maniére imparfaite* : traduction un peu libre que Mr. Locke ne désaprouva point, parce que dans le fond elle rend assez bien sa pensée.

(2) Ici Mr. Locke excite notre curiosité, sans vouloir la satisfaire. Bien des gens s'étant imaginez qu'il m'avoit communiqué cette maniere d'expliquer la création de la Matiere, me prierent peu de temps après que ma Traduction eut vû le jour, de leur en faire part ; mais je fus obligé de leur avouer que M. Locke m'en avoit fait un secret à moi-même. Enfin long-temps après sa mort, M. le Chevalier *Newton*, à qui je parlai pas hazard, de cet endroit du Livre de M. Locke, me découvrit tout le mystere. Souriant il me dit d'abord que c'étoit lui-même qui avoit imaginé cette maniere d'expliquer la création de la Matiere, que la pensée lui en étoit venue dans l'esprit un jour qu'il vint à tomber sur cette Question avec M. Locke & un Seigneur Anglois*. Et voici comment il leur expliqua sa pensée. *On pourroit,* dit-il, *se former en quelque maniere une idée de la création de la Matiere en supposant que Dieu eût empêché par sa puissance que rien ne pût entrer dans une certaine portion de l'Espace pur, qui de sa nature est pénétrable, éternel, nécessaire, infini, car dès là cette portion d'Espace auroit l'impénétrabilité, l'une des qualitez essentielles à la Matiere : & comme l'Espace pur est absolument uniforme, on n'a qu'à supposer que Dieu auroit communiqué cette espèce d'impénétrabilité à une autre pareille portion de l'Espace, & cela nous donneroit, en quelque sorte, une idée de la mobilité de la Matiere, autre Qualité qui lui est aussi très-essentielle.* Nous voila maintenant délivrez de l'embarras de chercher ce que M. Locke avoit trouvé bon de cacher à ses Lecteurs : car c'est là tout ce qui lui a donné occasion de nous dire, *que si nous voulions donner l'essor à notre Esprit, nous pourrions concevoir, quoi que d'une maniere imparfaite, comment la Matiere pourroit d'abord avoir été produite,* &c. Pour moi, s'il m'est permis de dire librement ma pensée, je ne vois pas comment ces deux suppositions peuvent contribuer à nous faire concevoir la création de la Matiere. A mon sens, elles n'y contribuent non plus qu'un Pont contribue à rendre l'eau qui coule immédiatement dessous, impénétrable à un Boulet de canon, qui venant à tomber perpendiculairement d'une hauteur de vingt ou trente toises sur ce Pont y est arrêté sans pouvoir passer à travers pour entrer dans l'eau qui coule directement dessous. Car dans ce cas-là, l'Eau reste liquide, & pénétrable à ce Boulet, quoi que la solidité du Pont empêche que le boulet ne tombe dans l'Eau. De même, la Puissance de Dieu peut empêcher que rien n'entre dans une certaine portion d'Espace : mais elle ne change point, par là, la nature de cette portion d'Espace, qui restant toujours pénétrable, comme toute autre portion d'Espace, n'acquiert point en conséquence de cet obstacle, le moindre dégré de l'impénétrabilité qui est essentielle à la Matiere, &c.

* Le feu Comte de *Pembroke*, mort au mois de Fevrier de la presente année 1733.

CHAP. X. me une chose indubitable, que si l'on admet une fois la Création ou le commèncement de quelque SUBSTANCE que ce soit, tirée du Néant, on peut supposer, avec la même facilité, la Création de toute autre Substance, excepté le CREATEUR lui-même.

§. 19. Mais, direz-vous, n'est-il pas impossible d'admettre, qu'*une chose ait été faite de rien*, puisque nous ne saurions le concevoir ? Je répons que non. Prémiérement, parce qu'il n'est pas raisonnable de nier la Puissance d'un Etre infini, sous prétexte que nous ne saurions comprendre ses opérations. Nous ne refusons pas de croire d'autres effets sur ce fondement que nous ne saurions comprendre la maniére dont ils sont produits. Nous ne saurions concevoir comment quelque autre chose que l'impulsion d'un Corps peut mouvoir le Corps; cependant ce n'est pas une raison suffisante pour nous obliger à nier que cela se puisse faire, contre l'Expérience constante que nous en avons en nous-mêmes, dans tous les mouvemens volontaires qui ne sont produits en nous, que par l'action libre, ou la seule pensée de notre Esprit: mouvemens qui ne sont ni ne peuvent être des effets de l'impulsion ou de la détermination que le Mouvement d'une Matiére aveugle cause au dedans de nos Corps, ou sur nos Corps; car si cela étoit, nous n'aurions pas le pouvoir ou la liberté de changer cette détermination. Par exemple, ma main droite écrit, pendant que ma main gauche est en repos: qu'est-ce qui cause le repos de l'une, & le mouvement de l'autre ? Ce n'est que ma volonté, une certaine pensée de mon Esprit. Cette pensée vient-elle seulement à changer, ma main droite s'arrête aussi-tôt, & la gauche commence à se mouvoir. C'est un point de fait qu'on ne peut nier. Expliquez comment cela se fait, rendez-le intelligible, & vous pourrez par même moyen comprendre la Création. Car de dire, comme font quelques-uns pour expliquer la cause de ces mouvemens volontaires, que l'Ame donne une nouvelle détermination au mouvement des Esprits animaux, cela n'éclaircit nullement la difficulté. C'est expliquer une chose obscure par une autre aussi obscure, car dans cette rencontre il n'est ni plus ni moins difficile de changer la détermination du mouvement que de produire le Mouvement même, parce qu'il faut que cette nouvelle détermination qui est communiquée aux Esprits animaux soit ou produite immédiatement par la Pensée, ou bien par quelque autre Corps que la Pensée mette dans leur chemin, où il n'étoit pas auparavant, de sorte que ce Corps reçoive son mouvement de la Pensée; & lequel des deux partis qu'on prenne, le mouvement volontaire est aussi difficile à expliquer qu'auparavant. 2. D'ailleurs, c'est avoir trop bonne opinion de nous-mêmes que de réduire toutes choses aux bornes étroites de notre capacité; & de conclurre que tout ce qui passe notre comprehension est impossible, comme si une chose ne pouvoit être, dès-là que nous ne saurions concevoir comment elle se peut faire. Borner ce que DIEU peut faire à ce que nous pouvons comprendre, c'est donner une étenduë infinie à notre comprehension, ou faire DIEU lui-même, fini. Mais si vous ne pouvez pas concevoir les operations de votre propre Ame qui est finie, de ce *Principe pensant*

qui

De l'Existence des autres Choses. Liv. IV.

qui est au dedans de vous, ne soyez point étonnez de ne pouvoir comprendre les opérations de cet Esprit éternel & infini qui a fait & qui gouverne toutes choses, & *que les Cieux des Cieux ne sauroient contenir.*

CHAPITRE XI.

De la Connoissance que nous avons de l'existence des autres Choses.

§. 1. LA Connoissance que nous avons de notre propre existence nous vient par *intuition:* & c'est la *Raison* qui nous fait connoître clairement l'existence de Dieu, comme on l'a montré dans le Chapitre précedent.

On ne peut avoir une connoissance des autres choses que par voye de Sensation.

Quant à l'existence des autres choses, on ne sauroit la connoître que par *Sensation*; car comme l'existence réelle n'a aucune liaison nécessaire avec aucune des Idées qu'un homme a dans sa mémoire, & que nulle existence, excepté celle de Dieu, n'a de liaison nécessaire avec l'existence d'aucun homme en particulier, il s'ensuit de là que nul homme ne peut connoître l'existence d'aucun autre Etre, que lorsque cet Etre se fait appercevoir à cet homme par l'opération actuelle qu'il fait sur lui. Car d'avoir l'idée d'une chose dans notre Esprit, ne prouve pas plus l'existence de cette Chose que le Portrait d'un homme démontre son existence dans le Monde, ou que les visions d'un songe établissent une véritable Histoire.

§. 2. C'est donc par la reception actuelle des Idées qui nous viennent de dehors, que nous venons à connoître l'existence des autres Choses, & à être convaincus en nous-mêmes que dans ce temps-là il existe hors de nous quelque chose qui excite cette idée en nous, quoi que peut-être nous ne sachions ni ne considerions point comment cela se fait. Car que nous ne connoissions pas la manière dont ces Idées sont produites en nous, cela ne diminuë en rien la certitude de nos Sens ni la réalité des Idées que nous recevons par leur moyen: par exemple, lorsque j'écris ceci, le papier venant à frapper mes yeux, produit dans mon Esprit l'idée à laquelle je donne le nom de *blanc*, quel que soit l'Objet qui l'excite en moi; & par-là je connois que cette Qualité ou cet Accident, dont l'apparence étant devant mes yeux produit toûjours cette idée, existe réellement & hors de moi. Et l'assûrance que j'en ai, qui est peut-être la plus grande que je puisse avoir, & à laquelle mes Facultez puissent parvenir, c'est le témoignage de mes yeux qui sont les véritables & les seuls juges de cette chose; & sur le témoignage desquels j'ai raison de m'appuyer, comme sur une chose si certaine, que je ne puis non plus douter, tandis que j'écris ceci, que je vois du blanc & du noir, & que quelque chose existe réellement qui cause cette sensation en moi, que je puis douter que j'écris ou que je remuë ma main; certitude aussi grande qu'aucune que nous soyions capables d'avoir sur l'existence d'aucune chose, excepté seulement la certitude

Exemple, la blancheur de ce Papier.

De l'Existence des autres Choses. Liv. IV.

CHAP. XI.
Quoi que cela ne soit pas si certain que les Démonstrations, il peut être appellé du nom de connoissance, & prouve l'existence des choses hors de nous.

titude qu'un homme a de sa propre existence & de celle de Dieu.

§. 3. Quoi que la connoissance que nous avons, par le moyen de nos Sens, de l'existence des choses qui sont hors de nous, ne soit pas tout-à-fait si certaine que notre Connoissance de simple vûë, ou que les conclusions que notre Raison déduit, en considerant les idées claires & abstraites qui sont dans notre Esprit, c'est pourtant une certitude qui mérite le nom de *Connoissance.* Si nous sommes une fois persuadez que nos Facultez nous instruisent comme il faut, touchant l'existence des Objets par qui elles sont affectées, cette assûrance ne sauroit passer pour une confiance mal fondée; car je ne crois pas que personne puisse être serieusement si Sceptique que d'être incertain de l'existence des choses qu'il voit & qu'il sent actuellement. Du moins, celui qui peut porter ses doutes si avant, (quelles que soient d'ailleurs ses propres pensées) n'aura jamais aucun differend avec moi, puisqu'il ne peut jamais être assûré que je dise quoi que ce soit contre son sentiment. Pour ce qui est de moi, je crois que Dieu m'a donné une assez grande certitude de l'existence des choses qui sont hors de moi, puisqu'en les appliquant différemment je puis produire en moi du plaisir & de la douleur, d'où dépend mon plus grand interêt dans l'état où je me trouve présentement. Ce qu'il y a de certain c'est que la confiance où nous sommes que nos Facultez ne nous trompent point en cette occasion, fonde la plus grande assûrance dont nous soyions capables à l'égard de l'existence des Etres materiels. Car nous ne pouvons rien faire que par le moyen de nos Facultez; & nous ne saurions parler de la Connoissance elle-même, que par le secours des Facultez qui soient propres à comprendre ce que c'est que Connoissance. Mais outre l'assûrance que nos Sens eux-mêmes nous donnent, qu'ils ne se trompent point dans le rapport qu'ils nous font de l'existence des choses extérieures, par les impressions actuelles qu'ils en reçoivent, nous sommes encore confirmez dans cette assûrance par d'autres raisons qui concourent à l'établir.

I. Parce que nous ne pouvons en avoir des Idées qu'à la faveur des Sens.

§. 4. Prémiérement, il est évident que ces Perceptions sont produites en nous par des Causes extérieures qui affectent nos Sens; parce que ceux qui sont destituez des Organes d'un certain Sens, ne peuvent jamais faire que les Idées qui appartiennent à ce Sens, soient actuellement produites dans leur Esprit. C'est une vérité si manifeste, qu'on ne peut la revoquer en doute; & par conséquent, nous ne pouvons qu'être assûrez que ces Perceptions nous viennent dans l'Esprit par les Organes de ce Sens, & non par aucune autre voye. Il est visible que les Organes eux-mêmes ne les produisent pas; car si cela étoit, les yeux d'un homme produiroient des Couleurs dans les Ténèbres, & son nez sentiroit des Roses en hyver. Mais nous ne voyons pas que personne acquière le goût des *Ananas,* avant qu'il aille aux *Indes* où se trouve cet excellent Fruit, & qu'il en goûte actuellement.

II. Parce que deux Idées dont l'une vient d'une sensation actuelle, & l'autre de la Mémoire, sont des Perceptions fort distinctes.

§. 5. En second lieu, ce qui prouve que ces Perceptions viennent d'une cause extérieure, c'est que *j'éprouve quelquefois, que je ne saurois empêcher qu'elles ne soient produites dans mon Esprit.* Car encore que, lorsque j'ai les yeux fermez ou que je suis dans une Chambre obscure, je puisse rappeller

dans

De l'Existence des autres Choses. Liv. IV.

dans mon Esprit, quand je veux, les idées de la Lumiére ou du Soleil, que Chap. XI.
des sensations précedentes avoient placé dans ma Mémoire, & que je puisse quitter ces idées, quand je veux, & me représenter celle de l'odeur d'une Rose, ou du goût du sucre; cependant si à midi je tourne les yeux vers le Soleil, je ne saurois éviter de recevoir les idées que la Lumiére ou le Soleil produit alors en moi. De sorte qu'il y a une différence visible entre les idées qui s'introduisent par force en moi, & que je ne puis éviter d'avoir, & celles qui sont comme en reserve dans ma Mémoire, sur lesquelles, supposé qu'elles ne fussent que là, j'aurois constamment le même pouvoir d'en disposer & de les laisser à l'écart, selon qu'il m'en prendroit envie. Et par conséquent il faut qu'il y ait nécessairement quelque cause extérieure, & l'impression vive de quelques Objets hors de moi dont je ne puis surmonter l'efficace, qui produisent ces Idées dans mon Esprit, soit que je veuille ou non. Outre cela, il n'y a personne qui ne sente en lui-même la différence qui se trouve entre contempler le Soleil, selon qu'il en a l'idée dans sa Mémoire, & le regarder actuellement: deux choses dont la perception est si distincte dans son Esprit que peu de ses Idées sont plus distinctes l'une de l'autre. Il *connoit* donc certainement qu'elles ne sont pas toutes deux un effet de sa Mémoire, ou des productions de son propre Esprit, & de pures fantaisies formées en lui-même ; mais que la vûë actuelle du Soleil est produite par une cause qui existe hors de lui.

§. 6. En troisiéme lieu, ajoûtez à cela, que *plusieurs de ces Idées sont produites en nous avec douleur*; *quoi qu'ensuite nous nous en souvenions sans ressentir la moindre incommodité*. Ainsi, un sentiment désagréable de chaud ou de froid ne nous cause aucune fâcheuse impression, lorsque nous en rappellons l'idée dans notre Esprit, quoi qu'il fût fort incommode quand nous l'avons senti, & qu'il le soit encore, quand il vient à nous frapper actuellement une seconde fois; ce qui procede du desordre que les Objets exterieurs causent dans notre Corps par les impressions actuelles qu'elles y font. De même, nous nous ressouvenons de la douleur que cause la Faim, la Soif & le Mal de tête, sans en ressentir aucune incommodité; cependant, ou ces différentes douleurs devroient ne nous incommoder jamais, ou bien nous incommoder constamment toutes les fois que nous y pensons, si elles n'étoient autre chose que des idées flottantes dans notre Esprit, & de simples apparences qui viendroient occuper notre fantaisie, sans qu'il y eût hors de nous aucune chose réellement existante qui nous causât ces différentes perceptions. On peut dire la même chose du plaisir qui accompagne plusieurs sensations actuelles; & quoi que les Démonstrations Mathematiques ne dépendent pas des Sens, cependant l'examen qu'on en fait par le moyen des Figures, sert beaucoup à prouver l'évidence de notre vûë, & semble lui donner une certitude qui approche de celle de la Démonstration elle-même. Car ce seroit une chose bien étrange qu'un homme ne fît pas difficulté de reconnoître que de deux Angles d'une certaine Figure qu'il mesure par des Lignes & des Angles d'une

III. Parce que le Plaisir ou la Douleur qui accompagnent une sensation actuelle, n'accompagnent pas le retour de ces Idées, lorsque les Objets exterieurs sont absens.

CHAP. XI.

autre Figure, l'un est plus grand que l'autre, & que cependant il doutât de l'existence des Lignes & des Angles qu'il regarde & dont il se sert actuellement pour mesurer cela.

IV. Nos Sens se rendent témoignage l'un à l'autre sur l'existence des Choses extérieures.

§. 7. En quatriéme lieu, nos Sens en plusieurs cas se rendent témoignage l'un à l'autre de la vérité de leurs rapports touchant l'existence des choses sensibles qui sont hors de nous. Celui qui *voit* le feu, peut le *sentir*, s'il doute que ce ne soit autre chose qu'une simple imagination; & il peut s'en convaincre en mettant dans le feu sa propre main qui certainement ne pourroit jamais ressentir une douleur si violente à l'occasion d'une pure idée ou d'un simple phantôme; à moins que cette douleur ne soit elle-même une imagination, qu'il ne pourroit pourtant pas rappeller dans son Esprit, en se représentant l'idée de la brûlure après qu'elle est actuellement guérie.

Ainsi en écrivant ceci je vois que je puis changer les apparences du Papier, & en traçant des Lettres, dire d'avance quelle nouvelle Idée il présentera à l'Esprit dans le moment immédiatement suivant, par quelques traits que j'y ferai avec la plume; mais j'aurai beau imaginer ces traits, ils ne paroîtront point, si ma main demeure en repos, ou si je ferme les yeux, en remuant ma main: & ces Caracteres une fois tracez sur le Papier je ne puis plus éviter de les voir tels qu'ils sont, c'est-à-dire, d'avoir les idées de telles & telles lettres que j'ai formées. D'où il s'ensuit visiblement que ce n'est pas un simple jeu de mon Imagination, puisque je trouve que les caractéres qui ont été tracez selon la fantaisie de mon Esprit, ne dépendent plus de cette fantaisie, & ne cessent pas d'être, dès que je viens à me figurer qu'ils ne sont plus; mais qu'au contraire ils continuent d'affecter mes Sens constamment & réguliérement selon la figure que je leur ai donnée. Si nous ajoûtons à cela, que la vûë de ces caractéres fera prononcer à un autre homme les mêmes sons que je m'étois proposé auparavant de leur faire signifier, on n'aura pas grand' raison de douter que ces Mots que j'écris, n'existent réellement hors de moi, puisqu'ils produisent cette longue suite de sons réguliers dont mes oreilles sont actuellement frapées, lesquels ne sauroient être un effet de mon imagination, & que ma Mémoire ne pourroit jamais retenir dans cet ordre.

Cette certitude est aussi grande que notre état le requiert.

§. 8. Que si après tout cela, il se trouve quelqu'un qui soit assez Sceptique pour se défier de ses propres Sens & pour affirmer, que tout ce que nous voyons, que nous entendons, que nous sentons, que nous goutons, que nous pensons, & que nous faisons pendant tout le temps que nous subsistons, n'est qu'une suite & une apparence trompeuse d'un long songe qui n'a aucune réalité; de sorte qu'il veuille mettre en question l'existence de toutes choses, ou la connoissance que nous pouvons avoir de quelque chose que ce soit, je le prierai de considerer que, si tout n'est que songe, il ne fait lui-même autre chose que songer qu'il forme cette Question, & qu'ainsi il n'importe pas beaucoup qu'un homme éveillé prenne la peine de lui répondre. Cependant, il pourra songer s'il veut, que je lui fais cette réponse, Que la certitude de l'existence des Choses qui sont dans la Nature, étant

une

De l'Existence des autres Choses. Liv. IV.

une fois fondée sur le témoignage de nos Sens, elle est non seulement aussi Chap. XI. parfaite que notre Nature peut le permettre, mais même que notre condition le requiert. Car nos Facultez n'étant pas proportionnées à toute l'étenduë des Etres ni à une connoissance des Choses claire, parfaite, absoluë, & dégagée de tout doute & de toute incertitude, mais à la conservation de nos Personnes en qui elles se trouvent, telles qu'elles doivent être pour l'usage de cette vie, elles nous servent assez bien dans cette vûë, en nous donnant seulement à connoître d'une maniére certaine les choses qui sont convenables ou contraires à notre Nature. Car celui qui voit brûler une Chandelle & qui a éprouvé la chaleur de sa flamme en y mettant le doigt, ne doutera pas beaucoup que ce ne soit une chose existante hors de lui, qui lui fait du mal & lui cause une violente douleur; ce qui est une assez grande assurance, puisque personne ne demande une plus grande certitude pour lui servir de règle dans ses actions, que ce qui est aussi certain que les actions mêmes. Que si notre *songeur* trouve à propos d'éprouver si la chaleur ardente d'une fournaise n'est qu'une vaine imagination d'un homme endormi, peut-être qu'en mettant la main dans cette fournaise, il se trouvera si bien éveillé que la certitude qu'il aura que c'est quelque chose de plus qu'une simple imagination lui paroîtra plus grande qu'il ne voudroit. Et par conséquent, cette évidence est aussi grande que nous pouvons le souhaiter; puisqu'elle est aussi certaine que le plaisir ou la douleur que nous sentons, c'est-à-dire, que notre bonheur ou notre misère, deux choses au delà desquelles nous n'avons aucun intérêt par rapport à la connoissance ou à l'existence. Une telle assurance de l'existence des choses qui sont hors de nous, suffit pour nous conduire dans la recherche du Bien & dans la fuite du Mal qu'elles causent, à quoi se réduit tout l'intérêt que nous avons de les connoître.

§. 9. Lors donc que nos Sens introduisent actuellement quelque idée dans notre Esprit, nous ne pouvons éviter d'être convaincus qu'il y a, alors, quelque chose qui existe réellement hors de nous, qui affecte nos Sens, & qui par leur moyen se fait connoître aux Facultez que nous avons d'appercevoir les Objets, & produit actuellement l'idée que nous appercevons en ce temps-là; & nous ne saurions nous défier de leur témoignage jusqu'à douter si ces collections d'Idées simples que nos Sens nous ont fait voir unies ensemble, existent réellement ensemble. Cette connoissance s'étend aussi loin que le témoignage actuel de nos Sens, appliquez à des Objets particuliers qui les affectent en ce temps-là, mais elle ne va pas plus avant. Car si j'ai vû cette collection d'Idées qu'on a accoûtumé de désigner par le nom d'*Homme*, si j'ai vû ces Idées exister ensemble depuis une minute, & que je sois présentement seul, je ne saurois être assûré que le même homme existe présentement, puisqu'il n'y a point de liaison nécessaire entre son existence depuis une minute, & son existence d'à présent. Il peut avoir cessé d'exister en mille maniéres, depuis que j'ai été assûré de son existence par le témoignage de mes Sens. Que si je ne puis être certain que le dernier homme que j'ai vû aujourd'hui, existe présentement, moins encore puis-je l'être

Mais elle ne s'étend point au delà de la sensation actuelle.

tre que celui-là exiſte qui a été plus longtemps éloigné de moi, & que je n'ai point vû depuis hier ou l'année derniére; & moins encore puis-je être aſſûré de l'exiſtence des perſonnes que je n'ai jamais vûës. Ainſi, quoi qu'il ſoit extrémement probable, qu'il y a préſentement des millions d'hommes actuellement exiſtans, cependant tandis que je ſuis ſeul en écrivant ceci, je n'en ai pas cette certitude que nous appellons *connoiſſance*, à prendre ce terme dans toute ſa rigueur; quoi que la grande vraiſemblance qu'il y a à cela ne me permette pas d'en douter, & que je ſois obligé raiſonnablement de faire pluſieurs choſes dans l'aſſûrance qu'il y a préſentement des hommes dans le Monde, & des hommes même de ma connoiſſance avec qui j'ai des affaires. Mais ce n'eſt pourtant que probabilité, & non Connoiſſance.

§. 10. D'où nous pouvons conclurre en paſſant quelle folie c'eſt à un homme dont la connoiſſance eſt ſi bornée, & à qui la Raiſon a été donnée pour juger de la différente évidence & probabilité des choſes, & pour ſe régler ſur cela, d'attendre une Démonſtration & une entiere certitude ſur des choſes qui en ſont incapables, de refuſer ſon conſentement à des Propoſitions fort raiſonnables, & d'agir contre des véritez claires & évidentes, parce qu'elles ne peuvent être démontrées avec une telle évidence qui ôte je ne dis pas un ſujet raiſonnable, mais le moindre prétexte de douter. Celui qui dans les affaires ordinaires de la vie, ne voudroit rien admettre qui ne fût fondé ſur des démonſtrations claires & directes, ne pourroit s'aſſûrer d'autre choſe que de périr en fort peu de tems. Il ne pourroit trouver aucun mets ni aucune boiſſon dont il pût hazarder de ſe nourrir; & je voudrois bien ſavoir ce qu'il pourroit faire ſur de tels fondemens, qui fût à l'abri de tout doute & de toute ſorte d'objection.

§. 11. Comme nous connoiſſons qu'un Objet exiſte lorſqu'il frappe actuellement nos Sens, nous pouvons de même être aſſûrez par le moyen de notre Mémoire que les choſes dont nos Sens ont été affectez, ont exiſté auparavant. Ainſi, nous avons une connoiſſance de l'exiſtence paſſée de pluſieurs choſes dont notre Mémoire conſerve des idées, après que nos Sens nous les ont fait connoître; & c'eſt dequoi nous ne pouvons douter en aucune maniére, tandis que nous nous en ſouvenons bien. Mais cette connoiſſance ne s'étend pas non plus au delà de ce que nos Sens nous ont prémiérement appris. Ainſi, voyant de l'eau dans ce moment, c'eſt une vérité indubitable à mon égard que cette Eau exiſte; & ſi je me reſſouviens que j'en vis hier, cela ſera auſſi toûjours véritable, & auſſi long-temps que ma Mémoire le retiendra, ce ſera toûjours une Propoſition inconteſtable à mon égard qu'il y avoit de l'Eau actuellement exiſtante (1) le 10me de Juillet de l'an 1688. comme il ſera tout auſſi véritable qu'il a exiſté un certain nombre de belles couleurs que je vis dans le même temps ſur des Bulles qui ſe formérent alors ſur cette Eau. Mais à cette heure que je ſuis éloigné de la vûë de l'Eau & de ces Bulles, je ne connois pas plus certainement que l'Eau exiſte préſentement, que ces Bulles ou ces Couleurs ; parce qu'il n'eſt pas

(1) C'eſt en ce temps-là que Mr. *Locke* écrivoit ceci.

De l'Existence des autres Choses. Liv. IV. 529

pas plus nécessaire que l'Eau doive exister aujourd'hui parce qu'elle existoit hier, qu'il est nécessaire que ces Couleurs ou ces Bulles-là existent aujourd'hui parce qu'elles existoient hier, quoi qu'il soit infiniment plus probable que l'Eau existe ; parce qu'on a observé que l'Eau continuë longtemps en existence, & que les Bulles qui se forment sur l'Eau, & les couleurs qu'on y remarque, disparoissent bientôt.

Chap. XI.

§. 12. J'ai déja montré quelles idées nous avons des Esprits, & comment elles nous viennent. Mais quoi que nous ayions ces Idées dans l'Esprit, & que nous sachions qu'elles y sont actuellement, cependant ce que nous avons ces idées ne nous fait pas connoître qu'aucune telle chose existe hors de nous, ou qu'il y ait aucuns Esprits finis, ni aucun autre Etre spirituel que Dieu. Nous sommes autorisez par la *Revelation* & par plusieurs autres raisons à croire avec assûrance qu'il y a de telles créatures ; mais nos Sens n'étant pas capables de nous les découvrir, nous n'avons aucun moyen de connoître leurs existences particuliéres. Car nous ne pouvons non plus connoître qu'il y ait des Esprits finis réellement existans par les idées que nous avons en nous-mêmes de ces sortes d'Etres, qu'un homme peut venir à connoître par les idées qu'il a des Fées ou des Centaures qu'il y a des choses actuellement existantes, qui répondent à ces Idées.

L'existence des Esprits ne peut nous être *connue* par elle-même.

Et par conséquent sur l'existence des Esprits aussi bien que sur plusieurs autres choses nous devons nous contenter de l'évidence de la Foi. Pour des Propositions universelles & certaines sur cette matiére, elles sont au delà de notre portée. Car par exemple, quelque véritable qu'il puisse être, que tous les Esprits intelligens que Dieu ait jamais créé, continuent encore d'exister, cela ne sauroit pourtant jamais faire partie de nos Connoissances certaines. Nous pouvons recevoir ces Propositions & autres semblables comme extrémement probables : mais dans l'état où nous sommes, je doute que nous puissions les connoître certainement. Nous ne devons donc pas demander aux autres des Démonstrations, ni chercher nous-mêmes une certitude universelle sur toutes ces matiéres, où nous ne sommes capables de trouver aucune autre connoissance que celle que nos Sens nous fournissent dans tel ou tel exemple particulier.

§. 13. D'où il paroit qu'il y a deux sortes de Propositions. I. L'une est de Propositions qui regardent l'existence d'une chose qui réponde à une telle idée ; comme si j'ai dans mon Esprit l'idée d'un *Elephant*, d'un *Phénix*, du *Mouvement* ou d'un *Ange*, la prémiére recherche qui se présente naturellement, c'est, si une telle chose existe quelque part. Et cette connoissance ne s'étend qu'à des choses particuliéres. Car nulle existence de choses hors de nous, excepté seulement l'existence de Dieu, ne peut être connuë certainement au delà de ce que nos Sens nous en apprennent. II. Il y a une autre sorte de Propositions où est exprimée la convenance ou la disconvenance de nos Idées abstraites & la dépendance qui est entre elles. De telles Propositions

Il y a des Propositions particuliéres sur l'existence qu'on peut connoître.

X x x

CHAP. XI. tions peuvent être universelles & certaines. Ainsi, ayant l'idée de Dieu & de moi-même, celle de *crainte* & d'*obéissance*, je ne puis qu'être assûré que je dois craindre Dieu & lui obéir: & cette Proposition sera certaine à l'égard de l'*Homme* en général, si j'ai formé une idée abstraite d'une telle Espèce dont je suis un sujet particulier. Mais quelque certaine que soit cette Proposition, *Les hommes doivent craindre Dieu & lui obéir*, elle ne me prouve pourtant pas l'existence des hommes dans le Monde; mais elle sera véritable à l'égard de toutes ces sortes de Créatures dès qu'elles viennent à exister. La certitude de ces Propositions générales dépend de la convenance ou de la disconvenance qu'on peut découvrir dans ces Idées abstraites.

On peut connoitre aussi des Propositions générales touchant les idées abstraites.

§. 14. Dans le prémier cas, notre Connoissance est la conséquence de l'existence des Choses qui produisent des idées dans notre Esprit par le moyen des Sens; & dans le second, notre Connoissance est une suite des idées qui (quoi qu'elles soient) existent dans notre Esprit & y produisent ces Propositions générales & certaines. La plûpart d'entre elles portent le nom de *véritez éternelles*; & en effet, elles le sont toutes. Ce n'est pas qu'elles soient toutes ni aucunes d'elles gravées dans l'Ame de tous les hommes, ni qu'elles ayent été formées en Propositions dans l'Esprit de qui que ce soit, jusqu'à ce qu'il ait acquis des idées abstraites, & qu'il les ait jointes ou separées par voye d'affirmation ou de negation: mais par-tout où nous pouvons supposer une Créature telle que l'homme, enrichie de ces sortes de facultez & par ce moyen fournie de telles ou telles idées que nous avons, nous devons conclurre que, lorsqu'il vient à appliquer ses pensées à la consideration de ses Idées, il doit connoître nécessairement la vérité de certaines Propositions qui découleront de la convenance ou de la disconvenance qu'il appercevra dans ses propres Idées. C'est pourquoi ces Propositions sont nommées *véritez éternelles*, non pas à cause que ce sont des Propositions actuellement formées de toute éternité, & qui existent avant l'Entendement qui les forme en aucun temps, ni parce qu'elles sont gravées dans l'Esprit d'après quelque modéle qui soit quelque part hors de l'Esprit, & qui existoit auparavant; mais parce que ces Propositions étant une fois formées sur des idées abstraites, en sorte qu'elles soient véritables, elles ne peuvent qu'être toûjours actuellement véritables, en quelque temps que ce soit, passé ou avenir, auquel on suppose qu'elles soient formées une autre fois par un Esprit en qui se trouvent les Idées dont ces Propositions sont composées. Car les noms étant supposez signifier toûjours les mêmes idées; & les mêmes idées ayant constamment les mêmes rapports l'une avec l'autre, il est visible que des Propositions qui étant formées sur des Idées abstraites, sont une fois véritables, doivent être nécessairement des *véritez éternelles*.

CHAPITRE XII.
Des Moyens d'augmenter notre Connoissance.

§. 1. C'A été une opinion reçuë parmi les Savans, que les Maximes sont les fondemens de toute connoissance, & que chaque Science en particulier est fondée sur certaines choses * déja connuës, d'où l'Entendement doit emprunter ses prémiers rayons de lumiére, & par où il doit se conduire dans ses recherches sur les matiéres qui appartiennent à cette Science; c'est pourquoi la grande routine des Ecoles a été de poser, en commençant à traiter quelque matiére, une ou plusieurs Maximes générales comme les fondemens sur lesquels on doit bâtir la connoissance qu'on peut avoir sur ce sujet. Et ces Doctrines ainsi posées pour fondement de quelque Science, ont été nommées *Principes*, comme étant les prémiéres choses d'où nous devons commencer nos recherches, sans remonter plus haut, comme nous l'avons déja remarqué.

La Connoissance ne vient pas des Maximes.
* Præcognita.

§. 2. Une chose qui apparemment a donné lieu à cette méthode dans les autres Sciences, ç'a été, je pense, le bon succès qu'elle semble avoir dans les Mathematiques qui ont été ainsi nommées par excellence du mot Grec Μαθήματα, qui signifie *Choses apprises*, exactement & parfaitement apprises, cette Science ayant un plus grand dégré de certitude, de clarté, & d'évidence qu'aucune autre Science.

De l'occasion de cette opinion.

§. 3. Mais je croi que quiconque considérera la chose avec soin, avouëra que les grands progrès & la certitude de la Connoissance réelle où les hommes parviennent dans les Mathematiques, ne doivent point être attribuez à l'influence de ces Principes, & ne procedent point de quelque avantage particulier que produisent deux ou trois Maximes générales qu'ils ont posé au commencement, mais des idées claires, distinctes, & complettes qu'ils ont dans l'Esprit, & du rapport d'égalité & d'inégalité qui est si évident entre quelques-unes de ces Idées, qu'ils le connoissent *intuitivement*, par où ils ont un moyen de le découvrir dans d'autres idées, & cela sans le secours de ces Maximes. Car je vous prie, un jeune Garçon ne peut-il connoître que tout son Corps est plus gros que son petit doigt, sinon en vertu de cet Axiome, *Le tout est plus grand qu'une partie*, ni en être assûré qu'après avoir appris cette Maxime? Ou, est-ce qu'une Païsanne ne sauroit connoître qu'ayant reçu un sou d'une personne qui lui en doit trois, & encore un sou d'une autre personne qui lui doit aussi trois sous, le reste de ces deux dettes est égal, ne peut-elle point, dis-je, connoître cela sans en déduire la certitude de cette Maxime, que *si de choses égales vous en ôtez des choses égales, ce qui reste, est égal*; maxime dont elle n'a peut-être jamais ouï parler, ou qui ne s'est jamais présentée à son Esprit? Je prie mon Lecteur de considerer sur ce qui a été dit ailleurs, lequel des deux est connu le prémier & le plus clairement par la plûpart des hommes, un exemple particu-

La connoissance vient de la comparaison des Idées claires & distinctes.

CHAP. XII. ticulier, ou une Règle générale, & laquelle de ces deux choses donne naissance à l'autre. Les Règles générales ne sont autre chose qu'une comparaison de nos Idées les plus générales & les plus abstraites qui sont un Ouvrage de l'Esprit qui les forme & leur donne des noms pour avancer plus aisément dans ses Raisonnemens, & renfermer toutes ses différentes observations dans des termes d'une étenduë générale, & les réduire à de courtes Règles. Mais la Connoissance a commencé par des idées particuliéres; c'est, dis-je, sur ces idées qu'elle s'est établie dans l'Esprit, quoi que dans la suite on n'y fasse peut-être aucune reflexion; car il est naturel à l'Esprit, toûjours empressé à étendre ses connoissances, d'assembler avec soin ces notions générales, & d'en faire un juste usage, qui est de décharger, par leur moyen, la Mémoire d'un tas embarrassant d'idées particuliéres. En effet, qu'on prenne la peine de considerer comment un Enfant ou quelque autre personne que ce soit, après avoir donné à son Corps le nom de *Tout* & à son petit doigt celui de *partie*, a une plus grande certitude que son Corps & son petit doigt, tout ensemble, sont plus gros que son petit doigt tout seul, qu'il ne pouvoit avoir auparavant, ou quelle nouvelle connoissance peuvent lui donner sur le sujet de son Corps ces deux termes relatifs, qu'il ne puisse point avoir sans eux? Ne pourroit-il pas connoître que son Corps est plus gros que son petit doigt, si son Langage étoit si imparfait, qu'il n'eût point de termes relatifs tels que ceux de *Tout* & de *partie*? Je demande encore, comment est-il plus certain, après avoir appris ces mots, que son Corps est un *Tout* & son petit doigt une *partie*, qu'il n'étoit ou ne pouvoit être certain que son Corps étoit plus gros que son petit doigt, avant que d'avoir appris ces termes? Une personne peut avec autant de raison douter ou nier que son petit doigt soit une partie de son Corps, que douter ou nier qu'il soit plus petit que son Corps. De sorte qu'on ne peut jamais se servir de cette Maxime, *Le tout est plus grand qu'une partie*, pour prouver que le petit doigt est plus petit que le Corps, sinon en la proposant sans nécessité pour convaincre quelqu'un d'une vérité qu'il connoit déja. Car quiconque ne connoit pas certainement qu'une particule de Matiére avec une autre particule de Matiére qui lui est jointe, est plus grosse qu'aucune des deux toute seule, ne sera jamais capable de le connoître par le secours de ces deux termes relatifs *Tout* & *partie*, dont on composera telle Maxime qu'on voudra.

Il est dangereux de bâtir sur des Principes gratuits.

§. 4. Mais de quelque maniére que cela soit dans les Mathematiques; qu'il soit plus clair de dire qu'en ôtant un pouce d'une Ligne noire de deux pouces, & un pouce d'une Ligne rouge de deux pouces, le reste des deux Lignes sera égal, ou de dire que si de choses égales vous en ôtez des choses égales, le reste sera égal; je laisse déterminer à quiconque voudra le faire, laquelle de ces deux Propositions est plus claire, & plûtôt connuë, cela n'étant d'aucune importance pour ce que j'ai présentement en vûë. Ce que je dois faire en cet endroit, c'est d'examiner si, supposé que dans les Mathematiques le plus prompt moyen de parvenir à la Connoissance, soit de commencer par des Maximes générales,

Des Moyens d'augmenter notre Connoissance. Liv. IV. 533

les, & d'en faire le fondement de nos recherches; c'est une voye bien sûre CHAP. XI. de regarder les Principes qu'on établit dans quelque autre Science, comme autant de véritez incontestables, & ainsi de les recevoir sans examen, & d'y adhérer sans permettre qu'ils soient revoquez en doute, sous prétexte que les Mathematiciens ont été si heureux ou si sincéres que de n'en employer aucun qui ne fût évident par lui-méme, & tout-à-fait incontestable. Si cela est, je ne vois pas ce que c'est qui pourroit ne point passer pour vérité dans la Morale, & n'étre pas introduit & prouvé dans la Physique.

Qu'on reçoive comme certain & indubitable ce Principe de quelques Anciens Philosophes, *Que tout est Matiére*, & qu'il n'y a aucune autre chose, il sera aisé de voir par les Ecrits de quelques personnes qui de nos jours ont renouvellé ce Dogme, dans quelles conséquences il nous engagera. Qu'on suppose avec *Polemon* que le Monde est Dieu, ou avec les Stoïciens que c'est l'*Ether* ou le *Soleil*, ou avec *Anaximenès* que c'est l'*Air*; quelle Théologie, quelle Religion, quel Culte aurons-nous! Tant il est vrai que rien ne peut être si dangereux que des Principes qu'on reçoit sans les mettre en question, ou sans les examiner; & sur-tout s'ils intéressent la Morale qui a une si grande influence sur la vie des hommes & qui donne un tour particulier à toutes leurs actions. Qui n'attendra avec raison une autre sorte de vie d'*Aristippe* qui faisoit consister la félicité dans les Plaisirs du Corps, que d'*Antisthene* qui soûtenoit que la Vertu suffisoit pour nous rendre heureux? De méme, celui qui avec *Platon* placera la Béatitude dans la connoissance de DIEU élevera son Esprit à d'autres contemplations que ceux qui ne portent point leur vûë au delà de ce coin de Terre & des choses périssables qu'on y peut posseder. Celui qui posera pour Principe avec *Archelaüs*, que le Juste & l'Injuste, l'Honnéte & le Deshonnéte sont uniquement déterminez par les Loix & non pas par la Nature, aura sans doute d'autres mesures du Bien & du Mal moral, que ceux qui reconnoissent que nous sommes sujets à des Obligations anterieures à toutes les Constitutions humaines.

§. 5. Si donc des Principes, c'est-à-dire ceux qui passent pour tels, ne sont pas certains, (ce que nous devons connoître par quelque moyen, afin de pouvoir distinguer les principes certains de ceux qui sont douteux) mais le deviennent seulement à notre égard par un consentement aveugle qui nous les fasse recevoir en cette qualité, il est à craindre qu'ils ne nous égarent. Ainsi bien loin que les Principes nous conduisent dans le chemin de la Vérité, ils ne serviront qu'à nous confirmer dans l'Erreur.

Ce n'est point un moyen certain de trouver la Vérité.

§. 6. Mais comme la connoissance de la certitude des Principes, aussi bien que de toute autre vérité, dépend uniquement de la perception que nous avons de la convenance ou de la disconvenance de nos Idées, je suis sûr, que *le moyen d'augmenter nos Connoissances* n'est pas de recevoir des Principes aveuglément & avec une foi implicite; mais plûtôt, à ce que je croi, d'acquérir & de fixer dans notre Esprit des idées claires, distinctes & completes, autant qu'on peut les avoir, & de leur assigner des noms propres.

Mais ce moyen consiste à comparer des Idées claires & completes sous des noms fixes & déterminez.

Xxx 3

CHAP. XII. pres & d'une signification conſtante. Et peut-être que par ce moyen, ſans nous faire aucun autre Principe que de conſiderer ces Idées, & de les comparer l'une avec l'autre, en trouvant leur convenance, leur diſconvenance, & leurs différens rapports, en ſuivant, dis-je, cette ſeule Règle, nous acquerrons plus de vrayes & claires connoiſſances qu'en épouſant certains Principes, & en ſoûmettant ainſi notre Eſprit à la diſcretion d'autrui.

La vraye méthode d'avancer la connoiſſance, c'eſt en conſiderant nos Idées abſtraites.

§. 7. C'eſt pourquoi, ſi nous voulons nous conduire en ceci ſelon les avis de la Raiſon, *il faut que nous réglions la méthode que nous ſuivons dans nos recherches ſur les idées que nous examinons*, & ſur la vérité que nous cherchons. Les véritez générales & certaines ne ſont fondées que ſur les rapports des Idées abſtraites. L'application de l'Eſprit, réglée par une bonne méthode, & accompagnée d'une grande pénétration qui lui faſſe trouver ces différens rapports, eſt le ſeul moyen de découvrir tout ce qui peut former avec vérité & avec certitude des Propoſitions générales ſur le ſujet de ces Idées. Et pour apprendre par quels dégrez on doit avancer dans cette recherche, il faut s'addreſſer aux Mathematiciens qui de commencemens fort clairs & fort faciles montent par de petits dégrez & par une enchainure continuée de raiſonnemens, à la découverte & à la démonſtration de Véritez qui paroiſſent d'abord au deſſus de la capacité humaine. L'Art de trouver des preuves, & ces méthodes admirables qu'ils ont inventées, pour démêler & mettre en ordre ces idées moyennes qui font voir démonſtrativement l'égalité ou l'inégalité des Quantitez qu'on ne peut joindre immédiatement enſemble, eſt ce qui a porté leurs connoiſſances ſi avant, & qui a produit des découvertes ſi étonnantes & ſi ineſperées. Mais de ſavoir ſi avec le temps on ne pourra point inventer quelque ſemblable Méthode à l'égard des autres idées, auſſi bien qu'à l'égard de celles qui appartiennent à la *Grandeur*, c'eſt ce que je ne veux point déterminer. Une choſe que je crois pouvoir aſſûrer, c'eſt que, ſi d'autres Idées qui ſont les eſſences réelles auſſi bien que les nominales de leurs Eſpèces, étoient examinées ſelon la méthode ordinaire aux Mathematiciens, elles conduiroient nos penſées plus loin & avec plus de clarté & d'évidence que nous ne ſommes peut-être portez à nous le figurer.

Par cette méthode la Morale peut être portée à un plus grand degré d'évidence. * §. 18. &c.

§. 8. C'eſt ce qui m'a donné la hardieſſe d'avancer cette conjecture qu'on a vû dans le Chapitre III. * de ce dernier Livre, ſavoir, *Que la Morale eſt auſſi capable de Démonſtration que les Mathematiques*. Car les idées ſur qui roule la Morale, étant toutes des Eſſences réelles, & de telle nature qu'elles ont entr'elles, ſi je ne me trompe, une connexion & une convenance qu'on peut découvrir, il s'enſuit de là qu'auſſi avant que nous pourrons trouver les rapports de ces Idées, nous ſerons juſque-là en poſſeſſion d'autant de véritez certaines, réelles, & générales: & je ſuis ſûr qu'en ſuivant une bonne méthode on pourroit porter une grande partie de la Morale à un tel degré d'évidence & de certitude, qu'un homme attentif, & judicieux n'y pourroit trouver non plus de ſujet de douter que dans les Propoſitions de Mathematique qui lui ont été démontrées.

Pour la connoiſſance des

§. 9. Mais dans la recherche que nous faiſons pour perfectionner la connoiſſance que nous pouvons avoir des Subſtances, le manque d'Idées né-

Des Moyens d'augmenter notre Connoissance. Liv. IV.

nécessaires pour suivre cette méthode nous oblige de prendre un tout autre chemin. Ici nous n'augmentons pas notre Connoissance comme dans les *Modes* (dont les Idées abstraites sont les Essences réelles aussi bien que les nominales) en contemplant nos propres Idées, & en considerant leurs rapports & leurs correspondances qui dans les Substances ne nous sont pas d'un grand secours, par les raisons que j'ai proposées au long dans un autre endroit de cet Ouvrage. D'où il s'ensuit évidemment, à mon avis, que les Substances ne nous fournissent pas beaucoup de Connoissances générales, & que la simple contemplation de leurs Idées abstraites ne nous conduira pas fort avant dans la recherche de la Vérité & de la Certitude. Que faut-il donc que nous fassions pour augmenter notre Connoissance à l'égard des Etres substantiels? Nous devons prendre ici une route directement contraire; car n'ayant aucune idée de leurs essences réelles nous sommes obligez de considerer les choses mêmes telles qu'elles existent, au lieu de consulter nos propres pensées. L'Expérience doit m'instruire en cette occasion de ce que la Raison ne sauroit m'apprendre; & ce n'est que par des expériences que je puis connoître certainement quelles autres Qualitez coëxistent avec celles de mon Idée complexe, si par exemple, ce Corps *jaune*, *pesant*, *fusible*, que j'appelle *Or*, est *malléable*, ou non; laquelle expérience de quelque maniere qu'elle réussisse sur le Corps particulier que j'examine, ne me rend pas certain qu'il en est de même dans tout autre Corps jaune, pesant, fusible, excepté celui sur qui j'ai fait l'épreuve. Parce que ce n'est point une conséquence qui découle, en aucune maniére, de mon Idée complexe; la nécessité ou l'incompatibilité de la *malléabilité* n'ayant aucune connexion visible avec la combinaison de cette couleur, de cette pesanteur, de cette fusibilité dans aucun Corps. Ce que je viens de dire ici de l'essence nominale de l'Or, en supposant qu'elle consiste en un Corps d'une telle couleur déterminée, d'une telle pesanteur & fusibilité, se trouvera véritable, si l'on y ajoûte la malléabilité, la fixité, & la capacité d'être dissous dans *l'Eau Regale*. Les raisonnemens que nous déduirons de ces Idées ne nous serviront pas beaucoup à découvrir certainement d'autres Proprietez dans les Masses de matiere où l'on peut trouver toutes celles-ci. Comme les autres proprietez de ces Corps ne dépendent point de ces dernières, mais d'une essence réelle inconnuë, d'où celles-ci dépendent aussi, nous ne pouvons point les découvrir par leur moyen. Nous ne saurions aller au delà de ce que les Idées simples de notre essence nominale peuvent nous faire connoître, ce qui n'est guere au delà d'elles-mêmes; & par conséquent, ces Idées ne peuvent nous fournir qu'un très-petit nombre de véritez certaines, universelles, & utiles. Car ayant trouvé par expérience que cette piéce particuliére de Matiére est *malléable* aussi bien que toutes les autres de cette couleur, de cette pesanteur, & de cette fusibilité, dont j'aye jamais fait l'épreuve, peut-être qu'à présent la *malléabilité* fait aussi une partie de mon Idée complexe, une partie de mon essence nominale de l'*Or*. Mais quoi que par-là je fasse entrer dans mon idée complexe à

Chap. XII. Corps, on ne peut y faire des progrès que par l'Expérience.

la-

CHAP. XII laquelle j'attache le nom d'*Or*, plus d'idées simples qu'auparavant, cependant comme cette idée ne renferme pas l'essence réelle d'aucune Espèce de Corps, elle ne me sert point à connoître certainement le reste des proprietez de ce Corps, qu'autant que ces proprietez ont une connexion visible avec quelques-unes des idées ou avec toutes les idées simples qui constituent mon Essence nominale: je dis connoître certainement, car peut-être qu'elle peut nous aider à imaginer par conjecture quelque autre Propriété. Par exemple, je ne saurois être certain par l'idée complexe de l'Or que je viens de proposer, si l'Or est fixe ou non, parce que ne pouvant découvrir aucune connexion ou incompatibilité nécessaire entre l'idée complexe d'un Corps *jaune*, *pesant*, *fusible* & *malléable*, entre ces Qualitez, dis-je, & celles de la *fixité*, de sorte que je puisse connoître certainement, que dans quelque Corps que se trouvent ces Qualitez-là, il soit assûré que la fixité y est aussi, pour parvenir à une entiére certitude sur ce point, je dois encore recourir à l'Expérience; & aussi loin qu'elle s'étend, je puis avoir une connoissance certaine, & non au delà.

Cela peut nous procurer des commoditez, & non une connoissance générale.

§. 10. Je ne nie pas qu'un homme accoûtumé à faire des Expériences raisonnables & régulières ne soit capable de pénétrer plus avant dans la nature des Corps, & de former des conjectures plus justes sur leurs proprietez encore inconnuës, qu'une personne qui n'a jamais songé à examiner ces Corps; mais pourtant ce n'est, comme j'ai déja dit, que Jugement & opinion, & non Connoissance & certitude. Cette voye d'acquerir de la connoissance sur le sujet des Substances & de l'augmenter par le seul secours de l'Expérience & de l'Histoire, qui est tout ce que nous pouvons obtenir de la foiblesse de nos Facultez dans l'état de médiocrité où elles se trouvent dans cette vie; cela, dis-je, me fait croire que la Physique n'est pas capable de devenir une Science entre nos mains. Je m'imagine que nous ne pouvons arriver qu'à une fort petite connoissance générale touchant les Espèces des Corps & leurs différentes proprietez. Quant aux Expériences & aux Observations Historiques, elles peuvent nous servir par rapport à la commodité & à la santé de nos Corps, & par-là augmenter le fonds des commoditez de la vie, mais je doute que nos talens aillent au delà; & je m'imagine que nos Facultez sont incapables d'étendre plus loin nos Connoissances.

Nous sommes faits pour cultiver les Connoissances Morales, & les Arts nécessaires à cette vie.

§. 11. Il est naturel de conclurre de là, que, puisque nos Facultez ne sont pas capables de nous faire discerner la fabrique intérieure & les essences réelles des Corps, quoi qu'elles nous découvrent évidemment l'existence d'un DIEU, & qu'elles nous donnent une assez grande connoissance de nous-mêmes pour nous instruire de nos Devoirs & de nos plus grands intérêts, il nous siéroit bien, en qualité de Créatures raisonnables, d'appliquer les Facultez dont Dieu nous a enrichis, aux choses auxquelles elles sont le plus propres, & de suivre la direction de la Nature, où il semble qu'elle veut nous conduire. Il est, dis-je, raisonnable de conclurre de là que notre véritable occupation consiste dans ces recherches & dans cette espèce de connoissance qui est la plus proportionnée à notre capacité naturelle & d'où dépend notre plus grand intérêt, je veux dire notre condition dans l'éternité.

nité. Je croi donc être en droit d'inferer de là, que *la Morale est la propre* CHAP. XII. *Science & la grande affaire des hommes en général*, qui font interessez à chercher le souverain Bien, & qui sont propres à cette recherche, comme d'autre part différens Arts qui regardent différentes parties de la Nature, sont le partage & le talent des Particuliers, qui doivent s'y appliquer pour l'usage ordinaire de la vie & pour leur propre subsistance dans ce Monde. Pour voir d'une maniére incontestable de quelle conséquence peut être pour la vie humaine la découverte & les propriétez d'un seul Corps naturel, il ne faut que jetter les yeux sur le vaste Continent de l'*Amerique*, où l'ignorance des Arts les plus utiles, & le défaut de la plus grande partie des commoditez de la vie, dans un Païs où la Nature a répandu abondamment toutes sortes de biens, viennent, je pense, de ce que ces Peuples ignoroient ce qu'on peut trouver dans une Pierre fort commune & très-peu estimée, je veux dire le *Fer*. Et quelle que soit l'idée que nous avons de la beauté de notre genie ou de la perfection de nos Lumiéres dans cet endroit de la Terre où la Connoissance & l'Abondance semblent se disputer le prémier rang, cependant quiconque voudra prendre la peine de considerer la chose de près, sera convaincu que si l'usage du Fer étoit perdu parmi nous, nous serions en peu de siécles inévitablement réduits à la nécessité & à l'ignorance des anciens Sauvages de l'*Amérique*, dont les talens naturels & les provisions nécessaires à la vie ne sont pas moins considerables que parmi les Nations les plus florissantes & les plus polies. De sorte que celui qui a le prémier fait connoître l'usage de ce seul Metal dont on fait si peu de cas, peut être justement appellé le Pére des Arts & l'Auteur de l'Abondance.

§. 12. Je ne voudrois pourtant pas qu'on crût que je méprise ou que je dissuade l'étude de la Nature. Je conviens sans peine que la contemplation de ses Ouvrages nous donne sujet d'admirer, d'adorer & de glorifier leur Auteur, & que si cette étude est dirigée comme il faut, elle peut être d'une plus grande utilité au Genre Humain que les Monumens de la plus insigne Charité, qui ont été elevez à grands frais par les Fondateurs des Hôpitaux. Celui qui inventa l'Imprimerie, qui découvrit l'usage de la Boussole, ou qui fit connoître publiquement la vertu & le véritable usage du *Quinquina*, a plus contribué à la propagation de la Connoissance, à l'avancement des commoditez utiles à la vie, & a sauvé plus de gens du tombeau que ceux qui ont bâti des Colleges, des (1) Manufactures, & des Hôpitaux. Tout ce que je prétens dire, c'est que nous ne devons pas être trop prompts à nous figurer que nous avons acquis, ou que nous pouvons acquerir de la Connoissance où il n'y a aucune connoissance à espérer, ou bien par des voyes qui ne peuvent point nous y conduire, & que nous ne devrions pas prendre des Systêmes douteux pour des Sciences complettes, ni des notions inintelligibles pour des démonstrations parfaites. Sur la connoissance des Corps nous devons nous contenter de tirer ce que nous pouvons des Expériences particuliéres; puisque nous ne saurions former un Systême com-

Nous devons nous garder des Hypotheses & des faux Principes.

(1) Ce mot signifie ici le Lieu où l'on travaille. Voi. le *Dictionnaire de l'Academie Françoise*.

CHAP. XII.

complet sur la découverte de leurs essences réelles, & rassembler en un tas la nature & les propriétez de toute l'Espèce. Lorsque nos recherches roulent sur une coëxistence ou une impossibilité de coëxister que nous ne saurions découvrir par la consideration de nos Idées, il faut que l'Expérience, les Observations & l'Histoire Naturelle nous fassent entrer en détail & par le secours de nos Sens dans la connoissance des Substances Corporelles. Nous devons, dis-je, acquerir la connoissance des Corps par le moyen de nos Sens, diversement occupez à observer leurs Qualitez, & les différentes maniéres dont ils operent l'un sur l'autre. Quant aux Esprits separez nous ne devons esperer d'en savoir que ce que la Revelation nous en enseigne. Qui considerera *combien les Maximes générales, les Principes avancez gratuitement, & les Hypotheses faites à plaisir ont peu servi à avancer la véritable Connoissance*, & à satisfaire les gens raisonnables dans les recherches qu'ils ont voulu faire pour étendre leurs lumiéres, combien l'application qu'on en a fait dans cette vûë, a peu contribué pendant plusieurs siécles consécutifs, à avancer les hommes dans la connoissance de la Physique, n'aura pas de peine à reconnoître que nous avons sujet de remercier ceux qui dans ce dernier siecle ont pris une autre route, & nous ont tracé un chemin, qui, s'il ne conduit pas si aisément à une docte Ignorance, méne plus sûrement à des Connoissances utiles.

Véritable usage des Hypotheses.

§. 13. Ce n'est pas que pour expliquer des Phénomenes de la Nature nous ne puissions nous servir de quelque Hypothese probable, quelle qu'elle soit; car les Hypotheses qui sont bien faites, sont au moins d'un grand secours à la Mémoire, & nous conduisent quelquefois à de nouvelles découvertes. Ce que je veux dire, c'est que nous n'en devons embrasser aucune trop promptement (ce que l'esprit de l'Homme est fort porté à faire parce qu'il voudroit toûjours pénétrer dans les Causes des choses, & avoir des Principes sur lesquels il pût s'appuyer) jusqu'à ce que nous ayions exactement examiné les cas particuliers, & fait plusieurs expériences dans la chose que nous voudrions expliquer par le secours de notre Hypothese, & que nous ayions vû si elle conviendra à tous ces cas; si nos Principes s'étendent à tous les Phénomenes de la Nature, & ne sont pas aussi incompatibles avec l'un, qu'ils semblent propres à expliquer l'autre. Et enfin, nous devons prendre garde, que le nom de *Principe* ne nous fasse illusion, & ne nous impose en nous faisant recevoir comme une vérité incontestable ce qui n'est tout au plus qu'une conjecture fort incertaine, telles que sont la plûpart des Hypotheses qu'on fait dans la Physique, j'ai pensé dire toutes sans exception.

Avoir des Idées claires & distinctes avec des noms fixes & trouver d'autres Idées qui puissent montrer leur convenance ou leur disconvenance, ce sont les moyens d'étendre nos Connoissances.

§. 14. Mais soit que la Physique soit capable de certitude ou non, il me semble que voici en abregé les deux moyens d'étendre notre Connoissance autant que nous sommes capables de le faire.

I. Le prémier est d'*acquérir & d'établir dans notre Esprit des Idées déterminées des choses dont nous avons des noms généraux ou specifiques, ou du moins de toutes celles que nous voulons considérer, & sur lesquelles nous voulons raisonner & augmenter notre Connoissance*. Que si ce sont des Idées spécifiques de Substances, nous devons tâcher de les rendre aussi completes que nous pouvons; par où j'entens que nous devons réunir autant d'Idées simples

ples qui étant obfervées exifter conftamment enfemble, peuvent parfaite- CHAP. XII.
ment déterminer l'*Efpèce*; & chacune de ces Idées fimples qui conftituent
notre Idée complexe, doit être claire & diftincte dans notre Efprit. Car
comme il eft vifible que notre Connoiffance ne fauroit s'étendre au delà de
nos Idées, tant que nos idées font imparfaites, confufes ou obfcures, nous
ne pouvons point prétendre avoir une connoiffance certaine, parfaite,
ou évidente.

II. Le fecond moyen c'eft l'*art de trouver des Idées moyennes qui nous
puiffent faire voir la convenance ou l'incompatibilité des autres Idées qu'on ne
peut comparer immédiatement.*

§. 15. Que ce foit en mettant ces deux moyens en pratique, & non en Les Mathema-
fe repofant fur des Maximes & en tirant des conféquences de quelques Pro- tiques en font
pofitions générales, que confifte la véritable méthode d'avancer notre Con- un exemple.
noiffance à l'égard des autres *Modes*, outre ceux de la *Quantité*, c'eft ce
qui paroîtra aifément à quiconque fera reflexion fur la connoiffance qu'on
acquiert dans les Mathematiques; où nous trouverons prémiérement, que
quiconque n'a pas une idée claire & parfaite des Angles ou des Figures fur
quoi il defire de connoître quelque chofe, eft dès-là entierement incapable
d'aucune connoiffance fur leur fujet. Suppofez qu'un homme n'ait pas une
idée exacte & parfaite d'un *Angle droit*, d'un *Scalene* ou d'un *Trapeze*, il
eft hors de doute qu'il fe tourmentera en vain à former quelque Démonftration fur le fujet de ces Figures. D'ailleurs, il eft évident que ce n'eft pas
l'influence de ces Maximes qu'on prend pour Principes dans les Mathematiques, qui a conduit les Maîtres de cette Science dans les découvertes
étonnantes qu'ils y ont faites. Qu'un homme de bon fens vienne à connoître auffi parfaitement qu'il eft poffible, toutes ces Maximes dont on fe fert
généralement dans les Mathematiques; qu'il en confidere l'étenduë & les
conféquences tant qu'il voudra, je croi qu'à peine il pourra jamais venir à
connoître par leur fecours; *Que dans un Triangle rectangle le quarré de l'Hy-
pothenufe eft égal au quarré des deux autres côtez.* Et lorfqu'un homme a découvert la vérité de cette Propofition, je ne penfe pas que ce qui l'a conduit dans cette démonftration, foit la connoiffance de ces Maximes, *Le
Tout eft plus grand que toutes fes parties*, &, *Si de chofes égales vous en ôtez
des chofes égales, le refte fera égal,* car je m'imagine qu'on pourroit ruminer
long-temps ces Axiomes fans voir jamais plus clair dans les Véritez Mathematiques. Lorfque l'Efprit a commencé d'acquerir la connoiffance de ces
fortes de Véritez, il a eu devant lui des Objets, & des vuës bien differentes de ces Maximes, & que des gens à qui ces Maximes ne font pas inconnuës, mais qui ignorent la méthode de ceux qui ont les premiers découvert
ces Véritez, ne fauroient jamais affez admirer. Et qui fait fi pour étendre
nos Connoiffances dans les autres Sciences, on n'inventera point un jour
quelque Méthode qui foit du même ufage que l'*Algebre* dans les Mathematiques, par le moyen de laquelle on trouve fi promptement des Idées de
Quantité pour en mefurer d'autres, dont on ne pourroit connoître autrement l'égalité ou la proportion qu'avec une extrême peine, ou qu'on ne
connoîtroit peut-être jamais?

CHAPITRE XIII.

Autres Considerations sur notre Connoissance.

Notre Connoissance est en partie nécessaire, & en partie volontaire.

§. 1. NOTRE Connoissance a beaucoup de conformité avec notre Vûë par cet endroit (aussi bien qu'à d'autres égards) qu'elle n'est, ni entiérement nécessaire, ni entiérement volontaire. Si notre Connoissance étoit tout-à-fait nécessaire, non seulement toute la connoissance des hommes seroit égale, mais encore chaque homme connoîtroit tout ce qui pourroit être connu; & si la Connoissance étoit entiérement volontaire, il y a des gens qui s'en mettent si peu en peine, ou qui en font si peu de cas, qu'ils en auroient très-peu, ou n'en auroient absolument point. Les hommes qui ont des *Sens*, ne peuvent que recevoir quelques Idées par leur moyen; & s'ils ont la faculté de distinguer les Objets, ils ne peuvent qu'appercevoir la convenance ou la disconvenance que quelques-unes de ces Idées ont entre elles; tout de même que celui qui a des yeux, s'il veut les ouvrir en plein jour, ne peut que voir quelques Objets, & reconnoître de la différence entre eux. Mais quoi qu'un homme qui a les yeux ouverts à la Lumiére, ne puisse éviter de voir, il y a pourtant certains Objets vers lesquels il dépend de lui de tourner les yeux, s'il veut. Par exemple, il peut avoir à sa disposition un Livre qui contienne des Peintures & des Discours, capables de lui plaire & de l'instruire, mais il peut n'avoir jamais envie de l'ouvrir, & ne prendre jamais la peine d'y jetter les yeux dessus.

L'application est volontaire, mais nous connoissons les choses comme elles sont, & non comme il nous plait.

§. 2. Une autre chose qui est au pouvoir d'un homme, c'est qu'encore qu'il tourne quelquefois les yeux vers un certain objet, il est pourtant en liberté de le considerer curieusement & de s'attacher avec une extrême application à y remarquer exactement tout ce qu'on y peut voir. Mais du reste il ne peut voir ce qu'il voit, autrement qu'il ne fait. Il ne dépend point de sa Volonté de voir *noir* ce qui lui paroit *jaune*, ni de se persuader que ce qui l'échauffe actuellement, est froid. La Terre ne lui paroîtra pas ornée de Fleurs ni les Champs couverts de verdure toutes les fois qu'il le souhaitera; & si pendant l'hyver il vient à regarder la campagne, il ne peut s'empêcher de la voir couverte de gelée blanche. Il en est justement de même à l'égard de notre Entendement; tout ce qu'il y a de volontaire dans notre Connoissance, c'est d'appliquer quelques-unes de nos Facultez à telle ou à telle espèce d'Objets, ou de les en éloigner, & de considerer ces Objets avec plus ou moins d'exactitude. Mais ces Facultez une fois appliquées à cette contemplation, notre Volonté n'a plus la puissance de déterminer la Connoissance de l'Esprit d'une maniére ou d'autre. Cet effet est uniquement produit par les Objets mêmes, jusqu'où ils sont clairement découverts. C'est pourquoi tant que les Sens d'une Personne sont affectez par des Objets extérieurs, jusque-là son Esprit ne peut que recevoir les idées qui lui sont présentées par ce moyen, & être assûré de l'existence de quelque chofe qui eft hors de lui; & tant que les penfées des hommes font appliquées à confiderer leurs propres idées déterminées, ils ne peuvent qu'obferver en quelque dégré la convenance & la difconvenance qui fe peut trouver entre quelques-unes de ces Idées, ce qui jufque-là eft une véritable Connoiffance; & s'ils ont des noms pour défigner les idées qu'ils ont ainfi confiderées, ils ne peuvent qu'être affûrez de la vérité des Propofitions qui expriment la convenance ou la difconvenance qu'ils apperçoivent entre ces Idées, & être certainement convaincus de ces Véritez. Car un homme ne peut s'empêcher de voir ce qu'il voit, ni éviter de connoître qu'il apperçoit ce qu'il apperçoit effectivement.

CHAP. XIII.

§. 3. Ainfi, celui qui a acquis les idées des Nombres & a pris la peine de comparer, *un*, *deux*, & *trois* avec *fix*, ne peut s'empêcher de connoître qu'ils font égaux. Celui qui a acquis l'idée d'un *Triangle*, & a trouvé le moyen de mefurer fes Angles & leur grandeur, eft affûré que fes trois Angles font égaux à deux Droits; & il n'en peut non plus douter que de la vérité de cette Propofition, *Il eft impoffible qu'une chofe foit & ne foit pas.*

Exemple dans les Nombres.

De même, celui qui a l'idée d'un Etre Intelligent, mais foible & fragile, formé par un autre dont il dépend, qui eft éternel, tout-puiffant, parfaitement fage, & parfaitement bon, connoîtra auffi certainement que l'Homme doit honorer Dieu, le craindre, & lui obeïr, qu'il eft affûré que le Soleil luit quand il le voit actuellement. Car s'il a feulement dans fon Efprit des idées de ces deux fortes d'Etres, & qu'il veuille s'appliquer à les confiderer, il trouvera auffi certainement que l'Etre inferieur, fini & dépendant eft dans l'obligation d'obeïr à l'Etre fupérieur & infini, qu'il eft certain de trouver que *trois*, *quatre* & *fept* font moins que *quinze*, s'il veut confiderer & calculer ces Nombres; & il ne fauroit être plus affûré par un temps ferein, que le Soleil eft levé en plein Midi, s'il veut ouvrir fes yeux & les tourner du côté de cet Aftre. Mais quelque certaines & claires que foient ces véritez, celui qui ne voudra jamais prendre la peine d'employer fes Facultez comme il devroit, pour s'en inftruire, pourra pourtant en ignorer quelqu'une, ou toutes enfemble.

Et dans la Religion naturelle.

CHAPITRE XIV.

Du Jugement.

CHAP. XIV.

§. 1. LEs Facultez Intellectuelles n'ayant pas été feulement données à l'Homme pour la fpeculation, mais auffi pour la conduite de fa vie, l'Homme feroit dans un trifte état, s'il ne pouvoit tirer du fecours pour cette direction que des chofes qui font fondées fur la certitude d'une véritable connoiffance; car cette efpèce de connoiffance étant refferrée dans des

Notre Connoiffance étant fort bornée, nous avons befoin de quelque autre chofe.

CHAP. XIV.

des bornes fort étroites, comme nous avons déja vû, il se trouveroit souvent dans de parfaites ténèbres, & tout-à-fait indéterminé dans la plûpart des actions de sa vie, s'il n'avoit rien pour se conduire dès qu'une Connoissance claire & certaine viendroit à lui manquer. Quiconque ne voudra manger qu'après avoir vû démonstrativement qu'une telle viande le nourrira, & quiconque ne voudra agir qu'après avoir connu infailliblement que l'affaire qu'il doit entreprendre, sera suivie d'un heureux succès, n'aura guere autre chose à faire qu'à se tenir en repos & à périr en peu de temps.

Quel usage on doit faire de ce crepuscule où nous sommes dans ce Monde.

§. 2. C'est pourquoi comme Dieu a exposé certaines choses à nos yeux avec une entiére évidence, & qu'il nous a donné quelques connoissances certaines, quoi que réduites à un très-petit nombre, en comparaison de tout ce que des Créatures Intellectuelles peuvent comprendre, & dont celles-là sont apparemment comme des Avant-goûts, par où il nous veut porter à desirer & à rechercher un meilleur état; il ne nous a fourni aussi, par rapport à la plus grande partie des choses qui regardent nos propres intérêts, qu'une lumiére obscure, & un simple crepuscule de *probabilité*, si j'ose m'exprimer ainsi, conforme à l'état de médiocrité & d'épreuve où il lui a plû de nous mettre dans ce Monde; afin de reprimer par-là notre présomption & la confiance excessive que nous avons en nous-mêmes, en nous faisant voir sensiblement par une Expérience journaliére combien notre Esprit est borné & sujet à l'erreur; Vérité dont la conviction peut nous être un avertissement continuel d'employer les jours de notre Pelerinage à chercher & à suivre avec tout le soin & toute l'industrie dont nous sommes capables, le chemin qui peut nous conduire à un état beaucoup plus parfait. Car rien n'est plus raisonnable que de penser, (quand bien la Revelation se tairoit sur cet article) que, selon que les hommes font valoir les talens que Dieu leur a donné dans ce Monde ils recevront leur récompense sur la fin du Jour, lorsque le Soleil sera couché pour eux, & que la Nuit aura terminé leurs travaux.

Le Jugement supplée au défaut de la Connoissance.

§. 3. La Faculté que Dieu a donné à l'homme pour suppléer au défaut d'une Connoissance claire & certaine dans des cas où l'on ne peut l'obtenir, c'est le *Jugement*, par où l'Esprit suppose que ses Idées conviennent ou disconviennent, ou ce qui est la même chose, qu'une Proposition est vraye ou fausse, sans appercevoir une évidence démonstrative dans les preuves. L'Esprit met souvent en usage ce Jugement par nécessité, dans des rencontres où l'on ne peut avoir des preuves démonstratives & une connoissance certaine; & quelquefois aussi il y a recours par négligence, faute d'addresse, ou par précipitation, lors même qu'on peut trouver des preuves démonstratives & certaines. Souvent les hommes ne s'arrêtent pas pour examiner avec soin la convenance ou la disconvenance de deux Idées qu'ils souhaitent ou qu'ils sont interessez de connoître; mais incapables du dégré d'attention qui est requis dans une longue fuite de gradations, ou de différer quelque temps à se déterminer, ils jettent légerement les yeux dessus, ou négligent entierement d'en chercher les preuves; & ainsi sans découvrir la Démonstration, ils décident de la convenance ou de la disconvenance de deux Idées à vûë de païs, si j'ose ainsi dire, & comme elles paroissent

con-

Du Jugement. Liv. IV.

conſiderées en éloignement, ſuppoſant qu'elles conviennent ou diſconviennent, ſelon qu'il leur paroît plus vraiſemblable, après un ſi leger examen. Lorſque cette Faculté s'exerce immédiatement ſur les Choſes, on le nomme *Jugement*, & lorſqu'elle roule ſur des Véritez exprimées par des paroles, on l'appelle plus communément *Aſſentiment* ou *Diſſentiment*; & comme c'eſt-là la voye la plus ordinaire dont l'Eſprit a occaſion d'employer cette Faculté, j'en parlerai ſous ces noms-là comme moins ſujets à équivoque dans notre Langue.

§. 4. Ainſi l'Eſprit a deux Facultez qui s'exercent ſur la Vérité & ſur la Fauſſeté.

La prémiére eſt la Connoiſſance par où l'Eſprit apperçoit certainement, & eſt indubitablement convaincu de la convenance ou de la diſconvenance qui eſt entre deux Idées.

La ſeconde eſt le *Jugement* qui conſiſte à joindre des Idées dans l'Eſprit, ou à les ſeparer l'une de l'autre, lorſqu'on ne voit pas qu'il y ait entr'elles une convenance ou diſconvenance certaine, mais qu'on le *préſume*, c'eſt-à-dire, ſelon ce qu'emporte ce mot, lorſqu'on le *prend* ainſi *avant* qu'il paroiſſe certainement. Et ſi l'Eſprit unit ou ſepare les Idées, ſelon qu'elles ſont dans la réalité des choſes, c'eſt un *Jugement droit*.

CHAP. XIV.

Le Jugement conſiſte à préſumer que les choſes ſont d'une certaine maniére, ſans l'appercevoir certainement.

CHAPITRE XV.

De la Probabilité.

CHAP. XV.

§. 1. COMME la Démonſtration conſiſte à montrer la convenance ou la diſconvenance de deux Idées, par l'intervention d'une ou de pluſieurs preuves qui ont entr'elles une liaiſon conſtante, immuable, & viſible; de même la *Probabilité* n'eſt autre choſe que l'apparence d'une telle convenance ou diſconvenance par l'intervention de preuves dont la connexion n'eſt point conſtante & immuable, ou du moins n'eſt pas apperçuë comme telle, mais eſt ou paroît être ainſi, le plus ſouvent, & ſuffit pour porter l'Eſprit à juger que la Propoſition eſt vraye ou fauſſe plûtôt que le contraire. Par exemple, dans la Démonſtration de cette vérité, *Les trois Angles d'un Triangle ſont égaux à deux Droits*, un homme apperçoit la connexion certaine & immuable d'égalité qui eſt entre les trois Angles d'un Triangle, & les Idées moyennes dont on ſe ſert pour prouver leur égalité à deux Droits; & ainſi, par une connoiſſance intuitive de la convenance ou de la diſconvenance des Idées moyennes qu'on employe dans chaque dégré de la déduction, toute la ſuite ſe trouve accompagnée d'une évidence qui montre clairement la convenance ou la diſconvenance de ces trois Angles en égalité à deux Droits: & par ce moyen il a une connoiſſance certaine que cela eſt ainſi. Mais un autre homme qui n'a jamais pris la peine de conſiderer cette Démonſtration, entendant affirmer à un Mathematicien, homme de poids, que les trois Angles d'un Triangle ſont égaux à deux Droits,

La Probabilité eſt l'apparence de la convenance ſur des preuves qui ne ſont pas infaillibles.

De la Probabilité. Liv. IV.

Chap. XV. Droits, y donne son consentement, c'est-à-dire, le reçoit pour véritable: auquel cas le fondement de son Assentiment, c'est la Probabilité de la chose, dont la preuve est pour l'ordinaire accompagnée de la vérité, l'homme sur le témoignage duquel il la reçoit, n'ayant pas accoûtumé d'affirmer une chose qui soit contraire à sa connoissance ou au dessus de sa connoissance, & sur-tout dans ces sortes de matiéres. Ainsi, ce qui lui fait donner son consentement à cette Proposition, *Que les trois Angles d'un Triangle sont égaux à deux Droits*, ce qui l'oblige à supposer de la convenance entre ces Idées sans connoître qu'elles conviennent effectivement, c'est la *veracité* de celui qui parle, laquelle il a souvent éprouvée en d'autres rencontres, ou qu'il suppose dans celle-ci.

La Probabilité supplée au défaut de Connoissance.

§. 2. Parce que notre Connoissance est resserrée dans des bornes fort étroites, comme on l'a déja montré, & que nous ne sommes pas assez heureux pour trouver certainement la vérité en chaque Chose que nous avons occasion de considerer; la plûpart des Propositions qui sont l'objet de nos pensées, de nos raisonnemens, de nos discours, & même de nos actions, sont telles que nous ne pouvons pas avoir une connoissance indubitable de leur vérité. Cependant, il y en a quelques-unes qui approchent si fort de la certitude, que nous n'avons aucun doute sur leur sujet; de sorte que nous leur donnons notre assentiment avec autant d'assûrance, & que nous agissons avec autant de fermeté en vertu de cet *assentiment*, que si elles étoient démontrées d'une maniére infaillible, & que nous en eussions une connoissance parfaite & certaine. Mais parce qu'il y a en cela des dégrez depuis ce qui est le plus près de la Certitude & de la Démonstration jusqu'à ce qui est contraire à toute vraisemblance & près des confins de l'impossible, & qu'il y a aussi des dégrez d'Assentiment depuis une pleine *assûrance* jusqu'à la *conjecture*, au *doute*, & à la *défiance*; je vais considerer présentement (après avoir trouvé, si je ne me trompe, les bornes de la Connoissance & de la Certitude humaine) quels sont *les différens dégrez & fondemens de la* Probabilité, *& de ce qu'on nomme* Foi ou Assentiment.

Parce qu'elle nous fait présumer que les choses sont véritables, avant que nous connoissions qu'elles le soient.

§. 3. La *Probabilité* est la vraisemblance qu'il y a qu'une chose est véritable, ce terme même désignant une Proposition pour la confirmation de laquelle il y a des *preuves* propres à la faire passer ou recevoir pour véritable. La maniére dont l'Esprit reçoit ces sortes de Propositions, est ce qu'on nomme *croyance*, *assentiment* ou *opinion*; ce qui consiste à recevoir une Proposition pour véritable sur des preuves qui nous persuadent actuellement de la recevoir comme véritable, sans que nous ayions une *connoissance* certaine qu'elle le soit effectivement. Et *la différence entre la Probabilité & la Certitude, entre la Foi & la Connoissance*, consiste en ce que dans toutes les parties de la Connoissance, il y a intuition, de sorte que châque Idée immédiate, chaque partie de la deduction a une liaison visible & certaine, au lieu qu'à l'égard de ce qu'on nomme *croyance*, ce qui me fait *croire*, est quelque chose d'étranger à ce que je croi, quelque chose qui n'y est pas joint évidemment par les deux bouts, & qui par-là ne montre pas évidemment la convenance ou la disconvenance des Idées en question.

Il y a deux fonde-

§. 4. Ainsi, la Probabilité étant destinée à suppléer au défaut de notre Con-

De la Probabilité. Liv. IV.

Connoissance & à nous servir de guide dans les endroits où la Connoissance nous manque, elle roule toûjours sur des Propositions que quelques motifs nous portent à recevoir pour véritables sans que nous connoissions certainement qu'elles le sont. Et voici en peu de mots quels en sont les fondemens.

Premiérement, la conformité d'une chose avec ce que nous connoissons, ou avec notre Expérience.

En second lieu, le témoignage des autres appuyé sur ce qu'ils connoissent, ou qu'ils ont expérimenté. On doit considerer dans le témoignage des autres, 1. le nombre; 2. l'intégrité; 3. l'habileté des témoins; 4. le but de l'Auteur lorsque le témoignage est tiré d'un Livre ; 5. l'accord des parties de la Relation & ses circonstances; 6. les témoignages contraires.

§. 5. Comme la Probabilité n'est pas accompagnée de cette évidence qui détermine l'Entendement d'une manière infaillible & qui produit une connoissance certaine, il faut que pour agir raisonnablement, l'Esprit examine tous les fondemens de probabilité, & qu'il voye comment ils sont plus ou moins, pour ou contre quelque Proposition probable, afin de lui donner ou refuser son consentement: & après avoir düement pesé les raisons de part & d'autre, il doit la rejetter ou la recevoir avec un consentement plus ou moins ferme, selon qu'il y a de plus grands fondemens de Probabilité d'un côté plûtôt que d'un autre.

Par exemple, si je vois moi-même un homme qui marche sur la glace, c'est plus que probabilité, c'est connoissance : mais si une autre personne me dit qu'il a vû en Angleterre un homme qui au milieu d'un rude hyver marchoit sur l'Eau durcie par le froid, c'est une chose si conforme à ce qu'on voit arriver ordinairement, que je suis disposé par la nature même de la chose à y donner mon consentement; à moins que la relation de ce Fait ne soit accompagnée de quelque circonstance qui le rende visiblement suspect. Mais si on dit la même chose à une personne née entre les deux Tropiques, qui auparavant n'ait jamais vû ni ouï dire rien de semblable, en ce cas toute la Probabilité se trouve fondée sur le témoignage du Rapporteur: & selon que les Auteurs de la Relation sont en plus grand nombre, plus dignes de foi, & qu'ils ne sont point engagez par leur intérêt à parler contre la vérité, le Fait doit trouver plus ou moins de créance dans l'Esprit de ceux à qui il est rapporté. Néanmoins à l'égard d'un homme qui n'a jamais eu que des expériences entiérement contraires, & qui n'a jamais entendu parler de rien de pareil à ce qu'on lui raconte, l'autorité du témoin le moins suspect sera à peine capable de le porter à y ajoûter foi, comme on peut voir par ce qui arriva à un Ambassadeur *Hollandois* qui entretenant le Roi de *Siam* des particularitez de la Hollande dont ce Prince s'informoit, lui dit entr'autres choses que dans son Païs l'Eau se durcissoit quelquefois si fort pendant la saison la plus froide de l'année, que les hommes marchoient dessus; & que cette Eau ainsi durcie porteroit des Elephans s'il y en avoit: car sur cela le Roi reprit, *J'ai cru jusqu'ici les choses extraordinaires que vous m'avez dites, parce que je vous prenois pour un homme d'honneur & de probité, mais présentement je suis assuré que vous mentez.*

§. 6. C'est de ces fondemens que dépend la Probabilité d'une Proposition,

---

Chap. XV.
mens de probabilité; 1. la conformité d'une chose avec notre expérience, ou 2. le témoignage de l'Expérience des autres.

Sur quoi il faut examiner toutes les convenances pour & contre, avant que de juger.

Car tout cela est capable d'une grande varieté.

CHAP. XV. tion; & une Proposition est en elle-même plus ou moins probable, selon que notre Connoissance, que la certitude de nos observations, que les expériences constantes & souvent réïterées que nous avons faites, que le nombre & la credibilité des témoignages conviennent plus ou moins avec elle, ou lui sont plus ou moins contraires. J'avouë qu'il y a une autre chose, qui, bien qu'elle ne soit pas par elle-même un vrai fondement de Probabilité, ne laisse pas d'être souvent employée comme un fondement sur lequel les hommes ont accoutumé de se déterminer & de fixer leur croyance plus que sur aucune autre chose, c'est l'*opinion des autres*; quoi qu'il n'y ait rien de plus dangereux ni de plus propre à nous jetter dans l'erreur qu'un tel appui, puisqu'il y a beaucoup plus de fausseté & d'erreur parmi les hommes, que de connoissance & de vérité. D'ailleurs, si les sentimens & la croyance de ceux que nous connoissons & que nous estimons, sont un fondement légitime d'assentiment, les hommes auront raison d'être Payens dans le *Japon*, Mahometans en *Turquie*, Catholiques Romains en *Espagne*, Protestans en *Angleterre*, & Lutheriens en *Suede*. Mais j'aurai occasion de parler plus au long, dans un autre endroit, de ce faux Principe d'Assentiment.

CHAP. XVI.

CHAPITRE XVI.

Des Degrez d'Assentiment.

Notre Assentiment doit être réglé par les fondemens de Probabilité.

§. I. COMME les fondemens de Probabilité que nous avons proposé dans le Chapitre précedent, sont la base sur quoi notre *Assentiment* est bâti, ils sont aussi la mesure par laquelle ses différens dégrez sont ou doivent être réglez. Il faut seulement prendre garde que quelques fondemens de probabilité qu'il puisse y avoir, ils n'operent pourtant pas sur un Esprit appliqué à chercher la Vérité & à juger droitement, au-delà de ce qu'ils paroissent, du moins dans le prémier Jugement de l'Esprit, ou dans la prémiére recherche qu'il fait. J'avouë qu'à l'égard des opinions que les hommes embrassent dans le Monde & auxquelles ils s'attachent le plus fortement, leur assentiment n'est pas toûjours fondé sur une vûë actuelle des Raisons qui ont prémiérement prévalu sur leur Esprit; car en plusieurs rancontres il est presque impossible, & dans la plûpart très-difficile, à ceux-là mème qui ont une Mémoire admirable, de retenir toutes les preuves qui les ont engagez, après un légitime examen, à se déclarer pour un certain sentiment. Il suffit qu'une fois ils ayent épluché la matiére sincerement & avec soin, autant qu'il étoit en leur pouvoir de le faire, qu'ils soient entrez dans l'examen de toutes les choses particuliéres qu'ils pouvoient imaginer qui répandroient quelque Lumiére sur la Question, & qu'avec toute l'addresse dont ils sont capables, ils ayent, pour ainsi dire, arrêté le compte, sur toutes les preuves qui sont venuës à leur connoissance. Ayant ainsi découvert une fois de quel côté il leur paroît que se trouve la Probabilité, après une recherche aussi parfaite & aussi exacte qu'ils soient capables de faire, ils impriment dans leur Mémoire la conclusion de cet examen,

comme

Des Dégrez d'Assentiment. Liv. IV.   547

comme une vérité qu'ils ont découverte; & pour l'avenir ils font convain- Chap. XVI.
cus sur le témoignage de leur Mémoire, que c'est-là l'opinion qui mérite
tel ou tel dégré de leur assentiment, en vertu des preuves sur lesquelles ils
l'ont trouvée établie.

§. 2. C'est-là tout ce que la plus grande partie des hommes ne peu- *Tous ne sauroient*
vent faire pour régler leurs opinions & leurs jugemens, à moins qu'on ne *être toûjours ac-*
veuille exiger d'eux qu'ils retiennent dans leur Mémoire toutes les preuves *sens à l'Esprit;*
d'une vérité probable, dans le même ordre & dans cette suite régulière de *nous devons nous*
conséquences dans laquelle ils les ont placées ou vûës auparavant, ce qui *souvenir que nous*
peut quelquefois remplir un gros Volume sur une seule Question; ou qu'ils *avons vû une fois*
examinent chaque jour les preuves de chaque opinion qu'ils ont embras- *suffisant pour un*
sée: deux choses également impossibles. On ne peut éviter dans ce cas *tel dégré d'assen-*
de se reposer sur sa Mémoire; & il est d'une absoluë nécessité que *les timent.*
hommes soient persuadez de plusieurs opinions dont les preuves ne sont pas actuellement présentes à leur Esprit*, & même qu'ils ne sont peut-être pas capables de rappeller. Sans cela, il faut, ou que la plûpart des hommes
soient fort Pyrrhoniens, ou que changeant d'opinion à tout moment, ils
se rangent du parti de tout homme qui ayant examiné la Question depuis
peu, leur propose des Argumens auxquels ils ne sont pas capables de répondre sur le champ, faute de mémoire.

§. 3. Je ne puis m'empêcher d'avoüer, que ce que les hommes adherent *Dangereuse con-*
ainsi à leurs Jugemens précedens & s'attachent fortement aux conclusions *séquence de cette*
qu'ils ont une fois formées, est souvent cause qu'ils sont fort obstinez dans *conduite, si notre*
l'Erreur. Mais la faute ne vient pas de ce qu'ils se reposent sur leur Mé- *n'a pas été bien*
moire, à l'égard des choses dont ils ont bien jugé auparavant, mais de ce *fondé.*
qu'auparavant ils ont jugé qu'ils avoient bien examiné avant que de se déterminer. Combien y a-t-il de gens, (pour ne pas mettre dans ce rang la
plus grande partie des hommes) qui pensent avoir formé des Jugemens droits
sur différentes matieres, par cette seule raison qu'ils n'ont jamais pensé autrement, qui s'imaginent avoir bien jugé par cela seul qu'ils n'ont jamais
mis en question ou examiné leurs propres opinions? Ce qui dans le fond signifie qu'ils croyent juger droitement, parce qu'ils n'ont jamais fait aucun
usage de leur Jugement à l'égard de ce qu'ils croyent. Cependant ces gens-
là sont ceux qui soûtiennent leurs sentimens avec le plus d'opiniâtreté; car
en général ceux qui ont le moins examiné leurs propres opinions, sont les
plus emportez & les plus attachez à leur sens. Ce que nous connoissons
une fois, nous sommes certains qu'il est tel que nous le connoissons; & nous
pouvons être assûrez qu'il n'y a point de preuves cachées qui puissent renverser notre Connoissance, ou la rendre douteuse. Mais en fait de Probabilité, nous ne saurions être assûrez, que dans chaque cas nous ayions devant les yeux tous les points particuliers qui touchent la Question par
quelque endroit, & que nous n'ayions ni laissé en arriere, ni oublié de considerer quelque preuve dont la solidité pourroit faire passer la probabilité
de l'autre côté, & contrebalancer tout ce qui nous a paru jusqu'alors de
plus grand poids. A peine y a-t-il dans le Monde un seul homme qui ait le
loisir, la patience, & les moyens d'assembler toutes les preuves qui peu-
                    Zzz 2   vent

Chap. XVI. vent établir la plûpart des opinions qu'il a, en sorte qu'il puisse conclurre sûrement qu'il en a une idée claire & entière, & qu'il ne lui reste plus rien à savoir pour une plus ample instruction. Cependant nous sommes contraints de nous déterminer d'un côté ou d'autre. Le soin de notre vie & de nos plus grands interêts ne sauroit souffrir du delai; car ces choses dépendent pour la plûpart de la détermination de notre Jugement sur des articles où nous ne sommes pas capables d'arriver à une connoissance certaine & démonstrative, & où il est absolument nécessaire que nous nous rangions d'un côté ou d'autre.

Le véritable usage qu'on en doit faire c'est d'avoir de la charité & de la tolerance les uns pour les autres.

§. 4. Puis donc que la plus grande partie des hommes, pour ne pas dire tous, ne sauroient éviter d'avoir divers sentimens sans être assûrez de leur vérité par des preuves certaines & indubitables, & que d'ailleurs on regarde comme une grande marque d'ignorance, de légereté ou de folie, dans un homme de renoncer aux opinions qu'il a dejà embrassées, dès qu'on vient à lui opposer quelque argument dont il ne peut montrer la foiblesse sur le champ, ce seroit, je pense, une chose bien-séante aux hommes de vivre en paix & de pratiquer entr'eux les communs devoirs d'humanité & d'amitié parmi cette diversité d'opinions qui les partage: puisque nous ne pouvons pas attendre raisonnablement que personne abandonne promptement & avec soûmission ses propres sentimens, pour embrasser les nôtres avec une aveugle déference à une Autorité que l'Entendement de l'Homme ne reconnoit point. Car quoi que l'Homme puisse tomber souvent dans l'Erreur, il ne peut reconnoître d'autre guide que la Raison, ni se soûmettre aveuglément à la volonté & aux décisions d'autrui. Si celui que vous voulez attirer dans vos sentimens, est accoûtumé à examiner avant que de donner son consentement, vous devez lui permettre de repasser à loisir sur le sujet en question, de rappeller ce qui lui en est échappé de l'Esprit, d'en examiner toutes les parties, & de voir de quel côté panche la balance: & s'il ne croit pas que vos Argumens soient assez importans pour devoir l'engager de nouveau dans une discussion si pénible, c'est ce que nous faisons souvent nous-mêmes en pareil cas; & nous trouverions fort mauvais que d'autres voulussent nous prescrire quels articles nous devrions étudier. Que s'il est de ces gens qui se rangent à telle ou telle opinion au hazard & sur la foi d'autrui, comment pouvons-nous croire qu'il renoncera à des Opinions, que le temps & la coûtume ont si fort enracinées dans son Esprit, qu'il les croit évidentes par elles-mêmes, & d'une certitude indubitable, ou qu'il les regarde comme autant d'impressions qu'il a reçûes de DIEU même, ou de Personnes envoyées de la part de Dieu? Comment, dis-je, pouvons-nous esperer que les Argumens ou l'Autorité d'un Etranger ou d'un Adversaire détruiront des Opinions ainsi établies, sur-tout, s'il y a lieu de soupçonner que cet Adversaire agit par interêt ou dans quelque dessein particulier, ce que les hommes ne manquent jamais de se figurer lorsqu'ils se voyent mal-traitez? Le parti que nous devrions prendre dans cette occasion, ce seroit d'avoir pitié de notre mutuelle Ignorance, & de tâcher de la dissiper par toutes les voyes douces & honnêtes dont on peut s'aviser pour éclairer l'Esprit, & non pas de mal-traiter d'abord les autres comme des gens obstinez & pervers, parce qu'ils ne veulent point abandonner

donner leurs opinions & embraſſer les nôtres, ou du moins celles que nous CHAP. XVI. voudrions les forcer de recevoir, tandis qu'il eſt plus que probable que nous ne ſommes pas moins obſtinez qu'eux en refuſant d'embraſſer quelques-uns de leurs ſentimens. Car où eſt l'homme qui a des preuves inconteſtables de la vérité de tout ce qu'il ſoûtient, ou de la fauſſeté de tout ce qu'il condamne, ou qui peut dire qu'il a examiné à fond toutes ſes opinions, ou toutes celles des autres hommes? La néceſſité où nous nous trouvons de croire ſans connoiſſance, & ſouvent même ſur de fort légers fondemens, dans cet état paſſager d'action & d'aveuglement où nous vivons ſur la Terre, cette néceſſité, dis-je, devroit nous rendre plus ſoigneux de nous inſtruire nous-mêmes, que de contraindre les autres à recevoir nos ſentimens. Du moins, ceux qui n'ont pas examiné parfaitement & à fond toutes leurs opinions, doivent avoüer qu'ils ne ſont point en état de les preſcrire aux autres, & qu'ils agiſſent viſiblement contre la Raiſon en impoſant à d'autres hommes la néceſſité de croire comme une Vérité ce qu'ils n'ont pas examiné eux-mêmes, n'ayant pas peſé les raiſons de probabilité ſur leſquelles ils devroient le recevoir ou le rejetter. Pour ceux qui ſont entrez ſincerement dans cet examen, & qui par-là ſe ſont mis au deſſus de tout doute à l'égard de toutes les Doctrines qu'ils profeſſent, & ſur leſquelles ils réglent leur conduite, ils pourroient avoir un plus juſte prétexte d'exiger que les autres ſe ſoûmiſſent à eux: mais ceux-là ſont en ſi petit nombre, & ils trouvent ſi peu de ſujet d'être déciſifs dans leurs opinions, qu'on ne doit s'attendre à rien d'inſolent & d'imperieux de leur part: & l'on a raiſon de croire, que, ſi les hommes étoient mieux inſtruits eux-mêmes, ils ſeroient moins ſujets à impoſer aux autres leurs propres ſentimens.

§. 5. Mais pour revenir aux fondemens d'aſſentiment & à ſes différens *La Probabilité* dégrez, il eſt à propos de remarquer que les Propoſitions que nous recevons *regarde ou des points de fait,* ſur des motifs de Probabilité ſont de deux ſortes. Les unes regardent *ou de ſpeculation.* quelque exiſtence particuliére, ou, comme on parle ordinairement, des choſes de fait, qui dependant de l'Obſervation peuvent être fondées ſur un témoignage humain; & les autres concernent des choſes qui étant au delà de ce que nos Sens peuvent nous découvrir, ne ſauroient dépendre d'un pareil témoignage.

§. 6. A l'égard des Propoſitions qui appartiennent à la prémiére de ces *Lorſque les ex-* choſes, je veux dire, *à des faits particuliers*, je remarque en prémier lieu, *périences de* Que lorſqu'une choſe particuliére, conforme aux obſervations conſtantes *tous les autres hommes s'ac-* faites par nous-mêmes & par d'autres en pareil cas, ſe trouve atteſtée par le *cordent avec les* rapport uniforme de tous ceux qui la racontent, nous la recevons auſſi aiſé- *nôtres, il en* ment & nous nous y appuyons auſſi fermement que ſi c'étoit une Connoiſ- *rance qui ap-* ſance certaine; & nous raiſonnons & agiſſons en conſéquence, avec auſſi *proche de la* peu de doute que ſi c'étoit une parfaite démonſtration. Par exemple, ſi *Connoiſſance.* tous les *Anglois* qui ont occaſion de parler de l'Hyver paſſé, affirment qu'il géla alors en Angleterre, ou qu'on y vit des Hirondelles en Eté, je croi qu'un homme pourroit preſque auſſi peu douter de ces deux faits, que de cette Propoſition, *ſept & quatre font onze*. Par conſéquent, le prémier & le plus haut dégré de Probabilité, c'eſt lorſque le conſentement général de

tous

CHAP. XVI. tous les hommes dans tous les siécles, autant qu'il peut être connu, concourt avec l'expérience constante & continuelle qu'un homme fait en pareil cas, à confirmer la vérité d'un Fait particulier attesté par des Témoins sincéres: telles sont toutes les constitutions & toutes les propriétez communes des Corps, & la liaison réguliére des Causes & des Effets qui paroît dans le cours ordinaire de la Nature. C'est ce que nous appellons un Argument pris de la nature des choses mêmes. Car ce qui par nos constantes observations & celles des autres hommes s'est toûjours trouvé de la même maniére, nous avons raison de le regarder comme un effet de causes constantes & réguliéres, quoi que ces causes ne viennent pas immédiatement à notre connoissance. Ainsi, Que le Feu ait échauffé un homme, Qu'il ait rendu du Plomb fluide, & changé la couleur ou la consistance du Bois ou du Charbon, Que le Fer ait coulé au fond de l'Eau & nagé sur le vif-argent; ces Propositions & autres semblables sur des faits particuliers, étant conformes à l'expérience que nous faisons nous-mêmes aussi souvent que l'occasion s'en présente; & étant généralement regardées par ceux qui ont occasion de parler de ces matiéres, comme des choses qui se trouvent toûjours ainsi, sans que personne s'avise jamais de les mettre en question, nous n'avons aucun droit de douter qu'une Relation qui assûre que telle chose a été, ou que toute affirmation qui pose qu'elle arrivera encore de la même maniére, ne soit véritable. Ces sortes de Probabilitez approchent si fort de la Certitude, qu'elles réglent nos pensées aussi absolument, & ont une influence aussi entiére sur nos actions, que la Démonstration la plus évidente; & dans ce qui nous concerne, nous ne faisons que peu ou point de différence entre de telles Probabilitez, & une connoissance certaine. Notre Croyance se change en *Assûrance*, lorsqu'elle est appuyée sur de tels fondemens.

Un Témoignage & une Expérience qu'on ne peut révoquer en doute produit pour l'ordinaire la confiance.

§. 7. Le dégré suivant de Probabilité, c'est lorsque je trouve par ma propre expérience & par le rapport unanime de tous les autres hommes qu'une chose est la plûpart du temps telle que l'exemple particulier qu'en donnent plusieurs témoins dignes de foi; par exemple, l'Histoire nous apprenant dans tous les âges, & ma propre expérience me confirmant autant que j'ai occasion de l'observer, que la plûpart des hommes préferent leur intérêt particulier à celui du Public, si tous les Historiens qui ont écrit de *Tibere*, disent que Tibere en a usé ainsi, cela est probable. Et en ce cas, notre assentiment est assez bien fondé pour s'élever jusqu'à un dégré qu'on peut appeller *confiance*.

Un Témoignage non-suspect & la nature de la chose qui est indifférente, produit aussi une ferme croyance.

§. 8. En troisiéme lieu, dans des choses qui arrivent indifféremment, comme qu'un Oiseau vole de ce côté ou de celui-là, qu'il tonne à la main droite ou à la main gauche d'un homme, *&c.* lorsqu'un fait particulier de cette nature est attesté par le témoignage uniforme de Témoins non-suspects, nous ne pouvons pas éviter non plus d'y donner notre consentement. Ainsi, qu'il y ait en *Italie* une ville appellée *Rome*, que dans cette Ville il ait vécu il y a environ 1700. ans un homme nommé *Jules César*; que cet homme fut Général d'Armée, & qu'il gagna une Bataille contre un autre Général nommé *Pompée*, quoi qu'il n'y ait rien dans la nature des choses pour ou contre ces Faits, cependant comme ils sont rapportez par des Historiens

Des Dégrez d'Affentiment. Liv. IV.

toriens dignes de foi & qui n'ont été contredits par aucun Ecrivain, un
homme ne sauroit éviter de les croire; & il n'en peut non plus douter, qu'il
doute de l'existence & des actions des personnes de sa connoissance dont il
est témoin lui-même.

CHAP. XVI.

§. 9. Jusque-là, la chose est assez aisée à comprendre. La Probabilité
établie sur de tels fondemens emporte avec elle un si grand dégré d'évidence
qu'elle détermine naturellement le Jugement, & nous laisse aussi peu en liberté de *croire* ou de ne pas croire, qu'une Démonstration laisse en liberté
de *connoître* ou de ne pas connoître. Mais où il y a de la difficulté, c'est
lorsque les Témoignages contredisent la commune expérience, & que les
Relations historiques & les témoins se trouvent contraires au cours ordinaire de la Nature, ou entr'eux. C'est là qu'il faut de l'application & de
l'exactitude pour former un Jugement droit, & pour proportionner notre
assentiment à la différente probabilité de la chose, lequel assentiment hausse
ou baisse selon qu'il est favorisé ou contredit par ces deux fondemens de credibilité, je veux dire l'observation ordinaire en pareil cas, & les témoignages particuliers dans tel ou tel exemple. Ces deux fondemens de credibilité sont sujets à une si grande variété d'observations, de circonstances & de
rapports contraires, à tant de différentes qualifications, temperamens, desseins, négligences, &c. de la part des Auteurs de la Relation, qu'il est impossible de réduire à des régles précises les différens dégrez selon lesquels les
hommes donnent leur assentiment. Tout ce qu'on peut dire en général,
c'est que les raisons & les preuves qu'on peut apporter pour & contre, étant
une fois soûmises à un examen légitime où l'on pese exactement chaque circonstance particuliére, doivent paroître sur le tout l'emporter plus ou
moins d'un côté que de l'autre; ce qui les rend propres à produire
dans l'Esprit ces différens dégrez d'assentiment, que nous appellons *croyance*, *conjecture*, *doute*, *incertitude*, *défiance*, &c.

Des Expérien-
ces & des Té-
moignages qui
se contredisent
diversifient à
l'infini les dé-
grez de Proba-
bilité.

§. 10. Voilà ce qui regarde l'assentiment dans des matiéres qui dépendent du témoignage d'autrui: sur quoi je pense qu'il ne sera pas
hors de propos de prendre connoissance d'une Règle observée dans la
Loi d'*Angleterre*, qui est que, quoi que la Copie d'un Acte, reconnuë
authentique par des Témoins, soit une bonne preuve, cependant la copie d'une Copie, quelque bien attestée qu'elle soit & par les témoins
les plus accreditez, n'est jamais admise pour preuve en Jugement. Cela passe si généralement pour une pratique raisonnable, & conforme à
la prudence & aux sages précautions que nous devons employer dans
nos recherches sur des matiéres importantes, que je ne l'ai pas encore ouï blâmer de personne. Or si cette pratique doit être reçuë dans
les décisions qui regardent le Juste & l'Injuste, on en peut tirer cette observation qu'un Témoignage a moins de force & d'autorité, à
mesure qu'il est plus éloigné de la vérité originale. J'appelle *vérité
originale*, l'être & l'existence de la chose même. Un homme digne
de foi venant à témoigner qu'une chose lui est connuë, est une
bonne preuve; mais si une autre personne également croyable, la témoigne sur le rapport de cet homme, le témoignage est plus foible;

Les Témoigna-
ges connus par
Tradition, plus
ils sont éloignez,
plus foible est la
preuve qu'on en
peut tirer.

&

CHAP. XVI. & celui d'un troisiéme qui certifie un ouï-dire d'un ouï-dire, est encore moins considerable; de sorte que dans des véritez qui viennent par tradition, chaque dégré d'éloignement de la source affoiblit la force de la preuve; & à mesure qu'une Tradition passe successivement par plus de mains, elle a toûjours moins de force & d'évidence. J'ai crû qu'il étoit nécessaire de faire cette remarque, parce que je trouve qu'on en use ordinairement d'une maniére directement contraire parmi certaines gens chez qui les Opinions acquiérent de nouvelles forces en vieillissant, de sorte qu'une chose qui n'auroit point du tout paru probable il y a mille ans à un homme raisonnable, contemporain de celui qui la certifia le prémier, passe présentement dans leur Esprit pour certaine & tout-à-fait indubitable, parce que depuis ce temps-là plusieurs personnes l'ont rapportée sur son témoignage les uns après les autres. C'est sur ce fondement que des Propositions évidemment fausses, ou assez incertaines dans leur commencement, viennent à être regardées comme autant de véritez authentiques, par une Règle de probabilité prise à rebours, de sorte qu'on se figure que celles qui ont trouvé ou mérité peu de créance dans la bouche de leurs prémiers Auteurs, deviennent vénérables par l'âge; & l'on y insiste comme sur des choses incontestables.

L'Histoire est d'un grand usage. §. 11. Je ne voudrois pas qu'on s'allât imaginer que je prétens ici diminuer l'autorité & l'usage de l'Histoire. C'est elle qui nous fournit toute la lumière que nous avons en plusieurs cas; & c'est de cette source que nous recevons avec une évidence convaincante une grande partie des véritez utiles qui viennent à notre Connoissance. Je ne vois rien de plus estimable que les Mémoires qui nous restent de l'Antiquité; & je voudrois bien que nous en eussions un plus grand nombre, & qui fussent moins corrompus. Mais c'est la Vérité qui me force à dire que nulle Probabilité ne peut s'élever au-dessus de son prémier Original. Ce qui n'est appuyé que sur le témoignage d'un seul Témoin, doit uniquement se soûtenir ou être détruit par son témoignage, qu'il soit bon, mauvais ou indifférent; & quoi que cent autres personnes le citent ensuite les uns après les autres, tant s'en faut qu'il reçoive par-là quelque nouvelle force, qu'il n'en est que plus foible. La passion, l'intérêt, l'inadvertance, une fausse interpretation du sens de l'Auteur, & mille raisons bizarres par où l'esprit des hommes est déterminé, & qu'il est impossible de découvrir, peuvent faire qu'un homme cite à faux les paroles ou le sens d'un autre homme. Quiconque s'est un peu appliqué à examiner les citations des Ecrivains, ne peut pas douter que les citations ne méritent peu de créance lorsque les originaux viennent à manquer, & par conséquent qu'on ne doive se fier encore moins à des citations de citations. Ce qu'il y a de certain, c'est que ce qui a été avancé dans un siécle sur de légers fondemens, ne peut jamais acquérir plus de validité dans les siécles suivans, pour être repeté plusieurs fois. Mais au contraire, plus il est éloigné de l'original, moins il a de force, car il devient toûjours moins considerable dans la bouche ou dans les Ecrits de celui qui s'en

Des Dégrez d'Assentiment. Liv. IV.

s'en est servi le dernier, que dans la bouche ou dans les Ecrits de celui de qui ce dernier l'a appris.

§. 12. Les Probabilitez dont nous avons parlé jusqu'ici, ne regardent que des matiéres de fait & des choses capables d'être prouvées par observation & par témoignage. Il reste une autre espèce de Probabilité qui appartient à des choses sur lesquelles les hommes ont des opinions, accompagnées de différens dégrez d'assentiment, quoi que ces choses soient de telle nature que ne tombant pas sous nos Sens, elles ne sauroient dépendre d'aucun témoignage. Telles sont, 1. l'existence, la nature & les opérations des Etres finis & immateriels qui sont hors de nous, comme les Esprits, les Anges, les Démons, &c. ou l'existence des Etres materiels que nos Sens ne peuvent appercevoir à cause de leur petitesse ou de leur éloignement, comme de savoir s'il y a des Plantes, des Animaux & des Etres Intelligens dans les Planetes & dans d'autres Demeures de ce vaste Univers 2. Tel est encore ce qui regarde la maniére d'operer dans la plûpart des parties des Ouvrages de la Nature où, quoi que nous voyions des Effets sensibles, leurs Causes nous sont absolument inconnuës, de sorte que nous ne saurions appercevoir les moyens & la maniere dont ils sont produits. Nous voyons que les Animaux sont engendrez, nourris, & qu'ils se meuvent, que l'Aimant attire le Fer, & que les parties d'une Chandelle venant à se fondre successivement, se changent en flamme, & nous donnent de la lumiére & de la chaleur. Nous voyons & connoissons ces Effets & autres semblables: mais pour ce qui est des Causes qui opérent, & de la maniére dont ils sont produits, nous ne pouvons faire autre chose que les conjecturer probablement. Car ces choses & autres semblables ne tombant pas sous nos Sens, ne peuvent être soûmises à leur examen, ou attestées par aucun homme; & par conséquent elles ne peuvent paroître plus ou moins probables, qu'entant qu'elles conviennent plus ou moins avec les veritez qui sont établies dans notre Esprit, & qu'elles ont du rapport avec les autres parties de notre Connoissance & de nos Observations. L'*Analogie* est le seul secours que nous ayions dans ces matiéres; & c'est de là seulement que nous tirons tous nos fondemens de Probabilité. Ainsi, ayant observé qu'un frottement violent de deux Corps produit de la Chaleur, & souvent même du Feu, nous avons sujet de croire que ce que nous appellons *Chaleur* & *Feu* consiste dans une certaine agitation violente des particules imperceptibles de la Matiére brûlante: observant de même que les différentes refractions des Corps pellucides excitent dans nos yeux différentes apparences de plusieurs Couleurs, comme aussi que la diverse position & le différent arrangement des parties qui composent la surface de différens Corps comme du Velours, de la soye façonnée en ondes, &c. produit le même effet, nous croyons qu'il est probable que la couleur & l'éclat des Corps n'est autre chose de la part des Corps, que le différent arrangement & la refraction de leurs particules insensibles. Ainsi, trouvant que dans toutes les parties de la Création qui peuvent être le sujet des observations humaines, il y a une connexion graduelle de l'une à l'autre, sans aucun vuide considerable, ou visible, entre-deux, parmi toute cette grande diversité de choses que nous

Chap. XVI.

Dans les choses qu'on ne peut découvrir par les Sens, l'*Analogie* est la grande Règle de la Probabilité.

Aaaa

CHAP. XVI. voyons dans les Monde, qui font fi étroitement liées enfemble, qu'en divers rangs d'Etres il n'eft pas facile de découvrir les bornes qui feparent les uns des autres, nous avons tout fujet de penfer que les chofes s'élevent auffi vers la perfection peu à peu & par des dégrez infenfibles. Il eft mal-aifé de dire où le Senfible & le Raifonnable commence, & où l'Infenfible & le Deraifonnable finit; & qui eft-ce, je vous prie, qui a l'Efprit affez pénétrant pour déterminer précifément quel eft le plus bas dégré des Chofes vivantes, & quel eft le prémier de celles qui font deftituées de vie ? Les chofes diminuent & augmentent, autant que nous fommes capables de le diftinguer, tout ainfi que la Quantité augmente ou diminuë dans un Cone régulier, où, quoi qu'il y ait une différence vifible entre la grandeur du Diametre, à des diftances éloignées, cependant la différence qui eft entre le deffus & le deffous lorfqu'ils fe touchent l'un l'autre, peut à peine être difcernée. Il y a une différence exceffive entre certains hommes & certains Animaux Brutes: mais fi nous voulons comparer l'Entendement & la capacité de certains hommes & de certaines Bêtes, nous y trouverons fi peu de différence, qu'il fera bien mal-aifé d'affûrer que l'Entendement de l'Homme foit plus net ou plus étendu. Lors donc que nous obfervons une telle gradation infenfible entre les parties de la Création depuis l'Homme jufqu'aux parties les plus baffes qui font au deffous de lui, la Règle de l'Analogie peut nous conduire à regarder comme probable, *Qu'il y a une pareille gradation dans les chofes qui font au deffus de nous & hors de la fphére de nos Obfervations*, & qu'il y a par conféquent différens Ordres d'Etres Intelligens, qui font plus excellens que nous par différens dégrez de perfection en s'élevant vers la perfection infinie du CREATEUR, à petit pas & par des différences, dont chacune eft à une très-petite diftance de celle qui vient immédiatement après. Cette efpèce de Probabilité qui eft le meilleur guide qu'on ait pour les Expériences dirigées par la Raifon, & le grand fondement des Hypothefes raifonnables, a auffi fes ufages & fon influence: car un raifonnement circonfpect, fondé fur l'Analogie, nous méne fouvent à la découverte de véritez & de productions utiles qui fans cela demeureroient enfevelies dans les ténèbres.

Il y a un cas où l'Expérience contraire ne diminuë pas la force du témoignage.

§. 13. Quoi que la commune Expérience & le cours ordinaire des Chofes ayent avec raifon une grande influence fur l'Efprit des hommes, pour les porter à donner ou à refufer leur confentement à une chofe qui leur eft propofée à croire; il y a pourtant un cas où ce qu'il y a d'étrange dans un Fait, n'affoiblit point l'affentiment que nous devons donner au témoignage fincére fur lequel il eft fondé. Car lorfque de tels Evenemens furnaturels font conformes aux fins que fe propofe celui qui a le pouvoir de changer le cours de la Nature, dans un tel temps & dans de telles circonftances ils peuvent être d'autant plus propres à trouver créance dans nos Efprits qu'ils font plus au deffus des obfervations ordinaires, ou même qu'ils y font plus oppofez. Tel eft juftement le cas des *Miracles* qui étant une fois bien atteftez, trouvent non feulement créance pour eux-mêmes, mais la

com-

communiquent auſſi à d'autres véritez qui ont beſoin d'une telle con- firmation.

§. 14. Outre les Propoſitions dont nous avons parlé juſqu'ici, il y en a une autre Eſpèce qui fondée ſur un ſimple témoignage l'emporte ſur le dé- gré le plus parfait de notre Aſſentiment, ſoit que la choſe établie ſur ce té- moignage convienne ou ne convienne point avec la commune Expérience, & avec le cours ordinaire des choſes. La raiſon de cela eſt que le témoi- gnage vient de la part d'un Etre qui ne peut ni tromper ni être trompé, c'eſt-à-dire de DIEU lui-même; ce qui emporte avec ſoi une aſſurance au deſſus de tout doute, & une évidence qui n'eſt ſujette à aucune exception. C'eſt là ce qu'on déſigne par le nom particulier de *Revelation*; & l'aſſenti- ment que nous lui donnons s'appelle *Foi*, qui détermine auſſi abſolument notre Eſprit, & exclut auſſi parfaitement tout doute que notre Connoiſſan- ce peut le faire; car nous pouvons tout auſſi bien douter de notre propre exiſtence, que nous pouvons douter, ſi une Revelation qui vient de la part de DIEU, eſt véritable. Ainſi, la Foi eſt un Principe d'Aſſentiment & de certitude, ſûr, & établi ſur des fondemens inébranlables, & qui ne laiſ- ſe aucun lieu au doute ou à l'héſitation. La ſeule choſe dont nous devons nous bien aſſûrer, c'eſt que telle & telle choſe eſt une Revelation divine, & que nous en comprenons le véritable ſens; autrement, nous nous expo- ſerons à toutes les extravagances du Fanatiſme, & à toutes les erreurs que peuvent produire de faux Principes lors qu'on ajoûte foi à ce qui n'eſt pas une Revelation divine. C'eſt pourquoi dans ces cas-là, ſi nous voulons agir raiſonnablement, il ne faut pas que notre Aſſentiment ſurpaſſe le dégré d'é- vidence que nous avons, que ce qui en eſt l'objet eſt une Revelation divi- ne, & que c'eſt là le ſens des termes par leſquels cette Revelation eſt ex- primée. Si l'évidence que nous avons que c'eſt une Revelation, ou que c'en eſt là le vrai ſens, n'eſt que probable, notre Aſſentiment ne peut aller au delà de l'aſſûrance ou de la défiance que produit le plus ou le moins de probabilité qui ſe trouve dans les Preuves. Mais je traiterai plus au long dans la ſuite, de la Foi & de la préſeance qu'elle doit avoir ſur les autres ar- gumens propres à perſuader, lors que je la conſidererai telle qu'on la regar- de ordinairement comme diſtinguée d'avec la Raiſon & miſe en oppoſition avec elle, quoi que dans le fond la Foi ne ſoit autre choſe qu'un Aſſenti- ment fondé ſur la Raiſon la plus parfaite.

CHAP. XVI.

Le ſimple Té- moignage de la Revelation ex- clut tout doute, auſſi parfaite- ment que la Connoiſſance la plus certaine.

CHAPITRE XVII.

De la Raiſon.

§. 1. LE mot de *Raiſon* ſe prend en divers ſens. Quelquefois il ſignifie des Principes clairs & véritables, quelquefois des concluſions éviden- tes & nettement déduites de ces Principes, & quelquefois la cau- ſe, & particulierement la cauſe finale. Mais par *Raiſon* j'entens ici une Faculté par

CHAP. XVII.

Différentes ſignifications du mot *Raiſon*.

CHAP. XVII.

En quoi consiste le Raisonnement.

par où l'on suppose que l'Homme est distingué des Bêtes, & en quoi il est évident qu'il les surpasse de beaucoup; & c'est dans ce sens-là que je vais la considerer dans tout ce Chapitre.

§. 2. Si la Connoissance générale consiste, comme on l'a déjà montré, dans une perception de la convenance ou de la disconvenance de nos propres Idées, & que nous ne puissions connoître l'existence d'aucune chose qui soit hors de nous que par le secours de nos Sens, excepté seulement l'existence de DIEU, de laquelle chaque homme peut s'instruire lui-même certainement & d'une maniére démonstrative par la consideration de sa propre existence; quel lieu reste-t-il donc à l'exercice d'aucune autre Faculté que de la Perception extérieure des Sens & de la Perception intérieure de l'Esprit? Quel besoin avons-nous de la Raison? Nous en avons un fort grand besoin, tant pour étendre notre Connoissance que pour regler notre Assentiment; car elle a lieu la Raison & dans ce qui appartient à la Connoissance & dans ce qui regarde l'Opinion. Elle est d'ailleurs nécessaire & utile à toutes nos autres Facultez Intellectuelles, & à le bien prendre, elle constituë deux de ces Facultez, savoir la *Sagacité*, & la Faculté d'inferer ou de tirer des conclusions. Par la prémiére elle trouve des Idées moyennes, & par la seconde elle les arrange de telle maniére, qu'elle découvre la connexion qu'il y a dans chaque partie de la Déduction, par où les Extrêmes sont unis ensemble, & qu'elle améne au jour, pour ainsi dire, la vérité en question, ce que nous appellons *inferer*, & qui ne consiste en autre chose que dans la perception de la liaison qui est entre les idées dans chaque dégré de la Déduction; par où l'Esprit vient à decouvrir la convenance ou la disconvenance certaine de deux Idées, comme dans la Demonstration où il parvient à la Connoissance, ou bien à voir simplement leur connexion probable, auquel cas il donne ou retient son consentement, comme dans l'Opinion. Le Sentiment & l'Intuition ne s'étendent pas fort loin. La plus grande partie de notre Connoissance dépend de déductions & d'Idées moyennes; & dans les cas où au lieu de Connoissance, nous sommes obligez de nous contenter d'un simple assentiment, & de recevoir des Propositions pour véritables sans être certains qu'elles le soient, nous avons besoin de découvrir, d'examiner, & de comparer les fondemens de leur probabilité. Dans ces deux cas, la Faculté qui trouve & applique comme il faut les moyens nécessaires pour découvrir la certitude dans l'un, & la probabilité dans l'autre, c'est ce que nous appellons *Raison*. Car comme la Raison apperçoit la connexion nécessaire & indubitable que toutes les idées ou preuves ont l'une avec l'autre dans chaque dégré d'une Démonstration qui produit la Connoissance; elle apperçoit aussi la connexion probable que toutes les idées ou preuves ont l'une avec l'autre dans chaque dégré d'un Discours auquel elle juge qu'on doit donner son assentiment; ce qui est le plus bas dégré de ce qui peut être véritablement appellé *Raison*. Car lorsque l'Esprit n'apperçoit pas cette connexion probable, & qu'il ne voit pas s'il y a une telle connexion ou non, en ce cas-là les opinions des hommes ne sont pas des productions du Jugement ou de la Raison, mais des effets

du

De la Raiſon. Liv. IV.

du hazard, des penſées d'un Eſprit flottant qui embraſſe les choſes fortuitement, ſans choix & ſans règle.

§. 3. De ſorte que nous pouvons fort bien conſiderer dans la Raiſon ces quatre dégrez; le prémier & le plus important conſiſte à découvrir des preuves; le ſecond à les ranger réguliérement, & dans un ordre clair & convenable qui faſſe voir nettement & facilement la connexion & la force de ces preuves; le troiſiéme à appercevoir leur connexion dans chaque partie de la Déduction; & le quatriéme à tirer une juſte concluſion du tout. On peut obſerver ces différens dégrez dans toute Démonſtration Mathematique, car autre choſe eſt d'appercevoir la connexion de chaque partie, à meſure que la Démonſtration eſt faite par une autre perſonne, & autre choſe d'appercevoir la dépendance que la concluſion a avec toutes les parties de la Démonſtration; autre choſe eſt encore de faire voir une Démonſtration par ſoi-même d'une manière claire & diſtincte; & enfin une choſe différente de ces trois-là, c'eſt d'avoir trouvé le prémier ces Idées moyennes ou ces preuves dont la Démonſtration eſt compoſée.

§. 4. Il y a encore une choſe à conſiderer ſur le ſujet de la Raiſon que je voudrois bien qu'on prît la peine d'examiner, c'eſt *ſi le Syllogiſme eſt*, comme on croit généralement, *le grand Inſtrument de la Raiſon, & le meilleur moyen de mettre cette Faculté en exercice.* Pour moi j'en doute, & voici pourquoi.

Prémiérement à cauſe que le Syllogiſme n'aide la Raiſon que dans l'une des quatre parties dont je viens de parler, c'eſt-à-dire pour montrer la connexion des preuves dans un ſeul exemple, & non au delà. Mais en cela même il n'eſt pas d'un grand uſage, puiſque l'Eſprit peut appercevoir une telle connexion où elle eſt réellement, auſſi facilement, & peut-être mieux ſans le ſecours du Syllogiſme, que par ſon entremiſe.

Si nous faiſons reflexion ſur les actions de notre Eſprit, nous trouverons que nous raiſonnons mieux & plus clairement lorſque nous obſervons ſeulement la connexion des preuves, ſans réduire nos penſées à aucune règle ou forme Syllogiſtique. Auſſi voyons-nous qu'il y a quantité de gens qui raiſonnent d'une maniére fort nette & fort juſte, quoi qu'ils ne ſachent point faire de Syllogiſme en forme. Quiconque prendra la peine de conſiderer la plus grande partie de l'*Aſie* & de l'*Amerique*, y trouvera des hommes qui raiſonnent peut-être auſſi ſubtilement que lui, mais qui n'ont pourtant jamais ouï parler de Syllogiſme, & qui ne ſauroient reduire aucun Argument à ces ſortes de Formes; & je doute que perſonne s'aviſe preſque jamais de faire un Syllogiſme en raiſonnant en lui-même. A la vérité, les Syllogiſmes peuvent ſervir quelquefois à découvrir une fauſſeté cachée ſous l'éclat brillant d'une Figure de Rhétorique, & adroitement enveloppée dans une Periode harmonieuſe, qui remplit agréablement l'oreille; ils peuvent, dis-je, ſervir à faire paroître un raiſonnement abſurde dans ſa difformité naturelle, en le dépouillant du faux éclat dont il eſt couvert, & de la beauté de l'expreſſion qui impoſe d'abord à l'Eſprit. Mais la foibleſſe ou la fauſſeté d'un tel Diſcours ne ſe montre par le moyen de la forme artificielle qu'on lui donne, qu'à ceux qui ont étudié à fond les *Modes* & les *Figures* du Syl-

Chap. XVII.

Ses quatre parties.

Le Syllogiſme n'eſt pas le grand Inſtrument de la Raiſon,

Aaaa 3   logiſ-

Chap. XVII. logisme, & qui ont si bien examiné les differentes maniéres selon lesquelles trois Propositions peuvent être jointes ensemble, qu'ils connoissent laquelle produit certainement une juste conclusion, & laquelle ne sauroit le faire; & sur quels fondemens cela arrive. Je conviens que ceux qui ont étudié les Règles du Syllogisme jusqu'à voir la raison pourquoi en trois Propositions jointes ensemble dans une certaine Forme, la Conclusion sera certainement juste, & pourquoi elle ne le sera pas certainement dans une autre, je conviens, dis-je, que ces gens-là sont certains de la Conclusion qu'ils déduisent des *Prémisses* selon les Modes & les Figures qu'on a établies dans les Ecoles. Mais pour ceux qui n'ont pas pénétré si avant dans les fondemens de ces Formes, ils ne sont point assurez en vertu d'un Argument syllogistique, que la Conclusion découle certainement des Prémisses. Ils le supposent seulement ainsi par une foi implicite qu'ils ont pour leurs Maîtres & par une confiance qu'ils mettent dans ces Formes d'argumentation. Or si parmi tous les hommes ceux-là sont en fort petit nombre qui peuvent faire un Syllogisme, en comparaison de ceux qui ne sauroient le faire; & si entre ce petit nombre qui ont appris la Logique, il n'y en a que très-peu qui fassent autre chose que croire, que les Syllogismes réduits aux *Modes* & aux *Figures* établies, sont concluans, sans connoître certainement qu'ils le soient; cela, dis-je, étant supposé, si le Syllogisme doit être pris pour le seul véritable Instrument de la Raison, & le seul moyen de parvenir à la Connoissance, il s'ensuivra qu'avant *Aristote* il n'y avoit personne qui connût ou qui pût connoître quoi que ce soit par Raison; & que depuis l'invention du Syllogisme il n'y a pas un homme entre dix-mille qui jouïsse de cet avantage.

Mais Dieu n'a pas été si peu liberal de ses faveurs envers les hommes, que se contentant d'en faire des Créatures à deux jambes, il ait laissé à *Aristote* le soin de les rendre Créatures raisonnables, je veux dire ce petit nombre qu'il pourroit engager à examiner de telle maniére les fondemens du Syllogisme, qu'ils vissent qu'entre plus de soixante maniéres dont trois Propositions peuvent être rangées, il n'y en a qu'environ quatorze où l'on puisse être assûré que la Conclusion est juste, & sur quel fondement la Conclusion est certaine dans ce petit nombre de Syllogismes, & non dans les autres. Dieu a eu beaucoup plus de bonté pour les hommes. Il leur a donné un Esprit capable de raisonner, sans qu'ils ayent besoin d'apprendre les formes des Syllogismes. Ce n'est point, dis-je, par les Règles du Syllogisme que l'Esprit humain apprend à raisonner. Il a une Faculté naturelle d'appercevoir la convenance ou la disconvenance de ses Idées, & il peut les mettre en bon ordre sans toutes ces repetitions embarrassantes. Je ne dis point ceci pour rabaisser en aucune maniére *Aristote* que je regarde comme un des plus grands hommes de l'Antiquité, que peu ont égalé en étenduë, en subtilité, en pénétration d'Esprit, & par la force du Jugement, & qui en cela même qu'il a inventé ce petit Système des Formes de l'Argumentation, par où l'on peut faire voir que la Conclusion d'un Syllogisme est juste & bien fondée, a rendu un grand service aux Savans contre ceux qui n'avoient pas honte de nier tout; & je conviens sans peine que tous les bons raisonne-

mens

mens peuvent être réduits à ces formes Syllogiftiques. Mais cependant je CHAP. XVII.
croi pouvoir dire avec vérité, & fans rabaiffer *Ariftote*, que ces formes
d'Argumentation ne font ni le feul ni le meilleur moyen de raifonner, pour
améner à la Connoiffance de la Vérité ceux qui defirent de la trouver, &
qui fouhaitent de faire le meilleur ufage qu'ils peuvent de leur Raifon pour
parvenir à cette Connoiffance. Et il eft vifible qu'*Ariftote* lui-même trouva que certaines Formes étoient concluantes, & que d'autres ne l'étoient
pas; non par le moyen des Formes mêmes, mais par la voye originale de
la Connoiffance, c'eft-à-dire, par la convenance manifefte des Idées. Dites à une Dame de campagne que le vent eft fud-oueft, & le temps couvert & tourné à la pluye; elle comprendra fans peine qu'il n'eft pas fûr
pour elle de fortir, par un tel jour, légérement vétuë après avoir eu la fiévre; elle voit fort nettement la liaifon de toutes ces chofes, *vent fud-oueft,
nuages, pluye, humidité, prendre froid, rechute & danger de mort*, fans les
lier enfemble par une chaine artificielle & embarraffante de divers Syllogifmes qui ne fervent qu'à embrouiller & retarder l'Efprit, qui fans leur fecours va plus vîte & plus nettement d'une partie à l'autre; de forte que la
probabilité que cette perfonne apperçoit aifément dans les chofes mêmes
ainfi placées dans leur ordre naturel, feroit tout-à-fait perduë à fon égard,
fi cet Argument étoit traité favamment & réduit aux formes du Syllogifme. Car cela confond très-fouvent la connexion des Idées; & je croi que
chacun reconnoîtra fans peine dans les Démonftrations Mathematiques, que
la connoiffance qu'on acquiert par cet ordre naturel; paroît plûtôt & plus
clairement fans le fecours d'aucun Syllogifme.

L'Acte de la Faculté Raifonnable qu'on regarde comme le plus confiderable eft celui d'*inferer*; & il l'eft effectivement lorfque la conféquence eft
bien tirée. Mais l'Efprit eft fi fort porté à tirer des conféquences, foit
par le violent defir qu'il a d'étendre fes connoiffances, ou par un grand
penchant qui l'entraine à favorifer les fentimens dont il a été une fois imbu, que fouvent il fe hâte trop d'inférer, avant que d'avoir apperçu la connexion des Idées qui doivent lier enfemble les deux extrêmes.

Inferer n'eft autre chofe que déduire une Propofition comme véritable,
en vertu d'une Propofition qu'on a déja avancée comme véritable, c'eft-à-dire, voir ou fuppofer une connexion de certaines Idées moyennes qui montrent la connexion de deux Idées dont eft compofée la Propofition inferée.
Par exemple, fuppofons qu'on avance cette Propofition, *Les hommes feront punis dans l'autre Monde*, & que de-là on veuille en inferer cette autre,
Donc les hommes peuvent fe déterminer eux-mêmes; la Queftion eft préfentement de favoir fi l'Efprit a bien ou mal fait cette *inference*. S'il l'a faite
en trouvant des Idées moyennes, & en confiderant leur connexion dans leur
véritable ordre, il s'eft conduit raifonnablement, & a tiré une jufte conféquence. S'il l'a faite fans une telle vûë, bien loin d'avoir tiré une conféquence folide & fondée en raifon, il a montré feulement le defir qu'il avoit
qu'elle le fût, ou qu'on la reçût en cette qualité. Mais ce n'eft pas le Syllogifme qui dans l'un ou l'autre de ces cas découvre ces Idées ou fait voir
leur connexion; car il faut que l'Efprit les ait trouvées, & qu'il ait apperçu

CHAP. XVII. çu la connexion de chacune d'elles avant qu'il puiſſe s'en ſervir raiſonnablement à former des Syllogiſmes ; à moins qu'on ne diſe, que toute Idée qui ſe préſente à l'Eſprit, peut aſſez bien entrer dans un Syllogiſme ſans qu'il ſoit néceſſaire de conſidérer quelle liaiſon elle a avec les deux autres ; & qu'elle peut ſervir à tout hazard de *terme moyen* pour prouver quelque concluſion que ce ſoit. C'eſt ce que perſonne ne dira jamais, parce que c'eſt en vertu de la convenance qu'on apperçoit entre une idée moyenne & les deux extrêmes, qu'on conclut que les extrêmes conviennent entr'eux ; d'où il s'enſuit que chaque idée moyenne doit être telle que dans toute la chaine elle ait une connexion viſible avec les deux Idées entre leſquelles elle eſt placée, ſans quoi la concluſion ne peut être déduite par ſon entremiſe. Car par-tout où un anneau de cette chaine vient à ſe détacher & à n'avoir aucune liaiſon avec le reſte, dès-là il perd toute ſa force, & ne peut plus contribuer à attirer, ou *inferer* quoi que ce ſoit. Ainſi, dans l'exemple que je viens de propoſer, quelle autre choſe montre la force, & par conſéquent la juſteſſe de la conſéquence, que la vûë de la connexion de toutes les idées moyennes qui attirent la concluſion ou la Propoſition inferée ; comme, *Les hommes ſeront punis* ——————— *Dieu celui qui punit* ——————— *la punition juſte* ——————— *Le puni coupable* ——————— *Il auroit pû faire autrement* ——————— *Liberté* ——————— *Puiſſance de ſe déterminer ſoi-même ?* Par cette viſible enchainure d'Idées, ainſi jointes enſemble tout de ſuite, en ſorte que chaque idée moyenne s'accorde de chaque côté, avec les deux idées entre leſquelles elle eſt immédiatement placée, les idées *d'hommes*, & de *puiſſance de ſe déterminer ſoi-même*, paroiſſent jointes enſemble, c'eſt-à-dire, que cette Propoſition, *Les hommes peuvent ſe déterminer eux-mêmes*, eſt attirée ou inferée par celle-ci *Qu'ils ſeront punis dans l'autre Monde*. Car par-là l'Eſprit voyant la connexion qu'il y a entre l'idée de la *punition des hommes dans l'autre Monde*, & l'idée de *Dieu qui punit* ; entre *Dieu qui punit* & *la juſtice de la punition* ; entre *la juſtice de la punition* & *la coulpe* ; entre *la coulpe* & *la puiſſance de faire autrement* ; entre *la puiſſance de faire autrement* & *la liberté* ; entre *la liberté* & *la puiſſance de ſe déterminer ſoi-même* ; l'Eſprit, dis-je, appercevant la liaiſon que toutes ces idées ont l'une avec l'autre, voit par même moyen la connexion qu'il y a entre *les hommes* & *la puiſſance de ſe déterminer ſoi-même*.

Je demande préſentement ſi la connexion des Extrêmes ne ſe voit pas plus clairement dans cette diſpoſition ſimple & naturelle, que dans des repetitions perplexes & embrouillées de cinq ou ſix Syllogiſmes. On doit me pardonner le terme d'*embrouillé*, juſqu'à ce que quelqu'un ayant réduit ces idées en autant de Syllogiſmes, oſe aſſûrer que ces Idées ſont moins embrouillées, & que leur connexion eſt plus viſible lorſqu'elles ſont ainſi tranſpoſées, repetées, & enchaſſées dans ces formes artificielles, que lorſqu'elles ſont préſentes à l'Eſprit dans cet ordre court, ſimple, & naturel, dans lequel on vient de les propoſer, où chacun peut les voir, & ſelon lequel elles doivent être vûës avant qu'elles puiſſent former une chaîne de Syllogiſmes. Car l'ordre naturel des Idées qui ſervent à lier d'autres Idées, doit régler l'ordre des Syllogiſmes, de ſorte qu'un homme doit voir la con-

nexion

nexion que chaque Idée moyenne a avec celles qu'il joint enfemble avant qu'il puiffe s'en fervir avec raifon à former un Syllogifme. Et quand tous ces Syllogifmes font faits, ceux qui font Logiciens & ceux qui ne le font pas, ne voyent pas mieux qu'auparavant la force de l'Argumentation, c'eſt-à-dire, la connexion des Extrêmes. Car ceux qui ne font pas Logiciens de profeſſion, ignorant les véritables formes du Syllogifme auſſi bien que les fondemens de ces formes, ne fauroient connoître fi les Syllogifmes font réguliers ou non, dans des *Modes* & des *Figures* qui concluent jufte; & ainfi ils ne font point aidez par les Formes felon lefquelles on range ces Idées; & d'ailleurs l'ordre naturel dans lequel l'Eſprit pourroit juger de leurs connexions refpectives étant troublé par ces formes fyllogiftiques, il arrive de-là que la conféquence eft beaucoup plus incertaine, que fans leur entremife. Et pour ce qui eft des Logiciens eux-mêmes, ils voyent la connexion que chaque Idée moyenne a avec celles entre lefquelles elle eft placée (d'où dépend toute la force de la conféquence) ils la voyent, dis-je, tout auſſi bien avant qu'après que le Syllogifme eft fait; ou bien ils ne la voyent point du tout. Car un Syllogifme ne contribuë en rien à montrer ou à fortifier la connexion de deux Idées jointes immédiatement enfemble; il montre feulement par la connexion qui a été déja découverte entr'elles, comment les Extrêmes font liez l'un à l'autre. Mais s'agit-il de favoir quelle connexion une Idée moyenne a avec aucun des Extrêmes dans ce Syllogifme, c'eſt ce que nul Syllogifme ne montre, ni ne peut jamais montrer. C'eft l'Eſprit feulement qui apperçoit ou qui peut appercevoir ces Idées placées ainfi dans une efpèce de *juxta-pofition*, & cela par fa propre Vûë qui ne reçoit abfolument aucun fecours ni aucune lumiére de la forme Syllogiftique qu'on leur donne. Cette forme fert feulement à montrer que fi l'idée moyenne convient avec celles auxquelles elle eft immédiatement appliquée de deux côtez, les deux Idées éloignées, ou, comme parlent les Logiciens, les *Extrêmes* conviennent certainement enfemble; & par conféquent la liaifon immédiate que chaque idée a avec celle à laquelle elle eft appliquée de deux côtez, d'où dépend toute la force du Raifonnement, paroit auſſi bien avant qu'après la conftruction du Syllogifme; ou bien celui qui forme le Syllogifme ne la verra jamais. Cette connexion d'Idées ne fe voit, comme nous avons déja dit, que par la Faculté perceptive de l'Eſprit qui les découvre jointes enfemble dans une efpèce de *juxta-pofition*, & cela, lorfque les deux Idées font jointes enfemble dans une Propofition, foit que cette Propofition conftituë ou non la Majeure ou la Mineure d'un Syllogifme.

A quoi fert donc le Syllogifme? Je répons, qu'il eft principalement d'ufage dans les Ecoles, où l'on n'a pas honte de nier la convenance des Idées qui conviennent vifiblement enfemble, ou bien hors des Ecoles à l'égard de ceux qui, à l'occafion & à l'exemple de ce que les Doctes n'ont pas honte de faire, ont appris auſſi à nier fans pudeur la connexion des Idées qu'ils ne peuvent s'empêcher de voir eux-mêmes. Pour celui qui cherche fincerement la Vérité & qui n'a d'autre but que de la trouver; il n'a aucun befoin

Chap. XVII. de ces formes Syllogiſtiques pour être forcé à reconnoître la conſéquence dont la vérité & la juſteſſe paroiſſent bien mieux en mettant les Idées dans un ordre ſimple & naturel. De-là vient que les hommes ne font jamais des Syllogiſmes en eux-mêmes, lorſqu'ils cherchent la Vérité, ou qu'ils l'enſeignent à des gens qui deſirent ſincerement de la connoître; parce qu'avant que de pouvoir mettre leurs penſées en forme Syllogiſtique, il faut qu'ils voyent la connexion qui eſt entre l'Idée moyenne & les deux autres idées entre leſquelles elle eſt placée, & auxquelles elle eſt appliquée pour faire voir leur convenance; & lorſqu'ils voyent une fois cela, ils voyent ſi la conſéquence eſt bonne ou mauvaiſe, & par conſéquent le Syllogiſme vient trop tard pour l'établir. Car, pour me ſervir encore de l'exemple qui a été propoſé ci-deſſus, je demande ſi l'Eſprit venant à conſiderer l'idée de *Juſtice*, placée comme une idée moyenne entre la punition des hommes & la coulpe de celui qui eſt puni, (idée que l'Eſprit ne peut employer comme un *terme moyen* avant qu'il l'ait conſiderée dans ce rapport) je demande ſi dès-lors il ne voit pas la force & la validité de la conſéquence, auſſi clairement que lorſqu'on forme un Syllogiſme de ces Idées. Et pour faire voir la même choſe dans un exemple tout-à-fait ſimple & aiſé à comprendre, ſuppoſons que le mot *Animal* ſoit l'Idée moyenne, ou, comme on parle dans les Ecoles, le *terme moyen* que l'Eſprit employe pour montrer la connexion d'*homo* & de *vivens*, je demande ſi l'Eſprit ne voit pas cette liaiſon auſſi promptement & auſſi nettement lorſque l'Idée qui lie ces deux termes eſt placée au milieu dans cet arrangement ſimple & naturel,

Homo —— *Animal* —— *Vivens*,

que dans cet autre plus embarraſſé,

Animal —— *Vivens* —— *Homo* —— *Animal*;

ce qui eſt la poſition qu'on donne à ces Idées dans un Syllogiſme, pour faire voir la connexion qui eſt entre *homo* & *vivens* par l'intervention du mot *Animal*.

On croit à la vérité que le Syllogiſme eſt néceſſaire à ceux-mêmes qui aiment ſincerement la Vérité pour leur faire voir les Sophiſmes qui ſont ſouvent cachez ſous des diſcours fleuris, pointilleux, ou embrouillez. Mais on ſe trompe en cela, comme nous verrons ſans peine ſi nous conſiderons que la raiſon pourquoi ces ſortes de diſcours vagues & ſans liaiſon, qui ne ſont pleins que d'une vaine Rhetorique, impoſent quelquefois à des gens qui aiment ſincerement la Vérité, c'eſt que leur Imagination étant frappée par quelques Métaphores vives & brillantes, ils négligent d'examiner quelles ſont les véritables Idées d'où dépend la conſéquence du Diſcours, ou bien éblouïs de l'éclat de ces Figures ils ont de la peine à découvrir ces Idées. Mais pour leur faire voir la foibleſſe de ces ſortes de Raiſonnemens, il ne faut que les dépouiller des idées ſuperfluës qui mêlées & confonduës avec celles d'où dépend la conſéquence, ſemblent faire voir une connexion où il n'y en a aucune, ou qui du moins empêchent qu'on ne découvre qu'il n'y a point de connexion; après quoi il faut placer dans leur ordre naturel ces idées nuës d'où dépend la force de l'Argumentation; & l'Eſprit venant à les conſiderer en elles-mêmes dans une telle poſition, voit bientôt quelles
con-

connexions elles ont entr'elles & peut par ce moyen juger de la conſequen- CHAP. XVII.
ce ſans avoir beſoin du ſecours d'aucun Syllogiſme.

Je conviens qu'en de tels cas on ſe ſert communément des *Modes* & des *Figures*, comme ſi la découverte de l'*incohérence* de ces ſortes de Diſcours étoit entiérement duë à la forme Syllogiſtique. J'ai été moi-même dans ce ſentiment, juſqu'à ce qu'après un plus ſévére examen j'ai trouvé qu'en rangeant les Idées moyennes toutes nuës dans leur ordre naturel, on voit mieux l'*incohérence* de l'Argumentation que par le moyen d'un Syllogiſme; non ſeulement à cauſe que cette prémiére Méthode expoſe immédiatement à l'Eſprit chaque anneau de la chaîne dans ſa véritable place, par où l'on en voit mieux la liaiſon, mais auſſi parce que le Syllogiſme ne montre l'incohérence qu'à ceux qui entendent parfaitement les formes Syllogiſtiques & les fondemens ſur leſquels elles ſont établies, & ces perſonnes ne ſont pas un entre mille; au lieu que l'arrangement naturel des Idées, d'où dépend la conſéquence d'un raiſonnement, ſuffit pour faire voir à tout homme le défaut de connexion dans ce raiſonnement & l'abſurdité de la conſéquence, ſoit qu'il ſoit Logicien ou non ; pourvû qu'il entende les termes & qu'il ait la faculté d'appercevoir la convenance ou la diſconvenance de ces Idées, ſans laquelle faculté il ne pourroit jamais reconnoître la force ou la foibleſſe, la *cohérence* ou l'*incohérence* d'un Diſcours par l'entremiſe ou ſans le ſecours du Syllogiſme.

Ainſi, j'ai connu un homme à qui les règles du Syllogiſme étoient entiérement inconnuës, qui appercevoit d'abord la foibleſſe & les faux raiſonnemens d'un long Diſcours, artificieux & plauſible, auquel d'autres gens exercez à toutes les fineſſes de la Logique ſe ſont laiſſé attraper ; & je croi qu'il y aura peu de mes Lecteurs qui ne connoiſſent de telles perſonnes. Et en effet ſi cela n'étoit ainſi, les Diſputes qui s'élevent dans les Conſeils de la plûpart des Princes, & les affaires qui ſe traitent dans les Aſſemblées Publiques ſeroient en danger d'être mal ménagées, puiſque ceux qui y ont le plus d'autorité & qui d'ordinaire contribuent le plus aux déciſions qu'on y prend, ne ſont pas toûjours des gens qui ayent eu le bonheur d'être parfaitement inſtruits dans l'Art de faire des Syllogiſmes en forme. Que ſi le Syllogiſme étoit le ſeul, ou même le plus ſûr moyen de découvrir les fauſſetez d'un Diſcours artificieux, je ne croi pas que l'Erreur & la Fauſſeté ſoient ſi fort du goût de tout le Genre Humain & particuliérement des Princes dans des matiéres qui intéreſſent leur Couronne & leur Dignité, que par-tout ils euſſent voulu négliger de faire entrer le Syllogiſme dans des diſcuſſions importantes, ou regardé comme une choſe ſi ridicule de s'en ſervir dans des affaires de conſéquence: Preuve évidente à mon égard que les gens de bon ſens & d'un Eſprit ſolide & pénétrant, qui n'ayant pas le loiſir de perdre le temps à diſputer, devoient agir ſelon le reſultat de leurs déciſions, & ſouvent payer leurs mépriſes de leur vie ou de leurs biens, ont trouvé que ces formes Scholaſtiques n'étoient pas d'un grand uſage pour découvrir la vérité ou la fauſſeté d'un raiſonnement, l'une & l'autre pouvant être montrées ſans leur entremiſe, & d'une manière beaucoup plus ſenſible à quiconque ne refuſeroit pas de voir ce qui ſeroit expoſé viſiblement à ſes yeux.

CHAP. XVII. En second lieu, une autre raison qui me fait douter que le Syllogisme soit le véritable Instrument de la Raison dans la découverte de la Vérité, c'est que de quelque usage qu'on ait jamais prétendu que les Modes & les Figures pussent être, pour découvrir la *fallace* d'un Argument (ce qui a été examiné ci-dessus) il se trouve dans le fond que ces formes Scholastiques qu'on donne au discours, ne sont pas moins sujettes à tromper l'Esprit que des maniéres d'argumenter plus simples; sur quoi j'en appelle à l'Expérience qui a toûjours fait voir que ces Méthodes artificielles étoient plus propres à surprendre & à embrouiller l'Esprit qu'à l'instruire & à l'éclairer. De là vient que les gens qui sont battus & réduits au silence par cette méthode Scholastique, sont rarement ou plûtôt ne sont jamais convaincus & attirez par-là dans le parti du vainqueur. Ils reconnoissent peut-être que leur adversaire est plus adroit dans la dispute; mais ils ne laissent pas d'être persuadez de la justice de leur propre cause; & tout vaincus qu'ils sont, ils se retirent avec la même opinion qu'ils avoient auparavant; ce qu'ils ne pourroient faire, si cette manière d'argumenter portoit la lumière & la conviction avec elle, en sorte qu'elle fit voir aux hommes où est la Vérité. Aussi a-t-on regardé le Syllogisme comme plus propre à faire obtenir la victoire dans la Dispute, qu'à découvrir ou à confirmer la Vérité dans les recherches sincéres qu'on en peut faire. Et s'il est certain, comme on n'en peut douter, qu'on puisse envelopper des raisonnemens fallacieux dans des Syllogismes, il faut que la *fallace* puisse être découverte par quelque autre moyen que par celui du Syllogisme.

J'ai vû par expérience, que, lorsqu'on ne reconnoit pas dans une chose tous les usages que certaines gens ont été accoûtumez de lui attribuer, ils s'écrient d'abord que je voudrois qu'on en négligeât entiérement l'usage. Mais pour prévenir des imputations si injustes & si destituées de fondement, je leur déclare ici que je ne suis point d'avis qu'on se prive d'aucun moyen capable d'aider l'Entendement dans l'acquisition de la Connoissance; & si des personnes stilées & accoûtumées aux formes Syllogistiques les trouvent propres à aider leur Raison dans la découverte de la Vérité, je crois qu'ils doivent s'en servir. Tout ce que j'ai en vûë dans ce que je viens de dire du Syllogisme, c'est de leur prouver qu'ils ne devroient pas donner plus de poids à ces formes qu'elles n'en méritent, ni se figurer que sans leur secours les hommes ne font aucun usage, ou du moins qu'ils ne font pas un usage si parfait de leur Faculté de raisonner. Il y a des Yeux qui ont besoin de Lunettes pour voir clairement & distinctement les Objets; mais ceux qui s'en servent, ne doivent pas dire à cause de cela, que personne ne peut bien voir sans Lunettes. On aura raison de juger de ceux qui en usent ainsi, qu'ils veulent un peu trop rabaisser la Nature en faveur d'un Art auquel ils sont peut-être redevables. Lorsque la Raison est ferme & accoûtumée à s'exercer, elle voit plus promptement & plus nettement par sa propre pénétration sans le secours du Syllogisme, que par son entremise. Mais si l'usage de cette espèce de Lunettes a si fort offusqué la vûë d'un Logicien qu'il ne puisse voir sans leur secours, les conséquences ou les inconséquences d'un Raisonnement, je ne suis pas si déraisonnable pour le blâmer de ce qu'il s'en sert.

Cha-

Chacun connoit mieux qu'aucune autre perſonne ce qui convient le mieux CHAP.XVII.
à ſa vûë; mais qu'il ne concluë pas de là que tous ceux qui n'employent
pas juſtement les mêmes ſecours qu'il trouve lui être néceſſaires, ſont dans
les ténèbres.

§. 5. Mais quel que ſoit l'uſage du Syllogiſme dans ce qui regarde la Le Syllogiſme
Connoiſſance, je croi pouvoir dire avec vérité qu'*il eſt beaucoup moins utile,* n'eſt pas d'un
ou plûtôt qu'il n'eſt abſolument d'aucun uſage dans les Probabilitez, car l'aſſen- grand ſecours
timent devant être déterminé dans les choſes probables par le plus grand ſtration, moins
poids des preuves, après qu'on les a dûement examinées de part & d'autre encore dans les
dans toutes leurs circonſtances, rien n'eſt moins propre à aider l'Eſprit dans Probabilitez,
cet examen que le Syllogiſme, qui muni d'une ſeule probabilité ou d'un
ſeul argument *topique* ſe donne carriére, & pouſſe cet Argument dans ſes
derniers confins, juſqu'à ce qu'il ait entraîné l'Eſprit hors de la vûë de la
choſe en queſtion; de ſorte que le forçant, pour ainſi dire, à la faveur de
quelque difficulté éloignée, il le tient là fortement attaché, & peut-être
même embrouillé & entrelaſſé dans une chaine de Syllogiſmes, ſans lui donner la liberté de conſiderer de quel côté ſe trouve la plus grande probabilité, après que toutes ont été dûement examinées; tant s'en faut qu'il lui
fourniſſe les ſecours capables de s'en inſtruire.

§. 6. Qu'on ſuppoſe enfin, ſi l'on veut, que le Syllogiſme eſt de quel- Il ne ſert point
que ſecours pour convaincre les hommes de leurs erreurs ou de leurs mépri- connoiſſances,
ſes, comme on peut le dire peut-être, quoi que je n'aye encore vû perſon- mais à chamail-
ne qui ait été forcé par le Syllogiſme à quitter ſes opinions, il eſt du moins que nous avons
certain que le Syllogiſme n'eſt d'aucun uſage à notre Raiſon dans cette par- deja.
tie qui conſiſte *à trouver des preuves & à faire de nouvelles découvertes,* laquelle ſi elle n'eſt pas la qualité la plus parfaite de l'Eſprit, eſt ſans contredit ſa plus penible fonction, & celle dont nous tirons le plus d'utilité. Les
règles du Syllogiſme ne ſervent en aucune maniére à fournir à l'Eſprit des
idées moyennes qui puiſſent montrer la connexion de celles qui ſont éloignées. Cette méthode de raiſonner ne découvre point de nouvelles preuves; c'eſt ſeulement l'Art d'arranger celles que nous avons deja. La 47ᵐᵉ.
Propoſition du Prémier Livre d'*Euclide* eſt très-véritable, mais je ne croi
pas que la découverte en ſoit duë à aucunes Règles de la Logique ordinaire.
Un homme *connoît* prémiérement, & il eſt enſuite capable de prouver en
forme Syllogiſtique; de ſorte que le Syllogiſme vient après la Connoiſſance, & alors on n'en a que fort peu, ou point du tout de beſoin. Mais c'eſt
principalement par la découverte des Idées qui montrent la connexion de
celles qui ſont éloignées, que le fond des Connoiſſances s'augmente, & que
les Arts & les Sciences utiles ſe perfectionnent. Le Syllogiſme n'eſt tout
au plus que l'Art de faire valoir, en diſputant, le peu de connoiſſance que
nous avons, ſans y rien ajoûter; de ſorte qu'un homme qui employeroit
entièrement ſa Raiſon de cette maniére, n'en feroit pas un meilleur uſage
que celui qui ayant tiré quelques Lingots de fer des entrailles de la Terre,
n'en feroit forger que des épées qu'il mettroit entre les mains de ſes Valets
pour ſe battre & ſe tuer les uns les autres. Si le Roi d'Eſpagne eût employé de cette maniére le Fer qu'il avoit dans ſon Royaume, & les mains de
ſon

CHAP. XVII. son Peuple, il n'auroit pu tirer de la Terre qu'une très-petite quantité de ces Thrésors qui avoient été cachez si long-temps dans les Mines de l'*Amerique*. De même, je suis tenté de croire, que quiconque consumera toute la force de sa Raison à mettre des Argumens en forme, ne pénétrera pas fort avant dans ce fond de Connoissance qui reste encore caché dans les secrets recoins de la Nature, & vers où je m'imagine que le pur bon sens dans sa simplicité naturelle est beaucoup plus propre à nous tracer un chemin, pour augmenter par là le fond des Connoissances humaines, que cette reduction du Raisonnement aux *Modes* & aux *Figures* dont on donne des règles si précises dans les Ecoles.

§. 7. Je m'imagine pourtant qu'on peut trouver des voyes d'aider la Raison dans cette partie qui est d'un si grand usage; & ce qui m'encourage à le dire c'est le judicieux *Hooker* qui parle ainsi dans son Livre intitulé *La Police Eccléfiastique*, Liv. I. §. 6. *Si l'on pouvoit fournir les vrais secours du Savoir & de l'Art de raisonner (car je ne ferai pas difficulté de dire que dans ce siécle qui passe pour éclairé on ne les connoit pas beaucoup & qu'en général on ne s'en met pas fort en peine) il y auroit sans doute presqu'autant de différence par rapport à la solidité du Jugement entre les hommes qui s'en serviroient, & ce que les hommes sont présentement, qu'entre les hommes d'à présent & des Imbecilles.* Je ne prétens pas avoir trouvé ou découvert aucun de ces *vrais secours de l'Art*, dont parle ce grand homme qui avoit l'Esprit si pénétrant; mais il est visible que le Syllogisme & la Logique qui est présentement en usage, & qu'on connoissoit aussi bien de son temps qu'aujourd'hui, ne peuvent être du nombre de ceux qu'il avoit dans l'Esprit. C'est assez pour moi si dans un Discours qui est peut-être un peu éloigné du chemin battu, qui n'a point été emprunté d'ailleurs, & qui à mon égard est assûrément tout-à-fait nouveau, je donne occasion à d'autres de s'appliquer à faire de nouvelles découvertes & à chercher en eux-mêmes ces *vrais secours de l'Art*, que je crains bien que ceux qui se soûmettent servilement aux décisions d'autrui, ne pourront jamais trouver, car les chemins battus conduisent cette espèce de *Bétail* (c'est ainsi qu'un judicieux * Romain les a nommez) dont toutes les pensées ne tendent qu'à l'imitation, non où il faut aller mais où l'on va, *non quò eundum est, sed quò itur*. Mais j'ose dire qu'il y a dans ce siécle quelques personnes d'une telle force de jugement & d'une si grande étenduë d'Esprit, qu'ils pourroient tracer pour l'avancement de la Connoissance des chemins nouveaux & qui n'ont point encore été découverts, s'ils vouloient prendre la peine de tourner leurs pensées de ce côté-là.

* *Horace*, Epist. Lib. I. Epist. 19. *O Imitatores, servum pecus.*

Nous raisonnons sur des choses particulières.

§. 8. Après avoir eu occasion de parler dans cet endroit du Syllogisme en général & de ses usages dans le Raisonnement & pour la perfection de nos Connoissances, il ne sera pas hors de propos, avant que de quitter cette matiére, de prendre connoissance d'une méprise visible qu'on commet dans les Règles du Syllogisme, c'est *que nul Raisonnement Syllogistique ne peut être juste & concluant, s'il ne contient au moins une Proposition générale*: comme si nous ne pouvions point raisonner & avoir des connoissances sur des choses particuliéres. Au lieu que dans le fond on trouvera tout bien consideré qu'il n'y a que les choses particuliéres qui soient l'objet immédiat

de

de tous nos Raisonnemens & de toutes nos Connoissances. Le raisonnement & la connoissance de chaque homme ne roule que sur les Idées qui existent dans son Esprit, desquelles chacune n'est effectivement qu'une existence particuliére; & d'autres choses ne deviennent l'objet de nos Connoissances & de nos Raisonnemens qu'entant qu'elles sont conformes à ces Idées particuliéres que nous avons dans l'Esprit. De sorte que la perception de la convenance ou de la disconvenance de nos Idées particuliéres est le fond & le total de notre Connoissance. L'Universalité n'est qu'un accident à son égard, & consiste uniquement en ce que les Idées particuliéres qui en font le sujet, sont telles que plus d'une chose particuliére peut leur être conforme & être représentée par elles. Mais la perception de la convenance ou disconvenance de deux Idées, & par conséquent notre Connoissance est également claire & certaine, soit que l'une d'elles ou toutes deux soient capables de représenter plus d'un Etre réel ou non, ou que nulle d'elles ne le soit. Une autre chose que je prens la liberté de proposer sur le Syllogisme, avant que de finir cet article, c'est si l'on n'auroit pas sujet d'examiner, si la forme qu'on donne présentement au Syllogisme est telle qu'elle doit être raisonnablement. Car le *terme moyen* étant destiné à joindre les Extrêmes, c'est-à-dire les Idées moyennes pour faire voir par son entremise la convenance ou la disconvenance des deux Idées en question, la position du terme moyen ne seroit-elle pas plus naturelle, & ne montreroit-elle pas mieux & d'une maniére plus claire la convenance ou la disconvenance des Extrêmes, s'il étoit placé au milieu entredeux? Ce qu'on pourroit faire sans peine en transposant les Propositions & en faisant que le terme moyen fût l'attribut du prémier & le sujet du second, comme dans ces deux exemples,

Omnis homo est animal,
Omne animal est vivens,
Ergo omnis homo est vivens.

Omne Corpus est extensum & solidum,
Nullum extensum & solidum est pura extensio,
Ergo Corpus non est pura extensio.

Il n'est pas nécessaire que j'importune mon Lecteur par des exemples de Syllogismes dont la Conclusion soit particuliére. La même raison autorise aussi bien cette forme à l'égard de ces derniers Syllogismes qu'à l'égard de ceux dont la Conclusion est générale.

§. 9. Pour dire présentement un mot de l'étenduë de notre Raison; quoi qu'elle pénètre dans les abymes de la Mer & de la Terre, qu'elle s'élève jusqu'aux Etoiles & nous conduise dans les vastes Espaces & les appartemens immenses de ce prodigieux Edifice qu'on nomme l'*Univers*, il s'en faut pourtant beaucoup qu'elle comprenne même l'étenduë réelle des Etres Corporels; & il y a bien des rencontres où elle vient à nous manquer.

Pourquoi la Raison vient à nous manquer en certaines rencontres.

Et

CHAP. XVII.
I. Parce que les Idées nous manquent.

Et prémiérement elle nous manque abſolument par-tout où les Idées nous manquent. Elle ne s'étend pas plus loin que ces Idées, & ne ſauroit le faire. C'eſt pourquoi par-tout où nous n'avons point d'Idées, notre Raiſonnement s'arrête, & nous nous trouvons au bout de nos comptes. Que ſi nous raiſonnons quelquefois ſur des mots qui n'emportent aucune idée, c'eſt uniquement ſur ces ſons que roulent nos raiſonnemens, & non ſur aucune autre choſe.

II. Parce que nos Idées ſont obſcures & imparfaites.

§. 10. En ſecond lieu, notre Raiſon eſt ſouvent embarraſſée & hors de route, à cauſe de l'obſcurité, de la confuſion, ou de l'imperfection des Idées ſur leſquelles elle s'exerce; & c'eſt alors que nous nous trouvons embarraſſez dans des contradictions & des difficultez inſurmontables. Ainſi, parce que nous n'avons point d'idée parfaite de la plus petite extenſion de la Matiére ni de l'Infinité, notre Raiſon eſt à bout ſur le ſujet de la diviſibilité de la Matiére; au lieu qu'ayant des idées parfaites, claires & diſtinctes du Nombre, notre Raiſon ne trouve dans les Nombres aucune de ces difficultez inſurmontables, & ne tombe dans aucune contradiction ſur leur ſujet. Ainſi, les idées que nous avons des opérations de notre Eſprit & du commencement du Mouvement ou de la Penſée, & de la maniére dont l'Eſprit produit l'une & l'autre en nous, ces idées, dis-je, étant imparfaites, & celles que nous nous formons de l'opération de Dieu l'étant encore davantage, elles nous jettent dans de grandes difficultez ſur les Agens créez, douez de liberté, deſquelles la Raiſon ne peut guére ſe débarraſſer.

III. Parce que les Idées moyennes nous manquent.

§. 11. En troiſiéme lieu, notre Raiſon eſt ſouvent pouſſée à bout, parce qu'elle n'apperçoit pas les idées qui pourroient ſervir à lui montrer une convenance ou diſconvenance certaine ou probable de deux autres Idées: & dans ce point, les Facultez de certains hommes l'emportent de beaucoup ſur celles de quelques autres. Juſqu'à ce que l'*Algebre*, ce grand inſtrument & cette preuve inſigne de la ſagacité de l'homme, eut été découverte, les hommes regardoient avec étonnement pluſieurs Démonſtrations des Anciens Mathematiciens, & pouvoient à peine s'empêcher de croire que la découverte de quelques-unes de ces Preuves ne fût au deſſus des forces humaines.

IV. Parce que nous ſommes imbus de faux Principes.

§. 12. En quatriéme lieu, l'Eſprit venant à bâtir ſur de faux Principes, ſe trouve ſouvent engagé dans des abſurditez, & des difficultez inſurmontables, dans de fâcheux défilez & de pures contradictions, ſans ſavoir comment s'en tirer. Et dans ce cas il eſt inutile d'implorer le ſecours de la Raiſon, à moins que ce ne ſoit pour découvrir la fauſſeté & ſecouer le joug de ces Principes. Bien loin que la Raiſon éclairciſſe les difficultez dans leſquelles un homme s'engage en s'appuyant ſur de mauvais fondemens, elle l'embrouille davantage, & le jette toûjours plus avant dans l'embarras.

V. A cauſe des termes douteux & incertains.

§. 13. En cinquiéme lieu, comme les Idées obſcures & imparfaites embrouillent ſouvent la Raiſon, ſur le même fondement il arrive ſouvent que dans les Diſcours & dans les Raiſonnemens des hommes, leur Raiſon eſt confonduë & pouſſée à bout par des mots équivoques, & des ſignes douteux & incertains, lors qu'ils ne ſont pas exactement ſur leur garde. Mais quand nous venons à tomber dans ces deux derniers égaremens, c'eſt notre fau-

faute, & non celle de la Raiſon. Cependant les conſéquences n'en ſont pas moins communes; & l'on voit par-tout les embarras ou les erreurs qu'ils produiſent dans l'Eſprit des hommes.

§. 14. Entre les Idées que nous avons dans l'Eſprit, il y en a qui peuvent être immédiatement comparées par elles-mêmes, l'une avec l'autre; & à l'égard de ces Idées l'Eſprit eſt capable d'appercevoir qu'elles conviennent ou diſconviennent auſſi clairement qu'il voit qu'il les a en lui-même. Ainſi l'Eſprit apperçoit auſſi clairement que l'Arc d'un Cercle eſt plus petit que tout le Cercle, qu'il apperçoit l'idée même d'un Cercle: & c'eſt ce que j'appelle à cauſe de cela une *Connoiſſance intuitive*, comme j'ai dejà dit: Connoiſſance certaine, à l'abri de tout doute, qui n'a beſoin d'aucune preuve & ne peut en recevoir aucune, parce que c'eſt le plus haut point de toute la Certitude humaine. C'eſt en cela que conſiſte l'évidence de toutes ces Maximes ſur leſquelles perſonne n'a aucun doute, de ſorte que non ſeulement chacun leur donne ſon conſentement, mais les reconnoit pour véritables dès qu'elles ſont propoſées à ſon Entendement. Pour découvrir & embraſſer ces véritez, il n'eſt pas néceſſaire de faire aucun uſage de la Faculté de diſcourir, on n'a pas beſoin du Raiſonnement, car elles ſont connuës dans un plus haut dégré d'évidence; dégré que je ſuis tenté de croire (s'il eſt permis de hazarder des conjectures ſur des choſes inconnuës) tel que celui que les Anges ont préſentement, & que les Eſprits des hommes juſtes parvenus à la perfection auront dans l'Etat-à-venir, ſur mille choſes qui à préſent échappent tout-à-fait à notre Entendement & deſquelles notre Raiſon dont la vûë eſt ſi bornée, ayant découvert quelques foibles rayons, tout le reſte demeure enſeveli dans les ténèbres à notre égard.

§. 15. Mais quoi que nous voyions çà & là quelque lueur de cette pure Lumiére, quelques étincelles de cette éclatante Connoiſſance; cependant la plus grande partie de nos Idées ſont de telle nature que nous ne ſaurions diſcerner leur convenance ou leur diſconvenance en les comparant immédiatement enſemble. Et à l'égard de toutes ces Idées nous avons beſoin du Raiſonnement, & ſommes obligez de faire nos découvertes par le moyen du diſcours & des déductions. Or ces Idées ſont de deux ſortes, que je prendrai la liberté d'expoſer encore aux yeux de mon Lecteur.

Il y a prémiérement, les Idées dont on peut découvrir la convenance ou la diſconvenance par l'intervention d'autres Idées qu'on compare avec elles, quoi qu'on ne puiſſe la voir en joignant enſemble ces prémiéres Idées. Et en ce cas-là, lorſque la convenance ou la diſconvenance des Idées moyennes avec celles auxquelles nous voulons les comparer, ſe montrent viſiblement à nous, cela fait une Démonſtration qui emporte avec ſoi une vraye connoiſſance, mais qui, bien que certaine, n'eſt pourtant pas ſi aiſée à acquerir ni tout-à-fait ſi claire que la Connoiſſance Intuitive. Parce qu'en celle-ci il n'y a qu'une ſeule intuition, pure & ſimple, ſur laquelle on ne ſauroit ſe méprendre ni avoir la moindre apparence de doute, la vérité y paroiſſant tout à la fois dans ſa derniére perfection. Il eſt vrai que l'intuition ſe trouve auſſi dans la Démonſtration, mais ce n'eſt pas tout à la fois; car il faut retenir dans ſa Mémoire l'intuition de la convenance que l'Idée

Chap. XVII. moyenne a avec celle à laquelle nous l'avons comparée auparavant, lorsque nous venons à la comparer avec l'Idée suivante; & plus il y a d'Idées moyennes dans une Démonstration, plus on est en danger de se tromper, car il faut remarquer & voir d'une connoissance de simple vûë chaque convenance ou disconvenance des Idées qui entrent dans la Démonstration, en chaque dégré de la déduction, & retenir cette liaison dans la Mémoire, justement comme elle est, de sorte que l'Esprit doit être assûré que nulle partie de ce qui est nécessaire pour former la Démonstration, n'a été omise ou négligée. C'est ce qui rend certaines Démonstrations longues, embarrassées, & trop difficiles pour ceux qui n'ont pas assez de force & d'étenduë d'Esprit pour appercevoir distinctement, & pour retenir exactement & en bon ordre tant d'articles particuliers. Ceux mêmes qui sont capables de débrouiller dans leur tête ces sortes de spéculations compliquées, sont obligez quelquefois de les faire passer plus d'une fois en revûë avant que de pouvoir parvenir à une connoissance certaine. Mais du reste, lorsque l'Esprit retient nettement & d'une connoissance de simple vûë le souvenir de la convenance d'une Idée avec une autre, & de celle-ci avec une troisiéme; & de cette troisiéme avec une quatriéme, &c. alors la convenance de la prémiére & de la quatriéme est une Démonstration, & produit une connoissance certaine qu'on peut appeller *Connoissance raisonnée*, comme l'autre est une Connoissance *intuitive*.

Pour suppléer à ces bornes étroites de la Raison, il ne nous reste que le Jugement fondé sur des raisonnemens probables.

§. 16. Il y a, en second lieu, d'autres Idées dont on ne peut juger qu'elles conviennent ou disconviennent, autrement que par l'entremise d'autres Idées qui n'ont point de convenance certaine avec les Extrêmes, mais seulement une convenance ordinaire ou vraisemblable; & c'est sur ces Idées qu'il y a occasion d'exercer le Jugement, qui est *cet acquiescement de l'Esprit par lequel on suppose que certaines Idées conviennent entr'elles en les comparant avec ces sortes de Moyens probables*. Quoi que cela ne s'éleve jamais jusqu'à la Connoissance, ni jusqu'à ce qui en fait le plus bas dégré; cependant ces Idées moyennes lient quelquefois les Extrêmes d'une maniére si intime; & la Probabilité est si claire & si forte, que l'Assentiment la suit aussi nécessairement que la Connoissance suit la Démonstration. L'excellence & l'usage du Jugement consiste à observer exactement la force & le poids de chaque Probabilité & à en faire une juste estimation; & ensuite après les avoir, pour ainsi dire, toutes sommées exactement, à se déterminer pour le côté qui emporte la balance.

Intuition, Démonstration, Jugement.

§. 17. La *Connoissance intuitive* est la perception de la convenance ou disconvenance certaine de deux Idées comparées immédiatement ensemble.

La *Connoissance raisonnée* est la perception de la convenance ou disconvenance certaine de deux Idées, par l'intervention d'une ou de plusieurs autres Idées.

Le *Jugement* est la pensée ou la supposition que deux Idées conviennent ou disconviennent, par l'intervention d'une ou de plusieurs Idées dont l'Esprit ne voit pas la convenance ou la disconvenance certaine avec ces deux Idées, mais qu'il a observé être fréquente & ordinaire.

Conséquences

§. 18. Quoi qu'une grande partie des fonctions de la Raison, & ce qui en

De la Raison. Liv. IV.

en fait le sujet ordinaire, ce soit de déduire une Proposition d'une autre, ou de tirer des conséquences par des paroles; cependant le principal acte du Raisonnement consiste à trouver la convenance ou la disconvenance de deux Idées par l'entremise d'une troisiéme, comme un homme trouve par le moyen d'une Aune que la même longueur convient à deux Maisons qu'on ne sauroit joindre ensemble pour en mesurer l'égalité par une *juxta-position*. Les Mots ont leurs conséquences entant qu'ils sont signes de telles ou telles Idées; & les choses conviennent ou disconviennent selon ce qu'elles sont réellement, mais nous ne pouvons le découvrir que par les Idées que nous en avons.

Chap. XVII. déduites des paroles, & conféquences déduites des Idées.

§. 19. Avant que de finir cette matiére, il ne sera pas inutile de faire quelques reflexions sur quatre sortes d'Argumens dont les hommes ont accoûtumé de se servir en raisonnant avec les autres hommes, pour les entraîner dans leurs propres sentimens, ou du moins pour les tenir dans une espèce de respect qui les empêche de contredire.

Quatre sortes d'Argumens.

Le prémier est de citer les opinions des personnes qui par leur Esprit, par leur savoir, par l'éminence de leur rang, par leur puissance, ou par quelque autre raison, se sont fait un nom & ont établi leur réputation sur l'estime commune avec une certaine espèce d'autorité. Lorsque les hommes sont élevez à quelque dignité, on croit qu'il ne sied pas bien à d'autres de les contredire en quoi que ce soit, & que c'est blesser la modestie de mettre en question l'Autorité de ceux qui en sont dejà en possession. Lorsqu'un homme ne se rend pas promptement à des décisions d'Auteurs approuvez que les autres embrassent avec soûmission & avec respect, on est porté à le censurer comme un homme trop plein de vanité: & l'on regarde comme l'effet d'une grande insolence qu'un homme ose établir un sentiment particulier & le soûtenir contre le torrent de l'Antiquité, ou le mettre en opposition avec celui de quelque savant Docteur, ou de quelque fameux Ecrivain. C'est pourquoi celui qui peut appuyer ses opinions sur une telle autorité, croit dès-là être en droit de prétendre la victoire; & il est tout prêt à taxer d'imprudence quiconque osera les attaquer. C'est ce qu'on peut appeller, à mon avis, un Argument *ad verecundiam*.

Le prémier *ad verecundiam*.

§. 20. Un second moyen dont les hommes se servent pour porter & forcer, pour ainsi dire, les autres à soûmettre leur Jugement aux décisions qu'ils ont prononcées eux-mêmes sur l'opinion dont on dispute, c'est d'exiger de leur Adversaire qu'il admette la preuve qu'ils mettent en avant, ou qu'il en assigne une meilleure. C'est ce que j'appelle un Argument *ad Ignorantiam*.

Le second *ad Ignorantiam*.

§. 21. Un troisiéme moyen c'est de presser un homme par les conséquences qui découlent de ses propres Principes, ou de ce qu'il accorde lui-même. C'est un Argument déja connu sous le titre d'Argument *ad hominem*.

Le troisiéme *ad hominem.*)

§. 22. Le quatriéme consiste à employer des preuves tirées de quelqu'une des Sources de la Connoissance ou de la Probabilité. C'est ce que j'appelle un Argument *ad Judicium*. Et c'est le seul de tous les quatre qui soit accompagné d'une véritable instruction & qui nous avance dans le chemin de

Le quatriéme *ad Judicium*.

Chap. XVII. de la Connoiſſance. Car I. de ce que je ne veux pas contredire un homme par reſpect, ou par quelque autre conſideration que celle de la conviction, il ne s'enſuit point que ſon opinion ſoit raiſonnable. II. Ce n'eſt pas à dire qu'un autre homme ſoit dans le bon chemin, ou que je doive entrer dans le même chemin que lui par la raiſon que je n'en connois point de meilleur. III. Dès-là qu'un homme m'a fait voir que j'ai tort, il ne s'enſuit pas qu'il ait raiſon lui-même. Je puis être modeſte, & par cette raiſon ne point attaquer l'opinion d'un autre homme. Je puis être ignorant, & n'être pas capable d'en produire une meilleure. Je puis être dans l'Erreur, & un autre peut me faire voir que je me trompe. Tout cela peut me diſpoſer peut-être à recevoir la Vérité, mais il ne contribuë en rien à m'en donner la connoiſſance; cela doit venir des preuves, des Argumens, & d'une Lumiére qui naiſſe de la nature des choſes mêmes, & non de ma timidité, de mon ignorance, ou de mes égaremens.

Ce que c'eſt que, Selon la Raiſon, Au deſſus de la Raiſon, & Contraire à la Raiſon.

§. 23. Par ce que nous venons de dire de la Raiſon, nous pouvons être en état de former quelque conjecture ſur cette diſtinction des Choſes, entant qu'elles ſont *ſelon la Raiſon*, *au deſſus de la Raiſon*, & *contraires à la Raiſon*.

I. Par celles qui ſont *ſelon la Raiſon* j'entens ces Propoſitions dont nous pouvons découvrir la vérité en examinant & en ſuivant les Idées qui nous viennent par voye de *Senſation* & de *Reflexion*, & que nous trouvons véritables, ou probables par des déductions naturelles.

II. J'appelle *au deſſus de la Raiſon* les Propoſitions dont nous ne voyons pas que la vérité ou la probabilité puiſſe être déduite de ces Principes par le ſecours de la Raiſon.

III. Enfin les Propoſitions *contraires à la Raiſon* ſont celles qui ne peuvent conſiſter ou compatir avec nos Idées claires & diſtinctes. Ainſi, l'exiſtence d'un Dieu eſt ſelon la Raiſon; l'exiſtence de plus d'un Dieu eſt contraire à la Raiſon; & la Reſurrection des Morts eſt au deſſus de la Raiſon. De plus, comme ces mots *au deſſus de la Raiſon* peuvent être pris dans un double ſens, ſavoir pour ce qui eſt hors de la ſphere de la Probabilité ou de la Certitude, je croi que c'eſt auſſi dans ce ſens étendu qu'on dit quelquefois qu'une choſe eſt *contraire à la Raiſon*.

La Raiſon & la Foi ne ſont point deux choſes oppoſées.

24. Le mot de *Raiſon* eſt encore employé dans un autre uſage, par où il eſt oppoſé à la *Foi*: & quoi que ce ſoit là une maniére de parler fort impropre en elle-même, cependant elle eſt ſi fort autoriſée par l'uſage ordinaire, que ce ſeroit une folie de vouloir s'oppoſer, ou remedier à cet inconvenient. Je croi ſeulement qu'il ne ſera pas mal à propos de remarquer que, de quelque maniére qu'on oppoſe la Foi à la Raiſon, la Foi n'eſt autre choſe qu'un ferme Aſſentiment de l'Eſprit, lequel aſſentiment étant réglé comme il doit être, ne peut être donné à aucune choſe que ſur de bonnes raiſons, & par conſequent il ne ſauroit être oppoſé à la Raiſon. Celui qui croit, ſans avoir aucune raiſon de croire, peut être amoureux de ſes propres fantaiſies, mais il n'eſt pas vrai qu'il cherche la Vérité dans l'eſprit qu'il la doit chercher, ni qu'il rende une obeïſſance légitime à ſon Maître

qui

De la Raison. Liv. IV. 573

qui voudroit qu'il fît ufage des Facultez de difcerner les Objets, defquelles Chap. XVII. il l'a enrichi pour le préferver des méprifes & de l'Erreur. Celui qui ne les employe pas à cet ufage autant qu'il eft en fa puiffance, a beau voir quelquefois la Vérité, il n'eft dans le bon chemin que par hazard ; & je ne fai fi le bonheur de cet accident excufera l'irrégularité de fa conduite. Ce qu'il y a de certain, au moins, c'eft qu'il doit être comptable de toutes les fautes où il s'engage : au lieu que celui qui fait ufage de la Lumiére & des Facultez que Dieu lui a données, & qui s'applique fincerement à découvrir la Vérité, par les fecours & l'habileté qu'il a, peut avoir cette fatisfaction en faifant fon devoir comme une Créature raifonnable, qu'encore qu'il vînt à ne pas rencontrer la Vérité, fa recherche ne laiffera pas d'être récompenfée. Car celui-là règle toûjours bien fon Affentiment & le place comme il doit, lorfqu'en quelque cas ou fur quelque matière que ce foit, il croit ou refufe de croire felon que fa Raifon l'y conduit. Celui qui fait autrement, péche contre fes propres Lumiéres, & abufe de ces Facultez qui ne lui ont été données pour aucune autre fin que pour chercher & fuivre la plus claire évidence, & la plus grande probabilité. Mais parce que la Raifon & la Foi font mifes en oppofition par certaines perfonnes, nous allons les confidérer fous ce rapport dans le Chapitre fuivant.

CHAPITRE XVIII.

De la Foi & de la Raifon ; & de leurs bornes diftinctes.

Chap. XVIII.

§. 1. Nous avons montré ci-deffus, 1. Que nous fommes néceffairement dans l'Ignorance, & que toute forte de Connoiffance nous manque, là où les Idées nous manquent. 2. Que nous fommes dans l'ignorance & deftituez de Connoiffance raifonnée, dès que les preuves nous manquent. 3. Que la Connoiffance générale & la certitude nous manquent, par-tout où les Idées fpécifiques, claires & déterminées viennent à nous manquer. 4. Et enfin, Que la Probabilité nous manque pour diriger notre Affentiment dans des matières où nous n'avons ni connoiffance par nous-mêmes, ni témoignage de la part des autres hommes fur quoi notre Raifon puiffe fe fonder.

Il eft néceffaire de connoitre les bornes de la *Foi* & de la *Raifon*.

De ces quatre chofes préfuppofées, on peut venir, je penfe, à établir les bornes qui font entre la Foi & la Raifon : connoiffance dont le défaut a certainement produit dans le Monde de grandes difputes & peut-être bien des méprifes, fi tant eft qu'il n'y ait pas caufé auffi de grands defordres. Car avant que d'avoir déterminé jufqu'où nous fommes guidez par la Raifon, & jufqu'où nous fommes conduits par la Foi, c'eft en vain que nous difputerons, & que nous tâcherons de nous convaincre l'un l'autre fur des Matières de Religion.

§. 2. Je trouve que dans chaque Secte on fe fert avec plaifir de la Raifon autant qu'on en peut tirer quelque fecours ; & que, dès que la Raifon vient

Ce que c'eft que la Foi & la Raifon, entant

Cccc 3 à

Chap.
XVIII.
qu'elles font diſtinctes l'une de l'autre.

à manquer à quelqu'un, de quelque Secte qu'il ſoit, il s'écrie auſſitôt, *c'eſt ici un article de Foi, & qui eſt audeſſus de la Raiſon.* Mais je ne vois pas comment ils peuvent argumenter contre une perſonne d'un autre Parti, ou convaincre un Antagoniſte qui ſe ſert de la même défaite, ſans poſer des bornes préciſes entre la Foi & la Raiſon; ce qui devroit être le prémier point établi dans toutes les Queſtions où la Foi a quelque part.

Conſiderant donc ici la *Raiſon* comme diſtincte de la Foi, je ſuppoſe que c'eſt la découverte de la certitude ou de la probabilité des Propoſitions ou Véritez que l'Eſprit vient à connoître par des déductions tirées d'Idées qu'il a acquiſes par l'uſage de ſes Facultez naturelles, c'eſt-à-dire, par Senſation ou par Reflexion.

La *Foi* d'un autre côté, eſt l'aſſentiment qu'on donne à toute Propoſition qui n'eſt pas ainſi fondée ſur des déductions de la Raiſon, mais ſur le crédit de celui qui les propoſe comme venant de la part de Dieu par quelque communication extraordinaire. Cette maniére de découvrir des véritez aux hommes, c'eſt ce que nous appellons *Revelation.*

Nulle nouvelle Idée ſimple ne peut être introduite dans l'Eſprit par une Revelation Traditionale.

§. 3. Prémierement donc je dis que nul homme inſpiré de Dieu ne peut par aucune Revelation communiquer aux autres hommes aucune nouvelle *Idée ſimple* qu'ils n'euſſent auparavant par voye de Senſation ou de Réflexion. Car quelque impreſſion qu'il puiſſe recevoir immédiatement lui-même de la main de Dieu, ſi cette Revelation eſt compoſée de nouvelles Idées ſimples, elle ne peut être introduite dans l'Eſprit d'un autre homme par des paroles ou par aucun autre ſigne; parce que les paroles ne produiſent point d'autres idées par leur opération immédiate ſur nous que celles de leurs ſons naturels: & c'eſt par la coûtume que nous avons priſe de les employer comme ſignes, qu'ils excitent & réveillent dans notre Eſprit des idées qui y ont été auparavant, & non d'autres. Car des mots vûs ou entendus ne rappellent dans notre Eſprit que les Idées dont nous avons accoûtumé de les prendre pour ſignes, & ne ſauroient y introduire aucune idée ſimple parfaitement nouvelle & auparavant inconnuë. Il en eſt de même à l'égard de tout autre ſigne qui ne peut nous donner à connoître des choſes dont nous n'avons jamais eu auparavant aucune idée.

Ainſi, quelques choſes qui euſſent été découvertes à S. Paul lorſqu'il fut ravi dans le troiſiéme Ciel, quelque nouvelles idées que ſon Eſprit y eût reçu, toute la deſcription qu'il peut faire de ce Lieu aux autres hommes, c'eſt que *ce ſont des choſes que l'Oeuil n'a point vûës, que l'Oreille n'a point ouïes, & qui ne ſont jamais entrées dans le cœur de l'Homme.* Et ſuppoſé que Dieu fît connoître ſurnaturellement à un homme une Eſpèce de Créatures qui habite par exemple dans *Jupiter* ou dans *Saturne*, pourvuë de ſix Sens, (car perſonne ne peut nier qu'il ne puiſſe y avoir de telles Créatures dans ces Planètes) & qu'il vînt à imprimer dans ſon Eſprit les idées qui ſont introduites dans l'Eſprit de ces Habitans de Jupiter ou de Saturne par ce ſixiéme Sens, cet homme ne pourroit non plus faire naître par des paroles dans l'Eſprit des autres hommes les idées produites par ce ſixiéme Sens, qu'un de nous pourroit, par le ſon de certains mots, introduire l'idée d'une Couleur dans l'Eſprit d'un homme qui poſſedant les quatre autres Sens dans

leur

leur perfection, auroit toûjours été privé de celui de la vûë. Par conséquent, c'est uniquement de nos Facultez naturelles que nous pouvons recevoir nos *Idées simples* qui sont le fondement & la seule matiére de toutes nos Notions & de toute notre Connoissance; & nous n'en pouvons absolument recevoir aucune par une *Revelation Traditionale*, si j'ose me servir de ce terme. Je dis une *Revelation Traditionale*, pour la distinguer d'une *Revelation Originale*. J'entens par cette derniére la prémiére impression qui est faite immédiatement par le doigt de Dieu sur l'Esprit d'un homme; impression à laquelle nous ne pouvons fixer aucunes bornes; & par l'autre j'entens ces impressions proposées à d'autres par des paroles & par les voyes ordinaires que nous avons de nous communiquer nos conceptions les uns aux autres.

CHAP.
XVIII.

§. 4. Je dis en second lieu, que les mêmes Véritez que nous pouvons découvrir par la Raison, peuvent nous être communiquées par une Revelation Traditionale. Ainsi Dieu pourroit avoir communiqué aux hommes, par le moyen d'une telle Revelation, la connoissance de la vérité d'une Proposition d'*Euclide*, tout de même que les hommes viennent à la découvrir eux-mêmes par l'usage naturel de leurs Facultez. Mais dans toutes les choses de cette espéce, la Revelation n'est pas fort nécessaire, ni d'un grand usage; parce que Dieu nous a donné des moyens naturels & plus sûrs pour arriver à cette connoissance. Car toute vérité que nous venons à découvrir clairement par la connoissance & par la contemplation de nos propres idées, sera toûjours plus certaine à notre égard que celles qui nous seront enseignées par une *Revelation Traditionale*. Car la connoissance que nous avons que cette Revelation est venuë prémiérement de Dieu, ne peut jamais être si sûre que la Connoissance que produit en nous la perception claire & distincte que nous avons de la convenance ou de la disconvenance de nos propres Idées. Par exemple, s'il avoit été revelé depuis quelques siécles que *les trois Angles d'un Triangle sont égaux à deux Droits*, je pourrois donner mon consentement à la vérité de cette Proposition sur la foi de la Tradition qui assûre qu'elle a été revelée; mais cela ne parviendroit jamais à un si haut dégré de certitude que la connoissance même que j'en aurois en comparant & mesurant mes propres idées de deux Angles Droits, & les trois Angles d'un Triangle. Il en est de même à l'égard d'un Fait qu'on peut connoitre par le moyen des Sens: par exemple, l'Histoire du Déluge nous est communiquée par des Ecrits qui tirent leur origine de la Revelation; cependant personne ne dira, je pense, qu'il a une connoissance aussi certaine & aussi claire du Déluge que *Noé* qui le vit, ou qu'il en auroit eu lui-même s'il eût été alors en vie & qu'il l'eût vû. Car l'assûrance qu'il a que cette Histoire est écrite dans un Livre qu'on suppose écrit par *Moyse* Auteur inspiré, n'est pas plus grande que celle qu'il en a par le moyen de ses Sens; mais l'assûrance qu'il a que c'est *Moyse* qui a écrit ce Livre, n'est pas si grande, que s'il avoit vû *Moyse* qui l'écrivoit actuellement; & par conséquent l'assûrance

La Revelation Traditionale peut nous faire connoître des Propositions qu'on peut connoître par le secours de la Raison, mais non pas avec autant de certitude que par ce dernier moyen.

rance

CHAP.
XVIII.
La Revelation
ne peut être re-
çuë contre une
claire évidence de
la Raison.

rance qu'il a que cette Histoire est une Revelation est toûjours moindre que l'assurance qui lui vient des Sens.

§. 5. Ainsi, à l'égard des Propositions dont la certitude est fondée sur la perception claire de la convenance ou de la disconvenance de nos idées qui nous est connuë ou par une intuition immédiate comme dans les Propositions évidentes par elles-mêmes, ou par des déductions évidentes de la Raison comme dans les Démonstrations, le secours de la Revelation n'est point nécessaire pour gagner notre Assentiment, & pour introduire ces Propositions dans notre Esprit. Parce que les voyes naturelles par où nous vient la Connoissance, peuvent les y établir, ou l'ont déja fait: ce qui est la plus grande assûrance que nous puissions peut-être avoir de quoi que ce soit, hormis lorsque Dieu nous le revele immédiatement; & dans cette occasion même notre assûrance ne sauroit être plus grande que la connoissance que nous avons que c'est une Révélation qui vient de Dieu. Mais je ne croi pourtant pas que sous ce titre rien puisse ébranler ou renverser une connoissance évidente, & engager raisonnablement aucun homme à recevoir pour vrai ce qui est directement contraire à une chose qui se montre à son Entendement avec une parfaite évidence. Car nulle évidence dont puissent être capables les Facultez par où nous recevons de telles Revelations, ne pouvant surpasser la certitude de notre Connoissance *intuitive*, si tant est qu'elle puisse l'égaler: il s'ensuit de-là que nous ne pouvons jamais prendre pour vérité aucune chose qui soit directement contraire à notre Connoissance claire & distincte. Parce que l'évidence que nous avons, *premiérement*, que nous ne nous trompons point en attribuant une telle chose à DIEU, & *en second lieu*, que nous en comprenons le vrai sens, ne peut jamais être si grande que l'évidence de notre propre Connoissance Intuitive par où nous appercevons qu'il est impossible que deux Idées dont nous voyons intuitivement la disconvenance, doivent être regardées ou admises comme ayant une parfaite convenance entr'elles. Et par conséquent, nulle Proposition ne peut être reçuë pour Revelation divine, ou obtenir l'assentiment qui est dû à toute Revelation émanée de Dieu, si elle est contradictoirement opposée à notre Connoissance claire & de simple vûë; parce que ce seroit renverser les Principes & les fondemens de toute Connoissance & de tout assentiment; de sorte qu'il ne resteroit plus de différence dans le Monde entre la Vérité & la Fausseté, nulles mesures du Croyable & de l'Incroyable, si des Propositions douteuses devoient prendre place devant des Propositions évidentes par elles-mêmes, & que ce que nous connoissons certainement, dût ceder le pas à ce sur quoi nous sommes peut-être dans l'erreur. Il est donc inutile de presser comme articles de Foi des Propositions contraires à la perception claire que nous avons de la convenance ou de la disconvenance d'aucune de nos Idées. Elles ne sauroient gagner notre assentiment sous ce titre, ou sous quelque autre que ce soit. Car la Foi ne peut nous convaincre d'aucune chose qui soit contraire à notre Connoissance; parce qu'encore que la Foi soit fondée sur le témoignage de Dieu, qui ne peut mentir, & par qui telle ou telle Proposition nous est revelée, cependant nous ne saurions être assûrez qu'elle est véritablement une Reve-

& de leurs bornes distinctes. Liv. IV. 577

Revelation divine, avec plus de certitude que nous le sommes de la vérité CHAP. de notre propre Connoissance; puisque toute la force de la Certitude dé- XVIII. pend de la connoissance que nous avons que c'est Dieu qui a revelé cette Proposition; de sorte qne dans ce cas où l'on suppose que la Proposition revelée est contraire à notre Connoissance ou à notre Raison, elle sera toûjours en butte à cette Objection, Que nous ne saurions dire comment il est possible de concevoir qu'une chose vienne de Dieu, ce bienfaisant Auteur de notre Etre, laquelle étant reçuë pour véritable, doit renverser tous les Principes & tous les fondemens de Connoissance, qu'il nous a donnez, rendre toutes nos Facultez inutiles, détruire absolument la plus excellente partie de son Ouvrage, je veux dire notre Entendement, & réduire l'Homme dans un état où il aura moins de lumiére & de moyens de se conduire que les Bêtes qui périssent. Car si l'Esprit de l'Homme ne peut jamais avoir une évidence plus claire, ni peut-être si claire qu'une chose est de Revelation divine, que celle qu'il a des Principes de sa propre Raison, il ne peut jamais avoir aucun fondement de renoncer à la pleine évidence de sa propre Raison pour recevoir à la place une Proposition dont la revelation n'est pas accompagnée d'une plus grande évidence que ces Principes.

§. 6. Jusques là un homme a droit de faire usage de sa Raison & est obli- *Moins encore la* gé de l'écouter, même à l'égard d'une Revelation originale & immédiate *Revelation Traditionale.* qu'on suppose avoir été faite à lui-même. Mais pour tous ceux qui ne prétendent pas à une Revelation immédiate & de qui l'on exige qu'ils reçoivent avec soûmission des Véritez, revelées à d'autres hommes, qui leur sont communiquées par des Ecrits que la Tradition a fait passer entre leurs mains, ou par des Paroles sorties de la bouche d'une autre personne, ils ont beaucoup plus à faire de la Raison, & il n'y a qu'elle qui puisse nous engager à recevoir ces sortes de véritez. Car ce qui est matiére de Foi étant seulement une Revelation divine, & rien autre chose; la Foi, à prendre ce mot pour ce que nous appellons communément *Foi divine*, n'a rien à faire avec aucune autre Proposition que celles qu'on suppose divinement revelées. De sorte que je ne vois pas comment ceux qui tiennent que la seule Revelation est l'unique objet de la Foi, peuvent dire, que c'est une matiére de Foi & non de Raison, de croire que telle ou telle Proposition qu'on peut trouver dans tel ou tel Livre est d'inspiration divine, à moins qu'ils ne sachent par revelation que cette Proposition ou toutes celles qui sont dans ce Livre, ont été communiquées par une Inspiration divine. Sans une telle revelation, croire ou ne pas croire que cette Proposition ou ce Livre ait une autorité divine, ne peut jamais être une matiére de Foi, mais de Raison, jusqueslà que je ne puis venir à y donner mon consentement que par l'usage de ma Raison, qui ne peut jamais exiger de moi, ou me mettre en état de croire ce qui est contraire à elle-même, étant impossible à la Raison de porter jamais l'Esprit à donner son assentiment à ce qu'elle-même trouve déraisonnable.

Par conséquent dans toutes les choses où nous recevons une claire évidence par nos propres Idées & par les Principes de Connoissance dont j'ai parlé ci-dessus, la Raison est le vrai Juge competent; & quoi que la Revelation
Dddd

De la Foi & de la Raiſon;

velation en s'accordant avec elle puiſſe confirmer ſes déciſions, elle ne ſauroit pourtant, dans de tels cas, invalider ſes decrets ; & par-tout où nous avons une déciſion claire & évidente de la Raiſon, nous ne pouvons être obligez d'y renoncer pour embraſſer l'opinion contraire, ſous prétexte que c'eſt une Matiére de Foi ; car la Foi ne peut avoir aucune autorité contre des déciſions claires & expreſſes de la Raiſon.

Les choſes qui ſont au deſſus de la Raiſon.

§. 7. Mais en troiſiéme lieu, comme il y a pluſieurs choſes ſur quoi nous n'avons que des notions fort imparfaites ou ſur quoi nous n'en avons abſolument point ; & d'autres dont nous ne pouvons point connoître l'exiſtence paſſée, préſente, ou à venir, par l'uſage naturel de nos Facultez ; comme, dis-je, ces choſes ſont au delà de ce que nos Facultez naturelles peuvent découvrir & au deſſus de la Raiſon, ce ſont de propres Matiéres de Foi lorſqu'elles ſont revelées. Ainſi, qu'une partie des Anges ſe ſoient rebellez contre Dieu, & qu'à cauſe de cela ils ayent été privez du bonheur de leur prémier état ; & que les Morts reſſuſciteront & vivront encore ; ces choſes & autres ſemblables étant au delà de ce que la Raiſon peut découvrir, ſont purement des Matiéres de Foi avec leſquelles la Raiſon n'a rien à voir directement.

Ou non contraires à la Raiſon, ſi elles ſont revelées, ſont des Matieres de Foi.

§. 8. Mais parce que Dieu en nous accordant la Lumiére de la Raiſon, ne s'eſt pas ôté par-là la liberté de nous donner, lorſqu'il le juge à propos, le ſecours de la Revelation ſur les matiéres où nos Facultez naturelles ſont capables de nous déterminer par des raiſons probables ; dans ce cas lorſqu'il a plû à Dieu de nous fournir ce ſecours extraordinaire, la Revelation doit l'emporter ſur les conjectures probables de la Raiſon. Parce que l'Eſprit n'étant pas certain de la vérité de ce qu'il ne connoit pas évidemment, mais ſe laiſſant ſeulement entraîner à la probabilité qu'il y découvre eſt obligé de donner ſon aſſentiment à un témoignage qu'il ſait venir de Celui qui ne peut tromper ni être trompé. Cependant il appartient toûjours à la Raiſon de juger ſi c'eſt véritablement une Revelation, & quelle eſt la ſignification des paroles dans leſquelles elle eſt propoſée. Il eſt vrai que ſi une choſe qui eſt contraire aux Principes évidens de la Raiſon & à la connoiſſance manifeſte que l'Eſprit a de ſes propres Idées claires & diſtinctes, paſſe pour Revelation, il faut alors écouter la Raiſon ſur cela comme ſur une matiére dont elle a droit de juger ; puiſqu'un homme ne peut jamais connoître ſi certainement, qu'une Propoſition contraire aux Principes clairs & évidens de ſes Connoiſſances naturelles, eſt revelée, ou qu'il entend bien les mots dans leſquels elle lui eſt propoſée, qu'il connoit que la Propoſition contraire eſt véritable ; & par conſéquent il eſt obligé de conſiderer, d'examiner cette Propoſition comme une Matiére qui eſt du reſſort de la Raiſon, & non de la recevoir ſans examen, comme un Article de Foi.

Il faut écouter la Revelation dans des Matiéres où la Raiſon ne ſau-

§. 9. Prémiérement donc toute Propoſition revelée, de la vérité de laquelle l'Eſprit ne ſauroit juger par ſes Facultez & Notions naturelles, eſt pure matiére de Foi, & au deſſus de la Raiſon.

En

& de leurs bornes distinctes. Liv. IV.   579

En second lieu, toutes les Propositions sur lesquelles l'Esprit peut se déterminer, avec le secours de ses Facultez naturelles, par des déductions tirées des idées qu'il a acquises naturellement, sont du ressort de la Raison, mais toûjours avec cette différence qu'à l'égard de celles sur lesquelles l'Esprit n'a qu'une évidence incertaine, n'étant persuadé de leur vérité que sur des fondemens probables, qui n'empêchent point que le contraire ne puisse être vrai sans faire violence à l'évidence certaine de ses propres Connoissances, & sans détruire les Principes de tout Raisonnement ; à l'égard, dis-je, de ces Propositions probables, une Revelation évidente doit déterminer notre assentiment, & même contre la probabilité. Car lorsque les Principes de la Raison n'ont pas fait voir évidemment qu'une Proposition est certainement vraye ou fausse, en ce cas-là une Revelation manifeste, comme un autre Principe de vérité, & un autre fondement d'assentiment, a lieu de déterminer l'Esprit ; & ainsi la Proposition appuyée de la Revelation devient matiére de Foi, & au-dessus de la Raison. Parce que dans cet article particulier la Raison ne pouvant s'élever au-dessus de la Probabilité, la Foi a déterminé l'Esprit où la Raison est venuë à manquer, la Revelation ayant découvert de quel côté se trouve la Vérité.

CHAP. XVIII
roit juger ou dont elle ne peut porter que des jugemens probables.

§. 10. Jusques-là s'étend l'Empire de la Foi, & cela sans faire aucune violence ou aucun obstacle à la Raison, qui n'est point blessée ou troublée, mais assistée & perfectionnée par de nouvelles découvertes de la Vérité, émanées de la source éternelle de toute Connoissance. Tout ce que Dieu a revelé, est certainement véritable, on n'en sauroit douter. Et c'est-là le propre objet de la Foi. Mais pour savoir si le Point en question est une Revelation ou non, il faut que la Raison en juge, elle qui ne peut jamais permettre à l'Esprit de rejetter une plus grande évidence pour embrasser ce qui est moins évident, ni se déclarer pour la probabilité par opposition à la Connoissance & à la Certitude. Il ne peut point y avoir d'évidence, qu'une Revelation connuë par Tradition vient de Dieu dans les termes que nous la recevons & dans le sens que nous l'entendons, qui soit si claire & si certaine que celle des Principes de la Raison. C'est pourquoi *nulle chose contraire ou incompatible avec des décisions de la Raison, claires & évidentes par elles-mêmes, n'a droit d'être pressée ou reçuë comme une Matiére de Foi à laquelle la Raison n'ait rien à voir.* Tout ce qui est Revelation divine, doit prévaloir sur nos opinions, sur nos préjugez, & nos intérêts, & est en droit d'exiger de l'Esprit un parfait assentiment. Mais une telle soûmission de notre Raison à la Foi ne renverse pas les limites de la Connoissance, & n'ébranle pas les fondemens de la Raison, mais nous laisse la liberté d'employer nos Facultez à l'usage pour lequel elles nous ont été données.

Il faut écouter la Raison dans des matiéres où elle peut fournir une Connoissance certaine.

§. 11. Si l'on n'a pas soin de distinguer les différentes Jurisdictions de la Foi & de la Raison par le moyen de ces bornes, la Raison n'aura absolument point de lieu en matiére de Religion, & l'on n'aura aucun droit de blâmer les opinions & les cérémonies extravagantes qu'on remarque dans la plûpart des Religions du Monde ; car c'est à cette coûtume

Si l'on n'établit pas des bornes entre la Foi & la Raison, il n'y a rien de si fanatique ou de si extravagant en

Dddd 2   d'en

CHAP. XVIII. matiére de Religion qui puisse être refuté.

d'en appeller à la Foi par opposition à la Raison qu'on peut, je pense, attribuer, en grand' partie, ces absurditez dont la plûpart des Religions qui divisent le Genre Humain, sont remplies. Les hommes ayant été une fois imbus de cette opinion, Qu'ils ne doivent pas consulter la Raison dans les choses qui regardent la Religion quoi que visiblement contraires au sens commun & aux Principes de toute leur Connoissance, ils ont lâché la bride à leurs fantaisies & au penchant qu'ils ont naturellement vers la Superstition, par où ils ont été entraînez dans des opinions si étranges, & dans des pratiques si extravagantes en fait de Religion qu'un homme raisonnable ne peut qu'être surpris de leur folie, & que regarder ces opinions & ces pratiques comme des choses si éloignées d'être agréables à Dieu, cet Etre suprême qui est la Sagesse même, qu'il ne peut s'empêcher de croire qu'elles paroissent ridicules & choquantes à tout homme qui a l'esprit & le cœur bien fait. De sorte que dans le fond la Religion qui devroit nous distinguer le plus des Bêtes & contribuer plus particulierement à nous élever comme des Créatures raisonnables au dessus des Brutes, est la chose en quoi les hommes paroissent souvent le plus déraisonnables, & plus insensez que les Bêtes mêmes. *Credo quia impossibile est*, Je le croi parce qu'il est impossible, est une maxime qui peut passer dans un homme de bien pour un emportement de zèle; mais ce seroit une fort méchante règle pour déterminer les hommes dans le choix de leurs opinions ou de leur Religion.

CHAP. XIX.

CHAPITRE XIX.

De l'Enthousiasme.

Combien il est nécessaire d'aimer la Vérité.

§. I. QUICONQUE veut chercher serieusement la Vérité, doit avant toutes choses concevoir de l'amour pour Elle. Car celui qui ne l'aime point, ne sauroit se tourmenter beaucoup pour l'acquérir, ni être beaucoup en peine lorsqu'il manque de la trouver. Il n'y a personne dans la République des Lettres qui ne fasse profession ouverte d'être amateur de la Vérité; & il n'y a point de Créature raisonnable qui ne prît en mauvaise part de passer dans l'Esprit des autres pour avoir une inclination contraire. Mais avec tout cela, l'on peut dire sans se tromper, qu'il y a fort peu de gens qui aiment la Vérité pour l'amour de la Vérité, parmi ceux-là même qui croyent être de ce nombre. Sur quoi il vaudroit la peine d'examiner comment un homme peut connoître qu'il aime sincerement la Vérité. Pour moi, je croi qu'en voici une preuve infaillible, c'est *de ne pas recevoir une Proposition avec plus d'assûrance, que les preuves sur lesquelles elle est fondée ne le permettent.* Il est visible que quiconque va au delà de cette mesure, n'embrasse pas la Vérité par l'amour qu'il a pour elle, qu'il n'aime pas la Vérité pour l'amour d'elle-même, mais pour quelque autre fin indirecte. Car l'évidence qu'une Proposition est véritable (excepté celles
qui

qui sont évidentes par elles-mêmes) consistant uniquement dans les preu- CHAP. XIX. ves qu'un homme en a, il est clair que quelques dégrez d'assentiment qu'il lui donne au delà des dégrez de cette évidence, tout ce surplus d'assûrance est dû à quelque autre passion, & non à l'amour de la Vérité. Parce qu'il est aussi impossible que l'amour de la Vérité emporte mon assentiment au dessus de l'évidence que j'ai qu'une telle Proposition est véritable, qu'il est impossible que l'amour de la Vérité me fasse donner mon consentement à une Proposition en consideration d'une évidence qui ne me fait pas voir que cette Proposition soit véritable; ce qui est en effet embrasser cette Proposition comme une vérité, parce qu'il est possible ou probable qu'elle ne soit pas véritable. Dans toute vérité qui ne s'établit pas dans notre Esprit par la lumiére irrésistible d'une * *évidence immédiate*, ou par la force d'une Démonstration, les argumens qui entraînent son assentiment, sont les garants & le gage de sa probabilité à notre égard, & nous ne pouvons la recevoir que pour ce que ces Argumens la font voir à notre Entendement; de sorte que quelque autorité que nous donnions à une Proposition, au delà de ce qu'elle reçoit des Principes & des preuves sur quoi elle est appuyée, on en doit attribuer la cause au penchant qui nous entraîne de ce côté-là; & c'est déroger d'autant à l'amour de la Vérité, qui ne pouvant recevoir aucune évidence de nos passions, n'en doit recevoir non plus aucune teinture.

* *Voyez la Note qui est à la page 488. pour savoir ce qu'il faut entendre par cette expression.*

§. 2. Une suite constante de cette mauvaise disposition d'Esprit, c'est de s'attribuer l'autorité de prescrire aux autres nos propres opinions. Car le moyen qu'il puisse presque arriver autrement, sinon que celui qui a déja imposé à sa propre Croyance, soit prêt d'imposer à la Croyance d'autrui? Qui peut attendre raisonnablement, qu'un homme employe des Argumens & des preuves convaincantes auprès des autres hommes, si son Entendement n'est pas accoûtumé à s'en servir pour lui-même; s'il fait violence à ses propres Facultez, s'il tyrannise son Esprit & usurpe une prérogative uniquement dûe à la Vérité, qui est d'exiger l'assentiment de l'Esprit par sa seule autorité, c'est-à-dire à proportion de l'évidence que la Vérité emporte avec elle.

D'où vient le penchant que les hommes ont d'imposer leurs opinions aux autres.

§. 3. A cette occasion je prendrai la liberté de considerer un troisiéme fondement d'assentiment, auquel certaines gens attribuent la même autorité qu'à la Foi ou à la Raison, & sur lequel ils s'appuyent avec une aussi grande confiance; je veux parler de l'*Enthousiasme*, qui laissant la Raison à quartier, voudroit établir la Revelation sans elle, mais qui par-là détruit en effet la Raison & la Revelation tout à la fois, & leur substituë de vaines fantaisies, qu'un homme a forgées lui-même, & qu'il prend pour un fondement solide de croyance & de conduite.

La force de l'Enthousiasme.

§. 4. La *Raison* est une Revelation naturelle, par où le Pére de Lumiére, la source éternelle de toute Connoissance, communique aux hommes cette portion de vérité qu'il a mise à la portée de leurs Facultez naturelles. Et la *Revelation* est la Raison naturelle augmentée par un nouveau fonds de découvertes émanées immédiatement de Dieu, & dont la Raison établit la véri-

Ce que c'est que la Raison & la Revelation.

CHAP. XIX. vérité par le témoignage & les preuves qu'elle employe pour montrer qu'elles viennent effectivement de Dieu; de sorte que celui qui proscrit la Raison pour faire place à la Revelation, éteint ces deux Flambeaux tout à la fois, & fait la même chose que s'il vouloit persuader à un homme de s'arracher les yeux pour mieux recevoir par le moyen d'un Telescope, la lumiére éloignée d'une Etoile qu'il ne peut voir par le secours de ses yeux.

Source de l'Enthousiasme.

§. 5. Mais les hommes trouvant qu'une Revelation immédiate est un moyen plus facile pour établir leurs opinions & pour régler leur conduite que le travail de raisonner juste; travail pénible, ennuyeux, & qui n'est pas toûjours suivi d'un heureux succès, il ne faut pas s'étonner qu'ils ayent été fort sujets à prétendre avoir des Revelations & à se persuader à eux-mêmes qu'ils sont sous la direction particuliére du Ciel par rapport à leurs actions & à leurs opinions, sur-tout à l'égard de celles qu'ils ne peuvent justifier par les Principes de la Raison & par les voyes ordinaires de parvenir à la Connoissance. Aussi voyons-nous que dans tous les siécles les hommes en qui la melancholie a été mêlée avec la dévotion, & dont la bonne opinion d'eux-mêmes leur a fait accroire qu'ils avoient une plus étroite familiarité avec Dieu & plus de part à sa Faveur que les autres hommes, se sont souvent flattez d'avoir un commerce immédiat avec la Divinité & de fréquentes communications avec l'Esprit divin. On ne peut nier que Dieu ne puisse illuminer l'Entendement par un rayon qui vient immédiatement de cette source de Lumiére. Ils s'imaginent que c'est là ce qu'il a promis de faire; & cela posé, qui peut avoir plus de droit de prétendre à cet avantage que ceux qui sont son Peuple particulier, choisi de sa main, & soûmis à ses ordres?

Ce que c'est que l'Enthousiasme.

§. 6. Leurs Esprits ainsi prévenus, quelque opinion frivole qui vienne à s'établir fortement dans leur fantaisie, c'est une illumination qui vient de l'Esprit de Dieu, & qui est en même temps d'une autorité divine; & à quelque action extravagante qu'ils se sentent portez par une forte inclination, ils concluent que c'est une vocation ou une direction du Ciel qu'ils sont obligez de suivre. C'est un ordre d'enhaut, ils ne sauroient errer en l'exécutant.

§. 7. Je suppose que c'est là ce qu'il faut entendre proprement par Enthousiasme, qui sans être fondé sur la Raison ou sur la Revelation divine, mais procedant de l'imagination d'un Esprit échauffé ou plein de lui-même, n'a pas plûtôt pris racine quelque part, qu'il a plus d'influence sur les Opinions & les Actions des hommes que la Raison ou la Revelation, prises séparément ou jointes ensemble; car les hommes ont beaucoup de penchant à suivre les impulsions qu'ils reçoivent d'eux-mêmes; & il est sûr que tout homme agit plus vigoureusement lorsque c'est un mouvement naturel qui l'entraîne tout entier. Une forte imagination s'étant une fois emparée de l'Esprit sous l'idée d'un nouveau Principe, emporte aisément tout avec elle, lorsqu'élevée au dessus du sens commun & délivrée du joug de la Raison & de l'importunité des Reflexions elle est parvenuë à une autorité divine & soûtenuë en même temps par notre inclination & par notre propre temperament.

§. 8. Quoi

§. 8. Quoi que les Opinions & les Actions extravagantes où l'Enthou- CHAP. XIX.
fiafme a engagé les hommes, duſſent ſuffire pour les précautionner contre L'Enthouſiaſ-
ce faux Principe qui eſt ſi propre à les jetter dans l'égarement, tant à l'é- me pris fauſſe-
gard de leur croyance qu'à l'égard de leur conduite; cependant l'amour que vûë & un ſen-
les hommes ont pour ce qui eſt extraordinaire, la commodité & la gloire timent.
qu'il y a d'être inſpiré & élevé au deſſus des voyes ordinaires & communes
de parvenir à la Connoiſſance, flattent ſi fort la pareſſe, l'ignorance, & la
vanité de quantité de gens, que lorſqu'ils ſont une fois entêtez de cette
maniére de Revelation immédiate, de cette eſpèce d'illumination ſans recherche, de certitude ſans preuves & ſans examen, il eſt difficile de les tirer de là. La Raiſon eſt perduë pour eux. ,, Ils ſe ſont élevez au deſſus
,, d'elle; ils voyent la Lumiére infuſe dans leur Entendement, & ne peu-
,, vent ſe tromper. Cette Lumiére y paroît viſiblement: ſemblable à l'é-
,, clat d'un beau Soleil, elle ſe montre elle-même, & n'a beſoin d'autre
,, preuve que de ſa propre évidence. Ils ſentent, diſent-ils, la main de
,, Dieu qui les pouſſe intérieurement; ils ſentent les impulſions de l'Eſprit,
,, & ils ne peuvent ſe tromper ſur ce qu'ils ſentent. C'eſt par-là qu'ils ſe
défendent, & qu'ils ſe perſuadent que la Raiſon n'a rien à démêler avec ce
qu'ils voyent, & qu'ils ſentent en eux-mêmes. ,, Ce ſont des choſes dont
,, ils ont une expérience ſenſible, & qui ſont par conſéquent au deſſus de
,, tout doute & n'ont beſoin d'aucune preuve. Ne ſeroit-on pas ridicule
,, d'exiger d'un homme qu'il eût à prouver que la Lumiére brille, & qu'il
,, la voit? Elle eſt elle-même une preuve de ſon éclat, & n'en peut avoir
,, d'autre. Lorſque l'Eſprit divin porte la lumiére dans nos Ames, il en
,, écarte les ténèbres, & nous voyons cette lumiére comme nous voyons
,, celle du Soleil en plein Midi, ſans avoir beſoin que le Crepuſcule de la
,, Raiſon nous la montre. Cette lumiére qui vient du Ciel eſt vive, claire
,, & pure, elle emporte ſa propre démonſtration avec elle; & nous pou-
,, vons avec autant de raiſon prendre un ver luiſant pour nous aider à voir
,, le Soleil, qu'à examiner ce rayon céleſte à la faveur de notre Raiſon qui
,, n'eſt qu'un foible & obſcur lumignon.

§. 9. C'eſt le Langage ordinaire de ces gens-là. Ils ſont aſſûrez, parce
qu'ils ſont aſſûrez; & leur perſuaſions ſont droites, parce qu'elles ſont fortement établies dans leur Eſprit. Car c'eſt à quoi ſe réduit tout ce qu'ils
diſent, après qu'on l'a détaché des métaphores priſes de la *vûë* & du *ſentiment*, dont ils l'enveloppent. Cependant ce Langage figuré leur impoſe
ſi fort, qu'il leur tient lieu de certitude pour eux-memes, & de démonſtration à l'égard des autres.

§. 10. Mais pour examiner avec un peu d'exactitude cette lumiére inte- Comment on
rieure & ce ſentiment ſur quoi ces perſonnes font tant de fonds. Il y a, di- peut découvrir
ſent-ils, une lumiére claire au dedans d'eux, & ils la voyent. Ils ont un l'Enthouſiaſme.
ſentiment vif, & ils le ſentent. Ils en ſont aſſûrez, & ne voyent pas qu'on
puiſſe le leur diſputer. Car lorſqu'un homme dit qu'il voit ou qu'il ſent,
perſonne ne peut lui nier qu'il voye ou qu'il ſente. Mais qu'ils me permettent à mon tour de leur faire ici quelques Queſtions. Cette vûë, eſt-elle
la perception de la vérité d'une Propoſition, ou de ceci, *que c'eſt une Re-
vela-*

CHAP. XIX. *velation qui vient de Dieu*? Ce fentiment, eſt-il une perception d'une inclination ou fantaiſie de faire quelque choſe, ou bien de l'Eſprit de Dieu qui produit en eux cette inclination? Ce font là deux perceptions fort différentes, & que nous devons diſtinguer ſoigneuſement, ſi nous ne voulons pas nous abuſer nous-mêmes. Je puis appercevoir la vérité d'une Propoſition, & cependant ne pas appercevoir que c'eſt une Revelation immédiate de Dieu. Je puis appercevoir dans Euclide la vérité d'une Propoſition, ſans qu'elle ſoit ou que j'apperçoive qu'elle ſoit une Revelation. Je puis appercevoir auſſi que je n'en ai pas acquis la connoiſſance par une voye naturelle; d'où je puis conclurre qu'elle m'eſt revelée, ſans appercevoir pourtant que c'eſt une Revelation qui vient de Dieu; parce qu'il y a des Eſprits qui ſans en avoir reçu la commiſſion de la part de Dieu, peuvent exciter ces idées en moi, & les préſenter à mon Eſprit dans un tel ordre que j'en puiſſe appercevoir la connexion. De ſorte que la connoiſſance d'une Propoſition qui vient dans mon Eſprit je ne ſai comment, n'eſt pas une perception qu'elle vienne de Dieu. Moins encore une forte perſuaſion que cette Propoſition eſt véritable, eſt-elle une perception qu'elle vient de Dieu, ou même qu'elle eſt véritable. Mais quoi qu'on donne à une telle penſée le nom de *lumiére* & de *vûë*, je croi que ce n'eſt tout au plus que croyance & confiance: & la Propoſition qu'ils ſuppoſent être une Revelation, n'eſt pas une Propoſition qu'ils connoiſſent véritable, mais qu'ils préſument véritable. Car lorſqu'on *connoit* qu'une Propoſition eſt véritable, la Revelation eſt inutile. Et il eſt difficile de concevoir comment un homme peut avoir une revelation de ce qu'il connoit déjà. Si donc c'eſt une Propoſition de la vérité de laquelle ils ſoient perſuadez, ſans *connoître* qu'elle ſoit véritable, ce n'eſt pas voir, mais croire; quel que ſoit le nom qu'ils donnent à une telle perſuaſion. Car ce ſont deux voyes par où la Vérité entre dans l'Eſprit, tout-à-fait diſtinctes, de ſorte que l'une n'eſt pas l'autre. Ce que je vois, je connois qu'il eſt tel que je le vois, par l'évidence de la choſe même. Et ce que je crois, je le ſuppoſe véritable par le témoignage d'autrui. Mais je dois connoître que ce témoignage a été rendu: autrement, quel fondement puis-je avoir de croire? Je dois voir que c'eſt Dieu qui me revele cela, ou bien je ne vois rien. La queſtion ſe réduit donc à ſavoir comment je connois, que c'eſt Dieu qui me revele cela, que cette impreſſion eſt faite ſur mon Ame par ſon Saint Eſprit, & que je ſuis par conféquent obligé de la ſuivre. Si je ne connois pas cela, mon aſſûrance eſt ſans fondement, quelque grande qu'elle ſoit, & toute la lumiére dont je prétens être éclairé, n'eſt qu'Enthouſiaſme. Car ſoit que la Propoſition qu'on ſuppoſe revelée ſoit en elle-même évidemment véritable, ou viſiblement probable, ou incertaine, à en juger par les voyes ordinaires de la Connoiſſance, la vérité qu'il faut établir ſolidement & prouver évidemment, c'eſt que Dieu a revelé cette Propoſition, & que ce que je prens pour Revelation a été mis certainement dans mon Eſprit par lui-même, & que ce n'eſt pas une illuſion qui y ait été inſinuée par quelque autre Eſprit, ou excitée par ma propre fantaiſie. Car, ſi je ne me trompe, ces gens-là prennent une telle choſe pour vraye, parce qu'ils préſument que Dieu l'a reve-

revelée. Cela étant, ne leur est-il pas de la derniére importance d'examiner sur quel fondement ils présument que c'est une Revelation qui vient de Dieu? Sans cela, leur confiance ne sera que pure présomption; & cette lumiére dont ils sont si fort éblouïs, ne sera autre chose qu'un *Feu follet* qui les promenera sans cesse autour de ce cercle, *C'est une Revelation parce que je le croi fortement, & je le croi parce que c'est une Revelation.*

CHAP. XIX.

§. 11. A l'égard de tout ce qui est de revelation divine, il n'est pas nécessaire de le prouver autrement qu'en faisant voir que c'est véritablement une Inspiration qui vient de Dieu, car cet Etre qui est tout bon & tout sage ne peut ni tromper ni être trompé. Mais comment pourrons-nous connoître qu'une Proposition que nous avons dans l'Esprit, est une vérité que Dieu nous a inspirée, qu'il nous a revelée, qu'il expose lui-même à nos yeux, & que pour cet effet nous devons croire? C'est ici que l'*Enthousiasme* manque d'avoir l'évidence à laquelle il prétend. Car les personnes prévenuës de cette imagination se glorifient d'une lumiére qui les éclaire, à ce qu'ils disent, & qui leur communique la connoissance de telle ou telle vérité. Mais s'ils connoissent que c'est une vérité, ils doivent le connoître ou par sa propre évidence, ou par les preuves naturelles qui le démontrent visiblement. S'ils voyent & connoissent que c'est une vérité par l'une de ces deux voyes, ils supposent en vain que c'est une Revelation; car ils connoissent que cela est vrai par la même voye que tout autre homme le peut connoître naturellement sans le secours de la Revelation, puisque c'est effectivement ainsi que toutes les véritez que des hommes non-inspirez viennent à connoître, entrent dans leurs Esprits & s'y établissent de quelque espèce qu'elles soient. S'ils disent qu'ils savent que cela est vrai, parce que c'est une Revelation émanée de Dieu, la raison est bonne: mais alors on leur demandera, comment ils viennent à connoître que c'est une Revelation qui vient de Dieu. S'ils disent qu'ils le connoissent par la lumiére que la chose porte avec elle, lumiére qui brille, qui éclatte dans leur Ame & à laquelle ils ne sauroient résister, je les prierai de considerer si cela signifie autre chose que ce que nous avons déja remarqué, savoir, Que c'est une Revelation parce qu'ils croyent fortement qu'il est véritable; toute la lumiére dont ils parlent, n'étant qu'une persuasion fortement établie dans leur Esprit, mais sans aucun fondement que c'est une vérité. Car pour des fondemens raisonnables, tirez de quelque preuve qui montre que c'est une vérité, ils doivent reconnoître qu'ils n'en ont point; parce que, s'ils en ont, ils ne le reçoivent plus comme une Revelation, mais sur les fondemens ordinaires sur lesquels on reçoit d'autres véritez: & s'ils croyent qu'il est vrai parce que c'est une Revelation, & qu'ils n'ayent point d'autre raison pour prouver que c'est une Revelation sinon qu'ils sont pleinement persuadez qu'il est véritable sans aucun autre fondement que cette même persuasion, ils croyent que c'est une Revelation seulement parce qu'ils croyent fortement que c'est une Revelation; ce qui est un fondement très-peu sûr pour s'y appuyer, tant à l'égard de nos opinions qu'à l'égard de notre conduite. Et je vous prie, quel autre moyen peut être plus propre à nous précipiter dans les erreurs & dans les méprises les plus extravagantes, que de prendre ainsi notre

L'Enthousiasme ne sauroit prouver qu'une Proposition vient de Dieu.

CHAP. XIX. propre Fantaisie pour notre suprême & unique guide, & de croire qu'une Proposition est véritable, qu'une action est droite, seulement parce que nous le croyons? La force de nos persuasions n'est nullement une preuve de leur rectitude. Les choses courbées peuvent être aussi roides & difficiles à plier que celles qui sont droites; & les hommes peuvent être aussi décisifs à l'égard de l'Erreur qu'à l'égard de la Vérité. Et comment se formeroient autrement ces Zélez intraitables dans des Partis différens & directement opposez? En effet, si la lumière que chacun croit être dans son Esprit, & qui dans ce cas n'est autre chose que la force de sa propre persuasion, si cette lumière, dis-je, est une preuve que la chose dont on est persuadé, vient de Dieu, des opinions contraires peuvent avoir le même droit de passer pour des Inspirations; & Dieu ne sera pas seulement le Pére de la Lumière, mais de Lumières diametralement opposées qui conduisent les hommes dans des routes contraires; de sorte que des Propositions contradictoires seront des véritez divines, si la force de l'assurance, quoi que destituée de fondement, peut prouver qu'une Proposition est une Revelation divine.

La force de la persuasion ne prouve point qu'une Proposition vienne de Dieu.

§. 12. Cela ne sauroit être autrement, tandis que la force de la persuasion est établie pour cause de croire, & qu'on regarde la confiance d'avoir raison comme une preuve de la vérité de ce qu'on veut soûtenir. S. *Paul* lui-même croyoit bien faire, & être appellé à faire ce qu'il faisoit quand il persecutoit les Chrétiens, croyant fortement qu'ils avoient tort. Cependant c'étoit lui qui se trompoit, & non pas les Chrétiens. Les gens de bien sont toûjours hommes, sujets à se méprendre, & souvent fortement engagez dans des erreurs qu'ils prennent pour autant de véritez divines qui brillent dans leur Esprit avec le dernier éclat.

Une lumière dans l'Esprit, ce que c'est.

§. 13. Dans l'Esprit la lumière, la vraye lumière n'est ou ne peut être autre chose que l'évidence de la vérité de quelque Proposition que ce soit; & si ce n'est pas une Proposition évidente par elle-même, toute la lumière qu'elle peut avoir, vient de la clarté & de la validité des preuves sur lesquelles on la reçoit. Parler d'aucune autre lumière dans l'Entendement, c'est s'abandonner aux ténèbres ou à la puissance du Prince des ténèbres & se livrer soi-même à l'illusion, de notre propre consentement, pour croire le mensonge. Car si la force de la persuasion est la lumière qui nous doit servir de guide, je demande comment on pourra distinguer entre les illusions de Sathan & les inspirations du S. Esprit. Ceux qui sont conduits par ce *Feu follet*, le prennent aussi fermement pour une vraye illumination, c'est-à-dire, sont aussi fortement persuadez qu'ils sont éclairez par l'Esprit de Dieu, que ceux que l'Esprit divin éclaire veritablement. Ils acquiescent à cette fausse lumière, ils y prennent plaisir, ils la suivent par-tout où elle les entraîne; & personne ne peut être ni plus assûré, ni plus dans le parti de la Raison qu'eux, si l'on s'en rapporte à la force de leur propre persuasion.

C'est la Raison qui doit ju-

§. 14. Par conséquent, celui qui ne voudra pas donner tête baissée dans toutes les extravagances de l'illusion & de l'erreur, doit mettre à l'épreuve cet-

cette *lumière intérieure* qui se présente à lui pour lui servir de guide. Dieu CHAP. XIX. ne détruit pas l'homme en faisant un Prophete. Il lui laisse toutes ses Fa- *ger de la vérité* cultez dans leur état naturel, pour qu'il puisse juger si les Inspirations qu'il *de la Revelation.* sent en lui-même sont d'une origine divine, ou non. Dieu n'éteint point la lumière naturelle d'une personne lorsqu'il vient à éclairer son Esprit d'une lumière surnaturelle. S'il veut nous porter à recevoir la vérité d'une Proposition, ou il nous fait voir cette vérité par les voyes ordinaires de la Raison naturelle, ou bien il nous donne à connoître que c'est une vérité que son Autorité nous doit faire recevoir, & il nous convainc qu'elle vient de lui, & cela par certaines marques auxquelles la Raison ne sauroit se méprendre. Ainsi, la Raison doit être notre dernier Juge & notre dernier Guide en toute chose. Je ne veux pas dire par-là que nous devions consulter la Raison & examiner si une Proposition que Dieu a revelée, peut être démontrée par des Principes naturels, & que si elle ne peut l'être, nous soyons en droit de la rejetter; mais je dis que nous devons consulter la Raison pour examiner par son moyen si c'est une Revelation qui vient de Dieu, ou non. Et si la Raison trouve que c'est une Revelation divine, dès-lors la Raison se déclare aussi fortement pour elle que pour aucune autre vérité, & en fait une de ses Règles. Du reste il faut que chaque imagination qui frappe vivement notre fantaisie passe pour une inspiration, si nous ne jugeons de nos persuasions que par la forte impression qu'elles font sur nous. Si, dis-je, nous ne laissons point à la Raison le soin d'en examiner la vérité par quelque chose d'exterieur à l'égard de ces persuasions mêmes, les Inspirations & les Illusions, la Vérité & la Fausseté auront une même mesure, & il ne sera pas possible de les distinguer.

§. 15. Si cette lumière intérieure ou quelque Proposition que ce soit, La Croyance qui sous ce titre passe pour inspirée dans notre Esprit, se trouve conforme *ne prouve pas* aux Principes de la Raison ou à la Parole de Dieu, qui est une Revelation *la Revelation.* attestée; en ce cas-là nous avons la Raison pour garant, & nous pouvons recevoir cette lumière pour véritable & la prendre pour Guide tant à l'égard de notre croyance qu'à l'égard de nos actions. Mais si elle ne reçoit ni témoignage ni preuve d'aucune de ces Règles, nous ne pouvons point la prendre pour une Revelation, ni même pour une vérité, jusqu'à ce que quelque autre marque différente de la croyance où nous sommes que c'est une Revelation, nous assure que c'est effectivement une Revelation. Ainsi nous voyons que les Saints hommes qui recevoient des revelations de Dieu, avoient quelque preuve que la lumière intérieure qui éclattoit dans leurs Esprits, pour les assûrer que ces Revelations venoient de la part de Dieu. Ils n'étoient pas abandonnez à la seule persuasion que leurs persuasions venoient de Dieu; mais ils avoient des signes extérieurs qui les assûroient, que Dieu étoit l'Auteur de ces Revelations; & lorsqu'ils devoient en convaincre les autres, ils recevoient un pouvoir particulier pour justifier la vérité de la commission qui leur avoit été donnée du Ciel, & pour certifier par des signes visibles l'autorité du message dont ils avoient été chargez de la part de Dieu. *Moïse* vit un Buisson qui brûloit sans se consumer, & entendit une voix du milieu du Buisson. C'étoit là quelque chose de plus

Eeee 2 qu'un

CHAP. XIX. qu'un fentiment intérieur d'une impulfion qui l'entraînoit vers *Pharaon* pour pouvoir tirer fes fréres hors de l'*Egypte*; cependant il ne crut pas que cela fuffît pour aller en Egypte avec cet ordre de la part de Dieu, jufqu'à ce que par un autre Miracle de fa Verge changée en Serpent, Dieu l'eût affûré du pouvoir de confirmer fa miffion par le même miracle repeté devant ceux auxquels il étoit envoyé. *Gedeon* fut envoyé par un Ange pour délivrer le peuple d'*Ifraël* du joug des *Madianites*; cependant il demanda un figne pour être convaincu que cette commiffion lui étoit donnée de la part de Dieu. Ces exemples & autres femblables qu'on peut remarquer à l'égard des Anciens Prophetes, fuffifent pour faire voir qu'ils ne croyoient pas qu'une vuë intérieure ou une perfuafion de leur Efprit, fans aucune autre preuve, fût une affez bonne raifon pour les convaincre que leur perfuafion venoit de Dieu, quoi que l'Ecriture ne remarque pas par-tout qu'ils ayent demandé ou reçu de telles preuves.

§. 16. Au refte, dans tout ce que je viens de dire, j'ai été fort éloigné de nier que Dieu ne puiffe illuminer, ou qu'il n'illumine même quelquefois l'Efprit des hommes pour leur faire comprendre certaines véritez ou pour les porter à de bonnes actions par l'influence & l'affiftance immédiate du Saint Efprit, fans aucuns fignes extraordinaires qui accompagnent cette influence. Mais auffi dans ces cas nous avons la Raifon & l'Ecriture, deux Règles infaillibles, pour connoître fi ces illuminations viennent de Dieu ou non. Lorfque la vérité que nous embraffons, fe trouve conforme à la Revelation écrite, ou que l'action que nous voulons faire, s'accorde avec ce que nous dicte la droite Raifon ou l'Ecriture Sainte, nous pouvons être affûrez que nous ne courons aucun rifque de la regarder comme infpirée de Dieu, parce qu'encore que ce ne foit peut-être pas une Revelation immédiate, inftillée dans nos Efprits par une opération extraordinaire de Dieu, nous fommes pourtant fûrs qu'elle eft authentique par fa conformité avec la vérité que nous avons reçue de Dieu. Mais ce n'eft point la force de la perfuafion particuliére que nous fentons en nous-mêmes qui peut prouver que c'eft une lumière ou un mouvement qui vient du Ciel. Rien ne peut le faire que la Parole de Dieu écrite, ou la Raifon, cette règle qui nous eft commune avec tous les hommes. Lors donc qu'une opinion ou une action eft autorifée expreffément par la Raifon ou par l'Ecriture, nous pouvons la regarder comme fondée fur une autorité divine; mais jamais la force de notre perfuafion ne pourra par elle-même lui donner cette empreinte. L'inclination de notre Efprit peut favorifer cette perfuafion autant qu'il lui plairra, & faire voir que c'eft l'objet particulier de notre tendreffe, mais elle ne fauroit prouver que ce foit une production du Ciel & d'une origine divine.

CHAPITRE XX.
De l'Erreur.

§. 1. COMME la Connoiſſance ne regarde que les véritez viſibles & certaines, l'Erreur n'eſt pas une faute de notre Connoiſſance, mais une mépriſe de notre Jugement qui donne ſon conſentement à ce qui n'eſt pas véritable.

Les Cauſes de l'Erreur.

Mais ſi l'Aſſentiment eſt fondé ſur la vraiſemblance, ſi la Probabilité eſt le propre objet & le motif de notre aſſentiment, & que la Probabilité conſiſte dans ce qu'on vient de propoſer dans les Chapitres précedens, on demandera comment les hommes viennent à donner leur aſſentiment d'une maniére oppoſée à la Probabilité, car rien n'eſt plus commun que la contrarieté des ſentimens: rien de plus ordinaire que de voir un homme qui ne croit en aucune maniére ce dont un autre ſe contente de douter, & qu'un autre croit fermement, faiſant gloire d'y adherer avec une conſtance inébranlable. Quoi que les raiſons de cette conduite puiſſent être fort différentes, je croi pourtant qu'on peut les réduire à ces quatre,
1. *Le manque de preuves.*
2. *Le peu d'habileté à faire valoir les preuves.*
3. *Le manque de volonté d'en faire uſage.*
4. *Les fauſſes règles de Probabilité.*

§. 2. Prémiérement par *le manque de preuves* je n'entens pas ſeulement le défaut des preuves qui ne ſont nulle part, & que par conſéquent on ne ſauroit trouver, mais le défaut même des preuves qui exiſtent, ou qu'on peut découvrir. Ainſi, un homme manque de preuves lorſqu'il n'a pas la commodité ou l'opportunité de faire les expériences & les obſervations qui ſervent à prouver une Propoſition, ou qu'il n'a pas la commodité de ramaſſer les témoignages des autres hommes & d'y faire les reflexions qu'il faut. Et tel eſt l'état de la plus grande partie des hommes qui ſe trouvent engagez au travail, & aſſervis à la néceſſité d'une baſſe condition, & dont toute la vie ſe paſſe uniquement à chercher dequoi ſubſiſter. La commodité que ces ſortes de gens peuvent avoir d'acquérir des connoiſſances & de faire des recherches, eſt ordinairement reſſerrée dans des bornes auſſi étroites que leur fortune. Comme ils employent tout leur temps & tous leurs ſoins à appaiſer leur faim ou celle de leurs Enfans, leur Entendement ne ſe remplit pas de beaucoup d'inſtruction. Un homme qui conſume toute ſa vie dans un Métier pénible, ne peut non plus s'inſtruire de cette diverſité de choſes qui ſe font dans le Monde, qu'un Cheval de ſomme qui ne va jamais qu'au Marché par un chemin étroit & bourbeux peut devenir habile dans la Carte du Païs. Il n'eſt pas, dis-je, plus poſſible qu'un homme qui ignore les Langues, qui n'a ni loiſir, ni Livres, ni la commodité de converſer avec différentes perſonnes, ſoit en état de ramaſſer les témoignages & les obſerva-

1. Le manque de preuves.

tions

590 *De l'Erreur.* Liv. IV.

CHAP. XX. tions qui exiſtent actuellement & qui ſont néceſſaires pour prouver pluſieurs Propoſitions ou plûtôt la plûpart des Propoſitions qui paſſent pour les plus importantes dans les différentes Sociétez des hommes, ou pour découvrir des fondemens d'aſſûrance auſſi ſolides, que la croyance des articles qu'il voudroit bâtir deſſus eſt jugée néceſſaire. De ſorte que dans l'état naturel & inalterable où ſe trouvent les choſes dans ce Monde, & ſelon la conſtitution des affaires humaines, une grande partie du Genre Humain eſt inévitablement engagée dans une ignorance invincible des preuves ſur leſquelles d'autres fondent ces Opinions & qui ſont effectivement néceſſaires pour les établir. La plûpart des hommes, dis-je, ayant aſſez à faire à trouver les moyens de ſoûtenir leur vie, ne ſont pas en état de s'appliquer à ces ſavantes & laborieuſes recherches.

Objection, que deviendront ceux qui manquent de preuves? Réponſe.

§. 3. Dirons-nous donc, que la plus grande partie des hommes ſont livrez par la néceſſité de leur condition, à une ignorance inévitable des choſes qu'il leur importe le plus de ſavoir? car c'eſt ſur celles-là qu'on eſt naturellement porté à faire cette Queſtion. Eſt-ce que le gros des hommes n'eſt conduit au Bonheur ou à la Miſére que par un hazard aveugle? Eſt-ce que les Opinions courantes & les Guides autoriſez dans chaque Païs ſont à chaque homme une preuve & une aſſûrance ſuffiſante pour riſquer, ſur leur foi, ſes plus chers intérêts, & même ſon Bonheur ou ſon Malheur éternel? Ou bien faudra-t-il prendre pour Oracles certains & infaillibles de la Vérité ceux qui enſeignent une choſe dans la *Chrétienté*, & une autre en *Turquie*? Ou, eſt-ce qu'un pauvre Païſan ſera éternellement heureux pour avoir eu l'avantage de naître en *Italie*; & un homme de journée, perdu ſans reſſource, pour avoir eu le malheur de naître en *Angleterre*? Je ne veux pas rechercher ici combien certaines gens peuvent être prêts à avancer quelques-unes de ces choſes; ce que je ſai certainement, c'eſt que les hommes doivent reconnoître pour véritable quelqu'une de ces Suppoſitions (qu'ils choiſiſſent celle qu'ils voudront) ou bien tomber d'accord que Dieu a donné aux hommes des Facultez qui ſuffiſent pour les conduire dans le chemin qu'ils devroient prendre s'ils les employoient ſerieuſement à cet uſage, lorſque leurs occupations ordinaires leur en donnent le loiſir. Perſonne n'eſt ſi fort occupé du ſoin de pourvoir à ſa ſubſiſtance, qu'il n'ait aucun temps de reſte pour penſer à ſon Ame & pour s'inſtruire de ce qui regarde la Religion: & ſi les hommes étoient autant appliquez à cela qu'ils le ſont à des choſes moins importantes, il n'y en a point de ſi preſſé par la néceſſité, qu'il ne pût trouver le moyen d'employer pluſieurs intervalles de loiſir à ſe perfectionner dans cette eſpéce de connoiſſance.

§. 4. Outre ceux que la petiteſſe de leur fortune empêche de cultiver leur Eſprit, il y en a d'autres qui ſont aſſez riches pour avoir des Livres & les autres commoditez néceſſaires pour éclaircir leurs doutes & leur faire voir la Vérité; mais ils ſont détournez de cela par des obſtacles pleins d'artifice qu'il eſt aſſez facile d'appercevoir, ſans qu'il ſoit néceſſaire de les étaler en cet endroit.

II. Cauſe de l'Erreur, défaut

§. 5. En ſecond lieu, ceux qui manquent d'habileté pour faire valoir les preuves qu'ils ont, pour ainſi dire, ſous la main, qui ne ſauroient retenir

dans

dans leur Esprit une suite de conséquences ni peser exactement de combien les preuves & les témoignages l'emportent les uns sur les autres, après avoir assigné à chaque circonstance sa juste valeur, tous ceux-là, dis-je, qui ne sont pas capables d'entrer dans cette discussion peuvent être aisément entrainez à recevoir des positions qui ne sont pas probables. Il y a des gens d'un seul Syllogisme, & d'autres de deux seulement. D'autres sont capables d'avancer encore d'un pas, mais vous attendrez en vain qu'ils aillent plus avant; leur comprehension ne s'étend point au de-là. Ces sortes de gens ne peuvent pas toûjours distinguer de quel côté se trouvent les plus fortes preuves, ni par conséquent suivre constamment l'opinion qui est en elle-même la plus probable. Or qu'il y ait une telle différence entre les hommes par rapport à leur Entendement, c'est ce que je ne croi pas qui soit mis en question par qui que ce soit qui ait eu quelque conversation avec ses voisins, quoi qu'il n'ait jamais été, d'un côté, au Palais & à la Bourse, ou de l'autre dans des Hôpitaux & aux Petites-Maisons. Soit que cette différence qu'on remarque dans l'Intelligence des hommes vienne de quelque défaut dans les organes du Corps, particuliérement formez pour la Pensée, ou de ce que leurs Facultez sont grossiéres ou intraitables faute d'usage, ou comme croyent quelques-uns, de la différence naturelle des Ames même des hommes, ou de quelques-unes de ces choses, ou de toutes prises ensemble, c'est ce qu'il n'est pas nécessaire d'examiner en cet endroit. Mais ce qu'il y a d'évident, c'est qu'il se rencontre dans les divers Entendemens, dans les conceptions & les raisonnemens des hommes une si vaste différence de dégrez, qu'on peut assûrer, sans faire aucun tort au Genre Humain, qu'il y a une plus grande différence à cet égard entre certains hommes & d'autres hommes, qu'entre certains hommes & certaines Bêtes. Mais de savoir d'où vient cela, c'est une Question speculative qui, bien que d'une grande conséquence, ne fait pourtant rien à mon présent dessein.

CHAP. XX. d'adresse pour faire valoir les preuves.

§. 6. En troisiéme lieu, il y a une autre sorte de gens *qui manquent de preuves*, non qu'elles soient au delà de leur portée, mais *parce qu'ils ne veulent pas en faire usage*. Quoi qu'ils ayent assez de bien & de loisir, & qu'ils ne manquent ni de talens ni d'autres secours, ils n'en sont jamais mieux pour tout cela. Un violent attachement au Plaisir, ou une constante application aux affaires, détournent ailleurs les pensées de quelques-uns, une Paresse & une Négligence générale, ou bien une aversion particuliére pour les Livres, pour l'Étude, & la Méditation empêche d'autres d'avoir absolument aucune pensée serieuse: & quelques-uns craignant qu'une recherche exempte de toute partialité ne fût point favorable à ces opinions qui s'accommodent le mieux avec leurs Préjugez, leur maniére de vivre, & leurs desseins, se contentent de recevoir sans examen & sur la foi d'autrui ce qu'ils trouvent qui leur convient le mieux, & qui est autorisé par la Mode. Ainsi, quantité de gens, même de ceux qui pourroient faire autrement, passent leur vie sans s'informer des probabilitez qu'il leur importe de connoître, tant s'en faut qu'ils en fassent l'objet d'un assentiment fondé en raison; quoi que ces Probabilitez soient si près d'eux qu'ils n'ont qu'à tourner les yeux vers elles pour en être frapez. On connoit des personnes qui ne veulent pas lire

III. Cause, défaut de volonté.

CHAP. XX. lire une Lettre qu'on suppose porter de méchantes nouvelles; & bien des gens évitent d'arrêter leurs comptes, ou de s'informer même de l'état de leur Bien, parce qu'ils ont sujet de craindre que leurs affaires ne soient en fort mauvaise posture. Pour moi, je ne saurois dire comment des personnes à qui de grandes richesses donnent le loisir de perfectionner leur Entendement, peuvent s'accommoder d'une molle & lâche ignorance, mais il me semble que ceux-là ont une idée bien basse de leur Ame, qui emploient tous leurs revenus à des provisions pour le Corps, sans songer à en employer aucune partie à se procurer les moyens d'acquérir de la connoissance, qui prennent un grand soin de paroître toûjours dans un équipage propre & brillant, & se croiroient malheureux avec des habits d'étoffe grossiére ou avec un juste-au-corps rapiecé, & qui pourtant souffrent sans peine que leur Ame paroisse avec une Livrée toute usée, couverte de méchans haillons, telle qu'elle lui a été présentée par le Hazard ou par le Tailleur de son Païs, c'est-à-dire pour quitter la figure, imbuë des opinions ordinaires que ceux qu'ils ont fréquentez, leur ont inculquées. Je n'insisterai point ici à faire voir combien cette conduite est déraisonnable dans des personnes qui pensent à un Etat-à-venir, & à l'interêt qu'ils y ont, (ce qu'un homme raisonnable ne peut s'empêcher de faire quelquefois) je ne remarquerai pas non plus quelle honte c'est à ces gens qui méprisent si fort la Connoissance, de se trouver ignorans dans des choses qu'ils sont interessez de connoître. Mais une chose au moins qui vaut la peine d'être considerée par ceux qui se disent Gentils-hommes & de bonne Maison, c'est qu'encore qu'ils regardent le Credit, le Respect, la Puissance, & l'Autorité comme des appanages de leur Naissance & de leur Fortune, ils trouveront pourtant que tous ces avantages leur seront enlevez par des gens d'une plus basse condition qui les surpassent en connoissance. Ceux qui sont aveugles, seront toûjours conduits par ceux qui voyent, ou bien ils tomberont dans la Fosse; & celui dont l'Entendement est ainsi plongé dans les ténèbres, est sans doute le plus esclave & le plus dépendant de tous les hommes. Nous avons montré dans les Exemples précedens quelques-unes des causes de l'Erreur où s'engagent les hommes, & comment il arrive que des Doctrines probables ne sont pas toûjours reçuës avec un Assentiment proportionné aux raisons qu'on peut avoir de leur probabilité; du reste nous n'avons consideré jusqu'ici que les Probabilitez dont on peut trouver les preuves, mais qui ne se présentent point à l'Esprit de ceux qui embrassent l'Erreur.

IV. Cause, fausses mesures de Probabilité.

§. 7. Il y a, *en quatriéme & dernier lieu*, une autre sorte de gens qui, lors même que les Probabilitez réelles sont clairement exposées à leurs yeux, ne se rendent pourtant pas aux raisons manifestes sur lesquelles ils les voyent établies, mais suspendent leur assentiment, ou le donnent à l'opinion la moins probable. Les personnes exposées à ce danger, sont celles qui ont pris de fausses mesures de probabilité, que l'on peut reduire à ces quatre:

 1. *Des Propositions qui ne sont ni certaines ni évidentes en elles-mêmes, mais douteuses & fausses, prises pour Principes.*
 2 *Des Hypotheses reçuës.*

                 3. *Des*

De l'Erreur. Liv. IV. 593

3. *Des Passions ou des Inclinations dominantes.*
4. *L'Autorité.*

Chap. XX.

§. 8. Le prémier & le plus ferme fondement de la Probabilité, c'est la conformité qu'une chose a avec notre Connoissance, & sur-tout avec cette partie de notre Connoissance que nous avons reçu & que nous continuons de regarder comme autant de Principes. Ces sortes de Principes ont une si grande influence sur nos Opinions, que c'est ordinairement par eux que nous jugeons de la Vérité; & ils deviennent à tel point la mesure de la Probabilité que ce qui ne peut s'accorder avec nos Principes, bien loin de passer pour probable dans notre Esprit, ne sauroit se faire regarder comme possible. Le respect qu'on porte à ces Principes, est si grand, & leur autorité si fort au dessus de toute autre autorité, que non seulement nous rejettons le témoignage des hommes, mais même l'évidence de nos propres Sens, lorsqu'ils viennent à déposer quelque chose de contraire à ces Régles déja établies. Je n'examinerai point ici, combien la Doctrine *qui pose des Principes innez, & que les Principes ne doivent point être prouvez ou mis en question*, a contribué à cela; mais ce que je ne ferai pas difficulté de soûtenir, c'est qu'une vérité ne sauroit être contraire à une autre vérité, d'où je prendrai la liberté de conclurre que chacun devroit être soigneusement sur ses gardes lorsqu'il s'agit d'admettre quelque chose en qualité de Principe; qu'il devroit l'examiner auparavant avec la derniére exactitude, & voir s'il connoit certainement que ce soit une chose véritable par elle-mème & par sa propre évidence, ou bien si la forte assurance qu'il a qu'elle est véritable, est uniquement fondée sur le témoignage d'autrui. Car dès qu'un homme a pris de faux Principes & qu'il s'est livré aveuglément à l'autorité d'une opinion qui n'est pas en elle-même évidemment véritable, son Entendement est entraîné par un contrepoids qui le fait tomber inévitablement dans l'Erreur.

1. Propositions douteuses prises pour Principes.

§. 9. Il est généralement établi par la coûtume, que les Enfans reçoivent de leurs Péres & Méres, de leurs Nourrices ou des personnes qui se tiennent autour d'eux, certaines Propositions (& sur-tout sur le sujet de la Religion) lesquelles étant une fois inculquées dans leur Entendement qui est sans précaution aussi bien que sans prévention, y sont fortement empreintes, & soit qu'elles soient vrayes ou fausses, y prennent à la fin de si fortes racines par le moyen de l'Education & d'une longue accoûtumance qu'il est tout-à-fait impossible de les en arracher. Car après qu'ils sont devenus hommes faits, venant à reflêchir sur leurs opinions, & trouvant celles de cette espèce aussi anciennes dans leur Esprit qu'aucune chose dont ils se puissent ressouvenir, sans avoir observé quand elles ont commencé d'y être introduites ni par quel moyen ils les ont acquises, ils sont portez à les respecter comme des choses sacrées, ne voulant pas permettre qu'elles soient profanées, attaquées, ou mises en question, mais les regardant plûtôt comme l'*Urim* & le *Thummim* que Dieu a mis lui-même dans leur Ame, pour être les Arbitres souverains & infaillibles de la Vérité & de la Fausseté, & autant d'Oracles auxquels ils doivent en appeller dans toutes sortes de Controverses.

Ffff

§. 10. Cette

CHAP. XX. §. 10. Cette opinion qu'un homme a conçu de ce qu'il appelle ses Principes (quoi qu'ils puissent être) étant une fois établie dans son Esprit, il est aisé de se figurer comment il recevra une Proposition, prouvée aussi clairement qu'il est possible, si elle tend à affoiblir l'autorité de ces Oracles internes, ou qu'elle leur soit tant soit peu contraire; tandis qu'il digere sans peine les choses les moins probables & les absurditez les plus grossiéres, pourvû qu'elles s'accordent avec ces Principes favoris. L'extrême obstination qu'on remarque dans les hommes à croire fortement des opinions directement opposées, quoi que fort souvent également absurdes, parmi les différentes Religions qui partagent le Genre Humain; cette obstination, dis-je, est une preuve évidente aussi bien qu'une conséquence inévitable de cette maniére de raisonner sur des Principes reçus par tradition; jusque-là que les hommes viennent à desavoüer leurs propres yeux, à renoncer à l'évidence de leurs Sens, & à donner un démenti à leur propre Expérience, plûtôt que d'admettre quoi que ce soit d'incompatible avec ces sacrez dogmes. Prenez un *Lutherien* de bon sens à qui l'on ait constamment inculqué ce Principe, (dès que son Entendement a commencé de recevoir quelques notions) *Qu'il doit croire ce que croyent ceux de sa Communion*, de sorte qu'il n'ait jamais entendu mettre en question ce Principe, jusqu'à ce que parvenu à l'âge de quarante ou cinquante ans, il trouve quelqu'un qui ait des Principes tout différens; quelle disposition n'a-t-il pas à recevoir sans peine la Doctrine de la *Consubstantiation*, non seulement contre toute probabilité, mais même contre l'évidence manifeste de ses propres Sens? Ce Principe a une telle influence sur son Esprit qu'il croira qu'une chose est Chair & Pain tout à la fois, quoi qu'il soit impossible qu'elle soit autre chose que l'un des deux: & quel chemin prendrez-vous pour convaincre un homme de l'absurdité d'une opinion qu'il s'est mis en tête de soûtenir, s'il a posé pour Principe de Raisonnement, avec quelques Philosophes, Qu'il doit croire sa Raison (car c'est ainsi que les hommes appellent improprement les Argumens qui découlent de leurs Principes) contre le témoignage des Sens. Qu'un *Fanatique* prenne pour Principe que lui ou son Docteur est inspiré & conduit par une direction immédiate du Saint Esprit; c'est en vain que vous attaquez ses Dogmes par les raisons les plus évidentes. Et par conséquent tous ceux qui ont été imbus de faux Principes ne peuvent être touchez des Probabilitez les plus apparentes & les plus convaincantes, dans des choses qui sont incompatibles avec ces Principes, jusqu'à ce qu'ils en soient venus à agir avec eux-mêmes avec une candeur & une ingenuité qui les porte à examiner ces sortes de Principes, ce que plusieurs ne se permettent jamais.

2. Embrasser certaines Hypotheses.

§. 11. Après ces gens-là viennent *ceux dont l'Entendement est comme jetté au moule d'une Hypothese reçuë*, c'est leur sphére; ils y sont renfermez & ne vont jamais au delà. La différence qu'il y a entre ceux-ci & les autres dont je viens de parler, c'est que ceux-ci ne font pas difficulté de recevoir un point de fait, & conviennent sans peine sur cela avec tous ceux qui le leur prouvent, desquels ils ne différent que sur les raisons de la Chose & sur la maniére d'en expliquer l'operation. Ils ne se défient pas ouvertement de
leurs

leurs Sens, comme les prémiers; ils peuvent écouter plus patiemment CHAP.XX.
les inftructions qu'on leur donne, mais ils ne veulent faire aucun fond
fur les rapports qu'on leur fait pour expliquer les chofes autrement
qu'ils ne les expliquent, ni fe laiffer toucher par des Probabilitez qui
les convaincroient que les chofes ne vont pas juftement de la même
maniére, qu'ils l'ont déterminé en eux-mêmes. Et en effet, ne feroit-
ce pas une chofe infupportable à un favant Profeffeur de voir fon autorité renverfée en un inftant par un Nouveau-venu, jufqu'alors inconnu dans le Monde, fon autorité, dis-je, qui eft en vogue depuis trente ou quarante ans, foûtenuë par quantité de Grec & de Latin, ac-
quife par bien des fueurs & des veilles, & confirmée par une tradition
générale, & par une Barbe vénérable? Qui peut jamais efpérer de réduire ce Profeffeur à confeffer que tout ce qu'il a enfeigné à fes Ecoliers pendant trente années ne contient que des erreurs & des méprifes, & qu'il leur a vendu bien cher de l'ignorance & de grands mots
qui ne fignifioient rien? Quelles probabilitez, dis-je, pourroient être
affez confiderables pour produire un tel effet? Et qui eft-ce qui pourra jamais être porté par les Argumens les plus preffans à fe dépouiller
tout d'un coup de toutes fes anciennes opinions & de fes prétenfions
à un Savoir à l'acquifition duquel il a donné tout fon temps avec une
application infatigable, & à prendre des notions toutes nouvelles après
avoir entierement renoncé à tout ce qui lui faifoit le plus d'honneur
dans le Monde? Tous les Argumens qu'on peut employer pour l'engager à cela, feront fans doute auffi peu capables de prévaloir fur fon
Efprit que les efforts, que fit *Borée* pour obliger le Voyageur à quitter fon Manteau qu'il tint d'autant plus ferme que le Vent fouffloit
avec plus de violence. On peut rapporter à cet abus qu'on fait de
fauffes Hypothefes, les Erreurs qui viennent d'une Hypothefe véritable
ou de Principes raifonnables, mais qu'on n'entend pas dans leur vrai
fens. Les exemples de ceux qui foûtiennent différentes opinions, mais
qu'ils fondent tous fur la vérité infaillible des faintes Ecritures, font
une preuve incontestable de cette efpéce d'erreurs. Tous ceux qui fe
difent Chrétiens, reconnoiffent que le Texte de l'Evangile qui dit,
Μετανοείτε, oblige à un devoir fort important. Cependant combien fera
erronée la pratique de l'un des deux qui n'entendant que le François,
fuppofera que cette Règle eft felon une Traduction, *Repentez-vous*, ou
felon l'autre, *Faites penitence*?

§. 12. En troifiéme lieu, les Probabilitez qui font contraires aux de- 3. Des paffions
firs & aux paffions dominantes des hommes, courent le même danger dominantes.
d'être rejettées. Que la plus grande Probabilité qu'on puiffe imaginer,
fe préfente d'un côté à l'Efprit d'un Avare pour lui faire voir l'injuf-
tice & la folie de fa paffion, & que de l'autre il voye de l'argent à
gagner, il eft aifé de prévoir de quel côté panchera la balance. Ces
Ames de boüe femblables à des remparts de terre réfiftent aux plus
fortes batteries; & quoi que peut-être la force de quelque Argument
évident faffe quelque impreffion fur elles en certaines rencontres, cependant

pendant elles demeurent fermes & tiennent bon contre la Vérité leur Ennemie, qui voudroit les captiver, ou les traverser dans leurs desseins. Dites à un homme passionnément amoureux, qu'il est duppé; aportez-lui vingt témoins de l'infidelité de sa Maîtresse, il y a à parier dix contre un, que trois paroles obligeantes de cette Infidelle renverseront en un moment tous leurs témoignages. * *Nous croyons facilement ce que nous desirons*; c'est une vérité dont je croi que chacun a fait l'épreuve plus d'une fois: & quoi que les hommes ne puissent pas toûjours se déclarer ouvertement contre des Probabilitez manifestes qui sont contraires à leurs sentimens, & qu'ils ne puissent pas en éluder la force, ils n'avoûent pourtant pas la conséquence qu'on en tire. Ce n'est pas à dire que l'Entendement ne soit porté de sa nature à suivre constamment le parti le plus probable, mais c'est que l'homme a la puissance de suspendre & d'arrêter ses recherches, & d'empêcher son Esprit de s'engager dans un examen absolu & satisfaisant, aussi avant que la matiére en question en est capable, & le peut permettre. Or jusqu'à ce qu'on en vienne là, il restera toûjours *ces deux moyens d'échaper aux probabilitez les plus apparentes.*

* *Quod volumus facilè credimus.*

Moyens d'échaper aux Probabilitez, 1. Sophistiquerie supposée.

§. 13. Le prémier est, que les Argumens étant exprimez par des paroles, comme sont la plûpart, *il peut y avoir quelque sophistiquerie cachée dans les termes*; & que, s'il y a plusieurs conséquences de suite, il peut y en avoir quelqu'une mal liée. En effet, il y a fort peu de discours, qui soient si serrez, si clairs, & si justes, qu'ils ne puissent fournir à la plûpart des gens un prétexte assez plausible de former ce doute, & de s'empêcher d'y donner leur consentement sans avoir à se reprocher d'agir contre la sincerité ou contre la Raison, par le moyen de cette ancienne replique, *Non persuadebis etiamsi persuaseris,* ,, Quoi que je ne puisse pas vous répondre, je ,, ne me rendrai pourtant point.

II. Argumens supposez pour le Parti contraire.

§. 14. En second lieu, je puis échaper aux Probabilitez manifestes & suspendre mon consentement, sur ce fondement que je ne sai pas encore tout ce qui peut être dit en faveur du parti contraire. C'est pourquoi bien que je sois battu, il n'est pas nécessaire que je me rende, ne connoissant pas les forces qui sont en reserve. C'est un refuge contre la conviction, qui est si ouvert, & d'une si vaste étenduë, qu'il est difficile de déterminer quand un homme en est tout-à-fait exclu.

Quelles probabilitez déterminent l'Assentiment.

§. 15. Cependant il a ses bornes; & lorsqu'un homme a recherché soigneusement tous les fondemens de *Probabilité* & d'*Improbabilité*, lorsqu'il a fait tout son possible pour s'informer sincerement de toutes les particularitez de la Question, & qu'il a assemblé exactement toutes les raisons qu'il a pû découvrir des deux côtez, dans la plûpart des cas il peut venir à connoître sur le tout de quel côté se trouve la probabilité: car sur certaines matières de raisonnement il y a des preuves qui étant des suppositions fondées sur une expérience universelle, sont si fortes & si claires; & sur certains points de fait, les témoignages sont si universels, qu'il ne peut leur refuser son consentement. De sorte que nous pouvons conclurre, à mon avis, qu'à l'égard des Propositions, où encore que les Preuves qui se présentent à nous soient fort considerables, il y a pourtant des raisons suffisantes de soupçon-

ner

ner qu'il y a de la sophistiquerie dans les termes, ou qu'on peut produire CHAP. XX.
des preuves d'un aussi grand poids en faveur du parti contraire, alors l'assentiment, la suspension ou le dissentiment sont souvent des actes volontaires.
Mais lorsque les preuves sont de nature à rendre la chose en question extrèmement probable, sans avoir un fondement suffisant de soupçonner qu'il y ait rien de sophistique dans les termes (ce qu'on peut découvrir avec un peu d'application) ni des preuves également fortes de l'autre côté, qui n'ayent pas encore été découvertes, (ce qu'en certains cas la nature de la chose peut encore montrer clairement à un homme attentif) je croi, dis-je, que dans cette occasion un homme qui a consideré mûrement ces preuves, ne peut guere refuser son consentement au côté de la Question qui paroît avoir le plus de probabilité. S'agit-il, par exemple, de savoir si des caracteres d'Imprimerie mêlez confusément ensemble pourront se trouver souvent rangez de telle manière qu'ils tracent sur le Papier un Discours suivi, ou si un concours fortuit d'Atomes, qui ne sont pas conduits par un Agent intelligent, pourra former plusieurs fois des Corps d'une certaine espèce d'Animaux; dans ces cas & autres semblables, il n'y a personne, qui, s'il y fait quelque reflexion, puisse douter le moins du monde quel parti prendre, ou être dans la moindre incertitude à cet égard.
Enfin lorsque la chose étant indifférente de sa nature & entiérement dépendante des Témoins qui en attestent la vérité, il ne peut y avoir aucun lieu de supposer qu'il y a un témoignage aussi specieux contre que pour le fait attesté, duquel on ne peut s'instruire que par voye de recherche, comme est, par exemple, de savoir s'il y avoit à Rome, il y a 1700. ans, un homme tel que *Jules César*; dans tous les cas de cette espèce je ne croi pas qu'il soit au pouvoir d'un homme raisonnable de refuser son assentiment & d'éviter de se rendre à de telles Probabilitez. Je croi au contraire que dans d'autres cas moins évidens il est au pouvoir d'un homme raisonnable de suspendre son assentiment, & peut-être même de se contenter des preuves qu'il a, si elles favorisent l'opinion qui convient le mieux avec son inclination ou son intérêt, & d'arrêter là ses recherches. Mais qu'un homme donne son consentement au côté où il voit le moins de probabilité, c'est une chose qui me paroît tout-à-fait impraticable; & aussi impossible qu'il l'est de croire qu'une même chose soit tout à la fois probable & non-probable.

§. 16. Comme la Connoissance n'est non plus arbitraire que la Perception, je ne croi pas que l'Assentiment soit plus en notre pouvoir que la Connoissance. Lorsque la convenance de deux Idées se montre à mon Esprit, ou immédiatement, ou par le secours de la Raison, je ne puis non plus refuser de l'appercevoir ni éviter de la connoître que je puis éviter de voir les Objets vers lesquels je tourne les yeux & que je regarde en plein midi; & ce que je trouve le plus probable après l'avoir pleinement examiné, je ne puis refuser d'y donner mon consentement. Mais quoi que nous ne puissions pas nous empêcher de connoître la convenance de deux Idées, lorsque nous venons à l'appercevoir, ni de donner notre assentiment à une Probabilité dès qu'elle se montre visiblement à nous après un légitime examen de tout ce qui concourt à l'établir, nous pouvons pourtant arrêter les progrès de notre Connoissance & de no-

Quand c'est qu'il est en notre pouvoir de suspendre notre Assentiment.

CHAP. XX. tre Aſſentiment, en arrêtant nos perquiſitions, & en ceſſant d'employer nos Facultez à la recherche de la Vérité. Si cela n'étoit ainſi, l'Ignorance, l'Erreur, ou l'Infidélité ne pourroient être un péché en aucun cas. Nous pouvons donc en certaines rencontres prévenir, ou ſuſpendre notre aſſentiment. Mais un homme verſé dans l'Hiſtoire moderne ou ancienne peut-il douter s'il y a un Lieu tel que *Rome*, ou s'il y a jamais eu un homme tel que *Jules Céſar*? Du reſte, il eſt conſtant qu'il y a un million de véritez qu'un homme n'a aucun intérêt de connoître, ou dont il peut ne ſe pas croi-

* Roi d'An-re intereſſé de s'inſtruire, comme ſi * *Richard* III. étoit boſſu ou non, gleterre. ſi *Roger Bacon* étoit Mathematicien ou Magicien, &c. Dans ces cas & autres ſemblables, où perſonne n'a aucun intérêt à ſe déterminer d'un côté ou d'autre, nulle de ſes actions ou de ſes deſſeins ne dépendant d'une telle détermination, il n'y a pas lieu de s'étonner que l'Eſprit embraſſe l'opinion commune, ou ſe range au ſentiment du prémier venu. Ces ſortes d'opinions ſont de ſi peu d'importance que ſemblables à de petits Moucherons, voltigeans dans l'air, on ne s'aviſe gueres d'y faire aucune attention. Elles ſont dans l'Eſprit comme par hazard; & on les y laiſſe flotter en liberté. Mais lorſque l'Eſprit juge que la Propoſition renferme quelque choſe à quoi il prend intérêt, lorſqu'il croit que les conſéquences qui ſuivent de ce qu'on la reçoit ou qu'on la rejette, ſont importantes, & que le Bonheur ou le Malheur dépendent de prendre ou de refuſer le bon parti, de ſorte qu'il s'applique ſérieuſement à en rechercher & examiner la Probabilité, je penſe qu'en ce cas-là nous n'avons pas le choix de nous déterminer pour le côté que nous voulons, s'il y a entr'eux des différences tout-à-fait viſibles. Dans ce cas la plus grande Probabilité déterminera, je croi, notre aſſentiment; car un homme ne peut non plus éviter de donner ſon aſſentiment, ou de prendre pour véritable, le côté où il apperçoit une plus grande probabilité, qu'il peut éviter de reconnoître une Propoſition pour véritable, lorſqu'il apperçoit la convenance ou la diſconvenance des deux Idées qui la compoſent.

Si cela eſt ainſi, le fondement de l'Erreur doit conſiſter dans de fauſſes meſures de Probabilité, comme le fondement du Vice dans de fauſſes meſures du Bien.

4. Fauſſe meſure de Probabilité, l'*Autorité*. §. 17. La quatriéme & derniére fauſſe meſure de Probabilité que j'ai deſſein de remarquer & qui retient plus de gens dans l'Ignorance & dans l'Erreur, que toutes les autres enſemble, c'eſt ce que j'ai déja avancé dans le Chapitre précédent, qui eſt de prendre pour règle de notre aſſentiment les Opinions communément reçuës parmi nos Amis, ou dans notre Parti, entre nos Voiſins, ou dans notre Païs. Combien de gens qui n'ont point d'autre fondement de leurs opinions que l'honnêteté ſuppoſée, ou le nombre de ceux d'une même Profeſſion! Comme ſi un honnête homme ou un ſavant de profeſſion ne pouvoient point errer; ou que la Vérité dût être établie par le ſuffrage de la Multitude. Cependant la plûpart n'en demandent pas davantage pour ſe déterminer. Un tel ſentiment a été atteſté par la Vénérable Antiquité, il vient à moi ſous le paſſeport des ſiécles précédens,

donc

donc je suis à l'abri de l'erreur en le recevant. D'autres personnes ont été & sont dans la même Opinion, (car c'est là tout ce qu'on dit pour l'autoriser) & par conséquent j'ai raison de l'embrasser. Un homme seroit tout aussi bien fondé à jetter à croix ou à pile pour savoir quelles opinions il devroit embrasser, qu'à les choisir sur de telles règles. Tous les hommes sont sujets à l'Erreur ; & plusieurs sont exposez à y tomber, en plusieurs rencontres, par passion ou par interêt. Si nous pouvions voir les secrets motifs qui font agir les personnes de nom, les Savans, & les Chefs de Parti, nous ne trouverions pas toûjours que ce soit le pur amour de la Vérité qui leur a fait recevoir les Doctrines qu'ils professent & soûtiennent publiquement. Une chose du moins fort certaine, c'est qu'il n'y a point d'Opinion si absurde qu'on ne puisse embrasser sur ce fondement dont je viens de parler, car on ne peut nommer aucune Erreur qui n'aît eû ses Partisans : de sorte qu'un homme ne manquera jamais de sentiers tortus, s'il croit être dans le bon chemin par-tout où il découvre des sentiers que d'autres ont tracé.

§. 18. Mais malgré tout ce grand bruit qu'on fait dans le Monde sur les Erreurs & les diverses Opinions des hommes, je suis obligé de dire, pour rendre justice au Genre Humain, *Qu'il n'y a pas tant de gens dans l'Erreur & entêtez de fausses opinions qu'on le suppose ordinairement* : non que je croye qu'ils embrassent la Vérité, mais parce qu'en effet sur ces Doctrines dont on fait tant de bruit, ils n'ont absolument point d'opinion ni aucune pensée positive. Car si quelqu'un prenoit la peine de catechiser un peu la plus grande partie des Partisans de la plûpart des Sectes qu'on voit dans le Monde, il ne trouveroit pas qu'ils ayent en eux-mêmes aucun sentiment absolu sur ces Matiéres qu'ils soûtiennent avec tant d'ardeur : moins encore auroit-il sujet de penser qu'ils ayent pris tels ou tels sentimens sur l'examen des preuves & sur l'apparence des Probabilitez sur lesquelles ces sentimens sont fondez. Ils sont résolus de se tenir attachez au Parti dans lequel l'Education ou l'Intérêt les a engagez ; & là comme les simples soldats d'une Armée, ils font éclater leur chaleur & leur courage selon qu'ils sont dirigez par leurs Capitaines sans jamais examiner la cause qu'ils défendent, ni même en prendre aucune connoissance. Si la vie d'un homme fait voir qu'il n'a aucun égard sincére pour la Religion, quelle raison pourrions-nous avoir de penser qu'il se rompt beaucoup la tête à étudier les Opinions de son Eglise, & à examiner les fondemens de telle ou telle Doctrine ? Il suffit à un tel homme d'obeïr à ses Conducteurs, d'avoir toûjours la main & la langue prête à soûtenir la cause commune, & de se rendre par-là recommandable à ceux qui peuvent le mettre en credit, lui procurer des Emplois, ou de l'appui dans la Société. Et voilà comment les hommes deviennent Partisans & Défenseurs des Opinions dont ils n'ont jamais été convaincus ou instruits, & dont ils n'ont même jamais eu dans la tête les idées les plus superficielles ; de sorte qu'encore qu'on ne puisse point dire qu'il y aît dans le Monde moins d'Opinions absurdes ou erronées qu'il n'y en a, il est pourtant certain qu'il y a moins de personnes qui y donnent un assentiment actuel, & qui les prennent faussement pour des véritez, qu'on ne s'imagine communément.

Les Hommes ne sont pas engagez dans un si grand nombre d'Erreurs qu'on s'imagine.

CHA-

CHAPITRE XXI.

De la Division des Sciences.

Les Sciences divisées en trois Espèces.

§. 1. TOUT ce qui peut entrer dans la sphére de l'Entendement Humain, étant en prémier lieu, ou la nature des Choses telles qu'elles sont en elles-mêmes, leurs relations & leur maniére d'opérer; ou en second lieu, ce que l'Homme lui-même est obligé de faire en qualité d'Agent raisonnable & volontaire pour parvenir à quelque fin & particuliérement à la Félicité; ou en troisiéme lieu, les moyens par où l'on peut acquerir la connoissance de ces choses & la communiquer aux autres; je croi qu'on peut diviser proprement la *Science* en ces trois Espéces.

I. Physique.

§. 2. La prémiére est la connoissance des choses comme elles sont dans leur propre existence, dans leurs constitutions, propriétez & operations, par où je n'entens pas seulement la Matiére & le Corps, mais aussi les Esprits, qui ont leurs natures, leurs constitutions, leurs operations particuliéres aussi bien que les Corps. C'est ce que j'appelle * *Physique* ou *Philosophie naturelle*, en prenant ce mot dans un sens un peu plus étendu qu'on ne fait ordinairement. La fin de cette Science n'est que la simple speculation; & tout ce qui peut en fournir le sujet à l'Esprit de l'homme, est de son district, soit Dieu lui-même, les Anges, les Esprits; les Corps, ou quelqu'une de leurs Affections, comme le Nombre, & la Figure, &c.

* Φυσική.

II. Pratique.
* Πρακτική.

§. 3. La seconde que je nomme * *Pratique*, enseigne les moyens de bien appliquer nos propres Puissances & Actions, pour obtenir des choses bonnes & utiles. Ce qu'il y a de plus considerable sous ce chef, c'est *la Morale*, qui consiste à découvrir les règles & les mesures des Actions humaines qui conduisent au Bonheur, & les moyens de mettre ces règles en pratique. Cette seconde Science se propose pour fin, non la simple speculation & la connoissance de la Vérité, mais ce qui est juste, & une conduite qui y soit conforme.

III. Connoissance des signes.

* Λογική du mot λόγος qui signifie parole.

§. 4. Enfin la troisiéme peut être appellée σημειωτική ou *la connoissance des signes*; & comme les Mots en font la plus ordinaire partie, elle est aussi nommée assez proprement * *Logique:* son emploi consiste à considerer la nature des signes dont l'Esprit se sert pour entendre les choses, ou pour communiquer sa connoissance aux autres. Car puisqu'entre les choses que l'Esprit contemple il n'y en a aucune, excepté lui-même, qui soit présente à l'Entendement, il est nécessaire que quelque autre chose se présente à lui comme signe ou représentation de la chose qu'il considére; & ce sont les Idées. Mais parce que la scene des Idées qui constituë les pensées d'un homme, ne peut pas paroître immédiatement à la vûë d'un autre homme, ni être conservée ailleurs que dans la Memoire, qui n'est pas un reservoir

fort

De la Division des Sciences. LIV. IV.

CHAP. XXI.

fort assuré, nous avons besoin de signes de nos Idées pour pouvoir nous entre-communiquer nos pensées aussi bien que pour les enregîtrer pour notre propre usage. Les signes que les hommes ont trouvé les plus commodes & dont ils ont fait par conséquent un usage plus général ; ce sont les sons articulez. C'est pourquoi la considération des *Idées* & des *Mots*, entant qu'ils sont les grands Instrumens de la Connoissance, fait une partie assez importante de leurs contemplations, s'ils veulent envisager la connoissance humaine dans toute son étenduë. Et peut-être que si l'on consideroit distinctement & avec tout le soin possible cette derniére espèce de Science qui roule sur les Idées & les Mots, elle produiroit une Logique & une Critique différentes de celles qu'on a vûës jusqu'à présent.

§. 5. Voilà, ce me semble, la prémiére, la plus générale, & la plus naturelle division des Objets de notre Entendement. Car l'Homme ne peut appliquer ses pensées, qu'A la contemplation des *choses* mêmes, pour découvrir la Vérité ; ou Aux choses qui sont en sa puissance, c'est-à-dire, à ses propres *actions*, pour parvenir à ses fins ; ou Aux *signes* dont l'Esprit se sert dans l'une & l'autre de ces recherches, & dans le juste arrangement de ces signes mêmes, pour s'instruire plus nettement lui-même. Or comme ces trois articles, (je veux dire les *Choses* entant qu'elles peuvent être connuës en elles-mêmes, les *Actions* entant qu'elles dépendent de nous par rapport à notre Bonheur, & *l'usage légitime des signes* pour parvenir à la Connoissance) sont tout-à-fait différens, il me semble aussi que ce sont comme trois grandes Provinces dans le Monde Intellectuel, entièrement separées & distinctes l'une de l'autre.

C'est là la prémiére division des Objets de notre Connoissance.

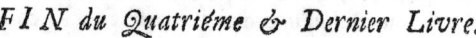

FIN du Quatriéme & Dernier Livre.

TABLE DES PRINCIPALES MATIERES.

A.

BSTRACTION, ce que c'est. 112. §. 9.
Elle met une parfaite distance entre les hommes & les Bêtes. ibid. §. 10.
Idées *abstraites*, comment formées. 232. §. 6, 7, 8.
Les termes *abstraits* ne sauroient être affirmez l'un de l'autre. 383. §. 1.
Accident, ce que c'est. 230. §. 2.
Actions, rien ne découvre mieux les Principes des hommes que leurs actions. 28. §. 7.
Il n'y a que deux sortes d'*actions*. 180. §. 4.
Une *Action* désagréable peut devenir agréable, & comment. 217. §. 69.
Nulles *actions* considerées en différens temps ne peuvent être les mêmes. 259. §. 2.
Actions considerées comme des Modes, ou par rapport à ce qu'elles ont de moral. 284. §. 15.
Adoration, l'idée d'*Adoration* n'est pas innée. 44, 45. §. 7.
Affirmations, elles ne roulent que sur des idées concretes. 384. §. 1.
Algebre, son usage. 539. §. 15.
Alteration, ce que c'est, 255. §. 2.
Ame, elle ne pense pas toûjours. 64. §. 9, &c.
Elle ne pense pas dans un profond sommeil. 65. §. 11, &c.
Son immaterialité nous est inconnuë. 445. §. 6.
La Religion n'est pas interessée dans l'immaterialité de l'*Ame*. ibid.
Notre ignorance sur la nature de l'*Ame*. 276. §. 27.
Combien les actions de l'*Ame* sont subites. 100. §. 10.
Amour, ce que c'est. 175. §. 4.
Analogie, combien utile dans la Physique. 553. §. 12.
Antipathie & Sympathie, quelle en est la source. 317. §. 7.
Si elles sont naturelles ou acquises. ibid. §. 7. 8.
Elles sont causées quelquefois par la connexion des Idées. ibid.
Argumens, il y en a de quatre sortes.
 1. Ad *verecundiam*. 571. §. 19.
 2. Ad *ignorantiam*. ibid. §. 20.
 3. Ad *hominem*. ibid. §. 21.
 4. Ad *judicium*. ibid. §. 22.
Arithmetique, l'usage des Chiffres dans l'Arithmetique. 453. §. 19.

Les choses *Artificielles* sont la plûpart des idées collectives. 250. §. 3.
Pourquoi nous sommes moins sujets à tomber dans la confusion à l'égard des choses *Artificielles* que des Naturelles. 375. §. 40.
Il y a des Espèces distinctes de choses artificielles. 375. §. 41.
Assentiment qu'on donne aux Maximes. 11. §. 10.
Dès qu'on les entend & qu'on comprend les termes qu'on employe pour les exprimer, c'est un signe que ces Propositions sont évidentes par elles-mêmes. 15. §. 17. & *pag*. 16. §. 18.
Et non pas qu'elles sont innées. ibid. 17. §. 19, 20. *pag*. 52. §. 19.
L'*Assentiment* tombe sur des Propositions. 542. §. 3.
Ce que c'est. 544. §. 3.
Il doit être proportionné aux preuves. 546. §. 1.
Il dépend souvent de la Memoire. ibid. §. 1, 2.
En quelles rencontres il est volontaire de refuser ou de suspendre son consentement, & en quelles occasions il est nécessaire. 596. §. 15, 16.
Association d'Idées. 315.
Comment elle se fait. 317. §. 6.
Ses mauvais effets, comme à l'égard des Antipathies. 317. 318. §. 7, 8. 319. §. 15.
A l'égard des Erreurs de l'Esprit. 318. §. 9, 10.
Et cela dans des Sectes de Philosophie & de Religion. 320. §. 18.
Le temps remedie quelquefois à ces inconveniens, & comment. 319. §. 13.
Exemples du mauvais effet de l'association des Idées. 319. §. 14, &c.
Les dangereuses influences qu'elle a sur les Habitudes intellectuelles. 320. §. 17.
Assurance, quand on y est parvenu. 549. §. 6.
Athéisme dans le Monde. 45. §. 8.
Atome, ce que c'est. 269. §. 3.
Aveugle, si un aveugle venoit à voir, il ne connoîtroit pas par le moyen de la vûë un Globe d'avec un Cube, quoi qu'il les distinguât par l'attouchement. 99. §. 8.
Autorité, suivre les sentimens des autres hommes, grande source d'Erreur. 598. §. 17.
Axiomes, ne sont pas les fondemens des Sciences. 487. §. 1, &c.

TABLE DES MATIERES.

B.

BETES BRUTES. Elles n'ont pas des idées universelles. 112. §. 10, 11.
Ni des idées abstraites. 112. §. 10.
Si elles ont du sentiment, elles pensent 72. §. 19.
Si elles pensent, ce qu'est le Principe pensant qui est en elles. *ibid.*
Bien & mal, ce que c'est. 175. §. 2. 200. §. 42.
Le plus grand *Bien* ne détermine pas la Volonté. 159. §. 35. 197. §. 38. 201. §. 44.
Pourquoi. 201. §. 44, 46. 211. §. 59, 60, 64, 65, 68.
Il y a deux sortes de *Biens*. 212. §. 61.
Le *Bien* n'agit sur la Volonté que par le Desir. 203. §. 46.
Comment on peut exciter le desir du *Bien*. 203. §. 46, 47.
Souverain *Bien*, en quoi il consiste. 208. §. 55.
Bonheur, ce que c'est. 200. §. 42.
Quel *Bonheur* les hommes recherchent. *ib.* §. 43.
Comment il arrive que nous nous contentons d'un bonheur peu étendu. 211. §. 59.

C.

CAPACITE'. 119. §. 3.
Il est utile de connoître l'étenduë de nos *Capacitez*. 3 §. 4. Cette connoissance est propre à guérir du Scepticisme & de la Paresse. 6. §. 6.
Nos *capacitez* sont proportionnées à notre Etat présent. 4. §. 5.
Cause, ce que c'est. 254, 255. §. 1.
Ce qui est, est; Maxime qui n'est pas reçuë avec un consentement général. 8. §. 4.
Certitude: elle dépend de l'intuition 432. §. 1.
En quoi elle consiste. 472. §. 18.
Certitude de Vérité. 477. §. 3.
Certitude de Connoissance. *ibid.* à l'égard des Substances, on ne peut trouver de *certitude* que dans un fort petit nombre de Propositions générales. 484. §. 13. Et pourquoi. 486. §. 15.
Où l'on peut trouver la certitude. 487. §. 16.
Certitude verbale. 508 §. 8. Réelle. *ibid.*
Connoissance sensible, la plus grande *certitude* que nous ayions de l'existence. 523. §. 2.
Chaud & froid, comment la sensation de ces deux choses est produite par la même eau dans le même temps. 94. §. 21.
Cheveu, comment il paroit à travers un Microscope. 235. §. 11.
Citations, combien peu l'on doit s'y fier. 552. §. 11.
Clarté: Elle seule empêche la confusion des Idées. 109. §. 3.
Ce que c'est qu'Idées *Claires* & obscures. 288. §. 2.
Cohibition, ce que c'est. 185. §. 13.

Colére, ce que c'est. 177. §. 12.
Commentaires sur les Loix, pourquoi infinis. 387. §. 9.
Idées *Complexes*, comment on les forme. 110. §. 6. 116. §. 1.
A l'égard de ces Idées l'Esprit est plus que passif. 116, 117. §. 1, 2.
Elles peuvent être réduites à ces trois sortes, *Modes, Substances* & *Relations*. 117. §. 3.
Comparer des Idées, ce que c'est. 110. §. 4.
En cela les Hommes surpassent les Bêtes. 110, 111. §. 6.
Idées *completes*. 298. &c. Nous n'avons point d'idées completes d'aucune Espèce de Substances. 301. §. 6.
Composer des Idées, ce que c'est. 110. §. 6.
Il y a par-là une grande différence entre les hommes & les bêtes. *ibid.* §. 7.
Compter: ce que c'est. 155. §. 5.
Les noms sont nécessaires pour *compter*. *ibid.*
Et l'ordre, 157 §. 7.
Pourquoi les Enfans ne sont pas capables de *compter* de bonne heure, & pourquoi quelques-uns ne peuvent jamais le faire. *ibid.*
Confiance. 550. §. 7.
Idées *confuses* 289. §. 4.
Confusion d'Idées, en quoi elle consiste. 289. §. 5, 6, 7.
Cause de cette confusion. 289. §. 7, 8, 9, 12.
Elle est fondée sur un rapport aux noms qu'on donne aux Idées. 291. §. 10.
Moyen de remedier à cette confusion. 292. §. 12.
Connoissance: elle a une grande liaison avec les mots. 396. §. 21.
Ce que c'est que la *Connoissance*. 427. §. 2.
Combien elle dépend de nos Sens. 423. §. 23.
Connoissance actuelle. 429. §. 8.
Habituelle. 430. §. 8.
La *Connoissance* habituelle est double. 430. §. 9.
Connoissance intuitive. 432. §. 1. Est la plus claire. *ibid.* Et irresistible. *ibid.*
Connoissance démonstrative. 433. §. 2.
Toute Connoissance des véritez générales est ou intuitive ou démonstrative. 437. §. 14.
Celle des existences particulieres est sensitive 438. §. 14.
Les Idées claires ne produisent pas toûjours une *Connoissance* claire. *ibid.* §. 15.
Quelle sorte de *Connoissance* nous avons de la Nature 235. §. 12.
Les commencemens & les progrès de la *Connoissance*. 14. §. 15. 16. 115, 116. §. 15, 16, 17.
Où elle doit commencer. 131. §. 28.
Elle nous est donnée dans les Facultez propres à l'obtenir. 48. §. 12.
La *Connoissance* des hommes répond à l'usage qu'ils font de leurs Facultez. 55. §. 22.

Gggg 2   Nous

TABLE

Nous ne pouvons l'acquerir que par l'application de nos propres Pensées à la contemplation des choses mêmes. 57. §. 23.
Etenduë de la *Connoissance* humaine. 439. §. 1. &c.
Notre Connoissance ne s'étend pas au delà de nos idées. *ibid.*
Ni au delà de la perception de leur convenance ou disconvenance. *ibid.* §. 2.
Elle ne s'étend pas à toutes nos Idées *ibid.* §. 3.
Moins encore à la réalité des choses. 440 § 6.
Elle est pourtant fort capable d'accroissement, si l'on prenoit de bons chemins. *ibid.*
Notre *connoissance* d'Identité & de Diversité est aussi étenduë que nos Idées. 447. §. 8.
Notre *connoissance* de coëxistence est fort bornée. *ibid.* §. 9, 10, 11.
Et par conséquent celle des Substances l'est aussi. 448. §. 14, 15, 16.
La *connoissance* des autres relations ne peut être déterminée. 451. §. 18.
Quelle est la *connoissance* de l'existence. 454. §. 21.
Où c'est qu'on peut avoir une *connoissance* certaine & universelle. 460. §. 29. 487. §. 16.
Le mauvais usage des Mots, grand obstacle à la *Connoissance* 461. §. 30.
Où se trouve la *connoissance* générale. 462. §. 31.
Elle ne se trouve que dans nos pensées 485. §. 13.
Réalité de notre. *connoissance* 462.
Combien est réelle la *connoissance* que nous avons des véritez Mathematiques. 464. §. 6.
Celle que nous avons de la Morale est réelle. 465. §. 7.
Jusqu'où s'étend la réalité de celle que nous avons des Substances. 467. §. 12.
Ce qui fait notre *Connoissance* réelle. 463. §. 3. & 8.
Considerer les choses & non les noms des choses, moyen de parvenir à la *connoissance* 468. §. 13.
Connoissance des Substances, en quoi elle consiste. 481. §. 10.
Ce qui est nécessaire pour parvenir à une *connoissance* passable des Substances. 485. § 14.
Connoissance évidente par elle-même. 488. §. 2.
La *connoissance* de l'Identité & de la Diversité est aussi étenduë que nos Idées. *ibid.* §. 4. En quoi elle consiste. *ibid.*
Celle de la Coëxistence est fort bornée. 490. §. 5.
Celle des Relations des Modes ne l'est pas tant. *ibid.* §. 6.
Nous n'avons aucune *connoissance* de l'existence réelle, excepté notre propre existence & celle de Dieu. *ibid.* §. 7.
La *connoissance* commence par des choses particuliéres. 498. §. 11.
Nous avons une *connoissance* intuitive de notre propre existence. 511. §. 3. & une connoissance démonstrative de l'existence de Dieu. 512. §. 1.
La *Connoissance* que nous avons par le moyen des Sens mérite le nom de connoissance. 524. §. 3.
Comment on peut augmenter la *connoissance*. 531. Ce n'est point par le secours des Maximes. *ibid.* §. 5. Pourquoi on s'est figuré cela. *ibid.* §. 2.
On ne peut augmenter la Connoissance qu'en déterminant & comparant les Idées. 533. §. 6. 538. §. 14.
Et en trouvant leurs rapports. 535. §. 9.
Par des Idées moyennes. 538. §. 14.
Comment la Connoissance peut être perfectionnée à l'égard des Substances. 535. §. 9.
La *Connoissance* est en partie nécessaire, & en partie volontaire. 540. §. 1, 2.
Pourquoi notre Connoissance est si petite. 542. §. 2.
Conscience, c'est l'opinion que nous avons nous-mêmes de ce que nous faisons. 28. §. 8.
Con-science fait qu'une personne est la *même*. 270. §. 16. Ce que c'est. 71. §. 19.
Il est probable qu'elle est attachée à la même Substance individuelle, immaterielle. 274. §. 25.
Elle est nécessaire pour penser. 64. §. 10, 11. 71. §. 19.
Contemplation, 103. §. 1.
Convenance & disconvenance de nos Idées divisée en quatre espèces. 428. §. 3.
Corps, nous n'avons pas plus d'idées originales du Corps que de l'Esprit. 239. § 16.
Quelles sont ces idées originales du *Corps*. 239. §. 17.
L'étenduë ou la cohésion des *Corps* est aussi difficile à concevoir que la pensée dans l'Esprit. 241. §. 23, 24, 25, 26, 27.
Le mouvement d'un *Corps* par un autre *Corps*, aussi difficile à concevoir que le mouvement d'un Corps par le moyen de la pensée. 243, 244. §. 2.
Le *Corps* n'agit que par impulsion. 90. §. 11.
Ce que c'est que *Corps*. 123. § 11.
Couleurs, Modes des couleurs. 171. § 4.
Ce que c'est que la Couleur. 343. §. 16.
Crainte, ce que c'est. 177. §. 10.
Création, ce que c'est. 255. §. 2.
Elle ne doit pas être niée parce que nous n'en saurions concevoir la manière. 522. §. 19.
Croire sans raison c'est agir contre son devoir. 572. §. 24.
Croyance, ce que c'est. 544. §. 3.

D.

DECISIF. Les plus habiles gens sont les moins décisifs. 548. §. 4.
Définition, pourquoi l'on se sert du Genre dans la Définition. 331. §. 10.

DES MATIERES.

Ce que c'est que la *Définition*. 338. §. 6.
Définir les mots termineroit une grande partie des Disputes. 404. §. 15.
Démonstration, ce que c'est 433. §. 3. 569. §. 15.
Elle n'est pas si claire que la Connoissance intuitive. 433. §. 4, 6, 7.
La connoissance intuitive est nécessaire dans chaque dégré d'une *Démonstration*. 434. §. 7.
La Démonstration n'est pas bornée à la Quantité. 435. §. 9.
Pourquoi on a supposé cela. 436. §. 10.
Il ne faut pas attendre une démonstration en toutes sortes de cas. 528. §. 10.
Désespoir, ce que c'est. 177. §. 11.
Désir, ce que c'est. 176. §. 6.
C'est un état où l'Esprit n'est pas à son aise. 193. §. 31, 32.
Le *Désir* n'est excité que par le Bonheur. 199. §. 41.
Jusques où. 200. §. 43.
Comment il peut être excité. 202, 203. §. 46.
Il s'égare par un faux Jugement. 210. §. 58.
Dictionaires, comment ils devroient être faits. 415. §. 25.
Dieu, immobile parce qu'il est infini. 240. §. 21.
Il remplit l'Immensité aussi bien que l'Eternité. 147. §. 3.
Sa durée n'est pas semblable à celle des Créatures. 153. §. 12.
L'Idée de *Dieu* n'est pas innée. 45. §. 8.
L'existence de *Dieu* est évidente & se présente sans peine à la Raison. 46. §. 9.
La notion de *Dieu* une fois acquise, il est fort apparent qu'elle doit se repandre & se conserver dans l'Esprit des hommes. 47. §. 10.
L'Idée de *Dieu* vient tard & est imparfaite. 49. §. 13.
Combien étrange & incompatible dans l'Esprit de certains hommes. 49. §. 15.
Les meilleures notions de la Divinité peuvent être acquises par l'application de l'Esprit 50. §. 16.
Les Notions qu'on se forme de *Dieu* sont souvent indignes de lui. 49. §. 15, 16.
L'existence d'un *Dieu* certaine. 51. §. 16.
Elle est aussi évidente qu'il est évident que les trois Angles d'un Triangle sont égaux à deux Droits. *ibid*.
L'existence d'un *Dieu* peut être démontrée. 512. §. 1, 6.
Elle est plus certaine qu'aucune autre existence hors de nous. 513. §. 6.
L'Idée de *Dieu* n'est pas la seule preuve de son existence. 514. §. 7.
L'existence de *Dieu* est le fondement de la Morale & de la Théologie. *ibid*.
Dieu n'est pas materiel 517. §. 13.
Comment nous formons notre idée de *Dieu*. 246. §. 33. 34.

Faculté de *discerner* les Idées. 108. §. 1.
Elle est le fondement de quelques Maximes générales. *ibid*.
Discours, ne peut être entre deux hommes qui ont différens noms pour désigner la même idée, ou qui désignent différentes idées par un même nom. 82. §. 5.
Disposition. 228. §. 10.
Disputer : l'art de disputer est nuisible à la Connoissance. 415. §. 6, 7.
Il détruit l'usage du Langage. 402. §. 10. 11.
Disputes, d'où elles viennent. 132. §. 28.
La multiplicité des *Disputes* doit être attribuée à l'abus des mots. 408. §. 22.
Elles roulent presque toutes sur la signification des mots. 415 §. 7.
Moyen de diminuer le nombre des *Disputes*. 510. §. 13. Quand c'est que nous disputons sur des mots. *ibid*.
Distance. 119. §. 3.
Idées *distinctes*. 289. §. 4.
Divisibilité de la Matiére, est incomprehensible. 245. §. 31.
Douleur: la Douleur présente agit fortement sur nous. 213. §. 64.
Usage de la *Douleur*. 85. §. 4.
Durée. 133. §. 1, 2.
D'où nous vient l'idée de la *Durée*. 133. §. 3, 4, 5.
Ce n'est pas du mouvement. 138. §. 16.
Mesure de la *Durée*. 138. §. 17, 18.
Toute apparence périodique réguliére. 139. §. 19, 20.
Nulle de ces mesures n'est connuë pour être parfaitement exacte. 140. §. 21.
Nous conjecturons seulement qu'elles sont égales par la suite de nos Idées. 140, 141. §. 21.
Les Minutes, les Jours, & les Années &c. ne sont pas nécessaires à la *Durée*. 141. §. 23.
Le changement des mesures de la *Durée* ne change pas la notion que nous en avons. 142. §. 23.
Les mesures de la *Durée* prises pour des Revolutions du Soleil, peuvent être appliquées à la Durée avant que le Soleil existât. 142. §. 24.
Durée sans commencement. 143. §. 27.
Comment nous mesurons la *Durée*. 144. §. 28, 29, 30.
De quelle espèce d'Idées simples est composée l'idée que nous avons de la *Durée*. 151. §. 9.
Recapitulation des Idées que nous avons de la *Durée*, du Temps, & de l'Eternité. 145. §. 31.
La *Durée* & l'Expansion comparées. 142.
La *Durée* & l'Expansion sont renfermées l'une dans l'autre. 153. §. 12.
La *Durée* considerée comme une ligne. 152 §. 11.
Nous ne pouvons la considerer sans succession. 153 §. 12.

TABLE

Dureté, ce que c'est. 80. §. 4.

E.

ECOLES, en quoi elles manquent. 400. §. 6. &c.

Ecriture, les interpretations de l'Ecriture Sainte ne doivent pas être imposées aux autres 397. §. 23.

Ecrits des Anciens, combien il est difficile d'en comprendre exactement le sens. 396. §. 22.

Education, cause en partie du peu de raison des gens. 316. §. 3.

Effet, ce que c'est. 255. §. 1.

Entendement, ce que c'est. 181. §. 5. Semblable à une Chambre obscure. 115. §. 17. Quand on en fait un bon usage. 3. §. 5. C'est le pouvoir de penser. 117. §. 2. Il est entierement passif à l'égard de la reception des Idées simples. 74. §. 25.

Enthousiasme. 580. Décrit. 582. §. 6, 7. Son Origine. 581. §. 5. Le fondement de la persuasion que nous avons d'être inspirez doit être examiné & comment. 583. §. 10.

La force de cette persuasion n'est pas une preuve suffisante. 586. §. 12, 13.

L'*Enthousiasme* passe pour un fondement d'assentiment. 581. §. Il ne parvient point à l'évidence à laquelle il prétend. 585. §. 11.

Envie, ce que c'est. 177. §. 13.

Erreur, ce que c'est. 589. §. 1.

Causes de l'*Erreur*. ibid.
1. Le manque de preuves. ibid. §. 2.
2. Le défaut d'habileté à s'en servir. 590. §. 5.
3. Le défaut de volonté pour les faire valoir. 591. §. 6.
4. Fausses règles de probabilité. 592. §. 7.

Il y a moins de gens qui donnent leur assentiment à des Erreurs qu'on ne croit ordinairement. 599. §. 18.

Espace: on en acquiert l'idée par la vûë & par l'attouchement. 119. §. 2.

Modifications de l'*Espace*. ibid. §. 4.

Il n'est pas Corps. 123. §. 11, 12, 13.

Ses parties sont inseparables. 124. §. 13.

L'*Espace* est immobile. 124. §. 14.

S'il est Corps ou Esprit. 125. §. 16.

S'il est Substance ou Accident. ibid. §. 17.

L'*Espace* est infini. 127. §. 21. 159. §. 4.

Les Idées de l'*Espace* & du Corps sont distinctes. 119. §. 24. 131. §. 27.

L'*Espace* consideré comme un solide. 152. §. 11.

Il est difficile de concevoir aucun Être réel vuide d'*Espace*. ibid.

Espèce, pourquoi dans une Idée complexe le changement d'une seule idée simple est jugé changer l'Espèce dans les Modes, & non pas dans les Substances. 406. §. 19.

L'*Espèce* des Animaux & des Vegetaux est distinguée le plus souvent par la Figure. 421. §. 19. Et celle des autres choses par la Couleur. ibid. & 368. §. 29.

L'*Espèce* est un ouvrage que l'Entendement de l'homme forme pour s'entretenir avec les autres hommes. 348. §. 9.

Il n'y a point d'*espèce* de Modes Mixtes sans un nom. 225. §. 4.

Celle des Substances est déterminée par l'Essence nominale. 356. §. 7, 8. 358. §. 11, 13.

Non par les Formes Substantielles. 358. §. 10.

Ni par l'Essence réelle. 361. §. 18. 365. §. 25.

L'*Espèce* des Esprits comment peut être distinguée. 358. §. 11.

Il y a plus d'*Espèces* de Créatures au dessus de nous qu'au dessous. 359. §. 12.

Les *Espèces* des Créatures vont par dégrez insensibles. 358. §. 11.

Ce qui est necessaire pour faire des *Espèces* par des Essences réelles. 361. §. 14, 15. &c.

Les *Espèces* des Animaux ne sauroient être distinguées par la propagation. 364. §. 23.

L'*Espèce* n'est qu'une conception partiale de ce qui est dans les Individus. 370. §. 32.

C'est l'Idée complexe, signifiée par un certain nom, qui forme l'*Espèce*. 372. §. 35.

L'homme fait les *Espèces* ou sortes. ibid.

Mais le fondement est dans la similitude qui se trouve dans les choses. 373. §. 36, 37.

Chaque Idée abstraite distincte constituë une Espèce distincte 373. §. 38.

Esperance, ce que c'est. 177. §. 9.

Esprit: l'existence des Esprits ne peut être connuë. 529. §. 12.

On ne sauroit concevoir l'operation des *Esprits* sur les Corps. 459. §. 28.

Quelle connoissance les *Esprits* ont des Corps. 423. §. 23.

Comment la connoissance des *Esprits* separez peut surpasser la nôtre. 107. §. 9.

Nous avons une notion aussi claire de la substance des *Esprits* que de celle du Corps. 232. §. 5.

Conjecture sur une maniere de connoître par où les *Esprits* l'emportent sur nous. 237. §. 13.

Quelles idées nous avons des *Esprits*. 238. §. 15.

Idées originales qui appartiennent aux *Esprits*. 239. §. 18.

Les *Esprits* se meuvent. 239. §. 19, 20.

Idées que nous avons de l'*Esprit* & du Corps, comparées. 240 §. 22. 245. §. 30.

L'existence des *Esprits* aussi aisée à recevoir que celle des Corps. 245. §. 31.

Nous ne concevons pas comment les *Esprits* s'entre-communiquent leurs pensées. 248. §. 36.

Jusques où nous ignorons l'existence, les Espèces & les proprietez des *Esprits*. 458. §. 27.

L'*Esprit* & le Jugement, en quoi ils different. 109. §. 2.

DES MATIERES.

Essence, réelle & nominale. 334. §. 15.
La supposition que les Espèces sont distinguées par des *Essences* réelles incomprehensibles, est inutile. 335. §. 17.
L'*Essence* réelle & nominale toûjours la même dans les Idées simples & dans les Modes; & toûjours différente dans les substances. 336. §. 18.
Essences, comment ingénerables & incorruptibles. 335. §. 19.
Les Essences specifiques des Modes mixtes sont un Ouvrage de l'Homme & comment. 345. §. 4, 5, 6.
Quoi qu'elles soient arbitraires elles ne sont pourtant pas formées au hazard. 346. 347. §. 7.
Essences des Modes mixtes pourquoi appellées *Notions*. 350. §. 12.
Ce que c'est que ces Essences. 350 §. 13, 14.
Elles ne se rapportent qu'aux Espèces. 354. §. 4.
Ce que c'est que les *Essences* réelles. 356. §. 6.
Nous ne les connoissons pas. 357. §. 9.
Notre *Essence* specifique des Substances n'est qu'une collection d'Idées sensibles. 362. §. 21.
Les *Essences* nominales formées par l'Esprit. 365. §. 25.
Mais non pas tout-à-fait arbitrairement. 367. §. 28.
Elles sont differentes en differens hommes. 365. §. 26.
Essences nominales des Substances comment formées. 367. §. 28, 29. Fort differentes. 370. §. 31.
L'*Essence* des Espèces est l'idée abstraite désignée par un certain nom. 332. §. 12. 362. §. 19.
C'est l'Homme qui en est l'Auteur. 334. §. 14.
Elle est pourtant fondée sur la convenance des choses. 333. §. 13.
Les *Essences* réelles ne déterminent pas nos Espèces. *ibid.*
Chaque Idée abstraite distincte, avec un nom, est l'*essence* distincte d'une Espèce distincte. 334. §. 14.
Les *essences* réelles des Substances ne peuvent être connuës. 484. §. 12.
Essentiel, ce que c'est. 353. §. 2. 355. §. 5.
Rien n'est *essentiel* aux Individus. 354. §. 4. Mais aux Espèces. 356. §. 6.
Ce que c'est qu'une différence essentielle. 355. §. 5.
Etenduë, nous n'avons point d'idée distincte de la plus grande ou de la plus petite étenduë. 294. §. 16.
L'*Etenduë* du Corps est incomprehensible. 241. §. 23, &c.
La plupart des denominations prises du Lieu & de l'*Etenduë* sont relatives. 257. §. 5.
L'*Etenduë* & le corps n'est pas la même chose. 124. §. 16. &c.

La Définition de l'*Etenduë* ne signifie rien. 124. §. 15.
L'*Etenduë* du Corps & de l'Espace comment distinguée. 81. §. 5.
Veritez *éternelles*. 530. §. 14.
Eternité, d'où vient que nous sommes sujets à nous embarrasser dans nos raisonnemens sur l'Eternité. 293, 294. §. 15.
D'où nous vient l'idée de l'*Eternité*. 143. §. 27.
On démontre que quelque chose existe de toute *éternité*. 143. §. 27.
Etres: Il n'y en a que de deux sortes. 515. §. 9.
L'*Etre* Eternel doit être pensant. *ibid*.
Evident: Propositions évidentes par elles-mêmes, où l'on peut les trouver. 488. §. 4.
Elles n'ont pas besoin de preuve & n'en reçoivent aucune. 502. §. 19.
Existence, idée qui nous vient par Sensation & par Reflexion. 86. §. 7.
Nous connoissons notre propre *existence* intuitivement. 512. §. 1. Et nous n'en saurions douter. 512. §. 2.
L'*existence* passée n'est connuë que par le moyen de la Memoire. 528. §. 11.
Expansion est sans bornes. 146. §. 2.
L'*Experience* nous aide souvent dans des rencontres où nous ne pensons point qu'elle nous soit d'aucun secours. 100. §. 8.
Extase, ce que c'est. 173. §. 1.

F.

FA CULTEZ de l'Esprit, les prémiéres exercées. 114. §. 14.
Elles ne sont que des Puissances. 186. §. 17.
Elles n'opérent pas l'une sur l'autre. 187, 188. §. 18, 20.
Faire, ce que c'est. 255. §. 2.
Fausseté. 480. §. 9.
Fer, de quelle utilité il est au Genre Humain. 536. §. 11.
Figure. 120. §. 5. Elle peut être variée à l'infini. 120. §. 6.
Discours *figuré*, abus du Langage. 412. §. 34.
Fini & infini, Modes de la Quantité. 158. §. 2.
Toutes les Idées positives de la Quantité sont finies. 162. §. 8.
Foi & Opinion, entant que distinguées de la connoissance, ce que c'est. 2. §. 3.
Comment la *Foi* & la Connoissance différent. 544. §. 3.
Ce que c'est que la *Foi*. 555. §. 14.
Elle n'est pas opposée à la Raison 572. §. 24.
La *Foi* & la Raison. 573.
La *Foi* considerée par opposition à la Raison, ce que c'est. *ibid.* §. 2.
La *Foi* ne sauroit nous convaincre de quoi que ce soit qui soit contraire à notre Raison. 576. §. 5, 6, 8

TABLE

Ce qui eſt Revelation divine eſt la ſeule choſe qui ſoit une matiére de *Foi.* 577. §. 6.
Les choſes au deſſus de la Raiſon ſont les ſeules qui appartiennent proprement à la *Foi.* 571. §. 7.
Formes: les *formes* ſubſtantielles ne diſtinguent pas l'Eſpèce. 364. §. 24.
Propoſitions *frivoles.* 503.
Diſcours *frivoles.* 509. §. 9, 10. 11.

G.

GENERAL, Connoiſſance générale, ce que c'eſt. 462. §. 31.
On ne peut ſavoir ſi les Propoſitions *générales* ſont véritables qu'on ne connoiſſe l'eſſence de l'Eſpèce. 477. §. 4.
Comment ſe font les termes généraux. 329. §. 6, 7, 8.
La généralité appartient ſeulement aux ſignes. 332. §. 11.
Génération, ce que c'eſt. 255. §. 2.
Genre & *Eſpèce*, ce que c'eſt. 332. §. 12.
Ce ne ſont que des mots dérivez du Latin qui ſignifient ce que nous appellons vulgairement *ſortes.* 353. §. 1.
Le *Genre* n'eſt qu'une conception partiale de ce qui eſt dans les Eſpèces. 371. §. 32.
Le Genre & l'Eſpèce ſont des idées adaptées au but du Langage. 371. §. 33.
On n'a formé les Genres & les Eſpèces que pour avoir des noms généraux. 374. §. 39.
Gentilshommes, ne devroient pas être ignorans. 591. §. 6.
Glace & Eau, ſi ce font des Eſpèces diſtinctes. 360. §. 13.
Goût, ſes Modes. 171. §. 5.

H.

HABITUDE, ce que c'eſt. 228. §. 10.
Les actions *habituelles* ſe font ſouvent en nous ſans que nous y prenions garde. 100. §. 10.
Haine, ce que c'eſt. 176. §. 5.
Hiſtoire, quelle hiſtoire a plus d'autorité. 552. §. 11.
Homme, il n'eſt pas la production d'un hazard aveugle. 513. §. 6.
L'Eſſence de l'*homme* eſt placée dans ſa figure. 471. §. 16.
Nous ne connoiſſons pas ſon eſſence réelle. 354. §. 3. 363. §. 22. 365. §. 26.
Les bornes de l'Eſpèce humaine ne ſont pas déterminées 366. §. 27.
Ce qui fait le même *Homme* Individuel. 272. §. 21. 277. §. 29.
Le même *homme* peut être différentes perſonnes. 272. §. 21.
Honte; ce que c'eſt. 178. §. 17.

Hypotheſes, leur uſage 538. §. 13.
Mauvaiſes conſéquences des fauſſes *Hypotheſes.* 594. §. 11.
Les *Hypotheſes* doivent être fondées ſur des points de fait. 65. §. 10.

I.

IDE'E. Les Idées particuliéres ſont les prémiéres dans l'Eſprit. 491. §. 9.
Les *Idées* générales ſont imparfaites. *ibid.*
Idée, ce que c'eſt. 5. §. 8. 89. §. 8.
Origine des *Idées* dans les Enfans. 43. §. 2. 49. §. 13.
Nulle idée n'eſt innée. 52. §. 17. Parce qu'on n'en a aucun ſouvenir. 53. §. 20.
Toutes les Idées viennent de la Senſation & de la Reflexion. 61. §. 2.
Moyen de les acquerir qui peut être obſervé dans les Enfans. 62. §. 6.
Pourquoi quelques-uns ont plus d'*idées*, & d'autres moins 63. §. 7.
Idées acquiſes par Reflexion viennent tard, & en certaines gens fort imparfaitement. 63. §. 8.
Comment elles commencent & augmentent dans les Enfans. 73. §. 21, 22, 23, 24.
Idées qui nous viennent par les Sens. 77. §. 1.
Elles manquent de noms. 78. §. 2.
Idées qui nous viennent par plus d'un Sens. 83.
Celles qui viennent par Reflexion. 83. §. 1. Par Senſation & par Reflexion. 84.
Idées doivent être diſtinguées entant qu'elles ſont dans l'Eſprit & dans les choſes. 89. §. 7.
Quelles ſont les prémiéres Idées qui ſe préſentent à l'Eſprit, cela eſt accidentel & il n'importe pas de le connoitre. 99. §. 7.
Idées de Senſation ſouvent alterées par le Jugement. 99. §. 8. Particuliérement celles de la vûë. 100. §. 9.
Idées de Reflexion 114. §. 14.
Les hommes conviennent ſur les Idées ſimples. 132. §. 28.
Les Idées ſe ſuccedent dans notre Eſprit dans un certain dégré de viteſſe. 136. §. 9.
Elles ont des dégrez qui manquent de noms. 171. §. 6.
Pourquoi quelques-unes ont des noms, & d'autres n'en ont pas. 172. §. 7.
Idées originales. 222. §. 73.
Toutes les *Idées* complexes peuvent être réduites à des Idées ſimples. 227. §. 9.
Quelles Idées ſimples ont été le plus modifiées. 228. §. 10.
Notre *idée* complexe de Dieu & des Eſprits commune en chaque choſe excepté l'Infinité. 247. §. 36.
Idées claires & obſcures 288. §. 2. Diſtinctes & confuſes. 289. §. 4.

De

DES MATIERES.

Des *Idées* peuvent être claires d'un côté & obscures de l'autre. 293. §. 13.
Idées réelles & chimeriques. 296. §. 1.
Les *Idées* simples sont toutes réelles. *ibid.* §. 2. Et completes 298. §. 2.
Quelles *idées* de Modes mixtes sont chimeriques. 297. §. 4.
Quelles idées de Substances le sont aussi. 298. §. 5.
Des Idées completes & incompletes. 298. §. 1.
Comment on dit que les idées sont dans les choses. 298. §. 2.
Les Modes sont tous des idées completes, 299. §. 3.
Hormis quand on les considére par rapport aux noms qu'on leur donne. 300. §. 4.
Les *Idées* des Substances sont incompletes. 301. §. 6. I. Entant qu'elles se rapportent à des essences réelles. 303. §. 7. II. Entant qu'elles se rapportent à une collection d'Idées simples. 303. §. 8.
Les Idées simples sont des copies parfaites. 305. §. 12.
Les Idées des Substances sont des copies imparfaites. 306. §. 13. Celles des Modes sont de parfaits Archetypes. 306. §. 14.
Idées vrayes ou fausses. 306. §. 1. Quand elles sont fausses. 313. §. 21, 22, 23, 24, 25.
Considerées comme de simples apparences dans l'Esprit, elles ne sont ni vrayes ni fausses. 307. §. 3. Considerées par rapport aux Idées des autres hommes, ou à une existence réelle, ou à des Essences réelles, elles peuvent être vrayes ou fausses. 307. §. 4, 5.
Raison d'un tel rapport. 308. §. 6.
Les Idées simples rapportées aux Idées des autres hommes sont le moins sujettes à être fausses 309. §. 9. Les complexes sont à cet égard plus sujettes à être fausses, & sur-tout celles des Modes Mixtes. 309. §. 10, 11.
Les Idées simples rapportées à l'existence sont toutes véritables. 310. §. 14.
Quand bien elles seroient différentes en différentes personnes. 311. §. 15.
Les Idées complexes des Modes sont toutes véritables. 312. §. 17. Celles des Substances quand fausses. 312. §. 18.
Quand c'est que les Idées sont justes ou fautives 315. §. 26.
Idées qui nous manquent absolument. 455. §. 23. D'autres que nous ne pouvons acquerir à cause de leur eloignement. 456. §. 24. Ou à cause de leur petitesse. 457. §. 25.
Les Idées simples ont une conformité réelle avec les choses. 464. §. 4. Et toutes les autres Idées excepté celles des Substances. *ibid.* §. 5.
Les Idées simples ne peuvent point s'acquerir par des mots & des définitions. 340. §. 11. Mais seulement par expérience. 342. §. 14.

Idées des Modes mixtes, pourquoi les plus complexes. 350. §. 13.
Idées specifiques des Modes mixtes, comment formées au commencement: exemple dans les mots *Kinneah* & *Niouph*. 377. §. 44, 45. Celles des Substances comment formées, exemple pris du mot *Zahab*. 378. §. 46.
Les Idées simples & les Modes ont toutes des noms abstraits aussi bien que concrets. 384. §. 2.
Les Idées des Substances ont à peine aucuns noms concrets. *ibid.* Elles sont différentes en différentes personnes 391. §. 13.
Nos Idées sont presque toutes relatives 180. §. 3.
Comment de causes privatives on peut avoir des Idées positives 88. §. 4.
Identique: Les Propositions Identiques n'enseignent rien 503. §. 2.
Identité n'est pas une Idée innée. 43. §. 3, 4, 5.
Identité & diversité. 258.
En quoi consiste l'*Identité* d'une Plante. 260. §. 4.
Celle des Animaux 261. §. 5.
Celle d'un homme. 261. §. 6.
Unité de substance ne constituë pas toûjours la même idée. 262. § 7. 266. §. 11.
Identité personnelle 264. §. 9. Elle dépend de la même Con-science. 265. §. 10.
Une existence continuée fait l'Identité. 277. §. 29.
Identité & diversité dans les Idées, c'est la prémiére perception de l'Esprit. 428. §. 4.
Ignorance: notre Ignorance surpasse infiniment notre Connoissance. 455. §. 22.
Causes de l'Ignorance. *ibid.* §. 22.
1. Manquer d'Idées. *ibid.* §. 23.
2. Ne pas découvrir la connexion qui est entre les Idées que nous avons. 459. § 28.
3. Ne pas suivre les Idées que nous avons. 461. §. 30.
Imagination. 106. §. 8.
Imbecilles & Fous. 112. §. 12, 13.
Immensité. 119. §. 4. Comment nous vient cette Idée. 159. §. 3.
Immoralitez de Nations entières. 29 §. 9, 10.
Immortalité: elle n'est pas attachée à aucune forme extérieure. 469. §. 15.
Impénétrabilité. 79. §. 4.
Imposition d'opinions déraisonnable. 548. §. 4.
Il est IMPOSSIBLE *qu'une même chose soit & ne soit pas*; ce n'est pas la prémiére chose connuë. 21. §. 25.
Impossibilité, ce n'est pas une idée innée. 43. §. 3.
Impression sur l'Esprit, ce que c'est. 9. §. 5.
Incompatibilité, jusqu'où peut être connuë. 449. §. 15.
Idées *incompletes*. 298. §. 1.
Individuationis Principium, son existence. 259. § 3.
Inferer, ce que c'est. 556. §. 2.
Infini, pourquoi l'Idée de l'Infini ne peut être apliquée à d'autres Idées aussi bien qu'à celles de

TABLE

la Quantité, puisqu'elles peuvent être repetées aussi souvent. 160. §. 6.

Il faut distinguer entre l'idée de l'Infinité de l'Espace ou du Nombre, & celle d'un Espace ou d'un Nombre infini. 161. §. 7.

Notre Idée de l'*Infini* est fort obscure. 162. §. 8.

Le Nombre nous fournit les Idées les plus claires que nous puissions avoir de l'Infini. 163. §. 9.

Notre Idée de l'Infini est une Idée qui grossit toûjours. 164. §. 12.

Elle est en partie positive, en partie comparative & en partie negative. 165. §. 15.

Pourquoi certaines gens croyent avoir une idée d'une Durée *infinie*, & non d'un Espace infini. 168. § 20.

Pourquoi les Disputes sur l'*Infini* sont ordinairement embarrassées 169. §. 21. 293 §. 15.

Notre Idée de l'*Infinité* a son origine dans la Sensation & dans la Reflexion. 170. §. 22.

Nous n'avons point d'idée positive de l'*Infini*. 164. §. 13. 294. §. 16.

Infinité, pourquoi plus communément attribuée à la Durée qu'à l'Expansion. 144. §. 4.

Comment nous l'appliquons à Dieu. 158. §. 1.

Comment nous acquerons cette idée. *ibid*.

L'Infinité du Nombre, de la Durée & de l'Espace considerée en différentes manieres. 163. §. 10, 11.

Veritez *Innées* doivent être les prémiéres connuës. 22. § 26.

Principes *innez* sont inutiles si les hommes peuvent les ignorer ou les révoquer en doute. 32. § 13.

Principes *innez* que propose Mylord *Herbert*, examinez. 35. §. 15, *&c.*

Règles de Morale *innées* sont inutiles, si elles peuvent être effacées ou altérées. 38. §. 20.

Propositions *innées* doivent être distinguées des autres par leur clarté & par leur utilité. 55. § 21.

La Doctrine des Principes *innez* est d'une dangereuse conséquence 58. § 24.

Inquiétude détermine seule la Volonté à une nouvelle action. 191. §. 29. 193. § 31. 194. §. 33.

Pourquoi elle détermine la Volonté. 196. §. 36, 37.

Causes de cette Inquiétude. 209. §. 57, *&c.*

Instant, ce que c'est. 136. §. 10.

Intuitif: Connoissance intuitive. 432. § 1.

N'admet aucun doute. 433. §. 4.

Constituë notre plus grande certitude. 569. §. 1.

Joye. 177. §. 7.

Jugement, en quoi il consiste principalement. 109. §. 2. 570. §. 16.

Faux *Jugemens* des hommes par rapport au bien & au mal 211. §. 60.

Jugement droit. 543. §. 4.

Une Cause des faux *Jugemens* des hommes. 547. §. 3.

L.

LANGAGES, pourquoi ils changent. 226. §. 7.

En quoi consiste le Langage. 322. §. 1, 2, 3.

Son usage. 347. §. 7. Double usage. 385. §. 1.

Ses Imperfections. 385. § 1.

L'utilité du *Langage* detruite par la subtilité des Disputes. 402. §. 10, 11.

En quoi consiste la fin du *Langage*. 409. §. 23. 325. §. 2.

Il n'est pas aisé de remedier à ses défauts. 413. §. 2.

Il seroit nécessaire de le faire pour philosopher. *ibid*. §. 3, 4, 5, 6.

N'employer aucun mot sans y attacher une idée claire & distincte est un des remedes aux imperfections du *Langage*. 416. § 8, 9.

Se servir des mots dans leur usage propre, autre remede 417. § 11.

Faire connoître le sens que nous donnons à nos paroles, autre remede. 418. §. 12.

On peut faire connoître le sens des mots à l'égard des Idées simples en montrant ces Idées. 418. §. 13. Dans les Modes mixtes en définissant les mots. 419. §. 15. Et dans les Substances en montrant les choses & en définissant les noms qu'on leur donne 421. §. 19, 21.

Langage propre. 327 § 8.

Langage intelligible. *ibid*.

Liberté, ce que c'est. 182. §. 8, 9, 10, 11, 12.

Elle n'appartient pas à la Volonté. 185. §. 14.

La Liberté n'est pas contrainte lorsqu'elle est déterminée par le resultat de nos propres déliberations. 203. §. 47, 48, 49, 50.

Elle est fondée sur un pouvoir de suspendre nos desirs particuliers. *ibid*. §. 47, 51, 52.

La Liberté n'appartient qu'aux Agents. 187. §. 19.

En quoi elle consiste. 191. §. 27.

Libre, jusqu'où un homme est libre. 188 §. 21.

L'Homme n'est pas libre de vouloir ou de ne pas vouloir. 189. § 22, 23, 24.

Libre arbitre, la Liberté n'appartient pas à la Volonté. 185. §. 14.

En quoi consiste ce qu'on nomme *Libre Arbitre*. 203. § 47.

Lieu 121. §. 7, 8.

Usage du *Lieu*. 122. §. 9.

Ce n'est qu'une position relative. 122. §. 10.

On le prend quelquefois pour l'Espace que remplit un Corps. *ibid*.

Le Lieu pris en deux sens 148, 149. §. 6, 7.

Logique a introduit l'obscurité dans le Langage. 400. § 6. Et a arrêté le progrès de la Connoissance. *ibid*. § 7, *&c.*

Loi de la Nature généralement reconnue. 27. §. 6.

Il y a une telle Loi, quoi qu'elle ne soit pas innée 33. §. 13.

DES MATIERES.

Ce qui la fait valoir. 280. §. 6.
Lumière: Définition abſurde de la Lumière. 339. §. 10.

M.

MAL, ce que c'eſt. 200. §. 42.
Martin (Abbé de S.) 366. §. 26.
Mathematiques, quelle en eſt la Methode. 534. §. 7.
Comment elles ſe perfectionnent. 539. §. 15.
Matière incomprehenſible dans ſa coheſion & dans ſa diviſibilité. 241. §. 23. *&c.*
Ce que c'eſt que la *Matière*. 404. §. 15.
Si elle penſe, c'eſt ce qu'on ne ſait pas. 440. §. 6. Qu'on ne ſauroit prouver que Dieu ne puiſſe donner à la *Matière* la faculté de penſer. 440. §. 6.
La Matiere ne ſauroit produire du mouvement, ni aucune autre choſe. 515. §. 10.
La *Matière* & le Mouvement ne ſauroient produire la penſée. *ib.*
La Matière n'eſt pas éternelle. 520. §. 18.
Maximes. 487. §. 1, *&c.*
Ne ſont pas ſeules évidentes par elles-mêmes. 488. §. 3.
Ce ne ſont pas les Véritez les prémières connuës. 491. §. 9.
Ni le fondement de notre Connoiſſance. 492. §. 10.
Comment formées. 531. §. 3.
En quoi conſiſte leur évidence 492. §. 10. 569. §. 14.
Pourquoi les plus générales Propoſitions évidentes par elles-mêmes paſſent pour des *Maximes.* 493. §. 11.
Elles ne ſervent ordinairement de preuve que dans les rencontres où l'on n'a aucun beſoin de preuve. 500. §. 15.
Les Maximes ſont de peu d'uſage lorſque les termes ſont clairs. 501. §. 16, 19. Et d'un uſage dangereux lorſque les termes ſont équivoques. 499. §. 12---20.
Quand les Maximes commencent d'être connuës. 11. §. 9, 12, 13. p. 13. §. 14. p. 14. §. 16.
Comment elles ſe font recevoir. 18. §. 21, 22.
Elles ſont faites ſur des Obſervations particulières. 18. §. 21.
Elles ne ſont pas dans l'Entendement avant que d'être actuellement connuës. 18. §. 22.
Ni les termes ni les idées qui les compoſent ne ſont innées. 19 §. 23.
Elles ſont moins connuës aux Enfans & aux gens ſans lettres. 22. §. 27.
Ce qui nous paroit *meilleur* n'eſt pas une Règle pour les actions de Dieu. 48. §. 12.
Mémoire. 103. §. 2.

L'Attention, la Repetition, le Plaiſir, & la Douleur mettent des Idées dans la mémoire. 104. §. 3.
Différence qu'il y a dans la durée des Idées gravées dans la *Memoire*. 104 §. 4, 5.
Dans le reſſouvenir l'Eſprit eſt quelquefois actif, & quelquefois paſſif. 106. §. 7.
Néceſſité de la *Mémoire*. 106. §. 8. ſes défauts, *ib.* §. 8, 9.
Mémoire dans les Bêtes. 107. §. 10.
Menagiana cité. 366. §. 26.
Metaphyſique & Théologie de l'Ecole, ſont pleines de Propoſitions qui n'inſtruiſent de rien. 509. §. 9.
Methode qu'on employe dans les Mathematiques. 534. §. 7.
Minutes, heures, jours, ne ſont pas néceſſaires à la durée. 142. § 23.
Miracles, ſur quel fondement on donne ſon conſentement aux Miracles. 554. §. 13.
Miſère, ce que c'eſt. 200. §. 42.
Modes: Modes mixtes. 224. §. 1.
Ils ſont formez par l'Eſprit. 224. §. 2.
On en acquiert quelquefois les idées par l'explication de leurs noms. 225. §. 3.
D'où c'eſt qu'un *Mode Mixte* tire ſon unité. 225. §. 4.
Occaſion des *Modes* mixtes. 225. §. 5.
Modes mixtes, leurs idées comment acquiſes. 227. §. 9.
Modes ſimples & complexes. 117. §. 4. *&* 5.
Modes ſimples. 119. §. 1.
Modes du Mouvement. 170. §. 2.
Moral: ce que c'eſt que le Bien & le Mal Moral. 279. §. 5.
Trois Règles par où les hommes jugent de la Rectitude Morale. 280. §. 6.
Etres *moraux* comment fondez ſur des Idées ſimples de Senſation ou de Reflexion. 283. §. 14, 15.
Règles *Morales* ne ſont pas évidentes par elles-mêmes. 26. §. 4.
Diverſité d'opinions ſur les Règles de *Morale*, d'où vient. 27. §. 5, 6.
Règles *Morales*, ſi elles ſont innées, ne peuvent être violées avec l'approbation publique. 30. §. 11, 12, 13.
Morale: La Morale eſt capable de Démonſtration. 419. §. 16.
La *Morale* eſt la véritable étude des hommes. 536. §. 11.
Ce qu'il y a de *moral* dans les Actions conſiſte dans leur conformité à une certaine Règle. 284. §. 15.
Fautes qu'on commet dans la *Morale* doivent être rapportées aux mots. 285. § 16.
Si les diſcours de *Morale* ne ſont pas clairs, c'eſt la faute de celui qui parle. 420. §. 17.

TABLE

Ce qui empêche qu'on ne traite la Morale par des argumens démonstratifs. 1. Le défaut de signes. 2. Leur trop grande composition. 452. §. 19. 3. L'Intérêt. 454. §. 20.

Dans la Morale le changement des noms ne change pas la nature des choses. 466. §. 9, 11.

Il est bien difficile d'allier la Morale avec la nécessité d'agir en Machine. 34. §. 14.

Malgré les faux Jugemens des hommes la Morale doit prévaloir. 218. §. 70.

Mots, le mauvais usage des Mots est un grand obstacle à la Connoissance. 461. §. 30.

Abus des *mots* 397.

Des Sectes introduisent des *mots* sans leur attacher aucune signification. 398. §. 2.

Les Ecoles ont fabriqué quantité de *mots* qui ne signifient rien. *ibid*. Et en ont obscurci d'autres. 400. §. 6.

Qui sont souvent employez sans aucune signification. 398. §. 3.

Inconstance dans l'usage des *mots* est un abus des mots. 399. §. 5.

L'obscurité, autre abus des *mots*. 400. §. 6.

Prendre les *mots* pour des choses, autre abus. 403. §. 14.

Qui sont les plus sujets à cet abus des *Mots. ib.*

Cet abus des Mots est une cause de l'obstination dans l'Erreur. 405. §. 16.

Faire signifier aux *mots* des Essences réelles que nous ne connoissons pas, est un abus des mots. *ibid*. §. 17. 18.

Supposer qu'ils ont une signification certaine & évidente, autre abus. 408. §. 22.

L'Usage des Mots est, 1. de faire connoître nos Idées aux autres; 2. promptement; 3. & de donner par-là la connoissance des choses. 409. §. 23.

Quand c'est que les Mots manquent à remplir ces trois fins. *ibid*. &c. Comment à l'égard des Substances. 411. §. 32. Comment à l'égard des Modes & des Relations. 411. §. 33.

L'abus des *mots* causé de grandes erreurs. 414. §. 4.

Comme l'Opiniâtreté. *ibid*. §. 5. Les Disputes 415. §. 6.

Les *Mots* signifient autre chose dans les Recherches, & autre chose dans les Disputes. 415. §. 7.

Le sens des *Mots* est donné à connoître dans les Idées simples en montrant. 419. §. 14. Dans les Modes mixtes en définissant. *ib*. §. 15. Et dans les Substances en montrant & en définissant. 421 §. 19, 21, 22.

Conséquence dangereuse d'apprendre premiérement les mots & ensuite leur signification. 423. §. 24.

Il n'y a aucun sujet de honte à demander aux hommes le sens de leurs mots lorsqu'ils sont douteux. 424. §. 25.

Il faut employer constamment les mots dans le même sens. 426. §. 26.

Ou du moins les expliquer lorsque la dispute ne les détermine pas. *ib*. §. 27.

Comment les *mots* sont faits généraux. 323. §. 3.

Mots qui signifient des choses qui ne tombent pas sous les sens, dérivez de noms d'idées sensibles. 323. §. 5.

Les Mots n'ont point de signification naturelle. 324 §. 1.

Mais par imposition. 327. §. 8.

Ils signifient immédiatement les idées de celui qui parle. 324. §. 1, 2, 3. Cependant avec un double rapport, 1. aux Idées qui sont dans l'Esprit de celui qui écoute: 2. à la réalité des choses. 326. §. 4, 5.

Les Mots sont propres par l'accoûtumance à exciter des Idées. 426. §. 6.

On les employe souvent sans signification. 327. §. 7.

La plûpart des mots sont généraux. 328. §. 1.

Pourquoi certains Mots d'une Langue ne peuvent point être traduits en ceux d'une autre. 347. §. 8.

Pourquoi je me suis si fort étendu sur les Mots. 352. §. 16.

Il faut être fort circonspect à employer de nouveaux mots ou dans des significations nouvelles. 380. §. 51.

Usage civil des Mots. 385. §. 3. Usage Philosophique. *ib*. Sont fort différens. 392. §. 15.

Les *Mots* manquent leur but quand ils n'excitent pas dans l'Esprit de celui qui écoute, la même idée que dans l'Esprit de celui qui parle. 386. §. 4.

Quels *mots* sont les plus douteux, & pourquoi. 386. §. 5. *&c.*

Les *Mots* ont été formez pour l'usage de la vie commune. 278. §. 2.

Mots qu'on ne peut traduire. 226. §. 6.

Mouvement, lent ou fort prompt, pourquoi imperceptible. 135. §. 7.

Mouvement volontaire inexplicable. 522. §. 19.

Définitions absurdes du *Mouvement*. 339. §. 8, 9.

N.

*N*ECESSITÉ. 184. §. 13.

Negatif. Termes negatifs. 323. §. 4.

Noms negatifs signifient l'absence d'Idées positives. 88. §. 5.

M. *Newton*. 494. §. 11.

Noms donnez aux Idées. 111. §. 8.

Noms d'idées morales, établis par une Loi, ne doivent pas être changez. 509. §. 10.

Noms de Substances, signifians des Essences réelles ne sont pas capables de porter la certitude dans l'Entendement. 478. §. 5.

Lors-

DES MATIERES.

Lorsqu'ils fignifient des effences nominales ils peuvent faire quelques Propofitions certaines, mais en fort petit nombre. 479 §. 6.
Pourquoi les hommes mettent les *noms* à la place des Effences réelles qu'ils ne conoiffent pas. 406. §. 19.
Deux fauffes fuppofitions dans cet ufage des *noms*. 407. §. 21.
Il eft impoffible d'avoir un *nom* particulier pour chaque chofe particuliére. 328. §. 2. Et inutile. *ib.* §. 3.
Quand c'eft qu'on employe des *noms* propres. 329. §. 4, 5.
Les *noms* fpecifiques font attachez à l'Effence nominale. 335. §. 16.
Les noms des Idées fimples, des Modes, & des Subftances ont tous quelque chofe de particulier. 337. §. 1.
Ceux des Idées fimples & des Subftances fe rapportent aux chofes. *ibid.* §. 2.
Ceux des Idées fimples & des Modes font employez pour défigner l'effence réelle & la nominale. *ibid.* §. 3.
Noms d'Idées fimples ne peuvent être définis. 338. § 4 Pourquoi, *ib.* §. 7.
Ils font les moins douteux. 342. §. 15.
Ont très-peu de fubordinations dans ce que les Logiciens appellent *Linea prædicamentalis*, 343. §. 16.
Les *noms* des Idées complexes peuvent être défis. § 12.
Les *noms* des Modes mixtes fignifient des idées arbitraires. 344. §. 2, 3. 376 §. 44. Ils l'ent enfemble les parties de leurs Idées complexes. 349. §. 10. Ils fignifient toûjours l'effence réelle. 351. §. 14. Pourquoi appris ordinairement avant que les Idées qu'ils fignifient foient connuës. *ib.* §. 15.
Noms des Relations compris fous ceux des Modes mixtes. 352. §. 16.
Les *noms* généraux des Subftances fignifient les fortes 353. §. 1.
Neceffaires pour defigner les Efpèces. 374. §. 39.
Les *noms* propres appartiennent uniquement aux Subftances. 375. §. 42.
Noms des Modes confiderez dans leur prémière application. 376. §. 44, 45.
Ceux des Subftances confiderez de même. 378. §. 46.
Les *noms* fpecifiques fignifient différentes chofes en différens hommes. 379. §. 48.
Ils font mis à la place de la chofe qu'on fuppofe avoir l'effence réelle de l'Efpèce 379 § 49.
Noms des Modes mixtes fouvent douteux à caufe de la grande compofition des Idées qu'ils fignifient. 387. §. 6.
Parce qu'ils n'ont point de modelle dans la Nature. *ib* §. 7. Parce qu'on apprend le fon avant la fignification. 389. §. 9.

Noms des Subftances douteux, parce qu'ils fe rapportent à des modelles qu'on ne peut connoître ou du moins que d'une maniére imparfaite. 390. §. 11.
Il eft difficile que ces noms ayent des fignifications déterminées dans des recherches philofophiques. 392. §. 15.
Exemple fur le nom de *liqueur.* 393. §. 16.
Le *nom* d'or. 391. §. 13, & 393. §. 17.
Noms d'Idées fimples pourquoi les moins douteux. 394. §. 18.
Les Idées les moins compofées ont les noms les moins douteux. 395. §. 19.
Nombre. 154. §. 1.
Modes de *Nombres* font les Idées les plus diftinctes. *ib* §. 3.
Démonftrations fur les *Nombres* font les plus déterminées. *ib.* §. 4.
Le Nombre eft une mefure générale. 157. §. 8.
Il nous fournit l'idée la plus claire de l'Infinité, *ib.* & 164. §. 13.
Notions. 224. §. 2.

O.

OBSCURITÉ' inévitable dans les Anciens Auteurs. 389. §. 10.
Quelle eft la caufe de l'*obfcurité* qui fe rencontre dans nos Idées. 288. §. 3.
Obftinez, ceux qui ont le moins examiné les chofes font les plus obftinez. 547. §. 3.
Opinion, ce que c'eft. 544. §. 3. 598. §. 17.
Comment les *Opinions* deviennent des Principes. 39. §. 22, 23, 24, 25, 26.
Les *Opinions* des autres font un faux fondement d'affentiment. 546. §. 6.
On prend fouvent des *Opinions* fans de bonnes preuves. 547. §. 3.
L'*Or eft fixe*, différentes fignifications de cette Propofition. 379. §. 50.
L'Eau paffe à travers l'Or. 80. §. 4.
Organes. Nos Organes font proportionnez à notre état dans ce Monde. 235. §. 12, 13.
Où & *Quand*, ce que c'eft. 149. §. 8.

P.

PARTICULES joignent enfemble les parties du difcours ou les fentences entières. 381. §. 1.
C'eft des particules que dépend la beauté du Langage. *ib.* §. 2.
Comment on en peut connoître l'ufage. *ibid.* § 3.
Elles expriment certaines actions ou difpofitions de l'Efprit. 382. §. 4.
Mr. *Pafcal* avoit une excellente mémoire. 107. §. 9.
Paffion 229 §. 11.

Hhhh 3 Com-

TABLE

Comment les *Passions* nous entrainent dans l'Erreur. 595. §. 12.
Elles roulent sur le Plaisir & la Douleur. 175. §. 3
Rarement une *Passion* existe toute seule. 198. §. 39.
Péché, chez différentes personnes signifie des actions différentes. 37. §. 19.
Pensée. C'est une opération & non l'Essence de l'Ame. 64. §. 10. 174. §. 4.
Modes de penser. 173. §. 1, 2. Maniere ordinaire dont les hommes pensent. 473. §. 4. La pensée sans mémoire est inutile. 67. §. 15.
Perception de trois espèces. 181. §. 5.
Dans la *Perception* l'Esprit est pour l'ordinaire passif. 97. §. 1.
C'est une impression faite sur l'Esprit. *ibid*. §. 2, 3.
Dans le ventre de nos Méres. 98. §. 5.
Différence entre la *perception* & les Idées innées. *ibid*. §. 6.
La *Perception* met de la différence entre les Animaux & les Vegetaux. 101. §. 11.
Les différens dégrez de la *Perception* montrent la sagesse & la bonté de celui qui nous a faits. *ibid*. §. 12.
La *Perception* appartient à tous les Animaux. 102. §. 14.
C'est la prémiere entrée à la connoissance. *ibid*. §. 15.
Perroquet qui parleroit raisonnablement, s'il passeroit dès-là pour homme, & s'il en porteroit le nom. 262. §. 8.
Personne, ce que c'est. 264. §. 9. Terme du barreau. 275 §. 6.
La même con-*science* seule fait la même *personalité* 267. §. 13. 273 §. 23.
La même Ame sans la même con-science ne fait pas la même personalité. 269 §. 15.
La Recompense & la Punition suivent l'Identité personnelle. 271. §. 18.
Physique. La Physique n'est pas capable d'être une Science. 458. §. 26. 536. §. 10. Elle est pourtant fort utile. 537. §. 12. comment elle peut être perfectionnée. *ibid*. ce qui en a empêché les progrès. *ibid*.
Plaisir & douleur. 175. §. 1. 178. §. 15, 16.
Se joignent à la plûpart de nos Idées 84 § 2.
Pourquoi ils sont attachez à differentes actions. *ibid* §. 3.
Preuves. 433. §. 3.
Principes pratiques ne sont pas innez. 24. §. 1. ni reçus avec un consentement universel. 25. §. 2.
Ils tendent à l'action. *ibid* §. 3. Tout le monde ne convient pas sur leur sujet. 34. §. 14. Ils sont différens. 39. §. 21.
Principes, ne doivent pas être reçus sans un sévére examen. 532. §. 4. 593. §. 8.
Mauvaises consequences des faux Principes. *ibid*. §. 9, 10.

Nul *Principe* n'est inné. 7. §. 1. Ni reçu avec un consentement universel. 8. §. 2, 3. *&c*.
Comment on acquiert ordinairement les *Principes*. 39. §. 22. *&c*.
Ils doivent être examinez. 41. §. 27.
Ils ne sont pas innez, si les Idées dont ils sont composez, ne sont pas innées. 42. §. 1.
Termes *privatifs*. 323. §. 4.
Probabilité, ce que c'est. 543. §. 1, 3.
Les fondemens de la *Probabilité*. 545. §. 4.
Sur des matières de fait. 548. §. 6.
Comment nous devons juger dans des *Probabilitez*. 545. §. 5.
Difficultez dans les *Probabilitez*. 551. §. 9.
Fondemens de *Probabilité* dans la speculation. 553. §. 12.
Fausses règles de *Probabilité*. 592. §. 7.
Comment des Esprits prévenus evitent de se rendre à la *Probabilité*. 546. §. 13.
Propriétez des Essences specifiques ne sont pas connuës. 362. §. 19.
Les *Propriétez* des choses sont en fort grand nombre. 309. §. 10. 314. §. 24.
Propositions Identiques, n'enseignent rien. 504. §. 2. Ni les generiques. 506. §. 4, 510. §. 13.
Les *Propositions* où une partie de la Définition est affirmée du sujet, n'apprennent rien. 506. §. 5, 6. Sinon la signification de ce mot. 508. §. 7.
Les *Propositions* générales qui regardent les substances sont en général ou frivoles ou incertaines. *ibid*. §. 9. *Propositions* purement verbales comment peuvent être connuës. 510. §. 12.
Termes abstraits affirmez l'un de l'autre ne produisent que des *Propositions* verbales. *ibid*. Comme aussi lors qu'une partie d'une Idée complexe est affirmée du tout. 510. §. 13.
Il y a plus de *Propositions* purement verbales qu'on ne croit. *ibid*.
Les *Propositions* universelles n'appartiennent pas à l'existence. 512. §. 1.
Quelles *Propositions* appartiennent à l'existence. *ibid*.
Certaines *Propositions* concernant l'existence sont particulières, & d'autres qui appartiennent à des Idées abstraites, peuvent être générales. 529. §. 13.
Propositions mentales. 473. §. 3. & 5.
Verbales. *ibid*.
Il est difficile de traiter des *Propositions* mentales. 473. §. 3, 4.
Puissance, comment nous venons à en acquerir l'idée. 179. §. 1.
Puissance active & passive. *ibid*. §. 2.
Nulle *puissance* passive en Dieu, nulle puissance active dans la Matière; active & passive dans les Esprits. *ibid*.
Notre plus claire Idée de *Puissance* active nous vient par Reflexion. 180. §. 4.

DES MATIERES.

Les Puissances n'operent pas sur des Puissances. 187. §. 18.
Elles constituent une grande partie des idées des Substances. 233. §. 7.
Pourquoi. 234. §. 8.
Puissance est une idée qui vient par Sensation & pas Reflexion. 86. §. 8.
Punition, ce que c'est. 279. §. 5.
La *Punition* & la Recompense sont attachées à la Con-science. 271. §. 18. 275. §. 26.
Un homme yvre qui n'a aucun sentiment de ce qu'il fait, pourquoi puni. 273. §. 22.

Q.

QUALITE': secondes Qualitez, leur connexion ou leur incompatibilité inconnuë. 447. §. 11.
Qualitez des Substances peuvent à peine être connuës que par experience. 448. §. 14. 16.
Celles des Substances spirituelles moins que celles des Substances corporelles. 451. §. 17.
Les secondes *Qualitez* n'ont aucune liaison concevable entre les prémières Qualitez qui les produisent. 447. §. 12, 13 & 28.
Les Qualitez des Substances dépendent de causes éloignées. 482. §. 11. Elles ne peuvent être connuës par des Descriptions. 422. §. 21.
Les secondes Qualitez jusqu'où capables de démonstration. 436. §. 11, 12, 13. Ce que c'est. 89. §. 8. 343. §. 16.
Comment on dit qu'elles sont dans les Choses. 298. §. 2.
Les secondes Qualitez seroient autres qu'elles ne paroissent si l'on pouvoit découvrir les petites parties des Corps. 235. §. 11.
Prémières Qualitez. 89. §. 9. Comment elles produisent des Idées en nous. 90. §. 12.
Secondes Qualitez. 90, 91. §. 13, 14, 15.
Les Prémières Qualitez ressemblent à nos Idées, & non les secondes. 91. §. 15, 16. &c.
Trois sortes de Qualitez dans les Corps 95. §. 23. & 97. §. 26.
Les secondes Qualitez sont de simples puissances. 95. § 23. 24, 25.
Elles n'ont aucune liaison visible avec les prémières Qualitez. 96. §. 25.

R.

RAISON, différentes significations de ce mot. 555. §. 1.
Ce que c'est que la Raison. 556. §. 2.
Elle a quatre parties. 557. §. 3
Où c'est que la Raison nous manque. 567. §. 9.
Elle est nécessaire par-tout hormis dans l'intuition. 560. § 14.
Ce que c'est que *selon la Raison*, *contraire à la Raison*, & *au dessus de la Raison*. 572. §. 23.
Considerée en opposition à la Foi, ce que c'est. 573. §. 2.
Elle doit avoir lieu dans les matiéres de Religion. 580. §. 11.
Elle ne nous sert de rien pour nous faire connoître des veritez innées. 11. §. 9.
L'acquisition des Idées générales, des termes généraux, & la Raison croissent ordinairement ensemble. 14. §. 15
Recompense, ce que c'est. 279. §. 5.
Réel. Idées réelles. 296.
Reflexion. 61. §. 4.
Relatif 250. §. 1.
Quelques termes *Relatifs* pris pour des dénominations externes. 251. §. 2. Quelques-uns pour des termes absolus. 252. §. 3.
Comment on peut les connoître. 254. § 10.
Plusieurs Mots quoi qu'absolus en apparence sont relatifs. 257. §. 6.
Relation 118. § 7. 250. § 1.
Relation proportionnelle. 277. §. 1.
Naturelle. ibid. §. 2.
D'institution 278. §. 3. Morale. 279. §. 4.
Il y a quantité de *Relations*. 285. §. 17.
Elles se terminent à des Idées simples. ibid. §. 18.
Notre Idée de la *Relation* est claire. 286. §. 19.
Noms de *Relations* douteux. ibid. §. 19.
Les *Relations* qui n'ont pas de termes correlatifs ne sont pas si communément observées. 251. §. 2.
La Relation est différente des choses qui en sont le sujet. 252. §. 4.
Les *Relations* changent sans qu'il arrive aucun changement dans le sujet. ibid. §. 5.
La *Relation* est toûjours entre deux choses. ibid. §. 6.
Toutes choses sont capables de *Relation*. 253. § 7.
L'Idée de la Relation souvent plus claire que celle des choses qui en sont le sujet. ibid. §. 8.
Les Relations se terminent toutes à des Idées simples venuës par Sensation ou par Reflexion. 254. §. 9.
Religion. Tous les hommes ont du temps pour s'en informer. 590. §. 3.
Les Préceptes de la *Religion* Naturelle sont évidens 397. § 23.
Reminiscence. 53. § 20. & 106 §. 7. Ce que c'est. 173 §. 1.
Reputation : elle a beaucoup de pouvoir dans la vie ordinaire 282. §. 12.
Revelation : fondement d'assentiment qu'on ne peut mettre en question. 555. §. 14.
La *Revelation Traditionale* ne peut introduire dans l'Esprit aucune nouvelle Idée. 574 § 3. Elle n'est pas si certaine que notre Raison ou nos Sens. 575 §. 4.
Dans des matiéres de raisonnement nous n'a-

yons

TABLE

vons pas befoin de Revelation. 576. §. 5.
La Revelation ne doit pas prévaloir fur ce que nous connoiſſons clairement. 576. §. 5. 579. §. 10.
Elle doit prévaloir fur les Probabilitez de la Raiſon. 578. §. 8. 9.
Rhetorique, c'eſt l'Art de tromper les hommes. 412. §. 34.
Rien : c'eſt une demonſtration que Rien ne peut produire aucune choſe. 513. §. 3.

S.

SABLE, blanc à l'œil, pellucide dans un Microſcope. 235. §. 11.
Sagacité, ce que c'eſt. 556. §. 2.
Sang, comment il paroît dans un Microſcope. 235. §. 11.
Savoir ; mauvais état du Savoir dans ces derniers ſiécles 400. §. 7. &c.
Le *Savoir* des Ecoles conſiſte principalement dans l'abus des termes. 400. §. 8. &c.
Un tel *Savoir* eſt d'une dangereuſe conſéquence. 402. §. 12.
Sceptique, perſonne n'eſt aſſez ſceptique pour douter de ſa propre exiſtence. 512. §. 2.
Science : diviſion des Sciences par rapport aux choſes de la Nature, à nos Actions, & aux ſignes dont nous nous ſervons pour nous entre-communiquer nos penſées. 600. §. 1. &c.
Il n'y a point de *Science* des Corps naturels. 459. §. 29.
Sens, pourquoi nous ne pouvons concevoir d'autres Qualitez que celles qui ſont les objets de nos Sens. 76. §. 3.
Les Sens apprennent à diſcerner les Objets par l'exercice. 422. §. 21.
Ils ne peuvent être affectez que par contact, 436. §. 11.
Des *Sens* plus vifs ne nous ſeroient pas avantageux. 236. §. 12.
Les Organes de nos Sens proportionnez à notre Etat. 235. §. 12.
Senſation. 61. §. 3. Peut être diſtinguée des autres perceptions. 437. §. 14.
Expliquée. 90. §. 12, 13, 14, 15, 16, &c.
Ce que c'eſt. 173. §. 1.
Connoiſſance *ſenſible* auſſi certaine qu'il le faut. 526. §. 8.
Ne va pas au delà de l'acte préſent. 527. §. 9.
Idées ſimples. 75 §. 1.
Ne ſont pas formées par l'Eſprit. *ibid*. §. 2.
Sont les materiaux de toutes nos Connoiſſances. 87. §. 10.
Sont toutes poſitives. *ibid*. §. 1.
Fort différentes de leurs Cauſes. *ibid*. §. 2, 3.
Solidité : 79. §. 1. Inſeparable du Corps *ibid*. §. 1.
Par elle le Corps remplit l'Eſpace. *ibid*. §. 2. on en acquiert l'idée par l'attouchement. *ibid*.

Comment diſtinguée de l'Eſpace. 80. §. 3. Et de la dureté. *ibid*. §. 4.
Soi, ce qui le conſtituë. 270. §. 17. 271. §. 20. & 272. §. 23, 24, 25.
Son, ſes Modes. 171. §. 3.
Stupidité. 106 §. 8.
Subſtance. 230. §. 1.
Nous n'en avons aucune idée. 52. §. 18.
Elle ne peut guere être connuë. 447. §. 11. &c.
Notre certitude touchant les ſubſtances ne s'étend pas fort loin. 479. §. 7. 486 §. 15.
Dans les Subſtances nous devons rectifier la ſignification de leurs noms par les choſes plûtôt que par des définitions. 423. §. 24.
Leurs idées ſont ſingulieres ou collectives. 118. §. 6.
Nous n'avons point d'idée diſtincte de la *Subſtance*. 125. §. 18, 19.
Nous n'avons aucune idée d'une pure Subſtance. 230. §. 2.
Quelles ſont nos Idées des differentes ſortes de Subſtances. 231. §. 3, 4, 6.
Ce qui eſt à obſerver dans nos Idées des Subſtances. 248 §. 37.
Idées collectives des Subſtances, 249. ſont des Idées ſingulières. *ibid*. §. 2.
Trois ſortes de Subſtances. 259. §. 2.
Les Idées des *Subſtances* ont un double rapport dans l'Eſprit. 301. §. 6.
Les propriétés des *Subſtances* ſont en fort grand nombre, & ne ſauroient être toutes connuës. 304. §. 9, 10.
La plus parfaite idée des Subſtances. 233. §. 7.
Trois ſortes d'Idées conſtituent notre Idée complexe des Subſtances. 234. § 9.
Subtilité, ce que c'eſt. 400. §. 8.
Succeſſion, Idée qui nous vient principalement par la ſuite de nos idées. 86. §. 9. 135. §. 6.
Et cette ſuite d'Idées en eſt la meſure. 137. §. 12.
Syllogiſme, n'eſt d'aucun ſecours pour raiſonner. 557. §. 4.
Son uſage. *ibid*.
Inconveniens qu'il produit. *ibid*.
Il n'eſt d'aucun uſage dans les Probabilitez. 565. §. 5.
N'aide point à faire de nouvelles découvertes. *ibid*. § 6.
Où à avancer nos Connoiſſances. 566. §. 7.
On peut faire des *ſyllogiſmes* ſur des choſes particuliéres. *ibid* §. 8.

T.

TEMOIGNAGE, Comment ſes forces viennent à s'affoiblir. 551. §. 10.
Temple (le Chevalier) conte qu'il fait d'un Perroquet. 262. §. 8.
Temps, ce que c'eſt. 138. §. 17.

DES MATIERES,

Il n'eſt pas la meſure du Mouvement. 141. §. 22.
Le *Temps* & le Lieu ſont des portions diſtinctes de la Durée & de l'Expanſion infinies. 148. §. 5, 6.
Deux ſortes de *temps. ibid.* §. 6, 7.
Les dénominations priſes du *temps* ſont relatives. 256. §. 3.
Tolerance néceſſaire dans l'état où eſt notre Connoiſſance. 548. §. 4.
Le Tout eſt plus grand que ſes parties, uſage de cet Axiome. 498. §. 11.
Tout & *Partie* ne ſont pas des Idées innées. 44. §. 6.
Tradition, la plus ancienne eſt la moins croyable. 551. §. 10.
Triſteſſe, ce que c'eſt. 177. §. 8.

V.

VARIETE' dans les pourſuites des hommes, d'où vient. 207. §. 54.
Vérité, ce que c'eſt. 472. §. 2. 5. 9. Vérité de penſée. 473. §. 3, 6. De paroles. *ibid.* §. 3. Vérité verbale & réelle. 475. §. 8, 9. Morale & Metaphyſique. 476. §. 11. Générale rarement compriſe qu'entant qu'elle eſt exprimée par des paroles. 477. §. 2. En quoi elle conſiſte. 313. §. 19.
Vertu, ce que c'eſt réellement. 36. §. 18.
Ce que c'eſt dans l'application commune de ce mot. 281. §. 10, 11.

La Vertu eſt préferable au vice, ſuppoſé ſeulement une ſimple poſſibilité d'un Etat à venir. 218. §. 70.
Vice, il conſiſte dans de fauſſes meſures du Bien. 598. §. 16.
Viſible, le moins viſible. 152. §. 9.
Unité: idée qui vient par Senſation & par Reflexion. 86. §. 7.
Suggerée pour chaque choſe. 154. §. 1.
Univerſalité n'eſt que dans les ſignes. 332. §. 11.
Univerſaux, comment faits. 112. §. 9.
Volition, ce que c'eſt. 181 §. 5. & 185. §. 15.
Mieux connue par reflexion que par des mots. 192. §. 30.
Volontaire, ce que c'eſt. 181. §. 5. 183. §. 11. & 191. §. 28.
Volonté, ce que c'eſt. 181. §. 5. 185. §. 15. 191. §. 29. ce qui détermine la *Volonté*. 191. §. 29.
Elle eſt ſouvent confondue avec le Deſir. 192. §. 30.
Elle n'influe que ſur nos propres actions. *ibid.*
C'eſt à elles qu'elle ſe termine. 199. §. 40.
La *Volonté* eſt déterminée par la plus grande *inquiétude* préſente, & capable d'être éloignée. 199. §. 40.
La Volonté eſt la Puiſſance de vouloir. 83. §. 2.
Vuide: il eſt poſſible. 127. §. 21.
Le Mouvement prouve le *Vuide*. 128. §. 22.
Nous avons une idée de *Vuide*. 80. §. 3. & 81. §. 5.

F I N.

Corrections & fautes d'impression.

Quoique j'eusse revu avec beaucoup, de soin la Copie sur laquelle a été faite cette *Troisieme Edition*, où j'ai en effet reformé plusieurs passages concernant les choses, & sur tout le stile, vous trouverez ici des corrections importantes, outre les fautes d'impression qui sont en très-petit nombre, vu la grosseur du Volume.

Pag. 9. lign. penult. *qui pussent* lis. *qui puissent.*
Pag. 15. lig. 6. *sont* lis. *soient.*
Pag. 86. §. 8 l. 5. *font* lis. *sont.*
Pag. 88. §. 5. l. 8 *de rayons.* lis. *des rayons.*
P. 103. l. 21. *mois* lis. *mais.*
P. 111. dans la note col. 1. l. dern. *ne se soit.* l. *se soit.*
P. 125. Not. col. 1. l. 23 *n'avons.* lis. *avons.*
P. 132. l. 40 *personnes qui font des reflexions sur leurs propres pensées, ayent* lis. *personnes sensées & judicieuses ayent.*
P. 208. §. 55. l. antep. *qu'ils l.* *qu'elles.* §. 56. l. 1, *donnerons* l. *donneront.*
P. 407. §. 20. l. 15. *d'un* l. *d'une.*
P. 408. §. 22. l. 19. *Notions que tout le monde leur attache d'un commun accord.* l. *Notions reçues d'un commun consentement.*
P. 414. §. 4. l. 5. *Combien y a-t-il de gens.* l. *Combien n'y a-t il pas de gens.*
P. 416. l. 14. *ces* l. *ses.*

P. 421. l. 3, 4. *connoître certainement la plupart de ces mots.* l. *sçavoir certainement la signification de la plupart de ces mots.*
P. 430. §. 9. l. 22. *faire d'illusion.* l. *faire illusion.*
P. 447. §. 9. l. 5. *n'étant* l. *ne sont.*
P. 464. l. 17. *à.* l. *a.*
P. 473. 474. *Combien de gens* &c. l. *Et parmi ceux qui parlent le plus de Religion & de Conscience, d'Eglise & de Foi, de Puissance & de Droit, d'obstructions & d'humeurs, de melancholie & de bile, combien n'y en a-t-il pas dont les pensées* &c.
P. 492. §. 10. l. 27. *sont* l. *font.*
P. 503. l. dern. *de ceci, c'est Que.* l. *de ceci, Que.*
P. 512. l. 11. *à la fin,* l. *pour la fin.*
P. 524. §. 4. l. 8. *aucune autre.* l. *quelque autre.*
P. 525. l. 2. *placé.* l. *placées.*
P. 547. §. 2. l. 1. *hommes ne peuvent,* l. *hommes peuvent.*
P. 550. l. 18. *parsonne.* l. *personne.*

Achevé d'imprimer le 30. Novembre 1734.

www.ingramcontent.com/pod-product-compliance
Lightning Source LLC
Chambersburg PA
CBHW050321240426
43673CB00042B/1488